2016

安徽统计年鉴

ANHUI STATISTICAL YEARBOOK

（总第28期 NO.28）

安徽省统计局
ANHUI STATISTICAL BUREAU
国家统计局安徽调查总队
NBS SURVEY OFFICE IN ANHUI
编
COMPILED

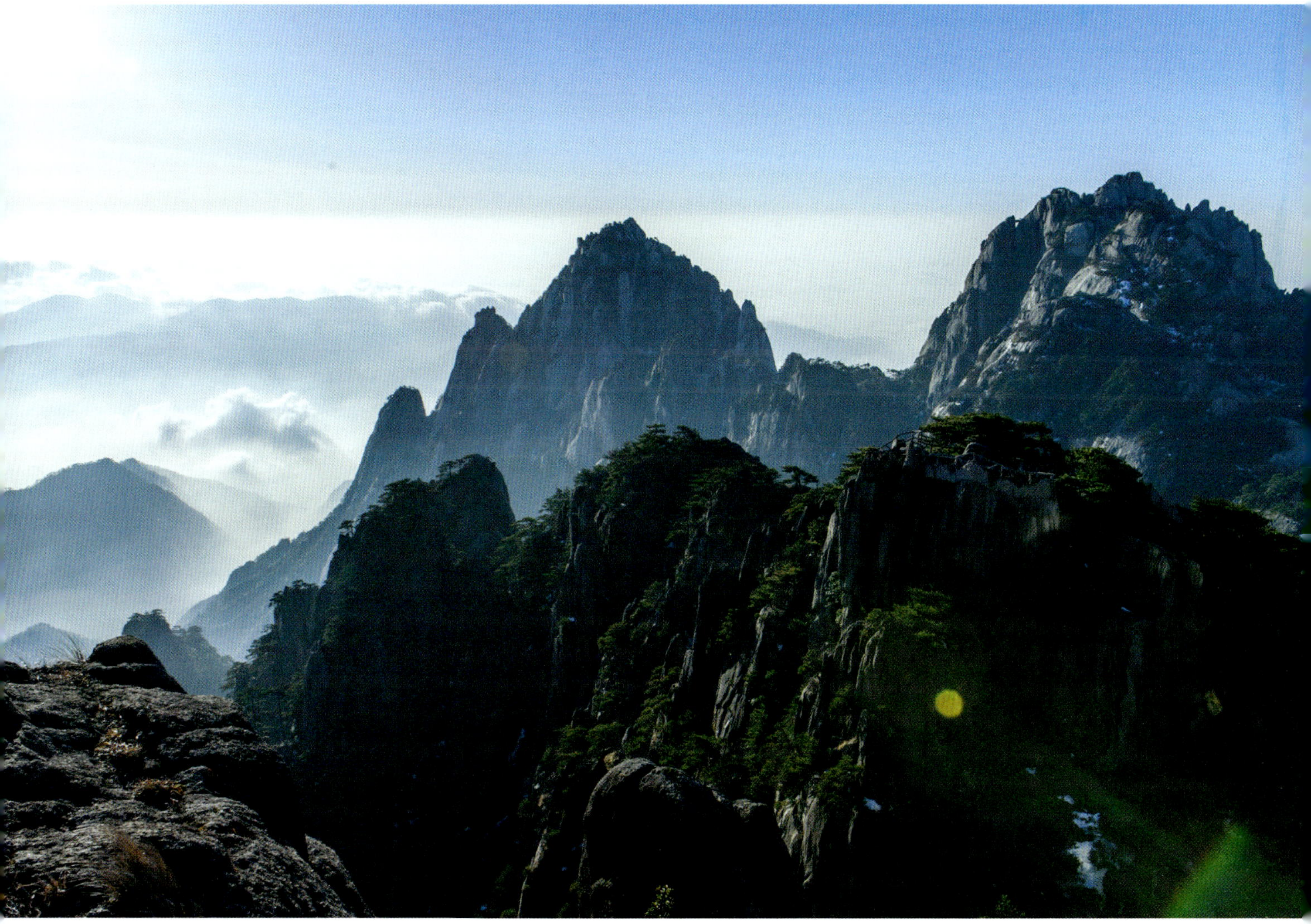

《安徽统计年鉴—2016》

ANHUI STATISTICAL YEARBOOK-2016

图书在版编目（CIP）数据

安徽统计年鉴. 2016：汉英对照/ 安徽省统计局, 国家统计局安徽调查总队编.
-- 北京：中国统计出版社, 2016.9
ISBN 978-7-503 -7868-1
Ⅰ. ①安…
Ⅱ. ①安… ②国…
Ⅲ. ①统计资料－安徽省－2016－年鉴－汉、英
Ⅳ. ①C832.54-54
中国版本图书馆CIP数据核字(2016)第168109号

安徽统计年鉴-2016

作　　者/ 安徽省统计局·国家统计局安徽调查总队
责任编辑/ 佘竞雄　熊威　田野　高维芹
装帧设计/ 徽韵书坊
出版发行/ 中国统计出版社
地　　址/ 北京市丰台区西三环南路甲6号
邮　　编/ 100073
电　　话/ 邮购（010）63376909　书店（010）68783171
网　　址/ http://www.zgtjcbs.com
印　　刷/ 安徽省新华印刷股份有限公司
经　　销/ 新华书店
开　　本/ 890mm×1240mm　1/16
字　　数/ 1500 千字
印　　张/ 49.25　　彩页 6页
版　　别/ 2016年10月第 1 版
版　　次/ 2016年10月第 1 次印刷
定　　价/ 450元

本书附同版本CD-ROM一张，光盘内容以书面文字为准。
如有印装差错，由本社发行部调换。

《安徽统计年鉴—2016》编辑委员会

AnHui Statistical Yearbook-2016 Editorial Board

《安徽统计年鉴—2016》编辑部

AnHui Statistical Yearbook-2016 Editorial Department

Editor-in-Chief: Ni Shengru

Associate Editor-in-Chief: Zhou Ping　Sun Daozhi　Zhai Xiaoqin

Coordinators: Tian Ye　Gao Weiqin

Editorial Staffs: (in order of strokes of Chinese surname)

Wang Yin	Wang Sanlong	Wang Wenfu	Wang Xuesong
Deng Hong	Ran Di	Fu Shuyun	Bai Yang
Feng Hui	Liu Yuru	Liu Yanli	Yan Xieping
An Jian	Li Shengnan	Yang Rui	Wu Runqing
He Shenming	Zou Shanshan	Wang Xun	Zhang Liang
Zhang Wei	Zhang Wei	Zhang Junfeng	Zhang Zhiyong
Chen Zhiqing	Luo Wei	Zhou Wenwen	Zhou Yuhua
Zheng Xinhua	Zheng Quanyu	Geng Yajun	Xu Chengzhou
Xu Qun	Ma Limin	Cheng Lihua	Xie Hongbao
Dai Wei	Wei Xiaoyan		

English Translator: Sun Naijing

CD-ROM Designer: Sun Daozhi

Editing Affair: Wang Jian

编辑说明

一、《安徽统计年鉴—2016》全面、系统地收录了2015年全省及各市、县经济和社会各方面统计数据，重点展现"十二五"以来安徽经济建设和社会发展成就，是一部全面反映安徽省国民经济和社会发展情况的资料性年刊。

二、《安徽统计年鉴—2016》新增各市按三次产业和机构类型分法人单位数、各市按控股情况分企业法人单位数、各市工业项目投资、各市民间投资、各市县减贫人口情况等内容。

三、全书内容共分23个篇章和附录，即：综合；国民经济核算；人口；就业人员和工资；固定资产投资；能源生产和消费；财政、金融、保险；物价指数；城乡人民生活；城市概况；自然资源和环境保护；农业；工业；建筑业；运输和邮电；国内贸易；对外经济贸易；旅游；教育和科技；卫生和社会服务；文化和体育；公共管理及其他；省级和县级主要经济指标及位次。附录部分主要有：各市县减贫人口情况、全省建制镇基本情况、企业电子商务情况。为帮助读者理解和使用有关数据，各篇章附有简要说明和主要指标解释，介绍了统计范围和统计方法。

四、本年鉴使用国民经济行业分类(GB/T4754-2011)。

五、本年鉴中使用的度量衡单位均采用国际统一标准计量单位。

六、本年鉴符号使用说明：年鉴各表中的"空格"表示该项统计指标数据不足本表最小单位数、数据不详或无该项数据。"#"表示其中的主要项。

七、2015年,安庆、铜陵、六安、淮南所辖县（区）区划有所调整，年鉴中涉及的分市数据，除注明外，均为区划调整后的口径。

八、本年鉴中部分合计数或相对数由于单位取舍不同产生的计算误差，均未作机械调整。全书中英文对照，配套出版磁质光盘。

Preface

Ⅰ. Anhui statistical yearbook 2016 — comprehensively and systematically collected in 2015, the provincial and municipal, county economic and social aspects of statistical data, the key to show the "twelfth five-year" since the economic construction and social development achievements in Anhui, is a comprehensive reflect the national economic and social development in Anhui province of informative yearly.

Ⅱ. Anhui statistical yearbook — 2016 newly adds following items : number of legal person units by tertiary industries and industrial and institutional type, by cites,, number of enterprise legal person units by controlling share by cites, municipal industrial project investment by cites ,non-governmental investment, by cites, the population reduction in poverty by cites etc.

Ⅲ. This book contains the following 23 parts and appendices: General Survey; National Accounts; Population; Employment and Wages; Investment in Fixed Assets; Production and Consumption of Energy; Finance, Banking and Insurance; Price Indices; People's Livelihood; General Survey of Cities; Natural resources and Environmental Protection; Agriculture; Industry; Construction; Transportation, Postal and Telecommunication Services; Domestic Trade; Foreign Trade; Tourism; Education and Science; Public Health and Social Services; Culture and Sports; Public Management and Others; Business Survey of Enterprises; Main Economic Indicators and Their Orders of Precedence for Provinces and Countries. The appendix includes: the population reduction in poverty by cities and counties, the entire province town with basic situation, the enterprise electronic commerce. To help readers understand and use the relevant data, each chapter comes with a brief description and the main index to explain, introduces the scope of statistics and statistical methods.

Ⅳ. In this yearbook , We use the classification of national economic industries (GB / T4754-2011).

Ⅴ. The units of measurement used in this book are internationally standardized measurement units.

Ⅵ. Notations used in this book: （blank space）indicates that the figure is not large enough to be measured with the smallest unit in the table, or data are unknown ,or are not available; “#” indicates a major items of the total.

VII.In 2015 , range of counties (districts) of Anqing ,Tongling, Luan ,Huainan were adjusted, So data of these cites in yearbook were data after adjustment except giving clear indication.

VIII.Statistical discrepancies due to rounding are not adjusted in this book. Anhui Statistical Yearbook is compiled bilingually in Chinese and English and a magnetic CD-ROM has been published to form a complete set.

目　　录
CONTENTS

一、综　　合
Chapter 1 General Survey

二、国民经济核算
Chapter 2 National Accounts

三、人　口
Chapter 3 Population

四、就业人员和工资
Chapter 4 Employment and Wages

五、固定资产投资
Chapter 5 Investment in Fixed Assets

六、能源生产和消费
Chapter 6 Production and Consumption of Energy

七、财政、金融、保险
Chapter 7 Finance, Banking and Insurance

八、物价指数
Chapter 8 Price Indices

九、城乡人民生活
Chapter 9 Livelihood of Urban and Rural People

十、城市概况
Chapter 10 General Survey of Cities

十一、自然资源和环境保护
Chapter 11 Natural Resources and Environment Protection

十二、农　业
Chapter 12 Agriculture

十三、工　业
Chapter 13 Industry

十四、建 筑 业
Chapter 14 Construction

十五、运输和邮电
Chapter 15 Transport, Post and Telecommunication Services

十六、国内贸易
Chapter 16 Domestic Trade

十七、对外经济贸易
Chapter 17 Foreign Trade and Economic Cooperation

十八、旅　　游
Chapter 18 Tourism

十九、教育和科技
Chapter 19 Education and Science

二十、卫生和社会服务
Chapter 20 Public Health and Social Services

二十一、文化和体育
Chapter 21 Culture amd Sports

二十二、公共管理及其他
Chapter 22 Public Management and Others

二十三、省级和县级主要经济指标及位次
Chapter 23 Main Economic Indicators and Their Orders of Precedence of Province and County

附　　录
Appendix

第 一 篇

Chapter 1

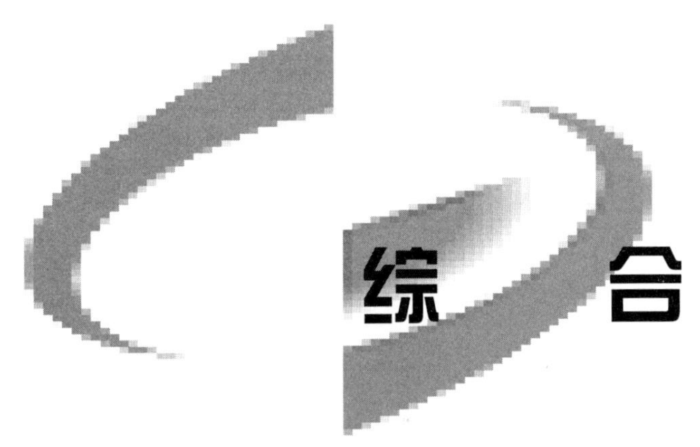

GENERAL SURVEY

简要说明

一、本篇包括我省行政区划、国民经济综合资料等内容。

二、国民经济综合资料中的“各部门机构数”为第三次全国基本普查后部分行业企业资料更新维护数据。

三、国民经济总量、速度、结构、比例和效益指标均取自本年鉴各篇；国民经济综合资料由省统计局综合处整理。

四、我省境内国家级旅游景点黄山、九华山风景区旅游基本情况，由所在地统计部门提供。

Brief Introduction

I. This chapter covers the summary data on national economy.

II. "Department of national economy comprehensive information agency number" for the part after the third national census of basic industry enterprise information update maintenance data.

III. Data on the total value, speed, structure, ratio and effects on the national economy are extracted from the concerned data in other chapters in this yearbook. The summary data on national economy are prepared by the Division of Integrated Statistics of Anhui Statistical Bureau.

IV. Data on the basic conditions of national scenic spot-Mount Huang and Mount Jiuhua are provided by the statistical department where they are.

1—1 全省行政区划（2015年末）
Administrative Divisions in Anhui (End of 2015)

单位：个（unit）

市名称 Name of City		市级区划数 Number of Regions at Cities Level	县级区划数 Number of Regions at County Level	县级市 Cities at County Level	县 Counties	市辖区 Districts under the Jurisdiction of Cities	乡镇级区划数 Number of Regions at Townships Level	镇 Towns	乡 Townships
总　计	**Total**	**16**	**105**	**6**	**55**	**44**	**1249**	**946**	**303**
合肥市	Hefei	1	9	1	4	4	84	65	19
淮北市	Huaibei	1	4		1	3	18	18	
亳州市	Bozhou	1	4		3	1	79	72	7
宿州市	Suzhou	1	5		4	1	94	71	23
蚌埠市	Bengbu	1	7		3	4	55	40	15
阜阳市	Fuyang	1	8	1	4	3	155	124	31
淮南市	Huainan	1	7		2	5	71	57	14
滁州市	Chuzhou	1	8	2	4	2	94	82	12
六安市	Luan	1	7		4	3	131	88	43
马鞍山市	Maanshan	1	6		3	3	35	31	4
芜湖市	Wuhu	1	8		4	4	44	40	4
宣城市	Xuancheng	1	7	1	5	1	78	59	19
铜陵市	Tongling	1	4		1	3	34	21	13
池州市	Chizhou	1	4		3	1	45	37	8
安庆市	Anqing	1	10	1	6	3	131	83	48
黄山市	Huangshan	1	7		4	3	101	58	43

1—2 全省县以上行政区划（2015年末）
Administrative Divisions of Counties and Above in Anhui (End of 2015)

省辖市 City Under Province Administration	县（市、区） Name of County (City) , District Under Administative
合肥市 Hefei	蜀山区、庐阳区、瑶海区、包河区、巢湖市、长丰县、肥东县、肥西县、庐江县 Shushan District，Luyang District, Yaohai District，Baohe District，Chaohu，Changfeng，Feidong，Feixi，Lujiang
淮北市 Huaibei	相山区、杜集区、烈山区、濉溪县 Xiangshan District，Duji District，Lieshan District，Suixi
亳州市 Bozhou	谯城区、涡阳县、蒙城县、利辛县 Qiaocheng District，Guoyang，Mengcheng，Lixin
宿州市 Suzhou	埇桥区、砀山县、萧　县、灵璧县、泗　县 Yongqiao District，Dangshan，Xiaoxian，Lingbi，Sixian
蚌埠市 Bengbu	蚌山区、龙子湖区、禹会区、淮上区、怀远县、五河县、固镇县 Bengshan District，Longzihu District，Yuhui District，Huaishang District，Huaiyuan，Wuhe，Guzhen
阜阳市 Fuyang	颍州区、颍东区、颍泉区、界首市、临泉县、太和县、阜南县、颍上县 Yingzhou District，Yingdong District，Yingquan District，Jieshou，Linquan，Taihe，Funan，Yingshang
淮南市 Huainan	田家庵区、大通区、谢家集区、八公山区、潘集区、凤台县、寿　县 Tianjiaan District，Datong District，Xiejiaji District，Bagongshan District，Panji District，Fengtai，Shouxian
滁州市 Chuzhou	琅琊区、南谯区、明光市、天长市、来安县、全椒县、定远县、凤阳县 Langya District，Nanqiao District，Mingguang，Tianchang，Laian，Quanjiao，Dingyuan，Fengyang
六安市 Luan	金安区、裕安区、叶集区、霍邱县、舒城县、金寨县、霍山县 Jinan District，Yuan District，Yeji District, Huoqiu，Shucheng，Jinzhai，Huoshan
马鞍山市 Maanshan	雨山区、花山区、博望区、当涂县、含山县、和　县 Yushan District，Huashan District，Bowang District，Dangtu，Hanshan，Hexian
芜湖市 Wuhu	鸠江区、弋江区、三山区、镜湖区、芜湖县、繁昌县、南陵县、无为县 Jiujiang District，Yijiang District，Sanshan District，Jinghu District，Wuhu，Fanchang，Nanling，Wuwei
宣城市 Xuancheng	宣州区、宁国市、郎溪县、广德县、泾　县、旌德县、绩溪县 Xuanzhou District，Ningguo，Langxi，Guangde，Jingxian，Jingde，Jixi
铜陵市 Tongling	铜官区、郊　区、义安区、枞阳县 Tongguan District，Suburban District，Yian District，Zongyang
池州市 Chizhou	贵池区、东至县、石台县、青阳县 Guichi District，Dongzhi，Shitai，Qingyang
安庆市 Anqing	大观区、迎江区、宜秀区、桐城市、怀宁县、潜山县、太湖县、宿松县、望江县、岳西县 Daguan District，Yingjiang District，Yixiu District，Tongcheng，Huaining，Qianshan，Taihu，Susong，Wangjiang，Yuexi
黄山市 Huangshan	屯溪区、黄山区、徽州区、歙　县、休宁县、黟　县、祁门县 Tunxi District，Huangshan District，Huizhou District，Shexian，Xiuning，Yixian，Qimen

1—3 各行业机构单位数(2015年)
Number of Grass Root Units in Various Sectors (2015)

单位：个 (unit)

行业类别	Industrial Category	单位数 Number of Units	#法人单位 Legal Entities	#限额以上单位 Above Designated Unit
合　计	**Total**	**668037**	**564958**	**37897**
农、林、牧、渔业	**Farming, Forestry, Animal Husbandry and Fishery**	**69184**	**67845**	
农　业	Farming	31327	31132	
林　业	Forestry	5283	4911	
畜牧业	Animal Husbandry	11570	11486	
渔　业	Fishery	3920	3889	
农、林、牧、渔服务业	Agicultural Services	17084	16427	
采矿业	**Mining and Industry**	**2781**	**2616**	**440**
煤炭开采和洗选业	Coal Mining and Dressing	277	220	32
石油和天然气开采业	Extraction of Petroleum and Natural Gas	10	7	
黑色金属矿采选业	Mining and Dressing of Ferrous Metals	476	461	99
有色金属矿采选业	Mining and Dressing of Nonferrous Metals	307	290	72
非金属矿采选业	Mining and Dressing of Nonmetal Minerals	1549	1488	232
开采辅助活动	Mining Auxiliary Activities	98	88	5
其他采矿业	Mining and Dressing of Other Minerals	64	62	
制造业	**Manufacturing**	**94045**	**92413**	**18338**
农副食品加工业	Agricultural and Non-staple Food Processing Industry	6914	6605	1716
食品制造业	Food Production	2942	2880	471
酒、饮料和精制茶制造业	Wine, Beverages and Refined Tea Manufacturing	2753	2703	388
烟草制品业	Tobacco Products	28	25	8
纺织业	Textiles	3055	3021	713
纺织服装、服饰业	Textile and Apparel, Clothing Industry	6614	6544	1124
皮革、毛皮、羽毛及其制品和制鞋业	Leather, Fur, Feather and Its Products and Footwear	1716	1694	308
木材加工和木、竹、藤、棕、草制品业	Wood Processing and Wood, Bamboo, Cane, Palm, Grass Products	4410	4360	642
家具制造业	Furniture Manufacturing	2359	2345	297
造纸及纸制品业	Papermaking and Paper Products	1432	1417	244
印刷和记录媒介的复制	Printing and Record Medium Reproduction	2857	2813	349
文教、工美、体育和娱乐用品制造业	Cultural and Educational Supplies Manufacturing, Industrial, Spoı and Entertainment	2874	2850	490
石油加工、炼焦及核燃料加工业	Petroleum Processing, Coking and Nuclear Fuel Processing	144	140	28
化学原料和化学制品制造业	Raw Chemical Materials and Chemical Products	3946	3883	1017
医药制造业	Medical and Pharmaceutical Products	1353	1331	408
化学纤维制造业	Chemical Fiber Industry	147	147	38
橡胶和塑料制品业	Rubber and Plastic Products	5107	5072	1094
非金属矿物制品业	Nonmetal Mineral Products	10823	10617	2172
黑色金属冶炼和压延加工业	Smelting and Pressing of Ferrous Metals	1401	1370	438
有色金属冶炼和压延加工业	Smelting and Pressing of Nonferrous Metals	735	721	222
金属制品业	Metal Products	5809	5714	911
通用设备制造业	Equipments in Current Use	6189	6106	1137

1—3 续表1 continued

单位：个 (unit)

行业类别	Industrial Category	单位数 Number of Units	#法人单位 Legal Entities	#限额以上单位 Above Designated Unit
专用设备制造业	Equipments in Special Use	5034	4918	920
汽车制造业	Manufacture of Automobile	2867	2821	865
铁路、船舶、航空航天和其他运输设备制造业	Railway, Shipbuilding, Aerospace and Other Transportation Equipment Manufacturing Industry	756	734	184
电气机械和器材制造业	Electric Equipments and Machinery	5064	4997	1227
计算机、通信和其他电子设备制造业	Computers, Communications and Other Electronic Equipment Manufacturing Industry	2348	2325	515
仪器仪表制造业	Instrument Manufacturing	1044	1028	139
其他制造业	Other Manufacturing	1885	1872	104
废弃资源综合利用业	Comprehensive Utilization of Waste Resources	818	798	159
金属制品、机械和设备修理业	Metal Products, Machinery and Equipment Repair	621	562	10
电力、热力、燃气及水的生产和供应业	**Electricity, Heat, Gas and Water Production and Supply Industry**	**4617**	**3183**	**294**
电力、热力的生产和供应业	Production and Supply of Electric Power and Heating Power	2569	1362	183
燃气生产和供应业	Production and Supply of Gas	412	319	58
水的生产和供应业	Production and Supply of Tap Water	1636	1502	53
建筑业	**Construction**	**31201**	**27030**	**3207**
房屋建筑业	Housing Industry	6417	4789	1491
土木工程建筑业	Civil Engineering Construction	5805	4871	611
建筑安装业	Construction and Installation Industry	4904	4220	373
建筑装饰和其他建筑业	Building Decoration and Other Construction	14075	13150	732
批发和零售业	**Wholesale & Retail Trade**	**154863**	**136550**	**6530**
批发业	Wholesale Trade	79724	75002	2218
零售业	Retail Trade	75139	61548	4312
交通运输、仓储和邮政业	**Transportation, Storage and Postal Services**	**19171**	**15307**	**1327**
铁路运输业	Railway Transport	200	79	2
道路运输业	Highway Transport	11267	10103	857
水上运输业	Waterway Transport	1284	1187	208
航空运输业	Air Transport	55	36	6
管道运输业	Transport Via Pipelines	9	7	
装卸搬运和运输代理业	Handling and Shipping Agents	2360	2091	87
仓储业	Storage	1539	1063	134
邮政业	Postal Services	2457	741	33
住宿和餐饮业	**Accommodation and Catering Trade**	**11049**	**9009**	**1780**
住宿业	Accomodation Trade	3011	2678	597
餐饮业	Catering Trade	8038	6331	1183
信息传输、软件和信息技术服务业	**Information Transmission, Software and Information Technology Services**	**16909**	**13734**	**344**
电信、广播电视和卫星传输服务	Telecommunications, Broadcasting and TV Transmission and Satellite Services	3462	856	94
互联网和相关服务	The Internet and Related Services	2990	2829	37
软件和信息技术服务业	Software and Information Technology Services	10457	10049	213

1—3 续表2 continued

单位：个（unit）

行业类别	Industrial Category	单位数 Number of Units	#法人单位 Legal Entities	#限额以上单位 Above Designated Unit
金融业	**Banking**	**14040**	**4477**	
货币金融服务	Monetary and Financial Services	8877	1747	
资本市场服务	Capital Market Services	1898	1448	
保险业	Insurance	2519	714	
其他金融业	Other Financial Sector	746	568	
房地产业	**Real Estate**	**20085**	**17223**	**3905**
租赁和商务服务业	**Leasing and Commercial Services**	**56347**	**52264**	**619**
租赁业	Leasing	4806	4648	34
商务服务业	Commercial Services	51541	47616	585
科学研究和技术服务业	**Scientific Research and Technical Services**	**23099**	**20225**	**433**
研究与试验发展	Research and Experimental Development	2624	2531	32
专业技术服务业	Professional and Technical Services	13926	12136	340
科技推广和应用服务业	Science and Technology Popularization and Application Services	6549	5558	61
水利、环境和公共设施管理业	**Water Conservancy, Environmental and Public Facilities Management**	**5717**	**4301**	**124**
水利管理业	Water Conservancy Management	1874	905	2
生态保护和环境治理业	Ecological Protection and Environmental Governance Industry	509	457	15
公共设施管理业	Public Facilities Management	3334	2939	107
居民服务、修理和其他服务业	**Residents Service, Repair and Other Services**	**10886**	**10042**	**115**
居民服务业	Resident Services	4471	4054	44
机动车、电子产品和日用产品修理业	Motor Vehicle Repair Industry, Electronic Products and Daily Products	3522	3253	41
其他服务业	Other Services	2893	2735	30
教　育	**Education**	**29350**	**16224**	**162**
卫生和社会工作	**The Department of Health and Social Work**	**24010**	**9301**	**119**
卫　生	Health	21114	7336	117
社会工作	Social Work	2896	1965	2
文化、体育和娱乐业	**Culture, Sports and Entertainment**	**14188**	**13371**	**160**
新闻和出版业	News and Publishing Industry	338	298	29
广播、电视、电影和影视录音制作业	Radio, Television, Film and Television Recording Studios	1108	841	49
文化艺术业	Culture and Art	3831	3510	33
体　育	Sports	629	581	5
娱乐业	Entertainment	8282	8141	44
公共管理、社会保障和社会组织	**Public Management, Social Security and Social Organization**	**66495**	**49843**	
中国共产党机关	Organs of Chinese Communist Party	1316	1150	
国家机构	State Organs	28380	13583	
人民政协、民主党派	CPPCC and Democratic Parties	294	293	
社会保障	The Social Security	761	396	
群众团体、社会团体和其他成员组织	Mass Organizations, Social Groups and Other Members of The Organization	17065	16177	
基层群众自治组织	Local Mass Autonomy Organs	18679	18244	

注：限额以上单位不含其它有5000万元以上在建项目法人单位。

a) Limitation above unit contains no other project legal person units are being built in 50 million yuan of above.

1-4 非公有制企业法人单位数
Number of Non-public Economic Units

单位：个（unit）

项　目	Item	2014	2015
合　计	**Total**	**316288**	**392019**
按登记注册类型分	**Grouped by Registration Status**		
内　资	Domestic Investment Economy	314270	389929
私营独资	Private Wholly-Funded	52994	66532
私营合伙	Private Partnership	9564	10994
私营有限责任公司	Private Limited Liability Companies	169778	210873
私营股份有限公司	Private Joint-Stock Companies	7332	8800
私人投资控股	Private Holding Companies	74602	92730
港澳台商投资	Units with Funds from Hongkong, Macao and Taiwan	872	914
港澳台商独资	Hongkong, Macao and Taiwan Enterprises	500	533
港澳台商投资控股	Enterprises Funded and Controlled by Hongkong, Macao and Taiwan Companies	372	381
外商投资	Foreign Funded Units Funded Share Holding Corporations	1146	1176
外商独资	Foreign Enterprises	637	649
外商投资控股	Foreign Funded and Controlled Corporations	509	527
按规模分	**Grouped by Size**		
大型企业	Large-sized Enterprises	334	349
中小微型企业	Mini-, Small-, Mediume-sized Enterprises	311515	385847
中　型	Medium Size	6909	7284
小　型	Small Size	69985	77174
微　型	Mini Size	234621	301389
按行业分	**Grouped by Sector**		
工　业	Industry	79866	89787
#制造业	Manufacturing	75844	85389
建筑业	Construction	19936	24023
批发和零售业	Wholesale and Retail Trades	95753	120603
交通运输、仓储和邮政业	Transport, Storage and Post	10239	12680
住宿和餐饮业	Hotels and Catering Services	6237	7864
信息传输、软件和信息技术服务业	Information Transmission, Software and Information Technology	7648	11507
金融业	Financial Intermediation	2211	2835
房地产业	Real Estate	12656	14285
租赁和商务服务业	Leasing and Business Services	32841	43492
科学研究和技术服务业	Scientific Research and Technical Services	9687	13513
水利、环境和公共设施管理业	Management of Water Conservancy, Environment	2007	2479
居民服务、修理和其他服务业	Services to Households, Repair and Other Services	6415	8344
教　育	Education	1578	2269
卫生和社会工作	Health and Social Service	456	594
文化、体育和娱乐业	Culture, Sports and Entertainment	7589	9519

注：规模分组按《统计上大中小微型企业划分办法》执行。

a) Scale grouping is according to the "Dividing method of big, medium, small Mini,- sized enterprises of Statistics" .

1-5 中小微型企业法人单位数
Number of Mini-Small-and Medium-sized Enterprises

单位：个（unit）

项　目	Item	2014	2015
合　计	**Total**	**356279**	**445848**
按登记注册类型分	**Grouped by Registration Status**		
内　资	Domestic Investment Economy	354072	443566
港澳台商投资	Units with Funds from Hongkong, Macao and Taiwan	916	962
外商投资	Foreign Funded Economy	1291	1320
按规模分	**Grouped by Size**		
中　型	Medium Size	9271	9775
小　型	Small Size	81257	89755
微　型	Mini Size	265751	346318
按行业分	**Grouped by Sector**		
工　业	Industry	86837	97871
#制造业	Manufacturing	81653	92154
建筑业	Construction	22259	26966
交通运输业	Transportation	10743	13269
仓储业	Warehousing Industry	878	1003
邮政业	Postal Industry	576	726
信息传输业	Information Transmission Industry	2163	3499
软件和信息技术服务业	Software and Information Technology Services	6405	9973
批发业	Wholesale	60871	74927
零售业	Retail	46593	61434
住宿业	Lodging Industry	2341	2661
餐饮业	Catering Industry	4786	6297
房地产开发经营	Real Estate Development Business	6649	7198
物业管理	Property Management	5107	6025
租赁和商务服务业	Leasing and Business Service	37695	50344
其他未列明行业	Other not Listed Industry	33115	43590

注：规模分组按《统计上大中小微型企业划分办法》执行。

a) Scale grouping is according to the "Dividing method of big, medium, small Mini,- sized enterprises of Statistics" .

1—6 各市按三次产业和机构类型分法人单位数（2015年）
Number of Legal Entities by Three Strata of Industry and Type of Institutions and Region (2015)

单位：个（unit）

地 区	Region	法人单位数 Number of Legal Entities	按三次产业分 Grouped by Three Strata of Industry			按机构类型分 By Type of Institutions				
			第一产业 Primary Industry	第二产业 Secondary Industry	第三产业 Tertiary Industry	企业法人 Business Entity	事业法人 Institution Entity	机关法人 Government Entity	社会团体 Social Organization	其他 Others
总 计	**Total**	**564958**	**51418**	**124592**	**388948**	**454804**	**22695**	**9075**	**12020**	**66364**
合 肥 市	Hefei	139291	5491	24126	109674	127603	2589	867	1597	6635
淮 北 市	Huaibei	14666	681	3238	10747	11443	700	312	312	1899
亳 州 市	Bozhou	32097	6291	5454	20352	23166	943	391	363	7234
宿 州 市	Suzhou	32033	3768	6901	21364	22150	1835	479	1794	5775
蚌 埠 市	Bengbu	27177	1415	5729	20033	22118	1058	542	604	2855
阜 阳 市	Fuyang	45021	5720	9278	30023	33338	2321	831	408	8123
淮 南 市	Huainan	24907	2063	4542	18302	19066	1254	627	510	3450
滁 州 市	Chuzhou	33939	4803	10090	19046	26020	1811	621	678	4809
六 安 市	Luan	33416	7208	7133	19075	23431	1857	638	774	6716
马鞍山市	Maanshan	26834	1199	7509	18126	23035	967	467	526	1839
芜 湖 市	Wuhu	40560	1455	10845	28260	35380	1140	576	830	2634
宣 城 市	Xuancheng	24527	2150	7704	14673	19563	1053	558	830	2523
铜 陵 市	Tongling	15871	1200	3469	11202	12826	796	361	576	1312
池 州 市	Chizhou	18120	1389	4963	11768	13296	1027	420	492	2885
安 庆 市	Anqing	39276	5283	10065	23928	29637	2211	777	1023	5628
黄 山 市	Huangshan	17223	1302	3546	12375	12732	1133	608	703	2047

1—7 各市按控股情况分企业法人单位数（2015年）
Numbers of Corporate Enterprises the Status of Holdings by Region (2015)

单位：个（unit）

地 区	Region	企业单位数 Nimber of Enterprises	国有控股 State-holding	集体控投 Collective-holding	私人控股 Private-holding	港澳台商控股 Hong Kong, Macao and Taiwan-holding	外商控股 Foreign-holding	其他 Others
总 计	**Total**	**454804**	**11110**	**7111**	**390171**	**875**	**973**	**44564**
合 肥 市	Hefei	127603	2697	1138	112092	225	328	11123
淮 北 市	Huaibei	11443	330	144	10461	14	19	475
亳 州 市	Bozhou	23166	562	428	17959	9	12	4196
宿 州 市	Suzhou	22150	685	465	18000	41	16	2943
蚌 埠 市	Bengbu	22118	719	354	19426	64	33	1522
阜 阳 市	Fuyang	33338	672	514	26543	29	10	5570
淮 南 市	Huainan	19066	524	520	16649	23	17	1333
滁 州 市	Chuzhou	26020	559	560	22683	55	82	2081
六 安 市	Luan	23431	562	442	19064	32	24	3307
马鞍山市	Maanshan	23035	517	283	20875	55	82	1223
芜 湖 市	Wuhu	35380	714	372	31653	133	160	2348
宣 城 市	Xuancheng	19563	399	231	17205	38	46	1644
铜 陵 市	Tongling	12826	411	252	11506	40	18	599
池 州 市	Chizhou	13296	454	305	11113	33	26	1365
安 庆 市	Anqing	29637	756	818	24125	42	56	3840
黄 山 市	Huangshan	12732	549	285	10817	42	44	995

1—8 各市按注册类型分企业法人单位数（2015年）

Number of Business Entities the Status of Registration by Region (2015)

单位：个（unit）

地 区	Region	企业单位数 Nimber of Enterprises	内资企业 Domestic Funded Enterprises	国有企业 State-oened Enterprises	集体企业 Collective-owned Enterprises	有限责任公司 Limited Kiability Corporations
总 计	**Total**	**454804**	**452399**	**5415**	**3927**	**78623**
合肥市	Hefei	127603	126864	1033	568	13133
淮北市	Huaibei	11443	11389	173	84	1674
亳州市	Bozhou	23166	23125	359	239	5499
宿州市	Suzhou	22150	22077	424	285	5644
蚌埠市	Bengbu	22118	21999	420	201	4675
阜阳市	Fuyang	33338	33288	375	293	5637
淮南市	Huainan	19066	19010	299	320	2438
滁州市	Chuzhou	26020	25839	286	306	3820
六安市	Luan	23431	23357	289	249	3348
马鞍山市	Maanshan	23035	22854	216	186	1702
芜湖市	Wuhu	35380	35043	266	222	11733
宣城市	Xuancheng	19563	19440	181	97	3420
铜陵市	Tongling	12826	12748	165	158	2362
池州市	Chizhou	13296	13224	226	180	4102
安庆市	Anqing	29637	29517	415	407	5872
黄山市	Huangshan	12732	12625	288	132	3564

地 区	Region	股份有限公司 Share-holding Corporations Ltd.	私营 Private	其他 Others	港澳台商投资企业 Enterprises with Funds from Hong Kong, Macao and Taiwan
总 计	**Total**	**6665**	**306962**	**50807**	**1010**
合肥市	Hefei	1059	102646	8425	290
淮北市	Huaibei	157	8463	838	16
亳州市	Bozhou	433	11796	4799	16
宿州市	Suzhou	479	10819	4426	43
蚌埠市	Bengbu	376	14020	2307	66
阜阳市	Fuyang	690	18677	7616	28
淮南市	Huainan	288	13463	2202	27
滁州市	Chuzhou	349	17599	3479	76
六安市	Luan	439	14307	4725	30
马鞍山市	Maanshan	207	19072	1471	62
芜湖市	Wuhu	453	20886	1483	146
宣城市	Xuancheng	239	13727	1776	40
铜陵市	Tongling	181	8972	910	43
池州市	Chizhou	188	7349	1179	33
安庆市	Anqing	884	18077	3862	45
黄山市	Huangshan	243	7089	1309	49

1—9 国民经济和社会发展总量与速度指标

指　　标	Item	总量指标 2000
人口与就业	**Population and Employment**	
人　口	**Population**	
年底总人口　　(万人)	Population at the Year-end　　(10000 persons)	6278
#市镇人口	Urban	1758
乡村人口	Rural	4520
#男性人口	Male	3258
女性人口	Female	3020
出生人口　　(万人)	Births　　(10000 persons)	83.9
死亡人口　　(万人)	Deaths　　(10000 persons)	36.1
人口密度　　(人/平方公里)	Density of Population (person/sq.km)	448
年末总户数　　(万户)	Total Number of Households at the Year-end　　(10000 households)	1656.1
#乡村户数	Numbers of Rural Households	1294.6
就　业　　(万人)	**Employment　　(10000 persons)**	
经济活动人口	Economically Active Population	3530.9
从业人员	Employment	3450.7
#国有经济	State-owned Units	314.8
城镇集体经济	Urban of Other Types of Ownership	91.2
港澳台投资经济	Economic Units Funded by Entreneurs from Hong Kong Macao and Taiwan	2.3
外商投资经济	Foreign Funded Units	3.8
城镇私营经济	Urban Private Enteprises	37.6
城镇个体	Urban Self-employed Individuals	134.8
城镇非私营单位就业人员数	The Private Institutions in Cities and Towns of Employment	470.0
国有经济	State-owned Units	307.8
城镇集体经济	Urban of Other Types of Ownership	89.1
其他经济	Units of Other Types of Ownership	73.1
城镇登记失业人数	Registered Unemployed in Urban Areas	31.6
宏观经济	**Macroeconomic Indicator**	
国民经济核算　　(亿元)	**National Accounting　　(100 million yuan)**	
生产总值	Gross Domestic Product	2902.1
第一产业	Primary Industry	741.8
第二产业	Secondary Industry	1056.8
#工　　业	Industry	885.1
第三产业	Tertiary Industry	1103.5
支出法生产总值	Gross Domestic Expenditures	3041.2
#最终消费	Total Consumption	1947.8
居民消费	Resident Consumption	1615.4
政府消费	Public Consumption	332.3
资本形成总额	Total Investment	1095.0
固定资本形成	Fixed Assets	928.1
存货增加	Stock	166.9
固定资产投资　　(亿元)	**Investment in Fixed Assets　　(100 million yuan)**	
固定资产投资额	Fixed Assets Investment	866.7
#国有单位	State-owned Units	431.1
集体单位	Collective-owned Units	124.7
固定资产投资按产业分	Investment in Fixed Assets Grouped by Type of Industry	
#第一产业	Primary Industry	9.1
第二产业	Secondary Industry	232.9
第三产业	Tertiary Industry	624.7
#房地产开发	Real Estate Development	87.9

注：自2011年起，固定资产投资统计口径为500万元以上项目及房地产。

Principal Aggregate Indicators On National Economic and Social Development and Their Related Indices and Growth Rates

Aggregate Date				速度指标 (%) Indices and Growth Rates						
				指数 (2015年为以下各年) Index (2015 as Percentage of the Following Years)				平均增长速度 Average Annual Growth Rate		
2005	2010	2014	2015	2000	2005	2010	2014	2001—2005	2006—2010	2011—2015
6516	6827	6936	6949	110.7	106.6	101.8	100.2	0.7	0.9	0.4
2313	2949	3409	3509	199.6	151.7	119.0	102.9	5.6	5.0	3.5
4203	3878	3527	3440	76.1	81.8	88.7	97.5	-1.4	-1.6	-2.4
3388	3543	3610	3615	111.0	106.7	102.0	100.1	0.8	0.9	0.4
3127	3283	3326	3334	110.4	106.6	101.5	100.2	0.7	1.0	0.3
75.9	75.7	77.9	79.0	94.1	104.1	104.3	101.4	-2.0	-0.5	0.9
37.9	35.4	35.7	36.3	100.6	95.8	102.6	101.7	1.0	-1.4	0.5
465	487	495	496	110.7	106.7	101.8	100.2	0.7	1.0	0.4
1849.4	2093.4	2122.8	2131.7	128.7	115.3	101.8	100.4	2.2	2.5	0.4
1346.1	1424.3	1460.3	1478.2	114.2	109.8	103.8	101.2	0.8	1.1	0.7
3712.8	4096.8	4364.5	4384.0	124.2	118.1	107.0	100.4	1.0	2.0	1.4
3669.7	4050.0	4311.0	4342.1	125.8	118.3	107.2	100.7	1.2	2.0	1.4
208.7	206.0	198.8	189.1	60.1	90.6	91.8	95.1	-7.9	-0.3	-1.7
30.8	17.9	15.6	14.7	16.2	47.9	82.5	94.5	-19.5	-10.3	-3.8
3.7	7.0	16.7	15.9	689.3	428.5	226.8	95.0	10.0	13.6	17.8
6.7	14.7	20.9	19.8	521.8	295.9	135.3	95.0	12.0	17.0	6.2
86.5	133.3	272.4	325.0	864.5	375.8	243.8	119.3	18.1	9.0	19.5
123.6	264.1	382.9	423.1	313.9	342.3	160.2	110.5	-1.7	16.4	9.9
317.4	372.9	521.7	513.8	109.3	161.9	137.8	98.5	-7.6	3.3	6.6
199.2	206.0	198.8	189.1	61.4	94.9	91.8	95.1	-8.3	0.7	-1.7
28.2	17.9	15.6	14.7	16.5	52.3	82.5	94.5	-20.6	-8.7	-3.8
90.1	149.1	307.3	310.0	424.1	344.1	207.9	100.9	4.3	10.6	15.8
27.8	28.5	39.3	30.9	97.8	111.2	108.5	78.6	-2.5	0.5	1.6
5350.2	12359.3	20848.7	22005.6	513.0	312.6	166.9	108.7	10.4	13.4	10.8
966.5	1729.0	2392.4	2456.7	168.1	156.4	123.7	104.2	1.5	4.8	4.4
2245.9	6436.6	11077.7	10946.8	783.8	416.6	179.1	108.3	13.5	18.4	12.4
1837.4	5407.4	9455.5	9264.8	839.7	452.9	185.2	108.3	13.1	19.6	13.1
2137.8	4193.7	7378.7	8602.1	496.8	277.0	165.5	110.8	12.4	10.8	10.6
5350.2	12359.3	20848.7	22005.6							
3006.7	6213.1	10136.8	10970.5							
2399.4	4873.4	7839.2	8522.5							
607.3	1339.8	2297.6	2448.0							
2354.1	6171.5	10905.8	11312.3							
2214.0	6061.1	10723.8	11106.5							
140.0	110.5	181.9	205.8							
2521.0	11849.4	21256.3	23965.6				112.7	23.8	37.5	20.3
880.6	3061.3	4661.0	4994.3				107.2	15.4		
48.4	323.9	287.5	294.8				102.5	-17.2		
75.4	221.6	542.0	763.3				140.8	52.6		
995.1	5617.4	9417.8	10699.4				113.6	33.7		
1450.4	6010.5	11296.5	12502.9				110.7	18.3		
459.4	2251.8	4339.0	4424.9				102.0	39.2	37.4	14.5

a) Since 2011, the statistical caliber of investment in fixed assets was projects and real estate over 5 million yuan.

1—9 续表1 continued

指 标		Item		总量指标 2000
财 政	**(亿元)**	**Public Finance**	**(100 million yuan)**	
财政收入		Total Revenue		290.4
中 央		Central Covernment		111.7
地 方		Local Governments		178.7
#增值税		Value-added Tax		26.3
营业税		Operation Tax		32.0
企业所得税		Enterprises' Income Tax		23.4
财政支出		Total Expenditures		323.5
地 方		Local Governments		323.5
#一般公共服务		General Public Service		
教 育		Education		
社会保障和就业		Social Security and Employment		
物价总指数	**(上年=100)**	**Price Indices**	**(preceding year=100)**	
商品零售价格指数		Retail Price Index		98.0
居民消费价格指数		Consumer Price Index		100.7
农业生产资料价格指数		Price Indices of Agricultural Means of Production		98.2
农产品生产价格指数		Production Price Indices of Agricultural Products		
工业生产者出厂价格指数		Ex-factory Industrial Producer Price Index		98.9
工业生产者购进价格指数		Industrial Producer Purchasing Price Index		102.6
固定资产投资价格指数		Price Indices of Investment in Fixed Assets		101.6
利用外资	**(万美元)**	**Utilization of Foreign Capital**	**(USD 10000)**	
外商直接投资合同金额		The Contract Amount of Foreign Investment		63602
实际利用外商直接投资额		The Actual Use of Foreign Direct Investment		31847
能源生产与消费	**(万吨标准煤)**	**Production and Consumption of Energy**	**(10000 tons of SCE)**	
能源生产总量		Total Energy Production		3436.1
能源消费总量		Total Energy Consumption		4878.8
产 业		**Industry**		
农 业		**Agriculture**		
耕地面积	(千公顷)	Cultivated Areas	(1000 hectares)	
总播种面积	(千公顷)	Total Sown Area	(1000 hectares)	8418.0
#粮食播种面积		Sown Area of Grain Crops		5565.6
农林牧渔业总产值	(亿元)	Gross Output Value of Farming, Forestry, Animal Husbandry and Fishery	(100 million yuan)	1220.0
主要农产品产量		Output of Major Farm Products		
粮 食	(万吨)	Grain	(10000 tons)	2472.0
棉 花	(万吨)	Cotton	(10000 tons)	28.5
油 料	(万吨)	Oil-bearing Crops	(10000 tons)	285.1
黄红麻	(万吨)	Jute and Ambary Hemp	(10000 tons)	2.2
烤 烟	(万吨)	Flue-cured Tobacco	(10000 tons)	3.1
茶 叶	(万吨)	Tea	(10000 tons)	4.5
猪 肉	(万吨)	Pork	(10000 tons)	198.5
牛 肉	(万吨)	Beef	(10000 tons)	31.9
羊 肉	(万吨)	Mutton	(10000 tons)	11.2
肉猪出栏	(万头)	Number of Slaughtered Fattened Hogs	(10000 heads)	2393.2
奶 类	(万吨)	milk	(10000 tons)	4.1
水产品	(万吨)	Aquatic Products	(10000 tons)	159.8
农业机械总动力	(万千瓦)	Total Agricultural Machinery Power	(10000 kw)	2975.9
有效灌溉面积	(千公顷)	Irrigated Area	(1000 hectares)	3197.4
化肥使用量	(万吨)	Consumption of Chemical Fertilizers	(10000 tons)	253.2
农村用电量	(亿千瓦时)	Electricity Consumed in Rural Areas	(100 million kwh)	45.8

Aggregate Date				速度指标 (%) Indices and Growth Rates						
2005	2010	2014	2015	指　数 (2015年为以下各年) Index (2015 as Percentage of the Following Years)				平均增长速度 Average Annual Growth Rate		
				2000	2005	2010	2014	2001—2005	2006—2010	2011—2015
656.6	2063.8	3663.0	4012.2	1381.6	611.1	194.4	109.5	17.7	25.7	14.2
277.0	831.8	1284.1	1339.3	1199.0	483.5	161.0	104.3	19.9	24.6	10.0
334.0	1149.4	2218.4	2454.3	1373.4	734.8	213.5	110.6	13.3	28.0	16.4
57.7	129.5	260.5	273.1	1038.4	473.3	210.9	104.8	17.0	17.5	16.1
78.1	291.9	540.0	586.8	1833.8	751.3	201.0	108.7	19.5	30.2	15.0
30.1	106.6	218.3	235.6	1006.7	782.6	221.0	107.9	5.2	28.8	17.2
713.1	2587.6	4664.1	5239.0	1619.5	734.7	202.5	112.3	17.1	29.4	15.2
713.1	2587.6	4664.1	5239.0	1619.5	734.7	202.5	112.3	17.1	29.4	15.2
	273.7	408.2	400.1			146.2	98.0			7.9
	386.3	743.1	856.7			221.8	115.3			17.3
	334.2	575.8	691.5			206.9	120.1			15.7
100.6	103.2	100.4	99.7	128.9	124.7	108.9	99.7	0.7	2.7	1.7
101.4	103.1	101.6	101.3	141.2	131.6	113.8	101.3	1.4	2.9	2.6
108.3	102.0	99.6	101.6	188.9	158.9	122.9	101.6	3.5	5.3	4.2
98.7	110.8	100.2	99.8	221.1	172.1	120.5	99.8	5.1	7.4	3.8
103.3	109.0	97.4	93.9	127.6	112.1	95.7	93.9	2.6	3.2	-0.9
107.1	111.8	97.2	93.5	162.0	125.3	95.8	93.5	5.3	5.5	-0.9
101.0	105.4	100.3	96.9	140.8	126.3	106.3	96.9	2.2	3.5	1.2
155358	216462	310969	393800	619.2	253.5	181.9	126.6	19.6	6.9	12.7
68845	501446	1233978	1361945	4276.5	1978.3	271.6	110.4	10.6	48.8	22.1
6215.4	9689.3	9413.3	9972.6	290.2	160.5	102.9	105.9	12.6	9.3	0.6
6506.0	9706.6	12011.0	12332.0	252.8	189.5	127.0	102.7	5.9	8.3	4.9
		5876.4	5876.6				100.0			
8755.2	9054.9	8945.5	8950.5	106.3	102.2	98.8	100.1	0.8	0.7	-0.2
5988.1	6616.4	6628.9	6632.9	119.2	110.8	100.2	100.1	1.5	2.0	0.05
1666.2	2955.4	4223.7	4390.8	178.5	160.1	123.7	109.0	2.2	5.3	4.3
2605.3	3080.5	3415.8	3538.1	143.1	135.8	114.9	103.6	1.1	3.4	2.8
31.1	31.6	26.3	23.4	82.0	75.1	74.0	88.8	1.8	0.3	-5.9
270.7	227.6	228.8	227.9	79.9	84.2	100.1	99.6	-1.0	-3.4	0.02
1.9	1.2	1.3	1.3	59.0	68.3	104.7	103.2	-2.9	-8.2	0.9
2.5	2.9	4.3	4.2	134.4	166.6	142.9	97.7	-4.2	3.1	7.4
6.0	8.3	11.1	11.3	250.9	188.2	136.0	101.5	5.9	6.7	6.3
231.7	238.8	264.8	259.1	130.5	111.8	108.5	97.9	3.1	0.6	1.6
31.5	18.3	17.9	16.2	50.8	51.4	88.5	90.5	-0.3	-10.3	-2.4
17.6	14.2	15.5	16.6	148.0	94.2	116.8	107.0	9.5	-4.2	3.1
2812.1	2782.1	3089.2	2979.2	124.5	105.9	107.1	96.4	3.3	-0.2	1.4
11.0	20.5	27.9	30.6	743.4	277.2	149.4	109.9	21.8	13.2	8.4
177.6	193.3	223.7	230.4	144.2	129.7	119.2	103.0	2.1	1.7	3.6
3983.8	5409.8	6365.8	6581.0	221.1	165.2	121.6	103.4	6.0	6.3	4.0
3330.8	3519.8	4331.7	4400.3	137.6	132.1	125.0	101.6	0.8	1.1	4.6
285.7	319.8	341.4	338.7	133.8	118.5	105.9	99.2	2.4	2.3	1.2
64.2	107.4	147.5	156.7	342.2	244.2	145.9	106.2	7.0	10.8	7.9

1—9 续表2 continued

指　　标		Item		总量指标 2000
工　业（规模以上）		**Industry**		
主要工业产品产量		Output of Major Industrial Products		
布	(亿米)	Cloth	(100 million m)	7.4
家用电冰箱	(万台)	Household Refrigerators	(10000 units)	169.9
房间空气调节器	(万台)	Air Conditioners	(10000 units)	115.8
家用洗衣机	(万台)	Household Washing Machines	(10000 units)	131.7
彩色电视机	(万部)	Colour Television Sets	(10000 units)	156.1
原　煤	(亿吨)	Coal	(100 million tons)	0.5
发电量	(亿千瓦时)	Electricity	(100 million kwh)	368.1
粗　钢	(万吨)	Crude Steel	(10000 tons)	460.6
钢　材	(万吨)	Rolled Steel	(10000 tons)	431.7
水　泥	(万吨)	Cement	(10000 tons)	2136
企业单位数	(个)	Number of Industrial Enterprises	(unit)	3680
#大型企业		Large		193
工业总产值	(亿元)	Gross Industrial Output Value	(100 million yuan)	1661.4
工业增加值	(亿元)	Value Added of Industry	(100 million yuan)	507.4
资产总计	(亿元)	Total Assets	(100 million yuan)	2977.9
负债合计	(亿元)	Total Liabilities	(100 million yuan)	1855.1
主营业务收入	(亿元)	Revenue from principal Business	(100 million yuan)	1688.1
利润总额	(亿元)	Total Profits	(100 million yuan)	38.2
建 筑 业		**Construction**		
企业单位数	(个)	Number of Enterprises	(unit)	
企业从业人员	(万人)	Number of Persons Engaged	(10000 persons)	
建筑业总产值	(亿元)	Gross Output Value	(100 million yuan)	
房屋建筑施工面积	(万平方米)	Floor Space of Buildings Under Construction	(10000 sq.m)	4631.3
房屋建筑竣工面积	(万平方米)	Floor Space of Buildings Completed	(10000 sq.m)	2595.3
#住宅面积		Residential Buildings		1448.0
交通运输		**Transportation**		
货 运 量	(万吨)	Freight Traffic	(10000 tons)	44536
铁　路		Railways		6473
公　路		Highways		32740
水　运		Waterways		5320
民　航		Total Civil Aviation Routes		1.5
客 运 量	(万人)	Passenger Traffic	(10000 persons)	62033
铁　路		Railways		2994
公　路		Highways		58026
水　运		Waterways		860
民　航		Total Civil Aviation Routes		153
内河港口货物吞吐量	(万吨)	Volume of Freight Handled in Major Ports	(10000 tons)	7114
公路里程	(公里)	Total Length of Highways	(km)	44493
等级公路里程	(公里)	Length of Expressway and Class Ⅰ to Ⅳ Highway	(km)	42579
邮电通信业		**Postal and Telecommunication Services**		
邮电业务总量	(亿元)	Total Business Revenue	(100 million yuan)	120.1
函　件	(亿件)	Number of Letters Delivered	(100 million pieces)	1.9
报刊期发数	(万份)	Number of Newspapers and Magazines Distributed	(10000 copies)	929.8
交换机容量	(万门)	Capacity of Office Telephone Exchanges	(10000 lines)	717.1
移动电话年末用户	(万户)	Number of Mobile Telephone Subsecribers at Year-end	(10000 subscribers)	209.1
固定电话年末用户	(万户)	Number of Fixed Telephone Subsecribers at Year-end	(10000 subscribers)	483.8
城　市		Urban		273.0
农　村		Rural		210.8
公用电话	(万户)	Public Telephone	(10000 subscribers)	10.9

注：自2011年起，规模以上工业企业统计范围为年主营业务收入2000万元及以上工业企业。

Aggregate Date				速度指标 (%) Indices and Growth Rates						
				指 数 (2015年为以下各年) Index (2015 as Percentage of the Following Years)				平均增长速度 Average Annual Growth Rate		
2005	2010	2014	2015	2000	2005	2010	2014	2001—2005	2006—2010	2011—2015
5.6	10.9	11.6	14.1	191.0	251.2	130.1	121.4	-5.3	14.1	5.4
530.4	2078.9	2765.8	2888.2	1699.9	544.5	138.9	104.4	25.6	31.4	6.8
515.0	1666.1	3040.6	3176.1	2742.7	616.7	190.6	104.5	34.8	26.5	13.8
441.8	1267.0	1528.7	1725.2	1309.9	390.5	136.2	112.9	27.4	23.5	6.4
374.4	395.3	602.2	1176.9	753.9	314.3	297.7	195.4	19.1	1.1	24.4
0.8	1.3	1.3	1.3	279.8	158.9	102.9	104.7	12.0	9.1	0.6
645.7	1443.9	1992.9	2034.2	552.6	315.0	140.9	102.1	11.9	17.5	7.1
1105.6	1853.8	2451.4	2506.0	544.1	226.7	135.2	102.2	19.1	10.9	6.2
1141.6	2446.4	3265.7	3334.7	772.5	292.1	136.3	102.1	21.5	16.5	6.4
3218	7874	12913	13085	612.6	406.6	166.2	101.3	8.5	19.6	10.7
5277	16277	17762	19077	518.4	361.5	117.2	107.4	7.5	25.3	3.2
61	100	283	278	144.0	455.7	278.0	98.2	-20.6	10.4	22.7
4567.2	18732.0	37420.6	39875.7							
1483.8	5290.6	9302.8	9589.2							
5067.1	15930.3	28831.5	31360.0	1053.1	618.9	196.9	108.8	11.2	25.7	14.5
3029.0	9565.9	16718.7	18028.2	971.8	595.2	188.5	107.8	10.3	25.9	13.5
4523.3	18164.6	36838.4	39064.4	2314.1	863.6	215.1	106.0	21.8	32.1	16.5
218.2	1445.6	1943.6	2000.1	5235.9	916.6	138.4	102.9	41.7	46.0	6.7
1946	2469	2807	2867		147.3	116.1	102.1	4.4	4.9	3.0
98.6	158.0	171.6	168.8		171.2	106.9	98.4	6.7	9.9	1.3
923.1	2865.0	5482.9	5695.9		617.0	198.8	103.9	25.0	25.4	14.7
9869.5	23295.7	39488.4	41479.7	895.6	420.3	178.1	105.0	16.3	18.7	12.2
5081.3	10512.4	15339.4	15553.6	599.3	306.1	148.0	101.4	14.4	15.6	8.1
3073.9	6461.5	10183.0	10501.8	725.3	341.6	162.5	103.1	16.2	16.0	10.2
67128	228106	434300	345756	776.4	515.1	151.6	79.6	8.6	27.7	8.7
10386	12091	10488	10158	156.9	97.8	84.0	96.9	9.9	3.1	-3.4
49614	183658	315223	230649	704.5	464.9	125.6	73.2	8.7	29.9	4.7
7125	32355	108587	104947	1972.7	1472.9	324.4	96.6	6.0	35.3	26.5
3.0	2.2	2.4	2.3	152.6	76.3	105.0	97.0	14.9	-6.2	1.0
72871	159597	139823	87107	140.4	119.5	54.6	62.3	3.3	17.0	-11.4
3486	5552	7972	8553	285.7	245.4	154.0	107.3	3.1	9.8	9.0
68927	153697	131403	78072	134.5	113.3	50.8	59.4	3.5	17.4	-12.7
244	139	178	185	21.5	75.8	133.1	103.9	-22.3	-10.6	5.9
214	208	270	297	194.2	138.8	142.7	109.8	6.9	-0.6	7.4
17157	32502	43838	48044	675.3	280.0	147.8	109.6	19.3	13.6	8.1
72807	149382	174373	186940	420.2	256.8	125.1	107.2	10.4	15.5	4.6
67083	142340	169639	182877	429.5	272.6	128.5	107.8	9.5	16.2	5.1
284.0	300.3	586.0	740.0	616.0	260.6	246.4	126.3	18.8		19.8
2.1	2.1	1.2	0.8	43.5	39.8	39.7	71.1	1.8	平	−16. 9
738.0	602.2	689.0	597.0	64.2	80.9	99.1	86.6	-4.5	-4.0	-0.2
1611.7	1214.9	917.1	634.0	88.4	39.3	52.2	69.1	17.6	-5.5	-12.2
1046.9	2798.7	4216.0	4232.6	2024.5	404.3	151.2	100.4	38.0	21.7	8.6
1349.5	1231.0	839.8	739.4	152.8	54.8	60.1	88.0	22.8	-1.8	-9.7
680.0	612.9	532.3	505.3	185.1	74.3	82.5	94.9	20.0	-2.1	-3.8
669.5	618.1	307.6	234.1	111.0	35.0	37.9	76.1	26.0	-1.6	-17.6
65.5	87.9	72.7	59.2	541.6	90.4	67.4	81.5	43.1	6.1	-7.6

a) Since 2011, the statistical scope of the industrial enterprises were industrial companies with revenue from principal business over 20 million yuan.

1—9 续表3 continued

指 标		Item		总量指标 2000
国内商业		**Domestic Trade**		
社会消费品零售总额	(亿元)	Total Retail Sales of Consumer Goods	(100 million yuan)	1077.8
#餐饮收入		Catering income		
商品零售		Commodity retail		
批发零售业购进总额	(亿元)	Total Goods Purchases of Enterprises in Wholesale and Retail Sale Trade	(100 million yuan)	1901.1
批发零售业销售总额	(亿元)	Total Sales of Enterprises in Wholesale and Retail Sale Trade	(100 million yuan)	1764.0
批发零售业库存总额	(亿元)	Total Inventory of Enterprises in Wholesale and Retail Sale Trade	(100 nillion yuan)	393.8
对外经济贸易		**Foreign Trade**		
进出口总额	(万美元)	Total Exports and Tourists	(USD 10000)	334689
进口额		Imports		117483
出口额		Exports		217206
国际旅游		**International Tourism**		
入境旅游人数	(万人次)	Total Number of Tourists	(10000 persons)	31.8
#外国人		Foreigners		16.8
旅游外汇收入	(万美元)	Foreign Exchange Earnings from Tourism	(USD 10000)	8621
旅游星级宾馆个数	(个)	Number of Tourist Hotel of Star Class	(unit)	163
金融保险		**Finance and Insurance**		
金融机构人民币存款余额	(亿元)	Financial Institutions Renminbi Deposit Balance	(100 million yuan)	2485.5
#单位存款		Unit Deposits		
个人储蓄存款		Personal Saving Deposits		1447.2
金融机构人民币贷款余额	(亿元)	Financial Institutions RMB Loan Balance	(100 million yuan)	2385.0
#个人贷款及透支		Individual Loan and Overdrawing		
单位贷款及透支		Unit Loan and Overdrawing		
#经营贷款		Management Loan		
保险公司保费收入	(亿元)	Income From Premium of Insurance Companies	(100 million yuan)	38.2
保险公司赔款及给付	(亿元)	Amount Reparations of Insurance Companies	(100 million yuan)	12.3
教育、科技、文化		**Education, Science and Technology and Culture**		
教 育		**Education**		
幼儿园数	(个)	Number of Kindergartens	(unit)	3932
入园儿童数	(万人)	Student Enrollment in Kingdergartens	(10000 persons)	116.19
学龄儿童入学率	(%)	Percentage of School-age Children Enrolled	(%)	99.67
专任教师数	(万人)	Full-time Teachers	(10000 persons)	
普通高等学校		Regular Institutions of Higher Education		1.51
中等专业学校		Specialized Secondary Schools		0.88
普通中学		Regular Secondary Schools		15.81
#高 中		Senior Secondary Schools		2.92
职业中学		Vocational Secondary Schools		1.94
小 学		Primary Schools		27.37

Aggregate Date				速度指标　(%)　Indices and Growth Rates						
2005	2010	2014	2015	指　数　(2015年为以下各年) Index (2014 as Percentage of the Following Years)				平均增长速度 Average Annual Growth Rate		
				2000	2005	2010	2014	2001—2005	2006—2010	2011—2015
1776.7	4300.5	7957.0	8908.0	826.5	501.4	207.1	112.0	10.5	19.3	15.7
	527.9	924.1	995.9			188.6	107.8			
	3772.6	7032.9	7912.1			209.7	112.5			
1513.1	4653.0	8463.6	8389.5	441.3	554.5	180.3	99.1	-4.5	25.2	12.5
1615.5	5144.1	9427.5	9454.9	536.0	585.3	183.8	100.3	-1.7	26.1	12.9
116.2	397.5	755.6	757.1	192.3	651.6	190.5	100.2	-21.7	27.9	13.8
911971	2427677	4927279	4880808	1458.3	535.2	201.0	99.1	22.2	21.6	15.0
392933	1186388	1777970	1569384	1335.8	399.4	132.3	88.3	27.3	24.7	5.8
519038	1241288	3149309	3311424	1524.6	638.0	266.8	105.1	19.0	19.1	21.7
63.3	198.4	405.1	444.6	1398.2	702.4	224.1	109.8	14.8	25.7	17.5
41.1	117.4	232.9	259.2	1543.7	630.6	220.8	111.3	19.6	23.4	17.2
18559	82025	196026	226287	2624.8	1219.3	275.9	115.4	16.6	34.6	22.5
373	453	466	441	270.6	118.2	97.4	94.6	18.0	4.0	-0.5
5993.8	16366.1	29817.7	34482.9	1387.4	575.3	210.7	115.6	19.2	22.2	16.1
		13643.2								
3508.7	7788.5	14599.4						19.4	17.3	
4313.6	11452.3	22088.3	25489.1	1068.7	590.9	222.6	115.4	12.6	21.6	17.4
	907.9	1771.2								
	2984.6	5633.6								
	2901.6	5618.6								
133.2	438.2	572.3	698.9	1829.6	524.7	159.5	122.1	28.4	26.9	9.8
30.4	104.6	234.4	276.9	2251.2	910.9	264.7	118.1	19.8	28.0	21.5
2715	4018	6564	6988	177.7	257.4	173.9	106.5	-7.1	8.2	11.7
72.38	100.82	172.91	185.65	159.8	256.5	184.1	107.4	-9.0	6.9	13.0
99.54	99.93	99.98	99.96							
3.24	4.93	5.65	5.81	384.8	179.3	117.9	102.8	16.5	8.8	3.3
0.61	0.77	1.15	1.11	126.1	182.0	143.3	96.7	-7.1	4.9	7.5
19.70	23.01	23.04	22.72	143.7	115.3	98.8	98.6	4.5	3.2	-0.2
5.11	6.69	7.52	7.63	261.3	149.3	114.1	101.4	11.8	5.5	2.7
1.73	1.40	1.72	1.61	83.0	93.1	115.2	93.3	-2.3	-4.2	2.9
25.95	24.57	23.79	23.83	87.1	91.8	97.0	100.2	-1.1	-1.1	-0.6

1—9 续表4 continued

指标		Item		总量指标 2000
在校学生数	（万人）	Student Enrollment	(10000 persons)	
普通高等学校		Regular Institutions of Higher Education		18.24
中等专业学校		Specialized Secondary Schools		19.19
普通中学		Regular Secondary Schools		358.32
#高　中		Senior Secondary Schools		54.14
职业中学		Vocational Secondary Schools		45.28
小　学		Primary Schools		644.24
在校学生毕业生数	（万人）	Graduates of Student Enrollment	(10000 persons)	
普通高等学校		Regular Institutions of Higher Education		2.59
中等专业学校		Specialized Secondary Schools		6.04
普通中学		Regular Secondary Schools		102.31
#高　中		Senior Secondary Schools		13.15
职业中学		Vocational Secondary Schools		14.83
小　学		Primary Schools		121.20
预算内教育经费支出	（亿元）	Government Expenditures on Education	(100 million yuan)	53.99
科　技		**Science and Technology**		
科技活动人员	（万人）	Personnel Engaged in S&T Activities	(10000 persons)	9.72
研究与试验发展经费支出	（亿元）	Expenditures on Research and Development	(100 million yuan)	20.02
技术市场成交额	（万元）	Volume of Transaction in Technical Markets	(10000 yuan)	61011
文　化		**Culture**		
出版数量		Publicatons		
图　书	（万册）	Number of Books Published	(10000 copies)	30992
杂　志	（万册）	Number of Magazines Issued	(10000 copies)	7736
报　纸	（万份）	Number of Newspapers Issued	(10000 copies)	76083
公共图书馆	（个）	Number of Public Libraries	(unit)	84
公共图书馆藏书量	（万册）	Total Collections of Public Libraries	(10000 volumes)	787.4
电视节目制作时间	（小时）	Production Hours of TV Programs	(hours)	24833
广播覆盖率	（%）	Broadcast Covering Rate	(%)	94.8
电视覆盖率	（%）	TV Covering Rate	(%)	93.8
家庭、生活、环境		**Family, People's Livelihood and Environment**		
家　庭		**Family**		
城镇居民平均每户人口	（人）	Average Household Size in Urban Areas	(person)	3.08
农村居民平均每户人口	（人）	Average Household Size in Rural Areas	(person)	4.18
婚　姻	**（万对）**	**Marriages and Divorces**	**(10000 couple)**	
结婚数		Number of Marriages		49.20
离婚数		Number of Divorces		4.27
居　住	**（平方米）**	**Housing**	**(sq.m)**	
城镇居民人均居住面积		Per Capita Gross Floor Space of Urban Residents		14.76
农村居民人均居住面积		Per Capita Net Floor Space of Rural Residents		22.16
生　活		**People's Livelihood**		
城镇居民人均可支配收入	（元）	Per Capita Annual Disposable Income of Urban Households	(yuan)	
城镇居民人均消费性支出	（元）	Per Capita Annual Living Expenditures of Urban Residents	(yuan)	
#食品支出		Food		
农村居民人均可支配收入	（元）	Rural Residents per Capita Disposable Income	(yuan)	
农村居民人均生活费支出	（元）	Per Capita Annual Living Expenditures of Rural Residents	(yuan)	
#食品支出		Food		

Aggregate Date				速度指标 (%) Indices and Growth Rates						
2005	2010	2014	2015	指　数 (2015年为以下各年) Index (2014 as Percentage of the Following Years)				平均增长速度 Average Annual Growth Rate		
				2000	2005	2010	2014	2001—2005	2006—2010	2011—2015
58.91	93.90	108.05	113.07	619.9	191.9	120.4	104.6	26.4	9.8	3.8
18.55	28.93	26.99	27.53	143.5	148.4	95.2	102.0	-0.7	9.3	-1.0
460.86	406.58	312.54	303.63	84.7	65.9	74.7	97.1	5.2	-2.5	-5.7
116.90	127.60	120.13	113.55	209.7	97.1	89.0	94.5	16.6	1.8	-2.3
54.78	48.68	37.65	30.90	68.2	56.4	63.5	82.1	3.9	-2.3	-8.7
584.11	460.44	415.14	422.50	65.6	72.3	91.8	101.8	-1.9	-4.6	-1.7
11.70	23.22	29.99	29.25	1129.3	250.0	126.0	97.5	35.2	14.7	4.7
3.78	9.61	8.25	8.49	140.6	224.6	88.3	102.9	-8.9	20.5	-2.5
142.61	136.57	109.57	107.39	105.0	75.3	78.6	98.0	6.9	-0.9	-4.7
30.10	44.38	42.94	43.30	329.3	143.9	97.6	100.8	18.0	8.1	-0.5
14.51	17.76	14.88	13.54	91.3	93.3	76.2	91.0	-0.4	4.1	-5.3
116.25	87.41	63.41	64.32	53.1	55.3	73.6	101.4	-0.8	-5.5	-6.0
117.40	436.06	818.78	951.43	1762.2	810.4	218.2	116.2	16.8	30.0	16.9
8.94	23.65	36.51	35.98	370.2	402.5	152.1	98.5	-1.7	21.5	8.8
45.61	163.72	393.61	431.75	2156.6	946.6	263.7	109.7	17.9	29.1	21.4
142553	461470	1698343	1905334	3122.9	1336.6	412.9	112.2	18.5	26.5	32.8
25220	23891	25579	27329	88.2	108.4	114.4	106.8	-4.0	-1.1	2.7
5804	5842	5627	5251	67.9	90.5	89.9	93.3	-5.6	0.1	-2.1
98134	116988	121176	104830	137.8	106.8	89.6	86.5	5.2	3.6	-2.2
88	88	113	122	145.2	138.6	138.6	108.0	0.9	平	6.8
847.4	1235.8	1753.4	1942.4	246.7	229.2	157.2	110.8	1.5	7.8	9.5
58725	82427	76278	77470	312.0	131.9	94.0	101.6	18.8	7.0	-1.2
95.6	97.3	98.6	98.8							
95.0	97.5	98.7	98.9							
2.95	2.84	2.94	2.95							
4.08	4.03	3.04	3.02					-0.5	-0.2	
43.94	65.09	79.89	73.80	150.0	168.0	113.4	92.4	-2.2	8.2	2.5
5.75	13.24	20.42	18.12	424.4	315.1	136.9	88.7	6.1	18.1	6.5
19.90	31.55	35.13	34.71	235.2	174.4	110.0	98.8			
27.00	32.05	44.67	46.76	211.0	173.2	145.9	104.7			
		24839	26936				108.4			
		16107	17234				107.0			
		5360	5802				108.2			
		9916	10821				109.1			
		7981	8975				112.5			
		2842	3212				113.0			

1—9 续表5 continued

指　　标	Item	总量指标 2000
工资、居民生活和保障	**Wages, Living and Pprotection**	
城镇非私营单位就业人员工资总额 （亿元）	Total Wages of Employed Persons of Urban Non-private Owned Units (100 million yuan)	275.53
国有单位	State-owned Units	201.58
城镇集体单位	Urban Collective-ownad Units	31.74
其他单位	Units of Other Types of Ownership	42.20
城镇非私营单位就业人员平均工资 （元）	Average Wage of Employed Persons of Urban Non-private Owned Units (yuan)	6989
城镇居民最低生活保障人数 （人）	Number of Subsistence Allowances for Urban Residents (person)	126460
农村居民最低生活保障人数 （人）	Number of Subsistence Allowances for Rural Residents (person)	102973
卫　生	**Health Care**	
卫生机构数 （个）	Number of Health Institutions (unit)	6705
医院、卫生院	Hospitals	2953
疾病防治中心	Disease Prevention and Controlling	166
妇幼保健站	Maternity and Child Care Centers	110
卫生机构床位数 （张）	Number of Beds in Health Institutions (unit)	123873
#医院、卫生院	Hospitals	114921
卫生机构人员数 （人）	Number of Persons Engaged in Health Institutions (person)	188278
专业卫生技术人员 （人）	Number of Technical Personnel in Hospitals (person)	153808
#执业（助理）医师	Licensed (Assistant) Doctors	69943
注册护士	Registered Nurse	41226
市政建设	**City Construction**	
供水管道长度 （公里）	Length of Water Supply Pipelines (km)	6236
供水总量 （万立方米）	Total Annual Volume of Water Supply (10000 cu.m)	200918
#居民家庭用水	Household Water	61398
天然气供气量 （万立方米）	Supply of Natural Gas (10000 cu.m)	600
#家庭用量	Consumption of Coal Gas for Residential Use	560
液化石油气供气量 （吨）	Liquefied Petroleum Gas (ton)	458621
#家庭用量	Consumption of Liquefied Gas for Residential Use	167146
污水排放量 （万立方米）	Volume of Sewage Discharged (10000 cu.m)	104871
污水处理厂处理量 （万立方米）	Sewage Treatment Plant Capacity (10000 cu.m)	40660
排水管长度 （公里）	Length of Drainage (km)	4120
生活垃圾清运量 （万吨）	Volume of Garbage Swept Away (10000 tons)	327.0
生活垃圾无公害处理量 （万吨）	Volume of Garbage Treated (10000 tons)	165.0
公共汽（电）车总数 （辆）	Total Number of Public Buses and Trolley Buses (unit)	6359
出租汽车数 （辆）	Number of Taxis (unit)	31998
铺装道路长度 （公里）	Length of Paved Roads (km)	5954
公园面积 （公顷）	Area of Parks (hectare)	3472
园林绿地面积 （公顷）	Area of Urban Green Areas (hectare)	32852
建成区绿化覆盖率 （%）	Afforestation Covering Rate in the Constructed Area (%)	27.1
环境、灾害	**Environment and Disaster**	
污染治理项目本年完成投资额（万元）	Actual Investment in Implemrnyation of the Project for Pollution Treatment in the Project (10000 yuan)	56470
化学需氧量排放量 （万吨）	Amount of CoD Discharged (10000 tons)	44.4
二氧化硫排放量 （万吨）	Volume of Sulphur Dioxide Emission (10000 tons)	57.1
突发环境事件次数 （次）	Number of Environmental Accidents (time)	66
环境污染直接经济损失 （万元）	Losses Converted Into Cash (10000 yuan)	802.0
火灾事故发生数 （起）	Number of Fire Disasters (cases)	6099
火灾伤亡人数 （人）	Number of Casualties in Fire Disasters (person)	227
火灾损失金额 （万元）	Fire Loss (10000 yuan)	6819.4
交通事故发生数 （起）	Number of Traffic Accidents (cases)	25809
交通受伤人数 （人）	Number of Injured in Traffic Accidents (person)	20096
交通死亡人数 （人）	Number of Death in Traffic Accidents (person)	3782
交通事故损失金额 （万元）	Loss of Traffic Accidents (10000 yuan)	7970.0

Aggregate Date				速度指标 (%) Indices and Growth Rates						
2005	2010	2014	2015	指 数 (2015年为以下各年) Index (2015 as Percentage of the Following Years)				平均增长速度 Average Annual Growth Rate		
				2000	2005	2010	2014	2001—2005	2006—2010	2011—2015
484.13	1225.12	2631.60	2823.84	1024.9	583.3	230.5	107.3	11.9	20.4	3.8
307.16	691.48	1027.12	1135.30	563.2	369.6	164.2	110.5	8.8	17.6	10.4
27.69	42.56	64.36	69.69	219.6	251.7	163.7	108.3	-2.7	9.0	10.4
149.28	491.07	1540.12	1618.86	3836.2	1084.4	329.7	105.1	28.7	26.9	26.9
15334	33341	50894	55139	788.9	359.6	165.4	108.3	17.0	16.8	10.6
977182	883944	724051	646672	511.4	66.2	73.2	89.3	50.5	-2.0	-6.1
251183	2146238	2089224	1963293	1906.6	781.6	91.5	94.0	19.5	53.6	-1.8
32044	23019	24824	24853		77.6	108.0	100.1		-6.4	1.5
2663	2167	2367	2401	81.3	90.2	110.8	101.4	-1.9	-4.1	2.1
132	124	121	121	72.9	91.7	97.6	100.0	-4.5	-1.2	-0.5
117	119	121	121	110.0	103.4	101.7	100.0	1.2	0.3	0.3
127179	186116	252058	267405	215.9	210.3	143.7	106.1	0.5	7.9	7.5
119625	171389	238631	253716	220.8	212.1	148.0	106.3	0.8	7.5	8.2
193973	247493	365650	377387	200.4	194.6	152.5	103.2	0.6	5.0	8.8
159788	205403	267964	280768	182.5	175.7	136.7	104.8	0.8	5.2	6.5
66102	81097	103738	107792	154.1	163.1	132.9	103.9	-1.1	4.2	5.9
47329	76550	111544	119303	289.4	252.1	155.8	107.0	2.8	10.1	9.3
8745	14730	22247	23842	382.3	272.6	161.9	107.2	7.0	11.0	10.1
206386	160816	167781	174263	86.7	84.4	108.4	103.9	0.5	-4.9	1.6
49728	50889	64145	68319	111.3	137.4	134.3	106.5	-4.1	0.5	6.1
11564	112190	219684	234585	39097.5	2028.6	209.1	106.8	80.7	57.5	15.9
5123	25154	70415	71773	12816.6	1401.0	285.3	101.9	55.7	37.5	23.3
613614	615770	752627	736312	160.5	120.0	119.6	97.8	6.0	0.1	3.6
195508	166335	123246	104259	62.4	53.3	62.7	84.6	3.2	-3.2	-8.9
126761	124449	144249	150642	143.6	118.8	121.0	104.4	3.9	-0.4	3.9
66347	89086	130097	138293	340.1	208.4	155.2	106.3	10.3	6.1	9.2
7606	13136	24580	24399	592.2	320.8	185.7	99.3	13.0	11.5	13.2
477.0	435.3	464.79	491.94	150.4	103.1	113.0	105.8	7.8	-1.8	2.5
83.9	281.0	462.5	489.7	296.8	583.7	174.3	105.9	-12.7	27.3	11.8
8450	11875	18109	18622	292.8	220.4	156.8	102.8	5.9	7.0	9.4
34287	50068	54280	55217	172.6	161.0	110.3	101.7	1.4	7.9	2.0
7985	10157.3	12931.6	13375	224.6	167.5	131.7	103.4	6.0	4.9	5.7
3970	8685	11303	12043	346.9	303.4	138.7	106.6	2.7	16.9	6.8
41896	71463	89512	93786	285.5	223.9	131.2	104.8	5.0	11.3	5.6
27.5	37.5	41.2	41.2							
45443	58895	282655	233110	412.8	513.0	395.8	82.5	-4.3	5.3	31.7
44.4	41.1	88.6	87.1	196.2	196.3	211.9	98.4	平	-1.5	16.2
67.2	53.3	49.3	48.0	84.1	71.4	90.1	97.4	3.3	-4.5	-2.1
28	30	9	8	12.1	28.6	26.7	88.9	-15.8	1.4	-23.2
275.4	231.6	493.0	75.3	9.4	27.3	32.5	15.3	-19.2	-3.4	-20.1
9182	5174	12319	10880	178.4	118.5	210.3	88.3	8.5	-10.8	16.0
191	56	79	75	33.0	39.3	133.9	94.9	-3.4	-21.8	6.0
4956.1	8474.3	14043.6	11221	164.5	226.4	132.4	79.9	-9.9	20.1	5.8
17474	7714	16071	13736	53.2	78.6	178.1	85.5	-7.5	-15.1	12.2
19771	9364	18200	15342	76.3	77.6	163.8	84.3	-0.3	-13.9	10.4
4355	2808	2648	2595	68.6	59.6	92.4	98.0	2.9	-8.4	-1.6
6118.0	2349.6	6729.0	6122.5	76.8	100.1	260.6	91.0	-5.2	-17.4	21.1

1—10 国民经济和社会发展结构指标
Structural Indicators on National Economic and Social Development

单位：%

指 标	Item	2000	2005	2010	2014	2015
人口与就业	**Population and Employment**					
人 口	**Population**					
城乡结构	Urban and Rural Structure					
城 镇	Urban	28.0	35.5	43.2	49.2	50.5
乡 村	Rural	72.0	64.5	56.8	50.8	49.5
性别结构	Sexual Structure					
男	Male	51.9	52.0	51.9	52.1	50.8
女	Female	48.1	48.0	48.1	47.9	49.2
就 业	**Employment**					
产业结构	Industrial Structure					
第一产业	Primary Industry	58.5	48.6	39.1	32.8	32.1
第二产业	Secondary Industry	16.9	21.4	25.1	28.1	28.4
第三产业	Tertiary Industry	24.6	30.0	35.8	39.1	39.5
宏观经济	**Macro Economy**					
国民核算	**National Accounting**					
生产总值产业结构	Structure of Total Investment in Fixed Assets					
第一产业	Primary Industry	25.6	18.1	14.0	11.5	11.2
第二产业	Secondary Industry	36.4	42.0	52.1	53.1	49.7
第三产业	Tertiary Industry	38.0	39.9	33.9	35.4	39.1
投 资	**Investment**					
固定资产投资产业结构	Structure of Total Investment in Fixed Assets					
第一产业	Primary Industry	1.0	3.0	1.9	2.6	3.2
第二产业	Secondary Industry	26.9	39.5	47.4	44.3	44.6
第三产业	Tertiary Industry	72.1	57.5	50.7	53.1	52.2
资金来源结构	Structure of Funded Sources					
国家预算内资金	State Budgetary Appropriation	6.4	4.6	7.3	5.2	5.1
国内贷款	Domestic Loans	18.7	17.4	9.4	6.1	5.2
利用外资	Foreign Investment	2.5	1.8	0.9	0.4	0.3
自筹和其他投资	Fundraising	72.4	76.2	82.4	88.3	89.5
财 政	**Government Finance**					
财政收入结构	Structure of Government Revenue					
中 央	Central Government	38.5	42.2	40.3	35.1	33.4
地 方	Local Government	61.5	50.9	55.7	60.6	61.2
能源生产与消费	**Energy Production and Consumption**					
能源生产总量结构	Composition of Total Energy Production					
原 煤	Coal	99.8	99.8	98.4	96.7	96.0
一次电力	Primary Power	0.2	0.2	1.2	1.8	2.2
能源消费总量结构	Composition of Total Energy Consumption					
煤 品	Coal		88.6	86.2	77.9	76.8
油 品	Petroleum		10.5	10.3	15.7	16.2
天 然 气	Natural Gas		0.2	1.8	3.8	3.8
一次电力	Primary Power		0.7	1.2	1.4	1.8
其 他	Other			0.5	1.2	1.4
产 业	**Industrial**					
农 业	**Agriculture**					
农林牧渔业产值结构	Structure of Gross Output Value					
农 业	Farming	55.4	49.1	52.3	50.2	52.3
林 业	Forestry	5.2	4.7	4.6	6.7	7.9

1—10　续表1　continued

单位：%

指　　标	Item	2000	2005	2010	2014	2015
牧　　业	Animal Husbandry	28.6	33.2	29.3	28.0	23.9
渔　　业	Fishery	10.8	9.9	10.0	10.9	12.3
工　　业	**Industry**					
工业总产值规模结构	Structure of Gross Output Value of Industry					
大型企业	Large Enterprises	49.3	41.2	34.3	33.6	31.6
中型企业	Medium-sized Enterprises	14.9	32.2	25.9	19.2	19.7
小微型企业	Small and Mini Enterprises	35.8	26.6	39.9	47.2	48.8
建 筑 业	**Construction**					
建筑业总产值结构	Structure of Gross Output Value of Construction Enterprises					
建筑工程	Construction Projects	86.5	85.1	87.5	86.0	85.7
安装工程	Installation Projects	11.0	10.8	8.6	8.0	7.6
其　　他	Others	2.5	4.1	3.9	6.0	6.6
运 输 业	**Transportation**					
货运量结构	Structure of Freight Traffic					
铁　　路	Railways	14.5	15.5	5.3	2.4	2.9
公　　路	Highways	73.5	73.9	80.5	72.6	66.7
水　　运	Waterways	11.9	10.6	14.2	25.0	30.4
民　　航	Total Civil Aviation Routes	0.003	0.004	0.001	0.001	0.001
国内商业	**Domestic Trade**					
社会消费品零售总额构成	Composition of Retail Sales of Consumer Goods					
城　镇	Urban			83.8	81.2	80.7
乡　村	Rural			16.2	18.8	19.3
对外经济贸易	**Foreign Trade**					
出口商品结构	Structure of Exports					
初级产品	Primary Goods	13.3	7.1	6.3	6.1	5.5
工业制成品	Manufactured Goods	86.7	92.9	93.7	93.9	94.5
进口商品结构	Structure of Imports					
初级产品	Primary Goods	38.9	53.0	53.1	51.0	50.8
工业制成品	Manufactured Goods	61.1	47.0	46.9	49.0	49.2
国际旅游	**International Tourism**					
来华旅游人数结构	Structure of Tourists					
外国人	Foreigners	52.7	64.9	59.2	57.5	58.3
港澳台同胞	Compatriots form Hong Kong, Macao and Taiwan	47.3	35.1	40.8	42.5	41.7
金融保险业	**Finance and Insurance**					
金融机构资金来源结构	Structure of Sources of Funds in State Banks					
#各项存款	Deposits	99.1	96.3	103.4	99.7	98.0
其　　他	Others	0.9	3.7	-3.4	0.3	2.0
金融机构资金运用结构	Structure of Fund Uses in State Banks					
#各项贷款	Loans	95.1	69.3	72.4	73.9	72.5
有价证券及投资	Securities and Investment	2.7	3.1	4.7	4.1	
教育、科技、文化	**Education, Science and Culture**					
教　　育	**Education**					
在校学生结构	Structure of Student Enrollment					
大 学 生	College and University Students	1.5	4.7	8.2	10.1	10.4
中 学 生	Secondary School Students	35.5	41.2	39.9	32.6	30.8
小 学 生	Primary School Students	53.5	46.7	40.4	38.6	38.9
专任教师结构	Full-time Teachers by Type					
大　　学	College and University Students	3.0	6.1	8.5	9.2	9.4
中　　学	Secondary School Students	35.3	40.4	42.3	40.4	39.3
小　　学	Primary School Students	54.5	49.0	42.5	38.8	38.5
科　　技	**Science and Technology**					
研究与试验发展经费筹集款结构	Structure of Funding for Research and Development Outlat					
#政府资金	Government Fund		31.7	22.0	21.7	20.0
企业资金	Enternment Fund		60.1	72.6	73.5	76.7

1—10 续表2 continued

单位：%

指 标	Item	2000	2005	2010	2014	2015
研究与试验发展经费支出	Research and Development Expenses					
#基础研究	Basic Research		9.0	7.5	5.7	5.6
应用研究	Applied research		20.1	9.6	10.4	7.8
试验发展	Experimental development		61.4	83.0	83.9	86.6
生活、环境	**People's Livelihood and Environment**					
生 活	**People's Livelihood**					
城镇居民消费结构	Consumption Structure of Urban Residents					
食 品 类	Food	45.7	43.7	38.0	33.3	33.7
衣 着 类	Clothing	10.3	12.0	10.6	8.3	8.1
居 住	Residence	8.8	9.3	10.7	22.0	20.1
生活用品及服务	Household Facilities, Articles and Services	7.1	4.6	5.9	5.7	5.4
医疗保健	Health Care and medical Services	4.3	6.3	6.4	6.1	6.2
交通通信	Transport and Communications	7.3	10.6	11.8	12.0	13.1
教育文化娱乐服务	Education, Cultural and Recreation Services	12.0	10.5	12.9	10.2	11.1
其他商品及服务	Other Goods and Services	4.5	3.1	3.8	2.5	2.3
农村居民消费结构	Consumption Structure of Rural Residents					
食 品 类	Food	52.5	45.5	40.7	35.6	35.8
衣 着 类	Clothing	5.4	5.4	5.8	5.9	5.6
居 住	Residence	14.9	15.7	21.6	21.1	21.2
生活用品及服务	Household Facilities, Articles and Services	4.4	4.8	5.8	6.3	5.6
交通通信	Transport and Communications	4.4	9.0	8.5	10.2	11.8
教育文化娱乐服务	Education, Cultural and Recreation Services	11.0	11.7	9.1	9.2	9.3
医疗保健	Health Care and medical Services	4.4	6.1	6.6	9.8	9.0
其他商品及服务	Other Goods and Services	3.1	1.8	2.0	1.9	1.8
卫 生	**Health Care**					
卫生技术人员结构	Composition of medical Technical personnel					
#执业（助理）医师	Licensed (Assistant) Doctors	45.5	41.4	39.5	38.7	38.4
注册护士	Registered Nurses	26.8	29.6	37.3	41.6	42.5
医院床位结构	Hospital Beds by Area					
综合医院	Comprehensive Hospitals				71.8	71.2
中医医院	Hospitals of Traditional Chinese Medicine				13.7	13.5
专科医院	Specialized Hospitals				13.6	14.3
环境、灾害	**Environment and Disasters**					
治理污染资金使用结构	Uses of Funds in Pollution Treatment					
治理废水	Waste Water Treatment	46.7	53.1	24.2	7.7	24.9
治理废气	Waste Gas Treatment	45.4	36.9	52.5	80.1	57.4
治理固体废物	Solid Wastes Treatment	3.8	6.4		0.7	5.8
治理噪声	Noise Abatement	0.7	0.5	0.2	1.4	3.1
其 他	Others	3.4	3.1	23.1	10.2	8.7
火灾事故损失额结构	Structure of Fire Losses Converted into Cash					
特 大	Extraordinarily Serious Fires	41.6	10.7	29.4		
重 大	Serious Fires	6.3	10.9	29.5		
较 大	Larger				0.5	0.7
一 般	Ordinary Fires	52.1	78.4	41.0	99.5	99.3

1—11　国民经济和社会发展比例和效益指标
Indicators on Proportions and Efficiency in National Economic and Social Development

指　标	Item	2000	2005	2010	2014	2015
人　口	**Population**					
出生率 (‰)	Birth Rate (‰)	13.40	12.43	12.70	12.86	12.92
死亡率 (‰)	Death Rate (‰)	5.76	6.23	5.95	5.89	5.94
自然增长率 (‰)	Natural Growth Rate (‰)	7.64	6.20	6.75	6.97	6.98
就　业	**Employment**					
三次产业从业者比例	Employment Ratio by Type of Industry					
(以第一产业为100)	(Employment in primary industry=100)					
第一产业	Primary Industry	100.0	100.0	100.0	100.0	100.0
第二产业	Secondary Industry	29.0	44.0	64.2	85.6	88.5
第三产业	Tertiary Industry	42.0	61.8	91.6	119.0	123.1
城镇登记失业率 (%)	Registered Unemployment Rate in Urban Areas	3.3	4.4	3.7	3.2	3.1
国民核算	**National Accounting**					
全社会劳动生产率 (元/人)	Overall Labor Productivity (yuan/person)	8410	14709	30752	48559	50680
第一产业	Primary Industry	3674	5345	10979	16585	17596
第二产业	Secondary Industry	18071	29590	63966	93080	88847
第三产业	Tertiary Industry	13029	19975	29165	44428	50193
人均生产总值 (元)	Per Capita GDP (yuan)	4779	8631	20888	34425	35997
固定资产投资	**Investment in Fixed Assets**					
固定资产投资相当于生产总值比例 (%)	Proportion of Investment in Fixed Assets to GDP (%)	29.9	47.1	95.9	102.0	108.9
房屋建筑面积竣工率 (%)	Rate of Total Floor Space of Buildings Completed in Construction (%)	56.0	51.5	45.1	38.8	37.5
财　政	**Finance**					
财政收入相当于生产总值比例 (%)	Proportion of Government Revenue to GDP (%)	10.0	12.3	16.7	17.6	18.2
财政支出相当于生产总值比例 (%)	Proportion of Government Expenditure of GDP (%)	11.1	13.3	20.9	22.4	23.8
地方收入相当于中央财政收入比例 (%)	Proportion of Local Government Revenue to Central Government Revenue (%)	160.0	120.6	138.2	172.8	183.2
利用外资	**Utilization of Foreign Capital**					
实际利用外资额相当于签订利用外资额比例 (%)	Proportion of Foreign Capital Actually Used to Total Amount of Foreign Capital for Utilization by Signed Contracts or Agreements (%)	50.1	44.3	231.7	396.8	345.8
能源生产与消费	**Production and Consumption of Energy**					
能源生产弹性系数	Elasticity Ratio of Energy Production	0.26	0.54	0.30		0.68
电力生产弹性系数	Elasticity Ratio of Electricity Production	1.84	0.51	0.69	0.31	0.16
能源消费弹性系数	Elasticity Ratio of Energy Consumption	0.66	0.71	0.62	0.29	0.31
电力消费弹性系数	Elasticity Ratio of Electricity Consumption	1.00	1.08	0.90	0.41	0.40
每万元生产总值消耗的能源 (吨标准煤)	Energy Consumption per 10000 yuan GDP (ton of SCE)	1.68	1.22	0.79	0.636	0.600

1—11 续表1 continued

指 标	Item	2000	2005	2010	2014	2015
农 业	**Agriculture**					
农业从业者人均农产品产量（公斤）	Output of Farm Products per Agricultural (kg)					
粮 食	Grain	1235	1474	1956	2368	2545
棉 花	Cotton	14	18	20	18	17
油 料	Oil-bearing Crops	142	153	145	159	164
肉 类	Meat	156	217	239	287	302
水 产 品	Aquatic Products	80	100	123	155	166
每公顷播种面积农产品产量（公斤）	Output of Farm Crops per Hectare of Sown Area (kg)					
粮 食	Grain	4442	4351	4656	5153	5334
棉 花	Cotton	867	816	918	993	1005
油 料	Oil-bearing Crops	1956	2077	2410	2902	2951
工 业	**Industry**					
总资产贡献率 (%)	Ratio of Total Assets to Industrial Output Value (%)	7.09	38.90	16.22	13.15	12.25
资产负债率 (%)	Assets-liability Ratio (%)	63.19	61.63	60.05	57.99	57.49
成本费用利润率 (%)	Ratio of Profits to Industrial Cost (%)	2.40	5.14	8.63	5.60	5.41
流动资产周转次数 (次/年)	Number of Times of Annual of Turnover Circulating Funds (times/year)	1.43	2.25	2.63	2.87	2.83
产品销售率 (%)	Proportion of products Sold (%)		98.24	97.57	97.55	97.3
建 筑 业	**Construction**					
技术装备率 (元/人)	Value of Machinery per Laborer (yuan/peron)	4570	9020	9287	12006.3	10361.2
产值利税率 (%)	Ratio of Per-tax Profits to Gross Output Value (%)	4.16	5.4	7.33	6.55	6.34
劳动生产率 (元/人)	Overall Labor Productivity (yuan/person)	42406	95803	177486	313444	
交通运输业	**Transportation**					
客运量弹性系数	Elasticity of Passenger Traffic	0.20	0.47	0.88	1.10	
货运量弹性系数	Elasticity of Freight Traffic	0.99	1.04	1.09	1.04	
铁路网密度 (公里/万平方公里)	Railway Density (km/10000 sq.km)	154	168	203	253	298
公路网密度 (公里/万平方公里)	Highway Density (km/10000 sq.km)	3176	5197	10663	12446	13343
铁路货运密度 (吨/公里)	Railway Freight Traffic Density (ton/km)	29912	44139	42424	29555	24367
公路货运密度 (吨/公里)	Highway Freight Traffic Density (ton/km)	7358	6814	12295	18078	12338
邮电通信业	**Postal and Telecommunications Services**					
邮电业务总量弹性系数	Elasticity of Postal and Telecommunications Services				1.54	3.01
全省电话普及率（按年末常住人口计算）（部/百人）	Access to Telephones, National (set/100 persons)	11.38	39.16	67.65	83.11	80.93
#移动电话普及率	Access to Mobile Phones	3.43	17.11	46.98	69.31	68.89
国内商业	**Domestic Trade**					
批零和住宿餐饮业人均消费品零售额 (元)	Per Capita Retail Sales And Accommodation of Consumer Good (yuan)	1281	2700	6096	11478	12831
对外经济贸易	**Foreign Trade**					
进出口总额相当于生产总值比例 (%)	Proportion of Total Imports & Exports to GDP (%)	9.1	13.9	13.3	14.5	13.8
国际旅游	**International Tourism**					
每一来华游客花费 (美元)	Expenditure per International Tourist in China(USD)	271	293	413	484	509
国内旅游人均花费 (元)	Expenditure per Domestic Tourist (yuan)		662	838	873	896

1—11　续表2　continued

指　　标	Item	2000	2005	2010	2014	2015
金融保险	**Finance and Insurance**					
金融机构存款相当于生产总值比例 (%)	Bank Deposits as Percentage of GDP (%)	85.64	112.03	132.42	143.02	156.70
金融机构贷款相当于生产总值比例 (%)	Bank Loans as Percentage of GDP (%)	82.18	80.63	92.66	105.95	115.83
教　育	**Education**					
学龄儿童入学率 (%)	Net Enrollment Ratio of Primary Schools (%)	99.67	99.54	99.93	99.98	99.96
小学升学率 (%)	Promotion Rate from Primary Schools to Junior Secondary Schools (%)	97.55	99.56	99.92	99.68	100.18
初中升学率 (%)	Promotion Rate from Junior Secondary Schools to Senior Secondary Schools (%)	33.46	60.51	83.86	96.02	96.80
学校教师负担系数 (%)	Student-teacher Ratio (in percentage) (%)					
高等学校	Colleges and Universities	12.11	18.16	19.05	19.12	19.46
中等学校	Secondary Schools	22.69	24.24	19.23	14.55	14.23
小学学校	Primary Schppls	23.53	22.51	18.74	17.45	17.73
科　技	**Science and Technology**					
研究与开发经费支出相当于生产总值比例 (%)	R&D Expenditures as Percentage of GDP (%)	0.69	0.85	1.32	1.89	1.96
卫　生	**Health Care**					
每万人执业(助理)医师数 (人)	Number of Doctors per 10000 Persons (person)	11.21	10.19	11.91	14.96	15.51
每万人医院床位数 (张)	Number of Hospital Beds per 10000 Persons (unit)	11.80	12.60	17.90	27.08	29.17
医院病床使用率 (%)	Utilization Rate of Hospital Beds (%)	58.19	68.64	85.88	87.68	84.97
文　化	**Culture**					
每百万人有艺术表演团体 (个)	Number of Troupes per Million Persons (unit)	1.50	1.42	0.81	14.25	23.24
每百万人有公共图书馆 (个)	Number of Public Libraries per Million Persons (unit)	1.30	1.36	1.29	1.63	1.76
每百万人有博物馆 (个)	Number of Museums per Million Persons (unit)	0.60	0.66	1.76	2.37	2.46
家　庭	**Family**					
负担少儿系数 (%)	Dependency Ratio of Children (%)	38.10	34.51	24.68	26.83	25.99
负担老年系数 (%)	Dependency Ratio of the Aged (%)	11.35	15.08	14.21	16.83	16.74
婚　姻	**Marriages and Divorces**					
离婚率 (‰)	Divorce Rate (‰)	1.37	1.77	3.22	4.93	5.22
生　活	**People's Livelihood**					
城镇与农村居民收入增长率比例（实际扣除价格因素）	Proportion of Growth Rate of Annual Income of Urban Residents to the Growth Rate of Annual Net Income of Rural Residents				0.70	0.91
市政建设	**City Construction**					
城市自来水普及率 (%)	Percentage of Households with Access to Tap Water (%)	95.78	90.52	96.06	98.63	98.79
城市用气普及率 (%)	Percentage of Households with Access to Tap Gas (%)	76.95	72.29	90.52	96.81	97.55
人均公园绿地面积 (平方米)	Public Green Areas per Person (sq.m)			10.95	13.20	13.37

1—12 社会经济主要指标人均水平
Major Per Capita Indicators of Social and Economy

项目		Item		2010	2014	2015
地区生产总值	**（元）**	**Gross Domestic Product**	**(yuan)**	**20888**	**34425**	**35997**
农林牧渔业总产值	**（元）**	**Gross Output Value of Farming, Forestry, Animal Husbandry and Fishery**	**(yuan)**	**4339**	**6092**	**6325**
主要产品产量		**Output of Major Products**				
原　煤	（吨）	Coal	(ton)	1.9	1.8	1.9
焦　炭	（吨）	Coke	(ton)	0.1	0.1	0.1
发电量	（千瓦小时）	Electricity	(kwh)	2120.0	2874.7	2930.1
粗　钢	（公斤）	Crude Steel	(kg)	271.5	353.6	361.0
钢　材	（公斤）	Steel Products	(kg)	358.3	471.1	480.3
水　泥	（公斤）	Cement	(kg)	1153.3	1862.7	1884.8
布	（米）	Cloth	(m)	15.9	16.8	20.4
粮　食	（公斤）	Grain	(kg)	452.0	492.7	509.6
棉　花	（公斤）	Cotton	(kg)	4.6	3.8	3.4
油　料	（公斤）	Oil-bearing Crops	(kg)	33.4	33.0	32.8
猪牛羊肉	（公斤）	Pork, Beef and Mutton	(kg)	39.8	43.0	42.0
社会消费品零售额	**（元）**	**Total Retail Sales of Consumer Goods**	**(yuan)**	**6314.3**	**11477.0**	**12831.1**
人民生活	**（元）**	**People's Livelihood**	**(yuan)**			
城镇非私营单位就业人员平均工资		Average Wage of Employed Persons and Related Index of Urban Non-private Owned Units		33341	50894	55139
国　有		State-owned Units		33793	51974	60433
集　体		Urban Collective-owned Units		23869	41741	47261
城镇常住居民可支配收入		Annual Disposable Income of Urban Residents			24839	26936
城镇居民消费性支出		Living Expenditure of Urban Residents			16107	17234
农村常住居民可支配收入		Farmers Disposable Income			9916	10821
农民家庭生活消费支出		Living Expenditure of Rural Residents			7980.8	8975.2

1—13　人民物质文化生活提高情况
Improvement of People's Material and Cultural Life

项　　目	Item	2010	2014	2015
城乡居民收入　（元）	**Income of Rural and Urban Residents (yuan)**			
城镇常住居民人均可支配收入	Annual Per Capita Disposable Income of Urban Residents		24839	26936
农村常住居民人均可支配收入	Per Capita Disposable Income of Farmers		9916	10821
城镇非私营单位就业人员平均工资	Average Wage of Employed Persons and Related Index of Urban Non-private Owned Units	33341	50894	55139
平均每人住房面积　（平方米）	**Per Capita Floor Space of Residential Buildiı (sq.m)**			
城镇居民建筑面积	Urban Residents	31.55	35.13	34.71
农村居民建筑面积	Rural Residents	32.05	44.67	46.76
生活、文化、教育、卫生	**Livelihood, Culture, Education and Public Health**			
每百户拥有（抽样）	Number of Durable Consumer Goods Owned Per 100 Households by Sample			
彩色电视机　（台）	TV (Color) (unit)			
城镇居民	Urban Residents	141.50	130.04	129.63
农　　民	Rural Residents	112.13	119.63	121.33
洗衣机　（台）	Washing Machine (unit)			
城镇居民	Urban Residents	97.35	93.93	94.09
农　　民	Rural Residents	56.52	71.37	73.58
移动电话　（部）	Mobile Telephone (unit)			
城镇居民	Urban Residents	168.46	208.12	216.75
农　　民	Rural Residents	136.90	193.21	205.34
每百人每天拥有报纸　（份）	Newspapers per 100 Persons per Day (copy)	4.7	4.8	4.1
每人每年拥有期刊　（册）	Number of Magazines per Person per Year (copy)	0.9	0.8	0.8
每万人口中在校大学生　（人）	Number of Enrollment Students of Regular Institutions of Higher Education per 10000 Persons (person)	155	178	185
每千人口中医院床位数　（张）	Number of Hospital Bed per 1000 persons (unit)	2	3	3
每千人口中卫生技术人员（人）	Number of Medical Technical Personnel Per 1000 Persons (person)	3	4	5
储　　蓄	**Savings Deposit**			
个人人民币储蓄存款余额　（亿元）	Balance of Savings Deposit of Urban and Rura Residents (year-end) (100 million yuan)	7788.5	14599.4	
平均每人储蓄存款　（元）	Per Capita Balance of Saving Deposit (yuan)	11435	21059	

1—14 平均每天主要社会经济活动
Selected Indicators on Average Daily Social and Economic Activities

指标	Item	2000	2005	2010	2014	2015
每天创造的财富	**Daily Production**					
安徽生产总值（万元）	Gross Domestic Product (10000 yuan)	79509	146580	338612	571199	601247
第一产业	Primary Industry	20323	26479	47371	65545	67123
第二产业	Secondary Industry	28953	61532	176346	303498	299094
工业	Industry	24249	50339	148148	259054	253137
建筑业	Construction	4704	11193	28198	44885	46419
第三产业	Tertiary Industry	30233	58569	114895	202156	235030
财政收入（万元）	Government Revenue (10000 yuan)	7957	17988	56543	100356	109624
#地方	Local	4896	9151	31490	60779	67057
粮食（吨）	Grain (ton)	67726	71378	84397	93584	96670
棉花（吨）	Cotton (ton)	781	852	866	721	639
油料（吨）	Oil-bearing Crops (ton)	7810	7416	6236	6269	6225
布（万米）	Cloth (10000 m)	203	154	298	319	386
原煤（万吨）	Coal (10000 tons)	13.12	23.11	35.70	35.07	36.6
发电量（亿千瓦时）	Electricity (100 million kwh)	1.01	1.77	3.96	5.46	5.56
钢（万吨）	Steel (10000 tons)	1.26	3.03	5.08	6.72	6.85
成品钢材（万吨）	Rolls Steel (final products) (10000 tons)	1.18	3.13	6.70	8.95	9.11
水泥（万吨）	Cement (10000 tons)	5.85	8.82	21.57	35.38	35.75
家用电冰箱（台）	Household Refrigerator (unit)	4655	14532	56956	75775	78913
家用洗衣机（台）	Household Washing Machines (unit)	3608	12104	34712	41882	47137
每天消费量	**Daily National Consumption**					
居民消费总额（万元）	Resident Consumption (10000 yuan)	44258	65737	133516	214772	232854
农村居民	Rural Residents	26424	24115	41078	59759	64313
城镇居民	Urban Residents	17834	41622	92438	155012	168542
政府消费总额（万元）	Governmert Consumption Expenditure (10000 yuan)	9105	16638	36707	62949	66886
能源消费量（万吨标准煤）	Energy Consumption (10000 tons of SCE)	13.4	17.8	26.6	32.9	33.7
每天其他经济活动	**Other Daily Economic Activities**					
货物运输量（万吨）	Volume of Freight Traffic (10000 tons)	122.0	183.9	624.9	1189.9	944.7
旅客运输量（万人）	Volume of Passenger Traffic (10000 persons)	170.0	199.6	437.3	383.1	238.0
邮电业务总量（万元）	Business Volume of Postal and Telecommunications Services (10000 yuan)	3292	7781	8228	16055	20219
出版图书（万册）	Books Published (10000 copies)	85	69	65	70.1	74.7
出版杂志（万册）	Magzines Published (10000 copies)	21.0	15.9	16.0	15.4	14.3
出版报纸（万份）	Newspaper Published (10000 copies)	208	269	321	332.0	286.4
固定资产投资（万元）	Investment in Fixed Assets (10000 yuan)	23744	69068	324642	582364	654796
城镇	Urban	17522	58607	299409	538442	
农村	Rural	6223	10461	25233	43923	
社会消费品零售总额（万元）	Total Retail Sales of Consumer Goods (10000 yuan)	29529	48677	117822	218000	243388
进出口总额（万美元）	Total Value of Imports and exports (USD 10000)	917	2499	6651	13499	13336
出口额	Exports	595	1422	3401	8628	9048
进口额	Imports	322	1077	3250	4871	4288
实际利用外资额（万美元）	Foreign Capital Actually Used (USD 10000)	87.3	188.6	1373.8	3381	3721
国际旅游外汇收入(万美元)	Foreign Exchange Earnings from International Tourism (USD 10000)	23.6	50.8	224.7	537.1	618.3
每天人口变动和婚姻	**Daily Population Changes and Marriages**					
出生（人）	Births (person)	2234	2079	2060	2134	2158
死亡（人）	Deaths (person)	946	1038	964	978	992
结婚（对）	Marriages (couple)	1348	1204	1783	2189	2016
离婚（对）	Divorces (couple)	117	157	363	559	495

1—15　皖江城市带承接产业转移示范区主要规划目标完成情况（2015年）

The Situation of the Main Goal Completion of the Wanjiang City Zone Contracting Industrial Shifting Model District (2015)

指　　标	Item	全　省 The Whole Province	皖　江 The Area of Wanjiang River	占全省比重（%） Percentage to the Whole Province	2015年规划目标 2015 Plan Goal
经济发展	**Economical Development**				
地区生产总值（亿元）	Gross Domestic Product (100 million yuan)	22005.63	14948.0	67.9	15000
财政收入（亿元）	Government Revenue (100 million yuan)	4012.2	1512.8	37.7	2300
城镇化率（%）	Rate of Urbanization (%)	50.5			≥55
R&D经费相当于GDP比例（%）	Proportion of R&D fund to GDP (%)	1.96			2.2
产业结构	**Industrial Structure**				
非农产业增加值比重（%）	Proportion of Non-agricultural Industries Added Value (%)	88.8	92.2		93
规模以上工业企业（个）	Industrial Enterprises Above Designated Size (unit)	19077	11649	61.1	
规模以上工业增加值中开发区所占比重（%）	Proportion of Development Zones of Add-value of Industrial Enterprises Above Designated Size (%)	56.22	63.92		65
开发区单位土地实现经济收入（万元/亩）	Economic Income of Unit Land Development Zones (10000 yuan per mu)	70.59	81.62		
开放合作	**Opening-up and Cooperation**				
实际利用外商直接投资（亿美元）	Actual Use of Foreign Direct Investment (USD 100 million)	136.2	58.0	42.6	75
实际利用亿元以上省外资金（亿元）	The actual use of more than one hundred million yuan funds outside the province (100 million yuan)	3364.5	2473.3	61.1	
外贸进出口相当于GDP比例（%）	Proportion of Foreign Trade Import and Export to GDP (%)	13.8			
公共服务	**Public Service**				
城镇居民人均可支配收入（元）	Unban Dweller Per Capita Disposable Income (yuan)	26936	32178	119.5	28500
农村居民人均可支配收入（元）	Rural Residents per Capita Disposable Income (yuan)	10821	12681	117.2	9900
新增城镇就业岗位（万个）	New Increasing Cities Employment Post Every Year (10 thousand)				40
职业中学在校学生数（万人）	Number of Students in Vocational Schools (10000 persons)	30.9	14.4	46.6	80
环境保护	**Environmental Protection**				
城市污水厂集中处理率（%）	Central Processing Rate of Sewage Treatment Plant (%)	91.8			75
工业企业污染物稳定达标排放率（%）	Central Processing Rate of Sewage Treatment Plant (%)				

注：皖江城市带承接产业转移示范区是指合肥、芜湖、马鞍山、铜陵、安庆、池州、滁州和宣城市，以及六安市的金安区和舒城县。

a) The Wanjiang City Zone Contracting Industrial shifting Model District Refers to Hefei, Wuhu, Maanshan, Tongling, Anqing, Chizhou, Chuzhou and Xuancheng, and Liuan's Jinan District and Shucheng County.

1—16 皖江城市带承接产业转移示范区主要指标
The Main Indices the Wanjiang City Zone Contracting Industrial Shifting Model District

指 标		Item	
土 地		**Land**	
土地面积	(万平方公里)	Land Area	(10000 kilometer Square)
#开发区面积		Development Zone Area	
人 口		**Population**	
年末总人口	(万人)	Year-end Population	(10000 perons)
劳动就业		**Labour Employment**	
从业人员*	(万人)	Jobholders	(10000 perons)
第一产业		Primary Industry	
第二产业		Secondary Industry	
第三产业		Tertiary Industry	
城 镇		Town	
城镇登记失业率	(%)	Cities and Towns Register Unemployment Rate	
国民经济核算		**National Economic Accounting**	
地区生产总值	(亿元)	Gross Domestic Product	(100 million yuan)
第一产业		Primary Industry	
第二产业		Secondary Industry	
#工 业		Industry	
第三产业		Tertiary Industry	
人均生产总值	(元)	Per Capita gross Domestic Product	(yuan)
固定资产投资		**Fixed Asset Investment**	
固定资产投资额*	(亿元)	Entire Social Fixed Assets Investment	(100 million yuan)
#开发区		Development Area	
#房地产		Rreal Estate	
国内贸易		**Domestic Trade**	
社会消费品零售总额	(亿元)	Social Retailgoods	(100 million yuan)
利用外资		**Use of Foreign Investment**	
实际利用外商直接投资*	(亿美元)	Actual Use of Foreign Direct Investment	(USD 100 million)
#开发区		Development Area	
开发区利用内资	(亿元)	Domestic Capital Using by Development Zone	(100 million yuan)
实际利用省外资金	(亿元)	Actual Use of Fund Outside Anhui Province	(100 million yuan)
实际利用省内资金	(亿元)	Actual Use of Fund Inside Anhui Province	(100 million yuan)
进出口总额*	(亿美元)	Total Export-Import Volume	(USD 100 million)
#开发区		Development Area	
#出 口		Export	
#开发区		Development Area	
财政金融		**Financial Work**	
财政收入	(亿元)	Finance Income	(100 million yuan)
#地方财政收入		Local Financial Revenue	
#开发区土地收入		Development Area Land Income	
地方财政支出	(亿元)	Local Financial Expenditures	(100 million yuan)
金融机构本外币各项贷款*	(亿元)	Local and Foreign Financial Institutions Loans	(100 million yuan)
金融机构本外币各项存款*	(亿元)	The Deposit in Local and Foreign Financial Institutions	(100 million yuan)
农 业		**Agriculture**	
主要农产品产量*	(万吨)	Output of Major Farm Products	(10000 ton)
粮 食		Ggrain	
棉 花		Cotton	
油 料		Oil Crops	
规模以上工业		**Industrial Enterprises Above Designated Size**	
企业数	(个)	Number of Enterprises	(unit)
#开发区		Development Area	
主营业务收入*	(亿元)	Main Business Income	(100 million yuan)
#开发区		Development Area	
工业增加值	(亿元)	Industry Value Added	(100 million yuan)
#开发区		Development Area	
资产总计*	(亿元)	Total Assets	(100 million yuan)
#开发区		Development Area	
#流动资产		Current Assets	

注：带“*”号指标为不包含六安市的金安区、舒城县数据。

全　省 Whole Province		皖江示范区 The Wanjiang City Zone Contracting Industrial Shifting Model District		占全省比重（%） Proportion of Whole Province	
2014	2015	2014	2015	2014	2015
14.01	14.01	7.60	7.60	54.2	54.2
0.28	0.30	0.18	0.20	65.7	66.3
6936	6949	3096	3105	44.6	44.7
4311.0	4342.1	1935.7	1942.4	44.9	44.7
1415.3	1396.2	625.3	561.2	44.2	40.2
1211.1	1232.1	583.0	614.7	48.1	49.9
1684.6	1713.8	727.3	767.0	43.2	44.8
1277.4	1292.1	793.2	811.9	62.1	62.8
3.2	3.1				
20848.7	22005.6	14027.2	14948.0	67.3	67.9
2392.4	2456.7	1132.1	1168.6	47.3	47.6
11077.7	10946.8	7999.0	7930.0	72.2	72.4
9455.5	9264.8	6857.3	6745.7	72.5	72.8
7378.7	8602.1	4896.2	5849.3	66.4	68.0
34425	35997				
21256.3	23965.6	14458.7	16210.9	68.0	67.6
7395.3	8026.5	5442.5	5828.7	73.6	72.6
4339.0	4424.9	2743.0	2759.3	63.2	62.4
7957.0	8908.0	4860.5	5487.7	61.1	61.6
123.4	136.2	84.0	93.6	68.1	68.7
67.5	79.2	51.2	58.0	75.8	73.2
3142.3	3364.5	2254.6	2473.3	71.7	73.5
492.7	488.1	419.6	415.5	85.2	85.1
242.9	258.2	209.9	223.0	86.4	86.4
314.9	331.1	251.6	271.1	79.9	81.9
169.5	193.8	140.0	161.6	82.6	83.4
3663.0	4012.2	2369.0	2589.3	64.7	64.5
2218.4	2454.3	1356.6	1505.5	61.2	61.3
4664.1	5239.0	2262.5	2582.6	48.5	49.3
22754.7	26144.4	16294.0	18669.2	71.6	71.4
30088.8	34826.2	19122.5	22347.5	63.6	64.2
3415.8	3538.1	1549.2	1604.0	45.4	45.3
26.3	23.4	25.4	23.2		
228.8	227.9	133.6	132.4	58.4	58.1
17762	19077	11003	11649	61.9	61.1
6979	7615	4662	4893	66.8	64.3
36838.4	39064.4	25823.5	27311.2	70.1	69.9
9302.8	9589.2	6345.9	6486.1	68.2	67.6
5011.3	5831.3	3903.2	4394.7	77.9	75.4
28831.5	31360.0	19428.1	21128.6	67.4	67.4
13006.9	13988.0	9515.2	10226.8	73.2	73.1

a) The index with "*"are data not including Jinan、Shucheng in Luan city.

1—16 续表 continued

指　　标		Item	
固定资产净值年平均余额	(亿元)	Annual Mean Remaining Sum of Fixed Asset Net Worth	(100 million yuan)
所有者权益	(亿元)	Owner's Equity	(100 million yuan)
年平均从业人数	(万人)	Annual Mean Employed Population	(10000 perons)
建筑业		**Construction Business**	
总产值*	(亿元)	Total Value of Out-put	(100 million yuan)
#建筑工程产值		Value of Out-put of Architectural Engineering	
工程结算收入	(亿元)	Income From Settlement of Projects	(100 million yuan)
运输邮电通信业		**Transportation ,Posts and Telecommunications Industry**	
铁路营业里程	(公里)	Railroad Revenue Kilometres	(km)
公路里程*	(公里)	Road Mileage	(km)
#高速公路		Freeway	
客运量	(亿人)	Passenger Traffic	(100 million perons)
旅客周转量	(亿人公里)	Turnover of Passenger Traffic	(100 million passenger-km)
货运量	(亿吨)	Freight Traffic	(100 million ton)
货物周转量	(亿吨公里)	Cargo Turnover	(100 million tons-km)
邮电业务总量*	(亿元)	Post and Telecommunication Service Total	(100 million yuan)
教　育		**Education**	
普通高等学校*		Regular Institutions of Higher Education	
学校数	(个)	Number of Schools	(unit)
招生数	(万人)	Entrants	(10000 perons)
在校学生数	(万人)	Enrolment	(10000 perons)
毕业生数	(万人)	Graduates	(10000 perons)
科技活动*		**S&T Activities**	
科技活动人员	(人)	Personnel Engaged in S&T Activities	(peron)
#研究与试验发展 (R&D)		(R&D)	
R&D经费内部支出	(万元)	The R&D funds Interior Disburses	(10000 yuan)
#工业企业		Industry Enterprise	
科技机构数	(个)	Number of S&T Organizations	(unit)
科技项目数	(个)	Number of S&T Projects	(unit)
科技人员数	(万人)	Number of S&T People	(10000 perons)
#高中级技术职称人员		High and Middle Technical Title People	
科技项目经费内部支出	(万元)	The S&T Funds Interior Disburses	(10000 yuan)
新产品销售收入	(万元)	Sales Revenue of New Product	(10000 yuan)
#出　口		Export	
国内外三种专利申请*		Three Kinds of Patent Applied of Domestic and Foreign	
受理数	(个)	Number of Cases	(unit)
发　明		Invention	
实用新型		Utility Model	
外观设计		Layout-Design	
授权数	(个)	Number of Authorization	(unit)
发　明		Invention	
实用新型		Utility Model	
外观设计		Layout-Design	
卫　生		**Hygiene**	
卫生机构数*	(个)	Number of Health Institutions	(unit)
#医院、卫生院		Hospital. Heaith Center	
卫生技术人员*	(万人)	Health technical People	(10000 perons)
#执业 (助理) 医师		Licenses of (Assistant) Dr.	
医疗机构床位*	(万张)	Medical Establishment bed	(10000 unit)
#医院、卫生院		Hospital. Herlth Center	
人民生活		**National Lives**	
城镇非私营单位就业人员平均工资*	(元)	Average Wage of Employed Persons of Urban Non-private Owned Units	(yuan)
城镇常住居民人均可支配收入*	(元)	Urban Per Capita Disposable Income	(yuan)
农村常住居民人均可支配收入*	(元)	Farmer Per Capita Net Income	(yuan)

全　省 Whole Province		皖江示范区 The Wanjiang City Zone Contracting Industrial Shifting Model District		占全省比重（%） Proportion of Whole Province	
2014	2015	2014	2015	2014	2015
10008.7	10805.3				
11947.4	13083.0	8327.1	9146.0	69.7	69.9
321.1	316.4				
5482.9	5696	4320.7	4506.9	78.8	79.1
4715.2	4883	3777.0	3901.8	80.1	79.9
3549	4169				
174373	186940	87015	95129	49.9	50.9
3752	4249	1827	2212	48.7	52.1
14.0	8.7				
1451.2	1258.2				
	34.6				
13500.9	10402.6				
586.0	740.0	322.4	406.8	55.0	55.0
107	108	78	78	72.9	72.2
33.4	35.00	24.8	25.9	74.3	74.1
108.1	113.1	79.1	83.0	73.2	73.4
30.0	29.3	21.6	21.5	72.1	73.5
365142	359836	277172	268887	75.9	74.7
201085	204750	150806	152709	75.0	74.6
3936070	4317511	3204442	3508488	81.4	81.3
2847303	3221422				
4093	4817	2914	3397	71.2	70.5
99160	127709	72864	94945	73.5	74.3
49960	68314	37848	52384	75.8	76.7
41889	51559	30243	37262	72.2	72.3
7311	7836	4773	5299	65.3	67.6
48380	59039	35519	42875	73.4	72.6
5184	11180	3768	8167	72.7	73.1
36748	41094	27237	30057	74.1	73.1
6448	6765	4514	4651	70.0	68.8
24824	24853	11475	11428	46.2	46.0
2366	2401	1121	1122	47.4	46.7
26.8	28.1	13.7	14.3	51.3	50.9
10.4	10.8	5.3	5.5	51.2	50.7
25.2	26.7	12.3	13.0	48.7	48.5
23.9	25.4	11.6	12.3	48.7	48.4
50894	55139	53871	58547	105.8	106.2
24839	26936	26861	32178	108.1	119.5
9916	10821	11618	12681	117.2	117.2

1—17　合芜蚌自主创新综合试验区主要指标
Main Indices of HeWuBeng Independent Innovation Comprehensive Area

指　　标		Item	
土　地		**Land**	
土地面积	（万平方公里）	Land Area	(10000 kilometer Square)
#开发区面积		Development Zone Area	
人　口		**Population**	
年末户籍人口	（万人）	Residence Population (year-end)	(10000 perons)
劳动就业		**Labour Employment**	
从业人员	（万人）	Jobholders	(10000 perons)
第一产业		Primary Industry	
第二产业		Secondary Industry	
第三产业		Tertiary Industry	
#城　镇		Town	
城镇登记失业率	（%）	Cities and Towns Register Unemployment Rate	
国民经济核算		**National Economic Accounting**	
地区生产总值	（亿元）	Gross Domestic Product	(100 million yuan)
第一产业		Primary Industry	
第二产业		Secondary Industry	
#工　业		Industry	
第三产业		Tertiary Industry	
人均生产总值	（元）	Per Capita gross Domestic Product	(yuan)
固定资产投资		**Fixed Asset Investment**	
固定资产投资额	（亿元）	Entire Social Fixed Assets Investment	(100 million yuan)
#开发区		Development Area	
#房地产		Real Estate	
国内贸易		**Domestic Trade**	
社会消费品零售总额	（亿元）	Social Retailgoods	(100 million yuan)
利用外资		**Use of Foreign Investment**	
实际利用外商直接投资	（亿美元）	Actual Use of Foreign Direct Investment	(USD 100 million)
#开发区		Development Area	
开发区利用内资	（亿元）	Domestic Capital Using by Development Zone	(100 million yuan)
实际利用省外资金	（亿元）	Actual Use of Fund Outside Anhui Province	(100 million yuan)
实际利用省内资金	（亿元）	Actual Use of Fund Inside Anhui Province	(100 million yuan)
进出口总额	（亿美元）	Total Export-Import Volume	(USD 100 million)
#开发区		Development Area	
#出　口		Export	
#开发区		Development Area	
财政金融		**Financial Work**	
财政收入	（亿元）	Finance Income	(100 million yuan)
#地方财政收入		Local Financial Revenue	
#开发区土地收入		Development Area Land Income	
地方财政支出	（亿元）	Local Financial Expenditures	(100 million yuan)
金融机构本外币各项贷款	（亿元）	Local and Foreign Financial Institutions Loans	(100 million yuan)
金融机构本外币各项存款	（亿元）	The Deposit in Local and Foreign Financial Institutions	(100 million yuan)
农　业		**Agriculture**	
主要农产品产量	（万吨）	Output of Major Farm Products	(10000 ton)
粮　食		Ggrain	
棉　花		Cotton	
油　料		Oil Crops	
规模以上工业		**Industrial Enterprises Above Designated Size**	
企业数	（个）	Number of Enterprises	(unit)
#开发区		Development Area	
主营业务收入	（亿元）	Main Business Income	(100 million yuan)
#开发区		Development Area	
工业增加值	（亿元）	Industry Value Added	(100 million yuan)
#开发区		Development Area	
资产总计	（亿元）	Total Assets	(100 million yuan)
#开发区		Development Area	
#流动资产		Current Assets	

全　省 Whole Province		合芜蚌主要指标 Main Indices of HeWuBeng		占全省比重（%） Proportion of Whole Province	
2014	2015	2014	2015	2014	2015
14.01	14.01	2.34	2.34	16.7	16.7
0.28	0.30	0.14	0.14	48.4	47.5
6936	6949	1468	1479	21.2	21.3
4311.0	4342.1	933.2	949.3	21.6	21.9
1415.3	1396.2	241.3	235.2	17.0	16.8
1211.1	1232.1	285.6	286.8	23.6	23.3
1684.6	1713.8	406.3	427.2	24.1	24.9
1277.4	1292.1	477.7	470.0	37.4	36.4
3.2	3.1				
20848.7	22005.6	8641.3	9370.7	41.4	42.6
2392.4	2456.7	548.7	572.0	22.9	23.3
11077.7	10946.8	4935.5	4983.7	44.6	45.5
9455.5	9264.8	4152.3	4171.0	43.9	45.0
7378.7	8602.1	3157.0	3815.0	42.8	44.3
34425	35997				
21256.3	23965.6	8939.5	10019.1	42.1	41.8
7395.3	8026.5	4096.9		55.4	0.0
4339.0	4424.9	2013.3	2140.6	46.4	48.4
7957.0	8908.0	3109.9	3487.3	39.1	39.1
123.4	136.2	54.8	62.0	44.4	45.5
67.5	79.2	36.8	43.6	54.5	55.0
3142.3	3364.5	1584.9	1737.5	50.4	51.6
492.7	488.1	292.7	294.9	59.4	60.4
242.9	258.2	161.7	176.9	66.6	68.5
314.9	331.1	193.7	209.1	61.5	63.1
169.5	193.8	106.1	128.0	62.6	66.0
3663.0	4012.2	1516.0	1698.9	41.4	42.3
2218.4	2454.3	839.4	954.7	37.8	38.9
4664.1	5239.0	1254.0	1411.1	26.9	26.9
22754.7	26144.4	11860.0	13862.9	52.1	53.0
30088.8	34826.2	13030.9	15366.0	43.3	44.1
3415.8	3538.1	726.2	753.3	21.3	21.3
26.3	23.4	9.3	8.3	35.5	35.4
228.8	227.9	86.0	84.3	37.6	37.0
17762	19077	5272	5631	29.7	29.5
6979	7615	2711	2909	38.8	38.2
36838.4	39064.4	15284.8	16585.9	41.5	42.5
9302.8	9589.2	4011.3	4248.8	43.1	44.3
5011.3	5831.3	2764.7	3158.9	55.2	54.2
28831.5	31360.0	11707.8	12971.5	40.6	41.4
13006.9	13988.0	6065.6	6808.4	46.6	48.7

1—17 续表 continued

指　　标		Item	
固定资产净值年平均余额	（亿元）	Annual Mean Remaining Sum of Fixed Asset Net Worth	(100 million yuan)
所有者权益	（亿元）	Owner's Equity	(100 million yuan)
年平均从业人数	（万人）	Annual Mean Employed Population	(10000 perons)
建筑业		**Construction Business**	
总产值	（亿元）	Total Value of Out-put	(100 million yuan)
＃建筑工程产值		Value of Out-put of Architectural Engineering	
工程结算收入	（亿元）	Income From Settlement of Projects	(100 million yuan)
运输邮电通信业		**Transportation ,Posts and Telecommunications Industry**	
铁路营业里程	（公里）	Railroad Revenue Kilometres	(km)
公路里程	（公里）	Road Mileage	(km)
＃高速公路		Freeway	
客运量	（亿人）	Passenger Traffic	(100 million perons)
旅客周转量	（亿人公里）	Turnover of Passenger Traffic	(100 million passenger-km)
货运量	（亿吨）	Freight Traffic	(100 million ton)
货物周转量	（亿吨公里）	Cargo Turnover	(100 million tons-km)
邮电业务总量	（亿元）	Post and Telecommunication Service Total	(100 million yuan)
教　育		**Education**	
普通高等学校		Regular Institutions of Higher Education	
学校数	（个）	Number of Schools	(unit)
招生数	（万人）	Entrants	(10000 perons)
在校学生数	（万人）	Enrolment	(10000 perons)
毕业生数	（万人）	Graduates	(10000 perons)
科技活动		**S&T Activities**	
科技活动人员	（人）	Personnel Engaged in S&T Activities	(peron)
＃研究与试验发展（R&D）		（R&D）	
R&D经费内部支出	（万元）	The R&D funds Interior Disburses	(10000 yuan)
＃工业企业		Industry Enterprise	
科技机构数	（个）	Number of S&T Organizations	(unit)
科技项目数	（个）	Number of S&T Projects	(unit)
科技人员数	（万人）	Number of S&T People	(10000 perons)
＃高中级技术职称人员		High and Middle Technical Title People	
科技项目经费内部支出	（万元）	The S&T Funds Interior Disburses	(10000 yuan)
新产品销售收入	（万元）	Sales Revenue of New Product	(10000 yuan)
＃出　口		Export	
国内外三种专利申请		Three Kinds of Patent Applied of Domestic and Foreign	
受理数	（个）	Number of Cases	(unit)
发　明		Invention	
实用新型		Utility Model	
外观设计		Layout-Design	
授权数	（个）	Number of Authorization	(unit)
发　明		Invention	
实用新型		Utility Model	
外观设计		Layout-Design	
卫　生		**Hygiene**	
卫生机构数	（个）	Number of Health Institutions	(unit)
＃医院、卫生院		Hospital. Heaith Center	
卫生技术人员	（万人）	Health technical People	(10000 perons)
＃执业（助理）医师		Licenses of (Assistant) Dr.	
医疗机构床位	（万张）	Medical Establishment bed	(10000 unit)
＃医院、卫生院		Hospital. Herlth Center	
人民生活		**National Lives**	
城镇非私营单位就业人员平均工资	（元）	Average Wage of Employed Persons of Urban Non-private Owned Units	(yuan)
城镇常住居民人均可支配收入	（元）	Urban Per Capita Disposable Income	(yuan)
农村常住居民人均可支配收入	（元）	Farmer Per Capita Net Income	(yuan)

全　　省 Whole Province		合芜蚌主要指标 Main Indices of HeWuBeng		占全省比重（%） Proportion of Whole Province	
2014	2015	2014	2015	2014	2015
10008.7	10805.3				
11947.4	13083.0	4983.2	5523.6	41.7	42.2
321.1	316.4				
5482.9	5696	3682.6	3841.7	67.2	67.4
4715.2	4883	3225.1	3343.7	68.4	68.5
3549	4169				
174373	186940	34295	38570	19.7	20.6
3752	4249	754	818	20.1	19.3
14.0	8.7				
1451	1258.2				
43.4	34.6				
13500.9	10402.6				
586.0	740.0	199.9	257.5	34.1	34.8
107	108	63	63	58.9	58.3
33.43	35.00	20.1	21.1	60.2	60.3
108.05	113.1	65.0	68.1	60.2	60.2
29.99	29.3	17.8	17.6	59.2	60.2
365142	359836	205369	202528	56.2	56.3
201085	204750	114938	117757	57.2	57.5
3936070	4317511	2449269	2709408	62.2	62.8
2847303	3221422				
4093	4817	1839	2148	44.9	44.6
99160	127709	49272	61821	49.7	48.4
49960	68314	26683	34374	53.4	50.3
41889	51559	18934	23478	45.2	45.5
7311	7836	3655	3969	50.0	50.7
48380	59039	24827	29437	51.3	49.9
5184	11180	3273	6230	63.1	55.7
36748	41094	17973	19734	48.9	48.0
6448	6765	3581	3473	55.5	51.3
24824	24853	5106	5066	20.6	20.4
2366	2401	541	533	22.9	22.2
26.8	28.1	8.1	8.5	30.3	30.3
10.4	10.8	3.0	3.1	29.2	29.2
25.2	26.7	7.5	8.0	29.9	29.9
23.9	25.4	7.2	7.7	30.2	30.2
50894	55139	55460	60223	109.0	109.2
24839	26936	27937	30437	112.5	113.0
9916	10821	13306	14546	134.2	134.4

1—18　皖江城市带承接产业转移示范区分地区主要规划目标完成情况（2015年）

The Situation of the Main Goal Completion of the Wanjiang City Zone Contracting Industrial Shifting Model District By Regions (2015)

地区	Region	经济发展 Economical Development				产业结构 Industrial Structure			
		地区生产总值（亿元）Gross Domestic Product (100 million yuan)	地方财政收入（亿元）Local Fiscal Revenue (100 million yuan)	城镇化率（%）Rate of Urbanization (%)	R&D经费相当于GDP比例（%）Proportion of R&D fund to GDP (%)	非农产业比重（%）Non-agricultural Industries (%)	规模以上工业企业（个）Industrial Enterprises Above Designated Size (unit)	规模以上工业增加值中开发区所占比重（%）Proportion of Development Zones of Add-value of Industrial Enterprises Above Designated Size (%)	开发区单位土地实现经济收入（万元/亩）Economic Income of Unit Land Development Zones (10000 yuan per mu)
合肥市	Hefei	5660.3	1000.5	70.4	3.09	95.3	2474	74.5	105.9
滁州市	Chuzhou	1305.7	230.3	49.0	1.69	83.0	1503	42.0	62.3
马鞍山市	Maanshan	1365.3	210.0	65.2	2.63	94.2	1150	47.3	102.6
芜湖市	Wuhu	2457.3	470.0	62.0	2.80	95.1	2101	45.1	73.1
宣城市	Xuancheng	971.5	188.9	50.6	1.31	87.5	1419	46.9	54.5
铜陵市	Tongling	911.6	135.0	52.7	2.32	94.8	491	41.5	111.8
池州市	Chizhou	544.7	95.8	51.1	0.82	87.0	575	70.9	24.1
安庆市	Anqing	1417.4	258.8	45.9	0.76	86.9	1667		87.1
金安区	Jinan District	155.6	12.0			81.3	115		
舒城县	Shucheng	158.5	15.0			81.0	154		

地区	Region	开放合作 Opening-up and Cooperation			公共服务 Public Service			城市污水厂集中处理率（%）Central Processing Rate of Sewage Treatment Plant (%)
		实际利用外商直接投资（亿美元）Actual Use of Foreign Direct Investment (USD 100 million)	实际利用省外资金到位资金（亿元）Actual Use of Fund Outside Anhui Province (100 million yuan)	进出口额相当于GDP比例（%）Proportion of Foreign Trade Import and Export to GDP (%)	城镇常住居民人均可支配收入（元）Unban Dweller Per Capita Disposable Income (yuan)	农村常住居民人均可支配收入（元）Rural Residents per Capita Disposable Income (yuan)	职业中学在校学生数（万人）Number of Students in Vocational Schools (10000 person)	
合肥市	Hefei	25.1	712.1	22.4	31989	15733	1.6	90.9
滁州市	Chuzhou	10.6	190.2	9.8	27443	10070	3.1	95.5
马鞍山市	Maanshan	19.4	255.0	13.5	38630	16331	0.7	92.7
芜湖市	Wuhu	23.0	631.7	17.3	32207	15964	1.6	91.0
宣城市	Xuancheng	8.0	204.4	11.9	34075	12309	1.6	91.8
铜陵市	Tongling	2.2	173.7	31.3	36223	11169	0.2	92.0
池州市	Chizhou	3.5	74.2	5.9	25907	11511	0.9	93.3
安庆市	Anqing	1.8	231.9	10.7	26249	9985	4.6	89.2
金安区	Jinan District							
舒城县	Shucheng							

1-19　中部6省国民经济和社会发展主要指标（2015年）
Main Indicators of National Economic and Social Development of 6 Middle Provinces (2015)

指　　标		Item		中部6省合　计 Total of 6 Middle Provinces	中部6省占全国比重（%） The Proportion of 6 Middle Provinces to National Total
自然资源		**Natural Resources**			
土地面积	（万平方公里）	Area of Land	(10000 sq.km)	102.8	10.7
人　口		**Population**			
年末常住人口	（万人）	Population at Year-end	(10000 persons)	36488.0	26.5
国民经济核算		**National Accounting**			
地区生产总值	（亿元）	Gross Domestic Product	(100 million yuan)	147139.6	21.7
第一产业		Primary Industry		15868.8	26.1
第二产业		Secondary Industry		69702.2	25.4
#工　业		Industry		59760.8	26.1
第三产业		Tertiary Industry		61568.6	18.0
固定资产投资		**Investment in Fixed Assets**			
全社会固定资产投资总额	（亿元）	Total Investment in Fixed Assets	(100 million yuan)	139904.3	25.4
#房地产开发		Real Estate Development		19121.7	19.9
国内商业		**Domestic Trade**			
社会消费品零售总额	（亿元）	Total Retail Sales of Consumer Goods	(100 million yuan)	62634.8	20.8
对外贸易		**Foreign Trade**			
货物进出口总额	（亿美元）	Total Value of Imports and Exports	(100 million USD)	2549.6	6.4
出口额		Exports		1662.6	7.3
进口额		Imports		887.0	5.3
财　　政		**Government Finance**			
地方财政收入	（亿元）	Local Governments Revenue	(100 million yuan)	14792.8	17.8
农　　业		**Agriculture**			
主要农产品产量	（万吨）	Output of Major Farm Products	(10000 tons)		
粮　食		Grain		18719.7	30.1
棉　花		Cotton		93.2	16.6
油　料		Oil-bearing Grops		1549.4	43.8
糖　料		Sugar Crops		213.9	1.7
蔬　菜		Vegetables		20680.8	26.3
水　果		Fruits		7148.2	26.1
工　业		**Industry**			
规模以上工业主要指标		Main Indicators of Industrial Enterprises above Designated Size			
主营业务收入	（亿元）	Revenue From Principal Business	(100 million yuan)	235221.3	21.3
主营业务成本	（亿元）	Cost From Principal Business	(100 million yuan)	204109.2	21.6
主营业务税金及附加	（亿元）	Business and Extra Charges	(100 million yuan)	3723.3	20.7

1—19 续表 continued

指 标		Item		中部6省 合 计 Total of 6 Middle Provinces	中部6省 占全国 比重 (%) The Proportion of 6 Middle Provinces to National Total
销售费用	(亿元)	Operating Expense	(100 million yuan)	5603.1	19.5
利润总额	(亿元)	Total Profits	(100 million yuan)	12534.9	19.7
税金总额	(亿元)	Total Tax	(100 million yuan)		
亏损企业亏损总额	(亿元)	Total Loss of Loss-making enterprises	(100 million yuan)	1815.1	19.9
应收账款	(亿元)	Accounts Receivable	(100 million yuan)	19528.7	17.0
产成品	(亿元)	Finished Product	(100 million yuan)	6880.9	17.8
资产合计	(亿元)	Total Assets	(100 million yuan)	191467.3	19.2
负债合计	(亿元)	Total Liabilities	(100 million yuan)	106238.0	18.9
主要工业产品产量		Output of Major Industrial products			
农用化肥	(万吨)	Chemical Fertilizer	(10000 tons)		
水 泥	(万吨)	Cement	(10000 tons)	65831.0	27.9
生 铁	(万吨)	Pig Iron	(10000 tons)		
粗 钢	(万吨)	Crude Steel	(10000 tons)	14381.2	17.9
钢 材	(万吨)	Rolled Steel	(10000 tons)	20318.9	18.1
汽 车	(万辆)	Motor Vehicles	(10000 unit)	433.4	17.7
家用电冰箱	(万台)	Household Refrigerators	(10000 unit)	3453.6	43.2
发电量	(亿千瓦小时)	Electricity	(100 million kwh)	11745.4	20.2
建筑业		**Construction**			
企业个数	(个)	Number of Enterprises	(unit)	16711	20.7
总产值	(亿元)	Gross Output Value	(100 million yuan)	36701.5	20.8
交通运输业		**Transportation**			
客运量	(万人)	Total Passenger-kilometer	(10000 persons)	536766.0	27.6
货运量	(万吨)	Total Freight Ton-kilometer	(10000 tons)	1184348.4	28.4
教 育		**Education**			
普通高等学校（研究生和本专科教育）		Regular Institutions of Higher Education (Postgraduate, Undergraduate and Specialty Undergraduate Education)			
招生数	(万人)	New Student Enrollment	(10000 persons)	229.0	28.5
在校学生数	(万人)	Student Enrollment	(10000 persons)	749.9	26.6
毕业生数	(万人)	Number of Graduates	(10000 persons)	195.7	26.6
普通高中		Regular Secondary Schools			
招生数	(万人)	New Student Enrollment	(10000 persons)	227.0	28.5
在校学生数	(万人)	Student Enrollment	(10000 persons)	675.2	28.4
毕业生数	(万人)	Number of Graduates	(10000 persons)	226.6	28.4

注：本表数据为初步统计数。中部6省包括山西、安徽、江西、河南、湖北和湖南。

a) Data in this table are preliminary statistics. 6 middle provinces include: Shanxi, Anhui, Jiangxi, Henan, Hubei and Hunan.

1—20 黄山旅游区域主要经济指标（2015年）
Main Economic Indicators of Tourist Region of Mount Huang (2015)

指　标	Item	黄山市市区 HuangShan Region Of City	歙　县 SheXian	休宁县 XiuNing	黟　县 YiXian	祁门县 QiMen
土地面积（平方公里）	Total Land Area (sq.km)	2358	2122	2126	857	2215
年末总人口（万人）	Population at the Year-end (10000 persons)	45.07	47.53	26.93	9.42	18.74
年末城镇从业人员数（万人）	Employment at the Year-ent (10000 persons)	7.13	1.52	1.23	0.60	0.86
生产总值（万元）	Gross Domestic Product (10000 yuan)	2447222	1337145	721296	262360	540961
第一产业	Primary Industry	161347	174216	120745	35216	59615
第二产业	Secondary Industry	828715	665755	302966	112618	207408
第三产业	Tertiary Industry	1457160	497174	297585	114526	273938
农业总产值（可比价）（万元）	Gross Agricultural Output Value (Constant Price) (10000 yuan)	282859	287954	219423	64305	99058
农业增加值（万元）	Value-added of Agriculture (10000 yuan)	164242	177878	124554	36705	60980
工业增加值（万元）	e-added of Industry (10000 yuan)	580401	582705	235547	84490	165657
公路通车里程（公里）	Length of Highways (km)	1697	1729	1363	598	1314
邮电业务总量(现行价)（万元）	Business Volume of Post and Telecommunications (Current Price) (10000 yuan)	72533	27462	15385	7764	13020
全社会固定资产投资额（万元）	Total Investment in Fixed Assets (10000 yuan)	2793881	897597	894530	359570	579173
#500万元以上项目投资额	Projects Investment Above 5 million Yuan	2072811	776621	773425	347315	542325
房地产投资额	Investment in Real Estate Development	721070	120976	121105	12255	36848
社会消费品零售总额（万元）	Total Retail Sales of Consumer Goods (10000 yuan)	1567400	608811	320017	105492	209720
年末职工人数（在岗）（万人）	Number of Staff and Workers at the Year-end (Fully Employed) (10000 persons)	6.76	1.41	1.12	0.54	0.81
职工工资总额（在岗）（万元）	Total Wages of Staff and Workers (Fully Employed) (10000 yuan)	368313	83039	59041	27680	45090
财政收入（不含基金）（万元）	Government Revenue (Excluding Fund) (10000 yuan)	585487	139736	95749	40039	64011
财政支出（不含基金）（万元）	Government Expenditure (Excluding Fund) (10000 yuan)	846179	286878	193924	112438	158776
城乡居民储蓄存款年末余额（万元）	Outstanding Amount of Saving Deposits in Urban and Rural Areas at the Year-end (10000 yuan)	2416883	1488334	794972	370474	628872
农村居民有均可支配收入（元）	Rural Residents' Disposable Income (yuan)	11872	11807	11677	11855	11700
接待旅游人数（万人）	Tourists Received (10000 persons)	2473.94	725.56	421.13	830.23	215.01
#国际游客	International Tourists	118.71	23.81	16.01	36.02	0.51
国内游客	Domestic Tourists	2355.23	701.75	405.12	794.21	214.50
旅游外汇收入（万美元）	Foreign Exchange Earnings from Tourism (USD 10000)	39646	7410	4789	8482	73

注：第一产业增加值与农业增加值不一致，原因是第一产业增加值剔除农业增加值中的农林牧渔服务业增加值。

a) The first industrial added value and added value of agriculture, the reason is that the first industrial added value of eliminating the added value of services of agriculture and forestry in the added value of agriculture.

1—21 九华山旅游区域主要经济指标（2015年）
Main Economic Indicators of Tourist Region of Mount Jiu Hua (2015)

指　　标	Item	池州市市区 ChiZhou Reigon Of City	青 阳 县 QingYang	石 台 县 ShiTai	东 至 县 DongZhi
土地面积（平方公里）	Total Land Area (sq.km)	2539	1196	1414	3250
年末总人口（万人）	Population at the Year-end (10000 persons)	66.78	29.21	10.83	54.80
年末城镇从业人员数（万人）	Employment at the Year-ent (10000 persons)	15.33	6.22	1.31	4.77
生产总值（万元）	Gross Domestic Product (10000 yuan)	2864368	799566	220923	1330152
第一产业	Primary Industry	302825	98561	39303	261793
第二产业	Secondary Industry	1419058	416206	81691	548556
第三产业	Tertiary Industry	1142485	284798	99929	519803
农业总产值（现行价）（万元）	Gross Agricultural Output Value (Current Price) (10000 yuan)	517638	168987	62739	503993
农业增加值（万元）	Value-added of Agriculture (10000 yuan)	317516	103052	39952	278615
工业增加值（万元）	Value-added of Industry (10000 yuan)	1094557	351305	63000	456954
公路通车里程（公里）	Length of Highways (km)	2582	1359	941	2906
邮电业务总量(现行价)（万元）	Business Volume of Post and Telecommunications (Current Price) (10000 yuan)				
全社会固定资产投资额（万元）	Total Investment in Fixed Assets (10000 yuan)	3655276	941274	148043	1238748
社会消费品零售总额（万元）	Total Retail Sales of Consumer Goods (10000 yuan)	1110908	315735	113145	401740
年末职工人数（在岗）（万人）	Number of Staff and Workers at the Year-end (Fully Employed) (10000 persons)	5.49	1.73	0.57	1.56
职工工资总额（在岗）（万元）	Total Wages of Staff and Workers (Fully Employed) (10000 yuan)	283036	87379	28047	79589
财政收入（不含基金）（万元）	Government Revenue (Excluding Fund) (10000 yuan)	606642	146425	22054	132268
财政支出（不含基金）（万元）	Government Expenditure (Excluding Fund) (10000 yuan)	834933	210476	100031	284343
城乡居民储蓄存款年末余额（万元）	Outstanding Amount of Saving Deposits in Urban and Rural Areas at the Year-end (10000 yuan)	3951770	1347064	462773	1721094
农村居民可支配收入（元）	Rural Residents' Disposable Income (yuan)	11936	12089	8084	11527
接待旅游人数（人）	Tourists Received (person)	11454001	10602149	6197909	8600100
#国际游客	International Tourists	272797	142881	42124	64005
国内游客	Domestic Tourists	11181204	10459268	6155785	8536095
旅游营业收入（万元）	Income of Tourism (10000 yuan)	1345741	1192817	446981	720000
旅游外汇收入（万美元）	Foreign Exchange Earnings from Tourism (USD 10000)	14760	7731	2279	3463

主要统计指标解释

可比价格

指计算各种总量指标所采用的扣除了价格变动因素的价格，可进行不同时期总量指标的对比。按可比价格计算总量指标有两种方法：一种是直接用产品产量乘某一年的不变价格计算；另一种是用价格指数进行缩减。

平均增长速度

我国计算平均增长速度有两种方法：一种是习惯上经常使用的“水平法”，又称几何平均法，是以间隔期最后一年的水平同基期水平对比来计算平均每年增长（或下降）速度；另一种是“累计法”，又称代数平均法或方程法，是以间隔期内各年水平的总和同基期水平对比来计算平均每年增长（或下降）速度。在一般正常情况下，两种方法计算的平均每年增长速度比较接近；但在经济发展不平衡、出现大起大落时，两种方法计算的结果差别较大。

本《年鉴》内所列的平均增长速度，均用“水平法”计算。从某年到某年平均增长速度的年份，均不包括基期年在内。如建国四十三年的平均增长速度是以1949年为基期计算的，则写为1950-1992年平均增长速度，其余类推。

企业（单位）登记注册类型

是以在工商行政管理机关登记注册的各类企业为划分对象，以工商行政管理部门对企业登记注册的类型为依据，将企业登记注册类型分为内资企业、港澳台商投资企业和外商投资企业三大类。内资企业包括国有企业、集体企业、股份合作企业、联营企业、有限责任公司、股份有限公司、私营公司和其他企业；港澳台商投资企业和外商投资企业分别包括合资经营企业、合作经营企业、独资经营企业和股份有限公司。对不在工商行政管理部门进行登记注册的行政机关、事业单位和社会团体，主要按其经费来源和管理方式进行划分。

法人单位

指具备以下条件的单位：（一）依法成立，有自己的名称、组织机构和场所，能够独立承担民事责任；（二）独立拥有和使用（或授权使用）资产，承担负债，有权与其他单位签订合同；（三）会计上独立核算，能够编制资产负债表。法人单位包括企业法人、事业单位法人、机关法人、社会团体法人和其他法人。按照下属是否有产业活动单位，又分为单产业法人和多产业法人。

产业活动单位

法人单位所属的产业活动单位，指具备以下条件的单位：（一）在一个场所从事一种或主要从事一种社会经济活动；（二）相对独立组织生产经营或业务活动；（三）能够掌握收入和支出等业务核算资料。

单位数

表中的单位数为单产业法人数和多产业法人所属的产业活动单位数之和。

国有企业

指企业全部资产归国家所有，并按《中华人民共和国企业法人登记管理条例》规定登记注册的非公司制的经济组织。不包括有限责任公司中的国有独资公司。

集体企业

指企业资产归集体所有，并按《中华人民共和国企业法人登记管理条例》规定登记注册的经济组织。

股份合作企业

指以合作制为基础，由企业职工共同出资入股，吸收一定比例的社会资产投资组建，实行自主经营，自负盈亏，共同劳动，民主管理，按劳分配与按股分红相结合的一种集体经济组织。

联营企业

指两个及两个以上相同或不同所有制性质的企业法人或事业单位法人，按自愿、平等、互利的原则，共同投资组成的经济组织。联营企业包括国有联营企业、集体联营企业、国有与集体联营企业和其他联营企业。

有限责任公司

指根据《中华人民共和国公司登记管理条例》规定登记注册，由两个以上、五十个以下的股东共同出资，每个股东以其所认缴的出资额对公司承担有限责任，公司以其全部资产对其债务承担责任的经济组织。有限责任公司包括国有独资公司以及其他有限责任公司。

股份有限公司

指根据《中华人民共和国公司登记管理条例》规定登记

注册，其全部注册资本由等额股份构成并通过发行股票筹集资本，股东以其认购的股份对公司承担有限责任，公司以其全部资产对其债务承担责任的经济组织。

私营企业

指由自然人投资设立或由自然人控股，以雇佣劳动为基础的营利性经济组织。包括按照《公司法》、《合伙企业法》、《私营企业暂行条例》规定登记注册的私营有限责任公司、私营股份有限公司、私营合伙企业和私营独资企业。

其他内资企业

指上述企业之外的其他内资经济组织。

与港澳台商合资经营企业

指港澳台地区投资者与内地企业依照《中华人民共和国中外合资经营企业法》及有关法律的规定，按合同规定的比例投资设立、分享利润和分担风险的企业。

与港澳台商合作经营企业

指港澳台地区投资者与内地企业依照《中华人民共和国中外合作经营企业法》及有关法律的规定，依照合作合同的约定进行投资或提供条件设立、分配利润和分担风险的企业。

港澳台商独资经营企业

指依照《中华人民共和国外资企业法》及有关法律的规定，在内地由港澳台地区投资者全额投资设立的企业。

港澳台商投资股份有限公司

指根据国家有关规定，经外经贸部依法批准设立，其中港、澳、台商的股本占公司注册资本的比例达 25% 以上的股份有限公司。凡其中港、澳、台商的股本占公司注册资本的比例小于 25%的，属于内资企业中的股份有限公司。

中外合资经营企业

指外国企业或外国人与中国内地企业依照《中华人民共和国中外合资经营企业法》及有关法律的规定，按合同规定的比例投资设立、分享利润和分担风险的企业。

中外合作经营企业

指外国企业或外国人与中国内地企业依照《中华人民共和国中外合作经营企业法》及有关法律的规定，依照合作合同的约定进行投资或提供条件设立、分配利润和分担风险的企业。

外资企业

指依照《中华人民共和国外资企业法》及有关法律的规定，在中国内地由外国投资者全额投资设立的企业。

外商投资股份有限公司

指根据国家有关规定，经外经贸部依法批准设立，其中外资的股本占公司注册资本的比例达 25% 以上的股份有限公司。凡其中外资股本占公司注册资本的比例小于 25%的，属于内资企业中的股份有限公司。

行政机关、事业单位和社会团体

参照企业登记注册类型，主要按其经费来源和管理方式划分。具体规定如下：

⑴行政机关：包括国家机关和政党机关，原则上均列为“国有”。但有特殊规定的，如供销社等，则列为“集体”。

⑵事业单位：包括经国家机构编制部门和有关业务主管部门批准成立的各类事业单位，不包括实行企业化管理的事业单位。事业单位的划分办法如下：

①由国家财政预算拨款或列入财政预算外资金管理以及经费主要来源于国有主管部门或国有上级单位的事业单位，列为“国有”。

②经费主要来源于集体单位的事业单位，列为“集体”。

③公民个人（或个人合伙）开办的事业单位，列为“私营”。

④上述以外的其他事业单位，如果其经费来源不明确，按管理方式进行归类。

⑶社会团体：包括经民政部门批准成立以及未纳入社会团体管理条例范围的工会、妇联等各类社会团体。社会团体的划分办法如下：

①未纳入民政部社会团体管理条例范围的工会、妇联、共青团、青联、工商联、科协、侨联等社会团体，国家拨款设立的基金会或基金管理组织以及经费主要来源于国有业务主管部门或国有上级单位的社会团体，列为“国有”。

②经费主要来源于集体单位的社会团体，列为“集体”。

③公民个人（或个人合伙）开办的社会团体，划为“私营”。

④上述以外的其他社会团体，如果其经费来源不明确，改按管理方式进行归类。

Explanatory Notes for Major Statistical Indicators

Comparable Prices

Refer to prices that are used to remove the factors of price change in calculating economic aggregates, so as to facilitate comparison of aggregates over time. Two methods are used for calculating economic aggregates at comparable prices: 1.Multiplying the output of products by their constant prices of certain year; 2.Deflation of data at current prices by relevant price index.

Average Annual Growth Rate

Two methods for calculating average annual growth rate are applied in China, one is often called "level approach" or the method of calculating geometric average, which is derived by comparing the level of the last year of the interval with that of the beginning year; the other is called "accumulative approach" or algebraic average or equation method, which is derived by the summation of the actual figure of each year in the interval divided by the figure in the base year.

Usually the results calculated by the two methods are fairly close, but they differed sharply when uneven economic development occurred with striking fluctuations in growth.

The average annual growth rates listed in this statistical yearbook are calculated by level approach except for the growth rate of investment in fixed assets. The base years are not listed when the years are listed for average annual growth rates. For instance, the average annual growth rate of 43 years since 1949 is listed as average annual growth rate of 1950-1992 without listing the base year 1949. And the analogy of this is also the same for the rest of the years.

Registration Status of Enterprises

Enterprises are classified into 3 categories, namely domestic-funded enterprises, enterprises with investment from Hong Kong, Macao and Taiwan, and enterprises with foreign investment, in the light of the registration status of an enterprise in industrial and commercial administration agencies. Domestic-funded enterprises include state-owned enterprises, collective-owned enterprises, cooperative enterprises, joint ownership enterprises, limited liability corporations, share-holding corporations Ltd., private enterprises and other enterprises. Included in the enterprises with investment from Hong Kong, Macao and Taiwan and enterprises with foreign investment are joint-venture enterprises, cooperative enterprises, sole investment enterprises and share-holding corporations Ltd. For government agencies, institutions and social organizations which are not requested to be registered in industrial and commercial administration agencies, they are classified mainly by their sources of funds and way of management.

State-owned Enterprises

Refer to non-corporation economic units where the entire assets are owned by the state and which have registered in accordance with the Regulation of the People's Republic of China on the Management of Registration of Corporate Enterprises. Excluded from this category are sole state-funded corporations in the limited liability corporations.

Collective-owned Enterprises

Refer to economic units where the assets are owned collectively and which have registered in accordance with the Regulation of the People's Republic of China on the Management of Registration of Corporate Enterprises.

Cooperative Enterprises

refer to a form of collective economic units (enterprises) where capitals come mainly from employees as their shares, with certain proportion of capital from the outside, where production is organized on the basis of independent operation, independent accounting for profits and losses, joint work, democratic management, and a distribution system that integrates remuneration according to work with dividend according to capital share.

Joint Ownership Enterprises

Refer to economic units established by two or more corporate enterprises or corporate institutions of the same or different ownership, through joint investment on the basis of equality, voluntary participation and mutual benefits. They include state joint ownership enterprises, collective joint ownership enterprises, joint state-collective enterprises, other joint ownership enterprises.

Limited Liability Corporations

Refer to economic units established with investment from 2-50 investors and registered in accordance with the Regulation of the People's Republic of China on the Management of Registration of Corporations, each investor bearing limited liability to the corporation depending on its share of investment, and the corporation bearing liability to its debt to the maximum of its total assets. Limited liability corporations include exclusive state-funded limited liability corporations and other limited liability corporations.

Share-holding Corporations Ltd

Refer to economic units registered in accordance with the Regulation of the People's Republic of China on the Management of Registration of Corporations, with total registered capitals divided into equal shares and raised through issuing stocks. Each investor bears limited liability to the corporation depending on the holding of shares, and the corporation bears liability to its debt to the maximum of its total assets.

Private Enterprises

Refer to profit-making economic units invested and established by natural persons, or controlled by natural persons using employed labour. Included in this category are private limited liability corporations, private share-holding corporations Ltd., private partnership enterprises and private-funded enterprises registered in accordance with the Corporation Law, Partnership Enterprises Law and Interim Regulations on Private Enterprises.

Other Domestic-funded Enterprises

Refer to domestic-funded economic units other than those mentioned above.

Joint-venture Enterprises with Funds from Hong Kong, Macao and Taiwan

Refer to enterprises jointly established by investors from Hong Kong, Macao and Taiwan with enterprises in the mainland of China in accordance with the Law of the People's Republic of China on Sino-foreign Joint Venture Enterprises and other relevant laws, where the share of investment, profits and risks is stipulated in the contract.

Cooperative Enterprises with Funds from Hong Kong Macao and Taiwan

Established by investors from Hong Kong, Macao and Taiwan with enterprises in the mainland of China in accordance with the Law of the People's Republic of China on Sino-foreign Cooperative Enterprises and other relevant laws, where the investment or provision of facilities, and the share of profits and risks is stipulated in the cooperative contract.

Enterprises with Sole (exclusive) Investment from Hong Kong, Macao and Taiwan

Refer to enterprises established in the mainland of China with exclusive investment from investors from Hong Kong, Macao and Taiwan in accordance with the Law of the Peoples Republic of China on Foreign-Funded Enterprises and other relevant laws.

Share-holding Corporations Ltd. with Investment from Hong Kong, Macao and Taiwan

refer to share-holding corporations Ltd. established with the approval from the Ministry of Foreign Trade and Economic Relations in line with relevant state regulations, where the share of investment from Hong Kong, Macao or Taiwan businessmen exceeds 25% of the total registered capital of the corporation. In case the share of investment from Hong Kong, Macao or Taiwan is less than 25% of the total registered capital, the enterprise is to be classified as domestic-funded share-holding corporation Ltd.

Joint-venture Enterprises with Foreign Investment

Refer to enterprises jointly established by foreign enterprises or foreigners with enterprises in the mainland of China in accordance with the Law of the People's Republic of China on Sino-foreign Joint Venture Enterprises and other relevant laws, where the share of investment, profits and risks is stipulated in the contract.

Cooperation Enterprises with Foreign Investment

Refer to enterprises jointly established by foreign enterprises or foreigners with enterprises in the mainland of China in accordance with the Law of the People's Republic of China on Sino-foreign Cooperative Enterprises and other relevant laws, where the investment or provision of facilities, and the share of profits and risks is stipulated in the cooperative contract.

Enterprises with Sole (exclusive) Foreign Investment

Refer to enterprises established in the mainland of China with exclusive investment from foreign investors in accordance with the Law of the People's Republic of China on Foreign-Funded Enterprises and other relevant laws.

Share-holding Corporations Ltd. with Foreign Investment

refer to share-holding corporations Ltd. established with the approval from the Ministry of Foreign Trade and Economic Relations in line with relevant state regulations, where the share of investment from foreign investors exceeds 25% of the total registered capital of the corporation. In case the share of foreign investment is less than 25% of the total registered capital, the enterprise is to be classified as domestic-funded share-holding corporation Ltd.

Government Agencies, Institutions and Social Organizations

are classified into following categories by source of funds and way of management taking reference of the registration status of enterprises:

(1) Government agencies: include state and party agencies, classified in principle as "state-owned". There are exceptions, such as supply and marketing cooperatives which are classified as "collective".

(2) Institutions: include institutions of various types established with the approval by organization and staffing departments of the government, but exclude institutions where enterprise management system is introduced. Institutions are further classified as follows:

a) Institutions whose main budget is listed in the government budget appropriations or extra-budget funds, or allocated from the budget of their competent government agencies. Such institutions are classified as "state-owned".

b) Institutions whose budget mainly comes from collective units. Such institutions are classified as "collective".

c) Institutions other than those mentioned above whose source of budget are not clear. Such institutions are classified by way of management.

(3) Social organizations: include social organizations established with the approval from the Ministry of Civil Affairs, and organizations that are not covered by social organization management regulations such as trade unions, women's federations etc. Social organizations are further classified as follows:

a) Social organizations that are not covered by social organization management regulations of the Ministry of Civil Affairs such as trade unions, women's federations, communist youth leagues, youth associations, industrial and commerce associations, scientists associations, overseas Chinese associations, etc., foundations and fund management organizations established with funds from the state, and social organizations whose funds mainly come from the budget of their competent government agencies. Such institutions are classified as "state-owned".

b) Social organizations whose budget mainly comes from collective units. Such institutions are classified as "collective".

c) Social organizations established by individual or a group of citizens, which are classified as "private".

d) Social organizations other than those mentioned above whose source of budget are not clear. Such organizations are classified by way of management.

第 二 篇

Chapter 2

NATIONAL ACCOUNTS

简要说明

一、居民消费水平是按人口平均计算的居民消费额，它综合反映一个国家(或地区)人民物质文化生活水平。

二、有关“指数”部分分为“以上年为 100 的指数”和“以 1978 年为 100 的指数”两个方面，“以上年为 100 的指数”表中 2000 年以前(含 2000 年)的数据按 1990 年价格计算，2000-2005 年的数据按 2000 年价格计算，2005—2010 年的数据按 2005 年价格计算，2010 年以后的数据按 2010 年价格计算；“以 1978 年为 100 的指数”是以 1978 年为基数，每年指数相乘得到的。

三、市级人均 GDP 按年平均常住人口计算，县（市）人均 GDP 按年均户籍人口计算。

Brief Introduction

I. Consumption level of residents is average consumption value by population, and reflects people's standard of material and culture life in a country (region).

II. Indices include two parts: one is “the preceding year=100” and the other is “Year 1978=100”. Data in the tables that “the preceding year=100” are calculated at the fixed prices of 1990 before 2000 (including 2010)， data in the years from 2000 to 2005 are calculated at the fixed price of 2000，data in the years from 2005 to 2010 are calculated at the fixed price of 2010 and data are calculated at the fixed price of 2010 after 2010. Data in the tables that “Year 1978=100” are all obtained by the multiplied index each year based on 1978.

III. Municipal GDP per capital is calculated by the annual average resident population. Country (Municipal) GDP per capital is calculated by the annual household populations.

2—1 安徽生产总值
Gross Domestic Product

本表按当年价格计算。 Data in value terms in this table are calculated at current price.

年份 Year	生产总值 (亿元) Gross Domestic Product (100 million yuan)	第一产业 Primary Industry	第二产业 Secondary Industry	工业 Industry	建筑业 Construction	第三产业 Tertiary Industry	人均生产总值(按常住人口计算)(元/人) Per Capita GDP by Permanent Residents (yuan/person)
2000	2902.09	741.77	1056.78	885.10	171.68	1103.54	4779.5
2005	5350.17	966.50	2245.90	1837.36	408.54	2137.77	8630.7
2007	7360.92	1200.18	3370.96	2810.00	560.96	2789.78	12039.5
2008	8851.66	1418.09	4198.93	3505.67	693.26	3234.64	14448.2
2009	10062.82	1495.45	4905.22	4064.72	840.50	3662.15	16407.7
2010	12359.33	1729.02	6436.62	5407.40	1029.22	4193.69	20887.8
2011	15300.65	2015.31	8309.38	7062.00	1247.38	4975.96	25659.3
2012	17212.05	2178.73	9404.84	8025.84	1379.00	5628.48	28792.3
2013	19229.34	2267.15	10390.04	8880.45	1524.11	6572.15	32000.9
2014	20848.75	2392.39	11077.67	9455.48	1638.32	7378.69	34424.6
2015	22005.63	2456.69	10946.83	9264.82	1698.92	8602.11	35996.6

注：1．2000—2003年的数据按2004年经济普查结果进行修订。
2．2005—2008年的数据按2008年经济普查结果进行修订。
3．2013年及以后省市数据行业分类采用《国民经济行业分类》（GB/T 4754—2011），产业分类按照国家统计局2012年制定的三次产业划分规定。产业分类和行业分类的关系：第一产业是指农林牧渔业（不含农林牧渔服务业），第二产业是指工业（不含开采辅助活动，金属制品、机械和设备修理业）和建筑业，第三产业是指除第一产业、第二产业以外的其他行业（下同）。

a) Data in the table from 2000 to 2003 were adjusted according to the result of 2004 economic census.
b) In 2005-2008, data carries on the revision according to the economical general survey result in 2008.
c) In 2013 and later data classification using national standand in classification of economic sectors (GB/T 4754-2011), industry classification adopted the National Bureau of statistics in 2012 to develop the three-industry Division Rules. Industrial classification and relationship of industry classification: primary industry refers to an ecological-economic (not including agriculture, forestry and services), the second industry refers to the industry (excluding mining auxiliary activities, metal products, machinery and equipment repair) and the construction industry, the third industry is to point to in addition to the primary industry, secondary industry of other industries (The same below).

2—2 安徽生产总值构成
Composition of Gross Domestic Product

本表按当年价格计算。（单位：%） Data in value terms in this table are calculated at current price. (%)

年份 Year	生产总值 Gross Domestic Product	第一产业 Primary Industry	第二产业 Secondary Industry	工业 Industry	建筑业 Construction	第三产业 Tertiary Industry
2000	100.00	25.56	36.41	30.50	5.91	38.03
2005	100.00	18.06	41.98	34.34	7.64	39.96
2007	100.00	16.30	45.80	38.17	7.63	37.90
2008	100.00	16.02	47.44	39.61	7.83	36.54
2009	100.00	14.86	48.75	40.40	8.35	36.39
2010	100.00	13.99	52.08	43.75	8.33	33.93
2011	100.00	13.17	54.31	46.16	8.15	32.52
2012	100.00	12.66	54.64	46.63	8.01	32.70
2013	100.00	11.79	54.03	46.18	7.93	34.18
2014	100.00	11.47	53.14	45.35	7.86	35.39
2015	100.00	11.16	49.75	42.10	7.72	39.09

2—3 安徽生产总值指数
Indices of Gross Domestic Product

本表按不变价格计算。（上年为100） The indices in this table are calculated at constant price. (preceding year=100)

年份 Year	生产总值 Gross Domestic Product	第一产业 Primary Industry	第二产业 Secondary Industry	工业 Industry	建筑业 Construction	第三产业 Tertiary Industry	人均生产总值 Per Capita GDP
2000	108.27	101.20	109.49	108.88	113.66	111.46	107.57
2005	110.97	101.73	118.39	119.46	113.61	108.24	110.91
2006	112.53	104.54	118.72	119.72	114.21	109.65	114.08
2007	114.17	103.60	119.70	121.57	110.90	112.43	114.19
2008	112.67	106.20	116.08	117.51	108.70	111.10	112.44
2009	112.94	105.02	116.83	117.38	113.78	111.04	112.83
2010	114.59	104.61	120.68	121.86	113.91	110.05	118.77
2011	113.51	104.03	117.96	119.60	109.38	110.58	112.63
2012	112.10	105.55	114.36	115.28	109.07	110.95	111.80
2013	110.44	103.38	111.49	112.33	106.71	111.20	109.88
2014	109.20	104.57	109.94	110.40	107.07	109.48	108.40
2015	108.73	104.24	108.34	108.30	108.59	110.81	107.72

2—4 安徽生产总值指数
Indices of Gross Domestic Product

本表按不变价格计算。（1978=100） The indices in this table are calculated at constant price. (1978=100)

年份 Year	生产总值 Gross Domestic Product	第一产业 Primary Industry	第二产业 Secondary Industry	工业 Industry	建筑业 Construction	第三产业 Tertiary Industry	人均生产总值 Per Capita GDP
2000	839.59	303.73	1443.27	1437.49	1482.42	1789.25	642.84
2005	1377.89	326.55	2715.18	2664.87	3000.53	3209.22	1033.31
2006	1550.56	341.37	3223.34	3190.29	3427.02	3518.80	1178.76
2007	1770.25	353.66	3858.50	3878.51	3800.64	3956.09	1346.00
2008	1994.46	375.59	4478.86	4557.47	4131.23	4395.21	1513.38
2009	2252.63	394.44	5232.61	5349.35	4700.42	4880.36	1707.48
2010	2581.20	412.64	6314.85	6518.59	5354.28	5370.83	2027.97
2011	2929.86	429.26	7449.23	7796.04	5856.69	5938.94	2284.10
2012	3284.37	453.08	8518.94	8987.27	6387.89	6589.25	2553.62
2013	3627.39	468.40	9497.39	10095.55	6816.49	7327.25	2805.89
2014	3961.12	489.82	10441.59	11145.34	7298.09	8021.67	3041.58
2015	4306.92	510.59	11312.42	12070.41	7925.00	8888.81	3276.39

2—5 三次产业贡献率
Contribution Rate of the Three Industries

本表按不变价格计算。（单位：%） The indices in this table are calculated at constant price. （%）

年 份 Year	生产总值 Gross Domestic Product	第一产业 Primary Industry	第二产业 Secondary Industry	工 业 Industry	第三产业 Tertiary Industry
2000	100.00	3.24	52.63	43.02	44.13
2005	100.00	2.89	64.72	55.89	32.39
2006	100.00	6.54	62.70	54.03	30.76
2007	100.00	4.26	61.59	55.62	34.15
2008	100.00	7.46	58.94	53.77	33.60
2009	100.00	5.57	62.19	54.46	32.24
2010	100.00	4.22	70.17	63.19	25.61
2011	100.00	4.17	69.26	63.47	26.57
2012	100.00	5.88	64.21	58.20	29.91
2013	100.00	3.78	60.90	56.19	35.32
2014	100.00	5.44	60.42	54.73	34.14
2015	100.00	5.09	53.78	46.50	41.13

注：产业贡献率指各产业增加值增量与GDP增量之比。
a) Industrial Contributing refers to the proportion of increment of every industrial value-added to increment of GDP.

2—6 三次产业拉动率
Pulling Rate of the Three Industries

本表按不变价格计算。（单位：百分点） The indices in this table are calculated at constant price. （percentage points）

年 份 Year	生产总值 Gross Domestic Product	第一产业 Primary Industry	第二产业 Secondary Industry	工 业 Industry	第三产业 Tertiary Industry
2000	8.27	0.27	4.35	3.56	3.65
2005	10.97	0.32	7.10	6.13	3.55
2006	12.53	0.82	7.86	6.77	3.85
2007	14.17	0.60	8.73	7.88	4.84
2008	12.67	0.94	7.47	6.81	4.26
2009	12.94	0.72	8.05	7.05	4.17
2010	14.59	0.62	10.23	9.22	3.74
2011	13.51	0.56	9.36	8.58	3.59
2012	12.10	0.71	7.77	7.04	3.62
2013	10.44	0.39	6.36	5.87	3.69
2014	9.20	0.50	5.56	5.03	3.14
2015	8.73	0.44	4.70	4.06	3.59

注：产业拉动率指GDP增长速度与各产业贡献率之乘积。
a) The industrial pulling rate to GDP growth refers to the growth rate of GDP multiplying the industrial contributing rate.

2—7 按行业、产业和收入法构成分的安徽生产总值

According to the Industry, the Industry and the Income Method of GDP in Anhui

本表按当年价格计算。(单位：亿元) Data in this table are calculated at current price. (100 million yuan)

指　　标	Item	2014	2015
安徽生产总值	**Gross Domestic Product**	**20848.75**	**22005.63**
按行业分	**Grouped by Sector**		
农、林、牧、渔业	Agriculture, Forestry, Animal Husbandry and Fishery	2481.89	2550.29
工　业	Industry	9455.48	9264.82
建筑业	Construction	1638.32	1698.92
批发和零售业	Wholesale and Retail Trades	1500.28	1640.93
交通运输、仓储和邮政业	Transport, Storage and Post	784.44	791.72
住宿和餐饮业	Hotels and Catering Services	347.66	417.81
信息传输、软件和信息技术服务业	Information Transmission, Software and Information Technology	215.46	331.79
金融业	Financial Intermediation	1046.67	1241.87
房地产业	Real Estate	807.33	870.07
租赁和商务服务业	Leasing and Business Services	532.84	831.52
科学研究和技术服务业	Scientific Research and Technical Services	152.65	144.13
水利、环境和公共设施管理业	Management of Water Conservancy, Environment	121.01	120.26
居民服务、修理和其他服务业	Services to Households, Repair and Other Services	262.32	377.85
教　育	Education	434.26	509.61
卫生和社会工作	Health and Social Service	310.42	342.44
文化、体育和娱乐业	Culture, Sports and Entertainment	154.96	199.34
公共管理、社会保障和社会组织	Public Management, Social Security and Social Organization	602.74	672.26
按产业分	**Grouped by Industry**		
第一产业	Primary Industry	2392.39	2456.69
第二产业	Secondary Industry	11077.67	10946.83
第三产业	Tertiary Industry	7378.69	8602.11
按收入法构成分	**According to the Income Method**		
劳动者报酬	Compensation of Employees	9608.91	10275.97
生产税净额	Net Taxes on Production	3385.01	3425.34
固定资产折旧	Depreciation of Fixed Assets	2849.36	3134.88
营业盈余	Operation Surplus	5005.47	5169.44

2—8 第三产业增加值
Value-added of the Tertiary Industry

本表按当年价格计算。（单位：亿元）　Data in value terms in this table are calculated at current price. （100 million yuan)

行　业	Sector	2014	2015
总　计	**Total**	**7378.69**	**8602.11**
批发和零售业	Wholesale and Retail Trades	1500.28	1640.93
交通运输、仓储和邮政业	Transport, Storage and Post	784.44	791.72
住宿和餐饮业	Hotels and Catering Services	347.66	417.81
信息传输、软件和信息技术服务业	Information Transmission, Software and Information Technology	215.46	331.79
金融业	Financial Intermediation	1046.67	1241.87
房地产业	Real Estate	807.33	870.07
租赁和商务服务业	Leasing and Business Services	532.84	831.52
科学研究和技术服务业	Scientific Research and Technical Services	152.65	144.13
水利、环境和公共设施管理业	Management of Water Conservancy, Environment	121.01	120.26
居民服务、修理和其他服务业	Services to Households, Repair and Other Services	262.32	377.85
教　育	Education	434.26	509.61
卫生和社会工作	Health and Social Service	310.42	342.44
文化、体育和娱乐业	Culture, Sports and Entertainment	154.96	199.34
公共管理、社会保障和社会组织	Public Management, Social Security and Social Organization	602.74	672.26

注：根据新的三次产业划分标准，第三产业不仅包括以上行业，还包括农林牧渔业中的农林牧渔服务业，工业中的开采辅助活动和金属制品、机械和设备修理业，所以以上行业之和不等于第三产业（下同）。

a) According to the new standard of the three divisions of industry, the tertiary industry is not only including the above industry, also include the services of agriculture and forestry, animal husbandry fishery industry in mining activities and metal products, machinery and equipment repair, so the above industry is not equal to the sum of the third industry (The same below).

2—9 第三产业增加值构成
Composition of Value-added of the Tertiary Industry

本表按当年价格计算。（单位：%）　Data in value terms in this table are calculated at current price. （%）

行　业	Sector	2014	2015
总　计	**Total**	**100.0**	**100.0**
批发和零售业	Wholesale and Retail Trades	20.3	19.1
交通运输、仓储和邮政业	Transport, Storage and Post	10.6	9.2
住宿和餐饮业	Hotels and Catering Services	4.7	4.9
信息传输、软件和信息技术服务业	Information Transmission, Software and Information Technology	2.9	3.9
金融业	Financial Intermediation	14.2	14.4
房地产业	Real Estate	10.9	10.1
租赁和商务服务业	Leasing and Business Services	7.2	9.7
科学研究和技术服务业	Scientific Research and Technical Services	2.1	1.7
水利、环境和公共设施管理业	Management of Water Conservancy, Environment	1.6	1.4
居民服务、修理和其他服务业	Services to Households, Repair and Other Services	3.6	4.4
教　育	Education	5.9	5.9
卫生和社会工作	Health and Social Service	4.2	4.0
文化、体育和娱乐业	Culture, Sports and Entertainment	2.1	2.3
公共管理、社会保障和社会组织	Public Management, Social Security and Social Organization	8.2	7.8

2—10 第三产业增加值指数
Indices of Value-added of the Tertiary Industry

本表按不变价格计算。（上年为100） The indices in this table are calculated at constant price.（preceding year=100）

行业	Sector	2014	2015
总计	**Total**	**109.48**	**110.81**
批发和零售业	Wholesale and Retail Trades	108.68	107.62
交通运输、仓储和邮政业	Transport, Storage and Post	106.18	101.29
住宿和餐饮业	Hotels and Catering Services	107.42	108.67
信息传输、软件和信息技术服务业	Information Transmission, Software and Information Technology	107.71	116.50
金融业	Financial Intermediation	113.59	119.72
房地产业	Real Estate	106.46	105.37
租赁和商务服务业	Leasing and Business Services	119.60	117.69
科学研究和技术服务业	Scientific Research and Technical Services	108.82	112.81
水利、环境和公共设施管理业	Management of Water Conservancy, Environment	110.92	113.56
居民服务、修理和其他服务业	Services to Households, Repair and Other Services	115.73	114.51
教育	Education	106.89	112.26
卫生和社会工作	Health and Social Service	108.78	112.21
文化、体育和娱乐业	Culture, Sports and Entertainment	108.16	116.03
公共管理、社会保障和社会组织	Public Management, Social Security and Social Organization	107.59	112.68

2—11 各市生产总值和指数
Gross Domestic Product and Its Indices by Region

本表绝对数按当年价格计算，指数按不变价格计算。
Level data in this table are calculated at current prices while indices at constant prices.

地区	Region	生产总值（亿元） Gross Domestic Product (100 million yuan)					指数（上年=100） Indices (preceding year=100)				
		2000	2005	2010	2014	2015	2000	2005	2010	2014	2015
合肥市	Hefei	446.64	1056.21	2961.67	5180.56	5660.27	111.0	116.4	117.0	110.0	110.5
淮北市	Huaibei	103.02	205.14	461.64	759.64	760.39	106.4	111.9	114.2	109.6	104.4
亳州市	Bozhou	153.70	235.40	512.78	883.63	942.61	97.9	110.4	113.8	107.8	109.1
宿州市	Suzhou	188.85	313.79	650.57	1140.53	1235.83	108.0	106.6	113.1	109.7	108.9
蚌埠市	Bengbu	163.66	302.45	638.05	1151.19	1253.05	106.3	108.2	114.5	110.1	110.2
阜阳市	Fuyang	208.87	329.03	721.51	1188.97	1267.45	94.0	111.8	113.6	108.6	109.5
淮南市	Huainan	161.48	312.20	702.93	912.77	901.08	99.5	115.8	112.6	100.6	103.7
滁州市	Chuzhou	217.86	317.35	695.65	1214.39	1305.70	107.0	105.5	115.6	109.4	109.9
六安市	Luan	149.76	264.23	580.94	975.33	1016.49	104.1	111.5	111.9	108.0	106.9
马鞍山市	Maanshan	173.15	411.79	949.09	1333.12	1365.30	107.6	111.9	114.7	109.7	109.2
芜湖市	Wuhu	256.60	492.04	1341.12	2309.55	2457.32	108.3	113.3	117.6	110.7	110.3
宣城市	Xuancheng	151.97	242.54	525.96	917.63	971.46	102.3	108.6	115.0	109.0	108.2
铜陵市	Tongling	100.62	221.70	587.11	907.72	911.60	108.6	114.0	116.5	109.7	109.4
池州市	Chizhou	60.05	121.00	300.84	517.17	544.74	103.9	113.3	116.1	109.2	108.5
安庆市	Anqing	218.05	375.28	868.54	1352.91	1417.43	106.9	108.2	113.4	109.4	107.4
黄山市	Huangshan	79.73	158.64	309.45	507.17	530.90	109.2	111.0	113.1	107.6	106.1

注：淮南、六安、铜陵和安庆数据为行政区划调整后修订数。
a) Huainan, luan, tongling and anqing data for administrative division adjustment after the revision number.

2—12 各市生产总值（2015年）
Gross Domestic Product by Region (2015)

本表绝对数按当年价格计算，指数按可比价格计算。
Level data in this table are calculated at current prices while indices at constant prices.

（单位：亿元）
(100 million yuan)

地区	Region	第一产业 Primary Industry	第二产业 Secondary Industry	第三产业 Tertiary Industry	工业 Industry	建筑业 Construction	批发零售业 Wholesale, Retail Trade	交通运输、仓储和邮政业 Transport, Storage and Postal Services	住宿和餐饮业 Accommodation and Catering Trade	金融业 Banking
合肥市	Hefei	263.43	2977.28	2419.57	2378.41	601.17	423.40	205.63	81.10	396.29
淮北市	Huaibei	59.33	441.57	259.49	403.84	38.11	53.70	30.31	15.79	30.95
亳州市	Bozhou	195.04	370.18	377.39	305.49	64.83	81.09	43.80	21.16	32.65
宿州市	Suzhou	268.26	468.85	498.72	399.49	69.36	85.10	36.50	17.00	58.87
蚌埠市	Bengbu	188.55	600.98	463.53	519.67	81.31	80.93	46.87	35.21	51.02
阜阳市	Fuyang	286.28	516.38	464.79	442.21	74.25	101.43	48.28	22.16	69.37
淮南市	Huainan	111.51	433.33	356.24	365.39	69.86	74.83	36.85	21.95	40.39
滁州市	Chuzhou	221.53	657.01	427.15	572.63	84.38	67.31	48.54	24.91	52.20
六安市	Luan	180.46	468.37	367.65	389.94	78.44	68.27	38.43	22.53	54.95
马鞍山市	Maanshan	79.46	773.62	512.22	686.51	87.23	103.27	35.43	29.39	50.62
芜湖市	Wuhu	120.02	1405.43	931.87	1272.96	140.92	126.91	95.28	58.35	136.02
宣城市	Xuancheng	121.30	473.33	376.83	404.95	73.41	59.96	40.29	18.50	51.55
铜陵市	Tongling	47.24	562.93	301.43	513.57	52.14	44.89	34.46	20.06	45.74
池州市	Chizhou	70.57	251.33	222.84	197.65	54.01	34.74	20.17	19.19	27.66
安庆市	Anqing	185.93	685.78	545.72	604.26	82.38	104.61	37.78	45.41	61.09
黄山市	Huangshan	55.11	211.75	264.04	164.88	47.12	40.15	26.70	19.31	27.91

地区	Region	房地产业 Real Estate Trade	构成（%） Composition			指数 Preceding year=100				人均生产总值（元/人） Per Capita GDP (yuan/person)
			第一产业 Primary Industry	第二产业 Secondary Industry	第三产业 Tertiary Industry	生产总值 Gross Domestic Product	第一产业 Primary Industry	第二产业 Secondary Industry	第三产业 Tertiary Industry	
合肥市	Hefei	314.47	4.7	52.6	42.7	110.5	104.4	110.5	111.2	73102
淮北市	Huaibei	27.75	7.8	58.1	34.1	104.4	104.4	102.7	108.8	35057
亳州市	Bozhou	36.76	20.7	39.3	40.0	109.1	104.4	110.0	110.5	18771
宿州市	Suzhou	20.10	21.7	37.9	40.4	108.9	104.7	107.9	112.2	22415
蚌埠市	Bengbu	44.40	15.0	48.0	37.0	110.2	104.7	110.2	112.7	38267
阜阳市	Fuyang	34.64	22.6	40.7	36.7	109.5	104.7	110.3	111.3	16121
淮南市	Huainan	27.68	12.4	48.1	39.5	103.7	104.2	101.5	107.8	26398
滁州市	Chuzhou	47.41	17.0	50.3	32.7	109.9	104.3	110.4	111.9	32634
六安市	Luan	59.39	17.7	46.1	36.2	106.9	104.1	105.8	110.0	21524
马鞍山市	Maanshan	54.05	5.8	56.7	37.5	109.2	104.4	109.1	110.1	60802
芜湖市	Wuhu	64.79	4.9	57.2	37.9	110.3	104.3	109.9	112.0	67592
宣城市	Xuancheng	27.99	12.5	48.7	38.8	108.2	104.2	107.5	110.8	37610
铜陵市	Tongling	24.84	5.2	61.7	33.1	109.4	104.0	108.9	111.7	57387
池州市	Chizhou	15.17	13.0	46.1	40.9	108.5	104.2	109.6	108.4	38014
安庆市	Anqing	47.08	13.1	48.4	38.5	107.4	104.0	106.3	110.7	31101
黄山市	Huangshan	25.48	10.4	39.9	49.7	106.1	103.9	104.4	108.3	38794

2—13 支出法安徽生产总值
Gross Domestic Product of Anhui by Expenditure Approach

本表按当年价格计算，2005—2008年数据按2008年经济普查结果进行修订。
Data in value terms in this table are calculated at current prices, In 2005-2008, data carries on the revision according to the economical general survey result in 2008.

年份 Year	支出法生产总值（亿元） Gross Domestic Product by Expenditure Approach (100 million yuan)	最终消费 Final Consumption Expenditure	资本形成总额 Gross Captital Formation	货物和服务净出口 Net Export of Goods and Services	资本形成率（投资率）(%) Capital Formation Rate (%)	最终消费率（消费率）(%) Final Consumption Rate (%)
2000	3041.24	1947.78	1094.97	-1.50	36.00	64.05
2005	5350.17	3006.70	2354.10	-10.59	44.00	56.20
2007	7360.92	3979.71	3418.20	-36.99	46.44	54.07
2008	8851.66	4571.97	4319.15	-39.46	48.79	51.65
2009	10062.82	5179.08	4914.15	-30.41	48.83	51.47
2010	12359.33	6213.15	6171.54	-25.36	49.93	50.27
2011	15300.65	7604.30	7725.04	-28.69	50.49	49.70
2012	17212.05	8439.01	8855.77	-82.73	51.45	49.03
2013	19229.34	9281.22	10018.25	-70.13	52.10	48.27
2014	20848.75	10136.81	10905.76	-193.82	52.31	48.62
2015	22005.63	10970.50	11312.33	-277.20	51.41	49.85

2—14 支出法安徽生产总值结构
Structure of Gross Domestic Product Calculated by Expenditure Approach

本表按当年价格计算，2005—2008年数据按2008年经济普查结果进行修订。
Data in value terms in this table are calculated at current prices, In 2005-2008, data carries on the revision according to the economical general survey result in 2008.

年份 Year	最终消费 Final Consumption Expenditure								资本形成总额 Gross Capital Formation			
	绝对数（亿元） Absolute Figure (100 million yuan)				比重 Proportion				绝对数（亿元） Absolute Figure (100 million yuan)		比重（资本形成总额=100） Proportion (Gross Capital Formation=100)	
					最终消费=100 Final Consumption Expenditure=100		居民消费=100 Household Consumption=100					
	居民消费 Household Consumption Expenditure	城镇居民 Urban Household	农村居民 Rural Household	政府消费 Government Consumption Expenditure	居民消费 Household Consumption Expenditure	政府消费 Government Consumption Expenditure	城镇居民 Urban Household	农村居民 Rural Household	固定资本形成总额 Gross Fixed Capital Formation	存货变动 Change in Inventories	固定资本形成总额 Gross Fixed Capital Formation	存货变动 Change in Inventories
2000	1615.43	650.95	964.49	332.34	82.94	17.06	40.30	59.70	928.09	166.88	84.76	15.24
2005	2399.40	1519.20	880.20	607.30	79.80	20.20	63.32	36.68	2214.00	140.00	94.05	5.95
2007	3225.49	2132.57	1092.92	754.22	81.05	18.95	66.12	33.88	3344.78	73.42	97.85	2.15
2008	3679.34	2473.51	1205.83	892.63	80.48	19.52	67.23	32.77	4229.64	89.51	97.93	2.07
2009	4188.29	2862.56	1325.73	990.79	80.87	19.13	68.35	31.65	4820.46	93.69	98.09	1.91
2010	4873.35	3374.00	1499.35	1339.80	78.44	21.56	69.23	30.77	6061.09	110.45	98.21	1.79
2011	5779.16	3973.86	1805.30	1825.14	76.00	24.00	68.76	31.24	7594.37	130.67	98.31	1.69
2012	6301.91	4439.49	1862.42	2137.10	74.68	25.32	70.45	29.55	8712.90	142.87	98.39	1.61
2013	7051.18	5091.19	1959.99	2230.04	75.97	24.03	72.20	27.80	9836.54	181.71	98.19	1.81
2014	7839.17	5657.95	2181.22	2297.64	77.33	22.67	72.18	27.82	10723.84	181.92	98.33	1.67
2015	8522.46	6168.62	2353.84	2448.04	77.69	22.31	72.38	27.62	11106.51	205.82	98.18	1.82

2—15 居 民 消 费 水 平
Household Consumption

本表绝对数按当年价格计算，指数按不变价格计算，2005—2008年数据按2008年经济普查结果进行修订。
Level data in this table are calculated at current prices while indices at constant prices.
In 2005-2008, data carries on the revision according to the economical general survey result in 2008.

年份 Year	绝对数（元） Value (yuan)			城乡消费水平对比（农民=1） Urban/Rural Consumption Ratio (Agricultural Households=1)	指数（上年为100） Index (Preceding year=100)			指数（1978年为100） Index (1978=100)		
	全省居民 All Households	城镇居民 Urban Household	农村居民 Rural Household		全省居民 All Households	城镇居民 Urban Household	农村居民 Rural Household	全省居民 All Households	城镇居民 Urban Household	农村居民 Rural Household
1990	670	1236	570	2.17	96.68	100.16	95.48	210.03	206.34	199.30
1991	683	1379	559	2.47	117.01	124.84	103.33	245.77	257.60	205.94
1992	762	1646	597	2.76	102.81	122.55	102.21	252.66	315.69	210.49
1993	973	2389	700	3.41	105.96	100.74	103.65	267.71	318.03	218.18
1994	1251	2671	969	2.76	105.74	114.23	103.69	283.07	363.27	226.22
1995	1669	3441	1300	2.65	107.20	101.84	109.43	303.45	369.95	247.55
1996	1945	4073	1488	2.74	113.12	111.64	112.85	343.26	413.02	279.37
1997	2275	4429	1796	2.47	114.34	106.02	118.52	392.48	437.90	331.12
1998	2370	4675	1845	2.53	107.10	107.05	106.20	420.06	468.78	351.40
1999	2523	4985	1939	2.57	106.60	107.40	104.70	447.96	503.34	367.83
2000	2588	5323	1922	2.77	104.30	108.00	100.70	466.94	543.36	370.43
2001	2739	5806	1985	2.92	106.31	109.13	104.05	496.40	592.97	385.43
2002	2988	4468	2353	1.90	105.96	111.52	101.01	525.99	661.28	389.32
2003	3312	4933	2572	1.92	108.04	109.83	104.65	570.17	726.28	407.42
2004	3707	5343	2910	1.84	106.80	104.90	106.40	608.94	761.86	433.49
2005	3870	7102	2167	3.28	110.40	106.30	110.40	672.27	809.86	478.57
2006	4409	7886	2427	3.25	112.10	109.20	110.50	753.61	884.37	528.82
2007	5276	9204	2878	3.20	112.90	109.80	111.30	850.83	971.04	588.58
2008	6006	10196	3259	3.13	110.90	108.40	109.30	943.57	1052.61	643.32
2009	6829	11301	3683	3.07	110.30	107.90	108.80	1040.76	1135.77	699.93
2010	8237	13259	4447	2.98	114.51	111.26	114.89	1191.77	1263.66	804.15
2011	9692	15179	5397	2.81	115.30	107.50	113.30	1374.11	1358.43	911.10
2012	10541	16268	5732	2.84	106.67	110.80	108.60	1465.76	1505.14	989.45
2013	11734	17958	6175	2.91	105.10	104.00	105.70	1540.51	1565.35	1045.85
2014	12944	19259	6994	2.75	107.00	104.10	109.80	1648.35	1629.53	1148.34
2015	13941	20251	7674	2.64	107.20	104.80	108.80	1767.03	1707.75	1249.39

注：根据国家统计局制度规定，从2003年起按常住人口计算，2002年数据作同口径调整。
a) In accordance with the regulation of NBS, the permanent population has been used since the year 2003 and the data of 2002 have been adjusted in the same scope.

2—16 各市、县生产总值及指数（2015年）
Gross Domestic Product and Indices by County or City (2015)

市、县 County、city		生产总值（亿元）Gross Domestic Product (100 million yuan)	第一产业 Primary Industry	第二产业 Secondary Industry	第三产业 Tertiary Industry	生产总值指数（%）Indices of Gross Domestic Product (2014=100)	第一产业 Primary Industry	第二产业 Secondary Industry	第三产业 Tertiary Industry	人均生产总值（元/人）Per Capita GDP (yuan/person)
合 肥 市	**Hefei**	**5660.27**	**263.43**	**2977.28**	**2419.57**	**110.5**	**104.4**	**110.5**	**111.2**	**73102**
巢湖市	Chaohu	273.07	29.06	148.13	95.88	109.7	105.1	110.0	110.2	31760
长丰县	Changfeng	360.96	57.88	224.79	78.29	110.5	104.7	112.4	108.9	47583
肥东县	Feidong	481.73	63.12	318.07	100.54	110.6	104.6	111.8	110.4	45712
肥西县	Feixi	551.85	50.25	373.30	128.30	110.0	104.7	110.5	110.4	68813
庐江县	Lujiang	221.14	45.72	100.15	75.26	110.2	105.1	112.2	110.6	18483
淮 北 市	**Huaibei**	**760.39**	**59.33**	**441.57**	**259.49**	**104.4**	**104.4**	**102.7**	**108.8**	**35057**
濉溪县	Suixi	233.23	40.86	120.78	71.59	110.2	104.3	112.2	109.6	21009
亳 州 市	**Bozhou**	**942.61**	**195.04**	**370.18**	**377.39**	**109.1**	**104.4**	**110.0**	**110.5**	**18771**
涡阳县	Guoyang	223.75	44.19	95.26	84.30	108.7	104.4	109.9	109.4	13635
蒙城县	Mengcheng	216.66	47.86	83.70	85.11	108.8	104.5	109.4	110.6	15633
利辛县	Lixin	173.79	44.31	47.96	81.51	108.7	104.5	109.2	110.8	10417
宿 州 市	**Suzhou**	**1235.83**	**268.26**	**468.85**	**498.72**	**108.9**	**104.7**	**107.9**	**112.2**	**22415**
砀山县	Dangshan	159.49	42.67	70.19	46.63	109.2	104.8	110.5	111.1	16258
萧　县	Xiaoxian	219.75	55.72	90.90	73.14	109.5	104.8	110.5	112.4	15864
灵璧县	Lingbi	172.44	50.71	55.95	65.79	108.4	104.5	110.1	110.2	13561
泗　县	Sixian	158.01	50.93	55.85	51.23	108.7	104.9	109.5	111.7	16682
蚌 埠 市	**Bengbu**	**1253.05**	**188.55**	**600.98**	**463.53**	**110.2**	**104.7**	**110.2**	**112.7**	**38267**
怀远县	Huaiyuan	239.25	63.27	101.83	74.15	109.7	104.7	111.3	111.9	18457
五河县	Wuhe	162.55	51.29	53.61	57.65	109.1	104.6	111.1	111.3	24163
固镇县	Guzhen	171.53	50.75	66.80	53.98	109.8	104.6	111.5	112.4	26881
阜 阳 市	**Fuyang**	**1267.45**	**286.28**	**516.38**	**464.79**	**109.5**	**104.7**	**110.3**	**111.3**	**16121**
界首市	Jieshou	145.27	23.67	84.54	37.06	113.0	104.9	116.2	110.3	18112
临泉县	Linquan	154.45	65.53	38.26	50.65	107.6	104.6	106.6	112.4	6861
太和县	Taihe	190.73	47.54	83.87	59.33	114.4	105.0	120.8	112.3	11013
阜南县	Funan	133.38	44.60	43.20	45.57	108.4	104.6	110.7	109.6	7826
颍上县	Yingshang	205.42	46.13	110.22	49.07	109.7	104.9	110.9	110.9	11750
淮 南 市	**Huainan**	**901.08**	**111.51**	**433.33**	**356.24**	**103.7**	**104.2**	**101.5**	**107.8**	**26398**
凤台县	Fengtai	218.93	28.87	132.71	57.36	102.2	104.4	101.1	105.0	35706
寿　县	Shouxian	130.57	42.32	35.97	52.29	107.6	104.3	109.4	109.8	9403
滁 州 市	**Chuzhou**	**1305.70**	**221.53**	**657.01**	**427.15**	**109.9**	**104.3**	**110.4**	**111.9**	**32634**
天长市	Tianchang	291.29	31.76	191.85	67.68	110.7	104.2	111.5	111.1	46124
明光市	Mingguang	120.21	32.72	41.26	46.23	109.3	104.1	110.1	112.0	18848
来安县	Laian	129.68	21.50	70.91	37.28	109.9	104.1	110.9	110.9	26390
全椒县	Quanjiao	117.38	24.77	53.69	38.91	109.6	104.0	110.3	112.2	25539
定远县	Dingyuan	153.45	54.31	49.50	49.64	109.0	104.1	111.1	111.9	15950

注：本表绝对额按当年价格计算，指数按可比价格计算。

a) Level data in this table are calculated at current prices while indices at constant prices.

2—16 续表 continued

市、县 County、city		生产总值(亿元) Gross Domestic Product (100 million yuan)	第一产业 Primary Industry	第二产业 Secondary Industry	第三产业 Tertiary Industry	生产总值指数(%) Indices of Gross Domestic Product (2014=100)	第一产业 Primary Industry	第二产业 Secondary Industry	第三产业 Tertiary Industry	人均生产总值(元/人) Per Capita GDP (yuan/person)
凤阳县	Fengyang	154.71	36.66	66.53	51.53	109.3	104.2	110.4	111.3	20166
六 安 市	**Luan**	**1016.49**	**180.46**	**468.37**	**367.65**	**106.9**	**104.1**	**105.8**	**110.0**	**21524**
霍邱县	Huoqiu	223.50	47.77	109.71	66.01	100.0	104.4	95.1	106.9	13063
舒城县	Shucheng	158.53	30.06	73.44	55.03	108.7	103.8	110.1	109.3	15958
金寨县	Jinzhai	88.81	18.26	34.61	35.94	107.7	104.1	107.4	109.9	13202
霍山县	Huoshan	144.74	13.23	98.88	32.63	103.6	103.9	103.0	105.9	39918
马鞍山市	**Maanshan**	**1365.30**	**79.46**	**773.62**	**512.22**	**109.2**	**104.4**	**109.1**	**110.1**	**60802**
当涂县	Dangtu	271.18	26.27	187.84	57.07	112.0	104.1	113.6	109.0	57186
含山县	Hanshan	123.02	18.20	62.96	41.85	113.0	104.6	116.6	110.1	27710
和 县	Hexian	135.23	23.35	71.90	39.98	112.7	104.4	116.3	109.4	25004
芜 湖 市	**Wuhu**	**2457.32**	**120.02**	**1405.43**	**931.87**	**110.3**	**104.3**	**109.9**	**112.0**	**67592**
芜湖县	Wuhu	196.46	18.46	132.01	45.99	110.1	104.5	110.6	110.6	56897
繁昌县	Fanchang	226.09	8.64	162.33	55.12	110.9	104.3	112.4	107.2	80960
南陵县	Nanling	186.66	28.57	111.95	46.15	109.9	104.4	110.6	110.9	33907
无为县	Wuwei	355.55	38.14	210.48	106.93	109.0	105.0	109.5	109.1	29217
宣 城 市	**Xuancheng**	**971.46**	**121.30**	**473.33**	**376.83**	**108.2**	**104.2**	**107.5**	**110.8**	**37610**
宁国市	Ningguo	234.07	20.76	146.31	67.00	108.4	103.7	108.5	109.5	60599
郎溪县	Langxi	110.01	14.41	68.15	27.45	108.6	104.4	108.2	112.1	31809
广德县	Guangde	184.60	18.71	96.02	69.87	108.4	104.4	108.1	109.8	35608
泾 县	Jingxian	82.79	16.71	34.34	31.73	108.3	104.2	107.9	111.0	23314
绩溪县	Jixi	56.10	8.06	27.57	20.47	106.1	103.8	104.6	109.4	31790
旌德县	Jingde	33.56	6.47	14.89	12.19	106.5	103.7	104.6	110.7	22373
铜 陵 市	**Tongling**	**911.60**	**47.24**	**562.93**	**301.43**	**109.4**	**104.0**	**108.9**	**111.7**	**57387**
枞阳县	Zongyang	194.66	34.06	106.97	53.64	104.3	103.9	103.0	108.4	20115
池 州 市	**Chizhou**	**544.74**	**70.57**	**251.33**	**222.84**	**108.5**	**104.2**	**109.6**	**108.4**	**38014**
东至县	Dongzhi	133.02	26.18	54.86	51.98	108.7	104.1	109.3	110.2	24347
石台县	Shitai	22.09	3.93	8.17	9.99	107.3	104.1	107.1	108.7	20399
青阳县	Qingyang	79.96	9.86	41.62	28.48	108.9	104.2	109.7	109.0	29208
安 庆 市	**Anqin**	**1417.43**	**185.93**	**685.78**	**545.72**	**107.4**	**104.0**	**106.3**	**110.7**	**31101**
桐城市	Tongcheng	227.13	27.28	146.08	53.77	108.2	103.9	108.0	110.9	30121
怀宁县	Huaining	181.68	20.80	113.84	47.04	107.7	103.9	107.3	110.6	25919
潜山县	Qianshan	131.30	23.45	70.51	37.34	108.0	103.9	107.4	111.5	22489
太湖县	Taihu	97.57	23.12	43.78	30.68	107.9	103.7	107.5	111.7	17033
宿松县	Susong	153.06	37.23	64.42	51.41	108.1	104.3	107.5	111.4	17819
望江县	Wangjiang	98.49	25.63	42.57	30.29	107.8	103.8	107.5	111.4	15567
岳西县	Yuexi	76.95	15.35	42.07	19.53	108.3	104.1	107.9	112.4	18850
黄 山 市	**Huangshan**	**530.90**	**55.11**	**211.75**	**264.04**	**106.1**	**103.9**	**104.4**	**108.3**	**38794**
歙 县	Shexian	133.71	17.42	66.58	49.72	106.0	103.1	106.3	106.6	28085
休宁县	Xiuning	72.13	12.07	30.30	29.76	108.3	104.0	108.3	110.0	26444
黟 县	Yixian	26.24	3.52	11.26	11.45	107.5	104.5	107.1	108.9	27833
祁门县	Qimen	54.10	5.96	20.74	27.39	106.9	103.9	105.3	109.0	28913

主要统计指标解释

国内生产总值（GDP）

指按市场价格计算的一个国家（或地区）所有常住单位在一定时期内生产活动的最终成果。国内生产总值有三种表现形态，即价值形态、收入形态和产品形态。从价值形态看，它是所有常住单位在一定时期内生产的全部货物和服务价值超过同期投入的全部非固定资产货物和服务价值的差额，即所有常住单位的增加值之和；从收入形态看，它是所有常住单位在一定时期内创造并分配给常住单位和非常住单位的初次收入之和；从产品形态看，它是所有常住单位在一定时期内最终使用的货物和服务价值减去货物和服务进口价值。在实际核算中，国内生产总值有三种计算方法，即生产法、收入法和支出法。三种方法分别从不同的方面反映国内生产总值及其构成。

三次产业

三次产业的划分是世界上较为常用的产业结构分类，但各国的划分不尽一致。根据国家统计局 2012 年制定的三次产业划分规定：

第一产业是指农、林、牧、渔业（不含农、林、牧、渔服务业）；

第二产业是指采矿业（不含开采辅助业），制造业（不含金属制品、机械和设备修理业），电力、热力、燃气及水的生产和供应业，建筑业；

第三产业是指除第一、二产业以外的其他行业。

劳动者报酬

指劳动者因从事生产活动所获得的全部报酬。包括劳动者获得的各种形式的工资、奖金和津贴，既包括货币形式的，也包括实物形式的，还包括劳动者所享受的公费医疗和医药卫生费、上下班交通补贴、单位支付的社会保险费、住房公积金等。对于个体经济来说，其所有者所获得的劳动报酬和经营利润不易区分，这两部分统一作为劳动者报酬处理。

生产税净额

指生产税减生产补贴后的余额。生产税指政府对生产单位从事生产、销售和经营活动以及因从事生产活动使用某些生产要素（如固定资产、土地、劳动力）所征收的各种税、附加费和规费。生产补贴与生产税相反，指政府对生产单位的单方面转移支出，因此视为负生产税，包括政策亏损补贴、价格补贴等。

固定资产折旧

指一定时期内为弥补固定资产损耗按照规定的固定资产折旧率提取的固定资产折旧，或按国民经济核算统一规定的折旧率虚拟计算的固定资产折旧。它反映了固定资产在当期生产中的转移价值。各类企业和企业化管理的事业单位的固定资产折旧是指实际计提的折旧费；不计提折旧的政府机关、非企业化管理的事业单位和居民住房的固定资产折旧是按照统一规定的折旧率和固定资产原值计算的虚拟折旧。原则上，固定资产折旧应按固定资产当期的重置价值计算，但是目前我国尚不具备对全社会固定资产进行重估价的基础，所以暂时只能采用上述办法。

营业盈余

指常住单位创造的增加值扣除劳动者报酬、生产税净额和固定资产折旧后的余额。它相当于企业的营业利润加上生产补贴，但要扣除从利润中开支的工资和福利等。

支出法国内生产总值

是从最终使用的角度反映一个国家（或地区）一定时期内生产活动最终成果的一种方法，包括最终消费支出、资本形成总额及货物和服务净出口三部分。计算公式为：

支出法国内生产总值=最终消费支出+资本形成总额+货物和服务净出口

最终消费支出

指常住单位为满足物质、文化和精神生活的需要，从本国经济领土和国外购买的货物和服务的支出。它不包括非常住单位在本国经济领土内的消费支出。最终消费支出分为居民消费支出和政府消费支出。

居民消费支出

指常住住户在一定时期内对于货物和服务的全部最终消费支出。居民消费支出除了直接以货币形式购买的货物和服务的消费支出外，还包括以其他方式获得的货物和服务的消费支出，即所谓的虚拟消费支出。居民虚拟消费支出包括如下几种类型：单位以实物报酬及实物转移的形式提供给劳动者的货物和服务；住户生产并由本住户消费了的货物和服务，其中的服务仅指住户的自有住房服务；金融机构提供的金融媒介服务；保险公司提供的保险服务。

政府消费支出

指政府部门为全社会提供的公共服务的消费支出和免费或以较低的价格向居民住户提供的货物和服务的净支出，前者等于政府服务的产出价值减去政府单位所获得的经营收入的价值，后者等于政府部门免费或以较低价格向居民住户提供的货物和服务的市场价值减去向住户收取的价值。

资本形成总额

指常住单位在一定时期内获得减去处置的固定资产和存货的净额，包括固定资本形成总额和存货增加两部分。

固定资本形成总额

指常住单位在一定时期内获得的固定资产减处置的固定资产的价值总额。固定资产是通过生产活动生产出来的，且其使用年限在一年以上、单位价值在规定标准以上的资产，不包括自然资产。可分为有形固定资本形成总额和无形固定资本形成总额。有形固定资本形成总额包括一定时期内完成的建筑工程、安装工程和设备工器具购置（减处置）价值，以及土地改良、新增役、种、奶、毛、娱乐用牲畜和新增经济林木价值。无形固定资本形成总额包括矿藏的勘探、计算机软件等获得减处置。

存货变动

指常住单位在一定时期内存货实物量变动的市场价值，即期末价值减期初价值的差额，再扣除当期由于价格变动而产生的持有收益。存货变动可以是正值，也可以是负值，正值表示存货上升，负值表示存货下降。存货包括生产单位购进的原材料、燃料和储备物资等存货，以及生产单位生产的产成品、在制品和半成品等存货。

货物和服务净出口

指货物和服务出口减货物和服务进口的差额。出口包括常住单位向非常住单位出售或无偿转让的各种货物和服务的价值；进口包括常住单位从非常住单位购买或无偿得到的各种货物和服务的价值。由于服务活动的提供与使用同时发生，一般把常住单位从非常住单位得到的服务作为进口，非常住单位从常住单位得到的服务作为出口。货物的出口和进口都按离岸价格计算。

Explanatory Notes for Major Statistical Indicators

Gross Domestic Product (GDP)

refers to the final products at market prices produced by all resident units in a country (or a region) during a certain period of time. Gross domestic product is expressed in three different perspectives, namely value, income, and products respectively. GDP in its value perspective refers to the total value of all goods and services produced by all resident units during a certain period of time, minus the total value of input of goods and services of the nature of non-fixed assets; in other words, it is the sum of the value-added of all resident units. GDP from the perspective of income includes the primary income created by all resident units and distributed to resident and non-resident units. GDP from the perspective of products refers to the value of all goods and services for final consumption by all resident units minus the net exports of goods and services during a given period of time. In the practice of national accounting, gross domestic product is calculated from three approaches, namely production approach, income approach and expenditure approach, which reflect gross domestic product and its composition from different angles.

Three Strata of Industry

Classification of economic activities into three strata of industry is a common practice in the world, although the grouping varies to some extent form country to country. In China economic activities are categorized into the following three strata of industry:

Primary industry refers to agriculture, forestry, animal husbandry and fishery and services in support of these industries.

Secondary industry refers to mining and quarrying, manufacturing, production and supply of electricity, water and gas, and construction.

Tertiary industry refers to all other economic activities not included in the primary or secondary industries.

Labourers Remuneration

refers to the total payment of various forms to labourers for the productive activities they are engaged in. It includes wages, bonuses and allowances, which the labourers earn in cash and in kind. It also includes the free medical services provided to the labourers and the medicine expenses, transport subsidies and social insurance, and housing fund paid by the employers. As regards the individual economy, since labourers remuneration is not easily distinguishable from the operating profit, both parts are treated as labourer remuneration.

Net Taxes on Production

refers to taxes on production less subsidies on production. The taxes on production refers to the various taxes, extra charges and fees levied on the production units on their production, sale and business activities as well as on the use of some factors of production, such as fixed assets, land and labour in the production activities they are engaged in. In contrast to taxes on production, subsidies on production refer to the unilateral government transfer to the production units and are therefore regarded as negative taxes on production. They include subsidies on the loss due to implementation of government policies, price subsidies, etc.

Depreciation of Fixed Assets

refers to the depreciation of fixed assets in a given period, drawn in accordance with the stipulated depreciation rate for the purpose of compensating the wear-and-tear loss of the fixed assets or the depreciation of fixed assets imputed in accordance with the stipulated unified depreciation rate in the national economic accounting system. It reflects the value of transfer of the fixed assets in the production of the current period. The depreciation of fixed assets in various enterprises and institutions managed as enterprises refers to the depreciation expenses actually drawn. In government agencies and institutions not managed as enterprises which do not draw the depreciation expenses, as well as for the houses of residents, the depreciation of fixed assets is the imputed depreciation, which is calculated in accordance with the stipulated unified depreciation rate. In principle, the depreciation of fixed assets should be calculated on the basis of the re-purchased value of the fixed assets. However, currently the conditions in China do not facilitate the revaluation of all the fixed assets. Therefore, only the above-mentioned methods can be adopted at present.

Operating Surplus

refers to the balance of the value added created by the resident units after deducting the labourers remuneration, net taxes on production and the depreciation of fixed assets. It is equivalent to the business profit of the enterprises plus subsidies to production, but the wages and welfare expenses paid from the profits should be deducted.

GDP by Expenditure Approach

refers to the method of measuring the final results of production activities of a country (region) during a given period from the perspective of final uses. It includes final consumption expenditure, gross capital formation and net export of goods and services. The formula for computation is.:

GDP by expenditure approach = final consumption expenditure + gross capital formation + net export of goods and services

Final Consumption Expenditure

refers to the total expenditure of resident units for purchases of goods and services from both the domestic economic territory and abroad to meet the needs of material, cultural and spiritual life. It does not include the expenditure of non-resident units on consumption in the economic territory of the country. The final consumption expenditure is broken down into household consumption expenditure and government consumption expenditure.

Household Consumption Expenditure

refers to the total expenditure of resident households on the final consumption of goods and services. In addition to the consumption of goods and services bought by the households directly with money, the household consumption expenditure also includes expenditure on goods and services obtained by the households in other ways, i.e. the so-called imputed consumption expenditure, which includes the following: (a) the goods and services provided to households by employers in the form of payment in kind and transfer in kind; (b) goods and services produced and consumed by the households themselves, in which the services refer only to the owner-occupied housing; (c) financial intermediate services provided by financial institutions; (d) insurance services provided by insurance companies.

Government Consumption Expenditure

refers to the consumption expenditure spent for the provision of public services provided by the government to the whole country and the net expenditure on the goods and services provided by the government to households free of charge or at reduced prices. The former equals to the output value of the government services minus the value of operating income obtained by the government departments. The latter equals to the market value of the goods and services provided by the government free of charge or at reduced prices to the households minus the value received by the government from the households.

Gross Capital Formation

refers to the fixed assets acquired less disposals and the net value of inventory, thus including gross fixed capital formation and changes in inventories.

Gross Fixed Capital Formation

refers to the value of acquisitions less those disposals of fixed assets during a given period. Fixed assets are the assets produced through production activities with unit value above a specified amount and which could be used for over one year. Natural assets are not included. Gross fixed capital formation can be categorized into total tangible fixed capital formation and total intangible fixed capital formation. Total tangible fixed capital formation includes the value of the construction projects and installation projects completed and the equipment, apparatus and instruments purchased (less those disposed) as well as the value of land improved, the value of draught animals, breeding stock and animals for milk, for wool and for recreational purposes and the newly increased forest with economic value. Total intangible fixed capital formation includes the prospecting of minerals and the acquisition of computer software minus the disposal of them.

Changes in Inventories

refers to the market value of the change in the physical volume of inventory of resident units during a given period, i.e. the difference between the values at the beginning and at the end of the period minus the gains due to the change in prices. The changes in inventories can have a positive or a negative value. A positive value indicates an increase in inventory while a negative value indicates a decrease in inventory. The inventory includes raw materials, fuels and reserve materials purchased by the production units as well as the inventory of finished products, semi-finished products and work-in-progress.

Net Export of Goods and Services

refers to the exports of goods and services subtracting the imports of goods and services. Exports include the value of various goods and services sold or gratuitously transferred by resident units to non-resident units. Imports include the value of various goods and services purchased or gratuitously acquired resident units from non-resident units. Because the provision of services and the use of them happen simultaneously, the acquisition of services by resident units from abroad is usually treated as import while the acquisition of services by non-resident units in this country is usually treated as export. The exports and imports of goods are calculated at FOB.

第三篇

Chapter 3

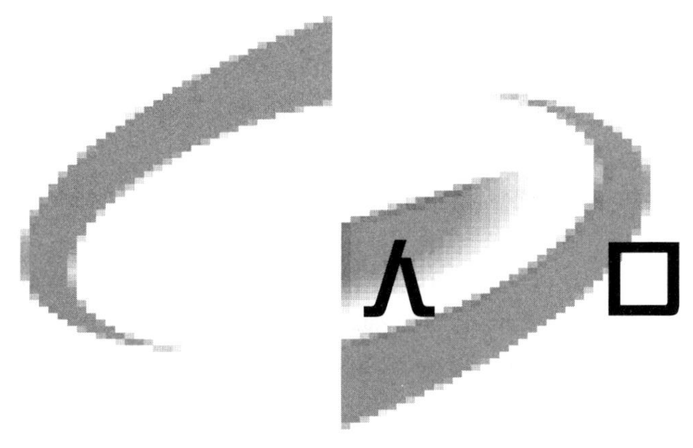

POPULATION

简要说明

一、本篇资料反映我省 2015 年及主要年份人口方面的基本情况，包括全省主要人口统计数据，主要指标有：总户数、总人口、家庭户规模、性别比、少年儿童系数、老年系数、老少比、文化程度状况、少年儿童抚养系数、老年抚养系数、总抚养系数、婚姻构成、就业者身份等。

二、本篇资料来源主要有以下三个方面：

1. 家庭户数据、人口性别比、人口受教育程度、抚养系数等资料，根据历年人口抽查调查和人口普查数据整理计算。

2. 历史上六次人口普查资料，根据历次人口普查资料整理。

3. 户籍人口、户籍城镇人口、户籍乡村人口，根据省公安厅提供的 2015 年度户籍人口统计年报资料整理。

三、本篇资料均由省统计局人口和社会科技统计处整理编制。

Brief Introduction

I. Data in this chapter show the basic conditions of Anhui’s population in 2015, including the main data of population statistics of the whole province, such as family size, sex ratio, children ratio, the aged ratio, ratio of the aged to children, educational level, children dependency ratio, the aged dependency ratio, and total dependency ratio.

II. There are three main sources for Data published in this chapter.

1. Materials on Households, sex ratio, educational level and dependency ratio are tabulated according to the data of the population sample survey and census of the past years.

2. The historical data of the six population censuses are prepared in accordance with the previous population censuses.

3. Urban population census register population, household register, the household registration in rural population, according to the provincial public security department for the 2015 census register population statistical yearbook data of finishing.

III. Data in this chapter are prepared by the Population and Social Science Division, Anhui Statistical Bureau.

3—1 主要年份人口指标
Major Population Indicators in Main Year

年份 Year	户籍人口 Residence Populations 总数（万人） Total (10000 persons)	城镇人口比重(%) Proportion of Urban Populations (%)	常住人口 Permanent Populations 总数（万人） Total (10000 persons)	城镇人口比重(%) Proportion of Urban Populations (%)	出生率(‰) Birth Rate (‰)	死亡率(‰) Death Rate (‰)	自然增长率(‰) Natural Growth Rate (‰)	流向省外半年以上的人数（万人） Floating Out of This Province for More Than Half a Year (10000 persons)
2000	6278	19.59	6093	28.00	13.40	5.76	7.64	433
2005	6516	20.99	6120	35.50	12.43	6.23	6.20	842
2007	6676	21.98	6118	38.70	12.75	6.40	6.35	1005
2008	6741	22.23	6135	40.50	13.05	6.60	6.45	954
2009	6795	22.33	6131	42.10	13.07	6.60	6.47	992
2010	6827	22.71	5957	43.20	12.70	5.95	6.75	1038
2011	6876	22.93	5968	44.80	12.23	5.91	6.32	1199
2012	6902	22.89	5988	46.50	13.00	6.14	6.86	1157
2013	6929	22.92	6030	47.86	12.88	6.06	6.82	1130
2014	6936	22.69	6083	49.15	12.86	5.89	6.97	1053
2015	6949	27.58	6144	50.50	12.92	5.94	6.98	1045

注：1．户籍人口为公安户籍统计数，常住人口为人口普查或人口抽样调查推算数；
2．常住人口是指常住本地的人，不包括户籍人口中到省外半年以上的人口，包括外省来我省常住半年以上的人口；
3．以下各表除加以注明的外，均为常住人口数。

a) Residence population is taken from the annual reports of the Department of Public Security and permanent population is calculated from the Sample Survay of Population.
b) Permanent population refers to people inhabit local place, excluding those residence population that going out of this province for more than one year and including the population moving to this province from other province for more than one year.
c) Data in the following tables refer to permanent populations excluding those with notes.

3—2 主要年份人口系数
Ratio of Population in Main Year

单位：%

年份 Year	少年儿童系数 Ratio of Children	老年系数 Retio of the Aged	老少比 Ratio of the Aged to Children	少年儿童抚养系数 Chilren Dependency Ratio	老年抚养系数 The Aged Dependency Ratio	总抚养系数 Dependency Ratio	年龄中位数（岁） Median of Age (year)
2000	25.49	7.59	29.79	38.10	11.35	49.44	30.38
2005	23.07	10.08	43.69	34.51	15.08	49.59	34.32
2007	20.41	10.72	52.52	29.64	15.57	45.20	35.86
2008	19.81	11.15	56.28	28.70	16.15	44.85	36.25
2009	19.40	11.43	58.92	28.05	16.52	44.57	37.79
2010	17.77	10.23	57.57	24.68	14.21	38.89	36.36
2011	18.59	11.41	61.36	26.56	16.30	42.86	38.83
2012	18.35	12.08	65.83	26.37	17.36	43.73	39.79
2013	18.51	12.24	66.15	26.72	17.68	44.40	40.12
2014	18.68	11.71	62.72	26.83	16.83	43.66	39.42
2015	18.21	11.73	64.41	25.99	16.74	42.73	39.68

注：2000年、2010年为普查数据，其余年份为人口变动抽样调查数。

a) Data in 2000 and 2010 are taken from National Population Cansuses and data of other years were taken from the annual National Sample Surveys on Population Changes.

3—3 六次全省人口普查基本情况
Basic Statistics on National Population Census in 1953, 1964, 1982, 1990, 2000 and 2010

指　标	Item	1953	1964	1982	1990	2000	2010
总 人 口　（万人）	**Total Population　(10000 persons)**	**3066.3**	**3124.1**	**4966.6**	**5618.1**	**5900.0**	**5950.0**
男	Male	1610.7	1618.2	2576.4	2902.6	3043.8	3024.6
女	Female	1455.7	1506.0	2390.2	2715.5	2856.2	2925.5
育龄妇女（15—49岁）	Women at Childbearing Age (Age 15-49)	705.4	741.2	1150.8	1498.8	1576.9	1702.8
总 户 数　（万户）	**Total Number of Households　(10000 household)**	**713.2**	**765.2**	**1052.2**	**1337.7**	**1650.5**	**1932.2**
家 庭 户	Family Households			1047.1	1332.0	1631.4	1886.2
集 体 户	Non-family Households			5.1	5.6	19.2	46.0
家庭户规模　（人/户）	**Average Family Size　(person/household)**	**4.3**	**4.1**	**4.6**	**4.1**	**3.5**	**3.0**
各年龄组人口　（万人）	**Population by Age　(10000 persons)**						
0—6岁	Age 0-6	624.7	542.7	679.9	781.5	515.4	511.7
7—14岁	Age 7-14	481.0	657.6	1115.4	813.4	988.7	545.9
15—64岁	Age 15-64		1849.6	2968.5	3719.5	3948.0	4284.0
65岁以上	Age 65 and Over		74.2	202.8	303.7	448.0	608.5
劳动年龄人口	Population Within Working Age	1649.3	1657.6	2615.9	3336.7	3535.1	3725.1
男60岁、女55岁以上人口	Males Aged 60 and Females Aged 55 and Over			425.7	577.1	761.6	1072.7
民族人口　（万人）	**Nationality Population　(10000 persons)**						
汉　族	Han Nationality	3052.7	3108.6	4940.4	5585.7	5860.2	5910.5
少数民族	Minority Nationalities	13.6	15.5	26.2	32.4	39.8	39.6
15岁及以上人口　（万人）	**Marital Status of Population Aged 15 and Over　(10000 persons)**			**3171.3**	**4023.2**	**4396.0**	**4892.4**
未　婚	Unmarried			954.6	1112.5	964.2	951.2
有 配 偶	Married			1959.3	2641.9	3199.9	3582.5
丧　偶	Widowed			237.2	247.7	177.1	310.3
离　婚	Divorced			20.2	21.1	54.8	48.4
每十万人拥有受教育程度人口　（人）	**Population with Education Attainment Per 10000 from Population Censuses　(person)**						
大专以上	Colleges and Over		258	408	883	2312	6733
高　中	Senior Secondary School		1010	3977	5037	7653	10840
初　中	Junior Secondary School		3861	14236	19970	32826	38604
小　学	Primary School		19307	29716	34701	37362	27763
文盲人口及文盲率	**Illiterate Population and Illiterate Rate**						
文盲人口　（万人）	Illiterate Population　(10000 persons)			1900.7	1381.8	602.2	484.4
文 盲 率　（%）	Illiterate Rate　(%)			31.8	24.6	10.1	8.1
市镇乡人口　（万人）	**Population of Cities, Towns and Townships　(10000 persons)**						
市	City	112.5	214.7	488.5	692.1	843.5	1218.3
镇	Town	153.8	146.7	219.7	310.3	733.2	1339.5
乡	Townships	2800.1	2762.7	4258.4	4615.7	4323.4	3392.3
人口平均预期寿命　（岁）	**Population Life Expectancy　(age)**				**70.22**	**72.62**	**75.10**

3—4 各市主要年份人口城镇化率
Main Year Rate of Urbanization by Region

单位：%

地　区	Region	2010	2012	2013	2014	2015
总　计	**Total**	**43.20**	**46.50**	**47.86**	**49.15**	**50.50**
合 肥 市	Hefei	63.00	66.40	67.79	69.10	70.40
淮 北 市	Huaibei	54.50	57.20	58.53	59.76	60.76
亳 州 市	Bozhou	29.10	33.00	34.40	35.66	36.96
宿 州 市	Suzhou	31.40	34.80	36.16	37.43	38.73
蚌 埠 市	Bengbu	45.00	48.30	49.67	50.91	52.22
阜 阳 市	Fuyang	31.90	34.90	36.23	37.50	38.81
淮 南 市	Huainan	62.90	65.30	66.65	67.90	60.67
滁 州 市	Chuzhou	41.60	45.10	46.47	47.75	49.02
六 安 市	Luan	35.90	38.90	40.19	41.44	42.81
马鞍山市	Maanshan	58.00	61.20	62.57	63.86	65.15
芜 湖 市	Wuhu	54.60	58.00	59.37	60.67	61.96
宣 城 市	Xuancheng	43.30	46.70	48.06	49.32	50.64
铜 陵 市	Tongling	73.50	76.30	77.58	78.68	52.73
池 州 市	Chizhou	44.50	47.50	48.82	50.06	51.11
安 庆 市	Anqing	36.80	39.60	40.96	42.23	45.87
黄 山 市	Huangshan	41.10	44.40	45.74	47.00	48.28

3—5 各市常住人口出生率、死亡率（2015年）
Resident Population Birth Rate, Mortality by Region (2015)

地　区	Region	出 生 率（‰）Birth Rate（‰）	死 亡 率（‰）Mortality（‰）	自然增长率（‰）Natural Growth Rate（‰）
总　计	**Total**	**12.92**	**5.94**	**6.98**
合 肥 市	Hefei	10.52	4.32	6.20
淮 北 市	Huaibei	12.26	4.68	7.58
亳 州 市	Bozhou	18.06	6.24	11.82
宿 州 市	Suzhou	16.93	6.85	10.08
蚌 埠 市	Bengbu	15.23	5.62	9.61
阜 阳 市	Fuyang	18.56	6.78	11.78
淮 南 市	Huainan	12.57	5.53	7.04
滁 州 市	Chuzhou	11.02	5.91	5.11
六 安 市	Luan	11.04	6.37	4.67
马鞍山市	Maanshan	9.54	5.42	4.12
芜 湖 市	Wuhu	9.09	5.92	3.17
宣 城 市	Xuancheng	9.41	6.43	2.98
铜 陵 市	Tongling	7.98	5.72	2.26
池 州 市	Chizhou	8.62	6.06	2.56
安 庆 市	Anqing	10.32	5.66	4.66
黄 山 市	Huangshan	8.82	7.10	1.72

3—6 各市主要人口指标（2015年）
Main Population Indicators by Region (2015)

地 区	Region	户籍人口 Residence Populations		常住人口 Permanent Populations	
		总数（万人） Total (10000 persons)	城镇人口比重（%） Proportion of Urban Populations (%)	总数（万人） Total (10000 persons)	城镇人口比重（%） Proportion of Urban Populations (%)
总　计	**Total**	**6949.11**	**27.58**	**6143.61**	**50.50**
合肥市	Hefei	717.72	42.75	778.95	70.40
淮北市	Huaibei	216.50	48.07	217.88	60.76
亳州市	Bozhou	634.95	14.82	504.69	36.96
宿州市	Suzhou	649.51	17.13	554.12	38.73
蚌埠市	Bengbu	376.35	31.66	329.14	52.22
阜阳市	Fuyang	1042.65	15.56	790.15	38.81
淮南市	Huainan	383.39	37.99	343.11	60.67
滁州市	Chuzhou	449.06	26.60	401.71	49.02
六安市	Luan	580.53	17.30	474.12	42.81
马鞍山市	Maanshan	228.50	44.61	226.22	65.15
芜湖市	Wuhu	384.79	49.82	365.45	61.96
宣城市	Xuancheng	279.95	23.05	259.24	50.64
铜陵市	Tongling	170.43	37.91	159.22	52.73
池州市	Chizhou	161.61	31.59	143.63	51.11
安庆市	Anqing	525.48	25.80	458.61	45.87
黄山市	Huangshan	147.69	29.79	137.37	48.28

注：本表常住人口总数及城镇人口比重为2015年人口抽样调查推算数。

a) The permanent populations and proportion of urban populations in this table are taken from the estimated number by the end of 2015.

3—7 各市户数、人口数和性别比（2015年）
Number of Households, Population, and Sex Ratio by Region (2015)

地 区	Region	户数（万户） Number of Households (10000 household)	人口数（万人） Population (10000 persons)	男 Male	性别比（女=100） Sex Ratio (Female=100)
总　计	**Total**	**2131.74**	**6949.11**	**3615.03**	**108.43**
合肥市	Hefei	241.42	717.72	371.21	107.13
淮北市	Huaibei	67.47	216.50	111.13	105.46
亳州市	Bozhou	168.83	634.95	335.22	111.84
宿州市	Suzhou	191.86	649.51	337.23	107.99
蚌埠市	Bengbu	110.53	376.35	195.27	107.84
阜阳市	Fuyang	276.75	1042.65	544.48	109.30
淮南市	Huainan	122.62	383.39	201.43	110.70
滁州市	Chuzhou	142.27	449.06	233.24	108.07
六安市	Luan	191.73	580.53	306.95	112.20
马鞍山市	Maanshan	73.49	228.50	117.81	106.43
芜湖市	Wuhu	129.33	384.79	198.85	106.95
宣城市	Xuancheng	99.50	279.95	144.65	106.91
铜陵市	Tongling	54.54	170.43	87.51	105.53
池州市	Chizhou	55.02	161.61	82.62	104.59
安庆市	Anqing	155.26	525.48	271.79	107.13
黄山市	Huangshan	51.13	147.69	75.65	104.99

注：本表为公安户籍年报统计数。

a) Data in this table are taken from the annual reports of Department of Puplis Security.

3—8 各市主要年份总人口文盲率

Illiteracy Ratio by Region in the Primary Years

单位：%

地 区	Region	1995	2000	2005	2010	2014	2015
总 计	**Total**	**14.09**	**10.06**	**11.74**	**8.14**	**6.10**	**5.79**
合 肥 市	Hefei	12.97	7.69	8.67	5.28	4.84	4.69
淮 北 市	Huaibei	12.20	8.42	7.59	6.54	5.77	4.96
亳 州 市	Bozhou	13.78	10.70	14.59	10.76	6.90	6.87
宿 州 市	Suzhou	16.34	10.28	11.32	8.64	6.68	6.34
蚌 埠 市	Bengbu	16.11	10.60	12.17	6.90	5.74	5.38
阜 阳 市	Fuyang	13.28	11.25	13.18	9.25	6.89	6.85
淮 南 市	Huainan	9.31	8.32	10.47	6.67	4.43	4.95
滁 州 市	Chuzhou	13.66	10.77	13.14	9.07	6.31	5.98
六 安 市	Luan	15.95	9.75	12.67	7.92	6.31	5.82
马鞍山市	Maanshan	8.76	8.87	7.94	5.24	4.98	5.02
芜 湖 市	Wuhu	12.27	10.81	10.45	5.87	5.59	5.23
宣 城 市	Xuancheng	13.29	8.88	14.47	9.46	5.81	5.85
铜 陵 市	Tongling	14.74	10.76	7.20	6.88	4.60	7.14
池 州 市	Chizhou	14.56	11.29	11.21	8.53	5.78	5.84
安 庆 市	Anqing	15.10	11.84	11.80	8.80	6.68	4.97
黄 山 市	Huangshan	10.69	8.35	8.26	6.25	3.88	3.92

3—9 各市15—49岁妇女活产和存活子女状况（2015年）

Live Births and Surviving Children of Women Aged 15-49 by Region（2015）

单位：人 (person)

地 区	Region	15—49岁妇女人数 Number of Women Aged 15-49	活产子女人数 Number of Live Births			存活子女人数 Number of Surviving Children			妇女平均活产子女数 Average Number of Live Births per Women
				男 Male	女 Female		男 Male	女 Female	
总 计	**Total**	**181404**	**199561**	**110331**	**89235**	**198171**	**109546**	**88626**	**1.10**
合 肥 市	Hefei	27543	22334	12391	9944	22125	12260	9866	0.81
淮 北 市	Huaibei	6380	7412	4111	3302	7371	4090	3281	1.16
亳 州 市	Bozhou	13743	20065	11344	8721	19934	11279	8654	1.46
宿 州 市	Suzhou	15787	21070	11699	9371	20923	11609	9314	1.33
蚌 埠 市	Bengbu	8930	10975	6090	4886	10937	6069	4869	1.23
阜 阳 市	Fuyang	23550	30492	16853	13641	30294	16739	13555	1.29
淮 南 市	Huainan	9966	10847	6014	4833	10777	5970	4805	1.09
滁 州 市	Chuzhou	12085	12578	6958	5620	12474	6900	5575	1.04
六 安 市	Luan	14884	15494	8895	6600	15394	8832	6562	1.04
马鞍山市	Maanshan	5788	5854	3190	2664	5807	3163	2643	1.01
芜 湖 市	Wuhu	9939	9264	5077	4187	9208	5049	4161	0.93
宣 城 市	Xuancheng	7401	6784	3542	3241	6740	3523	3217	0.92
铜 陵 市	Tongling	4283	4071	2200	1872	4036	2180	1855	0.95
池 州 市	Chizhou	4042	3810	1921	1889	3764	1896	1868	0.94
安 庆 市	Anqing	13664	15281	8355	6924	15171	8303	6868	1.12
黄 山 市	Huangshan	3419	3230	1691	1540	3216	1684	1533	0.94

注：本表及3-11、3-15、3-16为2015年人口变动抽样调查实际调查样本汇总数。

a) This form and 3-11,3-15,3-16 are actual survey sample total of population changing sample survey in 2015.

3—10 各市人均受教育年限
The average number of years of Education by Region

单位：年（year）

地区	Region	2014年人均受教育年限 The average number of years of Education 1n 2014			2015年人均受教育年限 The average number of years of Education 1n 2015		
		合计 Total	男 Male	女 Female	合计 Total	男 Male	女 Female
总计	**Total**	**8.69**	**9.32**	**8.08**	**9.06**	**9.71**	**8.40**
合肥市	Hefei	10.14	10.69	9.62	10.81	11.39	10.19
淮北市	Huaibei	9.15	9.70	8.63	9.36	9.90	8.82
亳州市	Bozhou	7.99	8.65	7.36	8.13	8.67	7.59
宿州市	Suzhou	8.59	9.18	7.98	8.59	8.98	7.94
蚌埠市	Bengbu	8.84	9.35	8.35	9.46	10.25	8.58
阜阳市	Fuyang	8.26	8.83	7.68	8.27	8.69	7.63
淮南市	Huainan	9.29	9.73	8.84	9.25	9.86	8.60
滁州市	Chuzhou	8.74	9.38	8.08	8.75	9.24	8.06
六安市	Luan	8.33	8.80	7.82	8.62	9.01	8.24
马鞍山市	Maanshan	8.92	9.87	8.26	8.94	9.91	7.79
芜湖市	Wuhu	9.23	9.88	8.56	10.01	10.96	8.84
宣城市	Xuancheng	8.40	8.89	7.90	8.47	8.96	7.98
铜陵市	Tongling	9.62	10.25	9.01	8.85	9.63	8.11
池州市	Chizhou	8.54	9.31	7.97	8.84	9.51	8.18
安庆市	Anqing	8.53	9.27	7.77	8.72	9.43	8.04
黄山市	Huangshan	8.69	9.27	8.11	8.69	9.26	8.12

注：本表数据为人口变动抽样调查推算数。
a) Data in this table are estimated from the changing sample survey of population.

3—11 按年龄和性别分人口构成（2015年）
Population by Age and Sex (2015)

年龄 Age	人口数（人） Population (person)			占总人口比重（%） Percentage to Total Population (%)			性别比（女=100） Sex Ratio (female=100)
	合计 Total	男 Male	女 Female	合计 Total	男 Male	女 Female	
总计 Total	**682032**	**345498**	**336534**	**100.00**	**50.66**	**49.34**	**102.66**
0—4	41741	22866	18875	6.12	3.35	2.77	121.14
5—9	44053	24310	19743	6.46	3.56	2.89	123.13
10—14	38499	21437	17062	5.64	3.14	2.50	125.64
15—19	39793	21271	18522	5.83	3.12	2.72	114.84
20—24	48428	24677	23751	7.10	3.62	3.48	103.90
25—29	54730	25705	29025	8.03	3.77	4.26	88.56
30—34	40713	19618	21095	5.97	2.88	3.09	93.00
35—39	45394	22604	22790	6.66	3.31	3.34	99.18
40—44	58725	29362	29363	8.61	4.31	4.31	100.00
45—49	68840	33683	35157	10.09	4.94	5.15	95.81
50—54	55174	27298	27876	8.09	4.00	4.09	97.93
55—59	27919	14312	13607	4.09	2.10	2.00	105.18
60—64	38021	19073	18948	5.58	2.80	2.78	100.66
65+	80002	39282	40720	11.73	5.76	5.97	96.47

3—12 各市常住人口基本情况（2015年）
Basic Conditions of Population by Region (2015)

地 区 Region		家庭户人口占总人口比重（%） Proportion of Family Members to the Total Population (%)	人口性别比（女=100） Sex Ratio (female=100)	外出半年以上人员性别比（女=100） Sex Ratio of Persons Having Gone out for More Than A Half Year (female=100)	农林牧渔业人口占在业人口比重（%） Proprtion of Farming, Forestry, Husbandary and Fishery People to the Total (%)	其他行业人口占在业人口比重（%） Proportion of People in Other Sectors to the Total (%)
总 计	**Total**	**94.43**	**102.66**	**132.99**	**38.80**	**61.20**
合肥市	Hefei	82.01	102.83	126.02	19.70	80.30
淮北市	Huaibei	98.92	103.31	113.56	40.04	59.96
亳州市	Bozhou	99.92	108.41	143.59	53.10	46.90
宿州市	Suzhou	99.84	103.07	164.55	59.16	40.84
蚌埠市	Bengbu	95.09	104.69	137.45	52.94	47.06
阜阳市	Fuyang	96.97	98.26	143.61	48.94	51.06
淮南市	Huainan	92.66	103.35	115.74	43.17	56.83
滁州市	Chuzhou	96.24	104.04	126.18	39.18	60.82
六安市	Luan	95.75	106.02	145.07	39.83	60.17
马鞍山市	Maanshan	94.49	101.74	124.52	27.79	72.21
芜湖市	Wuhu	88.91	105.43	118.27	23.71	76.29
宣城市	Xuancheng	96.21	101.84	113.65	31.87	68.13
铜陵市	Tongling	97.91	97.52	104.90	33.49	66.51
池州市	Chizhou	96.78	99.29	117.19	31.94	68.06
安庆市	Anqing	99.06	100.00	161.62	31.14	68.86
黄山市	Huangshan	94.19	97.11	119.62	42.25	57.75

注：本表及3—13、3—14、3—21、3—22、3—23、3—24、3—25、3—26、3—27为2015年人口抽样调查样本推算数。

a) This form and 3-13、3-14、3-21、3-22、3-23、3-24、3-25、3-26、3-27 are computative data of population sample survey in 2015.

3—13 各市按家庭户规模分的户数构成（2015年）
Composition of Households by Size of Household and Region (2015)

单位：%

地 区 Region		家庭户规模（人/户） Size of Family Household (person/household)	一人户 One Person	二人户 Two Persons	三人户 Three Persons	四人户 Four Persons	五人户 Five Persons	六人及六人以上户 Six Persons and Over
总 计	**Total**	**2.99**	**10.06**	**23.44**	**27.48**	**19.95**	**11.31**	**7.76**
合肥市	Hefei	2.82	12.50	26.12	32.34	16.08	8.37	4.58
淮北市	Huaibei	3.14	7.30	23.15	31.35	20.40	10.06	7.74
亳州市	Bozhou	3.19	8.28	18.72	19.67	25.53	14.21	13.59
宿州市	Suzhou	3.15	9.26	22.04	22.62	23.67	12.17	10.25
蚌埠市	Bengbu	3.11	8.17	22.99	27.72	21.17	11.67	8.28
阜阳市	Fuyang	3.02	10.18	23.41	20.89	23.12	11.62	10.77
淮南市	Huainan	3.16	10.85	24.82	28.24	18.87	10.11	7.12
滁州市	Chuzhou	3.13	7.92	20.06	27.59	20.41	13.81	10.21
六安市	Luan	3.07	8.59	20.94	27.74	21.86	13.51	7.36
马鞍山市	Maanshan	2.82	11.62	27.72	30.82	14.23	10.24	5.36
芜湖市	Wuhu	3.11	10.34	23.57	32.63	17.30	11.02	5.14
宣城市	Xuancheng	2.78	12.16	27.26	30.15	14.78	10.80	4.85
铜陵市	Tongling	2.89	10.60	27.86	35.35	16.61	7.12	2.46
池州市	Chizhou	3.08	9.93	25.17	31.82	17.96	9.85	5.27
安庆市	Anqing	3.13	9.35	20.80	27.84	21.45	13.03	7.53
黄山市	Huangshan	2.86	14.93	29.31	28.05	14.25	9.20	4.26

3—14 各市人口年龄结构（2015年）
Age Composition of Population by Region (2015)

单位：%

地区	Region	总人口（万人） Total Population (10000 persons)	年龄构成 Proportion to Total Populations 0—14岁 Age 0-14	15—64岁 Age 15-64	15—59岁 Age 15-59	65岁及以上 Age 65 and Over	抚养比 Dependency Ratio 总抚养比 Gross Dependency Ratio	少儿抚养比 Children Dependency Ratio	老年抚养比 The Aged Dependency Ratio
总　　计	**Total**	**6143.61**	**18.21**	**70.06**	**64.48**	**11.73**	**42.73**	**25.99**	**16.74**
合肥市	Hefei	778.95	14.94	73.43	67.58	11.63	36.18	20.35	15.83
淮北市	Huaibei	217.88	17.40	72.78	68.03	9.83	37.42	23.91	13.51
亳州市	Bozhou	504.69	24.70	65.71	61.43	9.59	52.18	37.59	14.60
宿州市	Suzhou	554.12	20.28	68.00	62.87	11.72	47.06	29.82	17.24
蚌埠市	Bengbu	329.14	19.56	68.91	63.55	11.53	45.12	28.38	16.74
阜阳市	Fuyang	790.15	25.89	63.45	58.61	10.65	57.59	40.81	16.78
淮南市	Huainan	343.11	17.13	70.59	64.37	12.28	41.66	24.27	17.39
滁州市	Chuzhou	401.71	15.81	72.67	66.52	11.52	37.61	21.76	15.85
六安市	Luan	474.12	17.72	71.27	65.33	11.01	40.31	24.86	15.45
马鞍山市	Maanshan	226.22	13.79	71.63	64.89	14.58	39.61	19.26	20.35
芜湖市	Wuhu	365.45	14.30	73.63	67.53	12.08	35.82	19.42	16.40
宣城市	Xuancheng	259.24	13.45	72.71	65.35	13.83	37.52	18.49	19.02
铜陵市	Tongling	159.22	16.10	71.43	65.70	12.45	39.96	22.53	17.43
池州市	Chizhou	143.63	15.02	73.55	67.16	11.43	35.96	20.42	15.54
安庆市	Anqing	458.61	15.16	72.74	66.73	12.11	37.49	20.84	16.64
黄山市	Huangshan	137.37	13.78	71.32	62.88	14.91	40.23	19.33	20.90

3—15 各市按性别分的15岁及以上文盲人口（2015年）
Illiterate Population Aged 15 and Over by Sex and Region (2015)

地区	Region	15岁及以上人口（人） Population Aged 15 and Over (person)	男 Male	女 Female	文盲人口（人） Illiterate Population (person)	男 Male	女 Female	文盲人口占15岁及以上人口的比重 Percentage of Illiterate Population to Total Aged 15 and Over (%)	男 Male	女 Female
总　　计	**Total**	**560826**	**282138**	**278688**	**36492**	**9451**	**27041**	**6.51**	**3.35**	**9.70**
合肥市	Hefei	82606	42723	39883	3919	970	2949	4.74	2.27	7.39
淮北市	Huaibei	19182	9553	9629	1172	296	876	6.11	3.10	9.10
亳州市	Bozhou	40506	20387	20119	2971	854	2117	7.34	4.19	10.52
宿州市	Suzhou	47043	23181	23862	3579	964	2616	7.61	4.16	10.96
蚌埠市	Bengbu	29421	15387	14034	1903	515	1388	6.47	3.35	9.89
阜阳市	Fuyang	64259	29906	34353	5936	1472	4463	9.24	4.92	12.99
淮南市	Huainan	32014	16607	15407	1836	612	1224	5.73	3.69	7.94
滁州市	Chuzhou	37177	18572	18605	2309	584	1725	6.21	3.14	9.27
六安市	Luan	43155	21209	21946	2530	800	1730	5.86	3.77	7.88
马鞍山市	Maanshan	21499	11217	10282	1859	402	1457	8.65	3.58	14.17
芜湖市	Wuhu	36747	20409	16338	1467	380	1087	3.99	1.86	6.65
宣城市	Xuancheng	24703	12310	12393	2022	531	1491	8.19	4.31	12.03
铜陵市	Tongling	14504	7050	7454	1008	235	772	6.95	3.33	10.36
池州市	Chizhou	13392	6680	6713	930	222	708	6.94	3.33	10.55
安庆市	Anqing	41492	20372	21121	2145	414	1731	5.17	2.03	8.20
黄山市	Huangshan	13126	6575	6551	906	200	706	6.90	3.04	10.78

3—16 各市每十万人口拥有受教育程度人口（2015年）

Population by Educational Level and Region Per 100 Thousand Persons (2015)

单位：人（person）

地　区	Region	大专及以上 College and Higher Level	高中和中专 Senior Secondary School	初　中 Junior Secondary School	小　学 Primary School
总　计	**Total**	**10848**	**12816**	**36905**	**25678**
合肥市	Hefei	26871	16278	28217	18227
淮北市	Huaibei	10489	13615	43425	19197
亳州市	Bozhou	3030	6831	44983	28465
宿州市	Suzhou	4413	11332	43669	24062
蚌埠市	Bengbu	12785	13733	36984	21710
阜阳市	Fuyang	4240	10015	38935	27452
淮南市	Huainan	9585	17400	37481	22868
滁州市	Chuzhou	7303	13199	38757	28257
六安市	Luan	5996	14422	37342	29449
马鞍山市	Maanshan	12752	11713	35875	25604
芜湖市	Wuhu	20244	13201	32311	24508
宣城市	Xuancheng	8505	12299	36195	29558
铜陵市	Tongling	10897	13863	31462	32418
池州市	Chizhou	10755	13420	33912	29485
安庆市	Anqing	8733	12873	35125	31696
黄山市	Huangshan	9085	12184	36967	29825

3—17 各市2015—2016学年小学初中入学率状况

Percentage of Children Enrolled in Primary Schools and Junior Secondary Schools by Region (2015-2016)

单位：%

地　区	Region	初中净入学率 Net Enrollment Ratio of Junior Secondary Schools		小学净入学率 Net Enrollment Ratio of Primary Schools	
		小　计 Total	女 Female	小　计 Total	女 Female
总　计	**Total**	**99.86**	**99.87**	**99.96**	**99.97**
合肥市	Hefei	100.00	100.00	100.00	100.00
淮北市	Huaibei	99.91	99.89	100.00	100.00
亳州市	Bozhou	99.56	99.54	99.92	99.89
宿州市	Suzhou	100.00	100.00	100.00	100.00
蚌埠市	Bengbu	100.00	100.00	100.00	100.00
阜阳市	Fuyang	99.95	99.99	99.94	99.97
淮南市	Huainan	99.04	99.27	99.61	99.70
滁州市	Chuzhou	99.55	99.59	99.97	99.98
六安市	Luan	99.93	99.88	100.00	100.00
马鞍山市	Maanshan	99.86	99.89	99.98	100.00
芜湖市	Wuhu	100.00	100.00	100.00	100.00
宣城市	Xuancheng	99.81	99.82	100.00	100.00
铜陵市	Tongling	100.00	100.00	100.00	100.00
池州市	Chizhou	99.96	99.95	100.00	100.00
安庆市	Anqing	100.00	100.00	100.00	100.00
黄山市	Huangshan	100.00	100.00	100.00	100.00

3—18 各市婚姻人口构成（2015年）

Composition of Marriage Status by Region (2015)

单位：%

地区	Region	15岁及15岁以上的人口合计（人）Total Population Aged 15 and Over (person)	未婚 Never Married	有配偶 With Spouses	离婚 Divorced	丧偶 Widowed
总计	**Total**	**560826**	**19.51**	**73.42**	**1.37**	**5.70**
合肥市	Hefei	82606	29.13	65.49	1.15	4.23
淮北市	Huaibei	19182	15.48	77.57	1.66	5.29
亳州市	Bozhou	40506	14.27	79.26	1.14	5.32
宿州市	Suzhou	47043	16.11	76.45	1.21	6.23
蚌埠市	Bengbu	29421	19.90	73.25	1.76	5.09
阜阳市	Fuyang	64259	19.15	73.75	1.00	6.10
淮南市	Huainan	32014	18.45	74.29	1.80	5.46
滁州市	Chuzhou	37177	17.45	75.71	1.40	5.44
六安市	Luan	43155	19.40	73.99	0.88	5.73
马鞍山市	Maanshan	21499	17.59	74.40	1.94	6.06
芜湖市	Wuhu	36747	24.70	68.15	1.71	5.44
宣城市	Xuancheng	24703	14.57	76.92	2.19	6.32
铜陵市	Tongling	14504	17.28	74.21	1.72	6.81
池州市	Chizhou	13392	17.20	74.91	1.52	6.37
安庆市	Anqing	41492	17.01	74.99	1.07	6.94
黄山市	Huangshan	13126	14.25	75.45	1.91	8.39

注：本表15岁及以上人口为2015年人口变动抽样调查实际调查数。

a) This form and Population aged 15 and over are the actual survey data of population changing sample survey in 2015.

3—19 全省育龄妇女分年龄孩次的生育率（2015年）

Fertility Rate of Women At Childbearing Age by Age and Children's Order (2015)

单位：‰

年龄 Age	生育率 Fertility-rate	第一孩生育率 The First Child	第二孩生育率 The Second Child	第三孩及以上生育率 The Third Child and Over
总计 Total	**34.60**	**19.20**	**13.94**	**1.46**
15-19	**13.62**	**12.76**	**0.86**	**0.00**
20-24	**79.28**	**59.97**	**18.54**	**0.77**
20	49.99	44.14	5.69	0.16
21	70.44	58.02	12.06	0.36
22	81.66	63.79	17.38	0.49
23	92.68	68.73	22.88	1.07
24	94.33	62.94	29.91	1.48
25-29	**85.55**	**44.96**	**37.01**	**3.58**
25	91.99	57.27	32.77	1.95
26	92.73	53.86	35.90	2.97
27	87.97	44.08	40.15	3.74
28	79.85	35.05	40.18	4.62
29	69.41	26.42	37.49	5.50
30-34	**46.71**	**12.79**	**30.05**	**3.87**
30	65.10	21.93	38.13	5.04
31	56.73	17.30	36.20	3.23
32	41.63	10.29	28.68	2.66
33	38.61	8.37	25.79	4.44
34	31.91	6.24	21.75	3.92
35-39	**16.07**	**3.34**	**11.07**	**1.66**
40-44	**3.94**	**1.31**	**2.19**	**0.44**
45-49	**2.74**	**1.32**	**1.08**	**0.34**

注：本表中的生育率为2015年人口抽样调查样本推算数。

a) The fertility rate of this table are computative data of population sample survey in 2015.

3—20 各市主要年份妇女平均初婚年龄
Women's Average Age At Their First Marriage in Major Years by Region

单位：岁（age）

地　区	Region	2000	2005	2010	2014
总　计	**Total**	**22.61**	**23.37**	**21.56**	**24.05**
合 肥 市	Hefei	23.10	23.98	22.36	25.22
淮 北 市	Huaibei	22.58	23.67	21.58	23.84
亳 州 市	Bozhou	21.90	22.75	20.98	22.43
宿 州 市	Suzhou	22.32	23.34	21.35	22.88
蚌 埠 市	Bengbu	22.07	23.50	21.70	24.12
阜 阳 市	Fuyang	22.17	22.90	21.40	22.97
淮 南 市	Huainan	22.98	23.41	21.89	24.03
滁 州 市	Chuzhou	22.54	23.02	21.55	23.45
六 安 市	Luan	22.29	23.34	21.34	23.78
马鞍山市	Maanshan	23.05	23.86	22.11	24.02
芜 湖 市	Wuhu	23.21	23.87	21.93	24.45
宣 城 市	Xuancheng	22.80	23.85	21.48	24.64
铜 陵 市	Tongling	23.84	24.96	22.43	24.71
池 州 市	Chizhou	22.68	23.39	21.56	25.59
安 庆 市	Anqing	22.24	23.32	21.22	24.19
黄 山 市	Huangshan	23.13	23.46	21.72	24.54

3—21 各市按行业分的在业人口比例（2015年）
The Proportion of Employment Population by Industry by Region (2015)

单位：%

地　区	Region	合　计（人）Total (person)	农、林、牧、渔业 Farming, Forestry, Animal Husbandry and Fishery	工　业 Industry	建筑业 Construction	交通运输、仓储及邮电通讯业 Transport, Storage, Post & Telecommunications	批发零售、住宿餐饮业 Wholesale and Retail, Hotels and Catering Services	其　他 Other
总　计	**Total**	**346588**	**38.80**	**16.25**	**10.49**	**3.69**	**16.72**	**14.05**
合 肥 市	Hefei	47358	19.70	13.40	11.41	4.62	24.79	26.08
淮 北 市	Huaibei	11974	40.04	21.14	8.43	3.58	12.45	14.36
亳 州 市	Bozhou	29062	53.10	8.95	10.42	2.73	16.57	8.24
宿 州 市	Suzhou	26065	59.16	11.26	7.86	2.40	10.57	8.75
蚌 埠 市	Bengbu	17819	52.94	10.38	5.27	4.28	14.73	12.40
阜 阳 市	Fuyang	41981	48.94	8.93	14.08	3.34	15.52	9.18
淮 南 市	Huainan	19227	43.17	21.63	5.66	3.73	12.19	13.62
滁 州 市	Chuzhou	23597	39.18	24.93	6.68	3.54	14.51	11.15
六 安 市	Luan	26165	39.83	17.81	13.39	4.11	13.81	11.05
马鞍山市	Maanshan	12284	27.79	25.12	11.40	5.46	15.94	14.29
芜 湖 市	Wuhu	21513	23.71	21.07	10.23	4.66	23.29	17.05
宣 城 市	Xuancheng	16152	31.87	20.68	11.71	3.72	17.11	14.92
铜 陵 市	Tongling	9363	33.49	21.79	11.48	3.05	15.24	14.94
池 州 市	Chizhou	8537	31.94	20.35	11.43	3.44	16.52	16.32
安 庆 市	Anqing	26576	31.14	22.04	13.67	2.92	18.04	12.20
黄 山 市	Huangshan	8915	42.25	11.37	10.25	3.49	14.29	18.34

3—22 各市未工作人口按寻找工作方式分的比例（2015年）

Proportion of Unemployed Persons by Their Types of Seeking Job by Region (2015)

单位：%

地 区	Region	合 计（人）Total (person)	在职业介绍机构求职 Looking for a Job in Employment Agencies	委托亲友找工作 Looking for a job Commissioned by Friends and Relatives	网上求职应聘 Online Job to Apply For	参加招聘会 Going to job Fairs	为自己经营做准备 To Prepare Business by Themselves	其他方式 Others	未找工作 No Looking for a job
总 计	**Total**	**131828**	**1.28**	**4.35**	**0.09**	**1.14**	**2.13**	**10.78**	**80.23**
合肥市	Hefei	14489	1.10	3.31	0.17	1.79	2.97	8.43	82.23
淮北市	Huaibei	5898	1.76	3.59	0.02	1.24	2.19	11.53	79.67
亳州市	Bozhou	3725	0.91	1.83	0.08	0.86	1.48	22.36	72.48
宿州市	Suzhou	7049	1.28	9.77	0.51	1.73	3.48	9.97	73.26
蚌埠市	Bengbu	7937	0.81	4.76	0.01	0.57	1.95	10.09	81.81
阜阳市	Fuyang	7675	0.73	4.13	0.03	0.70	1.93	14.54	77.94
淮南市	Huainan	10683	1.45	4.67	0.02	0.80	1.60	7.28	84.18
滁州市	Chuzhou	9633	1.09	3.81	0.06	0.98	4.05	16.40	73.61
六安市	Luan	7836	0.61	2.42	0.03	0.51	1.62	12.63	82.17
马鞍山市	Maanshan	8556	1.59	2.34	0.04	1.13	1.78	7.85	85.27
芜湖市	Wuhu	9321	2.10	8.19	0.13	2.19	2.17	4.22	81.01
宣城市	Xuancheng	8186	1.23	4.35	0.04	0.55	1.18	11.21	81.43
铜陵市	Tongling	6217	2.17	3.72	0.10	1.35	1.99	5.26	85.41
池州市	Chizhou	5512	1.71	4.63	0.02	0.87	1.42	17.14	74.22
安庆市	Anqing	12379	1.07	3.68	0.08	1.13	1.65	13.89	78.49
黄山市	Huangshan	6732	1.11	4.07	0.06	1.28	1.53	7.84	84.11

注：本表中未找工作人口包含未工作离退休人口。

a) Did not find a job in the population in this table include retired population did not work.

3—23 各市外出半年以上人口比重、性别比及流向（2015年）

Proportion, Sexual Distinction and Floating Direction of Persons Going Out for More Than Half a Year by Region (2015)

单位：%

地 区	Region	占总人口比重(%) Percentage to Total Population (%)	外出人口性别比(女=100) Sexual Distinction of Persons Going Out (Female=100)	外出流向构成 Composition of Floating Directions			
				本县其他乡镇街道 Other Villages, Towns or Neighbourhoods in This County	本市其他县区 Other Counties or Districts in This City	本省其他市 Other Cities in This Province	外省 Other Provinces
总 计	**Total**	**22.45**	**132.99**	**15.42**	**8.44**	**9.10**	**67.04**
合肥市	Hefei	23.99	126.02	33.36	25.40	5.21	36.04
淮北市	Huaibei	11.66	113.56	21.80	21.11	14.97	42.12
亳州市	Bozhou	27.77	143.59	5.53	1.42	8.52	84.52
宿州市	Suzhou	19.34	164.55	9.00	1.25	10.89	78.87
蚌埠市	Bengbu	20.65	137.45	11.99	11.76	7.29	68.96
阜阳市	Fuyang	26.02	143.61	3.76	2.99	5.40	87.85
淮南市	Huainan	23.56	115.74	21.73	16.04	11.59	50.63
滁州市	Chuzhou	19.43	126.18	19.97	7.99	7.66	64.37
六安市	Luan	27.32	145.07	5.77	2.11	13.07	79.04
马鞍山市	Maanshan	18.26	124.52	19.33	11.67	9.05	59.95
芜湖市	Wuhu	18.08	118.27	19.42	11.90	9.75	58.93
宣城市	Xuancheng	22.82	113.65	29.13	4.50	8.62	57.74
铜陵市	Tongling	16.80	104.90	15.59	20.59	21.92	41.90
池州市	Chizhou	22.21	117.19	19.08	2.74	11.82	66.36
安庆市	Anqing	29.75	161.62	7.45	4.89	11.82	75.84
黄山市	Huangshan	21.49	119.62	28.17	8.12	6.85	56.85

3—24　各市流向省外半年以上的流动人口构成（2015年）

Composition of Persons Floating Out of the Province for More Than Half a Year by Region (2015)

单位：%

地　区	Region	合　计（人）Total (person)	江　苏 Jiangsu	浙　江 Zhejiang	上　海 Shanghai	广　东 Guangdong	北　京 Beijing	福　建 Fujian	山　东 Shandong
总　计	**Total**	**62498**	**25.39**	**26.81**	**23.31**	**4.88**	**4.00**	**2.13**	**1.72**
合肥市	Hefei	2977	33.79	15.18	25.66	2.62	7.09	2.28	1.41
淮北市	Huaibei	796	35.05	20.48	19.47	4.65	2.51	1.76	1.76
亳州市	Bozhou	3146	29.56	25.78	15.64	4.96	2.64	2.67	2.83
宿州市	Suzhou	3672	43.06	17.35	11.79	3.27	3.38	1.63	1.77
蚌埠市	Bengbu	3537	27.93	31.64	21.88	8.09	1.30	3.08	1.53
阜阳市	Fuyang	14380	15.72	38.23	15.01	7.77	3.66	1.72	2.39
淮南市	Huainan	2367	19.94	14.79	44.36	6.17	2.41	5.11	0.51
滁州市	Chuzhou	2714	48.01	20.12	20.97	2.47	1.77	1.55	0.59
六安市	Luan	6439	31.62	16.93	42.94	1.99	1.48	0.79	0.76
马鞍山市	Maanshan	3431	36.17	10.35	17.58	2.39	14.46	1.14	2.16
芜湖市	Wuhu	2485	27.40	8.69	34.85	2.82	9.34	1.45	1.37
宣城市	Xuancheng	3770	18.91	23.24	46.18	1.80	1.19	1.33	1.01
铜陵市	Tongling	946	27.59	17.12	26.74	5.07	6.24	1.06	2.01
池州市	Chizhou	1819	19.35	35.29	21.83	3.96	1.87	2.14	1.54
安庆市	Anqing	6659	21.79	26.54	15.51	6.89	5.50	4.88	2.39
黄山市	Huangshan	3360	9.38	61.70	15.36	3.39	1.67	1.10	1.22

地　区	Region	天　津 Tianjin	湖　北 Hubei	河　北 Hebei	辽　宁 Liaoning	河　南 Henan	新　疆 Xinjiang	陕　西 Shanxi	流向其他省市 Floating to Other Provinces or Cities
总　计	**Total**	**1.21**	**0.98**	**0.96**	**0.81**	**1.26**	**0.77**	**0.88**	**4.90**
合肥市	Hefei	0.84	0.87	0.37	0.47	0.54	0.50	0.64	7.73
淮北市	Huaibei	1.13	0.63	0.88	0.50	1.51	0.25	1.26	8.17
亳州市	Bozhou	0.79	0.35	1.65	1.46	2.07	1.27	0.22	8.11
宿州市	Suzhou	0.98	0.38	0.98	0.11	1.66	1.12	7.95	4.58
蚌埠市	Bengbu	1.41	0.11	0.08	0.06	0.45	0.34	0.40	1.70
阜阳市	Fuyang	1.61	1.33	2.04	1.47	2.50	1.96	0.59	4.01
淮南市	Huainan	0.80	0.89	0.46	0.25	0.30	0.51	0.34	3.17
滁州市	Chuzhou	1.14	0.37	0.11	0.55	0.41		0.22	1.73
六安市	Luan	0.19	0.54	0.23	0.17	0.36	0.09	0.08	1.83
马鞍山市	Maanshan	0.85	1.89	1.81	0.50	1.19	1.05	0.67	7.81
芜湖市	Wuhu	4.31	1.25	0.80	0.56	0.85	0.24	0.60	5.47
宣城市	Xuancheng	0.56	0.80	0.42	0.40	0.32	0.03	0.24	3.58
铜陵市	Tongling	1.59	1.69	0.42	0.32	0.53	0.21	0.42	8.99
池州市	Chizhou	0.44	0.88	0.44	1.43	0.71	0.16	0.77	9.18
安庆市	Anqing	1.91	1.68	0.77	1.67	1.65	0.29	0.56	7.99
黄山市	Huangshan	0.30	0.71	0.15	0.12	0.39	0.06	0.12	4.35

3—25 各市省内跨市外出半年以上的流动人口构成（2015年）
Composition of Floating Population From City to City in the Province by Region (2015)

单位：%

地区 Region	合计（人）Total (person)	合肥市 Hefei	淮北市 Huaibei	亳州市 Bozhou	宿州市 Suzhou	蚌埠市 Bengbu	阜阳市 Fuyang	淮南市 Huainan
总计 Total	**8479**	**50.80**	**2.84**	**1.33**	**2.32**	**3.63**	**2.28**	**3.87**
合肥市 Hefei	430		1.86	1.63	1.86	4.42	2.79	7.44
淮北市 Huaibei	283	32.51		4.95	28.98	3.18	6.01	6.01
亳州市 Bozhou	317	48.90	10.09		1.58	5.68	8.83	10.41
宿州市 Suzhou	507	44.58	19.13	1.18		9.66	1.97	5.33
蚌埠市 Bengbu	374	52.94	2.14	1.34	5.35		2.14	7.22
阜阳市 Fuyang	884	52.26	4.41	5.77	2.71	5.88		7.92
淮南市 Huainan	542	58.30	1.85	2.77	2.21	5.35	11.44	
滁州市 Chuzhou	323	65.94	0.93	0.62	1.24	6.81	2.17	4.64
六安市 Luan	1065	79.44	0.94	0.09	0.38	1.97	0.28	5.07
马鞍山市 Maanshan	518	59.46	0.39		2.32	1.93	0.19	1.93
芜湖市 Wuhu	411	41.36	0.49	0.73	2.43	1.95	1.95	0.24
宣城市 Xuancheng	563	44.23	1.07	0.18	0.53	0.36	0.89	0.53
铜陵市 Tongling	495	21.01	0.61		0.61	1.21	1.01	0.20
池州市 Chizhou	324	41.67	0.31			3.70	3.09	1.23
安庆市 Anqing	1038	61.85	1.35	0.58	0.67	3.47	1.16	2.02
黄山市 Huangshan	405	47.16	1.48	0.49	0.74	3.70	1.23	3.21

地区 Region	滁州市 Chuzhou	六安市 Luan	马鞍山市 Maanshan	芜湖市 Wuhu	宣城市 Xuancheng	铜陵市 Tongling	池州市 Chizhou	安庆市 Anqing	黄山市 Huangshan
总计 Total	**2.48**	**2.76**	**3.99**	**10.76**	**1.71**	**2.64**	**3.09**	**3.66**	**1.85**
合肥市 Hefei	15.35	13.95	8.60	20.23	3.02	6.98	3.49	5.35	3.02
淮北市 Huaibei	2.12	1.06	1.77	8.83	1.06			1.41	2.12
亳州市 Bozhou	2.84	0.32	3.15	4.73	1.26	0.32		1.26	0.63
宿州市 Suzhou	1.18	0.99	2.37	9.27	0.20	0.59	0.79	1.38	1.38
蚌埠市 Bengbu	5.35	6.95	2.94	9.36	1.34	0.53	0.27	0.80	1.34
阜阳市 Fuyang	2.26	2.38	5.43	7.01	0.34	0.68	0.11	2.04	0.79
淮南市 Huainan	3.69	4.43	2.77	4.24	0.55	0.55	0.37	1.29	0.18
滁州市 Chuzhou		0.62	5.26	8.36		1.24	0.31	1.55	0.31
六安市 Luan	0.85		3.10	4.13	0.94	0.85	0.09	1.69	0.19
马鞍山市 Maanshan	2.51	1.74		21.81	2.51	2.32	0.77	1.54	0.58
芜湖市 Wuhu	0.97	1.70	14.36		11.44	11.44	1.46	5.60	3.89
宣城市 Xuancheng	1.78	0.89	5.15	27.89		1.42	1.07	3.73	10.30
铜陵市 Tongling	0.20	4.85	1.82	15.35	0.81		32.53	18.59	1.21
池州市 Chizhou	1.54	2.78	3.09	10.19	1.54	6.79		19.14	4.94
安庆市 Anqing	1.73	2.99	3.37	8.09	1.06	6.07	4.24		1.35
黄山市 Huangshan	0.74	1.73	1.98	20.74	5.68	3.46	3.95	3.70	

3—26 全省外出半年以上人口分年龄构成（2015年）
Composition of Population Going out More Than Half a Year in the Whole Province (2015)

单位：%

年　龄 Age	合　计 Total	男 Male	女 Female	性别比 (女=100) Sex Ratio (Female=100)
总计 Total	**100.00**	**57.08**	**42.92**	**132.99**
0-4	**2.86**	**1.55**	**1.31**	**118.38**
5-9	**3.19**	**1.78**	**1.41**	**125.55**
10-14	**2.82**	**1.62**	**1.20**	**135.45**
15-19	**5.72**	**3.22**	**2.50**	**128.97**
15岁	0.63	0.38	0.25	150.43
16岁	0.75	0.43	0.32	136.49
17岁	1.08	0.61	0.47	129.91
18岁	1.37	0.76	0.61	123.29
19岁	1.90	1.05	0.85	123.39
20-24	**14.17**	**7.87**	**6.30**	**124.93**
20岁	2.38	1.30	1.08	119.78
21岁	2.53	1.37	1.16	117.33
22岁	2.79	1.58	1.21	129.86
23岁	3.16	1.76	1.40	125.75
24岁	3.31	1.87	1.44	130.00
25-29	**16.49**	**9.11**	**7.38**	**123.37**
25岁	4.00	2.14	1.86	115.32
26岁	3.71	2.03	1.68	120.38
27岁	3.07	1.70	1.37	123.71
28岁	3.07	1.74	1.33	130.56
29岁	2.64	1.51	1.14	132.11
30-34	**11.11**	**6.38**	**4.73**	**135.06**
30岁	2.42	1.36	1.06	127.91
31岁	2.21	1.28	0.93	137.28
32岁	2.18	1.27	0.90	140.93
33岁	2.26	1.30	0.96	135.95
34岁	2.04	1.17	0.87	134.32
35-39	**10.36**	**6.13**	**4.23**	**144.79**
35岁	2.14	1.23	0.90	136.18
36岁	2.21	1.29	0.92	139.53
37岁	2.07	1.25	0.82	152.95
38岁	1.84	1.10	0.74	149.06
39岁	2.11	1.26	0.85	148.11
40-44	**11.27**	**6.69**	**4.58**	**146.25**
40岁	2.08	1.26	0.82	153.94
41岁	2.15	1.27	0.88	144.69
42岁	2.16	1.32	0.84	157.87
43岁	2.45	1.40	1.05	133.03
44岁	2.43	1.44	0.99	145.50
45-49	**10.15**	**5.92**	**4.23**	**139.91**
45岁	2.36	1.36	1.00	135.98
46岁	2.08	1.16	0.91	127.61
47岁	2.21	1.32	0.89	147.24
48岁	1.79	1.06	0.73	146.45
49岁	1.72	1.02	0.70	145.40
50-54	**5.90**	**3.51**	**2.39**	**146.79**
50岁	1.57	0.95	0.62	153.47
51岁	1.34	0.76	0.58	131.42
52岁	1.46	0.86	0.61	141.49
53岁	1.14	0.71	0.43	164.34
54岁	0.39	0.23	0.16	149.66
55-59	**1.89**	**1.13**	**0.77**	**147.06**
60-64	**1.91**	**1.05**	**0.86**	**122.60**
65+	**2.16**	**1.12**	**1.04**	**108.07**

3—27 各市按外出时间分的外出人口比例（2015年）
Proportion of Persons Going Out by Time and Region (2015)

单位：%

地 区	Region	合 计 (人) Total (person)	半年以下 6Month and Under	半年至一年 6Month —1Year	一至五年 1—5 Year	五年以上 5 Year and Over
总 计	**Total**	**141377**	**34.06**	**32.74**	**23.74**	**9.45**
合 肥 市	Hefei	13680	39.61	25.83	25.24	9.31
淮 北 市	Huaibei	3345	43.50	19.91	29.60	7.00
亳 州 市	Bozhou	6919	46.21	34.09	15.41	4.29
宿 州 市	Suzhou	6057	23.13	37.11	34.22	5.53
蚌 埠 市	Bengbu	5590	8.25	31.66	45.51	14.58
阜 阳 市	Fuyang	18936	13.56	51.20	26.65	8.59
淮 南 市	Huainan	5436	14.00	18.25	41.28	26.47
滁 州 市	Chuzhou	9020	53.26	24.20	16.88	5.65
六 安 市	Luan	13883	41.32	25.76	23.60	9.32
马鞍山市	Maanshan	7318	21.80	37.18	30.20	10.82
芜 湖 市	Wuhu	8682	51.43	21.03	18.16	9.38
宣 城 市	Xuancheng	10108	35.41	28.79	24.10	11.70
铜 陵 市	Tongling	2848	20.72	20.12	33.18	25.98
池 州 市	Chizhou	5369	48.95	33.43	13.45	4.17
安 庆 市	Anqing	16900	48.05	37.88	10.63	3.44
黄 山 市	Huangshan	7286	18.89	41.77	22.81	16.54

3—28 历年全省总人口、总户数
Total Populations and Households of the Province Over the Years

单位：万户、万人（10000 households、10000 persons）

年 份 Year	总户数 Total Number of Households	总人口 Population 合 计 Total	男 Male	女 Female	性别比(女=100) Sex Ratio (Female=100)	城镇人口 Urban Population	乡村人口 Rural Population
1978	1018	4713	2439	2274	107.27	504	4209
1980	1051	4893	2530	2363	107.10	556	4337
1985	1174	5156	2683	2473	108.46	724	4432
1990	1445	5661	2934	2727	107.57	843	4818
1995	1551	6000	3116	2884	108.08	1044	4956
2000	1656	6278	3258	3020	107.87	1230	5048
2005	1849	6516	3388	3127	108.34	1368	5148
2007	1949	6676	3469	3206	108.20	1467	5208
2008	2000	6741	3503	3238	108.16	1498	5243
2009	2041	6795	3528	3266	108.02	1517	5277
2010	2093	6827	3543	3283	107.92	1550	5276
2011	2118	6876	3567	3309	107.80	1577	5299
2012	2139	6902	3580	3322	107.78	1580	5322
2013	2144	6929	3599	3330	108.08	1588	5341
2014	2123	6936	3610	3326	108.57	1574	5362
2015	2132	6949	3615	3334	108.43	1917	5032

注：本表为公安户籍年报统计数，2015年原非农业人口、农村人口调整为城镇人口、乡村人口。

a) Public security household annual report data in this table is based on statistics, in 2015 changed the non-agricultural population, rural population to urban population and rural population.

3—29 各市、县、区户数、人口数（2015年）
Total Number of Households and Population by City, County and Region (2015)

地　区	Region	总户数（万户）Total Number of Households (10000 household)	户籍人口（万人）Registered Population (10000 persons)	男 Male	女 Female	性别比（女=100）Sex Ratio (Female=100)	城镇人口（万人）Urban Population (10000 person)	常住人口（万人）Permanent Population (10000 persons)
总　　计	**Total**	**2131.74**	**6949.11**	**3615.03**	**3334.08**	**108.43**	**1916.60**	**6143.61**
合肥市	**Hefei**	**241.42**	**717.72**	**371.21**	**346.52**	**107.13**	**306.81**	**778.95**
市辖区	Region of City	86.71	251.04	128.30	122.74	104.53	240.84	375.30
瑶海区	Yaohai District	21.95	62.65	31.94	30.70	104.04	59.97	96.00
庐阳区	Luyang District	15.63	46.84	23.73	23.12	102.64	45.67	65.30
蜀山区	Shushan District	29.81	85.91	44.08	41.83	105.37	81.38	122.54
包河区	Baohe District	19.32	55.65	28.55	27.09	105.40	53.83	91.50
巢湖市	Chaohu	31.38	85.55	44.13	41.42	106.54	12.59	78.70
长丰县	Changfeng	25.18	75.83	39.53	36.30	108.88	16.75	64.00
肥东县	Feidong	33.83	105.26	55.49	49.77	111.51	14.03	87.16
肥西县	Feixi	25.14	80.25	41.71	38.54	108.25	11.07	75.28
庐江县	Lujiang	39.18	119.79	62.04	57.75	107.43	11.52	98.50
淮北市	**Huaibei**	**67.47**	**216.50**	**111.13**	**105.37**	**105.46**	**104.06**	**217.88**
市辖区	Region of City	34.97	104.83	53.60	51.23	104.61	62.50	115.80
杜集区	Duji District	10.89	31.14	16.01	15.12	105.86	15.99	33.44
相山区	Xiangshan District	13.12	40.48	20.34	20.15	100.94	31.17	48.97
烈山区	Lieshan District	10.96	33.21	17.25	15.96	108.05	15.34	33.35
濉溪县	Suixi	32.49	111.67	57.53	54.14	106.27	41.56	102.13
亳州市	**Bozhou**	**168.83**	**634.95**	**335.22**	**299.74**	**111.84**	**94.08**	**504.69**
谯城区	Qiaocheng District	51.12	163.20	85.65	77.55	110.44	24.72	146.80
涡阳县	Guoyang	32.44	164.45	87.07	77.39	112.51	25.83	126.10
蒙城县	Mengcheng	34.45	139.50	73.61	65.89	111.71	28.59	110.19
利辛县	Lixin	50.82	167.80	88.89	78.91	112.66	14.94	121.60
宿州市	**Suzhou**	**191.86**	**649.51**	**337.23**	**312.28**	**107.99**	**111.26**	**554.12**
埇桥区	Yongqiao District	58.36	188.61	97.59	91.02	107.22	46.96	170.90
砀山县	Dangshan	31.90	98.61	51.27	47.34	108.31	17.93	82.32
萧　县	Xiaoxian	41.44	138.95	72.25	66.70	108.31	19.03	116.90
灵璧县	Lingbi	33.99	127.94	66.83	61.12	109.34	15.35	101.30
泗　县	Sixian	26.17	95.40	49.29	46.10	106.92	11.98	82.71
蚌埠市	**Bengbu**	**110.53**	**376.35**	**195.27**	**181.08**	**107.84**	**119.16**	**329.14**
市辖区	Region of City	37.81	113.62	57.45	56.17	102.28	63.70	118.70
龙子湖区	Longzihu District	6.57	18.37	9.20	9.17	100.35	13.93	21.53
蚌山区	Bengshan District	11.38	32.82	16.27	16.55	98.26	22.93	39.80
禹会区	Yuhui District	11.82	35.62	18.25	17.37	105.07	17.42	34.98
淮上区	Huaishang District	8.03	26.81	13.73	13.07	105.03	9.41	22.35
怀远县	Huaiyuan	35.72	130.95	68.95	62.00	111.20	27.89	96.97
五河县	Wuhe	19.48	67.69	35.41	32.29	109.66	16.36	57.65
固镇县	Guzhen	17.53	64.09	33.47	30.62	109.31	11.22	55.85

注：本表户籍人口为公安户籍年报统计数，常住人口为抽样调查加权汇总推算数。

a) The annual report data of census register population for public security census register and permanent population sampling survey Weighted summary Calculation number.

3—29 续表1 continued

地 区	Region	总户数（万户）Total Number of Households (10000 household)	户籍人口（万人）Registered Population (10000 persons)	男 Male	女 Female	性别比（女=100）Sex Ratio (Female=100)	城镇人口（万人）Urban Population (10000 person)	常住人口（万人）Permanent Population (10000 persons)
阜阳市	**Fuyang**	**276.75**	**1042.65**	**544.48**	**498.17**	**109.30**	**162.28**	**790.15**
市辖区	Region of City	57.17	222.55	114.88	107.68	106.69	46.06	191.70
颍州区	Yingzhou District	22.41	84.98	43.28	41.69	103.82	21.00	78.53
颍东区	Yingdong District	15.91	64.96	33.99	30.97	109.74	12.31	54.26
颍泉区	Yingquan District	18.84	72.62	37.60	35.01	107.40	12.76	58.93
临泉县	Linquan	55.14	223.33	115.94	107.40	107.95	21.21	159.30
太和县	Taihe	51.42	173.01	91.28	81.73	111.68	34.13	140.04
阜南县	Funan	42.01	169.74	88.39	81.35	108.66	19.78	115.70
颍上县	Yingshang	47.96	173.78	92.10	81.68	112.76	25.07	124.30
界首市	Jieshou	23.06	80.24	41.90	38.34	109.29	16.03	59.09
淮南市	**Huainan**	**122.62**	**383.39**	**201.43**	**181.96**	**110.70**	**145.66**	**343.11**
市辖区	Region of City	54.77	171.06	88.21	82.86	106.46	106.54	171.00
大通区	Datong District	6.46	18.50	9.48	9.02	105.04	10.13	18.53
田家庵区	Tianjiaan District	18.10	55.98	28.52	27.45	103.90	45.13	62.00
谢家集区	Xiejiaji District	10.54	31.97	16.37	15.61	104.87	21.15	32.50
八公山区	Bagongshan District	6.50	19.87	10.25	9.62	106.53	15.55	17.80
潘集区	Panji District	13.17	44.74	23.59	21.15	111.51	14.59	40.13
凤台县	Fengtai	23.82	75.14	39.97	35.17	113.66	16.66	68.70
寿县	Shouxian	44.02	137.19	73.26	63.94	114.58	22.45	103.40
滁州市	**Chuzhou**	**142.27**	**449.06**	**233.24**	**215.82**	**108.07**	**119.45**	**401.71**
市辖区	Region of City	19.80	53.71	27.14	26.57	102.12	33.35	58.20
琅琊区	Langya District	10.51	28.22	14.12	14.11	100.05	27.04	32.16
南谯区	Nanqiao District	9.54	26.32	13.43	12.89	104.20	6.98	26.03
来安县	Laian	16.77	48.95	25.10	23.84	105.29	10.37	43.75
全椒县	Quanjiao	16.06	45.87	23.75	22.12	107.34	11.77	39.45
定远县	Dingyuan	27.28	96.18	51.19	45.00	113.76	15.81	79.48
凤阳县	Fengyang	21.48	76.33	40.53	35.80	113.19	11.37	65.77
天长市	Tianchang	19.35	63.15	32.08	31.07	103.24	21.98	61.12
明光市	Mingguang	21.28	64.02	33.04	30.98	106.66	14.12	53.95
六安市	**Luan**	**191.73**	**580.53**	**306.95**	**273.58**	**112.20**	**100.43**	**474.12**
市辖区	Region of City	70.80	207.12	109.19	97.92	111.51	48.49	185.70
金安区	Jinan District	31.28	87.86	45.76	42.10	108.67	22.47	83.09
裕安区	Yuan District	34.09	102.46	54.42	48.04	113.30	19.97	88.87
叶集区	Yeji District	5.42	16.80	9.01	7.79	115.75	6.06	13.70
霍邱县	Huoqiu	57.08	170.22	90.63	79.58	113.88	19.69	127.39
舒城县	Shucheng	31.75	99.50	51.85	47.65	108.81	15.02	76.41
金寨县	Jinzhai	20.54	67.44	36.42	31.01	117.45	10.22	52.52
霍山县	Huoshan	11.57	36.26	18.85	17.41	108.30	7.02	32.17
马鞍山市	**Maanshan**	**73.49**	**228.50**	**117.81**	**110.69**	**106.43**	**101.93**	**226.22**
市辖区	Region of City	27.07	82.25	41.69	40.55	102.81	64.98	94.40
花山区	Huashan District	12.77	37.76	18.86	18.91	99.74	36.78	43.98
雨山区	Yushan District	8.77	25.95	13.06	12.89	101.31	22.99	33.09
博望区	Bowang District	5.53	18.53	9.78	8.76	111.64	5.22	17.33
当涂县	Dangtu	15.60	47.51	24.37	23.13	105.36	17.17	46.43
含山县	Hanshan	14.30	44.53	23.36	21.17	110.37	11.16	38.45
和县	Hexian	16.53	54.22	28.38	25.84	109.84	8.61	46.95
芜湖市	**Wuhu**	**129.33**	**384.79**	**198.85**	**185.94**	**106.95**	**191.71**	**365.45**
市辖区	Region of City	52.16	145.92	74.31	71.61	103.77	107.39	164.30

3—29 续表2 continued

地 区	Region	总户数(万户) Total Number of Households (10000 household)	户籍人口(万人) Registered Population (10000 persons)	男 Male	女 Female	性别比(女=100) Sex Ratio (Female=100)	城镇人口(万人) Urban Population (10000 person)	常住人口(万人) Permanent Population (10000 persons)
镜湖区	Jinghu District	17.79	45.03	22.44	22.59	99.35	42.19	55.50
弋江区	Yijiang District	8.05	22.70	11.45	11.25	101.75	22.70	32.80
鸠江区	Jiujiang District	20.19	58.92	30.52	28.40	107.48	35.26	61.00
三山区	Sanshan District	6.14	19.28	9.91	9.38	105.64	7.24	15.04
芜湖县	Wuhu	11.66	34.58	17.90	16.68	107.29	14.59	29.86
繁昌县	Fanchang	9.95	27.96	14.36	13.60	105.55	10.44	26.85
南陵县	Nanling	18.14	55.07	28.49	26.58	107.17	22.77	41.10
无为县	Wuwei	37.42	121.26	63.80	57.46	111.03	36.52	103.30
宣城市	**Xuancheng**	**99.50**	**279.95**	**144.65**	**135.30**	**106.91**	**64.54**	**259.24**
宣州区	Xuanzhou District	31.21	86.75	44.57	42.18	105.67	14.46	80.23
郎溪县	Langxi	11.76	34.66	17.89	16.77	106.71	9.63	32.78
广德县	Guangde	17.33	51.85	26.96	24.90	108.28	14.40	49.22
泾县	Jingxian	13.83	35.47	18.49	16.99	108.82	5.99	30.35
绩溪县	Jixi	6.90	17.62	9.10	8.52	106.81	5.60	15.94
旌德县	Jingde	4.68	15.00	7.79	7.21	107.94	2.63	12.33
宁国市	Ningguo	13.79	38.59	19.86	18.73	105.99	11.83	38.40
铜陵市	**Tongling**	**54.54**	**170.43**	**87.51**	**82.92**	**105.53**	**64.60**	**159.22**
市辖区	Region of City	15.40	44.81	22.50	22.31	100.82	40.97	74.20
铜官区	Tongguan District	12.36	36.50	18.34	18.16	101.03	35.32	40.90
郊区	Suburban District	3.03	8.31	4.15	4.16	99.88	5.65	7.97
义安区	Yian District	10.50	28.99	14.78	14.21	103.96	5.77	25.30
枞阳县	Zongyang	28.64	96.62	50.23	46.39	108.28	17.86	85.02
池州市	**Chizhou**	**55.02**	**161.61**	**82.62**	**78.99**	**104.59**	**51.05**	**143.63**
贵池区	Guichi District	23.78	66.78	33.95	32.83	103.43	24.02	61.46
东至县	Dongzhi	18.31	54.80	28.09	26.71	105.19	16.50	47.59
石台县	Shitai	3.48	10.83	5.61	5.22	107.47	3.08	9.56
青阳县	Qingyang	9.46	29.21	14.97	14.24	105.10	7.45	25.02
安庆市	**Anqing**	**155.26**	**525.48**	**271.79**	**253.69**	**107.13**	**135.57**	**458.61**
市辖区	Region of City	25.66	73.64	36.87	36.77	100.25	48.09	81.90
迎江区	Yingjiang District	7.74	20.90	10.47	10.43	100.41	16.84	26.40
大观区	Daguan District	9.03	26.68	13.35	13.33	100.18	20.53	28.90
宜秀区	Yixiu District	8.90	26.07	13.05	13.02	100.19	10.72	26.56
怀宁县	Huaining	20.50	70.14	36.29	33.85	107.20	13.14	59.85
潜山县	Qianshan	16.16	58.37	30.13	28.24	106.71	10.32	50.72
太湖县	Taihu	17.14	57.38	30.00	27.38	109.57	11.06	52.30
宿松县	Susong	25.06	86.33	45.99	40.34	114.02	17.13	60.20
望江县	Wangjiang	17.45	63.35	32.63	30.72	106.20	11.05	53.50
岳西县	Yuexi	12.20	40.87	21.52	19.35	111.25	7.66	32.80
桐城市	Tongcheng	21.08	75.40	38.36	37.04	103.55	17.12	67.38
黄山市	**Huangshan**	**51.13**	**147.69**	**75.65**	**72.05**	**104.99**	**44.00**	**137.37**
市辖区	Region of City	15.81	45.07	22.71	22.35	101.59	20.85	47.40
屯溪区	Tunxi District	6.84	19.43	9.56	9.87	96.77	12.57	23.20
黄山区	Huangshan District	5.67	16.19	8.30	7.88	105.32	5.14	14.93
徽州区	Huizhou District	3.31	9.45	4.85	4.60	105.54	3.14	9.30
歙县	Shexian	17.27	47.53	24.66	22.87	107.86	10.03	41.10
休宁县	Xiuning	8.38	26.93	13.79	13.14	104.98	6.17	24.80
黟县	Yixian	3.56	9.42	4.83	4.59	105.22	2.39	8.13
祁门县	Qimen	6.11	18.74	9.65	9.10	106.05	4.55	15.92

主要统计指标解释

人口数

指一定时点、一定地区范围内的有生命的个人的总和。

常住人口

是指具有中华人民共和国国籍并在中华人民共和国境内常住的人。

（1）居住本乡、镇、街道，户口在本乡、镇、街道的人；

（2）居住本乡、镇、街道半年以上，户口在外乡、镇、街道的人；

（3）在本乡、镇、街道居住不满半年，离开户口登记地半年以上的人；

（4）居住本乡、镇、街道，户口待定的人；

（5）原住本乡、镇、街道，现在国外工作学习，暂无户口的人；

常住户口在本乡、镇、街道，但已离开本乡、镇、街道半年以上的人，在户口所在地只登记人数，不计入户口所在地的常住人口数内。

总人口文盲率

15 岁及以上不识字人数与总人口数的比例。

出生率（又称粗出生率）

指在一定时期内（通常为一年）平均每千人所出生的人数的比率，一般用千分率表示。

计算公式为：

出生率＝年出生人数/年平均人数×1000‰

式中：出生人数指活产婴儿，即胎儿脱离母体时（不含怀孕月数），有过呼吸或其他生命现象。年平均人数指年初、年底人口数的平均数，也可用年中人口数代替。

死亡率（又称粗死亡率）

指在一定时期内（通常为一年）一定地区的死亡人数与同期平均人数（或期中人数）之比，一般用千分率表示。

计算公式为：

死亡率＝年死亡人数/年平均人数×1000‰

人口自然增长率

指在一定时期内（通常为一年）人口自然增加数（出生人数减死亡人数）与该时期内平均人数（或期中人数）之比，一般用千分率表示。

计算公式为：

人口自然增长率＝（年出生人数－年死亡人数）/年平均人数×1000‰

＝人口出生率－人口死亡率

在业人口（又称就业人口）

指十六周岁及十六周岁以上人口中从事一定的社会劳动并取得劳动报酬或经营收入的人口。

未工作人口

指十六周岁及十六周岁以上人口中未从事社会劳动的人口，包括在校学生、料理家务、待升学、失去工作、离退休、退职、丧失劳动能力等非在业人口。

抚养系数

指被抚养人口（0-14 岁和 65 岁以上人口）与 15-64 岁人口的比例。

计算公式为：

抚养系数＝被抚养人口/15-64 岁人口×100%

老年抚养系数

指老年人口（65 岁以上人口）与 15-64 岁人口的比例。

计算公式为：

老年抚养系数＝老年人口/15-64 岁人口×100%

少年儿童抚养系数

指 0-14 岁少年儿童与 15-64 岁人口的比例。

计算公式为：

少年儿童抚养系数＝少年儿童人口/15-64 岁人口×100%

Explanatory Notes for Major Statistical Indicators

Total Population

refers to the total number of people alive at a certain point of time within a given area.

Permanent Population

refers to the persons who hold the nationality of, and have permanent residing place in the People's Republic of China.

a) Those who reside in the townships, towns and street communities and have their permanent household registration there.

b) Those who have resided in the townships, towns and street communities for more than 6 months but the places of their permanent household registration are elsewhere.

c) Those who have resided in the townships, towns and street communities for less than 6 months but have been away from the place of their permanent household registration for more than 6 months.

d) Those who live in the townships, towns and street communities while the places of their household registration have not yet settled.

e) Those who used to live in the townships, towns and street communities but are working or studying abroad and have no permanent household registration for the time being.

Those who have their permanent household registration in the townships, towns and street communities but have been away from these places for more than 6 months are only registered as total population not counted as permanent population of the places of their household registration.

Total Population Illiterate Ratio

refers to the ratio of the number of illiterate people aged 15 and over to total population.

Birth Rate or (Crude Birth Rate)

refers to the ratio of the number of births to the average population during a certain period of time (usually a year) which is often expressed in‰. The following formula is used:

Birth Rate=Number of Births/Average Number of Population×1000‰

Number of births refers to live births i.e. the births when babies had showed any vital phenomena regardless of the length of pregnancy.

Annual Average Number of Population is the average of the number of population at the beginning of the year and that at the end of the year. Sometimes it is substituted for with the mid year population.

Death Rate (or Crude Death Rate)

refers to the ratio of the number of deaths to the average population (or mid year population) during a certain period of time (usually a year) which is often expressed in‰. The following formula is used:

Death Rate umber of Deaths=Number of Deaths/Annual Average Number of Population×1000‰

Natural Growth Rate of Population

refers to the ratio of natural increase in population (number of births minus number of deaths) in a certain period of time (usually a year) to the average population (or mid year population) of the same period which is often expressed in‰. The following formulas are applied:

Natural Growth of Population=(Number of Births-Number of Deaths)/Average Number of Population×1000‰

Natural Growth Rate of Population=Birth Rate-Death Rate

Employed Population

refers to population aged 16 or over engaging in social labour which generates income.

Not Working Population

refers to population aged 16 or over not engaging in any social labour which generates income, including students enrolled in schools, house wives, students waiting for entering schools with higher level, persons losing their jobs, retirees, job quitters, disabled, etc.

Total Dependency Ratio

refers to the ratio of number of dependents to the total population aged 15-64, the number of dependents being population aged 0-14 and population aged 65 and over. The total dependency ratio is calculated as follows:

Total Dependency Ratio=Number of dependents/Population aged 15-64×100%

The Aged Dependency Ratio

refers to the ratio of the number of the aged population to the total population aged 15-64, the aged being population aged 65 and over. The aged dependency ratio is calculated as follows:

The Aged Dependency Ratio=Number of the aged population/Population aged 15-64×100%

The Juvenile and Children Dependency Ratio

refers to the ratio of the number of the juvenile and children to the total population aged 15-64, the juvenile and children being population aged 0-14. The juvenile and children dependency ratio is calculated as follows:

The Juvenile and Children Dependency Ratio=Number of juvenile and children/Population aged 15-64×100%

第四篇

Chapter 4

EMPLOYMENT AND WAGES

简要说明

一、本篇资料反映我省 2015 年及主要年份劳动经济方面的基本情况，包括全省和 16 个市主要劳动统计数据。主要指标有：就业人员、私营和个体就业人员、城镇登记失业人员及失业率、单位就业人员、工资总额和平均工资等。

二、本篇资料来源主要有四个方面：

1. 就业人员数、工资总额、平均工资，根据《2015 年度全省劳动统计年报》汇总整理提供。

2. 私营企业和个体就业人员，根据省工商局提供的资料整理。

3. 城镇登记失业人数、新增就业人数、城镇登记失业率，根据省人力资源和社会保障厅提供的资料整理。省人力资源和社会保障厅提供的分市数据，均为老区划口径数据。

4. 就业基本情况根据全省劳动统计年报、全省 2015 年人口变动抽样调查资料、省统计局农业统计年报、省工商统计年报等综合编制。

三、1998 年及以后城镇单位就业人员、职工工资、工资总额、平均工资等指标中不再包括离开本单位仍保留劳动关系的职工及其生活费。

四、本篇资料均由省统计局人口和社会科技统计处整理编制。

Brief Introduction

I. Data in this chapter show the basic conditions of Anhui's labor economy in 2015 and the mainly previous years, including the main data of labor statistics of the whole province and 16 prefectures such as number of the employed persons, number of persons employed in the urban private enterprises and self-employment, registered urban unemployed persons and unemployment rate, number of employment in units, , total wages and average wages.

II. There are four main sources for Data published in this chapter.

1. Data on number of employed persons, total wages and average wages are tabulated and provided in accordance with "the Annual Labor statistical Report of Anhui Province in 2015".

2. Data on the number of person employed in private enterprises and self-employed persons are tabulated in accordance with the data supplied by the Provincial Administration for Industry and Commerce.

3. Data on newly employed registered unemployees in urban area, registered urban unemployed persons and unemployment rate and employment services and situations in employment services of labor departments are tabulated in accordance with data supplied by the Department of Labor and Social Insurance. Man club hall, data, are all old diameter data.

4. Data on persons employed are provided in accordance with the Provincial Annual Labour Statistical Report, Sample Survey of population changes in 2015, annual agricultural statistical report of Anhui Statistical Bureau, annual statistical report of industry and commerce .

III. The scope of statistics on employed person in urban areas, total number of staff and workers, total wage bills, average wages do not include the persons who had left their working units and while keeping their labour contract/employment relation unchanged since 1998.

Ⅳ. Data in this chapter are prepared by the Population and Social Science Division, Anhui Statistical Bureau.

4—1 就 业 基 本 情 况
Basic Conditions of Employment

单位：万人（10000 persons）

项　　目	Item	2000	2005	2010	2014	2015
经济活动人口	**Economically Active Population**	**3530.9**	**3712.8**	**4096.8**	**4364.5**	**4384.0**
就业人员合计	**Total Number of Employed Persons**	**3450.7**	**3669.7**	**4050.0**	**4311.0**	**4342.1**
第一产业	Primary Industry	2018.9	1783.3	1583.6	1415.3	1396.2
第二产业	Secondary Industry	584.8	783.9	1016.5	1211.1	1232.1
第三产业	Tertiary Industry	847.0	1102.4	1449.9	1684.6	1713.8
就业人员构成（合计=100）	**Composition of Employed Persons (total=100)**					
第一产业	Primary Industry	58.5	48.6	39.1	32.8	32.1
第二产业	Secondary Industry	16.9	21.4	25.1	28.1	28.4
第三产业	Tertiary Industry	24.6	30.0	35.8	39.1	39.5
按城乡分就业人员	**Number of Employed Persons by Urban and Rural Areas**					
城镇就业人员	Urban Employed Persons	652.9	730.5	973.5	1277.4	1292.1
#国有单位	State-owned Units	314.8	208.7	206.0	198.8	189.1
城镇集体单位	Urban Collective Owned Units	91.2	30.8	17.9	15.6	14.7
股份合作单位	Share Holding Units	8.4	3.9	4.7	3.3	3.3
联营单位	Joint Owned Units	1.2	0.8	0.8	0.4	0.3
有限责任公司	Limited Liability Corporations	38.0	52.3	80.0	200.4	203.7
股份有限公司	Share-holding Corporations Ltd.	20.2	24.8	37.7	58.9	60.8
私营企业	Private Enterprises	37.6	86.5	133.3	272.4	325.0
港澳台商投资单位	Units Funded by Entrepreneurs from Hong Kong, Macao & Taiwan	2.3	3.7	7.0	16.7	15.9
外商投资单位	Foreign Funded Units	3.8	6.7	14.7	20.9	19.8
个　　体	Self-employed Individuals	134.8	123.6	264.1	382.9	423.1
乡村就业人员	Rural Employed Persons	2797.7	2939.0	3076.5	3033.6	3050.0
#私营企业	Private Enterprises	27.6	79.2	105.9	100.7	102.0
个　　体	Self-employed Individuals	201.6	143.3	67.5	60.3	56.9
城镇非私营单位就业人数	**The Private Institutions in Cities and Towns of Employment**	**470.0**	**317.4**	**372.9**	**521.7**	**513.8**
国有单位	State-owned Units	307.8	199.2	206.0	198.8	189.1
城镇集体单位	Urban Collective Owned Units	89.1	28.2	17.9	15.6	14.7
其他单位	Units of Other Types of Ownership	73.1	90.1	149.1	307.3	310.0
城镇单位女性就业人员	**Number of Female Employment in Urban Units**	**143.0**	**112.4**	**121.3**	**170.1**	**170.2**
城镇登记失业人数	**Number of Registered Unemployed Persons in Urban Areas**	**31.6**	**27.8**	**28.5**	**39.3**	**30.9**
城镇登记失业率　（%）	**Registered Unemployment Rate in Urban Areas　(%)**	**3.3**	**4.4**	**3.7**	**3.2**	**3.1**

注：1. 全社会就业人员总计、城镇和乡村就业人员小计资料根据有关部门资料进行了调整，因此分市、分类型、分行业的资料相加不等于总计。（下同）

a) Data on the total employed persons and the sub-total of employed persons in urban and rural areas have been adjusted in accordance with the data of related departments. As a result, the sum of the data by city, by ownership or by sector is not equal to the total. The same as in the following tables.

4—2 主要年份分行业就业人员数

Number of Employed Persons by Industry In Main Year

单位：万人（10000 persons）

行　业	Sector	2010	2014	2015
总　　计	**Total**	**4050.0**	**4311.0**	**4342.1**
农、林、牧、渔业	Agriculture, Forestry, Animal Husbandry and Fishery	1583.6	1415.3	1396.2
采矿业	Mining	71.2	54.2	52.5
制造业	Manufacturing	527.6	706.4	713.6
电力、热力、燃气及水的生产和供应业	Production and Supply of Electricity, Heat, Gas and Water	10.5	18.5	21.8
建筑业	Construction	407.3	432.0	444.2
批发和零售业	Wholesale and Retail Trades	467.2	506.7	478.5
交通运输、仓储和邮政业	Transport, Storage and Post	168.8	331.7	362.1
住宿和餐饮业	Hotels and Catering Services	150.5	146.0	140.1
信息传输、软件和信息技术服务业	Information Transmission, Software and Information Technology	27.8	93.4	94.7
金融业	Financial Intermediation	15.1	26.0	28.7
房地产业	Real Estate	25.8	30.5	33.0
租赁和商务服务业	Leasing and Business Services	25.2	40.7	48.6
科学研究和技术服务业	Scientific Research and Technical Services	8.3	24.6	32.1
水利、环境和公共设施管理业	Management of Water Conservancy, Environment	30.6	42.8	42.6
居民服务、修理和其他服务业	Services to Households, Repair and Other Services	345.4	220.7	217.7
教　育	Education	67.6	83.8	89.0
卫生和社会工作	Health and Social Service	31.8	41.7	44.7
文化、体育和娱乐业	Culture, Sports and Entertainment	29.4	34.5	36.5
公共管理、社会保障和社会组织	Public Management, Social Security and Social Organization	56.4	61.6	65.6

4—3 各市按三次产业分的就业人员数（2015年）

Number of Employed Persons by Type of Industry and Region (2015)

地　区	Region	就业人员（万人）Total (10000 persons)	第一产业 Primary Industry	第二产业 Secondary Industry	第三产业 Tertiary Industry	构成（合计=100）Composition in Percentage (total=100) 第一产业 Primary Industry	第二产业 Secondary Industry	第三产业 Tertiary Industry
总　计	**Total**	**4342.1**	**1396.2**	**1232.1**	**1713.8**	**32.1**	**28.4**	**39.5**
合 肥 市	Hefei	523.8	85.6	183.8	254.4	16.3	35.1	48.6
淮 北 市	Huaibei	116.3	38.2	37.5	40.6	32.9	32.2	34.9
亳 州 市	Bozhou	361.3	160.7	80.9	119.8	44.5	22.4	33.1
宿 州 市	Suzhou	375.9	151.1	107.7	117.1	40.2	28.7	31.2
蚌 埠 市	Bengbu	226.6	100.9	52.8	72.9	44.5	23.3	32.2
阜 阳 市	Fuyang	632.9	215.9	177.5	239.5	34.1	28.0	37.8
淮 南 市	Huainan	220.7	75.7	69.8	75.2	34.3	31.6	34.1
滁 州 市	Chuzhou	288.7	108.2	94.9	85.6	37.5	32.9	29.6
六 安 市	Luan	385.3	150.0	80.8	154.5	38.9	21.0	40.1
马鞍山市	Maanshan	140.0	44.0	42.6	53.4	31.4	30.4	38.2
芜 湖 市	Wuhu	207.1	48.7	58.5	99.9	23.5	28.3	48.2
宣 城 市	Xuancheng	202.9	74.1	53.5	75.3	36.5	26.4	37.1
铜 陵 市	Tongling	119.0	44.1	40.5	34.4	37.1	34.0	28.9
池 州 市	Chizhou	114.8	45.4	28.7	40.7	39.5	25.0	35.5
安 庆 市	Anqing	346.0	116.6	108.4	121.0	33.7	31.3	35.0
黄 山 市	Huangshan	98.0	34.1	25.3	38.6	34.8	25.8	39.4

4—4 主要年份按城乡分的就业人员数

Number of Employed Persons by Residence in Urban and Rural Areas and Region in Main Year

单位：万人（10000 persons）

年份 Year	合计 Total	城镇 Urban Area						
		小计 Sub-total	国有单位 State-owned Units	集体单位 Collective-owned Units	股份合作单位 Share Holding Units	联营单位 Joint-owned Units	有限责任公司 Limited Liability Corporations	股份有限公司 Share Holding Corpara-tions Ltd.
2000	3450.7	652.9	314.8	91.2	8.4	1.2	38.0	20.2
2005	3669.7	730.5	208.6	30.8	3.9	0.8	52.3	24.8
2006	3741.0	755.9	202.9	28.3	4.3	1.1	59.7	24.9
2007	3818.0	818.1	202.1	25.8	5.0	1.1	63.9	24.7
2008	3916.0	901.9	199.8	24.4	4.8	1.0	67.5	26.5
2009	3988.0	936.2	4.6	18.8	4.5	0.8	75.9	35.7
2010	4050.0	973.5	206.0	17.9	4.7	0.8	80.0	37.7
2011	4120.9	1038.3	219.0	18.3	5.2	1.1	94.0	43.6
2012	4206.8	1141.0	225.7	17.2	4.9	0.8	112.6	45.0
2013	4275.9	1226.2	196.4	16.2	3.4	0.4	201.5	59.4
2014	4311.0	1277.4	198.8	15.6	3.3	0.4	200.4	58.9
2015	4342.1	1292.1	189.1	14.7	3.3	0.3	203.7	60.8

年份 Year	城镇 Urban Area				乡村 Rural Area			
	私营企业 Private Enterprises	港澳台商投资单位 Economic Units Funded by Entrepreneurs from Hong Kong, Macao and Taiwan	外商投资单位 Foreign Funded Economic Units	个体 Self-employed Individuals	小计 Sub-total	乡镇企业 Township and Village Enterprises	私营企业 Private Enterprises	个体 Self-employed Individuals
2000	37.6	2.3	3.8	134.8	2797.7	479.8	27.6	201.6
2005	86.5	3.7	6.7	123.6	2939.2	533.2	79.2	143.2
2006	86.1	5.0	7.3	144.0	2985.1	546.5	119.5	162.6
2007	137.3	6.4	8.2	133.8	2999.9	571.1	80.7	133.5
2008	92.2	6.6	8.9	144.5	3014.1	580.6	107.5	100.1
2009	92.5	5.4	12.6	184.8	3051.8	668.3	104.6	78.5
2010	133.3	7.0	14.7	264.1	3076.5		105.9	67.5
2011	165.0	8.3	16.7	255.1	3082.6		105.7	72.7
2012	196.5	8.0	15.9	286.1	3065.8		100.2	65.5
2013	222.7	15.9	20.3	301.2	3049.7		100.5	80.7
2014	272.4	16.7	20.9	382.9	3033.6		100.7	60.3
2015	325.0	15.9	19.8	423.1	3050.0		102.0	56.9

4—5 各市按城乡分的就业人员数（2015年）

Number of Employed Persons by Residence in Urban and Rural Areas and Region (2015)

单位：人（person）

地区	Region	合计 Total	城镇 Urban Area						
			小计 Sub-total	国有单位 State-owned Units	集体单位 Collective-owned Units	股份合作单位 Share Holding Units	联营单位 Joint-owned Units	有限责任公司 Limited Liability Corporations	股份有限公司 Share Holding Corpara-tions Ltd.
总计	**Total**	**43421000**	**12920800**	**1890654**	**147438**	**32555**	**2715**	**2036624**	**607523**
合肥市	Hefei	5238000	3192000	350719	15264	4958	875	709888	199325
淮北市	Huaibei	1163000	601000	57842	9085	3159		146561	9470
亳州市	Bozhou	3613288	704182	114319	9405	2151	16	87916	13017
宿州市	Suzhou	3759000	765000	134038	26461	5542		99603	19754
蚌埠市	Bengbu	2266315	567070	108140	7403	2570		109160	30431
阜阳市	Fuyang	6329243	1320223	189944	13507	265	69	89843	19479
淮南市	Huainan	2206880	650526	107257	6967	2940	136	153056	50902
滁州市	Chuzhou	2887110	874000	112910	9659	928		54568	24613
六安市	Luan	3853051	1088690	118111	8073	401	36	40270	26448
马鞍山市	Maanshan	1399788	808166	74697	12852	281		76728	48499
芜湖市	Wuhu	2071327	940996	119117	3838	2321	141	174774	64129
宣城市	Xuancheng	2029300	600100	76297	5667	1011		29519	29765
铜陵市	Tongling	1190378	361027	51099	2603	1275	26	100427	9572
池州市	Chizhou	1148464	276269	52329	2085	152	984	39649	8314
安庆市	Anqing	3459901	1066900	168769	12726	2924	409	91029	35855
黄山市	Huangshan	979834	333456	55066	1843	1677	23	33633	17950

地区	Region	城镇 Urban Area				乡村 Rural Area		
		私营企业 Private Enterprises	港澳台商投资单位 Economic Units Funded by Entrepreneurs from Hong Kong, Macao and Taiwan	外商投资单位 Foreign Funded Economic Units	个体 Self-employed Individuals	小计 Sub-total	私营企业 Private Enterprises	个体 Self-employed Individuals
总计	**Total**	**3250357**	**158535**	**198281**	**4230774**	**30500200**	**1020249**	**569324**
合肥市	Hefei	689362	48683	77905	553316	2046000	167669	35381
淮北市	Huaibei	101860	2095	3370	265989	562000	27151	28804
亳州市	Bozhou	203393	227	1901	266945	2909106	44385	44721
宿州市	Suzhou	128651	10653	2780	210977	2994000	49811	60282
蚌埠市	Bengbu	110488	7700	2995	180968	1699245	43084	23406
阜阳市	Fuyang	235834	5450	2261	472805	5009020	80359	78363
淮南市	Huainan	96084	3404	1482	110266	1556354	21520	11051
滁州市	Chuzhou	364787	15018	18615	271874	2013110	53773	54608
六安市	Luan	254003	2798	7622	624766	2764361	38852	39512
马鞍山市	Maanshan	153784	5468	11133	148086	591622	54359	12474
芜湖市	Wuhu	210762	34191	41435	287448	1130331	132265	26623
宣城市	Xuancheng	220842	3323	13942	208774	1429200	83913	26289
铜陵市	Tongling	75095	4782	1715	76888	829351	38346	5153
池州市	Chizhou	68727	1296	2224	95755	872195	41069	37387
安庆市	Anqing	223152	12257	7864	349309	2393001	114760	63845
黄山市	Huangshan	113533	1190	1037	106608	646378	28933	21425

注：合肥市城镇、乡村私营企业从业人员包括“其他”项。

a) Hefei urban, rural private practitioners, including the "other" items.

4—6 各市分行业城镇非私营单位就业人员数（2015年）
Number of Employed Persons by Sector and Region (2015)

单位：人（person）

地区	Region	合计 Total	农林牧渔业 Agriculture, Forestry, Animal Husbandry and Fishery	采矿业 Mining	制造业 Manufacturing	电力、热力、燃气及水的生产和供应业 Production and Supply of Electricity, Heat, Gas and Water	建筑业 Construction	批发和零售业 Wholesale and Retail Trade	交通运输、仓储和邮政业 Transport, Storage, Post & Telecommunications	住宿和餐饮业 Accommodation and Catering Trade	信息传输、计算机服务和软件业 Information, Circulation Computer Services and Software
总计	**Total**	**5137935**	**43724**	**270442**	**1209481**	**103486**	**926497**	**236454**	**222641**	**59516**	**76545**
合肥市	Hefei	1438665	727	940	353563	27402	469472	82166	71397	24849	33085
淮北市	Huaibei	232182	5	102743	31623	2851	18914	2765	5212	580	2108
亳州市	Bozhou	233844	214	5545	49953	1641	17056	14952	15302	2571	2292
宿州市	Suzhou	304868	2875	11537	51460	4969	60816	13655	9743	2282	4096
蚌埠市	Bengbu	269355	265		58696	4039	61545	12418	13970	1840	2611
阜阳市	Fuyang	322754	1961	9961	44298	8074	31649	18820	18379	1476	3399
淮南市	Huainan	330118	5839	108264	25876	19873	23322	10544	9493	1505	1410
滁州市	Chuzhou	237490	6498	1091	74007	3074	17965	8891	9329	1494	3742
六安市	Luan	204686	2414	3613	40872	5183	14782	8734	5333	1532	3966
马鞍山市	Maanshan	231375	725	23285	67528	4359	33230	6553	7052	566	2852
芜湖市	Wuhu	444659	338	124	174008	4716	64158	23492	28067	6412	3758
宣城市	Xuancheng	160428	2109	40	48759	2667	10912	7390	4532	930	2869
铜陵市	Tongling	172622	3396	1243	62242	2247	33098	4546	6216	1325	1141
池州市	Chizhou	107161	872	1111	20907	1514	15379	3974	4330	2215	1520
安庆市	Anqing	334413	14633	945	89550	8793	37887	13870	10209	4123	5740
黄山市	Huangshan	113315	853		16139	2084	16312	3684	4077	5816	1956

地区	Region	金融业 Banking	房地产业 Real Estate	租赁和商务服务业 Leasing and Commercial Services	科学研究和技术服务业 Scientific Research and Technical Services	水利、环境和公共设施管理业 Water Conservancy, Environmental and Public Facilities Management	居民服务、修理和其他服务业 Residents Service, Repair and Other Services	教育 Education	卫生和社会工作 Health and Social Work	文化、体育和娱乐业 Culture, Sports and Entertainment	公共管理、社会保障和社会组织 Public Management, Social Security and Social Organization
总计	**Total**	**191154**	**104170**	**62514**	**91748**	**81562**	**8709**	**643548**	**290713**	**32428**	**482603**
合肥市	Hefei	33767	33141	22618	37854	9885	1713	102832	50054	10625	72575
淮北市	Huaibei	6004	1673	2173	1666	1158	115	21736	13389	516	16951
亳州市	Bozhou	13392	5465	1996	2635	6518	435	49621	17241	1579	25436
宿州市	Suzhou	11261	6643	3170	4869	4116	549	56142	22098	1242	33345
蚌埠市	Bengbu	13349	6964	3844	5978	6301	258	36351	16818	1522	22586
阜阳市	Fuyang	23161	4185	1899	2825	4085	200	70171	29286	1619	47306
淮南市	Huainan	12806	10460	5689	4063	9972	371	36490	17448	1712	24981
滁州市	Chuzhou	8867	3150	1702	4487	5641	185	40402	16078	605	30282
六安市	Luan	6950	3163	1207	2938	7076	221	43895	18666	1305	32836
马鞍山市	Maanshan	10834	2764	4258	4398	3102	1755	22744	10696	1152	23522
芜湖市	Wuhu	14185	7581	4128	7250	4747	847	45021	22527	1731	31569
宣城市	Xuancheng	7303	2890	1280	2159	3280	117	22757	12465	1305	26664
铜陵市	Tongling	4740	4215	2610	2079	2539	594	15995	8147	979	15270
池州市	Chizhou	5971	1821	1832	2219	4002	156	13714	6770	2472	16382
安庆市	Anqing	11032	7579	3073	4653	5400	1140	51703	20512	2598	40973
黄山市	Huangshan	7532	2476	1035	1675	3740	53	13974	8518	1466	21925

4—7 主要年份私营企业年末就业人员数
Number of Employed Persons in Private Enterprises at the Year-end in Main Year

单位：户、人（household, person）

年份 Year	合计 Total 户数 Number of Enterprises	就业人员 Number of Employed Persons	#投资者 Employers	城镇 Urban Areas 户数 Number of Enterprises	就业人员 Number of Employed Persons	#投资者 Employers	乡村 Rural Areas 户数 Number of Enterprises	就业人员 Number of Employed Persons	#投资者 Employers
2000	46934	651992	110350	28495	375760	72252	18439	276232	38098
2002	60219	960698	150494	39562	596611	99057	22457	364087	51437
2003	74815	1187954	188233	46705	707726	118506	28110	480228	69727
2004	89010	1413199	228734	57127	824019	145300	31883	589180	83434
2005	105998	1656948	270425	63586	864874	160040	42412	792074	110385
2006	130476	2301402	314300	65551	861291	160332	64925	1440111	153968
2007	144895	2179457	363612	103584	1372856	255183	41311	806601	108429
2008	174046	1996617	376738	80506	921748	169862	93540	1074869	206876
2009	189525	1970807	395790	91342	925024	181707	98183	1045783	214083
2010	228670	2392061	490754	128891	1332913	270648	99779	1059148	220106
2011	263483	2707088	581356	172314	1650453	365985	91169	1056635	215371
2012	303857	2966537	664084	218179	1964634	459880	85678	1001903	204204
2013	353841	3231604	757489	268220	2226542	555401	85621	1005062	202088
2014	452338	3731508	929084	367081	2724092	724640	85257	1007416	204444
2015	570835	4270606	1134527	482899	3250357	927087	87936	1020249	207440

4—8 各市私营企业年末就业人员数（2015年）
Number of Employed Persons in Private Enterprises at the Year-end by Region (2015)

单位：户、人（household, person）

地区	Region	合计 Total 户数 Number of Enterprises	就业人员 Number of Employed Persons	#投资者 Employers	城镇 Urban Areas 户数 Number of Enterprises	就业人员 Number of Employed Persons	#投资者 Employers	乡村 Rural Areas 户数 Number of Enterprises	就业人员 Number of Employed Persons	#投资者 Employers
总计	**Total**	**570835**	**4270606**	**1134527**	**482899**	**3250357**	**927087**	**87936**	**1020249**	**207440**
合肥市	Hefei	174990	856864	359580	157514	689239	319858	17476	167625	39722
淮北市	Huaibei	15769	129011	29122	13056	101860	23063	2713	27151	6059
亳州市	Bozhou	29016	247778	47553	23475	203393	37552	5541	44385	10001
宿州市	Suzhou	27808	178462	47308	22840	128651	36148	4968	49811	11160
蚌埠市	Bengbu	24062	153572	47247	19705	110488	37336	4357	43084	9911
阜阳市	Fuyang	39594	316193	70318	32889	235834	54729	6705	80359	15589
淮南市	Huainan	19533	117604	36575	16913	96084	31159	2620	21520	5416
滁州市	Chuzhou	33222	418560	64305	28911	364787	54148	4311	53773	10157
六安市	Luan	31944	292855	67002	27620	254003	56868	4324	38852	10134
马鞍山市	Maanshan	29348	208143	57099	24515	153784	46203	4833	54359	10896
芜湖市	Wuhu	41647	343027	85825	33941	210762	66684	7706	132265	19141
宣城市	Xuancheng	25193	304755	55642	20433	220842	40886	4760	83913	14756
铜陵市	Tongling	11152	113441	26876	7944	75095	16621	3208	38346	10255
池州市	Chizhou	13050	109796	26634	9504	68727	18643	3546	41069	7991
安庆市	Anqing	40400	337912	83924	32264	223152	64380	8136	114760	19544
黄山市	Huangshan	14072	142466	29393	11346	113533	22704	2726	28933	6689
其他	Others	35	167	124	29	123	105	6	44	19

4—9 主要年份个体年末就业人员数
Number of New Additional Employment and Individual at the End of the Year

单位：户、人（household, person）

年份 Year	合计 Total		城镇 Urban Areas		乡村 Rural Areas	
	户数 Number of Enterprises	就业人员 Number of Employed Persons	户数 Number of Enterprises	就业人员 Number of Employed Persons	户数 Number of Enterprises	就业人员 Number of Employed Persons
2000	1489085	3363571	627100	1347892	861985	2015679
2002	1402168	3267252	586203	1325486	815965	1941766
2003	1200804	2863314	559658	1288683	641146	1574631
2004	1067271	2562432	501511	1185509	565760	1376923
2005	1110417	2668794	522609	1236364	587808	1432430
2006	1201167	2820534	530394	1194970	670773	1625564
2007	1125342	2673128	579524	1337874	545818	1335254
2008	1142457	2446113	701914	1445017	440543	1001096
2009	1250875	2633497	868141	1848366	382734	785131
2010	1341472	3315820	999110	2640651	342362	675169
2011	1436690	3277866	1106730	2551327	329960	726539
2012	1522643	3516154	1201810	2861106	320833	655048
2013	1678333	3819037	1399830	3012423	278503	806614
2014	1878153	4432571	1597745	3829463	280408	603108
2015	2018755	4800098	1739521	4230774	279234	569324

4—10 各市个体年末就业人员数（2015年）
Number of New Additional Employment and Individual at the End of the Year by Region (2015)

单位：户、人（household, person）

地区	Region	合计 Total		城镇 Urban Areas		乡村 Rural Areas	
		户数 Number of Enterprises	就业人员 Number of Employed Persons	户数 Number of Enterprises	就业人员 Number of Employed Persons	户数 Number of Enterprises	就业人员 Number of Employed Persons
总计	**Total**	**2018755**	**4800098**	**1739521**	**4230774**	**279234**	**569324**
合肥市	Hefei	251764	588697	234735	553316	17029	35381
淮北市	Huaibei	94088	294793	80578	265989	13510	28804
亳州市	Bozhou	172708	311666	146749	266945	25959	44721
宿州市	Suzhou	138718	271259	105030	210977	33688	60282
蚌埠市	Bengbu	108011	204374	92006	180968	16005	23406
阜阳市	Fuyang	215730	551168	181417	472805	34313	78363
淮南市	Huainan	71452	121317	63560	110266	7892	11051
滁州市	Chuzhou	123606	326482	111849	271874	11757	54608
六安市	Luan	158758	664278	138531	624766	20227	39512
马鞍山市	Maanshan	82150	160560	74943	148086	7207	12474
芜湖市	Wuhu	140108	314071	126648	287448	13460	26623
宣城市	Xuancheng	106384	235063	93847	208774	12537	26289
铜陵市	Tongling	37471	82041	34935	76888	2536	5153
池州市	Chizhou	66341	133142	45140	95755	21201	37387
安庆市	Anqing	189244	413154	159745	349309	29499	63845
黄山市	Huangshan	62222	128033	49808	106608	12414	21425

4—11 城镇非私营单位就业人员数

Number of Employed Persons of Urban Non-private Owned Units

单位：万人（10000 persons）

行 业	Sector	2010	2014	2015
总 计	**Total**	**372.94**	**521.74**	**513.79**
农、林、牧、渔业	Agriculture, Forestry, Animal Husbandry and Fishery	6.14	4.51	4.37
采矿业	Mining	32.11	31.33	27.04
制造业	Manufacturing	76.01	122.62	120.95
电力、热力、燃气及水的生产和供应业	Production and Supply of Electricity, Heat, Gas and Water	9.60	10.84	10.35
建筑业	Construction	42.13	97.08	92.65
批发和零售业	Wholesale and Retail Trades	13.97	23.44	23.65
交通运输、仓储和邮政业	Transport, Storage and Post	15.14	21.72	22.26
住宿和餐饮业	Hotels and Catering Services	3.69	5.98	5.95
信息传输、软件和信息技术服务业	Information Transmission, Software and Information Technology	3.80	7.38	7.65
金融业	Financial Intermediation	14.69	17.66	19.12
房地产业	Real Estate	4.88	10.40	10.42
租赁和商务服务业	Leasing and Business Services	4.63	6.02	6.25
科学研究和技术服务业	Scientific Research and Technical Services	6.68	9.58	9.17
水利、环境和公共设施管理业	Management of Water Conservancy, Environment	6.38	8.16	8.16
居民服务、修理和其他服务业	Services to Households, Repair and Other Services	0.53	0.95	0.87
教 育	Education	60.49	64.71	64.35
卫生和社会工作	Health and Social Service	21.99	28.16	29.07
文化、体育和娱乐业	Culture, Sports and Entertainment	3.40	3.36	3.24
公共管理、社会保障和社会组织	Public Management, Social Security and Social Organization	46.69	47.84	48.26

4—12 各市城镇非私营单位就业人员数（2015年）

Number of Employed Persons of Urban Non-private Owned Units by Region (2015)

单位：万人（10000 persons）

地 区	Region	合 计 Total	国有单位 State-owned Units	城镇集体单位 Urban Collective-owned Units	其他单位 Units of Other Types of Ownership	比重（%）Proportion（%） 国有单位 State-owned Units	城镇集体单位 Urban Collective-owned Units	其他单位 Units of Other Types of Ownership
总 计	**Total**	**513.79**	**189.07**	**14.74**	**309.98**	**36.80**	**2.87**	**60.33**
合肥市	Hefei	143.87	35.07	1.53	107.27	24.38	1.06	74.56
淮北市	Huaibei	23.22	5.78	0.91	16.53	24.91	3.91	71.17
亳州市	Bozhou	23.38	11.43	0.94	11.01	48.89	4.02	47.09
宿州市	Suzhou	30.49	13.40	2.65	14.44	43.97	8.68	47.35
蚌埠市	Bengbu	26.94	10.81	0.74	15.38	40.15	2.75	57.10
阜阳市	Fuyang	32.28	18.99	1.35	11.93	58.85	4.18	36.96
淮南市	Huainan	33.01	10.73	0.70	21.59	32.49	2.11	65.40
滁州市	Chuzhou	23.75	11.29	0.97	11.49	47.54	4.07	48.39
六安市	Luan	20.47	11.81	0.81	7.85	57.70	3.94	38.35
马鞍山市	Maanshan	23.14	7.47	1.29	14.38	32.28	5.55	62.16
芜湖市	Wuhu	44.47	11.91	0.38	32.17	26.79	0.86	72.35
宣城市	Xuancheng	16.04	7.63	0.57	7.85	47.56	3.53	48.91
铜陵市	Tongling	17.26	5.11	0.26	11.89	29.60	1.51	68.89
池州市	Chizhou	10.72	5.23	0.21	5.27	48.83	1.95	49.22
安庆市	Anqing	33.44	16.88	1.27	15.29	50.47	3.81	45.73
黄山市	Huangshan	11.33	5.51	0.18	5.64	48.60	1.63	49.78

4—13 城镇非私营单位专业技术人员数（2015年）
Professional and Technical Personnel of Urban Non-private Owned Units (2015)

单位：人（person）

行业	Sector	合计 Total	国有单位 State-owned Units	城镇集体单位 Urban Collective-owned Units	其他单位 Units of Other Types of Ownership
总计	**Total**	**1426625**	**898504**	**57475**	**470646**
按执行行会计制度类别分组	**Grouped by Executive Acounting System Type**				
企业	Enterprises	556510	90392	17644	448474
事业	Institutions	799449	747441	39587	12421
机关	Agencies & Organizations	57246	57178	68	
民间非营利组织	Non-profit Organizations	6043		162	5881
其他	Others	7377	3493	14	3870
按国民经济行业分组	**Grouped by Economic Sector**				
农、林、牧、渔业	Agriculture, Forestry, Animal Husbandry and Fishery	5505	5430	50	25
采矿业	Mining	22504	1531	19	20954
制造业	Manufacturing	158100	10284	663	147153
电力、热力、燃气及水的生产和供应业	Production and Supply of Electricity, Heat, Gas and Water	28144	17269	448	10427
建筑业	Construction	144052	10661	5968	127423
批发和零售业	Wholesale and Retail Trade	19582	3017	523	16042
交通运输、仓储和邮政业	Transport, Storage and Postal Services	17578	6891	1083	9604
住宿和餐饮业	Accommodation and Catering Trade	3822	486	34	3302
信息传输、计算机服务和软件业	Information Circulation, Computer Service and Software	26077	4522	90	21465
金融业	Banking	54452	21567	5351	27534
房地产业	Real Estate	19939	2525	129	17285
租赁和商务服务业	Leasing and Commercial Services	7220	1962	544	4714
科学研究和技术服务业	Scientific Research and Technical Services	52136	33616	515	18005
水利、环境和公共设施管理业	Water Conservancy, Environmental and Public Facilities Management	11055	10083	140	832
居民服务、修理和其他服务业	Residents Service, Repair and Other Services	1145	516	40	589
教育	Education	546022	521131	2069	22822
卫生和社会工作	Health and Social Work	226693	166779	39231	20683
文化、体育和娱乐业	Culture, Sports and Entertainment	16876	14816	302	1758
公共管理、社会保障和社会组织	Public Management, Social Security and Social Organization	65723	65418	276	29

4—14 各市城镇非私营单位专业技术人员数（2015年）
Professional and Technical Personnel of Urban Non-private Owned Units by Region (2015)

单位：人（person）

地区	Region	合计 Total	国有单位 State-owned Units	城镇集体单位 Urban Collective-owned Units	其他单位 Units of Other Types of Ownership
总计	**Total**	**1426625**	**898504**	**57475**	**470646**
合肥市	Hefei	336341	156259	6069	174013
淮北市	Huaibei	46462	25201	3016	18245
亳州市	Bozhou	80252	60182	4588	15482
宿州市	Suzhou	94414	64090	8669	21655
蚌埠市	Bengbu	79386	54737	3303	21346
阜阳市	Fuyang	120398	98799	6549	15050
淮南市	Huainan	73553	47667	1591	24295
滁州市	Chuzhou	78749	56653	4686	17410
六安市	Luan	81555	63516	4976	13063
马鞍山市	Maanshan	65396	30769	1731	32896
芜湖市	Wuhu	112609	59918	1847	50844
宣城市	Xuancheng	47169	34308	2003	10858
铜陵市	Tongling	42384	24674	1223	16487
池州市	Chizhou	34311	25359	1110	7842
安庆市	Anqing	98782	72552	4864	21366
黄山市	Huangshan	34864	23820	1250	9794

4—15 城镇非私营单位分行业就业人员数（2015年）
Number of Employed Persons of Urban Non-private Owned Units by Status (2015)

单位：人（person）

行业	Sector	合计 Total	国有单位 State-owned Units	城镇集体单位 Urban Collective-owned Units	其他单位 Units of Other Types of Ownership
总计	**Total**	**5137935**	**1890654**	**147438**	**3099843**
按执行会计标准类别分组	**Grouped by Executive Acounting System Type**				
企业	Enterprises	3567093	414837	92995	3059261
事业	Institutions	1105705	1033267	53814	18624
机关	Agencies & Organizations	436668	436372	296	
民间非营利组织	Non-profit Organizations	11393		236	11157
其他	Others	17076	6178	97	10801
按国民经济行业分组	**Grouped by Economic Sector**				
农、林、牧、渔业	**Agriculture, Forestry, Animal Husbandry and Fishery**	**43724**	**43081**	**433**	**210**
农业	Farming	22891	22846	45	
林业	Forestry	8315	8304		11
畜牧业	Animal Husbandry	644	445		199
渔业	Fishery	562	506	56	
农、林、牧、渔服务业	Agricultural Services	11312	10980	332	
采矿业	**Mining**	**270442**	**18606**	**943**	**250893**
制造业	**Manufacturing**	**1209481**	**43687**	**8000**	**1157794**
#酒、饮料和精制茶制造业	Wine, Drinks and Refined Tea Manufacturing	39295	86	78	39131
烟草制品业	Tobacco	12979	11128	1136	715
石油加工、炼焦和核燃料加工业	Petroleum Processing, Coking and Nuclear Fuel Processing	5253			5253
化学原料和化学制品制造业	Raw Chemical Materials and Chemical Products	73823	1090	158	72575
橡胶和塑料制品业	Rubber and Plastic Products	55960	533	191	55236
非金属矿物制品业	Nonmetal Mineral Products	57929	2342	1161	54426
黑色金属冶炼和压延加工业	Smelting and Pressing of Ferrous Metals	51513	135	119	51259
有色金属冶炼和压延加工业	Smelting and Pressing of Nonferrous Metals	40549	15		40534
金属制品业	Metal Products	45583	1920	839	42824
通用设备制造业	Equipments in Current Use	89246	5440	306	83500
汽车制造业	Automobile Manufacturing Industry	11144	2346	732	8066
电气机械和器材制造业	Electric Equipment and Machinery	135190	68	989	134133
电力、热力、燃气及水的生产和供应业	**Production and Supply of Electricity, Heat, Gas and Water**	**103486**	**39390**	**1128**	**62968**
建筑业	**Construction**	**926497**	**61502**	**42950**	**822045**
房屋建筑业	Housing Industry	535919	43454	29188	463277
土木工程建筑业	Civil Engineering Construction	238649	14703	2126	221820
建筑安装业	Construction and Installation Industry	60852	594	6755	53503
建筑装饰和其他建筑业	Building Decoration and Other Construction	91077	2751	4881	83445
批发和零售业	**Wholesale and Retail Trade**	**236454**	**31156**	**4016**	**201282**
批发业	Wholesale	89457	24598	2315	62544
零售业	Retail Trade	146997	6558	1701	138738
交通运输、仓储和邮政业	**Transport, Storage and Postal Services**	**222641**	**90823**	**6989**	**124829**
#铁路运输业	Railway Transport	40261	39881	218	162
道路运输业	Highway Transport	123153	18401	3798	100954
水上运输业	Water Way Transport	11675	266	2558	8851
航空运输业	Air Transport	4139	948		3191
邮政业	Postal Services	27512	24745		2767
住宿和餐饮业	**Accommodation and Catering Trade**	**59516**	**5458**	**801**	**53257**
住宿业	Accommodation Trade	30936	4283	362	26291
餐饮业	Catering Services	28580	1175	439	26966
信息传输、软件和信息技术服务业	**Information Transmission, Software and Information Technology Services**	**76545**	**13947**	**189**	**62409**
电信、广播电视和卫星传输服务	Telecommunications, Broadcasting and TV Transmission and Satellite Services	61034	13790	189	47055
互联网和相关服务	The Internet and Related Services	3451	19		3432
软件和信息技术服务业	Software and Information Technology Services	12060	138		11922

4—15 续表 continued

单位：人（person）

行　业	Sector	合　计 Total	国有单位 State-owned Units	城镇集体单位 Urban Collective-owned Units	其他单位 Units of Other Types of Ownership
金 融 业	**Banking**	**191154**	**68118**	**16440**	**106596**
货币金融服务	Monetary and Financial Services	108012	38161	16427	53424
资本市场服务	Capital Market Services	4053	1829		2224
保险业	Insurance	77733	27846	13	49874
其他金融业	Other Financial Activities	1356	282		1074
房地产业	**Real Estate**	**104170**	**9331**	**1438**	**93401**
#房地产开发经营	Real Estate Development and Operation	66435	2888	130	63417
物业管理	Real Estate Management	29187	1882	1226	26079
租赁和商务服务业	**Leasing and Commercial Services**	**62514**	**18042**	**5604**	**38868**
租赁业	Leasing	1354	49	388	917
商务服务业	Commercial Services	61160	17993	5216	37951
科学研究和技术服务业	**Scientific Research and Technical Services**	**91748**	**58412**	**953**	**32383**
研究和试验发展	Research and Experimental Development	13225	10733	50	2442
专业技术服务业	Professional and Technical Services	67918	39020	633	28265
科技推广和应用服务业	Science and Technology Popularization and Application Services	10605	8659	270	1676
水利、环境和公共设施管理业	**Water Conservancy, Environmental and Public Facilities Management**	**81562**	**71165**	**1492**	**8905**
水利管理业	Water Conservancy Management	20259	20083	148	28
生态保护和环境治理业	Ecological Protection and Environmental Governance Industry	2525	1737		788
公共设施管理业	Public Facilities Management	58778	49345	1344	8089
居民服务、修理和其他服务业	**Residents Service, Repair and Other Services**	**8709**	**2924**	**504**	**5281**
居民服务业	Resident Services	3883	2579	196	1108
机动车、电子产品和日用产品修理业	Motor Vehicle Repair Industry, Electronic Products and Daily Products	1142	153	61	928
其他服务业	Other Services	3684	192	247	3245
教　育	**Education**	**643548**	**597629**	**2537**	**43382**
#高等教育	High Education	71369	65487		5882
中等教育	Secondary Education	310501	287758	1312	21431
初等教育	Primary Education	226991	223040	419	3532
卫生和社会工作	**Health and Social Work**	**290713**	**211183**	**50594**	**28936**
卫　生	Health	287390	208212	50486	28692
社会工作	Social Wwork	3323	2971	108	244
文化、体育和娱乐业	**Culture, Sports and Entertainment**	**32428**	**25369**	**703**	**6356**
新闻和出版业	Press and Publication	6408	4476		1932
广播、电视、电影和影视录音制作业	Radio, Television, Film and Television Recording Studios	13658	12095	107	1456
文化艺术业	Culture and Arts	10167	7431	596	2140
体　育	Sports	1518	1204		314
娱乐业	Entertainment	677	163		514
公共管理、社会保障和社会组织	**Public Management, Social Security and Social Organization**	**482603**	**480831**	**1724**	**48**
中国共产党机关	Organs of Chinese Communist Party	16676	16676		
国家机构	State Organs	452987	451976	1011	
人民政协、民主党派	CPPCC and Democratic Parties	2749	2749		
社会保障	The Social Security	3271	3218	5	48
群众团体、社会团体和其他成员组织	Mass Organizations, Social Organizations and Religious Organizations	6219	6005	214	
基层群众自治组织	The Grassroots Autonomous Organizations	701	207	494	

4—16 城镇非私营单位分行业女性就业人员占全部就业人员比重（2015年）
Proportion of Female Employed to Total of Urban Non-private Owned Units by Status by Sector (2015)

以本类型从业人员为100 (Total number of this item employed=100) 单位：%

行业	Sector	合计 Total	国有单位 State-owned Units	城镇集体单位 Urban Collective-owned Units	其他单位 Units of Other Types of Ownership
总计	**Total**	**33.1**	**37.5**	**33.6**	**30.4**
按执行会计标准类别分组	**Grouped by Executive Acounting System Type**				
企业	Enterprises	30.1	31.5	24.0	30.0
事业	Institutions	45.0	44.5	50.2	55.9
机关	Agencies & Organizations	26.4	26.4	31.4	
民间非营利组织	Non-profit Organizations	64.7		63.6	64.7
其他	Others	56.8	44.2	34.0	64.2
按国民经济行业分组	**Grouped by Economic Sector**				
农、林、牧、渔业	**Agriculture, Forestry, Animal Husbandry and Fishery**	**34.7**	**34.7**	**34.2**	**47.6**
农业	Farming	38.2	38.2	37.8	
林业	Forestry	26.4	26.4		9.1
畜牧业	Animal Husbandry	36.8	31.0		49.7
渔业	Fishery	25.3	25.7	21.4	
农、林、牧、渔服务业	Agricultural Services	34.0	34.0	35.8	
采矿业	**Mining**	**10.2**	**14.8**	**34.1**	**9.8**
制造业	**Manufacturing**	**37.7**	**26.5**	**37.4**	**38.1**
#酒、饮料和精制茶制造业	Wine, Drinks and Refined Tea Manufacturing	40.0	32.6	30.8	40.1
烟草制品业	Tobacco	27.2	26.6	37.4	21.3
石油加工、炼焦和核燃料加工业	Petroleum Processing, Coking and Nuclear Fuel Processing	24.8			24.8
化学原料和化学制品制造业	Raw Chemical Materials and Chemical Products	28.5	21.4	43.7	28.6
橡胶和塑料制品业	Rubber and Plastic Products	39.6	29.1	37.7	39.7
非金属矿物制品业	Nonmetal Mineral Products	29.4	25.4	43.1	29.3
黑色金属冶炼和压延加工业	Smelting and Pressing of Ferrous Metals	15.4	23.0	10.9	15.4
有色金属冶炼和压延加工业	Smelting and Pressing of Nonferrous Metals	18.1	26.7		18.1
金属制品业	Metal Products	28.4	24.8	38.0	28.4
通用设备制造业	Equipments in Current Use	26.1	25.7	19.6	26.2
汽车制造业	Automobile Manufacturing Industry	19.4	15.9	12.2	21.1
电气机械和器材制造业	Electric Equipment and Machinery	38.7	32.4	47.8	38.6
电力、热力、燃气及水的生产和供应业	**Production and Supply of Electricity, Heat, Gas and Water**	**23.0**	**24.9**	**21.5**	**21.8**
建筑业	**Construction**	**11.4**	**11.8**	**9.9**	**11.5**
房屋建筑业	Housing Industry	12.6	10.3	8.2	13.1
土木工程建筑业	Civil Engineering Construction	9.7	15.8	20.6	9.2
建筑安装业	Construction and Installation Industry	10.7	24.9	13.1	10.3
建筑装饰和其他建筑业	Building Decoration and Other Construction	9.2	12.3	11.4	8.9
批发和零售业	**Wholesale and Retail Trade**	**51.7**	**32.2**	**33.9**	**55.1**
批发业	Wholesale	37.3	27.8	30.1	41.3
零售业	Retail Trade	60.5	48.7	39.1	61.3
交通运输、仓储和邮政业	**Transport, Storage and Postal Services**	**27.9**	**27.4**	**25.7**	**28.3**
#铁路运输业	Railway Transport	13.2	13.0	47.2	21.0
道路运输业	Highway Transport	28.9	28.6	21.4	29.3
水上运输业	Water Way Transport	18.6	14.3	30.9	15.2
航空运输业	Air Transport	39.4	42.9		38.4
邮政业	Postal Services	46.7	48.8		27.5
住宿和餐饮业	**Accommodation and Catering Trade**	**59.5**	**59.6**	**65.9**	**59.4**
住宿业	Accommodation Trade	59.3	59.5	55.5	59.3
餐饮业	Catering Services	59.8	60.1	74.5	59.5
信息传输、软件和信息技术服务业	**Information Transmission, Software and Information Technology Services**	**38.7**	**36.2**	**28.0**	**39.2**
电信、广播电视和卫星传输服务	Telecommunications, Broadcasting and TV Transmission and Satellite Services	36.9	36.1	28.0	37.1
互联网和相关服务	The Internet and Related Services	61.4	15.8		61.7
软件和信息技术服务业	Software and Information Technology Services	41.2	46.4		41.1

4—16 续表 continued

单位：%

行　业	Sector	合　计 Total	国有单位 State-owned Units	城镇集体单　位 Urban Collective-owned Units	其他单位 Units of Other Types of Ownership
金 融 业	**Banking and Insurance**	**52.7**	**53.1**	**40.6**	**54.3**
货币金融服务	Monetary and Financial Services	45.8	42.7	40.6	49.5
资本市场服务	Capital Market Services	42.6	47.4		38.6
保险业	Insurance	63.1	67.8	46.2	60.5
其他金融业	Other Financial Activities	37.4	32.6		38.6
房地产业	**Real Estate**	**37.6**	**35.9**	**16.1**	**38.0**
#房地产开发经营	Real Estate Development and Operation	35.9	32.5	33.1	36.0
物业管理	Real Estate Management	38.9	34.9	13.6	40.4
租赁和商务服务业	**Leasing and Commercial Services**	**32.2**	**23.1**	**32.4**	**36.5**
租赁业	Leasing	25.0	10.2	12.6	31.0
商务服务业	Commercial Services	32.4	23.1	33.8	36.6
科学研究和技术服务业	**Scientific Research and Technical Services**	**26.3**	**26.6**	**28.4**	**25.7**
研究和试验发展	Research and Experimental Development	29.3	29.2	30.0	29.9
专业技术服务业	Professional and Technical Services	25.2	25.9	30.5	24.1
科技推广和应用服务业	Science and Technology Popularization and Application Services	29.4	26.4	23.3	46.1
水利、环境和公共设施管理业	**Water Conservancy, Environmental and Public Facilities Management**	**39.6**	**38.8**	**43.4**	**45.4**
水利管理业	Water Conservancy Management	26.1	26.1	23.0	17.9
生态保护和环境治理业	Ecological Protection and Environmental Governance Industry	30.0	31.7		26.4
公共设施管理业	Public Facilities Management	44.7	44.2	45.6	47.3
居民服务、修理和其他服务业	**Residents Service, Repair and Other Services**	**29.9**	**26.0**	**31.0**	
居民服务业	Resident Services	30.6	54.6	69.9	
机动车、电子产品和日用产品修理业	Motor Vehicle Repair Industry, Electronic Products and Daily Products	22.9	10.5	39.3	23.8
其他服务业	Other Services	19.2	34.9		19.8
教　　育	**Education**	**44.5**	**43.7**	**49.0**	**55.2**
#高等教育	High Education	43.8	42.6		57.0
中等教育	Secondary Education	39.8	38.8	36.0	53.6
初等教育	Primary Education	48.8	48.5	76.1	63.7
卫生和社会工作	**Health and Social Work**	**60.8**	**62.7**	**50.9**	**64.2**
卫　生	Health	60.8	62.8	50.9	64.2
社会工作	Social Wwork	57.4	56.4	54.6	70.5
文化、体育和娱乐业	**Culture, Sports and Entertainment**	**42.8**	**41.2**	**42.4**	**49.2**
新闻和出版业	Press and Publication	43.6	43.3		44.4
广播、电视、电影和影视录音制作业	Radio, Television, Film and Television Recording Studios	39.1	37.3	31.8	54.0
文化艺术业	Culture and Arts	48.2	47.5	44.3	51.4
体　育	Sports	38.5	35.1		51.3
娱乐业	Entertainment	40.5	30.7		43.6
公共管理、社会保障和社会组织	**Public Management, Social Security and Social Organization**	**26.5**	**26.5**	**46.2**	**41.7**
中国共产党机关	Organs of Chinese Communist Party	20.5	20.5		
国家机构	State Organs	26.5	26.4	46.6	
人民政协、民主党派	CPPCC and Democratic Parties	22.6	22.6		
社会保障	The Social Security	44.7	44.8	40.0	41.7
群众团体、社会团体和其他成员组织	Mass Organizations, Social Organizations and Religious Organizations	37.4	37.9	22.0	
基层群众自治组织	The Grassroots Autonomous Organizations	46.8	24.6	56.1	

4—17 城镇非私营单位主要年份就业人员工资总额和指数
Total Wages of Employed Persons and Related Index of Urban Non-private Owned Units in Major Years

年 份 Year	工 资 总 额 (万元) Total Wages (10000 yuan)				指 数 (上年=100) Index (Preceding year=100)			
	合 计 Total	国有单位 State-owned Units	城镇集体单 位 Urban Collective-owned Units	其他单位 Units of Other Types of Ownership	合 计 Total	国有单位 State-owned Units	城镇集体单 位 Urban Collective-owned Units	其他单位 Units of Other Types of Ownership
2000	2755252	2015830	317435	421987	103.2	102.1	99.0	112.2
2005	4841315	3071572	276909	1492834	114.9	109.5	107.0	129.7
2006	5710401	3428392	311674	1970336	118.0	111.6	112.6	132.0
2007	7089072	4256242	362330	2470500	124.1	124.1	116.3	125.4
2008	8444708	4950723	397080	3096905	119.1	116.3	109.6	125.4
2009	9742920	5634976	339225	3768719	115.4	113.8	85.4	121.7
2010	12251179	6914813	425619	4910747	119.3	117.1	117.8	122.8
2011	15901381	8495347	517561	6888473	129.8	122.9	121.6	140.3
2012	19259839	10080897	580353	8598589	121.1	118.7	112.1	124.8
2013	24637193	9517563	607624	14512006	127.9	94.4	104.7	168.8
2014	26315988	10271162	643610	15401216	106.8	107.9	105.9	106.1
2015	28238432	11353008	696857	16188567	107.3	110.5	108.3	105.1

4—18 城镇非私营单位主要年份就业人员平均工资及指数
Average Wage of Employed Persons and Related Index of Urban Non-private Owned Units in Major Years

年 份 Year	平均货币工资 (元) Average Wage in Monetary Terms (yuan)				指 数 (上年=100) Index (Preceding year=100)			
	合 计 Total	国有单位 State-owned Units	城镇集体单 位 Urban Collective-owned Units	其他单位 Units of Other Types of Ownership	合 计 Total	国有单位 State-owned Units	城镇集体单 位 Urban Collective-owned Units	其他单位 Units of Other Types of Ownership
2000	6989	7471	4762	7310	107.3	105.3	108.0	114.3
2005	15334	15450	9894	16788	118.6	114.3	126.2	124.8
2006	17949	17755	11869	19946	117.1	114.9	120.0	118.8
2007	22180	22428	15340	23257	123.6	126.3	129.2	116.6
2008	26363	26475	18340	27731	118.9	118.0	119.6	119.2
2009	29658	30220	20606	30011	112.5	114.1	112.4	108.2
2010	33341	33793	23869	33867	115.8	115.9	119.1	115.2
2011	39352	39287	29539	40445	118.0	116.3	123.8	119.4
2012	44601	44818	34741	45209	113.3	114.1	117.6	111.8
2013	47806	48683	37927	47765	107.2	108.6	109.2	105.7
2014	50894	51974	41741	50657	106.5	106.8	110.1	106.1
2015	55139	60433	47261	52302	108.3	116.3	113.2	103.2

注：本表所涉及指标，2010年以前为在岗职工相关指标，2010年及以后为就业人员相关指标。

a) Before 2010,the indicators involved in this table were related as employment workers, and after 2010 as the staff and workers indicators.

4—19 城镇非私营单位分行业就业人员工资总额（2015年）
Total Wages of Employed Persons of Urban Non-private Owned Units by Sector (2015)

单位：万元（10000 yuan）

行 业	Sector	合 计 Total	国有单位 State-owned Units	城镇集体单位 Urban Collective-owned Units	其他单位 Units of Other Types of Ownership
总 计	**Total**	**28238432**	**11353008**	**696858**	**16188567**
按执行会计标准类别分组	**Grouped by Executive Acounting System Type**				
企 业	Enterprises	19063224	2591402	454288	16017534
事 业	Institutions	6542602	6213694	239950	88958
机 关	Agencies & Organizations	2499025	2497322	1703	
民间非营利组织	Non-profit Organizations	40294		641	39652
其 他	Others	93288	50590	276	42422
按国民经济行业分组	**Grouped by Economic Sector**				
农、林、牧、渔业	**Agriculture, Forestry, Animal Husbandry and Fishery**	**133395**	**131452**	**1341**	**602**
农 业	Farming	60190	60106	84	
林 业	Forestry	25278	25215		63
畜牧业	Animal Husbandry	1595	1056		539
渔 业	Fishery	1479	1318	161	
农、林、牧、渔服务业	Agricultural Services	44853	43757	1096	
采矿业	**Mining**	**1763869**	**111439**	**4118**	**1648311**
制造业	**Manufacturing**	**6181424**	**331999**	**37684**	**5811740**
#酒、饮料和精制茶制造业	Wine, Drinks and Refined Tea Manufacturing	164693	885	171	163637
烟草制品业	Tobacco	162337	145280	7805	9252
石油加工、炼焦和核燃料加工业	Petroleum Processing, Coking and Nuclear Fuel Processing	34055			34055
化学原料和化学制品制造业	Raw Chemical Materials and Chemical Products	392816	7098	464	385254
橡胶和塑料制品业	Rubber and Plastic Products	284941	3791	603	280547
非金属矿物制品业	Nonmetal Mineral Products	274797	9353	2796	262648
黑色金属冶炼和压延加工业	Smelting and Pressing of Ferrous Metals	297627	586	353	296687
有色金属冶炼和压延加工业	Smelting and Pressing of Nonferrous Metals	230026	51		229975
金属制品业	Metal Products	247856	22694	3579	221584
通用设备制造业	Equipments in Current Use	462744	24850	831	437064
汽车制造业	Automobile Manufacturing Industry	62704	16906	4518	41281
电气机械和器材制造业	Electric Equipment and Machinery	662807	290	5561	656957
电力、热力、燃气及水的生产和供应业	**Production and Supply of Electricity, Heat, Gas and Water**	**849286**	**385281**	**4474**	**459531**
建筑业	**Construction**	**4450715**	**319440**	**180570**	**3950704**
房屋建筑业	Housing Industry	2480426	231887	105670	2142870
土木工程建筑业	Civil Engineering Construction	1286851	71240	9535	1206077
建筑安装业	Construction and Installation Industry	301727	2492	31011	268225
建筑装饰和其他建筑业	Building Decoration and Other Construction	381710	13822	34355	333533
批发和零售业	**Wholesale and Retail Trade**	**1078910**	**180386**	**11176**	**887348**
批 发 业	Wholesale	527365	160751	6786	359828
零 售 业	Retail Trade	551545	19635	4390	527520
交通运输、仓储和邮政业	**Transport, Storage and Postal Services**	**1263892**	**640636**	**19010**	**604246**
#铁路运输业	Railway Transport	360404	357610	767	2026
道路运输业	Highway Transport	555128	82576	11756	460796
水上运输业	Water Way Transport	53467	1334	4413	47721
航空运输业	Air Transport	38053	6259		31794
邮 政 业	Postal Services	183888	164761		19127
住宿和餐饮业	**Accommodation and Catering Trade**	**200979**	**18429**	**2153**	**180397**
住 宿 业	Accommodation Trade	109400	14927	1027	93445
餐 饮 业	Catering Services	91580	3502	1126	86952
信息传输、软件和信息技术服务业	**Information Transmission, Software and Information Technology Services**	**530318**	**90882**	**794**	**438641**
电信、广播电视和卫星传输服务	Telecommunications, Broadcasting and TV Transmission and Satellite Services	412104	90178	794	321131
互联网和相关服务	The Internet and Related Services	23711	104		23607
软件和信息技术服务业	Software and Information Technology Services	94503	600		93903

4—19 续表 continued

单位：万元（10000 yuan）

行 业	Sector	合 计 Total	国有单位 State-owned Units	城镇集体单位 Urban Collective-owned Units	其他单位 Units of Other Types of Ownership
金融业	**Banking and Insurance**	**1409348**	**420089**	**145128**	**844131**
货币金融服务	Monetary and Financial Services	1062432	324370	144777	593284
资本市场服务	Capital Market Services	62428	21281		41147
保险业	Insurance	268929	72773	351	195805
其他金融业	Other Financial Activities	15559	1665		13894
房地产业	**Real Estate**	**564402**	**47968**	**4127**	**512307**
#房地产开发经营	Real Estate Development and Operation	422996	18837	591	403568
物业管理	Real Estate Management	93741	6127	3253	84362
租赁和商务服务业	**Leasing and Commercial Services**	**298641**	**71212**	**25215**	**202214**
租赁业	Leasing	6643	228	1655	4761
商务服务业	Commercial Services	291997	70984	23560	197453
科学研究和技术服务业	**Scientific Research and Technical Services**	**629420**	**404208**	**5237**	**219975**
研究和试验发展	Research and Experimental Development	88330	74870	195	13265
专业技术服务业	Professional and Technical Services	485763	282391	3549	199823
科技推广和应用服务业	Science and Technology Popularization and Application Services	55326	46947	1493	6886
水利、环境和公共设施管理业	**Water Conservancy, Environmental and Public Facilities Management**	**328802**	**289079**	**4141**	**35583**
水利管理业	Water Conservancy Management	103305	102523	693	89
生态保护和环境治理业	Ecological Protection and Environmental Governance Industry	11090	6899		4190
公共设施管理业	Public Facilities Management	214408	179656	3448	31304
居民服务、修理和其他服务业	**Residents Service, Repair and Other Services**	**36700**	**14101**	**2123**	**20476**
居民服务业	Resident Services	17954	12669	692	4593
机动车、电子产品和日用产品修理业	Motor Vehicle Repair Industry, Electronic Products and Daily Products	4223	486	248	3489
其他服务业	Other Services	14523	946	1183	12394
教 育	**Education**	**3784254**	**3586221**	**12675**	**185359**
#高等教育	High Education	522084	497726		24358
中等教育	Secondary Education	1825045	1723133	7127	94784
初等教育	Primary Education	1269031	1249977	2429	16625
卫生和社会工作	**Health and Social Work**	**1822066**	**1446594**	**228021**	**147452**
卫 生	Health	1807454	1433029	227792	146634
社会工作	Social Wwork	14612	13565	229	818
文化、体育和娱乐业	**Culture, Sports and Entertainment**	**170350**	**128218**	**2865**	**39268**
新闻和出版业	Press and Publication	45091	27164		17927
广播、电视、电影和影视录音制作业	Radio, Television, Film and Television Recording Studios	63993	56326	461	7206
文化艺术业	Culture and Arts	50711	37084	2404	11223
体 育	Sports	7796	6765		1032
娱乐业	Entertainment	2759	880		1880
公共管理、社会保障和社会组织	**Public Management, Social Security and Social Organization**	**2741664**	**2735375**	**6007**	**282**
中国共产党机关	Organs of Chinese Communist Party	109060	109060		
国家机构	State Organs	2557780	2553760	4021	
人民政协、民主党派	CPPCC and Democratic Parties	19435	19435		
社会保障	The Social Security	17289	16985	21	282
群众团体、社会团体和其他成员组织	Mass Organizations, Social Organizations and Religious Organizations	35873	35044	829	
基层群众自治组织	The Grassroots Autonomous Organizations	2227	1091	1136	

4—20 各市城镇非私营单位分行业就业人员工资总额（2015年）

Total Wages of Employed Persons of Urban Non-private Owned Units by Sector and Region (2015)

单位：万元（10000 yuan）

地区	Region	合计 Total	农林牧渔业 Agriculture, Forestry, Animal Husbandry and Fishery	采矿业 Mining	制造业 Manufacturing	电力、热力、燃气及水的生产和供应业 Production and Supply of Electricity, Heat, Gas and Water	建筑业 Construction	批发和零售业 Wholesale and Retail Trade	交通运输、仓储和邮政业 Transport, Storage, Post & Telecommunications	住宿和餐饮业 Accommodation and Catering Trade	信息传输、计算机服务和软件业 Information, Circulation Computer Services and Software
总计	**Total**	**28238432**	**133395**	**1763869**	**6181424**	**849286**	**4450715**	**1078910**	**1263892**	**200979**	**530318**
合肥市	Hefei	9045072	3083	4850	2111036	321855	2545607	459773	535539	87903	240243
淮北市	Huaibei	1222695	30	578088	115921	12458	100361	13167	30836	2180	13147
亳州市	Bozhou	1043172	796	34672	211711	11706	60899	55261	55746	7246	12531
宿州市	Suzhou	1336958	5389	58287	175632	35961	229980	48659	36136	6356	24181
蚌埠市	Bengbu	1312134	884		239464	19032	273990	49987	83989	5329	18786
阜阳市	Fuyang	1568249	5089	73686	162842	43796	124279	66389	65549	4338	19419
淮南市	Huainan	1918338	13627	828405	103082	170217	92492	36458	34968	4796	12116
滁州市	Chuzhou	1337179	20372	7029	421813	22300	84288	35458	36670	4811	20669
六安市	Luan	1047886	6457	19780	166609	25336	55347	37842	26895	5266	29297
马鞍山市	Maanshan	1357531	3712	138913	380246	32524	162657	26369	40008	1922	19343
芜湖市	Wuhu	2485707	1050	948	977811	35179	255715	108819	169486	24578	32218
宣城市	Xuancheng	912714	6933	173	231925	20287	57308	36591	23524	2673	19009
铜陵市	Tongling	948316	15358	9040	329439	17728	142159	17858	30892	4126	8442
池州市	Chizhou	526366	3365	5113	87239	9077	67946	18355	21835	7194	9652
安庆市	Anqing	1574043	43285	4884	395693	56937	133940	51668	51448	11245	35788
黄山市	Huangshan	602073	3964		70959	14893	63747	16257	20370	21016	15477

地区	Region	金融业 Banking	房地产业 Real Estate	租赁和商务服务业 Leasing and Commercial Services	科学研究和技术服务业 Scientific Research and Technical Services	水利、环境和公共设施管理业 Water Conservancy, Environmental and Public Facilities Management	居民服务、修理和其他服务业 Residents Service, Repair and Other Services	教育 Education	卫生和社会工作 Health and Social Work	文化、体育和娱乐业 Culture, Sports and Entertainment	公共管理、社会保障和社会组织 Public Management, Social Security and Social Organization
总计	**Total**	**1409348**	**564402**	**298641**	**629420**	**328802**	**36700**	**3784254**	**1822066**	**170350**	**2741664**
合肥市	Hefei	420418	196748	138834	318110	43955	7699	691883	391336	62514	463687
淮北市	Huaibei	29965	8544	8048	7719	5753	479	130921	73255	2187	89639
亳州市	Bozhou	58758	24697	7203	12736	18231	1771	251468	90772	6756	120211
宿州市	Suzhou	70181	33706	16240	19738	13081	2976	290834	109735	4972	154916
蚌埠市	Bengbu	78868	36546	14906	32962	26284	1185	203923	97338	7087	121575
阜阳市	Fuyang	124092	19102	6300	14573	13361	750	400841	181082	6543	236219
淮南市	Huainan	71713	41034	19231	23791	31057	1593	208632	86218	7358	131550
滁州市	Chuzhou	61314	20802	6994	23541	24169	1105	250613	89563	3618	202051
六安市	Luan	56368	18926	3751	15705	31326	955	249545	113250	7650	177580
马鞍山市	Maanshan	70719	19917	16749	39381	17121	6066	148369	64706	7350	161457
芜湖市	Wuhu	120578	46369	21394	48384	21949	3302	267678	166811	8661	174779
宣城市	Xuancheng	55425	16727	5477	13069	14578	626	150557	83231	7193	167407
铜陵市	Tongling	39290	18550	10770	14296	9517	2661	104334	58612	6262	108983
池州市	Chizhou	35885	9432	6844	11924	17751	712	75037	36162	13756	89085
安庆市	Anqing	72788	37761	11710	23237	21760	4622	272590	125931	11437	207321
黄山市	Huangshan	42986	15543	4191	10255	18910	200	87030	54065	7005	135204

4—21 各市城镇非私营单位就业人员工资总额（2015年）

Total Wages of Employed Persons of Urban Non-private Owned Units at Their Posts by Region (2015)

单位：万元（10000 yuan）

地 区	Region	合 计 Total	国有单位 State-owned Units	城镇集体单位 Urban Collective-owned Units	其他单位 Units of Other Types of Ownership
总 计	**Total**	**28238432**	**11353008**	**696858**	**16188567**
合肥市	Hefei	9045072	2723442	65918	6255712
淮北市	Huaibei	1222695	332675	36510	853510
亳州市	Bozhou	1043172	552928	41037	449207
宿州市	Suzhou	1336958	667671	101845	567442
蚌埠市	Bengbu	1312134	622182	30762	659191
阜阳市	Fuyang	1568249	994337	83100	490812
淮南市	Huainan	1918338	558572	22108	1337658
滁州市	Chuzhou	1337179	677106	55425	604647
六安市	Luan	1047886	655178	41731	350978
马鞍山市	Maanshan	1357531	482240	71452	803839
芜湖市	Wuhu	2485707	789750	18586	1677371
宣城市	Xuancheng	912714	475104	35945	401665
铜陵市	Tongling	948316	333565	11305	603445
池州市	Chizhou	526366	288527	12455	225384
安庆市	Anqing	1574043	860308	57818	655918
黄山市	Huangshan	602073	339424	10862	251787

4—22 城镇非私营单位分行业就业人员年平均工资

Average Wage of Employed Persons of Urban Non-private Owned Units by Sector

单位：元（yuan）

行 业	Sector	2010	2014	2015
总 计	**Total**	**33341**	**50894**	**55139**
农、林、牧、渔业	Agriculture, Forestry, Animal Husbandry and Fishery	16945	27185	31084
采矿业	Mining	57314	69636	61900
制造业	Manufacturing	29238	48259	50945
电力、热力、燃气及水的生产和供应业	Production and Supply of Electricity, Heat, Gas and Water	40467	77120	81692
建筑业	Construction	28046	47632	48895
批发和零售业	Wholesale and Retail Trades	26935	41863	45751
交通运输、仓储和邮政业	Transport, Storage and Post	29408	50271	56659
住宿和餐饮业	Hotels and Catering Services	18188	29652	33629
信息传输、软件和信息技术服务业	Information Transmission, Software and Information Technology	36316	62501	67922
金融业	Financial Intermediation	46561	72215	77300
房地产业	Real Estate	27250	50362	54252
租赁和商务服务业	Leasing and Business Services	28122	40853	47458
科学研究和技术服务业	Scientific Research and Technical Services	36068	63084	69129
水利、环境和公共设施管理业	Management of Water Conservancy, Environment	20949	35989	40802
居民服务、修理和其他服务业	Services to Households, Repair and Other Services	23258	38091	41690
教 育	Education	32445	48487	59088
卫生和社会工作	Health and Social Service	31811	54468	63695
文化、体育和娱乐业	Culture, Sports and Entertainment	28435	44211	52272
公共管理、社会保障和社会组织	Public Management, Social Security and Social Organization	33622	49012	57083

4—23 各市城镇非私营单位分行业就业人员年平均工资（2015年）

Average Wage of Employed Persons of Urban Non-private Owned Units by Sector By Region (2015)

单位：元（yuan）

地区 Region	合计 Total	农林牧渔业 Agriculture, Forestry, Animal Husbandry and Fishery	采矿业 Mining	制造业 Manufacturing	电力、热力、燃气及水的生产和供应业 Production and Supply of Electricity, Heat, Gas and Water	建筑业 Construction	批发和零售业 Wholesale and Retail Trade	交通运输、仓储和邮政业 Transport, Storage, Post & Telecommunications	住宿和餐饮业 Accommodation and Catering Trade	信息传输、计算机服务和软件业 Information, Circulation Computer Services and Software
总计 Total	**55139**	**31084**	**61900**	**50945**	**81692**	**48895**	**45751**	**56659**	**33629**	**67922**
合肥市 Hefei	63626	41605	50843	60312	115584	55684	55918	74772	34900	71439
淮北市 Huaibei	51096	60400	54454	34397	45533	48935	46542	58904	34767	62544
亳州市 Bozhou	45394	36838	59452	42811	71337	37451	37315	36670	31047	54433
宿州市 Suzhou	44325	19265	51210	34583	72474	38499	35734	36594	27928	58921
蚌埠市 Bengbu	49154	33881		40070	46715	45256	39990	59139	30156	72060
阜阳市 Fuyang	49220	25676	62964	37000	54432	41038	35307	35396	29449	56533
淮南市 Huainan	56242	22848	70841	38505	85006	37628	33564	36582	29550	84315
滁州市 Chuzhou	56336	30952	64194	55707	72709	47701	42409	38742	32264	55278
六安市 Luan	51354	26826	54991	41014	48241	37397	43248	51044	33997	74132
马鞍山市 Maanshan	58427	51052	58571	55190	74752	49077	40141	56270	35336	67824
芜湖市 Wuhu	55917	30621	44098	55485	75833	40197	47306	61239	38907	76874
宣城市 Xuancheng	56867	32278	43250	48223	76467	51375	48652	50633	28169	56964
铜陵市 Tongling	54807	44374	72436	52188	79570	43313	40194	49849	30474	73031
池州市 Chizhou	49733	38503	46358	42045	60155	45822	45671	51608	33214	63584
安庆市 Anqing	47412	31950	50452	44302	64364	35774	37316	50395	26577	62478
黄山市 Huangshan	53443	46205		44104	71326	40544	44332	50259	35766	77853

地区 Region	金融业 Banking	房地产业 Real Estate	租赁和商务服务业 Leasing and Commercial Services	科学研究和技术服务业 Scientific Research and Technical Services	水利、环境和公共设施管理业 Water Conservancy, Environmental and Public Facilities Management	居民服务、修理和其他服务业 Residents Service, Repair and Other Services	教育 Education	卫生和社会工作 Health and Social Work	文化、体育和娱乐业 Culture, Sports and Entertainment	公共管理、社会保障和社会组织 Public Management, Social Security and Social Organization
总计 Total	**77300**	**54252**	**47458**	**69129**	**40802**	**41690**	**59088**	**63695**	**52272**	**57083**
合肥市 Hefei	125689	60267	60560	85908	44466	44890	67510	79858	58771	63998
淮北市 Huaibei	51301	51039	34188	46497	49591	41626	60313	54873	42382	52686
亳州市 Bozhou	48774	45743	36432	48427	29610	40713	50703	54511	42440	47571
宿州市 Suzhou	65657	48793	53262	40265	31935	54100	52101	50460	40060	46819
蚌埠市 Bengbu	65148	52782	39813	55840	41695	44871	57739	58875	47497	53704
阜阳市 Fuyang	59266	45863	33157	51973	32149	37480	58128	63524	41045	50104
淮南市 Huainan	60692	38192	31128	56497	33294	41702	57064	49745	42806	52505
滁州市 Chuzhou	73184	67538	40241	52546	42732	58766	62711	56485	59512	66858
六安市 Luan	81468	59780	31466	53167	44618	43195	56728	61439	58577	54387
马鞍山市 Maanshan	68646	72137	40079	88876	55571	33350	65465	60786	63363	69019
芜湖市 Wuhu	87559	64144	53166	66810	43968	38895	59741	75248	49577	55526
宣城市 Xuancheng	77365	55589	42257	59676	44650	53957	66135	67596	54995	63101
铜陵市 Tongling	83189	44483	42154	69161	37424	43475	64961	72755	63704	71586
池州市 Chizhou	60059	51486	37834	53638	45831	46549	56002	53982	52184	54845
安庆市 Anqing	67229	49347	39413	50004	40627	40832	52083	61986	44348	51778
黄山市 Huangshan	58271	58105	40458	61151	50957	38481	62116	63989	47621	61864

4—24 城镇非私营单位就业人员年平均工资（2015年）

Average Wage of Employed Persons of Urban Non-private Owned Units at Their Posts (2015)

单位：元（yuan）

行业	Sector	合计 Total	在岗职工 On-the-job Worker	国有单位 State-owned Units	城镇集体单位 Urban Collective-owned Units	其他单位 Units of Other Types of Ownership
总计	**Total**	**55139**	**56974**	**60433**	**47261**	**52302**
按执行会计标准类别分组	**Grouped by Executive Acounting System Type**					
企业	Enterprises	53548	55141	62980	48698	52426
事业	Institutions	59554	61503	60519	44814	48553
机关	Agencies & Organizations	57500	60513	57500	57333	
民间非营利组织	Non-profit Organizations	35611	36132		28381	35758
其他	Others	55797	59118	82866	28443	40337
按国民经济行业分组	**Grouped by Economic Sector**					
农、林、牧、渔业	Agriculture, Forestry, Animal Husbandry and Fishery	31084	33774	31118	30682	25718
采矿业	Mining	61900	62474	57137	44667	62311
制造业	Manufacturing	50945	51192	76211	46726	50027
电力、热力、燃气及水的生产和供应业	Production and Supply of Electricity, Heat, Gas and Water	81692	82379	96680	39982	72951
建筑业	Construction	48895	50285	52436	41752	49011
批发和零售业	Wholesale and Retail Trade	45751	46279	57264	27918	44297
交通运输、仓储和邮政业	Transport, Storage and Postal Services	56659	58189	69470	26910	48813
住宿和餐饮业	Accommodation and Catering Trade	33629	33820	33574	26816	33737
信息传输、计算机服务和软件业	Information Circulation, Computer Service and Software	67922	72532	63288	42250	69046
金融业	Banking	77300	96935	65765	88992	82647
房地产业	Real Estate	54252	55062	51385	29083	54921
租赁和商务服务业	Leasing and Commercial Services	47458	48180	40101	44573	51178
科学研究和技术服务业	Scientific Research and Technical Services	69129	71797	69281	54893	69277
水利、环境和公共设施管理业	Water Conservancy, Environmental and Public Facilities Management	40802	44858	41127	28225	40312
居民服务、修理和其他服务业	Residents Service, Repair and Other Services	41690	43425	48177	42113	38117
教育	Education	59088	60656	60273	49939	43196
卫生和社会工作	Health and Social Work	63695	65448	69775	45301	51920
文化、体育和娱乐业	Culture, Sports and Entertainment	52272	54388	50103	40984	62339
公共管理、社会保障和社会组织	Public Management, Social Security and Social Organization	57083	59886	57162	34923	58812

4—25 各市城镇非私营单位就业人员年平均工资（2015年）

Average Wage of Employed Persons of Urban Non-private Owned Units at Their Posts by Region (2015)

单位：元（yuan）

地区	Region	合计 Total	在岗职工 On-the-job Worker	国有单位 State-owned Units	城镇集体单位 Urban Collective-owned Units	其他单位 Units of Other Types of Ownership
总计	**Total**	**55139**	**56974**	**60433**	**47261**	**52302**
合肥市	Hefei	63626	65806	77824	43525	59211
淮北市	Huaibei	51096	52273	57488	40077	49531
亳州市	Bozhou	45394	47126	49198	44736	41500
宿州市	Suzhou	44325	45658	50237	38733	39841
蚌埠市	Bengbu	49154	51146	58137	41598	43218
阜阳市	Fuyang	49220	50232	53444	61830	41199
淮南市	Huainan	56242	59424	51958	30851	59080
滁州市	Chuzhou	56336	57824	60543	57246	52198
六安市	Luan	51354	53069	55520	52053	44982
马鞍山市	Maanshan	58427	60095	64728	53358	55648
芜湖市	Wuhu	55917	57372	66406	48718	52126
宣城市	Xuancheng	56867	59305	62320	63160	51121
铜陵市	Tongling	54807	56543	65301	43497	50562
池州市	Chizhou	49733	51006	55656	59792	43414
安庆市	Anqing	47412	49610	51359	45960	43180
黄山市	Huangshan	53443	55137	61730	58116	45122

4—26 城镇私营单位就业人员和工资情况（2015年）
Wages of Employed Persons in Private Enterprises of Urban Areas (2015)

行 业	Sector	单位就业人员 Unit Employed People 年末人数（人）Number of Persons At the end of Year (person)	平均人数（人）Average Number of Persons (person)	工资总额（千元）Total Wage (1000 yuan)	平均工资（元）Average Wage (yuan)
总 计	**Total**	**4178351**	**4140717**	**153817699**	**37148**
按国民经济行业分组	**Grouped by Economic Sector**				
农、林、牧、渔业	Agriculture, Forestry, Animal Husbandry and Fishery	83686	83254	2383353	28627
采矿业	Mining	16099	16118	638803	39633
制造业	Manufacturing	1753353	1743096	66762433	38301
电力、热力、燃气及水的生产和供应业	Production and Supply of Electricity, Heat, Gas and Water	12691	12640	388596	30743
建筑业	Construction	928195	911252	38514612	42266
批发和零售业	Wholesale and Retail Trade	530522	528451	15793719	29887
交通运输、仓储和邮政业	Transport, Storage and Postal Services	134205	133912	5046878	37688
住宿和餐饮业	Accommodation and Catering Trade	114105	112286	3426920	30520
信息传输、计算机服务和软件业	Information Circulation, Computer Service and Software	59698	58463	2391561	40907
金融业	Banking	9600	9526	320259	33619
房地产业	Real Estate	137132	136512	5035987	36890
租赁和商务服务业	Leasing and Commercial Services	166373	165475	5397576	32619
科学研究和技术服务业	Scientific Research and Technical Services	83119	81734	3316163	40573
水利、环境和公共设施管理业	Water Conservancy, Environmental and Public Facilities Management	11849	12019	372801	31018
居民服务、修理和其他服务业	Residents Service, Repair and Other Services	46116	45535	1129262	24800
教 育	Education	26957	26841	871931	32485
卫生和社会工作	Health and Social Work	17678	17345	637825	36773
文化、体育和娱乐业	Culture, Sports and Entertainment	46342	45629	1369851	30022
公共管理、社会保障和社会组织	Public Management, Social Security and Social Organization	631	629	19169	30476

4—27 城镇非私营单位分行业就业人员年平均工资（2015年）
Average Wage of Employed Persons of Urban Non-private Owned Units by Sector (2015)

单位：元（yuan）

行业	Sector	合计 Total	国有单位 State-owned Units	城镇集体单位 Urban Collective-owned Units	其他单位 Units of Other Types of Ownership
总计	**Total**	**55139**	**60433**	**47261**	**52302**
按执行会计标准类别分组	**Grouped by Executive Acounting System Type**				
企业	Enterprises	53548	62980	48698	52426
事业	Institutions	59554	60519	44814	48553
机关	Agencies & Organizations	57500	57500	57333	
民间非营利组织	Non-profit Organizations	35611		28381	35758
其他	Others	55797	82866	28443	40337
按国民经济行业分组	**Grouped by Economic Sector**				
农、林、牧、渔业	**Agriculture, Forestry, Animal Husbandry and Fishery**	**31084**	**31118**	**30682**	**25718**
农业	Farming	25971	25984	19068	
林业	Forestry	30302	30266		57545
畜牧业	Animal Husbandry	23837	23682		24148
渔业	Fishery	26317	26000	29236	
农、林、牧、渔服务业	Agricultural Services	44125	44527	32429	
采矿业	**Mining**	**61900**	**57137**	**44667**	**62311**
制造业	**Manufacturing**	**50945**	**76211**	**46726**	**50027**
#酒、饮料和精制茶制造业	Wine, Drinks and Refined Tea Manufacturing	41587	107902	21897	41488
烟草制品业	Tobacco	124025	129506	67990	127960
石油加工、炼焦和核燃料加工业	Petroleum Processing, Coking and Nuclear Fuel Processing	64292			64292
化学原料和化学制品制造业	Raw Chemical Materials and Chemical Products	52332	65122	29335	52193
橡胶和塑料制品业	Rubber and Plastic Products	51562	70722	27171	51473
非金属矿物制品业	Nonmetal Mineral Products	46687	44223	23595	47274
黑色金属冶炼和压延加工业	Smelting and Pressing of Ferrous Metals	57159	42158	29425	57263
有色金属冶炼和压延加工业	Smelting and Pressing of Nonferrous Metals	56333	33667		56342
金属制品业	Metal Products	53439	119503	40168	50832
通用设备制造业	Equipments in Current Use	50281	45588	27230	50659
汽车制造业	Automobile Manufacturing Industry	55851	67976	62227	51511
电气机械和器材制造业	Electric Equipment and Machinery	48496	44538	56337	48441
电力、热力、燃气及水的生产和供应业	**Production and Supply of Electricity, Heat, Gas and Water**	**81692**	**96680**	**39982**	**72951**
建筑业	**Construction**	**48895**	**52436**	**41752**	**49011**
房屋建筑业	Housing Industry	47235	54112	36855	47241
土木工程建筑业	Civil Engineering Construction	53356	48239	43479	53790
建筑安装业	Construction and Installation Industry	50344	42232	45404	51078
建筑装饰和其他建筑业	Building Decoration and Other Construction	45432	51022	61867	44027
批发和零售业	**Wholesale and Retail Trade**	**45751**	**57264**	**27918**	**44297**
批发业	Wholesale	58899	64275	29400	57833
零售业	Retail Trade	37703	30249	25899	38199
交通运输、仓储和邮政业	**Transport, Storage and Postal Services**	**56659**	**69470**	**26910**	**48813**
#铁路运输业	Railway Transport	89291	89443	35197	124313
道路运输业	Highway Transport	45723	44735	30774	46483
水上运输业	Water Way Transport	45879	50719	16933	54321
航空运输业	Air Transport	88908	67446		94850
邮政业	Postal Services	62473	63661		53818
住宿和餐饮业	**Accommodation and Catering Trade**	**33629**	**33574**	**26816**	**33737**
住宿业	Accommodation Trade	35256	34633	28539	35450
餐饮业	Catering Services	31871	29702	25415	32071
信息传输、软件和信息技术服务业	**Information Transmission, Software and Information Technology Services**	**67922**	**63288**	**42250**	**69046**
电信、广播电视和卫星传输服务	Telecommunications, Broadcasting and TV Transmission and Satellite Services	65783	63488	42250	66550
互联网和相关服务	The Internet and Related Services	67784	54789		67855
软件和信息技术服务业	Software and Information Technology Services	79195	43774		79606

4—27 续表 continued

单位：元（yuan）

行业	Sector	合计 Total	国有单位 State-owned Units	城镇集体单位 Urban Collective-owned Units	其他单位 Units of Other Types of Ownership
金融业	**Banking and Insurance**	**77300**	**65765**	**88992**	**82647**
货币金融服务	Monetary and Financial Services	98983	84856	88853	112333
资本市场服务	Capital Market Services	155914	116098		189531
保险业	Insurance	38608	30918	250786	42469
其他金融业	Other Financial Activities	117252	59256		132833
房地产业	**Real Estate**	**54252**	**51385**	**29083**	**54921**
#房地产开发经营	Real Estate Development and Operation	62697	66233	45462	62576
物业管理	Real Estate Management	33191	31780	26947	33600
租赁和商务服务业	**Leasing and Commercial Services**	**47458**	**40101**	**44573**	**51178**
租赁业	Leasing	48421	46469	42649	50918
商务服务业	Commercial Services	47437	40084	44715	51184
科学研究和技术服务业	**Scientific Research and Technical Services**	**69129**	**69281**	**54893**	**69277**
研究和试验发展	Research and Experimental Development	68473	71749	38137	54952
专业技术服务业	Professional and Technical Services	71873	72026	56160	72016
科技推广和应用服务业	Science and Technology Popularization and Application Services	52373	53956	55092	43256
水利、环境和公共设施管理业	**Water Conservancy, Environmental and Public Facilities Management**	**40802**	**41127**	**28225**	**40312**
水利管理业	Water Conservancy Management	50952	51004	47432	31786
生态保护和环境治理业	Ecological Protection and Environmental Governance Industry	44358	39675		55062
公共设施管理业	Public Facilities Management	37089	37081	26102	38945
居民服务、修理和其他服务业	**Residents Service, Repair and Other Services**	**41690**	**48177**	**42113**	**38117**
居民服务业	Resident Services	45977	49011	34929	40938
机动车、电子产品和日用产品修理业	Motor Vehicle Repair Industry, Electronic Products and Daily Products	37009	32373	38781	37636
其他服务业	Other Services	38656	49286	48872	37298
教育	**Education**	**59088**	**60273**	**49939**	**43196**
#高等教育	High Education	74026	76833		42385
中等教育	Secondary Education	59147	60224	53789	44883
初等教育	Primary Education	55917	56041	59532	47555
卫生和社会工作	**Health and Social Work**	**63695**	**69775**	**45301**	**51920**
卫生	Health	63919	70114	45348	52079
社会工作	Social Wwork	44467	46155	22214	33533
文化、体育和娱乐业	**Culture, Sports and Entertainment**	**52272**	**50103**	**40984**	**62339**
新闻和出版业	Press and Publication	70170	60190		93714
广播、电视、电影和影视录音制作业	Radio, Television, Film and Television Recording Studios	46208	45872	42657	49289
文化艺术业	Culture and Arts	49961	49938	40679	52615
体育	Sports	52147	55905		36193
娱乐业	Entertainment	41245	53957		37150
公共管理、社会保障和社会组织	**Public Management, Social Security and Social Organizatio**	**57083**	**57162**	**34923**	**58812**
中国共产党机关	Organs of Chinese Communist Party	65651	65651		
国家机构	State Organs	56738	56776	39652	
人民政协、民主党派	CPPCC and Democratic Parties	71111	71111		
社会保障	The Social Security	53295	53228	42600	58812
群众团体、社会团体和其他成员组织	Mass Organizations, Social Organizations and Religious Organizations	57813	58446	39660	
基层群众自治组织	The Grassroots Autonomous Organizations	31908	52981	23085	

4—28 各县（市）城镇非私营单位就业人员和平均工资（2015年）

Number of Employed Persons and Their Average Wages of Urban Non-private Owned Units by County (City) (2015)

县（市） County (City)		就业人员（人） Staff (person)	#国有单位 State-owned Units	#城镇集体单位 Urban Collective-owned Units	就业人员工资总额（千元） Total Wage of Staff (1000 yuan)	#国有单位 State-owned Units	#城镇集体单位 Urban Collective-owned Units	就业人员平均工资（元） Average Wage of Staff (yuan)	#国有单位 State-owned Units	#城镇集体单位 Urban Collective-owned Units
巢湖市	Chaohu	67404	20491	2194	3352173	1268228	86110	50855	61871	39194
长丰县	Changfeng	45162	14157	1492	2383931	898767	66782	53610	63562	45245
肥东县	Feidong	41827	20108	3880	2034617	1075070	156850	50457	54081	43985
肥西县	Feixi	83245	16904	1035	4663441	936354	54387	56586	54732	53164
庐江县	Lujiang	55938	21842	1142	2621934	1283904	50542	48157	58860	44335
濉溪县	Suixi	40601	19759	6457	1833498	1097269	247425	45663	55844	38444
谯城区	Qiaocheng District	87604	39757	2368	4074053	1894183	66974	47656	49763	30415
涡阳县	Guoyang	41124	25194	2500	1868754	1271306	122419	45385	49898	49382
蒙城县	Mengcheng	55048	23687	2663	2346128	1139026	114569	43535	48695	43250
利辛县	Lixin	46830	22865	1808	1960896	1065394	102542	42587	47002	57705
埇桥区	Yongqiao District	153601	58811	7939	6996757	3057428	344118	45831	52337	43675
砀山县	Dangshan	35260	15153	1355	1530578	810276	57829	44412	53757	43028
萧　县	Xiaoxian	51755	21136	12755	1993374	942116	444862	39176	45592	35095
灵璧县	Lingbi	38141	20342	1591	1648492	957267	61263	43671	47289	38482
泗　县	Sixian	26111	17451	2722	1200988	846335	105637	46401	48828	39067
怀远县	Huaiyuan	34854	19124	1792	1598462	952690	74982	46975	50546	42172
五河县	Wuhe	18322	12577	1382	949443	719274	52713	52537	58039	38143
固镇县	Guzhen	18037	10674	622	788071	484721	31267	43918	45514	51852
颍州区	Yingzhou District	68644	37034	702	3425932	2118405	37246	52009	59059	51445
颍东区	Yingdong District	27337	14476	609	1396805	7632265	31874	49843	51715	52511
颍泉区	Yingquan District	43653	26237	1947	1946047	1246887	129994	45959	49935	68238
界首市	Jieshou	27044	14243	815	1208696	709380	67601	45527	50179	83150
临泉县	Linquan	30329	24317	2880	1729500	1427991	188174	57731	59579	65566
太和县	Taihe	35746	23113	3275	1748478	1291197	157088	49110	56259	47689
阜南县	Funan	33920	25069	1100	1513930	1175739	80761	45395	47841	74025
颍上县	Yingshang	38012	22368	2029	1949225	1049691	129119	50600	47820	65047
凤台县	Fengtai	58357	18291	1283	3661711	735414	25813	61401	42081	19452
寿　县	Shouxian	29369	21524	798	1328038	1019480	30764	44287	47037	38359
天长市	Tianchang	27719	15453	1405	1635421	839243	147537	59921	55819	105610
明光市	Mingguang	21173	14994	942	1073682	778929	46122	51318	52141	48962
来安县	Laian	22256	9985	1558	1221747	568795	81969	55044	56919	53089
全椒县	Quanjiao	23401	11770	411	1265620	707796	18209	54927	61080	44197
定远县	Dingyuan	23321	15718	1692	1227798	857010	73884	52966	55230	42981
凤阳县	Fengyang	23877	14001	2580	1377586	803125	123164	57806	57444	47298
金安区	Jinan District	33521	14965	485	1578116	820721	26961	47468	55186	55475
裕安区	Yuan District	21850	14646	735	1063123	717885	25514	48438	48378	35095

4—28 续表 continued

县（市） County or City		就业人员（人） Staff (person)	#国有单位 State-owned Units	#城镇集体单位 Urban Collective-owned Units	就业人员工资总额（千元） Total Wage of Staff (1000 yuan)	#国有单位 State-owned Units	#城镇集体单位 Urban Collective-owned Units	就业人员平均工资（元） Average Wage of Staff (yuan)	#国有单位 State-owned Units	#城镇集体单位 Urban Collective-owned Units
叶集区	Yeji District	4976	2945	214	212498	127029	12672	42998	43653	62118
霍邱县	Huoqiu	31554	22447	1868	1707934	1264783	79234	54090	56175	42485
舒城县	Shucheng	25432	15897	2157	1188195	836150	115883	47042	52691	54431
金寨县	Jinzhai	19973	15200	1312	993360	761413	81085	49993	50315	61756
霍山县	Huoshan	29366	9453	1258	1347100	532012	73834	46081	56875	59114
当涂县	Dangtu	18478	12704	887	1098868	833967	48765	59592	65409	54977
含山县	Hanshan	17811	10126	353	895012	619854	16192	50251	61555	45483
和　县	Hexian	29980	12792	9545	1682033	736733	559586	56299	57974	55476
芜湖县	Wuhu	14589	7694	348	759262	445470	19946	51545	57681	56826
繁昌县	Fanchang	15506	6624	388	871521	442775	21744	55286	63929	57372
南陵县	Nanling	42402	9269	763	1873599	517643	34961	43995	55398	45760
无为县	Wuwei	46943	24220	1176	2367262	1314953	49504	50716	54544	42676
宣州区	Xuanzhou District	41424	24613	2656	2645440	1571283	167398	62704	63692	63265
宁国市	Ningguo	41000	10622	904	2169533	718689	60067	53664	67743	67114
郎溪县	Langxi	13563	8530	466	774432	501733	23836	57476	59250	50823
广德县	Guangde	27601	11953	535	1495157	692030	51202	53975	57954	96973
泾　县	Jingxian	13383	9427	506	794937	589449	25088	59435	62834	45865
绩溪县	Jixi	7800	6047	321	449564	369680	14533	57688	61074	44443
旌德县	Jingde	6580	4651	279	370609	286773	17322	56582	61513	62086
枞阳县	Zongyang	22888	14531	2383	1137786	786020	106708	49562	53830	44892
贵池区	Guichi District	34972	12469	1081	1753421	713652	59840	50302	57469	55510
东至县	Dongzhi	16337	11464	345	813973	589471	25337	49854	52055	73869
石台县	Shitai	5984	4673	60	282685	238252	1672	48256	51083	27867
青阳县	Qingyang	18335	7257	420	891793	407470	32609	49335	56444	76727
桐城市	Tongcheng	38504	20406	2298	1853902	1114236	76477	48000	54430	33824
怀宁县	Huaining	18992	13097	1777	1004974	760072	92100	53013	58056	52300
潜山县	Qianshan	29001	13037	1446	1366527	704922	91045	47806	54179	64161
太湖县	Taihu	27724	14332	1165	1195231	685178	96436	43633	48719	83063
宿松县	Susong	33873	26317	774	1548915	1208432	32339	49102	49900	43584
望江县	Wangjiang	25850	12635	745	1162472	603717	28127	44334	45802	42746
岳西县	Yuexi	18685	11675	1071	826323	580260	35758	44928	49595	35195
屯溪区	Tunxi District	45874	18582	83	2414105	1193173	4031	53012	64263	49765
黄山区	Huangshan District	15579	7832	291	831379	481066	21780	54310	61384	76421
徽州区	Huizhou District	9807	3289	244	531108	195355	19883	54680	60313	81155
歙　县	Shexian	15156	9795	507	864311	632715	26126	57220	64596	51940
休宁县	Xiuning	12261	6072	256	627985	338446	15689	50660	55886	61285
黟　县	Yixian	6009	3499	163	290160	199774	7378	48619	57456	37452
祁门县	Qimen	8629	5997	299	461680	353709	13731	53516	58814	45467

4—29 城镇登记失业人数及失业率

Number of Registered Urban Unemployed Persons and Unemployment Rate

单位：万人（10000 persons）

年份 Year	本年新登记失业人数 Number of New Unemployed Persons in this Year	登记失业人员中新增就业人数 New Added Employees of the Registered Urban Unemployed Persons	年末实有登记失业人数 Number of Unemployed Persons (Year-end)	#女性 Female	城镇登记失业率(%) Urban Unemployed Ratio (%)
2000	31.59	12.26	16.52	9.12	3.30
2005	34.63	32.88	13.60	13.60	4.40
2006	32.96	31.99	28.20	13.59	4.25
2007	29.78	29.71	28.02	13.70	4.06
2008	26.49	26.52	29.31	13.63	3.92
2009	25.24	26.08	30.07	13.89	3.92
2010	28.48	31.69	26.86	13.01	3.66
2011	36.91	30.64	33.13	15.65	3.74
2012	36.38	37.17	31.30	14.04	3.68
2013	39.53	38.14	32.36	14.31	3.41
2014	39.32	39.93	31.45	14.20	3.21
2015	35.44	35.91	30.91	9.34	3.14

4—30 各市城镇登记失业人数及失业率（2015年）

Number of Registered Urban Unemployed Persons and Unemployment Rate by Region (2015)

单位：人（person）

地区 Region	本年新登记失业人数 Number of New Unemployed Persons in this Year	登记失业人员中新增就业人数 New Added Employees of the Registered Urban Unemployed Persons	年末实有登记失业人数 Number of Unemployed Persons (Year-end)	#女性 Female	城镇登记失业率(%) Urban Unemployed Ratio (%)
总计 Total	**354431**	**359094**	**309071**	**93406**	**3.14**
合肥市 Hefei	37886	37271	103156	8474	2.80
淮北市 Huaibei	24149	24072	20680	10985	4.10
亳州市 Bozhou	14096	13869	6551	4666	3.76
宿州市 Suzhou	17809	18674	11564	5421	2.99
蚌埠市 Bengbu	37435	37487	19176	3290	3.18
阜阳市 Fuyang	16210	15079	5903	2457	2.40
淮南市 Huainan	4243	4116	24893	2012	4.00
滁州市 Chuzhou	22007	22598	11289	4452	3.30
六安市 Luan	21998	21861	15874	8262	4.00
马鞍山市 Maanshan	42429	41717	19637	8742	2.90
芜湖市 Wuhu	18397	17027	18783	8787	3.29
宣城市 Xuancheng	15877	16017	10401	4684	3.05
铜陵市 Tongling	54787	54381	9887	5664	3.51
池州市 Chizhou	7569	9963	6164	2930	2.84
安庆市 Anqing	11557	17087	19002	9068	3.04
黄山市 Huangshan	7982	7875	6111	3512	3.71

主要统计指标解释

就业人员

指从事一定社会劳动并取得劳动报酬或经营收入的全部劳动力。包括：1. 全部职工；2. 城镇私营企业从业人员；3. 城镇个体劳动者；4. 农村社会劳动者；5. 其他社会劳动者。这一指标反映了一定时期内全部劳动力资源的实际利用情况，是研究基本国情国力的重要指标。

单位就业人员

指在各级国家机关、政党机关、社会团体及企业、事业单位中工作，取得工资或其他形式的劳动报酬的全部人员。包括在岗职工、再就业的离退休人员、民办教师以及在各单位中工作的外方人员和港澳台方人员、兼职人员、借用的外单位人员和第二职业者。不包括离开本单位仍保留劳动关系的职工。各单位的从业人员反映了各单位实际参加生产或工作的全部劳动力。

城镇私营和个体就业人员

城镇私营就业人员指在工商管理部门注册登记，其经营地址设在县城关镇（含城关镇）以上的私营企业从业人员；包括私营企业投资者和雇工。城镇个体从业人员指在工商管理部门注册登记，并持有城镇户口或在城镇长期居住，经批准从事个体工商经营的从业人员；包括个体经营者和在个体工商户劳动的家庭帮工和雇工。

城镇登记失业人员

指有非农业户口，在一定的劳动年龄内，有劳动能力，无业而要求就业，并在当地就业服务机构进行求职登记的人员。

城镇登记失业率

指城镇登记失业人数同城镇从业人数与城镇登记失业人数之和的比。计算公式为：

城镇登记失业率=城镇登记失业人数/（城镇从业人数+城镇登记失业人数）×100%

在岗职工

指在本单位工作并由单位支付工资的人员，以及有工作岗位，但由于学习、病伤产假等原因暂未工作，仍由单位支付工资的人员。

专业技术人员

指从事专业技术工作的人员以及从事专业技术管理工作且已在1983年以前评定了专业技术职称或在1984年以后聘任了专业技术职务的人员。

专业技术人员具体指工程技术人员、农业技术人员、科研人员（含自然科学研究、社会科学研究及实验技术人员）、卫生技术人员、教学人员（含高等院校、中等专业学校、技工学校、中学、小学）、民用航空飞行技术人员、船舶技术人员、经济人员、会计人员、统计人员、翻译人员、图书资料、档案、文博人员、新闻、出版人员、律师、公证人员、广播电视播音人员、工艺美术人员、体育人员、艺术人员及政工人员。

专业技术管理人员具体指企业、事业单位的领导；企业、事业单位下设的职能机构、企业的生产车间和辅助车间（或附属辅助生产单位）中从事生产、技术、经济管理和政治工作的人员。

按照公务员管理或参照公务员管理的人员不统计为专业技术人员。

就业人员工资总额

指根据《关于工资总额组成的规定》（1990年1月1日国家统计局发布的一号令）进行修订，本单位在报告期内（季度或年度）直接支付给本单位全部就业人员的劳动报酬总额。包括计时工资、计件工资、奖金、津贴和补贴、加班加点工资、特殊情况下支付的工资，是在岗职工工资总额、劳务派遣人员工资总额和其他从业人员工资总额之和。

在岗职工工资总额

指本单位在报告期内直接支付给本单位全部在岗职工的劳动报酬总额。在岗职工工资总额由基本工资、绩效工资、工资性津贴和补贴、其他工资四部分组成。工资总额不包括病假、事假等情况的扣款。

就业人员平均工资

指本单位就业人员在报告期内平均每人所得的工资额。

在岗职工平均工资

指本单位在岗职工在报告期内平均每人所得的工资额。

Explanatory Notes for Major Statistical Indicators

Employed Persons

refers to the persons who are engaged in social labor and receive remuneration payment or earn business income, including: (1)Total staff and workers; (2)Employed persons in private enterprises in urban areas; (3)Self-employed individuals in urban areas; (4)Social laborers in rural areas; (5)Other social laborers. It reflects the utilization of total labor force during a given period of time.

Persons Employed in Various Units

refer to all the persons working in government agencies of various levels, political and party organizations, social organizations, enterprises and institutions, and receiving wages or other forms of payment. They include fully-employed staff and workers, re-employed retirees, teachers in schools run by the local people, foreigners and Chinese compatriots from Hong Kong, Macao, and Taiwan working in various units, part-time employees, employees of other units working temporarily at current posts, and employees holding the second job, but exclude staff and workers who have left their working units while keeping their labour contract (employment relation) unchanged. This indicator reflects the total number of laborers actually engaged in production or other operations in various units.

Persons Employed in Private Enterprises and Self-Employed Individuals in Urban Areas

Persons employed in private enterprises refer to the persons employed in the private enterprises which have been registered at the departments of industrial and commercial administration and are situated at a county town (i.e. a town where the county government is located) for business operation or at urban areas with the level higher than a county town. The self-employed individuals in urban areas refer to persons who hold the certificates of residence in urban areas or have resided in the urban areas for a long time and have been registered at the departments of industrial and commercial administration and approved to be engaged in individual industrial or commercial business, including self-employed persons as well as helpers and hired labourers who work in the individual households engaged in industrial or commercial business.

Registered Urban Unemployed Persons

The registered unemployed persons in urban areas refer to the persons who are registered as permanent residents in the urban areas engaged in non-agricultural activities, aged within the range of working age, capable to labour, unemployed but desirous to be employed and have been registered at the local employment service agencies to apply for a job.

Registered Urban Unemployment Rate

Registered unemployment rate in urban areas refers to the ratio of the number of the registered unemployed persons to the sum of the number of employed persons and the registered unemployed persons. The formula is as follows:

Registered urban unemployment rate =number of registered urban unemployed persons/(urban employed person number + registered urban unemployed person number)×100%

Fully Employed Staff and Workers

refer to persons who work in, and receive wages from their working units, as well as persons who have their work posts, but are temporarily absent from work for reasons of study or on sick, injury or maternal leave and still receive wages from their working units.

Professional and Technical Personnel

refers to professional, technical and managerial staff members in institutions who were rated professional and technical titles before 1983 or appointed professional and technical posts after 1984.

Professional and technical personnel includes the following: Engineering, Agriculture, Scientific Research (including natural science, social science and laboratory technique), Health care, Teaching, civil aviation, shipping, economics, accounting, statistics, translating, archives, publishing, lawyer, broadcasting, craft, physical culture, art and political workers.

Managerial staff refers to the leadership of enterprises and institutions and persons engaged in production, technology, economic management and political work in functioning organizations under enterprises or institutions and workshop of enterprises.

Public servants or the personnel in light of public service are not included.

Total wages of employed persons

According to the "Regulations of total wages" (No.1 decree issued in January 1, 1990 by the National Bureau of Statistics), it is revised, the unit during the report period (quarterly or annual) paid directly to the total remuneration of the units of all employees. Including hourly wages, piece-rate wages, bonuses, allowances and subsidies, overtime wages, wages under special circumstances, It is on the total wages of staff and workers, labor dispatch staff wages and other employees wages .

Total wages of employed staff and workers

Refers to the total remuneration directly to the total staff and workers of the units in the report period. Total wages of staff are made of four parts., the basic salary, performance salary, wages and allowances and subsidies, and other wages ,Total wages does not include Deduction by sick, personal leave and other ituation.

The average wage of employed persons

Refers to the average wages of staff in the report period

Average wages of employed staff and workers

Refers to the average wages of employed staff in the report period

第五篇

Chapter 5

固定资产投资

INVESTMENT IN FIXED ASSETS

简要说明

一、按照国家统计局现行统计制度规定,固定资产投资统计的范围包括：⑴城镇投资 500 万元以上项目；⑵房地产开发投资；⑶农村非农户投资。按登记注册类型分，包括内资、港澳台商及外商投资。

二、固定资产投资统计资料来源为：项目建设单位填报的报表和“一套表”平台房地产开发企业填的报表，由省统计局投资处加工整理提供。

三、固定资产投资统计的调查方法，均为全面统计报表。

Brief Introduction

I. According to the current statistical system stipulated by State Statistical Bureau, the fixed assets investment includes: (1) items in town with investment of five million yean and above; (2) the real estate investment; (3) invested not by farmers in rural districts; By the registration, they include domestic investment, investment from Hong Kong, Macao and Taiwan and investment from foreign countries.

II. Data sources for the statistics of investment in fixed assets are as follows: These tables filled by the project construction units and real estate development enterprises of a set of tables platform are provided and processed by investment department of Anhui Provincial Bureau of Statistics

III. Method of data collection: Urban and rural areas are collected by sample surveys.

5—1 固定资产投资主要指标
Total Investment in Fixed Assets

指　　标	Item	2014	2015	2015年比上年增长(%) Growth Rate in 2015 over 2014 (%)
投资总额 （万元）	**Total Investment (10000 yuan)**	**212562939**	**239655515**	**12.7**
按构成分	Grouped by Structure			
建筑安装工程	Construction and Installation	149999826	175384999	16.9
设备工具器具购置	Purchase of Equipment and Instruments	45328524	48671867	7.4
其他费用	Others	17234589	15598649	-9.5
按三次产业分	Grouped by Three Strata of Industry			
第一产业	Primary Industry	5419864	7633157	40.8
第二产业	Secondary Industry	94177825	106993715	13.6
第三产业	Tertiary Industry	112965250	125028643	10.7
投资资金来源 （万元）	**Sources of Funds for Investment (10000 yuan)**	**225572142**	**240126516**	**6.5**
国家预算资金	State Budget	11675513	12190140	4.4
国内贷款	Domestic Loans	13861008	12371294	-10.7
债　券	Bonds	103704	78159	-24.6
利用外资	Foreign Investment	828211	625496	-24.5
自筹资金	Self-raising Funds	167781620	182933254	9.0
其他资金	Others	31322086	31928173	1.9
建设规模 （万元）	**Investment in Construction (10000 yuan)**			
建设总规模	Total Investment in Construction	502758934	604082407	20.2
在建总规模	Total Investment in Projects under Construction	384545720	377524162	-1.8
在建净规模	Net Investment in Projects under Construction	185287579	178805284	-3.5
房屋建筑面积 （平方米）	**Floor Space of Buildings (sq.m)**			
施工面积	Floor Space under Construction	583041520	550802389	-5.5
#住　宅	Residential Buildings	273217411	258730359	-5.3
竣工面积	Floor Space Completed	119370346	118069798	-1.1
#住　宅	Residential Buildings	50329655	50702199	0.7

注：统计口径为500万元以上项目及房地产。
a) Statistics is for over 5000000 yuan project and real estate.

5—2 主要年份固定资产投资
Total Investment in Fixed Assets in Main Year

单位：万元（10000 yuan）

年 份 Year	固定资产投资 Investment in Fixed Assets	城 镇 Urban	#房地产开发 Real Estate Development	农 村 Rural	#非农户 Non-Rural Households
2000	8666667	6395369	879261	2271298	1064861
2005	25209640	21391395	4594413	3818245	1699350
2007	50936811	44507343	7756432	6429468	3679677
2008	67999535	60016050	13626657	7983485	4800825
2009	92631822	81546076	16698263	11085746	7178208
2010	118494343	109284231	22518045	9210112	9210112
2011	121477794	113723717	26115374	7754077	7754077
2012	150549510	140700322	31516065	9849188	9849188
2013	182511212	168443835	39462264	14067377	14067377
2014	212562939	196531185	43389603	16031754	16031754
2015	239655515		44248584		

注：2010年以后农村中不包含农户数据。

a) Rural data in 2010 do not include rural household data.

5—3 主要年份分行业固定资产投资
Investment in Fixed Assets by Sector in Main Year

单位：万元（10000 yuan）

行 业	Sector	2010	2014	2015
总 计	**Total**	**118494343**	**212562939**	**239655515**
农、林、牧、渔业	Agriculture, Forestry, Animal Husbandry and Fishery	2214109	5419864	7633157
采矿业	Mining	4074986	3191980	3239991
制造业	Manufacturing	44488295	83729190	94714395
电力、热力、燃气及水生产和供应业	Production and Supply of Electricity, Heat, Gas and Water	3865796	5730423	7733204
建筑业	Construction	3638962	1526232	1306125
批发和零售业	Wholesale and Retail Trade	2924336	7935598	9551205
交通运输、仓储和邮政业	Transport, Storage and Postal Services	6682157	10986882	14697696
住宿和餐饮业	Accommodation and Catering Trade	1901810	2337008	2556547
信息传输、软件和信息技术服务业	Information Circulation, Computer Service and Software	949936	1504824	2586175
金融业	Banking	493228	1023860	720023
房地产业	Real Estate	28565844	54056960	56350978
租赁和商务服务业	Leasing and Commercial Services	552443	3357969	4320541
科学研究和技术服务业	Scientific Research and Technical Services	748466	2194817	2602006
水利、环境和公共设施管理业	Water Conservancy, Environmental and Public Facilities Management	9898894	19055987	20280074
居民服务、修理和其他服务业	Residents Service, Repair and Other Services	461181	931180	955674
教 育	Education	2170713	2358152	2725242
卫生和社会工作	Health and Social Work	1143594	1712228	2243131
文化、体育和娱乐业	Culture, Sports and Entertainment	1193481	1950601	2015735
公共管理、社会保障和社会组织	Public Management, Social Security and Social Organization	2526112	3559184	3423616

注：2012年以后为500万元以上项目统计口径，与往年为50万元以上项目统计口径不具可比性。

a) In 2012 Statistics is for over 5000000 yuan project, it does not comparable with for over 500000 yuan in past project.

5—4 各市分行业固定资产投资（2015年）

Investment in Fixed Assets by Industry by Region (2015)

单位：万元（10000 yuan）

地区 Region	合计 Total	农林牧渔业 Agriculture, Forestry, Animal Husbandry and Fishery	采矿业 Mining	制造业 Manufacturing	电力、热力、燃气及水的生产和供应业 Production and Supply of Electricity, Heat, Gas and Water	建筑业 Construction	批发和零售业 Wholesale and Retail Trade	交通运输、仓储和邮政业 Transport, Storage, Post & Telecommunications	住宿和餐饮业 Accommodation and Catering Trade	信息传输、计算机服务和软件业 Information, Circulation Computer Services and Software
总计 Total	**239655515**	**7633157**	**3239991**	**94714395**	**7733204**	**1306125**	**9551205**	**14697696**	**2556547**	**2586175**
合肥市 Hefei	58519010	1291887	227237	18212709	860666	414990	3494756	2659735	974676	1320697
淮北市 Huaibei	9252996	307280	366502	4726941	548199	111002	292554	318340	15701	77011
亳州市 Bozhou	7673005	112303	265361	2389966	492069		90530	308164	3720	12878
宿州市 Suzhou	11333940	253410	136405	5967164	421037	130448	258091	783478	15470	44336
蚌埠市 Bengbu	14579714	365106	72747	5898452	215014	131437	281100	766515	82038	45576
阜阳市 Fuyang	10049810	420953	12300	3095348	297996	9470	284816	848094	48839	29655
淮南市 Huainan	9197254	642243	466927	2489735	751647	11996	162607	578284	38342	160140
滁州市 Chuzhou	14576039	551782	37317	6647632	416231	33942	154475	801937	15982	14847
六安市 Luan	9934653	611979	106660	3442361	493938	23542	104683	587756	93975	51480
马鞍山市 Maanshan	18598354	459188	96127	9045933	341670	57590	1159181	746243	194171	295496
芜湖市 Wuhu	27091936	1006265	261623	12438027	715753	179794	1641312	1779420	255709	346100
宣城市 Xuancheng	12833637	394641	198590	5380939	612013	1573	145600	1275294	309221	16560
铜陵市 Tongling	10629256	208279	595432	4235683	283735	105378	930079	1365761	130914	95738
池州市 Chizhou	6005372	135214	233210	2969030	228206	16395	21567	524900	45994	7743
安庆市 Anqing	13855788	626206	136312	7124160	887760	78568	371524	650165	54004	21451
黄山市 Huangshan	5524751	246421	27241	650315	167270		158330	703610	277791	46467

地区 Region	金融业 Banking	房地产业 Real Estate	租赁和商务服务业 Leasing and Commercial Services	科学研究和技术服务业 Scientific Research and Technical Services	水利、环境和公共设施管理业 Water Conservancy, Environmental and Public Facilities Management	居民服务、修理和其他服务业 Residents Service, Repair and Other Services	教育 Education	卫生和社会工作 Health and Social Work	文化、体育和娱乐业 Culture, Sports and Entertainment	公共管理、社会保障和社会组织 Public Management, Social Security and Social Organization
总计 Total	**720023**	**56350978**	**4320541**	**2602006**	**20280074**	**955674**	**2725242**	**2243131**	**2015735**	**3423616**
合肥市 Hefei	436642	17293996	2003986	1212109	5105068	383047	732855	642538	649964	601452
淮北市 Huaibei	3908	1886527	53128	97152	258483	21234	53902	33201	44203	37728
亳州市 Bozhou		2975796	4020	21182	670336	29796	38803	158210	25823	74048
宿州市 Suzhou		2320224	46342	17238	458546	34525	73493	84882	31347	257504
蚌埠市 Bengbu	36712	4675621	80489	307907	828447	30643	148910	108000	56325	448675
阜阳市 Fuyang		3596061	30693	13543	605566	22382	177321	177900	32901	345972
淮南市 Huainan	7487	2334506	70339	93104	861446	16625	136275	149490	72394	153667
滁州市 Chuzhou	13897	4002074	31051	33167	1387571	12935	133702	35600	22485	229412
六安市 Luan		2491488	54300	39897	1374665	11470	142043	59737	71072	173607
马鞍山市 Maanshan	70904	2669231	544940	425348	1731548	99145	185332	115436	300406	60465
芜湖市 Wuhu	48483	5066859	896383	182097	1339745	112074	326708	306167	172303	17114
宣城市 Xuancheng	12669	2177634	57727	34601	1769020	30140	144288	111070	80011	82046
铜陵市 Tongling	32218	1302001	177150	65666	476262	79616	152449	61946	77136	253813
池州市 Chizhou		968242	39515	12051	600544	6823	56059	38809	26000	75070
安庆市 Anqing	44597	1435352	115108	28788	1704478	44913	133865	107137	142497	148903
黄山市 Huangshan	12506	1155366	115370	18156	1108349	20306	89237	53008	210868	464140

5—5 各行业按登记注册类型分的固定资产投资（2015年）

Investment in Fixed Assets by Industry by Type of Registration (2015)

行业	Sector	总计 Total	内资 Domestic	国有 State-owned
总计	**Total**	**239655515**	**231834837**	**49943065**
#房地产开发	Real Estate Development	44248584	41856247	873164
农、林、牧、渔业	**Agriculture, Forestry, Animal Husbandry and Fishery**	**7633157**	**7500876**	**729226**
农业	Farming	3588314	3529151	236677
林业	Forestry	1245807	1224702	113883
畜牧业	Animal Husbandry	1211673	1190344	47190
渔业	Fishery	460998	449522	8627
农、林、牧、渔服务业	Agricultural Services	1126365	1107157	322849
采矿业	**Mining**	**3239991**	**3128058**	**787225**
煤炭开采和洗选业	Coal Mining and Washing Industry	1104603	1104603	553577
石油和天然气开采业	Oil and Gas Industry	8700	8700	4700
黑色金属矿采选业	Ferrous Metal CaiXuanYe	340453	319831	28589
有色金属矿采选业	CaiXuanYe Nonferrous Metallic Deposits	690855	676257	149868
非金属矿采选业	CaiXuanYe Non-metallic Mineral	1052475	978312	47890
开采辅助活动	Mining Auxiliary Activities	14292	11742	2601
其他采矿业	Other Mining	28613	28613	
制造业	**Manufacturing**	**94714395**	**91032201**	**2718823**
农副食品加工业	Agricultural and Sideline Products Processing Industry	4914371	4799046	111050
食品制造业	Food Manufacturing	2501885	2441361	34303
酒、饮料和精制茶制造业	Wine, Drinks and Refined Tea Manufacturing	1989367	1577099	81191
烟草制品业	Tobacco Products	149161	149161	83600
纺织业	Textile Industry	2175979	2072017	
纺织服装、服饰业	Textile and Garment, Apparel Industry	3290496	3149822	2840
皮革、毛皮、羽毛及其制品和制鞋业	Leather, Fur, Feather and Its Products and Footwear	1107326	1081636	9000
木材加工和木、竹、藤、棕、草制品业	Wood Processing and Wood, Bamboo, Cane, Palm, Grass Products	2339720	2229654	
家具制造业	Furniture Manufacturing	1575107	1564917	29612
造纸和纸制品业	Paper and Paper Products	1395743	1325674	
印刷和记录媒介复制业	Printing and Duplicating Industry Record Media	1290903	1249952	63462
文教、工美、体育和娱乐用品制造业	Cultural and Educational Supplies Manufacturing, Industrial, Sporting and Entertainment	1307857	1266731	11905
石油加工、炼焦和核燃料加工业	Petroleum Processing, Coking and Nuclear Fuel Processing	294246	287666	28801
化学原料和化学制品制造业	Raw Chemical Materials and Chemical Products	4923935	4811101	29540
医药制造业	Pharmaceutical Manufacturing Industry	2555303	2484326	62465
化学纤维制造业	Chemical Fiber Industry	242373	242373	7880
橡胶和塑料制品业	Rubber and Plastic Products	5269097	5114226	40595
非金属矿物制品业	Nonmetal Mineral Products	9435018	9008728	159380
黑色金属冶炼和压延加工业	Smelting and Pressing of Ferrous Metals	1814775	1802375	144844
有色金属冶炼和压延加工业	Smelting and Pressing of Nonferrous Metals	2023401	1987858	161757
金属制品业	Metal Products	5547198	5402244	362174

单位：万元（10000 yuan）

集体 Collective-owned	股份合作 Cooperative	联营 Joint	有限责任公司 Limited Liability	股份有限公司 Share-holding	私营 Private	其他 Others	港澳台商投资 Funds from Hong Kong, Macao and Taiwan	外商投资 Foreign Funded	个体 Self-employed Individual
2948084	**523929**	**373954**	**60102802**	**11333019**	**95915044**	**10694940**	**4645092**	**2658036**	**517550**
4873	17135		25187166	1252519	14315759	205631	2001426	390911	
266067	**61708**	**20087**	**819236**	**182496**	**4389609**	**1032447**	**23921**	**16966**	**91394**
88779	40040	6670	485802	110717	1973191	587275	17628		41535
6980	21668	2437	108043	6000	892972	72719		11575	9530
29706		7000	97802	17112	827623	163911		5391	15938
33680			37931	7630	293476	68178	3295		8181
106922		3980	89658	41037	402347	140364	2998		16210
27212	**4520**		**918192**	**227049**	**1076814**	**87046**	**45940**	**45171**	**20822**
1450			459814	24820	57843	7099			
			4000						
	4520		104558	8000	138040	36124	7200		13422
12920			91525	137089	272055	12800	14598		
12842			252874	57140	578382	29184	21592	45171	7400
			4991		4150		2550		
			430		26344	1839			
147631	**322059**	**73262**	**21137163**	**6388047**	**57037229**	**3207987**	**1722561**	**1825402**	**134231**
41959	9810		913654	131606	3324221	266746	49596	60152	5577
7120	8600	3725	510090	75163	1705470	96890	26069	18700	15755
5029	38420	962	388165	164640	844513	54179	12100	397643	2525
		5780	53836		5945				
50	7500	6500	406037	108990	1372991	169949	59270	33289	11403
			641015	90365	2298233	117369	19193	109073	12408
6500			337774	28310	665565	34487	6440	19250	
2383			277046	32561	1828905	88759	37798	54970	17298
			339483	65594	1074349	55879		7510	2680
			251047	133685	926658	14284	7800	55019	7250
625			274412	77008	750141	84304	28088	9950	2913
			196492	36418	985237	36679	15860	23546	1720
	6725		32455	104966	108770	5949	6580		
12129	39468	8721	986511	978577	2624677	131478	62951	49883	
4850		4700	1039214	301471	989089	82537	34363	36614	
			24805		209688				
2430	65297	15861	1011289	725437	3174753	78564	81500	69220	4151
31104	42359		2442908	503854	5495109	334014	342997	58819	24474
7600		5600	191604	219851	1174778	58098		3500	8900
			476675	126587	1013828	209011	21480	14063	
2400	19700		682416	78675	4083834	173045	54502	79988	10464

5—5 续表1 continued

行业	Sector	总计 Total	内资 Domestic	国有 State-owned
通用设备制造业	Equipments in Current Use	7039715	6917219	41756
专用设备制造业	Special Equipment Manufacturing	7671739	7218462	186090
汽车制造业	Automobile Manufacturing Industry	6550573	6351474	241102
铁路、船舶、航空航天和其他运输设备制造业	Railway, Shipbuilding, Aerospace, and Other Transportation Equipment Manufacturing Industry	1291002	1249588	288087
电气机械和器材制造业	Electric Equipment and Machinery	8411083	7908281	131480
计算机、通信和其他电子设备制造业	Computers, Communications and Other Electronic Equipment Manufacturing Industry	5127286	4934319	297643
仪器仪表制造业	Instrument Manufacturing	1031316	991501	2497
其他制造业	Other Manufacturing	661653	648773	55771
废弃资源综合利用业	Comprehensive Utilization of Waste Resources	602878	589718	47462
金属制品、机械和设备修理业	Metal Products, Machinery and Equipment Repair	183889	174899	2536
电力、热力、燃气及水的生产和供应业	**Production and Supply of Electricity, Heat, Gas and Water**	**7733204**	**7229418**	**3678163**
电力、热力生产和供应业	Electricity, Heat Production and Supply Industry	5740536	5345003	2777523
燃气生产和供应业	Gas Production and Supply Industry	406482	358824	100752
水的生产和供应业	Water Production and Supply Industry	1586186	1525591	799888
建筑业	**Construction**	**1306125**	**1301565**	**310047**
房屋建筑业	Housing Industry	257186	257186	19593
土木工程建筑业	Civil Engineering Construction	498021	493461	261094
建筑安装业	Construction and Installation Industry	88535	88535	
建筑装饰和其他建筑业	Building Decoration and Other Construction	462383	462383	29360
批发和零售业	**Wholesale and Retail Trade**	**9551205**	**9239258**	**404362**
批发业	Wholesale	4933598	4815768	133130
零售业	Retail Trade	4617607	4423490	271232
交通运输、仓储和邮政业	**Transport, Storage and Postal Services**	**14697696**	**14550438**	**9209472**
铁路运输业	Railway Transport	1287786	1287786	1064621
道路运输业	Highway Transport	9952955	9915685	7588444
水上运输业	Water Way Transport	871005	789332	176144
航空运输业	Air Transport	5880	5880	5880
管道运输业	Pipeline Transport	14913	14913	14913
装卸搬运和运输代理业	Handling and Shipping Agents	792960	792960	27500
仓储业	Warehousing	1606589	1578274	327137
邮政业	Postal Services	165608	165608	4833
住宿和餐饮业	**Accommodation and Catering Trade**	**2556547**	**2451294**	**122922**
住宿业	Accommodation Trade	1455317	1409701	102713
餐饮业	Catering Services	1101230	1041593	20209
信息传输、软件和信息技术服务业	**Information Transmission, Software and Information Technology Services**	**2586175**	**2522449**	**561003**
电信、广播电视和卫星传输服务	Telecommunications, Broadcasting and TV Transmission and Satellite Services	497664	471814	320047
互联网和相关服务	The Internet and Related Services	352045	346169	23164
软件和信息技术服务业	Software and Information Technology Services	1736466	1704466	217792

单位：万元（10000 yuan）

集　体 Collective-owned	股份合作 Cooperative	联　营 Joint	有限责任公司 Limited Liability	股份有限公司 Share-holding	私　营 Private	其　他 Others	港澳台商投资 Funds from Hong Kong, Macao and Taiwan	外商投资 Foreign Funded	个　体 Self-employed Individual
3970	10888		1382448	308048	4947506	222603	110885	11611	
13450	5040	13663	1651106	518084	4596787	234242	219812	228061	5404
2164	15935	1650	1906557	492958	3389508	301600	81915	117184	
			100461	43237	810387	7416	41305		109
3868	52317	2600	2408164	182453	4967527	159872	183342	319460	
			1707654	716747	2135631	76644	160820	30947	1200
			143993	67446	757625	19940	36865	2950	
			89791	62320	358057	82834	12880		
		3500	182318	12996	333987	9455	5160	8000	
			87743		83460	1160	2990	6000	
104211	**12200**	**55206**	**1355181**	**473295**	**1406035**	**145127**	**392292**	**106894**	**4600**
30669	8200	13612	1093048	448836	924655	48460	352321	43212	
			97768	9949	130975	19380	24799	22859	
73542	4000	41594	164365	14510	350405	77287	15172	40823	4600
24863			**267688**	**78921**	**505719**	**114327**	**4560**		
23013			70782		102379	41419			
1850			68190	28704	112798	20825	4560		
			21313	12798	49124	5300			
			107403	37419	241418	46783			
86715	**4990**	**16026**	**2111694**	**706535**	**5002726**	**906210**	**134353**	**73190**	**104404**
12210		11305	1169657	384083	2711168	394215	81320	7150	29360
74505	4990	4721	942037	322452	2291558	511995	53033	66040	75044
163779	**9501**	**26125**	**2009975**	**674852**	**2136064**	**320670**	**47135**	**63937**	**36186**
		11900	97082	55342	52508	6333			
124169	9501	1200	1044430	129161	797998	220782	10782	26488	
29793			155483	30434	384254	13224	8038	37449	36186
7817		5000	383501	216716	139076	13350			
2000		8025	301908	243199	629024	66981	28315		
			27571		133204				
16170		**2945**	**550346**	**285429**	**1212225**	**261257**	**15748**	**22303**	**67202**
8640			319541	253009	522815	202983	15748	17563	12305
7530		2945	230805	32420	689410	58274		4740	54897
3200		**2018**	**622926**	**119217**	**1075035**	**139050**	**48471**	**15255**	
		2018	39291	75472	22636	12350	16471	9379	
			100621	7169	192276	22939		5876	
3200			483014	36576	860123	103761	32000		

5—5 续表2 continued

行 业	Sector	总 计 Total	内 资 Domestic	国 有 State-owned
金融业	**Banking**	**720023**	**716023**	**212860**
货币金融服务	Monetary and Financial Services	316817	316817	164190
资本市场服务	Capital Market Services	227405	223405	18000
保险业	Insurance	41759	41759	9698
其他金融业	Other Financial Activities	134042	134042	20972
房地产业	**Real Estate**	**56350978**	**53895697**	**8557377**
租赁和商务服务业	**Leasing and Commercial Services**	**4320541**	**4226610**	**618027**
租赁业	Leasing	252883	251956	2600
商务服务业	Commercial Services	4067658	3974654	615427
科学研究和技术服务业	**Scientific Research and Technical Services**	**2602006**	**2591337**	**542078**
研究和试验发展	Research and Experimental Development	820553	816280	217053
专业技术服务业	Professional and Technical Services	1130248	1126842	261219
科技推广和应用服务业	Science and Technology Popularization and Application Services	651205	648215	63806
水利、环境和公共设施管理业	**Water Conservancy, Environmental and Public Facilities Management**	**20280074**	**20217998**	**15226338**
水利管理业	Water Conservancy Management	2456701	2454701	2185149
生态保护和环境治理业	Ecological Protection and Environmental Governance Industry	520852	508026	349346
公共设施管理业	Public Facilities Management	17302521	17255271	12691843
居民服务、修理和其他服务业	**Residents Service, Repair and Other Services**	**955674**	**945201**	**177853**
居民服务业	Resident Services	393168	382695	131352
机动车、电子产品和日用产品修理业	Motor Vehicle Repair Industry, Electronic Products and Daily Products	350737	350737	38243
其他服务业	Other Services	211769	211769	8258
教 育	**Education**	**2725242**	**2673590**	**1481359**
卫生和社会工作	**Health and Social Wwork**	**2243131**	**2222171**	**1253633**
卫 生	Health	1936379	1915419	1149327
社会工作	Social Wwork	306752	306752	104306
文化、体育和娱乐业	**Culture, Sports and Entertainment**	**2015735**	**1991508**	**904530**
新闻和出版业	Press and Publication	40624	40624	12452
广播、电视、电影和影视录音制作业	Radio, Television, Film and Television Recording Studios	119358	119358	17332
文化艺术业	Culture and Arts	937430	934130	498096
体 育	Sports	360149	346899	256626
娱乐业	Entertainment	558174	550497	120024
公共管理、社会保障和社会组织	**Public Management, Social Security and Social Organizatic**	**3423616**	**3399145**	**2447767**
中国共产党机关	Organs of Chinese Communist Party	7805	7805	7255
国家机构	State Organs	2487311	2472440	2160784
人民政协、民主党派	CPPCC and Democratic Parties	36506	36506	33906
社会保障	The Social Security	94319	94319	56856
群众团体、社会团体和其他成员组织	Mass Organizations, Social Organizations and Religious Organizations	256277	252395	77098
基层群众自治组织	The Grassroots Autonomous Organizations	541398	535680	111868

单位：万元（10000 yuan）

集　体 Collective-owned	股份合作 Cooperative	联　营 Joint	有限责任公　司 Limited Liability	股份有限公　司 Share-holding	私　营 Private	其　他 Others	港澳台商投　资 Funds from Hong Kong, Macao and Taiwan	外商投资 Foreign Funded	个　体 Self-employed Individual
	12284		**133690**	**124676**	**206697**	**25816**	**4000**		
	12284		13369	101570	17118	8286			
			64462	9200	126963	4780	4000		
			7372	8915	11224	4550			
			48487	4991	51392	8200			
542118	**38405**	**63232**	**26295630**	**1393854**	**15259981**	**1745100**	**2035326**	**419955**	
29208	**10145**	**10812**	**1197848**	**104081**	**1927434**	**329055**	**74993**	**9301**	**9637**
			51878		162001	35477			927
29208	10145	10812	1145970	104081	1765433	293578	74993	9301	8710
26740		**11361**	**417878**	**287191**	**1153692**	**152397**	**2990**	**4273**	**3406**
		10171	75065	254634	237739	21618		4273	
3672		1190	220774	25116	568118	46753			3406
23068			122039	7441	347835	84026	2990		
1013018	**21403**	**29209**	**1250332**	**165133**	**1417559**	**1095006**	**25540**	**36536**	
60064		6854	23217	24571	16960	137886	2000		
38087			20040	17132	58608	24813		12826	
914867	21403	22355	1207075	123430	1341991	932307	23540	23710	
8887		**4800**	**182029**	**9754**	**485781**	**76097**			**10473**
8887		4800	98010	9104	97834	32708			10473
			58328	650	223671	29845			
			25691		164276	13544			
32250	**600**	**19268**	**232724**	**7980**	**560915**	**338494**	**51652**		
58759	**7050**	**33342**	**272659**	**26380**	**383594**	**186754**	**15610**		**5350**
18796	7050	26730	260194	26380	292651	134291	15610		5350
39963		6612	12465		90943	52463			
61109		**4621**	**284788**	**77279**	**567542**	**91639**		**3300**	**20927**
			4300		14081	9791			
			75116		26910				
35568		4621	73326	43456	228231	50832		3300	
13171			14183	3268	51651	8000			13250
12370			117863	30555	246669	23016			7677
336147	**19064**	**1640**	**42823**	**850**	**110393**	**440461**		**15553**	**8918**
						550			
33391			24911	850	46145	206359		11671	3200
					2600				
546					8700	28217			
14150	19064	1640			43638	96805		3882	
288060			17912		9310	108530			5718

5—6 各市按登记注册类型分的固定资产投资（2015年）
Investment in Fixed Assets by Type of Registration by Region (2015)

单位：万元（10000 yuan）

地 区	Region	总 计 Total	国 有 State-owned	集 体 Collective-owned	股份合作 Cooperative	联 营 Joint	有限责任公司 Limited Liability
总 计	**Total**	**239655515**	**49943065**	**2948084**	**523929**	**373954**	**60102802**
合 肥 市	Hefei	58519010	12979292	535909		40042	11523395
淮 北 市	Huaibei	9252996	1448353	116689	5500		1827355
亳 州 市	Bozhou	7673005	2256827	4620		1200	3709685
宿 州 市	Suzhou	11333940	1409128	112319	28692	99042	3942459
蚌 埠 市	Bengbu	14579714	2713408	41981	44268	14883	4180138
阜 阳 市	Fuyang	10049810	2970404	38116	5700		2880378
淮 南 市	Huainan	9197254	2984993	359350	14784	30486	1874131
滁 州 市	Chuzhou	14576039	2869527	20914	52105	18855	3020403
六 安 市	Luan	9934653	3077844	133358	14236	12204	1664878
马鞍山市	Maanshan	18598354	2950955	207757	25340	27162	1604377
芜 湖 市	Wuhu	27091936	2759486	82736	12129	19999	12456432
宣 城 市	Xuancheng	12833637	3380976	87701	218735	24879	1855558
铜 陵 市	Tongling	10629256	1799307	168108	16430	17163	3455958
池 州 市	Chizhou	6005372	1400589	24392		900	2080235
安 庆 市	Anqing	13855788	2312093	912058	83910	60519	2784288
黄 山 市	Huangshan	5524751	2629883	102076	2100	6620	1243132

地 区	Region	股份有限公司 Share-holding	私 营 Private	其 他 Others	港澳台商投资 Funds from Hong Kong, Macao and Taiwan	外商投资 Foreign Funded	个 体 Self-employed Individual
总 计	**Total**	**11333019**	**95915044**	**10694940**	**4645092**	**2658036**	**517550**
合 肥 市	Hefei	5619315	21630436	3696065	1718253	764623	11680
淮 北 市	Huaibei	497835	4755789	475896	29223	58841	37515
亳 州 市	Bozhou	324524	1012755	339004	5990	18400	
宿 州 市	Suzhou	421731	4163084	694064	33704	411327	18390
蚌 埠 市	Bengbu	648339	5332420	404025	1042507	141243	16502
阜 阳 市	Fuyang	396531	3025341	654798	12849	16284	49409
淮 南 市	Huainan	748973	2140821	605852	367882	28682	41300
滁 州 市	Chuzhou	395551	7609878	296254	103584	179237	9731
六 安 市	Luan	295998	4206401	322265	50992	145549	10928
马鞍山市	Maanshan	393353	12233731	581047	315748	197370	61514
芜 湖 市	Wuhu	429837	9517093	627530	652331	462034	72329
宣 城 市	Xuancheng	366281	6100158	667061	34875	73224	24189
铜 陵 市	Tongling	454875	3908131	558028	131128	42507	77621
池 州 市	Chizhou	60340	2374721	27696	28660	5219	2620
安 庆 市	Anqing	131133	6977748	396860	61252	62964	72963
黄 山 市	Huangshan	148403	926537	348495	56114	50532	10859

5—7 各市按登记注册类型分的项目投资（2015年）
Projects Investment by Type of Registration by Region (2015)

单位：万元（10000 yuan）

地 区	Region	总 计 Total	国 有 State-owned	集 体 Collective-owned	股份合作 Cooperative	联 营 Joint	有限责任公司 Limited Liability
总 计	**Total**	**195406931**	**49069901**	**2943211**	**506794**	**373954**	**34915636**
合 肥 市	Hefei	45927657	12531001	535259		40042	4794482
淮 北 市	Huaibei	7774673	1393617	116689	5500		1086532
亳 州 市	Bozhou	5621172	2232836	4620		1200	1897270
宿 州 市	Suzhou	9135872	1385892	109296	28692	99042	2478120
蚌 埠 市	Bengbu	10293725	2586542	41981	44268	14883	1417675
阜 阳 市	Fuyang	7402041	2902223	38116	5700		1499051
淮 南 市	Huainan	8038643	2946921	359350	14784	30486	1214224
滁 州 市	Chuzhou	11231753	2848894	20914	37810	18855	2001596
六 安 市	Luan	8111740	3077844	133358	14236	12204	971248
马鞍山市	Maanshan	16585530	2943755	207757	22500	27162	719531
芜 湖 市	Wuhu	22563523	2751156	82736	12129	19999	8949959
宣 城 市	Xuancheng	10985165	3380976	87701	218735	24879	1017660
铜 陵 市	Tongling	9407215	1796999	166908	16430	17163	2695517
池 州 市	Chizhou	5177148	1367589	24392		900	1500734
安 庆 市	Anqing	12638577	2311483	912058	83910	60519	2059522
黄 山 市	Huangshan	4512497	2612173	102076	2100	6620	612515

地 区	Region	股份有限公司 Share-holding	私 营 Private	其 他 Others	港澳台商投资 Funds from Hong Kong, Macao and Taiwan	外商投资 Foreign Funded	个 体 Self-employed Individual
总 计	**Total**	**10080500**	**81599285**	**10489309**	**2643666**	**2267125**	**517550**
合 肥 市	Hefei	5182978	18314237	3654003	180535	683440	11680
淮 北 市	Huaibei	297619	4362285	426407	28808	19701	37515
亳 州 市	Bozhou	263219	858633	339004	5990	18400	
宿 州 市	Suzhou	279382	3601993	693364	33704	407997	18390
蚌 埠 市	Bengbu	538409	4261000	404025	856605	111835	16502
阜 阳 市	Fuyang	325086	1913924	639569	12679	16284	49409
淮 南 市	Huainan	746973	1719474	581667	354782	28682	41300
滁 州 市	Chuzhou	350901	5363977	296254	103584	179237	9731
六 安 市	Luan	205635	3286622	322265	44822	32578	10928
马鞍山市	Maanshan	393353	11326117	514611	241748	127482	61514
芜 湖 市	Wuhu	408316	8671234	625790	520184	449691	72329
宣 城 市	Xuancheng	318240	5150688	667061	34875	60161	24189
铜 陵 市	Tongling	441461	3467448	558028	127133	42507	77621
池 州 市	Chizhou	60340	2158998	27696	28660	5219	2620
安 庆 市	Anqing	122720	6525039	391070	36329	62964	72963
黄 山 市	Huangshan	145868	617616	348495	33228	20947	10859

5—8 各行业按隶属关系、构成、控股情况分的固定资产投资（2015年）

Investment in Fixed Assets by Industry by Administrative relationship, Composition, Controlled Conditions (2015)

行业	Sector	投资额 Investment	按隶属关系分 By Administrative Relationship 中央 Central Investment	地方 Local Investment
总计	**Total**	**239655515**	**4449850**	**235205665**
#房地产开发	Real Estate Development	44248584	638610	43609974
农、林、牧、渔业	**Agriculture, Forestry, Animal Husbandry and Fishery**	**7633157**	**24825**	**7608332**
农业	Farming	3588314	3800	3584514
林业	Forestry	1245807	8662	1237145
畜牧业	Animal Husbandry	1211673		1211673
渔业	Fishery	460998		460998
农、林、牧、渔服务业	Agricultural Services	1126365	12363	1114002
采矿业	**Mining**	**3239991**	**79760**	**3160231**
煤炭开采和洗选业	Coal Mining and Washing Industry	1104603	41106	1063497
石油和天然气开采业	Oil and Gas Industry	8700		8700
黑色金属矿采选业	Ferrous Metal CaiXuanYe	340453	1877	338576
有色金属矿采选业	CaiXuanYe Nonferrous Metallic Deposits	690855		690855
非金属矿采选业	CaiXuanYe Non-metallic Mineral	1052475	36777	1015698
开采辅助活动	Mining Auxiliary Activities	14292		14292
其他采矿业	Other Mining	28613		28613
制造业	**Manufacturing**	**94714395**	**548668**	**94165727**
农副食品加工业	Agricultural and Sideline Products Processing Industry	4914371		4914371
食品制造业	Food Manufacturing	2501885	31253	2470632
酒、饮料和精制茶制造业	Wine, Drinks and Refined Tea Manufacturing	1989367		1989367
烟草制品业	Tobacco Products	149161	9980	139181
纺织业	Textile Industry	2175979		2175979
纺织服装、服饰业	Textile and Garment, Apparel Industry	3290496		3290496
皮革、毛皮、羽毛及其制品和制鞋业	Leather, Fur, Feather and Its Products and Footwear	1107326		1107326
木材加工和木、竹、藤、棕、草制品业	Wood Processing and Wood, Bamboo, Cane, Palm, Grass Products	2339720		2339720
家具制造业	Furniture Manufacturing	1575107	8191	1566916
造纸和纸制品业	Paper and Paper Products	1395743		1395743
印刷和记录媒介复制业	Printing and Duplicating Industry Record Media	1290903		1290903
文教、工美、体育和娱乐用品制造业	Cultural and Educational Supplies Manufacturing, Industrial, Sporting and Entertainment	1307857		1307857
石油加工、炼焦和核燃料加工业	Petroleum Processing, Coking and Nuclear Fuel Processing	294246	35526	258720
化学原料和化学制品制造业	Raw Chemical Materials and Chemical Products	4923935	31266	4892669
医药制造业	Pharmaceutical Manufacturing Industry	2555303	27190	2528113
化学纤维制造业	Chemical Fiber Industry	242373		242373
橡胶和塑料制品业	Rubber and Plastic Products	5269097		5269097
非金属矿物制品业	Nonmetal Mineral Products	9435018	55489	9379529
黑色金属冶炼和压延加工业	Smelting and Pressing of Ferrous Metals	1814775	50771	1764004
有色金属冶炼和压延加工业	Smelting and Pressing of Nonferrous Metals	2023401		2023401

单位：万元（10000 yuan）

按构成分 By Use of Funds				按控股情况分 According to the Controlled Conditions					
建筑工程 Construction	安装工程 Installation	设备工器具购置 Purchase of Equipment and Instruments	其他费用 Others	国有控股 State-holding	集体控股 Collective-holding	私人控股 Private-holding	港澳台商控股 Hong Kong, Macao and Taiwan-holding	外商控股 Foreign-holding	其他 Other
154722383	**20662616**	**48671867**	**15598649**	**62885744**	**5198086**	**141607300**	**3133342**	**1893039**	**24938004**
30569270	5219369	584514	7875431	6134806	645433	28558663	1400847	598281	6910554
5578478	**469023**	**1026680**	**558976**	**765735**	**371673**	**5836972**	**3295**	**2631**	**652851**
2642218	235821	448521	261754	243977	160735	2828100			355502
894306	67842	128730	154929	128721	28648	1045579			42859
868092	66840	201604	75137	47190	34306	1026159		2631	101387
337627	26673	78306	18392	8627	38842	393105	3295		17129
836235	71847	169519	48764	337220	109142	544029			135974
1589853	**311620**	**1055091**	**283427**	**1302242**	**82148**	**1642479**		**6528**	**206594**
484355	127904	342040	150304	973894	1450	117100			12159
6700		2000		4700		4000			
184459	33240	93016	29738	46816	4520	222343			66774
382432	60654	206880	40889	218741	62906	374933			34275
513227	86622	391151	61475	55490	12842	893609		6528	84006
9231	2473	2588		2601		4150			7541
9449	727	17416	1021		430	26344			1839
49686839	**7580561**	**34337340**	**3109655**	**5267064**	**1153760**	**77573486**	**979133**	**1145298**	**8595654**
2786949	382608	1548022	196792	117838	73689	4314590	7838	61352	339064
1360659	232096	815812	93318	58073	34530	2245386	3850	18700	141346
1100512	232766	576715	79374	87074	59929	1260236	12100	380353	189675
93679	19072	35718	692	98544		24302			26315
1107121	152503	845983	70372	83635	14050	1873302	13672	9760	181560
1872211	223433	1062939	131913	26480	187	2951927	31643	19000	261259
592806	128434	337310	48776	9000	6500	1027472		175	64179
1254569	158430	849553	77168		2383	2189554	9320	5000	133463
978240	98471	451878	46518	30642	5030	1408225			131210
729550	141948	489810	34435	13950	15979	1159854	48341	678	156941
732986	112363	418375	27179	64037	27743	954200	28088		216835
813641	78921	364862	50433	11905	6400	1184467		23546	81539
138203	6084	136045	13914	133767	6725	137574	6580		9600
2323823	466523	1805541	328048	677001	207042	3533632	37992	35584	432684
1551751	288124	647555	67873	91071	10090	1659483	11475	26714	756470
134205	12981	88572	6615	17945	9700	214728			
2621552	423547	2011918	212080	154422	106637	4189666	27820	39148	751404
4655586	816959	3661636	300837	387608	90333	7907177	264027	29719	756154
913100	100777	755069	45829	326797	45938	1390242			51798
839027	175433	956632	52309	170257	9620	1679772	15840		147912

5—8 续表1 continued

行业	Sector	投资额 Investment	按隶属关系分 By Administrative Relationship 中央 Central Investment	地方 Local Investment
金属制品业	Metal Products	5547198	3917	5543281
通用设备制造业	Equipments in Current Use	7039715	37061	7002654
专用设备制造业	Special Equipment Manufacturing	7671739		7671739
汽车制造业	Automobile Manufacturing Industry	6550573	75	6550498
铁路、船舶、航空航天和其他运输设备制造业	Railway, Shipbuilding, Aerospace, and Other Transportation Equipment Manufacturing Industry	1291002	8320	1282682
电气机械和器材制造业	Electric Equipment and Machinery	8411083	33564	8377519
计算机、通信和其他电子设备制造业	Computers, Communications and Other Electronic Equipment Manufacturing Industry	5127286	181580	4945706
仪器仪表制造业	Instrument Manufacturing	1031316		1031316
其他制造业	Other Manufacturing	661653		661653
废弃资源综合利用业	Comprehensive Utilization of Waste Resources	602878	34485	568393
金属制品、机械和设备修理业	Metal Products, Machinery and Equipment Repair	183889		183889
电力、热力、燃气及水的生产和供应业	**Production and Supply of Electricity, Heat, Gas and Water**	**7733204**	**713727**	**7019477**
电力、热力生产和供应业	Electricity, Heat Production and Supply Industry	5740536	682973	5057563
燃气生产和供应业	Gas Production and Supply Industry	406482	9959	396523
水的生产和供应业	Water Production and Supply Industry	1586186	20795	1565391
建筑业	**Construction**	**1306125**	**55972**	**1250153**
房屋建筑业	Housing Industry	257186	16093	241093
土木工程建筑业	Civil Engineering Construction	498021	39879	458142
建筑安装业	Construction and Installation Industry	88535		88535
建筑装饰和其他建筑业	Building Decoration and Other Construction	462383		462383
批发和零售业	**Wholesale and Retail Trade**	**9551205**	**27213**	**9523992**
批发业	Wholesale	4933598	5593	4928005
零售业	Retail Trade	4617607	21620	4595987
交通运输、仓储和邮政业	**Transport, Storage and Postal Services**	**14697696**	**1282111**	**13415585**
铁路运输业	Railway Transport	1287786	752822	534964
道路运输业	Highway Transport	9952955	470897	9482058
水上运输业	Water Way Transport	871005	37804	833201
航空运输业	Air Transport	5880	5880	
管道运输业	Pipeline Transport	14913		14913
装卸搬运和运输代理业	Handling and Shipping Agents	792960		792960
仓储业	Warehousing	1606589	14708	1591881
邮政业	Postal Services	165608		165608
住宿和餐饮业	**Accommodation and Catering Trade**	**2556547**	**8755**	**2547792**
住宿业	Accommodation Trade	1455317	4895	1450422
餐饮业	Catering Services	1101230	3860	1097370
信息传输、软件和信息技术服务业	**Information Transmission, Software and Information Technology Services**	**2586175**	**117121**	**2469054**
电信、广播电视和卫星传输服务	Telecommunications, Broadcasting and TV Transmission and Satellite Services	497664	114241	383423
互联网和相关服务	The Internet and Related Services	352045		352045
软件和信息技术服务业	Software and Information Technology Services	1736466	2880	1733586

单位：万元（10000 yuan）

按构成分 By Use of Funds				按控股情况分 According to the Controlled Conditions					
建筑工程 Construction	安装工程 Installation	设备工器具购置 Purchase of Equipment and Instruments	其他费用 Others	国有控股 State-holding	集体控股 Collective-holding	私人控股 Private-holding	港澳台商控股 Hong Kong, Macao and Taiwan-holding	外商控股 Foreign-holding	其他 Other
3249125	294970	1858677	144426	365074	26280	4907070	5060	17200	226514
3739958	463472	2653585	182700	136808	17758	6195831	73561	11561	604196
3838004	615946	2972063	245726	382014	182188	6285271	52656	146503	623107
3129933	684526	2581391	154723	712160	26992	4960045	42002	42545	766829
778604	49530	398167	64701	294474		871336	16020		109172
4285184	609278	3305273	211348	187488	69285	7224356	103067	230578	596309
2725767	419856	1862765	118898	506754	74605	3882191	136901	30947	495888
535027	74861	375492	45936	7477		900382	18400	8235	96822
393251	40502	208267	19633	55771		477101	12880		115901
324071	56237	198529	24041	56462	14884	465677		8000	57855
87745	19910	63186	13048	2536	9263	98437			73653
3448970	**1035126**	**2850663**	**398445**	**4724885**	**164164**	**2008312**	**511142**	**69260**	**255441**
2199962	798156	2405168	337250	3738099	59605	1342535	474010	13808	112479
205892	92425	94603	13562	107527		194720	26860	22107	55268
1043116	144545	350892	47633	879259	104559	471057	10272	33345	87694
814285	**140922**	**305498**	**45420**	**315873**	**25283**	**771834**			**193135**
164141	17573	67808	7664	19593	23013	190971			23609
344335	47554	86199	19933	266920	2270	165800			63031
40808	14459	30960	2308			61076			27459
265001	61336	120531	15515	29360		353987			79036
5912934	**1064621**	**2124243**	**449407**	**549053**	**108330**	**7201577**	**83600**	**18865**	**1589780**
2812111	618852	1268896	233739	242921	14210	3780502	79400		816565
3100823	445769	855347	215668	306132	94120	3421075	4200	18865	773215
11916384	**408721**	**1750517**	**622074**	**10100782**	**197116**	**3513700**	**28315**	**2000**	**855783**
855084	62880	308103	61719	1142741	10771	127941			6333
8731174	130338	653594	437849	8304987	136535	1195707		2000	313726
461298	19672	382608	7427	250874	29793	493230			97108
5680		200		5880					
11053	2547	663	650	14913					
524271	27938	210754	29997	37300	17617	609461			128582
1184447	158008	180358	83776	339254	2400	926586	28315		310034
143377	7338	14237	656	4833		160775			
1789559	**296695**	**334395**	**135898**	**221454**	**16170**	**1837316**	**33311**		**448296**
1050786	172271	166676	65584	198300	8640	917122	33311		297944
738773	124424	167719	70314	23154	7530	920194			150352
1347227	**506900**	**670033**	**62015**	**651057**	**21280**	**1476724**	**34660**	**9379**	**393075**
150725	204543	133033	9363	402181	12204	27236	5160	9379	41504
209926	52048	81906	8165	24493	5876	268308			53368
986576	250309	455094	44487	224383	3200	1181180	29500		298203

5—8 续表2 continued

行 业	Sector	投 资 额 Investment	按隶属关系分 By Administrative Relationship 中 央 Central Investment	地 方 Local Investment
金融业	**Banking**	**720023**	**85528**	**634495**
货币金融服务	Monetary and Financial Services	316817	67528	249289
资本市场服务	Capital Market Services	227405	18000	209405
保险业	Insurance	41759		41759
其他金融业	Other Financial Activities	134042		134042
房地产业	**Real Estate**	**56350978**	**718761**	**55632217**
租赁和商务服务业	**Leasing and Commercial Services**	**4320541**	**9315**	**4311226**
租赁业	Leasing	252883		252883
商务服务业	Commercial Services	4067658	9315	4058343
科学研究和技术服务业	**Scientific Research and Technical Services**	**2602006**	**62328**	**2539678**
研究和试验发展	Research and Experimental Development	820553	56925	763628
专业技术服务业	Professional and Technical Services	1130248	5403	1124845
科技推广和应用服务业	Science and Technology Popularization and Application Services	651205		651205
水利、环境和公共设施管理业	**Water Conservancy, Environmental and Public Facilities Management**	**20280074**	**546439**	**19733635**
水利管理业	Water Conservancy Management	2456701	47768	2408933
生态保护和环境治理业	Ecological Protection and Environmental Governance Industry	520852	15977	504875
公共设施管理业	Public Facilities Management	17302521	482694	16819827
居民服务、修理和其他服务业	**Residents Service, Repair and Other Services**	**955674**	**4430**	**951244**
居民服务业	Resident Services	393168	4430	388738
机动车、电子产品和日用产品修理业	Motor Vehicle Repair Industry, Electronic Products and Daily Products	350737		350737
其他服务业	Other Services	211769		211769
教 育	**Education**	**2725242**	**58922**	**2666320**
卫生和社会工作	**Health and Social Wwork**	**2243131**	**17432**	**2225699**
卫 生	Health	1936379	13823	1922556
社会工作	Social Wwork	306752	3609	303143
文化、体育和娱乐业	**Culture, Sports and Entertainment**	**2015735**	**22566**	**1993169**
新闻和出版业	Press and Publication	40624		40624
广播、电视、电影和影视录音制作业	Radio, Television, Film and Television Recording Studios	119358		119358
文化艺术业	Culture and Arts	937430	14876	922554
体 育	Sports	360149	7690	352459
娱乐业	Entertainment	558174		558174
公共管理、社会保障和社会组织	**Public Management, Social Security and Social Organizatic**	**3423616**	**65977**	**3357639**
中国共产党机关	Organs of Chinese Communist Party	7805		7805
国家机构	State Organs	2487311	65977	2421334
人民政协、民主党派	CPPCC and Democratic Parties	36506		36506
社会保障	The Social Security	94319		94319
群众团体、社会团体和其他成员组织	Mass Organizations, Social Organizations and Religious Organizations	256277		256277
基层群众自治组织	The Grassroots Autonomous Organizations	541398		541398

单位：万元（10000 yuan）

按构成分 By Use of Funds				按控股情况分 According to the Controlled Conditions					
建筑工程 Construction	安装工程 Installation	设备工器具购置 Purchase of Equipment and Instruments	其他费用 Others	国有控股 State-holding	集体控股 Collective-holding	私人控股 Private-holding	港澳台商控股 Hong Kong, Macao and Taiwan-holding	外商控股 Foreign-holding	其他 Other
476270	**132437**	**97222**	**14094**	**276696**	**16694**	**344236**			**82397**
201702	62713	44379	8023	223326	16694	37901			38896
151721	39265	31780	4639	18000		183645			25760
19429	12316	10014	0	14398		22811			4550
103418	18143	11049	1432	20972		99879			13191
41248801	**5917756**	**900069**	**8284352**	**14602434**	**1244522**	**30103642**	**1410547**	**606943**	**8382890**
3054891	**532039**	**626928**	**106683**	**819085**	**46403**	**2895971**	**46139**	**312**	**512631**
110933	29024	106325	6601	2600		221622			28661
2943958	503015	520603	100082	816485	46403	2674349	46139	312	483970
1634895	**371214**	**528758**	**67139**	**727010**	**26740**	**1424639**		**4273**	**419344**
516183	135660	158735	9975	237819		303979		4273	274482
708646	153818	246512	21272	385655	3672	676476			64445
410066	81736	123511	35892	103536	23068	444184			80417
17540459	**955241**	**720048**	**1064326**	**16081677**	**1149317**	**1835677**	**3200**	**27550**	**1182653**
2018689	84856	93678	259478	2200413	67959	30772			157557
417605	30367	49188	23692	365285	40087	76694		4680	34106
15104165	840018	577182	781156	13515979	1041271	1728211	3200	22870	990990
632306	**101465**	**187261**	**34642**	**185823**	**15787**	**661074**			**92990**
286378	38252	54656	13882	138672	8887	200346			45263
225485	29750	84255	11247	38893		277661			34183
120443	33463	48350	9513	8258	6900	183067			13544
2120074	**199535**	**334598**	**71035**	**1554645**	**32850**	**842908**			**294839**
1516967	**223113**	**416756**	**86295**	**1320318**	**72969**	**661965**			**187879**
1271334	200564	396656	67825	1205800	33006	546925			150648
245633	22549	20100	18470	114518	39963	115040			37231
1507857	**211469**	**216169**	**80240**	**922088**	**83541**	**792581**			**217525**
30821	6648	3155		16752		14081			9791
79333	8769	27311	3945	17332		87826			14200
750610	89029	51908	45883	511354	38210	296532			91334
269227	32274	43821	14827	256626	16171	82352			5000
377866	74749	89974	15585	120024	29160	311790			97200
2905334	**204158**	**189598**	**124526**	**2497823**	**369339**	**182207**			**374247**
7255		550		7255					550
2064493	168137	166942	87739	2202164	38914	75528			170705
35475	891	120	20	33906		2600			
90134	643	100	3442	56856	546	8700			28217
225291	9997	12008	8981	79598	33214	64983			78482
482686	24490	9878	24344	118044	296665	30396			96293

5—9 各市按隶属关系、构成、控股情况分的固定资产投资（2015年）

Investment in Fixed Assets by Industry by Administrative relationship, Composition, Controlled Conditions by Region (2015)

单位：万元（10000 yuan）

地区	Region	投资额 Total	按隶属关系分 By Administrative Relationship		按构成分 By Use of Funds			
			中央 Central Investment	地方 Local Investment	建筑工程 Construction	安装工程 Installation	设备工器具购置 Purchase of Equipment and Instruments	其他费用 Others
总计	**Total**	**239655515**	**4449850**	**235205665**	**154722383**	**20662616**	**48671867**	**15598649**
合肥市	Hefei	58519010	1026609	57492401	41325140	7216087	5734186	4243597
淮北市	Huaibei	9252996	25330	9227666	5059103	383234	3237761	572898
亳州市	Bozhou	7673005	91181	7581824	5863609	453660	796539	559197
宿州市	Suzhou	11333940	229733	11104207	7420783	1176905	2118208	618044
蚌埠市	Bengbu	14579714	329374	14250340	9572705	1768554	2383493	854962
阜阳市	Fuyang	10049810	14043	10035767	7291393	526061	1015682	1216674
淮南市	Huainan	9197254	144626	9052628	6099262	681265	1615682	801045
滁州市	Chuzhou	14576039	113127	14462912	9051258	1043595	3564647	916539
六安市	Luan	9934653	325254	9609399	6852364	865783	1627681	588825
马鞍山市	Maanshan	18598354	440391	18157963	11185278	1162569	5374654	875853
芜湖市	Wuhu	27091936	416273	26675663	14734207	2172598	8860653	1324478
宣城市	Xuancheng	12833637	393318	12440319	9260089	567313	2308971	697264
铜陵市	Tongling	10629256	324731	10304525	4876385	801167	4263901	687803
池州市	Chizhou	6005372	100904	5904468	3876545	258549	1550536	319742
安庆市	Anqing	13855788	101653	13754135	8110275	1171639	3700593	873281
黄山市	Huangshan	5524751	373303	5151448	4143987	413637	518680	448447

地区	Region	按控股情况分 According to the Controlled Conditions					
		国有控股 State-holding	集体控股 Collective-holding	私人控股 Private-holding	港澳台商控股 Hong Kong, Macao and Taiwan-holding	外商控股 Foreign-holding	其他 Other
总计	**Total**	**62885744**	**5198086**	**141607300**	**3133342**	**1893039**	**24938004**
合肥市	Hefei	15927904	1002492	28547093	1343935	728340	10969246
淮北市	Huaibei	1925874	150150	6521090	14241	36300	605341
亳州市	Bozhou	2692068	4620	3362509	88620		1525188
宿州市	Suzhou	1981672	222309	7995311	39714	24330	1070604
蚌埠市	Bengbu	3960687	188432	8957987	49267	124196	1299145
阜阳市	Fuyang	3299525	143068	5510184	15650	16284	1065099
淮南市	Huainan	4277545	452561	3642379	362292	18254	444223
滁州市	Chuzhou	3660452	271846	9942812	97674	248434	354821
六安市	Luan	3260837	227726	5646312	27532	154971	617275
马鞍山市	Maanshan	3703286	243167	13519529	232048	175920	724404
芜湖市	Wuhu	4528649	190422	18173563	611542	94323	3493437
宣城市	Xuancheng	3753062	427616	7790496	22903	96325	743235
铜陵市	Tongling	2402182	256565	6860178	90632	19150	1000549
池州市	Chizhou	1753896	53634	4044717	33720	5219	114186
安庆市	Anqing	2918162	1236502	9147695	50258	115336	387835
黄山市	Huangshan	2839943	126976	1945445	53314	35657	523416

5—10 各市按隶属关系、构成、控股情况分的项目投资（2015年）

Investment in Fixed Assets by Industry by Administrative Relationship, Composition, Controlled Conditions by Region (2015)

单位：万元（10000 yuan）

地区	Region	投资额 Total	按隶属关系分 By Administrative Relationship		按构成分 By Use of Funds			
			中央 Central Investment	地方 Local Investment	建筑工程 Construction	安装工程 Installation	设备工器具购置 Purchase of Equipment and Instruments	其他费用 Others
总计	**Total**	**195406931**	**3811240**	**191595691**	**124153113**	**15443247**	**48087353**	**7723218**
合肥市	Hefei	45927657	605238	45322419	33354978	5829282	5543766	1199631
淮北市	Huaibei	7774673	25330	7749343	4024947	141619	3205737	402370
亳州市	Bozhou	5621172	91181	5529991	4344365	244643	785734	246430
宿州市	Suzhou	9135872	229733	8906139	5863728	851404	2092353	328387
蚌埠市	Bengbu	10293725	314374	9979351	6650653	1083176	2319050	240846
阜阳市	Fuyang	7402041	14043	7387998	5809121	271753	1006098	315069
淮南市	Huainan	8038643	84506	7954137	5316070	545916	1583814	592843
滁州市	Chuzhou	11231753	113127	11118626	6604006	649409	3474215	504123
六安市	Luan	8111740	280946	7830794	5545546	645641	1612625	307928
马鞍山市	Maanshan	16585530	382669	16202861	9625608	923777	5327208	708937
芜湖市	Wuhu	22563523	416273	22147250	11215918	1780406	8836404	730795
宣城市	Xuancheng	10985165	393318	10591847	7917275	348899	2298673	420318
铜陵市	Tongling	9407215	324731	9082484	3979499	599602	4258079	570035
池州市	Chizhou	5177148	100904	5076244	3231247	186922	1546141	212838
安庆市	Anqing	12638577	101653	12536924	7264096	1059677	3690224	624580
黄山市	Huangshan	4512497	333214	4179283	3406056	281121	507232	318088

地区	Region	按控股情况分 According to the Controlled Conditions					
		国有控股 State-holding	集体控股 Collective-holding	私人控股 Private-holding	港澳台商控股 Hong Kong, Macao and Taiwan-holding	外商控股 Foreign-holding	其他 Other
总计	**Total**	**56750938**	**4552653**	**113048637**	**1732495**	**1294758**	**18027450**
合肥市	Hefei	13781992	822532	22482273	127670	611806	8101384
淮北市	Huaibei	1758697	149595	5434604	13826	5250	412701
亳州市	Bozhou	2490162	4620	1589117	88620		1448653
宿州市	Suzhou	1834705	219286	6195158	39714	21000	826009
蚌埠市	Bengbu	3057352	94450	5852772	49267	94788	1145096
阜阳市	Fuyang	3137983	112813	3461596	15480	16284	657885
淮南市	Huainan	4186630	452561	2686867	349192	18254	345139
滁州市	Chuzhou	3469862	141704	7248541	97674	156144	117828
六安市	Luan	3163247	155535	4376879	21362	42000	352717
马鞍山市	Maanshan	3241388	243167	12196826	232048	106032	566069
芜湖市	Wuhu	3623816	190422	16363431	476052	85323	1824479
宣城市	Xuancheng	3578648	385411	6327383	22903	83262	587558
铜陵市	Tongling	2242065	219348	5918847	86637	19150	921168
池州市	Chizhou	1608316	44696	3431706	33720	5219	53491
安庆市	Anqing	2836176	1189537	8275514	47902	24174	265274
黄山市	Huangshan	2739899	126976	1207123	30428	6072	401999

5—11 分行业固定资产投资建设规模（2015年）
Total Investment in Fixed Assets of Construction（2015）

单位：万元（10000 yuan）

行业	Sector	建设总规模 Total Investment in Construction	在建总规模 Total Investment in Projects under Construction	在建净规模 Net Investment in Projects under Construction
总计	**Total**	**604082407**	**377524162**	**178805284**
#房地产开发	Real Estate Development	232181752	185835336	82487763
农、林、牧、渔业	**Agriculture, Forestry, Animal Husbandry and Fishery**	**10633855**	**3331724**	**1667124**
农业	Farming	5176785	1803536	926763
林业	Forestry	1668121	502703	217962
畜牧业	Animal Husbandry	1718068	505561	253087
渔业	Fishery	570892	117943	69883
农、林、牧、渔服务业	Agricultural Services	1499989	401981	199429
采矿业	**Mining**	**8220542**	**4567731**	**2321879**
煤炭开采和洗选业	Coal Mining and Washing Industry	3963731	2310453	1006249
石油和天然气开采业	Oil and Gas Industry	18170	8000	4000
黑色金属矿采选业	Ferrous Metal CaiXuanYe	1120925	822619	336530
有色金属矿采选业	CaiXuanYe Nonferrous Metallic Deposits	1457492	882324	662050
非金属矿采选业	CaiXuanYe Non-metallic Mineral	1525493	537396	311352
开采辅助活动	Mining Auxiliary Activities	100825	3259	1259
其他采矿业	Other Mining	33906	3680	439
制造业	**Manufacturing**	**166349899**	**78054699**	**39715203**
农副食品加工业	Agricultural and Sideline Products Processing Industry	7657318	2999994	1570419
食品制造业	Food Manufacturing	3431490	1350892	526710
酒、饮料和精制茶制造业	Wine, Drinks and Refined Tea Manufacturing	3681839	1749014	815125
烟草制品业	Tobacco Products	428102	391552	146357
纺织业	Textile Industry	3205160	1194041	462423
纺织服装、服饰业	Textile and Garment, Apparel Industry	4259524	1086758	476030
皮革、毛皮、羽毛及其制品和制鞋业	Leather, Fur, Feather and Its Products and Footwear	1541468	674069	206952
木材加工和木、竹、藤、棕、草制品业	Wood Processing and Wood, Bamboo, Cane, Palm, Grass Products	3059158	917515	354646
家具制造业	Furniture Manufacturing	2621797	1114375	454713
造纸和纸制品业	Paper and Paper Products	2025818	715071	288029
印刷和记录媒介复制业	Printing and Duplicating Industry Record Media	2027665	729566	288249
文教、工美、体育和娱乐用品制造业	Cultural and Educational Supplies Manufacturing, Industrial, Sporting and Entertainment	2031719	650559	307869
石油加工、炼焦和核燃料加工业	Petroleum Processing, Coking and Nuclear Fuel Processing	1276124	173653	70428
化学原料和化学制品制造业	Raw Chemical Materials and Chemical Products	9673889	5692902	2620053
医药制造业	Pharmaceutical Manufacturing Industry	4691581	2553247	1032016
化学纤维制造业	Chemical Fiber Industry	405069	206675	84354
橡胶和塑料制品业	Rubber and Plastic Products	9616659	5013768	2463486
非金属矿物制品业	Nonmetal Mineral Products	15842119	6144851	2796102
黑色金属冶炼和压延加工业	Smelting and Pressing of Ferrous Metals	4795457	3233801	1994726
有色金属冶炼和压延加工业	Smelting and Pressing of Nonferrous Metals	4438726	2270731	1049209
金属制品业	Metal Products	7762224	2454369	1072795

5—11 续表1 continued

单位：万元（10000 yuan）

行业	Sector	建设总规模 Total Investment in Construction	在建总规模 Total Investment in Projects under Construction	在建净规模 Net Investment in Projects under Construction
通用设备制造业	Equipments in Current Use	9973346	3357311	1666697
专用设备制造业	Special Equipment Manufacturing	12416181	5278959	2193052
汽车制造业	Automobile Manufacturing Industry	11157485	5763508	2876718
铁路、船舶、航空航天和其他运输设备制造业	Railway, Shipbuilding, Aerospace, and Other Transportation Equipment Manufacturing Industry	2104305	896230	486751
电气机械和器材制造业	Electric Equipment and Machinery	15444249	7222983	3787993
计算机、通信和其他电子设备制造业	Computers, Communications and Other Electronic Equipment Manufacturing Industry	16409326	12466670	8595200
仪器仪表制造业	Instrument Manufacturing	1627617	510869	310057
其他制造业	Other Manufacturing	1183932	455395	229194
废弃资源综合利用业	Comprehensive Utilization of Waste Resources	1353647	753589	483848
金属制品、机械和设备修理业	Metal Products, Machinery and Equipment Repair	206905	31782	5002
电力、热力、燃气及水的生产和供应业	**Production and Supply of Electricity, Heat, Gas and Water**	**17041532**	**10963799**	**5460041**
电力、热力生产和供应业	Electricity, Heat Production and Supply Industry	13708579	9635395	4651558
燃气生产和供应业	Gas Production and Supply Industry	827765	354215	185718
水的生产和供应业	Water Production and Supply Industry	2505188	974189	622765
建筑业	**Construction**	**1754205**	**546267**	**368494**
房屋建筑业	Housing Industry	276802	59025	18390
土木工程建筑业	Civil Engineering Construction	936833	422697	318551
建筑安装业	Construction and Installation Industry	90027	12950	10825
建筑装饰和其他建筑业	Building Decoration and Other Construction	450543	51595	20728
批发和零售业	**Wholesale and Retail Trade**	**12573519**	**4120157**	**1943638**
批发业	Wholesale	5932715	1455989	706231
零售业	Retail Trade	6640804	2664168	1237407
交通运输、仓储和邮政业	**Transport, Storage and Postal Services**	**44739803**	**33478119**	**17623679**
铁路运输业	Railway Transport	9387140	7971929	3451458
道路运输业	Highway Transport	28809191	21919413	12268783
水上运输业	Water Way Transport	1736374	1194333	543880
航空运输业	Air Transport	7680	7680	1800
管道运输业	Pipeline Transport	14100		
装卸搬运和运输代理业	Handling and Shipping Agents	1323800	532587	155476
仓储业	Warehousing	3270023	1796251	1196022
邮政业	Postal Services	191495	55926	6260
住宿和餐饮业	**Accommodation and Catering Trade**	**4742561**	**2299868**	**1146784**
住宿业	Accommodation Trade	3282853	1875266	913187
餐饮业	Catering Services	1459708	424602	233597
信息传输、软件和信息技术服务业	**Information Transmission, Software and Information Technology Services**	**3472687**	**1251104**	**677603**
电信、广播电视和卫星传输服务	Telecommunications, Broadcasting and TV Transmission and Satellite Services	511939	75610	30176
互联网和相关服务	The Internet and Related Services	427340	103280	84594
软件和信息技术服务业	Software and Information Technology Services	2533408	1072214	562833

5—11 续表2 continued

单位：万元（10000 yuan）

行　业	Sector	建设总规模 Total Investment in Construction	在建总规模 Total Investment in Projects under Construction	在建净规模 Net Investment in Projects under Construction
金融业	**Banking**	**1475926**	**717205**	**380586**
货币金融服务	Monetary and Financial Services	524756	309893	86597
资本市场服务	Capital Market Services	438482	61580	52777
保险业	Insurance	241394	203000	196500
其他金融业	Other Financial Activities	271294	142732	44712
房地产业	**Real Estate**	**259215927**	**201527581**	**89937688**
租赁和商务服务业	**Leasing and Commercial Services**	**7481318**	**3527251**	**1901990**
租赁业	Leasing	258428	38536	18411
商务服务业	Commercial Services	7222890	3488715	1883579
科学研究和技术服务业	**Scientific Research and Technical Services**	**4058493**	**1784238**	**601807**
研究和试验发展	Research and Experimental Development	1107716	385477	45443
专业技术服务业	Professional and Technical Services	1903993	871913	324453
科技推广和应用服务业	Science and Technology Popularization and Application Services	1046784	526848	231911
水利、环境和公共设施管理业	**Water Conservancy, Environmental and Public Facilities Management**	**42264095**	**22296563**	**10943496**
水利管理业	Water Conservancy Management	5618033	2765080	1473242
生态保护和环境治理业	Ecological Protection and Environmental Governance Industry	1006496	489972	218409
公共设施管理业	Public Facilities Management	35639566	19041511	9251845
居民服务、修理和其他服务业	**Residents Service, Repair and Other Services**	**1227384**	**332102**	**136563**
居民服务业	Resident Services	516462	140776	46396
机动车、电子产品和日用产品修理业	Motor Vehicle Repair Industry, Electronic Products and Daily Products	399319	74334	20872
其他服务业	Other Services	311603	116992	69295
教　育	**Education**	**4540106**	**1575589**	**774436**
卫生和社会工作	**Health and Social Wwork**	**4101144**	**2235789**	**1038149**
卫　生	Health	3667070	2048579	1012364
社会工作	Social Wwork	434074	187210	25785
文化、体育和娱乐业	**Culture, Sports and Entertainment**	**4927425**	**2922841**	**1393987**
新闻和出版业	Press and Publication	41270	4979	246
广播、电视、电影和影视录音制作业	Radio, Television, Film and Television Recording Studios	286029	200000	42900
文化艺术业	Culture and Arts	2071437	946262	451941
体　育	Sports	1009349	791668	368629
娱乐业	Entertainment	1519340	979932	530271
公共管理、社会保障和社会组织	**Public Management, Social Security and Social Organization**	**5261986**	**1991535**	**772137**
中国共产党机关	Organs of Chinese Communist Party	23630	5000	4678
国家机构	State Organs	3938257	1596300	654969
人民政协、民主党派	CPPCC and Domocratic Parties	43139	15280	3477
社会保障	The Social Security	145872	72360	27667
群众团体、社会团体和其他成员组织	Mass Organizations, Social Organizations and Religious Organizations	444950	226892	47446
基层群众自治组织	The Grassroots Autonomous Organizations	666138	75703	33900

5—12 房屋施工、竣工面积（2015年）
Execution and Completion of Housing Area（2015）

行业	Sector	房屋施工面积（平方米） Floor Space of Buildings under Construction (sq.m)	#住宅 Residential Buildings	房屋竣工面积（平方米） Floor Space of Buildings Completed (sq.m)	#住宅 Residential Buildings
总计	**Total**	**550802389**	**258730359**	**118069798**	**50702199**
#房地产开发	Real Estate Development	342446664	232333783	55377383	40992142
农、林、牧、渔业	**Agriculture, Forestry, Animal Husbandry and Fishery**	**7756076**	**247118**	**2146518**	**210845**
农业	Farming	4322814	40181	644804	7118
林业	Forestry	393886	2080	213486	400
畜牧业	Animal Husbandry	1707217	50125	631933	48645
渔业	Fishery	243017	208	153148	158
农、林、牧、渔服务业	Agricultural Services	1089142	154524	503147	154524
采矿业	**Mining**	**1020396**	**8250**	**333020**	**2620**
煤炭开采和洗选业	Coal Mining and Washing Industry	185933	2000	78110	2000
石油和天然气开采业	Oil and Gas Industry				
黑色金属矿采选业	Ferrous Metal CaiXuanYe	178024		43100	
有色金属矿采选业	CaiXuanYe Nonferrous Metallic Deposits	163207		35220	
非金属矿采选业	CaiXuanYe Non-metallic Mineral	476732	6250	169440	620
开采辅助活动	Mining Auxiliary Activities				
其他采矿业	Other Mining	16500		7150	
制造业	**Manufacturing**	**90621292**	**343126**	**31615210**	**241257**
农副食品加工业	Agricultural and Sideline Products Processing Industry	5858308	18440	2193241	11860
食品制造业	Food Manufacturing	2485244	784	819434	584
酒、饮料和精制茶制造业	Wine, Drinks and Refined Tea Manufacturing	1884662	21880	557935	21160
烟草制品业	Tobacco Products	77844		42600	
纺织业	Textile Industry	2586883	3280	848899	3100
纺织服装、服饰业	Textile and Garment, Apparel Industry	3725672	9625	1308658	2975
皮革、毛皮、羽毛及其制品和制鞋业	Leather, Fur, Feather and Its Products and Footwear	1049413	1180	457978	400
木材加工和木、竹、藤、棕、草制品业	Wood Processing and Wood, Bamboo, Cane, Palm, Grass Products	1889423	13940	908034	4740
家具制造业	Furniture Manufacturing	1860641	1840	482379	680
造纸和纸制品业	Paper and Paper Products	1243520	1220	592977	500
印刷和记录媒介复制业	Printing and Duplicating Industry Record Media	1346819	1100	457004	1100
文教、工美、体育和娱乐用品制造业	Cultural and Educational Supplies Manufacturing, Industrial, Sporting and Entertainment	1567039	31760	706554	7360
石油加工、炼焦和核燃料加工业	Petroleum Processing, Coking and Nuclear Fuel Processing	183982		89602	
化学原料和化学制品制造业	Raw Chemical Materials and Chemical Products	3436904	950	780482	950
医药制造业	Pharmaceutical Manufacturing Industry	2260360		644811	
化学纤维制造业	Chemical Fiber Industry	215107		25800	
橡胶和塑料制品业	Rubber and Plastic Products	4895106	4278	2219881	3728
非金属矿物制品业	Nonmetal Mineral Products	7516448	33878	2625637	13443
黑色金属冶炼和压延加工业	Smelting and Pressing of Ferrous Metals	1299735		475655	
有色金属冶炼和压延加工业	Smelting and Pressing of Nonferrous Metals	1664355	1900	729676	1900
金属制品业	Metal Products	4702608	101086	1812844	90106

5—12 续表1 continued

行 业	Sector	房屋施工面积(平方米) Floor Space of Buildings under Construction (sq.m)	#住宅 Residential Buildings	房屋竣工面积(平方米) Floor Space of Buildings Completed (sq.m)	#住宅 Residential Buildings
通用设备制造业	Equipments in Current Use	6629645	5395	2029579	4500
专用设备制造业	Special Equipment Manufacturing	6304168	3140	2257563	1540
汽车制造业	Automobile Manufacturing Industry	7489462	21852	1677628	15893
铁路、船舶、航空航天和其他运输设备制造业	Railway, Shipbuilding, Aerospace, and Other Transportation Equipment Manufacturing Industry	1203969		740788	
电气机械和器材制造业	Electric Equipment and Machinery	7659838	43998	2994860	33138
计算机、通信和其他电子设备制造业	Computers, Communications and Other Electronic Equipment Manufacturing Industry	5975933	20900	1282337	20900
仪器仪表制造业	Instrument Manufacturing	1842082	500	1398530	500
其他制造业	Other Manufacturing	634034		235233	
废弃资源综合利用业	Comprehensive Utilization of Waste Resources	920012	200	190123	200
金属制品、机械和设备修理业	Metal Products, Machinery and Equipment Repair	212076		28488	
电力、热力、燃气及水的生产和供应业	**Production and Supply of Electricity, Heat, Gas and Water**	**3717772**	**298322**	**1812722**	**296884**
电力、热力生产和供应业	Electricity, Heat Production and Supply Industry	1848451	3334	952427	2984
燃气生产和供应业	Gas Production and Supply Industry	101164		81164	
水的生产和供应业	Water Production and Supply Industry	1768157	294988	779131	293900
建筑业	**Construction**	**833199**	**152050**	**206856**	**850**
房屋建筑业	Housing Industry	427542	151200	153456	
土木工程建筑业	Civil Engineering Construction	172321	200	27100	200
建筑安装业	Construction and Installation Industry	28513	350	10000	350
建筑装饰和其他建筑业	Building Decoration and Other Construction	204823	300	16300	300
批发和零售业	**Wholesale and Retail Trade**	**9169334**	**444980**	**2531501**	**119465**
批发业	Wholesale	4408778	18300	1136093	300
零售业	Retail Trade	4760556	426680	1395408	119165
交通运输、仓储和邮政业	**Transport, Storage and Postal Services**	**6336846**	**1250**	**1189197**	**1250**
铁路运输业	Railway Transport	67574			
道路运输业	Highway Transport	1706802	1250	422843	1250
水上运输业	Water Way Transport	269318		87122	
航空运输业	Air Transport	2000			
装卸搬运和运输代理业	Handling and Shipping Agents	856688		83552	
仓储业	Warehousing	3286234		577480	
邮政业	Postal Services	148230		18200	
住宿和餐饮业	**Accommodation and Catering Trade**	**2609078**	**68530**	**509294**	**29410**
住宿业	Accommodation Trade	844987	28050	278763	28050
餐饮业	Catering Services	1764091	40480	230531	1360
信息传输、软件和信息技术服务业	**Information Transmission, Software and Information Technology Services**	**1107968**		**173197**	
电信、广播电视和卫星传输服务	Telecommunications, Broadcasting and TV Transmission and Satellite Services	45050		9309	
互联网和相关服务	The Internet and Related Services	59053		15415	
软件和信息技术服务业	Software and Information Technology Services	1003865		148473	

5—12 续表2 continued

行 业	Sector	房屋施工面积(平方米) Floor Space of Buildings under Construction (sq.m)	#住宅 Residential Buildings	房屋竣工面积(平方米) Floor Space of Buildings Completed (sq.m)	#住宅 Residential Buildings
金融业	**Banking**	**641672**		**192947**	
货币金融服务	Monetary and Financial Services	372504		95734	
资本市场服务	Capital Market Services	167699		65600	
保险业	Insurance	23959			
其他金融业	Other Financial Activities	77510		31613	
房地产业	**Real Estate**	**382667238**	**252615555**	**66850200**	**47879472**
租赁和商务服务业	**Leasing and Commercial Services**	**5890068**	**123401**	**724531**	**17611**
租赁业	Leasing	329425	300	54850	300
商务服务业	Commercial Services	5560643	123101	669681	17311
科学研究和技术服务业	**Scientific Research and Technical Services**	**1460587**	**500**	**441576**	**500**
研究和试验发展	Research and Experimental Development	380496	200	116094	200
专业技术服务业	Professional and Technical Services	687626		187757	
科技推广和应用服务业	Science and Technology Popularization and Application Services	392465	300	137725	300
水利、环境和公共设施管理业	**Water Conservancy, Environmental and Public Facilities Management**	**18123721**	**2398481**	**4060996**	**1001804**
水利管理业	Water Conservancy Management	181170	2600	13750	2600
生态保护和环境治理业	Ecological Protection and Environmental Governance Industry	573688		1200	
公共设施管理业	Public Facilities Management	17368863	2395881	4046046	999204
居民服务、修理和其他服务业	**Residents Service, Repair and Other Services**	**840839**	**130022**	**289200**	**129722**
居民服务业	Resident Services	538730	130022	224213	129722
机动车、电子产品和日用产品修理业	Motor Vehicle Repair Industry, Electronic Products and Daily Products	164433		21487	
其他服务业	Other Services	137676		43500	
教 育	**Education**	**6054235**	**38420**	**1824238**	**26420**
卫生和社会工作	**Health and Social Wwork**	**4826700**	**52560**	**950230**	**40150**
卫 生	Health	4374897	8160	802236	
社会工作	Social Wwork	451803	44400	147994	40150
文化、体育和娱乐业	**Culture, Sports and Entertainment**	**2231780**	**66595**	**300094**	
新闻和出版业	Press and Publication	74254		31859	
广播、电视、电影和影视录音制作业	Radio, Television, Film and Television Recording Studios	484001		20122	
文化艺术业	Culture and Arts	1092463	66315	187172	
体 育	Sports	267201		6244	
娱乐业	Entertainment	313861	280	54697	
公共管理、社会保障和社会组织	**Public Management, Social Security and Social Organization**	**4893588**	**1741199**	**1918271**	**703939**
中国共产党机关	Organs of Chinese Communist Party	50996		44996	
国家机构	State Organs	2514239	972293	1033195	332015
人民政协、民主党派	CPPCC and Democratic Parties	15354		3643	
社会保障	The Social Security	863408	470	3461	
群众团体、社会团体和其他成员组织	Mass Organizations, Social Organizations and Religious Organizations	203697	700	187269	700
基层群众自治组织	The Grassroots Autonomous Organizations	1245894	767736	645707	371224

5—13 各市固定资产投资建设规模（2015年）
Total Investment in Fixed Assets In Construction by Region (2015)

单位：万元（10000 yuan）

地 区	Region	建设总规模 Total Investment in Construction	在建总规模 Total Investment in Projects under Construction	在建净规模 Net Investment in Projects under Construction
总 计	**Total**	**604082407**	**377524162**	**178805284**
合 肥 市	Hefei	144804376	88704408	44588005
淮 北 市	Huaibei	20334411	11481554	5135710
亳 州 市	Bozhou	22726557	16528997	7029848
宿 州 市	Suzhou	28783227	18991425	9964796
蚌 埠 市	Bengbu	36017762	23439691	10911056
阜 阳 市	Fuyang	29133440	20262120	9891883
淮 南 市	Huainan	25342269	16770239	7398364
滁 州 市	Chuzhou	38280378	22985465	10264583
六 安 市	Luan	26111934	16571164	9168444
马鞍山市	Maanshan	37034260	18743793	7362221
芜 湖 市	Wuhu	72343116	48158952	20988971
宣 城 市	Xuancheng	32616651	19965590	9436874
铜 陵 市	Tongling	22101297	11780832	5407461
池 州 市	Chizhou	15627708	10328799	4903308
安 庆 市	Anqing	32372772	19554022	10025400
黄 山 市	Huangshan	20452249	13257111	6328360

5—14 各市项目投资建设规模（2015年）
Total Projects Investment In Construction by Region (2015)

单位：万元（10000 yuan）

地 区	Region	建设总规模 Total Investment in Construction	在建总规模 Total Investment in Projects under Construction	在建净规模 Net Investment in Projects under Construction
总 计	**Total**	**371900655**	**191688826**	**96317521**
合 肥 市	Hefei	84033293	38572830	23867629
淮 北 市	Huaibei	14280365	7163818	3517992
亳 州 市	Bozhou	12946215	8450857	3479596
宿 州 市	Suzhou	15805556	7471093	3280955
蚌 埠 市	Bengbu	18997806	10068317	5265275
阜 阳 市	Fuyang	17322798	10174127	5138139
淮 南 市	Huainan	17503007	11004959	4448569
滁 州 市	Chuzhou	22590133	10829545	5052029
六 安 市	Luan	15042754	7459369	4226025
马鞍山市	Maanshan	25012730	8853122	3994211
芜 湖 市	Wuhu	47938831	31806336	14402911
宣 城 市	Xuancheng	21837479	11164447	5613492
铜 陵 市	Tongling	13630721	4713752	2489466
池 州 市	Chizhou	10269856	6033385	3150166
安 庆 市	Anqing	24820412	12913754	6598347
黄 山 市	Huangshan	9868699	5009115	1792719

5—15 各市房屋施工、竣工面积和价值（2015年）

Execution and Completion of Housing Area and Value by Region（2015）

地 区	Region	房屋施工面积（平方米）Floor Space of Buildings under Construction (sq.m)	#住 宅 Residential Buildings	房屋竣工面积（平方米）Floor Space of Buildings Completed (sq.m)	#住 宅 Residential Buildings	房屋竣工价值（万元）Value of Buildings Completed (10000 yuan)	#住 宅 Residential Buildings
总 计	**Total**	**550802389**	**258730359**	**118069798**	**50702199**	**14992915**	**10386864**
合肥市	Hefei	98523442	46028996	15234262	7786753	2608519	1766744
淮北市	Huaibei	29029222	12821576	6246438	3162099	381280	302925
亳州市	Bozhou	19633892	9695881	2871126	928603	321633	153767
宿州市	Suzhou	25114267	14077668	4688406	2075954	770663	552080
蚌埠市	Bengbu	38005591	22235700	9794174	3997833	1199596	936562
阜阳市	Fuyang	45072668	20697111	10429636	3756983	651784	518962
淮南市	Huainan	26638713	16003602	4878569	2370186	448420	335226
滁州市	Chuzhou	44946840	20607103	17683724	5041192	1169332	922696
六安市	Luan	26735868	16684907	5234693	2879040	699293	574917
马鞍山市	Maanshan	40701029	14227017	12125273	5086468	1450010	991956
芜湖市	Wuhu	60876058	21335168	9236632	5226076	2323536	1418493
宣城市	Xuancheng	33323818	12345942	5511611	2178039	544519	373374
铜陵市	Tongling	14143173	7717823	4280978	2444406	1210209	683409
池州市	Chizhou	13745329	6845404	2286268	844800	239408	149360
安庆市	Anqing	21799195	11992335	5688233	2415649	781132	603098
黄山市	Huangshan	12513284	5414126	1879775	508118	193581	103295

注：2015年房屋竣工价值只含房地产。

a) Building complete value contains only real estate in 2015.

5—16 各市项目投资的房屋施工、竣工面积（2015年）

Execution and Completion of Project Investment House Area by Region（2015）

地 区	Region	房屋施工面积（平方米）Floor Space of Buildings under Construction (sq.m)	#住 宅 Residential Buildings	房屋竣工面积（平方米）Floor Space of Buildings Completed (sq.m)	#住 宅 Residential Buildings
总 计	**Total**	**208355725**	**26396576**	**62692415**	**9710057**
合肥市	Hefei	26530432	2764666	4895309	691717
淮北市	Huaibei	14552136	2417713	4629696	1851273
亳州市	Bozhou	3604626	227536	1474756	209886
宿州市	Suzhou	6475854	614200	2010132	42790
蚌埠市	Bengbu	8585458	1060153	5006219	124869
阜阳市	Fuyang	23187964	5327355	7896610	1663564
淮南市	Huainan	9017959	3198723	3174291	1141339
滁州市	Chuzhou	19690473	3070649	12970798	1255936
六安市	Luan	8235659	2364944	2442549	562557
马鞍山市	Maanshan	23365426	1362748	6527408	839448
芜湖市	Wuhu	30027941	923642	2949684	389103
宣城市	Xuancheng	17328727	518224	2777090	207324
铜陵市	Tongling	1227250	413012	734712	388012
池州市	Chizhou	3862310	349244	1185779	173978
安庆市	Anqing	7731315	1329738	2815822	104257
黄山市	Huangshan	4932195	454029	1201560	64004

5—17 各行业投资资金来源和新增固定资产（2015年）

Investment Funds Resource and Newly Added Infixed Assests By Industry (2015)

行　业	Sector	本年资金来源合计 Total Funds This Year	国家预算资　金 State Budget
总　计	**Total**	**240126516**	**12190140**
#房地产开发	Real Estate Development	49907807	
农、林、牧、渔业	**Agriculture, Forestry, Animal Husbandry and Fishery**	**7542210**	**354949**
农　业	Farming	3564363	112068
林　业	Forestry	1199671	28955
畜牧业	Animal Husbandry	1200030	19464
渔　业	Fishery	459528	1610
农、林、牧、渔服务业	Agricultural Services	1118618	192852
采矿业	**Mining**	**3300277**	**23092**
煤炭开采和洗选业	Coal Mining and Washing Industry	1133323	14292
石油和天然气开采业	Oil and Gas Industry	9000	
黑色金属矿采选业	Ferrous Metal CaiXuanYe	346775	
有色金属矿采选业	CaiXuanYe Nonferrous Metallic Deposits	718803	5200
非金属矿采选业	CaiXuanYe Non-metallic Mineral	1050749	3600
开采辅助活动	Mining Auxiliary Activities	14302	
其他采矿业	Other Mining	27325	
制造业	**Manufacturing**	**93428217**	**129883**
农副食品加工业	Agricultural and Sideline Products Processing Industry	4872869	29890
食品制造业	Food Manufacturing	2388860	5100
酒、饮料和精制茶制造业	Wine, Drinks and Refined Tea Manufacturing	2012416	5780
烟草制品业	Tobacco Products	146137	
纺织业	Textile Industry	2177864	
纺织服装、服饰业	Textile and Garment, Apparel Industry	3349538	
皮革、毛皮、羽毛及其制品和制鞋业	Leather, Fur, Feather and Its Products and Footwear	1097723	
木材加工和木、竹、藤、棕、草制品业	Wood Processing and Wood, Bamboo, Cane, Palm, Grass Products	2330184	
家具制造业	Furniture Manufacturing	1568136	
造纸和纸制品业	Paper and Paper Products	1361405	
印刷和记录媒介复制业	Printing and Duplicating Industry Record Media	1253257	4992
文教、工美、体育和娱乐用品制造业	Cultural and Educational Supplies Manufacturing, Industrial, Sporting and Entertainment	1287610	6550
石油加工、炼焦和核燃料加工业	Petroleum Processing, Coking and Nuclear Fuel Processing	310263	
化学原料和化学制品制造业	Raw Chemical Materials and Chemical Products	4812429	5555
医药制造业	Pharmaceutical Manufacturing Industry	2248254	
化学纤维制造业	Chemical Fiber Industry	228968	
橡胶和塑料制品业	Rubber and Plastic Products	5186978	
非金属矿物制品业	Nonmetal Mineral Products	9266621	15279
黑色金属冶炼和压延加工业	Smelting and Pressing of Ferrous Metals	1832538	
有色金属冶炼和压延加工业	Smelting and Pressing of Nonferrous Metals	2050484	
金属制品业	Metal Products	5464658	

单位：万元（10000 yuan）

国内贷款 Domestic Loans	债　券 Bonds	利用外资 Foreign Investment	自筹资金 Self-raising Funds	其他资金 Others	投资额 Investment	新增固定资产 Newly Increased Fixed Assets	固定资产交付使用率(%) Rate of Projects of Fixed Assets Completed and Put into Use (%)
12371294	**78159**	**625496**	**182933254**	**31928173**	**239655515**	**167599743**	**69.93**
5642296		10186	18601276	25654049	44248584	21065233	47.61
108553		**27036**	**6855211**	**196461**	**7633157**	**6529390**	**85.54**
42407		18516	3306934	84438	3588314	3067779	85.49
26304			1119637	24775	1245807	1030745	82.74
11512		4100	1136958	27996	1211673	1056141	87.16
12630			428288	17000	460998	427314	92.69
15700		4420	863394	42252	1126365	947411	84.11
274555		**26671**	**2920506**	**55453**	**3239991**	**2388141**	**73.71**
214179			900352	4500	1104603	498706	45.15
			9000		8700	4500	51.72
18569			328206		340453	272080	79.92
25426		1000	643704	43473	690855	622631	90.12
12230		24400	1003039	7480	1052475	950721	90.33
4151		1271	8880		14292	12331	86.28
			27325		28613	27172	94.96
2348149	**45811**	**428813**	**88917080**	**1558481**	**94714395**	**70727237**	**74.67**
125697		33641	4574316	109325	4914371	4111096	83.65
33625	3061	22780	2265995	58299	2501885	1860463	74.36
26045		7472	1934075	39044	1989367	1352497	67.99
2400			143537	200	149161	44624	29.92
88115		5549	2053395	30805	2175979	1701074	78.18
72110		15608	3117824	143996	3290496	2931755	89.10
31635		9600	1050649	5839	1107326	710527	64.17
43494		24250	2212883	49557	2339720	1888978	80.74
30011		3745	1512443	21937	1575107	1251472	79.45
31989			1319135	10281	1395743	1206904	86.47
51439		13633	1170201	12992	1290903	1030556	79.83
41804	1250	9233	1218194	10579	1307857	1127394	86.20
4150			271926	34187	294246	211463	71.87
161308		8312	4585512	51742	4923935	3391927	68.89
42280	1500		2186592	17882	2555303	1307575	51.17
4200			224768		242373	149631	61.74
225871		7300	4883744	70063	5269097	3894697	73.92
227193		77211	8866129	80809	9435018	7439172	78.85
51763	40000		1713841	26934	1814775	1396084	76.93
73120			1961006	16358	2023401	1532428	75.74
97795		16300	5279681	70882	5547198	4647030	83.77

5—17 续表1 continued

行 业	Sector	本年资金来源合计 Total Funds This Year	国家预算资金 State Budget
通用设备制造业	Equipments in Current Use	6847509	
专用设备制造业	Special Equipment Manufacturing	7365843	16382
汽车制造业	Automobile Manufacturing Industry	6419128	31484
铁路、船舶、航空航天和其他运输设备制造业	Railway, Shipbuilding, Aerospace, and Other Transportation Equipment Manufacturing Industry	1340312	
电气机械和器材制造业	Electric Equipment and Machinery	8134428	4300
计算机、通信和其他电子设备制造业	Computers, Communications and Other Electronic Equipment Manufacturing Industry	5678990	600
仪器仪表制造业	Instrument Manufacturing	970755	
其他制造业	Other Manufacturing	663070	250
废弃资源综合利用业	Comprehensive Utilization of Waste Resources	579933	3721
金属制品、机械和设备修理业	Metal Products, Machinery and Equipment Repair	181057	
电力、热力、燃气及水的生产和供应业	**Production and Supply of Electricity, Heat, Gas and Water**	**7583265**	**641662**
电力、热力生产和供应业	Electricity, Heat Production and Supply Industry	5642420	360635
燃气生产和供应业	Gas Production and Supply Industry	385376	14281
水的生产和供应业	Water Production and Supply Industry	1555469	266746
建筑业	**Construction**	**1306588**	**75600**
房屋建筑业	Housing Industry	259494	16098
土木工程建筑业	Civil Engineering Construction	498015	40252
建筑安装业	Construction and Installation Industry	88947	
建筑装饰和其他建筑业	Building Decoration and Other Construction	460132	19250
批发和零售业	**Wholesale and Retail Trade**	**9528787**	**68358**
批发业	Wholesale	4942607	12064
零售业	Retail Trade	4586180	56294
交通运输、仓储和邮政业	**Transport, Storage and Postal Services**	**13572045**	**2690812**
铁路运输业	Railway Transport	1301854	537775
道路运输业	Highway Transport	8883994	1811460
水上运输业	Water Way Transport	885271	28329
航空运输业	Air Transport	6000	
管道运输业	Pipeline Transport	14913	9900
装卸搬运和运输代理业	Handling and Shipping Agents	777617	213916
仓储业	Warehousing	1560721	89432
邮政业	Postal Services	141675	
住宿和餐饮业	**Accommodation and Catering Trade**	**2528493**	**23627**
住宿业	Accommodation Trade	1435531	19593
餐饮业	Catering Services	1092962	4034
信息传输、软件和信息技术服务业	**Information Transmission, Software and Information Technology Services**	**2522198**	**130284**
电信、广播电视和卫星传输服务	Telecommunications, Broadcasting and TV Transmission and Satellite Services	495483	86275
互联网和相关服务	The Internet and Related Services	344777	
软件和信息技术服务业	Software and Information Technology Services	1681938	44009

单位：万元（10000 yuan）

国内贷款 Domestic Loans	债券 Bonds	利用外资 Foreign Investment	自筹资金 Self-raising Funds	其他资金 Others	投资额 Investment	新增固定资产 Newly Increased Fixed Assets	固定资产交付使用率(%) Rate of Projects of Fixed Assets Completed and Put into Use (%)
82681		9000	6677197	78631	7039715	5729079	81.38
244891		36691	6929555	138324	7671739	5251455	68.45
87220		22270	6182981	95173	6550573	4232734	64.62
54861			1284651	800	1291002	1050207	81.35
181925		93218	7635039	219946	8411083	6218880	73.94
126098		1000	5417888	133404	5127286	3055374	59.59
53395		9000	894803	13557	1031316	896706	86.95
28351		3000	629639	1830	661653	483090	73.01
13883			551684	10645	602878	472135	78.31
8800			167797	4460	183889	150230	81.70
647585		**26595**	**5999659**	**267764**	**7733204**	**5321761**	**68.82**
568027		24700	4512577	176481	5740536	3563564	62.08
9177		1500	345631	14787	406482	401829	98.86
70381		395	1141451	76496	1586186	1356368	85.51
17595			**1173364**	**40029**	**1306125**	**1056128**	**80.86**
2000			230136	11260	257186	170072	66.13
5335			426849	25579	498021	401795	80.68
2260			86687		88535	67435	76.17
8000			429692	3190	462383	416826	90.15
217272		**18330**	**8931347**	**293480**	**9551205**	**8073687**	**84.53**
148569		14030	4599865	168079	4933598	4208217	85.30
68703		4300	4331482	125401	4617607	3865470	83.71
1452975		**2442**	**8368687**	**1057129**	**14697696**	**9135725**	**62.16**
227096			446367	90616	1287786	1408189	109.35
1130623		2442	5079283	860186	9952955	5419991	54.46
36531			762216	58195	871005	618940	71.06
			6000		5880	5880	100.00
			5013		14913	11093	74.38
30990			510886	21825	792960	503859	63.54
26735			1418680	25874	1606589	1069123	66.55
1000			140242	433	165608	98650	59.57
42755		**7790**	**2381989**	**72332**	**2556547**	**2089082**	**81.71**
18374		7790	1360098	29676	1455317	1161601	79.82
24381			1021891	42656	1101230	927481	84.22
41700	**50**	**200**	**2335148**	**14816**	**2586175**	**1911724**	**73.92**
100	50	200	394042	14816	497664	328484	66.01
2500			342277		352045	329637	93.63
39100			1598829		1736466	1253603	72.19

5—17 续表2 continued

行 业	Sector	本年资金来源合计 Total Funds This Year	国家预算资金 State Budget
金融业	**Banking**	**722573**	**9329**
货币金融服务	Monetary and Financial Services	315802	6579
资本市场服务	Capital Market Services	231816	
保险业	Insurance	41813	
其他金融业	Other Financial Activities	133142	2750
房地产业	**Real Estate**	**61220828**	**1535143**
租赁和商务服务业	**Leasing and Commercial Services**	**4033350**	**66274**
租赁业	Leasing	242929	1200
商务服务业	Commercial Services	3790421	65074
科学研究和技术服务业	**Scientific Research and Technical Services**	**2523648**	**91002**
研究和试验发展	Research and Experimental Development	766208	31679
专业技术服务业	Professional and Technical Services	1114795	30457
科技推广和应用服务业	Science and Technology Popularization and Application Services	642645	28866
水利、环境和公共设施管理业	**Water Conservancy, Environmental and Public Facilities Management**	**19084616**	**4489229**
水利管理业	Water Conservancy Management	2087172	800037
生态保护和环境治理业	Ecological Protection and Environmental Governance Industry	505448	85628
公共设施管理业	Public Facilities Management	16491996	3603564
居民服务、修理和其他服务业	**Residents Service, Repair and Other Services**	**923631**	**45710**
居民服务业	Resident Services	381628	43522
机动车、电子产品和日用产品修理业	Motor Vehicle Repair Industry, Electronic Products and Daily Products	331712	
其他服务业	Other Services	210291	2188
教 育	**Education**	**2727229**	**476992**
卫生和社会工作	**Health and Social Wwork**	**2198739**	**204456**
卫 生	Health	1891192	147287
社会工作	Social Wwork	307547	57169
文化、体育和娱乐业	**Culture, Sports and Entertainment**	**1995556**	**167313**
新闻和出版业	Press and Publication	33312	4866
广播、电视、电影和影视录音制作业	Radio, Television, Film and Television Recording Studios	115555	
文化艺术业	Culture and Arts	909562	118315
体 育	Sports	381803	33820
娱乐业	Entertainment	555324	10312
公共管理、社会保障和社会组织	**Public Management, Social Security and Social Organization**	**3384266**	**966425**
中国共产党机关	Organs of Chinese Communist Party	5984	675
国家机构	State Organs	2486552	876560
人民政协、民主党派	CPPCC and Domocratic Parties	36756	
社会保障	The Social Security	98477	7612
群众团体、社会团体和其他成员组织	Mass Organizations, Social Organizations and Religious Organizations	212964	5898
基层群众自治组织	The Grassroots Autonomous Organizations	543533	75680

单位：万元（10000 yuan）

国内贷款 Domestic Loans	债　券 Bonds	利用外资 Foreign Investment	自筹资金 Self-raising Funds	其他资金 Others	投资额 Investment	新增固定资产 Newly Increased Fixed Assets	固定资产交付使用率(%) Rate of Projects of Fixed Assets Completed and Put into Use (%)
12647			**696341**	**4256**	**720023**	**591519**	**82.15**
7461			301662	100	316817	260013	82.07
400			227260	4156	227405	227305	99.96
			41813		41759	34731	83.17
4786			125606		134042	69470	51.83
6320265	**4050**	**45416**	**26806053**	**26509901**	**56350978**	**29633585**	**52.59**
76890	**100**		**3839312**	**50774**	**4320541**	**3393411**	**78.54**
1500			240229		252883	204862	81.01
75390	100		3599083	50774	4067658	3188549	78.39
28900		**500**	**2365269**	**37977**	**2602006**	**2058596**	**79.12**
8500			726029		820553	548365	66.83
17400		500	1052250	14188	1130248	961030	85.03
3000			586990	23789	651205	549201	84.34
512878	**8148**	**21492**	**12771388**	**1281481**	**20280074**	**15403027**	**75.95**
54684			1085418	147033	2456701	1934702	78.75
25855			372945	21020	520852	390670	75.01
432339	8148	21492	11313025	1113428	17302521	13077655	75.58
16890			**852619**	**8412**	**955674**	**834268**	**87.30**
250			330344	7512	393168	361880	92.04
14500			316712	500	350737	299655	85.44
2140			205563	400	211769	172733	81.57
56333		**6051**	**2083399**	**104454**	**2725242**	**2463055**	**90.38**
54804		**11160**	**1848324**	**79995**	**2243131**	**1499306**	**66.84**
53804		11160	1613258	65683	1936379	1290409	66.64
1000			235066	14312	306752	208897	68.10
122490	**20000**	**3000**	**1640446**	**42307**	**2015735**	**1528852**	**75.85**
			28446		40624	35591	87.61
			115555		119358	118338	99.15
55850		3000	708290	24107	937430	750340	80.04
62300	20000		255703	9980	360149	182171	50.58
4340			532452	8220	558174	442412	79.26
18058			**2147112**	**252671**	**3423616**	**2961249**	**86.49**
1629			3680		7805	18630	238.69
13099			1406528	190365	2487311	2094472	84.21
			36756		36506	19777	54.17
30			77698	13137	94319	62518	66.28
600			191643	14823	256277	200019	78.05
2700			430807	34346	541398	565833	104.51

5—18 各市固定资产投资资金来源和新增固定资产（2015年）

Investment Funds Resource and Newly Added Infixed Assests by Region (2015)

单位：万元（10000 yuan）

地 区	Region	本年资金来源合计 Total Funds This Year	国家预算资金 State Budget	国内贷款 Domestic Loans	债券 Bonds	利用外资 Foreign Investment
总 计	**Total**	**240126516**	**12190140**	**12371294**	**78159**	**625496**
合肥市	Hefei	60049390	2918934	3366476		37921
淮北市	Huaibei	9167778	216930	794131		
亳州市	Bozhou	7827012	605614	430707		
宿州市	Suzhou	11753697	72002	347642		154622
蚌埠市	Bengbu	14602967	557182	787376		14226
阜阳市	Fuyang	9955570	934288	558288		3700
淮南市	Huainan	9216619	583656	801713		43001
滁州市	Chuzhou	14340646	748508	1200535	14898	81078
六安市	Luan	10053405	1220957	376505		64683
马鞍山市	Maanshan	18622754	567581	971542	60200	117820
芜湖市	Wuhu	26675769	462608	896964		58650
宣城市	Xuancheng	12775146	1273489	360871	3061	11290
铜陵市	Tongling	10089418	292852	631467		1000
池州市	Chizhou	6222287	293602	198010		4500
安庆市	Anqing	13732015	638679	472752		9101
黄山市	Huangshan	5042043	803258	176315		23904

地 区	Region	自筹资金 Self-raising Funds	其他资金 Others	投资额 Investment	新增固定资产 Newly Increased Fixed Assets	固定资产交付使用率(%) Rate of Projects of Fixed Assets Completed and Put into Use (%)
总 计	**Total**	**182933254**	**31928173**	**239655515**	**167599743**	**69.93**
合肥市	Hefei	42837640	10888419	58519010	37469227	64.03
淮北市	Huaibei	7188070	968647	9252996	6888162	74.44
亳州市	Bozhou	5583904	1206787	7673005	3972225	51.77
宿州市	Suzhou	9442695	1736736	11333940	7808484	68.89
蚌埠市	Bengbu	11497528	1746655	14579714	10019187	68.72
阜阳市	Fuyang	6406865	2052429	10049810	6445441	64.13
淮南市	Huainan	6792611	995638	9197254	5583508	60.71
滁州市	Chuzhou	10140617	2155010	14576039	12770331	87.61
六安市	Luan	6921353	1469907	9934653	7907106	79.59
马鞍山市	Maanshan	15778190	1127421	18598354	16716503	89.88
芜湖市	Wuhu	23383383	1874164	27091936	14178716	52.34
宣城市	Xuancheng	9734747	1391688	12833637	9517291	74.16
铜陵市	Tongling	7854460	1309639	10629256	9414834	88.57
池州市	Chizhou	4665401	1060774	6005372	3929306	65.43
安庆市	Anqing	11305206	1306277	13855788	10741721	77.53
黄山市	Huangshan	3400584	637982	5524751	4237701	76.70

5—19 各市项目投资资金来源和新增固定资产（2015年）

Projests Investment Funds Resource and Newly Added Infixed Assests by Region (2015)

单位：万元（10000 yuan）

地　区	Region	本年资金来源合计 Total Funds This Year	国家预算资金 State Budget	国内贷款 Domestic Loans	债　券 Bonds	利用外资 Foreign Investment
总　计	**Total**	**190218709**	**12190140**	**6728998**	**78159**	**615310**
合 肥 市	Hefei	43385899	2918934	786285		37921
淮 北 市	Huaibei	7913945	216930	727960		
亳 州 市	Bozhou	5652790	605614	226543		
宿 州 市	Suzhou	9549365	72002	119680		154622
蚌 埠 市	Bengbu	10176569	557182	377912		5220
阜 阳 市	Fuyang	6987080	934288	287637		3700
淮 南 市	Huainan	7657857	583656	432572		42951
滁 州 市	Chuzhou	10857025	748508	1069105	14898	81078
六 安 市	Luan	8028073	1220957	251475		63683
马鞍山市	Maanshan	16325948	567581	739067	60200	117820
芜 湖 市	Wuhu	22252219	462608	375575		58650
宣 城 市	Xuancheng	10864969	1273489	249897	3061	11160
铜 陵 市	Tongling	8914066	292852	419978		1000
池 州 市	Chizhou	5346682	293602	135965		4500
安 庆 市	Anqing	12247770	638679	406741		9101
黄 山 市	Huangshan	4058452	803258	122606		23904

地　区	Region	自筹资金 Self-raising Funds	其他资金 Others	投资额 Investment	新增固定资产 Newly Increased Fixed Assets	固定资产交付使用率(%) Rate of Projects of Fixed Assets Completed and Put into Use (%)
总　计	**Total**	**164331978**	**6274124**	**195406931**	**146534510**	**74.99**
合 肥 市	Hefei	38976639	666120	45927657	33386719	72.69
淮 北 市	Huaibei	6657219	311836	7774673	6266108	80.60
亳 州 市	Bozhou	4574852	245781	5621172	3576759	63.63
宿 州 市	Suzhou	8481947	721114	9135872	6828625	74.75
蚌 埠 市	Bengbu	9151560	84695	10293725	8058371	78.28
阜 阳 市	Fuyang	5329810	431645	7402041	5539832	74.84
淮 南 市	Huainan	6429485	169193	8038643	4886000	60.78
滁 州 市	Chuzhou	8583422	360014	11231753	11349173	101.05
六 安 市	Luan	6204652	287306	8111740	7094253	87.46
马鞍山市	Maanshan	14604313	236967	16585530	14548728	87.72
芜 湖 市	Wuhu	21065689	289697	22563523	10975962	48.64
宣 城 市	Xuancheng	8950471	376891	10985165	8675348	78.97
铜 陵 市	Tongling	7443883	756353	9407215	8125899	86.38
池 州 市	Chizhou	4235851	676764	5177148	3578130	69.11
安 庆 市	Anqing	10783535	409714	12638577	9738054	77.05
黄 山 市	Huangshan	2858650	250034	4512497	3906549	86.57

5—20 各市分行业新增固定资产（2015年）
Newly Increased Fixed Assets by Industry by Region (2015)

单位：万元（10000 yuan）

地 区 Region	合 计 Total	农林牧渔业 Agriculture, Forestry, Animal Husbandry and Fishery	采矿业 Mining	制造业 Manufacturing	电力、热力、燃气及水的生产和供应业 Production and Supply of Electricity, Heat, Gas and Water	建筑业 Construction	批发和零售业 Wholesale and Retail Trade	交通运输、仓储和邮政业 Transport, Storage, Post & Telecommunications	住宿和餐饮业 Accommodation and Catering Trade	信息传输、计算机服务和软件业 Information, Circulation Computer Services and Software
总 计 Total	**167599743**	**6529390**	**2388141**	**70727237**	**5321761**	**1056128**	**8073687**	**9135725**	**2089082**	**1911724**
合肥市 Hefei	37469227	1154636	231517	12489159	607359	388533	3151896	1228972	782562	987296
淮北市 Huaibei	6888162	206156	209254	3849138	376572	104766	232905	277919		85060
亳州市 Bozhou	3972225	92634	256972	1408751	180073		46164	427621	720	1358
宿州市 Suzhou	7808484	225578	134458	4646478	222895	121797	264301	489317	15470	
蚌埠市 Bengbu	10019187	283324	59542	4636001	171771	94797	278356	368210	136678	44676
阜阳市 Fuyang	6445441	338947		2446758	269984	3770	185617	565992	47647	29655
淮南市 Huainan	5583508	531583	23560	1462405	394690	6920	135522	198449	37647	45147
滁州市 Chuzhou	12770331	520495	32220	7359312	376782	17685	184698	477997	31975	26563
六安市 Luan	7907106	595552	63706	3211953	445511	22283	68249	459212	62158	52790
马鞍山市 Maanshan	16716503	380450	76250	8311784	258470	46875	854310	382844	159686	274901
芜湖市 Wuhu	14178716	859921	154798	4626100	279092	139143	1393309	732481	204618	206296
宣城市 Xuancheng	9517291	358284	205589	4444608	425595	660	130997	750767	194546	13942
铜陵市 Tongling	9414834	181844	573416	3385173	236603	64297	672636	1662283	123621	72589
池州市 Chizhou	3929306	129935	194791	2152199	66790	1880	17515	264205	31523	
安庆市 Anqing	10741721	476025	145327	5657287	841752	42722	289180	374053	50802	12544
黄山市 Huangshan	4237701	194026	26741	640131	167822		168032	475403	209429	58907

地 区 Region	金融业 Banking	房地产业 Real Estate	租赁和商务服务业 Leasing and Commercial Services	科学研究和技术服务业 Scientific Research and Technical Services	水利、环境和公共设施管理业 Water Conservancy, Environmental and Public Facilities Management	居民服务、修理和其他服务业 Residents Service, Repair and Other Services	教育 Education	卫生和社会工作 Health and Social Work	文化、体育和娱乐业 Culture, Sports and Entertainment	公共管理、社会保障和社会组织 Public Management, Social Security and Social Organization
总 计 Total	**591519**	**29633585**	**3393411**	**2058596**	**15403027**	**834268**	**2463055**	**1499306**	**1528852**	**2961249**
合肥市 Hefei	355652	7210239	1718313	896927	3962925	367503	538677	383526	541857	471678
淮北市 Huaibei	3908	1053006	42199	40614	270502	18517	39162	28302	30534	19648
亳州市 Bozhou		927620		8400	390477	6619	26813	108654	17136	72213
宿州市 Suzhou		1079635	28402	16888	255399	29685	43082	23052	10540	201507
蚌埠市 Bengbu	14545	2029661	37667	280674	938504	23041	94503	75324	82491	369422
阜阳市 Fuyang		1556385	20676	19076	335123	38867	170892	77479	6250	332323
淮南市 Huainan	7487	1486748	49789	74693	510630	14858	286980	134586	34319	147495
滁州市 Chuzhou	13897	1977827	40166	26957	1221055	10740	148222	23450	15521	264769
六安市 Luan		1334963	52360	39469	1059304	14260	174428	53982	51397	145529
马鞍山市 Maanshan	65408	2897253	378135	385194	1672295	78077	191553	103692	160004	39322
芜湖市 Wuhu	48451	3560541	452748	138890	762234	91823	155316	224857	136497	11601
宣城市 Xuancheng	11627	1107378	57727	32751	1325779	26706	176244	79487	72647	101957
铜陵市 Tongling	35954	1349848	94112	54488	369613	49720	152449	47273	60654	228261
池州市 Chizhou		484513	26378	4250	409446	4200	63288	11580	24980	41833
安庆市 Anqing	24748	1143613	72275	26269	1152701	40352	96364	76937	105589	113181
黄山市 Huangshan	9842	434355	322464	13056	767040	19300	105082	47125	178436	400510

5—21 各行业施工、投产项目个数（2015年）

The Number of Construction and Put Into Operation by Industry (2015)

行 业	Sector	施工项目 (个) Number of Projects under Construction (unit)	#新开工 Started This Year	全部建成投产项目 (个) Number of Projects Completed and Put into Use (unit)	项目建成投产率 (%) Rate of Projects Completed & Put into Use (%)
总 计	**Total**	**35807**	**28523**	**28351**	**79.18**
农、林、牧、渔业	**Agriculture, Forestry, Animal Husbandry and Fisher**	**2259**	**1864**	**1822**	**80.66**
农 业	Farming	1011	832	800	79.13
林 业	Forestry	328	275	270	82.32
畜牧业	Animal Husbandry	438	353	366	83.56
渔 业	Fishery	145	127	116	80.00
农、林、牧、渔服务业	Agricultural Services	337	277	270	80.12
采矿业	**Mining**	**555**	**444**	**439**	**79.10**
煤炭开采和洗选业	Coal Mining and Washing Industry	60	37	42	70.00
石油和天然气开采业	Oil and Gas Industry	2	1	1	50.00
黑色金属矿采选业	Ferrous Metal CaiXuanYe	65	52	54	83.08
有色金属矿采选业	CaiXuanYe Nonferrous Metallic Deposits	142	124	117	82.39
非金属矿采选业	CaiXuanYe Non-metallic Mineral	273	224	214	78.39
开采辅助活动	Mining Auxiliary Activities	6	2	5	83.33
其他采矿业	Other Mining	7	4	6	85.71
制造业	**Manufacturing**	**16106**	**12833**	**12847**	**79.77**
农副食品加工业	Agricultural and Sideline Products Processing Industry	1165	916	938	80.52
食品制造业	Food Manufacturing	503	403	399	79.32
酒、饮料和精制茶制造业	Wine, Drinks and Refined Tea Manufacturing	347	257	265	76.37
烟草制品业	Tobacco Products	12	7	6	50.00
纺织业	Textile Industry	433	360	341	78.75
纺织服装、服饰业	Textile and Garment, Apparel Industry	791	662	659	83.31
皮革、毛皮、羽毛及其制品和制鞋业	Leather, Fur, Feather and Its Products and Footwear	237	198	178	75.11
木材加工和木、竹、藤、棕、草制品业	Wood Processing and Wood, Bamboo, Cane, Palm, Grass Products	569	453	441	77.50
家具制造业	Furniture Manufacturing	308	254	245	79.55
造纸和纸制品业	Paper and Paper Products	290	224	245	84.48
印刷和记录媒介复制业	Printing and Duplicating Industry Record Media	250	196	194	77.60
文教、工美、体育和娱乐用品制造业	Cultural and Educational Supplies Manufacturing, Industrial, Sporting and Entertainment	304	247	251	82.57
石油加工、炼焦和核燃料加工业	Petroleum Processing, Coking and Nuclear Fuel Processing	35	23	30	85.71
化学原料和化学制品制造业	Raw Chemical Materials and Chemical Products	722	603	572	79.22
医药制造业	Pharmaceutical Manufacturing Industry	359	259	250	69.64
化学纤维制造业	Chemical Fiber Industry	35	25	28	80.00
橡胶和塑料制品业	Rubber and Plastic Products	1010	798	826	81.78
非金属矿物制品业	Nonmetal Mineral Products	1742	1379	1388	79.68
黑色金属冶炼和压延加工业	Smelting and Pressing of Ferrous Metals	251	211	207	82.47
有色金属冶炼和压延加工业	Smelting and Pressing of Nonferrous Metals	215	156	177	82.33

注：本表不含房地产开发投资。

a) Data in this table do not include investment in real estate development.

5—21 续表1 continued

行 业	Sector	施工项目 (个) Number of Projects under Construction (unit)	#新开工 Started This Year	全部建成投产项目 (个) Number of Projects Completed and Put into Use (unit)	项目建成投产率 (%) Rate of Projects Completed & Put into Use (%)
金属制品业	Metal Products	1003	806	819	81.66
通用设备制造业	Equipments in Current Use	1246	1038	1025	82.26
专用设备制造业	Special Equipment Manufacturing	1097	852	848	77.30
汽车制造业	Automobile Manufacturing Industry	783	628	574	73.31
铁路、船舶、航空航天和其他运输设备制造业	Railway, Shipbuilding, Aerospace, and Other Transportation Equipment Manufacturing Industry	157	111	125	79.62
电气机械和器材制造业	Electric Equipment and Machinery	1166	929	962	82.50
计算机、通信和其他电子设备制造业	Computers, Communications and Other Electronic Equipment Manufacturing Industry	565	439	429	75.93
仪器仪表制造业	Instrument Manufacturing	240	185	207	86.25
其他制造业	Other Manufacturing	128	99	107	83.59
废弃资源综合利用业	Comprehensive Utilization of Waste Resources	110	86	84	76.36
金属制品、机械和设备修理业	Metal Products, Machinery and Equipment Repair	33	29	27	81.82
电力、热力、燃气及水的生产和供应业	**Production and Supply of Electricity, Heat, Gas and Water**	**1165**	**907**	**863**	**74.08**
电力、热力生产和供应业	Electricity, Heat Production and Supply Industry	627	493	426	67.94
燃气生产和供应业	Gas Production and Supply Industry	103	69	79	76.70
水的生产和供应业	Water Production and Supply Industry	435	345	358	82.30
建筑业	**Construction**	**301**	**264**	**247**	**82.06**
房屋建筑业	Housing Industry	47	39	35	74.47
土木工程建筑业	Civil Engineering Construction	110	87	85	77.27
建筑安装业	Construction and Installation Industry	25	25	22	88.00
建筑装饰和其他建筑业	Building Decoration and Other Construction	119	113	105	88.24
批发和零售业	**Wholesale and Retail Trade**	**2328**	**2041**	**2001**	**85.95**
批发业	Wholesale	1290	1133	1104	85.58
零售业	Retail Trade	1038	908	897	86.42
交通运输、仓储和邮政业	**Transport, Storage and Postal Services**	**1639**	**1209**	**1162**	**70.90**
铁路运输业	Railway Transport	33	11	13	39.39
道路运输业	Highway Transport	1189	859	833	70.06
水上运输业	Water Way Transport	80	60	55	68.75
航空运输业	Air Transport	1	1		
管道运输业	Pipeline Transport	3	3	3	100.00
装卸搬运和运输代理业	Handling and Shipping Agents	61	51	42	68.85
仓储业	Warehousing	250	208	196	78.40
邮政业	Postal Services	22	16	20	90.91
住宿和餐饮业	**Accommodation and Catering Trade**	**537**	**457**	**445**	**82.87**
住宿业	Accommodation Trade	233	184	178	76.39
餐饮业	Catering Services	304	273	267	87.83
信息传输、软件和信息技术服务业	**Information Transmission, Software and Information Technology Services**	**522**	**479**	**460**	**88.12**
电信、广播电视和卫星传输服务	Telecommunications, Broadcasting and TV Transmission and Satellite Services	102	92	74	72.55
互联网和相关服务	The Internet and Related Services	74	69	69	93.24
软件和信息技术服务业	Software and Information Technology Services	346	318	317	91.62

5—21 续表2 continued

行　业	Sector	施工项目 (个) Number of Projects under Construction (unit)	#新开工 Started This Year	全部建成投产项目 (个) Number of Projects Completed and Put into Use (unit)	项目建成投产率 (%) Rate of Projects Completed & Put into Use (%)
金融业	**Banking**	**156**	**139**	**138**	**88.46**
货币金融服务	Monetary and Financial Services	61	55	55	90.16
资本市场服务	Capital Market Services	61	55	55	90.16
保险业	Insurance	11	9	10	90.91
其他金融业	Other Financial Activities	23	20	18	78.26
房地产业	**Real Estate**	**1574**	**1095**	**1144**	**72.68**
租赁和商务服务业	**Leasing and Commercial Services**	**905**	**792**	**763**	**84.31**
租赁业	Leasing	64	55	53	82.81
商务服务业	Commercial Services	841	737	710	84.42
科学研究和技术服务业	**Scientific Research and Technical Services**	**575**	**504**	**481**	**83.65**
研究和试验发展	Research and Experimental Development	155	142	141	90.97
专业技术服务业	Professional and Technical Services	254	221	213	83.86
科技推广和应用服务业	Science and Technology Popularization and Application Services	166	141	127	76.51
水利、环境和公共设施管理业	**Water Conservancy, Environmental and Public Facilities Management**	**4427**	**3339**	**3383**	**76.42**
水利管理业	Water Conservancy Management	638	485	504	79.00
生态保护和环境治理业	Ecological Protection and Environmental Governance Industry	135	91	105	77.78
公共设施管理业	Public Facilities Management	3654	2763	2774	75.92
居民服务、修理和其他服务业	**Residents Service, Repair and Other Services**	**258**	**229**	**210**	**81.40**
居民服务业	Resident Services	117	102	92	78.63
机动车、电子产品和日用产品修理业	Motor Vehicle Repair Industry, Electronic Products and Daily Products	91	82	76	83.52
其他服务业	Other Services	50	45	42	84.00
教　育	**Education**	**645**	**498**	**518**	**80.31**
卫生和社会工作	**Health and Social Wwork**	**433**	**316**	**327**	**75.52**
卫　生	Health	318	223	239	75.16
社会工作	Social Wwork	115	93	88	76.52
文化、体育和娱乐业	**Culture, Sports and Entertainment**	**394**	**324**	**287**	**72.84**
新闻和出版业	Press and Publication	8	7	7	87.50
广播、电视、电影和影视录音制作业	Radio, Television, Film and Television Recording Studios	19	16	18	94.74
文化艺术业	Culture and Arts	182	154	132	72.53
体　育	Sports	75	57	50	66.67
娱乐业	Entertainment	110	90	80	72.73
公共管理、社会保障和社会组织	**Public Management, Social Security and Social Organization**	**1028**	**789**	**814**	**79.18**
中国共产党机关	Organs of Chinese Communist Party	3	2	2	66.67
国家机构	State Organs	750	579	583	77.73
人民政协、民主党派	CPPCC and Democratic Parties	9	7	7	77.78
社会保障	The Social Security	33	19	20	60.61
群众团体、社会团体和其他成员组织	Mass Organizations, Social Organizations and Religious Organizations	56	39	46	82.14
基层群众自治组织	The Grassroots Autonomous Organizations	177	143	156	88.14

5—22 各行业按建设性质分项目投资（2015年）
The Project Investment by Industries by Type of Construction (2015)

单位：万元（10000 yuan）

行业	Sector	新建 New Construction	扩建 Expansion	改建和技术改造 Reconstruction and Technical Transformation
总计	**Total**	**124172132**	**30356452**	**35836783**
农、林、牧、渔业	**Agriculture, Forestry, Animal Husbandry and Fishery**	**6389772**	**869439**	**293150**
农业	Farming	3055852	432565	88830
林业	Forestry	1100947	109430	32275
畜牧业	Animal Husbandry	941259	199475	53951
渔业	Fishery	373826	33638	41919
农、林、牧、渔服务业	Agricultural Services	917888	94331	76175
采矿业	**Mining**	**1241892**	**421035**	**1520973**
煤炭开采和洗选业	Coal Mining and Washing Industry	446000	53958	604645
石油和天然气开采业	Oil and Gas Industry	4000	4700	
黑色金属矿采选业	Ferrous Metal CaiXuanYe	121693	61189	141872
有色金属矿采选业	CaiXuanYe Nonferrous Metallic Deposits	273304	99545	297777
非金属矿采选业	CaiXuanYe Non-metallic Mineral	380232	195604	461389
开采辅助活动	Mining Auxiliary Activities	10142		4150
其他采矿业	Other Mining	6521	6039	11140
制造业	**Manufacturing**	**52610077**	**16277894**	**23553710**
农副食品加工业	Agricultural and Sideline Products Processing Industry	2773652	861044	1236228
食品制造业	Food Manufacturing	1305587	578395	563266
酒、饮料和精制茶制造业	Wine, Drinks and Refined Tea Manufacturing	1018669	521789	420340
烟草制品业	Tobacco Products	111372	14300	23489
纺织业	Textile Industry	1226559	288817	636856
纺织服装、服饰业	Textile and Garment, Apparel Industry	1952098	511169	741660
皮革、毛皮、羽毛及其制品和制鞋业	Leather, Fur, Feather and Its Products and Footwear	487270	331356	278630
木材加工和木、竹、藤、棕、草制品业	Wood Processing and Wood, Bamboo, Cane, Palm, Grass Products	1599330	257049	401243
家具制造业	Furniture Manufacturing	1092027	262110	206764
造纸和纸制品业	Paper and Paper Products	712727	199509	444090
印刷和记录媒介复制业	Printing and Duplicating Industry Record Media	667069	311120	280213
文教、工美、体育和娱乐用品制造业	Cultural and Educational Supplies Manufacturing, Industrial, Sporting and Entertainment	775392	279402	235517
石油加工、炼焦和核燃料加工业	Petroleum Processing, Coking and Nuclear Fuel Processing	106548	9374	167086
化学原料和化学制品制造业	Raw Chemical Materials and Chemical Products	2988425	739540	1108603
医药制造业	Pharmaceutical Manufacturing Industry	1539956	505916	457825
化学纤维制造业	Chemical Fiber Industry	72254	19705	150414
橡胶和塑料制品业	Rubber and Plastic Products	2445049	1058178	1581824
非金属矿物制品业	Nonmetal Mineral Products	5294942	1625963	2290665
黑色金属冶炼和压延加工业	Smelting and Pressing of Ferrous Metals	728819	376118	659005
有色金属冶炼和压延加工业	Smelting and Pressing of Nonferrous Metals	1213244	194292	573812
金属制品业	Metal Products	2949692	1074154	1417996
通用设备制造业	Equipments in Current Use	3354633	1258366	2189531

5—22 续表1 continued

单位：万元（10000 yuan）

行业	Sector	新建 New Construction	扩建 Expansion	改建和技术改造 Reconstruction and Technical Transformation
专用设备制造业	Special Equipment Manufacturing	4458954	1321608	1672137
汽车制造业	Automobile Manufacturing Industry	3705141	1103738	1606582
铁路、船舶、航空航天和其他运输设备制造业	Railway, Shipbuilding, Aerospace, and Other Transportation Equipment Manufacturing Industry	968766	104552	205079
电气机械和器材制造业	Electric Equipment and Machinery	4376562	1351111	2423527
计算机、通信和其他电子设备制造业	Computers, Communications and Other Electronic Equipment Manufacturing Industry	3341142	609462	1027986
仪器仪表制造业	Instrument Manufacturing	502809	191812	293230
其他制造业	Other Manufacturing	327561	189732	128712
废弃资源综合利用业	Comprehensive Utilization of Waste Resources	416567	84008	100006
金属制品、机械和设备修理业	Metal Products, Machinery and Equipment Repair	97261	44205	31394
电力、热力、燃气及水的生产和供应业	**Production and Supply of Electricity, Heat, Gas and Water**	**5249367**	**770342**	**1677156**
电力、热力生产和供应业	Electricity, Heat Production and Supply Industry	3886946	515983	1334870
燃气生产和供应业	Gas Production and Supply Industry	284276	79876	39990
水的生产和供应业	Water Production and Supply Industry	1078145	174483	302296
建筑业	**Construction**	**738856**	**271260**	**169683**
房屋建筑业	Housing Industry	155290	44567	15776
土木工程建筑业	Civil Engineering Construction	323055	62126	76130
建筑安装业	Construction and Installation Industry	49904	22100	7831
建筑装饰和其他建筑业	Building Decoration and Other Construction	210607	142467	69946
批发和零售业	**Wholesale and Retail Trade**	**5779196**	**2141840**	**1113267**
批发业	Wholesale	2668781	1319735	630112
零售业	Retail Trade	3110415	822105	483155
交通运输、仓储和邮政业	**Transport, Storage and Postal Services**	**10366411**	**1756091**	**1717207**
铁路运输业	Railway Transport	1072711	12859	196516
道路运输业	Highway Transport	6933392	1167640	1398264
水上运输业	Water Way Transport	404889	132530	20913
航空运输业	Air Transport		5880	
管道运输业	Pipeline Transport	14913		
装卸搬运和运输代理业	Handling and Shipping Agents	612250	79767	26288
仓储业	Warehousing	1168345	351718	75226
邮政业	Postal Services	159911	5697	
住宿和餐饮业	**Accommodation and Catering Trade**	**1815671**	**478307**	**223041**
住宿业	Accommodation Trade	1124436	206069	100844
餐饮业	Catering Services	691235	272238	122197
信息传输、软件和信息技术服务业	**Information Transmission, Software and Information Technology Services**	**1442595**	**488306**	**582077**
电信、广播电视和卫星传输服务	Telecommunications, Broadcasting and TV Transmission and Satellite Services	228856	62710	193203
互联网和相关服务	The Internet and Related Services	231424	61228	43894
软件和信息技术服务业	Software and Information Technology Services	982315	364368	344980

5—22 续表2 continued

单位：万元（10000 yuan）

行　业	Sector	新　建 New Construction	扩　建 Expansion	改建和技术改造 Reconstruction and Technical Transformation
金融业	**Banking**	**377650**	**166331**	**162759**
货币金融服务	Monetary and Financial Services	183797	37664	84903
资本市场服务	Capital Market Services	125773	73272	28360
保险业	Insurance	11817	9378	18414
其他金融业	Other Financial Activities	56263	46017	31082
房地产业	**Real Estate**	**9821682**	**1461060**	**490274**
租赁和商务服务业	**Leasing and Commercial Services**	**2746034**	**878219**	**565830**
租赁业	Leasing	106124	60090	37339
商务服务业	Commercial Services	2639910	818129	528491
科学研究和技术服务业	**Scientific Research and Technical Services**	**1622056**	**540351**	**388142**
研究和试验发展	Research and Experimental Development	519117	179749	121687
专业技术服务业	Professional and Technical Services	675325	234655	177988
科技推广和应用服务业	Science and Technology Popularization and Application Services	427614	125947	88467
水利、环境和公共设施管理业	**Water Conservancy, Environmental and Public Facilities Management**	**15819206**	**2304913**	**2032151**
水利管理业	Water Conservancy Management	1651133	371956	426723
生态保护和环境治理业	Ecological Protection and Environmental Governance Industry	399427	48118	62650
公共设施管理业	Public Facilities Management	13768646	1884839	1542778
居民服务、修理和其他服务业	**Residents Service, Repair and Other Services**	**620373**	**200552**	**84450**
居民服务业	Resident Services	280801	53543	46804
机动车、电子产品和日用产品修理业	Motor Vehicle Repair Industry, Electronic Products and Daily Products	206191	98237	14300
其他服务业	Other Services	133381	48772	23346
教　育	**Education**	**1898465**	**508473**	**243330**
卫生和社会工作	**Health and Social Wwork**	**1392950**	**335936**	**401542**
卫　生	Health	1154133	289921	379622
社会工作	Social Wwork	238817	46015	21920
文化、体育和娱乐业	**Culture, Sports and Entertainment**	**1525235**	**243681**	**201917**
新闻和出版业	Press and Publication	17391		23233
广播、电视、电影和影视录音制作业	Radio, Television, Film and Television Recording Studios	84199	17950	16773
文化艺术业	Culture and Arts	755718	72260	84985
体　育	Sports	281388	43493	34468
娱乐业	Entertainment	386539	109978	42458
公共管理、社会保障和社会组织	**Public Management, Social Security and Social Organization**	**2714644**	**242422**	**416124**
中国共产党机关	Organs of Chinese Communist Party	2630	322	
国家机构	State Organs	1937636	147810	364992
人民政协、民主党派	CPPCC and Domocratic Parties	14032		22474
社会保障	The Social Security	94319		
群众团体、社会团体和其他成员组织	Mass Organizations, Social Organizations and Religious Organizations	196744	44260	7773
基层群众自治组织	The Grassroots Autonomous Organizations	469283	50030	20885

5—23 各市施工、投产项目个数（2015年）
The Number of Construction and Put Into Operation by Region (2015)

地 区	Region	施工项目（个）Number of Projects under Construction (unit)	#新开工 Started This Year	全部建成投产项目（个）Number of Projects Completed and Put into Use (unit)	项目建成投产率(%) Rate of Projects Completed & Put into Use (%)
总 计	**Total**	**35807**	**28523**	**28351**	**79.18**
合肥市	Hefei	6727	6013	6038	89.76
淮北市	Huaibei	1204	956	895	74.34
亳州市	Bozhou	923	591	600	65.01
宿州市	Suzhou	1445	1014	1087	75.22
蚌埠市	Bengbu	1574	1282	1317	83.67
阜阳市	Fuyang	1386	893	949	68.47
淮南市	Huainan	1461	1127	1056	72.28
滁州市	Chuzhou	2767	1924	2350	84.93
六安市	Luan	1852	1421	1557	84.07
马鞍山市	Maanshan	3509	3126	2889	82.33
芜湖市	Wuhu	3637	2964	2562	70.44
宣城市	Xuancheng	1956	1519	1384	70.76
铜陵市	Tongling	1676	1413	1456	86.87
池州市	Chizhou	1044	776	719	68.87
安庆市	Anqing	3412	2565	2492	73.04
黄山市	Huangshan	1234	939	1000	81.04

注：本表不含房地产开发投资。
a) Data in this table do not include investment in real estate development.

5—24 各市按建设性质分项目投资（2015年）
The Project Investment by Type of Construction by Region (2015)

单位：万元（10000 yuan）

地 区	Region	新 建 New Construction	扩 建 Expansion	改建和技术改造 Reconstruction and Technical Transformation
总 计	**Total**	**124172132**	**30356452**	**35836783**
合肥市	Hefei	22336280	13288380	9784418
淮北市	Huaibei	4798146	1189682	1750629
亳州市	Bozhou	4912775	121140	547400
宿州市	Suzhou	7016130	1030201	1056418
蚌埠市	Bengbu	9071016	428224	293695
阜阳市	Fuyang	4224839	1305418	1762951
淮南市	Huainan	5831723	934904	1091063
滁州市	Chuzhou	8477461	1266420	1261844
六安市	Luan	5778253	859064	1375871
马鞍山市	Maanshan	9377152	3267777	3767138
芜湖市	Wuhu	16825994	1842538	3447246
宣城市	Xuancheng	7760076	599377	2354466
铜陵市	Tongling	3395057	1555155	2884883
池州市	Chizhou	3740856	143501	1084125
安庆市	Anqing	6820826	2335530	2949073
黄山市	Huangshan	3805548	189141	425563

5—25 各市工业项目投资（2015年）
Industrial Project Investment by Region (2015)

单位：万元（10000 yuan）

地 区	Region	工业投资 Industrial Investment	采矿业 Mining	制造业 Manufacturing	电力、热力、燃气及水生产和供应业 Production and Supply of Electricity, Heat, Gas and Water
总 计	**Total**	**105687590**	**3239991**	**94714395**	**7733204**
合肥市	Hefei	19300612	227237	18212709	860666
淮北市	Huaibei	5641642	366502	4726941	548199
亳州市	Bozhou	3147396	265361	2389966	492069
宿州市	Suzhou	6524606	136405	5967164	421037
蚌埠市	Bengbu	6186213	72747	5898452	215014
阜阳市	Fuyang	3405644	12300	3095348	297996
淮南市	Huainan	3708309	466927	2489735	751647
滁州市	Chuzhou	7101180	37317	6647632	416231
六安市	Luan	4042959	106660	3442361	493938
马鞍山市	Maanshan	9483730	96127	9045933	341670
芜湖市	Wuhu	13415403	261623	12438027	715753
宣城市	Xuancheng	6191542	198590	5380939	612013
铜陵市	Tongling	5114850	595432	4235683	283735
池州市	Chizhou	3430446	233210	2969030	228206
安庆市	Anqing	8148232	136312	7124160	887760
黄山市	Huangshan	844826	27241	650315	167270

5—26 各市民间投资（2015年）
Private Investment by Region (2015)

单位：万元（10000 yuan）

地 区	Region	民间投资 Private Investment	一产民间投资 One oft he Folk Investment	二产民间投资 Secundiparity Private Investment	工业 Industry	三产民间投资 Firms of Private Investment
总 计	**Total**	**172604197**	**6869369**	**92706374**	**91716122**	**73028454**
合肥市	Hefei	41134222	1242590	17093380	16763764	22798252
淮北市	Huaibei	7278281	263067	4735907	4682188	2279307
亳州市	Bozhou	4901519	108102	2394734	2394734	2398683
宿州市	Suzhou	9303394	235859	6288097	6165649	2779438
蚌埠市	Bengbu	10473899	290033	5588389	5548816	4595477
阜阳市	Fuyang	6722951	293064	3044151	3044151	3385736
淮南市	Huainan	4615854	600944	1857841	1851441	2157069
滁州市	Chuzhou	10574909	485253	6364825	6361940	3724831
六安市	Luan	6491713	555239	3556081	3532539	2380393
马鞍山市	Maanshan	14487100	406416	8792280	8734690	5288404
芜湖市	Wuhu	21874167	994347	11932544	11752750	8947276
宣城市	Xuancheng	8998496	325264	5412964	5412304	3260268
铜陵市	Tongling	8131792	204075	4639901	4534523	3287816
池州市	Chizhou	4212537	124659	2999502	2984022	1088376
安庆市	Anqing	10777225	591341	7323833	7270666	2862051
黄山市	Huangshan	2626138	149116	681945	681945	1795077

5—27 各市分项目和房地产投资（2015年）
Projects and Real Estate Investment by Region (2015)

单位：万元（10000 yuan）

地 区	Region	固定资产投资 Investment in Fixed Assets	项目投资 Project Investment	房地产投资 Real Estate Investment
总 计	**Total**	**239655515**	**195406931**	**44248584**
合 肥 市	Hefei	58519010	45927657	12591353
淮 北 市	Huaibei	9252996	7774673	1478323
亳 州 市	Bozhou	7673005	5621172	2051833
宿 州 市	Suzhou	11333940	9135872	2198068
蚌 埠 市	Bengbu	14579714	10293725	4285989
阜 阳 市	Fuyang	10049810	7402041	2647769
淮 南 市	Huainan	9197254	8038643	1158611
滁 州 市	Chuzhou	14576039	11231753	3344286
六 安 市	Luan	9934653	8111740	1822913
马鞍山市	Maanshan	18598354	16585530	2012824
芜 湖 市	Wuhu	27091936	22563523	4528413
宣 城 市	Xuancheng	12833637	10985165	1848472
铜 陵 市	Tongling	10629256	9407215	1222041
池 州 市	Chizhou	6005372	5177148	828224
安 庆 市	Anqing	13855788	12638577	1217211
黄 山 市	Huangshan	5524751	4512497	1012254

5—28 房地产开发主要指标
Main Indicators of Real Estate Development

指　标		Item		2000	2005	2010	2014	2015
企业个数	(个)	Number of Enterprises	(unit)	988	1917	3385	3731	3620
登记注册类型		Registration type						
内　资		Domestic Funded		901	1811	3249	3634	3534
#国　有		State-owned Enterprises		298	145	136	72	60
集　体		Collective Enterprises		148	51	25	7	6
港、澳、台投资		Funded by Entrepreneurs from Hong Kong, Macao and Taiwan		65	56	78	61	57
外商投资		Foreign Funded		22	50	58	36	29
企业控股情况		Controlling Stake of Enterprises						
国有控股		Controlling Stake of State-owner				312	283	283
集体控股		Controlling Stake of Group				116	62	59
私人控股		Controlling Stake of Priate				2620	2889	2816
港、澳、台商控股		Controlling Stake of Hong Kong, Macao and Taiwan Businessman				80	56	51
外商控股		Controlling Stake of Foreign Businessman				61	35	30
其　他		Other				196	406	381
本年完成投资额	(万元)	Investment Completed this Year	(10000 yuan)	879261	4594413	22518045	43389603	44248584
#住　宅		Residential Buildings		575174	3233619	15952464	28476344	28491942
本年土地购置面积	(万平方米)	Land Space Purchased this Year	(10000 sq.m)	641.30	1896.39	2611.07	3029.58	1805.94
资金来源小计	(万元)	Source of Funds	(10000 yuan)	977459	5430807	28636982	52311679	49907807
国内贷款		Domestically Loans		185685	757235	3237258	5679346	5642296
利用外资		Foreign Investment		19163	67788	61827	27810	10186
自筹资金		Fundraising		325053	2288821	12110747	22038512	18601276
其他资金		Other		447558	2316963	13227150	24566011	25654049
房屋建筑面积	(万平方米)	Floor Space of Buildings	(10000 sq.m)					
施工面积		Floor Space Under Construction		1693.36	5306.92	17541.90	33479.11	34244.67
竣工面积		Floor Space Completed		759.33	1816.86	3020.57	5196.37	5537.74
本年新开工面积		Floor Space Started this Year		900.58	2623.41	7317.60	8736.77	7759.35
#住　宅		Residential Buildings		713.17	2181.61	5770.46	5929.47	5254.68
商品房屋销售面积	(万平方米)	Floor Space of Selling House	(10000 sq.m)	536.20	1907.21	4113.88	6202.18	6174.09
#住　宅		Residential Buildings		462.82	1686.03	3604.87	5364.94	5356.81
商品房屋销售价格	(元/平方米)	Selling Price of House	(yuan/sq.m)	1193	2220	4212	5394	5457
#住　宅		Residential Buildings		1040	2065	3907	5017	5067
实收资本合计	(万元)	Total Capital Hold	(10000 yuan)	801091	2976285	8603456	22141675	22029739
资产合计	(万元)	State Capital	(10000 yuan)	2471288	12152955	54332428	154682918	168467240
负债合计	(万元)	Total Liabilities	(10000 yuan)	1685674	8530794	40828272	119244864	132704740
资产负债率	(%)	Ratio of Liabilities to Assets	(%)	68.21	70.20	75.15	77.09	78.77
主营业务收入	(万元)	Total Revenue	(10000 yuan)	701896	2720528	13150647	25272198	26455215
#土地转让收入		land Transferred		12293	12785	81646	414692	408642

5—29 房地产开发企业（单位）财务状况
Enterprise's Financial Situation in Real Estate Development

单位：万元（10000 yuan）

项　　目	Item	2005	2010	2014	2015
年初存货	**Opening Stock This Year**	**3403211**	**19892008**	**62480828**	**69197069**
年末资产负债	**Assets and Liabilities at the Year-end**				
流动资产合计	Total of Current Assets	10211981	46759621	131173766	141925366
#应收账款	Receivable Accounts			4817423	4574491
存　货	Stock	5013742	24613144	74108004	79781966
固定资产合计	Fixed Assets			4786225	4260390
固定资产原价	Prime Cost of Fixed Assets	642349	1537883	3557575	4300126
累计折旧	Progressive Depreciation	115739	316551	715489	857190
#本年折旧	Depreciation This Year	28292	67026	169685	183218
在建工程	Projects In building			3385244	2318210
资产总计	Total of Assets	12152955	54332428	154682918	168467240
流动负债合计	Current Liabilities			97822729	111884489
#应付账款	Payables			10319439	11531651
非流动负债合计	Non-Current Liabilities			21422134	20820251
负债合计	Total of Liabilities	8530794	40828272	119244864	132704740
所有者权益合计	Total of Ownership Interest	3622161	13504156	35438054	35762501
#实收资本	Pail-up Capital	2976285	8603456	22141675	22029739
损益及分配	**Profit and Loss and Distribution**				
营业收入	Business Income			25666562	26973951
#主营业务收入	Main Business Earning	2720528	13150647	25272198	26455215
土地转让收入	Earning of Land Transfer	12785	81646	414692	408642
商品房屋销售收入	Sales Revenue of Commercial Houses	2643962	12719888	23898302	24832862
房屋出租收入	Rental Income of Buildings	17969	85698	162350	169620
其他收入	Other Income	45812	263415	796855	1044091
营业成本	Business Cost			19875295	20543191
#主营业务成本	Main Business Cost	2150369	9672150	19417152	20244368
营业税金及附加	Business Tax and Affixation			2053341	2188629
#主营业务税金及附加	Main Business Tax and Affixation	165159	972105	1987655	2081260
其他业务利润	Other Business Profit	14302	36519	2904	14218
销售费用	Sales Expense	79057	325905	859558	934452
管理费用	Management Expense	193611	539208	1188714	1184320
财务费用	Financial Expense	57022	166459	658916	610686
营业利润	Operating Profit	89612	1547277	1111965	1657790
投资收益	Investment Yield	2949	29217	151571	135155
利润总额	Total of Profit	91318	1349105	1440155	1994345
应交所得税	Payable Income Tax	45306	270053	501562	567289
人工成本	**Labor cost**				
应付职工薪酬（贷方累计发生额）	Payable Employee Compensation Credit Cumulative Amount			607285	727047

5—30 房地产开发企业（单位）投资、资金和土地情况
Investment, Funds and Land Condition of Real Estate Developer

单位：万元（10000 yuan）

指 标	Item	2005	2010	2014	2015
计划总投资	Total Planned Investment	19301096	89896777	226434561	251053015
自开始建设累计完成投资	Accumulative Investment Actually Made Since Starting of Construction up to the End	8452758	59445213	147624509	171677082
本年完成投资	Investment Made this Year	4594413	22518045	43389603	44248584
#国有控股	State-holding Stock		3582149	6049800	6134806
按构成分：建筑工程	Grouped by Composition: Construction Project	2910705	14092819	29048736	30569270
安装工程	Installation Project	192634	1524652	4118362	5219369
设备工器具购置	Purchase of Equipment and Instrument	42448	250578	516025	584514
其他费用	Other Expenses	1448626	6649996	9706480	7875431
#旧建筑物购置费	Total Expenses of Purchasing Old Buildings	35903	92803	78968	116710
土地购置费	Total Value of Land Purchased	1005275	5161690	8328848	6419885
按工程用途分：	Grouped by the Use of Project				
住 宅	Residential Buildings	3233619	15952464	28476344	28491942
#90平方米以下	Below $90m^2$		4402937	7451876	10547222
144平方米以上 *	Above of $144m^2$		1213521	1346538	2353790
别墅、高档公寓	Villas and Good Apartments	61564	765862	851465	668618
办公楼	Office Buildings	132116	656341	1689593	2042490
商业营业用房	Houses for Business Use	648456	2924003	9305558	10258620
其 他	Other	580222	2985237	3918108	3455532
本年新增固定资产	Newly Increased Fixed Assets This Year	2366611	8564748	19250298	21065233
本年资金来源合计	Total by Source of Funds This Year	6388421	33029854	65742052	64989108
上年末结余资金	Surplus Funds at the End of Last Year	957614	4392872	13430373	15081301
本年资金来源小计	Total Funds this Year	5430807	28636982	52311679	49907807
国内贷款	Domestic Loans	757235	3237258	5679346	5642296
利用外资	Foreign Investment	67788	61827	27810	10186
自筹资金	Self-raising Fund	2288821	12110747	22038512	18601276
其他资金来源	Others	2316963	13227150	24566011	25654049
本年各项应付款合计	Total of All Payable Account This Year	630600	3511325	12518873	14915267
#工程款	Project Account	415047	1658561	7145176	7727866
待开发土地面积 （万平方米）	Land Space Prepared for Development (10000 sq.m)	1504.06	1709.09	3024.17	2472.35
本年购置土地面积 （万平方米）	Land Space Purchased this Year (10000 sq.m)	1896.39	2611.07	3029.58	1805.94
本年土地成交价款	Land Costs This Year	1195393	3599668	7110157	4793219

注：＊2005、2010年为140平方米以上的口径。

a) In 2005, 2010,Statistics is for over 140 square meters.

5—31 房地产开发企业（单位）施工、销售和待售情况（2015年）
Construction, sale and for sale in Real Estate Development Units (2015)

指标	Item	合计 Total	住宅 Residential Buildings	#90平米以下 below 90 sq.m	#别墅、高档公寓 Villas and Good Apartments	办公楼 Office Buildings	商业营业用房 Houses for Business Use	其他 Others
			按用途分 Grouped by the Use of Project					
房屋施工面积（万平方米）	Floor Space of Buildings Under Construction (10000 sq.m)	34244.7	23233.4	7594.4	439.3	1184.6	6364.1	3462.6
#新开工面积	Newly Started	7759.3	5254.7	1372.9	79.7	285.4	1457.6	761.7
房屋竣工面积（万平方米）	Floor Space of Buildings Completed (10000 sq.m)	5537.7	4099.2	1355.2	54.0	155.2	856.8	426.5
#不可销售面积	Not for Sale	420.3	208.7	85.8		9.2	89.8	112.7
住宅竣工套数（套）	Sets of Commercial Residential Buildings Completed (set)		406780	170085	2981			
房屋竣工价值（万元）	Value of Buildings Completed (10000 yuan)	14044479	9438428	3193288	150342	712594	2888260	1005197
批准预售面积（万平方米）	Advanced Sale Area by Authorization (10000 sq.m)	4701.9	3605.8	654.8	60.1	122.4	859.4	114.3
批准预售住宅套数（套）	Advanced Sale Units by Authorization (set)		344892	81688	3667			
出租房屋面积（万平方米）	Floor Space of Buildings for Renting （10000 sq.m）	34	0.6			0.8	32.5	0.1
商品房销售面积（万平方米）	Floor Space of Selling House (10000 sq.m)	6174.1	5356.8	1249.7	77.6	109.4	627.4	80.5
#现房销售面积	Floor Space of Accomplished Buildings Sold	1178.2	960.6	346.2	22.2	33.9	156.0	27.7
期房销售面积	Floor Space of Futures Marketable Housings Sold	4995.9	4396.2	903.5	55.5	75.5	471.4	52.8
商品房销售额（万元）	Total Sales of Commercial Houses (10000 yuan)	33694228	27143273	6166470	598882	802889	5392945	355121
#现房销售额	Sales Value of Accomplished Buildings	5414758	3888273	1337759	141873	204503	1233926	88056
期房销售额	Sales Value of Futures House	28279470	23255000	4828711	457009	598386	4159019	267065
商品住宅销售套数（套）	Sets of Commercial Residential Buildings Sold (set)		517542	154806	4727			
#现房销售套数	Sets of Accomplished Buildings Sold		93286	41477	1136			
期房销售套数	Sets of Futures House		424256	113329	3591			
待售面积（万平方米）	Floor Space of Vacant Houses (10000 sq.m)	2509.4	1483.7	365.4	72.7	100.2	770.5	155.0
待售1-3年	Vacant 1-3 Years	1340.4	838.4	234.0	33.2	45.9	373.9	82.2
待售3年以上	Vacant More than 3 Years	119.7	73.2	32.8	14.8	4.5	30.8	11.2

5—32 房地产开发投资（2015年）
Investment in Real Estate Development (2015)

指　标	Item	总计 Total	内资 Domestic Funded	国有 State-owned Enterprises
计划总投资	Total Planned Investment	251053015	238733692	5246284
自开始建设累计完成投资	Accumulative Investment Actually Made Since Starting of Construction up to the End	171677082	162610127	3618323
本年完成投资	Investment Made this Year	44248584	41856247	873164
#国有控股	State Controlling Share Hold Enterprises	6134806	6112639	873164
按构成分：建筑工程	Grouped by Composition: Construction Project	30569270	29008612	499484
安装工程	Installation Project	5219369	4791706	72808
设备工器具购置	Purchase of Equipment and Instrument	584514	563460	3595
其他费用	Other Expenses	7875431	7492469	297277
#旧建筑物购置费	Total Expenses of Purchasing Old Buildings	116710	43204	
土地购置费	Total Value of Land Purchased	6419885	6155846	296567
按工程用途分：	Grouped by the Use of Project			
住　宅	Residential Buildings	28491942	26903993	481226
#90平方米以下	Below 90m^2	10547222	9848378	188559
144平方米以上	Above of 144m^2	2353790	2158790	131599
#别墅、高档公寓	Villas and Good Apartments	668618	547297	10000
办公楼	Office Buildings	2042490	2002965	49334
商业营业用房	Houses for Business Use	10258620	9561835	210516
其　他	Other	3455532	3387454	132088
本年新增固定资产	Newly Increased Fixed Assets This Year	21065233	20215569	471111
待开发土地面积　（平方米）	Land Space Prepared for Development　(sq.m)	24723537	23834751	154846
本年购置土地面积　（平方米）	Land Space Purchased this Year　(sq.m)	18059358	17491871	935870
本年土地成交价款	Land Costs This Year	4793219	4696672	297425
#拆迁补偿费	Compensation for Demolition	128488	125988	
土地使用权出让金	Selling of land using right	4261577	4188530	297089
契　税	Deed Tax	112140	107887	1526

单位：万元（10000 yuan）

集　体 Collective Enterprises	港、澳、台投　资 Funded by Entrepreneurs from Hong Kong, Macao and Taiwan	外商投资 Foreign Funded	中　央 Central Government	省 Province	市 City	县 County	乡镇企业 Township and Village Enterprises	其　他 Other
36440	8598961	3720362	3343667	12201363	39820487	16779155	1470010	177438333
20390	6331333	2735622	2338991	9082271	27097250	11804961	839024	120514585
4873	2001426	390911	638610	2208106	6248734	3785324	220261	31147549
	22167		538982	1435113	1751190	1041542		1367979
3253	1296024	264634	313583	1659795	4448785	2776019	133581	21237507
1197	356273	71390	49274	193385	914494	499275	33941	3529000
423	14794	6260	3493	17509	55237	20207	300	487768
	334335	48627	272260	337417	830218	489823	52439	5893274
	73506		25	290	7330	3432		105633
	244141	19898	262275	302879	599530	424955	46840	4783406
1653	1264929	323020	488453	1536416	3958284	2780939	121038	19606812
1653	585391	113453	179675	342283	1699215	1058961	18876	7248212
0	111460	83540	128770	63624	283601	91385	8339	1778071
0	49166	72155	10000	9367	97230	31236	18000	502785
0	28541	10984	3274	157612	441268	89257	4741	1346338
3000	647681	49104	68861	380901	1341678	601190	67584	7798406
220	60275	7803	78022	133177	507504	313938	26898	2395993
5748	740366	109298	183331	992214	4261900	1980231	240289	13407268
	364031	524755	499980	646357	2435075	2396330	203754	18542041
	476453	91034	514163	384197	1909799	1471894	29902	13749403
	74163	22384	351581	384865	477939	360391	2112	3216331
		2500	472		22345	3764		101907
	53163	19884	339445	363865	422787	327386	2112	2805982
	3438	815	336	14582	12764	7520	44	76894

5—33 房地产开发企业财务状况（2015年）
Enterprise's Financial Situation in Real Estate Development (2015)

项　目	Item	流动资产合计 Circulating Funds	#存货 Stock	固定资产原价 Original Value of Fixed Assets	累计折旧 Accumulated Depreciation	资产合计 Total Assets
总　计	**Total**	**141925366**	**79781966**	**4300126**	**857190**	**168467240**
国有及国有控股企业	State Controlling Share Hold Enterprises	32985529	15520189	966318	116648	44235018
按注册类型分	**Grouped by Status of Registration**					
内　资	Domestic Funded	133540102	75795137	4006320	811872	158685039
#国　有	State-owned Enterprises	5008837	2649998	108503	17123	6132150
集　体	Collective Enterprises	42866	22121	1620	1106	44242
港、澳、台投资	Funded by Entrepreneurs from Hong Kong, Macao and Taiwan	5608772	2985594	130471	33263	6626486
外商投资	Foreign Funded	2776492	1001235	163335	12055	3155715
按隶属关系分	**Grouped by Administrative Relationship**					
中　央	Central Government	2046985	1065155	20927	3922	2696613
省	Province	5942057	3555371	179557	36076	8714259
市	City	26286286	14636461	1111970	127669	33092924
县	County	12073047	5242123	238729	46212	14218701
乡镇企业	Township and Village Enterprises	754647	354691	3387	1986	797681
其　他	Other	94822343	54928165	2745556	641326	108947061
按资质等级分	**Grouped by qualification grade**					
一　级	First Grade	3716429	1823893	246146	35456	4798004
二　级	Second Grade	24227659	11622093	1144410	224247	32444483
三　级	Third Grade	35492428	17770252	1263663	341734	40590089
四　级	Forth Grade	3122858	1976524	123246	32616	3805886
暂　定	Tentative	69126943	42688579	1415861	210813	79515326
其　他	Other	6239049	3900624	106800	12324	7313452

5—34 各市房地产开发企业财务状况（2015年）
Enterprise's Financial Situation in Real Estate Development by Region (2015)

地　区	Region	流动资产合计 Circulating Funds	#存货 Stock	固定资产原价 Original Value of Fixed Assets	累计折旧 Accumulated Depreciation	资产合计 Total Assets
总　计	**Total**	**141925366**	**79781966**	**4300126**	**857190**	**168467240**
合肥市	Hefei	44368757	23257203	1697177	294062	54495361
淮北市	Huaibei	3654375	2180006	144897	21892	4176305
亳州市	Bozhou	8103527	4573335	41962	13092	11126964
宿州市	Suzhou	5600451	3302258	36413	14675	6236867
蚌埠市	Bengbu	8282880	5196629	267412	31212	9844837
阜阳市	Fuyang	7243409	3983742	246334	52018	8651629
淮南市	Huainan	5062291	2981420	112237	34732	6253500
滁州市	Chuzhou	8632368	5623751	257200	52357	9532549
六安市	Luan	5935860	3721266	94516	30262	6501654
马鞍山市	Maanshan	5976110	3752917	183353	26822	7655079
芜湖市	Wuhu	17999419	7122479	231458	46530	19848417
宣城市	Xuancheng	4499514	3046415	486250	28868	5251900
铜陵市	Tongling	4888365	3184165	147113	38668	5325675
池州市	Chizhou	3036946	2001715	41279	87148	3514478
安庆市	Anqing	5235359	3359708	122320	42508	6217977
黄山市	Huangshan	3405738	2494958	190205	42348	3834049

单位：万元（10000 yuan）

负债合计 Total Liabilities	资产负债率(%) Ratio of Liabilities to Assets (%)	所有者权益合计 Owners Equity	实收资本 Capital Hold	主营业务收入 Main Business Income	土地转让收入 Revenue of Land Transfer	主营业务成本 Main Business Cost	主营业务税金及附加 Main Business and Extra Charges	营业利润 Operating profit	应付职工薪酬 The payable staff pay
132704740	**78.77**	**35762501**	**22029739**	**26455215**	**408642**	**20244368**	**2081260**	**1657790**	**727047**
31452029	71.10	12782988	4855474	4542946	350539	3569398	308596	449297	86479
126241878	79.55	32443160	20259916	24704987	408634	19042049	1929445	1441340	688742
3851863	62.81	2280288	1102754	347451		259330	35168	19608	11355
37801	85.44	6441	4505	1436		919	95	-78	204
4604915	69.49	2021571	1335302	1078057		685256	101599	148372	25658
1857947	58.88	1297769	434521	672171	8	517063	50216	68078	12648
2365759	87.73	330854	197000	395064	1781	320018	29461	57100	7537
6541051	75.06	2173209	1447357	1459908	80	1114527	121665	225763	40575
23752130	71.77	9340794	3885843	3799044	321393	3053384	247015	56870	103320
11793137	82.94	2425564	1427520	1524704	27284	1224092	98831	58265	43804
625809	78.45	171872	139736	207450	500	130273	15225	46276	3923
87626854	80.43	21320207	14932282	19069044	57605	14402075	1569064	1213517	527888
3159816	65.86	1638188	753699	985123	82	692024	83835	103306	19157
22900310	70.58	9544173	3815483	4624640	263418	3759330	300728	277612	91251
31854235	78.48	8735854	4829033	6283773	84998	4800268	469525	370305	158237
2915606	76.61	890280	642498	888191	2605	664538	59090	83632	51338
65978624	82.98	13536702	11246245	13051688	57436	9876971	1116682	794583	388532
5896148	80.62	1417304	742782	621801	102	451239	51401	28352	18533

单位：万元（10000 yuan）

负债合计 Total Liabilities	资产负债率(%) Ratio of Liabilities to Assets (%)	所有者权益合计 Owners Equity	实收资本 Capital Hold	主营业务收入 Main Business Income	土地转让收入 Revenue of Land Transfer	主营业务成本 Main Business Cost	主营业务税金及附加 Main Business and Extra Charges	营业利润 Operating profit	应付职工薪酬 The payable staff pay
132704740	**78.77**	**35762501**	**22029739**	**26455215**	**408642**	**20244368**	**2081260**	**1657790**	**727047**
41596992	76.33	12898369	7533391	10323340	41071	7300367	821947	1576522	207502
3525323	84.41	650982	506520	530876	82	366782	38468	-5610	14267
6733793	60.52	4393171	1031775	1547142	261063	1330951	85222	31904	48892
5488879	88.01	747988	692824	781885	5328	618379	64049	-57769	44523
8133122	82.61	1711715	1082135	1617335	1	1223677	128095	3466	54729
6994551	80.85	1657078	1260452	1145629	300	791920	123878	33065	36072
5134733	82.11	1118768	1136227	773346	14241	627421	69617	-20822	21670
7770138	81.51	1762412	1372884	1780456	72	1401748	139406	65363	51076
5357458	82.40	1144196	810303	1082433	202	821296	95307	35705	37191
5866956	76.64	1788122	992966	1124567	10128	967771	93943	24205	34615
16527367	83.27	3321050	2063631	2231711	12775	2051274	144648	-29281	50475
4493667	85.56	758233	703824	909013	1500	741367	72158	5636	24826
4541344	85.27	784331	717243	575781	51784	447611	38573	-39938	27862
2786441	79.28	728037	480883	421546	1090	326023	32956	3802	13639
4685151	75.35	1532826	968503	1112471	9005	838497	94028	54856	36737
3068826	80.04	765223	676179	497684		389284	38966	-23313	22973

5—35 各市房地产开发企业（单位）个数（2015年）
Number of Enterprises for Real Estate Development by Region (2015)

单位：个 (unit)

地 区	Region	企业个数 Number of Enterprises	内资企业 Domestic Funded Enterprises	#国有 State-owned	#集体 Collective-owned	#私营 Private Units	港澳台投资企业 Funded by Entrepreneurs from Hong Kong, Macao and Taiwan	外商投资企业 Foreign Funded Enterprises	国有控股 State-owned holdings
总 计	**Total**	**3620**	**3534**	**60**	**6**	**1720**	**57**	**29**	**283**
合肥市	Hefei	565	524	17	1	192	29	12	85
淮北市	Huaibei	104	100	2		57	1	3	8
亳州市	Bozhou	157	157	3		9			8
宿州市	Suzhou	183	182	3	1	62		1	13
蚌埠市	Bengbu	194	191	5		60	2	1	24
阜阳市	Fuyang	219	217	4		101	2		8
淮南市	Huainan	155	153	2		66	2		10
滁州市	Chuzhou	370	370	4		297			14
六安市	Luan	198	196	1		119	1	1	12
马鞍山市	Maanshan	176	171	1		113	2	3	21
芜湖市	Wuhu	250	241	4		127	6	3	18
宣城市	Xuancheng	222	221	1		131		1	8
铜陵市	Tongling	188	185	1	1	94	2	1	16
池州市	Chizhou	147	147	1	1	56			10
安庆市	Anqing	283	279	8	2	141	4		17
黄山市	Huangshan	209	200	3		95	6	3	11

5—36 各市按控股情况分的房地产企业（单位）个数（2015年）
Number of Real Estate Enterprises (units) by Controlled Holdings by Region (2015)

单位：个 (unit)

地 区	Region	企业个数 Number of Enterprises	国有控股 State-owned Controlled Holdings	集体控股 Collective-owned Controlled Holdings	私人控股 Private Units Collective-owned Controlled Holdings	港澳台商控股 Funded by Entrepreneurs from Hong Kong, Macao and Taiwan Controlled Holdings	外商控股 Foreign Funded Enterprises Controlled Holdings	其 他 Other
总 计	**Total**	**3620**	**283**	**59**	**2816**	**51**	**30**	**381**
合肥市	Hefei	565	85	8	345	25	13	89
淮北市	Huaibei	104	8	1	83	1	2	9
亳州市	Bozhou	157	8	2	132		1	14
宿州市	Suzhou	183	13	1	149		1	19
蚌埠市	Bengbu	194	24	5	148	1	1	15
阜阳市	Fuyang	219	8	4	176	2		29
淮南市	Huainan	155	10	2	131	2		10
滁州市	Chuzhou	370	14	6	337		1	12
六安市	Luan	198	12	4	154	1	1	26
马鞍山市	Maanshan	176	21		139	1	3	12
芜湖市	Wuhu	250	18		168	7	2	55
宣城市	Xuancheng	222	8	3	194		1	16
铜陵市	Tongling	188	16	7	145	2		18
池州市	Chizhou	147	10	2	118			17
安庆市	Anqing	283	17	13	226	3	1	23
黄山市	Huangshan	209	11	1	171	6	3	17

5—37 各市房地产开发建设投资总规模及完成投资（2015年）
General Scale of and Actually Completed Investment in Real Estate Development by Region (2015)

单位：万元（10000 yuan）

地　区	Region	计划总投资 Total Investment Actually Needed	自开始建设至本年底累计完成投资 Accumulative Investment Actually Made Since Starting of Construction up to the End of this Year	本年完成投资 Investment Made this Year	全部建成尚需投资 Further Investment Required for the Completion of Construction
总　计	**Total**	**251053015**	**171677082**	**44248584**	**79375933**
合肥市	Hefei	64185498	44815753	12591353	19369745
淮北市	Huaibei	6929464	5552987	1478323	1376477
亳州市	Bozhou	10392032	6744128	2051833	3647904
宿州市	Suzhou	13359949	6782291	2198068	6577658
蚌埠市	Bengbu	17615208	12519557	4285989	5095651
阜阳市	Fuyang	12031634	7439635	2647769	4591999
淮南市	Huainan	8665574	5880861	1158611	2784713
滁州市	Chuzhou	18192569	12727696	3344286	5464873
六安市	Luan	11389287	6443774	1822913	4945513
马鞍山市	Maanshan	12841976	9558097	2012824	3283879
芜湖市	Wuhu	27904542	22074209	4528413	5830333
宣城市	Xuancheng	11837525	8160542	1848472	3676983
铜陵市	Tongling	10265866	7155601	1222041	3110265
池州市	Chizhou	5917435	4189931	828224	1727504
安庆市	Anqing	8337283	4775487	1217211	3561796
黄山市	Huangshan	11187173	6856533	1012254	4330640

5—38 各市按用途分的房地产开发企业（单位）完成投资额（2015年）
Actually Completed Investment of Enterprises for Real Estate Development by Region and by Use (2015)

单位：万元（10000 yuan）

地　区	Region	本年完成投资额 Investment Made this Year	住宅 Residential Buildings	#90平米以下 Below 90 sq.m	144平米以上 Above of 144 sq.m	#别墅、高档公寓 Villas and Good Apartments	办公楼 Office Buildings	商业营业用房 Houses for Business Use	其他 Other
总　计	**Total**	**44248584**	**28491942**	**10547222**	**2353790**	**668618**	**2042490**	**10258620**	**3455532**
合肥市	Hefei	12591353	7787292	3555423	1087864	142030	1013847	2527584	1262630
淮北市	Huaibei	1478323	919816	398317	73615	39405	110425	266990	181092
亳州市	Bozhou	2051833	1162612	231452	76223	24351	69337	641494	178390
宿州市	Suzhou	2198068	1364451	515686	64575	9914	77768	627606	128243
蚌埠市	Bengbu	4285989	2791223	1076667	96215	18908	130077	1028233	336456
阜阳市	Fuyang	2647769	1830824	508601	52487	10004	62725	534214	220006
淮南市	Huainan	1158611	788472	305677	34161	6098	42456	252535	75148
滁州市	Chuzhou	3344286	2144349	684128	203617	92419	65507	920308	214122
六安市	Luan	1822913	1359244	356712	41270	29732	16877	318449	128343
马鞍山市	Maanshan	2012824	1459757	570152	114366	78083	68120	359025	125922
芜湖市	Wuhu	4528413	2805012	1164803	161844	37654	221525	1389270	112606
宣城市	Xuancheng	1848472	1293559	358714	141136	61022	25025	438731	91157
铜陵市	Tongling	1222041	674610	256416	27599	5666	66614	351436	129381
池州市	Chizhou	828224	618236	208292	30749	13426	11330	165465	33193
安庆市	Anqing	1217211	878437	146468	61851	22511	37302	173731	127741
黄山市	Huangshan	1012254	614048	209714	86218	77395	23555	263549	111102

5—39 各市房地产开发企业（单位）资金来源（2015年）

Sources of Funds of Enterprises for Real Estate Development by Region (2015)

单位：万元（10000 yuan）

地 区	Region	本年资金来源合计 Total Sources of Funds	上年末结余资金 Funds by the End of Last Year	本年资金来源小计 Total Funds This Year	国内贷款 Domestic Loans	#银行贷款 Bank Loan	利用外资 Foreign Investment	#外商直接投资 Foreign Direct Investment	自筹资金 Self-raising Funds	其他资金来源 Others
总 计	**Total**	**64989108**	**15081301**	**49907807**	**5642296**	**4565530**	**10186**	**9006**	**18601276**	**25654049**
合肥市	Hefei	22531446	5867955	16663491	2580191	1970291			3861001	10222299
淮北市	Huaibei	1628658	374825	1253833	66171	63620			530851	656811
亳州市	Bozhou	2996409	822187	2174222	204164	82332			1009052	961006
宿州市	Suzhou	2811552	607220	2204332	227962	166412			960748	1015622
蚌埠市	Bengbu	5842104	1415706	4426398	409464	332528	9006	9006	2345968	1661960
阜阳市	Fuyang	3613206	644716	2968490	270651	214772			1077055	1620784
淮南市	Huainan	2077072	518310	1558762	369141	368841	50		363126	826445
滁州市	Chuzhou	4620205	1136584	3483621	131430	125650			1557195	1794996
六安市	Luan	2580187	554855	2025332	125030	113930	1000		716701	1182601
马鞍山市	Maanshan	2879955	583149	2296806	232475	184596			1173877	890454
芜湖市	Wuhu	5292304	868754	4423550	521389	486389			2317694	1584467
宣城市	Xuancheng	2452777	542600	1910177	110974	89520	130		784276	1014797
铜陵市	Tongling	1558212	382860	1175352	211489	199806			410577	553286
池州市	Chizhou	1081971	206366	875605	62045	58265			429550	384010
安庆市	Anqing	1840632	356387	1484245	66011	65311			521671	896563
黄山市	Huangshan	1182418	198827	983591	53709	43267			541934	387948

5—40 各市房地产开发建设房屋建筑面积和造价（2015年）
Floor Space of Buildings and their Cost in Real Estate Development by Region (2015)

地 区	Region	施工房屋面积（平方米）Floor Space of Buildings Under Construction (sq.m)	新开工 Newly Started	竣工房屋面积（平方米）Floor Space of Buildings Completed (sq.m)	房屋建筑面积竣工率（%）Ratio of Floor Space of Buildings Completed (%)	竣工房屋价值（万元）Value of Buildings Completed (10000 yuan)	竣工房屋造价（元/平方米）Cost of Buildings Completed (yuan/sq.m)
总 计	**Total**	**342446664**	**77593473**	**55377383**	**16.17**	**14044479**	**2536**
合 肥 市	Hefei	71993010	19779628	10338953	14.36	2608519	2523
淮 北 市	Huaibei	14477086	1918214	1616742	11.17	381280	2358
亳 州 市	Bozhou	16029266	3130681	1396370	8.71	321633	2303
宿 州 市	Suzhou	18638413	4686675	2678274	14.37	770663	2877
蚌 埠 市	Bengbu	29420133	7880615	4787955	16.27	1199596	2505
阜 阳 市	Fuyang	21884704	5724851	2533026	11.57	651784	2573
淮 南 市	Huainan	17620754	3007126	1704278	9.67	448420	2631
滁 州 市	Chuzhou	25256367	4590761	4712926	18.66	1169332	2481
六 安 市	Luan	18500209	4331515	2792144	15.09	699293	2505
马鞍山市	Maanshan	17335603	4560363	5597865	32.29	1450010	2590
芜 湖 市	Wuhu	30848117	4898463	6286948	20.38	1693068	2693
宣 城 市	Xuancheng	15995091	3133004	2734521	17.10	544519	1991
铜 陵 市	Tongling	12915923	2111647	3546266	27.46	892241	2516
池 州 市	Chizhou	9883019	2447131	1100489	11.14	239408	2175
安 庆 市	Anqing	14067880	3907559	2872411	20.42	781132	2719
黄 山 市	Huangshan	7581089	1485240	678215	8.95	193581	2854

5—41 各市按用途分的房地产开发企业（单位）新开工房屋面积（2015年）
Floor Space Started in Real Estate Development by Region and by Use (2015)

单位：平方米（sq.m）

地 区	Region	本年新开工房屋面积 Floor Space Started This Year	住宅 Residential Buildings	#90平米以下 Below 90 sq.m	144平米以上 Above of 144 sq.m	#别墅、高档公寓 Villas and Good Apartments	办公楼 Office Buildings	商业营业用房 Houses for Business Use	其他 Other
总 计	**Total**	**77593473**	**52546783**	**13729317**	**2614843**	**797107**	**2853921**	**14575801**	**7616968**
合 肥 市	Hefei	19779628	11474711	4280889	1222445	252329	1910745	4018330	2375842
淮 北 市	Huaibei	1918214	1513752	503768	49203		48220	83182	273060
亳 州 市	Bozhou	3130681	1794177	162781	162111	53755	61502	742633	532369
宿 州 市	Suzhou	4686675	3528361	1055258	166155	50998	59279	841817	257218
蚌 埠 市	Bengbu	7880615	5262579	1254280	147442	86332	187280	1641837	788919
阜 阳 市	Fuyang	5724851	4307465	905601	26534	16187	160047	784503	472836
淮 南 市	Huainan	3007126	2115592	669100	22077		84109	511392	296033
滁 州 市	Chuzhou	4590761	3262206	661018	225922	18325	26621	758479	543455
六 安 市	Luan	4331515	3267920	548356	17471	26113	14658	802870	246067
马鞍山市	Maanshan	4560363	3361504	1370226	52975	1997	78235	750425	370199
芜 湖 市	Wuhu	4898463	3050810	444104	66926	9721	63677	1354817	429159
宣 城 市	Xuancheng	3133004	2376284	626866	55099	400	28067	554708	173945
铜 陵 市	Tongling	2111647	1537696	385177	23116		10426	201717	361808
池 州 市	Chizhou	2447131	1820098	200307	65458	33000	45631	501798	79604
安 庆 市	Anqing	3907559	2942853	402516	128150	45489	62111	543978	358617
黄 山 市	Huangshan	1485240	930775	259070	183759	202461	13313	483315	57837

5—42 各市商品房屋销售情况（2015年）

Selling of Commercial Houses by Region (2015)

地区	Region	房屋销售面积（平方米）Floor Space of Commercial-ized Buildings Sold (sq.m)	#住宅 Residential Buildings	现房 Completed Buildings	期房 Buildings Completed in Future	商品房销售额（万元）Total Sales of Commercial-ized Buildings (10000 yuan)	#住宅 Residential Buildings	现房 Completed Buildings	期房 Buildings Completed in Future
总计	**Total**	**61740927**	**53568083**	**11781538**	**49959389**	**33694228**	**27143273**	**5414758**	**28279470**
合肥市	Hefei	15892069	12858981	1176289	14715780	12228984	9659521	793070	11435914
淮北市	Huaibei	1264705	1151491	300832	963873	589774	507827	132245	457529
亳州市	Bozhou	2942502	2454584	346613	2595889	1405390	1044788	205404	1199986
宿州市	Suzhou	3895932	3570425	614021	3281911	1473663	1227009	222878	1250785
蚌埠市	Bengbu	4838154	4196801	805293	4032861	2287011	1830087	313605	1973406
阜阳市	Fuyang	3526186	3134860	147320	3378866	1820729	1528264	56969	1763760
淮南市	Huainan	1955706	1773613	287546	1668160	889565	715495	123600	765965
滁州市	Chuzhou	5643277	5215477	1912266	3731011	2409283	2122762	814131	1595152
六安市	Luan	2935831	2666633	484090	2451741	1326392	1133124	176743	1149649
马鞍山市	Maanshan	2820399	2595783	1263729	1556670	1321524	1172995	531813	789711
芜湖市	Wuhu	6045195	5169838	2014501	4030694	3241492	2379813	1074937	2166555
宣城市	Xuancheng	2946748	2508015	569614	2377134	1320972	1040845	174056	1146916
铜陵市	Tongling	1437339	1245112	419289	1018050	756643	553586	168499	588144
池州市	Chizhou	1229473	1058714	176870	1052603	569146	463100	66414	502732
安庆市	Anqing	3286119	3013820	857291	2428828	1567025	1357261	391825	1175200
黄山市	Huangshan	1081292	953936	405974	675318	486635	406796	168569	318066

5—43 各市按用途分的商品房屋实际销售面积（2015年）

Floor Space of Commercial Houses Actually Sold by Use and by Region (2015)

单位：平方米（sq.m）

地区	Region	房屋销售面积 Floor Space of Selling House	商品住宅 Residential Buildings	#90平米以下 Below 90 sq.m	144平米以上 Above of 144 sq.m	#别墅、高档公寓 Villas and Good Apartments	办公楼 Office Buildings	商业营业用房 Houses for Business Use	其他 Other
总计	**Total**	**61740927**	**53568083**	**12497037**	**3238662**	**776416**	**1094040**	**6273977**	**804827**
合肥市	Hefei	15892069	12858981	3660609	1429299	209130	686433	1972341	374314
淮北市	Huaibei	1264705	1151491	299896	88602	4713	12396	83775	17043
亳州市	Bozhou	2942502	2454584	331175	143656	17569	13208	392827	81883
宿州市	Suzhou	3895932	3570425	605767	97576	15531	12047	248713	64747
蚌埠市	Bengbu	4838154	4196801	972220	152226	23342	55470	533536	52347
阜阳市	Fuyang	3526186	3134860	524113	33096	23390	51240	332244	7842
淮南市	Huainan	1955706	1773613	421455	36066	8117	10193	167258	4642
滁州市	Chuzhou	5643277	5215477	1287534	297868	207440	867	380525	46408
六安市	Luan	2935831	2666633	396475	63943	22433	6268	238624	24306
马鞍山市	Maanshan	2820399	2595783	719884	176193	111799	26836	172571	25209
芜湖市	Wuhu	6045195	5169838	1771149	278133	21578	144454	722074	8829
宣城市	Xuancheng	2946748	2508015	469926	88628	22718	18051	390679	30003
铜陵市	Tongling	1437339	1245112	336236	55156	1976	9997	168574	13656
池州市	Chizhou	1229473	1058714	168589	77216	8535	12455	150703	7601
安庆市	Anqing	3286119	3013820	408991	131449	29190	22294	227725	22280
黄山市	Huangshan	1081292	953936	123018	89555	48955	11831	91808	23717

5—44 各市按用途分的商品房屋平均销售价格（2015年）
Average Selling Price of Commercial Houses by Region and by Use (2015)

单位：元/平方米（yuan/sq.m）

地 区	Region	房屋平均销售价格 Average Selling Price of Houses	商品住宅 Residential Buildings	#90平米以下 Below 90 sq.m	144平米以上 Above of 144 sq.m	#别墅、高档公寓 Villas and Good Apartments	办公楼 Office Buildings	商业营业用房 Houses for Business Use	其他 Other
总计	**Total**	**5457**	**5067**	**4934**	**7047**	**7713**	**7339**	**8596**	**4412**
合肥市	Hefei	7695	7512	7074	9451	11396	8840	9172	4105
淮北市	Huaibei	4663	4410	4540	5206	7297	3656	8581	3244
亳州市	Bozhou	4776	4256	3714	6308	5649	3655	8413	3089
宿州市	Suzhou	3783	3437	3467	4892	5188	4642	7203	9561
蚌埠市	Bengbu	4727	4361	4134	5958	8844	5761	7369	6081
阜阳市	Fuyang	5163	4875	4875	4672	4828	6186	7810	1648
淮南市	Huainan	4549	4034	3810	5029	3398	4474	10018	4199
滁州市	Chuzhou	4269	4070	3952	4129	6085	2549	7133	3206
六安市	Luan	4518	4249	4091	4493	5891	5329	7674	2798
马鞍山市	Maanshan	4686	4519	4277	5596	6270	4091	7104	5931
芜湖市	Wuhu	5362	4603	4018	5827	8327	3685	11101	7779
宣城市	Xuancheng	4483	4150	3521	5450	6803	5040	6685	3288
铜陵市	Tongling	5264	4446	3550	5836	9069	5170	11512	2797
池州市	Chizhou	4629	4374	4519	3351	5687	3945	6579	2617
安庆市	Anqing	4769	4503	4408	4834	7617	6799	8121	4345
黄山市	Huangshan	4500	4264	4690	4501	6660	9115	6996	2034

5—45 各市按用途分的商品房待售情况（2015年）
Commercial House for Sale by Used by Region (2015)

单位：平方米（sq.m）

地 区	Region	房屋待售面积 Square House for Sale	商品住宅 Residential Buildings	#90平米以下 Below 90 sq.m	144平米以上 Above of 144 sq.m	#别墅、高档公寓 Villas and Good Apartments	办公楼 Office Buildings	商业营业用房 Houses for Business Use	其他 Other
总计	**Total**	**25093988**	**14837321**	**3653822**	**1626610**	**726662**	**1001876**	**7704733**	**1550058**
合肥市	Hefei	2599343	944793	240332	183446	99358	443909	767078	443563
淮北市	Huaibei	787027	442269	127938	80407	11082	12387	264009	68362
亳州市	Bozhou	895076	284393	16237	35564		16382	501416	92885
宿州市	Suzhou	1630991	1019610	438698	30379	6298	1100	569843	40438
蚌埠市	Bengbu	585299	315468	149526	14274	1060	30776	231111	7944
阜阳市	Fuyang	754962	416826	42212	12209	7427		332021	6115
淮南市	Huainan	1236705	745658	117029	165410	1060	21916	397667	71464
滁州市	Chuzhou	2937369	1807307	470759	125621	95154	42035	919119	168908
六安市	Luan	2267915	1687434	303888	57541	22831	54765	458540	67176
马鞍山市	Maanshan	2059141	1650627	829782	201049	140868	37974	317056	53484
芜湖市	Wuhu	985289	537843	53682	136178	47712	34171	364080	49195
宣城市	Xuancheng	1962734	1157745	352441	59238	8442	93023	692202	19764
铜陵市	Tongling	1459508	635948	90899	110018	26159	54640	533242	235678
池州市	Chizhou	1198665	642381	43483	70273	34094	56724	435401	64159
安庆市	Anqing	2103008	1545125	224845	108049	42838	80775	378748	98360
黄山市	Huangshan	1630956	1003894	152071	236954	182279	21299	543200	62563

5—46 各县（市、区）固定资产投资和新增固定资产（2015年）
Investment in Fixed Assets and Newly Increased Fixed Assets by County (City) (2015)

单位：万元，%（10000 yuan %）

县（市）	County (City)	固定资产投资 Investment in fixed Assets	房地产开发投资 Investment in Real Estate Development	新增固定资产 Newly Increased Fixed Assets	固定资产交付使用率 Rate of Projects of Fixed Assets Completed and Put into Use
合肥市直	Units directly under Hefei city	1075523			
瑶海区	Yaohai District	3656566	2403553	1069613	29.25
庐阳区	Luyang District	5489234	935898	4348907	79.23
蜀山区	Shushan District	8043882	2266587	5738827	71.34
包河区	Baohe District	9668083	3341230	6093846	63.03
长丰县	Changfeng	3526577	662347	2820700	79.98
肥东县	Feidong	5534858	505330	3443999	62.22
肥西县	Feixi	6180354	1270183	2679337	43.35
庐江县	Lujiang	2789436	278929	2312929	82.91
合肥高新区	Hefei Hi-tech District	2310377		1209904	52.37
合肥经开区	Hefei Economical Development District	3689200		2404923	65.19
新站区	Xinzhan District	2387711		2104792	88.15
巢湖经开区	Chaohu Economical Development District	1180679		658391	55.76
巢湖市	Chaohu	2182007	160013	2477482	113.54
淮北市直	Units directly under Huaibei City	1753161		1352272	77.13
杜集区	Duji District	1829983	24380	1405109	76.78
相山区	Xiangshan District	1824054	1285250	871751	47.79
烈山区	Lieshan District	1397692	34187	876579	62.72
濉溪县	Suixi	2448106	134506	2382451	97.32
谯城区	Qiaocheng District	2707289	992475	737643	27.25
涡阳县	Guoyang	1432266	354874	1243037	86.79
蒙城县	Mengcheng	1732141	406718	1349811	77.93
利辛县	Lixin	1151196	297766	603014	52.38
亳州经开区	Bozhou Economical Development District	620325		19400	3.13
亳芜产业园	Bozhou Wuhu Industrial Park	29788		19320	64.86
宿州市直	Suzhou City	303993		7200	2.37
埇桥区	Yongqiao District	3944684	1578383	2169636	55.00
宿州经开区	Suzhou Economical Development District	627246		238926	38.09
砀山县	Dangshan	1406086	161915	951576	67.68
萧　县	Xiaoxian	2305891	143228	2284599	99.08
灵璧县	Lingbi	1047493	131470	747465	71.36
泗　县	Sixian	1024409	163574	1035664	101.10
宿马产业园	Suzhou Maanshan Industrial Park	392817		232218	59.12
宿州高新区	Suzhou Hi-tech District	261823		141200	53.93
蚌埠市直	Units directly under Bengbu City	415918		138307	33.25
龙子湖区	Longzihu District	1072080	216995	858818	80.11
蚌山区	Bengshan District	1427000	1144380	617029	43.24

5—46 续表1 continued

单位：万元，%（10000 yuan %）

县（市）	County (City)	固定资产投资 Investment in fixed Assets	房地产开发投资 Investment in Real Estate Development	新增固定资产 Newly Increased Fixed Assets	固定资产交付使用率 Rate of Projects of Fixed Assets Completed and Put into Use
禹会区	Yuhui District	1357592	759324	887329	65.36
蚌埠经开区	Bengbu Economical Development District	149198		375759	251.85
蚌埠高新区	Bengbu High-tech District	2151633		1832797	85.18
淮上区	Huaishang District	2199007	819944	1982289	90.14
怀远县	Huaiyuan	2445023	347248	1789931	73.21
五河县	Wuhe	1565340	409585	1280138	81.78
固镇县	Guzhen	1774433	566023	256790	14.47
阜阳市直	Units directly under Fuyang City	292486		22127	7.57
颍州区	Yingzhou District	1739325	1126053	1305973	75.09
颍东区	Yingdong District	1196918	220541	1057426	88.35
颍泉区	Yingquan District	989255	172913	552331	55.83
界首市	Jieshou	804582	139221	556534	69.17
临泉县	Linquan	902562	221203	553483	61.32
太和县	Taihe	1372092	264158	430228	31.36
阜南县	Funan	872906	211437	616658	70.64
颍上县	Yingshang	1547070	204039	1228858	79.43
阜合产业园	Fuyang Hefei Industrial Park	244410		121644	49.77
淮南市直	Units directly under Huainan City	432835			
大通区	Datong District	956877	61360	747597	78.13
田家庵区	Tianjiaan District	1676992	634868	1068451	63.71
谢家集区	Xiejiaji District	529432	20065	381614	72.08
八公山区	Bagongshan District	189494	24860	185854	98.08
潘集区	Panji District	1943069	21310	519827	26.75
凤台县	Fengtai	1788456	218842	1174954	65.70
寿　县	Shouxian	1378512	177306	1376842	99.88
毛集试验区	Maoji testing District	301587		128369	42.56
滁州市直	Units directly under Chuzhou City	2107488		1617035	76.73
琅琊区	Langya District	1015303	825091	467500	46.05
南谯区	Nanqiao District	1175820	441718	1253592	106.61
天长市	Tianchang	2870438	183252	3220432	112.19
明光市	Mingguang	1238697	372046	862356	69.62
来安县	Laian	1706771	574797	1478320	86.62
全椒县	Quanjiao	1462937	413477	1336706	91.37
定远县	Dingyuan	1718083	433818	1398826	81.42
凤阳县	Fengyang	1280502	100087	1135564	88.68
六安市直	Units directly under Luan City	309618		217418	70.22
金安区	Jinan District	1627803	656251	1014996	62.35

5—46 续表2 continued

单位：万元，%（10000 yuan %）

县（市）	County (City)	固定资产投资 Investment in fixed Assets	房地产开发投资 Investment in Real Estate Development	新增固定资产 Newly Increased Fixed Assets	固定资产交付使用率 Rate of Projects of Fixed Assets Completed and Put into Use
裕安区	Yuan District	1576940	568107	1440942	91.38
叶集区	Yiji District	296186		251442	84.89
霍邱县	Huoqiu	1198587	171306	985333	82.21
舒城县	Shucheng	1310184	193413	996606	76.07
金寨县	Jinzhai	1620837	163874	1240006	76.50
霍山县	Huoshan	1389845	69962	1157210	83.26
六安经开区	Lu'an Economical Development District	604653		603153	99.75
马鞍山市直	Units directly under Maanshan City	195730		42268	21.60
花山区	Huashan District	4284359	697311	3929996	91.73
雨山区	Yushan District	4135198	450372	3804774	92.01
博望区	Bowang District	1924838	22921	1761429	91.51
当涂县	Dangtu	3606555	334760	3902898	108.22
含山县	Hanshan	1929946	194771	1767138	91.56
和　县	Hexian	2521728	312689	1508000	59.80
芜湖市直	Units directly under Wuhu City	508307		14130	2.78
镜湖区	Jinghu District	2833502	1644531	2394221	84.50
弋江区	Yijiang District	3070072	605804	2203769	71.78
鸠江区	Jiujiang District	2700562	1157240	1670143	61.84
三山区	Sanshan District	2813839	180210	463137	16.46
芜湖经开区	Wuhu Economical Development District	3207633		751426	23.43
大桥开发区	Big Bridge Development District	118022		81792	69.30
芜湖县	Wuhu	2592492	248655	1182570	45.62
繁昌县	Fanchang	2584109	181124	1389457	53.77
南陵县	Nanling	2312443	236282	1601870	69.27
无为县	Wuwei	3063427	257081	2216349	72.35
江北集中区	Jiangbei District	1270042		198837	15.66
宣城市直	Xuancheng City	439887		250402	56.92
宣州区	Xuanzhou District	2443871	676476	1960704	80.23
宁国市	Ningguo	2832619	301221	2552959	90.13
郎溪县	Langxi	2237615	293661	920704	41.15
广德县	Guangde	2118419	97429	1887977	89.12
泾　县	Jingxian	1164246	142792	932928	80.13
绩溪县	Jixi	1102760	169243	705950	64.02

5—46 续表3 continued

单位：万元，%（10000 yuan %）

县（市）	County (City)	固定资产投资 Investment in fixed Assets	房地产开发投资 Investment in Real Estate Development	新增固定资产 Newly Increased Fixed Assets	固定资产交付使用率 Rate of Projects of Fixed Assets Completed and Put into Use
旌德县	Jingde	437102	110532	305667	69.93
铜陵市直	Units directly under Tongling City	259065		1133105	437.38
铜官区	Tongguan District	1424751	250304	1287385	90.36
狮子山区	Shizishan District	1872878	357264	1292259	69.00
郊　区	Suburban District	1618676	36184	1282334	79.22
义安区	Yian District	2024100	329006	1587254	78.42
铜陵经开区	Tongling Economical Development District	1510932		1313989	86.97
枞阳县	Zongyang	1918854	249283	1518508	79.14
池州市直	Chizhou City	101918			
贵池区	Guichi District	2352643	566483	1826168	77.62
池州经开区	Chizhou Economical Development District	598123		138653	23.18
江南集中区	Jiangnan District	602592	31535	262969	43.64
东至县	Dongzhi	1238748	108176	789830	63.76
石台县	Shitai	148043	18939	105300	71.13
青阳县	Qingyang	942025	103091	793736	84.26
九华山区	Mount Jiuhua area	21280		12650	59.45
迎江区	Yingjiang District	1072738	340404	816757	76.14
大观区	Daguan District	580293	96038	165827	28.58
安庆经开区	Anqing Economical Development District	1514159		1001180	66.12
宜秀区	Yixiu District	815557	164199	591408	72.52
桐城市	Tongcheng	2583632	137282	2111077	81.71
怀宁县	Huaining	1716264	48584	1245580	72.58
潜山县	Qianshan	1127078	121987	1066434	94.62
太湖县	Taihu	1044184	41476	1012251	96.94
宿松县	Susong	1441078	161837	1067153	74.05
望江县	Wangjiang	1090402	59174	1055151	96.77
岳西县	Yuexi	870403	46230	608903	69.96
黄山市直	Huangshan City	239456			
屯溪区	Tunxi District	1379268	485844	998471	72.39
黄山区	Huangshan District	887000	182727	663571	74.81
徽州区	Huizhou District	337490	52499	273082	80.92
歙　县	Shexian	856278	120976	639760	74.71
休宁县	Xiuning	886516	121105	761170	85.86
黟　县	Yixian	359570	12255	374976	104.28
祁门县	Qimen	579173	36848	526671	90.94

主要统计指标解释

固定资产投资

固定资产投资额是以货币表现的建造和购置固定资产活动的工作量，它是反映固定资产投资规模、速度、比例关系和使用方向的综合性指标。固定资产投资按经济类型可分为国有、集体、个体、联营、股份制、外商、港澳台商、其他等。按照管理渠道，全社会固定资产投资统计的范围包括：⑴城镇和农村 500 万元以上固定资产投资项目；⑵房地产开发投资；⑶农村非农户投资。

房地产开发投资

指房地产开发公司、商品房建设公司及其他房地产开发法人单位和附属于其他法人单位实际从事房地产开发或经营的活动单位统一开发的包括统代建、拆迁还建的住宅、厂房、仓库、饭店、宾馆、度假村、写字楼、办公楼等房屋建筑物和配套的服务设施，土地开发工程（如道路、给水、排水、供电、供热、通讯、平整场地等基础设施工程）的投资；不包括单纯的土地交易活动。

建设总规模

是指在报告期内所有施工项目的计划总投资。

在建总规模

是指在报告期末所有在建项目的计划总投资。

在建净规模

是指报告期末所有在建项目建成投产尚需的投资总量。

在建净规模＝在建总规模－未投产项目（期末在建）累计完成投资。

固定资产投资的资金来源

根据固定资产投资的资金来源不同，分为国家预算内资金、国内贷款、利用外资、自筹资金和其他资金来源。

⑴国家预算资金：包括一般预算、政府性基金预算、国有资本经营预算和社保基金预算。各类预算中用于固定资产投资的资金全部用为国家预算资金填报，其中一般预算中用于固定资产投资的部分包括基建投资、车购税、灾后恢复重建基金和其他投资。各级政府债券也归入国家预算资金。

⑵国内贷款：指报告期内企、事业单位向银行及非银行金融机构借入的用于固定资产投资的各种国内借款。包括银行利用自有资金及吸收的存款发放的贷款、上级主管部门拨入的国内贷款、国家专项贷款（包括煤代油贷款、劳改煤矿专项贷款等）、地方财政专项资金安排的贷款、国内储备贷款、周转贷款等。

⑶利用外资：指报告期内收到的用于固定资产投资的国外资金，包括统借统还、自借自还的国外贷款，中外合资项目中的外资，以及对外发行债券和股票等。国家统借统还的外资指由我国政府出面同外国政府、团体或金融组织签订贷款协议、并负责偿还本息的国外贷款。

⑷自筹资金：指建设单位报告期内收到的，用于进行固定资产投资的上级主管部门、地方和企、事业单位自筹资金。

⑸其他资金来源：指报告期内收到的除以上各种拨款。

固定资产投资按建设性质分

建设项目的性质一般分为新建、扩建、改建、迁建、恢复。基本建设按建设项目划分建设性质，更新改造、国有单位其他固定资产投资及城镇集体投资等按整个企业、事业单位的建设情况确定建设性质，房地产开发单位、农村投资等投资不划分建设性质。

⑴新建：一般是指从无到有、“平地起家”新开始建设的单位。有的单位原有的基础很小，经过建设后其新增加的固定资产价值超过原有固定资产价值（原值）三倍以上的也算新建。

⑵扩建：一般是指为扩大原有产品的生产能力，在厂内或其他地点增建主要生产车间（或主要工程）、独立的生产线或分厂的企业；事业单位和行政单位在原单位增建业务用房（如学校增建教学用房、医院增建门诊部或病床用房、行政机关增建办公楼等）也作为扩建。

⑶改建：一般是指现有企业、事业单位为了技术进步，提高产品质量，增加花色品种，促进产品升级换代，降低消耗和成本，加强资源综合利用和三废治理、劳保安全等，采用新技术、新工艺、新设备、新材料等对现有设施、工艺条件进行技术改造或更新（包括相应配套的辅助性生产、生活福利设施）。有的企业为充分发挥现有生产能力，进行填平补齐而增建不增加本单位主要产品生产能力的车间等，也属于改建。

固定资产投资按构成分

固定资产投资活动按其工作内容和实现方式分为建筑安装工程，设备、工具、器具购置，其他费用三个部分。

⑴建筑安装工程（建筑安装工作量）：指各种房屋、建筑物的建造工程和各种设备、装置的安装工程。包括各种房屋建造工程，各种用途设备基础和各种工业窑炉的砌筑工程；为施工而进行的各种准备工作和临时工程以及完工后的清理工作等；铁路、道路的铺设，矿井的开凿及石油管道的架设等；水利工程；防空地下建筑等特殊工程；以及各种机械设备的安装工程；为测定安装工程质量，对设备进行的试运工作。在安装工程中，不包括被安装设备本身的价值。

⑵设备、工具、器具购置：指购置或自制达到固定资产标准的设备、工具、器具的价值，固定资产的标准按财务部门规定。新建单位、扩建单位的新建车间按照设计和计划要求购置或自制的全部设备、工具、器具，不论是否达到固定资产标准均计入“设备、工具、器具购置”中。

⑶其他费用：指在固定资产建造和购置过程中发生的，除建筑安装工程和设备、工具、器具购置以外的各种应摊入固定资产的费用。

施工项目

指报告期内曾进行建筑或安装工程施工活动的建设项目，包括报告期内新开工项目、报告期以前开工跨入报告期继续施工的项目以及报告期施过工并在报告期内全部建成投产或停缓建的项目。

全部建成投产项目

工业项目是指设计文件规定形成生产能力的主体工程及其相应配套的辅助设施全部建成，经负荷试运转，证明具备生产设计规定合格产品的条件，并经过验收鉴定合格或达到竣工验收标准，与生产性工程配套的生活福利设施可以满足近期正常生产的需要，正式移交生产的建设项目。非工业项目是指设计文件规定的主体工程和相应的配套工程全部建成，能够发挥设计规定的全部效益，经验收鉴定合格或达到竣工验收标准，正式移交使用的建设项目。

商品住宅

指房地产开发企业（单位）建设并出售、出租给使用者，仅供居住用的房屋。

土地开发投资额

指房地产开发企业完成的前期工程投资，即路通、水通、电通、场地平整等（也称七通一平）所完成的投资。一般指生地开发成熟地的投资。在旧城区（老区拆迁）的开发中，如果有统一的规划，如政府有关部门批准的小区建设的前期工程中，有场地平整，原有建筑物、构筑物拆除，供水供电工程等工作量也可计算。未进行开发工程、只进行单纯的土地交易活动不作为土地开发投资统计。土地开发投资额在房屋用途分组中能分摊的部分就分摊，不能分摊的全部计入其他。

土地购置费

指房地产开发企业为取得土地使用权而支付的费用。土地购置费按当期发生数计入投资，如土地购置费为分期付款的，可分期计入投资；不计入新增固定资产。土地购置费支出包括：①通过草拟方式取得的土地使用权所支付的土地补偿费、附着物和青苗补偿费、安置补偿费及土地征收管理费等；②通过出让方式取得土地使用权所支付的出让金。

投资额按房屋工程用途分组

指投资额中用于各类房屋建设的投资。

住宅

指专供居住的房屋，包括别墅、公寓、职工家属宿舍和集体宿舍（包括职工单身宿舍和学生宿舍）等。但不包括住宅楼中作为人防用、不住人的地下室等。

别墅、高档公寓

一般指单位建筑面积造价高于当地同等地段商品住宅平均造价一倍以上的公寓或别墅，或者经有权审批房地产投资计划的审批单位审定为高档公寓、别墅的房地产投资项目。

本年完成开发土地面积

指报告期内对土地进行开发并已完成七通一平等前期开发工程，具备进行房屋建筑物施工或出让条件的土地面积。

本年购置土地面积

指在本年内通过各种方式获得土地使用权的土地面积。

本年土地成交价款

指进行土地使用权交易活动的最终金额。在土地一级市场，是指土地最后的划拨款和出让价；在土地二级市场是指土地转让、出租、抵押等最后确定的合同价格。土地成交价款与土地购置面积同口径，目的是正确计算平均土地购置价格。

房屋施工面积

指报告期内施工的全部房屋建筑面积。包括本期新开工的面积和上年开工跨入本期继续施工的房屋面积，以及上期已停建在本期恢复施工的房屋面积。本期竣工和本期施工后又停建缓建的房屋面积仍包括在施工面积中，多层建筑应填各层建筑面积之和。

房屋竣工面积

指报告期内房屋建筑按照设计要求已全部完工，达到住人和使用条件，经验收鉴定合格或达到竣工验收标准（实行房地产开发小区综合验收的城市，应经小区综合验收合格），可正式移交使用的各栋房屋建筑面积的总和。

实际销售面积

指报告期内已竣工的房屋面积中已正式交付给购房者或已签订（正式）销售合同的商品房屋面积。不包括已签订预售合同正在建设的商品房屋面积，但包括报告期或报告期以前签订了预售合同，在报告期又竣工的商品房屋面积。

Explanatory Notes for Major Statistical Indicators

Total Investment in Fixed Assets in the Whole Country

Amount of investment in fixed assets refers to the volume of activities in construction and purchases of fixed assets in monetary terms. It is a comprehensive indicator which shows the size, pace, proportional relations and use orientation of the investment in fixed assets. Total investment in fixed assets in the whole country includes, by status of economic ownership, the investment by the state-owned units, collective units, individuals, joint ownership units, share-holding units, as well as investment by businessmen from foreign countries and from Hong Kong, Macao and Taiwan, and by other units. According to management channels, the statistical ranges of the investment in fixed assets include: (1) item invested half million Yuan and over in urban; (2) investment of real estates; (3) investment in rural district not by farmer; (4) investment in rural district by farmer.

Investment in Real Estate Development

It includes the investment by the real estate development companies, commercial buildings construction companies and other real estate development units of various types of ownership in the construction of house buildings, such as residential buildings, factory buildings, warehouses, hotels, guesthouses, holiday villages, office buildings, and the complementary service facilities and land development projects, such as roads, water supply, water drainage, power supply, heating, telecommunications, land leveling and other projects of infrastructure. It excludes the activities in simple land transactions.

Total Size of Construction

refers to the planned total investment for all construction projects during the reference period.

Total Size of Investment in Projects under Construction

refers to the planned total investment of all projects under construction at the end of the reference period.

Net Size of Investment in Projects under Construction

refers to the outstanding requirement of investment of all projects under construction at the end of the reference period.

Net size of investment in projects under construction= Total size of investment – Accumulated completed investment of projects under construction

Sources of Funds for Investment in Fixed Assets

state budgetary appropriation, domestic loans, foreign investment, self-raised funds, and others.

a) State budgetary appropriation refers to appropriation in the budget of the central and local governments earmarked for capital construction and for innovation projects, and the special appropriation from the budget of the central government for capital construction and for the transfer fund to banks to be issued as loans for capital construction projects.

b) Domestic loans refer to various funds borrowed by enterprises and institutions from banks and non-bank financial institutions during the reference period for the purpose of investment in fixed assets, including loans issued by banks from their self-owned funds and deposit, loans appropriated by higher responsible authorities, special loans by government (including loan for replacing petroleum with coal, special loan for reform-through-labour coal mines), loans arranged by local government from special funds, domestic reserve loan, and working loan, etc.

c) Foreign Investment refers to foreign funds received during the reference period for the purpose of investment in fixed assets, including foreign funds borrowed and managed by the government, by individual units, foreign fund in joint venture program, and issue of bonds and stocks at the international financial markets. The foreign funds borrowed and managed by the government refer to foreign loans borrowed by the government from foreign governments, organizations, or financial institutions under official agreements signed by both parties, under which government is responsible for the repayment of both the principal and interests of the foreign loans.

d) Self-raised funds refer to funds received by construction enterprises from their higher responsible authorities, local governments, or raised by enterprises or institutions themselves for the purpose of investment in fixed assets during the reference period.

f) Others refer to funds received during the reference period which are not included in the above-mentioned sources.

Investment in Fixed Assets by Type of Construction

The construction projects in general can be classified by the type of construction into new construction, expansion, reconstruction and moving away. In capital construction, the type of construction is determined by the condition of the project. In investment in innovation, in other investment by state-owned units and investment by collective-owned units, the type of construction is determined by the condition of the whole enterprise or institutions. Investment by type of construction is not applied to investment by real-estate development units, investment in rural areas.

a) New construction in general refers to newly constructed units. In the case in which the value of the original fixed assets is quite small, and the value of newly added fixed assets exceeds the original ones by three times, the expansion construction is considered as new construction.

b) Expansion refers to construction of new major production workshop or independent production line within a factory or in other locations, or construction of a branch factory so as to increase the production capacity of the original products. Newly constructed business houses in institutions and administrative organizations (such as the newly constructed teaching buildings in schools, clinics or bed building in hospitals, and office buildings in administrative agencies, etc.) are also classified as expansion.

c) Reconstruction refers to technical innovation and transformation of the existing equipment and technical conditions undertaken by enterprises and institutions for the purposes of technological advancement, improvement in product quality, enlarging variety of products, promoting new generation of products, reducing production consumption and cost, promoting comprehensive utilization of resources, strengthening treatment of waste gas, waste water and solid wastes, and safety in production, etc. through application of new technologies and techniques, use of new equipment and new materials (including accessory facilities for production or for living and welfare purposes).Construction of new workshops for improving existing production capacity rather than increasing production capacity is also considered as reconstruction.

Investment in Fixed Assets by Structure

refers to the three major parts of investment activities, i.e. construction and installation, purchase of equipment and instrument, and other expenses.

a) Construction and installation (work volume of construction and installation) refers to the construction of various houses and buildings and installation of various kinds of equipment and instruments, including construction of various houses, equipment foundations and industrial kilns and stoves, preparation works for project construction, and clearing up works post project construction, pavement of railways and roads, drilling of mines and putting up of oil pipes, construction of projects of water conservancy, construction of underground air-raid shelters and construction of other special projects, installation of various machinery equipment, testing operation for pre-testing the quality of installation projects. The value of equipment installed is not included in the value of installation projects.

b) Purchase of equipment and instruments refers to the total value of equipment, tools, and vessels purchased or self-produced which come up to standards for fixed assets. Equipment, tools and vessels purchased or self-produced for new workshops by newly established or expanded units are categorized as purchase of equipment and instruments no matter whether they come up to the standards for fixed assets or not.

c) Other expenses refer to expenses occurring during the construction or purchase of fixed assets other than construction, installation or purchase of equipment and instruments.

Projects Under Construction

refer to projects having construction and installation activities undertaken in the reference period, including projects started in the reference period, or continued from the previous period, or completed and put into production or suspended in the reference period.

Projects Completed and Put into Use

Industrial projects refer to the major projects and accessory facilities completed which result in forming production capacity and have been checked and accepted while the living and welfare facilities have been completed and can ensure normal production and formally put into production. Non-industrial projects refer to the major projects and accessory facilities completed which possess the designed capacity and have been checked, accepted and formally put into production.

Commercial Housing

refers to the building just for living sailed and rented to the user by real estate development company.

Amount of Investment on Land

refers to the previous construction investment completed by real estate development company, which includes road project completed, water project completed, electricity project completed, site grading and so on (and also called seven completed one grading). This investment is usually called fresh land developed in to mature land. If there lave unified planning in old section of city (the moving of old district) development, for example, in the prior project of housing estate construction authorized by related party of government the amount of work of site grading, demolition of primary buildings water supply project and power supply project can be calculated. The project without development and purely transaction of land can't be the statistics of development and investment in land. The amount of land development and investment must be apportioned if they can be apportioned in the group by the use of building. If the part can't be apportioned, they can be calculated in others wholly.

The Cost of Buying Land

refers to the cost paid by the real estate company, which can be used for gaining the usufruct of land. The cost of buying land can be calculated for investment based on the current period amounts. The cost of buying land can be calculated for investment by stages if the cost of buying land is divided payments. The cost of buying land can't be calculated for the new permanent assets. The cost of buying land includes ① compensation cost of land, adhesive material, green croups, allocation and management expenses of land expropriation paid by the land-use right in rough style. ②fees for assignment paid by the land-use right in remised style.

Amount of Investment Classified by the Use of Building

Engineering

refers to the investment of all types of building construction among of the amount of investment.

House

refers to the building for living merely including villa, apartment, dormitory of employee, collective dormitory (including the dormitory for bachelors and students) and so on, excluding the basement of resident buildings for civil air defense and no living.

Villas, High-grade Apartments

refer to per construction cost on villas or high-grade apartments are higher by over 100% compared with the average prices of commercial housing at the same place, or projects for the construction of villas or high-grade apartments approved by competent departments in chare of real estate development and investment plans.

Exploitative Land Area Completed This Year

refers to prior development project of land (seven completed one grading and soon) which was developed and completed at report period. The land area has building operations or remised condition.

The Land Area Bought This Year

refers to the area attained land-use right by all kinds of modes this year.

Bargain Price of Land This Year

refers to final sum bargained for the land-use right. The price refers to the final transfer and remised price at land primary market; The price refers to the finally affirmed contract price with land remised, rented, mortgage and so on at land secondary market. Bargain price of land have the same caliber with the land buying area, the aim is to calculate the mean land buying price correctly.

Floor Space Under Construction

refers to total floor space of all buildings under construction during the reference period, including floor space of newly started buildings during the reference period, floor space of construction extended from the previous period to the current period, floor space of construction suspended during the previous period and resumed in the current period, floor space of construction completed in the current period, and floor space of construction started and then suspended in the current period.

Floor Space of Buildings Completed

refers to the floor space of buildings completed in the reference period, which have come up to the designed standards and have been put into use.

第六篇

Chapter 6

能源生产和消费

PRODUCTION AND CONSUMPTION OF ENERGY

简要说明

一、本篇主要内容有：能源生产、消费及品种构成，能源生产和消费弹性系数，近年来综合能源平衡表和电力平衡表，分行业分主要能源品种的消费量等。

二、2011 年及以前年份为分行业主要能源品种消费量、分行业工业用水量是指全部国有及年销售收入 500 万元以上工业企业。2011 年起为全部国有及年销售收入 2000 万元以上工业企业，与历史年份不可比。

三、本篇资料取自省统计局能源处，按照国家统计局报表制度逐级汇总整理。

四、关于数据口径与计算的说明

1. 行业分类采用现行统一的国民经济行业分类国家标准。

2. 能源生产与消费弹性系数分别以能源生产、消费增长速度与国内生产总值增长速度相比求得。

Brief Introduction

I. Data in this chapter cover mainly the energy production, consumption and their composition, the elasticity ratio of energy production and consumption, the overall balance of energy and the balance of electricity, the consumption of energy by sector and by main variety.

II. The consumption of energy by sector and by main variety and industrial water consumption by sector include all state-owned industrial enterprises and the industrial enterprises with yearly sales revenue over five million yuan.

III. Data in this chapter are prepared and provided by the Division of Energy, Anhui Statistical Bureau, in accordance with the national reporting system.

IV. Coverage and calculation of data:

1. The state classification of national economic sectors is used in the classification of sectors.

2. The elasticity ratio of energy production is calculated as the quotient of the growth rate of energy production divided by the growth rate of GDP; and the elasticity ratio of energy consumption is calculated as the quotient of the growth rate of energy consumption divided by the growth of GDP.

6—1 能源生产和消费总量及电力生产和消费量
Total Production and Consumption of Energy and Electricity

年　份 Year	能源生产总量（万吨标准煤） Total Energy Production （10000 tons of SCE）	电力生产量（亿千瓦时） Electricity (100 million kwh)	能源消费总量（万吨标准煤） Total Energy Consumption （10000 tons of SCE）	电力消费量（亿千瓦时） Electricity (100 million kwh)
2000	3436.14	364.63	4878.82	338.92
2005	6215.42	648.38	6505.98	581.65
2007	6742.44	868.04	7739.33	768.70
2008	8413.93	1101.94	8325.40	858.87
2009	9288.36	1328.58	8895.90	952.30
2010	9673.79	1463.31	9414.00	1077.92
2011	10281.42	1655.07	10251.86	1221.19
2012	10933.04	1807.84	11015.00	1361.10
2013	10056.33	1977.73	11696.39	1528.07
2014	9413.25	2033.92	12011.02	1585.18
2015	9972.64	2061.89	12331.97	1639.79

注：1.电力生产量为全社会发电量。能源生产和消费量按等价热值计算。2006年后能源生产总量不含跨地区原煤产量。

2.根据第三次全国经济普查结果，2010—2013年的有关数据有所调整（下同）。

a) Electricity Production is the whole social power rate.Energy Production and Consumption are calculated on the basis of equal caloric value. After 2006, Total Energy Production does not contain the trans-regional raw coal output.

b) According to the result of the third national economic census, changed related data in 2010-2013 (the same below).

6—2 综合能源平衡表
Overall Energy Balance

单位：万吨标准煤（10000 tons of SCE）

指　标	Item	2000	2005	2010	2014	2015
可供消费的能源总量	**Total Energy Available for Consumption**	**4887.20**	**6523.52**	**9375.50**	**12013.21**	**12371.18**
一次能源生产量	Primary Energy Output	3436.14	6215.42	9673.79	9413.25	9972.64
能源消费总量	**Total Energy Consumption**	**4878.82**	**6505.98**	**9414.00**	**12011.02**	**12331.97**
在总量中：	Consumption by Sector:					
农、林、牧、渔、水利业	Farming, Forestry, Animal Husbandry, Fishery and Water Conservancy	163.48	149.10	198.41	226.36	221.11
工　业	Industry	3881.06	5016.86	6977.07	8372.57	8471.39
建筑业	Construction	53.93	54.32	137.04	198.75	209.47
交通运输和邮电通信业	Transportation, Post and Telecommunications Services	178.38	280.27	643.81	1032.63	1052.17
商业、饮食、物资供销和仓储业	Commerce, Catering Services, Materials Supply, Marketing and Storage	57.24	101.75	170.98	287.38	317.69
其　他	Others	57.65	132.90	289.56	461.60	515.98
生活消费	Residential Consumption	487.07	770.78	997.11	1431.72	1544.15
在总量中：	Consumption by Usage:					
终端消费	Final Consumption	4689.61	6126.54	9269.33	11969.30	12337.92
#工　业	Industry	3691.85	4637.41	6832.40	8330.86	8477.34
加工转换损失量	Losses in Processing and Transformation	189.21	379.44	370.18	370.75	357.64
输配损失量	Losses in Transportation and Delivery	73.64	155.34	244.63	302.95	298.90
平衡差额	**Balance**	**8.38**	**17.54**	**-38.50**	**2.19**	**39.21**

6—3 能源生产弹性系数
Elasticity Ratio of Energy Production

年份 Year	能源生产比上年增长（%） Growth Rate of Energy Production over preceding Year (%)	电力生产比上年增长（%） Growth Rate of Electricity Production over Preceding Year (%)	安徽生产总值比上年增长（%） Growth Rate of Gross Domestic Product (GDP) over Preceding Year (%)	能源生产弹性系数 Elasticity Ratio of Energy Production	电力生产弹性系数 Elasticity Ratio of Electricity Production
2000	2.16	15.25	8.3	0.26	1.84
2005	6.32	6.02	11.0	0.57	0.55
2010	4.15	10.14	14.6	0.36	0.69
2014	-6.39	2.84	9.2	0.00	0.31
2015	5.94	1.38	8.7	0.68	0.16

注：能源生产增长速度按等价热值计算；电力生产增长速度按实物量计算。

a) The rate of rise of energy production is calculated on the basis of equal caloric value; The rate of rise of electricity production is calculated on the basis of real amount.

6—4 能源消费弹性系数
Elasticity Ratio of Energy Consumption

年份 Year	能源消费比上年增长（%） Growth Rate of Energy Consumption over Preceding Year (%)	电力消费比上年增长（%） Growth Rate of Electricity Consumption over Preceding Year (%)	安徽生产总值比上年增长（%） Growth Rate of Gross Domestic Product (GDP) over Preceding Year (%)	能源消费弹性系数 Elasticity Ratio of Energy Consumption	电力消费弹性系数 Elasticity Ratio of Electricity Consumption
2000	5.47	8.29	8.3	0.66	1.00
2005	8.33	12.74	11.0	0.76	1.16
2010	9.11	13.19	14.6	0.62	0.90
2014	2.69	3.74	9.2	0.29	0.41
2015	2.67	3.44	8.7	0.31	0.40

注：能源消费增长速度按等价热值计算；电力消费增长速度按实物量计算。

a) The rate of rise of energy consumption is calculated on the basis of equal caloric value; The rate of rise of electricity consumption is calculated on the basis of real amount.

6—5 能源加工转换效率
Efficiency of Energy Conversion

单位：%

年份 Year	总效率 Total Efficiency	火力发电 Thermal Power Generation	炼焦 Coking	炼油 Petroleum Refining
2005	65.58	34.66	88.99	94.17
2010	65.87	39.95	95.76	99.45
2014	68.04	40.97	94.49	99.85
2015	68.14	41.46	95.20	99.50

6—6 主要年份电力平衡表
Electricity Balance Sheet in Main Year

单位：亿千瓦时（100 million kwh）

指　标	Item	2000	2005	2010	2014	2015
可供量	**Total Energy Available for Consumption**					
生产量	Output	364.63	648.38	1463.31	2033.92	2061.89
水力发电及其它发电	Hydraulic Power Generation and Others	4.58	13.48	43.47	56.14	72.97
火　电	Thermal Power	360.05	634.90	1419.84	1977.78	1988.92
消费量	**Total Energy Consumption**	**338.92**	**581.65**	**1077.92**	**1585.18**	**1639.79**
在消费量中	Consumption by Sector					
农、林、牧、渔、水利业	Agriculture, Forestry, Animal Husbandry, Fishery and Water Conservancy	21.31	11.75	11.91	14.91	16.85
工　业	Industry	238.26	430.98	777.18	1120.82	1132.78
#输配电损失量	Losses in Transmission	22.81	43.81	76.81	101.00	100.82
建筑业	Construction	3.75	4.88	14.75	24.90	25.21
交通运输、仓储和邮政业	Transport, Storage and Post	4.22	4.98	14.58	22.47	26.74
批发、零售业和住宿、餐饮业	Wholesale and Retail Trades, Hotels and Catering Services	5.74	12.57	34.97	60.95	67.01
其他行业	Others Sectors	12.61	26.79	50.55	106.79	120.02
生活消费	Household Consumption	53.03	89.70	173.98	234.35	251.18

6—7 主要年份平均每天各种能源消费量
Average Daily Energy Consumption by Variety in Main Year

指　标		Item		2000	2005	2010	2014	2015
合　计	**（万吨标准煤）**	**Total**	**(10000 tons of SCE)**	**13.36**	**17.82**	**25.79**	**32.91**	**33.79**
原　煤	（万吨）	Coal	(10000 tons)	15.96	23.24	41.03	50.96	49.96
焦　炭	（万吨）	Coke	(10000 tons)	1.46	1.48	2.49	2.92	3.19
原　油	（万吨）	Crude Oil	(10000 tons)	0.94	1.14	1.31	2.05	1.89
燃料油	（万吨）	Fuel Oil	(10000 tons)	0.13	0.07	0.03	0.03	0.04
汽　油	（万吨）	Gasoline	(10000 tons)	0.19	0.24	0.54	0.97	1.25
柴　油	（万吨）	Diesel Oil	(10000 tons)	0.39	0.58	1.29	1.82	1.68
电　力	（亿千瓦小时）	Electricity	(100 million kwh)	0.93	1.59	2.95	4.34	4.49

6—8 主要年份生活能源消费量
Average Annual Energy Consumption for Households in Main Year

指　　标		Item		2000	2005	2010	2014	2015
合　计	**（万吨标准煤）**	**Total**	**(10000 tons of SCE)**	**487.07**	**770.78**	**997.11**	**1431.72**	**1544.15**
煤　炭	（万吨）	Coal	(10000 tons)	433.00	580.00	312.00	233.64	256.08
液化石油气	（万吨）	Liquefied Petroleum Gas	(10000 tons)	16.30	28.11	42.13	90.78	94.19
天然气	（亿立方米）	Natural Gas	(100 million cu.m)		0.40	2.80	14.34	13.80
热　力	（万百万千焦）	Heat	(10 billion kilo-joule)		653.00	1599.88	1274.80	1157.41
电　力	（亿千瓦小时）	Electricity	(100 million kwh)	53.03	89.70	173.98	234.35	251.18

6—9 主要年份人均生活能源消费量
Annual per Capita Energy Consumption of Households in Main Year

指　　标		Item		2000	2005	2010	2014	2015
平均每人生活消费能源（千克标准煤）		**Annual per Capita Consumption for Households**	**(kg of SCE)**	**80.22**	**124.84**	**164.98**	**236.40**	**252.59**
煤　炭	（千克）	Coal	(kg)	71.31	93.94	**51.62**	38.58	41.89
液化石油气	（千克）	Liquefied Petroleum Gas	(kg)	2.68	4.55	6.97	14.99	15.41
天然气	（立方米）	Natural Gas	(cu.m)		0.65	4.63	23.67	22.57
热　力	（万千焦）	Heat	(kilo-joule)		10.58	26.47	21.05	18.93
电　力	（千瓦小时）	Electricity	(kwh)	87.34	145.29	287.86	386.94	410.87

注：按年平均常住人口数计算。

a) According to the annual average resident population is calculated.

6—10 主要年份能源消耗指标

Energy Consumption Indices in Main Year

年份 Year	单位地区生产总值能耗(等价值) Unit GDP Energy Consumption (Equal Values)		单位工业增加值能耗(规模以上，当量值) Unit GDP Energy Consumption (Above Scale, Equivalent Value)		单位地区生产总值电耗 Unit GDP Electricity Consumption	
	指标值(吨标准煤/万元) Indices (standard coal ton /10000Yuan)	上升或下降(±%) Up or Down	指标值(吨标准煤/万元) Indices (standard coal ton /10000Yuan)	上升或下降(±%) Up or Down	指标值(千瓦小时/万元) Indices (kilowatt-hour/10000 yuan)	上升或下降(±%) Up or Down
2005	1.216		3.13		1088.11	
2007	1.126	-4.11	2.63	-8.61	1118.33	1.68
2008	1.075	-4.52	2.34	-9.92	1109.06	-0.83
2009	1.017	-5.39	2.10	-11.13	1088.76	-1.83
2010	0.785	-4.78	1.33	-12.94	872.16	-1.17
2011	0.754	-4.06	1.20	-9.54	870.49	-0.19
2012	0.722	-4.15	1.09	-9.56	865.50	-0.57
2013	0.676	-3.78	1.03	-7.04	880.50	1.74
2014	0.636	-5.97	0.94	-8.40	839.28	-5.00
2015	0.600	-5.58	0.88	-9.04	798.37	-4.87

注：1、2010年以后，地区生产总值按照2010年可比价格计算(下同)。

2、按2005年可比价格计算的2010年单位生产总值能耗为0.97，单位工业增加值能耗为1.82，单位生产总值电耗为1075.99。

3、计算单位地区生产总值能耗上升或下降时，两年单位地区生产总值能耗数据保留4位小数。

a) After 2010, GDP is calculated by 2010 comparable price.

b) As caculating by 2005 comparable price, Unit GDP Energy Consumption is 0.97, Unit GDP Energy Consumptionis 1.82, Unit GDP Electricity Consumption is 1075.99.

c) Calculating energy consumption per unit GDP rise or fall, two years for energy consumption per unit GDP data retention 4 decimal places.

6—11 各市能源消耗指标（2015年）

Energy Consumption Indices by Region (2015)

地区	Region	单位地区生产总值能耗(等价值) Unit GDP Energy Consumption (Equal Values)		单位工业增加值能耗(规模以上，当量值) Unit GDP Energy Consumption (Above Scale, Equivalent Value)		单位地区生产总值电耗 Unit GDP Electricity Consumption	
		指标值(吨标准煤/万元) Indices (standard coal ton /10000Yuan)	上升或下降(±%) Up or Down	指标值(吨标准煤/万元) Indices (standard coal ton /10000Yuan)	上升或下降(±%) Up or Down	指标值(千瓦小时/万元) Indices (kilowatt-hour/10000 yuan)	上升或下降(±%) Up or Down
合肥市	Hefei	0.400	-6.44	0.37	-13.48	462.13	-2.62
淮北市	Huaibei	0.842	-6.18	1.08	-8.60	756.50	-2.80
亳州市	Bozhou	0.458	-5.62	0.29	-13.07	583.12	-1.87
宿州市	Suzhou	0.594	-5.82	0.94	-16.18	600.43	-4.20
蚌埠市	Bengbu	0.492	-6.86	0.55	-9.91	596.07	-5.06
阜阳市	Fuyang	0.787	-3.96	0.96	-8.03	885.82	-1.41
淮南市	Huainan	0.730	-3.95	3.63	-4.37	811.20	-4.59
滁州市	Chuzhou	0.562	-6.79	0.49	-10.20	1056.86	-3.58
六安市	Luan	0.557	-2.89	0.41	15.39	669.29	-7.97
马鞍山市	Maanshan	1.165	-6.56	3.01	-8.57	1124.56	-4.49
芜湖市	Wuhu	0.479	-7.05	0.59	-11.71	641.59	-6.89
宣城市	Xuancheng	0.638	-6.14	0.82	-1.78	995.94	-6.98
铜陵市	Tongling	0.749	-6.69	1.39	-9.50	815.84	-6.90
池州市	Chizhou	0.923	-7.55	1.72	-15.25	1011.74	-2.35
安庆市	Anqing	0.541	-5.48	1.02	5.39	582.38	-6.76
黄山市	Huangshan	0.365	-3.08	0.17	-5.50	541.82	1.11

6—12 全社会用电情况
Electricity Used in Whole Society

单位：亿千瓦时（100 million kwh）

类别	Types	2010	2014	2015
全社会用电量总计	**Total of Electricity Used in Whole Society**	**1077.92**	**1585.18**	**1639.79**
全行业用电量合计	Total of Electricity Used in Whole Trade	903.94	1350.83	1388.61
第一产业	Primary Industry	11.91	14.91	16.85
第二产业	Secondary Industry	791.93	1145.71	1157.99
第三产业	Tertiary Industry	100.10	190.21	213.77
城乡居民生活用电量合计	Electricity Used for Life	173.98	234.35	251.18
城镇居民	Urban	89.50	101.91	108.27
乡村居民	Rural	84.48	132.44	142.91
分行业用电	Grouped by Trade			
农、林、牧、渔业	Agriculture, Forestry, Animal Husbandry and Fishery	11.91	14.91	16.85
工　业	Industry	777.18	1120.81	1132.79
#轻工业	Light Industry	108.54	155.05	171.44
重工业	Heavy Industry	668.64	965.76	961.35
#采矿业	Mining and Quarrying	79.45	113.33	103.59
制造业	Manufacturing	509.39	763.40	792.54
电力、燃气及水的生产和供应业	Production and Supply of Electricity Gas and Water	188.34	244.09	236.66
建筑业	Construction	14.75	24.90	25.20
交通运输、仓储和邮政业	Transport, Storage and Postal Services	14.58	22.47	26.74
信息传输、计算机服务和软件业	Information Circulation, Computer Services and Software	6.40	11.45	13.68
商业和住宿、餐饮业	Commercial、Accommodation and Catering Trade	34.97	60.95	67.01
金融、房地产、商务及居民服务业	Finance、Real Estate、Business Affair & Resident Service	14.46	41.10	45.57
公共事业及管理组织	Public Service & Management Organization	29.69	54.24	60.77

6—13 电力建设情况
Electric Power Construction Situation

类别		Types		2010	2014	2015
发电量	**（亿千瓦时）**	**Electric Power Generated**	**(100 million kwh)**	**1463.31**	**2033.92**	**2061.89**
线损率	**（%）**	**Electricity Loss Rate on Lines**	**(%)**	**9.14**	**7.67**	**7.42**
年末发电设备容量	**（万千瓦）**	**Power Generating Equipment Capacity (year-end)**	**(10000 kw)**	**2933.00**	**4326.10**	**5160.55**
架空线长度	**（公里）**	**Length of Overhead Lines**	**(km)**	**49017**	**60258**	**63194**
交流特高压		UHVAC			896	901
直流特高压		UHV DC			771	771
交流和直流500KV		500KV AC and DC		5115	5841	6170
220KV		220KV		10511	13261	14385
110KV		110KV		12538	16280	17083
35KV		35KV		20467	23209	23884
电缆长度	**（公里）**	**Length of Cable**	**(km)**	**376.00**	**1130.72**	**1329.77**
220KV		220KV			33.66	33.66
110KV		110KV		157.00	773.37	873.32
35KV		35KV		124.00	323.69	422.79
公用变电容量	**（万千伏安）**	**Public Transformer Capacity**	**(10000 kva)**	**8752**	**14056**	**15530**
交流特高压		UHV DC			900	900
500KV		500KV		1760	2410	2885
220KV		220KV		3366	5097	5704
110KV		110KV		2712	4104	4392
35KV		35KV		914	1545	1649
用电最高负荷	**（万千瓦）**	**Transport, Storage and Postal Services**	**(10000 kw)**	**1871.00**	**2715.44**	**2875.65**

注：2015年线损率按照省电力公司的合并口径（含所辖县公司）填报。2010年线损率原为母公司口径（不含所辖县公司）。

a) 2015 line loss rate in accordance with the provincial power company's consolidated basis (including the county under the jurisdiction of the company) reported. 2010 line loss rate was originally the parent caliber (excluding companies under the jurisdiction of the county).

6—14 主要年份工业企业主要能源品种消费量
Major of Energy Consumption Species of Industrial Enterprises in Main Year

指 标		Item		2000	2005	2010	2014	2015
原 煤	(万吨)	Coal	(10000 tons)	3378.49	7121.30	13521.91	17504.62	17139.99
洗精煤	(万吨)	Washed and Refined Coal	(10000 tons)	399.60	643.14	1257.91	1441.32	1436.57
其他洗煤	(万吨)	Other Washed Coal	(10000 tons)		105.49	171.72	388.63	388.15
焦 炭	(万吨)	Coke	(10000 tons)	251.52	537.63	900.88	1021.13	1048.30
原 油	(万吨)	Crude Oil	(10000 tons)	344.17	414.49	477.57	749.09	690.47
汽 油	(万吨)	Gasoline	(10000 tons)	4.02	4.98	7.48	6.74	6.45
煤 油	(万吨)	Kerosene	(10000 tons)		0.44	0.61	0.53	0.44
柴 油	(万吨)	Diesel Oil	(10000 tons)	11.00	21.22	33.26	35.78	33.80
燃料油	(万吨)	Fuel Oil	(10000 tons)	18.65	19.82	9.53	5.12	5.64
热 力	(万百万千焦)	Heat	(10 billion kilo-joule)		5381.30	5840.68	6854.17	7506.41

6—15 经销企业能源购进、销售与库存情况（2015年）
Energy Distribution Enterprise Purchase, Sales and Inventory (2015)

单位：万吨（10000 tons）

指 标	Item	年初商品库存量 Inventory At the Beginning of the Year	累计购进量 Total Purchase	#购自省外 Purchased from Outside the Province	累计销售量 Total Sales	#销往省外 Sold to the province	期末商品库存量 Inventories at the end of Period
原 煤	Coal	162.86	8206.72	4380.06	8218.15	2737.02	151.42
焦 炭	Coke	0.13	74.97	35.91	74.95	0.41	0.13
汽 油	Gasoline	16.82	378.77	172.65	379.43	7.65	16.27
柴 油	Diesel Oil	16.96	557.72	425.55	555.12	5.13	19.52
燃料油	Fuel Oil	0.05	48.06	42.57	47.71	36.51	0.41
液化石油气	Liquefied Petroleum Gas	0.38	14.32	3.29	14.06	0.62	0.64

6—16 主要年份分行业全社会工业用电量
Industrial Electricity Consumption of Sector in Main Year

单位：亿千瓦时（100 million kwh）

行　业	Sector	2000	2005	2010	2014	2015
消费总量	**Total Consumption**	**238.26**	**430.98**	**777.18**	**1120.81**	**1132.78**
煤炭开采和洗选业	Coal Mining and Dressing	21.14	37.09	55.81	60.20	57.82
黑色金属矿采选业	Mining and Dressing of Ferrous Metals	3.69	5.74	13.63	23.95	20.63
有色金属矿采选业	Mining and Dressing of Nonferrous Metals	4.52	1.09	4.23	12.51	10.15
非金属矿采选业	Mining and Dressing of Nonmetal Minerals	2.45	2.05	5.78	12.42	10.95
开采辅助活动	Mining Auxiliary Activities					
其他矿采选业	Other Minerals Mining and Dressing	0.06			3.90	3.70
农副食品加工业	Agricultural and Non-staple Food Processing Industry	2.33	4.34	14.78	17.42	18.77
食品制造业	Food Production	1.67	4.52	3.56	6.61	6.87
饮料制造业	Beverage Manufacturing	1.55	2.72	3.75	5.52	5.69
烟草加工业	Tobacco Processing	1.25	1.55	1.01	1.30	1.25
纺织业	Textiles	10.90	15.28	17.07	22.29	22.82
纺织服装鞋帽制造业	Textile Dress, Headgear Manufacturing	0.20	1.39	2.97	4.03	4.23
皮革毛皮羽绒及其制品业	Leather, Furs, Related Products and Footwear Manufacturing	0.16	0.49	1.15	1.23	1.19
木材加工及竹藤棕草制品业	Timber Processing, Bamboo, Cane, Palm Fiber and Straw Products	0.55	3.90	9.61	13.19	12.20
家具制造业	Furniture Manufacturing	0.02	0.11	0.67	2.02	2.46
造纸及纸制品业	Papermaking and Paper Products	3.45	0.10	9.43	13.84	19.18
印刷业、记录媒介的复制	Printing and Record Medium Reproduction	1.80	1.29	2.75	2.14	2.30
文教体育用品制造业	Cultural, Educational and Sports Goods	0.12	0.49	1.40	0.71	0.79
石油加工、炼焦及核燃料加工业	Petroleum Processing, Coking and Nuclear Fuel Processing	2.63	2.11	3.38	7.25	8.36
化学原料及制品制造业	Raw Chemical Materials and Chemical Products	43.61	65.13	77.33	124.84	134.52
医药制造业	Medical and Pharmaceutical Products	1.35	3.96	5.33	6.16	6.93
化学纤维制造业	Chemical Fiber	3.83	7.41	7.01	10.61	11.45
橡胶和塑料制品业	Rubber and Plastic Products	2.51	8.22	15.39	24.94	27.50
非金属矿物制品业	Nonmetal Mineral Products	19.45	59.89	114.84	169.91	168.82
黑色金属冶炼及压延加工业	Smelting and Pressing of Ferrous Metals	26.95	66.74	126.24	146.40	148.02
有色金属冶炼及压延加工业	Smelting and Pressing of Nonferrous Metals	7.74	9.67	16.61	34.35	35.23
金属制品业	Metal Products	3.12	7.37	22.05	39.66	38.96
普通机械制造业	Ordinary Machinery	5.72	5.04	12.42	15.18	13.69
专用设备制造业	Equipment for Special Purposes	0.72	1.77	2.82	7.82	7.29
汽车制造业	Automobile Manufacturing Industry	1.69	6.32	12.49	18.20	19.77
铁路、船舶、航空航天和其他运输设备制造业	Railway, Shipbuilding, Aerospace, and Other Transportation Equipment Manufacturing Industry				2.94	3.03
电气机械及器材制造业	Electric Equipment and Machinery	0.90	5.65	15.35	32.43	32.27
通信设备、计算机及其他电子设备制造业	Telecommunication Equipments, Computer and Related Electronic Equipments	0.60	1.77	3.47	20.87	26.19
仪器仪表制造业	Instrument Manufacturing				0.76	0.86
其他制造业	Other Manufacturing	5.57	3.12	5.61	8.94	10.50
废弃资源综合利用业	Comprehensive Utilization of Waste Resources		0.51	0.90	1.51	1.56
金属制品、机械和设备修理业	Metal Products, Machinery and Equipment Repair				0.32	0.17
电力、热力的生产和供应业	Electricity, Heat Production and Supply Industry	52.10	88.61	179.61	231.65	222.95
煤气的生产和供应业	Production and Supply of Gas	0.06	0.64	1.20	2.27	2.26
自来水的生产和供应业	Production and Supply of Tap Water	3.66	4.90	7.53	10.52	11.45

6—17 分行业工业用水情况（2015年）
Industrial Water Situation by Industry (2015)

单位：万立方米（10000 M^3）

行业	Sector	工业取水总量 Industrial Water Got Total Amount of Industrial Water Got	地表淡水 The Earth's Ssurface Fresh Water	地下淡水 Undergr-ound Water	自来水 Tap Water	其他水 Other Water	重复用水数量 Repeat of Water Consump-tion
消费总量	**Total Consumption**	**305841.3**	**231276.0**	**25462.5**	**39558.4**	**283.2**	**1387396.0**
煤炭开采和洗选业	Coal Mining and Dressing	7333.4	174.4	5619.8	1055.8	14.4	10188.1
黑色金属矿采选业	Mining and Dressing of Ferrous Metals	4272.4	2877.2	634.4	419.4	11.0	11672.5
有色金属矿采选业	Mining and Dressing of Nonferrous Metals	419.0	87.7	148.7	29.1		448.9
非金属矿采选业	Mining and Dressing of Nonmetal Minerals	610.9	534.3	36.7	29.9	5.2	713.5
开采辅助活动	Mining Auxiliary Activities	2.6		0.3	2.3		0.1
农副食品加工业	Agricultural and Non-staple Food Processing Industry	2273.6	169.1	838.3	1252.2	8.6	276.8
食品制造业	Food Production	2063.7	128.4	615.9	1319.2		1054.7
酒、饮料和精制茶制造业	Wine, Drinks and Refined Tea Manufacturing	3124.7	390.8	1252.2	1459.5	12.5	400.9
烟草加工业	Tobacco Processing	195.4	2.0	1.9	191.5		30.2
纺织业	Textiles	2768.9	707.9	178.7	1862.4	17.1	1260.3
纺织服装、服饰业	Textile and Garment, Apparel Industry	1020.6	12.4	57.6	950.2	0.1	12.2
皮革毛皮羽毛及其制品和制鞋业	Leather, Furs, Down and Related Products	719.0	302.0	166.3	250.5	0.1	119.7
木材加工及竹藤棕草制品业	Timber Processing, Bamboo, Cane, Palm Fiber and Straw Products	672.1	39.1	339.6	290.9	0.2	75.6
家具制造业	Furniture Manufacturing	129.2	1.7	17.8	109.8		1.0
造纸及纸制品业	Papermaking and Paper Products	3916.2	3170.6	293.3	336.6	79.4	5351.4
印刷和记录媒介复制业	Printing and Record Medium Reproduction	347.2	14.7	23.1	308.8	0.5	22.5
文教、工美、体育和娱乐用品制造业	Cultural and Educational Supplies Manufacturing, Industrial, Sporting and Entertainment	264.7	6.7	63.6	193.0	0.1	23.4
石油加工、炼焦和核燃料加工业	Petroleum Processing, Coking and Nuclear Fuel Processing	2886.6		6.9	2673.9		105663.8
化学原料及制品制造业	Raw Chemical Materials and Chemical Products	15535.8	10607.6	1317.8	3087.1	54.6	163465.4
医药制造业	Medical and Pharmaceutical Products	2542.4	608.3	690.3	1242.2	1.3	901.1
化学纤维制造业	Chemical Fiber	1314.9	790.9	200.3	288.5	35.2	44143.4
橡胶和塑料制品业	Rubber and Plastic Products	1574.7	247.3	95.4	1228.7	0.9	4849.6
非金属矿物制品业	Nonmetal Mineral Products	10474.1	5387.5	1693.9	3232.7	11.9	13262.0
黑色金属冶炼和压延加工业	Smelting and Pressing of Ferrous Metals	19070.0	14842.9	84.7	1038.2	0.1	307479.1
有色金属冶炼和压延加工业	Smelting and Pressing of Nonferrous Metals	7648.3	501.0	64.6	5142.1	12.4	73278.2
金属制品业	Metal Products	1007.3	21.2	47.0	929.4	1.3	170.2
通用设备制造业	Equipment in Current Use	1812.6	31.8	201.2	1577.0	0.6	199.7
专用设备制造业	Equipment in Special Use	867.6	9.9	28.5	827.1		2042.8
汽车制造业	Automobile Manufacturing Industry	1798.4	38.4	71.9	1614.0	0.3	2536.5
铁路、船舶、航空航天和其他运输设备制造业	Railway, Shipbuilding, Aerospace, and Other Transportation Equipment Manufacturing Industry	556.5	107.2	9.7	439.7		28.3
电气机械和器材制造业	Electric Equipment and Machinery	2905.6	50.6	177.8	2655.7	3.2	542.3
计算机、通信和其他电子设备制造业	Computer, Communication and Other Electronic Equipment Manufacturing Industry	2730.4	8.6	80.1	2630.8	0.5	44016.3
仪器仪表制造业	Instrument Manufacturing	67.8	0.4	1.3	66.0	0.1	0.5
其他制造业	Other Manufacturing	103.2	55.8	1.7	45.4		2.7
废弃资源综合利用业	Comprehensive Utilization of Waste Resources	125.5	24.7	11.4	54.4	3.1	24.5
金属制品、机械和设备修理业	Metal Products, Machinery and Equipment Repair	27.3			27.3		6.5
电力、热力生产和供应业	Electricity, Heat Production and Supply Industry	37123.7	32336.5	1922.7	615.6	8.3	593093.9
燃气生产和供应业	Production and Supply of Gas	55.5	0.1	1.1	54.2	0.1	0.1
水的生产和供应业	Production and Supply of Tap Water	165479.4	156986.1	8466.0	27.3		37.4

6—18 分行业工业企业主要能源品种消费量（2015年）
Consumption of Main Energy Varieties by Sector (2015)

行　业	Sector	原　煤 (吨) Raw Coal (ton)
消 费 总 量	**Total Consumption**	**171399898**
煤炭开采和洗选业	Coal Mining and Dressing	56135651
黑色金属矿采选业	Mining and Dressing of Ferrous Metals	36024
有色金属矿采选业	Mining and Dressing of Nonferrous Metals	4919
非金属矿采选业	Mining and Dressing of Nonmetal Minerals	273410
开采辅助活动	Mining Auxiliary Activities	17
农副食品加工业	Agricultural and Non-staple Food Processing Industry	567554
食品制造业	Food Production	173876
酒、饮料和精制茶制造业	Wine, Drinks and Refined Tea Manufacturing	249095
烟草制品业	Tobacco Processing	16559
纺织业	Textiles	94952
纺织服装、服饰业	Textile and Garment, Apparel Industry	28202
皮革、毛皮、羽毛及其制品和制鞋业	Leather, Fur, Feather and Its Products and Footwear	29265
木材加工和木、竹、藤、棕、草制品业	Timber Processing, Bamboo, Cane, Palm Fiber and Straw Products	63283
家具制造业	Furniture Manufacturing	4003
造纸和纸制品业	Papermaking and Paper Products	1314432
印刷和记录媒介复制业	Printing and Record Medium Reproduction	50519
文教、工美、体育和娱乐用品制造业	Cultural and Educational Supplies Manufacturing, Industrial, Sporting and Entertainment	62986
石油加工、炼焦和核燃料加工业	Petroleum Processing, Coking and Nuclear Fuel Processing	416911
化学原料和化学制品制造业	Raw Chemical Materials and Chemical Products	9820400
医药制造业	Medical and Pharmaceutical Products	350227
化学纤维制造业	Chemical Fiber	531557
橡胶和塑料制品业	Rubber and Plastic Products	287363
非金属矿物制品业	Nonmetal Mineral Products	19716903
黑色金属冶炼和压延加工业	Smelting and Pressing of Ferrous Metals	3993897
有色金属冶炼和压延加工业	Smelting and Pressing of Nonferrous Metals	351921
金属制品业	Metal Products	34286
通用设备制造业	Equipment in Current Use	403537
专用设备制造业	Equipment in Special Use	17230
汽车制造业	Automobile Manufacturing Industry	56403
铁路、船舶、航空航天和其他运输设备制造业	Railway, Shipbuilding, Aerospace, and Other Transportation Equipment Manufacturing Industry	528
电气机械和器材制造业	Electric Equipment and Machinery	45674
计算机、通信和其他电子设备制造业	Computers, Communications and Other Electronic Equipment Manufacturing Industry	8849
仪器仪表制造业	Instrument Manufacturing	
其他制造业	Other Manufacturing	304
废弃资源综合利用业	Comprehensive Utilization of Waste Resources	130152
金属制品、机械和设备修理业	Metal Products, Machinery and Equipment Repair	
电力、热力生产和供应业	Production and Supply of Electric Power and Heating Power	76129008
燃气生产和供应业	Production and Supply of Gas	
水的生产和供应业	Production and Supply of Tap Water	

洗精煤 (吨) Washed and Refined Coal (ton)	其他洗煤 (吨) Other Washed Coal (ton)	煤制品 (吨) Coal Product (ton)	焦炭 (吨) Coke (ton)	焦炉煤气 (万立方米) Coke Oven Coal Gas (10000 cu.m)	原油 (吨) Crude Oil (ton)
14365702	**3881547**	**149449**	**10482970**	**236251**	**6904654**
2693822	3553655				
			40		
		180	227		
231	5811		230		
				1346	
		501			
287			213		
		510			
			1138		24
3085553			34863		6904555
533931	54371	3109	9098	4521	
			417		
			3204		
			14		
3521	7675	10828	6307		26
8045538		134215	10305320	223506	
1424			25157	4107	
52			1075	1429	
149		53	37890	1342	47
			4027		
595		53	7807		
			140		
128			1043		
462		1			2
			13		
9			44745		
	260035				

6—18 续表 continued

行　业	Sector	汽　油 (吨) Gasoline (ton)
消费总量	**Total Consumption**	**64490**
煤炭开采和洗选业	Coal Mining and Dressing	3626
黑色金属矿采选业	Mining and Dressing of Ferrous Metals	430
有色金属矿采选业	Mining and Dressing of Nonferrous Metals	259
非金属矿采选业	Mining and Dressing of Nonmetal Minerals	132
开采辅助活动	Mining Auxiliary Activities	41
农副食品加工业	Agricultural and Non-staple Food Processing Industry	3158
食品制造业	Food Production	855
酒、饮料和精制茶制造业	Wine, Drinks and Refined Tea Manufacturing	1770
烟草制品业	Tobacco Processing	640
纺织业	Textiles	500
纺织服装、服饰业	Textile and Garment, Apparel Industry	1364
皮革、毛皮、羽毛及其制品和制鞋业	Leather, Fur, Feather and Its Products and Footwear	981
木材加工和木、竹、藤、棕、草制品业	Timber Processing, Bamboo, Cane, Palm Fiber and Straw Products	400
家具制造业	Furniture Manufacturing	768
造纸和纸制品业	Papermaking and Paper Products	299
印刷和记录媒介复制业	Printing and Record Medium Reproduction	2588
文教、工美、体育和娱乐用品制造业	Cultural and Educational Supplies Manufacturing, Industrial, Sporting and Entertainment	290
石油加工、炼焦和核燃料加工业	Petroleum Processing, Coking and Nuclear Fuel Processing	47
化学原料和化学制品制造业	Raw Chemical Materials and Chemical Products	1767
医药制造业	Medical and Pharmaceutical Products	713
化学纤维制造业	Chemical Fiber	20
橡胶和塑料制品业	Rubber and Plastic Products	3939
非金属矿物制品业	Nonmetal Mineral Products	3871
黑色金属冶炼和压延加工业	Smelting and Pressing of Ferrous Metals	1161
有色金属冶炼和压延加工业	Smelting and Pressing of Nonferrous Metals	771
金属制品业	Metal Products	2475
通用设备制造业	Equipment in Current Use	5585
专用设备制造业	Equipment in Special Use	3387
汽车制造业	Automobile Manufacturing Industry	5510
铁路、船舶、航空航天和其他运输设备制造业	Railway, Shipbuilding, Aerospace, and Other Transportation Equipment Manufacturing Industry	546
电气机械和器材制造业	Electric Equipment and Machinery	5738
计算机、通信和其他电子设备制造业	Computers, Communications and Other Electronic Equipment Manufacturing Industry	2042
仪器仪表制造业	Instrument Manufacturing	523
其他制造业	Other Manufacturing	411
废弃资源综合利用业	Comprehensive Utilization of Waste Resources	27
金属制品、机械和设备修理业	Metal Products, Machinery and Equipment Repair	241
电力、热力生产和供应业	Production and Supply of Electric Power and Heating Power	6635
燃气生产和供应业	Production and Supply of Gas	294
水的生产和供应业	Production and Supply of Tap Water	689

煤　油 （吨） Kerosene (ton)	柴　油 （吨） Diesel Oil (ton)	液化石油气 （吨） Liquefied Petroleum Gas (ton)	天然气（气态） （万立方米） Natural Gas (Gaseous) (10000 cu.m)	热　力 （百万千焦） Heat (10 billion kilo-joule)	电　力 （万千瓦时） Electric Power (10000 kh)	其他能源 （吨标准煤） Others Energy Source (tons of SCE)
4398	**338023**	**5262**	**115559**	**75064128**	**10827591**	**22769**
	19209				503267	
	22855		1096		239293	
	2033		21		33285	
2	29465			3896839	67549	
	433				297	
2	4065	22	1840	233995	270911	5098
	999	144	3611	764544	80979	858
	1196	479	3656	3449531	67011	904
	184		1007	207498	14684	
27	456	7	1149	918509	258449	1208
1	1667	8	263	124949	82927	15
	150	7	166	5322	23323	
2	2088	2	65		117339	3253
	210		6		23625	8
	1803	4	906	15242853	224265	
1	1929	8	313	63664	53673	813
	520	415	184	47	32682	75
	699	38	33	11745837	135346	
3	8909	200	11518	19923555	1290600	3703
	742	33	1269	1769694	85702	
	205		40	790339	55357	
969	4117	348	1506	2212176	288725	96
203	157607	389	29230	230908	1633634	42
	16233	1	12272	6435832	1506906	
39	11162	8	17627	2714810	501038	685
308	6032	237	3927	78908	139399	57
850	7724	252	4967	8501	229871	8
4	3612	58	3506	57201	122358	12
589	11080	86	6767	619877	219182	43
50	1776	335	562		33541	
47	3380	2177	4013	218515	357719	2912
18	1422	4	1454	3322	290253	3
1	36				9480	
	680		13	22422	13007	
	248		725		22720	
1283	3568		181		2517	
	8931		25	3324479	1724623	2978
	248		1639		11415	
	346				60641	

6—19 规模以上工业企业能源购进、消费及库存（2015年）

Buys, Consumes and Stock of the Energy of Above Designated Size Industrial Enterprises (2015)

能源名称		Energy Item		购进量 Purchasing Amount	消费量 Consumption Amount			年末库存量 Volume of Stock of the end of the Year
					工业生产消费 Consumption of Industrial Production	#用于原材料 Used in the Raw Materials	非工业生产消费 Used in non-consumption of Industrial Production	
原　煤	（吨）	Raw Coal	(ton)	115661897	171198397	4308366	201501	4439854
#无烟煤		Anthracite		3720514	4468362	48667	2581	153883
炼焦烟煤		Byerlyte		70792	1572772	317	75	7012
一般烟煤		Generally Bituminous Coal		111859934	165143172	4259382	198844	4277528
褐　煤		Lignite		10657	14090		1	1265
洗精煤	（吨）	Washed and Refined Coal	(ton)	11670119	14365687	156520	15	585593
其他洗煤	（吨）	Other Washed Coal	(ton)	330455	3881507		40	11356
煤制品	（吨）	Coal Product	(ton)	150915	148945	150	504	5000
焦　炭	（吨）	Coke	(ton)	5285151	10482945	57012	25	201473
其他焦化产品	（吨）	Other Coking Products	(ton)	131516	128489	92463		17838
焦炉煤气	（万立方米）	Coke Oven Coal Gas	(10000 cu.m)	12857	236061		190	
高炉煤气	（万立方米）	Blast Furnace Gas	(10000 cu.m)	776	3070913		70	
转炉煤气	（万立方米）	Converter Coal Gas	(10000 cu.m)	1201	206050			
发生炉煤气	（万立方米）	Producer Gas	(10000 cu.m)		113833			
天然气(气态)	(万立方米）	Natural Gas(Gaseous)	(10000 cu.m)	134321	114780	2225	779	583
液化天然气	（吨）	Liquefied Natural Gas	(ton)	10003	9880		121	53
煤层气	（万立方米）	Coalbed methane (CBM)	(10000 cu.m)	1190	1190			
原　油	（吨）	Crude Oil	(ton)	6902718	6904636		19	145034
汽　油	（吨）	Gasoline	(ton)	63168	32711	691	31779	1597
煤　油	（吨）	Kerosene	(ton)	4031	3063	338	1335	74
柴　油	（吨）	Diesel Oil	(ton)	334462	277719	17029	60304	16287
燃料油	（吨）	Fuel Oil	(ton)	49551	56380		35	859
液化石油气	（吨）	Liquefied Petroleum Gas	(ton)	5459	5105	14	157	1632
炼厂干气	（吨）	Refinery Gas	(ton)	13145	284417			
润滑油	（吨）	Lubricating Oil	(ton)	16164	15822	1982	18	2417
石　蜡	（吨）	Paraffin	(ton)	2049	1950	39	3	6
溶剂油	（吨）	Solvent Oil	(ton)	3387	3339	1225		164
石油焦	（吨）	Refinery Coke	(ton)	92063	88420			6914
石油沥青	（吨）	Petroleum asphalt	(ton)	8328	8148			230
其他石油制品	（吨）	Other Petroleum Products	(ton)	613274	1452819	456425	6119	10176
热　力	（百万千焦）	Heat	(10 billion kilo-joule)	32889947	74565837		498291	
电　力	（万千瓦时）	Electric Power	(10000 kh)	8872518	10652619		174973	
煤矸石用于燃料	（吨）	Coal gangue used as fuel	(ton)	492755	3849732		4	5200
城市垃圾用于燃料	（吨）	City garbage used as fuel	(ton)	1392539	1902363			12309
生物质废料用于燃料	(吨)	Waste biomass used as	(ton)	3108612	3485644		225	87025
余热余压	（百万千焦）	Afterheat Excess Pressure	(10 billion kilo-joule)	2888186	62842875		1275085	
其它工业废料用于燃料	（吨）	Other Industrial Waste Used as Fuel	(ton)	120538	356470			252
其他燃料	（吨标准煤）	Other fuels	(tons of standard coal)	22672	22716		54	280

6—20 地区能源消费与单位GDP能耗
Energy Consumption and Unit GDP Energy Consumption

单位：万吨标准煤（10000 tons of SCE）

指 标	Item	2010	2014	2015
能源消费总量（等价值）	Unit GDP Energy Consumption (Equal Values)	9414.00	12011.02	12331.97
第一产业能源消费	Primary Industry Energy Consumption	198.41	226.36	221.11
第二产业能源消费	Secondary Industry Energy Consumption	7114.11	8571.32	8680.86
工业能源消费	Industry Energy Consumption	6977.07	8372.57	8471.39
建筑业能源消费	Construction Industrial Energy Consumption	137.04	198.75	209.47
第三产业能源消费	Tertiary Industry Energy Consumption	1104.36	1781.61	1885.84
#交通运输业能源消费	Transportation Industry Energy Consumption	643.81	1032.63	1052.17
居民生活用能	Residences Life Energy Consumption	997.11	1431.72	1544.15
城市居民	Urban	528.60	750.38	803.06
农村居民	Rural	468.51	681.34	741.09
单位GDP能耗(等价值)(吨标准煤/万元)	Unit GDP Energy Consumption （ton of SCE/10000 yuan)	0.785	0.636	0.600

注：GDP按照2010年可比价格计算。
a) GDP is calculated by 2010 comparable price.

6—21 各市全社会用电情况（2015年）
Electricity Used in Whole Society by Region (2015)

单位：亿千瓦时（100 million kwh）

地 区	Region	全社会用电量总计 Total of Electricity Used in Whole Society	全行业用电量合计 Total of Electricity Used in Whole Trade	第一产业 Primary Industry	第二产业 Secondary Industry	第三产业 Tertiary Industry	城乡居民生活用电量合计 Electricity Used for Life	城镇居民 Urban	乡村居民 Rural
总 计	**Total**	**1639.79**	**1388.61**	**16.85**	**1157.99**	**213.77**	**251.18**	**108.27**	**142.91**
合 肥 市	Hefei	243.26	201.01	2.01	137.86	61.15	42.24	29.47	12.77
淮 北 市	Huaibei	55.34	47.24	0.49	41.48	5.26	8.10	3.91	4.19
亳 州 市	Bozhou	50.56	32.72	0.50	23.08	9.14	17.84	5.76	12.08
宿 州 市	Suzhou	66.68	47.29	1.10	34.43	11.76	19.39	5.98	13.41
蚌 埠 市	Bengbu	66.07	52.96	1.55	38.61	12.80	13.11	5.84	7.27
阜 阳 市	Fuyang	104.35	75.61	0.89	60.11	14.61	28.74	7.99	20.75
淮 南 市	Huainan	80.44	66.37	1.07	56.65	8.65	14.07	6.50	7.57
滁 州 市	Chuzhou	126.57	109.09	1.59	92.05	15.45	17.47	6.38	11.10
六 安 市	Luan	61.85	45.84	0.91	33.22	11.71	16.01	4.91	11.10
马鞍山市	Maanshan	178.17	168.08	1.41	156.19	10.49	10.09	5.46	4.63
芜 湖 市	Wuhu	155.33	138.22	1.42	119.42	17.38	17.11	7.08	10.03
宣 城 市	Xuancheng	87.15	74.50	1.36	64.57	8.57	12.65	5.36	7.29
铜 陵 市	Tongling	80.62	74.75	0.45	68.83	5.48	5.88	2.96	2.92
池 州 市	Chizhou	50.47	44.55	0.52	39.73	4.31	5.92	2.23	3.69
安 庆 市	Anqing	82.54	66.22	1.14	54.82	10.26	16.32	5.28	11.04
黄 山 市	Huangshan	26.25	20.01	0.45	12.80	6.75	6.24	3.17	3.07

注：总计包括安徽电网主网架厂网损，各市不包括。
a) In total including anhui grid ZhuWangJia factory network loss, cities is not included.

6—22 各市主要年份工业用电量
Industrial Electricity Used in Main Year by Region

单位：亿千瓦时（100 million kwh）

地 区	Region	2000	2005	2010	2014	2015
总 计	**Total**	**238.26**	**430.98**	**777.18**	**1120.81**	**1132.79**
合 肥 市	Hefei	23.33	34.07	64.10	123.42	130.93
淮 北 市	Huaibei	15.11	20.51	31.63	40.83	40.79
亳 州 市	Bozhou		9.05	13.42	20.77	21.47
宿 州 市	Suzhou	7.75	13.55	20.32	33.14	32.85
蚌 埠 市	Bengbu	10.52	23.44	34.32	37.09	37.43
阜 阳 市	Fuyang	15.43	18.80	36.89	55.85	58.21
淮 南 市	Huainan	22.54	31.61	47.49	58.33	55.68
滁 州 市	Chuzhou	8.76	16.36	30.39	87.17	90.73
六 安 市	Luan	8.40	14.73	24.42	35.68	31.99
马鞍山市	Maanshan	28.35	60.64	104.54	149.34	155.34
芜 湖 市	Wuhu	12.64	27.03	62.03	116.30	117.32
宣 城 市	Xuancheng	4.81	23.93	48.13	66.13	62.51
铜 陵 市	Tongling	14.35	28.37	47.08	67.72	68.51
池 州 市	Chizhou	3.72	10.07	18.82	37.13	39.13
安 庆 市	Anqing	14.51	27.86	44.41	55.03	53.42
黄 山 市	Huangshan	1.63	4.12	7.89	11.81	12.36

注：1．2010年以后的工业用电量是区划调整后数据。
2．总计包括安徽电网主网架厂网损，各市不包括。

a) Since 2010, the industrial electricity consumption is division after adjusting the data.
b) In total including anhui grid ZhuWangJia factory network loss, cities is not included.

6—23 各市工业用水情况（2015年）
Industrial Water Situation by Region (2015)

单位：万立方米（10000 M^3）

地 区	Region	工业取水总量 Industrial Water Got Total Amount of Industrial Water Got	#地表淡水数量 The Earth's Ssurface Fresh Water	地下淡水数量 Undergr-ound Water	自来水数量 Tap Water	重复用水数量 Repeat of Water Consump-tion
总 计	**Total**	**305841.30**	**231276.00**	**25462.50**	**39558.40**	**1387396.00**
合 肥 市	Hefei	75162.60	66129.40	327.50	7777.00	361350.60
淮 北 市	Huaibei	9775.60	148.30	6829.30	1246.30	5210.10
亳 州 市	Bozhou	1904.30	62.60	1631.20	166.70	2423.60
宿 州 市	Suzhou	6342.60	1848.30	4384.00	69.50	68237.10
蚌 埠 市	Bengbu	13538.40	10224.10	635.70	2604.70	107867.30
阜 阳 市	Fuyang	7482.80	3423.00	3740.50	319.00	111344.50
淮 南 市	Huainan	36534.79	30850.87	4438.56	782.10	149350.54
滁 州 市	Chuzhou	12492.10	9365.40	538.40	2481.60	19971.60
六 安 市	Luan	9177.17	6991.46	715.20	1412.99	1883.90
马鞍山市	Maanshan	37926.50	31626.20	119.50	2579.80	270901.80
芜 湖 市	Wuhu	34308.50	27895.90	694.60	5503.70	32971.70
宣 城 市	Xuancheng	11476.60	8603.30	553.20	2291.60	36079.10
铜 陵 市	Tongling	19799.67	11787.36	93.45	5888.12	120972.10
池 州 市	Chizhou	6023.90	4644.70	34.80	1303.20	15112.80
安 庆 市	Anqing	20255.20	14897.51	638.99	4361.25	83222.16
黄 山 市	Huangshan	3640.60	2777.60	87.60	770.80	497.10

主要统计指标解释

能源生产总量

指一定时期内全省一次能源生产量的总和，是观察全省能源生产水平、规模、构成和发展速度的总量指标。一次能源生产量包括原煤，原油，天然气，水电、核能及其他动力能（如风能、地热能等）发电量，不包括低热值燃料生产量、生物质能、太阳能等的利用和由一次能源加工转换而成的二次能源产量。

能源消费总量

指一定时期内全省物质生产部门、非物质生产部门和生活消费的各种能源的总和，是观察能源消费水平、构成和增长速度的总量指标。能源消费总量包括原煤和原油及其制品、天然气、电力，不包括低热值燃料、生物质能和太阳能等的利用。能源消费总量分为终端能源消费量、能源加工转换损失量和损失量三部分。

⑴终端能源消费量：指一定时期内全省生产和生活消费的各种能源在扣除了用于加工转换二次能源消费量和损失量以后的数量。

⑵能源加工转换损失量：指一定时期内全省投入加工转换的各种能源数量之和与产出各种能源产品之和的差额，是观察能源在加工转换过程中损失量变化的指标。

⑶能源损失量：指一定时期内能源在输送、分配、储存过程中发生的损失和由客观原因造成的各种损失量，不包括各种气体能源放空、放散量。

能源生产弹性系数

是研究能源生产增长速度与国民经济增长速度之间关系的指标。计算公式为：

能源生产弹性系数＝能源生产总量年平均增长速度/国民经济年平均增长速度

国民经济年平均增长速度，可根据不同的目的或需要，用国民生产总值、国内生产总值等指标来计算，本年鉴是采用国内生产总值指标计算的。

电力生产弹性系数

是研究电力生产增长速度与国民经济增长速度之间关系的指标。一般来说，电力的发展应当快于国民经济的发展，也就是说电力应超前发展。计算公式为：

电力生产弹性系数＝电力生产量年平均增长速度/国民经济年平均增长速度

能源消费弹性系数

是反映能源消费增长速度与国民经济增长速度之间比例关系的指标。计算公式为：

能源消费弹性系数＝能源消费量年平均增长速度/国民经济年平均增长速度

电力消费弹性系数

反映电力消费增长速度与国民经济增长速度之间比例关系的指标。计算公式为：

电力消费弹性系数＝电力消费量年平均增长速度/国民经济年平均增长速度

能源加工转换效率

指一定时期内能源经过加工、转换后，产出的各种能源产品的数量与同期内投入加工转换的各种能源数量的比率。它是观察能源加工转换装置和生产工艺先进与落后、管理水平高低等的重要指标。计算公式为：

能源加工转换效率＝能源加工、转换产出量/能源加工、转换投入量×100

Explanatory Notes for Major Statistical Indicators

Total Energy Production

refers to the total production of primary energy by all energy producing enterprises in the province in a given period of time. It is a comprehensive indicator to show the capacity, scale, composition and development of energy production of the province. The production of primary energy includes that of coal, crude oil, natural gas, hydro-power and electricity generated by nuclear energy and other means such as wind power and geothermal power. However, it excludes the production of fuels of low calorific value, bio-energy, solar energy and the secondary energy converted from the primary energy.

Total Domestic Energy Consumption

refers to the total consumption of energy of various kinds by material production sectors, non material production sectors and households in the province in a given period of time. It is a comprehensive indicator to show the scale, composition and development of energy consumption. The total energy consumption includes that of coal, crude oil and their products, natural gas and electricity; However, it excludes the consumption of fuel of low calorific value, bio-energy and solar energy. Total domestic energy consumption can be divided into three parts:

a)Final Energy Consumption: It refers to the total energy consumption by material production sectors, non material production sectors and households in the province in a given period of time, but excludes the consumption in conversion of the primary energy into the secondary energy and the loss in the process of energy conversion.

b) Loss During the Process of Energy Conversion: It refers to the total input of various kinds of energy for conversion, minus the total output of various kinds of energy in the province in a given period of time. It is an indicator to show the loss that occurs during the process of energy conversion.

c) Loss: It refers to the total of the loss of energy during the course of energy transport, distribution and storage and the loss caused by any objective reason in a given period of time. The loss of various kinds of gas due to gas discharges and stocktaking is excluded.

Elasticity Ratio of Energy Production

is an indicator to show the relationship between the growth rate of energy production and the growth rate of the national economy. The formula is:

Elasticity Ratio of Energy Production=Average Annual Growth Rate of Energy Production / Average Annual Growth Rate of National Economy

The average annual growth rate of the national economy can be shown by the gross national product, gross domestic product and other indicators, depending upon the purposes or needs. The gross domestic product is used in calculation of the ratio in this chapter.

Elasticity Ratio of Electricity Production

is an indicator to show the relationship between the growth rate of electricity production and the growth rate of the national economy. Generally speaking, the growth rate of electricity production should be higher than that of the national economy. Its formula is:

Elasticity Ratio of Electricity Production=Average Annual Growth Rate of Electricity Production / Average Annual Growth Rate of National Economy

Elasticity Ratio of Energy Consumption

is an indicator to show the relationship between the growth rate of energy consumption and the growth rate of the national economy. The formula is:

Elasticity Ratio of Energy Consumption=Average Annual Growth Rate of Energy Consumption / Average Annual Growth Rate of National Economy

Elasticity Ratio of Electricity Consumption

is an indicator to show the relationship between the growth rate of electricity consumption and the growth rate of the national economy. The formula is:

Elasticity Ratio of Electricity Consumption=Average Annual Growth Rate of Electricity / Average Annual Growth Rate of National Economy

Efficiency of Energy Processing and Conversion

refers to the ratio of the total output of energy products of various kinds after processing and conversion and the total input of energy of various kinds for processing and conversion in the same reference period. It is an important indicator to show the current conditions of energy processing and conversion equipment, production technique and management. The formula is:

Efficiency of Energy Processing & Conversion=Output of Energy After Processing & Conversion/Input of Energy for Processing & Conversion×100%

第七篇

Chapter 7

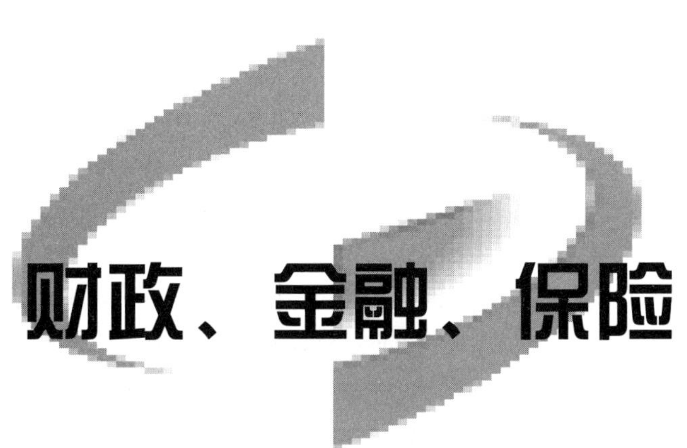

财政、金融、保险

FINANCE, BANKING AND INSURANCE

简要说明

一、本篇反映全省财政收支、金融保险业发展状况。

二、财政收支资料来源于省财政厅财政决算。

三、金融保险业资料有以下三个部分：

1、反映金融机构,包括中国人民银行、中资全国性大型银行、中资全国性中小型银行、中资区域性中小型银行、农村信用社等信贷收支情况，资料由中国人民银行合肥中心支行提供；

2、反映保险业务情况，资料由中国保险监督管理委员会安徽监管局提供；

3、反映股票发行及筹资情况，资料由中国证券监督管理委员会安徽监管局提供。

Brief Introduction

I. Data in this chapter show the provincial government revenue and expenditure and the development of banking and insurance.

II. Data on the government revenue and expenditure come from the Department of Finance in the province. Data are based on the final financial accounts.

III. Data of banking and insurance include the following three parts:

1. Data on the credit funds revenue and expenditure of banking institutions, including the people's Bank of China, the Chinese large national banks, Chinese-funded national small and medium-sized banks, Chinese-funded regional small and medium-sized banks , state-owned commercial banks and rural credit cooperatives are provided by Hefei Branch Office of the People’s Bank of China.

2. Data on the business of insurance are provided by Anhui Regulatory Bureau of the Insurance Regulatory Commission of China.

3. Data on issuing summary for stocks are provided by Anhui Regulatory Bureau of the Securities Regulatory Commission of China.

7—1 财政收支总额及增长速度
Total Government Revenue and Expenditures and Their Increase Rate

年　份 Year	财政收入 （万元） Total Revenue (10000 yuan)	财政支出 （万元） Total Expenditures (10000 yuan)	增长速度（%） Increase Rate (%)	
			财政收入 Total Revenue	财政支出 Total Expenditures
2000	2904229	3234728	8.0	12.1
2005	6565525	7130633	26.1	18.5
2006	8165120	9402329	24.4	31.9
2007	10347253	12438342	26.7	32.3
2008	13260466	16471253	28.2	32.4
2009	15512563	21419217	17.0	30.0
2010	20638197	25876135	33.0	20.8
2011	26330221	33029911	27.6	27.6
2012	30259871	39610080	14.9	19.9
2013	33650750	43496871	11.2	9.8
2014	36629985	46640973	8.9	7.2
2015	40122286	52390076	9.5	12.3

7—2 财政收入相当于生产总值的比例
Fiscal Revenue is Equivalent to the Proportion of GDP

年　份 Year	财政收入 （万元） Total Revenue (10000 yuan)	生产总值 （亿元） Gross Domestic Product (100 million yuan)	财政收入相当于生产总值的比例 Fiscal Revenue is Equivalent to the Proportion of GDP
2000	2904229	2902.1	10.0
2005	6565525	5350.2	12.3
2006	8165120	6112.5	13.4
2007	10347253	7360.9	14.1
2008	13260466	8851.7	15.0
2009	15512563	10062.8	15.4
2010	20638197	12359.3	16.7
2011	26330221	15300.7	17.2
2012	30259871	17212.1	17.6
2013	33650750	19229.3	17.5
2014	36629985	20848.8	17.6
2015	40122286	22005.6	18.2

7—3 中央和地方财政收入及比重
Total Revenue and Proportion of Central and Local Governments

年份 Year	绝对数 (万元) Total Revenue (10000 yuan)			比重 (%) Proportion (%)	
	全省 Total	中央 Central Government	地方 Local Governments	中央 Central Government	地方 Local Governments
2000	2904229	1117042	1787187	38.5	61.5
2005	6565525	2769790	3340170	42.2	50.9
2010	20638197	8318470	11493952	40.3	55.7
2012	30259871	10782135	17927192	35.6	59.2
2013	33650750	11422965	20750750	33.9	61.7
2014	36629985	12840729	22184418	35.1	60.6
2015	40122286	13393335	24543029	33.4	61.2

注：2005—2011年财政收入包括出口货物退增值税。
a) Financial Revenue of 2005 - 2011 Includes Value-added Taxes Reimbursed from Exports.

7—4 税收收入和非税收入及比重
Total Revenue and Proportion of Tax and Non-tax

年份 Year	绝对数 (万元) Total Revenue (10000 yuan)			比重 (%) Proportion (%)	
	全省 Total	税收收入 Tax Revenue	非税收入 Non-tax Revenue	税收收入 Tax Revenue	非税收入 Non-tax Revenue
2000	1787187	1445761	341426	80.9	19.1
2005	3340170	2445450	894720	73.2	26.8
2010	11493952	8665517	2828435	75.4	24.6
2012	17927192	13050933	4876259	72.8	27.2
2013	20750750	15202168	5548582	73.3	26.7
2014	22184418	16925236	5259182	76.3	23.7
2015	24543029	17998922	6544107	73.3	26.7

7—5 各项税收收入
Government Tax Revenue

单位：万元（10000 yuan）

年份 Year	税收收入 Tax	增值税 Value-added Tax	营业税 Operation Tax	契税 Contract Tax	企业所得税 Enterprises' Income Tax	个人所得税 Individual Income Tax
2000	1445761	262559	319719	23493	233524	94675
2005	2445450	577244	781042	178145	300808	124964
2010	8665517	1294839	2919300	959149	1065948	319746
2012	13050933	1753345	4514185	1170917	1844973	359124
2013	15202168	2244996	5022636	1878926	1904639	434399
2014	16925236	2605482	5399682	1956631	2183194	521420
2015	17998922	2731085	5868006	1725171	2355732	531350

7—6 地方财政收支情况
Revenue and Expenditure of Local Governments

单位：万元（10000 yuan）

指 标	Item	2010	2014	2015
收入合计	**Total Revenue**	**11493952**	**22184418**	**24543029**
增值税	Value-added Tax	1294839	2605482	2731085
营业税	Operation Tax	2919300	5399682	5868006
企业所得税	Enterprises' Income Tax	1065948	2183194	2355732
个人所得税	Individual Income Tax	319746	521420	531350
资源税	Resources Tax	126488	208198	205961
城市维护建设税	Tax on Town maintenance and Construction	543983	980024	1060535
房产税	Tax on Real Estates	176182	386356	461524
印花税	Stamp Tax	111528	208697	215964
城镇土地使用税	Tax on the Use of Urban Land	325215	1003779	1330471
土地增值税	Land Value Added Tax	302222	966661	904159
车船税	Vehiclesand Ship Tax	59462	128294	148497
耕地占用税	Tax on the Occupancy of Cultivated Land	455748	357629	451195
契 税	Contract Tax	959149	1956631	1725171
烟叶税	Leaf Tobacco Tax	5707	19189	9272
专项收入	Expert Project Income	737869	1294461	2266943
行政事业性收费	Income from Adiministrative Departments Fees	944613	1484337	1488584
罚没收入	Penalty and Confiscatory Income	267660	491567	544008
国有资本经营收入	Stated-owned Assets Profit	200537	281068	228716
国有资源（资产）有偿使用	Income from the Paid Use of Stated-owned Resources (Assets)	598012	1412931	1738491
其他收入	Other Income	79744	294818	277365
支出合计	**Total Expenditure**	**25876135**	**46640973**	**52390076**
一般公共服务	General Public Service	2737167	4081513	4000859
国 防	National Defence	46340	56964	56606
公共安全	Public Security	1194768	1796020	1960588
教 育	Education	3863071	7430675	8567260
科学技术	Science	579817	1295878	1479440
文化体育与传媒	Culture, Sports and Media	516833	822536	881913
社会保障和就业	Social Security and Employment	3341539	5758225	6915386
医疗卫生与计划生育	Medical and Health Care and Family Planning	1842232	4250037	4855951
节能环保	Energy Saving and Environmental Protection	647203	1047646	1248250
城乡社区事务	Expenses in Urban、Rural Areas and Communities	2361782	5585476	6096524
农林水事务	Expenses of Agriculture、Forest and Irrigation	2925244	5026868	5777369
交通运输	Transport	1248616	3383838	3839691
资源勘探信息等事务	Resource Exploration Information, Etc	1249406	1509315	1811970
商业服务业等事务	Commercial and Service Industry and So On	458382	620888	634334
金融监管等事务	Finance Supervision and So On	51665	50178	69268
援助其他地区	Aid Spending Elsewhere		37020	41266
国土海洋气象等事务	Land and Marine Meteorology, Etc	616884	537978	615344
住房保障	Housing Safeguard	933614	2327601	2766270
粮油物资储备	Supplies of Grain and Oil Reserves	307059	398543	322144
债务付息	Debt Servicing			262726
债务发行费用	Debt Issuance Costs			9695
其他支出	Other Expenditure	878276	402130	177222

7—7 各市地方财政收入（2015年）
Final Statement of Local Government Revenue by Region (2015)

单位：万元（10000 yuan）

地 区	Region	收入合计 Total Revenue	增值税 Value-added Tax	营业税 Operation Tax	企业所得税 Enterprises' Income Tax
合肥市	Hefei	5715440	622534	1764360	486558
淮北市	Huaibei	602313	92659	154279	24580
亳州市	Bozhou	813620	133892	201360	43789
宿州市	Suzhou	860152	76012	219407	43436
蚌埠市	Bengbu	1196801	195310	319273	50394
阜阳市	Fuyang	1200425	134311	299052	53271
淮南市	Huainan	773133	127202	176356	50830
滁州市	Chuzhou	1437304	139539	348823	72602
六安市	Luan	1033345	73784	326172	46428
马鞍山市	Maanshan	1308136	162993	352728	62313
芜湖市	Wuhu	2634682	455827	575266	199839
宣城市	Xuancheng	1315571	149348	283746	55476
铜陵市	Tongling	668092	86006	144831	36886
池州市	Chizhou	713023	66203	136216	22124
安庆市	Anqing	1065708	122515	270320	54356
黄山市	Huangshan	715955	47908	160251	20369

地 区	Region	个人所得税 Individual Income Tax	资源税 Resources Tax	城市维护建设税 Tax on Town Maintenance and Construction	房产税 Tax on Real Estates	印花税 Stamp Tax
合肥市	Hefei	140535	8079	279120	151242	74149
淮北市	Huaibei	6369	13659	28357	12847	5889
亳州市	Bozhou	6931	3301	36042	9609	7489
宿州市	Suzhou	8728	12081	28527	10125	6410
蚌埠市	Bengbu	9766	759	86284	21477	10967
阜阳市	Fuyang	11466	8719	64484	12930	9075
淮南市	Huainan	11216	22740	38161	19684	6738
滁州市	Chuzhou	15593	12147	63484	27172	9566
六安市	Luan	12991	14567	34439	16178	7916
马鞍山市	Maanshan	16187	20558	60694	36696	13845
芜湖市	Wuhu	37081	29687	154449	65092	24658
宣城市	Xuancheng	14610	20702	44674	18265	11738
铜陵市	Tongling	7605	15157	26260	12737	7761
池州市	Chizhou	4657	10906	19735	9808	5511
安庆市	Anqing	15936	11399	65725	19360	8892
黄山市	Huangshan	7849	1500	16745	16650	4640

注：7—7、7—8、7—9、7—10表淮南、六安、铜陵、安庆四市数据为区划调整前数据。

a) 7-7, 7-8, 7-9, 7 to 10 tables of huainan, luan, tongling and anqing city data for the division before the adjustment.

7—7 续表 continued

单位：万元（10000 yuan）

地 区	Region	城镇土地使用税 Tax on the Use of Urban Land	土地增值税 Land Value Added Tax	车船税 Tax on Vehicles and Vessels	耕地占用税 Tax on the Occupancy of Cultivated Land	契税 Contract Tax	烟叶税 Leaf Tobacco Tax
合肥市	Hefei	173477	301683	35530	39136	533149	
淮北市	Huaibei	34472	14365	5489	8193	21345	
亳州市	Bozhou	36629	26084	9518	13368	94119	370
宿州市	Suzhou	80978	32214	8283	17592	58615	
蚌埠市	Bengbu	60241	49241	7233	25824	60644	
阜阳市	Fuyang	46094	52169	13885	30605	135289	31
淮南市	Huainan	38694	14466	5806	8130	41310	
滁州市	Chuzhou	105057	63090	7957	28118	88650	
六安市	Luan	47633	41793	8889	20219	95130	
马鞍山市	Maanshan	117152	43463	6921	11390	69455	
芜湖市	Wuhu	233025	54779	11077	36246	159590	2411
宣城市	Xuancheng	103238	74668	7313	10493	108780	5250
铜陵市	Tongling	70942	12782	3089	3248	56166	
池州市	Chizhou	87619	22194	3022	6304	65743	871
安庆市	Anqing	48665	60442	10591	21806	72564	
黄山市	Huangshan	43223	40726	3894	7351	64622	339

地 区	Region	专项收入 Expert Project Income	行政事业性收费 Income from Adiministrative Departments Fees	罚没收入 Penalty and Confiscatory Income	国有资本经营 State-owned Assets Profit	国有资源（资产）有偿使用 Income from the Paid Use of Stated-owned Resources (Assets)	其他收入 Other Income
合肥市	Hefei	445939	240594	59461	15409	229189	115296
淮北市	Huaibei	39637	67493	27938	18279	21502	4961
亳州市	Bozhou	67953	62981	29061	6595	23035	1494
宿州市	Suzhou	46983	92473	66175	6357	30748	15008
蚌埠市	Bengbu	88683	84642	39747	7788	66268	12260
阜阳市	Fuyang	106424	117619	40003	4756	54123	6119
淮南市	Huainan	40736	38802	17909	62621	43673	8059
滁州市	Chuzhou	127367	85105	49956		180966	12112
六安市	Luan	70076	115936	36254	79	52227	12634
马鞍山市	Maanshan	79467	85472	27628	11892	120476	8806
芜湖市	Wuhu	176141	86751	29987	81450	189983	31343
宣城市	Xuancheng	93363	55205	32906	3509	217387	4900
铜陵市	Tongling	49257	43623	9037	240	76669	5796
池州市	Chizhou	56218	114648	11983		69189	72
安庆市	Anqing	86225	66766	37667		81362	11117
黄山市	Huangshan	26341	29359	13433	1587	189830	19338

7—8 各市财政支出（2015年）

Final Statement of Government Expenditure by Region (2015)

单位：万元（10000 yuan）

地区	Region	支出合计 Total Expenditure	一般公共服务 General Public Service	国防 National Defence	公共安全 Public Security	教育 Education
合肥市	Hefei	7726920	519446	7646	272171	1192865
淮北市	Huaibei	1314355	108588	465	53119	222318
亳州市	Bozhou	2778388	239831	1433	91680	448896
宿州市	Suzhou	2946019	245178	2283	123728	559896
蚌埠市	Bengbu	2447171	168405	2903	89190	457466
阜阳市	Fuyang	4315957	281635	2831	148164	826714
淮南市	Huainan	1534525	133253	3027	83186	234068
滁州市	Chuzhou	3026068	201035	5381	123897	481954
六安市	Luan	3623056	299657	2547	126859	692054
马鞍山市	Maanshan	2031770	201370	968	100494	323886
芜湖市	Wuhu	3936758	238363	4408	117075	577511
宣城市	Xuancheng	2432059	274766	1882	78453	363476
铜陵市	Tongling	1108225	81701	257	49118	155222
池州市	Chizhou	1475708	152804	1895	43122	197459
安庆市	Anqing	3371729	294959	3143	141344	628321
黄山市	Huangshan	1598195	174526	1395	69698	157823

地区	Region	科学技术 Science	文化体育与传媒 Culture, Sports and Media	社会保障和就业 Social Security and Employment	医疗卫生与计划生育 Medical and Health Care and Family Planning	节能环保 Energy Saving and Environmental Protection
合肥市	Hefei	372666	97125	654059	518847	198309
淮北市	Huaibei	13449	21964	160669	135214	23496
亳州市	Bozhou	28524	17558	372229	379404	40084
宿州市	Suzhou	22463	24048	278068	392867	59989
蚌埠市	Bengbu	112203	22904	275008	236203	42772
阜阳市	Fuyang	38852	32400	682247	572126	64377
淮南市	Huainan	23365	20934	246131	129701	35230
滁州市	Chuzhou	62249	43502	375158	361851	64104
六安市	Luan	32759	50730	378861	466991	95071
马鞍山市	Maanshan	66451	32469	200872	179634	57305
芜湖市	Wuhu	357319	33744	378095	310323	99212
宣城市	Xuancheng	76908	32973	245771	251790	50386
铜陵市	Tongling	77820	14202	114533	60036	81230
池州市	Chizhou	19072	19498	158373	145253	69213
安庆市	Anqing	71738	55576	407720	421890	65811
黄山市	Huangshan	36897	41292	185167	134839	102039

7—8 续表 continued

单位：万元（10000 yuan）

地 区	Region	城乡社区 Urban and Rural Communities	农林水 Agriculture, Forestry, Water Conservancy	交通运输 Transport	资源勘探信息等 Resource Exploration Information, Etc	商业服务业等 Commercial and Service Industry and So On	金融监管等 Financial Regulation Etc.
合肥市	Hefei	1901148	550312	364077	650415	84207	7964
淮北市	Huaibei	189525	115911	120063	36678	17484	1840
亳州市	Bozhou	200387	393482	149160	58148	39523	4443
宿州市	Suzhou	281533	439505	221862	58744	9343	724
蚌埠市	Bengbu	341682	261414	166249	6615	41312	1866
阜阳市	Fuyang	211046	515993	314108	92966	16731	6202
淮南市	Huainan	162875	146567	72418	28205	19716	159
滁州市	Chuzhou	334406	538217	166639	57407	18559	948
六安市	Luan	133109	626626	345157	46152	20900	6552
马鞍山市	Maanshan	323379	200940	128267	28225	37214	1895
芜湖市	Wuhu	750965	284190	299148	131528	76800	22304
宣城市	Xuancheng	349249	305455	182016	27971	35884	2260
铜陵市	Tongling	176946	60171	63698	36721	67484	1459
池州市	Chizhou	240617	169279	106636	24520	6948	234
安庆市	Anqing	293436	490581	252600	27829	29832	7604
黄山市	Huangshan	201919	202267	89020	49164	51292	239

地 区	Region	国土海洋气象等 Land and Marine Meteorology, Etc	住房保障 Housing Safeguard	粮油物资储备 Supplies of Grain and Oil and Reserve Affairs	债务付息 Debt Servicing	债务发行费用 Debt Issuance Costs	其他支出 Other Expenditure
合肥市	Hefei	25184	174667	21062	50208	984	63558
淮北市	Huaibei	8877	74931	3377	4620	265	1502
亳州市	Bozhou	27157	267876	11533	6159	651	230
宿州市	Suzhou	23987	180142	10457	8471	716	2015
蚌埠市	Bengbu	12684	193288	6031	8298	326	352
阜阳市	Fuyang	14182	427422	18240	23581	588	25552
淮南市	Huainan	18696	166317	6062	4096	298	221
滁州市	Chuzhou	33743	125065	19754	8984	642	2273
六安市	Luan	25646	213487	24611	10178	494	24615
马鞍山市	Maanshan	27112	102512	9211	6231	582	2753
芜湖市	Wuhu	14504	169897	6260	24377	1085	39650
宣城市	Xuancheng	13923	117814	9052	8709	601	2720
铜陵市	Tongling	21262	35287	3744	3478	296	3560
池州市	Chizhou	13073	96674	3501	5667	383	1487
安庆市	Anqing	19815	135277	11112	10952	656	1533
黄山市	Huangshan	7831	76065	3882	8865	299	3676

7—9 各县（市）地方财政收入（2015年）

Final Statement of Local Government Revenue by County (City) (2015)

单位：万元（10000 yuan）

县（市）	County (City)	收入合计 Total Revenue	增值税 Value-added Tax	营业税 Operation Tax	企业所得税 Enterises' Income Tax	个人所得税 Individual Income Tax	资源税 Resources Tax	城市维护建设税 Tax on Town Maintenance and Construction
合肥市本级	Hefei City at Its Own Level	3663446	406807	1192233	325983	95313	745	202770
巢湖市	Chaohu	178739	21735	58012	13380	3317	4320	7968
长丰县	Changfeng	278430	29154	84053	23440	4170	58	7857
肥东县	Feidong	251335	30539	68449	12014	3188	5	7064
肥西县	Feixi	373959	47872	112479	28877	6912		17760
庐江县	Lujiang	169377	14328	42743	8523	2663	2949	4574
淮北市本级	Huaibei City at Its Own Level	313318	44863	78246	12246	4131	6698	16590
濉溪县	Suixi	161594	23248	34538	10065	1451	3618	7464
亳州市本级	Bozhou City at Its Own Level	235885	30972	53698	17849	3188	39	14679
涡阳县	Guoyang	118257	18543	29926	4191	1187	1600	3944
蒙城县	Mengcheng	157617	27748	38252	5796	895	1602	4915
利辛县	Lixin	122911	32056	30800	4344	601	8	4585
宿州市本级	Suzhou City at Its Own Level	349575	23201	84849	22173	2844	1877	13093
砀山县	Dangshan	69143	6777	22728	2822	537	5	1711
萧县	Xiaoxian	113278	7642	25503	4377	1084	4716	2117
灵璧县	Lingbi	71815	4276	21764	1491	529	135	1476
泗县	Sixian	73316	5955	23819	2642	552	5	1705
蚌埠市本级	Bengbu City at Its Own Level	496929	61493	108987	22050	4670	417	60498
怀远县	Huaiyuan	173038	39506	40781	5724	955	49	4853
五河县	Wuhe	118087	28321	29994	2872	645	42	2658
固镇县	Guzhen	101045	21829	22060	3361	442	30	2770
阜阳市本级	Fuyang City at Its Own Level	294691	29010	50859	7893	3749	714	27953
界首市	Jieshou	113184	28216	20338	4421	1130		9047
临泉县	Linquan	79321	7310	19808	3786	1240	222	2279
太和县	Taihe	160548	19358	41920	6266	1250	5	5522
阜南县	Funan	71867	7276	20662	3616	709	67	1898
颍上县	Yingshang	162661	20338	25483	3821	1127	7200	5965
淮南市本级	Huainan City at Its Own Level	371933	33969	66095	34318	6038	7962	13697
凤台县	Fengtai	187214	54571	31862	3944	1878	13571	9739
滁州市本级	Chuzhou City at Its Own Level	356395	45679	82380	26259	3754	181	30589
天长市	Tianchang	234525	26893	49639	9854	2478	1366	9687
明光市	Mingguang	98368	6103	26927	3974	928	223	3328
来安县	Laian	120732	11829	31867	6125	1616	416	3590
全椒县	Quanjiao	144376	10238	41053	6463	1592	2187	3799
定远县	Dingyuan	123204	5729	33952	6853	1372	2906	2493
凤阳县	Fengyang	162496	12220	28561	5628	1886	4467	3532
六安市本级	Luan City at Its Own Level	350190	19652	113136	12559	4279		13742
寿县	Shouxian	85156	5754	31323	2373	1089	24	2263

7—9 续表1 continued

单位：万元（10000 yuan）

县（市） County (City)	收入合计 Total Revenue	增值税 Value-added Tax	营业税 Operation Tax	企业所得税 Enterises' Income Tax	个人所得税 Individual Income Tax	资源税 Resources Tax	城市维护建设税 Tax on Town Maintenance and Construction
霍邱县 Huoqiu	119270	10221	26653	3471	1472	13113	2977
舒城县 Shucheng	106593	8098	33793	5773	1056	148	2933
金寨县 Jinzhai	73173	4886	28679	4714	919	166	1942
霍山县 Huoshan	97611	12374	19103	7049	1150	180	5281
马鞍山市本级 Maanshan City at Its Own Level	505046	81741	92382	24536	7005	9877	30312
当涂县 Dangtu	277987	29970	71667	12237	1783	1936	8820
含山县 Hanshan	103420	9564	27388	5066	623	3717	2829
和县 Hexian	149244	10098	51831	6531	2459	4120	4255
芜湖市本级 Wuhu City at Its Own Level	846573	165070	119093	95182	15382	1	88960
芜湖县 Wuhu	260615	71009	25323	16669	3110	1188	6812
繁昌县 Fanchang	306403	69816	42720	14156	882	20792	8149
南陵县 Nanling	183622	33689	34447	6693	903	4632	4490
无为县 Wuwei	218530	29266	61298	11195	2286	3047	7377
宣城市本级 Xuancheng City at Its Own Level	211581	10061	72183	6920	3132	3267	9926
宁国市 Ningguo	245381	34499	46688	19726	3671	2654	10603
郎溪县 Langxi	171957	15727	27121	3169	1123	2681	3743
广德县 Guangde	212794	30046	48266	10234	2164	7792	6254
泾县 Jingxian	114995	19163	23772	4242	1411	976	3643
旌德县 Jingde	48955	9119	9850	1989	452	371	1265
绩溪县 Jixi	70006	6221	12505	2173	712	388	1701
铜陵市本级 Tongling City at Its Own Level	354226	32777	43388	22326	3130	9148	12537
铜陵县 Tongling	145248	20383	37418	8004	1030	6009	4069
池州市本级 Chizhou City at Its Own Level	308191	10867	58864	6637	1721	3874	10442
东至县 Dongzhi	97703	14405	22880	2857	879	913	2333
石台县 Shitai	16140	1690	3369	493	340	1053	324
青阳县 Qingyang	116037	18425	19204	3276	746	1973	2411
安庆市本级 Anqing City at Its Own Level	279364	48775	39871	12142	4447	304	36602
桐城市 Tongcheng	142205	12029	34038	9009	1915	692	4835
怀宁县 Huaining	113961	10378	24709	5000	1345	3632	2505
枞阳县 Zongyang	76809	6772	16794	3714	524	5008	6402
潜山县 Qianshan	67159	6193	17457	2534	674	337	1902
太湖县 Taihu	43978	3597	14046	2177	1383	318	1186
宿松县 Susong	71065	5896	20156	3004	1096	115	1472
望江县 Wangjiang	46548	3805	14477	1581	472	262	1247
岳西县 Yuexi	42386	4196	14885	2176	472	464	1222
黄山市本级 Huangshan City at Its Own Level	193207	8261	40798	5951	2385	0	4779
歙县 Shexian	110303	10203	21949	3744	1326	86	2169
休宁县 Xiuning	72967	6485	16904	2756	896	523	1837
黟县 Yixian	33855	3257	6333	717	302	11	515
祁门县 Qimen	53284	4118	12158	1315	397	326	902

7—9 续表2 continued

单位：万元（10000 yuan）

县（市） County (City)	房产税 Tax on Real Estates	城镇土地使用税 Tax on the Use of Urban Land	土地增值税 Land Value Added Tax	耕地占用税 Tax on The Occupancy of Cultivated Land	契税 Contract Tax	其他各项税收 Other Income of Tax
合肥市本级 Hefei City at Its Own Level	47599	106595	55189	21483	410398	52496
巢湖市 Chaohu	4804	5173	4308	1739	12194	3855
长丰县 Changfeng	4916	15751	17846	2203	29253	2956
肥东县 Feidong	4861	15503	12351	4081	19019	3765
肥西县 Feixi	10756	25052	23095	4658	42878	7151
庐江县 Lujiang	2396	5403	5032	4972	19407	2234
淮北市本级 Huaibei City at Its Own Level	5420	10234	511	3756	14396	6941
濉溪县 Suixi	3283	11552	4696	3515	6949	2108
亳州市本级 Bozhou City at Its Own Level	2253	11792	8521	8601	33858	6253
涡阳县 Guoyang	2224	5619	2573	997	10738	3155
蒙城县 Mengcheng	2705	9311	4342	2273	15542	3425
利辛县 Lixin	518	1571	4570	962	13708	2362
宿州市本级 Suzhou City at Its Own Level	3870	43359	14429	7754	30959	4619
砀山县 Dangshan	584	2474	3250	705	5709	1611
萧县 Xiaoxian	579	3581	3781	3500	6239	1803
灵璧县 Lingbi	508	2561	4136	1880	5881	1388
泗县 Sixian	476	1843	3758	3228	6806	1280
蚌埠市本级 Bengbu City at Its Own Level	8482	20109	11310	6053	40761	3438
怀远县 Huaiyuan	1329	10768	4752	1319	9914	3032
五河县 Wuhe	851	4017	3063	7185	4145	1522
固镇县 Guzhen	937	5643	2236	4097	5824	3020
阜阳市本级 Fuyang City at Its Own Level	2789	8485	8862	6338	38447	8546
界首市 Jieshou	890	3761	3992	668	9851	1656
临泉县 Linquan	777	3434	2958	1870	8226	1507
太和县 Taihe	1462	5051	7113	1932	27074	3307
阜南县 Funan	402	1772	1171	890	5746	1466
颍上县 Yingshang	2017	15105	3570	16320	14924	1819
淮南市本级 Huainan City at Its Own Level	7803	20526	4461	3084	30223	5610
凤台县 Fengtai	5279	7231	3125	593	8113	2327
滁州市本级 Chuzhou City at Its Own Level	8157	21054	10620	9254	34640	5739
天长市 Tianchang	4143	18784	15892	1272	13662	3330
明光市 Mingguang	1502	7337	3862	7419	6646	1611
来安县 Laian	2193	8611	4640	2331	5835	1213
全椒县 Quanjiao	2880	9244	7061	694	9203	1398
定远县 Dingyuan	1452	10634	3122	1702	7361	1549
凤阳县 Fengyang	2797	17183	9981	3638	4581	1430
六安市本级 Luan City at Its Own Level	6541	19381	18263	5743	36429	4009
寿县 Shouxian	630	2789	3357	2244	10923	1301

7—9 续表3 continued

单位：万元（10000 yuan）

县（市） County (City)	房产税 Tax on Real Estates	城镇土地使用税 Tax on the Use of Urban Land	土地增值税 Land Value Added Tax	耕地占用税 Tax on The Occupancy of Cultivated Land	契税 Contract Tax	其他各项税收 Other Income of Tax
霍邱县 Huoqiu	2095	4587	1762	1978	6689	1619
舒城县 Shucheng	1641	3278	8334	2495	11276	1751
金寨县 Jinzhai	543	1734	1630	2733	4292	1398
霍山县 Huoshan	2334	5134	1745	1175	8749	1384
马鞍山市本级 Maanshan City at Its Own Level	20420	53671	3277	3888	36720	11437
当涂县 Dangtu	4865	26117	13093	2523	7272	2879
含山县 Hanshan	1093	4906	3044	2825	12361	1029
和县 Hexian	1949	11812	8230	1081	9468	2602
芜湖市本级 Wuhu City at Its Own Level	20715	70924	-1141	2166	17676	13452
芜湖县 Wuhu	4082	29651	2514	1679	31819	3506
繁昌县 Fanchang	3378	35998	12386	11965	13064	2188
南陵县 Nanling	1694	16553	5491	12259	8713	3134
无为县 Wuwei	7526	15463	11878	2545	10080	3357
宣城市本级 Xuancheng City at Its Own Level	3171	23720	11980	2817	13787	3221
宁国市 Ningguo	4148	18781	14598	1135	19705	3704
郎溪县 Langxi	1978	17499	8049	618	17441	2590
广德县 Guangde	3870	18638	6150	430	11358	4086
泾县 Jingxian	1057	5796	8566	339	6552	2117
旌德县 Jingde	464	2948	2663	435	2625	958
绩溪县 Jixi	1137	4168	2082	631	5331	1015
铜陵市本级 Tongling City at Its Own Level	5941	53738	10467	790	47561	5432
铜陵县 Tongling	2261	15328	2315	2458	8605	1601
池州市本级 Chizhou City at Its Own Level	5346	39708	5051	2503	41131	2460
东至县 Dongzhi	1042	14104	2391	388	3255	2779
石台县 Shitai	276	1556	685	116	1223	198
青阳县 Qingyang	1125	17588	2421	1236	7990	1176
安庆市本级 Anqing City at Its Own Level	6347	12221	2841	5272	29378	5902
桐城市 Tongcheng	2928	10647	5929	3557	8086	2652
怀宁县 Huaining	1242	5365	5431	6463	8125	1755
枞阳县 Zongyang	520	2658	3502	591	4344	1123
潜山县 Qianshan	956	3301	3357	1215	7827	1192
太湖县 Taihu	734	2291	1908	981	2201	1184
宿松县 Susong	394	800	2465	1998	6204	1601
望江县 Wangjiang	711	1526	2814	1094	4414	1114
岳西县 Yuexi	652	1611	2053	635	1985	821
黄山市本级 Huangshan City at Its Own Level	5549	11203	5592	1622	24197	3480
歙县 Shexian	2261	6263	4469	3029	15695	1432
休宁县 Xiuning	1700	5199	3913	382	4569	807
黟县 Yixian	813	1457	3922	218	1484	245
祁门县 Qimen	469	2099	9075	277	4653	342

7—9 续表4 continued

单位：万元（10000 yuan）

县（市）	County (City)	专项收入 Expert Projcct Income	行政事业性收费 Income from Adiministrative Departments Fees	罚没收入 Penalty and Confisca-tory Income	国有资本经营 Stated-owned Assets Profit	国有资源(资产)有偿使用 Income from the Paid Use of Stated-owned Resources (Assets)	其他收入 Other Income
合肥市本级	Hefei City at Its Own Level	351334	120480	30419	15409	168858	59335
巢湖市	Chaohu	11808	14712	4549		6461	404
长丰县	Changfeng	18767	18233	4390		3414	11969
肥东县	Feidong	19210	20413	5536		21403	3934
肥西县	Feixi	25212	13420	3159		4394	284
庐江县	Lujiang	15674	31079	2907		4399	94
淮北市本级	Huaibei City at Its Own Level	19813	46553	15311	18279	8185	1145
濉溪县	Suixi	17554	14252	10197		5801	1303
亳州市本级	Bozhou City at Its Own Level	14901	14437	8656		6177	11
涡阳县	Guoyang	6097	16935	4816	3707	1686	319
蒙城县	Mengcheng	15275	14344	2909	388	6731	1164
利辛县	Lixin	12047	7300	3409	2500	1570	
宿州市本级	Suzhou City at Its Own Level	19843	39765	19816	6357	9112	1655
砀山县	Dangshan	3031	10197	4409		2326	267
萧县	Xiaoxian	6963	14489	16582		10044	278
灵璧县	Lingbi	2523	11445	7257		3697	868
泗县	Sixian	5611	6345	7709		1582	
蚌埠市本级	Bengbu City at Its Own Level	59697	39335	16404	2205	23292	7728
怀远县	Huaiyuan	6594	15689	4622		23035	116
五河县	Wuhe	3666	11672	3331		12541	1562
固镇县	Guzhen	7604	8214	2022	3500	4607	2849
阜阳市本级	Fuyang City at Its Own Level	42662	37372	10275	415	10161	161
界首市	Jieshou	12605	6892	2897	400	1721	4699
临泉县	Linquan	6260	9551	6668		3358	67
太和县	Taihe	17036	12600	2035	2841	5776	
阜南县	Funan	4374	9101	6555		6045	117
颍上县	Yingshang	10638	25029	2654		6651	
淮南市本级	Huainan City at Its Own Level	25871	18703	7530	59996	25810	237
凤台县	Fengtai	13002	14319	3906	2400	9517	1837
滁州市本级	Chuzhou City at Its Own Level	29128	24860	11156		8398	4547
天长市	Tianchang	15357	28828	5619		25562	2159
明光市	Mingguang	3709	6365	4689		12898	847
来安县	Laian	12946	2303	11511		13559	147
全椒县	Quanjiao	6649	2647	2338		35861	1069
定远县	Dingyuan	24838	8002	4403		6836	
凤阳县	Fengyang	28469	8038	6219		21818	2048
六安市本级	Luan City at Its Own Level	22825	32736	12400		26800	1695
寿县	Shouxian	5253	9119	4043		2578	93

7—9 续表5 continued

单位：万元（10000 yuan）

县（市） County (City)	专项收入 Expert Projcct Income	行政事业性收费 Income from Adiministrative Departments Fees	罚没收入 Penalty and Confiscatory Income	国有资本经营 Stated-owned Assets Profit	国有资源(资产)有偿使用 Income from the Paid Use of Stated-owned Resources (Assets)	其他收入 Other Income
霍邱县 Huoqiu	11511	17410	9095		4527	90
舒城县 Shucheng	4667	7599	2677		1914	9160
金寨县 Jinzhai	6328	6751	1574		4306	578
霍山县 Huoshan	9304	16899	2052	79	2647	972
马鞍山市本级 Maanshan City at Its Own Level	47606	44560	12386	10396	12755	2077
当涂县 Dangtu	13348	11484	2864		67129	
含山县 Hanshan	4608	6496	3437		9583	4851
和县 Hexian	6797	10927	3417		12530	1137
芜湖市本级 Wuhu City at Its Own Level	109390	52823	14061	27923	21217	13679
芜湖县 Wuhu	9259	3376	1063		49418	137
繁昌县 Fanchang	13745	7374	2384		46565	841
南陵县 Nanling	6562	7623	2601	23529	1992	8617
无为县 Wuwei	9448	9271	8282		18152	8059
宣城市本级 Xuancheng City at Its Own Level	11608	15357	7552	3081	9798	
宁国市 Ningguo	11907	9604	4674		39284	
郎溪县 Langxi	6463	2897	3015		57843	
广德县 Guangde	22344	6802	7000		27010	350
泾县 Jingxian	16937	14604	2483	428	2881	28
旌德县 Jingde	2351	930	1223		8443	2869
绩溪县 Jixi	4339	1310	2060		23240	993
铜陵市本级 Tongling City at Its Own Level	39882	27555	5494		29471	4589
铜陵县 Tongling	9375	13927	2216		10249	
池州市本级 Chizhou City at Its Own Level	25230	87295	4994		2062	6
东至县 Dongzhi	10725	2601	2953		13198	
石台县 Shitai	1819	599	387		1946	66
青阳县 Qingyang	12759	5193	2018		18496	
安庆市本级 Anqing City at Its Own Level	45726	19242	5104		4165	1025
桐城市 Tongcheng	5832	6447	4382		26519	2708
怀宁县 Huaining	6784	11111	3724		16127	265
枞阳县 Zongyang	4015	7047	4397		9358	40
潜山县 Qianshan	4877	3478	3209		7406	1244
太湖县 Taihu	2898	3458	2781		2131	704
宿松县 Susong	3955	7210	4636		6404	3659
望江县 Wangjiang	2912	4871	1179		3422	647
岳西县 Yuexi	3192	1596	1905		4056	465
黄山市本级 Huangshan City at Its Own Level	5157	12830	4130	178	53875	3220
歙县 Shexian	4303	4876	4792		20651	3055
休宁县 Xiuning	3443	1203	958	9	21133	250
黟县 Yixian	1440	1314	491		5712	5624
祁门县 Qimen	3800	705	716	900	7435	3597

7—10 各县（市）财政支出（2015年）

Final Statement of Government Expenditure by County (City) (2015)

单位：万元（10000 yuan）

县（市）	County (City)	支出合计 Total Revenue	一般公共服务 General Public Service	国防 National Defence	公共安全 Public Security	教育 Education	科学技术 Science	文化体育与传媒 Culture, Sports and Media
合肥市本级	Hefei City at Its Own Level	4139663	138644	4290	156373	444462	304245	68967
巢湖市	Chaohu	398609	33208	894	20422	77804	1118	2938
长丰县	Changfeng	483106	33377	240	17919	81541	3497	3662
肥东县	Feidong	517647	51168	323	17481	113546	23132	6120
肥西县	Feixi	616229	73453	346	19220	102570	25454	5099
庐江县	Lujiang	497628	44060	1137	13476	104652	3733	3212
淮北市本级	Huaibei City at Its Own Level	566060	47224	389	33358	83046	2938	15776
濉溪县	Suixi	471116	29366		11737	87790	5661	5043
亳州市本级	Bozhou City at Its Own Level	550384	35440	1204	42363	49524	17432	3990
涡阳县	Guoyang	493409	37808	125	15143	91109	1118	2562
蒙城县	Mengcheng	550964	45019		13834	100454	6534	5421
利辛县	Lixin	638875	87195	104	14627	107587	1834	3350
宿州市本级	Suzhou City at Its Own Level	854772	62071	1706	47989	48162	10430	8592
砀山县	Dangshan	324642	29850	191	14876	78540	3298	2975
萧县	Xiaoxian	452739	40843	28	19027	110998	2910	3457
灵璧县	Lingbi	406182	29351		15361	97088	1007	3258
泗县	Sixian	344607	30724	142	15011	72781	266	2565
蚌埠市本级	Bengbu City at Its Own Level	958467	54738	652	49328	87204	64309	14306
怀远县	Huaiyuan	525262	33864	276	12286	162390	20831	2455
五河县	Wuhe	330487	34357	156	10706	73505	20402	2226
固镇县	Guzhen	321109	17771	1419	8278	67757	679	1943
阜阳市本级	Fuyang City at Its Own Level	769547	48590	961	48940	54683	14559	12136
界首市	Jieshou	315662	20865	60	13969	52429	13486	1992
临泉县	Linquan	607474	44181		18986	145266	707	4034
太和县	Taihe	670792	35211	516	16986	171910	1828	4298
阜南县	Funan	553625	21882	290	16153	109017	979	3021
颍上县	Yingshang	545508	40293	500	15382	100381	2822	3234
淮南市本级	Huainan City at Its Own Level	776482	78007	1664	60211	72449	14004	16181
凤台县	Fengtai	378173	18463	930	9923	64671	5999	3011
滁州市本级	Chuzhou City at Its Own Level	565818	40866	3498	45051	36603	24640	12557
天长市	Tianchang	430221	19064	862	13091	75163	9587	7927
明光市	Mingguang	315129	16633	77	8482	41314	4392	2384
来安县	Laian	276770	15932	100	9955	39746	2915	2722
全椒县	Quanjiao	284627	14384	296	9593	35686	5759	2812
定远县	Dingyuan	440444	28706	176	10770	86400	4675	2512
凤阳县	Fengyang	375545	38000	372	18293	79709	2804	10684
六安市本级	Luan City at Its Own Level	877913	44867	537	42952	70151	13586	14843
寿县	Shouxian	455287	40563	278	14936	93391	398	5664

7—10 续表1 continued

单位：万元（10000 yuan）

县（市） County (City)		支出合计 Total Revenue	一般公共服务 General Public Service	国防 National Defence	公共安全 Public Security	教育 Education	科学技术 Science	文化体育与传媒 Culture, Sports and Media
霍邱县	Huoqiu	519721	34452	241	21107	123456	2025	6541
舒城县	Shucheng	381816	34069	284	15342	89880	3329	3893
金寨县	Jinzhai	417287	33830	343	11086	81465	2970	9575
霍山县	Huoshan	266500	26431	285	10285	48454	3343	4347
马鞍山市本级	Maanshan City at Its Own Level	726571	60498	544	40455	70070	33944	15954
当涂县	Dangtu	410085	55235		11177	69907	10930	4766
含山县	Hanshan	264146	21761	355	11005	61789	8064	5934
和县	Hexian	333127	35105	69	11589	61101	8898	3953
芜湖市本级	Wuhu City at Its Own Level	1625079	67344	2562	57150	145805	291607	18041
芜湖县	Wuhu	357518	16330	281	7769	39517	3898	2409
繁昌县	Fanchang	386640	38798	190	10040	44706	6829	2768
南陵县	Nanling	312494	26827	190	13446	61782	6177	2143
无为县	Wuwei	522111	31950	263	12100	123485	5800	3561
宣城市本级	Xuancheng City at Its Own Level	413006	47998	1320	22612	31704	13092	6195
宁国市	Ningguo	373051	44822	226	13092	65704	12546	2989
郎溪县	Langxi	287139	29847		3075	51490	18979	2833
广德县	Guangde	418588	62226	73	13089	70074	15823	7530
泾县	Jingxian	244197	14454	60	9088	43844	3017	5379
旌德县	Jingde	123064	13767		5458	14766	2536	2969
绩溪县	Jixi	143048	20791		3796	23528	2578	2790
铜陵市本级	Tongling City at Its Own Level	649826	38523	53	30091	81588	66738	8491
铜陵县	Tongling	261241	25141	204	10635	44744	9222	4332
池州市本级	Chizhou City at Its Own Level	528124	43763	1732	18796	28505	6388	8489
东至县	Dongzhi	284387	32711		9074	65068	2841	1997
石台县	Shitai	100313	9037		4510	14999	1006	1207
青阳县	Qingyang	210476	24040	27	6816	25522	4943	3036
安庆市本级	Anqing City at Its Own Level	787121	36386	1488	41786	63597	23322	23283
桐城市	Tongcheng	350010	32735		14600	76564	13583	3723
怀宁县	Huaining	283102	29183	263	11817	72119	5283	3930
枞阳县	Zongyang	317575	23860	294	11103	65876	4940	2983
潜山县	Qianshan	289358	31200	86	10645	54191	5627	3149
太湖县	Taihu	284920	23151	359	11845	62392	2108	3614
宿松县	Susong	371000	41246	653	11060	85599	5482	3599
望江县	Wangjiang	254042	28053		9115	49953	5912	4235
岳西县	Yuexi	250800	23150		7898	50886	4160	4221
黄山市本级	Huangshan City at Its Own Level	388997	37002	1192	22618	21713	8930	8549
歙县	Shexian	286878	18775		13188	45858	9003	7317
休宁县	Xiuning	193924	23769		7247	23694	4656	4013
黟县	Yixian	112438	13766	36	4546	8734	1011	8753
祁门县	Qimen	158776	17296	150	6086	18643	4229	2869

7—10 续表2 continued

单位：万元（10000 yuan）

县（市）	County (City)	社会保障和就业 Social Security and Employment	医疗卫生与计划生育 Medical and Health Care and Family Planning	节能环保 Energy Saving and Environmental Protection	城乡社区 Expenses in Urban, Rural Areas and Communities	农林水 Agriculture, Forestry, Water Conservancy	交通运输 Transport	资源勘探信息等 Resource Exploration Information, Etc
合肥市本级	Hefei City at Its Own Level	233424	150575	124897	1491394	104869	281016	474860
巢湖市	Chaohu	82343	52838	6655	19119	55538	10601	8267
长丰县	Changfeng	66371	51027	17059	41653	72687	23727	31944
肥东县	Feidong	51331	67388	10676	23712	86797	11517	8854
肥西县	Feixi	50350	61462	11452	82996	74585	21793	4644
庐江县	Lujiang	73892	81500	6834	13100	97702	14489	12689
淮北市本级	Huaibei City at Its Own Level	44895	49601	5989	130038	17947	97197	9353
濉溪县	Suixi	62781	64981	12767	37349	72900	13412	10963
亳州市本级	Bozhou City at Its Own Level	20977	15175	18953	116604	52532	98809	9133
涡阳县	Guoyang	88057	96868	6015	25133	73329	4267	7883
蒙城县	Mengcheng	80750	79834	4117	26178	84941	15838	8714
利辛县	Lixin	92832	93144	3481	8535	89968	9980	27053
宿州市本级	Suzhou City at Its Own Level	18080	27098	34200	212141	80069	154886	46934
砀山县	Dangshan	37131	58437	3911	4714	51938	13187	2196
萧县	Xiaoxian	60763	70926	12390	22937	64088	15023	2952
灵璧县	Lingbi	48701	74327	2786	4931	78550	15745	2459
泗县	Sixian	45516	51715	2741	12715	74593	8962	2158
蚌埠市本级	Bengbu City at Its Own Level	111252	64582	18360	158723	42017	139038	3621
怀远县	Huaiyuan	58082	76430	7446	20362	85686	11475	259
五河县	Wuhe	38748	37265	4172	13648	67389	7550	109
固镇县	Guzhen	35799	38023	3728	63283	41622	3948	172
阜阳市本级	Fuyang City at Its Own Level	44992	46808	25492	93721	61905	174193	18602
界首市	Jieshou	60428	40345	7787	21204	29958	8114	20011
临泉县	Linquan	112421	100987	7140	13405	83332	19367	4151
太和县	Taihe	103291	95340	11373	24938	77209	12253	11802
阜南县	Funan	88532	81751	7509	10288	78877	76347	8711
颍上县	Yingshang	109968	86218	2422	16699	70436	13097	18376
淮南市本级	Huainan City at Its Own Level	141802	55183	15780	58784	37572	47423	21398
凤台县	Fengtai	54306	37473	9180	53980	66211	18424	2309
滁州市本级	Chuzhou City at Its Own Level	41514	29199	5390	112122	58782	83375	45466
天长市	Tianchang	53846	64771	9659	41880	74162	13757	3621
明光市	Mingguang	51753	44688	6244	29585	61199	9586	437
来安县	Laian	43003	35549	8908	35038	57856	4535	736
全椒县	Quanjiao	42028	44407	4392	37835	51261	13518	1821
定远县	Dingyuan	60576	59946	11787	24699	103739	23196	293
凤阳县	Fengyang	42092	54196	14377	10449	74483	9830	775
六安市本级	Luan City at Its Own Level	58213	54745	48263	66314	108748	242849	14799
寿县	Shouxian	65676	74541	7739	15713	96248	8517	6133

7—10 续表3 continued

单位：万元（10000 yuan）

县（市） County (City)		社会保障和就业 Social Security and Employment	医疗卫生与计划生育 Medical and Health Care and Family Planning	节能环保 Energy Saving and Environmental Protection	城乡社区 Expenses in Urban, Rural Areas and Communities	农林水 Agriculture, Forestry, Water Conservancy	交通运输 Transport	资源勘探信息等 Resource Exploration Information, Etc
霍邱县	Huoqiu	59159	84438	4844	4500	116698	31198	5727
舒城县	Shucheng	45416	59873	3949	10551	67318	15267	5007
金寨县	Jinzhai	36171	50220	4627	10049	75569	14844	4593
霍山县	Huoshan	26435	34679	6319	17843	48045	11381	3462
马鞍山市本级	Maanshan City at Its Own Level	66733	40306	26097	163999	44853	91001	15646
当涂县	Dangtu	41584	46664	6284	90547	33641	9819	7935
含山县	Hanshan	22353	32977	4425	12170	48603	9305	2264
和县	Hexian	30550	37790	6084	17916	59222	15595	333
芜湖市本级	Wuhu City at Its Own Level	103959	88963	67022	210682	81437	250917	59125
芜湖县	Wuhu	32818	22717	1934	132252	38880	11241	34569
繁昌县	Fanchang	35611	31844	12331	143534	25106	3602	4320
南陵县	Nanling	47258	39932	1644	56711	36371	4795	1154
无为县	Wuwei	81851	90123	9692	54792	67034	9058	7620
宣城市本级	Xuancheng City at Its Own Level	24136	16192	11092	119443	19160	62620	1300
宁国市	Ningguo	36648	47993	8055	48786	39024	18663	6968
郎溪县	Langxi	18635	27881	1872	50009	36663	8468	1829
广德县	Guangde	30104	50586	14810	28942	49594	44412	2354
泾县	Jingxian	36794	26875	5667	14975	34252	20437	11419
旌德县	Jingde	17638	13941	1487	13547	19052	4083	1847
绩溪县	Jixi	11453	16387	5519	16668	21196	8795	565
铜陵市本级	Tongling City at Its Own Level	73467	29026	75497	115271	13287	49116	28828
铜陵县	Tongling	22283	21536	3918	16927	41350	6955	6188
池州市本级	Chizhou City at Its Own Level	28934	21334	53428	164330	31516	71412	15698
东至县	Dongzhi	38451	34626	5863	10220	43652	7589	1066
石台县	Shitai	13905	11483	2968	4897	19651	2933	1554
青阳县	Qingyang	27715	27680	3933	32068	27726	5384	633
安庆市本级	Anqing City at Its Own Level	76400	56909	11252	175999	52876	135371	8425
桐城市	Tongcheng	40457	45541	3118	36412	48913	6028	5420
怀宁县	Huaining	34147	40935	6769	10741	42348	8018	1012
枞阳县	Zongyang	60628	56240	9495	6227	49085	6568	1856
潜山县	Qianshan	38482	39776	6680	13056	56519	14138	935
太湖县	Taihu	40467	35231	6273	2358	55749	21958	5577
宿松县	Susong	35953	51907	11085	23611	49775	34665	1696
望江县	Wangjiang	38304	37123	4100	3105	55175	10403	600
岳西县	Yuexi	33435	31920	5189	5505	49569	14128	1615
黄山市本级	Huangshan City at Its Own Level	29102	18417	58947	34956	15917	64090	10505
歙县	Shexian	46244	34728	5237	23551	41214	3918	15138
休宁县	Xiuning	26833	21063	3586	26492	32207	5800	4081
黟县	Yixian	13470	7979	5107	8698	22334	2157	1038
祁门县	Qimen	19890	15108	3288	25534	26556	4769	3261

7—10 续表4 continued

单位：万元（10000 yuan）

县（市）	County (City)	商业服务业等 Commercial and Service Industry and So On	金融监管等 Financial Regulation Etc.	国土海洋气象等 Land and Marine Meteorology, Etc	住房保障 Housing Safeguard	粮油物资储备 Supplies of Graina nd Oil Reserves	债务发行费用 Debt Issuance Costs	其他支出 Other Expenditure
合肥市本级	Hefei City at Its Own Level	61341	5253	4283	57828	5155	524	18474
巢湖市	Chaohu	1928	90	2394	17147	2291	52	2065
长丰县	Changfeng	1272		8916	12573	3307	54	6205
肥东县	Feidong	1204	167	3222	15566	4700	50	19313
肥西县	Feixi	7458	1323	1924	35405	1691	90	5512
庐江县	Lujiang	604	106	4445	10913	3918	154	5347
淮北市本级	Huaibei City at Its Own Level	745	150	1618	18962	2351	182	510
濉溪县	Suixi	16347	1690	6909	29557	1026	83	222
亳州市本级	Bozhou City at Its Own Level	14123	662	4332	45531	1143	114	
涡阳县	Guoyang	188	164	6534	34234	1362	168	
蒙城县	Mengcheng	1444	369	2165	70497	3590	97	
利辛县	Lixin	815	3111	13494	77303	3683	123	
宿州市本级	Suzhou City at Its Own Level	2873	207	8405	85094	1866	256	
砀山县	Dangshan	2421	135	1616	16349	867	83	1535
萧县	Xiaoxian	1552	382	4582	17967	756	126	480
灵璧县	Lingbi	1225		5240	22281	2436	200	
泗县	Sixian	380		1702	20182	1451	17	
蚌埠市本级	Bengbu City at Its Own Level	26172	1377	4657	110978	879	186	14
怀远县	Huaiyuan	3133	210	1025	25330	2309	53	149
五河县	Wuhe	840	154	783	16771	1137	24	
固镇县	Guzhen	249	116	6205	27784	1706	22	189
阜阳市本级	Fuyang City at Its Own Level	8581	2596	3744	90409	2248	133	12523
界首市	Jieshou	352	424	1049	21622	1155	13	
临泉县	Linquan	2268	30	1078	44255	3420	46	1194
太和县	Taihe	725	1646	2062	95677	2898	91	16
阜南县	Funan	714	142	1809	40977	2760	83	205
颍上县	Yingshang	2979	350	3412	42868	2757	62	5333
淮南市本级	Huainan City at Its Own Level	17915	64	11108	119964	3281	209	80
凤台县	Fengtai	1444	20	1095	27264	2781	89	64
滁州市本级	Chuzhou City at Its Own Level	3558	344	2318	11037	3544	129	525
天长市	Tianchang	4812		7945	23060	5822	63	
明光市	Mingguang	2219	148	4329	28960	2274	69	5
来安县	Laian	967	20	6758	10381	1172	43	
全椒县	Quanjiao	3321	61	1678	12994	2227	78	
定远县	Dingyuan	998	50	1321	17311	2720	75	
凤阳县	Fengyang	832	41	4398	11154	875	107	1510
六安市本级	Luan City at Its Own Level	2713	5066	5808	58546	4153	129	15177
寿县	Shouxian	1972	66	1965	17770	2827	96	143

7—10 续表5 continued

单位：万元（10000 yuan）

县（市） County (City)	商业服务业等 Commercial and Service Industry and So On	金融监管等 Financial Regulation Etc.	国土海洋气象等 Land and Marine Meteorology, Etc	住房保障 Housing Safeguard	粮油物资储备 Supplies of Graina nd Oil Reserves	债务发行费用 Debt Issuance Costs	其他支出 Other Expenditure
霍邱县 Huoqiu	2151	50	8207	12226	1217	45	
舒城县 Shucheng	3086	206	1579	21073	1116	50	
金寨县 Jinzhai	4929	1005	1817	71465	1827	64	30
霍山县 Huoshan	2739	129	3786	11162	1961	65	4936
马鞍山市本级 Maanshan City at Its Own Level	14834	561	4942	28694	2245	228	1701
当涂县 Dangtu	3022	1314	1027	12932	1821	91	87
含山县 Hanshan	3648	20	3200	13915	1846	61	4
和县 Hexian	6821		11781	21919	3235	84	
芜湖市本级 Wuhu City at Its Own Level	31675	20658	4735	85874	2263	533	15340
芜湖县 Wuhu	1379	4	145	10648	-52	82	5
繁昌县 Fanchang	186	1307	4436	19628	350	106	149
南陵县 Nanling	1019	83	2258	8295	669	75	343
无为县 Wuwei	2301	252	2682	15125	3030	112	
宣城市本级 Xuancheng City at Its Own Level	17523	184	2395	10090	1283	212	90
宁国市 Ningguo	2461	75	4981	17546	698	88	1237
郎溪县 Langxi	2654	70	724	31098	506	56	
广德县 Guangde	7283	110	2004	12579	3762	92	1368
泾县 Jingxian	1832	291	1703	12602	876	13	
旌德县 Jingde	328	1343	563	9028	365	39	
绩溪县 Jixi	3443	137	461	3942	700	26	
铜陵市本级 Tongling City at Its Own Level	8462	1174	2522	19897	2616	250	1815
铜陵县 Tongling	25012	285	15164	4840	1128	46	967
池州市本级 Chizhou City at Its Own Level	1914	184	4713	23536	195	171	639
东至县 Dongzhi	564		944	27171	1392	68	
石台县 Shitai	3426	50	1513	6558	219	25	11
青阳县 Qingyang	673		5302	13249	660	33	3
安庆市本级 Anqing City at Its Own Level	14085	6027	3037	49761	2458	217	40
桐城市 Tongcheng	2454	150	1459	16666	841	116	
怀宁县 Huaining	597	35	2868	10467	1213	38	7
枞阳县 Zongyang	422	80	1836	14558	1011	34	
潜山县 Qianshan	1125	152	3544	8653	948	36	
太湖县 Taihu	1718	484	2125	8106	897	58	1
宿松县 Susong	1200	504	2570	7109	1627	48	
望江县 Wangjiang	203	172	706	4844	1589	33	
岳西县 Yuexi	3290		1316	13349	528	44	
黄山市本级 Huangshan City at Its Own Level	31866	20	1959	16842	802	110	944
歙县 Shexian	3599	53	1109	15442	481	73	2
休宁县 Xiuning	1249	30	1132	6827	598	26	176
黟县 Yixian	4827		560	7204	280	12	1642
祁门县 Qimen	2023		1183	7213	323	20	32

7—11 主要年份金融机构（含外资）人民币各项存款和贷款余额
Year of Major Financial Institutions (including foreign) RMB Deposits and Loan Balance

单位：亿元（100 million yuan）

年份 Year	各项存款合计 Total Deposit	#企业存款 Enterprise Deposit	#城乡居民储蓄存款 City and Countryside Resident Savings Deposit	各项贷款合计 Total Loan	#工业企业 Industrial Enterprise	#商业企业 Commercial Department	#农业贷款 Agriculture Loan
2000	2485.54	761.90	1447.15	2384.95	398.58	679.76	181.12
2002	3449.23	978.21	2047.51	2941.59	463.28	677.74	256.79
2003	4190.20	1234.15	2475.83	3374.59	515.85	632.96	307.80
2004	5045.34	1489.54	2972.37	3900.57	543.49	646.53	370.66
2005	5993.82	1661.44	3508.67	4313.55	490.97	626.47	430.60
2006	7100.37	2017.32	4077.80	5132.02	606.78	674.69	482.13
2007	8406.57	2537.03	4546.49	6042.51	714.89	734.27	564.87
2008	10303.30	3019.66	5647.51	6948.70	686.84	704.62	560.36
2009	13306.53	4318.24	6619.48	9289.40	757.79	788.58	630.23
2010	16366.10	5208.51	7788.48	11452.29			
2011	19404.30			13729.83			
2012	22977.30			16294.28			
2013	26739.30			19088.80			
2014	29817.73			22088.30			
2015	34482.90			25489.05			

注：本表中工业企业、商业企业、农业贷款均属短期贷款。

a) In this table, industrial enterprises, commercial enterprises, agriculture loans are short-term loans.

7—12 金融机构（含外资）人民币信贷资金平衡表（资金来源）
Financial Institutions (including foreign) RMB Credit Balance Sheet (funding)

（年末余额）(year-end) 单位：万元（10000 yuan）

项　　目	Item	2015
资金来源合计	**All Sources**	**351786064**
各项存款	Deposits	344828993
境内存款	Domestic Savings	344678346
住户存款	Household Savings	170152656
活期存款	Demand Deposits	55652114
定期及其他存款	And Other Deposits on a Regular Basis	114500542
非金融企业存款	Non-financial Corporate Deposits	102684212
活期存款	Demand Deposits	48364504
定期及其他存款	And Other Deposits on a Regular Basis	54319708
广义政府存款	General Government Deposits	63549068
财政性存款	Fiscal Deposits	7122187
机关团体存款	Organizations Deposit	56426881
非银行业金融机构存款	Non-banking Financial Institutions Deposits	8292410
境外存款	Overseas Account	150647
金融债券	Financial Bonds	2874497
卖出回购资产	Sell Buy Assets	563450
借款及非银行业金融机构拆入	Borrowed Inter-bank Borrowing and Non-banking Financial Institutions	20260
应付及暂收款	Account Payable and Temporary Credit	9574609
各项准备	Every Capital Reserve	6335952
所有者权益	Creditors' Equity	16244860
#实收资本	Paid-in Capital	6885055
其　　他	Others	-28656556

注：本表金融机构包括中国人民银行、政策性银行、国有商业银行、股份制商业银行、徽商银行、村镇银行、农村合作机构、邮储银行、财务公司、信托投资公司等。（下表同）

a) Financial institutions included in the people's bank of China, policy Banks, state-owned commercial Banks, joint-stock commercial Banks, the anhui merchants bank, village Banks, rural cooperative organizations, post office, Banks, financial companies, trust investment companies, etc. (the same as in the table below)

7—13 金融机构（含外资）人民币信贷资金平衡表（资金运用）
Financial Institutions (including foreign) RMB Credit Balance Sheet (fund use)

（年末余额）(year-end) 单位：万元（10000 yuan）

项　目	Item	2015
资金运用合计	**Total of Capital Lutilization**	**351786064**
各项贷款	Loans	254890475
境内贷款	Within the Boundaries Loan	254771765
住户贷款	Households Loans	81136853
短期贷款	Short-term Loan	18379121
消费贷款	Consumer Loans	3739195
经营贷款	Business Loans	14639926
中长期贷款	Medium and Long-term Loan	62757732
消费贷款	Consumer Loans	52751057
经营贷款	Business Loans	10006674
非金融企业及机关团体贷款	Non-financial Companies and Organizations Loans	173634911
短期贷款	Short-term Loan	65099726
中长期贷款	Medium and Long-term Loan	88823455
票据融资	Bill Financing	15825107
融资租赁	Financing Lease	3278325
各项垫款	The Advances	608297
非银行业金融机构贷款	Non-banking Financial Institutions Loans	
境外贷款	Beyond Border Loan	118710
债券投资	Bond Investment	23182779
股权及其他投资	Equity and Other Investment	17920725
买入返售资产	Buy Back to Sell Assets	484640
存放非银行业金融机构款项	Storage of Non-banking Financial Institutions	293988
联行往来（净）	Jones Lang Lasalle Exchanges (net)	49380465
境内存放二级准备金	Stored in the Secondary Reserve	30120836
外汇买卖	Foreign Exchange Trading	-118551
应收及预付款	Receivables and Prepayments	2197351
投资性房地产	Investment of Real Estate	12921
固定资产	Fixed Assets	3541272

7—14 金融机构（含外资）本外币合并信贷收支
Local and Foreign Financial Institutions (including foreign) Merging the Credit Balance of Payments

（年末余额）(year-end) 单位：万元（10000 yuan）

项目	Item	2015
各项存款	**Deposits**	**348262317**
境内存款	Domestic Savings	348084987
住户存款	Household Savings	170723123
活期存款	Demand Deposits	55967808
定期及其他存款	And Other Deposits on a Regular Basis	114755315
非金融企业存款	Non-financial Corporate Deposits	105276372
活期存款	Demand Deposits	49867841
定期及其他存款	And Other Deposits on a Regular Basis	55408531
广义政府存款	General Government Deposits	63623102
非银行业金融机构存款	Non-banking Financial Institutions Deposits	8462391
境外存款	Overseas Account	177330
各项贷款	**Loans**	**261443579**
境内贷款	Within the Boundaries Loan	259663313
住户贷款	Households Loans	81139906
短期贷款	Short-term Loan	18381976
中长期贷款	Medium and Long-term Loan	62757930
非金融企业及机关团体贷款	Non-financial Companies and Organizations Loans	178523407
短期贷款	Short-term Loan	66772847
中长期贷款	Medium and Long-term Loan	92012742
票据融资	Bill Financing	15825107
融资租赁	Financing Lease	3278325
各项垫款	The Advances	634386
非银行业金融机构贷款	Non-banking Financial Institutions Loans	
境外贷款	Beyond Border Loan	1780266

7—15 各市金融机构（含外资）本外币合并信贷收支（2015年）
Local and Foreign Financial Institutions (including foreign) Merging the Credit Balance of Payments by Region (2015)

（年末余额）(year-end) 单位：万元（10000 yuan）

地区	Region	各项存款 Deposits	住户存款 Household Savings	非金融企业存款 Non-financial Corporate Deposits	广义政府存款 General Government Deposits	非银行业金融机构存款 Non-banking Financial Institutions Deposits	各项贷款 Loans
总计	**Total**	**348262317**	**170723121**	**105276372**	**63623102**	**8462391**	**261443579**
合肥市	Hefei	111937033	30456642	48371270	26900009	6090944	101710993
淮北市	Huaibei	10376607	5849436	2022671	2501167	2568	7024922
亳州市	Bozhou	12608821	8667758	2054476	1880164	5372	7842968
宿州市	Suzhou	14903030	10196782	1864708	2833321	6917	8090833
蚌埠市	Bengbu	16236496	8061783	5113837	2995207	62038	12002739
阜阳市	Fuyang	24555956	16575768	3895741	4079784	2759	11889438
淮南市	Huainan	16304592	9311627	3812111	3051768	127288	10656755
滁州市	Chuzhou	16727007	9731555	3918007	2990124	83851	12089791
六安市	Luan	17353786	10439003	3058913	3839550	14573	9918360
马鞍山市	Maanshan	16097141	8870409	5676119	1510427	26024	11841991
芜湖市	Wuhu	25486808	13127522	10031830	2124221	188208	24915660
宣城市	Xuancheng	12089904	7168774	2919434	1989678	8287	9073203
铜陵市	Tongling	11105898	6164975	2661568	1443137	835041	9091681
池州市	Chizhou	7496634	4936862	1611513	935957	11342	4804384
安庆市	Anqing	22534752	14331392	5093142	2889166	216871	13164134
黄山市	Huangshan	9188505	5758085	1631822	1659422	134920	5667064
安徽省本部	Based in anhui province	3259347	1074748	1539210		645388	1658663

7—16 人民币信贷收支情况（2015年）

Credit Receipts and Payments (2015)

（年末余额）(year-end) 单位：万元（10000 yuan）

项目	Item	中资全国性大型银行 Chinese Large National Banks	中资全国性中小型银行 Chinese National Small and Medium-sized Banks	中资区域性中小型银行 Chinese Regional Small and Medium-sized Banks	村镇银行 Village Banks	农村合作机构 Rural Cooperative Organizations
各项存款	**Deposits**	**189029410**	**75096407**	**71498896**	**3148895**	**68350005**
境内存款	Domestic Savings	188952196	75024189	71498873	3148871	68350005
个人存款	Personal savings	105176120	14336569	50622796	1135145	49487651
#活期储蓄存款	Current Savings Account	37850878	5729698	12062337	381310	11681027
#定期储蓄存款	Time Deposit	49362183	5602215	38069910	724318	37345593
#结构性存款	Structured Deposits	1919588	2364229	133661	90	133571
单位存款	Unit of Account	79153015	56117393	20685927	2013726	18672204
#活期存款	Demand Deposits	38846436	19806663	10158895	1264186	8894712
#定期存款	Time Deposits	18322564	14733031	5518926	483885	5035041
#保证金存款	Margin Deposits	3357822	5916798	2965595	148464	2817131
#结构性存款	Structured Deposits	1648989	4282928	113016		113016
国库定期存款	The Treasury Deposit	129161				
非存款类金融机构存款	The Deposit Financial Institutions Deposits	4493899	4570228	190150		190150
境外存款	Overseas Account	77215	72218	24	24	
各项贷款	**Loans**	**131920071**	**67703617**	**48124781**	**2275604**	**45849177**
境内贷款	Within the Boundaries Loan	131909729	67597315	48124781	2275604	45849177
短期贷款	Short-term Loan	24918045	27995856	30315301	1786995	28528306
个人贷款及透支	Individual Loan and Overdrawing	4193335	3286649	10827286	863831	9963455
#个人消费贷款	Individual Consumption Loan	2097472	701428	880300	31338	848962
单位贷款及透支	Unit Loan and Overdrawing	20674669	24487207	18714298	923164	17791135
#经营贷款及透支	Business Loans and Overdrafts	19025202	23650338	18604601	922844	17681758
#固定资产贷款	Fixed Asset Loan	192825	68094	109697	320	109377
#并购贷款	M&A Loan		600			
#贸易融资	Trade Financing	1456642	768175			
非存款类金融机构贷款	The Deposit Financial Institutions Loans	50040	222000	773716		773716
中长期贷款	Medium and Long-term Loan	101622814	34856551	11803936	384352	11419584
个人贷款	Individual Loan	43807006	10843076	5748167	305954	5442213
#个人消费贷款	Individual Consumption Loan	39709456	8282228	2496957	101536	2395421
单位贷款	Unit of the Loan	57810009	24013475	6020769	78398	5942371
#经营贷款	Management Loan	4969675	3522691	3321035	70312	3250723
#固定资产贷款	Fixed Asset Loan	52496643	19662235	2699734	8086	2691648
#并购贷款	M&A Loan	259890	187919			
#贸易融资	Trade Financing	83800	640629			
非存款类金融机构贷款	The Deposit Financial Institutions Loans	5800		35000		35000
票据融资	Overseas financing Loan	5271454	4289774	5951756	102876	5848880
融资租赁	Financing Lease					
各项垫款	Discount	97415	455134	53788	1380	52408
境外贷款	Beyond Border Loan	10343	106302			

注：1. 本表中资全国性大型银行包括国家开发银行、中国工商银行、中国农业银行、中国银行、中国建设银行、交通银行、中国邮政储蓄银行。

2. 本表中资全国性中小型银行包括中国进出口银行、中国农业发展银行、中信银行、光大银行、招商银行、兴业银行、民生银行、华夏银行、徽商银行、九江银行、杭州银行、东莞银行、上海浦东发展银行、广发银行、渤海银行。

a) the Chinese national large Banks including China development bank, industrial and commercial bank of China, agricultural bank of China, bank of China, China construction bank, bank of communications, postal savings bank of China.

b) the Chinese national small and medium-sized Banks including the export-import bank of China, agricultural development bank of China, China citic bank, everbright bank, China merchants bank, industrial bank, minsheng bank, huaxia bank, bank of anhui merchants bank, bank of jiujiang, hangzhou, dongguan bank, Shanghai pudong development bank, guangdong development bank, bank of the bohai sea.

7—17 上市公司数量
Number of Listed Companies

单位：家（unit）

年　份 Year	全省合计 Provincial Total	上交所 Shanghai Stock Exchange	深交所 Shenzhen Stock Exchange	仅发A股公司 A Share Only	发A、H股公司 A & H Share	发A、B股公司 A & B Share	仅发H股公司 H Share Only
2000	26	9	15	20	1	3	2
2005	45	27	18	39	3	3	
2006	47	27	19	40	3	3	1
2007	53	28	24	46	3	3	1
2008	56	28	27	49	3	3	1
2009	58	28	29	51	3	3	1
2010	65	29	36	59	3	3	
2011	77	29	48	71	3	3	
2012	78	29	49	72	3	3	
2013	78	29	49	72	3	3	
2014	80	31	49	74	3	3	
2015	88	35	53	82	3	3	

7—18 股票发行及筹资情况
Issuing Summary for Stocks

年　份 Year	股票发行（万股） Amount Issued (10000 shares)		筹资额						
	A　股 A Shares	H　股 H Shares	合计（万元） Raised Capital (10000 yuan)	A　股 A Shares	H　股 H Shares	配股筹资 Shares Rights Issued	可转债筹资 Changeable Bonds	认股权行权 Stocks and Rights Issue	公司债 Corporate Bonds
2000	27300		391741	226602		165139			
2005	4000		15200	15200					
2006	24500	16757	726267	125860	50407		550000		
2007	188184		1451247	1364247			87000		
2008	119083		1765186	1458052				307134	
2009	91711		1629589	1429589					200000
2010	128849		1713126	1513126			200000		
2011	122790		3583653	1993653			30000		1560000
2012	248280		1410770	415770					995000
2013	448722		2446186	1764186			32000		650000
2014	323193		1900684	1850684					50000
2015	209644		2718299	2183299					535000

注：股票发行包括首次发行、增发和认股权行权。

a) Amount issued and raised capital of shares include the-first-time issued and additional issued stocks and rights issues .

7—19 各市股票发行及筹资情况（截止2015年）
Issuing Summary for Stocks by Region (Up to 2015)

地 区	Region	上市公司（家）Number of Listed Companies (unit)	发行股票（只）Number of Listed Shares (unit)	股份总数（万股）Number of Shares (10000 share)	#无限售股份 Unlimited Shares	当年募集资金（万元）Raised Capital (10000 yuan)	#发行股票 Amount of Listed Shares
总 计	**Total**	**88**	**94**	**8692662**	**7469121**	**2718299**	**2183299**
合 肥 市	Hefei	34	36	2231936	1917961	1401007	1051007
淮 北 市	Huaibei	4	4	269585	215432	96000	96000
亳 州 市	Bozhou	1	2	50360	50360		
宿 州 市	Suzhou	1	1	461031	460794	95000	
蚌 埠 市	Bengbu	3	3	187985	180858	60260	60260
阜 阳 市	Fuyang	1	1	55578	55578		
淮 南 市	Huainan	2	2	263694	260214	17354	17354
滁 州 市	Chuzhou	3	3	132896	108192	68284	68284
六 安 市	Luan	2	2	231045	159045	154400	94400
马鞍山市	Maanshan	8	9	1402154	1152577		
芜 湖 市	Wuhu	11	12	1452203	1128469	467704	467704
宣 城 市	Xuancheng	6	6	310113	259758	275046	245046
铜 陵 市	Tongling	6	6	1297539	1243290		
池 州 市	Chizhou	1	1	11068	2768	33437	33437
安 庆 市	Anqing	2	2	200265	161326		
黄 山 市	Huangshan	3	4	135210	112499	49807	49807

注：增发股票、认股权行权募集资金包括在发行股票中。

a) The raised capital of additional listed stocks is included in the listed shares.

7—20 保险公司业务经济技术指标（2015年）
Main Professional Technical Indicators of Insurance Companies (2015)

单位：万元（10000 yuan）

项 目	Item	保费收入 Income From Premium	赔 付 Claim and Payment
合 计	**Total**	**6989190**	**2769021**
按公司类型分	**Devided By The Character of Company**		
财产保险公司	Property Insurance Companies	2900637	1527267
人身保险公司	Life Insurance Companies	4088553	1241754
按业务性质分	**Devided BY The Nature of The Business**		
财产保险业务	**Property Insurance Businesses**	**2733523**	**1401564**
企业财产险	Enterprise Property Insurance	67141	23256
家庭财产险	Family Property Insurance	9423	4408
机动车辆险	Motor Vehicle Insurance	2223570	1174945
工程保险	Engineering Insurance	10084	3899
责任保险	Liability Insurance	73668	29767
信用保险	Credit Insurance	25677	24059
保证保险	Guarantee Insurance	92731	17729
船舶保险	Ship Insurance	20367	8094
货物运输险	Freight Transport Insurance	11079	5395
特殊风险保险	Peculiar Risk Insurance	359	158
农业保险	Agriculture Insurance	195192	107234
其他保险	Other Insurance	4232	2621
人身保险业务	**Insurance Service of Life**	**4255667**	**1367457**
寿 险	Life Insurance	3536980	1104365
健康险	Health Insurance	586105	237702
意外伤害险	Personal Accident Insurance	132582	25390

主要统计指标解释

财政收入

指国家财政参与社会产品分配所取得的收入，是实现国家职能的财力保证。财政收入所包括的内容几经变化，目前主要包括：

（1） 税收收入：包括增值税、消费税、营业税、企业所得税、个人所得税、资源税、城市维护建设税、房产税、印花税、城镇土地使用税、土地增值税、车船税、耕地占用税、契税和烟叶税等。

（2） 非税收入：包括专项收入、行政事业性收费收入、罚没收入、国有资本经营收入和国有资源（资产）有偿使用收入等。

财政支出

国家财政将筹集起来的资金进行分配使用，以满足社会各项事业发展和经济建设的需要，主要包括：

（1）一般公共服务：反映政府提供一般公共服务的支出。具体包括人大事务、政协事务、政府办公厅（室）及相关机构事务、发展与改革事务、统计信息事务、财政事务、税收事务、审计事务、海关事务、人事事务、纪律监察事务、人口与计划生育事务、商贸事务、知识产权事务、工商行政管理事务、食品和药品监督管理事务、质量技术监督与检验检疫事务、国土资源事务、海洋管理事务、测绘事务、地震事务、气象事务、民族事务、宗教事务、港澳台侨事务、档案事务、共产党事务、民主党派事务、群众团体事务、彩票事务、国债事务、其他一般公共服务支出。

（2）公共安全：反映政府维护社会公共安全方面的支出。具体包括武装警察、公安、国家安全、检察、法院、司法、监狱、劳教、国家保密、其他公共安全支出。

（3）教育：反映政府教育支出情况。具体包括教育管理事务、普通教育、职业教育、成人教育、广播电视教育、留学教育、特殊教育、教师进修及干部继续教育、教育附加及基金支出、其他教育支出。

（4）科学技术：反映国家用于科学技术方面的支出。具体包括科学技术管理事务、基础研究、应用研究、技术研究与开发、科技条件与服务、社会科学、科学技术普及、科技交流与合作、其他科学技术支出。

（5）文化体育与传媒：反映政府在文化、文物、体育、广播影视、新闻出版等方面支出。

（6）社会保障和就业：反映政府在社会保障与就业方面的支出。具体包括社会保障和就业管理事务、民政管理事务、财政对社会保险基金的补助、补充全国社会保障基金、行政事业单位离退休、企业关闭破产补助、就业补助、抚恤、退役安置、社会福利、残疾人事业、城市居民最低生活保障、其他城镇社会救济、农村社会救济、自然灾害生活救助、红十字事业、其他社会保障和就业支出。

（7）医疗卫生：反映政府用于医疗卫生方面的支出。具体包括医疗卫生管理事务、医疗服务、社区卫生服务、医疗保障、疾病预防控制、卫生监督、其他医疗卫生支出。

（8）环境保护：反映政府用于环境保护方面的支出。具体包括环境保护管理事务支出、环境监测与监察支出、污染防治支出、自然生态保护支出、天然林保护支出、退耕还林支出、风沙荒漠治理支出、退牧还草支出、已垦草原退耕还草支出等，

（9）城乡社区事务： 反映政府用于城乡社区事务方面的支出。包括城乡社区管理事务、城乡社区规划与管理、城乡社区公共设施、城乡社区住宅、城乡社区环境卫生、建设市场管理与监督、政府住房基金支出、土地有偿使用支出、城镇公用事业附加支出、其他城乡社区事务支出。

（10）农林水事务：反映政府用于农林水事务方面的支出。具体包括农业支出、林业支出、水利支出、南水北调支出、扶贫支出、农业综合开发支出、其他农林水事务支出。

（11）交通运输：反映政府用于交通运输方面的支出。具体包括公路运输支出、铁路运输支出、民用航空运输支出等。

信贷资金

指金融机构以信用方式积聚和分配的货币资金。金融机构信贷资金的来源有各项存款、对国际金融机构负债、流通

中货币、银行自有资金及当年结益等；信贷资金的运用有各项贷款、黄金占款、外汇占款、财政借款及在国际金融机构中的资产等。

存款

指企业、机关、团体或居民根据资金必须收回的原则，把货币资金存入银行或其他信用机构保管并取得一定利息的一种信用活动形式。根据存款对象的不同可划分为企业存款、财政存款、机关团体存款、基本建设存款、城镇储蓄存款、农村存款等科目。它是银行信贷资金的主要来源。

贷款

指银行或其他信用机构根据资金必须归还的原则，按一定利率，为企业、个人等提供资金的一种信用活动形式。我国银行贷款分为流动资金贷款、固定资产贷款、城乡个体工商户贷款以及农业贷款等科目。

保费

指投保人为取得保险人在约定范围内所承担赔偿责任而支付给保险人的费用。

赔款

指保险人根据保险合同的规定，向被保险人支付的赔偿保险责任损失的金额。

给付

包括死伤医疗给付和满期给付。死伤医疗给付是指保险人根据人寿保险及长期健康保险合同的规定，因被保险人在保险期内发生保险责任范围内的保险事故支付给被保险人（或受益人）的金额。满期给付是指被保险人生存期满，保险人按人寿保险合同规定支付给被保险人的满期保险金额。

Explanatory Notes for Major Statistical Indicators

Government Revenue

refers to the revenue of the government finance by means of participating in the distribution of the social products, which is the financial resource for ensuring the government to function. The contents of government revenue have been changed several times. Now it includes the following main items:

1) Various tax revenues, including value added tax, consumption tax, business tax, Enterprise tax, individual income tax, resource tax, city maintenance construction tax, estate tax, stamp tax, town land used tax, land value added tax, vehicle tax and land occupy tax, contract tax and tobacco tax etc.

2) Non tax revenue: Include special revenue and administrative collect fees revenue, punish revenue, state-owned capital operation revenue and state-owned resource (asset) used revenue etc.

Government Expenditure

refers to the distribution and use of the funds the government finance has raised, so as to meet the needs of social various causes and economic construction and. It includes the following main items:

(1) general public service: refers to government expenditure for general public service. Include affairs of the National People's Congress, affairs of the Chinese People's Political Consultative Conference , government office and its relation organization , affairs of development and reform , statistical information, financial, tax revenue, audit, customs, personnel and discipline, population and family planning, business trade , intellectual property, industry and commercial management, food and medicine management, quality and technical supervise and inspection and quarantine, territory resource, marine management, survey, Earthquake, meteorological, national, religious, Hong Kong and Macao and Taiwan, files, affairs of the Communist Party, affairs of democratic party, the organization of the masses, affairs of lottery ticket, affairs of national debt, other general public service expenditure.

(2) Public safety: refers to government expenditure for maintenance social public safety. Include armed police, public security, national safety, procurator work, court, administration of justice, prison, labor education, national security and other public safety expenditure.

(3) Education: Refers to government educational expenditure. Include educational management, ordinary education, professional education, adult education and the education of broadcasting television , study abroad education , special education, teacher study and cadre continued education , education additional and fund expenditure and other educational expenditure.

(4) Science and technology: refers to country expenditure for science and technology. Include the management, basic research, application research, technical research and development of science and technology, the condition of science and technology and service, social science, the popularity of science and technology, the exchange of science and technology and cooperative, other science and technology expenditure.

(5) Culture sport and media: refers to government expenditure for cultural, cultural relic, sports, broadcast movie and TV, news publication and other expenditure.

(6) Social security and employment: refers to government expenditure for social security and employment. Include social security and employment management, administration management and finance, the subsidy for social safety fund, the supplementary nation fund of social security and administrative institution of retirement ,and enterprise to close bankruptcy subsidy and employment subsidy, compensated , discharge to settle, social welfare, handicapped person, city resident lowest life guarantee, other town social relief , rural social relief , natural calamity life help, Red Cross , other social security and employment expenditure

(7) Medical and sanitary: refers to government expenditure for medical and sanitary. Include medical and sanitary management, medical service, community sanitary service, medical guarantee, disease prevention and control, sanitary supervise and other medical and sanitary expenditure.

(8) environmental protection: refers to government expenditure for environmental protection. Include the management expenditure for environmental protection, and supervise expenditure, pollution prevention expenditure, and natural ecology protection expenditure ,natural forest protection expenditure, retreating to plough forest expenditure, desert of dust storm administer expenditure , retreat to herd rough expenditure , already retreat to plough still rough expenditure,

(9) Town and rural community: Refers to government expenditure for the community of town and rural. Include the community management of town and rural, the community program and management of town and rural, community public facility of town and rural, the community residence of town and rural, the community sanitary of town and rural, building market and supervise, government housing fund expenditure and land used payment, town public affairs additional expenditure, the other community expenditure of town and rural of.

(10) Agricultural and forest and water: Refers to

government expenditure for agricultural and forest and water. Include agricultural expenditure, forestry expenditure, the expenditure of water conservancy, south water to north, help poor expenditure, agricultural comprehensive development expenditure and other expenditure agricultural and forest and water.

(11) Traffic transportation: refers to government expenditure for traffic transportation. Include highway transportation expenditure, railway transportation expenditure, civil aerial transportation expenditure and so on.

Credit Funds

refer to the funds issued as loans by banking institutions. The sources of credit funds of the banking institutions included deposits, liabilities to international financial institutions, currency in circulation, self-owned funds and current retained profits, etc. The credit funds can be used in forms of loans, gold, foreign exchange, government debt and assets in the international financial institutions.

Deposit

is a form of credit by which enterprises, institutions, organizations or households can put money into banks and other credit institutions for safekeeping and interest earning under the principle of free withdrawal. According to different depositors, deposits are divided into enterprise deposits, treasury deposits, deposits of government agencies and organizations, capital construction deposits, urban savings deposits, rural deposits and other deposits. Deposits are major sources of the credit funds of banks.

Loan

is a form of credit by which banks and other credit institutions provide funds at certain interest rate to enterprises and individuals in the light of the principle of unconditional repayment. Loans from Chinese banks include circulating capital loans, fixed assets loans, loans to urban and rural individuals engaged in industrial and commercial business and agricultural loans.

Premium

is the fee paid by the insurant to the insurer to obtain the obligation of compensation from the insurance within the agreed terms.

Settled Claim

is the compensation paid by the insurer to the insurant in accordance with the insurance contract.

Payment

includes payment for death, injury or medical treatment and mature payment. Payment for death, injury or medical treatment refers to the money paid to the insurant (or the beneficiary) in accordance with the life or health insurance contract when the insurant encounters accidents within the insured period covered in the contract. Mature payment refers to the mature payment to the insurant in accordance with the life insurance contract at the end of the insured period.

第八篇

Chapter 8

物价指数

PRICE INDICES

简要说明

一、本篇价格指数资料，反映生产、流通、消费与投资等环节的价格变动趋势和变动幅度。主要包括居民消费价格指数、商品零售价格指数、农业生产资料价格指数、农产品生产者价格指数、工业生产者出厂价格指数、原材料燃料动力购进价格指数、固定资产投资价格指数、房地产价格指数。

二、价格指数统计由国家统计局安徽调查总队组织实施，各市、县调查队依据国家统计局统一制定的价格统计调查制度向基层采集原始数据汇总后上报。

三、消费、零售价格指数都是采用分层抽样调查方法编制的，以样本推断总体，被抽选的调查市县 16 个。

四、农产品生产者价格调查采用抽样调查和重点调查相结合的调查方法，调查采用月报和季报相结合的方式，目前我省抽选的调查县为 31 个。

五、工业生产者价格调查采用重点调查和典型调查相结合的方法，调查实行月报，调查对象包括全省 16 个市的 2600 余家工业企业。

六、固定资产投资价格调查采用重点调查与典型调查相结合的方法，调查实行季报，调查对象为全省重点建筑施工企业和建设单位。

Brief Introduction

I. Data on the price indices in this chapter show the changing trend and change rates in production, circulation, consumption and investment, etc., including mainly consumer price indices of residents, retail price indices, price indices of agricultural means of production, purchasing price indices of farm products, producer price indices for industrial products, purchasing price indices of raw materials, fuels and power, prices of investment in fixed assets and price index of real estate.

II. The statistics of price indices is organized by the NBS Survey Office in Anhui. The survey offices of the selected cities and counties collect statistical data from the grassroots units in accordance with the scheme of prices survey stipulated by the State Statistical Bureau, tabulate them and report them to higher agencies.

III. Data for calculation of the consumer price indices of residents and the retail price indices are collected with the stratified sampling method. Data on the population are estimated on the basis of the sample. Sixteen cities and counties have been selected for this purpose.

IV. Agricultural product producer price surveys were calculated by sample survey and typical survey. The surveys were performed monthly and quarterly together including 31conties in Anhui province.

V. Data for the calculation of the price indices of industrial products are collected by Combination of key survey and typical survey method. The surveys are performed monthly including more than 2600 industrial enterprises in Anhui 16 cities.

VI. Data for the calculation of the price indices of the investment in fixed assets are collected by the key unit survey and typical survey. The surveys are performed quarterly including all important building and construction enterprises and construction units in Anhui province.

8—1 各种价格总指数
Price Indices

上年=100（preceding year=100）

年　份 Year	居民消费价格指数 General Consumer Price Index	城市居民消费价格指数 Urban Areas	农村居民消费价格指数 Rural Areas	商品零售价格指数 General Retail Price Index	工业生产者出厂价格指数 Ex-factory Industrial Producer Price Index	工业生产者购进价格指数 Industrial Producer Purchasing Price Index	农业生产资料价格指数 Price Indices of Agricultural Means of Production	固定资产投资价格指数 Investment in Fixed Assets Price Index
2000	100.7	100.9	100.5	98.0	98.9	102.6	98.2	101.6
2005	101.4	101.0	101.9	100.6	103.3	107.1	108.3	101.0
2007	105.3	105.3	105.2	104.5	103.6	105.1	106.8	105.4
2008	106.2	106.0	106.4	106.3	108.4	112.4	123.9	109.4
2009	99.1	98.9	99.4	99.0	92.8	95.3	95.8	96.0
2010	103.1	103.0	103.4	103.2	109.0	111.8	102.0	105.4
2011	105.6	105.4	105.9	105.3	108.3	110.8	114.3	108.1
2012	102.3	102.2	102.4	102.1	98.3	98.2	105.3	101.0
2013	102.4	102.4	102.5	101.2	98.2	96.9	100.9	100.2
2014	101.6	101.7	101.5	100.4	97.4	97.2	99.6	100.3
2015	101.3	101.3	101.3	99.7	93.9	93.5	101.6	96.9

8—2 各种价格定基指数
Fixed-base Price Indices

（1990=100）

年　份 Year	居民消费价格指数 General Consumer Price Index	城市居民消费价格指数 Urban Areas	农村居民消费价格指数 Rural Areas	商品零售价格指数 General Retail Price Index	工业生产者出厂价格指数 Ex-factory Industrial Producer Price Index	工业生产者购进价格指数 Industrial Producer Purchasing Price Index	农业生产资料价格指数 Price Indices of Agricultural Means of Production	固定资产投资价格指数 Investment in Fixed Assets Price Index
2000	210.4	218.8	202.5	174.8	177.7	219.8	175.0	228.8
2005	225.7	232.5	219.8	180.8	202.4	284.2	208.0	255.1
2007	240.5	248.3	233.3	190.5	216.2	310.3	222.1	273.8
2008	255.4	263.2	248.2	202.5	234.4	348.8	275.2	299.5
2009	253.1	260.3	246.7	200.5	217.5	332.4	263.6	287.5
2010	260.9	268.1	255.1	206.9	237.1	371.6	268.9	303.0
2011	275.5	282.6	270.2	217.9	256.8	411.7	307.4	327.5
2012	281.8	288.8	276.7	222.5	252.4	404.3	323.7	330.8
2013	288.6	295.7	283.6	225.2	247.9	391.8	326.6	331.5
2014	293.2	300.7	287.9	226.1	241.5	380.8	325.3	332.5
2015	297.0	304.6	291.6	225.4	226.8	356.0	330.5	322.2

注：工业生产者出厂价格、工业生产者购进价格、固定资产投资价格指数以1992年为100。
a) Ex-factory industrial producer price index, industrial producer purchasing price, the price index of investment in fixed assets are 100 in 1992.

8—3 居民消费价格分类指数（2015年）
Consumer Price Indices by Category (2015)

上年=100（preceding year=100）

类别	Item	全省 Provincial Indices	城市 Urban Indices	农村 Rural Indices
居民消费价格总指数	**General Consumer Price Index**	**101.3**	**101.3**	**101.3**
食品	**Food**	**102.3**	**101.9**	**103.1**
粮食	Grain	102.2	102.4	101.8
淀粉及制品	Starch and Related Products	103.1	104.7	100.1
干豆类及豆制品	Bean and Its Products	101.3	101.8	100.0
油脂	Oil and Fat	97.6	97.0	98.9
肉禽及其制品	Meat and Poultry	104.8	103.8	106.7
蛋	Eggs	89.6	88.6	91.7
水产品	Aquatic Products	100.1	100.2	99.9
菜	Vegetables	110.8	110.2	111.8
#鲜菜	Fresh Vegetables	111.4	111.0	112.2
调味品	Flavoring	103.2	102.7	104.1
糖	Carbohydrate	101.3	101.5	101.0
茶及饮料	Tea and Beverages	102.9	103.2	102.4
干鲜瓜果	Melons and Fruits	95.7	96.3	94.4
糕点饼干面包	Cake and Bread	101.5	101.0	102.8
液体乳及乳制品	Liquid Breast and Its Products	98.7	98.4	99.6
在外用膳食品	Food for External Use	102.7	102.4	103.3
其他食品	Other Food and Food Processing Services	101.1	101.7	100.1
烟酒	**Tobacco and Liquor**	**101.9**	**102.5**	**100.9**
烟草	Tobacco	104.5	104.6	104.3
酒	Liquor	98.1	99.9	95.2
衣着	**Clothing**	**101.4**	**101.9**	**100.3**
服装	Garments	102.3	102.5	101.8
衣着材料	Clothing Material	100.7	100.8	100.7
鞋袜帽	Footwear and Hats	98.7	100.0	96.1
衣着加工服务费	Clothing Manufacturing Services	105.7	108.2	102.1
家庭设备用品及维修服务	**Household Facilities and Maintenance Service**	**100.7**	**100.5**	**101.0**
耐用消费品	Durable Consumer Goods	99.2	98.7	100.3
室内装饰品	Interior Decorations	100.2	100.1	100.4
床上用品	Bed Articles	99.2	98.7	100.6
家庭日用杂品	Daily Use Household Articles	100.4	100.2	100.9
家庭服务及加工维修服务	Household Services and Processing Maintenance Services	108.7	110.2	105.0
医疗保健和个人用品	**Medicine, Medical Services and Personal Articles**	**104.1**	**104.0**	**104.3**
医疗保健	Medical Services	105.4	105.6	105.1
个人用品及服务	Personal Articles and Services	101.2	101.0	101.8
交通和通信	**Means of Transportation and Communication**	**98.1**	**98.1**	**98.3**
交通	Transportation	98.2	98.1	98.3
通信	Communication	98.1	98.0	98.2
娱乐教育文化用品及服务	**Recreational, Educational and Cultural Articles & Services**	**101.4**	**101.5**	**101.2**
文娱用耐用消费品及服务	Durable Consumer Goods and Services for Recreational Use	98.8	99.0	98.3
教育	Education	102.8	102.9	102.6
文化娱乐类	Cultural and Entertainment	101.1	101.3	100.7
旅游	Traveling	98.7	98.8	98.3
居住	**Housing**	**99.6**	**99.9**	**98.9**
建房及装修材料	Building and Decoration Material	99.0	99.0	99.1
住房租金	Housing Rents	102.4	102.8	99.9
自有住房	One's Own House	100.7	100.8	100.7
水、电、燃料	Water, Electricity and Fuel	97.0	98.0	94.5

8—4 商品零售价格分类指数（2015年）
Retail Price Indices by Category of Commodities (2015)

上年=100（preceding year=100）

类　别	Item	全省 Provincial Indices	城市 Urban Indices	农村 Rural Indices
商品零售价格总指数	**General Retail Price Index**	**99.7**	**99.6**	**99.9**
食　品	**Food**	**102.5**	**102.2**	**103.4**
粮　食	Grain	102.4	102.6	101.9
淀粉及制品	Starch and Related Products	104.1	105.3	100.1
干豆类及豆制品	Bean and Its Products	101.2	101.6	99.8
油　脂	Oil and Fat	97.3	96.9	98.6
肉禽及其制品	Meat and Poultry	104.7	104.0	106.7
蛋	Eggs	89.8	89.2	91.8
水产品	Aquatic Products	100.0	100.0	99.9
菜	Vegetables	110.7	110.2	111.8
调味品	Flavoring	103.1	102.6	104.1
糖	Carbohydrate	101.4	101.6	101.0
干鲜瓜果	Melons and Fruits	96.2	97.0	94.3
糕点饼干面包	Cake and Bread	101.3	100.9	102.6
液体乳及乳制品	Liquid Breast and Its Products	98.5	98.1	99.6
在外用膳食品	Food for Exteral Use	102.7	102.5	103.6
其他食品	Other Food	101.2	101.6	100.0
饮料、烟酒	**Beverages, Tobacco and Liquor**	**101.6**	**102.2**	**100.0**
茶及饮料	Tea and Beverages	102.9	103.2	102.2
烟　草	Tobacco	104.4	104.5	104.3
酒	Liquor	98.6	99.8	95.2
服装、鞋帽	**Garments, Shoes and Hats**	**101.4**	**101.8**	**100.3**
服　装	Garments	102.3	102.5	101.9
鞋袜帽	Footwear and Hats	99.0	100.0	96.2
其　他	Other	100.1	100.4	99.4
纺织品	**Textiles**	**99.9**	**99.5**	**100.8**
衣着材料	Clothing Material	100.7	100.7	100.7
床上用品	Bed Articles	99.5	98.9	100.9
家用电器及音像器材	**Household Electrical Appliance and Audio-video Supplies**	**98.8**	**98.5**	**99.6**
家庭设备	Household Facilities	98.7	98.3	100.0
文娱用耐用消费品	Durable Consumer Goods for Recreational Use	99.0	99.1	98.7
专业音像器材	Professional Video Equipment	98.0	97.0	100.9
文化办公用品	**Cultural and Office Articles**	**99.1**	**99.1**	**99.4**
日用品	**Articles for Daily Use**	**100.1**	**100.1**	**100.2**
日用百货	Daily Use Sundry Goods	99.9	100.1	99.5
日用杂品	Daily Use Groceries	100.2	99.8	101.7
洗涤用品	Washing Articles	100.7	100.7	100.8
其它日用品	Other Articles for Daily Use	99.5	99.5	99.4
体育娱乐用品	**Sports and Recreational Articles**	**100.8**	**100.7**	**101.5**
体育用品	Sports Articles	101.3	101.1	101.8
娱乐用品	Recreational Articles	100.5	100.4	101.2
交通、通信用品	**Transportation and Telecommunication Articles**	**97.5**	**97.5**	**97.5**
交通运输机械	Transportation Mechanism	97.6	97.6	97.4
通信器材	Telecommunication Facility	97.1	97.0	97.5
家　具	**Furniture**	**100.4**	**100.1**	**101.4**
化妆品	**Cosmetics**	**100.4**	**100.4**	**100.5**
金银珠宝	**Jewelry**	**91.2**	**91.0**	**92.0**
中西药品及医疗保健用品	**Traditional Chinese and Western Medicines and Health Care Articles**	**101.5**	**100.6**	**104.3**
医疗器具及用品	Medical Appliances and Articles	99.8	100.4	98.6
中药材及中成药	Traditional Chinese Medicine	102.4	101.9	104.2
西　药	Western Medicine	100.7	99.7	103.7
保健器具及用品	Health Care Appliances and Articles	102.5	100.1	109.2
书报杂志及电子出版物	**Newspapers, Magazines and Electronic Publications**	**101.5**	**102.1**	**99.7**
教材及参考书	Teaching Materials and Reference Books	100.0	100.1	99.5
书报杂志	Newspapers and Magzines	103.5	104.5	100.1
电子音像制品	Electronic Audio-video Products	101.3	101.8	99.5
燃　料	**Fuels**	**86.6**	**87.0**	**85.7**
煤炭及制品	Coal and Related Products	95.4	93.2	99.0
石油及制品	Petroleum and Related Products	84.7	85.9	81.2
建筑材料及五金电料	**Building Materials, Hardware and Electrical Materials**	**97.5**	**97.7**	**97.0**
建筑装璜材料	Building Decoration Materials	96.8	96.9	96.4
五金电料	Hardware and Electrical Materials	100.1	100.2	99.9

8—5 调查市、县居民消费价格分类指数（2015年）

Consumer Price Indices by Category and by Surveyed City and County (2015)

上年=100（preceding year=100）

市 县 Surveyed City and County		总指数 General Index	食品 Food	#粮食 Grain	油脂 Oil or Fat	肉禽及其制品 Meat and Poultry	蛋 Eggs	水产品 Aquatic Products	菜 Vegetables	鲜菜 Fresh Vegetables
合肥市	Hefei	101.6	102.1	104.0	95.4	104.1	92.2	99.0	110.6	111.5
淮北市	Huaibei	100.8	100.6	101.7	95.2	102.4	84.9	102.5	108.5	109.8
亳州市	Bozhou	101.6	103.5	102.4	94.6	104.6	86.9	101.8	109.7	110.7
宿州市	Suzhou	100.5	101.6	101.4	93.9	105.0	85.9	103.0	110.8	111.4
蚌埠市	Bengbu	101.4	101.7	102.0	96.3	104.5	88.3	100.3	111.7	112.3
阜阳市	Fuyang	101.8	101.7	102.6	99.7	101.5	86.0	99.3	110.0	110.4
淮南市	Huainan	100.9	102.0	99.6	98.4	105.1	86.7	101.0	115.1	115.7
滁州市	Chuzhou	100.8	101.3	101.9	97.0	101.7	86.9	101.4	108.7	109.3
马鞍山市	Maanshan	101.0	102.1	102.0	95.6	104.7	88.8	99.3	107.5	108.3
芜湖市	Wuhu	101.1	102.1	103.9	98.8	103.6	88.7	96.8	109.1	110.6
宣城市	Xuancheng	101.6	103.3	102.9	92.3	106.9	89.7	98.1	112.1	112.6
铜陵市	Tongling	101.2	101.6	102.3	100.2	106.3	92.2	102.9	108.4	108.7
安庆市	Anqing	101.5	102.4	102.7	99.0	105.3	94.4	100.9	111.0	111.9
六安市	Luan	101.1	102.0	102.3	95.2	104.9	89.6	101.4	108.2	108.8
桐城市	Tongcheng	101.0	102.6	100.6	103.6	104.6	94.6	101.1	112.4	112.4
歙县	Shexian	101.4	103.2	101.1	103.8	108.9	91.7	102.2	110.7	111.2

市 县 Surveyed City and County		茶及饮料 Tea and Beverages	干鲜瓜果 Melons and Fruits	烟酒 Tobacco and Ligquor	衣着 Clothing	家庭设备用品及维修服务 Household Facilities and Maintenance Service	医疗保健和个人用品 Medicine, Medical Services and Personal Articles	交通和通信 Means of Transportation & Communication	娱乐教育文化用品及服务 Recreational, Educational and Cultural Articles and Services	居住 Housing
合肥市	Hefei	103.1	99.0	101.5	101.3	100.8	104.6	97.1	104.1	100.1
淮北市	Huaibei	102.6	91.3	102.5	101.3	101.1	104.9	98.1	102.1	99.4
亳州市	Bozhou	103.2	111.7	103.2	102.8	101.8	102.9	97.8	100.3	99.3
宿州市	Suzhou	102.5	87.5	103.5	102.3	98.6	101.2	98.5	99.4	99.0
蚌埠市	Bengbu	101.9	98.7	101.4	101.7	99.9	106.2	98.2	101.5	100.2
阜阳市	Fuyang	101.3	93.6	100.1	103.3	100.5	104.7	98.4	101.6	102.0
淮南市	Huainan	101.7	93.5	103.2	100.3	99.7	103.6	98.1	99.5	100.4
滁州市	Chuzhou	105.8	93.1	101.1	101.6	99.5	102.3	98.5	101.6	99.5
马鞍山市	Maanshan	107.3	100.6	106.4	100.1	99.4	103.8	98.2	101.8	98.2
芜湖市	Wuhu	101.8	100.1	105.3	100.8	101.1	103.5	98.2	101.3	98.9
宣城市	Xuancheng	100.7	92.8	100.6	100.7	101.6	106.0	98.6	101.2	98.7
铜陵市	Tongling	104.9	96.8	102.2	103.8	101.5	103.4	98.1	101.2	99.7
安庆市	Anqing	106.3	89.6	102.5	103.3	102.2	105.2	98.5	99.8	99.4
六安市	Luan	100.4	96.9	103.2	101.3	100.9	104.3	98.6	100.5	98.8
桐城市	Tongcheng	103.2	98.0	101.9	99.8	100.8	102.4	98.1	101.7	98.2
歙县	Shexian	104.1	92.7	100.1	100.0	100.1	103.3	97.9	100.6	100.3

8—6 调查市、县商品零售价格分类指数（2015年）
Retail Price Indices by Category of Commodities and Surveyed City and County (2015)

上年=100（preceding year=100）

市 县 Surveyed City and County		总指数 General Index	#食品 Food	饮料、烟酒 Beverages, Tobacco and Liquor	服装、鞋帽 Clothing, Shoes and Hats	纺织品 Textiles	家用电器及音像器材 Household Electrical Appliance and Audio-video Supplies	文化办公用品 Cultural and Office Articles	日用品 Articles for Daily Use
合肥市	Hefei	99.5	102.4	101.2	101.2	101.0	97.6	98.7	99.7
淮北市	Huaibei	99.3	101.0	102.5	101.3	98.1	98.5	98.7	100.3
亳州市	Bozhou	100.0	103.0	102.8	102.7	100.0	100.1	99.2	101.3
宿州市	Suzhou	99.2	102.3	103.1	102.0	101.4	95.3	98.3	99.1
蚌埠市	Bengbu	99.4	101.7	101.0	101.4	90.1	97.9	100.3	98.8
阜阳市	Fuyang	99.6	102.2	100.3	103.3	98.7	97.8	98.5	101.2
淮南市	Huainan	99.5	102.3	102.7	100.2	99.2	98.9	98.9	100.8
滁州市	Chuzhou	98.9	101.4	101.8	101.3	100.8	99.6	99.3	97.5
马鞍山市	Maanshan	99.7	101.8	107.2	100.4	99.8	97.5	99.6	101.0
芜湖市	Wuhu	100.1	102.2	104.5	101.0	103.0	100.1	99.5	99.4
宣城市	Xuancheng	100.0	103.7	99.7	100.6	102.6	100.0	99.6	100.4
铜陵市	Tongling	99.9	101.7	102.3	103.4	101.4	100.7	100.3	100.1
安庆市	Anqing	99.9	102.7	102.8	103.3	98.9	99.9	98.6	101.3
六安市	Luan	99.4	102.1	102.4	101.2	100.3	99.2	99.3	101.0
桐城市	Tongcheng	99.4	102.7	100.8	99.8	99.2	98.2	99.0	100.2
歙县	Shexian	100.3	103.4	99.8	100.0	99.3	100.0	99.4	99.6

市 县 Surveyed City and County		体育娱乐用品 Sports and Recreational Articles	交通、通信用品 Transportation and telecommunication Articles	家具 Furniture	化妆品 Cosmetics	金银珠宝 Jewelry	中西药品及医疗保健用品 Traditional Chinese and Western Medicines and Health Care Articles	书报杂志及电子出版物 Newspapers, Magzines and Electronic Publications	燃料 Fuels	建筑材料及五金电料 Building Materials, Hardware and Electrical Materials
合肥市	Hefei	100.5	97.6	99.9	100.9	90.3	99.0	102.7	88.4	99.7
淮北市	Huaibei	98.8	97.4	99.5	99.5	92.2	100.9	103.8	88.0	98.1
亳州市	Bozhou	101.1	96.7	101.5	99.7	89.7	101.3	101.6	83.8	96.3
宿州市	Suzhou	101.3	96.8	98.8	100.6	92.2	99.9	100.2	85.2	95.0
蚌埠市	Bengbu	100.0	97.6	100.5	100.9	91.9	103.6	104.1	87.7	97.4
阜阳市	Fuyang	100.5	97.7	100.5	100.9	89.9	99.5	102.0	86.9	99.0
淮南市	Huainan	100.5	97.9	98.5	100.8	90.6	98.9	102.2	87.3	97.9
滁州市	Chuzhou	100.1	96.8	98.5	99.9	92.1	96.7	103.1	86.1	97.4
马鞍山市	Maanshan	103.6	97.6	98.9	101.4	94.9	101.2	101.5	88.0	96.6
芜湖市	Wuhu	99.6	97.2	101.5	99.7	91.9	104.7	100.2	87.6	98.9
宣城市	Xuancheng	100.7	97.2	102.9	100.5	92.8	105.3	99.5	84.6	96.2
铜陵市	Tongling	100.3	97.7	100.7	100.1	90.9	99.8	100.8	89.9	97.2
安庆市	Anqing	102.0	97.9	100.8	100.0	91.1	102.7	101.3	84.2	97.0
六安市	Luan	100.2	96.0	100.9	98.1	91.1	100.2	102.5	89.3	93.6
桐城市	Tongcheng	101.6	97.9	100.1	100.6	93.5	101.5	99.9	84.0	97.3
歙县	Shexian	103.1	97.4	99.8	100.2	88.8	105.4	99.9	89.7	98.3

8—7 农业生产资料价格分类指数

Price Indices of Agricultural Means of Production by Category

上年=100（preceding year=100）

类别	Item	2000	2005	2010	2014	2015
总指数	**General Index**	**98.2**	**108.3**	**102.0**	**99.6**	**101.6**
农用手工工具	Hand Tools for Agriculture uses	100.5	111.1	99.4	104.9	102.3
饲料	Forage	94.0	107.6	104.5	102.4	97.4
产品畜	Product Animals	111.8	114.7	106.1	101.7	117.2
半机械化农具	Semi-mechanized Farm Tools	97.6	105.0	99.0	100.3	99.2
机械化农具	Mechanized Farm Machinery	96.0	106.2	96.9	102.5	99.9
化学肥料	Chemical Fertilizer	92.2	109.0	99.6	92.2	100.6
农药及农药械	Pesticide & Its Appliances	97.1	103.9	99.0	102.5	100.5
农用机油	Oil for Farm Machinery	122.0	107.9	111.4	98.9	91.0
其他农业生产资料	Other Agricultural Means of Production			104.4	102.7	101.1
农业生产服务	Agricultural Production Service			104.0	104.7	104.5

注：农用手工工具2005年以前为小农具。

a) Before 2005 hand tools for agriculture were small farm tools .

8—8 调查市、县农业生产资料价格指数（2015年）

Price Indices of Agricultural Means of Production by Category and Surveyed City and County (2015)

上年=100（preceding year=100）

市县 Surveyed City and County	总指数 General Index	农业手工工具 Hand Tools for Agriculture uses	饲料 Forage	产品畜 Product Animals	半机械化农具 Semimechanized Farm Tools	机械化农具 Mechanized Farm Machinery	化学肥料 Chemical Fertilizer	农药及农药械 Pesticide & Its Appliances	农用机油 Oil for Farm Machinery	其他农业生产资料 Other Agricultural Means of Production	农业生产服务 Agricultural Production Service
宣城市 Xuancheng	101.4	102.3	97.5	113.3	100.0	100.1	99.9	99.9	93.0	101.2	105.2
桐城市 Tongcheng	101.1	103.7	98.3	113.3	101.1	99.5	100.5	100.5	89.3	102.0	103.9
歙县 Shexian	102.4	100.7	95.8	128.0	96.6	99.8	101.5	101.3	89.4	100.7	103.7

8—9 农产品生产者价格指数
Producer Price Indices of Agricultural Products

上年=100（preceding year=100）

类　　别	Item	2005	2010	2014	2015
总指数	**General Index**	**98.71**	**110.82**	**100.21**	**99.76**
农业产品	**Agricultural Products**	**97.30**	**114.77**	**100.71**	**97.84**
谷　物	Cereal	95.41	109.97	103.26	98.25
小　麦	Wheat	91.51	107.65	104.11	97.93
稻　谷	Rice	98.98	110.43	104.68	99.27
玉　米	Corn	96.96	117.58	100.92	92.52
薯　类	Tubers	102.95	119.94	101.08	101.20
豆　类	Beans	88.64	115.38	101.38	95.64
油　料	Oil-bearing Crops	89.23	116.19	99.88	96.45
棉　花	Cotton	109.54	161.74	95.47	87.09
蔬　菜	Vegetables	102.89	115.16	95.58	99.96
茶	Tea	112.35	122.92	99.71	95.96
林业产品	**Forestry Products**	**107.39**	**106.36**	**102.33**	**95.26**
木　材	Timber	107.00	103.90	102.57	97.42
原　木	Logs	106.74	103.88	102.57	97.42
竹　材	Bamboo Material	110.39	103.07	100.28	93.01
牧　业(饲养动物及其产品)	**Animal Husbandry (Breeding Animals and Their Products**	**99.71**	**104.26**	**97.9**	**105.05**
活牲畜	Livestock Breeding (Live Animals)	108.01	108.25	92.63	108.47
牛	Cattle and Buffalo	108.25	105.45	103.16	98.32
羊	Sheep and Goats	112.56	111.29	101.35	80.90
猪	Pig	91.37	99.31	91.01	112.38
家　禽	Poultry	106.34	106.95	106.26	101.43
鸡	Chicken	103.76	105.93	106.43	101.61
鸭	Duck	102.41	110.51	106.53	100.00
禽　蛋	Poultry Eggs	110.74	106.65	113.35	94.19
鸡　蛋	Chicken Eggs	110.67	106.69	114.34	94.21
奶　类	Dairy Products	98.86	112.62		
渔　业	**Fishery**	**105.56**	**106.89**	**102.92**	**99.62**
淡水养殖产品	Aquatic products in Inland Water	105.56	106.89	102.92	99.62
养殖淡水鱼	Freshwater Fishes	104.93	105.57	103.86	100.47
养殖淡水虾	Freshwater Shrimps			111.81	103.53
养殖淡水蟹	Freshwater Crabs			85.47	90.15
其他淡水养殖产品	Other Freshwater Aquatic Products	100.00	111.10	101.96	94.79

8—10 工业生产者出厂价格分类指数
Producer Price Indices for Indnstrial Products by Category

上年=100（preceding year=100）

年 份 Year	总指数 Total Industry Products	生产资料 Means of production	采掘工业 Mining & Quarrying Industry	原材料工业 Raw Materials Industry	加工工业 Manufa-cturing Industry	生活资料 Consumer Goods	食品 Food	衣着 Clothing	一般日用品 Articles for Daily Use	耐用消费品 Durable Consumer Goods
2000	98.86	102.05	100.11	106.16	98.78	93.73	91.14	98.48	96.12	98.22
2005	103.25	104.91	113.04	111.06	100.47	98.93	99.60	100.32	101.84	96.67
2008	108.41	109.27	119.54	104.54	109.92	105.42	109.70	102.03	102.24	101.25
2009	92.83	91.39	94.98	90.59	91.14	97.82	98.89	99.43	98.56	95.67
2010	108.98	110.86	111.45	116.89	108.12	103.03	104.96	101.97	102.67	100.45
2011	108.30	109.20	104.80	111.20	108.80	105.60	108.90	107.50	106.40	100.40
2012	98.30	97.00	96.90	99.20	96.00	101.70	102.60	103.10	100.30	101.10
2013	98.20	96.90	92.90	96.60	97.50	101.50	102.60	102.70	101.60	99.90
2014	97.40	96.20	90.10	95.70	97.10	100.70	101.00	102.50	100.90	99.80
2015	93.94	91.65	81.10	91.02	93.12	100.17	99.91	101.37	100.02	100.33

8—11 工业生产者出厂价格轻重工业分类指数
Sub-index of Light and Heavy industry of Ex-factory Industrial Producer Price Index

上年=100（preceding year=100）

年 份 Year	轻工业 Light Industry	以农产品为原料 Using Farm Products as Raw Materials	以非农产品为原料 Using Non-farm Products Raw Materials	重工业 Heavy Industry	#采掘工业 Mining and Quarrying	原料工业 Raw Materials Industry	加工工业 Manufac-turing Industry
2000	95.68	95.36	97.64	102.06	101.01	106.09	97.67
2005	99.05	99.54	98.62	106.31	112.59	111.32	101.36
2008	105.35	107.08	103.80	110.12	119.02	104.93	116.66
2009	97.01	97.87	96.19	90.52	95.40	90.33	89.45
2010	104.77	106.38	103.19	111.36	110.97	116.63	108.11
2011	107.70	109.90	103.60	108.50	104.80	110.90	107.70
2012	101.40	101.30	101.50	97.10	96.90	99.30	96.10
2013	101.50	102.20	100.10	96.90	92.90	96.90	97.40
2014	100.40	100.80	99.80	96.30	90.10	95.90	97.20
2015	99.64	99.47	99.96	91.82	81.10	91.17	93.33

8—12 工业生产者购进价格分类指数
Industrial Products Purchased from the Price Indices by Category

上年=100（preceding year=100）

年　份 Year	全部原材料 Total Raw and Other Materials	#燃料、动力类 Fuel and Power	黑色金属材料 Ferrous Metals	有色金属材料和电线类 Nonferrous Metals	化工原料 Industrial Chemicals	木材及纸浆 Timber and Paper Pulp	建筑材料及非金属矿类 Building Materials and Nonmetal Mine Since	其他工业原材料及半成品 Other Raw Materials and Semi-finished Products	农副产品 Agricultural and Subsidiary Products	纺织原料 Textile Raw Material
2000	102.58	103.22	102.94	110.50	108.97	100.24	95.25	100.76	94.32	103.95
2005	107.13	114.95	108.07	116.42	106.87	103.47	106.55	104.35	98.16	95.41
2008	112.39	116.69	119.38	97.53	107.75	110.48	110.26	110.72	114.92	102.23
2009	95.25	98.54	86.93	84.32	90.50	99.32	100.16	94.17	96.08	97.04
2010	111.76	110.91	113.45	124.92	111.29	103.92	106.94	105.90	110.05	108.52
2011	110.80	112.90	110.10	116.10	109.50	108.70	117.40	103.90	116.30	112.10
2012	98.20	100.10	94.00	95.40	97.10	104.40	98.30	98.10	103.10	96.20
2013	96.90	91.60	96.90	93.80	97.90	99.60	95.70	98.70	103.40	100.30
2014	97.20	93.30	95.90	95.60	98.30	100.40	99.80	98.40	100.80	99.10
2015	93.46	89.45	88.16	90.58	94.04	99.73	98.66	97.40	96.65	96.88

8—13 固定资产投资价格指数
Price Indices of Investment in Fixed Assets

上年=100（preceding year=100）

年　份 Year	固定资产投资 Investment in Fixed Assets	建筑安装工程 Construction and Installation	设备工器具购置 Purchase of Equipment, Tools and Instruments	其他费用 Others
2000	101.60	102.80	100.10	98.20
2005	101.04	100.98	100.33	102.26
2008	109.43	113.66	101.17	103.80
2009	95.97	94.35	97.10	101.05
2010	105.35	107.51	101.23	101.54
2011	108.13	110.99	101.93	103.96
2012	100.97	101.27	99.15	102.29
2013	100.15	100.31	98.97	101.20
2014	100.30	100.40	99.60	101.00
2015	96.87	95.45	99.31	100.78

主要统计指标解释

居民消费价格指数

是度量消费商品及服务项目价格水平随着时间而变动的相对数，反映居民家庭购买的消费品及服务价格水平的变动情况。它是宏观经济分析和决策、价格总水平监测和调控以及国民经济经济核算的重要指标。其按年度计算的变动率通常被用来作为反映通货膨胀（或紧缩）程度的指标。

商品零售价格指数

商品的零售价格是商品在流通过程中最后一个环节的价格，是工业、商业、餐饮业和其他零售企业向城乡居民、机关团体出售生活消费品和办公用品的价格。商品零售价格指数，反映了市场商品零售价格的变动趋势和变动程度，为国家宏观调控和国民经济核算提供参考依据。同时，还可以在此基础上编制其他派生价格指数。

农产品生产者价格指数

是反映一定时期内，农产品生产者出售农产品价格水平变动趋势及幅度的相对数。该指数可以客观反映全省农产品生产者价格水平和结构变动情况，满足农业与国民经济核算需要。其中某代表品生产者价格指数是通过对全部有出售该产品行为的调查单位的个体指数进行几何平均求得的，类价格指数是通过对其所属的类（或代表品）的价格指数进行加权平均求得的。季度累计价格指数的计算方法与分季指数的计算方法相同。

农业生产资料价格指数

指反映一定时期内农业生产资料价格变动趋势和程度的相对数。其编制目的是了解农业生产中投入物质资料价格的变动状况，服务于国民经济核算。

工业生产者出厂价格指数

是反映各工业行业产品出厂价格总水平的变动趋势和程度的相对数。为国民经济核算、测算工业发展速度、宏观经济分析和调控、理顺价格体系提供依据。

工业生产者购进价格指数

是反映工业企业作为生产投入，而从物资交易市场和能源、原材料生产企业购买原材料、燃料和动力产品时，所支付的价格水平变动趋势和程度的统计指标，是扣除工业企业物质消耗成本中的价格变动影响的重要依据。

目前，我国编制的原材料、燃料和动力购进价格指数所调查的产品包括燃料动力、黑色金属、有色金属、化工、建材等九大类的900多种产品。

固定资产投资价格指数

是反映固定资产投资额价格变动趋势和程度的相对数。固定资产投资额是由建筑安装工程投资完成额、设备、工器具购置投资完成额和其他费用投资完成额三部分组成的。编制固定资产投资价格指数应首先分别编制上述三部分投资的价格指数，然后采用加权算术平均法求出固定资产投资价格总指数。

编制固定资产投资价格指数可以准确地反映固定资产投资中涉及的各类商品和取费项目价格变动趋势和变动幅度，消除按现价计算的固定资产投资指标中的价格变动因素，真实地反映固定资产投资的规模、速度、结构和效益，为国家科学地制定、检查固定资产投资计划并提高宏观调控水平，为完善国民经济核算体系提供科学的、可靠的依据。

Explanatory Notes for Major Statistical Indicators

Resident's Consumer Price Index

As relative index which measures the change in price level of a group of representative consumer goods and services with the passage of time, reflecting the changes in prices of consumer goods and services purchased by residents. It is an important index of macroscopic economic analysis and decisions, general price level monitoring, adjustment and control, and national business accounting. Its changing rate by the year is usually regarded as reflecting the degree of inflation (or tightens).

Retail Price Index

Retail price of goods is the price of the last link in the circulating course. It is the price of consumer goods and official supplies sold to urban and rural residents or organs by industrial, commercial, catering trade and other retail enterprises. Retail price index reflects the trend and degree of changes in retail price of market commodities. It offers the consulting basis of national macroscopic adjustment and control and national business accounting. Besides, other deriving price indices could be worked out basing on it.

Producer Price Indices of Agricultural Production

reflect the trend and degree of changes in producers' prices received by farmers when they sell farm products during a given period. These indices depict the change in the level and structure of producer prices for farm products of the province and meet the needs of agricultural statistics and national accounts statistics. The producer price index for a given product is calculated as the geometrical mean of individual indices for all surveyed units which sell such product, and the indices for a product category is obtained as the weighted mean of price indices for all products in the category. Method for calculating accumulative quarterly indices is the same as for calculating the individual quarterly indices.

Price Indices for Means of Agricultural Production

reflect the relative number of trend and degree of changes in the prices of the means of agricultural production during a given period. Compilation of these indices helps to understand the price changes of material input in agricultural production and serves national economic accounts.

Ex-factory Price Index of Industrial Products

reflects the trend and degree of changes in general ex-factory prices of all industrial products. It offers basis of national business accounting, calculating industrial development speed, national macroscopic analysis, adjustment and control and rationalizing the price system.

Indices of Purchasing Prices of Raw Materials, Fuels and Power

reflect changes in the level and degree of prices paid by industrial enterprises when they purchase production input such as raw materials, fuels and power from the market or from other energy or raw materials producing enterprises. These indices provide important basis for measuring the material consumption of industrial enterprises after removing influence of price changes.

At present, over 900 products in 9 categories, including fuels and power, ferrous metals, non-ferrous metals, chemicals, building materials, are covered in China for the survey to produce indices of purchasing prices of raw materials, fuels and power.

Price Index of Investment in Fixed Assets

reflects the trend and degree of changes in prices of investment in fixed assets. The investment in fixed assets consists of three components, namely the investment in construction and installation, the investment in purchases of equipment and instrument, and the investment in other items. Price index of investment in fixed assets is calculated as the weighted arithmetic mean of the price indices of the three components of investment in fixed assets.

Removing the factor of price change in the aggregates of investment at current prices, this indicator shows the changes in the prices of commodities and fees involved in the investment of fixed assets, and can be used to observe the actual size, growth, structure, and efficiency of investment in fixed assets and provides reliable and scientific data for government planning, management, decision making, and further improving the current national accounting system.

第九篇

Chapter 9

LIVELIHOOD OF URBAN AND RURAL PEOPLE

简要说明

一、本篇资料内容主要反映城乡居民收支和生活状况，包括居民家庭基本情况、居民收支、消费水平、居住状况及主要消费品拥有量等。

二、本篇资料来源于城乡一体化住户调查。自 2013 年以来，城乡一体化住户调查整合城乡住户调查资源，统一调查指标、统一抽样方法、统一调查过程、统一数据处理和统一数据发布，由安徽调查总队根据国家统计局《住户收支与生活状况调查方案》组织实施，其调查目的是为全面了解全省和分市、县（区）城乡常住居民收入、生活现状及变化情况，全面准确地反映居民收入分配格局，满足各级政府制定政策计划和进行宏观管理的需要，以及社会各界的信息需求，为国民经济核算提供基础数据。

Brief Introduction

I. This chapter material content mainly reflects the urban and rural residents' income and living conditions, including residents family basic situation, income, consumption level, living condition and the main consumer ownership, etc.

II. This chapter material content is derived from the integrationization of urban and rural household survey. Since 2013, the integrationization of urban and rural household survey has been unifing urban and rural household survey resources unified index, sampling method and survey process, data processing and data releasing. According to the resident income and life condition investigation plan of the national bureau of statistics, the survey office in Anhui organized the implementation. Survey aim is for comprehensive understanding of the province and city and county (district) of urban and rural residents income, living status and changing situation, comprehensive accurately reflecting the residents income distribution pattern, providing for all levels of government policy planning and the need of macro management, and information demanding to the social, and basic data for the national economic accounting.

9—1 人民物质文化生活情况
People's Material and Cultural Life

项目		Item		2014	2015
就 业		**Employment**			
每一城镇就业者负担人数	（人）	Number of Dependents per Urban Employee	(person)	1.85	1.83
每一农村劳动力负担人数	（人）	Number of Dependents per Rural Laborer	(person)	1.56	1.53
城镇登记失业率	（%）	Urban Unemployment Rate	(%)	3.2	3.1
收 入		**Income of Rural and urban Residents**			
城镇居民可支配收入	（元）	Annual per Capita Disposable Income of Urban		24839	26936
农村居民可支配收入	（元）	Annual per Capita Net Income of Rural Residents	(yuan)	9916	10821
城镇居民恩格尔系数	（%）	Engle Coefficient of Urban Households	(%)	33.3	33.7
农村居民恩格尔系数	（%）	Engle Coefficient of Rural Households	(%)	35.6	35.8
城镇非私营单位就业人员平均工资	（元）	Average Wage for the Employment of Urban Non Private Units	(yuan)	50894	55139
现住房面积	**（平方米）**	**Per Capita Floor Space of Residential Buildings**	**(sq.m)**		
城镇常住居民人均住房建筑面积		Urban Areas (Net)		35.13	34.71
农村常住居民人均住房建筑面积		Rural Areas (Net)		44.67	46.76
交 通		**Traffic**			
城镇每百户拥有摩托车	（辆）	Number of Motor Cycles per 100 Households in Urban Areas	(unit)	23.07	19.74
城市每万人拥有公共车辆	（标台）	Number of Buses per 10000 Persons in Cities	(unit)	11.54	11.36
城市公用事业		**Public Utilities in Urban Areas**			
自来水普及率	（%）	Ratio of Access to Tap Water	(%)	98.63	98.79
燃气普及率	（%）	Ratio of Access to Tap Water	(%)	96.81	97.55
人均公园绿地	（平方米）	Per Capita Park Greenery Area	(sq.m)	13.20	13.37
文 化		**Culture**			
城镇每百户有彩色电视机	（台）	Number of Color TV Sets per 100 Household in Urban Areas	(unit)	130.04	129.63
农村每百户有彩色电视机	（台）	Number of Color TV Sets per 100 Household in Rural Areas	(unit)	119.63	121.33
广播人口覆盖率	（%）	Broadcast Covering Ratio of Population	(%)	98.6	98.8
电视人口覆盖率	（%）	TV Covering Ratio of Population	(%)	98.7	98.9
教 育		**Education**			
学龄儿童入学率	（%）	Enrollment Ratio of School-age Children	(%)	99.98	99.96
每万人口中在校大学生数	（人）	Number of University Students per 10000 Persons	(person)	178	185
卫 生		**Public Health**			
每万人医院病床数	（张）	Number of Hospital Beds per 10000 Persons	(unit)	27.08	29.17
每万人有执业（助理）医师数	（人）	Number of Licensed (Assistant) Physicians per 10000 Persons	(person)	14.96	15.51

9—2 城镇居民家庭基本情况
Basic Conditions of Urban Households

项　　目		Item		2014	2015
平均每户家庭人口	**（人）**	**Average Household Size**	**(person)**	**2.94**	**2.95**
平均每户就业人口	**（人）**	**Average Number of Employed persons per Household**	**(person)**	**1.59**	**1.61**
平均每户就业面	**（%）**	**Percentage of Employment per Household**	**(%)**	**54.08**	**54.77**
平均每一就业者负担人数（包括就业者本人）	**（人）**	**Number of Persons Supported by Each Employee Including the Employee Himself or Herself**	**(persons)**	**1.85**	**1.83**
平均每人全部年收入	**（元）**	**Per Capita Annual Income**	**(yuan)**	**27001.17**	**29461.48**
#可支配收入		Disposable Income		24838.52	26935.76
工资性收入		Wages Income		15515.00	16928.73
经营净收入		Net Income From Business		3881.73	4172.24
财产净收入		Property Income		1787.66	1881.90
转移净收入		Transfer Income		3654.13	3952.89
平均每人消费性支出	**（元）**	**Per Capita Annual Living Expenditures for Consumption**	**(yuan)**	**16107.07**	**17233.53**
#食　品		Food		5360.33	5802.05
衣　着		Clothing		1333.74	1403.29
居　住		Residence		3542.43	3460.05
生活用品及服务		Supplies and Services		922.87	926.42
交通和通信		Transportation and Communications		1924.87	2265.65
教育文化娱乐服务		Education, Cultural & Recreation Service		1650.87	1913.27
医疗保健		Medicine and Medical Service		976.54	1073.34
其他用品和服务		Other goods and Services		395.42	389.45
平均每人消费性支出构成（人均消费性支出=100）	(%)	**Composition of per Capita Annual Living Expenditures for Consumption**	**(%)**	**100.00**	**100.00**
#食　品		Food		33.28	33.67
衣　着		Clothing		8.28	8.14
居　住		Residence		21.99	20.08
生活用品及服务		Supplies and Services		5.73	5.38
交通和通信		Transportation and Communications		11.95	13.15
教育文化娱乐服务		Education, Cultural & Recreation Service		10.25	11.10
医疗保健		Medicine and Medical Service		6.06	6.23
其他用品和服务		Other goods and Services		2.45	2.26

9—3 按收入等级分的城镇居民家庭年人均可支配收入（2015年）
According to the Income are Rated Annual Per Capita Disposable Income of Urban Households (2015)

单位：元（yuan）

项　　目	Item	总平均 The Total Average	低收入户 Low Income Households	中低收入户 In low and Middle-income Households	中等收入户 Middle Income Households	中高收入户 Middle High Income Families	高收入户 High Income Households
家庭总收入	**Total Income**	**29461.48**	**14064.20**	**20954.21**	**27716.38**	**35757.86**	**57514.15**
#可支配收入	Disposable Income	26935.76	11465.54	19200.29	25477.62	33237.92	53694.67
工资性收入	Wages Income	16928.73	6912.69	13987.40	16491.58	20559.93	31350.37
经营净收入	Net Income From Business	4172.24	1866.41	2128.62	4050.70	4306.17	10141.79
财产净收入	Property Income	1881.90	953.48	1307.96	1850.43	2046.23	3805.76
转移净收入	Transfer Income	3952.89	1732.97	1776.30	3084.91	6325.58	8396.75

9—4 按收入等级分的城镇居民家庭年人均支出（2015年）
According to the Per Capita Income of Urban Households are Rated Years Spending (2015)

单位：元（yuan）

项　　目	Item	总平均 The Total Average	低收入户 Low Income Households	中低收入户 In low and Middle-income Households	中等收入户 Middle Income Households	中高收入户 Middle High Income Families	高收入户 High Income Households
家庭总支出	**Total Expenditure**	**24092.93**	**14364.78**	**17876.48**	**22160.06**	**27683.06**	**44390.28**
消费性支出	Consumption Expenditure	17233.53	10383.60	13532.71	16486.74	19693.99	29943.49
财产性支出	Property Expenditure	144.66	52.34	105.32	160.37	210.33	234.32
转移性支出	Transfer Expenditure	1435.51	718.81	1225.71	1437.84	1645.10	2481.69
#社会保障支出	Social Protection Expenditure	1149.49	619.20	981.46	1170.50	1334.69	1883.91
借贷支出	**Loan Expenditure**	**1459.43**	**352.39**	**890.79**	**1113.87**	**1952.79**	**3640.00**

9—5 按收入等级分的城镇居民家庭年人均消费性支出（2015年）
Per Capita Annual Living Expenditure of Urban Households by Income Scale (2015)

单位：元（yuan）

项　　目	Item	总平均 The Total Average	低收入户 Low Income Households	中低收入户 In low and Middle-income Households	中等收入户 Middle Income Households	中高收入户 Middle High Income Families	高收入户 High Income Households
消费性支出	**Total Living Expenditures**	**17233.53**	**10383.60**	**13532.71**	**16486.74**	**19693.99**	**29943.49**
食品烟酒	Food Alcohol and Tobacco	5802.05	3828.78	4982.58	5786.00	6704.79	8673.63
衣　着	Clothing	1403.29	742.81	1090.26	1339.54	1617.41	2585.44
居　住	Residence	3460.05	2246.79	2740.85	3358.33	4110.26	5521.62
生活用品及服务	Supplies and Services	926.42	520.47	654.47	743.53	1155.58	1826.07
交通和通信	Transportation and Communications	2265.65	886.82	1748.15	2215.09	2548.06	4633.07
教育文化娱乐服务	Education, Cultural & Recreation Service	1913.27	1218.44	1454.35	1861.26	1906.49	3571.57
医疗保健	Medicine and Medical Service	1073.34	776.59	636.52	820.28	1184.34	2259.62
其他用品和服务	Other Commodities and Services	389.45	162.90	225.53	362.73	467.06	872.47

9—6 按收入等级分的城镇居民家庭年人均消费性支出构成（2015年）

Composition of Per Capita Annual Living Expenditure of Urban Households by Income Scale (2015)

单位：%

项　目	Item	总平均 The Total Average	低收入户 Low Income Households	中低收入户 In low and Middle-income Households	中等收入户 Middle Income Households	中高收入户 Middle High Income Families	高收入户 High Income Households
消费性支出	**Total Living Expenditures**	**100.00**	**100.00**	**100.00**	**100.00**	**100.00**	**100.00**
食品烟酒	Food Alcohol and Tobacco	33.67	36.87	36.82	35.09	34.04	28.97
衣　着	Clothing	8.14	7.15	8.06	8.12	8.21	8.63
居　住	Residence	20.08	21.64	20.25	20.37	20.87	18.44
生活用品及服务	Supplies and Services	5.38	5.01	4.84	4.51	5.87	6.10
交通和通信	Transportation and Communications	13.15	8.54	12.92	13.44	12.94	15.47
教育文化娱乐服务	Education, Cultural & Recreation Service	11.10	11.73	10.75	11.29	9.68	11.93
医疗保健	Medicine and Medical Service	6.23	7.48	4.70	4.98	6.01	7.55
其他用品和服务	Other Commodities and Services	2.26	1.57	1.67	2.20	2.37	2.91

9—7 按收入等级分的城镇居民家庭平均每百户年末耐用消费品拥有量（2015年）

Number of Durable Consumer Goods Owned Per 100 Urban Households at Year-end by Level of Income (2015)

项　目		Item		总平均 The Total Average	低收入户 Low Income Households	中低收入户 In low and Middle-income Households	中等收入户 Middle Income Households	中高收入户 Middle High Income Families	高收入户 High Income Households
家用汽车	（辆）	Household Automobile	(unit)	21.87	13.93	14.65	22.14	21.81	36.80
摩托车	（辆）	Motorcycle	(unit)	19.74	23.27	22.98	19.27	19.30	13.88
助力车	（辆）	Man-drawn Vehicle	(unit)	67.85	74.87	74.20	71.77	63.99	54.47
洗衣机	（台）	Washing Machine	(set)	94.09	85.89	92.19	95.35	99.14	97.87
电冰箱	（台）	Refrigerator	(set)	97.22	93.18	98.74	97.52	98.14	98.51
微波炉	（台）	Microwave Oven	(set)	59.68	37.79	50.70	65.04	69.43	75.41
彩　电	（台）	Color TV	(set)	129.63	121.28	126.98	130.43	133.45	135.98
空调器	（台）	Air Conditioner	(set)	144.39	107.04	134.75	139.96	153.97	186.14
淋浴热水器	（台）	Water Heater	(set)	96.59	81.82	93.79	96.52	103.47	107.33
＃太阳能热水器		Solar Water Heater		65.78	67.05	70.04	65.16	68.52	58.14
消毒碗柜	（台）	Disinfectant Machine	(set)	4.29	1.79	2.66	3.54	5.55	7.91
洗碗机	（台）	Dishwasher	(set)	0.20	0.25	0.25	0.14	0.36	
排油烟机	（台）	Kitchen Ventilator	(set)	66.79	49.60	60.32	63.80	77.15	83.05
固定电话	（部）	Telephone	(unit)	50.58	48.74	48.11	46.15	53.14	56.75
移动电话	（部）	Mobile Telephone	(unit)	216.75	211.94	221.99	217.49	216.43	215.89
计算机	（台）	Computer	(set)	73.95	49.12	69.24	73.49	82.00	95.85
摄像机	（架）	Video Camera	(unit)	4.39	1.55	3.09	3.16	5.50	8.64
照相机	（架）	Camera	(unit)	27.54	10.94	19.99	23.10	33.07	50.58
中高档乐器	（台）	Medium Upscale Musical Instrument	(set)	3.83	1.23	3.00	2.30	3.93	8.67
健身器材	（套）	Healthy Equipment	(unit)	3.71	1.61	3.02	0.75	3.63	9.51
组合音响	（套）	Hi-Fi Stereo Component System	(unit)	6.22	2.40	4.63	5.93	6.88	11.27

9—8 按收入等级分的城镇居民家庭平均每人全年购买商品数量（2015年）
Per Capita Annual Purchases of Major Commodities of Urban Households by Level of Income (2015)

项　目		Item		总平均 The Total Average	低收入户 Low Income Households	中低收入户 In low and Middle-income Households
洗衣机	（台/百户）	Washing Machine	(unit/100 household)	4.89	3.54	4.89
电冰箱	（台/百户）	Refrigerator	(unit/100 household)	3.83	3.94	2.61
空调器	（台/百户）	Air Conditioners	(unit/100 household)	5.04	3.68	1.89
移动电话	（部/百户）	Mobile Telephone Subscribers	(unit/100 household)	39.53	31.64	39.14
彩色电视机	（台/百户）	Color Television Set	(unit/100 household)	5.24	2.30	3.74

项　目		Item		中等收入户 Middle Income Households	中高收入户 Middle High Income Families	高收入户 High Income Households
洗衣机	（台/百户）	Washing Machine	(unit/100 household)	4.00	5.75	6.26
电冰箱	（台/百户）	Refrigerator	(unit/100 household)	2.11	5.35	5.14
空调器	（台/百户）	Air Conditioners	(unit/100 household)	3.35	8.55	7.70
移动电话	（部/百户）	Mobile Telephone Subscribers	(unit/100 household)	43.00	34.17	49.67
彩色电视机	（台/百户）	Color Television Set	(unit/100 household)	5.98	6.13	8.07

9—9 各市城镇居民家庭平均每百户年末耐用消费品拥有量（2015年）

Number of Major Durable Consumer Goods Owned Per 100 Urban Households at the Year-end by Region (2015)

项目		Item		全省 Proince Indices	合肥市 Hefei	淮北市 Huaibei	亳州市 Bozhou	宿州市 Suzhou
主要消费品拥有量		**Ownership of Major Durable Consumer Goods**						
家用汽车	（辆）	Household Automobile	(unit)	21.87	26.69	17.12	17.56	8.96
摩托车	（辆）	Motorcycle	(unit)	19.74	10.70	16.30	16.42	19.82
助力车	（辆）	Man-drawn Vehicle	(unit)	67.85	53.26	60.32	131.52	86.33
洗衣机	（台）	Washing Machine	(set)	94.09	93.19	99.51	103.02	92.53
电冰箱（柜）	（台）	Refrigerator	(set)	97.22	96.65	100.72	98.94	89.06
微波炉	（台）	Microwave Oven	(set)	59.68	65.08	48.94	36.49	36.12
彩色电视机	（台）	Color TV	(set)	129.63	119.62	120.63	119.36	107.73
#接入有线电视网络的电视机		Cable Television		82.30	81.41	58.18	47.55	50.86
空　调	（台）	Air Conditioner	(set)	144.39	147.76	121.41	87.28	96.32
热水器	（台）	Water Heater	(set)	96.59	97.03	100.89	88.37	82.66
#太阳能热水器		Which Solar Heater		65.78	49.10	85.78	67.50	72.23
消毒碗柜	（台）	Disinfectant Machine	(set)	4.29	3.30	3.20	2.80	6.49
洗碗机	（台）	Dishwasher	(set)	0.20	0.27	0.50	0.20	0.25
排油烟机	（台）	Kitchen Ventilator	(set)	66.79	80.62	63.84	22.05	32.95
固定电话	（部）	Telephone	(unit)	50.58	46.45	62.81	31.61	57.07
移动电话	（部）	Mobile Telephone	(unit)	216.75	202.25	226.39	227.51	189.83
#接入互连网的移动电话		Network-connected Hand Telephone		113.34	112.35	140.54	91.49	98.55
计算机	（台）	Computer	(set)	73.95	71.40	64.01	47.10	49.15
#接入互连网的计算机		Network-connected Computers		61.16	56.89	51.07	33.16	32.95
摄像机	（架）	Video Camera	(unit)	4.39	3.77	9.78	0.21	3.56
照相机	（架）	Camera	(unit)	27.54	32.00	27.58	12.80	10.61
中高档乐器	（台）	Medium Upscale Musical Instrument	(set)	3.83	2.93	5.08	0.63	1.47
健身器材	（套）	Healthy Equipment	(unit)	3.71	1.69	4.41	4.98	2.12
组合音响	（套）	Hi-Fi Stereo Component System	(unit)	6.22	4.89	5.77	4.58	1.86

蚌埠市 Bengbu	阜阳市 Fuyang	淮南市 Huainan	滁州市 Chuzhou	六安市 Luan	马鞍山市 Maanshan	芜湖市 Wuhu	宣城市 Xuancheng	铜陵市 Tongling	池州市 Chizhou	安庆市 Anqing	黄山市 Huangshan
13.35	24.79	17.14	11.67	20.03	27.57	20.85	22.89	23.58	9.47	14.59	24.33
18.42	30.25	14.05	15.83	36.73	15.68	11.25	20.38	10.49	30.21	46.85	25.48
44.46	89.43	39.98	66.42	46.26	77.84	71.16	75.15	22.33	69.34	65.13	88.99
97.30	91.39	101.34	86.53	78.95	94.58	93.58	88.72	100.22	79.89	81.19	87.34
90.31	83.22	98.17	96.02	93.71	98.68	100.13	99.95	102.42	96.12	94.63	98.95
54.78	41.49	70.62	58.23	55.68	76.05	68.92	52.54	78.62	48.99	58.48	48.84
133.35	123.70	142.93	120.41	118.60	157.56	145.63	144.21	136.86	114.31	114.06	142.70
91.71	38.74	92.59	81.82	89.27	122.68	105.69	114.50	107.96	76.45	88.63	106.90
123.02	116.60	157.83	104.61	117.27	183.02	159.26	149.83	194.50	130.39	120.78	133.82
105.14	70.24	104.98	85.87	89.76	99.97	98.68	98.68	117.94	86.57	90.89	95.46
75.49	51.60	82.92	74.41	75.42	57.42	54.84	79.60	73.32	71.79	72.76	73.83
1.85	4.77	1.23	2.46	4.38	6.12	5.87	8.44	4.95	2.85	4.43	7.77
0.06	0.11		0.12	0.32	0.32	1.52	0.53		0.83	0.24	0.10
68.26	36.90	67.76	54.92	67.13	77.68	76.60	76.31	85.19	82.57	67.36	68.99
53.72	39.48	45.56	44.51	53.53	66.26	62.31	50.80	57.81	64.51	69.27	54.58
195.88	193.06	235.35	176.25	183.37	210.14	209.27	230.25	225.85	196.76	198.85	218.77
76.61	64.59	121.17	62.41	92.42	128.60	101.61	173.33	183.16	101.59	64.69	122.27
76.26	55.83	83.82	45.53	50.23	84.49	75.22	81.50	97.76	64.40	62.14	73.14
62.62	40.82	72.20	30.39	44.36	75.51	64.87	76.18	87.99	52.94	49.43	65.18
6.21	4.46	4.29	0.99	2.39	7.92	5.67	2.84	4.41	2.95	3.36	1.77
19.98	10.40	25.82	24.10	20.48	41.86	26.59	20.63	36.32	16.64	18.39	27.53
0.93	2.31	5.42	0.35	1.51	7.57	4.61	4.34	4.95	1.57	3.21	1.45
3.56	0.55	2.65	2.66	2.41	4.83	3.41	3.24	3.14	1.22	1.02	3.28
3.89	10.60	3.18	2.91	5.89	10.50	7.29	4.04	4.39	3.36	7.86	3.45

9—10 各市城镇居民家庭年人均收支（2015年）

Annual Per Capita Cash Income and Expenditure of Urban Households by Region (2015)

项 目	Item	全 省 Proince Indices	合 肥 市 Hefei	淮 北 市 Huaibei	亳 州 市 Bozhou	宿 州 市 Suzhou
家庭总收入	**Total Income**	**29461**	**34174**	**28204**	**25489**	**25239**
#可支配收入	Disposable Income	26936	31989	25690	23120	23630
工资性收入	Wages Income	16929	20783	15517	10630	13765
经营净收入	Net Income From Business	4172	3966	3619	8347	4596
财产净收入	Property Income	1882	2778	1740	1379	1894
转移净收入	Transfer Income	3953	4461	4814	2765	3375
家庭总支出	**Total Expenditure**	**24093**	**27429**	**23578**	**22016**	**20233**
生活消费支出	**Life Consumption Spending**	**17234**	**20049**	**15918**	**15614**	**13846**

单位：元（yuan）

蚌埠市 Bengbu	阜阳市 Fuyang	淮南市 Huainan	滁州市 Chuzhou	六安市 Luan	马鞍山市 Maanshan	芜湖市 Wuhu	宣城市 Xuancheng	铜陵市 Tongling	池州市 Chizhou	安庆市 Anqing	黄山市 Huangshan
28989	**26691**	**31183**	**27443**	**24768**	**38630**	**32207**	**34075**	**36223**	**25907**	**26249**	**30001**
26369	23496	28106	24168	22238	35262	29766	28602	31748	24279	23966	26226
15822	14959	19413	13990	13937	19834	16612	14945	22816	14073	14727	15199
3560	4155	3180	4744	4157	6271	4951	8266	1984	3961	3162	3852
1157	1834	1502	1448	1395	2311	1763	2095	2006	1952	1490	1601
5830	2548	4010	3987	2749	6846	6440	3296	4943	4294	4588	5574
21400	**25305**	**24315**	**22262**	**18752**	**33923**	**22988**	**28704**	**33079**	**22031**	**19726**	**23229**
14696	**15127**	**16343**	**15620**	**14415**	**23756**	**17504**	**17666**	**21936**	**15904**	**13639**	**15765**

9—11 农村居民家庭基本情况
Basic Conditions of Rural Households

项　目	Item	2014	2015
平均每户常住人口　（人）	**Average Number of Permanent Residents per Household (person)**	**3.04**	**3.02**
平均每户整半劳力　（人）	**Average Number of Able-bodied and Semi-able-bodied Laborers per Household (person)**	**1.95**	**1.98**
平均每个劳动力负担人口（含本人）（人）	**Average Number of Persons Supported by a Laborer (including the laborer himself of herself) (person)**	**1.56**	**1.53**
平均每人年收入　（元）	**Per Capita Annual Income (yuan)**		
总收入	Total Revenue	12467.63	13752.45
工资性收入	Wages Income	3554.87	3983.12
家庭经营收入	Household Business Income	6274.92	6845.00
财产性收入	Property Income	169.14	182.94
转移性收入	Transfer Income	2468.70	2741.40
现金收入	Cash Income	11441.05	12505.13
工资性收入	Wages Income	3543.00	3963.80
家庭经营收入	Household Business Income	5469.22	5796.26
财产性收入	Property Income	169.14	182.94
转移性收入	Transfer Income	2259.69	2562.13
平均每人年支出　（元）	**Per Capita Annual Expenditures (yuan)**		
总支出	Total Expenditure	14176.35	15115.64
消费支出	Cash Comsumption Expenditure	7980.76	8975.21
生产经营费用支出	Production and Operating Expenditure	1986.46	2327.44
财产性支出	Cash Property Expenditure	12.72	21.16
转移性支出	Cash Transfer Expenditure	242.13	279.98
部分商业保险支出	Part of Commercial Insurance Expenditure	41.77	29.47
购置资产及非经常性转移支出	Acquisition of Assets and Non-recurring Transfer Expenditure	2880.93	2924.05
借贷性支出	Lending Expenditure	1031.57	558.34
现金支出	Cash Expenditure	12497.06	13278.51
现金消费支出	Cash Comsumption Expenditure	6380.69	7213.53
生产经营现金费用支出	Cash Production and Operating Expenditure	1907.24	2251.99
现金财产性支出	Cash Property Expenditure	12.72	21.16
现金转移性支出	Cash Transfer Expenditure	242.13	279.98
部分商业保险支出	Part of Commercial Insurance Expenditure	41.77	29.47
购置资产及非经常性转移支出	Acquisition of Assets and Non-recurring Transfer Expenditure	2880.93	2924.05
借贷性支出	Lending Expenditure	1031.57	558.34

9—12 农村居民人均收支情况
Per Capita Cash Income and Expenditure of Rural Residents

单位：元（yuan）

项　　目	Item	2014	2015
总收入	**Total Income**	**12467.63**	**13752.45**
工资性收入	Wage Income	3554.87	3983.12
家庭经营收入	Income From Household Business	6274.92	6845.00
财产性收入	Property Income	169.14	182.94
转移性收入	Transfer Income	2468.70	2741.40
可支配收入	**Net Income**	**9916.42**	**10820.73**
期内现金收入合计	**Total Income During the Period**	**11441.05**	**12505.13**
工资性收入	Wage Income	3543.00	3963.80
家庭经营收入	Income From Household Business	5469.22	5796.26
财产性收入	Property Income	169.14	182.94
转移性收入	Transfer Income	2259.69	2562.13
期内现金支出合计	**Total Cash Expenditure in the Period**	**12497.06**	**13278.51**
现金消费支出	Cash Comsumption Expenditure	6380.69	7213.53
生产经营现金费用支出	Cash Production and Operating Expenditure	1907.24	2251.99
现金财产性支出	Cash Property Expenditure	12.72	21.16
现金转移性支出	Cash Transfer Expenditure	242.13	279.98
部分商业保险支出	Part of Commercial Insurance Expenditure	41.77	29.47
购置资产及非经常性转移支出	Acquisition of Assets and Non-recurring Transfer Expenditure	2880.93	2924.05
借贷性支出	Lending Expenditure	1031.57	558.34

9—13 农村居民家庭平均每人生活消费支出
Per Capita Living Expenditure of Rural Households

单位：元（yuan）

项　目	Item	2014	2015
生活消费支出	**Living Expenditure**	**7980.76**	**8975.21**
按消费类别分	**By Category of Consumption**		
食品烟酒	Food Alcohol and Tobacco	2842.33	3212.02
衣　着	Clothing	473.95	503.44
居　住	Residence	1686.02	1899.77
生活用品及服务	Household Facilities, Articles and Services	498.69	498.49
交通通信	Transportation and Communications	811.71	1056.28
教育文化娱乐	Cultural, Educational and Recreational Articles and Services	735.12	834.39
医疗保健	Medicines and Medical Services	778.84	808.20
其他用品和服务	Other Commodities and Services	154.10	162.63
按消费性质分	**By Source of Consumption**		
现金消费支出	**Consumption Paid in Money**	**6380.69**	**7213.53**
食品烟酒	Food Alcohol and Tobacco	2481.76	2833.09
衣　着	Clothing	471.69	502.07
居　住	Residence	634.48	683.41
生活用品及服务	Household Facilities, Articles and Services	496.08	494.63
交通通信	Transportation and Communications	811.66	1056.14
教育文化娱乐	Cultural, Educational and Recreational Articles and Services	735.01	834.19
医疗保健	Medicines and Medical Services	597.25	648.55
其他用品和服务	Other Commodities and Services	152.76	161.44

9—14 农村居民家庭平均每人生活消费支出构成
Composition of per Capita Living Expenditure of Rural Households

单位：%

项 目	Item	2014	2015
生活消费支出	**Living Expenditure**		
按消费类别分	**By Category of Consumption**		
食品烟酒	Food Alcohol and Tobacco	35.61	35.79
衣 着	Clothing	5.94	5.61
居 住	Residence	21.13	21.17
生活用品及服务	Household Facilities, Articles and Services	6.25	5.55
交通通信	Transportation and Communications	10.17	11.77
教育文化娱乐	Cultural, Educational and Recreational Articles and Services	9.21	9.30
医疗保健	Medicines and Medical Services	9.76	9.00
其他用品和服务	Other Commodities and Services	1.93	1.81
按消费性质分	**By Source of Consumption**		
货币性消费	**Consumption Paid in Money**		
食品烟酒	Food Alcohol and Tobacco	31.10	39.27
衣 着	Clothing	5.91	6.96
居 住	Residence	7.95	9.47
生活用品及服务	Household Facilities, Articles and Services	6.22	6.86
交通通信	Transportation and Communications	10.17	14.64
教育文化娱乐	Cultural, Educational and Recreational Articles and Services	9.21	11.56
医疗保健	Medicines and Medical Services	7.48	8.99
其他用品和服务	Other Commodities and Services	1.91	2.24

9—15 农村居民家庭平均每人主要消费品消费量
Per Capita Consumption of Major Consumer Goods in Rural Households

品　名		Item		2014	2015
粮食（原粮）	（公斤）	Grain (Unprocessed)	(kg)	181.96	173.17
#细　粮		Wheat and Rice		170.11	159.96
蔬　菜	（公斤）	Fresh Vegetables	(kg)	88.08	90.99
食　油	（公斤）	Edible Oil	(kg)	14.08	10.27
猪牛羊肉	（公斤）	Pork, Beef and Mutton	(kg)	17.54	18.82
家　禽	（公斤）	Poultry	(kg)	10.09	10.79
蛋及制品	（公斤）	Eggs and Related Products	(kg)	9.26	10.17
鱼　虾	（公斤）	Fish and Shrimp	(kg)	8.40	8.95
食　糖	（公斤）	Sugar	(kg)	1.16	1.13
酒	（公斤）	Liquor	(kg)	15.37	14.81

9—16 农村居民家庭平均每百户年底耐用消费品拥有量
Number of Durable Consumer Goods Owned per 100 Rural Households at the Year-end

品　名		Item		2014	2015
洗衣机	(台)	Washing Machine	(set)	71.37	73.58
电冰箱	(台)	Refrigerator	(set)	86.36	90.55
空调机	(台)	Air Conditioner	(set)	53.64	58.38
抽油烟机	(台)	Exhaust Fan	(set)	9.67	10.90
自行车	(辆)	Bicycle	(unit)	70.77	79.35
摩托车	(辆)	Motorcycle	(unit)	51.20	47.05
生活用汽车	(辆)	Automobile	(unit)	6.89	8.48
电话机	(部)	Telephone	(set)	46.66	40.97
移动电话	(部)	Mobile Telephone	(set)	193.21	205.34
彩色电视机	(台)	Color TV Set	(set)	119.63	121.33
照相机	(台)	Camera	(set)	3.97	3.51
家用计算机	(台)	Computer	(set)	18.13	19.37
热水器	(台)	Shower	(unit)	63.09	66.41

9—17 各市农村居民家庭平均每百户年底耐用消费品拥有量（2015年）

Number of Durable Consumer Goods Owned per 100 Rural Households at the Year-end by Region (2015)

地 区	Region	洗衣机(台) Washing Machine (set)	电冰箱(台) Refrigerator (set)	空调机(台) Air Conditioner (set)	抽油烟机(台) Exhaust Fan (set)	自行车(辆) Bicycle (unit)	摩托车(辆) Motorcycle (unit)
合 肥 市	Hefei	57.9	86.5	68.0	15.5	68.8	22.5
淮 北 市	Huaibei	86.8	83.4	56.1	8.6	91.9	58.8
亳 州 市	Bozhou	91.4	73.7	23.8	1.2	99.0	29.0
宿 州 市	Suzhou	82.2	68.5	29.1	4.4	81.5	36.2
蚌 埠 市	Bengbu	61.9	56.3	31.0	8.6	58.3	33.9
阜 阳 市	Fuyang	97.2	90.0	17.9	1.6	79.7	24.7
淮 南 市	Huainan	90.2	92.5	79.4	22.6	88.4	44.0
滁 州 市	Chuzhou	74.3	88.1	54.8	8.6	55.9	57.6
六 安 市	Luan	49.9	86.5	53.6	9.5	46.6	57.4
马鞍山市	Maanshan	74.4	101.0	109.7	21.5	100.4	50.2
芜 湖 市	Wuhu	60.7	94.7	87.6	29.0	59.4	26.4
宣 城 市	Xuancheng	52.2	100.7	86.1	36.1	69.3	41.4
铜 陵 市	Tongling	53.2	100.0	99.5	22.8	67.3	33.2
池 州 市	Chizhou	35.6	84.3	83.4	46.6	74.7	46.7
安 庆 市	Anqing	30.5	87.9	56.4	7.7	48.8	49.6
黄 山 市	Huangshan	42.1	89.7	29.3	14.4	64.0	42.9

地 区	Region	生活用汽车(辆) Automobile (unit)	电话机(部) Telephone (set)	移动电话(部) Mobile Telephone (set)	彩色电视机(台) Color TV Set (set)	照相机(台) Camera (set)	家用计算机(台) Computer (set)
合 肥 市	Hefei	6.7	44.6	175.7	107.5	6.1	20.5
淮 北 市	Huaibei	5.1	28.5	218.0	114.3	4.1	18.6
亳 州 市	Bozhou	3.9	40.4	180.6	110.3	1.0	6.3
宿 州 市	Suzhou	3.8	37.3	170.9	106.1	0.4	7.7
蚌 埠 市	Bengbu	0.5	20.4	141.6	95.4	0.4	5.1
阜 阳 市	Fuyang	4.0	38.5	196.2	106.7	1.7	4.8
淮 南 市	Huainan	7.4	31.6	215.2	137.8	3.8	34.4
滁 州 市	Chuzhou	5.0	29.0	170.8	118.5	0.6	9.8
六 安 市	Luan	9.2	36.9	156.6	116.1	7.1	6.7
马鞍山市	Maanshan	12.0	58.6	219.7	148.0	7.7	43.2
芜 湖 市	Wuhu	4.2	31.9	197.4	123.9	4.1	24.2
宣 城 市	Xuancheng	11.0	52.7	225.6	143.2	6.2	30.2
铜 陵 市	Tongling	11.1	21.8	220.0	131.4	9.3	40.3
池 州 市	Chizhou	6.5	57.9	219.3	125.4	5.4	22.2
安 庆 市	Anqing	8.8	70.0	170.6	114.0	3.7	21.1
黄 山 市	Huangshan	8.0	48.8	198.6	134.1	1.2	18.3

9—18 各市农村居民人均可支配收入情况
Municipal Rural Residents per Capita Disposable Income

单位：元（yuan）

地 区	Region	2014	2015
合肥市	Hefei	14407	15733
淮北市	Huaibei	9116	9882
亳州市	Bozhou	8967	9738
宿州市	Suzhou	8332	9140
蚌埠市	Bengbu	10511	11552
阜阳市	Fuyang	8213	9001
淮南市	Huainan	10547	10139
滁州市	Chuzhou	9171	10070
六安市	Luan	8287	9197
马鞍山市	Maanshan	14969	16331
芜湖市	Wuhu	14606	15964
宣城市	Xuancheng	11251	12309
铜陵市	Tongling	16405	11169
池州市	Chizhou	10629	11511
安庆市	Anqing	9024	9985
黄山市	Huangshan	10942	11872

9—19 各市农村居民人均生活消费支出情况
Municipal Rural Residents per Capita Consumption Expenditure

单位：元（yuan）

地 区	Region	2014	2015
合肥市	Hefei	9077	9879
淮北市	Huaibei	6447	7224
亳州市	Bozhou	7592	8200
宿州市	Suzhou	5006	5752
蚌埠市	Bengbu	5544	6095
阜阳市	Fuyang	6696	7121
淮南市	Huainan	7238	8257
滁州市	Chuzhou	6484	6944
六安市	Luan	7265	7705
马鞍山市	Maanshan	9833	11368
芜湖市	Wuhu	9606	10353
宣城市	Xuancheng	9323	9432
铜陵市	Tongling	11516	12141
池州市	Chizhou	8779	9489
安庆市	Anqing	7434	7769
黄山市	Huangshan	8151	9723

9—20 各县（区）农村居民家庭人均可支配收入
Various Counties (area) the per Ccapita Disposable Income of Rural Households

单位：元（yuan）

地 区	Region	2014	2015
瑶 海 区	Yaohai District	18482	19957
庐 阳 区	Luyang District	19168	20907
蜀 山 区	Shushan District	18810	20495
包 河 区	Baohe District	19381	21178
合肥新站区	Hefei New Station District	14165	15504
长 丰 县	Changfeng	13395	14614
肥 东 县	Feidong	14807	16162
肥 西 县	Feixi	15070	16479
庐 江 县	Lujiang	13111	14312
巢 湖 市	Chaohu	13860	15142
合肥高新区	Hefei New and High-tech Zone	14181	15507
杜 集 区	Duji District	9599	10446
相 山 区	Xiangshan District	9258	10020
烈 山 区	Lieshan District	9108	9893
濉 溪 县	Suixi	9056	9810
谯 城 区	Qiaocheng District	9875	10793
涡 阳 县	Guoyang	8415	9115
蒙 城 县	Mengcheng	9211	10003
利 辛 县	Lixin	8340	9007
埇 桥 区	Yongqiao District	8503	9311
砀 山 县	Dangshan	8494	9335
萧 县	Xiaoxian	8290	9097
灵 璧 县	Lingbi	8399	9191
泗 县	Sixian	7949	8752
龙子湖区	Longzihu District	10334	11298
蚌 山 区	Bengshang District	10289	11337
禹 会 区	Yuhui District	10012	10968
淮 上 区	Huaishang District	9966	10952
怀 远 县	Huaiyuan	10610	11670
五 河 县	Wuhe	10569	11594
固 镇 县	Guzhen	10670	11745
颍 州 区	Yingzhou District	9634	10520
颍 东 区	Yingdong District	7769	8492
颍 泉 区	Yingquan District	8365	9151
临 泉 县	Linquan	7826	8592
太 和 县	Taihe	8410	9229

9—20 续表1 continued

单位：元（yuan）

地区	Region	2014	2015
阜南县	Funan	7843	8591
颍上县	Yingshang	8241	9035
界首市	Jieshou	8983	9840
大通区	Datong District	10884	11765
田家庵区	Tianjaan District	11468	12420
谢家集区	Xiejiaji District	10839	11760
八公山区	Bagongshan District	11026	11919
潘集区	Panji District	10315	11202
毛集实验区	Maoji Experimental District	10122	10932
凤台县	Fengtai	10462	11341
寿县	Shouxian	7813	8524
琅琊区	Langya District	9874	10832
南谯区	Nanqiao District	9486	10463
来安县	Laian	9015	9908
全椒县	Quanjiao	9394	10291
定远县	Dingyuan	8542	9413
凤阳县	Fengyang	8080	8823
天长市	Tianchang	12780	14070
明光市	Mingguang	8529	9331
金安区	Jinan District	8933	9826
裕安区	Yuan District	8995	9903
叶集区	Yeji District	7902	8613
霍邱县	Huoqiu	8410	9226
舒城县	Shucheng	7762	8503
金寨县	Jinzhai	9449	10328
霍山县	Huoshan	8203	9007
花山区	Huashan District	20298	22115
雨山区	Yushan District	20567	22410
博望区	Bowang District	16601	18128
当涂县	Dangtu	16585	18107
含山县	Henshan	12954	14130
和县	Hexian	12965	14138
镜湖区	Jinghu District	18050	19683
弋江区	Yijiang District	15121	16593
鸠江区	Jiujiang District	16039	17466
三山区	Sanshang District	15907	17410

9—20 续表2 continued

单位：元（yuan）

地　区	Region	2014	2015
芜 湖 县	Wuhu	16269	17774
繁 昌 县	Fanchang	16118	17657
南 陵 县	Nanling	15786	17322
无 为 县	Wuwei	12989	14171
宣 州 区	Xuanzhou District	11285	12380
郎 溪 县	Langxi	11020	12034
广 德 县	Guangde	12770	13983
泾　　县	Jingxian	10082	11020
绩 溪 县	Jixi	9335	10139
旌 德 县	Jingde	9116	9900
宁 国 市	Ningguo	12567	13748
铜 官 区	Tongguan District		
铜陵市郊区	Tongling Suburban District	18366	20008
义 安 区	Yian District		
枞 阳 县	Zongyang	8456	9247
贵 池 区	Guichi District	11026	11936
东 至 县	Dongzhi	10653	11527
石 台 县	Shitai	7410	8084
青 阳 县	Qingyang	11158	12089
九华山景区	Jiuhuashan Mountain Scenic Area	11219	12167
池州开发区	Chizhou Development Zone	11285	12216
迎 江 区	Yingjiang District	11723	12696
大 观 区	Daguan District	11501	12433
宜 秀 区	Yixiu District	11875	12825
怀 宁 县	Huaining	10457	11349
潜 山 县	Qianshan	8309	9069
太 湖 县	Taihu	8010	8759
宿 松 县	Susong	8074	8845
望 江 县	Wangjiang	8177	8933
岳 西 县	Yuexi	8001	8797
桐 城 市	Tongcheng	10713	11747
屯 溪 区	Tunxi District	11645	12600
黄 山 区	Huangshan District	11173	12179
徽 州 区	Huizhou District	11245	12223
歙　　县	Shexian	10883	11807
休 宁 县	Xiuning	10772	11677
黟　　县	Yixian	10917	11855
祁 门 县	Qimen	10803	11700

主要统计指标解释

可支配收入

指调查户在调查期内获得的、可用于最终消费支出和储蓄的总和，即调查户可以用来自由支配的收入。可支配收入既包括现金，也包括实物收入。按照收入的来源，可支配收入包含五项，分别为：工资性收入、经营净收入、财产净收入、转移净收入和自有住房折算净租金。计算公式为：

可支配收入=工资性收入+经营净收入+财产净收入+转移净收入+自有住房折算净租金

其中：经营净收入=经营收入-经营费用-生产性固定资产折旧－生产税净额（生产税-生产补贴）

财产净收入=财产性收入-财产性支出

转移净收入=转移性收入-转移性支出

工资性收入

指就业人员通过各种途径得到的全部劳动报酬和各种福利，包括受雇于单位或个人、从事各种自由职业、兼职和零星劳动得到的全部劳动报酬和福利。

经营净收入

指住户或住户成员从事生产经营活动所获得的净收入，是全部经营收入中扣除经营费用、生产性固定资产折旧和生产税净额（生产税减去生产补贴）之后得到的净收入。

财产净收入

指住户或住户成员将其所拥有的金融资产和自然资源交由其他机构单位、住户或个人支配而获得的回报并扣除相关的费用之后得到的净收入。财产净收入包括利息净收入、红利收入、储蓄性保险净收益和转让承包土地经营权租金净收入等。

转移性收入

指国家、单位、社会团体对住户的各种经常性转移支付和住户之间的经常性收入转移。包括政府、非行政事业单位、社会团体对居民转移的养老金或退休金、社会救济和补助、政策性生活补贴、救灾款、经常性捐赠和赔偿以及报销医疗费等；住户之间的赡养收入、经常性捐赠和赔偿以及农村地区（村委会）在外（含国外）工作的本住户非常住成员寄回带回的收入等。

消费支出

指住户用于满足家庭日常生活消费需要的全部支出，包括用于消费品的支出和用于服务性消费的支出。根据用途不同，消费支出可划分为食品烟酒、衣着、居住、生活用品及服务、交通通信、教育文化娱乐、医疗保健、其他用品及服务八大类。根据来源不同，消费支出可划分为现金消费支出、实物消费支出（含自产自用、来自单位、来自政府和其他社会组织）。

Explanatory Notes for Major Statistical Indicators

Disposable income

Refers to the DiaoZhaHu during the survey period, can be used for final consumption expenditure and the sum of savings, namely DiaoZhaHu can be used to discretionary income. Disposable income includes both cash and in-kind income. According to a source of income, disposable income contains five, respectively: salary income, operating income, net income and property transfer net income and home ownership conversion net rents. Calculation formula is:

Disposable income = salary income + business net income, net income property + + home ownership transfer net income reduced net rents

Among them: business net income = operating income - operating costs - productive fixed assets depreciation by net production tax (production tax - production subsidies)

Property income = property income - property spending

Transfer net income = metastatic income - transfer spending

Wage income

Refers to the employment through various means to get all the labor remuneration and benefits, including employed by units or individuals, is engaged in a variety of freelancing, part-time and sporadic labor to get all the labor remuneration and welfare.

Business net income

Refers to the resident or resident members engaged in the production and business operation activities of net income, is all operating income deducted operating expenses, productive fixed assets depreciation and net production tax (production tax less production subsidies) after the net income.

Property income

Refers to the resident or resident members should be owned by the financial assets, natural resources by other agencies and institutions and the resident or disposal and returns and net income after deducting costs associated. Property net income includes interest income, dividend income, net income and the transfer of contracted land management rights rental deposit sex insurance net income, etc.

Metastatic income

Refers to the country, unit, society the homes of various current transfer payment and regular income transfers between households. Including government, non-executive institutions, social organizations to move people's pension or retirement, social relief and assistance, policy-related subsidies, relief of life, regular donations and compensation and reimbursement, etc.; Support between residents income, regular donations and compensation, and rural area (village) and outer (including foreign) work non-permanent members return back to the residents income, etc.

Consumer spending

Refers to the residents used to meet the needs of all family daily life consumption spending, including for consumer spending and for service consumer spending. According to different purposes, consumer spending can be divided into alcohol, tobacco, food, clothing, housing, household items and services, transportation, communication, education and cultural entertainment, health care and other products and services for the eight classes. According to different sources can be divided into consumer spending cash consumption expenditure, real consumer spending (including produce their own, from units, from government and other social organizations).

第十篇

Chapter 10

GENERAL SURVEY OF CITIES

简要说明

一、本篇资料反映全省及16个地级城市市辖区社会、经济发展和城市建设的规模、效益及综合水平等基本情况，主要内容：

1. 人口、劳动力及土地面积；

2. 综合经济指标；

3. 固定资产投资；

4. 教育、科技、文化、卫生情况；

5. 财政、金融情况；

6. 人民生活情况；

7. 社会福利、劳动保险；

8. 市政公用事业情况；

二、全省城市社会经济资料由安徽省统计局综合处根据国家统计局《城市社会经济基本情况统计报表制度》搜集、汇总整理提供。

Brief Introduction

I. Data in this chapter show the social and economic development as well as the scale, economic efficiency, overall level and other basic conditions of 16 cities at the prefecture and county level in Anhui Province. The main content is composed of the following parts.

1. Population, labor force and area of land.

2. Comprehensive economic indicators.

3. Investment in fixed assets.

4. The conditions of education, science and technology, culture and health care.

5. The conditions of finance and banking.

6. People's livelihood.

7. Social welfare and labor insurance.

8. The conditions of municipal public utilities.

II. Data on the social and economic conditions of the cities in the province are prepared and provided by the Division of Integrated Statistics of Anhui Statistical Bureau in accordance with the statistical reporting scheme on the basic social and economical situations of the cities, which is stipulated by the State Statistical Bureau.

10—1 地级城市基本情况（2015年）
Basic Statement of Cities at Prefectural Level (2015)

指标	Item	全省 Province	#市区合计 City
人口、劳动力及土地面积	**Population, Labor Force and Land Area**		
年末户籍人口 （万人）	Residence Population (year-end) (10000 persons)	6949.11	2017.21
年平均户籍人口 （万人）	Annual Average Residence Population (10000 persons)	6942.47	2012.93
年末城镇非私营单位从业人员数 （万人）	Number of Employed Persons of Urban Non-private Owned Units (year-end) (10000 persons)	513.79	329.65
城镇私营企业和个体从业人员(万人)	Self-employed Individuals in Urban Areas (10000 persons)	748.11	
行政区域土地面积 （平方公里）	Land Area (sq.m)	140140	27068
#建成区面积	Developed Area		1731
综合经济	**General Economy**		
地区生产总值（当年价格）（亿元）	Gross Regional Product (at current price) (100 million yuan)	22005.63	11804.36
第一产业	Primary Industry	2456.69	510.54
第二产业	Secondary Industry	10946.83	6244.77
第三产业	Tertiary Industry	8602.11	5049.05
财政、金融	**Government Finance and Banking**		
地方财政一般预算内收入 （亿元）	Local Budgetary Financial Revenue (100 million yuan)	2454.30	1362.75
地方财政一般预算内支出 （亿元）	Local Budgetary Financial Expenditure (100 million yuan)	5239.01	2231.38
一般公共服务	General Public Service	400.09	158.64
科学技术	Expenses for Science	147.94	101.69
教　育	Expenses for Education	856.73	300.45
文化体育与传媒	Culture, Sports and Media	88.19	30.60
社会保障和就业	Social Security and Employment	691.54	207.77
节能环保	Expenses for Energy Saving and Environmental Protection	124.83	72.02
医疗卫生	Expenses for Public Health	485.60	156.86
住房保障	Expenses for Housing Security	276.63	121.93
城乡社区事务	Expenses in Urban、Rural Areas and Communities	609.65	420.67
交通运输	Transport	383.97	214.86
人民币住户存款余额 （亿元）	Deposits of Households (100 million yuan)	17015.27	7917.23
农　业	**Agriculture**		
蔬菜产量 （万吨）	Output of Vegetables (10000 tons)	2714.17	
园林水果产量 （万吨）	Output of Garden Fruits (10000 tons)	299.44	
肉类产量 （万吨）	Output of Meat (10000 tons)	419.38	
奶类产量 （万吨）	Output of Milk (10000 tons)	30.63	
水产品产量 （万吨）	Output of Freshwater Products (10000 tons)	230.43	
工　业	**Industry**		
规模以上工业法人企业	Industrial Corporate Enterprises above Designated Size		
工业企业数 （个）	Number of Enterprises (unit)	19077	6720
内资企业	Domestic Funded Enterprises	18299	6248
港澳台商投资企业	Funded by Entrepreneurs from Hong Kong, Macao and Taiwan	306	185
外商投资企业	Foreign Funded Enterprises	472	287
工业总产值（当年价格）（亿元）	Gross Output Value (at current price) (100 million yuan)	39875.66	20680.45
内资企业	Domestic Funded Enterprises	34782.45	16905.17
港澳台商投资企业	Funded by Entrepreneurs from Hong Kong, Macao and Taiwan	2425.97	1674.15
外商投资企业	Foreign Funded Enterprises	2667.24	2101.14
从业人员年平均人数 （万人）	Annual Average Number of Employed Persons (10000 persons)	318.74	163.36
流动资产合计 （亿元）	Total Circulating Funds (100 million yuan)	13988.02	8826.94
固定资产合计 （亿元）	Total Fixed Assets (100 million yuan)	12386.88	8540.38
主营业务收入 （亿元）	Main Business Revenue (100 million yuan)	39064.41	20744.18
主营业务税金及附加 （亿元）	Main Business Taxes and Extra-charges (100 million yuan)	522.09	418.17
本年应交增值税 （亿元）	Value Added Tax Payable (100 million yuan)	930.13	533.85
利润总额 （亿元）	Total Profits (100 million yuan)	2000.12	897.54

10—1 续表1 continued

指 标		Item		全省 Province	#市区合计 City
交通运输、邮电通信、能源电力		**Transportation, Post & Telecommunication and Electric Power**			
铁路旅客运量	(万人)	Passenger Traffic of Railways	(10000 persons)	8553	
铁路货物运量	(万吨)	Freight Traffic of Railways	(10000 tons)	10158	
境内铁路营业里程	(公里)	Length of Railways Within the Boundary	(km)	4169	
民用汽车拥有量	(万辆)	Number of Civil Vehicles Owned	(10000 units)	512.83	
#私人汽车		Number of Motor Vehicls owned by Individuals		423.13	
公路客运量	(万人)	Passenger Traffic of Highways	(10000 persons)	78072	
公路货运量	(万吨)	Freight Traffic of Highways	(10000 tons)	230649	
境内公路里程	(公里)	Length of Highways Within the Boundary	(km)	186940	
境内高速公路里程	(公里)	Express Highways	(km)	4249	
内河港口货物吞吐量	(万吨)	Cargo Handled in Ports of Inland Rivers	(10000 tons)	48044.32	
水运客运量	(万人)	Passenger Traffic of Waterways	(10000 persons)	185	
水运货运量	(万吨)	Freight Traffic of Waterways	(10000 tons)	104947	
民用航空货邮运量	(万吨)	Freight Traffic of Civil Aviation	(10000 tons)	2.3	
民用航空客运量	(万人)	Passenger Traffic of Civil Aviation	(10000 persons)	297	
年末邮政局(所)	(处)	Number of Post Offices (year-end)	(unit)	1929	
邮政业务总量	(亿元)	Business Revenue of of Postal Services	(100 million yuan)	41.23	
电信业务总量	(亿元)	Business Revenue of of Telecommunication Services	(100 million yuan)	698.80	
年末固定电话用户	(万户)	Local Telephone Subscribers at Year-end	(10000 subscribers)	739.43	
年末移动电话用户	(万户)	Number of Mobile Telephone Subscribers at Year-end	(10000 subscribers)	4232.61	
固定互联网宽带接入用户	(万户)	Number of Internet Wide Band Turning on Users	(10000 subscribers)	887.94	
全社会用电量	(亿千瓦时)	Total Electricity Consumption	(100 million kwh)	1639.79	795.59
#工 业		Industrial Electricity Consumption		1132.79	527.42
居民生活		Residential Power Consumption		251.18	108.31
内外贸易、外经、旅游		**Trade Foreign Trade and Tourism**			
限额以上批发和零售业商品销售总额	(亿元)	Total Sale of Enterprises Above Designed Size in Wholesale and Retail Trade	(100 million yuan)	9454.89	7336.79
社会消费品零售总额	(亿元)	Retailsale of Consumer Goods	(100 million yuan)	8908.02	5286.46
进口额(海关数)	(亿美元)	Total Imports (customs statistics)	(USD 100 million)	156.94	
出口额(海关数)	(亿美元)	Total Exports (customs statistics)	(USD 100 million)	331.14	
外商直接投资		Forign Drirect Investment			
当年新批项目	(个)	Number of Contracts Newly Signed	(unit)	289	246
当年实际使用外资金额	(亿美元)	Amount of Foreign Capital Actually Used	(USD 100 million)	136.19	80.57
入境旅游人数	(万人)	Number of inbound Tourists	(10000 persons)	444.63	
#外国人		Foreigners		259.18	
港、澳、台同胞		Compatriots from Hong Kong, Macao and Taiwan		185.44	
旅游(外汇)收入	(亿美元)	Foreign Exchange Earnings from International Tourism	(USD 100 million)	22.63	
星级饭店	(个)	Number of Tourist Hotel of Star Class	(unit)	441	
固定资产投资		**Investment in Fixed Assets**			
固定资产投资额	(亿元)	Total Investment in Fixed Assets	(100 million yuan)	23965.55	12413.41
#房地产开发		Total Investment in Real Estate Devlopment		4424.86	2995.25
#住 宅		Residential Buildings		2849.19	1870.59
全年新增固定资产	(亿元)	Newly Increased Fixed Assets	(100 million yuan)	16759.97	7727.78

10—1 续表2 continued

指　　标	Item	全　省 Province	#市区合计 City
商品房屋销售面积　(万平方米)	Floor Space of Selling House (10000 sq.m)	6174.10	3848.89
#住　　宅	Residential Buildings	5356.80	3317.04
商品房屋销售额　(亿元)	Total Sales of Commercial House (100 million yuan)	3369.42	2295.51
#住　　宅	Residential Buildings	2714.33	1827.92
商品房屋待售面积　(万平方米)	Square Commercial House for Sal (10000 sq.m)	2509.40	1266.50
教育、科技、文化、卫生	**Education, S&T, Culture and Public Health**		
学校数　(所)	Number of Schools (unit)		
普通高等学校	Institutions of Higher Education	108	
中等职业教育学校	Secondary Vocational Technical School	412	210
普通中学	Regular Secondary Schools	3524	1030
小　　学	Primary Schools	9119	2340
专任教师数　(人)	Number of Full-time Teachers (person)		
普通高等学校	Institutions of Higher Education	58113	55133
中等职业教育学校	Secondary Vocational Technical School	28827	14114
普通中学	Regular Secondary Schools	227197	74907
小　　学	Primary Schools	238259	72989
在校学生数　(万人)	Number of Student Enrollment (10000 persons)		
普通高等学校	Institutions of Higher Education	113.07	
中等职业教育学校	Secondary Vocational Technical School	83.78	38.39
普通中学	Regular Secondary Schools	303.63	99.55
小　　学	Primary Schools	422.50	132.08
成人高等学校在校学生数　(万人)	Student Enrollment in Institutions of Higher Education for Adults (10000 persons)	22.32	
体育场馆数　(个)	Number of Stadiuns and Gymnasiums (unit)	381	
公共图书馆总藏量　(千册、件)	Total Collecters of Public Libraries (1000 unit)	19424	11857
医院、卫生院数　(个)	Number of Hospitals (unit)	2401	969
医院、卫生院床位数　(张)	Number of Hospital Beds (unit)	253716	131457
医生数（执业医师+执业助理医师）　(人)	Number of Doctors (Practicing Doctors + Practicing Mediatinuses) (person)	107792	54163
注册护士　(人)	Registered Nurses (person)	119303	69389
人民生活、社会保障	**Living Standards, Social Security**		
在岗职工工资总额　(亿元)	Total Wages of On-the-job worker (100 million yuan)	2665.12	1790.51
城镇职工基本养老保险参保人数　(万人)	Number of Staff and Workers Participated in Endowment Insurance (10000 persons)	857.51	443.78
城镇职工基本医疗保险参保人数　(万人)	Number of Staff and Workers Participated in Medical Insurance (10000 persons)	763.30	498.73
失业保险参保人数　(万人)	Number of People Participated in Unemployed Insurance (10000 persons)	436.64	301.22
社区服务设施数　(个)	Number of Service Facilities of Community (unit)	7969	3172
城镇居民最低生活保障人数　(万人)	Number of Urban Residents Living on the Minimum Standard of Living (10000 persons)	64.67	31.71
社会治安	**Public Security**		
交通事故死亡人数　(人)	Number of Deaths on Traffic Accidents (person)	2595	932
交通事故损失额　(万元)	Amount of Loss on Traffic Accidents (10000 yuan)	6123	2603
火灾事故死亡人数　(人)	Number of Deaths on Fire Accidents (person)	28	15
火灾事故损失额　(万元)	Amount of Loss on Fire Accidents (10000 yuan)	11221	4243

注：10—1和10—2表中，城镇职工基本养老保险、基本医疗保险参保人数，包括报告期末参加城镇基本养老保险、基本医疗保险并在社保经办机构已建立缴费记录档案的职工人数和离休、退休和退职人员的人数。中等职业教育学校相关指标为包含成人中等专业学校不包含技工学校的数据。

a) In Sheet 10-1and 10-2,The population of basic old-age insurance for urban employees and basic medical insurance,including at the end of the reporting period population taking part in urban basic old-age insurance and basic medical insurance and these population have been set up records by social security agencies, and retired personnel.The indicators data about secondary vocational technical schools are including specialized secondary schools for adults,but not including technical schools.

10—2 地级城市市区基本情况（2015年）
Basic Statement of Cities at Prefectural Level by Region (2015)

指　　标	Item	合肥市 Hefei	淮北市 Huaibei	亳州市 Bozhou	宿州市 Suzhou
人口、劳动力及土地面积	**Population, Labor Force and Land Area**				
年末总人口 （万人）	Population (year-end) (10000 persons)	251.04	104.83	163.00	188.61
年平均户籍人口 （万人）	Annual Average Residence Population (10000 persons)	248.21	104.89	165.03	187.42
年末城镇非私营单位从业人员人数 （万人）	Number of Employed Persons of Urban Non-private Owned Units (year-end) (10000 persons)	114.51	19.16	9.08	15.36
城镇私营企业和个体从业人员 （万人）	Self-employed Individuals in Urban Areas (10000 persons)		33.34		34.26
行政区域土地面积 （平方公里）	Land Area (sq.m)	1127	760	2263	2907
#建成区面积	Developed Area	416	85	56	75
综合经济	**General Economy**				
地区生产总值(当年价格) （亿元）	Gross Regional Product (at current price) (100 million yuan)	3766.96	527.16	331.85	519.24
第一产业	Primary Industry	17.40	18.47	58.68	62.58
第二产业	Secondary Industry	1927.21	320.99	140.59	242.93
第三产业	Tertiary Industry	1822.35	187.71	132.57	213.72
财政、金融	**Government Finance, Banking and Insurance**				
地方财政一般预算内收入（亿元）	Local Budgetary Financial Revenue (100 million yuan)	446.36	44.07	42.71	53.26
地方财政一般预算内支出（亿元）	Local Budgetary Financial Expenditure (100 million yuan)	521.37	84.32	109.51	141.78
一般公共服务	General Public Service	28.42	7.92	6.98	11.44
科学技术	Expenses for Science	31.57	0.78	1.90	1.50
教　育	Expenses for Education	71.28	13.45	14.97	20.05
文化体育与传媒	Culture, Sports and Media	7.61	1.69	0.62	1.18
社会保障和就业	Social Security and Employment	32.98	9.79	11.06	8.60
节能环保	Expenses for Energy Saving and Environmental Protection	14.56	1.07	2.65	3.82
医疗卫生	Expenses for Public Health	20.46	7.02	10.96	13.75
住房保障	Expenses for Housing Security	8.31	4.54	8.58	10.34
城乡社区事务	Expenses in Urban、Rural Areas and Communities	172.06	15.22	14.05	23.62
交通运输	Transport	28.20	10.67	11.91	16.89
人民币住户存款余额 （亿元）	Deposits of Households (100 million yuan)	1999.80	365.00	304.51	416.71
工　业	**Industry**				
规模以上工业法人企业	Industrial Corporate Enterprises above Designated Size				
工业企业数 （个）	Number of Enterprises (unit)	897	510	275	483
内资企业	Domestic Funded Enterprises	766	497	270	471
港澳台商投资企业	Funded by Entrepreneurs from Hong Kong, Macao and Taiwan	44	5	1	7
外商投资企业	Foreign Funded Enterprises	87	8	4	5
工业总产值(当年价格)（亿元）	Gross Output Value (at current price) (100 million yuan)	5995.48	1263.25	436.71	619.69
内资企业	Domestic Funded Enterprises	4449.34	1229.33	430.94	565.75
港澳台商投资企业	Funded by Entrepreneurs from Hong Kong, Macao and Taiwan	520.05	9.01	0.45	51.21
外商投资企业	Foreign Funded Enterprises	1026.09	24.91	5.32	2.73
从业人员年平均人数 （万人）	Annual Average Number of Employed Persons (10000 persons)	32.87	18.07	5.00	6.91

注：10—2表中，铜陵市从业人员人数、综合经济、工业、固定资产投资、人民生活数据是区划调整（铜陵县改为义安区）后的新口径，其余数据为区划调整前的口径。

a) In Sheet 10-2, the statistical scope of the data about Tongling City, including General Economy，Industry, Investment in Fixed Assets, People's Livelihood, is the range after administrative division adjustment (Tongling County adjusts to Yian District) and the statistical scope of the other data is before the administrative division adjustment .

蚌埠市 Bengbu	阜阳市 Fuyang	淮南市 Huainan	滁州市 Chuzhou	六安市 Luan	马鞍山市 Maanshan	芜湖市 Wuhu	宣城市 Xuancheng	铜陵市 Tongling	池州市 Chizhou	安庆市 Anqing	黄山市 Huangshan
113.62	222.55	184.31	53.71	190.32	82.25	145.92	86.75	44.81	66.78	73.64	45.07
113.01	223.27	183.49	53.96	189.72	82.22	145.45	86.70	44.84	66.54	73.51	44.67
19.81	15.77	24.24	9.28	9.45	16.51	32.50	4.14	14.97	5.94	11.80	7.13
29.16	31.23	12.35	19.57	8.90	21.98	26.37	7.51				12.97
611	1957	1736	1406	3576	733	1491	2621	355	2357	810	2358
138	122	108	84	74	93	165	52	76	37	85	65
679.72	442.28	551.58	338.98	377.67	835.88	1491.36	267.00	716.94	291.16	421.86	244.72
23.24	58.81	40.33	19.80	63.94	11.65	26.21	36.17	13.18	30.39	13.56	16.13
419.71	168.28	264.65	221.18	174.66	464.17	918.17	111.27	455.96	144.08	188.03	82.87
236.78	215.19	246.60	98.00	139.07	360.06	546.98	119.55	247.79	116.68	220.28	145.72
80.46	61.28	59.82	55.36	47.47	77.75	166.55	23.99	52.28	60.66	46.16	44.55
127.03	162.29	119.28	90.33	145.27	101.21	235.80	43.00	84.70	83.75	97.10	84.62
8.24	11.92	11.88	6.83	12.03	7.05	12.45	4.09	5.66	7.41	6.24	10.09
7.03	1.90	1.82	3.21	1.68	3.86	33.46	0.83	6.86	1.02	2.46	1.80
15.38	24.77	17.64	12.39	23.17	13.11	30.80	6.24	11.05	8.99	11.07	6.09
1.63	1.58	1.82	1.45	2.01	1.78	2.29	0.23	0.99	1.28	2.61	1.83
14.24	20.76	19.66	8.19	13.60	10.54	18.06	7.04	9.23	7.59	8.58	7.87
2.74	2.81	2.66	0.87	6.07	4.05	7.36	0.19	7.73	5.63	1.31	8.48
8.45	16.75	9.53	5.83	15.34	6.22	12.57	5.19	3.85	7.02	8.32	5.60
12.34	18.20	14.17	2.12	7.23	5.37	11.62	2.01	3.04	4.96	5.15	3.94
24.44	12.45	11.48	15.49	5.04	20.27	36.37	5.69	16.00	17.48	19.24	11.76
14.33	18.49	5.50	9.22	26.18	9.35	27.05	1.45	5.67	9.04	13.67	7.24
439.30	559.63	629.69	249.35	455.85	475.47	660.33	231.46	264.20	227.76	396.49	241.69
499	466	361	390	380	456	766	240	273	243	262	219
476	459	348	351	368	417	659	235	250	231	244	206
11	5	6	17	6	16	37	1	13	5	4	7
12	2	7	22	6	23	70	4	10	7	14	6
1396.83	583.01	738.26	839.58	582.27	1284.66	3427.47	248.78	1914.04	385.00	728.16	237.24
1238.80	554.43	670.46	602.95	558.42	1152.42	2492.78	245.47	1431.35	369.00	685.30	228.43
137.04	24.60	61.37	133.68	11.28	43.50	227.42	0.31	433.89	7.93	6.64	5.78
21.00	3.98	6.44	102.95	12.57	88.73	707.28	3.00	48.80	8.08	36.23	3.04
8.76	5.98	17.68	8.37	6.43	11.75	19.94	2.61	8.13	2.97	5.53	2.36

10—2 续表1 continued

指标		Item		合肥市 Hefei	淮北市 Huaibei	亳州市 Bozhou	宿州市 Suzhou
流动资产合计	(亿元)	Total Circulating Funds	(100 million yuan)	2601.70	589.88	192.06	146.60
固定资产合计	(亿元)	Main Business Revenue	(100 million yuan)	1750.87	950.67	100.14	192.57
主营业务收入	(亿元)	Main Business Revenue	(100 million yuan)	5766.74	1809.56	397.97	599.27
主营业务税金及附加	(亿元)	Main Business Taxes and Extra-charges	(100 million yuan)	83.18	13.41	9.84	4.24
本年应交增值税	(亿元)	Value Added Tax Payable	(100 million yuan)	143.57	39.64	14.59	12.53
利润总额	(亿元)	Total Profits	(100 million yuan)	318.25	6.45	37.60	38.52
邮政、电力		**Post and Electric Power**					
年末邮政局(所)	(处)	Number of Post Offices (year-end)	(unit)		26	35	31
全社会用电量	(亿千瓦时)	Total Electricity Consumption	(100 million kwh)	140.62	34.03	17.11	34.15
#工业		Industrial Electricity Consumption		62.43	24.84	5.45	19.06
居民生活		Residential Power Consumption		24.92	4.55	6.39	7.30
内外贸易、外经		**Trade Foreign Trade and Tourism**					
限额以上批发零售贸易业商品销售总额	(亿元)	Total Sale of Enterprises Above Designed Size in Wholesale and Retail Trade	(100 million yuan)	3560.83	153.23	200.19	136.42
社会消费品零售总额	(亿元)	Retailsale of Consumer Goods	(100 million yuan)	1796.80	205.56	158.17	199.03
外商直接投资		Forign Drirect Investment					
当年新批项目	(个)	Number of Contracts Newly Signed	(unit)	104	7	5	5
当年实际使用外资金额	(亿美元)	Amount of Foreign Capital Actually Used	(USD 100 million)	20.20	3.98	2.45	3.60
固定资产投资		**Investment in Fixed Assets**					
固定资产投资额	(亿元)	Amount of Investment in Fixed Assets of Urban Area	(100 million yuan)	3807.98	680.12	330.84	555.01
#房地产开发投资		Total Investment in Real Estate Devlopment		971.07	134.38	99.25	159.79
#住宅		Residential Buildings		575.35	83.73	47.54	90.29
全年新增固定资产	(亿元)	Newly Increased Fixed Assets	(100 million yuan)	2513.09	450.57	77.64	278.92
商品房屋销售面积	(万平方米)	Floor Space of Selling House	(10000 sq.m)	1142.62	93.52	142.83	232.08
#住宅		Residential Buildings		875.41	87.02	116.09	225.94
商品房屋销售额	(亿元)	Total Sales of Commercial House	(100 million yuan)	966.81	45.25	67.67	88.83
#住宅		Residential Buildings		737.38	39.25	50.23	73.75
商品房屋待售面积	(万平方米)	Square Commercial House for Sal	(10000 sq.m)	144.64	62.80	34.03	99.29
教育、科技、文化、卫生		**Education, S&T, Culture and Public Health**					
学校数	(所)	Number of Schools	(unit)				
普通高等学校		Institutions of Higher Education		48	3	2	3
中等职业教育学校		Secondary Vocational Technical School		47	10	10	5
普通中学		Regular Secondary Schools		118	73	59	73
小学		Primary Schools		143	137	302	249
专任教师数	(人)	Number of Full-time Teachers	(person)				
普通高等学校		Institutions of Higher Education		24284	2054	736	1215
中等职业教育学校		Secondary Vocational Technical School		2200	689	931	575
普通中学		Regular Secondary Schools		11148	4511	5208	5392
小学		Primary Schools		9929	4240	6494	6070

蚌埠市 Bengbu	阜阳市 Fuyang	淮南市 Huainan	滁州市 Chuzhou	六安市 Luan	马鞍山市 Maanshan	芜湖市 Wuhu	宣城市 Xuancheng	铜陵市 Tongling	池州市 Chizhou	安庆市 Anqing	黄山市 Huangshan
533.04	211.98	459.67	261.44	168.80	684.02	1739.66	67.61	729.62	118.66	226.69	95.50
369.89	236.82	1497.64	259.74	178.16	758.38	1029.77	86.95	554.02	205.17	316.04	53.55
1115.33	544.16	655.59	806.34	530.27	1321.07	3066.96	238.75	2549.75	369.88	752.09	220.46
56.13	24.26	7.48	25.99	4.10	5.54	76.75	2.24	4.87	1.84	97.37	0.93
24.82	13.28	39.57	33.63	6.71	37.65	91.22	8.32	20.52	13.99	30.31	3.48
40.47	24.06	6.22	88.79	28.67	4.37	205.76	14.41	17.59	22.86	32.83	10.69
27	46	65	22	55	16	52	37	19		22	37
43.21	43.70	53.25	23.24	27.41	125.29	96.61	20.79	68.44	16.87	37.22	13.63
27.69	20.16	37.72	13.69	12.96	114.24	73.52	12.83	59.42	10.27	27.70	5.45
5.65	8.46	8.41	3.09	6.98	3.98	8.74	7.96	3.76	1.21	3.93	3.00
326.38	605.18	213.81	171.80	232.98	341.73	769.76	179.78	52.48	78.83	207.68	105.71
358.21	279.81	318.09	116.42	227.79	253.31	483.88	160.44	208.81	111.09	252.31	156.74
11	3	3	8	9	14	54	5	3	5	5	5
9.54	0.94	1.76	1.01	0.98	14.11	14.98	1.04	1.71	1.99	1.39	0.89
564.14	448.11	597.64	176.20	380.94	1054.01	1653.95	250.10	871.04	365.53	398.41	279.39
303.61	160.77	77.85	126.68	122.44	117.06	360.53	73.36	97.28	59.80	59.30	72.11
185.05	104.70	50.71	85.91	110.86	83.83	211.92	51.57	50.02	47.89	39.32	51.91
677.78	305.55	35.34	105.43	327.65	953.85	778.85	196.07	790.19	28.36	15.00	193.51
326.05	196.50	138.88	247.14	200.10	183.86	432.85	106.83	128.60	78.00	141.73	57.30
296.72	166.89	128.83	244.23	182.50	172.83	358.67	96.51	110.40	69.00	136.20	49.80
159.53	112.09	64.39	109.53	91.94	89.36	249.10	44.48	70.41	35.82	70.24	30.07
136.58	90.61	52.77	106.73	78.91	79.80	171.75	37.78	50.66	30.43	66.83	24.48
34.44	41.24	88.26	83.38	143.60	96.62	48.44	87.32	119.90	54.60	54.30	73.64
4	4	5	2	4	6	8	1	3	3	4	2
13	21	19	6	17	4	19	5	4	5	16	9
52	110	97	30	121	32	74	48	23	41	42	37
134	356	194	45	225	60	137	61	43	112	109	33
2871	1971	2929	1335	1950	2923	6738	330	1429	1292	2088	988
837	1829	1224	447	875	935	1150	651	226	563	805	177
3740	7269	6715	2531	7665	3448	4595	3159	2028	2412	3366	1720
4268	8427	6553	2089	6356	2920	4721	2866	1691	2338	2448	1579

10—2 续表2 continued

指标	Item	合肥市 Hefei	淮北市 Huaibei	亳州市 Bozhou	宿州市 Suzhou
在校学生数	Number of Student Enrollment				
普通高等学校 （万人）	Institutions of Higher Education (10000 persons)	49.59	3.85	1.20	2.26
中等职业教育学校 （万人）	Secondary Vocational Technical School (10000 persons)	7.50	2.04	2.52	2.33
普通中学 （万人）	Regular Secondary Schools (10000 persons)	15.32	5.18	7.90	7.98
小学 （万人）	Primary Schools (10000 persons)	22.89	6.77	11.25	12.55
初中毕业生升学率 (%)	Proportion of Junior Secondary Graduates Entering into Senior Secondary Schools (%)	148.19	97.00		98.03
成人高等学校在校学生数 （万人）	Student Enrollment in Institutions of Higher Education for Adults (10000 persons)	12.07	0.71		0.46
体育场馆数 （个）	Number of Stadiuns and Gymnasiums (unit)	84	6	7	1
剧场、影剧院数 （个）	Number of Theaters and Music Halls (unit)	51	5	9	1
公共图书馆总藏量 （千册、件）	Total Collecters of Public Libraries (1000 units)	4253	811	577	462
医院、卫生院数 （个）	Number of Hospitals (unit)	233	62	52	54
医院、卫生院床位数 （张）	Number of Hospital Beds (unit)	30192	7209	5670	7878
医生数（执业医师+执业助理医师） （人）	Number of Doctors (Practicing Doctors + Practicing Mediatinuses) (person)	12207	2725	1806	3419
注册护士 （人）	Registered Nurses (person)	17015	3336	2204	4388
人民生活	**People's Livelihood**				
在岗职工工资总额 （亿元）	Total Wages of On-the-job worker (100 million yuan)	692.25	103.93	39.19	64.89
城镇居民人均可支配收入 （元）	Annual Per Capita Disposable Income of Urban Households (yuan)	31989	25690	23120	23630
城镇居民人均生活消费支出(元)	Annual Per Capita Life Consumption Expenditure of Urban (yuan)	20049	15918	15614	13846
每百户居民家庭拥有：	Per 100 Households Possessing				
家用汽车 （辆）	Automobile (unit)	27	17	18	9
计算机 （台）	Computer (unit)	71	64	47	49
人均住房建筑面积 （平方米）	Per-capita Area of Housing (sq.m)	35.30	41.99	42.12	33.20
社会福利、劳动保险	**Social Welfare, Labor and Insurance**				
城镇职工基本医疗保险参保人数 （万人）	Number of Staff and Workers Participated in Medical Insurance (10000 persons)	128.37	41.61	9.74	15.14
失业保险参保人数 （万人）	Number of People Participated in Unemployed Insurance (10000 persons)	106.27	23.30	5.68	9.27
社区服务设施数 （个）	Number of Service Facilities of Community (unit)	419	93	77	87
城镇居民最低生活保障人数 （万人）	Number of People Enjoyed the Lowest Residential Living Protection Line (10000 persons)	1.45	3.58	0.84	1.22

蚌 埠 市 Bengbu	阜 阳 市 Fuyang	淮 南 市 Huainan	滁 州 市 Chuzhou	六 安 市 Luan	马鞍山市 Maanshan	芜 湖 市 Wuhu	宣 城 市 Xuancheng	铜 陵 市 Tongling	池 州 市 Chizhou	安 庆 市 Anqing	黄 山 市 Huangshan
5.99	3.57	7.78	2.80	4.18	5.62	13.02	0.67	3.57	2.29	3.78	2.22
2.06	4.32	2.93	1.49	3.41	2.16	2.68	1.22	0.93	1.10	1.19	0.50
4.87	12.02	7.60	3.17	10.39	4.26	5.46	3.52	2.46	3.42	3.92	2.08
7.68	17.09	10.32	3.42	10.91	4.70	7.47	4.27	2.56	3.83	3.77	2.60
111.24	99.90	119.22	100.00			95.60	96.60	111.38	95.78	98.58	102.78
2.30	0.82	1.10	0.30	0.51	1.09	2.75		0.17	0.29	0.29	0.96
8	38	15	1	3	10	25	10	8	6	8	5
11	3	1	5	7	4	1	4	6	7	4	27
964	153	322	185	190	990	863	212	581	165	650	478
63	77	89	16	52	41	60	31	19	37	37	46
9436	10531	10264	3472	7968	4327	13590	3848	4518	3190	6161	3203
3611	4148	4434	1485	3956	2654	5106	1519	1768	1366	2404	1555
4991	4883	5711	1902	3741	3301	6541	1777	2327	1483	3716	2073
73.42	75.33	136.70	55.70	42.51	95.66	183.57	24.59	79.01	29.73	58.25	35.77
26369	23496	28106	24168	22238	35262	29766	28602	31748	24279	23966	26226
14696	15127	16343	15620	14415	23756	17504	17666	21936	15904	13639	15765
13	25	17	12	20	28	21	23	24	9	15	24
76	56	84	46	50	84	75	82	98	64	62	73
31.10	42.00	30.00	35.30	34.00	37.71	35.00	37.00	29.76	39.90	39.30	48.00
36.79	19.53	46.76	15.64	16.69	37.60	54.23	6.13	26.42	7.49	25.28	11.30
16.70	5.09	25.69	6.27	9.12	19.52	31.04	1.94	15.10	3.98	16.49	5.77
361	208	248	225	140	280	175	158	321	69	125	186
2.98	4.39	2.92	0.88	1.38	3.00	3.57	0.83	1.24	0.74	1.78	0.89

10—3 城市市政公用基础设施基本情况
Basic Statistics on Urban Public Utilities

指　标		Item		2005	2010	2014	2015
城市面积		**Cities Areas**					
建成区面积	(平方公里)	Developed Areas	(sq.km)	1260.35	1491.32	1835.15	1926.36
城市人口密度	(人/平方公里)	Population Density of Urban Districts	(persons/sq.km)	1449	2469	2416	2458
供水、供气及供热		**Water Supply, Gas Supply and Heating**					
供水管道长度	(公里)	Length of the Pipeline for Supplying Water	(km)	8745	14730	22247	23842
供水总量	(万立方米)	Annual Supply of Tap Water	(10000 cu.m)	206386	160816	167781	174263
#居民家庭用水量		Water Consumption for Residential Use		49728	50889	64145	68319
人均日生活用水	(升)	Per Capita Water Consumption for Residential Use	(liter)	195.69	160.83	166.72	168.90
用水普及率	(%)	Percentage of Population With Access to Tap Water	(%)	90.52	96.06	98.63	98.79
天然气供气量	(万立方米)	Supply of Natural Gas	(10000 cu.m)	11564	112190	219684	234585
#家庭用量		Consumption of Coal Gas for Residential Use		5123	25154	70415	71773
液化石油气供气量	(吨)	Liquefied Petroleum Gas	(ton)	613614	615770	752627	736312
#家庭用量		Consumption of Liquefied Gas for Residential Use		195508	166335	123246	104259
供气管道长度	(公里)	Length of Gas Pipelines	(km)	4068	10126	17425	19949
燃气普及率	(%)	Percentage of Population With Access to Gas	(%)	72.29	90.52	96.81	97.55
集中供热面积	(万平方米)	Heated Area	(10000 sq.m)	313.36	2463.70	2304.28	2683.76
公共交通		**Public Traffic**					
公共汽（电）车总数	(辆)	Number of Public Transportation Vehicles (buses and trolley buses etc.)	(unit)	8450	11875	18109	18622
每万人拥有	(标台)	Number of Public Transportation Vehicles per 10000 Population	(unit)	7.29	8.23	11.54	11.36
出租汽车	(辆)	Taxi	(unit)	34287	50068	54280	55217
市政工程		**Municipal Engineering**					
道路长度	(公里)	Length of Paved Roads	(km)	7985	10157	12932	13375
道路面积	(万平方米)	Area of Paved Roads	(10000 sq.m)	13454	19927	29124	31010
每人拥有	(平方米)	Area of Paved Roads per Population	(sq.m)	11.92	16.01	20.33	20.82
排水管道长度	(公里)	Length of Sewer Pipelines	(km)	7606	13136	24580	24399
建成区排水管道密度	(公里/平方公里)	Density of Sewer Pipelines	(km/sq.km)	6.03	8.81	13.39	12.67
污水排放量	(万立方米)	Volume of Waste Water Discharged	(10000 cu.m)	126761	124449	144249	150642
污水处理厂处理量	(万立方米)	Volume of Waste Water Treated	(10000 cu.m)	66347	89086	130097	138293
城市绿化		**Forestation in Cities**					
绿化覆盖面积	(公顷)	Afforested Area	(hectare)	47946	85281	107540	112303
#建成区		Developed District		34680	55927	75569	79285
园林绿地面积	(公顷)	Greenery Area of Gardens	(hectare)	41896	71463	89512	93786
#建成区		Developed District		28864	50214	67868	71582
公园绿地面积	(公顷)	Park Greenery Area	(hectare)		13630	18909	19913
人均公园绿地面积	(平方米)	Per Capita Park Greenery Area	(sq.m)		10.95	13.20	13.37
公园个数	(个)	Number of Parks	(unit)	140	247	348	374
公园面积	(公顷)	Area of Parks	(hectare)	3970	8685	11303	12043
市容环境卫生		**Environmental Sanitation**					
生活垃圾清运量	(万吨)	Volume of Disposal of Excrement	(10000 tons)	477.00	435.25	464.79	491.94
生活垃圾无害化处理量	(万吨)	Environment-friendly Handling Capacity of the Domestic Rubbish	(10000 tons)	83.87	281.00	462.49	489.74
生活垃圾无害化处理率	(%)	Living Refuse Treatment Rate	(%)		64.56	99.51	99.55
公共厕所	(座)	Public Lavatory	(unit)	3600	3168	3192	3223
#三类以上		Above Three Kinds			2469	2684	2813

10—4 各市城市建设情况（2015年）
Statistics on City Construction by Region (2015)

单位：平方公里（sq.km）

地 区	Region	城市建设用地面积 Land Area for City Construction	#居住用地 For Residence	#公用设施用 地 For Public Facilities	#道路与交通设施用地 Land for Roads and Traffic Facilities	#绿地与广场用地 Green Space and Square Land	征用土地面积 Land Put in Requisition for State Construction Projects	城市人口密度（人／平方公里）Population Density of Urban Area (persons/sq.km)
总 计	**Total**	**1920.12**	**609.43**	**58.86**	**299.02**	**231.11**	**114.14**	**2457.70**
合肥市	Hefei	420.14	115.20	6.10	67.50	76.04	14.22	3357.06
淮北市	Huaibei	90.10	32.13	1.55	10.85	8.89	3.13	3883.33
亳州市	Bozhou	62.61	17.48	1.25	12.57	4.61	6.59	3692.75
宿州市	Suzhou	74.41	25.87	1.86	10.15	7.48	5.65	3572.43
蚌埠市	Bengbu	137.59	47.65	10.46	22.09	8.99	7.61	2598.77
阜阳市	Fuyang	116.72	55.80	1.91	16.86	5.35	15.60	2290.26
淮南市	Huainan	107.02	47.17	1.21	16.40	6.57	4.53	2213.32
滁州市	Chuzhou	115.74	34.86	4.63	22.16	7.84	18.98	1456.48
六安市	Luan	74.30	24.13	2.37	11.23	11.86	4.64	3599.81
马鞍山市	Maanshan	89.43	22.40	0.94	13.50	7.67	2.03	4104.87
芜湖市	Wuhu	159.00	35.50	11.50	35.00	40.00	8.39	1908.96
宣城市	Xuancheng	50.44	12.86	0.99	9.19	4.77	2.16	2694.85
铜陵市	Tongling	72.89	19.98	3.74	11.07	7.65	6.18	2631.78
池州市	Chizhou	37.18	13.98	0.79	7.63	3.38	0.71	1198.75
安庆市	Anqing	93.52	31.92	2.61	7.55	6.67	0.00	2270.95
黄山市	Huangshan	48.65	16.59	0.91	7.57	6.58	1.13	833.11
桐城市	Tongcheng	24.88	5.71	1.02	0.42	2.05	2.14	1831.59
天长市	Tianchang	29.18	8.85	0.60	4.80	3.60	0.50	6151.52
明光市	Mingguang	24.91	9.46	0.45	3.86	2.20	0.89	3995.00
界首市	Jieshou	18.32	7.85	0.41	2.39	1.35	1.20	2341.24
宁国市	Ningguo	25.49	7.84	0.56	3.63	0.36	1.26	554.41
巢湖市	Chaohu	47.60	16.20	3.00	2.60	7.20	6.60	7708.33

10—5 各市城市市政设施情况（2015年）
Basic Statistics on Municipal Infrastructure in Cities by Region (2015)

地 区	Region	年末实有道路长度（公里）Length of Paved Roads (year-end) (km)	年末实有道路面积（万平方米）Area of Paved Roads (year-end) (10000 sq.m)	城市桥梁数（座）Number of City Bridges (unit)	城市道路照明灯（盏）Number of Street Lights (unit)	城市排水管道（公里）Length of City Sewage Pipes (km)	污水管道 Sewage Pipeline
总 计	**Total**	**13375**	**31010**	**1620**	**848632**	**24399**	**9506**
合 肥 市	Hefei	2206	6348	501	189106	5935	2542
淮 北 市	Huaibei	674	1203	30	21857	618	252
亳 州 市	Bozhou	842	1477	133	30201	1075	407
宿 州 市	Suzhou	763	1574	60	49456	839	148
蚌 埠 市	Bengbu	867	1896	78	42000	1193	458
阜 阳 市	Fuyang	767	1842	118	39583	911	372
淮 南 市	Huainan	768	1616	49	26377	738	232
滁 州 市	Chuzhou	624	1910	74	35405	1537	611
六 安 市	Luan	507	1402	23	22464	543	327
马鞍山市	Maanshan	475	1385	67	38635	1501	504
芜 湖 市	Wuhu	1470	3426	96	78121	2807	851
宣 城 市	Xuancheng	404	1049	62	21443	758	268
铜 陵 市	Tongling	304	530	30	17601	1313	462
池 州 市	Chizhou	429	769	29	57568	565	241
安 庆 市	Anqing	620	1168	78	36993	1035	366
黄 山 市	Huangshan	415	781	39	50303	517	347
桐 城 市	Tongcheng	116	324	11	9000	258	94
天 长 市	Tianchang	361	605	32	11850	428	154
明 光 市	Mingguang	199	438	11	14679	531	223
界 首 市	Jieshou	116	267	29	17610	221	66
宁 国 市	Ningguo	205	472	44	17230	336	136
巢 湖 市	Chaohu	242	530	26	21150	740	445

注：市政公用事业分市数据（10—5至10—9、10—11至10—13）为区划调整前数据。

a) Municipal public utilities market data (10-5 to 10 to 9, 10-10-11 to 13) for the division before the adjustment data.

10—6 各市城市设施水平（2015年）
Level of Public Facilities in Cities by Region (2015)

地区	Region	城市用水普及率(%) Coverage Rate of Urban Population with Access to Tap Warer (%)	城市燃气普及率(%) Coverage Rate of Urban Population with Access to Gas (%)	每万人拥有公共交通车辆(标台) Number of Public Transportation Vehicles Per 10000 Population (unit)	人均城市道路面积(平方米) Per Capita Area of Paved Roads (sq.m)	人均公园绿地面积(平方米) Per Capita Area of Parks and Green Land (sq.m)
总　计	**Total**	98.79	**97.55**	**11.36**	**20.82**	**13.37**
合肥市	Hefei	99.20	99.97	15.96	16.78	13.39
淮北市	Huaibei	99.10	98.52	10.13	14.75	15.21
亳州市	Bozhou	98.47	94.08	10.91	46.04	14.04
宿州市	Suzhou	98.37	98.79	6.48	26.78	12.89
蚌埠市	Bengbu	100.00	100.00	15.31	19.96	12.89
阜阳市	Fuyang	93.93	88.20	11.96	23.73	12.31
淮南市	Huainan	99.46	95.57	8.25	15.00	12.29
滁州市	Chuzhou	99.90	99.85	14.58	46.40	13.58
六安市	Luan	99.48	98.09	5.87	23.44	14.82
马鞍山市	Maanshan	100.00	100.00	10.49	19.19	15.26
芜湖市	Wuhu	100.00	100.00	12.30	24.87	12.34
宣城市	Xuancheng	98.68	98.42	8.19	29.54	13.73
铜陵市	Tongling	100.00	100.00	12.39	11.16	13.89
池州市	Chizhou	99.11	99.67	10.85	25.35	17.08
安庆市	Anqing	100.00	98.25	7.39	16.51	13.25
黄山市	Huangshan	100.00	100.00	4.90	21.02	14.96
桐城市	Tongcheng	95.41	91.23	5.84	19.35	13.54
天长市	Tianchang	89.66	83.60	6.65	29.79	14.88
明光市	Mingguang	92.43	93.87	5.19	27.41	11.57
界首市	Jieshou	90.63	71.89	2.19	14.60	6.42
宁国市	Ningguo	97.86	96.40	9.45	26.55	13.05
巢湖市	Chaohu	99.11	89.46	5.89	14.32	11.62

10—7 各市城市公共交通情况（2015年）

Basic Statistics on Public Transportation in Cities by Region (2015)

地 区	Region	年末公共交通运营数（辆） Number of Public Vehicles under Operation at Year-end (unit)	公共汽、电车 Bus and Trolley Bus	运营线路总长度（公里） Length of Operation Line (km)	公共汽、电车 Bus and Trolley Bus	公共交通客运总量（万人次） Passengers Transported by Public Vehicles (10000 person-times)	公共汽、电车 Bus and Trolley Bus	出租汽车（辆） Number of Taxi (unit)
总 计	**Total**	**18622**	**18622**	**24898**	**24898**	**237468**	**237468**	**55217**
合肥市	Hefei	5135	5135	4190	4190	67517	67517	10293
淮北市	Huaibei	709	709	507	507	9802	9802	1634
亳州市	Bozhou	803	803	866	866	4205	4205	2894
宿州市	Suzhou	628	628	1017	1017	7938	7938	2838
蚌埠市	Bengbu	1352	1352	1452	1452	23311	23311	3400
阜阳市	Fuyang	1137	1137	1071	1071	19891	19891	3590
淮南市	Huainan	867	867	1121	1121	14026	14026	3629
滁州市	Chuzhou	1093	1093	1127	1127	13634	13634	3192
六安市	Luan	819	819	1204	1204	9989	9989	3980
马鞍山市	Maanshan	749	749	898	898	10111	10111	3323
芜湖市	Wuhu	2069	2069	3009	3009	21489	21489	5149
宣城市	Xuancheng	639	639	1475	1475	7720	7720	2158
铜陵市	Tongling	533	533	642	642	8079	8079	2077
池州市	Chizhou	557	557	2669	2669	3794	3794	1055
安庆市	Anqing	1051	1051	2343	2343	10565	10565	3877
黄山市	Huangshan	292	292	996	996	2955	2955	868
巢湖市	Chaohu	189	189	311	311	2442	2442	1260

注：巢湖市数据为省直专属数据。

a) Chaohu city data for exclusive data was made.

10—8 各市城市绿地和园林（2015年）

Basic Statistics on Parks and Green Areas in Cities by Region (2015)

地 区	Region	绿化覆盖面积（公顷）Green Areas (hectare)	建成区 Completed Area	园林绿地面积（公顷）Area of Urban Green Areas (hectare)	公园绿地面积（公顷）Park Green Areas (hectare)	人均公园绿地面积（平方米）Park Green Areas (sq.m)	公园（个）Number of Parks (unit)	建成区绿地率（%）Per Capita ParkGreen Areas (%)	建成区绿化覆盖率（%）Green Covered Area as % of Completed Area (%)
总 计	**Total**	**112303**	**79285**	**93786**	**19913**	**13.37**	**374**	**37.16**	**41.16**
合肥市	Hefei	19072	18814	17264	5063	13.39	51	38.25	42.93
淮北市	Huaibei	4386	3795	4418	1240	15.21	9	43.56	44.86
亳州市	Bozhou	2700	2044	1961	450	14.04	14	31.07	36.51
宿州市	Suzhou	4122	3338	3125	758	12.89	32	40.15	44.50
蚌埠市	Bengbu	6215	5365	4798	1224	12.89	17	34.19	38.88
阜阳市	Fuyang	5228	4130	4676	955	12.31	9	29.58	33.99
淮南市	Huainan	4827	4326	4579	1325	12.29	10	36.93	40.05
滁州市	Chuzhou	4781	3502	4175	559	13.58	21	38.41	41.77
六安市	Luan	3440	3070	3090	886	14.82	22	37.55	41.32
马鞍山市	Maanshan	6005	4100	5706	1101	15.26	15	41.29	43.94
芜湖市	Wuhu	6630	6350	6427	1700	12.34	22	35.65	38.48
宣城市	Xuancheng	3953	2156	3705	488	13.73	18	36.70	41.46
铜陵市	Tongling	5667	3475	5449	660	13.89	7	43.56	45.80
池州市	Chizhou	1915	1567	1419	518	17.08	8	33.53	42.43
安庆市	Anqing	11621	3666	3664	937	13.25	10	42.21	42.99
黄山市	Huangshan	14262	3072	13264	556	14.96	28	39.19	47.17
桐城市	Tongcheng	922	902	832	227	13.54	7	31.28	33.91
天长市	Tianchang	1419	1272	1343	302	14.88	8	39.09	42.68
明光市	Mingguang	772	730	662	185	11.57	21	25.06	29.26
界首市	Jieshou	1344	694	451	117	6.42	2	24.00	37.84
宁国市	Ningguo	1121	1056	929	232	13.05	16	34.89	41.09
巢湖市	Chaohu	1900	1860	1850	430	11.62	27	37.04	38.75

10—9 各市城市燃气情况（2015年）
Basic Statistics on Supply of Gas in Cities by Region (2015)

地 区	Region	管道长度(公里) Length of Gas Pipelines (km)		全年供气总量 Volume of Gas Supply		用气人口(万人) Population with Access to Gas (10000 persons)	
		液化石油气 Liquefied Petroleum Gas	天然气 Natural Gas	液化石油气(吨) Liquefied Petroleum Gas (ton)	天然气(万立方米) Natural Gas (10000 cu.m)	液化石油气 Liquefied Petroleum Gas	天然气 Natural Gas
总 计	**Total**	**265.0**	**19684.1**	**736312.2**	**234585.0**	**269.2**	**1183.6**
合肥市	Hefei	3.2	5012.4	30000.0	52333.0	23.6	354.5
淮北市	Huaibei		916.6	9865.0	8108.0	16.7	63.6
亳州市	Bozhou		836.0	3915.0	4306.2	8.0	22.2
宿州市	Suzhou		753.0	6000.0	4663.9	22.8	35.3
蚌埠市	Bengbu	13.0	1959.7	2000.0	27660.0	14.0	81.0
阜阳市	Fuyang		585.4	5415.3	7040.0	19.0	49.5
淮南市	Huainan		1252.3	10980.0	8868.5	29.5	73.5
滁州市	Chuzhou		887.6	4524.0	14133.4	4.6	36.5
六安市	Luan		602.5	6700.0	6162.0	29.0	29.7
马鞍山市	Maanshan		1098.0		22236.9		72.2
芜湖市	Wuhu		1510.9	17348.5	32568.4	8.7	129.1
宣城市	Xuancheng	3.0	406.9	3680.0	5641.2	18.4	16.6
铜陵市	Tongling		903.1	134.3	16836.0	0.1	47.4
池州市	Chizhou		639.0	2755.3	2300.0	5.9	24.3
安庆市	Anqing	94.9	518.0	597844.0	6058.0	3.0	66.5
黄山市	Huangshan	34.5	201.9	11374.0	1062.0	32.2	4.9
桐城市	Tongcheng	40.0	226.0	7700.0	963.0	7.0	8.3
天长市	Tianchang		120.0	4680.0	816.0	7.1	9.9
明光市	Mingguang		180.1	2071.0	430.0	3.8	11.2
界首市	Jieshou		120.8	2348.0	839.7	7.7	5.4
宁国市	Ningguo	76.4	193.0	6177.1	1358.0	6.7	10.4
巢湖市	Chaohu		761.0	800.7	10200.8	1.5	31.6

10—10 城市供水用水情况
Water Supply and Water Use of Cities

年份 Year	综合生产能力 (万立方米/日) Integrated Production Capacity (10000 cu.m/day)	地下水 Ground Water	供水总量 (万立方米) Water Supply (10000 cu.m)	用水总量(万立方米) Water Use (10000 cu.m) #生产运营用水 Water Used for Business	公共服务用水 Water Used for Public Services	居民家庭用水 Water Used for Residents	消防及其他用水 Water Used for Fire Fighting and Others	人均日生活用水量 (升) Per Capita Water Use (liter)
2000	962	159.6	200918	123629		61398		211.84
2005	1033	156.5	206386	123285	23231	49728	10142	195.69
2010	1993	99.2	160816	62871	19191	50889	5155	160.83
2011	820	103.2	158039	51387	18921	56014	5899	169.00
2012	1029	114.6	156888	47010	19443	59439	4406	165.45
2013	1074	98.8	161140	49071	20859	61328	5257	166.15
2014	1075	99.6	167781	49957	21627	64145	5217	166.72
2015	1095	98.5	174263	50110	22194	68319	4266	168.90

10—11 各市城市供水用水情况(2015年)
Water Supply and Water Use of Cities by Region (2015)

地区 Region	综合生产能力 (万立方米/日) Integrated Production Capacity (10000 cu.m/day)	地下水 Ground Water	供水总量 (万立方米) Water Supply (10000 cu.m)	用水总量(万立方米) Water Use (10000 cu.m) #生产运营用水 Water Used for Business	公共服务用水 Water Used for Public Services	居民家庭用水 Water Used for Residents	消防及其他用水 Water Used for Fire Fighting and Others	人均日生活用水量 (升) Per Capita Water Use (liter)
总计 Total	**1095**	**98.5**	**174263**	**50110**	**22194**	**68319**	**4266**	**168.90**
合肥市 Hefei	175		43568	6697	8648	20951		216.14
淮北市 Huaibei	42	24.3	5535	2032	324	2672	46	101.54
亳州市 Bozhou	15	11.3	3417	876	353	1451		156.41
宿州市 Suzhou	27	27.0	4684	1251	558	2428	72	141.51
蚌埠市 Bengbu	76	1.0	17252	8834	2683	4560	28	208.94
阜阳市 Fuyang	46	25.5	7280	2607	1517	2158	24	138.12
淮南市 Huainan	48		9566	1393	1047	4408	383	139.62
滁州市 Chuzhou	30	1.0	6158	1822	748	1290	473	135.80
六安市 Luan	22		5548	887	631	2185	404	129.69
马鞍山市 Maanshan	113		14652	7666	951	4018	209	188.59
芜湖市 Wuhu	116		18361	6518	792	6585		146.71
宣城市 Xuancheng	22	1.5	3019	514	552	1458	60	157.22
铜陵市 Tongling	210		6556	1540	742	2907	347	210.35
池州市 Chizhou	16		2862	422	258	1360	176	147.52
安庆市 Anqing	67		9850	3495	588	2380	1400	114.95
黄山市 Huangshan	21		4283	996	630	1622	169	178.67
桐城市 Tongcheng	6		1250	156	201	506	49	121.03
天长市 Tianchang	9		1861	170	350	1030	96	207.74
明光市 Mingguang	5	1.7	1795	862	89	637	43	134.67
界首市 Jieshou	5	5.2	1264	339	95	719	7	134.83
宁国市 Ningguo	13		1654	616	38	825		135.81
巢湖市 Chaohu	12		3850	420	400	2169	280	191.92

10—12 各市城市污水排放和处理情况（2015年）
City Sewage Emission and Processing by Region (2015)

单位：万立方米（10000 cu.m）

地 区	Region	城市污水排放量 City Sewage discharge	城市污水处理总量 Total of Sewage Processing	污水处理厂处理量 Processing Amount of Sewage Processing Plant	其他污水处理量 Processing Amount of Others	城市污水处理率(%) Rate of City Sewage Treatment (%)	城市污水处理厂集中处理率(%) Central Processing Rate of Sewage Treatment Plant (%)
总　计	**Total**	**150642**	**145634**	**138293**	**7341**	**96.68**	**91.80**
合肥市	Hefei	44433	44276	40397	3879	99.65	90.92
淮北市	Huaibei	4637	4541	4181	360	97.93	90.17
亳州市	Bozhou	4316	4235	4235		98.12	98.12
宿州市	Suzhou	4430	4393	4093	300	99.16	92.39
蚌埠市	Bengbu	14558	14485	13725	760	99.50	94.28
阜阳市	Fuyang	5694	5127	5127		90.04	90.04
淮南市	Huainan	7000	6768	6113	655	96.69	87.33
滁州市	Chuzhou	6093	5888	5818	70	96.64	95.49
六安市	Luan	4211	4139	3802	337	98.29	90.29
马鞍山市	Maanshan	11722	11258	10868	390	96.04	92.71
芜湖市	Wuhu	13976	12806	12724	82	91.63	91.04
宣城市	Xuancheng	2253	2109	2069	40	93.61	91.83
铜陵市	Tongling	4877	4487	4487		92.00	92.00
池州市	Chizhou	2640	2462	2462		93.26	93.26
安庆市	Anqing	6895	6561	6148	413	95.16	89.17
黄山市	Huangshan	3115	2937	2937		94.29	94.29
桐城市	Tongcheng	875	748	708	40	85.49	80.91
天长市	Tianchang	1900	1888	1888		99.37	99.37
明光市	Mingguang	1616	1594	1594		98.64	98.64
界首市	Jieshou	1037	972	957	15	93.73	92.29
宁国市	Ningguo	1320	1250	1250		94.70	94.70
巢湖市	Chaohu	3044	2710	2710		89.03	89.03

10—13 各市城市市容环境卫生情况（2015年）

Basic Statistics on Urban Sanitation in Cities by Region (2015)

地　区	Region	清扫保洁面积（万平方米）Area under Cleaning Program (10000 sq.m)	生活垃圾清运量（万吨）Volume of Garbage Disposal (10000 tons)	生活垃圾无害化处理量（万吨）Volume of Garbage hazard-free Disposal (10000 tons)	生活垃圾无害化处理率（%）Living Refuse Treatment Rate (%)	粪便清运量（万吨）Volume of Excrement and Urine Disposal (10000 tons)	市容环卫专用车辆设备总数（台）Number of Special Vehicles for Environmental Sanitation (unit)	公共厕所（座）Number of Public Lavatories (unit)
总　计	**Total**	**29216**	**491.94**	**489.74**	**99.55**	**15.72**	**4593**	**3223**
合 肥 市	Hefei	7310	122.05	122.04	99.99	2.79	1770	234
淮 北 市	Huaibei	908	21.75	21.75	100.00	0.29	425	60
亳 州 市	Bozhou	1548	17.66	17.64	99.90	0.29	112	282
宿 州 市	Suzhou	1465	20.51	20.51	100.00	0.56	132	138
蚌 埠 市	Bengbu	2051	29.61	29.61	100.00		327	360
阜 阳 市	Fuyang	1042	25.23	25.23	100.00	3.47	205	112
淮 南 市	Huainan	2618	32.10	30.60	95.33	0.45	189	262
滁 州 市	Chuzhou	1461	12.57	12.57	100.00		72	174
六 安 市	Luan	868	19.28	19.28	100.00	3.90	111	282
马鞍山市	Maanshan	1200	22.91	22.91	100.00	0.61	68	94
芜 湖 市	Wuhu	2296	45.53	45.53	100.00		343	202
宣 城 市	Xuancheng	650	11.92	11.92	100.00		142	131
铜 陵 市	Tongling	811	10.74	10.74	100.00		146	121
池 州 市	Chizhou	702	14.06	14.06	100.00	0.33	95	140
安 庆 市	Anqing	1349	27.48	27.18	98.92	0.60	58	181
黄 山 市	Huangshan	658	12.61	12.61	100.00		97	59
桐 城 市	Tongcheng	230	6.50	6.50	100.00		33	10
天 长 市	Tianchang	426	6.60	6.59	99.90		37	166
明 光 市	Mingguang	307	6.66	6.66	100.00		24	19
界 首 市	Jieshou	260	6.58	6.21	94.32	1.08	39	37
宁 国 市	Ningguo	456	6.08	6.08	100.00		48	39
巢 湖 市	Chaohu	600	13.50	13.50	100.00	1.35	120	120

主要统计指标解释

供水管道长度

指从送水泵至用户水表之间所有管道的长度。不包括新安装尚未使用、水厂内以及用户建筑物内的管道。

供水总量

指报告期供水企业（单位）供出的全部水量。包括有效供水量和漏损水量。

公共服务用水

指为城区社会公共生活服务的用水。包括行政事业单位、部队营区和公共设施服务、社会服务业、批发零售贸易业、旅馆饮食业以及社会服务业等单位的用水。

居民家庭用水

居民家庭用水指城市范围内所有居民家庭的日常生活用水。包括城市居民、农民家庭、公共供水站用水。

用水普及率

指报告期末城区内用水人口与总人口的比率。计算公式：

用水普及率=城区用水人口 /（城区人口+城区暂住人口）×100%

供气总量

指报告期燃气企业（单位）向用户供应的燃气数量。包括销售量和损失量。

燃气普及率

指报告期城区内使用燃气的人口与总人口的比率。计算公式：

燃气普及率=城区用气人口 /（城区人口+城区暂住人口）×100%

排水管道长度

指所有排水总管、干管、支管、检查井及连接井进出口等长度之和。

公园绿地

城市中向公众开放的、以游憩为主要功能，有一定的游憩设施和服务设施，同时兼有健全生态、美化景观、防灾减灾等综合作用的绿化用地。

公园面积

指报告期末综合公园、专类公园和带状公园的全部占地总面积。

Explanatory Notes for Major Statistical Indicators

Length of Water Supply Pipelines

refers to the total length of all the pipelines between the water pumps and the user water meters, excluding pipelines newly installed but not used yet, and in water plant, user building's pipeline as well as.

Volume of Water Supply

refers to the total volume of water supplied by water-works (units) during the reference period, including both the effective water supply and loss during the water supply.

Consumption of Water for Public Service

refers to the water consumption of urban society public service, including the consumption of government agencies and public institutions, military barracks, public facilities, wholesale and retail outlets, restaurants, hotels, and other units providing public services.

Consumption of Water for Residential Use

refers to the consumption of water for daily life of all households in the boundary of cities, including households of urban residents and farmers, and public water supply stations.

Percentage of Urban Population with Access to Tap Water

refers to the ratio of the urban population with access to tap water to the total urban population. The formula is:

Percentage of population with access to tap water=(Urban population with access to tap water) / (Urban population)×100%

Volume of Gas Supply

refers to the total volume of gas provided to users by gas-producing enterprises (units) in a year, including the volume sold and the volume lost.

Percentage of Urban Population with Access to Gas

population of urban areas using gas during the reference period and the ratio of the total population. Formula:

Percentage of population with access to gas = (Urban population with access to gas / Urban population) x 100%

Length of Urban Sewage Pipes

refers to the total length of general drainage, trunks. branch and inspection wells, connection wells, inlets and outlets, etc.

Park Green Area

refers to green areas open to the public for amusement and rest with the facilities of amusement, rest and services. Its function includes perfecting ecology, beautifying landscape, and preventing and reducing disaster.

Park Area

Total areas of including comprehensive park, community park, topic park, belt-shaped park.

第十一篇

Chapter 11

自然资源和环境保护

NATURAL RESOURCES AND ENVIRONMENT PROTECTION

简要说明

一、自然状况包括地域、气象状况。自然资源包括土地、气候、林木、水资源。

1. 林木资料来自省林业厅；

2. 水资源资料由省水利厅和省水文局提供；

3. 气象资料由省气象中心整理提供。

二、环境保护统计资料由省环保厅提供，统计资料依据国家环保总局制定的环境统计报表制度，由各市的环境统计年报汇总整理而成，主要包括“三废”排放与处理，反映各工业行业有关“三废”排放与处理的情况。

Brief Introduction

I. Natural conditions cover region and meteorological conditions. Natural resources cover land, climate, forest and water resources.

1. Data on forest are provided by the Department of Forestry of Anhui Province.

2. Data on water conservancy are provided by the Water Conservancy Department and the Marine Products Bureau of Anhui Province.

3. The meteorological data are provided by the Provincial Meteorological Center.

II. Data on environmental protection are provided by the Provincial Environment Protection Department. Data are collected and tabulated by the prefectures and cities in accordance with the annual environmental protection reporting scheme stipulated by the State Environment Protection General Bureau. Data include mainly the discharge and treatment of waste water, waste gas and solid wastes, which show various indicators about the discharge and treatment of waste water, waste gas and solid wastes in various regions and various industrial sectors.

11—1 自 然 状 况
Natural Conditions

项 目		Item		2015
区 域		**Climate**		
土地总面积	（平方公里）	Total Land Area	(sq.km)	140140
山 区		Mountain		41162
平 原		Plain		34608
丘 陵		Hills		40448
圩 区		Low-lying Paddy Fields		12097
湖泊洼地		Lakes and Low-lying Lands		11122
山峰高程	**（米）**	**Height of Mountain Peak**	**(m)**	
大别山		DaBie Shan		1729.0
黄 山		Huang Shan		1864.8
九华山		JiuHua Shan		1344.4
天柱山		TianZhu Shan		1489.8
河流长度(安徽境内)	**（公里）**	**Length（ Within the territory of Anhui Province）**	**(km)**	
淮 河		Huaihe River		430
长 江		Changjiang River		416
新安江		Xin An Jiang River		240
湖泊面积		**Area of Lakes**		
巢 湖	（平方公里）	ChaoHu Lake	(sq.km)	800
气 候		**Climate**		
年平均气温	（摄氏度）	Annual Average Temperature	(℃)	
淮北地区		HuaiBei Area		15.3
江淮地区		JiangHuai Area		16.3
沿江地区		Along Chang Jiang River		16.8
江南地区		Lying South of Chang Jiang		16.6
降水量	（毫米）	Precipitation	(mm)	
淮河流域		Huaihe River Basin		999.3
淮河上游区		The Upper Reaches of Huaihe River		964.9
淮河中游区		The Middle Reaches of Huaihe River		995.7
淮河下游区		The Lower Reaches of Huaihe River		1170.6
沂沭泗河		Yishusi River		696.7
长江流域		Changjiang River Basin		1627.4
湖口以下干流		Main Rivers Below Hukou		1597.5
鄱阳湖水系		River System of Poyang Lake		2291.6
太湖水系		River System of Taihu Lake		1693.3
东南诸河		South-eastern Rivers		2395.8
钱塘江		Qiantang Jiang River		2395.8

11—2 自 然 资 源
Natural Resources

项 目		Item		2015
土地资源		**Land Resources**		
林业用地面积	(千公顷)	Area of Afforestated Land	(1000 hectares)	4493.30
#造林面积		Area of Afforesded Hilly Area		128.42
果园面积		Area of Orchard		128.08
茶园面积		Area of Tea Plantations		167.90
林木资源		**Forest Resources**		
活立木总蓄积量	(万立方米)	Total Standing Stock Volume	(10000 cu.m)	26145.10
森林面积	(千公顷)	Forest Area	(1000 hectares)	3958.50
森林覆盖率	(%)	Forest-cover Rate	(%)	28.65
水资源		**Water Resources**		
水资源总量	(亿立方米)	Total Resources	(100 million cu.m)	914.12
淮河流域		Huaihe River Basin		260.14
淮河上游区		The Upper Reaches of Huaihe River		1.36
淮河中游区		The Middle Reaches of Huaihe River		248.87
淮河下游区		The Lower Reaches of Huaihe River		9.38
沂沭泗河		Yishusi River		0.53
长江流域		Changjiang River Basin		556.91
湖口以下干流		Main Rivers Below Hukou		516.04
鄱阳湖水系		River System of Poyang Lake		38.96
太湖水系		River System of Taihu Lake		1.91
东南诸河		South-eastern Rivers		97.07
钱塘江		Qiantang River		97.07
天然年径流量	(亿立方米)	Natural Annual Flow	(100 million cu.m)	850.19
淮河流域		Huaihe River Basin		209.90
淮河上游区		The Upper Reaches of Huaihe River		0.86
淮河中游区		The Middle Reaches of Huaihe River		200.92
淮河下游区		The Lower Reaches of Huaihe River		7.95
沂沭泗河		Yishusi River		0.17
长江流域		Changjiang River Basin		543.22
湖口以下干流		Main Rivers Below Hukou		502.35
鄱阳湖水系		River System of Poyang Lake		38.96
太湖水系		River System of Taihu Lake		1.91
东南诸河		South-eastern Rivers		97.07
钱塘江		Qiantang River		97.07
地下水天然补给资源量	(亿立方米)	Natural Supply of Ground Water	(100 million cu.m)	268.19
淮河流域		Huaihe River Basin		107.65
长江流域		Changjiang River Basin		147.15
新安江流域		Xinanjiang River Basin		13.39
淡水面积	(千公顷)	Freshwater Area	(1000 hectares)	
#养殖面积		Cultivated Area		580.20
主要矿产基础储量		**Major Mineral Basic Reserves**		
煤 炭	(亿吨)	Coal	(100 million tons)	115.84
铁 矿	(矿石，亿吨)	Iron	(Ore, 100 million tons)	21.48
铜 矿	(铜，万吨)	Copper	(Metal, 10000 tons)	219.46
钼 矿	(钼，万吨)	Molybdenum	(Metal, 10000 tons)	126.40
硫铁矿	(矿石，亿吨)	Pyrite Ore	(Ore, 100 million tons)	3.20
水泥用灰岩	(矿石，亿吨)	Limestone for cement	(Ore, 100 million tons)	41.36
玻璃用石英岩	(矿石，亿吨)	Limestone for glass	(Ore, 100 million tons)	4.30
石 膏	(矿石，亿吨)	Gypsum	(Ore, 100 million tons)	36.05
方解石	(矿石，亿吨)	Calcite	(Ore, 100 million tons)	1.58

11—3 主要城市平均气温（2015年）
Monthly Average Temperature in Major Cities (2015)

单位：摄氏度（℃）

城市	City	1月 Jan.	2月 Feb.	3月 Mar.	4月 Apr.	5月 May.	6月 June	7月 July	8月 Aug.	9月 Sept.	10月 Oct.	11月 Nov.	12月 Dec.	年平均 Annual Average
合肥市	Hefei	4.9	6.4	11.3	16.4	22.5	24.8	26.9	27.6	23.9	18.5	11.0	6.2	16.7
淮北市	Huaibei	3.7	5.2	10.4	15.2	21.5	25.3	27.3	26.9	22.6	17.6	8.1	4.1	15.7
亳州市	Bozhou	3.1	4.8	9.8	14.6	21.0	24.5	26.5	26.2	22.0	17.1	7.6	3.8	15.1
宿州市	Suzhou	3.8	5.4	10.0	15.0	21.4	25.1	27.0	26.7	22.5	17.9	8.6	4.2	15.6
蚌埠市	Bengbu	3.6	5.0	9.9	14.7	20.9	24.3	26.2	26.3	22.0	17.3	9.2	4.4	15.3
阜阳市	Fuyang	3.8	5.5	10.5	14.9	21.6	24.3	26.4	26.1	22.3	17.7	8.7	4.5	15.5
淮南市	Huainan	5.2	6.5	11.4	16.3	22.5	25.3	27.2	27.6	23.7	19.1	10.0	6.1	16.7
滁州市	Chuzhou	3.8	5.3	10.3	14.8	21.1	23.9	25.9	26.4	22.1	17.1	10.2	4.9	15.5
六安市	Luan	5.4	6.4	11.2	16.3	21.9	24.3	26.0	26.5	22.8	18.1	9.9	5.8	16.2
马鞍山市	Maanshan	5.3	6.4	10.8	16.0	21.4	23.9	25.9	26.9	23.1	18.5	11.3	6.5	16.3
芜湖市	Wuhu	5.3	6.6	11.0	16.2	22.1	24.5	26.6	27.6	23.8	18.4	11.8	6.8	16.7
宣城市	Xuancheng	4.9	6.5	10.9	16.4	21.9	24.4	26.0	27.1	23.3	18.2	12.0	6.5	16.5
铜陵市	Tongling	5.6	7.0	11.4	16.7	22.4	25.0	26.5	27.7	23.8	18.7	11.5	6.9	16.9
池州市	Chizhou	5.5	6.9	11.2	16.5	22.3	24.7	26.0	27.1	23.6	18.3	11.4	6.8	16.7
安庆市	Anqing	5.8	7.0	11.1	16.7	22.5	24.7	26.1	27.2	23.6	18.6	11.1	6.6	16.8
黄山市	Huangshan	6.0	7.9	12.2	17.5	22.6	25.1	26.2	26.9	23.6	19.0	13.4	7.4	17.3

11—4 主要城市降水量（2015年）
Monthly Precipitation in Major Cities (2015)

单位：毫米（millimeters）

城市	City	1月 Jan.	2月 Feb.	3月 Mar.	4月 Apr.	5月 May.	6月 June	7月 July	8月 Aug.	9月 Sept.	10月 Oct.	11月 Nov.	12月 Dec.	全年 Annual Total
合肥市	Hefei	36.3	65.9	68.4	120.0	110.3	368.7	193.0	104.5	50.2	35.4	100.0	5.5	1258.2
淮北市	Huaibei	4.4	6.9	47.1	49.6	68.2	193.2	59.9	71.7	43.4	38.9	73.3	4.1	660.7
亳州市	Bozhou	4.8	15.2	47.0	71.3	108.2	198.8	97.7	92.3	42.4	18.8	75.2	3.6	775.3
宿州市	Suzhou	5.8	12.3	58.9	53.1	44.3	180.9	38.9	118.3	48.9	25.4	114.2	7.1	708.1
蚌埠市	Bengbu	9.3	26.5	74.6	51.2	106.6	378.9	99.1	217.4	30.9	24.0	66.2	4.6	1089.3
阜阳市	Fuyang	16.6	27.8	54.9	67.2	81.5	185.9	162.8	82.7	29.4	14.6	86.5	8.9	818.8
淮南市	Huainan	16.1	30.4	72.5	53.1	52.5	493.5	182.3	183.9	18.7	64.8	92.8	8.2	1268.8
滁州市	Chuzhou	18.8	33.6	40.2	79.1	75.2	355.0	256.5	137.4	42.2	36.9	120.0	4.0	1198.9
六安市	Luan	41.3	46.1	60.7	127.8	149.6	265.3	147.2	88.0	80.7	42.1	87.1	4.9	1140.8
马鞍山市	Maanshan	44.4	59.7	92.0	120.9	120.4	405.7	106.9	117.8	51.7	61.6	109.3	15.8	1306.2
芜湖市	Wuhu	56.7	88.6	82.1	148.7	149.3	317.8	135.6	130.0	123.2	45.3	121.0	26.5	1424.8
宣城市	Xuancheng	58.2	142.4	101.9	195.8	164.1	337.3	239.2	166.6	65.0	90.8	151.6	63.2	1776.1
铜陵市	Tongling	51.1	110.4	62.4	245.2	131.3	370.7	184.0	126.1	48.8	73.4	152.3	32.4	1588.1
池州市	Chizhou	47.6	139.8	95.6	202.2	209.2	502.0	273.0	82.7	71.0	125.2	200.0	46.9	1995.2
安庆市	Anqing	30.9	136.8	68.0	167.8	200.0	419.4	393.4	102.7	52.2	125.7	138.9	21.7	1857.5
黄山市	Huangshan	50.0	207.3	165.7	254.8	324.7	504.5	142.9	216.9	82.0	65.8	211.8	120.2	2346.6

11—5 各市全年降水量（2015年）
Total Precipitation by Region (2015)

地区	Region	年降水量 Precipitation 毫米 0.001(m)	亿立方米 (100 million cu.m)	多年平均降水量（亿立方米） Average Precipitation in Many Years (100 million cu.m)	与上年比较 Compared With Last Year (±%)	与多年平均比较 Compared With The Average Precipitation of Many Years (±%)
总计	**Total**	**1362.8**	**1900.8**	**1636.3**	**6.6**	**16.2**
合肥市	Hefei	1203.0	135.3	115.1	0.4	17.5
淮北市	Huaibei	685.5	18.7	23.0	-19.6	-18.8
亳州市	Bozhou	779.3	65.3	69.1	-14.4	-5.6
宿州市	Suzhou	747.9	73.7	82.6	-8.8	-10.8
蚌埠市	Bengbu	910.8	54.8	52.7	-2.1	3.9
阜阳市	Fuyang	842.4	83.0	87.1	-15.4	-4.7
淮南市	Huainan	1083.6	28.3	23.1	21.3	22.2
滁州市	Chuzhou	1159.4	154.5	127.4	3.9	21.3
六安市	Luan	1358.7	250.6	218.0	6.6	14.9
马鞍山市	Maanshan	1292.2	50.3	41.4	3.5	21.6
芜湖市	Wuhu	1421.4	84.8	72.8	9.2	16.5
宣城市	Xuancheng	1798.7	222.0	178.6	21.0	24.3
铜陵市	Tongling	1715.2	19.1	15.5	25.6	23.3
池州市	Chizhou	2083.1	175.6	135.6	26.0	29.5
安庆市	Anqing	1629.4	252.0	215.7	2.2	16.8
黄山市	Huangshan	2371.4	233.1	178.8	18.7	30.4

11—6 流域分区全年降水量（2015年）
Total Precipitation by Area of Rivers (2015)

流域分区 River Area	年降水量 Precipitation 毫米 0.001(m)	亿立方米 (100 million cu.m)	多年平均降水量（亿立方米） Average Precipitation in Many Years (100 million cu.m)	与上年比较 Compared With Last Year (±%)	与多年平均比较 Compared With The Average Precipitation of Many Years (±%)
总计 Total	**1362.8**	**1900.8**	**1636.3**	**6.6**	**16.2**
淮河流域 Huaihe River Basin	999.3	665.8	628.4	-1.4	5.9
淮河上游区 The Upper Reaches of Huaihe River	964.9	3.6	3.5	0.3	1.4
淮河中游区 The Middle Reaches of Huaihe River	995.7	637.4	602.7	-1.7	5.8
淮河下游区 The Lower Reaches of Huaihe River	1170.6	22.7	20.0	3.6	13.6
沂沭泗河 Yishusi River	696.7	2.1	2.2	22.2	-6.3
长江流域 Changjiang River Basin	1627.4	1080.8	892.8	10.8	21.1
湖口以下干流 Main Rivers Below Hukou	1597.5	1012.0	840.8	10.1	20.4
鄱阳湖水系 River System of Poyang Lake	2291.6	64.9	48.9	22.2	32.8
太湖水系 River System of Taihu Lake	1693.3	3.8	3.1	30.0	22.5
东南诸河 South-eastern Rivers	2395.8	154.3	115.2	16.3	34.0
钱塘江 Qiantang River	2395.8	154.3	115.2	16.3	34.0

11—7 各市水资源总量（2015年）
Water Resources by Region (2015)

单位：亿立方米（100 million cu.m）

地 区	Region	天然年径流量 Natural Annual Flow by Region	山丘区地下水资源量 Ground Water Volume of Mountain and Hill Areas	山丘区河川基流量 River Flow of Mountain and Hill Areas	平原区降水入渗补给量 Permeated Precipitation Supply of Plain Areas	平原区降水入渗补给形成的河道排泄量 River Way Drainage Volume Caused by Permeated Precipitation Supply of Plain Areas	地下水资源与地表水资源不重复量 Amount of Non-repeat-calculated Water Between Ground Water and Surface Water	水资源总量 Total Amount of Water Resources by Region
总 计	**Total**	**850.19**	**100.76**	**100.01**	**86.20**	**9.33**	**63.93**	**914.12**
合 肥 市	Hefei	46.70	6.53	6.53	1.37		1.93	48.63
淮 北 市	Huaibei	2.62	0.26		3.50	0.39	3.37	5.99
亳 州 市	Bozhou	11.65			12.49	1.89	10.60	22.25
宿 州 市	Suzhou	10.19	0.51	0.02	13.26	1.55	12.20	22.39
蚌 埠 市	Bengbu	14.44	0.33	0.33	8.27	1.89	6.38	20.82
阜 阳 市	Fuyang	18.34			14.86	2.92	11.94	30.28
淮 南 市	Huainan	8.04	0.49	0.49	2.70	0.69	1.90	9.94
滁 州 市	Chuzhou	52.50	6.62	6.62	3.66		2.33	54.83
六 安 市	Luan	121.09	14.82	14.82	4.95		2.48	123.57
马鞍山市	Maanshan	20.41	1.60	1.60	3.20		1.74	22.15
芜 湖 市	Wuhu	39.11	2.82	2.82	5.56		2.23	41.34
宣 城 市	Xuancheng	125.88	17.07	17.07	1.46		0.80	126.68
铜 陵 市	Tongling	8.78	0.78	0.78	0.82		0.47	9.25
池 州 市	Chizhou	101.78	12.49	12.49	2.62		1.35	103.13
安 庆 市	Anqing	119.31	13.89	13.89	7.48		4.21	123.52
黄 山 市	Huangshan	149.35	22.55	22.55				149.35

11—8 流域分区水资源总量（2015年）
Water Resources by Area of Rivers (2015)

单位：亿立方米（100 million cu.m）

流域分区 River Area	天然年径流量 Natural Annual Flow by Region	山丘区地下水资源量 Ground Water Volume of Mountain and Hill Areas	山丘区河川基流量 River Flow of Mountain and Hill Areas	平原区降水入渗补给量 Permeated Precipitation Supply of Plain Areas	平原区降水入渗补给形成的河道排泄量 River Way Drainage Volume Caused by Permeated Precipitation Supply of Plain Areas	地下水资源与地表水资源不重复量 Amount of Non-repeat-calculated Water Between Ground Water and Surface Water	水资源总量 Total Amount of Water Resources by Region
总 计 Total	**850.19**	**100.76**	**100.01**	**86.20**	**9.33**	**63.93**	**914.12**
淮河流域 Huaihe River Basin	209.90	18.35	17.60	62.16	9.33	50.24	260.14
淮河上游区 The Upper Reaches of Huaihe River	0.86			0.63	0.13	0.50	1.36
淮河中游区 The Middle Reaches of Huaihe River	200.92	18.19	17.44	58.96	9.17	47.95	248.87
淮河下游区 The Lower Reaches of Huaihe River	7.95	0.16	0.16	2.18		1.43	9.38
沂沭泗河 Yishusi River	0.17			0.39	0.03	0.36	0.53
长江流域 Changjiang River Basin	543.22	67.35	67.35	24.04		13.69	556.91
湖口以下干流 Main Rivers Below Hukou	502.35	61.38	61.38	24.04		13.69	516.04
鄱阳湖水系 River System of Poyang Lake	38.96	5.69	5.69				38.96
太湖水系 River System of Taihu Lake	1.91	0.28	0.28				1.91
东南诸河 South-eastern Rivers	97.07	15.06	15.06				97.07
钱塘江 Qiantang River	97.07	15.06	15.06				97.07

11—9 主要年份供水和用水情况
Water Supply and Water Use in Rural Area

年份 Year	供水总量(亿立方米) Water Supply (100 million cu.m)	地表水 Surface Water	地下水 Ground-water	其他 Others	用水总量(亿立方米) Water Use (100 million cu.m)	农业 Agricul-ture	工业 Industry	城镇公共 Urban Public	居民生活 Residents Live	生态环境补水 Ecological Protection	人均用水量(立方米/人) Per Capita Water Use (cu.m/person)
2005	208.03	189.60	17.85	0.58	208.03	116.21	67.72	2.84	19.89	1.37	328.50
2007	232.05	211.65	19.92	0.48	232.05	122.84	83.81	3.45	20.35	1.60	379.30
2008	266.36	242.38	23.50	0.48	266.36	154.15	85.40	3.66	21.52	1.63	434.20
2009	292.40	265.78	26.13	0.49	292.40	170.43	93.28	4.09	22.65	1.94	476.90
2010	292.50	258.54	33.08	0.89	292.50	167.54	94.32	4.91	23.40	2.30	491.60
2011	294.63	259.90	33.40	1.33	294.63	170.92	90.62	5.27	23.86	3.96	493.70
2012	288.56	253.66	34.01	0.89	288.56	156.67	97.02	7.13	23.96	3.78	481.90
2013	296.02	260.86	33.41	1.75	296.02	165.09	98.43	7.24	24.21	4.05	490.93
2014	272.09	239.93	30.31	1.85	272.09	142.83	92.71	7.40	24.50	4.65	447.30
2015	288.66	253.88	32.49	2.29	288.66	157.50	93.51	7.87	24.88	4.90	472.20

11—10 各市供水和用水情况（2015年）
Water Supply and Water Use by Region (2015)

地区 Region	供水总量(亿立方米) Water Supply (100 million cu.m)	地表水 Surface Water	地下水 Ground-water	其他 Others	用水总量(亿立方米) Water Use (100 million cu.m)	农业 Agricul-ture	工业 Industry	城镇公共 Urban Public	居民生活 Residents Live	生态环境补水 Ecological Protection	人均用水量(立方米/人) Per Capita Water Use (cu.m/person)
合肥市 Hefei	30.45	29.78	0.37	0.30	30.45	18.98	5.52	1.88	3.47	0.60	393.30
淮北市 Huaibei	4.59	0.77	3.45	0.37	4.59	1.90	1.68	0.16	0.80	0.05	211.40
亳州市 Bozhou	10.42	3.00	7.38	0.04	10.42	6.53	1.94	0.22	1.66	0.07	207.50
宿州市 Suzhou	9.99	2.49	7.34	0.16	9.99	4.92	2.62	0.27	2.13	0.05	181.20
蚌埠市 Bengbu	14.78	12.03	2.67	0.08	14.78	9.84	2.89	0.37	1.36	0.32	451.30
阜阳市 Fuyang	17.17	9.04	8.04	0.09	17.17	10.96	2.96	0.27	2.83	0.15	218.40
淮南市 Huainan	15.52	14.33	1.01	0.18	15.52	6.17	7.52	0.49	1.14	0.20	650.40
滁州市 Chuzhou	22.55	21.89	0.65	0.01	22.55	17.06	3.13	0.59	1.62	0.15	563.60
六安市 Luan	30.93	29.82	0.62	0.49	30.93	24.92	3.13	0.46	2.12	0.30	537.90
马鞍山市 Maanshan	34.25	33.86	0.09	0.30	34.25	8.37	23.60	0.58	1.08	0.62	1525.10
芜湖市 Wuhu	28.29	28.00	0.10	0.19	28.29	11.07	14.14	0.85	1.75	0.48	778.10
宣城市 Xuancheng	15.18	14.87	0.26	0.05	15.18	10.98	2.32	0.43	1.13	0.32	587.60
铜陵市 Tongling	11.84	11.77	0.04	0.03	11.84	1.49	9.31	0.16	0.40	0.48	1599.80
池州市 Chizhou	9.81	9.75	0.06		9.81	4.88	3.70	0.27	0.58	0.38	684.50
安庆市 Anqing	28.02	27.71	0.31		28.02	16.49	8.41	0.28	2.21	0.63	518.30
黄山市 Huangshan	4.87	4.77	0.10		4.87	2.94	0.64	0.59	0.60	0.10	355.90

11—11 环境综合整治
Environmental Improvement

指　　标	Item	2005	2010	2014	2015
环境质量	**Environment Quality**				
大气可吸入颗粒物年均值 （微克/立方米）	Atmospheric Particulate Matter Average (MCG/cu.m)	84	81	95	80
二氧化硫年平均值 （微克/立方米）	Sulfur Dioxide in Average (MCG/cu.m)	30	27	26	22
二氧化氮年平均值 （微克/立方米）	Nitrogen Dioxide in Average (MCGcu.m)	31	26	30	31
饮用水源水质达标率 （%）	Up-to-standard Rate of Drinking Water Quality (%)	98.2	93.4	96.5	96.9
区域环境噪声平均值(分贝(A))	The Average Indicator of Urban Noise (decibel)	54.8	54.1	53.7	54.0
交通干线噪声平均值(分贝(A))	The Average Indicator of Traffic Main Line Noise (decibel)	68.6	68.3	65.2	66.4
生态环境	**Eco-environment Protection**				
森林面积 （万公顷）	Area of Forest (10000 hectares)	360.1	380.4	395.8	395.9
森林覆盖率 （%）	Forest Coverage (%)	26.06	27.53	28.65	28.65
当年造林面积 （万公顷）	Area of Reforestation of the Year (10000 hectares)	5.7	6.6	15.8	12.9
自然保护区数 （个）	Number of Nature Reserves (unit)	31	38	39	40
#国家级	National Level	6	6	7	7
自然保护区面积 （万公顷）	Area of Nature Reserves (10000 hectares)	34.7	43.6	41.0	41.4
自然保护区面积占辖区面积比重 (%)	Area of Nature Reserves in Regions (%)	2.5	3.1	3.0	3.0
污染控制	**Pollution Control**				
一般工业固体废物综合利用率 （%）	General Industrial Solid Waste Comprehensive Utilizational Rate (%)	79.3	84.6	84.4	88.5
危险废物处置率 （%）	Rate of Treatment of Hazardous Waste (%)	49.9	59.4	20.1	26.0
环境建设	**Environment Improvement**				
城市污水处理厂集中处理率 （%）	Rate of Concentrating Treatment of Sewage in the City (%)	26.31	71.58	90.19	91.80
城市燃气普及率 （%）	Rate of Gas Utilization in the City (%)	72.3	90.5	96.8	97.6
建成区绿化覆盖率 （%）	Green Coverage Rate in Constructed Areas (%)	27.5	37.5	41.2	41.2

注：1．饮用水源水质达标率自2008年起改变计算方法，与历史年份数据不可比。
2．按照《环境空气质量标准》（GB3095—2012），二氧化硫和二氧化氮改为年均值（以前年度为日均值）。
3．省辖市空气质量达二级标准的城市数自2015年起采用新标准（《环境空气质量标准》（GB3095—2012））评价，与历史年份数据不可比。

a) The calculation method of up-to-standard rate of drinking water quality is changed since 2008, uncomparing with historical data.
b) According to the ambient air quality standard (GB3095-2012), sulfur dioxide and nitrogen dioxide to average (previous year as the average).
c) The air quality of the secondary standard of the provincial-level cities number since 2015, to adopt new standards (" ambient air quality standard "(GB3095-2012)), than with year of history data.

11—11 续表 continued

指 标	Item	2005	2010	2014	2015
自然灾害	**Natural Disaster**				
发生地质灾害起数 （次）	Geological Disaster (unit)	8548	338	126	616
#滑 坡	Landslide	3397	143	49	312
崩 塌	Collapse	4907	164	70	272
人员伤亡 （人）	Casualties (person)		12		2
#死亡人数	Deaths		6		1
森林病虫害防治面积 （万公顷）	Forest Area Affected and Cured from Diseasease and Pests (10000 hectares)	21.0	30.1	33.2	34.3
环境污染	**Pollution**				
突发环境事件次数 （次）	Suddenly Environment Event Number (time)	28	30	9	8
#水污染	Water Pollution	16	10	5	5
大气污染	Air Pollution	10	8	1	2
固体废物污染	Solid Waste Pollution		5		
人员伤亡 （人）	Personnel Casualty (person)				
污染直接经济损失 （万元）	Direct Economic Loss Due to Pollution (10000 yuan)	275.4	231.6	493.0	75.3
突发环境事件赔款总额 （万元）	Compensation Total Amount of Suddenly Environment Event (10000 yuan)	144.1	133.0		2.1
污染损害罚款总额 （万元）	Fine Total Amount of Pollution Harm (10000 yuan)	55.2	23.0	0.8	13.0
二氧化硫排放量 （万吨）	Sulphur Dioxide Discharge (10000 tons)	67.20	53.26	49.30	48.01
#生 活	Life		4.82	5.23	6.00
COD排放量 （万吨）	COD Discharge (10000 tons)	44.38	41.11	88.56	87.11
氨氮排放总量 （万吨）	Ammonia Nitrogen Discharge (10000tons)		4.43	10.05	9.68
城镇生活污水排放量（亿吨）	Urban Comsumption Waste Water Discharge (100 million tons)	9.31	11.37	20.25	20.89
#生活污水中化学需氧量排放量 （万吨）	COD Discharge from Urban Consumption Waste Water (10000 tons)		29.63	43.22	42.72
#生活污水中氨氮排放量 （万吨）	Ammonia Nitrogen Discharge from Urban Consumption Waste Water (10000 ton)		3.22	5.68	5.44
环境污染治理	**Investment in the Treatment of Environmental Pollution**				
省辖市空气质量达二级标准 （个）	Cities Directly under the Provincial Government Where the Air Quality Attains the Second Grade National Standards (unit)	14	16	9	2

11—12 环保系统机构、人员数
Environmental Protection Agencies and Persons Engaged

年份 Year	机构总数 (个) Number of Agencies (unit)	人员总数 (人) Total Number of Staff & Workers (person)	#科技人员 Scientific and Technical Personnel	#监测人员 Monitoring Personnel	#监察人员 Supervisory Personnel
2000	361	4104	1934	1442	957
2005	388	5128	2195	1593	1626
2007	402	5547			
2008	386	5532	2503	1675	2107
2009	405	5527	2513	1659	2109
2010	390	5722	2648	1767	2145
2011	429	5766	2735	1734	2223
2012	450	5816	4318	2070	3439
2013	419	5753		1624	2242
2014	425	5145		1594	1805
2015	408	5881		1596	1828

注：2014年数据为编制数，不含聘用人员。

a) 2014 data for BianZhiShu, excluding hiring staff.

11—13 生活污染物排放
Discharge of Pollutants from Daily Life

年份 Year	城镇生活污水排放量 (万吨) Volume of Urban Waste Water Discharged From Daily Life (10000 tons)	生活污水中化学需氧量排放量 (吨) Absorption of Oxygen by Waste Water From Daily Life (ton)	生活及其他二氧化硫排放量 (吨) Emission of Sulfur Dioxide From Daily Life and Others (ton)	生活及其他烟尘排放量 (吨) Emission of Dust From Daily Life and Others (ton)
2000	80189	275104	44639	37166
2005	93104	307257	56495	45116
2007	101771	311046	54969	51569
2008	101662	305954	53061	49435
2009	106259	295299	51560	50396
2010	113729	296274	48164	47958
2011	172384	450509	42246	15499
2012	186980	440215	49405	87153
2013	195091	436388	50928	44490
2014	202522	432220	52303	44368
2015	208928	427176	60002	44464

注：生活及其他烟尘排放量2011年数据为生活源烟（粉）尘排放量，不包括其他排放量。

a) Life and other soot emissions in 2011 data are life (powder) smoke and dust emissions, do not include other emissions.

11—14 工业企业“三废”排放及治理

Discharge and Treatment of Waste Water, Waste Gas and Solid Wastes by Industry Enterprises

指　　标	Item	2005	2010	2014	2015
废　水	**Waste Water**				
工业废水排放总量（万吨）	Total Volume of Waste Water Discharged (10000 tons)	63487	70971	69580	71436
#工业废水COD排放量	COD Discharge from Industrial Waste		11.48	8.18	8.29
废　气	**Waste Gas**				
工业废气排放总量（亿标立方米）	Total Volume of Industrial Waste Gas Emission (100 million cu.m)	6960	17849	29233	29188
工业二氧化硫排放量（万吨）	Volume of Sulphur Dioxide Emission (10000 tons)	51.47	48.44	44.06	42.00
烟尘排放量（万吨）	Volume of Soot Emission (10000 tons)	25.27	20.74	58.53	47.80
工业粉尘排放量（万吨）	Volume of Industrial Dust Emission (10000 tons)	46.23	26.37		
固体废物	**Solid Wastes**				
一般工业固体废物产生量（万吨）	The Amount of General Industrial Solid Waste Generation (10000 tons)	4196	9158	12000	13059
一般工业固体废物综合利用量（万吨）	The Amount of General Industrial Solid Waste Comprehensive Utilization (10000 tons)	3357	7849	10466	11763
一般工业固体废物综合利用率（%）	General Industrial Solid Waste Comprehensive Utilization Rate (%)	79.32	84.55	84.44	88.48
一般工业固体废物贮存量（万吨）	The Amount of General Industrial Solid Waste Storage (10000 tons)	360	518	893	518
一般工业固体废物处置量（万吨）	The Amount of General Industrial Solid Waste Disposal (10000 tons)	519	916	1079	1049
污染治理	**Pollution Treatment**				
本年施工项目总数（个）	Total of Construction Items (unit)	265	69	166	57
本年完成环保设施投资额（万元）	Complete Environmental Protection Facilities Investment this Year (10000 yuan)	45443	58895	282655	233110
#治理废水	Treatment of Waste Water	24122	14250	21782	58033
治理废气	Treatment of Waste Gas	16768	30932	226285	133921
治理固体废物	Treatment of Solid Wastes	2902		1878	13450
治理噪声	Noise Abatement	249	108	3893	7337
治理其他	Others	1402	13588	28817	20369
排污收费及使用	**Fee for Discharging Waste and Fines for Pollution**				
排污费交纳单位（个）	Number of Units Charged (unit)	22617	15031	11199	10034
排污费征收额（万元）	Amount of Pollution Charges (10000 yuan)	28112	55838	63834	63771

注：2014年工业烟粉尘增加了水泥和钢铁行业的无组织排放量。

a) 2014 industrial YanFenChen increased the unorganized emissions of cement and steel industries.

11—15 各市工业废水排放及处理（2015年）
Discharge and Treatment of Industrial Waste Water by Region (2015)

地 区	Region	汇总工业企业个数（个）Number of Industrial Enterprises (unit)	工业废水排放总量（万吨）Total Volume of Waste Water Discharge (10000 tons)	#排入污水处理厂 Disperses into the Sewage Treatment Plants	工业废水中污染物排放量（吨）Total Volume Pollutant of Waste Water Discharge (ton) #化学需氧量 COD	#石油类 Petroleum
总 计	**Total**	**7717**	**71435.69**	**11289.37**	**82851.28**	**657.87**
合肥市	Hefei	696	5334.98	3152.53	6895.05	36.83
淮北市	Huaibei	424	5377.67	388.13	4085.00	14.83
亳州市	Bozhou	653	3501.66	485.54	3532.76	21.74
宿州市	Suzhou	424	6126.77	308.61	9232.33	24.26
蚌埠市	Bengbu	420	2474.02	2104.11	4839.44	23.08
阜阳市	Fuyang	571	2946.11	353.24	2282.00	61.74
淮南市	Huainan	253	9112.06		5231.86	139.74
滁州市	Chuzhou	685	5859.72	505.20	9101.13	62.01
六安市	Luan	573	2443.29	248.70	3618.54	44.33
马鞍山市	Maanshan	512	7694.53	629.79	6791.21	62.57
芜湖市	Wuhu	536	4933.27	2267.29	6562.14	17.14
宣城市	Xuancheng	821	3664.98	416.96	6110.96	79.84
铜陵市	Tongling	217	5338.25		5469.00	26.14
池州市	Chizhou	245	1422.11	221.64	3204.84	2.14
安庆市	Anqing	478	4469.63		4698.00	37.48
黄山市	Huangshan	209	736.62	207.64	1197.01	3.98

地 区	Region	#氨氮 Ammonia & Nitrogen	废水治理设施数（套）Number of Facilities for Treatment of Waste Water (set)	废水治理设施处理能力（万吨/日）Handling Ability of Facilities for Treatmnent of Waste Water (10000cu.m/h)	废水治理设施运行费用（万元）Opearating Cost of Facilities of Waste Water (10000Yuan)
总 计	**Total**	**6660.80**	**2811**	**960.59**	**258602.2**
合肥市	Hefei	205.66	304	134.35	23124.0
淮北市	Huaibei	364.60	205	56.30	8511.4
亳州市	Bozhou	484.33	125	19.32	4793.1
宿州市	Suzhou	453.71	88	31.97	7235.2
蚌埠市	Bengbu	297.32	126	13.01	9655.5
阜阳市	Fuyang	760.20	152	16.83	7337.1
淮南市	Huainan	1151.28	170	92.83	16210.8
滁州市	Chuzhou	1092.97	191	26.80	25023.9
六安市	Luan	336.78	158	40.42	4768.4
马鞍山市	Maanshan	220.43	194	315.60	75640.8
芜湖市	Wuhu	300.04	275	35.63	14507.8
宣城市	Xuancheng	215.26	238	20.36	5022.1
铜陵市	Tongling	310.80	148	78.78	24343.7
池州市	Chizhou	112.03	140	37.37	4808.3
安庆市	Anqing	239.30	211	35.44	23617.1
黄山市	Huangshan	116.11	86	5.58	4003.0

11—16 各市工业废气排放及处理（2015年）

Emission and Treatment of Industrial Waste Gas by Region (2015)

地 区	Region	汇总工业企业个数（个）Number of Industrial Enterprises (unit)	工业废气治理设施数（套）Number of Facilities for treat-ment of Waste Gas (set)	工业废气排放总量（亿标立方米）Total Volume of Industrial Waste Gas Emission (100 million cu.m)	工业二氧化硫排放量（吨）Volume of Sulphur Dioxide Emission by Industry (ton)
总 计	**Total**	**7717**	**9646**	**29187.82**	**420032.97**
合肥市	Hefei	696	1098	2073.14	40828.65
淮北市	Huaibei	424	833	1515.52	45319.95
亳州市	Bozhou	653	204	389.21	12660.45
宿州市	Suzhou	424	365	1078.79	25896.99
蚌埠市	Bengbu	420	293	1859.07	15925.77
阜阳市	Fuyang	571	436	650.68	16827.08
淮南市	Huainan	253	449	2557.61	60933.96
滁州市	Chuzhou	685	732	1629.89	18515.54
六安市	Luan	573	483	1229.60	14290.22
马鞍山市	Maanshan	512	960	5732.21	48713.42
芜湖市	Wuhu	536	1074	2679.72	38064.12
宣城市	Xuancheng	821	474	1132.45	19195.43
铜陵市	Tongling	217	578	2618.23	27807.11
池州市	Chizhou	245	697	2400.41	17344.89
安庆市	Anqing	478	710	1585.67	14738.07
黄山市	Huangshan	209	260	55.62	2971.33

地 区	Region	工业二氧化硫去除量（吨）Volume of Industry Sulphur Dioxide Removed (ton)	工业烟（粉）尘排放量（吨）Volume of Industrial Soot Emission (ton)	工业烟（粉）尘去除量（吨）Volume of Industrial Soot Removed (ton)	废气治理设备运用运行费用（万元）Annual Expenditure for Operation (10000 yuan)
总 计	**Total**	**2925006.55**	**477962.96**	**39548657.21**	**753020.50**
合肥市	Hefei	78454.25	85035.73	2800373.39	60271.20
淮北市	Huaibei	31220.85	18729.82	1643593.77	53042.00
亳州市	Bozhou	3250.34	10518.37	46703.83	1724.70
宿州市	Suzhou	39759.26	18058.93	1256223.62	25085.70
蚌埠市	Bengbu	29968.99	23595.55	298250.69	28939.20
阜阳市	Fuyang	30529.04	14861.36	1045624.93	18123.30
淮南市	Huainan	173258.48	18853.17	6372831.06	92388.60
滁州市	Chuzhou	19620.12	35262.97	2298795.15	20262.90
六安市	Luan	28157.24	33407.01	479947.70	5751.30
马鞍山市	Maanshan	116014.05	75915.65	5313098.01	196196.00
芜湖市	Wuhu	67385.50	39512.60	7290387.67	81894.60
宣城市	Xuancheng	16797.55	38754.23	1269023.41	17665.30
铜陵市	Tongling	2095652.00	23135.61	5141906.82	88644.40
池州市	Chizhou	83112.57	13949.53	715063.21	29922.20
安庆市	Anqing	111826.33	24977.89	3537209.21	31678.00
黄山市	Huangshan		3394.53	39624.74	1431.10

11—17 各市工业固体废物产生及处理利用（2015年）

Discharge, Treatment and Utilization of Industrial Solid Wastes by Region (2015)

地　区	Region	汇总工业企业个数（个）Number of Industrial Enterprises (unit)	一般工业固体废物产生量（万吨）The Amount of General Industrial Solid Waste Generation (10000 tons)	危险废物产生量（万吨）The Amount of Hazardous Waste Generation (10000 ton)	一般工业固体废物综合利用量（万吨）The Amount of General Industrial Solid Waste Comprehensive Utilization (10000 ton)	危险废物综合利用量（万吨）The Amount of Hazardous Waste Comprehensive Utilization (10000 ton)
总　计	**Total**	**7717**	**13058.96**	**89.43**	**11762.79**	**64.51**
合肥市	Hefei	696	817.96	4.63	749.73	1.49
淮北市	Huaibei	424	1178.57	2.24	1196.29	1.82
亳州市	Bozhou	653	238.80	0.02	232.82	
宿州市	Suzhou	424	392.60	0.08	284.44	
蚌埠市	Bengbu	420	171.71	1.58	165.48	0.01
阜阳市	Fuyang	571	551.51	9.18	547.45	7.66
淮南市	Huainan	253	3159.00	3.05	2762.16	0.04
滁州市	Chuzhou	685	233.31	0.48	224.82	0.27
六安市	Luan	573	489.55	1.13	386.46	0.04
马鞍山市	Maanshan	512	2700.34	41.23	2339.53	38.44
芜湖市	Wuhu	536	341.47	4.30	295.78	1.23
宣城市	Xuancheng	821	500.65	1.14	452.92	0.37
铜陵市	Tongling	217	1547.56	17.25	1408.47	11.16
池州市	Chizhou	245	313.14	1.65	315.16	1.08
安庆市	Anqing	478	386.58	1.31	374.20	0.84
黄山市	Huangshan	209	36.19	0.16	27.07	0.05

地　区	Region	一般工业固体废物综合利用率（%）General Industrial Solid Waste Comprehensive Utilization Rate (%)	一般工业固体废物贮存量（万吨）The Amount of General Industrial Solid Waste Storage (10000 tons)	一般工业固体废物处置量（万吨）The Amount of General Industrial Solid Waste Disposal (10000 tons)	一般工业固体废物处置率（%）General Industrial Solid Waste Disposal Rate (%)
总　计	**Total**	**88.48**	**518.01**	**1048.74**	**8.01**
合肥市	Hefei	91.53	59.07	10.34	1.26
淮北市	Huaibei	92.70	65.47	57.35	4.75
亳州市	Bozhou	97.50	0.00	6.00	2.51
宿州市	Suzhou	68.92	26.56	106.88	26.87
蚌埠市	Bengbu	96.36	0.50	5.78	3.36
阜阳市	Fuyang	99.26	3.43	0.62	0.11
淮南市	Huainan	86.14	38.71	405.66	12.84
滁州市	Chuzhou	96.36	0.00	8.48	3.64
六安市	Luan	75.84	0.03	123.06	25.14
马鞍山市	Maanshan	86.51	206.68	158.01	5.85
芜湖市	Wuhu	86.44	0.69	46.11	13.49
宣城市	Xuancheng	90.46	41.20	6.69	1.34
铜陵市	Tongling	90.58	51.95	95.60	6.17
池州市	Chizhou	93.97	15.64	4.74	1.51
安庆市	Anqing	96.80	3.56	8.82	2.28
黄山市	Huangshan	74.80	4.52	4.61	12.73

11—18 各市城市空气质量指标（2015年）
Ambient Air Quality in Main Cities by Region (2015)

单位：微克／立方米（MCG/cu.m）

地 区	Region	可吸入颗粒物 (PM_{10}) Clean Area	二氧化硫 (SO_2) Lightly Polluted Area	二氧化氮 (NO_2) Moderately Polluted Area	空气质量达到及好于二级的天数比例(%) As Good and Better air Quality in 2 Days (%)
全省平均	**Average**	**80**	**22**	**31**	**77.9**
合 肥 市	Hefei	92	16	33	68.0
淮 北 市	Huaibei	90	28	37	67.1
亳 州 市	Bozhou	87	36	37	74.3
宿 州 市	Suzhou	85	24	28	72.0
蚌 埠 市	Bengbu	90	26	35	70.2
阜 阳 市	Fuyang	72	24	35	78.8
淮 南 市	Huainan	85	20	29	79.5
滁 州 市	Chuzhou	87	15	29	72.1
六 安 市	Luan	89	12	20	80.2
马鞍山市	Maanshan	87	24	35	75.1
芜 湖 市	Wuhu	81	20	37	77.3
宣 城 市	Xuancheng	75	24	32	80.1
铜 陵 市	Tongling	88	42	36	77.8
池 州 市	Chizhou	55	19	22	94.5
安 庆 市	Anqing	72	18	29	84.0
黄 山 市	Huangshan	46	9	14	94.7

11—19 各市城市道路交通噪声监测情况（2015年）
Monitoring of Urban Road Traffic Noise in Key Cities by Region (2015)

地 区	Region	监测总长度（公里） Total Length of Roads (km)	路段平均宽度（米） Average Width of Roads (m)	平均车流量（辆/小时） Average Traffic Volume (car/hour)	噪声均值（分贝） Average Noise Value (LeqdBA)
总 计	**Total**	**1882.55**	**39.21**	**265**	**1169.0**
合 肥 市	Hefei	591.70	48.69	834	1545.0
淮 北 市	Huaibei	96.78	43.00	33	353.0
亳 州 市	Bozhou	57.38	50.86	38	57.0
宿 州 市	Suzhou	50.11	25.27	212	1340.0
蚌 埠 市	Bengbu	116.08	41.00	167	1104.0
阜 阳 市	Fuyang	29.43	43.08	228	1536.0
淮 南 市	Huainan	56.03	37.00	454	909.0
滁 州 市	Chuzhou	65.95	30.22	85	706.0
六 安 市	Luan	68.25	45.07	100	1192.0
马鞍山市	Maanshan	98.53	43.52	41	369.0
芜 湖 市	Wuhu	404.79	46.00	247	1207.0
宣 城 市	Xuancheng	67.26	37.09	218	2996.0
铜 陵 市	Tongling	37.38	25.00	39	689.0
池 州 市	Chizhou	28.85	31.93	1450	1700.0
安 庆 市	Anqing	51.55	42.39	84	1409.0
黄 山 市	Huangshan	62.50	31.77	40	453.0

11—20 水 资 源 情 况
Water Resources

年份 Year	水资源总量（亿立方米）Total Water Resources (100 million cu.m)	地表水资源量 Surface Water	地下水资源量 Ground Water	地表水与地下水资源重复量 Duplicated Measurement Between Surface Water and Groundwater	人均水资源量（立方米／人）Per Capita Water Resources (cu.m/person)
2000	644.21	554.62	188.74	99.15	1026.10
2005	719.25	672.20	195.41	148.36	1135.70
2007	712.46	666.10	181.84	135.48	1164.50
2008	699.24	651.88	178.09	130.73	1139.80
2009	733.10	685.92	185.43	138.25	1195.70
2010	939.05	876.27	197.81	135.03	1578.20
2011	602.08	544.17	143.48	85.57	1008.80
2012	700.98	640.64	159.22	98.88	1172.60
2013	585.59	525.41	144.54	84.36	974.54
2014	778.48	712.86	178.91	113.29	1279.78
2015	914.12	850.19	193.71	129.78	1495.31

注：水资源总量=地表水资源量＋地下水资源量－地表水与地下水资源重复量。

a) Total Water Resources=Surface Water+Ground Water-Duplicated Measurement Between Surface Water and Groundwater.

11—21 各 市 水 资 源 情 况（2015年）
Water Resources by Region (2015)

地区	Region	水资源总量（亿立方米）Total Water Resources (100 million cu.m)	地表水资源量 Surface Water	地下水资源量 Ground Water	地表水与地下水资源重复量 Duplicated Measurement Between Surface Water and Groundwater	人均水资源量（立方米／人）Per Capita Water Resources (cu.m/person)
总计	**Total**	**914.12**	**850.19**	**193.71**	**129.78**	**1495.31**
合肥市	Hefei	48.63	46.70	8.01	6.08	628.08
淮北市	Huaibei	5.99	2.62	4.10	0.73	276.20
亳州市	Bozhou	22.25	11.65	13.67	3.07	443.09
宿州市	Suzhou	22.39	10.19	14.93	2.73	406.08
蚌埠市	Bengbu	20.82	14.44	9.38	3.00	635.76
阜阳市	Fuyang	30.28	18.34	16.24	4.30	385.13
淮南市	Huainan	9.94	8.04	3.41	1.51	416.58
滁州市	Chuzhou	54.83	52.50	10.49	8.16	1370.34
六安市	Luan	123.57	121.09	20.16	17.68	2148.97
马鞍山市	Maanshan	22.15	20.41	4.99	3.25	986.33
芜湖市	Wuhu	41.34	39.11	8.71	6.48	1136.96
宣城市	Xuancheng	126.68	125.88	18.59	17.79	4903.81
铜陵市	Tongling	9.25	8.78	1.62	1.15	1249.83
池州市	Chizhou	103.13	101.78	15.18	13.83	7195.79
安庆市	Anqing	123.52	119.31	21.67	17.46	2284.87
黄山市	Huangshan	149.35	149.35	22.55	22.55	10914.21

11—22 农村环境状况
The Environment of Rural Areas

年份 Year	农村改水受益率(%) Benefical Rate of the Water Renovation in Rural Areas (%)	农村自来水普及率(%) Popularity Rate of Tape Water in Rural Areas (%)	农村卫生厕所普及率(%) Popularity Rate of Sanitation Toilet in Rural Areass (%)	农村户用沼气 Marsh Gas in Rural House		太阳能热水器 Solar Water Heater
				用户数(万户) Number of Users (10000 Housrholds)	总产气量(万立方米) Total Volum Gas Production (10000 cu.m)	面积(万平方米) Area (10000 sq.m)
2000	98.5	36.8	40.1	11.44	2862	50.37
2005	99.0	37.6	54.2	31.94	9076	172.88
2007	96.2	35.2	51.9	49.21	14763	262.14
2008	97.7	39.1	53.3	56.43	17959	307.53
2009	98.4	43.7	54.1	67.06	20654	373.16
2010	99.6	47.8	57.5	75.26	22334	422.12
2011	96.1	50.4	58.0	79.08	27677	464.40
2012	94.4	53.6	59.2	82.99	25068	503.11
2013	97.0	58.6	62.6	85.76	24693	520.07
2014	93.8	64.3	65.2	88.21	24516	539.60
2015	96.8	72.0	67.1	89.13	23992	568.58

11—23 各市农村环境状况（2015年）
The Environment of Rural Areas by Region (2015)

地区	Region	农村改水受益率(%) Benefical Rate of the Water Renovation in Rural Areas (%)	农村自来水普及率(%) Popularity Rate of Tape Water in Rural Areas (%)	农村卫生厕所普及率(%) Popularity Rate of Sanitation Toilet in Rural Areass (%)	农村户用沼气 Marsh Gas in Rural House		太阳能热水器 Solar Water Heater
					用户数(万户) Number of Users (10000 Housrholds)	总产气量(万立方米) Total Volum Gas Production (10000 cu.m)	面积(万平方米) Area (10000 sq.m)
总计	**Total**	**96.83**	**71.95**	**67.14**	**89.13**	**23992.08**	**568.58**
合肥市	Hefei	100.00	76.32	87.67	9.11	2552.87	91.53
淮北市	Huaibei	100.00	87.55	80.54	2.10	328.13	23.24
亳州市	Bozhou	100.00	80.48	51.20	3.58	1179.01	33.27
宿州市	Suzhou	100.00	67.00	58.35	5.35	1472.50	38.26
蚌埠市	Bengbu	99.58	61.25	77.13	2.95	850.50	24.82
阜阳市	Fuyang	100.00	58.27	32.26	9.34	2313.50	35.35
淮南市	Huainan	98.92	68.45	79.12	1.63	408.40	16.69
滁州市	Chuzhou	96.85	74.00	73.34	5.32	1517.67	44.73
六安市	Luan	83.02	57.14	70.15	11.65	3028.05	58.60
马鞍山市	Maanshan	99.84	89.49	76.60	2.07	434.19	30.61
芜湖市	Wuhu	99.68	99.60	98.55	1.20	314.77	30.48
宣城市	Xuancheng	86.32	68.86	80.15	6.33	1882.58	43.35
铜陵市	Tongling	99.09	92.29	85.62	0.67	94.12	11.89
池州市	Chizhou	96.67	73.52	70.55	7.37	2247.00	14.62
安庆市	Anqing	98.51	82.15	74.50	16.68	4394.04	46.79
黄山市	Huangshan	97.73	93.87	83.83	3.78	974.75	24.35

11—24 农村改水、改厕情况
The Water and Toilets Renovation in Rural Area

指 标		Item		2005	2010	2014	2015
农村改水		**Water Renovation**					
农村总人口	(万人)	Total Rural Population	(10000 persons)	4490.8	5250.8	5393.0	5393.0
累计已改水受益人口	(万人)	Accumulative Population to Benefit from Water Renovation	(10000 persons)	4419.4	5227.5	5057.5	5222.1
自来水		Tap Water					
厂、站	(个)	Factory, Standion	(unit)	14162	14501	10431	9878
累计受益	(万人)	Accumulative Benefit Population	(10000 persons)	1690.6	2511.4	3466.3	3880.2
占农村总人口	(%)	Proportion of the Total Rural Population	(%)	37.65	47.83	64.27	71.95
手压机井		Manual Pumped Wells					
数 量	(万台)	Number	(10000 unat)	640.0	543.1	523.7	385.6
累计受益	(万人)	Accumulative Benefit Population	(10000 persons)	2241.3	2438.3	1455.5	1219.9
占农村总人口	(%)	Proportion of the Total Rural Population	(%)	49.91	46.44	26.99	22.62
雨水收集		Rainwater Collection					
累计受益	(万人)	Accumulative Benefit Population	(10000 persons)	31.7	16.4	2.4	2.4
占农村总人口	(%)	Proportion of the Total Rural Population	(%)	0.71	0.31	0.05	0.05
其 他		Other					
累计受益	(万人)	Accumulative Benefit Population	(10000 persons)	455.8	261.4	133.4	119.5
占农村总人口	(%)	Proportion of the Total Rural Population	(%)	10.15	4.98	2.47	2.22
农村改厕		**Toilets Renovation in Rural Area**					
农村总户数	(万户)	Total Rural Households	(10000 subscribers)	1213.7	1346.5	1434.8	1434.8
累计使用卫生厕所户数	(万户)	Households Used Toilets	(10000 subscribers)	657.4	774.9	935.0	963.2
卫生厕所普及率	(%)	Rate of the Sanitation Toilets	(%)	54.2	57.5	65.2	67.1
累计使用卫生公厕户数	(万户)	Household Used Public Sanitation Toilets	(10000 subscribers)	82.3	125.9	176.9	293.6

11—25 农村改水、改厕投资情况
Investment of Water and Toilets Renovation in Rural Area

指 标		Item		2005	2010	2014	2015
农村改水		**Water Renovation in Rural Area**					
农村改水投入	(万元)	Investment	(10000 yuan)	21669	132386	163670	276961
国家投入		State Investment		10011	114919	147504	262089
国家投入占总投入比重	(%)	The Proportion of State Investment	(%)	46.20	86.81	90.12	94.63
农村改厕		**Toilets Renovation in Rural Area**					
农村改厕投入	(万元)	Investment	(10000 yuan)	11413	33327	34086	30794
国家投入		State Investment		3577	21952	13569	16161
国家投入占总投入比重	(%)	The Proportion of State Investment	(%)	31.34	65.87	39.81	52.48

11—26 突发环境事件情况
Environmental Accidents

年 份 Year	突发环境事件次数（次） Number of Environmental Accidents (time)	水污染 Water Pollution	大气污染 Air Pollution	固体废物污染 Solid Wastes Pollution	噪声与振动危害 Noise and Vibration Pollution	其 他 Other	直接经济损失（万元） Direct Economic Losses (10000 yuan)	突发环境事件罚款总额（万元） Reparations and Fines on Environmental Accidents (10000 yuan)	污染损害赔款总额（万元） Total Compensation Amount Damage of Pollution (10000 yuan)
2000	66	43	23				802.20	62.46	802.20
2005	28	16	10		2		275.40	55.20	275.40
2007	22	13	9				450.00		
2008	16	9	6	1			1440.70		30.00
2009	22	12	3	7			625.36	17.00	
2010	30	10	8	5			231.60	23.00	133.00
2011	12	4	3	1			50.88	40.00	125.00
2012	20	7	3	5			896.50	1.00	878.00
2013	6	5	1				274.06	9.79	
2014	9	5	1	1			492.99	0.79	
2015	8	5	2			1	75.30	13.00	2.14

11—27 各市突发环境事件情况（2015年）
Environmental Accidents by Region (2015)

地 区	Region	突发环境事件次数（次） Number of Environmental Accidents (time)	水污染 Water Pollution	大气污染 Air Pollution	噪声与振动危害 Noise and Vibration Pollution	其 他 Other	直接经济损失（万元） Direct Economic Losses (10000 yuan)	突发环境事件罚款总额（万元） Reparations and Fines on Environmental Accidents (10000 yuan)	污染损害赔款总额（万元） Total Compensation Amount Damage of Pollution (10000 yuan)
总 计	**Total**	**8**	**5**	**2**		**1**	**75.30**	**13.00**	**2.14**
合肥市	Hefei	3	2	1			23.20		0.30
淮北市	Huaibei	2	1	1			18.72	13.00	
亳州市	Bozhou								
宿州市	Suzhou								
蚌埠市	Bengbu								
阜阳市	Fuyang								
淮南市	Huainan								
滁州市	Chuzhou								
六安市	Luan	1	1				5.00		
马鞍山市	Maanshan								
芜湖市	Wuhu								
宣城市	Xuancheng								
铜陵市	Tongling	2	1			1	28.38		1.84
池州市	Chizhou								
安庆市	Anqing								
黄山市	Huangshan								

11—28 地质灾害及防治情况
Geological Disasters and Prevention and Cure

年份 Year	发生地质灾害起数（次）Geological Disasters (time)	#滑坡 Land-slide	#崩塌 Collapse	人员伤亡（人）Casualties (person)	#死亡人数 Deaths	直接经济损失（万元）Direct Economic Losses (10000 yuan)	地质灾害防治项目（个）Number of Projects of Prevention of Geological Disasters (unit)	地质灾害防治投资（万元）Investment of Projects of Prevention of Geological Disasters (10000 yuan)
2005	8320	1528	6445	44	40	96800.0	46	3614.3
2007	314	123	161	5	3	7486.6	123	9361.0
2008	556	247	285	3	2	8753.2	164	14813.7
2009	349	116	216	8	2	2179.3	156	12252.8
2010	338	143	164	12	6	2536.3	189	11352.0
2011	175	102	60	2	2	1569.6	338	27288.0
2012	350	170	157	5	3	4601.3	652	25200.8
2013	261	147	108	2	1	2247.8	624	29280.2
2014	126	49	70			590.4	537	21936.9
2015	616	312	272	2	1	13679.3	492	14205.5

11—29 各市地质灾害及防治情况（2015年）
Geological Disasters and Prevention and Cure by Region (2015)

地区	Region	发生地质灾害起数（次）Geological Disasters (time)	#滑坡 Land-slide	#崩塌 Collapse	人员伤亡（人）Casualties (person)	#死亡人数 Deaths	直接经济损失（万元）Direct Economic Losses (10000 yuan)	地质灾害防治项目（个）Number of Projects of Prevention of Geological Disasters (unit)	地质灾害防治投资（万元）Investment of Projects of Prevention of Geological Disasters (10000 yuan)
总计	**Total**	**616**	**312**	**272**	**2**	**1**	**13679.3**	**492**	**14205.5**
合肥市	Hefei	4	3	1				7	163.7
淮北市	Huaibei								40.0
亳州市	Bozhou								48.0
宿州市	Suzhou								140.0
蚌埠市	Bengbu							1	80.0
阜阳市	Fuyang							2	199.8
淮南市	Huainan	4		1					80.0
滁州市	Chuzhou	2		1				1	80.0
六安市	Luan	251	143	102			11452.0	80	940.0
马鞍山市	Maanshan	3		2				62	1665.6
芜湖市	Wuhu	1		1			8.0	7	812.0
宣城市	Xuancheng	28	18	9	1		455.0	32	1189.0
铜陵市	Tongling	12	3	2			3.4	1	475.0
池州市	Chizhou	41	29	12	1	1	506.6	27	2027.0
安庆市	Anqing	187	76	98			852.6	247	1976.0
黄山市	Huangshan	83	40	43			401.7	25	4289.4

11—30 自然保护基本情况
Basic Situation of Natural Protection

年份 Year	自然保护区(市级以上) Nature Reserve (above city-level) 个数(个) Number of Nature Reserves (unit)	#国家级 Nation Level	面积(万公顷) Area of Nature Reserves (10000 hectares)	#国家级 Nation Level
2005	31		34.68	
2007	37		44.00	
2008	37		46.13	
2009	38		43.84	
2010	38	6	43.61	13.14
2011	38	7	43.20	13.92
2012	38	7	43.20	13.92
2013	39	7	41.28	13.92
2014	39	7	40.97	13.92
2015	40	7	41.35	13.92

11—31 各市自然保护基本情况(2015年)
Basic Situation of Natural Protection by Region (2015)

地区	Region	自然保护区(市级以上) Nature Reserve (above city-level) 个数(个) Number of Nature Reserves (unit)	#国家级 Nation Level	面积(万公顷) Area of Nature Reserves (10000 hectares)	#国家级 Nation Level
总计	**Total**	**40**	**7**	**41.35**	**13.92**
合肥市	Hefei				
淮北市	Huaibei				
亳州市	Bozhou				
宿州市	Suzhou	6		2.09	
蚌埠市	Bengbu	3		1.63	
阜阳市	Fuyang	2		2.56	
淮南市	Huainan				
滁州市	Chuzhou	2		2.46	
六安市	Luan	4	1	5.17	2.89
马鞍山市	Maanshan	1		1.07	
芜湖市	Wuhu				
宣城市	Xuancheng	4	2	3.51	2.64
铜陵市	Tongling	1	1	3.15	3.15
池州市	Chizhou	4	1	5.17	3.34
安庆市	Anqing	5	1	11.87	1.23
黄山市	Huangshan	8	1	2.70	0.67

11—32 森林资源情况
Forest Resources

年份 Year	林业用地面积（千公顷） Area of Afforested Land (1000 hectares)	森林面积（千公顷） Forest Area (1000 hectares)	#人工林 Man-made Forest	森林覆盖率(%) Forest Coverage Rate (%)	活立木总蓄积量（万立方米） Total Standing Forest Stock (10000 cu.m)	森林蓄积量（万立方米） Stock Volume of Forest (10000 cu.m)
2000	4123.20	3318.70	1174.80	24.02	12667.41	10371.90
2005	4403.50	3600.70	2098.70	26.06	16258.35	13755.41
2008	4404.00	3601.00	2099.00	26.06	16258.35	13755.41
2009	4404.00	3601.00	2099.00	26.06	16258.35	13755.41
2010	4431.80	3804.20	2250.70	27.53	21710.12	18074.85
2011	4431.80	3804.20	2250.70	27.53	21710.12	18074.85
2012	4431.80	3804.20	2250.70	27.53	21710.12	18074.85
2013	4431.80	3804.20	2250.70	27.53	21710.12	18074.85
2014	4493.30	3958.50	2329.10	28.65	26145.10	22186.55
2015	4493.30	3958.50	2329.10	28.65	26145.10	22186.55

注：2005年及以后为一类资源清查数。
a) The figures after 2005 of the national first class forest resources by Surveyed.

11—33 各市森林资源情况（2015年）
Forest Resources by Region (2015)

地区	Region	林业用地面积（千公顷） Area of Afforested Land (1000 hectares)	森林面积（千公顷） Forest Area (1000 hectares)	森林覆盖率(%) Forest Coverage Rate (%)	活立木总蓄积量（万立方米） Total Standing Forest Stock (10000 cu.m)	森林蓄积量（万立方米） Stock Volume of Forest (10000 cu.m)
合肥市	Hefei	166.89	141.87	12.40	1357.52	1018.49
淮北市	Huaibei	62.08	52.05	18.99	345.26	281.32
亳州市	Bozhou	162.64	147.27	17.28	1206.07	913.49
宿州市	Suzhou	284.40	258.90	26.05	1558.16	1278.78
蚌埠市	Bengbu	127.81	104.72	17.60	810.96	706.64
阜阳市	Fuyang	192.29	187.95	18.58	1211.36	1057.65
淮南市	Huainan	57.47	47.62	8.68	502.03	388.21
滁州市	Chuzhou	248.77	201.39	14.90	1633.43	1095.41
六安市	Luan	721.27	677.74	44.56	3550.85	3318.50
马鞍山市	Maanshan	78.16	65.61	16.20	336.92	671.55
芜湖市	Wuhu	140.22	106.58	17.69	542.83	439.87
宣城市	Xuancheng	761.28	713.87	57.98	3050.82	2973.94
铜陵市	Tongling	86.96	73.66	25.55	424.26	261.66
池州市	Chizhou	558.54	503.75	59.98	2954.46	2844.18
安庆市	Anqing	582.88	527.91	40.34	3004.30	2823.21
黄山市	Huangshan	828.57	799.15	82.57	4789.10	4764.80

注：数据为各地考核2014年基础数据。
a) Data are 2014 foundation data of Local examination.

11—34 造 林 面 积
Area of Afforestation

单位：公顷（hectares）

年 份 Year	造林总面积 Total Area of Afforestation	#人工造林 Manual Planting	按林种用途分 by Function of Forest 用材林 Timber Forests	经济林 By-product Forests	防护林 Protection Forests	薪炭林 Fuel Forests	特种用途林 Forests for Special Purpose
2000	69214	69214	29068	33592	4730		1824
2005	57457	57457	26388	4489	25727	739	114
2007	58910	52240	21083	6947	29048	179	1653
2008	53322	48366	17037	8444	26440	1033	368
2009	83606	70229	25314	8858	48171		1263
2010	65612	57012	17724	12380	33804	849	855
2011	88731	72747	23939	22445	41121	405	821
2012	112197	100907	36082	34663	39251	267	1934
2013	208099	202766	72712	51817	73732	248	9590
2014	157745	150871	51701	44584	54826	426	6208
2015	128415	114350	47729	25173	39216	85	2144

11—35 各 市 造 林 面 积（2015年）
Area of Afforestation by Region (2015)

单位：公顷（hectares）

地 区	Region	造林总面积 Total Area of Afforestation	#人工造林 Manual Planting	按林种用途分 by Function of Forest 用材林 Timber Forests	经济林 By-product Forests	防护林 Protection Forests	特种用途林 Forests for Special Purpose
总 计	**Total**	**128415**	**114350**	**47729**	**25173**	**39216**	**2144**
合肥市	Hefei	11742	11208	6335	1137	3023	510
淮北市	Huaibei	2298	2098	10	632	1720	
亳州市	Bozhou	9412	9412	814	1306	6114	
宿州市	Suzhou	9193	7940	5966	1497	4033	135
蚌埠市	Bengbu	5665	5465	486	1348	3383	302
阜阳市	Fuyang	7804	7804	1491	2287	3607	
淮南市	Huainan	2574	2368	1057	526	1817	25
滁州市	Chuzhou	19060	17228	12818	2578	3338	62
六安市	Luan	11062	9668	2916	4058	2020	269
马鞍山市	Maanshan	4064	3415	2744	378	688	5
芜湖市	Wuhu	8488	7988	2531	742	3558	559
宣城市	Xuancheng	9098	7364	2056	2054	2102	89
铜陵市	Tongling	2371	2143	1088	420	720	81
池州市	Chizhou	6080	5013	2888	847	349	
安庆市	Anqing	14622	12337	3799	4156	2293	108
黄山市	Huangshan	4882	2898	729	1216	451	

11—36 退耕还林工程建设情况

Situation of Projects for Reforesting Formerly Cultivated Land

单位：公顷（hectares）

年份 Year	造林总面积 Total Area of Afforestation	退耕地造林面积 Reforesting Formerly Cultivated Land Area	荒山荒地造林面积 Afforested Area of Waste Mountains & Land	按林种用途分 by Function of Forest: 用材林 Timber Forests	经济林 By-product Forests	防护林 Protection Forests	薪炭林 Fuel Forests	特种用途林 Forests for Special Purpose	林业投资完成额（万元） Completed Investment in Forestry (10000 yuan)
2005	17026	13333	3693	1054	725	15082	133	32	
2008	19567		19134	3556	3303	12705	3		
2009	32540		19211	1802	386	30144		208	
2010	17820		17820	4179	4441	8205	400	595	59665
2011	18520	1805	10229	3265	3155	11198	353	549	112715
2012	21238		14328	1885	2224	9828	201	100	63606
2013	5334	1721	3612	1913	1363	1799		259	58203
2014	20546		15880	9339	4713	5774		720	57254
2015									59264

11—37 各市退耕还林工程建设情况（2015年）

Situation of Projects for Reforesting Formerly Cultivated Land by Region (2015)

单位：公顷（hectares）

地区 Region	造林总面积 Total Area of Afforestation	退耕地造林面积 Reforesting Formerly Cultivated Land Area	荒山荒地造林面积 Afforested Area of Waste Mountains & Land	按林种用途分 by Function of Forest: 用材林 Timber Forests	经济林 By-product Forests	防护林 Protection Forests	薪炭林 Fuel Forests	特种用途林 Forests for Special Purpose	林业投资完成额（万元） Completed Investment in Forestry (10000 yuan)
总计 Total									**59264**
合肥市 Hefei									8628
淮北市 Huaibei									791
亳州市 Bozhou									904
宿州市 Suzhou									1899
蚌埠市 Bengbu									
阜阳市 Fuyang									325
淮南市 Huainan									852
滁州市 Chuzhou									7088
六安市 Luan									6664
马鞍山市 Maanshan									1227
芜湖市 Wuhu									3214
宣城市 Xuancheng									5460
铜陵市 Tongling									1482
池州市 Chizhou									3939
安庆市 Anqing									9801
黄山市 Huangshan									6990

11—38 森林病虫害防治情况
Prevention of Forest Diseases and Pests

年份 Year	合计 Total			森林病害 Forest Diseases			森林虫害 Forest Plague		
	发生面积(公顷) Area of Occurrence (hectare)	防治面积(公顷) Area of Prevention (hectare)	防治率(%) Prevention Rate (%)	发生面积(公顷) Area of Occurrence (hectare)	防治面积(公顷) Area of Prevention (hectare)	防治率(%) Prevention Rate (%)	发生面积(公顷) Area of Occurrence (hectare)	防治面积(公顷) Area of Prevention (hectare)	防治率(%) Prevention Rate (%)
2000	370273	274367	74.10	55187	24580	44.54	315087	249787	79.28
2005	261516	210369	80.44	22508	20527	91.20	239008	189842	79.43
2007	348314	271562	77.96	49604	44547	89.81	298640	227017	76.02
2008	351110	288916	82.29	48225	39811	82.55	302865	244150	80.61
2009	336606	260229	77.31	59401	49480	83.30	277139	210682	76.02
2010	355750	300543	84.48	55385	42130	76.07	300365	258413	86.03
2011	400865	349334	87.15	52667	40230	76.39	348119	309104	88.82
2012	383217	310850	81.12	47115	30632	65.02	336102	280218	83.37
2013	401666	346666	86.31	38800	33791	87.09	362866	312875	86.22
2014	384507	331806	86.29	54752	44656	81.56	329755	287151	87.08
2015	391201	343083	87.70	49843	42695	85.66	341358	300388	88.00

11—39 各市森林病虫害防治情况（2015年）
Prevention of Forest Diseases and Pests by Region (2015)

地区 Region	合计 Total			森林病害 Forest Diseases			森林虫害 Forest Plague		
	发生面积(公顷) Area of Occurrence (hectare)	防治面积(公顷) Area of Prevention (hectare)	防治率(%) Prevention Rate (%)	发生面积(公顷) Area of Occurrence (hectare)	防治面积(公顷) Area of Prevention (hectare)	防治率(%) Prevention Rate (%)	发生面积(公顷) Area of Occurrence (hectare)	防治面积(公顷) Area of Prevention (hectare)	防治率(%) Prevention Rate (%)
总计 Total	**391201**	**343083**	**87.70**	**49843**	**42695**	**85.66**	**341358**	**300388**	**88.00**
合肥市 Hefei	16320	12245	75.03	3864	2073	53.64	12456	10173	81.67
淮北市 Huaibei	7595	7196	94.75	3857	3647	94.57	3738	3548	94.93
亳州市 Bozhou	21255	20350	95.74	5267	5187	98.48	15989	15163	94.84
宿州市 Suzhou	59690	52155	87.38	3533	2780	78.68	56157	49375	87.92
蚌埠市 Bengbu	13310	10490	78.82	1805	1414	78.36	11505	9076	78.89
阜阳市 Fuyang	48365	42437	87.74	9377	8200	87.45	38989	34237	87.81
淮南市 Huainan	4741	3000	63.28	68			4672	3000	64.21
滁州市 Chuzhou	18067	14819	82.02	1702	410	24.07	16365	14410	88.05
六安市 Luan	57293	51993	90.75	3667	3600	98.18	53627	48393	90.24
马鞍山市 Maanshan	7690	5364	69.76	386			7304	5364	73.44
芜湖市 Wuhu	2097	667	31.80				2097	667	31.80
宣城市 Xuancheng	51408	46758	90.96	14987	14287	95.33	36420	32471	89.16
铜陵市 Tongling	2645	1297	49.04				2645	1297	49.04
池州市 Chizhou	15387	13760	89.43				15387	13760	89.43
安庆市 Anqing	51975	49101	94.47	1330	1097	82.46	50644	48004	94.79
黄山市 Huangshan	13364	11451	85.68				13364	11451	85.68

主要统计指标解释

耕地

指种植农作物的土地，包括熟地，新开发、复垦、整理地，休闲地（含轮歇地、轮作地）；以种植农作物（含蔬菜）为主，间有零星果树、桑树或其他树木的土地；平均每年能保证收获一季的已垦滩地和海涂。耕地中包括南方宽度<1.0米，北方宽度<2.0米固定的沟、渠、路和地坎（埂）；临时种植药材、草皮、花卉、苗木等的耕地，以及其他临时改变用途的耕地。

园地

指种植以采集果、叶、根、茎、汁等为主的集约经营的多年生木本和草本作物，覆盖度大于50%和每亩株数大于合理株数70%的土地。包括用于育苗的土地。

林地

指生长乔木、竹类、灌木的土地，及沿海生长红树林的土地。包括迹地，不包括居民点内部的绿化林木用地，铁路、公路征地范围内的林木，以及河流、沟渠的护堤林。

草地

指生长草本植物为主的土地。

径流量

指在一定时段内通过河流某一过水断面的水量，用以反映一个国家或地区水资源的丰歉程度。计算公式为：

径流量=降水量-蒸发量

流域

每条河流都有自己的干流和支流，干支流共同组成这条河流的水系。每条河流都有自己的集水区域，这个集水区域就称为该河流的流域。

外流河

指直接或间接流入海洋的河流。供给外流河河水的区域称为外流区域。

内陆河

指在陆地内部干燥地区，河水沿途消失于沙漠或注入内陆湖泊的河流。供给内陆河河水的区域称为内陆区域。

矿产资源

矿产资源指由地质作用形成的，具有利用价值的，呈固态、液态、气态的自然资源，是社会生产发展的重要物质基础。目前我国已发现矿种有170多种，按其特点和用途，可分为能源矿产(如煤炭、石油、天然气、地热)、金属矿产(如铁矿、锰矿、铜矿、铅矿、铝土矿)、非金属矿产(如金刚石、石灰岩、粘土)和水气矿产(如地下水、矿泉水、二氧化碳气)四大类。其中：金属矿产按其物质成份和性质又可分为：黑色金属矿产、有色金属矿产、贵金属矿产、稀有金属矿产、稀土金属矿产、分散元素金属矿产六类。

矿产基础储量

基础储量是查明矿产资源的一部分。它能满足现行采矿和生产所需的指标要求，是控制的、探明的并通过可行性或预可行性研究认为属于经济的、边界经济的部分，用未扣除设计、采矿损失的数量表示。

平均气温

气温指空气的温度，我国一般以摄氏度为单位表示。气象观测的温度表是放在离地面约1.5米处通风良好的百叶箱里测量的，因此，通常说的气温指的是离地面1.5米处百叶箱中的温度。计算方法：月平均气温是将全月各日的平均气温相加，除以该月的天数而得。年平均气温是将12个月的月平均气温累加后除以12而得。

年平均相对湿度

指空气中实际水气压与当时气温下的饱和水气压之比。其统计方法与气温相同。

降水量

指从天空降落到地面的液态或固态(经融化后)水，未经蒸发、渗透、流失而在地面上积聚的深度。计算方法：月降水量是将全月各日的降水量累加而得。年降水量是将12个月的月降水量累加而得。

全年日照时数

指太阳实际照射地面的时数，通常以小时为单位表示。其统计方法与降水量相同。

水资源总量

指当地降水形成的地表和地下产水总量，即地表径流量与降水入渗补给量之和。

地表水资源量

指河流、湖泊以及冰川等地表水体中可以逐年更新的动态水量，即天然河川径流量。

地下水资源量

指地下饱和含水层逐年更新的动态水量，即降水和地表水入渗对地下水的补给量。

地表水与地下水重复计算量

指地表水和地下水相互转化的部分，即天然河川径流量中的地下水排泄量和地下水补给量中来源于地表水的入渗补给量。

供水总量

指各种水源为用水户提供的包括输水损失在内的毛水量。

地表水源供水量

指地表水体工程的取水量，按蓄、引、提、调四种形式统计。从水库、塘坝中引水或提水，均属蓄水工程供水量；从河道或湖泊中自流引水的，无论有闸或无闸，均属引水工程供水量；利用扬水站从河道或湖泊中直接取水的，属提水工程供水量；跨流域调水指水资源一级区或独立流域之间的跨流域调配水量，不包括在蓄、引、提水量中。

地下水源供水量

指水井工程的开采量，按浅层淡水、深层承压水和微咸水分别统计。城市地下水源供水量包括自来水厂的开采量和工矿企业自备井的开采量。

其他水源供水量

包括污水处理再利用、集雨工程、海水淡化等水源工程的供水量。

用水总量

指各类用水户取用的包括输水损失在内的毛水量。

农业用水

包括农田灌溉用水、林果地灌溉用水、草地灌溉用水、鱼塘补水和畜禽用水。

工业用水

指工矿企业在生产过程中用于制造、加工、冷却、空调、净化、洗涤等方面的用水，按新水取用量计，不包括企业内部的重复利用水量。

生活用水

包括城镇生活用水和农村生活用水。城镇生活用水由居民用水和公共用水（含第三产业及建筑业等用水）组成；农村生活用水指居民生活用水。

生态环境补水

仅包括人为措施供给的城镇环境用水和部分河湖、湿地补水，而不包括降水、径流自然满足的水量。

一般工业固体废物产生量

指未被列入《国家危险废物名录》或者根据国家规定的危险废物鉴别标准（GB5085）、固体废物浸出毒性浸出方法（GB5086）及固体废物浸出毒性测定方法（GB / T 15555）鉴别方法判定不具有危险特性的工业固体废物。计算公式是：

一般工业固体废物产生量=(一般工业固体废物综合利用量－其中：综合利用往年贮存量）+一般工业固体废物贮存量+（一般工业固体废物处置量－其中：处置往年贮存量）+一般工业固体废物倾倒丢弃量

一般工业固体废物综合利用量

指报告期内企业通过回收、加工、循环、交换等方式，从固体废物中提取或者使其转化为可以利用的资源、能源和其他原材料的固体废物量（包括当年利用的往年工业固体废物累计贮存量）。如用作农业肥料、生产建筑材料、筑路等。综合利用量由原产生固体废物的单位统计。

一般工业固体废物处置量

指报告期内企业将工业固体废物焚烧和用其他改变工业固体废物的物理、化学、生物特性的方法，达到减少或者消除其危险成分的活动，或者将工业固体废物最终置于符合环境保护规定要求的填埋场的活动中，所消纳固体废物的量。

一般工业固体废物贮存量　指报告期内企业以综合利用或处置为目的，将固体废物暂时贮存或堆存在专设的贮存设施或专设的集中堆存场所内的量。专设的固体废物贮存场所或贮存设施必须有防扩散、防流失、防渗漏、防止污染大气、水体的措施。

一般工业固体废物倾倒丢弃量

指报告期内企业将所产生的固体废物倾倒或者丢弃到固体废物污染防治设施、场所以外的量。

危险废物产生量

指当年全年调查对象实际产生的危险废物的量。危险废物指列入国家危险废物名录或者根据国家规定的危险废物鉴别标准和鉴别方法认定的，具有爆炸性、易燃性、易氧化性、毒性、腐蚀性、易传染性疾病等危险特性之一的废物。按《国家危险废物名录》(环境保护部、国家发展和改革委员会 2008 部令第 1 号）填报。

危险废物综合利用量

指当年全年调查对象从危险废物中提取物质作为原材料或者燃料的活动中消纳危险废物的量。包括本单位利用或委托、提供给外单位利用的量。

危险废物处置量

指报告期内企业将危险废物焚烧和用其他改变工业固体废物的物理、化学、生物特性的方法，达到减少或者消除其危险成分的活动，或者将危险废物最终置于符合环境保护规定要求的填埋场的活动中，所消纳危险废物的量。处置量包括处置本单位或委托给外单位处置的量。

危险废物贮存量

指将危险废物以一定包装方式暂时存放在专设的贮存设

施内的量。专设的贮存设施指对危险废物的包装、选址、设计、安全防护、监测和关闭等符合《危险废物贮存污染控制标准》(GB18597-2001)等相关环保法律法规要求，具有防扩散、防流失、防渗漏、防止污染大气和水体措施的设施。

生活垃圾清运量

指报告期收集和运送到各生活垃圾处理厂(场)和生活垃圾最终消纳点的生活垃圾数量。生活垃圾指城市日常生活或为城市日常生活提供服务的活动中产生的固体废物以及法律行政规定的视为城市生活垃圾的固体废物。包括：居民生活垃圾、商业垃圾、集市贸易市场垃圾、街道清扫垃圾、公共场所垃圾和机关、学校、厂矿等单位的生活垃圾。

生活垃圾无害化处理率

指报告期生活垃圾无害化处理量与生活垃圾产生量的比率。在统计上，由于生活垃圾产生量不易取得，可用清运量代替。计算公式为：

生活垃圾无害化处理率＝生活垃圾无害化处理量/生活垃圾产生量×100%

森林面积

包括郁闭度 0.2 以上的乔木林地面积和竹林面积，国家特别规定的灌木林地面积，农田林网以及村旁、路旁、水旁、宅旁林木的覆盖面积。

人工林面积

指由人工播种、植苗或扦插造林形成的生长稳定，(一般造林 3-5 年后或飞机播种 5-7 年后)每公顷保存株数大于或等于造林设计植树株数 80%或郁闭度 0.20 以上(含 0.20)的林分面积。

森林覆盖率

以行政区域为单位的森林面积占区域土地总面积的百分比。计算公式为：

森林覆盖率＝森林面积/土地总面积×100%

活立木总蓄积量

指一定范围土地上全部树木蓄积的总量，包括森林蓄积、疏林蓄积、散生木蓄积和四旁树蓄积。

森林蓄积量

指一定森林面积上存在着的林木树干部分的总材积。

造林面积

指在宜林荒山荒地、宜林沙荒地、无立木林地、疏林地和退耕地等其他宜林地上通过人工措施形成或恢复森林、林木、灌木林的过程。

人工造林

指在宜林荒山荒地、宜林沙荒地、无立木林地、疏林地和退耕地等其他宜林地上通过播种、植苗和分植来提高森林植被覆被率的技术措施。

飞播造林

通过飞机播种，为宜林荒山荒地、宜林沙荒地、其他宜林地、疏林地补充适量的种源，并辅以适当的人工措施，在自然力的作用下使其形成森林或灌草植被，提高森林植被覆被率的技术措施。

无林地和疏林地本年新封山育林

指本年开始对具有天然下种或萌蘖能力的疏林地、灌丛地、采伐迹地、火烧迹地以及荒山荒地、沙荒地等有条件的地方采取划界封禁和人工辅助措施，使其成为森林或灌草植被的面积。

用材林

指以生产木材为主要目的的森林和林木，包括以生产竹材为主要目的的竹林。

经济林

指以生产果品，食用油料、饮料、调料，工业原料和药材为主要目的的林木。经济林是人们为了取得林木的果实、叶片、皮层、胶液等产品作为工业原料或者供食用所营造的林木，如油茶、油桐、核桃、樟树、花椒、茶、桑、果等。

防护林　指以防护为主要目的的森林、林木和灌木丛。包括水源涵养林，水土保持林，防风固沙林，农田、牧场防护林，护岸林，护路林等。

薪炭林

指以生产燃料为主要目的的林木。

特种用途林

指以国防、环境保护、科学实验等为主要目的的森林和林木。包括国防林、实验林、母树林、环境保护林、风景林，名胜古迹和革命纪念地的林木，自然保护区的森林。

湿地

指天然或人工、长久或暂时性的沼泽地、泥炭地或水域地带，包括静止或流动、淡水、半咸水、咸水体，低潮时水深不超过 6 米的水域以及海岸地带地区的珊瑚滩和海草床、滩涂、红树林、河口、河流、淡水沼泽、沼泽森林、湖泊、盐沼及盐湖。

自然保护区

指为了保护自然环境和自然资源，促进国民经济的持续发展，将一定面积的陆地和水体划分出来，并经各级人民政府批准而进行特殊保护和管理的区域个数。根据保护对象，自然保护区分为自然生态系统类、野生生物类、自然遗迹类。风景名胜区、文物保护区不计在内。

滑坡

指斜坡上不稳定的岩土体在重力作用下沿一定软弱面(或滑动带)整体向下滑动的物理地质现象。

崩塌

指陡坡上大块的岩土体在重力作用下突然脱离母体崩落的物理地质现象。

泥石流

指山地突然爆发的饱含大量泥沙、石块的特殊洪流。

地面塌陷

指地表岩、土体在自然或人为因素作用下向下陷落，并在地面形成塌陷坑(洞)的一种动力地质现象。

森林火灾次数

指发生在城市市区外的一切森林、林木和林地的火灾次数。按照受害森林面积和伤亡人数，森林火灾分为一般森林火灾、较大森林火灾、重大森林火灾和特别重大森林火灾：1. 一般森林火灾：受害森林面积在 1 公顷以下或者其他林地起火的，或者死亡 1 人以上 3 人以下的，或者重伤 1 人以上 10 人以下的；2. 较大森林火灾：受害森林面积在 1 公顷以上 100 公顷以下的，或者死亡 3 人以上 10 人以下的，或者重伤 10 人以上 50 人以下的；3. 重大森林火灾：受害森林面积在 100 公顷以上 1000 公顷以下的，或者死亡 10 人以上 30 人以下的，或者重伤 50 人以上 100 人以下的；4. 特别重大森林火灾：受害森林面积在 1000 公顷以上的，或者死亡 30 人以上的，或者重伤 100 人以上的。本条所称“以上”包括本数，“以下”不包括本数。

林业有害生物

危害森林、林木、荒漠植被、湿地植被等的病虫鼠兔及有害植物。

突发环境事件

指突然发生，造成或可能造成重大人员伤亡、重大财产损失和对全国或者某一地区的经济社会稳定、政治安定构成重大威胁和损害，有重大社会影响的涉及公共安全的环境事件。

发生地震灾害次数

指发生形成灾害(包括人员伤亡或经济损失)的所有震级的地震次数。

Explanatory Notes for Major Statistical Indicators

Cultivated Land

refers to land mainly for the regular cultivation of farm crops (including vegetables), with some fruit trees, mulberry trees and others, covers cultivated land, newly-developed land, reclaimed land, consolidated land, fallow, beach land that can guarantee one harvest per year on average. It also covers fixed ditch, canal, road and sill (ridge) with width less than 1 meter in the South and 2 meters in the North, lands planted temporarily with herbs, grass, flowers and nursery stocks, and other cultivated land with temporary change of use.

Garden Land

refers to land for intensive cultivation of perennial woody plants and herbs to collect fruits, leaves, roots, stems and juice, with a covering rate over 50% and plant number per mu over 70% of rational plant number. Land for nursery is included.

Forestland

refers to land for planting arbor, bamboo, bush shrub and land in coastal zones for planting mangrove. It includes slash, but not the green belts in residential area, forests requested for railway and highway, and the dike protection forest around rivers and ditches.

Pastureland

refers to land mainly for the growth of herbs.

Volume of Runoff

refers to the total volume of water running through a certain cross section of a river during a certain period of time, reflecting the water resource condition in a country or a region. The formula for calculating volume of runoff is as follows:

Runoff =Precipitation-Evaporation

Drainage Area

Each river has its own main stream and branches to form the water system of the river. Each river has its own catchment's area, which is also called as the drainage area of the river.

Out-flowing Rivers

refer to rivers directly or indirectly flowing into the sea. The area providing water to the out-flowing rivers is called as out-flowing area.

Inland Rivers

refer to rivers in inland dry areas that die away in desert on the way or infuse into inland lakes. The area providing water to the inland rivers is called as inland area.

Mineral Resources

refer to useful minerals, with solid state, liquid state, gaseity, due to the geological process. Minerals are important natural resources, and important material base for social development. At present, there are more than 170 types of minerals discovered in China. They can be categorized into four groups: energy producing minerals (including coal, petroleum, natural gas and terrestrial heat), metallic minerals (including iron, manganese, copper, lead and bauxite), non metallic minerals (including diamond, limestone and clay), and water/gas related minerals (including ground water, mineral water and carbon dioxide). Metallic minerals can be further classified as ferrous, non-ferrous, noble metal, rare metal, rare earth metal and dispersed metals.

Ensured Mineral Reserves

refer to the actual mineral reserves, which equal to the proven mineral reserves (including industrial reserves and prospective reserves) minus extracted parts and underground losses.

Average Temperature

refers to the air temperature. China uses centigrade as the unit. The thermometry used for weather observation is put in a breezy shutter, which is 1.5 meters high from the ground. Therefore, the commonly used temperature refers to the temperature in the breezy shutter 1.5 meters away from the ground. The calculation method is as follows:

Monthly average temperature is the summation of average daily temperature of one month divided by the actual days of that particular month.

Annual average temperature is the summation of monthly average of a year divided by 12 months.

Average Annual Relative Humidity

refers to the ratio of actual water vapour pressure to the saturation water vapour pressure under the current temperature. The calculation method is the same as that of temperature.

Volume of Precipitation

refers to the deepness of liquid state or solid state (thawed) water falling from the sky to the ground that has not been evaporated, infiltrated or run off. The calculation method is as follows:

Monthly precipitation is the summation of daily precipitation of a month.

Annual precipitation is the summation of 12 months precipitation of a year.

Annual Sunshine Hours

refer to the actual hours of sun irradiating the earth, usually expressed in hours. The calculation method is the same as that of the precipitation.

Total Water Resources

refers to total volume of surface water and groundwater and is measured as run-off for surface water and replenishment of groundwater with rainfall in local area.

Surface Water Resources

refers to total volume of year by year renewable dynamic resources which exist in rivers, lakes, glaciers and other surface water and are the natural run-off of rivers.

Groundwater Resources

refers to total volume of year by year renewable dynamic resources which exist in saturation acquifers of groundwater and are measured as replenishment of groundwater with rainfall and surface water.

Duplicated Measurement between Surface Water and Groundwater

refers to mutual exchange between surface water and groundwater, i.e. run-off of rivers includes some depletion into groundwater while groundwater includes some replenishment from surface water.

Water Supply

refers to gross water of various sources supplied to consumers, including losses during distribution.

Surface Water Supply

refers to withdrawals by surface water supply system, broken down with storage, flow, pumping and transfer. Supply from storage projects includes withdrawals from reservoirs; supply from flow includes withdrawals from rivers and lakes with natural flows no matter if there are locks or not; supply from pumping projects includes withdrawals from rivers or lakes with pumping stations; and supply from transfer refers to water supplies transferred from first-level regions of water resources or independent river drainage areas to others, and should not be covered under supplies of storage, flow and pumping.

Groundwater Supply

refers to withdrawals from supplying wells, broken down with shallow layer freshwater, deep layer freshwater and slightly brackish water. Groundwater supply for urban areas includes water mining by both waterworks and own wells of enterprises.

Other Water Supply Sources

include supplies by waste-water treatment, rain collection, seawater desalinization and other water projects.

Water Use

refers to gross water used by various water users, including losses during distribution.

Water Use by Agriculture

includes uses of water by irrigation of farming fields, forestry and orchards, irrigation of grassland, replenishment of fishing farms and water used by animal husbandry.

Water Use by Industry

refers to new withdrawals of water, excluding reuse of water within enterprises.

Water Use by Living Consumption

includes use of water for living consumption in both urban and rural areas. Urban water use by living consumption is composed of household use and public use (including tertiary industry and construction). Rural water use by living consumption includes water used by households.

Water Use by Ecological and Environmental Protection

includes replenishment of rivers and lakes and use for urban environment.

Common Industrial Solid Wastes Produced

refers to the industrial solid wastes that are not listed in the 《National Catalogue of Hazardous Wastes》, or not regarded as hazardous according to the national hazardous waste identification standards (GB5085), solid waste-Extraction procedure for leaching toxicity (GB5086) and solid waste-Extraction procedure for leaching toxicity (GB/T 15555). The calculation formula is as followed:

Common Industrial Solid Wastes Produced = (common industrial solid wastes utilized – the proportion of utilized stock of previous years) + common industrial solid waste stock + (common industrial solid wastes disposed – the proportion of disposed stock of previous years) + common industrial solid wastes discharged.

Common Industrial Solid Wastes Comprehensively Utilized

refers to volume of solid wastes from which useful materials can be extracted or which can be converted into usable resources, energy or other materials by means of reclamation, processing, recycling and exchange (including utilizing in the year the stocks of industrial solid wastes of the previous year) during the report period, e.g. being used as agricultural fertilizers, building materials or as material for paving road. Examples of such utilizations include fertilizers, building materials and road materials. The information shall be collected by the producing units of the wastes.

Common Industrial Solid Wastes Disposed

refers to the quantity of industrial solid wastes which are burnt or specially disposed using other methods to alter the physical, chemical and biological properties and thus to reduce or eliminate the hazard, or placed ultimately in the sites meeting the requirements for environmental protection during the report period.

Stock of Common Industrial Solid Wastes

refers to the volume of solid wastes placed in special facilities or special sites by enterprises for purposes of utilization or disposal during the report period. The sites or facilities should take measures against dispersion, loss, seepage, and air and water contamination.

Common Industrial Solid Wastes Discharged

refers to the volume of industrial solid wastes dumped or discharged by producing enterprises to disposal facilities or to other sites.

Hazardous Wastes Produced

refers to the volume of actual hazardous wastes produced by surveyed samples throughout the year of the survey.

Hazardous waste refers to those included in the national hazardous wastes catalogue or specified as any one of the following properties in light of the national hazardous wastes identification standards and methods: explosive, ignitable, oxidizable, toxic, corrosive or liable to cause infectious diseases or lead to other dangers. The report of this indicator should follow the 《National Catalogue of Hazardous Wastes》 (the NO.1 Ministry Order in 2008 by the Ministry of Environment Protection and National Development and Reform Commission).

Hazardous Wastes Utilized

refers to the volume of hazardous wastes that are used to extract materials for raw materials or fuel throughout the year of the survey, including those utilized by the producing enterprise and those provided to other enterprises for utilization.

Hazardous Wastes Disposed

refers to the quantity of hazardous wastes which are burnt or specially disposed using other methods to alter the physical, chemical and biological properties and thus to reduce or eliminate the hazard, or placed ultimately in the sites meeting the requirements for environmental protection during the report period.

Stock of Hazardous Wastes

refers to the volume of hazardous wastes specially packaged and placed in special facilities or special sites by enterprises. The special stock facilities should meet the requirements set in relevant environment protection laws and regulations such as "Pollution Control Standards for Hazardous Waste Stock" (GB18597-2001) in regard to package of hazardous waste, location, design, safety, monitoring and shutdown, and take measures against dispersion, loss, seepage, and air and water contamination.

Consumption Wastes Transported

refers to volume of consumption wastes collected and transported to disposal factories or sites during the reference period. Consumption wastes are solid wastes produced from urban households or from service activities for urban households, and solid wastes regarded by laws and regulations as urban consumption wastes, including those from households, commercial activities, markets, cleaning of streets, public sites, offices, schools, factories, mining units and other sources.

Ratio of Consumption Wastes Treated

refers to consumption wastes treated over that produced. In practical statistics, as it is difficult to estimate, the volume of consumption wastes produced is replaced with that transported. It is calculated as:

Ratio of consumption wastes treated = consumption wastes treated / consumption wastes produced × 100%

Forest Area

refers to the area of trees and bamboo grow with a canopy density above 0.2 degree, the area of shrubby tree according to regulations of the government, the area of forest land inside farm land and the area of trees planted by the side of villages, farm houses and along roads and rivers.

Area of Man-made Forests

refer to the area of stable growing forests, planted manually or by airplanes, with a survival rate of 80% or higher of the designed number of trees per hectare, or with a canopy density of 0.20 degree or above after 3-5 years of manual planting or 5-7 years of airplane planting.

Forest Coverage Rate

Taking the administrative jurisdiction as the unit, the percentage of area of afforested land to the area of total land. The formula for calculating forest coverage rate is as follows:

Forestry coverage rate = Area of Afforested Land / Area of Total Land × 100%

Total Standing Stock Volume

refers to the total stock volume of trees growing in land, including trees in forest, trees in sparse forest, scattered trees and trees planted by the side of villages, farm houses and along roads and rivers.

Stock Volume of Forest

refers to total stock volume of wood growing in forest area, which shows the total size and level of forest resources of a country or a region.

Area of Afforestation

refers to the total area of land suitable for afforestation, including barren hills, idle land, sand dunes, non-timber forest land, woodland and "grain for green" land, on which acres of forests, trees and shrubs are planted through manual planting.

Manual Planting

refers to technical measures of sowing, planting seedlings and divided transplanting on land suitable for afforestation, including barren hills, idle land, sand dunes, non-timber forest land, woodland and "grain for green" land to increase vegetation coverage rate of forests.

Airplane Planting

refers to technical measures of airplane planting with of appropriate artificial help taken under the influence of natural power to restore certain amount of seedlings on land suitable for afforestation, including barren hills, idle land, sand dunes, non-timber forest land, woodland and "grain for green" land, with an aim of increasing vegetation coverage rate of forests.

No-stocked Land and Sparse Forest Land Newly Closed for Afforestation This Year

refers to the area of sparse forest land, brush shrub land, stump land, burned land, barren hills, barren land, sand dunes where trees can naturally grow or sprout, which are demarcated, closed down and returned to forest, shrubbery and grass land with the assistance of special measures by men.

Timber Forests

refer to forests which are mainly for the production of timber, including bamboo groves planted to harvest bamboos.

By-product Forests

refer to forests that mainly produce fruits, nuts, edible oil, beverages, indigents, raw materials and medicine materials. By-product forests are planted to harvest the fruits, leaves, bark or liquid of trees, and consume them as food or raw materials for the manufacturing industry, such as tea-oil trees, tung oil trees, walnut trees, camphor trees, tea bushes, mulberry trees, fruit trees, etc.

Protection Forests

refer to forests, trees and bushes planted mainly for protection or preservation purpose, including water resource conservation forests, water and soil conservation forests, windbreak and dune-fixing forests, farmland and pasture protection forests, riverside protection forests, roadside protection forests, etc.

Fuel Forests

refer to forests planted mainly for fuels.

Forests for Special Purpose

refer to forests planted mainly for national defence, environment protection or scientific experiments, including national defence forests, experimental forests, mother-tree forests, environment protection forests, scenery forests, trees in historical or scenic spots, forests in natural reserves.

Wetlands

refer to marshland and peat bog, whether natural or man-made, permanent or temporary; water covered areas, whether stagnant or flowing, with fresh or semi-fresh or salty water that is less than 6 meters deep at low tide; as well as coral beach, weed beach, mud beach, mangrove, river outlet, rivers, fresh-water marshland, marshland forests, lakes, salty bog and salt lakes along the coastal areas.

Natural Reserves

refer to number of certain areas of land, or waters that have been set aside and put under special protection and management in order to protect natural environment and natural resources, and promote the sustainable development of national economy. They are subject to formal approval from governments of various levels. According to the protected targets, natural reserves can be divided into three categories: reserves of natural ecological system, natural reserves of wildlife species, and natural heritage of historical significance.Scenic spots and cultural preservation zones are not included.

Landslides

refer to the geological phenomenon of unstable rocks and earth on slopes sliding down along certain soft surface as a result of gravitational force.

Collapse

refers to the geological phenomenon of large mass of rocks or earth suddenly collapsing from the mountain or cliff as a result of gravitational force.

Mud-rock Flow

refers to the sudden rush of flood torrents containing large amount of mud and rocks in mountainous areas.

Land Subside

refers to the geological phenomenon of surface rocks or earth subsiding into holes or pits as a result of natural or human factors.

Number of Forest Fires

refers to the number of fires in forests, woods and woodland outside of the downtown areas of cities. In light of the area plagued by fires and the number of casualties, forest fires can be categorized into usual forest fires, relatively larger fires, serious forest fires and extraordinary serous forest fires: 1). Usual forest fires: the destructed forest area is less than 1 hectare, or the fire erupts in other woodland, or the number of deaths is no less than 1 but less than 3, or the number of seriously injured persons is no less than 1 but less than 10 persons. 2). Relatively larger forest fires: the destructed forest area is no less than 1 hectare but less than 100 hectares, or the number of deaths is no less than 3 but less than 10, or the number of seriously injured persons is no less than 10 but less than 50 persons. 3). Serious forest fires: the destructed forest area is no less than 100 hectares but less than 1000 hectares, or the number of deaths is no less than 10 but less than 30, or the number of seriously injured persons is no less than 50 but u less than 100 persons. 4). Extraordinary serious forest fires: the destructed forest area is no less than 1000 hectares, or the number of deaths is no less than 30, or the number of seriously injured persons is no less than 100 persons.

Forest Harmful Organisms

refer to the diseases, pests，rats and harmful plants that plague forests,wood, desert and wetland vegetation.

Environmental Emergencies

refer to environmental emergencies that caused or likely to cause significant causalities, serious property damages and pose a major threat and damage to the economic, social or political stability of the country or a region, or have significant social impact that related to the public safety.

Number of Earthquakes

the number of earthquakes of all magnitude that cause damages (including casualties or economic losses).

第十二篇

Chapter 12

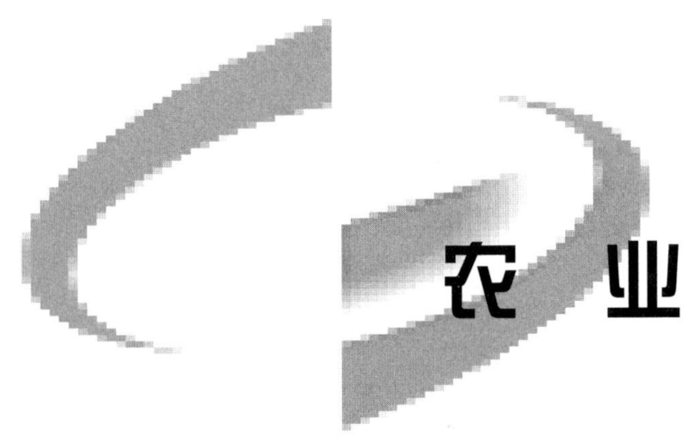

农 业

AGRICULTURE

简要说明

一、本篇资料反映我省农业生产和农村经济的基本情况，内容主要包括乡村户数、人口与从业人员、耕地、农业机械拥有量、农林牧渔业产值、主要产品产量、水利设施与灌溉防涝、农村居民家庭拥有生产性固定资产等。

二、本篇资料来源：除农村居民家庭拥有生产性固定资产由国家统计局安徽调查总队提供外，其余资料均来源于省统计局农村处的农村统计调查报表制度。

农村统计调查报表制度的统计范围包括各市、县（区）辖区的各种经济类型的全部农林牧渔业以及各非农行业附属的农林牧渔业生产单位，但不包括农业科学试验机构进行的农业生产。

农村统计调查报表制度按照国家统计局统一要求，由各市、县（区）统计局收集、汇总报送，采取抽样调查、典型调查、重点调查和其他调查所取得。部分指标及林业生产情况、渔业生产情况等指标均取自同级业务部门统计资料。

土地状况和农田水利建设、灌溉防涝情况、农作物受灾情况、农业机械拥有量、国营农场基本情况等资料由省国土资源厅、省水利厅、省民政厅、省农机局、省农垦总公司提供。

Brief Introduction

I. Data in this chapter show the basic conditions of agricultural production and rural economy, including mainly number of rural households, population and number of laborers, cultivated land, quantity of agricultural machinery, output of farming, forestry, animal husbandry and fishery, output of major products, facilities of water conservancy and irrigation and flood prevention, productive fixed assets owned by the rural households.

II. Source of data: Data come from the Agricultural Statistical Reporting System stipulated by the Agricultural Office of Anhui Statistical Bureau, except Data on productive fixed assets owned by the Enterprise Survey Organization of Anhui, which is supplied by the Rural Socio-economic Survey Organization of Anhui.

Statistics on agriculture cover all agricultural production activities except activities undertaken by agriculture research institutions.

Data on agriculture are collected, tabulated and processed by the statistical bureau in cities and counties, with sample survey, survey on key units and typical units and other surveys. Data on forestry production, state farm are taken from the professional departments at the same level.

Data on Land conditions and construction of water conservancy, flood irrigation conditions, crops disaster, agricultural machinery and processing volume and state farm are provided by Provincial Department of land resources, Provincial Water Conservancy Department, Provincial Department of Civil Affairs, Provincial Bureau of Agricultural Machinery and Provincial General Company of Agricultural Reclamation.

12—1 农村基本情况和农业生产条件

Rural Basic Data and Agricultural Production Conditions

指　　标	Item	2000	2005	2010	2014	2015
乡镇数 (个)	Number of Township and Town Governments (unit)	1841	1466	1232	1251	1249
#镇个数	Number of Town Governments	941	915	869	937	946
村民委员会 (个)	Number of Villagers' Committees (unit)	30658	24076	15744	15102	14688
乡村户数 (万户)	Number of Rural Households (10000 household)	1294.62	1346.13	1424.31	1460.32	1478.23
乡村人口数 (万人)	Rural Population (10000 persons)			5363.95	5350.69	5400.85
#男	Male				2790.92	2816.55
乡村劳动力资源数 (万人)	Rural labor force resources number (10000 persons)				3328.54	3375.57
#男	Male				1773.31	1798.40
乡村从业人员数 (万人)	Number of Engaged Persons in Rural Area (10000 persons)	2797.76	2939.21	3075.86	3033.57	3050.02
#男	Male	1487.89	1574.17	1658.61	1637.98	1650.48
#农　业	Agriculture				1395.28	1390.25
农业机械总动力 (万千瓦)	Total Agricultural Machinery Power (10000 kw)	2975.87	3983.83	5409.78	6365.83	6580.99
农用排灌机械总动力 (万千瓦)	Irrigation and Drainage Machinery for Agricultural Use (10000 kw)	522.98	581.82	654.11	703.96	702.11
农用大中型拖拉机 (台)	Number of Large and Medium Agricultural Tractors (unit)	29612	104798	124660	199349	220080
小型拖拉机 (万台)	Number of Mini-tractors (10000 units)	165.78	207.98	236.12	218.90	214.67
大中型拖拉机配套农具 (万台)	Number of Related Farm Implements of Large and Medium Tractor (10000 units)	2.80	7.97	23.31	44.21	51.51
小型拖拉机配套农具 (万台)	Related Farm Implements of Mini-tractor (10000 units)	351.92	489.71	534.21	515.73	503.19
农用排灌柴油机 (万台)	Number of Diesel Engines (10000 units)	31.41	33.70	38.65	39.95	39.13
联合收获机 (台)	Combine Harvester (unit)	9499	48739	102167	159298	174156
机耕面积 (千公顷)	Area Ploughed by Tractors (1000 hectares)	3600.94	3775.15	4056.35	4316.34	4287.86
机播面积 (千公顷)	Seeded Area by Tractors (1000 hectares)	1995.52	2329.34	3606.59	4687.02	5003.90
机械植保作业面积 (千公顷)	Plant Protection Area by Tractors (1000 hectares)	2864.51	2801.01	3547.89	4417.43	4697.56
机收面积 (千公顷)	Harvest Area by Tractors (1000 hectares)	2425.13	3326.47	5264.28	6239.43	6440.64
农村用电量 (亿千瓦时)	Electricity Consumed in Rural Area (100 million kwh)	45.81	64.22	107.41	147.53	156.75
农用化肥施用量 (万吨)	Consumption of Chemical Fertilizer (10000 tons)			319.77	341.39	338.69
#氮　肥	Nitrogenous Fertilizer			112.14	111.59	107.58
磷　肥	Phosphate Fertilizer			35.94	35.73	34.07
农用塑料薄膜使用量 (万吨)	Used Plastic Film (10000 tons)	5.81	7.83	8.07	9.62	9.79
#地膜使用量	Plastic Used	3.11	3.38	3.73	4.29	4.35
地膜覆盖面积 (千公顷)	Plastic Used Area (1000 hectares)	697.76	477.76	425.57	430.71	436.96
农用柴油使用量 (万吨)	Diesel Oil Use for Agriculture (10000 tons)	41.62	55.58	68.13	73.44	75.69
农药使用量 (万吨)	Used Agricultural Chemical Insecticides (10000 tons)	7.56	9.48	11.66	11.40	11.10
除涝面积 (千公顷)	Flooded or Waterlogged Area Under Control (1000 hectares)	2148.49	2210.00	2269.05	2315.84	2334.31
堤防保护耕地面积 (千公顷)	Protection Cultivated Land Areas of Embankment (1000 hectares)	2293.85	2350.96	2341.48	2780.16	2777.14
有效灌溉面积 (千公顷)	Irrigated Area (1000 hectares)	3197.35	3330.84	3519.78	4331.70	4400.34
规模以上机电井数 (万眼)	JiDianJing Above Designated Size (10000 units)	16.31	19.54	19.74	21.28	23.47

注：1．2002年以前交通运输、仓储及邮政业为交通运输仓储及邮电通信业；批发和零售业为批发零售贸易餐饮业。
　　2．2004年从业人员增加信息传输、计算机服务和软件业及住宿和餐饮业。
　　3．“机电井数”改为“规模以上机电井”。
　　4．乡镇（包括城关镇）及村民委员会个数来源于省民政厅。

a) Before 2002, the sector of "transport, storage and postal services" was "transport, storage, postal and telecommunication" and the sector of "wholesale and retail trade" was "wholesale, retail trade and catering".
b) The range of employees added the sector of "information transmission, service of the computer and software industry and accommodation and catering trade" in 2004.
c) "JiDianJing number" instead of "JiDianJing above designated size.
d) Number of township (including county towns) and villagers committee comes from the provincial Civil Affairs department.

12—2 主要年份农林牧渔业生产情况
Output of Farming, Forestry, Animal Husbandry and Fishery

指　　标		Item		2000	2005	2010	2014	2015
农产品产量	（万吨）	Yield of Farm Crops	(10000 tons)					
粮　食		Grain		2472.01	2605.31	3080.50	3415.83	3538.12
谷　物		Cereal		2202.23	2399.66	2911.17	3260.23	3371.35
#稻　谷		Rice		1195.14	1317.25	1383.43	1394.55	1459.34
小　麦		Wheat		730.33	808.11	1206.67	1393.55	1411.00
玉　米		Corn		247.28	234.97	312.75	465.50	496.27
豆　类		Beans		114.60	101.98	121.91	122.15	134.04
薯　类		Tubers		233.18	103.67	47.42	33.45	32.73
油　料		Oil-bearing Crops		285.06	270.67	227.60	228.80	227.85
#花　生		Peanuts		111.15	79.29	86.40	94.35	94.43
油菜籽		Rapeseeds		156.77	182.33	133.73	127.75	126.29
芝　麻		Sesame		16.62	89.57	6.61	6.66	7.08
棉　花		Cotton		28.50	31.10	31.60	26.33	23.37
生黄红麻		Jute and Ambary Hemp		2.22	1.94	1.24	1.26	1.30
烟　叶		Tobacco		3.21	2.60	2.98	4.33	4.23
#烤　烟		Flue-cured Tobacco		3.09	2.47	2.91	4.27	4.17
蚕　茧		Silkworm Cocoons		2.46	3.13	3.32	3.11	3.03
茶　叶		Tea		4.54	5.96	8.33	11.12	11.29
#绿　茶		Green Tea				7.70	10.37	10.48
园林水果		Garden Fruits		110.61	151.72	235.67	284.56	299.44
农产品单位面积产量	（公斤/公顷）	Yield of Farm Crops per Hectare	(kg/hectare)					
谷　物		Cereal		4887	4829	5367	5881	6021
棉　花		Cotton		867	816	918	993	1006
花　生		Peanuts		3328	3324	4440	4955	4941
油菜籽		Rapeseeds		1625	1912	1935	2319	2372
芝　麻		Sesames		1049	822	1263	1427	1469
生黄红麻		Jute and Ambary Hemp		2623	2981	2903	2962	3048
烤　烟		Flue-cured Tobacco		1638	2407	2735	2479	2600
造林面积	（千公顷）	Afforested Area	(1000 hectares)	69.21	57.46	65.61	157.75	128.42
茶园面积	（千公顷）	Area of Tea Plantations at Year-end	(1000 hectares)	108.37	117.61	133.53	166.56	167.90
果园面积	（千公顷）	Area of Orchards at Year-end	(1000 hectares)	84.78	104.18	107.13	124.20	128.08
大牲畜年末头数	（万头）	Number of Large Animals (year-end)	(10000 heads)	559.35	366.16	151.53	153.01	164.97
#牛		Cattle and Buffaloes		552.95	364.35	150.90	152.69	164.61
马		Horses		1.58	0.35	0.17	0.11	0.09
驴		Donkeys		3.73	1.12	0.37	0.16	0.22
骡		Mules		1.09	0.34	0.09	0.06	0.04
肉猪出栏头数	（万头）	Number of Slaughtered Fattened Hogs	(10000 heads)	2393.18	2812.08	2782.10	3089.17	2979.20
猪年末头数	（万头）	Number of Hogs (year-end)	(10000 heads)	1871.01	1737.41	1442.50	1585.35	1539.37
羊年末头数	（万只）	Number of Sheep and Goats (year-end)	(10000 heads)	794.94	953.03	590.50	642.75	688.34
山　羊		Goats		792.52	950.18	589.60	641.68	687.24
绵　羊		Sheep		2.42	2.85	0.90	1.07	1.10
肉类产量	（万吨）	Output of Meat	(10000 tons)	311.52	382.88	376.94	414.02	419.38
#猪牛羊肉		Pork, Beef and Mutton		241.59	280.79	271.30	298.19	291.88
猪　肉		Pork		198.50	231.74	238.80	264.80	259.11
牛　肉		Beef		31.88	31.46	18.30	17.89	16.19
羊　肉		Mutton		11.21	17.59	14.20	15.49	16.58
奶　类	（吨）	Milk	(ton)	41204	110491	205000	278707	306299
#牛　奶		Cow Milk		41194	110186	205000	278707	306299
绵羊毛	（吨）	Sheep Wool	(ton)	174	129	164	169	127
禽　蛋	（万吨）	Poultry Eggs	(10000 tons)	107.40	122.06	119.00	122.53	134.66
淡水产品产量	（万吨）	Total Output of Freshwater Aquatic Products	(10000 tons)	159.80	177.57	193.31	223.69	230.43

12—3　主要年份农作物总播种面积及构成
Total Sown Area and its Composition

单位：千公顷（1000 hectare）

指　　标	Sector	2000	2005	2010	2014	2015
农作物总播种面积	**Total Sown Area**	**8418.01**	**8755.19**	**9054.87**	**8945.53**	**8950.46**
粮　食	Grain Crops	5565.58	5988.10	6616.42	6628.93	6632.90
谷　物	Cereal	4506.56	4968.79	5424.45	5543.33	5598.98
#稻　谷	Rice	2005.49	2288.61	2245.37	2217.33	2234.92
小　麦	Wheat	1931.17	1989.53	2365.67	2434.50	2457.00
玉　米	Corn	486.61	595.08	761.11	852.40	881.55
豆　类	Beans	601.81	794.91	1021.23	934.80	893.60
薯　类	Tubers	457.21	224.40	170.74	150.80	140.32
油　料	Oil-bearing Crops	1457.36	1303.05	944.25	788.44	772.10
棉　花	Cotton	328.84	381.27	344.40	265.20	232.50
生　麻	Raw Hemp	15.02	12.84	9.44	7.68	7.32
糖　料	Sugar Crops	8.40	5.73	5.73	4.98	5.12
烟　叶	Tobacco	19.67	10.83	10.92	17.37	16.18
蔬　菜	Vegetables	539.68	664.87	775.61	862.06	899.81

指　　标	Sector	构　成（%）Composition				
		2000	2005	2010	2014	2015
农作物总播种面积	**Total Sown Area**					
粮　食	Grain Crops	66.12	68.39	73.07	74.10	74.11
谷　物	Cereal	53.53	56.75	59.91	61.97	62.56
#稻　谷	Rice	23.82	26.14	24.80	24.79	24.97
小　麦	Wheat	22.94	22.72	26.13	27.21	27.45
玉　米	Corn	5.78	6.80	8.41	9.53	9.85
豆　类	Beans	7.15	9.08	11.28	10.45	9.98
薯　类	Tubers	5.43	2.56	1.89	1.69	1.57
油　料	Oil-bearing Crops	17.31	14.88	10.43	8.81	8.63
棉　花	Cotton	3.91	4.35	3.80	2.96	2.60
生　麻	Raw Hemp	0.18	0.15	0.10	0.09	0.08
糖　料	Sugar Crops	0.10	0.07	0.06	0.06	0.06
烟　叶	Tobacco	0.23	0.12	0.12	0.19	0.18
蔬　菜	Vegetables	6.41	7.59	8.57	9.64	10.05

12—4 农村居民家庭每百户拥有生产性固定资产数量
Number of Productive Fixed Assets of per 100 Rural Household

指 标		Item		2014	2015
大中型拖拉机	（台）	Large and Medium Tractors	(unit)	2.74	3.62
小型及手扶拖拉机	（台）	Mini and Walking Tractors	(unit)	30.90	30.54
机动脱粒机	（台）	Motorized Threshing Machines	(unit)	7.28	5.13
收 割 机	（台）	Harvesters	(unit)	1.75	2.95
役 畜	（头）	Draught Animals	(head)	2.87	0.95
产 品 畜	（头）	Commodity Animals	(head)	34.51	

注：本表为农村住户抽样调查资料。
a) Data in this table are obtained from the sample surveys on rural households.

12—5 农林牧渔业总产值及指数
Gross Output Value of Farming, Forestry, Animal Husbandry and Fishery and Related Indices

本表按当年价格计算。 (Data in value terms in this table are calculated at current prices.)

年 份 Year	绝对数（万元） Gross Output Value (10000 yuan)						指 数（%） Related Indices (%)					
	农林牧渔业总产值 Total of Farming, Forestry, Animal Husbandry and Fishery	农 业 Farming	林 业 Forestry	牧 业 Animal Husbandry	渔 业 Fishery	农林牧渔服务业 Agricultural Services	农林牧渔业总产值 Total of Farming, Forestry, Animal Husbandry and Fishery	农 业 Farming	林 业 Forestry	牧 业 Animal Husbandry	渔 业 Fishery	农林牧渔服务业 Agricultural Services
2000	12199576	6752705	640199	3493827	1312845		101.66	98.60	107.58	105.50	105.02	
2005	16661915	8184809	784147	5535614	1656235	501110	101.41	97.85	105.18	103.91	106.68	115.49
2007	20700913	10540065	1005045	6373559	1950244	832000	103.79	103.68	106.76	101.99	105.05	109.95
2008	24465113	11978860	1144563	8068922	2323265	949503	106.30	105.47	107.15	107.15	106.32	109.21
2009	25694570	13036410	1112508	7958223	2575913	1011516	105.54	103.99	111.33	106.41	107.50	106.93
2010	29554490	15444267	1352804	8649764	2948154	1159501	104.46	103.24	107.64	104.93	105.47	110.54
2011	34596589	17148396	1820685	10835360	3462285	1329863	103.95	103.93	109.04	102.63	103.91	108.20
2012	37282954	18676407	2094974	11197278	3844341	1469954	105.57	105.80	105.40	105.60	103.50	108.05
2013	40092418	20032646	2330736	11713607	4390661	1624768	103.41	103.24	106.93	102.01	104.63	107.94
2014	42237287	21192056	2830736	11820730	4597009	1796756	104.59	105.04	107.90	102.93	103.97	107.99
2015	43907959	21746065	2901057	12589814	4750719	1920304	104.20	104.92	105.69	102.66	103.35	105.71

注：1）从2003年年报起，农林牧渔业总产值增加农林牧渔服务业，原农业产值中的家庭兼营商品性工业取消。
2）2004年以后农林牧渔业总产值指数按农产品生产者价格指数缩减计算。
3）从2010年年报起，农林牧渔业总产值使用《统计用产品分类目录》计算，2009年数据作了相应调整。

a) From the year 2003 yearport, "agriculture, forestry, animal husbandry and fishing services" was added in the total output value, merchantability industry undertaken by rural households on the side" was cancelled.

b) After 2004, GDP index is calculated by producer price index of agricultural products reducing.

c) From 2010 annual report, the agriculture, forestry animal husbandry and fishery total output value use "Statistics with Product Classified catalog" calculating, in 2009 the data has adjusted correspondingly.

12—6 农林牧渔业增加值及构成
Value-added of Farming, Forestry, Animal Husbandry and Fishery and its Composition

本表按当年价格计算。 (Data in value terms in this table are calculated at current prices.)

年 份 Year	绝对数（万元） Gross Output Value (10000 yuan)						构 成（%） Composition (%)					
	农林牧渔业增加值 Value added of Farming, Forestry, Animal Husbandry and Fishery	农 业 Farming	林 业 Forestry	牧 业 Animal Husbandry	渔 业 Fishery	农林牧渔服务业 Agricultural Services	农林牧渔业增加值 Value added of Farming, Forestry, Animal Husbandry and Fishery	农 业 Farming	林 业 Forestry	牧 业 Animal Husbandry	渔 业 Fishery	农林牧渔服务业 Agricultural Services
2000	7320079	4296385	491481	1623483	908730		100.00	58.69	6.72	22.18	12.41	
2005	9664935	5033658	559526	2743105	1089396	239250	100.00	52.08	5.79	28.38	11.27	2.48
2007	12001765	6468000	710665	3124000	1275000	424100	100.00	53.89	5.92	26.03	10.62	3.54
2008	14180737	7362249	803322	4023720	1519623	471823	100.00	51.92	5.66	28.37	10.72	3.33
2009	14954495	8036573	778866	3965014	1670359	503683	100.00	53.74	5.21	26.51	11.17	3.37
2010	17290240	9524691	942064	4302684	1943482	577319	100.00	55.09	5.45	24.88	11.24	3.34
2011	20153123	10575491	1268286	5364495	2282408	662443	100.00	52.48	6.29	26.62	11.32	3.29
2012	21787349	11517822	1459356	5543678	2534267	732226	100.00	52.86	6.70	25.44	11.63	3.36
2013	23480871	12354221	1623587	5799308	2894412	809343	100.00	52.61	6.91	24.70	12.33	3.45
2014	24818920	13069234	1971886	5852344	3030441	895015	100.00	52.66	7.95	23.58	12.21	3.61
2015	25502947	13332371	2005639	6099905	3129009	936023	100.00	52.28	7.86	23.92	12.27	3.67

12—7 土 地 状 况（2015年）
Land Characteristics（2015）

指　　标	Item	面　积（平方公里）Area (sq.km)	占总面积(%) Percentage to Total Area (%)
总 面 积	**Total Land Ares**	**140139.85**	**100.00**
耕　地	Cultivated Land	58766.38	41.93
园　地	Gaeden Land	3512.45	2.51
林　地	Forests Land	37505.92	26.76
牧草地	Area of GrassLand	4.76	
其他农用地	Other Land for Agriculture Use	11804.23	8.42
居民点及独立工矿用地	Land for Inhabitation, Mining and Manufacturing	16312.61	11.64
交通运输用地	Land for Transport Facilities	1373.91	0.98
水利设施用地	Land for Water Conservancy Facilities	2064.77	1.47
未利用地	Unused Land	8794.82	6.28

注：此表来源于省国土资源厅。
a) This form is from the Provincial Department of land and resources.

12—8 农 田 水 利 建 设
Water Conservancy Construction

年　份 Year	水电站装机容量（千瓦）Capacity of Rural Hydropower Station an Year-end (kw)	已建成水库（座）Number of Reservoirs (unit)	水库库容量（亿立方米）Capacity of Reservoirs (100 million cu.m)	节水灌溉面积（千公顷）Irrigated Area With Saved Water (1000 hectares)	水土流失综合治理面积（千公顷）Comprehensive Control of Soil Erosion Area (1000 hectares)	堤防长度（公里）Total Length of Dikes (km)	堤防保护耕地面积（千公顷）Area of Land Protected by Dikes (1000 hectares)
2000	98102	4815	185.10	534.86	1765.30	19902	2184.20
2005	632092	4872	195.50	705.48	1955.90	20074	2226.94
2007	912200	4797	195.64	743.73	2017.53	20212	2319.86
2008	976400	4796	195.39	764.58	2059.19	20255	2357.22
2009	1068404	4808	194.99	788.63	2102.32	20377	2381.60
2010	1074105	4818	199.51	815.77	2136.08	20456	2341.48
2011	1129345	4926	199.99	842.69	2180.33	20632	2348.90
2012	1184653	5324	202.52	882.91	2245.01	20642	2203.93
2013	1241035	5821	324.25	826.67	1654.51	34795	2581.21
2014	1286280	5833	324.32	862.19	1702.02	34900	2780.16
2015	1317925	5877	325.07	906.89	1857.42	35019	2777.14

注：2013年水利部新修订了《水利综合统计报表制度》，部分指标定义范围发生变化。
a) In 2013, Ministry of Water Resources newly revised the system of water conservancy comprehensive statistical reporting, and definition of some indicators changed.

12—9　农村居民家庭平均每人出售主要农产品
Per Capita Major Farm Products Sold by Rural Households

单位：公斤（kg）

指　　标	Item	2014	2015
粮　食	Crain	1060.83	1153.10
棉　花	Cotton	6.54	5.17
油　料	Oil-bearing Crops	23.00	12.97
生　麻	Raw Hemp	0.12	0.11
烟　叶	Tobacco	0.03	0.02
蔬　菜	Vegetables	24.59	43.94
水　果	Fruits	6.66	4.38

注：本表为农村住户抽样调查资料。
a) Data in this table are obtained from the sample surveys on rural households.

12—10　农村居民家庭土地经营情况
Area of Land Managed by Rural Households

单位：亩/人（mu/person）

指　　标	Item	2014	2015
经营耕地面积	Area of Cultivated Land under Management	2.21	2.43
经营山地面积	Hilly Area Under Management	0.69	0.46
园地面积	Area of Garden Plot	0.07	0.06
养殖水面面积	Water Area for Breeding Aquatics	0.10	0.10

注：本表为农村住户抽样调查资料。
a) Data in this table are obtained from the sample surveys on rural households.

12—11 主要年份林业生产情况
Basic Data of Forest Production in Major Years

指　　标		Item		2000	2005	2010	2014	2015
营林情况	(公顷)	Management of Forest	(hectares)					
人工造林面积		Afforested Area		75703	57457	57012	150871	114350
新封山育林面积		Area of Setting Apart Mountains for Forestation		45860	50964	20943	6874	14066
新增育苗面积		Area of Growing Seedlings		5933	7812	6709	17426	82876
森林抚育面积		Area of Forest Tending		379356		307795	367332	560665
成林抚育面积		Area of Tending Adult Forest		431746	448187	629653	512548	
油桐籽	(吨)	Tung-oil Seeds	(ton)	3109	3208	3054	2653	2507
油茶籽	(吨)	Tea-oil Seeds	(ton)	10419	9743	25864	71425	78327
板　栗	(吨)	Chestnuts	(ton)	45710	68786	137239	197803	105870
竹材采伐量	(万根)	Determination of Bamboo Cut	(10000 units)	4000	6315	9784	14887	15724
木材采伐量	(万立方米)	Determination of Timber Cut	(10000 cu.m)	263	328	458	579	567

12—12 主要年份茶叶、水果生产情况
Tea, Fruits Production in Major Years

单位：吨、公顷（ton，Hectares）

指　　标	Item	2000	2005	2010	2014	2015
茶叶产量	Tea	45376	59619	83276	111196	112915
#绿　茶	Green Tea			76984	103741	104755
园林水果产量	Garden Fruits	1106071	1517201	2356680	2845579	2994407
#苹　果	Apples	302040	278143	406858	392285	375103
梨	Pears	616192	638058	966259	1081369	1117467
柑橘类	Citrus	5282	12427	27750	35935	37933
其他水果	Other Garden Fruits		588573	955813	1335990	1463904
#桃	Peachs		212186	430134	552978	598418
葡　萄	Grapes	56156	173264	261114	396392	462073
茶园面积	Area of Tea Plantations at Year-end	108373	117606	133529	166562	167900
年末果园面积	Area of Orchards at Year-end	84784	104180	107127	124204	128083
#苹　果	Apples		13914	16806	15321	13830
梨	Pears		38605	38136	37315	38259
葡　萄	Grapes		6023	9434	17108	19109

12—13 主要年份牲畜饲养情况
Number of Livestock in Major Years

单位：万头（万只）（10000 heads）

年份 Year	大牲畜年末头数 Large Animals (year-end)	牛 Cattle and Buffaloes	马（头） Horses (heads)	驴（头） Donkeys (heads)	骡（头） Mules (heads)	肉猪出栏头数 Slaughtered Fattened Hogs	猪年末头数 Hogs (year-end)	羊年末只数 Sheep and Goats (year-end)	山羊 Goats	活家禽 Poultry
2000	559.1	553.0	15805	37238	10929	2393.2	1871.0	794.9	792.5	
2005	366.2	364.4	3459	11217	3350	2812.1	1737.4	953.0	950.2	22672.8
2007	144.0	143.0	2487	6134	1663	2363.1	1334.2	536.0	532.9	19801.5
2008	145.2	144.5	2105	3346	1092	2527.4	1432.4	560.3	557.3	21489.5
2009	149.5	148.8	1994	3564	1028	2680.2	1482.6	584.2	581.0	22540.8
2010	151.5	150.9	1746	3671	898	2782.1	1442.5	590.5	589.6	23329.8
2011	147.7	147.2	1461	2389	638	2721.1	1467.3	591.6	590.6	23906.0
2012	152.3	151.9	1291	2187	613	2927.6	1555.2	592.2	591.2	25043.1
2013	155.7	155.1	1113	3956	605	2971.5	1612.6	605.3	604.2	24717.6
2014	153.0	152.7	1074	1562	582	3089.2	1585.3	642.7	641.7	24322.1
2015	165.0	164.6	947	2222	369	2979.2	1539.4	688.3	687.2	23860.0

12—14 主要年份畜产品产量
Output of Livestock Products in Major Years

单位：吨（ton）

年份 Year	肉类总产量 Output of Meat	#猪牛羊肉 Output of Pork,Beef and Mutton	猪肉 Pork	牛肉 Beef	羊肉 Mutton	牛奶 Cow Milk	禽蛋 Poultry Eggs	天然蜂蜜 Honey	蚕茧 Sikworm Cocoons
2000	3115231	2415925	1984985	318794	112146	41194	1074038	10550	24563
2005	3828828	2807853	2317366	314553	175934	110186	1220556	11258	31300
2007	3236448	2326653	2024503	170643	131507	180937	1085618	14342	38695
2008	3439155	2479187	2173931	171099	134157	181275	1121000	14997	38359
2009	3625873	2612150	2298494	175448	138208	201000	1181919	16312	28838
2010	3769426	2713000	2388000	193000	142000	205000	1190000	16447	33177
2011	3754683	2650704	2330710	178200	141794	225135	1196541	18287	32335
2012	3977356	2823877	2496701	181270	145906	240868	1226455	18900	32610
2013	4038256	2865588	2534151	181451	149986	253393	1245342	20109	32247
2014	4140177	2981857	2647997	178911	154949	278707	1225292	19427	31080
2015	4193847	2918775	2591065	161914	165796	306299	1346596	16734	30328

注：全省猪、牛、羊、禽数据来源于国家统计局安徽调查总队畜禽监测数。

a) The pigs, sheep, poultry data is from Anhui Province survey organization of National bureau of statistics monitoring survey.

12—15 农林牧渔业总产值（2015年）
Gross Output Value of Farming, Forestry, Animal Husbandry and Fishery (2015)

单位：万元（10000 yuan）

指标	Item	按可比价格计算 Caculated According to Constant Price	按当年价格计算 At Current Prices
农林牧渔业总产值	**Total Gross Output Value**	**44011406**	**43907959**
农业产值	**Gross Output Value of Farming**	**22234334**	**21746065**
谷物及其他作物	Cereal and Other Crops	13015591	12483063
谷物	Cereal		9020741
#小麦	Wheat		3557495
稻谷	Rice		4320683
玉米	Corn		1093178
薯类	Tubers		139811
油料	Oil-bearing Crops		1330518
#花生	Peanuts		625611
油菜籽	Rapeseeds		587670
豆类	Beans		704143
棉花	Cotton		722485
生麻	Raw Hemp		18998
糖类	Sugar Crops		47363
烟叶	Tobacco		99117
其他农作物	Other Crops		399887
#饲料作物	Feed Crops		64865
蔬菜、食用菌及花卉盆景园艺产品	Vegetables, Edible Fungus and Flowers and Plants Bonsai Horticultural Goods	5758418	5789498
#蔬菜（含菜用瓜）	Vegetables (Including Gourd)		5304315
水果、食用坚果、茶、饮料和香料	Fruits, Nut, Tea, Beverage and Spice	2992249	3027567
水果（含果用瓜）	Fruits (including fruited melon)		2318253
#苹果	Apples		135968
食用坚果	Nut		167151
茶及饮料原料	Tea and Beverage Raw Material		540731
#茶	Tea		540731
香料作物	Spice Crops		1432
中草药材	Chinese Medicinal Herbs	468076	445936
林业产值	**Gross Output Value of Forestry**	**2991842**	**2901057**
林木的培育和种植	Cultivation and Planting of Woods	1059347	1029255
#造林	Forestation		312761
竹木采运	Lumbering and Transport of Bamboo and Timber	901533	885815
#村及村以下	At Village Level and Below		580373
林产品	Forest Products	1030962	985987
牧业产值	**Gross Output Value of Animal Husbandry**	**12134835**	**12589814**
牲畜饲养	Animals Breeding	2092845	1924842
#牛的饲养	Cattle and Buffaloes Breeding		997921
羊的饲养	Sheep and Goats Breeding		785931
其他牲畜饲养	Other Animals Breeding		8444
奶产品	Dairy Products		117249
#生牛奶	Milk		117249
毛绒产品	Down Products		1344
猪的饲养	Hogs Breeding	5627724	6324436
家禽的饲养	Poultry Breeding	3728075	3650893
狩猎和捕捉动物	Animals Hunting and Catching	52669	54855
其他畜牧业	Other Animal Husbandry	633521	634788
#蚕茧	Silkworm Cocoon		88450
渔业产值	**Gross Output Value of Fishery**	**4750985**	**4750719**
淡水产品	Freshwater Aquatic Products	4750985	4750719
#养殖	Cultured		3769952
#鱼类	Fishes		2909597
虾蟹类	Shrimps and Crabs		1560229
农林牧渔服务业	**Agricultural Services**	**1899410**	**1920304**

12—16　农作物主要产品生产和结构情况（2015年）
Production of Major Farm Products (2015)

指　标	Item	播种面积（千公顷）Sown Area (1000 hectares)	结构 Composition	产量（万吨）Yield (10000 tons)
农作物总播种面积	**Total**	**8950.46**	**100.00**	
粮食作物合计	Grain Crops	6632.90	74.11	3538.12
#夏收粮食	Summer-Harvest Crops	2479.41	27.70	1414.71
谷　物	Cereal	5598.98	62.56	3371.35
稻　谷	Rice	2234.92	24.97	1459.34
早　稻	Early Rice	189.95	2.12	109.17
中稻和一季晚稻	Middle-season Rice and Single-crop Late Rice	1828.07	20.42	1234.85
双季晚稻	Late Rice	216.90	2.42	115.32
小　麦	Wheat	2457.00	27.45	1411.00
冬小麦	Winter Wheat	2457.00	27.45	1411.00
玉　米	Corn	881.55	9.85	496.27
谷　子	Millet	0.10		0.05
高　粱	Sorghum	0.20		0.17
其他谷物	Other Cereal	25.21	0.28	4.52
#大　麦	Barley	22.40	0.25	3.71
豆类合计	Beans	893.60	9.98	134.04
#大　豆	Soybean	820.90	9.17	126.83
绿　豆	Mung Bean	60.30	0.67	5.79
红小豆	Small Red Bean	12.40	0.14	1.42
薯　类	Tubers	140.32	1.57	32.73
#马铃薯	Potato	7.20	0.08	1.68
油料合计	Oil-bearing Crops	772.10	8.63	227.85
#花　生	Peanuts	191.12	2.14	94.43
油菜籽	Rapeseeds	532.45	5.95	126.29
芝　麻	Sesame	48.22	0.54	7.08
葵花籽	Sunflower Seeds	0.05		0.03
棉　花	Cotton	232.50	2.60	23.37
生麻合计	Fiber Crops	7.32	0.08	2.63
#生黄红麻	Jute and Ambary Hemp	4.26	0.05	1.30
生苎麻	Ramie	1.12	0.01	0.19
生大麻	Hemp	1.93	0.02	0.67
糖料合计	Sugar Crops	5.12	0.06	20.32
#甘　蔗	Sugarcane	5.12	0.06	20.32
烟叶合计	Tobacco	16.18	0.18	4.23
#烤　烟	Flue-cured Tobacco	16.03	0.18	4.17
中草药材	Crude Drugs	90.76	1.01	
蔬菜（含菜用瓜）	Vegetables (including gourd)	899.81	10.05	2714.17
瓜果类（果用瓜）	Melon and Fruit (Fruited Melon)	191.55	2.14	730.36
#西　瓜	Watermelon	150.23	1.68	608.37
香　瓜	Muskmelon	19.39	0.22	60.14
草　莓	Strawberry	17.41	0.19	41.88
其他作物	Other Crops	102.22	1.14	
#青饲料	Green Feed	40.38	0.45	

12—17 各市农村基本情况（2015年）
Basic Statement of Rural Area by Region (2015)

地 区	Region	乡镇数（个）Number of Township and Town Governments (unit)	#镇数 Town Governments	村民委员会（个）Number of Villagers' Committees (unit)	乡村户数（户）Number of Households (household)
总 计	**Total**	**1249**	**946**	**14688**	**14782340**
合肥市	Hefei	84	65	1308	1250232
淮北市	Huaibei	18	18	289	381998
亳州市	Bozhou	79	72	1093	1319779
宿州市	Suzhou	94	71	1200	1363239
蚌埠市	Bengbu	55	40	924	757975
阜阳市	Fuyang	155	124	1593	2296809
淮南市	Huainan	71	57	795	784530
滁州市	Chuzhou	94	82	1001	949304
六安市	Luan	131	88	1763	1440394
马鞍山市	Maanshan	35	31	387	407354
芜湖市	Wuhu	44	40	662	751750
宣城市	Xuancheng	78	59	723	749202
铜陵市	Tongling	34	21	375	341984
池州市	Chizhou	45	37	586	399508
安庆市	Anqing	131	83	1297	1210077
黄山市	Huangshan	101	58	692	378205

地 区	Region	乡村人口数（人）Rural Population (person)	乡村从业人员数（人）Number of Rural Laborers (person)	#男 Male	#农业 Agriculture
总 计	**Total**	**54008520**	**30500165**	**16504790**	**13902518**
合肥市	Hefei	4473852	2587603	1389377	994240
淮北市	Huaibei	1430304	736043	412951	427172
亳州市	Bozhou	5104220	2807411	1507970	1263684
宿州市	Suzhou	5272782	2993756	1608109	1406977
蚌埠市	Bengbu	2903379	1699064	918755	899796
阜阳市	Fuyang	8987532	5009020	2679827	2000516
淮南市	Huainan	2718369	1606341	868383	734721
滁州市	Chuzhou	3572860	2012161	1093022	1038887
六安市	Luan	5183614	2862860	1581548	1417010
马鞍山市	Maanshan	1430074	790863	433987	317515
芜湖市	Wuhu	2429367	1429220	779781	560603
宣城市	Xuancheng	2364470	1373560	743597	660577
铜陵市	Tongling	1160109	699803	390811	329633
池州市	Chizhou	1359000	771576	414954	412585
安庆市	Anqing	4425082	2392741	1299178	1069639
黄山市	Huangshan	1193506	728143	382540	368963

注：乡镇及村民委员会个数来源于省民政厅。
a) Number from the provincial department of the town and the villagers committee.

12—18 各市农、林、牧、渔业总产值及指数（2015年）

Gross Output Value of Farming, Forestry, Animal Husbandry and Fishery and Related Indices by Region (2015)

本表绝对数按当年价格计算，指数按可比价格计算。
Absolute figures in this table are calculated at current prices while indices are calculated at comparable prices.

地区	Region	绝对数（万元） Gross Output Value of Farming, Forestry, Animal Husbandry and Fishery (10000 yuan)					
		农林牧渔业总产值 Total	农业 Farming	林业 Forestry	牧业 Animal Husbandry	渔业 Fishery	农林牧渔服务业 Agricultural Services
总计	**Total**	**43907959**	**21746065**	**2901057**	**12589814**	**4750719**	**1920304**
合肥市	Hefei	4682357	2349577	148948	1416491	668981	98360
淮北市	Huaibei	1025891	571599	33528	340640	44996	35128
亳州市	Bozhou	3665824	2342890	101956	863119	87531	270328
宿州市	Suzhou	4991376	2773214	184980	1718931	99822	214429
蚌埠市	Bengbu	3136728	1710389	97382	937803	317164	73990
阜阳市	Fuyang	5536320	2973951	259383	1868955	186385	247646
淮南市	Huainan	1903430	892463	55131	612267	294062	49507
滁州市	Chuzhou	3825927	1796738	98160	1274239	584771	72019
六安市	Luan	3232589	1447479	301211	1089633	317717	76549
马鞍山市	Maanshan	1438686	719478	23695	217751	368546	109216
芜湖市	Wuhu	2521548	1111813	145107	408942	470747	384939
宣城市	Xuancheng	2212384	1038653	215340	528167	248760	181464
铜陵市	Tongling	804406	323100	63934	184959	201572	30841
池州市	Chizhou	1253357	502076	137836	318190	214916	80339
安庆市	Anqing	3506249	1485563	274545	945636	541755	258750
黄山市	Huangshan	949528	490577	153242	255578	24640	25491

地区	Region	指数（上年=100） Gross Output Value of Farming, Forestry, Animal Husbandry and Fishery (preceding year=100)					
		农林牧渔业总产值 Total	农业 Farming	林业 Forestry	牧业 Animal Husbandry	渔业 Fishery	农林牧渔服务业 Agricultural Services
总计	**Total**	**104.20**	**104.92**	**105.69**	**102.66**	**103.35**	**105.71**
合肥市	Hefei	104.35	105.36	111.01	101.97	104.83	104.80
淮北市	Huaibei	104.50	105.25	101.30	103.75	101.89	105.80
亳州市	Bozhou	104.59	105.32	98.24	102.94	107.40	104.77
宿州市	Suzhou	104.74	105.17	104.08	103.72	105.37	107.80
蚌埠市	Bengbu	104.70	104.03	102.33	106.60	103.08	106.90
阜阳市	Fuyang	104.89	105.53	104.89	103.28	105.72	108.91
淮南市	Huainan	104.13	104.93	109.81	101.92	105.04	106.06
滁州市	Chuzhou	104.30	104.29	106.19	103.71	105.16	105.92
六安市	Luan	104.18	103.73	102.60	106.01	101.48	106.16
马鞍山市	Maanshan	104.50	105.21	106.45	103.08	103.43	105.80
芜湖市	Wuhu	104.49	104.49	110.16	105.01	101.46	105.70
宣城市	Xuancheng	104.30	102.84	110.75	102.35	105.46	109.23
铜陵市	Tongling	104.11	103.02	103.41	102.98	106.40	108.57
池州市	Chizhou	104.28	98.81	110.08	104.22	114.93	105.64
安庆市	Anqing	104.15	104.17	109.00	103.25	103.12	104.37
黄山市	Huangshan	103.98	103.17	111.57	101.18	100.65	106.64

注：全省农林牧渔业总产值指数按农产品生产者价格指数缩减计算。

a) The index of gross output value of agriculture, forestry, animal husbandry and fishery of the whole province reduces calculating according to producer's price index of agricultural products.

12—19 各市农、林、牧、渔业增加值及构成（2015年）

Value-added of Farming, Forestry, Animal Husbandry and Fishery and its Composition by Region (2015)

本表按当年价格计算。 (Data in value terms in this table are calculated at current prices.)

地区	Region	绝对数（万元） Gross Output Value (10000 yuan)					
		农林牧渔业增加值 Value-added of Farming, Forestry, Animal Husbandry and Fishery	农业 Farming	林业 Forestry	牧业 Animal Husbandry	渔业 Fishery	农林牧渔服务业 Agricultural Services
总计	**Total**	**25502947**	**13332371**	**2005639**	**6099905**	**3129009**	**936023**
合肥市	Hefei	2690173	1347555	101662	754941	430165	55850
淮北市	Huaibei	615875	342748	18844	204890	26814	22579
亳州市	Bozhou	2063616	1426517	81546	383690	58676	113187
宿州市	Suzhou	2792769	1673893	127031	811584	70076	110185
蚌埠市	Bengbu	1924943	1026685	63873	551275	243667	39443
阜阳市	Fuyang	2995944	1685215	178150	872604	126878	133097
淮南市	Huainan	1148981	591023	35515	343426	145180	33837
滁州市	Chuzhou	2259990	1059807	65980	663955	425498	44750
六安市	Luan	1855362	851500	229595	509084	214402	50781
马鞍山市	Maanshan	861520	430062	14004	109762	240794	66898
芜湖市	Wuhu	1393661	606269	91598	212357	289982	193455
宣城市	Xuancheng	1311866	637291	151901	259378	164425	98871
铜陵市	Tongling	488119	189590	46871	107599	128337	15722
池州市	Chizhou	739135	315305	102594	152317	135591	33328
安庆市	Anqing	1984843	834359	169479	527415	328001	125589
黄山市	Huangshan	564359	297788	109149	130115	14087	13220

地区	Region	构成（%） Composition (%)					
		农林牧渔业增加值 Value-added of Farming, Forestry, Animal Husbandry and Fishery	农业 Farming	林业 Forestry	牧业 Animal Husbandry	渔业 Fishery	农林牧渔服务业 Agricultural Services
总计	**Total**	**100.00**	**52.28**	**7.86**	**23.92**	**12.27**	**3.67**
合肥市	Hefei	100.00	50.09	3.78	28.06	15.99	2.08
淮北市	Huaibei	100.00	55.65	3.06	33.27	4.35	3.67
亳州市	Bozhou	100.00	69.13	3.95	18.59	2.84	5.48
宿州市	Suzhou	100.00	59.94	4.55	29.06	2.51	3.95
蚌埠市	Bengbu	100.00	53.34	3.32	28.64	12.66	2.05
阜阳市	Fuyang	100.00	56.25	5.95	29.13	4.23	4.44
淮南市	Huainan	100.00	51.44	3.09	29.89	12.64	2.94
滁州市	Chuzhou	100.00	46.89	2.92	29.38	18.83	1.98
六安市	Luan	100.00	45.89	12.37	27.44	11.56	2.74
马鞍山市	Maanshan	100.00	49.92	1.63	12.74	27.95	7.77
芜湖市	Wuhu	100.00	43.50	6.57	15.24	20.81	13.88
宣城市	Xuancheng	100.00	48.58	11.58	19.77	12.53	7.54
铜陵市	Tongling	100.00	38.84	9.60	22.04	26.29	3.22
池州市	Chizhou	100.00	42.66	13.88	20.61	18.34	4.51
安庆市	Anqing	100.00	42.04	8.54	26.57	16.53	6.33
黄山市	Huangshan	100.00	52.77	19.34	23.06	2.50	2.34

12—20　各市土地利用情况（2015年）
Land Use by Region (2015)

单位：千公顷　(1000 hectares)

地　区	Region	土地调查面积 Area under Land Survey	农用地 Land for Ageicuture Use	#园地 Garden Land	#牧草地 Grazing and Pasture Land	建设用地 Land for Construction	居民点及工矿用地 Land fot Inhabitation Mining and Manufacturing	交通运输用地 Land for Transport Facilities	水利设施用地 Land for Water Conservancy Facilities
总　计	**Total**	**14013.98**	**11159.37**	**351.24**	**0.480**	**1975.13**	**1631.26**	**137.39**	**206.48**
合肥市	Hefei	1144.51	824.35	5.57		214.41	176.44	15.48	22.49
淮北市	Huaibei	274.14	201.63	2.80		63.53	50.67	5.01	7.85
亳州市	Bozhou	852.12	690.94	4.63	0.001	148.85	129.16	9.49	10.21
宿州市	Suzhou	993.88	769.49	73.81	0.003	178.59	147.00	14.48	17.11
蚌埠市	Bengbu	595.07	449.67	1.22	0.008	94.11	80.19	6.35	7.57
阜阳市	Fuyang	1011.82	773.26	0.78	0.004	206.85	186.11	11.43	9.31
淮南市	Huainan	553.23	414.66	2.29	0.090	87.43	72.21	5.98	9.25
滁州市	Chuzhou	1351.60	1070.31	5.84	0.010	205.48	149.60	12.48	43.40
六安市	Luan	1545.09	1285.86	48.94	0.080	182.26	149.30	9.94	23.01
马鞍山市	Maanshan	404.91	300.23	1.12	0.020	68.26	57.00	4.47	6.80
芜湖市	Wuhu	602.61	443.53	3.64	0.020	110.25	91.73	9.25	9.26
宣城市	Xuancheng	1231.25	1079.62	68.90	0.003	104.54	87.13	8.73	8.69
铜陵市	Tongling	292.26	190.32	0.74		54.64	46.72	3.76	4.16
池州市	Chizhou	839.87	725.24	18.45		58.81	47.14	6.33	5.34
安庆市	Anqing	1353.79	1036.58	31.88	0.230	153.37	129.03	8.50	15.84
黄山市	Huangshan	967.84	903.67	80.63		43.74	31.85	5.71	6.18

注：此表来源于省国土资源厅。
a)　This form is from the Provincial Department of land and resources.

12—21　各市主要农业机械年末拥有量（2015年）
Agricultural Machinery at the Year-end by Region (2015)

地　区	Region	农业机械总动力（万千瓦） Total Power of Agricultural Machinery (10000 kw)	大中型拖拉机 Large and Medium Agricultural Tractors：数量（台） Number (unit)	大中型拖拉机：动力（万千瓦） Capacity (10000 kw)	小型拖拉机 Mini-tractors：数量（台） Number (unit)	小型拖拉机：动力（万千瓦） Capacity (10000 kw)	大中型拖拉机配套农具（部） Number of Large and Medium Tractor Towing Farm Machinery (unit)	小型拖拉机配套农具（部） Number of Mini-tractor Towing Farm Machinery (unit)	农用运输车（辆） Capacity of Transport Vehicles for Agricultural Use (unit)	节水灌溉面积（千公顷） Irrigated Area With Saved Water (1000 hectares)
总　计	**Total**	**6580.99**	**220080**	**999.06**	**2146672**	**1760.29**	**515121**	**5031863**	**663474**	**1256.03**
合肥市	Hefei	433.80	11473	62.25	204648	111.86	16248	404318	16700	3.46
淮北市	Huaibei	287.52	16714	57.50	102712	111.24	32974	325372	17844	102.50
亳州市	Bozhou	866.90	24744	135.19	160232	186.74	61156	419749	245805	432.00
宿州市	Suzhou	852.52	49024	170.89	157125	170.86	125245	395470	182652	273.62
蚌埠市	Bengbu	538.35	13030	61.52	305502	286.03	31413	738147	7648	20.04
阜阳市	Fuyang	740.81	34111	163.69	115979	125.71	81428	295709	105036	273.13
淮南市	Huainan	426.74	11382	63.50	227462	176.72	25281	614822	12210	57.91
滁州市	Chuzhou	700.39	29440	131.38	404581	250.59	70570	878774	14639	45.78
六安市	Luan	539.53	12673	60.93	156746	111.46	34337	356562	24559	16.65
马鞍山市	Maanshan	147.82	3776	22.26	37840	21.16	8140	102669	4335	1.09
芜湖市	Wuhu	210.23	4072	21.48	51341	42.51	9043	101455	5022	0.25
宣城市	Xuancheng	245.99	2254	11.56	55239	50.63	4079	77636	9841	16.65
铜陵市	Tongling	88.37	1332	7.05	22000	15.25	2350	19188	2580	0.61
池州市	Chizhou	125.37	921	4.27	39935	26.13	3315	98077	2528	3.95
安庆市	Anqing	295.36	4727	24.89	89015	61.13	9472	168130	8957	6.52
黄山市	Huangshan	81.29	407	0.71	16315	12.26	70	35785	3118	1.87

注：节水灌溉面积为农委系统统计数。
a)　The areas of water saving irrigation were statisticed by the committee on agriculture.

12—22 各市有效灌溉面积、农用化肥施用、用电情况（2015年）

Irrigated Area and Consumption of Chemical Fertilizer and Electricity in Rural Area by Region (2015)

地区	Region	有效灌溉面积（千公顷）Irrigated Area (1000 hectares)	化肥施用量（吨）Consumption of Chemical Fertilizer (ton)	#氮肥 Nitrogenous Fertilizer	磷肥 Phosphate Fertilizer	钾肥 Potash Fertilizer	农用排灌机械（台）Number of Diesel Engines (unit)
总计	**Total**	**4400.34**	**3386944**	**1075774**	**340737**	**320770**	**1617622**
合肥市	Hefei	458.40	296858	98136	42712	39252	140775
淮北市	Huaibei	142.87	107352	27775	5160	5128	87946
亳州市	Bozhou	459.54	309219	61262	28413	30288	13402
宿州市	Suzhou	421.99	333607	92618	25329	31976	42588
蚌埠市	Bengbu	237.15	309982	110293	32955	25714	12417
阜阳市	Fuyang	425.08	383842	86408	17371	26567	193441
淮南市	Huainan	283.18	297449	116798	28247	22651	86705
滁州市	Chuzhou	490.05	357045	116325	49550	24784	90313
六安市	Luan	428.57	209168	87033	18531	21817	123602
马鞍山市	Maanshan	147.85	80470	26009	6126	4668	204263
芜湖市	Wuhu	196.58	184847	72928	28695	24682	271460
宣城市	Xuancheng	200.66	132373	45565	12823	10775	129534
铜陵市	Tongling	81.69	62553	18686	11806	11907	46483
池州市	Chizhou	105.68	60021	23570	1859	7742	66013
安庆市	Anqing	269.83	223594	73700	29738	30345	79764
黄山市	Huangshan	51.23	38564	18668	1422	2474	28916

地区	Region	农村用电量（万千瓦时）Electricity Consumed in Rural Area (10000 kwh)	农用塑料薄膜使用量（吨）Used Plastic Film (ton)	#地膜使用量 Used of Plastic Film	地膜覆盖面积（公顷）The Area of Plastic Film Covered (hectares)	农用柴油使用量（吨）Consumption of Diesel Oil for Farm Use (ton)	农药使用量（吨）Consumption of Agricultural Pesticide (ton)
总计	**Total**	**1567482**	**97943**	**43539**	**436963**	**756892**	**111048**
合肥市	Hefei	159287	14068	4386	32980	70050	5098
淮北市	Huaibei	29868	1278	438	4538	25678	3316
亳州市	Bozhou	101569	7290	3379	37414	82744	7824
宿州市	Suzhou	112934	15799	9452	58962	115287	24097
蚌埠市	Bengbu	92613	9685	5977	81247	58413	6298
阜阳市	Fuyang	154633	19919	4558	49356	50067	7688
淮南市	Huainan	129788	2108	1105	14416	88131	12708
滁州市	Chuzhou	101267	3712	2184	40157	46265	5958
六安市	Luan	107316	5738	2764	23469	56678	5874
马鞍山市	Maanshan	54280	3134	981	14347	14048	3659
芜湖市	Wuhu	127133	2448	1244	28555	41415	2835
宣城市	Xuancheng	122765	3437	1820	16180	13421	4004
铜陵市	Tongling	54639	793	492	5267	8983	2054
池州市	Chizhou	42694	423	253	4111	21739	5528
安庆市	Anqing	151501	5897	3048	19516	55294	10796
黄山市	Huangshan	25195	2214	1458	6448	8679	3311

12—23 各市农作物播种面积（2015年）
Total Sown Areas of Farm Crops by Region (2015)

单位：公顷（hectare）

地　区 Region	农作物总播种面积 Total Sown Area	粮食作物播种面积 Sown Area of Grain Crops	谷　物 Cereal	#稻谷 Rice	小　麦 Wheat	玉　米 Corn	豆　类 Soybeans	薯　类 Tubers	油　料 Oil-bearing Crops	#花　生 Peanuts	油菜籽 Rapeseeds	芝　麻 Sesame
总　计 Total	**8950464**	**6632900**	**5598980**	**2234920**	**2457000**	**881550**	**893600**	**140320**	**772101**	**191116**	**532447**	**48218**
合肥市 Hefei	754301	496676	476260	345089	110440	19291	12721	7695	105809	18865	84747	2197
淮北市 Huaibei	260224	240553	198318	249	121528	76341	41809	426	1815	643	771	401
亳州市 Bozhou	1093708	885577	635489	3790	408178	204773	221089	28999	10370	6490	1592	2288
宿州市 Suzhou	1037767	828335	666031	8061	355217	301263	133808	28496	57299	46773	8360	2166
蚌埠市 Bengbu	638769	475042	442388	108444	240884	92830	28616	4038	64058	60079	2407	1572
阜阳市 Fuyang	1241368	1000218	865240	68168	490063	306671	117041	17937	39051	6527	12510	20014
淮南市 Huainan	492178	432434	411462	199636	207595	4202	18950	2022	11428	2628	8095	704
滁州市 Chuzhou	888929	730968	693551	366419	284310	42483	26024	11393	70294	24225	41198	4871
六安市 Luan	665573	508362	489211	326054	136859	25725	10778	8373	71543	8959	59892	2431
马鞍山市 Maanshan	231593	156826	150879	103029	44437	3413	3889	2058	34139	2392	30298	1449
芜湖市 Wuhu	377571	206557	195911	160368	27984	7199	5797	4849	47142	2418	43565	1159
宣城市 Xuancheng	353235	232445	213096	156080	49266	7666	9990	9359	47373	4365	41103	1902
铜陵市 Tongling	179541	126138	121966	102053	16380	3533	2316	1856	29221	862	28093	266
池州市 Chizhou	200346	118666	113630	100245	6312	7071	3511	1525	38221	933	35939	1349
安庆市 Anqing	660336	364071	333364	287151	34365	10967	16478	14229	118039	4475	109472	4075
黄山市 Huangshan	127356	62475	46618	36438	281	9866	7575	8282	26299	482	24405	1374

地　区 Region	棉　花 Cotton	生　麻 Fiber Crops	#生黄红麻 Jute and Ambary Hemp	糖　料 Sugar Crops	烟　叶 Tobacco	#烤　烟 Fluecured Tobacco	中草药材 Crude Drugs	蔬　菜 Vegetables	瓜果类 Melon	#西瓜 Watermelon	甜　瓜 Melon	草　莓 Strawberry
总　计 Total	**232500**	**7317**	**4261**	**5120**	**16182**	**16025**	**90757**	**899813**	**191553**	**150234**	**19387**	**17412**
合肥市 Hefei	29932	99		838			100	90242	25801	12413	1842	11546
淮北市 Huaibei	589			2	1		116	13577	3567	2982	379	8
亳州市 Bozhou	13458	2	2	85	2775	2775	56043	102122	21851	19208	1953	434
宿州市 Suzhou	19493	5	5	43	23	23	2513	82386	39600	35428	3131	1041
蚌埠市 Bengbu	5172			24				69166	19829	18166	972	391
阜阳市 Fuyang	8531	55	55	318	482	333	10179	158060	23052	15244	4536	849
淮南市 Huainan	2521	4	4	80				37929	7437	4840	1693	904
滁州市 Chuzhou	8413			157			40	47056	14884	13675	444	752
六安市 Luan	8483	6181	4125	646	10	10	4935	54995	6822	5764	206	85
马鞍山市 Maanshan	8249	24		352			15	24643	6667	3476	3046	145
芜湖市 Wuhu	34956	106	10	783	3320	3320	714	62425	6506	5795	330	193
宣城市 Xuancheng	7434	339		721	7712	7712	5000	37404	6354	5358	198	641
铜陵市 Tongling	9058	59		205			241	11353	1387	1190	159	38
池州市 Chizhou	23594	364		67	1264	1264	919	15341	1266	1179	46	41
安庆市 Anqing	60027	65	56	144	30	30	3510	69925	4481	3620	369	278
黄山市 Huangshan	442	14	4	655	565	558	6432	23189	2049	1896	83	66

注：全省粮食及棉花播种面积来源于国家统计局安徽调查总队抽样调查数。

a) The sown area of grain is from Anhui Province survey organization of National bureau of Statistics sample survey.

12—24 各市主要农产品单位面积产量（2015年）
Yield of Major Farm Crops per Hectare by Region (2015)

单位：公斤/公顷（kg/hectare）

地 区	Region	谷 物 Cereals	棉 花 Cotton	花 生 Peanuts	油菜籽 Rapeseeds	芝 麻 Sesame	生黄红麻 Jute and Ambary Hemp	烤 烟 Fluecured Tobacco	中草药材 Crude Drugs	蔬 菜 Vegetables	瓜果类 Melon
总 计	**Total**	**6021**	**1006**	**4941**	**2372**	**1469**	**3048**	**2600**	**5952**	**30164**	**38128**
合肥市	Hefei	6628	980	3912	2755	1670				23554	25600
淮北市	Huaibei	6102	1433	3787	2387	1254			8250	37913	40340
亳州市	Bozhou	7029	1448	6973	2563	1496	4500	3720	4689	29879	40113
宿州市	Suzhou	5647	1325	4956	2012	1596	800	2435	5246	41350	46719
蚌埠市	Bengbu	6328	1855	6557	1686	1339				40182	49824
阜阳市	Fuyang	6257	1134	2875	2438	1387	4764	3222	15460	37600	40473
淮南市	Huainan	7035	1688	4365	3236	1768	2000			31149	31146
滁州市	Chuzhou	6219	1138	3600	2498	1322			2175	30898	36643
六安市	Luan	6502	1645	3703	1949	1687	3031	2200	12120	20764	31144
马鞍山市	Maanshan	7127	1219	2704	2602	1451			8667	28378	28898
芜湖市	Wuhu	7006	1255	2947	2810	1638	6200	2822	4318	24606	34868
宣城市	Xuancheng	6133	1037	3130	2352	2492		2133	3749	20715	32147
铜陵市	Tongling	5360	1533	2519	2106	1282			6506	22773	22629
池州市	Chizhou	6067	1239	2606	2610	1549		2407	1044	25347	35587
安庆市	Anqing	6203	1322	2987	2169	1320	2393	2567	3523	21186	25677
黄山市	Huangshan	6321	1183	2485	1553	1140	1500	2238	1415	17466	22872

12—25 各市主要农产品产量（2015年）
Yield of Major Farm Crops by Region (2015)

单位：吨（ton）

地 区	Region	粮 食 Grain	谷 物 Cereal	#稻 谷 Rice	小 麦 Wheat	玉 米 Corn	豆 类 Beans	薯 类 Tubers	油 料 Oil-bearing Crops	#花 生 Peanuts	油菜籽 Rapeseeds	芝 麻 Sesame
总 计	**Total**	**35381194**	**33713494**	**14593400**	**14110000**	**4962700**	**1340400**	**327300**	**2278518**	**944278**	**1262860**	**70812**
合肥市	Hefei	3233071	3156627	2567858	486399	96817	30116	46328	310982	73805	233508	3669
淮北市	Huaibei	1297827	1210225	2108	929657	276941	83869	3733	4778	2435	1840	503
亳州市	Bozhou	4852044	4467027	23502	3165220	1137316	287961	97056	52756	45254	4080	3422
宿州市	Suzhou	4122637	3761259	61025	2408503	1289043	220705	140673	252097	231818	16823	3456
蚌埠市	Bengbu	2865876	2799540	771041	1545985	481056	46056	20280	400091	393929	4057	2105
阜阳市	Fuyang	5702909	5413912	443266	3422872	1546285	208445	80552	77022	18764	30500	27758
淮南市	Huainan	2943090	2894825	1686988	1189184	18473	38505	9760	38910	11472	26193	1245
滁州市	Chuzhou	4450776	4313316	2558688	1549811	202888	51128	86332	196538	87201	102899	6438
六安市	Luan	3279853	3180993	2340594	710865	127627	30233	68627	154033	33174	116717	4102
马鞍山市	Maanshan	1101241	1075373	826370	226396	22607	9197	16671	87408	6469	78837	2102
芜湖市	Wuhu	1434272	1372501	1203807	128218	38801	17852	43919	131430	7127	122405	1898
宣城市	Xuancheng	1375341	1306846	1031887	225969	48738	19032	49463	115061	13664	96658	4739
铜陵市	Tongling	669822	653713	583535	52768	17410	5965	10144	61686	2171	59174	341
池州市	Chizhou	705238	689345	644088	19071	26183	8011	7882	98326	2431	93806	2089
安庆市	Anqing	2179059	2067726	1914181	98113	53011	44925	66408	256220	13366	237457	5378
黄山市	Huangshan	349770	294683	263749	547	30236	17109	37978	41180	1198	37906	1567

注：全省粮食及棉花产量来源于国家统计局安徽调查总队抽样调查数。

a) The sown area of grain is from Anhui Province survey organization of National bureau of Statistics sample survey.

12—25 续表 continued

单位：吨（ton）

地　区 Region	棉　花 Cotton	生　麻 Fiber Crops	#生黄红麻 Jute and Ambary Hemp	烟　叶 Tobacco	#烤　烟 Fluecured Tobacco	药　材 Medicinal Materials	蔬　菜 Vegetables	瓜果类 Melon	#西　瓜 Water-melon	香　瓜 Melon	草　莓 Strawb-erry
总　计 Total	**233663**	**26319**	**12986**	**42277**	**41659**	**540162**	**27141737**	**7303558**	**6083721**	**601363**	**418777**
合 肥 市 Hefei	29321	129					2125519	660503	351746	34484	274273
淮 北 市 Huaibei	844			1		957	514750	143893	121698	12412	200
亳 州 市 Bozhou	19491	11	9	10322	10322	262803	3051287	876503	765494	86537	3486
宿 州 市 Suzhou	25825	4	4	56	56	13183	3406666	1850073	1730481	97007	22585
蚌 埠 市 Bengbu	9594						2779209	987968	912463	44606	25194
阜 阳 市 Fuyang	9671	262	262	1674	1073	157365	5942985	932985	618299	152227	37417
淮 南 市 Huainan	4256	8	8				1181461	231636	151829	56299	23508
滁 州 市 Chuzhou	9571					87	1453939	545393	526680	9912	8679
六 安 市 Luan	13958	24366	12501	22	22	59812	1141911	212466	182022	8522	2193
马鞍山市 Maanshan	10053	99				130	699323	192663	115653	74741	2269
芜 湖 市 Wuhu	43860	238	62	9370	9370	3083	1536032	226848	201148	7889	4226
宣 城 市 Xuancheng	7707	344		16447	16447	18747	774831	204263	186078	5823	7625
铜 陵 市 Tongling	13889	96				1568	258542	31387	29424	1476	487
池 州 市 Chizhou	29224	562		3043	3043	959	388850	45053	44529	314	210
安 庆 市 Anqing	79374	172	134	77	77	12365	1481422	115060	101782	7969	5157
黄 山 市 Huangshan	523	28	6	1265	1249	9103	405010	46864	44395	1145	1268

12—26 各市茶叶、水果生产情况（2015年）
Tea, Fruits Production by Region (2015)

单位：吨（ton）

地　区 Region	茶　叶 Tea	#绿　茶 Green Tea	园林水果 Garden Fruits	#苹　果 Apples	梨 Pears	葡　萄 Grapes
总　计 Total	**112915**	**104755**	**2994407**	**375103**	**1117467**	**462073**
合 肥 市 Hefei	2201	2201	179733	16	10870	93826
淮 北 市 Huaibei			140515	20116	9238	36427
亳 州 市 Bozhou			67892	7227	7960	17871
宿 州 市 Suzhou			1914640	339345	948446	169434
蚌 埠 市 Bengbu			89472	837	34466	15094
阜 阳 市 Fuyang			115428	6149	35849	28034
淮 南 市 Huainan			72471	25	14243	15707
滁 州 市 Chuzhou	499	499	80557	256	5959	25374
六 安 市 Luan	23678	23344	95462	218	5335	13067
马鞍山市 Maanshan	289	289	34262	220	3196	13267
芜 湖 市 Wuhu	2400	2391	44121	375	5308	12230
宣 城 市 Xuancheng	33912	33598	53073		24903	5060
铜 陵 市 Tongling	342	342	5021	13	220	2169
池 州 市 Chizhou	8248	4949	7430	16	548	631
安 庆 市 Anqing	12546	12361	33001	290	3389	5970
黄 山 市 Huangshan	28800	24781	61329		7537	7912

12—27 各市主要林业生产情况（2015年）
Conditions of Forest Production by Region (2015)

地 区	Region	营林情况（公顷） Management of Forest (hectares) 人工造林面积 Man-made Afforested Area	新封山育林面积 Area of Setting Apart Mountains for Afforestation	新增育苗面积 Area of Growing Seedlings	森林抚育面积 Area of Forest Tending	成林抚育面积 Area of Tending Adult Forest	油桐籽（吨） Tung-oil Seeds (ton)	油茶籽（吨） Tea-oil Seeds (ton)	竹材采伐量（万根） Determination of Bamboo Cut (10000 units)	木材采伐量（万立方米） Determination of Timber Cut (10000 cu.m)
总 计	**Total**	**114350**	**14066**	**82876**	**560665**		**2507**	**78327**	**15724**	**567**
合肥市	Hefei	11208	533	29346	43565			196	9	15
淮北市	Huaibei	2098	200	865	9374					7
亳州市	Bozhou	9412		1933	22141					76
宿州市	Suzhou	7940	1253	3106	89847		40			50
蚌埠市	Bengbu	5465	200	1820	7866					37
阜阳市	Fuyang	7804		3523	53844					49
淮南市	Huainan	2368	206	1081	52433					8
滁州市	Chuzhou	17228	1833	16679	82710		2	830	10	43
六安市	Luan	9668	1394	3296	50015		1124	28373	2770	39
马鞍山市	Maanshan	3415	650	3113	4018			105	10	3
芜湖市	Wuhu	7988	500	2970	26110			113	1203	14
宣城市	Xuancheng	7364	1733	2041	11135		38	1627	7555	35
铜陵市	Tongling	2143	228	579	11983		580	6	69	12
池州市	Chizhou	5013	1067	5951	53344		209	442	2646	80
安庆市	Anqing	12337	2285	2984	26862		514	40268	525	46
黄山市	Huangshan	2898	1984	3589	15418			6367	926	55

12—28 各市牲畜饲养情况（2015年）
Number of Livestock by Region (2015)

单位：头（只） (heads)

地 区	Region	大牲畜年末头数 Large Animals (year-end)	牛 Cattle and Buffaloes	马 Horses	驴 Donkeys	骡 Mules	肉猪出栏头数 Slaughtered Fattened Hogs	猪年末头数 Hogs (year-end)	羊年末只数 Sheep and Goats (year-end)	#山羊 Goats	活家禽（万只） Poultry (10000 heads)
总 计	**Total**	**1649681**	**1646143**	**947**	**2222**	**369**	**29791969**	**15393720**	**6883355**	**6872377**	**23860.00**
合肥市	Hefei	106689	106689				2917240	1433674	104908	96674	6276.10
淮北市	Huaibei	15155	15155				689042	441720	264595	262547	1086.00
亳州市	Bozhou	137210	136360	443	111	296	3068842	1559877	1332765	1332765	1347.00
宿州市	Suzhou	184029	183354	135	490	50	4881071	3000248	2560884	2526934	4143.00
蚌埠市	Bengbu	235309	235309				2047041	981207	774473	769463	2388.70
阜阳市	Fuyang	338033	336444		1589		5650668	2822577	1638950	1638950	2795.00
淮南市	Huainan	125612	125612				1580830	763724	351596	351596	1876.50
滁州市	Chuzhou	142026	142026				3381442	1852273	388681	386381	2629.00
六安市	Luan	126209	126209				3019931	1671768	272240	272240	2857.00
马鞍山市	Maanshan	17190	17190				374103	192505	65689	65689	768.80
芜湖市	Wuhu	41925	41925				838902	456233	32587	32587	1534.00
宣城市	Xuancheng	43730	43730				1035205	539645	47993	47868	2797.80
铜陵市	Tongling	14020	14020				361463	250817	6706	6706	1185.20
池州市	Chizhou	13514	13514				739155	428117	15077	15077	776.00
安庆市	Anqing	112131	112131				2623049	1490506	93210	79644	2678.70
黄山市	Huangshan	27398	26974	369	32	23	974144	769422	8076	7796	434.00

注：全省猪、牛、羊、禽数据来源于国家统计局安徽调查总队畜禽监测数。

a) The pigs, sheep, poultry data is from Anhui Province survey organization of National bureau of statistics monitoring survey.

12—29 各市畜产品产量（2015年）
Output of Livestock Products by Region (2015)

单位：吨（ton）

地 区	Region	肉类总产量 Output of Meat	猪牛羊肉 Output of Pork,Beef and Mutton	猪肉 Pork	牛肉 Beef	羊肉 Mutton
总 计	**Total**	**4193847**	**2918775**	**2591065**	**161914**	**165796**
合肥市	Hefei	491165	249907	240982	6938	1987
淮北市	Huaibei	94776	65984	58677	1214	6093
亳州市	Bozhou	324730	287404	239548	19388	28468
宿州市	Suzhou	528966	449949	368794	20574	60581
蚌埠市	Bengbu	345856	231623	172330	39228	20065
阜阳市	Fuyang	651630	557615	472127	47418	38070
淮南市	Huainan	239836	157071	131599	12733	12739
滁州市	Chuzhou	396841	302607	275864	17505	9238
六安市	Luan	406417	273414	255117	10694	7603
马鞍山市	Maanshan	81221	31916	30175	365	1376
芜湖市	Wuhu	161783	76017	71277	4166	574
宣城市	Xuancheng	227019	87634	83632	3059	943
铜陵市	Tongling	62432	31783	31040	610	133
池州市	Chizhou	90100	62092	60255	1565	272
安庆市	Anqing	300324	221559	211135	9107	1317
黄山市	Huangshan	91591	84867	83590	1144	133

地 区	Region	生牛奶 Cow Milk	禽蛋 Poultry Eggs	天然蜂蜜 Honey	蚕茧 Sikworm Cocoons
总 计	**Total**	**306299**	**1346596**	**16734**	**30328**
合肥市	Hefei	115411	202485	54	4958
淮北市	Huaibei	23452	59995		
亳州市	Bozhou	18234	72394	28	
宿州市	Suzhou	17297	275016	68	892
蚌埠市	Bengbu	148102	82752		
阜阳市	Fuyang	7777	151826	1957	661
淮南市	Huainan	47735	105262	4	
滁州市	Chuzhou	11202	116895	103	
六安市	Luan	24540	92877	253	6494
马鞍山市	Maanshan	44414	22134	3212	
芜湖市	Wuhu	4460	84701	6	400
宣城市	Xuancheng		51144	1369	5177
铜陵市	Tongling		41766		68
池州市	Chizhou		38875	263	1568
安庆市	Anqing		166047	1655	6284
黄山市	Huangshan	6333	22219	7762	3826

注：全省猪、牛、羊、禽、奶数据来源于国家统计局安徽调查总队畜禽监测数。

a) The pigs, sheep, poultry, milk data is from Anhui Province survey organization of National bureau of statistics monitoring survey.

12—30 各市水产品产量（2015年）
Output of Aquatic Products by Region (2015)

单位：吨（ton）

地区	Region	水产品总产量 Total Aquatic Products	养殖产量 Cultured Products	捕捞产量 Fishing Products	鱼类 Fish	虾蟹类 Crustacean	贝类 Shell-fish	其它类 Others
总计	**Total**	**2304261**	**1987873**	**316388**	**1842231**	**326959**	**88344**	**46727**
合肥市	Hefei	240181	177480	62701	176161	55079	4111	4830
淮北市	Huaibei	28952	28119	833	28716	213	15	8
亳州市	Bozhou	52605	46136	6469	50350	1589	556	110
宿州市	Suzhou	44860	41680	3180	39382	4696	157	625
蚌埠市	Bengbu	124081	94487	29594	98434	14727	3453	7467
阜阳市	Fuyang	104981	90722	14259	90910	9448	2513	2110
淮南市	Huainan	180650	145393	35257	152326	14668	10402	3254
滁州市	Chuzhou	345735	320048	25687	256960	76884	9335	2556
六安市	Luan	211118	167821	43297	184566	22276	2283	1993
马鞍山市	Maanshan	114992	98911	16081	69688	33980	10676	648
芜湖市	Wuhu	170576	153615	16961	124748	26539	6373	12916
宣城市	Xuancheng	115060	98834	16226	76513	21711	12338	4498
铜陵市	Tongling	110840	102795	8045	97034	4503	8442	861
池州市	Chizhou	139207	129179	10028	121873	9294	6630	1410
安庆市	Anqing	303451	278255	25196	258773	30790	10722	3166
黄山市	Huangshan	16972	14398	2574	15797	562	338	275

12—31 各市受灾面积（2015年）
Areas Covered by Natural Disaster by Region (2015)

单位：千公顷（1000 hectares）

地区	Region	农作物受灾情况合计 Total Situation of Crops Affected by Disaster		旱灾 Drought		洪涝灾 Flood	
		受灾面积 Areas Covered	绝收 Total Crops Failure	受灾面积 Areas Covered	绝收 Total Crops Failure	受灾面积 Areas Covered	绝收 Total Crops Failure
总计	**Total**	**948.96**	**149.00**			**719.64**	**132.94**
合肥市	Hefei	22.14	4.92			18.63	4.72
淮北市	Huaibei	20.43	1.67				
亳州市	Bozhou	5.61	0.99				
宿州市	Suzhou	80.48	1.45			13.33	
蚌埠市	Bengbu	81.15	17.09			79.66	17.09
阜阳市	Fuyang	59.35	12.92			59.23	12.92
淮南市	Huainan	77.50	24.14			77.50	24.14
滁州市	Chuzhou	162.55	36.52			144.35	33.14
六安市	Luan	152.16	26.54			91.40	18.79
马鞍山市	Maanshan	30.48	6.46			30.26	6.46
芜湖市	Wuhu	9.10	0.11			8.38	0.10
宣城市	Xuancheng	10.75	0.04			0.23	0.03
铜陵市	Tongling	33.39	1.68			32.14	1.65
池州市	Chizhou	86.32	5.33			81.65	5.33
安庆市	Anqing	110.87	8.95			76.64	8.40
黄山市	Huangshan	6.68	0.18			6.25	0.18

12—32 国营农场基本情况
Basic Statistics on State Farms

指　标		Item		2000	2005	2010	2014	2015
农场数	(个)	Number of Farms	(unit)	25	25	21	20	20
职工人数	(人)	Number of Staff and Workers	(person)	57773	44849	44759	38688	38045
耕地面积	(千公顷)	Cultivated Area	(1000 hectares)	34.36	32.98	34.75	30.10	29.56
农业机械总动力	(千瓦)	Total Power of Agricultural Machinery	(1000 watts)	241215	316001	454679	437397	454076
农业机械拥有量	(台、辆)	Ownership of Agricultural Machinery	(unit)					
大中型农用拖拉机		Large and Medium Agricultural Tractors		1349	1765	2568	2760	2886
小型及手扶拖拉机		Mini and Walking Agricultural Tractors		3567	5569	6111	5226	5244
农用排灌动力机械		Machinery for Agricultural Drainage and Irrigation		3360	3802	5115	4939	4173
联合收获机		Combine Harvesters		626	730	1078	1283	1372
农用载重汽车		Trucks for Agricultural Use		186	71	181	184	175
农用化肥施用量	(吨)	Consumption of Chemical Fertilizers	(ton)	38355	47187	66814	69392	70658
农业总产值	(万元)	Gross Agricultural Output Value	(10000 yuan)	59620	102784	176197	202326	204563
农作物总播种面积	(千公顷)	Sown Area of Farm Crops	(1000 hectares)	58.40	55.57	68.53	59.41	59.31
粮食作物		Grain		47.54	44.24	61.04	55.37	55.13
棉　花		Cotton		3.31	6.20	3.77	0.67	0.32
油　料		Oil-bearing Crops		5.54	3.98	1.58	0.82	0.85
年末实有茶园面积		Area of Tea Plantations (year-end)		3.40	3.38	3.15	2.38	2.36
年末实有果园面积		Area of Orchards (year-end)		1.19	1.14	1.09	1.32	1.35
主要农产品产量		Yield of Major Farm Crops						
粮食作物	(吨)	Grain	(ton)	222809	233538	340720	347015	341888
棉　花	(吨)	Cotton	(ton)	3389	8730	5431	1132	888
油　料	(吨)	Oil-bearing Crops	(ton)	7253	7258	3283	1895	1977
茶　叶	(吨)	Tea	(ton)	7793	10460	10894	12743	12804
水　果	(吨)	Fruits	(ton)	15937	16776	26589	29819	13597
畜牧业、渔业生产		Production of Animal Husbandry and Fishery						
大牲畜年末头数	(头)	Number of Large Animals (year-end)	(head)	6022	9581	7799	2652	2462
猪年末头数	(头)	Number of Hogs	(head)	17532	19660	38821	43435	45099
羊年末只数	(只)	Number of Sheep and Goats	(head)	6911	6319	5561	8100	8692
畜产品产量	(吨)	Output of Livestock Products	(ton)					
肉类总产量		Pork, Beef and Mutton		8204	5556	11037	15312	15475
#猪　肉		Pork		2432	2778	4553	6469	6450
生牛奶		Milk		11845	18982	19018	2400	1510
禽　蛋		Poultry Eggs		3220	2605	3346	3081	1808
水产品总产量	(吨)	Total Output of Aquatic Products	(ton)	2786	3431	4777	5543	5741

注：本表为农垦系统数据。
a) Data in this table cover those of the land reclamation department.

12—33 各县（市）农村基本情况（2015年）
Basic Statement of Rural Area by County or City (2015)

县（市）	County (City)	乡镇数（个） Number of Township and Town Governments (unit)	#镇数 Town Governments	村民委员会（个） Number of Villagers' Committees (unit)	乡村户数（户） Number of Households (household)	乡村人口数（人） Rural Population (person)	乡村从业人员数（人） Number of Rural Laborers (person)	#男 Male
合肥市辖区	Hefei Reigon of City	11	9	136	129274	417567	247087	135070
巢湖市	Chaohu	12	11	137	190462	666521	354837	192085
长丰县	Changfeng	14	8	256	172794	655347	389727	208627
肥东县	Feidong	18	12	314	254877	947270	603673	324972
肥西县	Feixi	12	8	273	196065	708577	451419	249015
庐江县	Lujiang	17	17	192	306760	1078570	540860	279608
淮北市辖区	Huaibei Reigon of City	7	7	76	129823	466860	238569	134271
濉溪县	Suixi	11	11	213	252175	963444	497474	278680
亳州市辖区	Bozhou Reigon of City	22	20	261	341062	1251768	687769	376764
涡阳县	Guoyang	20	20	298	363405	1366669	758842	394966
蒙城县	Mengcheng	14	12	248	273544	1117455	622015	331329
利辛县	Lixin	23	20	286	341768	1368328	738785	404911
宿州市辖区	Suzhou Reigon of City	24	15	329	365580	1345134	754463	399540
砀山县	Dangshan	13	13	133	211046	842317	510823	258560
萧县	Xiaoxian	23	18	257	319208	1168221	669205	385122
灵璧县	Lingbi	19	13	307	270811	1136445	606082	321885
泗县	Sixian	15	12	174	196594	780665	453183	243002
蚌埠市辖区	Bengbu Reigon of City	12	8	200	159383	542825	303942	162621
怀远县	Huaiyuan	18	12	333	289450	1168583	677225	364501
五河县	Wuhe	14	12	199	158541	611033	366015	202637
固镇县	Guzhen	11	8	192	150601	580938	351882	188996
阜阳市辖区	Fuyang Reigon of City	22	20	256	467625	1713049	959756	520825
界首市	Jieshou	15	12	135	185910	684962	395339	208637
临泉县	Linquan	29	21	339	501560	2074566	1109620	583852
太和县	Taihe	31	29	294	423936	1567580	894105	465740
阜南县	Funan	28	20	304	332575	1414808	795194	433893
颍上县	Yingshang	30	22	265	385203	1532567	855006	466880
淮南市辖区	Huainan Reigon of City	27	22	310	215184	781478	469125	252684
凤台县	Fengtai	16	10	213	144146	518137	303286	163722
寿县	Shouxian	25	22	234	396348	1316127	769140	417489
毛集区	Maoji District	3	3	38	28852	102627	64790	34488
滁州市辖区	Chuzhou Reigon of City	8	8	85	81944	266115	145757	78929
天长市	Tianchang	14	14	159	150703	545381	330587	165406
明光市	Mingguang	13	12	139	142979	532636	298911	163012
来安县	Laian	12	8	130	108558	401334	252002	140270
全椒县	Quanjiao	10	10	94	87097	333703	188344	103161
定远县	Dingyuan	22	16	196	202629	804510	418175	235187
凤阳县	Fengyang	15	14	198	175394	689181	378385	207057

12—33 续表 continued

县（市）	County (City)	乡镇数（个）Number of Township and Town Governments (unit)	#镇数 Town Governments	村民委员会（个）Number of Villagers' Committees (unit)	乡村户数（户）Number of Households (household)	乡村人口数（人）Rural Population (person)	乡村从业人员数（人）Number of Rural Laborers (person)	#男 Male
六安市辖区	Luan Reigon of City	39	25	602	486544	1791103	1040685	574772
霍邱县	Huoqiu	32	23	417	454556	1588713	858615	474044
舒城县	Shucheng	21	15	394	251688	884852	493046	275053
金寨县	Jinzhai	23	12	226	155603	590623	305668	166563
霍山县	Huoshan	16	13	124	92003	328323	164846	91116
马鞍山市辖区	Maanshan Reigon of City	7	5	106	77866	258504	140528	77729
当涂县	Dangtu	11	9	118	116813	392258	221414	119685
含山县	Hanshan	8	8	95	96166	355230	191748	104714
和县	Hexian	9	9	68	116509	424082	237173	131859
芜湖市辖区	Wuhu Reigon of City	5	5	132	199086	642141	346267	195295
芜湖县	Wuhu	5	5	81	85950	295116	158400	91347
繁昌县	Fanchang	6	6	71	67132	212769	125678	68507
南陵县	Nanling	8	8	157	154546	490325	290149	152560
无为县	Wuwei	20	16	221	245036	789016	508726	272072
宣城市辖区	Xuancheng Reigon of City	15	12	166	241909	741302	435652	231912
宁国市	Ningguo	13	8	102	99816	311956	168809	92700
郎溪县	Langxi	9	7	83	80550	272058	156972	86818
广德县	Guangde	9	6	103	138302	482677	287051	156456
泾县	Jingxian	11	9	132	101792	292340	168287	92349
绩溪县	Jixi	11	8	76	50486	141367	83017	43417
旌德县	Jingde	10	9	61	36347	122770	73772	39945
铜陵市辖区	Tongling Reigon of City	12	7	140	96722	294125	188547	100344
枞阳县	Zongyang	22	14	235	245262	865984	511256	290467
池州市辖区	Chizhou Reigon of City	9	9	158	150312	525518	286434	153537
东至县	Dongzhi	15	12	234	147078	495348	295505	156344
石台县	Shitai	8	6	78	26935	93319	53800	29421
青阳县	Qingyang	13	10	116	75183	244815	135837	75652
安庆市辖区	Anqing Reigon of City	12	5	67	106929	328394	190203	109886
桐城市	Tongcheng	12	12	198	181448	689933	389885	212324
怀宁县	Huaining	20	15	204	174608	649344	365598	198649
潜山县	Qianshan	16	11	164	142161	528103	270744	150611
太湖县	Taihu	15	10	174	142537	524237	279689	151216
宿松县	Susong	22	9	190	209057	748969	360872	190673
望江县	Wangjiang	10	8	118	150654	584040	338730	177237
岳西县	Yuexi	24	13	182	102683	372062	197020	108582
黄山市辖区	Huangshan Reigon of City	26	18	179	90219	284159	158502	84010
歙县	Shexian	28	15	183	146746	435809	271168	143130
休宁县	Xiuning	21	10	153	70949	245128	147042	77181
黟县	Yixian	8	5	66	27148	77065	51876	26771
祁门县	Qimen	18	10	111	43143	151345	99555	51448

注：乡镇及村民委员会个数来源于省民政厅。
a) Number from the provincial department of the town and the villagers committee.

12—34 各县（市）土地利用情况（2015年）
Land Use by County or City (2015)

单位：千公顷　(1000 hectares)

县（市）	County (City)	土地调查面积 Area under Land Survey	农用地 Land for Ageicuture Use	#园地 Garden Land	#牧草地 Grazing and Pasture Land	建设用地 Land for Construction	居民点及工矿用地 Land fot Inhabation Mining and Manufacturing	交通运输用地 Land for Transport Facilities	水利设施用地 Land for Water Conservancy Facilities
合肥市辖区	Hefei Reigon of City	131.25	65.22	0.28		56.24	48.44	4.02	3.79
巢湖市	Chaohu	204.61	124.83	0.95		26.30	22.86	1.80	1.64
长丰县	Changfeng	184.14	150.55	0.10		31.85	22.75	2.67	6.43
肥东县	Feidong	220.59	175.30	0.22		37.03	28.50	2.62	5.90
肥西县	Feixi	169.54	129.02	1.86		26.37	21.95	2.31	2.11
庐江县	Lujiang	234.37	179.44	2.16		36.62	31.94	2.06	2.63
淮北市辖区	Huaibei Reigon of City	75.98	42.64	2.74		27.13	20.59	2.19	4.35
濉溪县	Suixi	198.16	159.00	0.06		36.40	30.07	2.82	3.50
亳州市辖区	Bozhou Reigon of City	226.29	176.43	4.44		46.17	39.60	3.41	3.16
涡阳县	Guoyang	210.99	174.37	0.05		34.01	28.44	2.24	3.34
蒙城县	Mengcheng	214.39	176.86	0.09	0.001	34.49	31.51	1.87	1.11
利辛县	Lixin	200.45	163.28	0.05		34.18	29.61	1.97	2.59
宿州市辖区	Suzhou Reigon of City	290.74	220.57	2.73	0.003	53.70	40.84	6.46	6.40
砀山县	Dangshan	119.67	95.20	59.05		21.95	20.32	1.60	0.03
萧县	Xiaoxian	185.36	134.38	11.40		37.62	30.94	2.10	4.59
灵璧县	Lingbi	212.40	169.97	0.59		33.14	27.73	2.03	3.37
泗县	Sixian	185.70	149.37	0.05		32.19	27.18	2.29	2.72
蚌埠市辖区	Bengbu Reigon of City	61.06	36.10	0.25	0.008	19.01	16.23	2.26	0.52
怀远县	Huaiyuan	238.44	187.28	0.44		32.79	28.59	1.61	2.59
五河县	Wuhe	159.50	118.11	0.26		22.20	18.02	1.31	2.87
固镇县	Guzhen	136.07	108.18	0.26		20.11	17.34	1.18	1.59
阜阳市辖区	Fuyang Reigon of City	195.67	141.81	0.06		49.32	43.72	3.50	2.10
界首市	Jieshou	66.78	50.78	0.22		15.11	14.02	0.70	0.40
临泉县	Linquan	183.88	143.68	0.23		37.29	35.27	1.28	0.74
太和县	Taihe	186.72	150.13	0.11		34.65	31.00	2.28	1.37
阜南县	Funan	180.07	137.31	0.12		33.08	30.21	1.47	1.40
颍上县	Yingshang	198.70	149.55	0.05	0.004	37.40	31.89	2.20	3.31
淮南市辖区	Huainan Reigon of City	154.41	103.63	1.79	0.088	34.59	28.83	3.10	2.65
凤台县	Fengtai	103.99	76.53	0.15	0.003	18.11	14.45	1.29	2.37
寿县	Shouxian	294.83	234.50	0.36		34.74	28.93	1.59	4.23
滁州市辖区	Chuzhou Reigon of City	140.55	108.81	1.00	0.008	27.33	19.51	2.20	5.62
天长市	Tianchang	175.42	128.02	0.07		35.04	26.48	1.41	7.15
明光市	Mingguang	235.03	187.79	0.71		22.73	17.42	1.64	3.67
来安县	Laian	149.86	116.04	0.38		26.25	19.37	1.28	5.61
全椒县	Quanjiao	156.84	133.29	2.37		20.82	13.94	1.79	5.10
定远县	Dingyuan	300.18	243.85	0.50		45.14	30.73	2.25	12.16
凤阳县	Fengyang	193.73	152.51	0.80	0.003	28.17	22.16	1.91	4.10

注：此表来源于省国土资源厅。

a) This form is from the Provincial Department of land and resources.

12—34 续表 continued

单位：千公顷 (1000 hectares)

县（市）	County (City)	土地调查面积 Area under Land Survey	农用地 Land for Ageicuture Use	#园地 Garden Land	#牧草地 Grazing and Pasture Land	建设用地 Land for Construction	居民点及工矿用地 Land fot Inhabiation Mining and Manufacturing	交通运输用地 Land for Transport Facilities	水利设施用地 Land for Water Conservancy Facilities
六安市辖区	Luan Reigon of City	357.65	279.29	2.19	0.068	64.02	58.78	3.27	1.96
霍邱县	Huoqiu	380.21	284.85	0.24		54.12	45.80	2.54	5.78
舒城县	Shucheng	210.95	178.64	3.99	0.011	25.76	20.17	1.23	4.35
金寨县	Jinzhai	391.90	356.14	32.88		25.84	15.23	1.89	8.73
霍山县	Huoshan	204.38	186.93	9.65	0.002	12.51	9.33	1.00	2.18
马鞍山市辖区	Maanshan Reigon of City	73.31	43.93	0.17		21.85	19.78	1.19	0.88
当涂县	Dangtu	96.97	68.35	0.26		14.04	11.93	0.83	1.27
含山县	Hanshan	102.78	86.74	0.54	0.015	13.50	10.53	1.07	1.90
和县	Hexian	131.86	101.22	0.15	0.005	18.88	14.75	1.38	2.75
芜湖市辖区	Wuhu Reigon of City	149.06	86.44	0.08	0.019	40.85	33.64	4.32	2.89
芜湖县	Wuhu	64.95	46.17	0.84		13.99	11.75	1.06	1.18
繁昌县	Fanchang	58.43	44.53	0.32		11.45	9.84	1.03	0.58
南陵县	Nanling	125.95	106.20	1.66	0.001	16.11	13.31	1.25	1.55
无为县	Wuwei	204.21	160.19	0.74		27.84	23.19	1.59	3.06
宣城市辖区	Xuancheng Reigon of City	258.51	207.39	10.38		30.52	26.55	2.36	1.60
宁国市	Ningguo	246.69	227.80	21.57		15.51	11.29	1.92	2.29
郎溪县	Langxi	110.06	86.98	6.90		14.48	11.61	0.82	2.05
广德县	Guangde	211.61	183.11	13.77		24.02	20.71	1.49	1.82
泾县	Jingxian	203.32	186.94	8.53		10.70	9.34	0.73	0.63
绩溪县	Jixi	110.36	102.53	6.75		5.18	4.04	1.04	0.10
旌德县	Jingde	90.70	84.87	1.00	0.003	4.13	3.58	0.37	0.18
铜陵市辖区	Tongling Reigon of City	105.84	65.53	0.36		25.73	21.85	2.42	1.46
枞阳县	Zongyang	186.42	124.79	0.38		28.91	24.87	1.34	2.70
池州市辖区	Chizhou Reigon of City	253.89	206.07	1.62		27.00	21.97	3.15	1.89
东至县	Dongzhi	325.00	277.39	7.56		18.87	14.46	1.96	2.45
石台县	Shitai	141.38	136.48	5.66		3.14	2.61	0.31	0.23
青阳县	Qingyang	119.60	105.30	3.61		9.80	8.10	0.92	0.78
安庆市辖区	Anqing Reigon of City	81.03	42.24	0.39	0.017	17.95	15.78	1.21	0.96
桐城市	Tongcheng	155.27	116.17	2.49	0.205	22.15	18.79	1.25	2.11
怀宁县	Huaining	135.76	103.87	0.24	0.011	23.03	20.16	1.04	1.82
潜山县	Qianshan	168.80	145.54	4.33		17.81	15.58	1.07	1.16
太湖县	Taihu	203.91	172.56	6.37		19.13	13.84	0.82	4.47
宿松县	Susong	236.99	146.18	1.37		23.50	19.68	1.01	2.81
望江县	Wangjiang	134.80	88.59	0.48		18.30	15.08	1.05	2.18
岳西县	Yuexi	237.23	221.43	16.19		11.51	10.12	1.06	0.33
黄山市辖区	Huangshan Reigon of City	235.75	208.19	10.18		19.87	12.34	1.85	5.67
歙县	Shexian	212.24	196.20	37.54		10.51	9.27	1.19	0.06
休宁县	Xiuning	212.62	202.81	14.57		6.36	5.03	1.21	0.11
黟县	Yixian	85.74	81.86	4.29		2.74	2.13	0.38	0.24
祁门县	Qimen	221.50	214.60	14.04		4.26	3.09	1.07	0.09

12—35 分地区耕地面积（2014年）

Area of Cultivated Land at Year-end By Region (2014)

地 区	Region	耕地面积（总资源）（千公顷）Cultivated Land（Total Area）(1000 hectares)	比 重 (%) Composition to Total (%)
总 计	**Total**	**5876.64**	
合 肥 市	**Hefei**	**560.46**	**9.54**
合肥市辖区	Hefei Reigon of City	49.34	0.84
巢 湖 市	Chaohu	78.01	1.33
长 丰 县	Changfeng	110.70	1.88
肥 东 县	Feidong	121.91	2.07
肥 西 县	Feixi	85.59	1.46
庐 江 县	Lujiang	114.91	1.96
淮 北 市	**Huaibei**	**168.08**	**2.86**
淮北市辖区	Huaibei Reigon of City	29.42	0.50
濉 溪 县	Suixi	138.66	2.36
亳 州 市	**Bozhou**	**598.98**	**10.19**
亳州市辖区	Bozhou Reigon of City	149.98	2.55
涡 阳 县	Guoyang	153.87	2.62
蒙 城 县	Mengcheng	153.58	2.61
利 辛 县	Lixin	141.55	2.41
宿 州 市	**Suzhou**	**572.11**	**9.74**
宿州市辖区	Suzhou Reigon of City	175.69	2.99
砀 山 县	Dangshan	25.81	0.44
萧 县	Xiaoxian	99.68	1.70
灵 璧 县	Lingbi	140.71	2.39
泗 县	Sixian	130.22	2.22
蚌 埠 市	**Bengbu**	**377.17**	**6.42**
蚌埠市辖区	Bengbu Reigon of City	28.17	0.48
怀 远 县	Huaiyuan	157.43	2.68
五 河 县	Wuhe	98.48	1.68
固 镇 县	Guzhen	93.09	1.58
阜 阳 市	**Fuyang**	**649.21**	**11.05**
阜阳市辖区	Fuyang Reigon of City	121.21	2.06
界 首 市	Jieshou	43.14	0.73
临 泉 县	Linquan	123.37	2.10
太 和 县	Taihe	128.81	2.19
阜 南 县	Funan	108.15	1.84
颍 上 县	Yingshang	124.52	2.12
淮 南 市	**Huainan**	**341.12**	**5.80**
淮南市辖区	Huainan Reigon of City	79.88	1.36
凤 台 县	Fengtai	64.53	1.10
寿 县	Shouxian	196.70	3.35
滁 州 市	**Chuzhou**	**716.25**	**12.19**
滁州市辖区	Chuzhou Reigon of City	50.13	0.85
天 长 市	Tianchang	98.72	1.68
明 光 市	Mingguang	115.04	1.96
来 安 县	Laian	81.69	1.39
全 椒 县	Quanjiao	78.92	1.34
定 远 县	Dingyuan	183.45	3.12
凤 阳 县	Fengyang	108.29	1.84

注：此表来源于省国土资源厅。

a) This form is from the Provincial Department of land and resources.

12—35 续表 continued

地　区	Region	耕地面积（总资源）（千公顷）Cultivated Land（Total Area）(1000 hectares)	比　重 (%) Composition to Total (%)
六 安 市	**Luan**	**521.36**	**8.87**
六安市辖区	Luan Reigon of City	168.39	2.87
霍 邱 县	Huoqiu	228.19	3.88
舒 城 县	Shucheng	61.55	1.05
金 寨 县	Jinzhai	40.09	0.68
霍 山 县	Huoshan	23.14	0.39
马 鞍 山 市	**Maanshan**	**175.04**	**2.98**
马鞍山市辖区	Maanshan Reigon of City	22.69	0.39
当 涂 县	Dangtu	42.38	0.72
含 山 县	Hanshan	46.10	0.78
和 县	Hexian	63.87	1.09
芜 湖 市	**Wuhu**	**267.93**	**4.56**
芜湖市辖区	Wuhu Reigon of City	58.63	1.00
芜 湖 县	Wuhu	31.28	0.53
繁 昌 县	Fanchang	16.57	0.28
南 陵 县	Nanling	50.64	0.86
无 为 县	Wuwei	110.81	1.89
宣 城 市	**Xuancheng**	**248.41**	**4.23**
宣城市辖区	Xuancheng Reigon of City	88.18	1.50
宁 国 市	Ningguo	17.61	0.30
郎 溪 县	Langxi	42.93	0.73
广 德 县	Guangde	42.75	0.73
泾 县	Jingxian	27.86	0.47
绩 溪 县	Jixi	13.11	0.22
旌 德 县	Jingde	15.97	0.27
铜 陵 市	**Tongling**	**94.03**	**1.60**
铜陵市辖区	Tongling Reigon of City	25.78	0.44
枞 阳 县	Zongyang	68.25	1.16
池 州 市	**Chizhou**	**138.27**	**2.35**
池州市辖区	Chizhou Reigon of City	50.04	0.85
东 至 县	Dongzhi	58.51	1.00
石 台 县	Shitai	4.84	0.08
青 阳 县	Qingyang	24.87	0.42
安 庆 市	**Anqing**	**379.44**	**6.46**
安庆市辖区	Anqing Reigon of City	17.45	0.30
桐 城 市	Tongcheng	53.58	0.91
怀 宁 县	Huaining	57.94	0.99
潜 山 县	Qianshan	40.55	0.69
太 湖 县	Taihu	45.74	0.78
宿 松 县	Susong	80.90	1.38
望 江 县	Wangjiang	63.45	1.08
岳 西 县	Yuexi	19.83	0.34
黄 山 市	**Huangshan**	**68.80**	**1.17**
黄山市辖区	Huangshan Reigon of City	20.94	0.36
歙 县	Shexian	12.76	0.22
休 宁 县	Xiuning	17.18	0.29
黟 县	Yixian	8.19	0.14
祁 门 县	Qimen	9.72	0.17

12—36 各县（市）农林牧渔业总产值（2015年）

Gross Putput Value of Farming, Forestry, Animal Husbandry and Fishery by County or City (2015)

本表按当年价格计算 (Data in value terms in this table are calculated at current prices.) 单位：万元（10000 yuan）

县（市）	County (City)	农林牧渔业 Farming, Forestry, Animal Husban and Fishery	农业 Farming	林业 Forestry	牧业 Animal Husban	渔业 Fishery	农林牧渔服务业 Agricultural Services
合肥市辖区	Hefei Reigon of City	321075	183328	28865	66154	27818	14910
巢湖市	Chaohu	532608	250948	16979	137990	103431	23260
长丰县	Changfeng	974987	545120	18858	328069	70640	12300
肥东县	Feidong	1150357	518299	34615	402216	176952	18275
肥西县	Feixi	883324	379730	20941	342868	125090	14695
庐江县	Lujiang	820006	472152	28690	139194	165050	14920
淮北市辖区	Huaibei Reigon of City	319088	155851	13545	119242	23514	6936
濉溪县	Suixi	706803	415748	19983	221398	21482	28192
亳州市辖区	Bozhou Reigon of City	1045986	802314	16642	165693	22747	38590
涡阳县	Guoyang	860213	499071	21515	222526	21980	95121
蒙城县	Mengcheng	910688	594480	41849	185105	23408	65846
利辛县	Lixin	848937	447025	21950	289795	19396	70771
宿州市辖区	Suzhou Reigon of City	1252166	709428	38974	409477	26728	67559
砀山县	Dangshan	746420	481093	26216	203920	7699	27492
萧县	Xiaoxian	1053389	557589	70542	392886	17852	14520
灵璧县	Lingbi	1008486	511550	25928	365643	15380	89985
泗县	Sixian	930915	513554	23320	347005	32163	14873
蚌埠市辖区	Bengbu Reigon of City	388808	269983	5974	81028	25572	6251
怀远县	Huaiyuan	1053259	572772	45056	284468	118537	32426
五河县	Wuhe	841723	376891	22522	288442	142929	10939
固镇县	Guzhen	852938	490743	23830	283865	30126	24374
阜阳市辖区	Fuyang Reigon of City	1120544	593446	44323	384204	34419	64152
界首市	Jieshou	449723	240861	31661	152404	8075	16722
临泉县	Linquan	1241538	689367	23908	445475	22084	60704
太和县	Taihe	927874	565780	29589	291468	19606	21431
阜南县	Funan	895867	490976	55671	267114	41750	40356
颍上县	Yingshang	900774	393521	74231	328290	60451	44281
淮南市辖区	Huainan Reigon of City	550614	317910	6290	134194	76933	15287
凤台县	Fengtai	438299	220546	7475	141131	48908	20239
寿县	Shouxian	819899	308629	39010	309150	151205	11905
毛集区	Maoji District	94618	45378	2356	27792	17016	2076
滁州市辖区	Chuzhou Reigon of City	307772	169256	13223	85451	33538	6304
天长市	Tianchang	531068	215712	13997	142221	149379	9759
明光市	Mingguang	571335	214485	15540	160908	164622	15780
来安县	Laian	366435	199429	12756	112467	32675	9108
全椒县	Quanjiao	431133	228788	15239	106480	67623	13003
定远县	Dingyuan	991703	453667	18656	441955	66483	10942
凤阳县	Fengyang	626481	315401	8749	224757	70451	7123

12—36 续表 continued

单位：万元（10000 yuan）

县（市）	County (City)	农林牧渔业 Farming, Forestry, Animal Husban and Fishery	农 业 Farming	林 业 Forestry	牧 业 Animal Husban	渔 业 Fishery	农林牧渔服务业 Agricultural Services
六安市辖区	Luan Reigon of City	1216596	567668	120768	402970	104327	20863
霍 邱 县	Huoqiu	899819	344384	61164	386121	98100	10050
舒 城 县	Shucheng	540924	245562	51260	157101	60916	26085
金 寨 县	Jinzhai	338509	181835	36982	88917	16024	14751
霍 山 县	Huoshan	236741	108030	31037	54524	38350	4800
马鞍山市辖区	Maanshan Reigon of City	184007	81766	3646	43722	47768	7105
当 涂 县	Dangtu	438845	146800	4583	44639	215673	27150
含 山 县	Hanshan	363901	187801	10275	51410	56754	57661
和 县	Hexian	451933	303111	5191	77980	48351	17300
芜湖市辖区	Wuhu Reigon of City	527001	282030	15956	74195	82419	72401
芜 湖 县	Wuhu	323245	186701	8917	48049	60902	18676
繁 昌 县	Fanchang	173379	69313	32908	33661	24467	13030
南 陵 县	Nanling	534567	224348	36877	111935	124131	37276
无 为 县	Wuwei	963356	349421	50449	141102	178828	243556
宣城市辖区	Xuancheng Reigon of City	665843	343250	24457	98444	140937	58755
宁 国 市	Ningguo	348085	161164	31222	120299	15515	19885
郎 溪 县	Langxi	253280	132684	17309	31977	57280	14030
广 德 县	Guangde	346560	156165	38963	113602	20813	17017
泾 县	Jingxian	285009	120616	56665	88577	5893	13258
绩 溪 县	Jixi	184540	83955	10507	44896	3502	41680
旌 德 县	Jingde	129067	40819	36217	30372	4820	16839
铜陵市辖区	Tongling Reigon of City	224269	110631	19150	43262	37420	13806
枞 阳 县	Zongyang	580137	212469	44784	141697	164152	17035
池州市辖区	Chizhou Reigon of City	512263	220658	43363	114389	111296	22557
东 至 县	Dongzhi	503993	184057	39837	152488	79803	47808
石 台 县	Shitai	62739	35418	17696	8280	312	1033
青 阳 县	Qingyang	174362	61943	36940	43033	23505	8941
安庆市辖区	Anqing Reigon of City	257212	98825	10793	52309	75045	20240
桐 城 市	Tongcheng	488941	182356	39595	182843	72196	11951
怀 宁 县	Huaining	380926	178119	18008	117127	44715	22957
潜 山 县	Qianshan	366193	175366	74354	97241	7902	11330
太 湖 县	Taihu	428674	137265	49637	176907	58069	6796
宿 松 县	Susong	781995	326774	25432	124601	170845	134343
望 江 县	Wangjiang	532031	231237	14747	131706	107686	46655
岳 西 县	Yuexi	270277	155622	41975	62902	5300	4478
黄山市辖区	Huangshan Reigon of City	284183	120966	62105	80758	15380	4974
歙 县	Shexian	286797	178400	16271	83368	2808	5950
休 宁 县	Xiuning	219045	107843	36037	62628	4435	8102
黟 县	Yixian	63478	26581	15431	17584	686	3196
祁 门 县	Qimen	96025	56787	23398	11240	1331	3269

12—37 各县（市）主要经济作物产量（2015年）
Yield of Farm Crops and Area of Cultivated Land by County or City (2015)

单位：吨（ton）

县（市）	County (City)	油料 Oil-bearing Crops	油菜籽 Rapeseeds	棉花 Cotton	生麻 Raw Hemp	糖料 Sugar Crops
合肥市辖区	Hefei Reigon of City	12408	10241	1897		36
巢湖市	Chaohu	55201	49441	6559	129	2765
长丰县	Changfeng	34041	26919	5535		1766
肥东县	Feidong	120583	91205	6238		13443
肥西县	Feixi	57368	29754	4964		5203
庐江县	Lujiang	31381	25948	4128		10091
淮北市辖区	Huaibei Reigon of City	3050	1688	471		140
濉溪县	Suixi	1728	152	373		
亳州市辖区	Bozhou Reigon of City	6259	2194	14850		
涡阳县	Guoyang	1611	146	510		668
蒙城县	Mengcheng	41910	875	3394		1090
利辛县	Lixin	2976	865	737	11	1937
宿州市辖区	Suzhou Reigon of City	35263	431	2599		
砀山县	Dangshan	51675	9265	5680		
萧县	Xiaoxian	27346	6489	13112		1512
灵璧县	Lingbi	40095	470	924	4	35
泗县	Sixian	97718	168	3510		
蚌埠市辖区	Bengbu Reigon of City	4481	761	173		67
怀远县	Huaiyuan	87815	884	1797		49
五河县	Wuhe	64230	1914	1583		1430
固镇县	Guzhen	243565	498	6041		
阜阳市辖区	Fuyang Reigon of City	14353	8465	2224	17	2519
界首市	Jieshou	4476	1811	1243	16	105
临泉县	Linquan	23498	5220	1982	136	6597
太和县	Taihe	10206	4426	917	68	4602
阜南县	Funan	19437	7991	668	25	3240
颍上县	Yingshang	5052	2587	2637		627
淮南市辖区	Huainan Reigon of City	12832	4613	1083		2229
凤台县	Fengtai	2804	1021	36		119
寿县	Shouxian	22618	20559	3137	8	762
毛集区	Maoji District	656				
滁州市辖区	Chuzhou Reigon of City	22172	11106	2778		
天长市	Tianchang	13253	13084			
明光市	Mingguang	33929	1457	385		518
来安县	Laian	28296	23203	394		
全椒县	Quanjiao	48235	43237	3581		975
定远县	Dingyuan	34026	8761	1845		1998
凤阳县	Fengyang	16627	2051	588		3545

12—37 续表 continued

单位：吨（ton）

县（市）	County (City)	油料 Oil-bearing Crops	油菜籽 Rapeseeds	棉花 Cotton	生麻 Raw Hemp	糖料 Sugar Crops
六安市辖区	Luan Reigon of City	79141	58820	8484	22745	2249
霍 邱 县	Huoqiu	26320	18105	2424	831	10350
舒 城 县	Shucheng	32898	31424	2884	115	2744
金 寨 县	Jinzhai	10768	3945	45	566	220
霍 山 县	Huoshan	4906	4423	121	109	67
马鞍山市辖区	Maanshan Reigon of City	7265	7130	135		422
当 涂 县	Dangtu	28760	28542	1531		35
含 山 县	Hanshan	30923	25189	7302	90	11795
和 县	Hexian	20460	17976	1085	9	3136
芜湖市辖区	Wuhu Reigon of City	39450	38951	14107		1635
芜 湖 县	Wuhu	16389	13309	4275	54	6583
繁 昌 县	Fanchang	7101	7016	1052		655
南 陵 县	Nanling	13685	12860	859	8	8135
无 为 县	Wuwei	54805	50269	23567	176	15106
宣城市辖区	Xuancheng Reigon of City	41161	32526	5497	13	17170
宁 国 市	Ningguo	12845	12368	152	2	96
郎 溪 县	Langxi	14350	12783	830		1290
广 德 县	Guangde	19059	18204	375		535
泾 县	Jingxian	11447	6865	688	25	3654
绩 溪 县	Jixi	9907	9700	29	2	1347
旌 德 县	Jingde	6292	4212	136	302	4920
铜陵市辖区	Tongling Reigon of City	19238	18151	3779	93	945
枞 阳 县	Zongyang	42448	41023	10110	3	1210
池州市辖区	Chizhou Reigon of City	36677	36102	7733	4	201
东 至 县	Dongzhi	48454	45136	20586		1138
石 台 县	Shitai	5685	5532	698		41
青 阳 县	Qingyang	7510	7036	207	558	
安庆市辖区	Anqing Reigon of City	16037	15941	6599		
桐 城 市	Tongcheng	23141	22616	3187		55
怀 宁 县	Huaining	31595	30004	6537	5	1049
潜 山 县	Qianshan	13697	12675	3465	116	64
太 湖 县	Taihu	22406	21528	9491		318
宿 松 县	Susong	66455	54286	24198	45	756
望 江 县	Wangjiang	79203	77064	25742		
岳 西 县	Yuexi	3686	3343	155	6	670
黄山市辖区	Huangshan Reigon of City	7881	7025	188	1	4345
歙 县	Shexian	15996	15428	35	17	23019
休 宁 县	Xiuning	8901	7911	39		7747
黟 县	Yixian	4295	4072	28	5	731
祁 门 县	Qimen	4107	3470	233	5	705

12—38 各县（市）主要林业生产情况（2015年）

Production of Major Forestry Products by County or City (2015)

县（市）	County (City)	营林情况（公顷） Management of Forest (hectares) 人工造林面积 Man-made Afforested Area	新增育苗面积 Area of Growing Seedlings	森林抚育面积 Area of Forest Tending	油桐籽（吨） Tung-oil Seeds (ton)	油茶籽（吨） Tea-oil Seeds (ton)	竹材采伐量（万根） Determination of Bamboo Cut (10000 units)	木材采伐量（万立方米） Determination of Timber Cut (10000 cu.m)
合肥市辖区	Hefei Reigon of City	1486	2832	4410				0.40
巢湖市	Chaohu	1357	950	5960		55	4.50	2.32
长丰县	Changfeng	1835	3255	1683				11.04
肥东县	Feidong	2847						0.24
肥西县	Feixi	1777	21356	25980				0.50
庐江县	Lujiang	1906	953	5532		141	4.92	0.19
淮北市辖区	Huaibei Reigon of City	739	235	3874				2.15
濉溪县	Suixi	1359	630	5500				4.70
亳州市辖区	Bozhou Reigon of City	1873	500	5250				18.20
涡阳县	Guoyang	2175	350	4907				17.80
蒙城县	Mengcheng	2667	550	5341				19.80
利辛县	Lixin	2697	533	6643				19.76
宿州市辖区	Suzhou Reigon of City	2293	1819	2866	40			10.90
砀山县	Dangshan	425	164	23333				8.32
萧县	Xiaoxian	1352	300	26840				11.45
灵璧县	Lingbi	2284	650	9248				9.97
泗县	Sixian	1586	173	27560				9.02
蚌埠市辖区	Bengbu Reigon of City	1135	100	1533				2.00
怀远县	Huaiyuan	1702	170	2400				11.20
五河县	Wuhe	1466	870	2600				6.50
固镇县	Guzhen	1162	680	1333				16.88
阜阳市辖区	Fuyang Reigon of City	2885	1549	12394				17.40
界首市	Jieshou	757	289					3.93
临泉县	Linquan	891	397	9450				6.22
太和县	Taihe	2181	875	14000				8.60
阜南县	Funan	891	213	9200				6.26
颍上县	Yingshang	200	200	8800				6.90
淮南市辖区	Huainan Reigon of City	814	133	19166				0.40
凤台县	Fengtai	329	31	13000				0.67
寿县	Shouxian	1112	847	18000				7.00
毛集区	Maoji District	113	70	2267				0.08
滁州市辖区	Chuzhou Reigon of City	1186	5985	20626	2		5.20	17.80
天长市	Tianchang	701	2047	19833				9.70
明光市	Mingguang	3233	820	15660			0.80	2.86
来安县	Laian	3247	5350					0.94
全椒县	Quanjiao	2088	1333	6667			4.00	5.53
定远县	Dingyuan	3912	460	15924				5.01
凤阳县	Fengyang	2861	684	4000	2	830		0.88

12—38　续表　continued

县（市）	County (City)	营林情况（公顷） Management of Forest (hectares)			油桐籽	油茶籽	竹材采伐量	木材采伐量
		人工造林面积 Man-made Afforested Area	新增育苗面积 Area of Growing Seedlings	森林抚育面积 Area of Forest Tending	（吨） Tung-oil Seeds (ton)	（吨） Tea-oil Seeds (ton)	（万根） Determination of Bamboo Cut (10000 units)	（万立方米） Determination of Timber Cut (10000 cu.m)
六安市辖区	Luan Reigon of City	4278	1048	29632		1291	1113.20	14.50
霍邱县	Huoqiu	1456	350	7960				3.41
舒城县	Shucheng	1193	1863	3345	37	19500	212.00	3.98
金寨县	Jinzhai	1612	35	5512	1087	5382	345.00	12.52
霍山县	Huoshan	1130		3566		2200	1100.00	4.40
马鞍山市辖区	Maanshan Reigon of City	699	560	1848			5.60	1.20
当涂县	Dangtu	535	217	753				0.17
含山县	Hanshan	933	68	1067		105	3.30	0.77
和县	Hexian	1248	2268	350			1.00	1.26
芜湖市辖区	Wuhu Reigon of City	2122	1754	3150			2.40	0.50
芜湖县	Wuhu	1094	73	1200				1.04
繁昌县	Fanchang	615		7000		22	800.00	2.70
南陵县	Nanling	1023	200	4000		65	380.00	3.72
无为县	Wuwei	3134	943	10760		26	21.00	5.91
宣城市辖区	Xuancheng Reigon of City	1297	163			1	440.00	8.20
宁国市	Ningguo	1128	1387			13	1014.79	5.18
郎溪县	Langxi	1457	65			20	116.05	1.18
广德县	Guangde	1154				3	5500.00	3.90
泾县	Jingxian	945		5367	20		408.00	6.60
绩溪县	Jixi	768	165	5768		1500	50.00	2.97
旌德县	Jingde	614	261		18	90	26.00	7.33
铜陵市辖区	Tongling Reigon of City	1314	515	11650	580	6	51.40	4.26
枞阳县	Zongyang	829	64	333			17.80	7.34
池州市辖区	Chizhou Reigon of City	1525	515	1335	85	280	698.00	22.00
东至县	Dongzhi	2638	1214	48107	31	63	1534.80	28.60
石台县	Shitai	119	72	873	83	11	360.00	14.78
青阳县	Qingyang	731	4150	3029	10	88	53.35	14.18
安庆市辖区	Anqing Reigon of City	877	23	964		4	13.00	2.60
桐城市	Tongcheng	1473	1100	1333		500	8.50	8.00
怀宁县	Huaining	1079	230	1025		102	1.00	2.21
潜山县	Qianshan	1244	867	3500	10	5062	120.00	8.59
太湖县	Taihu	2027	72	3333	380	14500	68.25	8.50
宿松县	Susong	2454	370	11087	4	1460	168.75	6.51
望江县	Wangjiang	1752	142	1707	120	60		3.07
岳西县	Yuexi	1430	180	3913		18580	145.20	6.91
黄山市辖区	Huangshan Reigon of City	676	1491	5976		1035	148.00	7.90
歙县	Shexian	897	240	2250		1872	182.62	3.50
休宁县	Xiuning	385	922	1951		1235	305.00	14.84
黟县	Yixian	207	231	1333		375	136.00	4.53
祁门县	Qimen	733	705	3908		1850	155.00	23.87

12—39 各县（市）茶叶、水果生产情况（2015年）
Tea, Fruits Production by County or City (2015)

单位：吨（ton）

县（市）	County (City)	茶　叶 Tea	#绿　茶 Green Tea	园林水果 Garden Fruits	#葡　萄 Grapes
合肥市辖区	Hefei Reigon of City			45292	33928
巢　湖　市	Chaohu	589	589	10235	2902
长　丰　县	Changfeng			17291	3257
肥　东　县	Feidong	11	11	26732	1875
肥　西　县	Feixi	34	34	36842	11304
庐　江　县	Lujiang	1567	1567	43341	40560
淮北市辖区	Huaibei Reigon of City			125530	30591
濉　溪　县	Suixi			14985	5836
亳州市辖区	Bozhou Reigon of City			23425	518
涡　阳　县	Guoyang			9638	1659
蒙　城　县	Mengcheng			12709	1192
利　辛　县	Lixin			22120	14502
宿州市辖区	Suzhou Reigon of City			88212	15623
砀　山　县	Dangshan			1392510	28060
萧　　县	Xiaoxian			352431	116230
灵　璧　县	Lingbi			79173	9204
泗　　县	Sixian			2314	317
蚌埠市辖区	Bengbu Reigon of City			22759	1409
怀　远　县	Huaiyuan			14071	3952
五　河　县	Wuhe			27166	2333
固　镇　县	Guzhen			25476	7400
阜阳市辖区	Fuyang Reigon of City			15396	2873
界　首　市	Jieshou			10203	1030
临　泉　县	Linquan			49615	18380
太　和　县	Taihe			4760	892
阜　南　县	Funan			27491	762
颍　上　县	Yingshang			7963	4097
淮南市辖区	Huainan Reigon of City			41014	12168
凤　台　县	Fengtai			8321	782
寿　　县	Shouxian			22547	2626
毛　集　区	Maoji District			589	131
滁州市辖区	Chuzhou Reigon of City	386	386	4647	111
天　长　市	Tianchang	9	9	96	58
明　光　市	Mingguang	25	25	7586	175
来　安　县	Laian	15	15	6755	3912
全　椒　县	Quanjiao	60	60	8756	2620
定　远　县	Dingyuan	4	4	22905	5346
凤　阳　县	Fengyang			29812	13152

12—39 续表 continued

单位：吨（ton）

县（市）	County (City)	茶叶 Tea	#绿茶 Green Tea	园林水果 Garden Fruits	#葡萄 Grapes
六安市辖区	Luan Reigon of City	6878	6878	78081	4016
霍邱县	Huoqiu			6518	1822
舒城县	Shucheng	2436	2312	9406	7218
金寨县	Jinzhai	7600	7390	1080	
霍山县	Huoshan	6764	6764	377	11
马鞍山市辖区	Maanshan Reigon of City	83	83	4370	3117
当涂县	Dangtu	2	2	15270	6650
含山县	Hanshan	182	182	12962	2460
和县	Hexian	22	22	1660	1040
芜湖市辖区	Wuhu Reigon of City	27	20	7689	6323
芜湖县	Wuhu	1525	1525	6850	550
繁昌县	Fanchang	87	87	4517	2207
南陵县	Nanling	495	495	1910	24
无为县	Wuwei	266	264	23155	3126
宣城市辖区	Xuancheng Reigon of City	17040	16999	35330	3094
宁国市	Ningguo	2500	2500	3498	651
郎溪县	Langxi	9160	8980	3178	378
广德县	Guangde	1509	1482	4668	631
泾县	Jingxian	1810	1787	3119	125
绩溪县	Jixi	1462	1462	1285	
旌德县	Jingde	431	388	1995	181
铜陵市辖区	Tongling Reigon of City	87	87	4393	2169
枞阳县	Zongyang	255	255	628	
池州市辖区	Chizhou Reigon of City	1354	998	3104	260
东至县	Dongzhi	2795	1358	2098	319
石台县	Shitai	3705	2199	1065	6
青阳县	Qingyang	394	394	1163	46
安庆市辖区	Anqing Reigon of City	27	22	4331	65
桐城市	Tongcheng	619	614	1810	98
怀宁县	Huaining	252	252	3035	210
潜山县	Qianshan	3465	3453	2127	9
太湖县	Taihu	2971	2971	5970	103
宿松县	Susong	486	323	8973	5177
望江县	Wangjiang	46	46	6340	303
岳西县	Yuexi	4680	4680	415	5
黄山市辖区	Huangshan Reigon of City	3654	3586	10422	353
歙县	Shexian	8980	8980	44315	7379
休宁县	Xiuning	7532	6393	2424	49
黟县	Yixian	2121	1787	2397	62
祁门县	Qimen	6513	4035	1771	69

12—40 各县（市）畜牧业、渔业生产情况（2015年）

Production of Animal Husbandry, Fishery by County or City (2015)

县（市）	County (City)	出栏猪（头）Sjaughtered Fattened Hogs (heads)	出栏牛（头）Sjaughtered Cattle and Buffaloes (heads)	出栏羊（只）Sjaughtered Sheep and Goats (heads)	出栏活家禽（万只）Sjaughtered Poultry (10000 heads)	禽蛋产量（吨）Output of Poultry Eggs (ton)	水产品产量（吨）Output of Aquatic Products (ton)
合肥市辖区	Hefei Reigon of City	121538	1930	5476	1294.60	16553	12739
巢湖市	Chaohu	206270	3176	31371	1377.80	18854	38854
长丰县	Changfeng	932677	15425	50796	3434.00	29058	37346
肥东县	Feidong	1019492	13926	26183	2264.00	49232	54769
肥西县	Feixi	405505	9058	23420	6405.00	62223	41796
庐江县	Lujiang	231758	5160	6436	1368.00	26565	54677
淮北市辖区	Huaibei Reigon of City	296929	2963	120813	767.60	21274	17048
濉溪县	Suixi	392113	7737	296634	1154.10	38721	11904
亳州市辖区	Bozhou Reigon of City	683848	23839	355890	827.00	18895	12983
涡阳县	Guoyang	659840	23261	632589	450.00	15876	13820
蒙城县	Mengcheng	812982	32770	389860	487.00	15870	13283
利辛县	Lixin	912172	54853	759790	760.00	21753	12519
宿州市辖区	Suzhou Reigon of City	1248982	19805	619667	1787.80	57525	14610
砀山县	Dangshan	498610	13058	956545	290.00	20940	4460
萧县	Xiaoxian	1051356	21568	1062566	875.00	68796	7800
灵璧县	Lingbi	1130943	48991	500784	1089.00	90305	6820
泗县	Sixian	951180	54580	748520	1620.00	37450	11170
蚌埠市辖区	Bengbu Reigon of City	170924	19785	71961	1098.70	8975	16291
怀远县	Huaiyuan	636587	112945	518316	1547.00	13492	45787
五河县	Wuhe	458582	71957	291423	1487.00	18974	51003
固镇县	Guzhen	780948	65000	548033	3420.00	41311	11000
阜阳市辖区	Fuyang Reigon of City	1236916	36923	751628	1919.00	29896	19616
界首市	Jieshou	302606	14630	305344	415.00	12300	5550
临泉县	Linquan	1255468	103353	579604	1287.00	31166	9390
太和县	Taihe	1022972	36039	362699	795.00	16291	11055
阜南县	Funan	861379	50358	337255	874.00	29955	13544
颍上县	Yingshang	971327	75400	373210	654.90	32218	45826
淮南市辖区	Huainan Reigon of City	188070	25747	113385	1185.40	41476	40652
凤台县	Fengtai	269318	22512	172251	1011.00	23124	30204
寿县	Shouxian	1072100	43570	446100	2566.00	34160	100560
毛集区	Maoji District	51342	2562	22794	199.70	6502	9234
滁州市辖区	Chuzhou Reigon of City	164980	4757	93607	501.00	4436	25396
天长市	Tianchang	313105	818	110286	501.00	24443	72500
明光市	Mingguang	425365	43998	69259	783.00	21845	75314
来安县	Laian	250571	7511	65378	1047.00	7751	27225
全椒县	Quanjiao	278520	6156	77198	2009.00	10062	54600
定远县	Dingyuan	1523796	28455	88468	989.00	23505	37200
凤阳县	Fengyang	425105	32123	147527	876.00	24853	53500

12—40 续表 continued

县（市）	County (City)	出栏猪（头）Sjaughtered Fattened Hogs (heads)	出栏牛（头）Sjaughtered Cattle and Buffaloes (heads)	出栏羊（只）Sjaughtered Sheep and Goats (heads)	出栏活家禽（万只）Sjaughtered Poultry (10000 heads)	禽蛋产量（吨）Output of Poultry Eggs (ton)	水产品产量（吨）Output of Aquatic Products (ton)
六安市辖区	Luan Reigon of City	920260	5243	133219	2872.00	17420	53228
霍邱县	Huoqiu	1425150	40400	312905	2200.00	49845	95000
舒城县	Shucheng	238011	3099	5598	2148.00	21604	37820
金寨县	Jinzhai	274510	16810	66960	342.00	2988	13100
霍山县	Huoshan	162000	5160	16900	320.00	1020	11970
马鞍山市辖区	Maanshan Reigon of City	76316	983	22669	315.00	4567	14410
当涂县	Dangtu	103852	240	45318	621.00	4415	59447
含山县	Hanshan	84820	620	17200	545.00	6460	20600
和县	Hexian	109115	604	10622	1585.30	6692	20535
芜湖市辖区	Wuhu Reigon of City	131025	2161	7141	1122.40	10587	30966
芜湖县	Wuhu	97295	582	11852	426.00	8550	30420
繁昌县	Fanchang	61650	480	1100	498.00	10082	12171
南陵县	Nanling	297220	4110	7600	1930.00	25090	35012
无为县	Wuwei	251712	19911	9748	1328.90	30392	62007
宣城市辖区	Xuancheng Reigon of City	180629	937	23341	2807.40	11621	66054
宁国市	Ningguo	219036	1432	6853	2315.00	10901	8030
郎溪县	Langxi	69207	600	13600	469.80	7805	25100
广德县	Guangde	232038	366	18934	2548.00	12753	8700
泾县	Jingxian	119635	4565	4820	1356.00	5279	3298
绩溪县	Jixi	140450	6500	1120	39.60	1365	1920
旌德县	Jingde	74210	8700	1980	136.00	1420	1958
铜陵市辖区	Tongling Reigon of City	103138	1202	3420	773.70	11161	24640
枞阳县	Zongyang	258325	3000	2780	945.00	30605	86200
池州市辖区	Chizhou Reigon of City	303129	2682	9465	906.00	18273	63910
东至县	Dongzhi	306875	7290	8035	548.00	11654	55887
石台县	Shitai	38071	155	271	37.00	742	210
青阳县	Qingyang	91080	630	418	371.00	8206	19200
安庆市辖区	Anqing Reigon of City	123497	1943	3500	319.90	7844	45856
桐城市	Tongcheng	391860	3480	4618	584.00	55873	35560
怀宁县	Huaining	290969	4811	3590	806.00	27124	27515
潜山县	Qianshan	272579	4835	10313	530.00	11600	4750
太湖县	Taihu	616025	17503	21208	2131.00	7302	34310
宿松县	Susong	365249	18701	11500	425.00	18073	85310
望江县	Wangjiang	389455	9524	9726	1282.00	35919	68950
岳西县	Yuexi	173415	4510	15154	132.00	2312	1200
黄山市辖区	Huangshan Reigon of City	235198	4501	1238	201.00	4729	10332
歙县	Shexian	328054	1248	4203	106.00	10540	1693
休宁县	Xiuning	277659	1465	481	97.60	5070	3445
黟县	Yixian	60724	703	729	28.70	666	687
祁门县	Qimen	72509	80	624	23.90	1214	815

12—41 各县（市）农业机械化及主要能源、物资消耗情况（2015年）

Mechanization of Agriculture and Consumption of Main Energy and Material by County or City (2015)

县（市）	County (City)	农业机械总动力（千瓦） Total Power of Agricultural Machinery (kw)	农用排灌机械（台） Number of Diesel Engines (unit)	农村用电量（万千瓦时） Electricity Consumed in Rural Areas (10000 kwh)	农用化肥施用量（吨） Consumption of Chemical Fertilizers (ton)	农用塑料薄膜使用量（吨） Consumption of Plastic Film for Farm Use (ton)	农药使用量（吨） Consumption of Agricultural Pesticide (ton)
合肥市辖区	Hefei Reigon of City	239232	5648	8946	18628	1322	466
巢湖市	Chaohu	542482	22876	51332	34433	1215	609
长丰县	Changfeng	890120	3894	14021	72426	7523	644
肥东县	Feidong	690820	9767	30404	55654	1935	574
肥西县	Feixi	563286	9923	24283	38559	1515	1889
庐江县	Lujiang	1412016	88667	30301	77158	558	916
淮北市辖区	Huaibei Reigon of City	577974	3876	11496	19588	821	1191
濉溪县	Suixi	2297209	9526	18372	87764	457	2125
亳州市辖区	Bozhou Reigon of City	2081516	32091	27015	81665	1735	1774
涡阳县	Guoyang	2112042	12314	25846	76168	1769	2204
蒙城县	Mengcheng	2519050	10891	20977	89860	2580	1960
利辛县	Lixin	1956441	32650	27731	61526	1206	1886
宿州市辖区	Suzhou Reigon of City	2200058	6224	34627	82424	3570	1303
砀山县	Dangshan	1202462	9417	10120	41960	4350	15012
萧县	Xiaoxian	1631499	12194	22345	53794	5571	4399
灵璧县	Lingbi	1721185	3568	23561	89293	945	2401
泗县	Sixian	1770025	11185	22281	66136	1363	982
蚌埠市辖区	Bengbu Reigon of City	585640	2261	18197	49530	1207	510
怀远县	Huaiyuan	2720123	6240	37399	120204	2450	2125
五河县	Wuhe	974763	1829	18946	65025	3297	2126
固镇县	Guzhen	1103015	2087	18071	75223	2731	1537
阜阳市辖区	Fuyang Reigon of City	1351805	16923	34870	96938	4987	743
界首市	Jieshou	470982	12615	22830	39089	895	803
临泉县	Linquan	1648326	109895	27929	81014	4196	1352
太和县	Taihe	1573955	23453	15300	56328	1155	1536
阜南县	Funan	1257987	15820	28798	53615	5060	1138
颍上县	Yingshang	1105019	14735	24906	56858	3626	2116
淮南市辖区	Huainan Reigon of City	1029199	10161	61247	80008	1229	2681
凤台县	Fengtai	870780	3947	32976	50359	460	3376
寿县	Shouxian	2367438	72597	29905	156125	375	6404
毛集区	Maoji District			5660	10957	44	247
滁州市辖区	Chuzhou Reigon of City	518917	3929	4673	45559	327	221
天长市	Tianchang	1195020	8389	33319	48693	364	752
明光市	Mingguang	904155	2653	19147	41548	509	584
来安县	Laian	882857	27681	8792	38152	595	452
全椒县	Quanjiao	732939	14642	7696	31140	475	745
定远县	Dingyuan	1518650	12356	15229	89814	810	1598
凤阳县	Fengyang	1251343	20663	12411	62139	632	1606

12—41 续表 continued

县（市）	County (City)	农业机械总动力（千瓦）Total Power of Agricultural Machinery (kw)	农用排灌机械（台）Number of Diesel Engines (unit)	农村用电量（万千瓦时）Electricity Consumed in Rural Areas (10000 kwh)	农用化肥施用量（吨）Consumption of Chemical Fertilizers (ton)	农用塑料薄膜使用量（吨）Consumption of Plastic Film for Farm Use (ton)	农药使用量（吨）Consumption of Agricultural Pesticide (ton)
六安市辖区	Luan Reigon of City	2178642	43240	38137	63596	685	628
霍邱县	Huoqiu	1609510	5400	32262	84114	2977	2742
舒城县	Shucheng	826560	40968	17212	25014	361	2215
金寨县	Jinzhai	455840	20460	12524	31823	1185	183
霍山县	Huoshan	324723	13534	7181	4621	530	106
马鞍山市辖区	Maanshan Reigon of City	149157	23300	8520	7449	267	555
当涂县	Dangtu	398750	58120	16091	18576	327	1589
含山县	Hanshan	408325	44027	10859	23670	202	552
和县	Hexian	521969	78816	18810	30775	2338	963
芜湖市辖区	Wuhu Reigon of City	421285	78513	25574	74391	991	935
芜湖县	Wuhu	328526	37307	5896	23500	167	568
繁昌县	Fanchang	230100	27525	5438	5840	28	140
南陵县	Nanling	405002	56433	34206	37120	112	70
无为县	Wuwei	717400	71682	56019	43996	1150	1122
宣城市辖区	Xuancheng Reigon of City	868592	45221	48793	48167	1768	1875
宁国市	Ningguo	295090	16050	16429	11082	408	327
郎溪县	Langxi	319778	15701	5063	19791	98	752
广德县	Guangde	592046	25618	33082	29611	678	432
泾县	Jingxian	190595	10222	11265	11855	245	230
绩溪县	Jixi	105082	12518	4778	7234	152	291
旌德县	Jingde	88675	4204	3355	4633	88	97
铜陵市辖区	Tongling Reigon of City	386447	32056	21678	24585	324	704
枞阳县	Zongyang	497291	14427	32961	37968	469	1350
池州市辖区	Chizhou Reigon of City	421977	23156	20916	19609	116	1947
东至县	Dongzhi	438791	24432	13387	29624	206	2902
石台县	Shitai	120948	1905	1765	2316	59	127
青阳县	Qingyang	271972	16520	6626	8472	42	552
安庆市辖区	Anqing Reigon of City	338581	7698	13906	21914	757	1190
桐城市	Tongcheng	529283	25195	39329	15276	533	1102
怀宁县	Huaining	503526	16391	10518	13338	1579	1813
潜山县	Qianshan	374500	6851	19098	28798	170	721
太湖县	Taihu	284574	9555	12748	30784	366	835
宿松县	Susong	438816	6749	29210	66169	1633	2029
望江县	Wangjiang	356954	5212	16212	35539	654	2962
岳西县	Yuexi	127350	2113	10480	11776	205	144
黄山市辖区	Huangshan Reigon of City	232658	10161	7106	8432	690	553
歙县	Shexian	212847	7350	10029	14578	800	1653
休宁县	Xiuning	171705	6263	4565	10093	446	677
黟县	Yixian	75677	2176	1851	3528	89	228
祁门县	Qimen	120012	2966	1644	1933	189	200

12—42 各县（市）农田水利情况（2015年）

Statement of Water Conservancy by County or City (2015)

单位：千公顷（1000 hectares）

县（市）	County (City)	有效灌溉面积 Irrigated Areas	节水灌溉面积 Irrigatcd Area With Saved Water	除涝面积 Flooded or Waterlogged Area Under Control	堤防保护耕地面积 Levee Protection Cultivated Area	已建成水库总库容（万立方米） Total of Established Reservoir Storage Capacity ($10000\ m^3$)
合肥市辖区	Hefei Reigon of City	14.01	5.78	4.07	4.80	46859.26
巢湖市	Chaohu	57.63	3.56	23.77	17.90	5693.00
长丰县	Changfeng	66.70	6.74	4.01	6.40	30156.00
肥东县	Feidong	120.35	8.31	5.30	4.56	37570.50
肥西县	Feixi	101.93	37.50	7.95	8.85	11716.30
庐江县	Lujiang	97.78	22.24	23.77	34.55	9743.00
淮北市辖区	Huaibei Reigon of City	22.15	8.61	23.41	24.30	1300.02
濉溪县	Suixi	120.72	41.21	122.82	170.33	
亳州市辖区	Bozhou Reigon of City	120.31	26.57	115.50	67.00	
涡阳县	Guoyang	123.69	8.86	113.33	87.40	
蒙城县	Mengcheng	128.21	12.12	102.65	92.31	
利辛县	Lixin	87.33	11.86	93.20	115.00	
宿州市辖区	Suzhou Reigon of City	114.82	23.85	88.84	119.70	1775.00
砀山县	Dangshan	33.37	16.23	39.31	30.00	2945.00
萧县	Xiaoxian	77.58	22.16	65.17	74.87	1131.00
灵璧县	Lingbi	101.71	14.64	102.55	107.11	688.00
泗县	Sixian	94.51	19.57	69.20	86.67	248.00
蚌埠市辖区	Bengbu Reigon of City	32.91	6.21	26.09	36.93	219.00
怀远县	Huaiyuan	104.09	20.46	88.71	120.20	
五河县	Wuhe	46.96	23.44	52.97	53.00	4011.72
固镇县	Guzhen	53.19	9.99	64.12	71.30	
阜阳市辖区	Fuyang Reigon of City	82.20	15.35	89.82	136.33	
界首市	Jieshou	31.58	7.12	30.41	20.45	
临泉县	Linquan	80.86	1.01	72.95	15.79	
太和县	Taihe	80.00	10.06	102.61	100.29	
阜南县	Funan	66.99	4.42	75.09	32.41	
颍上县	Yingshang	83.45	36.69	77.36	83.15	
淮南市辖区	Huainan Reigon of City	61.59	27.38	17.47	39.26	2796.72
凤台县	Fengtai	61.44	37.63	27.21	60.01	
寿县	Shouxian	160.15	84.30	23.74	89.10	20537.00
滁州市辖区	Chuzhou Reigon of City	34.24	11.07	3.15	4.11	41532.00
天长市	Tianchang	82.64	7.44	12.00	15.67	50649.00
明光市	Mingguang	51.72	18.38	15.40	14.97	26329.14
来安县	Laian	77.12	3.71	13.20	14.00	26796.25
全椒县	Quanjiao	62.00	6.54	6.29	14.53	43923.00
定远县	Dingyuan	121.47	5.04	1.08	3.08	66617.78
凤阳县	Fengyang	60.86	2.01	9.81	14.30	31133.60

12—42 续表1 continued

单位：千公顷（1000 hectares）

县（市）	County (City)	有效灌溉面积 Irrigated Areas	节水灌溉面积 Irrigatcd Area With Saved Water	除涝面积 Flooded or Waterlogged Area Under Control	堤防保护耕地面积 Levee Protection Cultivated Area	已建成水库总库容（万立方米）Total of Established Reservoir Storage Capacity ($10000\ m^3$)
六安市辖区	Luan Reigon of City	131.89	51.22	11.47	14.53	12879.45
霍邱县	Huoqiu	204.03	81.80	33.29	74.95	1237996.00
舒城县	Shucheng	44.19	18.82	17.49	140.00	95516.00
金寨县	Jinzhai	30.13	11.60	2.16	0.64	502919.00
霍山县	Huoshan	18.33	6.87	0.81	3.73	134306.00
马鞍山市辖区	Maanshan Reigon of City	18.07	3.30	15.47	13.91	987.03
当涂县	Dangtu	35.14	8.56	32.68	34.50	86.30
含山县	Hanshan	34.40	6.39	8.58	13.12	8784.35
和县	Hexian	60.24	8.07	30.18	29.84	7033.46
芜湖市辖区	Wuhu Reigon of City	46.39	1.63	40.49	22.24	3183.00
芜湖县	Wuhu	22.44	0.35	16.78	16.40	
繁昌县	Fanchang	9.98	1.51	9.43	9.50	1433.30
南陵县	Nanling	42.11	7.36	15.12	18.20	2393.55
无为县	Wuwei	75.66	0.90	54.20	63.48	2780.03
宣城市辖区	Xuancheng Reigon of City	80.07	2.96	26.18	26.16	5716.00
宁国市	Ningguo	15.37	2.32	0.60	6.55	97359.79
郎溪县	Langxi	34.09	9.94	8.61	11.01	8847.00
广德县	Guangde	30.80	6.95	10.30	10.50	13954.51
泾县	Jingxian	20.32	3.67	0.41	2.50	273657.00
绩溪县	Jixi	7.49	0.54		7.09	1774.79
旌德县	Jingde	12.52	1.05		0.20	1861.19
铜陵市辖区	Tongling Reigon of City	24.50	5.20	20.58	38.29	1821.02
枞阳县	Zongyang	57.19	1.38	27.21	38.80	4386.39
池州市辖区	Chizhou Reigon of City	39.49	0.20	27.42	32.30	4087.48
东至县	Dongzhi	49.49	1.89	22.16	21.57	14394.00
石台县	Shitai	3.40	0.75		0.80	2856.00
青阳县	Qingyang	13.30	1.06	4.05	2.31	7881.00
安庆市辖区	Anqing Reigon of City	16.77	1.72	8.90	5.57	952.62
桐城市	Tongcheng	39.98	2.61	11.54	11.50	13841.55
怀宁县	Huaining	34.10	6.92	11.80	10.61	11362.00
潜山县	Qianshan	35.95	2.50	6.23	9.47	12084.64
太湖县	Taihu	36.34	4.15	2.42	2.56	246960.20
宿松县	Susong	50.87	1.52	13.96	40.86	12664.00
望江县	Wangjiang	41.13	1.87	27.98	36.73	1705.09
岳西县	Yuexi	14.69	1.59	0.03	4.89	12084.00
黄山市辖区	Huangshan Reigon of City	16.00	3.53	0.64	9.50	14858.00
歙县	Shexian	8.75	2.42		0.15	2175.00
休宁县	Xiuning	13.73	1.47	0.81	0.71	2274.00
黟县	Yixian	6.14	0.48		0.53	3078.64
祁门县	Qimen	6.61	1.76		0.31	3407.00

12—42 续表2 continued

县（市） County (City)	全部堤防保护人口（万人）Protection Population of Compelete Embankment (10000 persons)	水土流失综合治理面积（千公顷）Comprehensive Control of soil Erosion Area (1000 hectares)	农作物受灾面积（千公顷）Area of Farm Crops by Natural Disaster (1000 hectares)	旱灾（千公顷）Area Affected by Drought (1000 hectares)	洪涝灾（千公顷）Area Affected by Flood (1000 hectares)
合肥市辖区 Hefei Reigon of City	26.27	1.20	0.02		0.02
巢湖市 Chaohu	38.41	16.51	2.85		2.85
长丰县 Changfeng	4.36	0.35	6.69		6.69
肥东县 Feidong	25.45	3.87	9.61		9.07
肥西县 Feixi	18.05	4.97	2.65		
庐江县 Lujiang	30.80	26.31	0.32		
淮北市辖区 Huaibei Reigon of City	107.40	8.73	2.69		
濉溪县 Suixi	91.50	0.20	17.74		
亳州市辖区 Bozhou Reigon of City	40.00		0.20		
涡阳县 Guoyang	98.75		4.76		
蒙城县 Mengcheng	86.00		0.65		
利辛县 Lixin	70.15				
宿州市辖区 Suzhou Reigon of City	90.90	7.70	20.00		
砀山县 Dangshan	53.65	3.55	13.91		
萧县 Xiaoxian	93.28	8.04	0.43		
灵璧县 Lingbi	98.10	3.74	32.00		6.00
泗县 Sixian	74.52	1.25	14.13		7.33
蚌埠市辖区 Bengbu Reigon of City	102.19	7.17	15.65		15.65
怀远县 Huaiyuan	126.77		30.38		30.33
五河县 Wuhe	54.00	2.35	13.52		12.54
固镇县 Guzhen	63.40	0.04	21.59		21.13
阜阳市辖区 Fuyang Reigon of City	188.63		14.14		14.14
界首市 Jieshou	38.23		0.21		0.21
临泉县 Linquan	23.25		12.13		12.13
太和县 Taihe	129.71		7.87		7.75
阜南县 Funan	44.22		13.07		13.07
颍上县 Yingshang	92.54		11.93		11.93
淮南市辖区 Huainan Reigon of City	139.52	5.39	31.48		31.48
凤台县 Fengtai	63.30	1.68	7.36		7.36
寿县 Shouxian	69.00	6.01	38.67		38.67
滁州市辖区 Chuzhou Reigon of City	6.35	39.13	13.54		13.40
天长市 Tianchang	25.00	4.37	12.44		12.24
明光市 Mingguang	11.94	36.70	33.81		28.31
来安县 Laian	14.91	20.76	8.25		2.95
全椒县 Quanjiao	23.25	24.35	29.96		29.51
定远县 Dingyuan	3.39	36.45	19.41		19.20
凤阳县 Fengyang	10.00	35.29	45.14		38.74

12—42 续表3 continued

县（市）	County (City)	全部堤防保护人口（万人）Protection Population of Compelete Embankment (10000 persons)	水土流失综合治理面积（千公顷）Comprehensive Control of soil Erosion Area (1000 hectares)	农作物受灾面积（千公顷）Area of Farm Crops by Natural Disaster (1000 hectares)	旱灾（千公顷）Area Affected by Drought (1000 hectares)	洪涝灾（千公顷）Area Affected by Flood (1000 hectares)
六安市辖区	Luan Reigon of City	30.81	52.85	59.58		32.05
霍邱县	Huoqiu	38.35	1.06	46.85		46.85
舒城县	Shucheng	55.00	78.09	13.61		1.01
金寨县	Jinzhai	2.70	170.69	15.26		9.13
霍山县	Huoshan	10.80	101.42	16.86		2.35
马鞍山市辖区	Maanshan Reigon of City	49.13	12.82	0.99		0.78
当涂县	Dangtu	45.90	5.89	3.08		3.08
含山县	Hanshan	9.64	27.87	12.80		12.80
和县	Hexian	54.30	14.46	13.60		13.60
芜湖市辖区	Wuhu Reigon of City	143.69	0.51	2.89		2.85
芜湖县	Wuhu	29.14	5.61	1.02		0.94
繁昌县	Fanchang	16.00	7.25	1.16		0.56
南陵县	Nanling	32.10	16.47	0.70		0.70
无为县	Wuwei	122.00	9.12	3.33		3.33
宣城市辖区	Xuancheng Reigon of City	46.16	29.23	6.20		
宁国市	Ningguo	12.00	96.57	3.97		
郎溪县	Langxi	17.00	8.89	0.12		0.12
广德县	Guangde	25.00	36.04			
泾县	Jingxian	8.50	44.59			
绩溪县	Jixi	12.49	36.43	0.47		0.11
旌德县	Jingde	3.00	39.21			
铜陵市辖区	Tongling Reigon of City	58.26	23.46	10.73		9.47
枞阳县	Zongyang	96.00	22.13	22.67		22.67
池州市辖区	Chizhou Reigon of City	40.23	34.67	29.53		28.65
东至县	Dongzhi	26.83	56.88	37.04		34.24
石台县	Shitai	3.84	32.85	2.09		2.09
青阳县	Qingyang	4.97	35.58	17.67		16.67
安庆市辖区	Anqing Reigon of City	15.62	9.48	13.86		13.49
桐城市	Tongcheng	39.00	29.15	4.77		4.33
怀宁县	Huaining	18.15	12.08	25.40		15.50
潜山县	Qianshan	20.00	48.13	14.80		8.30
太湖县	Taihu	2.47	42.07	17.70		16.80
宿松县	Susong	72.50	17.76	19.49		6.40
望江县	Wangjiang	46.00	7.77	11.93		9.43
岳西县	Yuexi	13.30	81.26	2.93		2.40
黄山市辖区	Huangshan Reigon of City	28.80	97.43	3.08		3.08
歙县	Shexian	0.80	69.45	1.32		0.89
休宁县	Xiuning	2.92	59.88	0.01		0.01
黟县	Yixian	2.00	33.70	0.76		0.76
祁门县	Qimen	5.30	42.52	1.50		1.50

主要统计指标解释

农林牧渔业总产值

农林牧渔业总产值是以货币表现的农林牧渔业全部产品总量和对农林牧渔业生产活动进行的各种支持性服务活动的价值。它反映一定时期内农林牧渔业生产总规模和总成果，是观察农林牧渔业生产水平和发展速度，研究农林牧渔业内部比例关系、农林牧渔业与工业、农林牧渔业与国家建设、人民生活比例关系的重要指标，同时也是计算农林牧渔业劳动生产率和农林牧渔业增加值的基础资料。1957 年以前的农业总产值中包括了厩肥和农民自给性手工业（如农民自制衣服、鞋、袜，自己从事粮食初步加工等)。1958 年及以后的农业总产值，林业中增加了村及村以下竹木采伐产值；牧业中取消了厩肥产值；副业中取消了农民自给性手工业产值，增加了村及村以下办的工业产值；渔业中增加了海洋捕捞水产品产值。1980 年及以后的农业总产值，在副业中增加了农民家庭兼营工业商品部分的产值。从 1984 年起村及村以下工业产值划归工业。从 1993 年起取消副业，将野生动物的捕猎划入牧业，野生植物采集和农民家庭兼营商品性工业划归农业。2003 年起，取消农业中的农民家庭兼营商品性工业，增加了农林牧渔服务业。

粮食产量

指全社会的产量。包括国有经济经营的、集体统一经营的和农民家庭经营的粮食产量，还包括工矿企业办的农场和其他生产单位的产量。粮食除包括稻谷、小麦、玉米、高粱、谷子及其他杂粮外，还包括薯类和豆类。其产量计算方法，豆类按去豆荚后的干豆计算；薯类（包括甘薯和马铃薯，不包括芋头和木薯）1963 年以前按每 4 公斤鲜薯折 1 公斤粮食计算，从 1964 年开始改为按 5 公斤鲜薯折 1 公斤粮食计算。城市郊区作为蔬菜的薯类（如马铃薯等）按鲜品计算，并且不作粮食统计。其他粮食一律按脱粒后的原粮计算。

油料产量

指全部油料作物的生产量。包括花生、油菜籽、芝麻、葵花籽、胡麻籽（亚麻籽）和其他油料。不包括大豆、木本油料和野生油料。花生以带壳干花生计算。

水产品产量

指人工养殖的水产品和天然生长的水产品的捕捞量。包括海水的鱼类、虾蟹类、贝类和藻类以及内陆水域的鱼类、虾蟹类和贝类，不包括淡水生植物。

猪、牛、羊肉产量

指当年出栏并已屠宰、除去头蹄下水后带骨肉（即胴体重）的重量。

期初（末）畜禽存栏头（只）数

指报告期初（末）农村各种合作经济组织和国营农场、农民个人、机关、团体、学校、工矿企业、部队等单位以及城镇居民饲养的大牲畜、猪、羊、家禽等畜禽的存栏数。

耕地

指种植农作物的土地，包括熟地，新开发、复垦、整理地、休闲地（含轮歇地、轮作地）；以种植农作物（含蔬菜）为主，间有零星果树、桑树或其他树木的土地；平均每年能保证收获一季的已垦滩地和海涂。耕地中包括南方宽度＜1.0 米，北方宽度＜2.0 米固定的沟、渠、路和地坎（埂）；临时种植药材、草皮、花卉、苗木等的耕地，以及其他临时改变用途的耕地。

农作物播种面积

指实际播种或移植有农作物的面积。凡是实际种植有农作物的面积，不论种植在耕地上还是种植在非耕地上，均包括在农作物播种面积中。在播种季节基本结束后，因遭灾而重新改种和补种的农作物面积，也包括在内。

有效灌溉面积

指具有一定的水源，地块比较平整，灌溉工程或设备已经配套，在一般年景下当年能够进行正常灌溉的耕地面积。

农用化肥施用量

指本年内实际用于农业生产的化肥数量，包括氮肥、磷肥、钾肥和复合肥。化肥施用量要求按折纯量计算数量。折纯量是指把氮肥、磷肥、钾肥分别按含氮、含五氧化二磷、含氧化钾的百分之一百成份进行折算后的数量。复合肥按其所含主要成分折算。

农业机械总动力

指主要用于农、林、牧、渔业的各种动力机械的动力总和。包括耕作机械、排灌机械、收获机械、农用运输机械、植物保护机械、牧业机械、林业机械、渔业机械和其他农业机械〔内燃机按引擎马力折成瓦（特）计算、电动机按功率折成瓦（特）计算〕。不包括专门用于乡、镇、村、组办工业、基本建设、非农业运输、科学试验和教学等非农业生产方面用的动力机械与作业机械。

农林牧渔业劳动力

指全社会直接参加农林牧渔业生产活动的劳动力。

Explanatory Notes for Major Statistical Indicators

Gross Output Value of Farming, Forestry, Animal Husbandry and Fishery

refers to the total value of products and all kinds of supporting services of farming, forestry, animal husbandry and fishery, which reflects the total scale and result of agricultural production during a given period. It is an important indicator to observe the production level and the development speed of farming, forestry, animal husbandry and fishery and to research into the interior proportion relations of farming, forestry, animal husbandry and fishery, the proportion relations of farming, forestry, animal husbandry and fishery to industry, national construction and the lives of the people. It is also the basic data to calculate the labor productivity and value-added of farming, forestry, animal husbandry and fishery. Prior to 1957, Chinas gross agricultural output value included barnyard manure and handicraft products for self-consumption (clothes, shoes, stockings, and initial grain processing undertaken by peasant s). Since 1958, cutting and felling of bamboo and trees by villages and other cooperative organizations under villages have been included in forestry; value of barnyard manure has been excluded from animal husbandry; self consumed handicraft s has been excluded from sideline occupations, while the output value of industries run by villages and cooperative organizations under village had been included in sideline occupations and the out put value of fish catches by mot or fishing boats has been added to fishery. Since 1980, the value of handicraft products made for sale by individuals in households had been added to sideline occupations. Since 1984, industries run by villages and under villages have been included in the sector of industry. Since 1993, the subdivision of sideline occupations has been canceled, and the hunting of wild animals has been classified into animal husbandry, and the gathering of wild plants and commodity industry run by rural household have been included in farming. Since 2003, the commercial industrial activities undertaken by rural households as sideline production have been cancelled and the farming, forestry, animal husbandry and fishery services have been included in farming.

Grain Yield

refers to the yield in the whole country including grains produced by state farms, collective units, industrial enterprises and mines. Grain includes rice, wheat, corn, sorghum, millet and other miscellaneous grains as well as tubers and beans. Output of beans refers to dry beans without pods. The output of tubers (sweet potatoes and potatoes, not including taros and cassava) was converted into that of grain at the ratio 4:1, i.e. 4 kilograms of fresh tubers was equivalent to 1 kilogram of grain up to 1963.Since 1964 the ratio for conversion has been 5:1. Tubers supplied as vegetables (such as potatoes) in cities and suburbs are calculated as fresh vegetables and their output is not included in the output of grain. Output of all other grains refers to husked grain.

Yield of Oil-bearing Crops

refers to the total yield of oil bearing crops of various kinds, including peanuts, (dry, in shell) rapeseeds, sesame, sunflower seeds, flax seeds, and other oil bearing crops. Soybeans, oil-bearing woody plants, and wild oil-bearing crops are not included.

Output of Aquatic Products

refers to catches of both artificially cultured and naturally grown aquatic products, including fish, shrimps, crabs and shellfish in sea and inland water as well as seaweed. Freshwater plants are not included.

Output of Pork, Beef, and Mutton

refers to the meat of slaughtered hogs, cattle, sheep and goats with head, feet, and offal taken away.

Number of Livestock or Poultry in Stock at Beginning (or End)

refers to the total number of large animals, pigs, sheep, fowls, etc. raised by rural cooperative organizations, state farms, rural individuals, government agencies, schools, industrial and mining enterprises, army, and urban residents at the beginning (or end) of the reference period.

Cultivated Area (Area under cultivation)

refers to farmland which is plowed constantly for growing crops, including cultivated land, New development, reclamation, finishing, leisure (including (including a break, a rotation)land; land mainly to the cultivation of crops (vegetables), land of sporadic fruit trees or mulberry tree or other trees; beaches and coastal land average annual can ensure the harvest one season , Including South width < 1.0 m, north width < 2.0 m fixed ditch, drainage, roads and sill (ridge); cultivated land temporarily planted herbs, grass, flowers, nursery stock , and other temporarily change of use of cultivated land

Sown Area of Crops

refers to area of land sown or transplanted with crops regardless of being in cultivated area or non cultivated area.

Area of land re-sown due to natural disasters is also included.

Irrigated Area

refers to areas that are effectively irrigated, i.e. level land which has water source and complete sets of irrigation facilities to lift and move adequate water for irrigation purpose under normal conditions.

Consumption of Chemical Fertilizers in Agriculture

refers to the quantity of chemical fertilizers applied in agriculture in the year, including nitrogenous fertilizer, phosphate fertilizer, potash fertilizer, and compound fertilizer. The consumption of chemical fertilizers is required in calculation to convert the gross weight into weight containing 100% effective component (e.g. 100% nitrogen content in nitrogenous fertilizer, 100% phosphorous pent oxide contents in phosphate fertilizer, 100% potassium oxide contents in potash fertilizer). Compound fertilizer is converted with its major component.

Total Power of Farm Machinery

refers to total mechanical power of machinery used in farming, forestry, animal husbandry, and fishery, including plough , irrigation and drainage, harvesting, transport, plant protection, stock breeding, forestry and fishery. The power of internal combustion engines is required to convert horsepower into watts and the power of electric motors is required to be converted into watts. Machinery employed for non agricultural purposes, such as the machines used in township run and village-run industry, construction, non agricultural transport, scientific experiments and teaching, is excluded.

Labour Force Engaged in Farming, Forestry, Animal Husbandry and Fishery

refers to the total laborers who are directly engaged in production of farming, forestry, animal husbandry and fishery.

第十三篇

Chapter 13

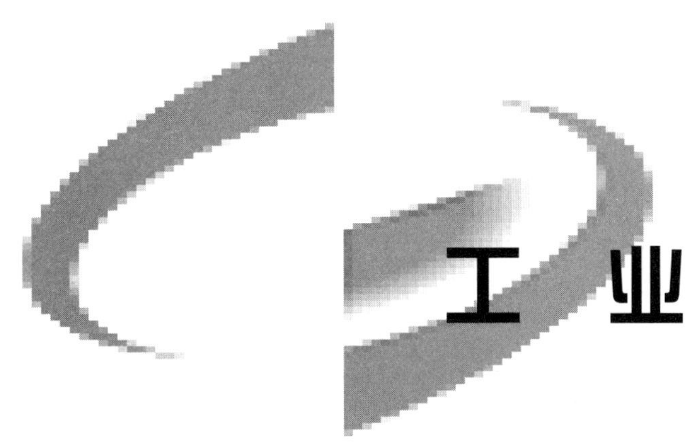

工业

INDUSTRY

简要说明

一、本篇主要包括以下几部分汇总资料：

1. 全部工业企业按登记注册类型、行业分组的企业单位数和工业总产值(其中 1995 年后工业总产值均按新规定计算)。

2. 全部年主营业务收入在 2000 万元及以上的工业企业按地区和行业分组的主要经济指标和经济效益指标，主要包括工业总产值、工业增加值、资产、流动资产、固定资产、流动负债、所有者权益、主营业务收入、主营业务税金及附加、利润总额、应交增值税、总资产贡献率、资产负债率、成本费用利润率、流动资产周转次数、产品销售率等指标。

3. 大中型工业企业的主要经济指标和经济效益指标。

4. 主要工业产品产量和生产能力等。

二、1998 年开始工业统计范围为全部国有企业及年主营业务收入在 500 万元及以上的非国有工业法人单位，2011 年开始工业统计范围为年主营业务收入在 2000 万元及以上的工业法人单位。与历史年份不具可比性。

三、1995 年及以后年份工业总产值为调整数。

四、行业分类按《国民经济行业分类》(GB/T 4754-2011)标准划分。

五、资料来源：由省统计局工业处根据国家统计局工业统计报表制度收集、汇总、整理提供。

Brief Introduction

Ⅰ. Data in this chapter cover the following parts:

1. The number of industrial enterprises, the gross industrial output value of all industrial enterprises classified by registration status and industrial division. (The gross industrial output value is calculated according to the new stipulation after 1995.)

2. Main economic indicators and efficiency indicators of all state-owned industrial enterprises, and of non-state enterprises each with an main business revenue of over five million yuan, classified by region and by industrial division, including gross industrial output value, industrial value-added, capital, circulating assets, fixed assets, liquid liabilities, creditor's equity, main business revenue, main business tax and extra-charges, sales profit, total profits, ratio of value-added to gross industrial output value, ratio of profits and taxes to funds and output value, turnover of working capital and overall labor productivity.

3. Main economic indicators and efficiency indicators of large and medium size industrial enterprises.

4. Output and production capacity of key industrial products.

Ⅱ. Since 1998, the coverage of industrial statistics is all state-owned industrial enterprises and non-state enterprises each with main business revenue over five million yuan.

Ⅲ. Data on gross industrial output value have been adjusted since 1995.

Ⅳ.Data by branch of industry are based on <National Industrial Classification of all Economic Activities>((GB/T 4754-2011).

Ⅴ. Source of data: All data are prepared and provided by the Division of Industrial Statistics, Anhui Statistical Bureau, in accordance with the industrial statistical reporting system of SSB. Data are collected, tabulated and processed by the statistical bureau in the prefectures and cities.

13—1 工业企业单位数和总产值
Number of Industrial Enterprises and Gross Industrial Output Value

项　目	Item	2000	2005	2010	2014	2015
企业单位数　（个）	**Number of Industrial Enterprises (unit)**	**3680**	**5277**	**16277**	**17762**	**19077**
在总计中：	Of the Total:					
国有及国有控股企业	State Controlling Share Hold Enterprises	1128	619	737	687	699
在总计中：	Of the Total:					
集体企业	Collective-owned Enterprises	979	261	194	76	71
私营企业	Private Enterprises	533	2725	11269	12815	13611
港澳台商投资企业	Enterprises Funded by Entrepreneurs from Hong Kong, Macao and Taiwan	118	200	375	308	306
外商投资企业	Foreign Funded Enterprises	133	296	539	496	472
工业总产值　（亿元）	**Gross Industrial Output Value (100 million yuan)**	**1661.44**	**4567.23**	**18732.00**	**37420.62**	**39875.66**
在总计中：	Of the Total:					
国有及国有控股企业	State Controlling Share Hold Enterprises	1044.54	2418.44	6902.07	8950.92	8795.14
在总计中：	Of the Total:					
集体企业	Collective-owned Enterprises	177.65	89.44	149.73	83.68	75.92
私营企业	Private Enterprises	77.16	714.73	6068.83	16434.37	17785.33
港澳台商投资企业	Enterprises Funded by Entrepreneurs from Hong Kong, Macao and Taiwan	60.84	226.49	804.94	2215.39	2425.97
外商投资企业	Foreign Funded Enterprises	152.40	517.32	1763.63	2684.28	2667.24

注：工业总产值按当年价格计算。

a) Gross industrial output value is calculated at current prices.

13—2 工业增加值
Value-added of Industry

本表按当年价格计算　(Data in this table are calculated at current prices)　　单位：亿元（100 million yuan）

年份 Year	工业增加值 Value-added of Industry	内资企业 Domestic Funded Enterprise	#国有及国有控股企业 State-owned or Controlling Share Hold Industry	#集体企业 Collective-owned Industry	私营企业 Private Enterprises	港澳台商投资企业 Enterprises Funded by Entrepreneurs from Hong Kong, Macao and Taiwan	外商投资企业 Foreign Funded Enterprises
2000	507.38	451.57	340.42	49.60	22.24	17.56	38.18
2005	1483.76	1250.18	835.34	22.17	215.10	78.46	155.16
2007	2562.70	2185.24	1211.17	45.21	537.00	91.35	286.11
2008	3259.71	2783.05	1471.12	46.27	822.74	154.94	321.72
2009	3980.55	3474.52	1778.23	30.33	1095.93	151.98	354.05
2010	5290.62	4618.07	2222.19	38.85	1577.45	209.35	463.20
2011	6776.02	5936.86	2541.42	40.65	2065.39	320.69	518.47
2012	7614.11	6742.77	2633.35	24.46	2493.43	333.13	538.21
2013	8646.00	7625.27	2670.89	23.71	3401.02	408.08	612.65
2014	9302.81	8142.61	2590.86	21.35	3861.09	507.56	652.64
2015	9589.20	8425.74	2469.19	18.95	4071.13	529.80	633.66

注：口径为规模以上工业企业（下同）。2008年为工业快报口径。

a) They referred to industrial enterprises above designated size. The same as following tables. in 2008, It is for express industrial-caliber.

13—3 规模以上工业企业工业增加值

Value-added of Industry of All State-owned and Non-state-owned Industrial Enterprises Above Designated Size

单位：亿元（100 million yuan）

项 目	Item	2000	2005	2010	2014	2015
总 计	**Total**	**507.38**	**1483.75**	**5290.62**	**9302.81**	**9589.20**
总计中：	**Of the Total:**					
内资企业	Domestic Funded Enterprise	451.57	1250.13	4618.07	8142.61	8425.74
国有企业	State-owned Enterprise	171.00	247.63	319.25	684.31	250.02
集体企业	Collective-owned Enterprise	49.60	22.17	38.85	21.35	18.95
股份合作企业	Share Holding Cooperative Enterprises	16.45	9.81	16.69	5.96	3.74
联营企业	Joint Owned Enterprises	2.53	2.65	3.84	0.24	0.22
有限责任公司	Limited Liability Corporations	101.74	475.95	1924.16	2539.50	3045.93
股份有限公司	Share-holding Corporations Ltd.	85.05	272.50	716.51	967.99	1026.49
私营企业	Private Enterprises	22.24	215.10	1577.55	3861.09	4071.13
其他企业	Other Enterprises	2.96	4.32	21.32	62.18	9.25
港澳台商投资企业	Enterprises Funded by Entrepreneurs from Hong Kong, Macao and Taiwan	17.62	78.46	209.35	507.56	529.80
外商投资企业	Foreign Funded Enterprises	38.19	155.16	463.20	652.64	633.66
总计中：	**Of the Total:**					
独资企业	Enterprise Owned by a Sole Investor	240.87		755.37	1276.86	820.31
合作合伙企业	Cooperative Enterprises	24.93		67.02	110.35	53.87
股份有限公司	Share-holding Corporations Ltd.	92.56		873.02	1247.79	1339.91
有限责任公司	Limited Liability Corporations	149.03		3595.21	6667.82	7375.10
总计中：	**Of the Total:**					
国有及国有控股企业	State Controlling Share Hold Enterprises	340.42	835.34	2222.19	2590.86	2469.19
总计中：	**Of the Total:**					
轻工业	Light Industry	206.02	452.18	1498.68	3058.04	3289.87
重工业	Heavy Industry	301.36	1031.57	3791.94	6244.77	6299.33
总计中：	**Of the Total:**					
大型企业	Large-sized Enterprises	270.74	658.94	2102.42	3306.41	3272.52
中型企业	Medium-sized Enterprises	77.68	470.09	1277.42	1842.83	1845.91
小型企业	Small Enterprises	158.96	354.73	1910.78	4153.58	4470.77

13—4 各市规模以上工业企业工业增加值

Value-added of Industry of All State-owned and Non-state-owned Industrial Enterprises Above Designated Size by Region

单位：亿元（100 million yuan）

地 区	Region	2000	2005	2010	2014	2015
总 计	**Total**	**507.38**	**1483.8**	**5290.62**	**9302.81**	**9589.20**
合 肥 市	Hefei	81.29	263.74	1092.71	2074.38	2191.52
淮 北 市	Huaibei	29.8	99.65	375.51	551.95	501.38
亳 州 市	Bozhou		25.74	94.89	227.99	246.15
宿 州 市	Suzhou	11.81	38.01	184.80	338.34	368.50
蚌 埠 市	Bengbu	32.58	74.6	234.93	591.37	673.96
阜 阳 市	Fuyang	22.63	49.18	216.98	442.56	501.48
淮 南 市	Huainan	30.71	116.06	341.98	345.18	325.39
滁 州 市	Chuzhou	32.07	74.37	282.29	558.83	610.53
六 安 市	Luan	18.78	46.79	228.71	418.43	359.29
马鞍山市	Maanshan	49.7	197.52	358.32	598.82	577.19
芜 湖 市	Wuhu	48.79	167.05	609.74	1345.56	1383.28
宣 城 市	Xuancheng	20.09	49.54	262.21	394.94	411.52
铜 陵 市	Tongling	23.5	92.39	290.07	423.63	494.33
池 州 市	Chizhou	4.02	18.96	80.14	165.59	177.21
安 庆 市	Anqing	50.24	105.54	339.87	695.85	640.53
黄 山 市	Huangshan	8.09	21.87	85.23	129.39	126.95

13—5 分行业规模以上工业企业工业增加值
Value-added of Industry of All Industrial Enterprises Above Designated Size by Industry

单位：万元（10000 yuan）

行 业	Sector	2014	2015
总 计	**Total**	**93028114**	**95891959**
煤炭开采和洗选业	Mining and Washing of Coal	4531574	3500659
黑色金属矿采选业	Mining and Processing of Ferrous Metal Ores	1874214	1501988
有色金属矿采选业	Mining and Processing of Non-Ferrous Metal Ores	311757	294684
非金属矿采选业	Mining and Processing of Nonmetal Ores	584424	578625
开采辅助活动	Mining Auxiliary Activities	3020	11922
农副食品加工业	Processing of Food from Agriculture Products	4866350	4958158
食品制造业	Manufacture of Foods	1365361	1495433
酒、饮料和精制茶制造业	Manufacture of Wine, Beverages and Refined Tea	2074354	2251454
烟草制品业	Manufacture of Tobacco	2847509	2814129
纺织业	Manufacture of Textile	2135226	2216222
纺织服装、服饰业	Manufacture of Textile Wearing Apparel and Clothing	2338017	2612345
皮革毛皮羽毛（绒）及其制品业	Manufacture of Leather, Furs, Feather and Related Products	905587	931220
木材加工及木竹藤棕草制品业	Processing of Timber, Manufacture of Wood, Bamboo, Rattan, Palm and Straw Products	1348640	1397948
家具制造业	Manufacture of Furniture	694859	802153
造纸和纸制品业	Manufacture of Paper and Paper Products	688117	737699
印刷和记录媒介复制业	Printing, Reproduction of Recording Media	1028300	1124234
文教、工美、体育和娱乐用品制造业	Manufacture of Culture, Education, Art, Sports and Entertainment Supplies	1044915	1164218
石油加工、炼焦和核燃料加工业	Processing of Petroleum, Coking and Processing of Nuclear Fuel	1046010	1068872
化学原料和化学制品制造业	Manufacture of Raw Chemical Materials and Chemical Products	5192789	5378623
医药制造业	Manufacture of Medicines	1763495	2003744
化学纤维制造业	Manufacture of Chemical Fibers	211980	232853
橡胶和塑料制品业	Manufacture of Rubber and Plastics	3115309	3478816
非金属矿物制品业	Manufacture of Non-metallic Mineral Products	6375074	6347495
黑色金属冶炼和压延加工业	Smelting and Pressing of Ferrous Metals	4947269	3954178
有色金属冶炼和压延加工业	Smelting and Pressing of Non-ferrous Metals	3792149	3880056
金属制品业	Manufacture of Metal Products	2866460	2895876
通用设备制造业	Manufacture of General Purpose Machinery	4750867	5296515
专用设备制造业	Manufacture of Special Purpose Machinery	3411218	3678204
汽车制造业	Manufacture of Automobile	4689366	5199636
铁路、船舶、航空航天和其他运输设备制造业	Manufacture of Railroads, Ships, Aerospace and Other Transportation Equipments	472861	583255
电气机械和器材制造业	Manufacture of Electrical Machinery and Equipment	10295036	10869293
计算机、通信和其他电子设备制造业	Manufacture of Computers, Communication and Other Electronic Equipmer	4318177	5043672
仪器仪表制造业	Manufacture of Measuring Instruments and Machinery	544465	589881
其他制造业	Manufacture of Others	237847	267301
废弃资源综合利用业	Industry of Comprehensive utilization of waste resources	1033967	1036607
金属制品、机械和设备修理业	Industry of Metal products, machinery and equipment repair	132895	117714
电力、热力生产和供应业	Production and Supply of Electric Power and Heat Power	4700863	5052248
燃气生产和供应业	Production and Supply of Gas	295819	326786
水的生产和供应业	Production and Supply of Water	191973	197243

13—6 规模以上工业企业主要经济指标（2015年）
Main Indicators Above Designated Size Industrial Enterprises (2015)

项　目	Item	企业单位数（个）Number of Enterprises (unit)	工业总产值（现价）Gross Industrial Output Value
总　　计	**Total**	**19077**	**39875.66**
总计中：	**Of the Total:**		
内资企业	Domestic Funded Enterprise	18299	34782.45
国有企业	State-owned Enterprise	76	1134.36
集体企业	Collective-owned Enterprise	71	75.92
股份合作企业	Share Holding Cooperative Enterprises	16	14.58
联营企业	Joint Owned Enterprises	3	0.77
有限责任公司	Limited Liability Corporations	4053	11285.08
股份有限公司	Share-holding Corporations Ltd.	441	4447.39
私营企业	Private Enterprises	13611	17785.33
其他企业	Other Enterprises	28	39.01
港澳台商投资企业	Enterprises Funded by Entrepreneurs from Hong Kong, Macao and Taiwan	306	2425.97
外商投资企业	Foreign Funded Enterprises	472	2667.24
总计中：	**Of the Total:**		
国有及国有控股企业	State Controlling Share Hold Enterprises	699	8795.14
总计中：	**Of the Total:**		
轻工业	Light Industry	7991	13791.03
重工业	Heavy Industry	11086	26084.63
总计中：	**Of the Total:**		
大型企业	Large-sized Enterprises	278	12591.82
中型企业	Medium-sized Enterprises	1440	7837.19
小型企业	Small Enterprises	17359	19446.65

单位：亿元（100 million yuan）

工业销售产值（现价）Value of Industrial Products Sales (At current prices)	#出口交货值 Delivery Value for Export	资产合计 Total Assets	流动资产合计 Circulating Funds	#存货 Stock	#产成品 Finished Product	固定资产合计 Total of Fixed Assets	固定资产原价 Original Value of Fixed Assets	固定资产累计折旧 Accumulated Depreciation of Fixed Assets
38798.25	**2177.81**	**31359.95**	**13988.02**	**3135.25**	**1256.57**	**12386.88**	**19177.04**	**8371.76**
33875.14	1582.15	28093.85	12120.55	2845.33	1126.13	11321.72	17032.41	7244.39
1111.42	5.00	1467.66	310.68	65.81	13.93	1063.37	1638.53	767.36
74.24	1.72	41.78	26.08	6.78	2.84	10.72	19.86	10.04
14.28	0.07	13.66	6.34	1.65	0.79	3.41	5.22	2.44
0.78		1.31	0.33	0.10	0.04	0.69	0.80	0.12
11010.47	557.45	12253.23	4734.78	1166.77	400.71	5473.85	7444.85	2998.49
4295.63	409.52	5655.87	2511.87	484.15	173.67	1815.75	3166.33	1431.23
17330.11	608.39	8640.73	4520.72	1116.75	532.65	2945.22	4745.33	2031.19
38.21		19.62	9.75	3.32	1.50	8.71	11.48	3.51
2306.77	409.19	1537.67	859.89	127.71	54.37	512.94	829.31	330.29
2616.34	186.47	1728.43	1007.58	162.21	76.07	552.23	1315.32	797.08
8594.17	434.04	13658.84	4428.16	992.01	295.29	6793.40	9598.97	4013.77
13383.04	888.31	7452.83	4106.86	1208.16	490.35	2296.29	4069.81	1927.88
25415.21	1289.50	23907.12	9881.16	1927.09	766.22	10090.60	15107.24	6443.88
12296.54	1262.21	15159.91	6150.26	1259.57	397.48	6379.87	9558.99	4366.81
7522.98	465.71	5891.16	2625.91	603.10	276.67	2294.19	3745.09	1617.32
18978.73	449.89	10308.88	5211.85	1272.58	582.42	3712.83	5872.96	2387.64

13—6 续表1 continued

项 目	Item	负债合计 Total Liabilities	流动负债 Liquid Liabilities
总 计	**Total**	**18028.15**	**13295.40**
总计中:	**Of the Total:**		
内资企业	Domestic Funded Enterprise	16047.12	11559.43
国有企业	State-owned Enterprise	912.12	597.73
集体企业	Collective-owned Enterprise	17.90	15.70
股份合作企业	Share Holding Cooperative Enterprises	4.94	3.47
联营企业	Joint Owned Enterprises	0.52	0.31
有限责任公司	Limited Liability Corporations	7612.14	5067.00
股份有限公司	Share-holding Corporations Ltd.	3318.00	2443.90
私营企业	Private Enterprises	4171.55	3423.01
其他企业	Other Enterprises	9.96	8.31
港澳台商投资企业	Enterprises Funded by Entrepreneurs from Hong Kong, Macao and Taiwan	1004.37	846.50
外商投资企业	Foreign Funded Enterprises	976.67	889.47
总计中:	**Of the Total:**		
国有及国有控股企业	State Controlling Share Hold Enterprises	8799.06	5642.86
总计中:	**Of the Total:**		
轻工业	Light Industry	3673.55	3145.84
重工业	Heavy Industry	14354.61	10149.56
总计中:	**Of the Total:**		
大型企业	Large-sized Enterprises	9503.44	6630.42
中型企业	Medium-sized Enterprises	3238.91	2497.20
小型企业	Small Enterprises	5285.81	4167.78

单位：亿元（100 million yuan）

非流动负债 Long-term Liabilities	所有者权益 Creditors' Equity	#实收资本 Capital Hold	主营业务收入 Revenue from principal Business	主营业务成本 Cost of Principal Business	主营业务税金及附加 Business and Extra Charges	利润总额 Total Profits	本年应付职工薪酬 Wages Payable in This Year	本年应交增值税 Value Added Tax Payable
3726.14	**13082.98**	**6124.05**	**39064.41**	**33753.80**	**522.09**	**2000.12**	**1890.21**	**930.13**
3547.94	11820.90	5344.65	34302.97	29704.12	499.17	1746.08	1697.49	821.24
309.48	554.60	193.74	1106.66	1018.83	7.20	45.01	90.55	33.38
1.35	23.51	3.64	73.30	62.35	0.47	5.01	4.80	2.55
0.21	8.72	2.98	13.81	10.57	0.10	0.89	1.61	0.34
0.12	0.78	0.80	0.76	0.71		-0.08	0.03	0.00
2091.16	4616.57	2528.52	11925.85	10243.22	254.06	522.91	708.08	302.55
808.45	2317.97	829.75	4191.01	3524.71	143.03	148.72	264.66	123.61
335.96	4289.13	1780.37	16954.43	14811.21	94.16	1021.18	626.49	358.10
1.21	9.63	4.85	37.15	32.52	0.14	2.44	1.26	0.71
110.95	527.40	317.78	2320.93	2018.38	8.44	101.98	82.49	33.25
67.25	734.67	461.62	2440.51	2031.30	14.48	152.06	110.24	75.63
2821.81	4850.81	2446.78	9670.13	8357.50	352.01	225.76	741.08	289.47
308.22	3699.42	1349.43	13033.87	11023.39	277.77	787.41	585.87	321.18
3417.92	9383.56	4774.62	26030.54	22730.41	244.32	1212.71	1304.34	608.94
2517.05	5622.32	2279.68	13224.00	11323.25	381.52	451.46	869.73	377.97
632.20	2621.64	1408.84	7347.30	6220.18	42.25	487.25	405.43	197.23
576.88	4839.02	2435.52	18493.11	16210.37	98.31	1061.41	615.05	354.92

13—6 续表2 continued

行 业	Sector	企业单位数 (个) Number of Enterprises (unit)	工业总产值 (现价) Gross Industrial Output Value
按行业分	**Grouped by Sector**		
煤炭开采和洗选业	Mining and Washing of Coal	32	641.89
黑色金属矿采选业	Mining and Processing of Ferrous Metal Ores	99	384.63
有色金属矿采选业	Mining and Processing of Non-Ferrous Metal Ores	72	95.00
非金属矿采选业	Mining and Processing of Nonmetal Ores	232	245.56
开采辅助活动	Mining Auxiliary Activities	5	4.92
农副食品加工业	Processing of Food from Agriculture Products	1716	3008.54
食品制造业	Manufacture of Foods	471	679.25
酒、饮料和精制茶制造业	Manufacture of Wine, Beverages and Refined Tea	388	711.05
烟草制品业	Manufacture of Tobacco	8	355.89
纺织业	Manufacture of Textile	713	994.98
纺织服装、服饰业	Manufacture of Textile Wearing Apparel and Clothing	1124	1044.41
皮革毛皮羽毛及其制品和制鞋业	Manufacture of Leather, Furs, Feather and Related Products	308	439.80
木材加工及木竹藤棕草制品业	Processing of Timber, Manufacture of Wood, Bamboo, Rattan, Palm and Straw Products	642	682.22
家具制造业	Manufacture of Furniture	297	342.31
造纸及纸制品业	Manufacture of Paper and Paper Products	244	366.06
印刷和记录媒介复制业	Printing, Reproduction of Recording Media	349	429.80
文教工美体育和娱乐用品制造业	Manufacture of Culture, Education, Art, Sports and Entertainment Supplies	490	479.18
石油加工、炼焦和核燃料加工业	Processing of Petroleum, Coking and Processing of Nuclear Fuel	28	468.23
化学原料和化学制品制造业	Manufacture of Raw Chemical Materials and Chemical Products	1018	2285.14
医药制造业	Manufacture of Medicines	408	751.61
化学纤维制造业	Manufacture of Chemical Fibers	38	96.41
橡胶和塑料制品业	Manufacture of Rubber and Plastics	1094	1459.09
非金属矿物制品业	Manufacture of Non-metallic Mineral Products	2172	2387.91
黑色金属冶炼和压延加工业	Smelting and Pressing of Ferrous Metals	438	1936.28
有色金属冶炼和压延加工业	Smelting and Pressing of Non-ferrous Metals	222	2127.71
金属制品业	Manufacture of Metal Products	913	1300.31
通用设备制造业	Manufacture of General Purpose Machinery	1137	2205.06
专用设备制造业	Manufacture of Special Purpose Machinery	920	1496.64
汽车制造业	Manufacture of Automobile	865	2483.68
铁路船舶航空航天和其他运输设备制造业	Manufacture of Railroads, Ships, Aerospace and Other Transportation Equipments	185	302.78
电气机械和器材制造业	Manufacture of Electrical Machinery and Equipment	1227	4793.07
计算机通信和其他电子设备制造业	Manufacture of Computers, Communication and Other Electronic Equipments	516	2037.79
仪器仪表制造业	Manufacture of Measuring Instruments and Machinery	139	203.77
其他制造业	Manufacture of Others	104	107.03
废弃资源综合利用业	Industry of Comprehensive Utilization of Waste Resources	159	446.44
金属制品、机械和设备修理业	Industry of Metal Products, Machinery and Equipment Repair	10	39.33
电力、热力生产和供应业	Production and Supply of Electric Power and Heat Power	183	1856.72
燃气生产和供应业	Production and Supply of Gas	58	143.08
水的生产和供应业	Production and Supply of Water	53	42.09

单位：亿元（100 million yuan）

工业销售产值（现价）Value of Industrial Products Sales (At current prices)	#出口交货值 Delivery Value for Export	资产合计 Total Assets	流动资产合计 Circulating Funds	#存货 Stock	#产成品 Finished Product	固定资产合计 Total of Fixed Assets	固定资产原价 Original Value of Fixed Assets	固定资产累计折旧 Accumulated Depreciation of Fixed Assets
617.73		3236.55	623.96	100.42	28.36	1908.79	1790.05	734.69
372.46		640.41	146.82	12.17	6.98	193.55	290.32	131.09
93.42		85.56	44.43	3.77	2.21	26.30	49.32	29.11
240.36		143.93	52.21	9.52	6.36	57.19	73.63	20.03
4.93		4.94	3.49	0.46	0.42	1.44	2.20	0.88
2959.61	28.46	1105.70	588.89	214.11	72.74	362.62	581.36	255.46
661.64	18.30	309.72	143.77	42.29	20.19	115.18	196.88	89.64
654.62	16.09	576.91	313.19	117.39	37.82	178.27	252.11	83.76
347.01	0.13	345.03	249.70	187.77	11.07	75.04	133.82	61.78
975.23	130.84	576.98	253.63	88.94	46.85	190.45	311.32	134.46
1028.17	156.83	370.11	199.50	52.55	24.94	130.04	186.53	68.48
425.74	61.17	221.58	132.74	42.85	22.60	59.51	88.89	33.77
669.15	18.60	247.89	123.88	41.05	18.55	90.02	125.01	41.49
337.27	20.45	138.11	73.10	22.41	11.60	52.28	92.41	42.34
359.84	4.50	337.32	119.18	25.71	9.98	130.23	176.55	48.21
414.73	7.98	264.40	139.69	34.80	16.36	88.78	146.94	66.51
464.46	146.29	213.10	114.96	33.37	16.45	65.22	88.51	30.01
459.18	0.02	175.74	47.37	26.17	6.73	122.64	222.77	96.32
2204.64	72.00	1738.57	757.71	172.70	93.59	666.66	1050.12	392.01
713.25	37.72	557.43	322.67	69.80	28.33	148.02	214.81	82.97
91.38	7.41	144.38	52.09	22.59	17.12	64.09	103.46	41.37
1423.51	121.55	908.77	482.10	115.45	52.81	301.10	656.47	381.32
2323.27	25.18	2116.69	959.39	167.08	77.98	868.11	1296.49	485.16
1911.77	57.89	1550.19	582.83	148.81	54.39	864.41	1588.21	802.20
2077.95	41.41	1265.03	597.58	186.84	37.51	322.69	472.46	167.72
1259.68	20.98	738.97	440.73	105.71	48.11	208.10	386.34	189.30
2111.98	76.83	1525.61	888.77	215.84	89.36	401.31	753.64	377.70
1437.77	27.67	1008.42	540.59	129.52	53.78	310.36	470.00	215.25
2428.94	135.97	2181.51	1134.06	172.85	76.51	550.87	937.85	408.47
298.34	7.70	189.55	98.45	23.28	10.75	60.41	83.11	25.13
4624.86	216.77	2857.04	1881.17	312.60	174.32	627.70	1433.71	842.50
1991.25	706.27	2094.94	1262.88	149.19	56.28	618.76	895.18	285.79
199.40	8.90	138.66	80.66	11.39	5.06	43.67	65.84	25.40
105.02	2.01	60.37	36.63	12.77	6.44	17.16	23.36	7.73
438.81	0.57	119.87	74.22	19.04	8.99	37.71	261.21	226.60
39.26	0.96	72.96	52.72	14.17	1.56	16.80	28.37	11.86
1847.67	0.35	2746.05	258.67	22.69	1.61	2249.06	3415.06	1352.71
142.93		185.64	57.82	2.86	1.33	77.53	95.20	25.28
41.02		165.32	55.75	4.32	0.46	84.81	137.52	57.27

13—6 续表3 continued

行业	Sector	负债合计 Total Liabilities	流动负债 Liquid Liabilities
按行业分	**Grouped by Sector**		
煤炭开采和洗选业	Mining and Washing of Coal	2520.56	1332.00
黑色金属矿采选业	Mining and Processing of Ferrous Metal Ores	362.29	271.65
有色金属矿采选业	Mining and Processing of Non-Ferrous Metal Ores	45.87	37.56
非金属矿采选业	Mining and Processing of Nonmetal Ores	65.98	48.47
开采辅助活动	Mining Auxiliary Activities	2.53	2.23
农副食品加工业	Processing of Food from Agriculture Products	507.67	430.02
食品制造业	Manufacture of Foods	151.86	134.04
酒、饮料和精制茶制造业	Manufacture of Wine, Beverages and Refined Tea	262.04	235.94
烟草制品业	Manufacture of Tobacco	101.32	98.29
纺织业	Manufacture of Textile	267.41	194.91
纺织服装、服饰业	Manufacture of Textile Wearing Apparel and Clothing	185.68	155.17
皮革毛皮羽毛及其制品和制鞋业	Manufacture of Leather, Furs, Feather and Related Products	103.58	83.39
木材加工及木竹藤棕草制品业	Processing of Timber, Manufacture of Wood, Bamboo, Rattan, Palm and Straw Products	108.55	91.80
家具制造业	Manufacture of Furniture	66.99	52.98
造纸及纸制品业	Manufacture of Paper and Paper Products	169.80	137.43
印刷和记录媒介复制业	Printing, Reproduction of Recording Media	121.14	96.91
文教工美体育和娱乐用品制造业	Manufacture of Culture, Education, Art, Sports and Entertainment Supplies	94.92	80.32
石油加工、炼焦和核燃料加工业	Processing of Petroleum, Coking and Processing of Nuclear Fuel	114.39	111.89
化学原料和化学制品制造业	Manufacture of Raw Chemical Materials and Chemical Products	974.92	732.89
医药制造业	Manufacture of Medicines	266.29	222.08
化学纤维制造业	Manufacture of Chemical Fibers	75.57	54.37
橡胶和塑料制品业	Manufacture of Rubber and Plastics	413.10	308.76
非金属矿物制品业	Manufacture of Non-metallic Mineral Products	1093.96	862.55
黑色金属冶炼和压延加工业	Smelting and Pressing of Ferrous Metals	895.80	660.20
有色金属冶炼和压延加工业	Smelting and Pressing of Non-ferrous Metals	901.95	621.48
金属制品业	Manufacture of Metal Products	373.44	309.56
通用设备制造业	Manufacture of General Purpose Machinery	792.81	642.65
专用设备制造业	Manufacture of Special Purpose Machinery	550.82	451.60
汽车制造业	Manufacture of Automobile	1426.07	1229.59
铁路船舶航空航天和其他运输设备制造业	Manufacture of Railroads, Ships, Aerospace and Other Transportation Equipments	121.57	101.05
电气机械和器材制造业	Manufacture of Electrical Machinery and Equipment	1579.58	1392.73
计算机通信和其他电子设备制造业	Manufacture of Computers, Communication and Other Electronic Equipments	1222.58	936.46
仪器仪表制造业	Manufacture of Measuring Instruments and Machinery	57.46	44.56
其他制造业	Manufacture of Others	22.03	19.04
废弃资源综合利用业	Industry of Comprehensive Utilization of Waste Resources	70.32	59.97
金属制品、机械和设备修理业	Industry of Metal Products, Machinery and Equipment Repair	17.69	16.47
电力、热力生产和供应业	Production and Supply of Electric Power and Heat Power	1723.94	891.41
燃气生产和供应业	Production and Supply of Gas	119.54	87.05
水的生产和供应业	Production and Supply of Water	76.15	55.90

单位：亿元（100 million yuan）

非流动负债 Long-term Liabilities	所有者权益 Creditors' Equity	#实收资本 Capital Hold	主营业务收入 Revenue from principal Business	主营业务成本 Cost of Principal Business	主营业务税金及附加 Business and Extra Charges	利润总额 Total Profits	本年应付职工薪酬 Wages Payable in This Year	本年应交增值税 Value Added Tax Payable
993.16	714.93	364.54	1052.02	1001.24	10.98	-90.57	280.28	49.94
84.75	277.18	167.86	356.98	314.99	2.97	12.92	14.54	6.72
4.40	38.39	12.51	94.55	77.59	1.07	4.09	5.48	3.06
13.24	74.06	35.64	235.95	193.27	3.79	15.44	7.41	8.07
0.30	1.91	0.87	4.64	4.17	0.06	0.07	0.60	0.16
47.01	580.04	198.73	2899.21	2631.34	7.67	129.27	64.28	29.80
9.56	148.84	66.14	627.89	537.97	2.89	32.43	27.12	15.86
17.28	312.20	102.21	618.77	428.18	33.95	71.05	35.56	28.25
1.08	243.71	56.86	346.24	106.04	187.07	21.93	23.59	41.51
45.03	298.76	101.33	976.09	877.59	5.35	49.59	51.81	17.04
12.81	179.47	76.20	1000.30	889.13	7.12	47.26	90.23	19.40
5.26	115.71	35.90	410.58	359.85	1.81	29.77	20.61	10.23
6.25	135.14	53.65	656.83	583.71	3.45	34.73	21.46	11.81
6.48	68.43	30.07	326.70	280.31	1.89	18.90	13.29	7.66
27.37	166.74	91.87	359.61	319.39	1.24	19.38	12.23	5.71
14.06	137.83	47.00	408.20	346.28	1.85	29.47	22.35	7.81
4.74	112.25	36.13	454.07	395.36	2.21	24.37	25.55	10.16
0.58	60.93	108.76	455.10	333.41	95.46	2.63	6.17	20.84
204.89	748.94	339.18	2092.45	1763.12	9.00	129.23	70.27	39.46
28.37	288.45	110.76	715.57	581.66	3.46	60.79	36.94	16.73
21.05	68.75	29.56	99.45	83.06	0.60	5.24	5.48	2.31
32.36	484.04	200.48	1401.81	1192.93	6.84	97.09	65.88	30.03
159.08	980.69	482.67	2284.37	1942.41	15.45	151.83	103.36	60.15
177.56	641.59	266.72	1965.09	1841.05	9.59	13.22	60.97	47.29
206.04	359.48	160.48	2795.34	2521.20	4.40	17.19	39.02	19.18
27.09	354.08	154.69	1226.88	1068.09	7.37	71.29	55.89	25.90
114.59	707.98	301.56	2061.47	1787.94	11.46	129.29	96.46	44.91
67.50	443.91	217.27	1401.12	1201.17	8.61	81.63	65.92	28.91
166.20	750.98	304.24	2283.83	2017.96	27.77	104.80	130.82	51.66
16.11	66.54	40.20	294.37	261.89	1.50	15.94	16.56	8.29
110.99	1251.59	534.37	4445.51	3730.43	20.98	292.28	158.72	123.06
252.07	869.71	602.42	1949.73	1701.98	7.02	116.64	106.09	34.64
8.88	75.84	25.57	194.49	152.03	1.16	22.15	9.66	5.94
1.50	38.33	11.71	104.63	83.97	0.41	13.03	5.20	1.77
1.06	47.57	22.71	430.40	407.62	5.03	12.87	5.11	22.28
0.18	55.79	7.26	34.17	26.69	0.11	3.34	3.47	0.42
791.88	1027.95	665.21	1812.90	1557.64	9.29	189.87	118.73	68.91
26.30	65.39	24.02	144.56	119.11	0.70	15.89	5.78	3.36
19.06	88.86	36.71	42.56	32.05	0.52	3.75	7.30	0.93

13—7 规模以上工业企业主要经济效益指标（2015年）

Main Indicators on Economic Benefit Above Designated Size Industrial Enterprises by Industrial Branch (2015)

项　目	Item
总　　计	**Total**
总计中：	**Of the Total:**
内资企业	Domestic Funded Enterprise
国有企业	State-owned Enterprise
集体企业	Collective-owned Enterprise
股份合作企业	Share Holding Cooperative Enterprises
联营企业	Joint Owned Enterprises
有限责任公司	Limited Liability Corporations
股份有限公司	Share-holding Corporations Ltd.
私营企业	Private Enterprises
其他企业	Other Enterprises
港澳台商投资企业	Enterprises Funded by Entrepreneurs from Hong Kong, Macao and Taiwan
外商投资企业	Foreign Funded Enterprises
总计中：	**Of the Total:**
国有及国有控股企业	State Controlling Share Hold Enterprises
总计中：	**Of the Total:**
轻工业	Light Industry
重工业	Heavy Industry
总计中：	**Of the Total:**
大型企业	Large-sized Enterprises
中型企业	Medium-sized Enterprises
小型企业	Small Enterprises

总资产贡献率 (%) Ratio of Total Assets to Industrial Output Value (%)	资产负债率 (%) Assets-liability Ratio (%)	流动资产周转次数 (次/年) Number of Times of Annual of Turnover Circulating Funds (times/year)	工业成本费用利润率 (%) Ratio of Profits to Industrial Cost (%)	产品销售率 (%) Proportion of Products Sold (%)
12.25	**57.49**	**2.83**	**5.41**	**97.30**
12.24	57.12	2.86	5.37	97.39
7.03	62.15	3.58	4.21	97.98
19.73	42.85	2.82	7.38	97.79
10.88	36.17	2.18	6.93	97.95
-5.86	39.57	2.31	-9.33	100.37
10.31	62.12	2.56	4.61	97.57
8.48	58.66	1.71	3.64	96.59
18.28	48.28	3.76	6.42	97.44
17.75	50.76	3.81	7.05	97.93
9.93	65.32	2.75	4.70	95.09
14.42	56.51	2.48	6.56	98.09
7.84	64.42	2.24	2.39	97.71
19.56	49.29	3.20	6.52	97.04
9.97	60.04	2.67	4.87	97.43
9.32	62.69	2.20	3.54	97.66
13.47	54.98	2.83	7.13	95.99
15.84	51.27	3.56	6.09	97.59

13—7 续表 continued

行　业	Sector
按行业分	**Grouped by Sector**
煤炭开采和洗选业	Mining and Washing of Coal
黑色金属矿采选业	Mining and Processing of Ferrous Metal Ores
有色金属矿采选业	Mining and Processing of Non-Ferrous Metal Ores
非金属矿采选业	Mining and Processing of Nonmetal Ores
开采辅助活动	Mining Auxiliary Activities
农副食品加工业	Processing of Food from Agriculture Products
食品制造业	Manufacture of Foods
酒、饮料和精制茶制造业	Manufacture of Wine, Beverages and Refined Tea
烟草制品业	Manufacture of Tobacco
纺织业	Manufacture of Textile
纺织服装、服饰业	Manufacture of Textile Wearing Apparel and Clothing
皮革毛皮羽毛及其制品和制鞋业	Manufacture of Leather, Furs, Feather and Related Products
木材加工及木竹藤棕草制品业	Processing of Timber, Manufacture of Wood, Bamboo, Rattan, Palm and Straw Products
家具制造业	Manufacture of Furniture
造纸及纸制品业	Manufacture of Paper and Paper Products
印刷和记录媒介复制业	Printing, Reproduction of Recording Media
文教工美体育和娱乐用品制造业	Manufacture of Culture, Education, Art, Sports and Entertainment Supplies
石油加工、炼焦和核燃料加工业	Processing of Petroleum, Coking and Processing of Nuclear Fuel
化学原料和化学制品制造业	Manufacture of Raw Chemical Materials and Chemical Products
医药制造业	Manufacture of Medicines
化学纤维制造业	Manufacture of Chemical Fibers
橡胶和塑料制品业	Manufacture of Rubber and Plastics
非金属矿物制品业	Manufacture of Non-metallic Mineral Products
黑色金属冶炼和压延加工业	Smelting and Pressing of Ferrous Metals
有色金属冶炼和压延加工业	Smelting and Pressing of Non-ferrous Metals
金属制品业	Manufacture of Metal Products
通用设备制造业	Manufacture of General Purpose Machinery
专用设备制造业	Manufacture of Special Purpose Machinery
汽车制造业	Manufacture of Automobile
铁路船舶航空航天和其他运输设备制造业	Manufacture of Railroads, Ships, Aerospace and Other Transportation Equipments
电气机械和器材制造业	Manufacture of Electrical Machinery and Equipment
计算机通信和其他电子设备制造业	Manufacture of Computers, Communication and Other Electronic Equipments
仪器仪表制造业	Manufacture of Measuring Instruments and Machinery
其他制造业	Manufacture of Others
废弃资源综合利用业	Industry of Comprehensive Utilization of Waste Resources
金属制品、机械和设备修理业	Industry of Metal Products, Machinery and Equipment Repair
电力、热力生产和供应业	Production and Supply of Electric Power and Heat Power
燃气生产和供应业	Production and Supply of Gas
水的生产和供应业	Production and Supply of Water

总资产贡献率 (%) Ratio of Total Assets to Industrial Output Value (%)	资产负债率 (%) Assets-liability Ratio (%)	流动资产周转次数 (次/年) Number of Times of Annual of Turnover Circulating Funds (times/year)	工业成本费用利润率 (%) Ratio of Profits to Industrial Cost (%)	产品销售率 (%) Proportion of Products Sold (%)
1.59	77.88	1.83	-7.03	96.24
4.87	56.57	2.45	3.68	96.84
11.65	53.61	2.13	4.55	98.33
20.12	45.84	4.53	7.14	97.88
5.99	51.28	1.39	1.54	100.23
16.74	45.91	4.95	4.64	98.37
17.71	49.03	4.43	5.38	97.41
23.85	45.42	2.00	13.58	92.06
72.99	29.37	1.40	15.72	97.51
13.82	46.35	3.87	5.33	98.01
20.92	50.17	5.02	4.99	98.45
20.18	46.75	3.11	7.77	96.80
21.37	43.79	5.31	5.59	98.08
22.17	48.50	4.52	6.18	98.53
9.30	50.34	3.03	5.67	98.30
15.80	45.82	2.95	7.75	96.49
18.65	44.54	3.96	5.69	96.93
69.81	65.09	9.90	0.71	98.07
11.60	56.08	2.81	6.48	96.48
15.23	47.77	2.22	9.27	94.90
7.07	52.34	1.92	5.60	94.78
15.84	45.46	2.94	7.37	97.56
11.75	51.68	2.40	7.05	97.29
5.50	57.79	3.38	0.69	98.73
4.63	71.30	4.70	0.66	97.66
15.48	50.54	2.81	6.15	96.88
12.99	51.97	2.35	6.63	95.78
12.91	54.62	2.61	6.20	96.07
9.23	65.37	2.07	4.59	97.80
14.68	64.14	3.00	5.72	98.53
16.05	55.29	2.40	7.02	96.49
8.19	58.36	1.56	6.34	97.72
21.71	41.44	2.43	12.26	97.85
25.71	36.48	2.88	14.09	98.13
34.60	58.67	5.81	3.08	98.29
4.04	24.24	0.65	10.73	99.82
11.49	62.78	7.10	11.49	99.51
11.29	64.39	2.55	12.12	99.89
3.47	46.06	0.81	8.78	97.44

13—8 国有控股工业企业主要经济指标（2015年）
Main Indicators of State-owned and State-holding Industrial Enterprises (2015)

项 目	Item	企业单位数（个）Number of Enterprises (unit)	工业总产值（现价）Gross Industrial Output Value
总　计	**Total**	**699**	**8795.14**
总计中：	**Of the Total:**		
内资企业	Domestic Funded Enterprise	661	8476.54
国有企业	State-owned Enterprise	76	1134.36
有限责任公司	Limited Liability Corporations	502	4907.87
股份有限公司	Share-holding Corporations Ltd.	82	2434.09
港澳台商投资企业	Enterprises Funded by Entrepreneurs from Hong Kong, Macao and Taiwan	16	204.42
外商投资企业	Foreign Funded Enterprises	22	114.17
总计中：	**Of the Total:**		
轻工业	Light Industry	150	1388.77
重工业	Heavy Industry	549	7406.37
总计中：	**Of the Total:**		
大型企业	Large-sized Enterprises	101	6598.74
中型企业	Medium-sized Enterprises	183	1170.67
小型企业	Small Enterprises	415	1025.73
按行业分	**Grouped by Sector**		
煤炭开采和洗选业	Mining and Washing of Coal	18	614.84
黑色金属矿采选业	Mining and Processing of Ferrous Metal Ores	11	103.31
有色金属矿采选业	Mining and Processing of Non-Ferrous Metal Ores	4	4.21
非金属矿采选业	Mining and Processing of Nonmetal Ores	11	20.10
农副食品加工业	Processing of Food from Agriculture Products	28	79.12
食品制造业	Manufacture of Foods	8	15.95
酒、饮料和精制茶制造业	Manufacture of Wine, Beverages and Refined Tea	7	120.99
烟草制品业	Manufacture of Tobacco	5	350.02
纺织业	Manufacture of Textile	7	38.03
纺织服装、服饰业	Manufacture of Textile Wearing Apparel and Clothing	9	7.91
木材加工及木竹藤棕草制品业	Processing of Timber, Manufacture of Wood, Bamboo, Rattan, Palm and Straw Products	3	5.70
造纸及纸制品业	Manufacture of Paper and Paper Products	2	4.58
印刷和记录媒介复制业	Printing, Reproduction of Recording Media	8	12.74
石油加工、炼焦和核燃料加工业	Processing of Petroleum, Coking and Processing of Nuclear Fuel	2	334.50
化学原料和化学制品制造业	Manufacture of Raw Chemical Materials and Chemical Products	39	328.54
医药制造业	Manufacture of Medicines	16	66.65
化学纤维制造业	Manufacture of Chemical Fibers	2	39.32
橡胶和塑料制品业	Manufacture of Rubber and Plastics	17	79.69
非金属矿物制品业	Manufacture of Non-metallic Mineral Products	74	316.50
黑色金属冶炼和压延加工业	Smelting and Pressing of Ferrous Metals	14	826.74
有色金属冶炼和压延加工业	Smelting and Pressing of Non-ferrous Metals	12	874.89
金属制品业	Manufacture of Metal Products	19	67.99
通用设备制造业	Manufacture of General Purpose Machinery	46	226.21
专用设备制造业	Manufacture of Special Purpose Machinery	31	153.76
汽车制造业	Manufacture of Automobile	47	1107.72
铁路船舶航空航天和其他运输设备制造业	Manufacture of Railroads, Ships, Aerospace and Other Transportation Equipments	11	44.90
电气机械和器材制造业	Manufacture of Electrical Machinery and Equipment	26	519.84
计算机通信和其他电子设备制造业	Manufacture of Computers, Communication and Other Electronic Equipments	29	529.84
仪器仪表制造业	Manufacture of Measuring Instruments and Machinery	2	5.51
废弃资源综合利用业	Industry of Comprehensive Utilization of Waste Resources	3	43.14
金属制品、机械和设备修理业	Industry of Metal Products, Machinery and Equipment Repair	2	30.85
电力、热力生产和供应业	Production and Supply of Electric Power and Heat Power	143	1745.40
燃气生产和供应业	Production and Supply of Gas	12	48.09
水的生产和供应业	Production and Supply of Water	29	26.29

单位：亿元（100 million yuan）

工业销售产值（现价） Value of Industrial Products Sales (At current prices)	#出口交货值 Delivery Value for Export	资产合计 Total Assets	流动资产合计 Circulating Funds	#存货 Stock	#产成品 Finished Product	固定资产合计 Total of Fixed Assets	固定资产原价 Original Value of Fixed Assets	固定资产累计折旧 Accumulated Depreciation of Fixed Assets
8594.17	**434.04**	**13658.84**	**4428.16**	**992.01**	**295.29**	**6793.40**	**9598.97**	**4013.77**
8279.73	407.65	13449.89	4347.98	974.99	289.68	6687.26	9416.64	3930.53
1111.42	5.00	1467.66	310.68	65.81	13.93	1063.37	1638.53	767.36
4802.01	206.10	8529.25	2699.95	682.81	193.43	4299.88	5387.04	2042.98
2366.07	196.55	3451.98	1337.23	226.33	82.30	1323.42	2390.37	1120.08
201.52	26.10	80.77	32.01	8.04	1.41	43.60	66.47	23.63
112.91	0.29	128.18	48.18	8.98	4.20	62.54	115.86	59.60
1300.57	68.67	1356.89	784.45	309.30	80.18	383.32	721.39	348.64
7293.60	365.37	12301.94	3643.72	682.71	215.11	6410.08	8877.58	3665.13
6463.19	414.56	10655.82	3522.30	823.98	222.26	5213.45	7296.93	3215.98
1120.99	15.18	1817.21	576.99	110.74	47.27	873.30	1289.37	457.01
1009.99	4.30	1185.81	328.87	57.29	25.76	706.66	1012.68	340.77
590.69		3216.41	618.61	98.86	27.81	1903.70	1779.10	728.80
100.56		396.19	62.45	3.67	1.69	106.12	134.70	43.64
4.29		19.40	8.98	0.35	0.18	7.58	8.29	3.59
19.61		33.17	9.67	1.37	0.96	15.54	24.07	8.67
75.47		32.51	17.13	8.55	2.58	12.45	21.28	9.19
15.69	2.65	6.78	2.30	0.88	0.65	4.23	7.45	3.34
98.53	1.86	116.89	72.32	20.38	5.36	25.51	39.02	13.71
341.11	0.13	336.91	246.20	186.78	10.78	71.41	128.70	60.29
37.36	7.11	108.06	23.56	6.28	3.06	27.45	45.35	19.38
7.82		11.82	8.55	1.18	0.42	3.08	4.52	1.47
4.73		3.51	1.36	0.71	0.49	0.77	1.32	0.61
3.85	0.11	8.16	4.35	2.94	2.19	2.98	4.42	1.43
12.76		9.16	6.53	1.35	0.95	2.54	4.74	3.27
335.75		120.97	27.59	19.01	2.85	93.18	176.29	74.51
308.14	10.00	560.57	178.53	43.45	26.54	266.57	391.70	128.03
62.24	0.03	76.55	43.41	10.45	4.47	21.65	34.61	13.65
37.74	5.39	90.86	17.42	6.25	2.72	47.41	74.95	27.53
79.38	1.43	108.43	45.83	9.50	5.19	40.46	66.63	28.32
301.82	7.01	500.00	186.68	27.63	12.84	258.91	415.79	173.99
840.38	40.73	1004.39	323.68	78.61	17.88	640.20	1161.42	587.83
874.65	35.05	865.40	352.71	125.07	21.29	217.23	317.57	103.13
66.22	0.49	78.04	51.05	8.64	3.62	20.90	38.92	19.57
218.59	15.33	311.24	201.23	59.14	21.24	81.29	148.84	69.27
131.57	1.29	224.34	115.95	25.76	12.54	77.01	65.51	34.07
1094.00	104.91	1286.63	666.10	69.04	28.37	248.67	453.00	208.92
44.44	3.90	104.27	59.32	12.20	7.27	24.84	35.48	10.94
477.98	26.12	372.44	286.10	65.07	49.79	59.02	218.48	159.52
516.31	170.17	890.74	452.03	61.83	18.98	355.72	505.69	150.05
5.51		8.90	7.76	0.62		0.96	3.13	2.17
43.18		6.98	5.27	0.53	0.05	1.57	2.63	1.08
30.85		61.67	45.95	12.09	0.12	12.48	20.58	8.34
1738.22	0.35	2476.04	210.90	19.39	1.59	2042.51	3118.79	1262.21
48.00		91.38	24.48	1.20	0.79	39.92	49.27	13.14
25.56		117.80	43.22	3.12	0.04	58.67	94.79	39.00

13—8 续表 continued

项 目	Item	负债合计 Total Liabilities	流动负债 Liquid Liabilities
总 计	**Total**	**8799.06**	**5642.86**
总计中:	**Of the Total:**		
内资企业	Domestic Funded Enterprise	8684.94	5565.41
国有企业	State-owned Enterprise	912.12	597.73
有限责任公司	Limited Liability Corporations	5518.72	3368.18
股份有限公司	Share-holding Corporations Ltd.	2253.75	1599.26
港澳台商投资企业	Enterprises Funded by Entrepreneurs from Hong Kong, Macao and Taiwan	59.47	29.79
外商投资企业	Foreign Funded Enterprises	54.65	47.67
总计中:	**Of the Total:**		
轻工业	Light Industry	585.16	488.94
重工业	Heavy Industry	8213.90	5153.93
总计中:	**Of the Total:**		
大型企业	Large-sized Enterprises	6979.65	4469.49
中型企业	Medium-sized Enterprises	1039.67	684.65
小型企业	Small Enterprises	779.75	488.72
按行业分	**Grouped by Sector**		
煤炭开采和洗选业	Mining and Washing of Coal	2511.65	1327.20
黑色金属矿采选业	Mining and Processing of Ferrous Metal Ores	225.96	164.64
有色金属矿采选业	Mining and Processing of Non-Ferrous Metal Ores	5.82	4.70
非金属矿采选业	Mining and Processing of Nonmetal Ores	14.66	6.65
农副食品加工业	Processing of Food from Agriculture Products	18.65	16.35
食品制造业	Manufacture of Foods	3.37	2.59
酒、饮料和精制茶制造业	Manufacture of Wine, Beverages and Refined Tea	40.48	38.31
烟草制品业	Manufacture of Tobacco	96.71	94.71
纺织业	Manufacture of Textile	38.14	18.45
纺织服装、服饰业	Manufacture of Textile Wearing Apparel and Clothing	4.61	3.22
木材加工及木竹藤棕草制品业	Processing of Timber, Manufacture of Wood, Bamboo, Rattan, Palm and Straw Products	3.43	2.04
造纸及纸制品业	Manufacture of Paper and Paper Products	2.69	2.51
印刷和记录媒介复制业	Printing, Reproduction of Recording Media	2.56	1.94
石油加工、炼焦和核燃料加工业	Processing of Petroleum, Coking and Processing of Nuclear Fuel	82.58	82.42
化学原料和化学制品制造业	Manufacture of Raw Chemical Materials and Chemical Products	390.00	255.89
医药制造业	Manufacture of Medicines	36.05	30.05
化学纤维制造业	Manufacture of Chemical Fibers	48.76	29.71
橡胶和塑料制品业	Manufacture of Rubber and Plastics	36.41	24.50
非金属矿物制品业	Manufacture of Non-metallic Mineral Products	268.54	198.38
黑色金属冶炼和压延加工业	Smelting and Pressing of Ferrous Metals	629.58	448.97
有色金属冶炼和压延加工业	Smelting and Pressing of Non-ferrous Metals	644.20	401.54
金属制品业	Manufacture of Metal Products	39.70	34.23
通用设备制造业	Manufacture of General Purpose Machinery	160.39	126.13
专用设备制造业	Manufacture of Special Purpose Machinery	143.33	111.59
汽车制造业	Manufacture of Automobile	906.47	781.37
铁路船舶航空航天和其他运输设备制造业	Manufacture of Railroads, Ships, Aerospace and Other Transportation Equipments	79.49	68.04
电气机械和器材制造业	Manufacture of Electrical Machinery and Equipment	198.05	187.78
计算机通信和其他电子设备制造业	Manufacture of Computers, Communication and Other Electronic Equipments	473.03	254.54
仪器仪表制造业	Manufacture of Measuring Instruments and Machinery	4.01	4.01
废弃资源综合利用业	Industry of Comprehensive Utilization of Waste Resources	3.81	3.81
金属制品、机械和设备修理业	Industry of Metal Products, Machinery and Equipment Repair	14.09	13.05
电力、热力生产和供应业	Production and Supply of Electric Power and Heat Power	1554.68	820.14
燃气生产和供应业	Production and Supply of Gas	66.69	47.30
水的生产和供应业	Production and Supply of Water	49.94	35.60

单位：亿元（100 million yuan）

非流动负债 Long-term Liabilities	所有者权益 Creditors' Equity	#实收资本 Capital Hold	主营业务收入 Revenue from principal Business	主营业务成本 Cost of Principal Business	主营业务税金及附加 Business and Extra Charges	利润总额 Total Profits	本年应付职工薪酬 Wages Payable in This Year	本年应交增值税 Value Added Tax Payable
2821.81	**4850.81**	**2446.78**	**9670.13**	**8357.50**	**352.01**	**225.76**	**741.08**	**289.47**
2804.62	4756.75	2380.16	9365.96	8087.95	351.18	203.60	724.97	280.51
309.48	554.60	193.74	1106.66	1018.83	7.20	45.01	90.55	33.38
1842.94	3013.31	1716.50	5906.91	5031.16	216.86	170.15	466.87	171.77
652.09	1188.20	469.23	2352.18	2037.78	127.11	-11.47	167.54	75.36
10.21	21.30	14.04	192.50	174.47	0.38	12.64	9.32	5.87
6.98	72.77	52.58	111.67	95.09	0.46	9.52	6.79	3.10
73.98	771.14	202.41	1295.58	883.17	201.70	79.38	79.90	70.79
2747.83	4079.67	2244.38	8374.55	7474.33	150.31	146.39	661.18	218.68
2220.30	3667.14	1554.71	7596.54	6597.53	342.18	49.27	616.28	230.66
345.25	776.24	582.90	1094.16	913.07	6.57	101.67	83.03	36.41
256.27	407.42	309.17	979.43	846.90	3.27	74.82	41.77	22.40
989.64	704.76	360.72	1025.65	977.21	10.76	-90.73	278.47	49.11
61.32	170.23	136.97	89.86	76.89	1.11	7.54	9.60	3.70
1.09	13.59	1.28	4.14	3.22	0.09	0.01	1.82	0.28
7.50	18.51	10.80	18.21	11.74	0.68	1.96	1.76	1.19
2.19	13.83	7.61	77.32	72.04	0.07	1.58	1.54	0.58
0.78	3.32	2.23	14.52	13.77	0.03	0.05	0.94	0.23
2.12	76.41	13.40	93.34	42.35	10.97	11.95	9.09	9.13
0.04	240.20	56.04	340.24	101.25	187.03	21.81	22.25	41.19
19.69	69.92	6.38	49.60	46.91	0.29	0.93	3.86	0.79
1.39	7.20	2.80	7.75	4.67	0.07	1.05	1.51	0.60
	-0.08	0.35	4.65	4.65	0.02	-0.18	0.12	0.09
0.19	5.47	1.50	3.69	2.55	0.03	0.52	0.79	0.26
0.63	6.42	2.47	12.30	10.10	0.09	0.39	2.64	0.29
0.16	38.39	85.36	335.61	232.80	95.31	-3.41	4.57	19.04
133.96	170.54	102.40	305.03	265.16	0.85	9.03	18.48	4.50
5.90	40.50	16.78	63.77	47.03	0.44	3.38	6.42	1.79
19.05	42.09	21.75	46.48	38.17	0.14	1.91	3.25	0.86
11.10	72.02	31.50	74.70	64.16	0.29	2.96	7.05	1.73
64.47	220.55	109.70	292.07	239.36	2.33	31.36	21.09	16.61
160.60	374.81	145.55	923.53	909.13	5.08	-37.20	34.81	16.56
190.16	221.20	70.94	1558.85	1410.03	2.48	-11.18	24.70	6.59
5.47	38.27	16.69	65.38	53.87	0.28	4.62	7.14	2.30
26.98	150.10	63.10	305.16	274.62	1.20	8.15	23.63	5.68
30.28	79.27	27.82	131.85	111.10	0.94	8.51	11.07	3.28
121.56	379.40	110.21	957.86	865.65	19.02	25.67	59.16	17.00
11.45	24.78	20.75	48.99	42.40	0.13	0.22	7.96	0.59
10.27	174.40	30.07	448.98	384.62	1.43	24.09	19.28	9.16
199.21	417.69	357.06	511.59	434.63	1.94	29.68	33.62	8.85
	4.89	1.21	5.31	4.37	0.03	0.51	0.48	0.13
	2.78	1.83	43.77	43.48	0.12	0.15	0.31	0.88
	48.09	5.11	25.65	19.82	0.05	2.65	2.84	0.13
711.68	927.34	594.89	1706.07	1483.56	8.28	162.75	113.27	65.27
19.39	24.70	9.23	51.53	44.92	0.18	3.54	2.07	0.51
13.52	67.54	21.78	25.68	20.47	0.24	1.35	5.40	0.58

13—9 国有控股工业企业主要经济效益指标（2015年）
Main Indicators on Economic Benefit of State-owned and State-holding Industrial Enterprises (2015)

项　　目	Item
总　　计	**Total**
总计中：	**Of the Total:**
内资企业	Domestic Funded Enterprise
国有企业	State-owned Enterprise
有限责任公司	Limited Liability Corporations
股份有限公司	Share-holding Corporations Ltd.
港澳台商投资企业	Enterprises Funded by Entrepreneurs from Hong Kong, Macao and Taiwan
外商投资企业	Foreign Funded Enterprises
总计中：	**Of the Total:**
轻工业	Light Industry
重工业	Heavy Industry
总计中：	**Of the Total:**
大型企业	Large-sized Enterprises
中型企业	Medium-sized Enterprises
小型企业	Small Enterprises
按行业分	**Grouped by Sector**
煤炭开采和洗选业	Mining and Washing of Coal
黑色金属矿采选业	Mining and Processing of Ferrous Metal Ores
有色金属矿采选业	Mining and Processing of Non-Ferrous Metal Ores
非金属矿采选业	Mining and Processing of Nonmetal Ores
农副食品加工业	Processing of Food from Agriculture Products
食品制造业	Manufacture of Foods
酒、饮料和精制茶制造业	Manufacture of Wine, Beverages and Refined Tea
烟草制品业	Manufacture of Tobacco
纺织业	Manufacture of Textile
纺织服装、服饰业	Manufacture of Textile Wearing Apparel and Clothing
木材加工及木竹藤棕草制品业	Processing of Timber, Manufacture of Wood, Bamboo, Rattan, Palm and Straw Products
造纸及纸制品业	Manufacture of Paper and Paper Products
印刷和记录媒介复制业	Printing, Reproduction of Recording Media
石油加工、炼焦和核燃料加工业	Processing of Petroleum, Coking and Processing of Nuclear Fuel
化学原料和化学制品制造业	Manufacture of Raw Chemical Materials and Chemical Products
医药制造业	Manufacture of Medicines
化学纤维制造业	Manufacture of Chemical Fibers
橡胶和塑料制品业	Manufacture of Rubber and Plastics
非金属矿物制品业	Manufacture of Non-metallic Mineral Products
黑色金属冶炼和压延加工业	Smelting and Pressing of Ferrous Metals
有色金属冶炼和压延加工业	Smelting and Pressing of Non-ferrous Metals
金属制品业	Manufacture of Metal Products
通用设备制造业	Manufacture of General Purpose Machinery
专用设备制造业	Manufacture of Special Purpose Machinery
汽车制造业	Manufacture of Automobile
铁路船舶航空航天和其他运输设备制造业	Manufacture of Railroads, Ships, Aerospace and Other Transportation Equipments
电气机械和器材制造业	Manufacture of Electrical Machinery and Equipment
计算机通信和其他电子设备制造业	Manufacture of Computers, Communication and Other Electronic Equipments
仪器仪表制造业	Manufacture of Measuring Instruments and Machinery
废弃资源综合利用业	Industry of Comprehensive Utilization of Waste Resources
金属制品、机械和设备修理业	Industry of Metal Products, Machinery and Equipment Repair
电力、热力生产和供应业	Production and Supply of Electric Power and Heat Power
燃气生产和供应业	Production and Supply of Gas
水的生产和供应业	Production and Supply of Water

总资产贡献率 (%) Ratio of Total Assets to Industrial Output Value (%)	资产负债率 (%) Assets-liability Ratio (%)	流动资产周转次数 (次/年) Number of Times of Annual of Turnover Circulating Funds (times/year)	工业成本费用利润率 (%) Ratio of Profits to Industrial Cost (%)	产品销售率 (%) Proportion of Products Sold (%)
7.84	**64.42**	**2.24**	**2.39**	**97.71**
7.72	64.57	2.21	2.23	97.68
7.03	62.15	3.58	4.21	97.98
8.24	64.70	2.25	2.98	97.84
6.71	65.29	1.82	-0.48	97.21
24.30	73.63	6.05	7.02	98.58
10.90	42.63	2.33	9.30	98.90
26.33	43.13	1.69	7.53	93.65
5.80	66.77	2.36	1.75	98.48
7.41	65.50	2.21	0.66	97.95
9.01	57.21	1.95	9.83	95.76
9.90	65.76	3.06	8.04	98.47
1.56	78.09	1.80	-7.19	96.07
4.79	57.03	1.46	7.70	97.33
2.10	29.98	0.46	0.27	101.83
13.26	44.20	1.94	12.07	97.54
9.72	57.37	4.87	1.93	95.39
5.35	49.75	6.62	0.35	98.34
27.55	34.63	1.30	16.49	81.44
74.60	28.71	1.39	16.34	97.45
2.97	35.29	2.11	1.80	98.22
13.57	39.06	0.91	15.58	98.87
-0.28	97.86	3.55	-3.59	83.07
10.10	32.96	0.87	15.67	84.23
8.22	28.00	1.94	3.15	100.19
94.07	68.26	12.48	-1.35	100.38
4.58	69.57	1.78	2.89	93.79
8.06	47.10	1.49	5.47	93.38
5.20	53.67	2.69	4.23	96.00
5.19	33.58	1.65	4.03	99.61
11.14	53.71	1.59	11.47	95.36
-0.47	62.68	2.86	-3.90	101.65
1.24	74.44	4.44	-0.76	99.97
10.17	50.87	1.31	7.38	97.40
5.53	51.53	1.56	2.64	96.63
7.05	63.89	1.15	6.74	85.57
5.44	70.45	1.52	2.51	98.76
2.07	76.24	0.84	0.45	98.96
8.97	53.18	1.66	5.37	91.95
5.36	53.11	1.15	6.11	97.45
7.35	45.08	0.68	10.67	100.00
18.57	54.52	8.31	0.34	100.09
2.87	22.84	0.56	11.35	100.00
11.34	62.79	8.20	10.36	99.59
5.24	72.97	2.14	7.21	99.82
2.13	42.40	0.65	4.93	97.21

13—10 外商投资和港澳台商投资工业企业主要经济指标（2015年）
Main Indicators of Industrial Enterprises with Hong Kong, Macao, Taiwan and Foreign Funds (2015)

项　目	Item	企业单位数（个）Number of Enterprises (unit)	工业总产值（现价）Gross Industrial Output Value
总　　计	**Total**	**778**	**5093.21**
总计中:	**Of the Total:**		
港澳台商投资企业	Enterprises Funded by Entrepreneurs from Hong Kong, Macao and Taiwan	306	2425.97
外商投资企业	Foreign Funded Enterprises	472	2667.24
总计中:	**Of the Total:**		
轻工业	Light Industry	347	1875.00
重工业	Heavy Industry	431	3218.21
总计中:	**Of the Total:**		
大型企业	Large-sized Enterprises	51	2574.88
中型企业	Medium-sized Enterprises	199	1650.71
小型企业	Small Enterprises	528	867.61
按行业分	**Grouped by Sector**		
黑色金属矿采选业	Mining and Processing of Ferrous Metal Ores	2	5.70
非金属矿采选业	Mining and Processing of Nonmetal Ores	5	3.16
农副食品加工业	Processing of Food from Agriculture Products	26	162.23
食品制造业	Manufacture of Foods	21	103.14
酒、饮料和精制茶制造业	Manufacture of Wine, Beverages and Refined Tea	28	108.53
纺织业	Manufacture of Textile	30	59.02
纺织服装、服饰业	Manufacture of Textile Wearing Apparel and Clothing	64	162.10
皮革毛皮羽毛及其制品和制鞋业	Manufacture of Leather, Furs, Feather and Related Products	22	66.96
木材加工及木竹藤棕草制品业	Processing of Timber, Manufacture of Wood, Bamboo, Rattan, Palm and Straw Products	7	10.32
家具制造业	Manufacture of Furniture	5	40.33
造纸及纸制品业	Manufacture of Paper and Paper Products	13	44.65
印刷和记录媒介复制业	Printing, Reproduction of Recording Media	12	44.84
文教工美体育和娱乐用品制造业	Manufacture of Culture, Education, Art, Sports and Entertainment Supplies	21	39.15
石油加工、炼焦和核燃料加工业	Processing of Petroleum, Coking and Processing of Nuclear Fuel	2	56.58
化学原料和化学制品制造业	Manufacture of Raw Chemical Materials and Chemical Products	58	357.41
医药制造业	Manufacture of Medicines	20	47.36
化学纤维制造业	Manufacture of Chemical Fibers	5	31.06
橡胶和塑料制品业	Manufacture of Rubber and Plastics	41	158.95
非金属矿物制品业	Manufacture of Non-metallic Mineral Products	42	119.65
黑色金属冶炼和压延加工业	Smelting and Pressing of Ferrous Metals	11	219.01
有色金属冶炼和压延加工业	Smelting and Pressing of Non-ferrous Metals	8	405.64
金属制品业	Manufacture of Metal Products	29	84.67
通用设备制造业	Manufacture of General Purpose Machinery	50	555.59
专用设备制造业	Manufacture of Special Purpose Machinery	35	234.84
汽车制造业	Manufacture of Automobile	69	258.99
铁路船舶航空航天和其他运输设备制造业	Manufacture of Railroads, Ships, Aerospace and Other Transportation Equipments	5	3.08
电气机械和器材制造业	Manufacture of Electrical Machinery and Equipment	48	765.51
计算机通信和其他电子设备制造业	Manufacture of Computers, Communication and Other Electronic Equipments	41	658.21
仪器仪表制造业	Manufacture of Measuring Instruments and Machinery	5	54.19
其他制造业	Manufacture of Others	2	1.37
废弃资源综合利用业	Industry of Comprehensive Utilization of Waste Resources	4	22.27
电力、热力生产和供应业	Production and Supply of Electric Power and Heat Power	11	109.75
燃气生产和供应业	Production and Supply of Gas	30	92.07
水的生产和供应业	Production and Supply of Water	4	5.82

单位：亿元（100 million yuan）

工业销售产值（现价） Value of Industrial Products Sales (At current prices)	#出口交货值 Delivery Value for Export	资产合计 Total Assets	流动资产合计 Circulating Funds	#存货 Stock	#产成品 Finished Product	固定资产合计 Total of Fixed Assets	固定资产原价 Original Value of Fixed Assets	固定资产累计折旧 Accumulated Depreciation of Fixed Assets
4923.11	**595.66**	**3266.10**	**1867.47**	**289.92**	**130.44**	**1065.17**	**2144.63**	**1127.37**
2306.77	409.19	1537.67	859.89	127.71	54.37	512.94	829.31	330.29
2616.34	186.47	1728.43	1007.58	162.21	76.07	552.23	1315.32	797.08
1831.59	164.64	1117.25	666.79	107.59	58.32	343.85	896.59	566.62
3091.52	431.02	2148.85	1200.67	182.33	72.12	721.32	1248.05	560.75
2512.49	465.98	1559.17	1066.90	105.79	49.13	366.97	811.09	460.33
1564.98	75.52	1026.16	475.34	110.36	49.18	437.34	750.17	333.54
845.64	54.17	680.77	325.23	73.77	32.13	260.85	583.37	333.50
5.74		36.94	16.12	0.29	0.08	11.28	16.18	6.12
3.13		5.37	2.09	0.24	0.10	0.80	1.47	0.73
160.47	0.25	87.66	41.05	16.70	7.60	31.31	70.79	39.74
97.00	1.82	65.09	18.33	4.55	1.97	22.93	41.19	18.78
101.71		103.84	39.21	12.06	2.71	54.57	77.84	24.77
58.44	15.80	43.20	18.17	7.99	3.02	17.85	39.84	22.42
159.42	57.45	47.26	25.38	6.65	2.57	17.41	31.69	15.63
66.68	9.46	40.41	22.90	2.43	0.95	11.30	15.60	4.47
9.83	2.06	4.47	2.94	1.23	0.62	0.86	1.73	0.96
40.02		14.45	9.21	0.89	0.46	4.81	9.15	4.34
43.71	0.14	33.90	14.38	2.26	1.14	15.35	19.40	4.21
39.09	0.32	27.73	18.06	3.86	2.63	8.21	14.59	8.26
39.01	25.72	28.51	13.06	1.85	0.89	11.23	15.13	4.86
46.97		34.55	9.37	1.50	0.44	21.55	37.86	19.81
368.84	15.41	262.44	136.98	19.66	10.64	99.24	178.13	73.92
44.36	2.20	32.77	18.00	4.65	1.57	11.03	21.84	11.30
29.47		38.03	22.39	12.29	10.46	14.83	27.23	12.40
155.31	30.22	177.67	91.30	20.01	10.16	75.35	290.24	219.74
111.24	4.69	208.59	92.36	11.93	5.61	87.82	116.75	35.40
214.70	3.73	46.92	27.29	11.61	7.50	15.20	38.77	24.07
370.49	0.00	81.97	61.73	9.30	1.00	13.83	15.98	2.56
82.19	3.78	63.23	29.99	7.97	5.78	21.26	35.39	12.35
529.22	26.24	266.07	151.49	29.08	8.08	69.79	158.51	97.04
227.48	5.23	119.85	63.39	15.83	5.27	41.59	82.58	42.13
248.97	6.16	189.01	117.67	24.71	9.82	51.34	87.10	41.31
3.11	0.92	5.87	2.86	0.45	0.08	1.94	2.54	0.62
727.72	23.14	399.48	324.11	28.30	20.34	57.64	255.67	202.94
654.69	353.50	448.97	376.33	22.74	5.47	66.01	96.19	31.23
53.45	5.73	27.30	21.44	1.78	1.50	3.90	8.59	4.74
1.36	0.73	1.78	0.91	0.40	0.15	0.62	0.68	0.06
22.03		5.71	3.61	1.46	1.34	1.48	2.70	1.22
108.56		186.83	37.02	3.13		141.62	258.07	116.48
92.01		99.24	29.33	1.16	0.19	44.80	50.06	12.50
5.56		29.48	8.21	0.82	0.23	15.67	23.85	9.67

13—10 续表 continued

项目	Item	负债合计 Total Liabilities	流动负债 Liquid Liabilities
总计	**Total**	**1981.04**	**1735.97**
总计中：	**Of the Total:**		
港澳台商投资企业	Enterprises Funded by Entrepreneurs from Hong Kong, Macao and Taiwan	1004.37	846.50
外商投资企业	Foreign Funded Enterprises	976.67	889.47
总计中：	**Of the Total:**		
轻工业	Light Industry	654.63	589.90
重工业	Heavy Industry	1326.41	1146.07
总计中：	**Of the Total:**		
大型企业	Large-sized Enterprises	1055.37	972.45
中型企业	Medium-sized Enterprises	572.03	467.91
小型企业	Small Enterprises	353.64	295.61
按行业分	**Grouped by Sector**		
黑色金属矿采选业	Mining and Processing of Ferrous Metal Ores	8.60	7.45
非金属矿采选业	Mining and Processing of Nonmetal Ores	1.57	1.57
农副食品加工业	Processing of Food from Agriculture Products	53.85	49.09
食品制造业	Manufacture of Foods	38.93	36.88
酒、饮料和精制茶制造业	Manufacture of Wine, Beverages and Refined Tea	60.74	55.74
纺织业	Manufacture of Textile	21.13	16.49
纺织服装、服饰业	Manufacture of Textile Wearing Apparel and Clothing	26.25	23.00
皮革毛皮羽毛及其制品和制鞋业	Manufacture of Leather, Furs, Feather and Related Products	12.87	11.73
木材加工及木竹藤棕草制品业	Processing of Timber, Manufacture of Wood, Bamboo, Rattan, Palm and Straw Products	2.34	2.29
家具制造业	Manufacture of Furniture	8.82	8.82
造纸及纸制品业	Manufacture of Paper and Paper Products	10.02	9.49
印刷和记录媒介复制业	Printing, Reproduction of Recording Media	11.73	10.20
文教工美体育和娱乐用品制造业	Manufacture of Culture, Education, Art, Sports and Entertainment Supplies	12.86	11.49
石油加工、炼焦和核燃料加工业	Processing of Petroleum, Coking and Processing of Nuclear Fuel	18.05	18.05
化学原料和化学制品制造业	Manufacture of Raw Chemical Materials and Chemical Products	158.52	139.49
医药制造业	Manufacture of Medicines	11.96	6.53
化学纤维制造业	Manufacture of Chemical Fibers	21.83	11.72
橡胶和塑料制品业	Manufacture of Rubber and Plastics	88.80	70.36
非金属矿物制品业	Manufacture of Non-metallic Mineral Products	95.06	76.39
黑色金属冶炼和压延加工业	Smelting and Pressing of Ferrous Metals	31.21	29.71
有色金属冶炼和压延加工业	Smelting and Pressing of Non-ferrous Metals	67.01	66.37
金属制品业	Manufacture of Metal Products	28.18	23.82
通用设备制造业	Manufacture of General Purpose Machinery	166.54	144.27
专用设备制造业	Manufacture of Special Purpose Machinery	46.46	43.07
汽车制造业	Manufacture of Automobile	113.09	105.44
铁路船舶航空航天和其他运输设备制造业	Manufacture of Railroads, Ships, Aerospace and Other Transportation Equipments	2.23	1.75
电气机械和器材制造业	Manufacture of Electrical Machinery and Equipment	273.08	267.61
计算机通信和其他电子设备制造业	Manufacture of Computers, Communication and Other Electronic Equipments	399.73	367.97
仪器仪表制造业	Manufacture of Measuring Instruments and Machinery	12.22	11.71
其他制造业	Manufacture of Others	1.09	0.76
废弃资源综合利用业	Industry of Comprehensive Utilization of Waste Resources	3.25	2.97
电力、热力生产和供应业	Production and Supply of Electric Power and Heat Power	97.08	45.55
燃气生产和供应业	Production and Supply of Gas	56.97	42.65
水的生产和供应业	Production and Supply of Water	18.11	14.67

单位：亿元（100 million yuan）

非流动负债 Long-term Liabilities	所有者权益 Creditors' Equity	#实收资本 Capital Hold	主营业务收入 Revenue from principal Business	主营业务成本 Cost of Principal Business	主营业务税金及附加 Business and Extra Charges	利润总额 Total Profits	本年应付职工薪酬 Wages Payable in This Year	本年应交增值税 Value Added Tax Payable
178.20	**1262.08**	**779.40**	**4761.43**	**4049.69**	**22.91**	**254.04**	**192.73**	**108.88**
110.95	527.40	317.78	2320.93	2018.38	8.44	101.98	82.49	33.25
67.25	734.67	461.62	2440.51	2031.30	14.48	152.06	110.24	75.63
29.55	461.10	267.26	1721.65	1426.50	11.77	104.35	84.42	53.51
148.65	800.98	512.14	3039.79	2623.18	11.14	149.68	108.31	55.38
55.10	485.67	250.26	2356.27	2025.32	9.95	120.75	85.62	54.86
83.58	451.92	291.56	1581.20	1329.20	7.69	82.48	67.65	34.15
39.53	324.49	237.58	823.96	695.17	5.28	50.81	39.46	19.87
1.15	28.34	3.92	5.74	5.02	0.30	0.04	0.79	0.46
	3.80	2.58	3.10	2.47	0.03	0.16	0.12	0.10
1.78	33.81	25.78	149.20	135.76	0.24	3.95	7.16	1.84
1.29	26.16	18.85	79.23	63.96	0.39	3.24	3.41	3.86
3.10	43.55	26.14	101.49	75.40	3.08	11.02	6.64	4.68
2.81	21.92	16.63	56.40	50.25	0.24	3.42	3.71	0.85
2.80	20.53	14.57	156.75	142.57	1.74	3.74	17.34	2.47
0.38	27.22	7.95	64.29	50.65	0.44	11.86	5.22	2.11
0.05	2.11	0.83	9.74	8.76	0.04	0.48	0.45	0.17
	5.03	4.40	36.11	31.68	0.22	2.00	1.07	1.23
0.06	23.88	20.12	43.37	37.74	0.08	3.94	1.15	1.62
0.17	15.96	5.99	37.71	28.26	0.37	5.34	2.09	1.23
0.48	15.63	4.36	38.99	34.70	0.11	1.45	2.52	0.42
	16.50	12.29	42.68	32.38	0.05	1.79	0.87	1.28
17.11	97.70	75.27	322.16	253.08	1.83	11.98	9.45	8.65
1.63	20.68	7.79	44.45	30.63	0.20	5.37	2.27	1.10
10.10	16.20	7.41	28.60	24.41	0.25	1.38	1.11	1.27
7.25	88.87	59.93	164.80	134.37	0.71	10.79	14.52	4.54
12.32	116.80	75.31	127.90	104.92	0.54	10.53	7.12	3.32
0.60	14.98	17.73	210.28	183.00	0.77	13.03	3.21	7.53
0.63	14.14	11.32	414.93	338.76	0.19	0.70	0.95	0.52
3.97	34.46	27.63	81.43	68.29	0.65	1.21	4.67	2.02
21.24	85.36	41.24	452.28	399.58	2.07	25.88	13.99	9.18
3.22	73.13	55.09	225.72	196.69	1.29	12.61	8.10	3.56
7.21	75.11	49.09	241.53	208.38	1.21	13.89	18.31	6.79
0.15	3.64	3.52	3.35	2.92	0.10	-0.05	0.36	0.09
3.91	125.95	47.65	691.09	573.98	3.44	27.18	21.21	22.57
10.81	49.03	44.96	650.43	624.43	0.45	14.97	21.70	6.83
0.41	15.08	3.00	53.43	34.62	0.35	11.33	2.26	1.54
0.33	0.69	0.64	1.30	1.11		-0.05	0.20	0.01
0.08	2.46	0.92	21.25	20.26	0.04	0.59	0.21	0.09
51.53	89.67	64.02	104.20	72.52	0.94	27.55	5.50	3.66
8.18	41.65	13.48	89.61	73.35	0.41	11.42	3.37	3.08
3.44	11.37	8.75	6.73	3.80	0.14	1.38	1.43	0.22

13—11 外商投资和港澳台商投资工业企业主要经济效益指标（2015年）

Main Indicators on Economic Benefit of Industrial Enterprises with Hong Kong, Macao, Taiwan and Foreign Funds (2015)

项　目	Item
总　　计	**Total**
总计中：	**Of the Total:**
港澳台商投资企业	Enterprises Funded by Entrepreneurs from Hong Kong, Macao and Taiwan
外商投资企业	Foreign Funded Enterprises
总计中：	**Of the Total:**
轻工业	Light Industry
重工业	Heavy Industry
总计中：	**Of the Total:**
大型企业	Large-sized Enterprises
中型企业	Medium-sized Enterprises
小型企业	Small Enterprises
按行业分	**Grouped by Sector**
黑色金属矿采选业	Mining and Processing of Ferrous Metal Ores
非金属矿采选业	Mining and Processing of Nonmetal Ores
农副食品加工业	Processing of Food from Agriculture Products
食品制造业	Manufacture of Foods
酒、饮料和精制茶制造业	Manufacture of Wine, Beverages and Refined Tea
纺织业	Manufacture of Textile
纺织服装、服饰业	Manufacture of Textile Wearing Apparel and Clothing
皮革毛皮羽毛及其制品和制鞋业	Manufacture of Leather, Furs, Feather and Related Products
木材加工及木竹藤棕草制品业	Processing of Timber, Manufacture of Wood, Bamboo, Rattan, Palm and Straw Products
家具制造业	Manufacture of Furniture
造纸及纸制品业	Manufacture of Paper and Paper Products
印刷和记录媒介复制业	Printing, Reproduction of Recording Media
文教工美体育和娱乐用品制造业	Manufacture of Culture, Education, Art, Sports and Entertainment Supplies
石油加工、炼焦和核燃料加工业	Processing of Petroleum, Coking and Processing of Nuclear Fuel
化学原料和化学制品制造业	Manufacture of Raw Chemical Materials and Chemical Products
医药制造业	Manufacture of Medicines
化学纤维制造业	Manufacture of Chemical Fibers
橡胶和塑料制品业	Manufacture of Rubber and Plastics
非金属矿物制品业	Manufacture of Non-metallic Mineral Products
黑色金属冶炼和压延加工业	Smelting and Pressing of Ferrous Metals
有色金属冶炼和压延加工业	Smelting and Pressing of Non-ferrous Metals
金属制品业	Manufacture of Metal Products
通用设备制造业	Manufacture of General Purpose Machinery
专用设备制造业	Manufacture of Special Purpose Machinery
汽车制造业	Manufacture of Automobile
铁路船舶航空航天和其他运输设备制造业	Manufacture of Railroads, Ships, Aerospace and Other Transportation Equipments
电气机械和器材制造业	Manufacture of Electrical Machinery and Equipment
计算机通信和其他电子设备制造业	Manufacture of Computers, Communication and Other Electronic Equipments
仪器仪表制造业	Manufacture of Measuring Instruments and Machinery
其他制造业	Manufacture of Others
废弃资源综合利用业	Industry of Comprehensive Utilization of Waste Resources
电力、热力生产和供应业	Production and Supply of Electric Power and Heat Power
燃气生产和供应业	Production and Supply of Gas
水的生产和供应业	Production and Supply of Water

总资产贡献率 (%) Ratio of Total Assets to Industrial Output Value (%)	资产负债率 (%) Assets-liability Ratio (%)	流动资产周转次数 (次/年) Number of Times of Annual of Turnover Circulating Funds (times/year)	工业成本费用利润率 (%) Ratio of Profits to Industrial Cost (%)	产品销售率 (%) Proportion of Products Sold (%)
12.30	**60.65**	**2.61**	**5.66**	**96.66**
9.93	65.32	2.75	4.70	95.09
14.42	56.51	2.48	6.56	98.09
15.54	58.59	2.65	6.37	97.68
10.62	61.73	2.58	5.25	96.06
12.22	67.69	2.28	5.29	97.58
12.72	55.75	3.38	5.74	94.81
11.87	51.95	2.56	6.60	97.47
0.62	23.29	0.39	0.68	100.58
5.27	29.27	1.48	5.36	99.12
7.86	61.44	3.69	2.67	98.92
11.80	59.81	4.72	3.91	94.05
18.85	58.49	2.68	12.07	93.71
11.26	48.91	3.12	6.24	99.01
17.43	55.53	6.18	2.47	98.35
36.12	31.83	2.86	21.70	99.59
17.14	52.47	3.32	5.17	95.22
24.06	61.05	4.22	6.08	99.25
17.64	29.56	3.04	9.88	97.90
25.71	42.31	2.11	16.96	87.17
7.79	45.11	2.99	3.85	99.66
10.56	52.24	5.13	4.02	83.01
9.29	60.40	2.46	3.72	103.20
20.63	36.51	2.48	13.94	93.66
9.22	57.39	1.28	5.24	94.86
9.84	49.98	1.91	6.68	97.71
7.36	45.57	1.53	8.05	92.97
46.07	66.52	7.73	6.89	98.03
1.81	81.75	6.73	0.20	91.33
6.95	44.56	2.73	1.60	97.07
14.63	62.59	3.03	6.12	95.25
14.77	38.76	3.59	6.12	96.87
12.16	59.83	2.12	5.91	96.13
4.37	37.92	1.18	-1.35	100.77
13.39	68.36	2.20	4.08	95.06
5.00	89.03	1.73	2.36	99.46
48.45	44.77	2.54	22.44	98.63
-1.40	61.13	1.45	-3.86	99.49
14.93	56.88	5.89	2.88	98.88
18.26	51.96	2.85	36.20	98.92
15.61	57.41	3.11	14.36	99.94
6.43	61.44	0.84	22.52	95.52

13—12 私营工业企业主要经济指标（2015年）
Main Indicators of Private Enterprises (2015)

项 目	Item	企业单位数（个）Number of Enterprises (unit)	工业总产值（现价）Gross Industrial Output Value
总 计	**Total**	**13611**	**17785.33**
总计中：	**Of the Total:**		
私营独资	Private Sole-source Investment Enterprise	450	438.62
私营合伙	Private Partnership Enterprise	68	51.56
私营有限责任公司	Private Companies with Limited Liabilities	12529	16132.97
私营股份有限公司	Private Share-holding Companies with Limited Liabilities	564	1162.18
总计中：	**Of the Total:**		
轻工业	Light Industry	5749	7198.21
重工业	Heavy Industry	7862	10587.12
总计中：	**Of the Total:**		
大型企业	Large-sized Enterprises	56	1012.41
中型企业	Medium-sized Enterprises	734	3050.51
小型企业	Small Enterprises	12821	13722.41
按行业分	**Grouped by Sector**		
煤炭开采和洗选业	Mining and Washing of Coal	12	25.61
黑色金属矿采选业	Mining and Processing of Ferrous Metal Ores	68	235.33
有色金属矿采选业	Mining and Processing of Non-Ferrous Metal Ores	53	79.01
非金属矿采选业	Mining and Processing of Nonmetal Ores	163	173.06
农副食品加工业	Processing of Food from Agriculture Products	1336	2141.22
食品制造业	Manufacture of Foods	330	372.20
酒、饮料和精制茶制造业	Manufacture of Wine, Beverages and Refined Tea	242	291.16
纺织业	Manufacture of Textile	505	685.20
纺织服装、服饰业	Manufacture of Textile Wearing Apparel and Clothing	837	717.69
皮革毛皮羽毛及其制品和制鞋业	Manufacture of Leather, Furs, Feather and Related Products	224	269.39
木材加工及木竹藤棕草制品业	Processing of Timber, Manufacture of Wood, Bamboo, Rattan, Palm and Straw Products	476	492.14
家具制造业	Manufacture of Furniture	237	267.00
造纸及纸制品业	Manufacture of Paper and Paper Products	175	192.73
印刷和记录媒介复制业	Printing, Reproduction of Recording Media	245	256.19
文教工美体育和娱乐用品制造业	Manufacture of Culture, Education, Art, Sports and Entertainment Supplies	376	355.26
石油加工、炼焦和核燃料加工业	Processing of Petroleum, Coking and Processing of Nuclear Fuel	14	58.99
化学原料和化学制品制造业	Manufacture of Raw Chemical Materials and Chemical Products	695	1022.80
医药制造业	Manufacture of Medicines	201	317.09
化学纤维制造业	Manufacture of Chemical Fibers	24	27.79
橡胶和塑料制品业	Manufacture of Rubber and Plastics	831	874.36
非金属矿物制品业	Manufacture of Non-metallic Mineral Products	1614	1469.25
黑色金属冶炼和压延加工业	Smelting and Pressing of Ferrous Metals	376	721.00
有色金属冶炼和压延加工业	Smelting and Pressing of Non-ferrous Metals	158	450.06
金属制品业	Manufacture of Metal Products	696	836.84
通用设备制造业	Manufacture of General Purpose Machinery	846	1011.13
专用设备制造业	Manufacture of Special Purpose Machinery	671	835.99
汽车制造业	Manufacture of Automobile	574	747.94
铁路船舶航空航天和其他运输设备制造业	Manufacture of Railroads, Ships, Aerospace and Other Transportation Equipments	134	217.75
电气机械和器材制造业	Manufacture of Electrical Machinery and Equipment	864	1796.94
计算机通信和其他电子设备制造业	Manufacture of Computers, Communication and Other Electronic Equipments	304	445.75
仪器仪表制造业	Manufacture of Measuring Instruments and Machinery	109	118.13
其他制造业	Manufacture of Others	75	81.82
废弃资源综合利用业	Industry of Comprehensive Utilization of Waste Resources	103	172.52
金属制品、机械和设备修理业	Industry of Metal Products, Machinery and Equipment Repair	5	4.19
电力、热力生产和供应业	Production and Supply of Electric Power and Heat Power	16	8.50
燃气生产和供应业	Production and Supply of Gas	9	6.55
水的生产和供应业	Production and Supply of Water	12	6.57

单位：亿元（100 million yuan）

工业销售产值（现价） Value of Industrial Products Sales (At current prices)	#出口交货值 Delivery Value for Export	资产合计 Total Assets	流动资产合计 Circulating Funds	#存货 Stock	#产成品 Finished Product	固定资产合计 Total of Fixed Assets	固定资产原价 Original Value of Fixed Assets	固定资产累计折旧 Accumulated Depreciation of Fixed Assets
17330.11	**608.39**	**8640.73**	**4520.72**	**1116.75**	**532.65**	**2945.22**	**4745.33**	**2031.19**
430.40	4.76	119.99	55.75	14.04	7.78	48.95	71.35	25.48
50.55	1.87	14.85	8.43	2.56	1.46	5.56	8.39	3.59
15720.33	561.71	7765.96	4043.50	1003.29	478.07	2693.90	4353.45	1874.67
1128.83	40.05	739.93	413.05	96.86	45.34	196.81	312.13	127.45
7024.95	419.78	2994.21	1582.46	497.06	234.40	1000.12	1548.09	640.73
10305.16	188.61	5646.52	2938.26	619.69	298.26	1945.10	3197.24	1390.46
984.46	97.08	815.93	369.35	68.80	30.85	325.79	574.63	262.95
2952.60	232.42	1631.69	820.37	207.39	103.06	576.61	950.46	451.83
13393.05	278.89	6193.10	3331.00	840.57	398.75	2042.82	3220.23	1316.42
25.59		19.78	5.25	1.55	0.54	4.90	10.67	5.79
226.37		176.25	55.50	5.63	3.93	63.91	123.87	76.93
77.76		52.48	30.80	2.42	1.37	13.51	33.42	22.94
169.04		82.63	29.36	5.88	3.89	31.55	36.56	7.65
2103.56	22.77	693.01	361.26	139.61	48.12	245.07	368.20	155.63
364.78	5.79	157.06	83.33	25.04	11.83	54.29	105.17	55.57
278.16	14.21	165.88	90.77	33.21	16.54	48.22	69.81	25.78
673.41	86.48	279.64	147.32	51.06	29.08	99.33	160.49	68.73
706.76	76.43	244.63	128.57	34.27	17.10	86.30	118.43	41.05
258.92	32.32	104.30	64.03	23.83	12.57	30.78	50.56	23.13
482.57	14.80	181.34	88.31	26.99	12.42	69.43	94.67	31.01
262.77	19.90	108.04	56.98	19.23	9.92	41.33	75.12	35.86
189.51	3.68	94.95	45.25	9.94	4.39	30.73	47.64	18.25
250.01	4.05	147.64	70.40	19.23	9.01	53.79	88.36	39.31
345.00	84.79	151.30	82.42	25.10	12.64	44.11	54.25	14.53
58.33	0.02	13.80	6.83	4.40	2.51	6.60	6.96	1.54
987.59	24.39	480.39	244.72	64.00	33.72	158.53	244.23	91.91
306.39	22.13	155.07	89.34	16.75	7.61	43.59	65.84	26.51
26.44	0.66	17.59	10.05	4.58	3.92	6.98	8.30	1.62
854.28	8.63	413.50	231.84	53.03	27.46	140.13	226.06	95.13
1435.49	8.92	949.29	475.55	86.82	42.04	351.38	511.83	188.47
697.41	4.09	400.73	184.59	47.59	23.23	180.95	348.80	178.97
443.24	2.82	137.69	84.90	22.57	8.86	36.76	59.10	25.50
812.48	10.59	386.71	220.03	50.80	25.94	120.20	215.55	103.84
970.00	19.65	521.37	287.98	74.71	35.47	158.59	284.53	135.34
820.26	12.74	386.72	196.75	52.33	21.78	140.41	242.81	108.97
724.79	21.07	364.51	176.26	43.53	22.69	147.18	222.28	81.95
214.20	0.01	61.77	29.18	8.27	2.64	24.44	33.36	10.84
1745.33	74.97	1097.52	662.09	114.84	58.32	284.26	500.53	236.64
429.83	28.91	366.86	176.73	30.90	13.93	127.29	170.83	48.99
115.34	2.65	81.25	38.82	6.20	2.75	32.93	46.14	15.84
79.93	0.34	33.65	20.35	5.08	2.26	10.00	14.22	5.41
169.07	0.57	55.18	25.58	4.80	2.35	26.48	63.47	39.37
4.11		5.86	4.68	1.62	1.41	1.00	2.15	1.16
8.18		38.42	10.56	0.33		23.29	26.51	3.23
6.52		4.97	2.10	0.30	0.24	1.35	1.82	0.52
6.49		8.92	2.25	0.31	0.19	5.62	12.78	7.28

13—12 续表 continued

项目	Item	负债合计 Total Liabilities	流动负债 Liquid Liabilities
总计	**Total**	**4171.55**	**3423.01**
总计中:	**Of the Total:**		
私营独资	Private Sole-source Investment Enterprise	47.18	36.32
私营合伙	Private Partnership Enterprise	6.07	4.99
私营有限责任公司	Private Companies with Limited Liabilities	3775.26	3131.80
私营股份有限公司	Private Share-holding Companies with Limited Liabilities	343.04	249.91
总计中:	**Of the Total:**		
轻工业	Light Industry	1396.09	1159.46
重工业	Heavy Industry	2775.46	2263.56
总计中:	**Of the Total:**		
大型企业	Large-sized Enterprises	370.59	281.32
中型企业	Medium-sized Enterprises	825.46	700.92
小型企业	Small Enterprises	2975.50	2440.78
按行业分	**Grouped by Sector**		
煤炭开采和洗选业	Mining and Washing of Coal	8.80	4.69
黑色金属矿采选业	Mining and Processing of Ferrous Metal Ores	113.47	90.44
有色金属矿采选业	Mining and Processing of Non-Ferrous Metal Ores	31.51	26.13
非金属矿采选业	Mining and Processing of Nonmetal Ores	39.13	31.55
农副食品加工业	Processing of Food from Agriculture Products	291.06	249.10
食品制造业	Manufacture of Foods	74.16	63.22
酒、饮料和精制茶制造业	Manufacture of Wine, Beverages and Refined Tea	79.15	68.00
纺织业	Manufacture of Textile	135.93	103.56
纺织服装、服饰业	Manufacture of Textile Wearing Apparel and Clothing	121.98	102.57
皮革毛皮羽毛及其制品和制鞋业	Manufacture of Leather, Furs, Feather and Related Products	51.54	44.43
木材加工及木竹藤棕草制品业	Processing of Timber, Manufacture of Wood, Bamboo, Rattan, Palm and Straw Products	78.66	66.11
家具制造业	Manufacture of Furniture	51.62	38.51
造纸及纸制品业	Manufacture of Paper and Paper Products	48.98	43.18
印刷和记录媒介复制业	Printing, Reproduction of Recording Media	73.69	59.14
文教工美体育和娱乐用品制造业	Manufacture of Culture, Education, Art, Sports and Entertainment Supplies	65.32	52.90
石油加工、炼焦和核燃料加工业	Processing of Petroleum, Coking and Processing of Nuclear Fuel	10.51	8.60
化学原料和化学制品制造业	Manufacture of Raw Chemical Materials and Chemical Products	234.58	192.03
医药制造业	Manufacture of Medicines	67.56	56.16
化学纤维制造业	Manufacture of Chemical Fibers	4.45	3.28
橡胶和塑料制品业	Manufacture of Rubber and Plastics	189.26	157.16
非金属矿物制品业	Manufacture of Non-metallic Mineral Products	470.91	373.12
黑色金属冶炼和压延加工业	Smelting and Pressing of Ferrous Metals	193.24	150.12
有色金属冶炼和压延加工业	Smelting and Pressing of Non-ferrous Metals	79.92	60.17
金属制品业	Manufacture of Metal Products	189.99	148.88
通用设备制造业	Manufacture of General Purpose Machinery	248.04	208.76
专用设备制造业	Manufacture of Special Purpose Machinery	179.38	154.77
汽车制造业	Manufacture of Automobile	214.27	183.60
铁路船舶航空航天和其他运输设备制造业	Manufacture of Railroads, Ships, Aerospace and Other Transportation Equipments	31.73	26.95
电气机械和器材制造业	Manufacture of Electrical Machinery and Equipment	522.38	439.57
计算机通信和其他电子设备制造业	Manufacture of Computers, Communication and Other Electronic Equipments	166.28	140.50
仪器仪表制造业	Manufacture of Measuring Instruments and Machinery	29.58	19.79
其他制造业	Manufacture of Others	13.45	11.28
废弃资源综合利用业	Industry of Comprehensive Utilization of Waste Resources	26.32	19.47
金属制品、机械和设备修理业	Industry of Metal Products, Machinery and Equipment Repair	1.89	1.82
电力、热力生产和供应业	Production and Supply of Electric Power and Heat Power	26.15	17.92
燃气生产和供应业	Production and Supply of Gas	1.74	1.39
水的生产和供应业	Production and Supply of Water	4.95	4.14

单位：亿元（100 million yuan）

非流动负债 Long-term Liabilities	所有者权益 Creditors' Equity	#实收资本 Capital Hold	主营业务收入 Revenue from principal Business	主营业务成本 Cost of Principal Business	主营业务税金及附加 Business and Extra Charges	利润总额 Total Profits	本年应付职工薪酬 Wages Payable in This Year	本年应交增值税 Value Added Tax Payable
335.96	**4289.13**	**1780.37**	**16954.43**	**14811.21**	**94.16**	**1021.18**	**626.49**	**358.10**
2.42	68.77	22.20	425.22	378.41	2.43	22.34	12.96	8.23
0.17	8.57	5.74	50.70	46.00	0.25	2.23	1.54	0.83
303.99	3830.88	1617.51	15390.50	13476.52	84.37	906.53	566.58	324.71
29.39	380.91	134.92	1088.01	910.28	7.11	90.08	45.41	24.33
105.47	1535.18	522.59	6896.89	6068.86	35.80	400.29	283.99	123.48
230.49	2753.95	1257.78	10057.54	8742.35	58.36	620.88	342.50	234.62
80.71	441.09	166.62	961.19	828.22	4.83	75.66	53.57	29.28
73.60	788.22	280.44	2900.45	2467.03	18.28	198.86	164.38	76.95
181.65	3059.81	1333.31	13092.79	11515.97	71.05	746.66	408.53	251.87
3.51	9.93	3.69	24.92	22.68	0.22	0.11	1.79	0.82
17.29	62.02	23.72	221.46	197.93	1.24	4.14	2.75	1.50
2.63	20.10	8.70	78.79	64.51	0.82	3.53	2.96	2.44
4.10	40.32	17.55	166.57	140.31	2.43	9.73	4.41	5.63
20.77	383.96	116.53	2074.79	1884.51	5.37	95.04	41.73	21.71
4.65	78.62	27.20	354.76	306.73	1.90	19.31	14.71	9.11
6.48	84.17	28.04	273.31	214.15	6.59	29.31	9.70	6.48
12.16	134.03	49.40	666.20	594.92	3.93	36.91	31.45	12.11
7.13	119.15	45.38	687.27	612.23	4.37	34.36	57.89	14.17
2.24	50.96	19.51	251.07	227.84	1.06	11.93	11.04	5.33
5.31	99.70	38.97	472.03	420.85	2.55	26.25	15.98	8.49
5.97	54.61	22.84	257.83	219.83	1.57	15.21	10.87	5.68
2.46	45.40	18.03	190.08	168.87	0.84	10.54	6.54	3.07
8.18	70.62	23.47	246.60	211.47	0.85	16.82	10.11	3.15
3.69	80.66	24.71	337.77	293.37	1.79	18.11	18.62	7.98
0.18	3.08	9.28	58.01	50.78	0.05	3.98	0.49	0.38
15.29	237.99	87.73	973.08	837.73	4.06	68.25	23.30	17.95
4.84	85.37	30.54	300.91	258.70	1.43	23.66	10.26	6.01
1.03	13.13	2.29	26.96	22.55	0.19	2.35	0.92	0.51
12.51	215.07	92.30	834.63	720.52	4.14	59.03	30.53	16.15
48.44	448.50	209.44	1410.69	1208.06	9.84	85.49	56.02	30.72
8.30	195.50	68.43	680.24	619.75	2.61	29.59	19.04	17.12
3.42	55.50	31.98	432.71	403.12	1.35	19.77	5.91	7.48
10.20	188.61	79.74	793.41	694.25	4.00	51.01	27.53	17.53
18.77	268.20	112.08	930.04	794.27	6.11	59.24	39.98	21.66
9.72	199.13	83.40	793.70	687.33	5.19	45.83	30.64	17.64
13.66	147.14	61.71	703.67	618.07	4.56	39.74	33.42	20.24
1.67	28.81	11.99	209.44	187.52	0.87	14.16	6.78	6.56
48.81	553.11	267.94	1703.48	1448.23	7.35	118.42	62.23	44.83
15.95	197.41	116.87	416.37	348.99	2.13	39.36	26.54	10.88
7.19	46.42	14.86	112.92	94.52	0.62	8.57	5.29	3.19
0.76	20.19	5.24	80.43	66.42	0.31	10.08	3.31	1.53
0.72	28.32	11.95	164.78	150.19	3.60	7.97	2.61	9.32
0.07	3.96	1.21	4.20	3.39	0.04	0.27	0.23	0.22
7.07	12.27	9.56	7.99	5.64	0.07	2.05	0.46	0.37
0.30	3.20	1.87	6.66	5.60	0.03	0.61	0.16	0.03
0.47	3.97	2.20	6.45	5.18	0.08	0.42	0.31	0.10

13—13 私营工业企业主要经济效益指标（2015年）

Main Indicators on Economic Benefit of Private Industrial Enterprises (2015)

项 目	Item
总 计	**Total**
总计中：	**Of the Total:**
私营独资	Private Sole-source Investment Enterprise
私营合伙	Private Partnership Enterprise
私营有限责任公司	Private Companies with Limited Liabilities
私营股份有限公司	Private Share-holding Companies with Limited Liabilities
总计中：	**Of the Total:**
轻工业	Light Industry
重工业	Heavy Industry
总计中：	**Of the Total:**
大型企业	Large-sized Enterprises
中型企业	Medium-sized Enterprises
小型企业	Small Enterprises
按行业分	**Grouped by Sector**
煤炭开采和洗选业	Mining and Washing of Coal
黑色金属矿采选业	Mining and Processing of Ferrous Metal Ores
有色金属矿采选业	Mining and Processing of Non-Ferrous Metal Ores
非金属矿采选业	Mining and Processing of Nonmetal Ores
农副食品加工业	Processing of Food from Agriculture Products
食品制造业	Manufacture of Foods
酒、饮料和精制茶制造业	Manufacture of Wine, Beverages and Refined Tea
纺织业	Manufacture of Textile
纺织服装、服饰业	Manufacture of Textile Wearing Apparel and Clothing
皮革毛皮羽毛及其制品和制鞋业	Manufacture of Leather, Furs, Feather and Related Products
木材加工及木竹藤棕草制品业	Processing of Timber, Manufacture of Wood, Bamboo, Rattan, Palm and Straw Products
家具制造业	Manufacture of Furniture
造纸及纸制品业	Manufacture of Paper and Paper Products
印刷和记录媒介复制业	Printing, Reproduction of Recording Media
文教工美体育和娱乐用品制造业	Manufacture of Culture, Education, Art, Sports and Entertainment Supplies
石油加工、炼焦和核燃料加工业	Processing of Petroleum, Coking and Processing of Nuclear Fuel
化学原料和化学制品制造业	Manufacture of Raw Chemical Materials and Chemical Products
医药制造业	Manufacture of Medicines
化学纤维制造业	Manufacture of Chemical Fibers
橡胶和塑料制品业	Manufacture of Rubber and Plastics
非金属矿物制品业	Manufacture of Non-metallic Mineral Products
黑色金属冶炼和压延加工业	Smelting and Pressing of Ferrous Metals
有色金属冶炼和压延加工业	Smelting and Pressing of Non-ferrous Metals
金属制品业	Manufacture of Metal Products
通用设备制造业	Manufacture of General Purpose Machinery
专用设备制造业	Manufacture of Special Purpose Machinery
汽车制造业	Manufacture of Automobile
铁路船舶航空航天和其他运输设备制造业	Manufacture of Railroads, Ships, Aerospace and Other Transportation Equipments
电气机械和器材制造业	Manufacture of Electrical Machinery and Equipment
计算机通信和其他电子设备制造业	Manufacture of Computers, Communication and Other Electronic Equipments
仪器仪表制造业	Manufacture of Measuring Instruments and Machinery
其他制造业	Manufacture of Others
废弃资源综合利用业	Industry of Comprehensive Utilization of Waste Resources
金属制品、机械和设备修理业	Industry of Metal Products, Machinery and Equipment Repair
电力、热力生产和供应业	Production and Supply of Electric Power and Heat Power
燃气生产和供应业	Production and Supply of Gas
水的生产和供应业	Production and Supply of Water

总资产贡献率 (%) Ratio of Total Assets to Industrial Output Value (%)	资产负债率 (%) Assets-liability Ratio (%)	流动资产周转次数 (次/年) Number of Times of Annual of Turnover Circulating Funds (times/year)	工业成本费用利润率 (%) Ratio of Profits to Industrial Cost (%)	产品销售率 (%) Proportion of Products Sold (%)
18.28	**48.28**	**3.76**	**6.42**	**97.44**
28.89	39.32	7.64	5.58	98.13
23.29	40.89	6.02	4.62	98.03
18.18	48.61	3.82	6.27	97.44
17.59	46.36	2.64	9.04	97.13
20.07	46.63	4.37	6.18	97.59
17.33	49.15	3.43	6.59	97.34
14.22	45.42	2.62	8.47	97.24
19.51	50.59	3.55	7.36	96.79
18.50	48.05	3.94	6.07	97.60
6.22	44.46	4.75	0.45	99.95
5.05	64.38	3.99	2.00	96.19
16.12	60.03	2.56	4.75	98.43
22.50	47.35	5.68	6.34	97.68
19.27	42.00	5.76	4.80	98.24
20.73	47.22	4.27	5.77	98.01
27.09	47.72	3.02	12.28	95.53
20.40	48.61	4.53	5.90	98.28
22.81	49.86	5.35	5.29	98.48
19.01	49.41	3.92	5.00	96.11
21.72	43.38	5.35	5.91	98.06
22.67	47.77	4.55	6.28	98.42
16.36	51.59	4.21	5.88	98.33
15.37	49.91	3.52	7.30	97.59
19.93	43.17	4.10	5.69	97.11
33.47	76.10	8.50	7.57	98.89
20.05	48.83	3.98	7.57	96.56
20.95	43.57	3.37	8.55	96.62
18.25	25.28	2.68	9.66	95.14
20.48	45.77	3.61	7.62	97.70
14.30	49.61	2.97	6.47	97.70
13.05	48.22	3.69	4.56	96.73
22.36	58.04	5.12	4.77	98.48
20.02	49.13	3.61	6.89	97.09
17.86	47.57	3.24	6.81	95.93
18.74	46.39	4.04	6.15	98.12
18.91	58.78	4.01	6.00	96.91
35.90	51.36	7.19	7.26	98.37
16.85	47.60	2.59	7.45	97.13
15.23	45.32	2.40	10.17	96.43
16.02	36.40	2.92	8.26	97.64
36.22	39.96	3.96	14.30	97.69
38.50	47.69	6.49	5.12	98.00
9.93	32.33	0.90	7.12	98.29
8.16	68.06	0.76	30.57	96.31
13.81	35.11	3.22	9.90	99.56
7.66	55.53	2.87	7.07	98.76

13—14 大中型工业企业主要经济指标（2015年）
Main Indicators of Large and Medium-sized Industrial Enterprises (2015)

项目	Item	企业单位数（个）Number of Enterprises (unit)	工业总产值（现价）Gross Industrial Output Value
总计	**Total**	**1718**	**20429.01**
总计中：	**Of the Total:**		
内资企业	Domestic Funded Enterprise	1468	16203.41
国有企业	State-owned Enterprise	30	1059.40
集体企业	Collective-owned Enterprise	7	19.17
股份合作企业	Share Holding Cooperative Enterprises	2	6.29
有限责任公司	Limited Liability Corporations	468	7005.73
股份有限公司	Share-holding Corporations Ltd.	170	4044.24
私营企业	Private Enterprises	790	4062.92
港澳台商投资企业	Enterprises Funded by Entrepreneurs from Hong Kong, Macao and Taiwan	104	2069.69
外商投资企业	Foreign Funded Enterprises	146	2155.91
总计中：	**Of the Total:**		
轻工业	Light Industry	803	6420.24
重工业	Heavy Industry	915	14008.77
总计中：	**Of the Total:**		
大型企业	Large-sized Enterprises	278	12591.82
中型企业	Medium-sized Enterprises	1440	7837.19
按行业分	**Grouped by Sector**		
煤炭开采和洗选业	Mining and Washing of Coal	17	624.16
黑色金属矿采选业	Mining and Processing of Ferrous Metal Ores	12	104.34
有色金属矿采选业	Mining and Processing of Non-Ferrous Metal Ores	6	18.88
非金属矿采选业	Mining and Processing of Nonmetal Ores	2	8.67
开采辅助活动	Mining Auxiliary Activities	2	3.77
农副食品加工业	Processing of Food from Agriculture Products	83	743.55
食品制造业	Manufacture of Foods	42	284.71
酒、饮料和精制茶制造业	Manufacture of Wine, Beverages and Refined Tea	36	362.73
烟草制品业	Manufacture of Tobacco	5	353.26
纺织业	Manufacture of Textile	85	383.30
纺织服装、服饰业	Manufacture of Textile Wearing Apparel and Clothing	174	420.04
皮革毛皮羽毛及其制品和制鞋业	Manufacture of Leather, Furs, Feather and Related Products	43	193.49
木材加工及木竹藤棕草制品业	Processing of Timber, Manufacture of Wood, Bamboo, Rattan, Palm and Straw Products	16	50.16
家具制造业	Manufacture of Furniture	10	89.84
造纸及纸制品业	Manufacture of Paper and Paper Products	14	106.46
印刷和记录媒介复制业	Printing, Reproduction of Recording Media	24	134.63
文教工美体育和娱乐用品制造业	Manufacture of Culture, Education, Art, Sports and Entertainment Supplies	51	155.90
石油加工、炼焦和核燃料加工业	Processing of Petroleum, Coking and Processing of Nuclear Fuel	4	418.00
化学原料和化学制品制造业	Manufacture of Raw Chemical Materials and Chemical Products	59	1046.90
医药制造业	Manufacture of Medicines	53	272.37
化学纤维制造业	Manufacture of Chemical Fibers	5	49.28
橡胶和塑料制品业	Manufacture of Rubber and Plastics	58	491.80
非金属矿物制品业	Manufacture of Non-metallic Mineral Products	101	610.40
黑色金属冶炼和压延加工业	Smelting and Pressing of Ferrous Metals	37	1396.76
有色金属冶炼和压延加工业	Smelting and Pressing of Non-ferrous Metals	21	1457.95
金属制品业	Manufacture of Metal Products	59	397.50
通用设备制造业	Manufacture of General Purpose Machinery	111	1051.65
专用设备制造业	Manufacture of Special Purpose Machinery	76	593.00
汽车制造业	Manufacture of Automobile	120	1634.63
铁路船舶航空航天和其他运输设备制造业	Manufacture of Railroads, Ships, Aerospace and Other Transportation Equipments	18	84.37
电气机械和器材制造业	Manufacture of Electrical Machinery and Equipment	166	3355.07
计算机通信和其他电子设备制造业	Manufacture of Computers, Communication and Other Electronic Equipments	112	1619.17
仪器仪表制造业	Manufacture of Measuring Instruments and Machinery	8	83.43
其他制造业	Manufacture of Others	8	44.27
废弃资源综合利用业	Industry of Comprehensive Utilization of Waste Resources	9	219.93
金属制品、机械和设备修理业	Industry of Metal Products, Machinery and Equipment Repair	2	29.29
电力、热力生产和供应业	Production and Supply of Electric Power and Heat Power	49	1431.63
燃气生产和供应业	Production and Supply of Gas	7	80.52
水的生产和供应业	Production and Supply of Water	13	23.21

单位：亿元（100 million yuan）

工业销售产值（现价）Value of Industrial Products Sales (At current prices)	#出口交货值 Delivery Value for Export	资产合计 Total Assets	流动资产合计 Circulating Funds	#存货 Stock	#产成品 Finished Product	固定资产合计 Total of Fixed Assets	固定资产原价 Original Value of Fixed Assets	固定资产累计折旧 Accumulated Depreciation of Fixed Assets
19819.52	**1727.92**	**21051.07**	**8776.17**	**1862.67**	**674.15**	**8674.06**	**13304.08**	**5984.12**
15742.05	1186.43	18465.74	7233.93	1646.52	575.84	7869.74	11742.82	5190.25
1036.95	4.72	1357.40	283.25	62.40	13.17	994.68	1540.01	736.26
19.09	0.00	16.53	9.69	2.06	0.89	5.47	7.80	2.54
6.22	0.00	5.52	1.11	0.85	0.43	1.65	2.79	1.27
6831.90	458.65	9306.00	3404.42	853.25	266.60	4257.39	5687.04	2388.12
3905.06	393.56	5326.77	2342.49	450.13	160.19	1705.50	2977.52	1346.84
3937.06	329.50	2447.63	1189.72	276.19	133.91	902.40	1525.10	714.78
1961.35	393.24	1252.27	728.22	96.13	39.84	414.77	683.85	278.90
2116.12	148.25	1333.05	814.02	120.02	58.47	389.54	877.41	514.96
6186.76	568.40	4088.00	2312.96	663.05	242.68	1176.36	2202.32	1107.35
13632.76	1159.53	16963.07	6463.21	1199.62	431.47	7497.70	11101.76	4876.77
12296.54	1262.21	15159.91	6150.26	1259.57	397.48	6379.87	9558.99	4366.81
7522.98	465.71	5891.16	2625.91	603.10	276.67	2294.19	3745.09	1617.32
600.01		3213.51	620.20	99.25	28.17	1895.32	1773.81	731.91
98.65		496.56	108.87	4.59	2.43	130.31	170.49	59.89
18.86		24.15	10.16	0.96	0.25	11.48	11.00	3.97
8.63		10.14	4.25	0.42	0.27	3.13	8.64	5.59
3.78		4.78	3.43	0.43	0.41	1.34	2.13	0.87
735.57	1.05	408.72	212.30	61.10	19.29	121.16	179.29	80.84
277.05	8.74	120.40	56.48	10.03	4.08	51.30	92.49	46.40
321.29	2.47	352.58	199.85	74.62	16.75	99.62	140.35	47.50
344.33	0.13	323.23	240.29	187.36	10.85	63.11	119.22	59.11
375.94	86.72	316.04	113.26	41.03	19.32	98.39	169.97	78.46
413.45	104.56	146.26	79.42	20.79	9.49	49.87	68.79	25.11
185.30	40.09	122.35	73.19	20.77	11.36	31.28	51.71	21.51
51.42	3.89	21.66	11.27	2.11	1.20	8.96	13.43	6.02
89.27	16.65	45.17	27.39	7.35	3.32	13.71	20.95	7.24
104.35	0.11	194.08	54.25	11.25	3.80	74.68	97.99	23.39
125.31	4.61	85.73	48.38	13.18	7.19	27.80	38.25	15.86
151.52	75.83	77.30	38.81	9.97	4.23	22.90	32.04	10.76
409.31		159.89	39.41	24.11	5.61	116.86	200.89	80.10
1007.72	41.03	1114.05	444.12	93.46	53.55	449.11	707.59	256.72
256.73	14.65	214.17	116.27	25.17	12.57	63.37	95.49	41.75
45.35	6.75	107.36	36.77	15.78	12.59	43.76	78.07	36.00
480.29	108.45	410.67	205.43	50.77	20.42	137.48	225.58	103.35
579.64	16.64	987.57	377.45	60.74	29.51	460.70	697.08	265.62
1390.32	52.86	1294.08	435.06	115.58	35.53	798.98	1485.63	760.65
1417.72	40.23	1064.36	476.29	157.05	25.08	272.52	383.56	125.35
380.69	15.36	308.12	194.67	47.71	18.97	74.58	135.27	66.63
999.43	58.06	947.05	569.79	128.06	52.62	220.26	469.34	264.73
553.89	12.93	525.85	277.10	67.92	26.95	156.99	217.64	109.25
1603.91	120.06	1720.00	892.91	113.79	47.09	381.17	677.74	306.84
84.11	7.14	112.82	62.73	12.84	7.32	29.37	42.50	13.53
3221.04	192.81	1818.39	1247.14	208.63	126.14	379.54	1071.45	706.35
1586.05	689.15	1835.79	1123.22	120.42	43.92	533.24	778.94	249.77
82.19	5.35	63.32	37.83	3.67	2.47	22.54	36.48	15.07
43.12	1.60	34.45	23.60	8.57	4.24	6.78	7.95	1.47
216.72		47.33	34.35	10.66	5.19	9.24	194.59	187.15
29.29		65.06	47.00	12.30	0.12	15.10	25.01	10.14
1424.14		2033.92	164.64	15.70	1.25	1689.38	2624.18	1101.80
80.52		115.13	34.64	1.21	0.40	45.32	57.40	16.44
22.57		108.98	33.94	3.33	0.23	63.42	101.17	40.98

13—14 续表 continued

项 目	Item	负债合计 Total Liabilities	流动负债 Liquid Liabilities
总 计	**Total**	**12742.35**	**9127.62**
总计中：	**Of the Total:**		
内资企业	Domestic Funded Enterprise	11114.95	7687.25
国有企业	State-owned Enterprise	823.40	547.37
集体企业	Collective-owned Enterprise	9.23	8.08
股份合作企业	Share Holding Cooperative Enterprises	2.05	0.94
有限责任公司	Limited Liability Corporations	5918.18	3821.97
股份有限公司	Share-holding Corporations Ltd.	3161.44	2323.03
私营企业	Private Enterprises	1196.05	982.23
港澳台商投资企业	Enterprises Funded by Entrepreneurs from Hong Kong, Macao and Taiwan	843.01	719.25
外商投资企业	Foreign Funded Enterprises	784.39	721.12
总计中：	**Of the Total:**		
轻工业	Light Industry	2084.05	1837.13
重工业	Heavy Industry	10658.30	7290.49
总计中：	**Of the Total:**		
大型企业	Large-sized Enterprises	9503.44	6630.42
中型企业	Medium-sized Enterprises	3238.91	2497.20
按行业分	**Grouped by Sector**		
煤炭开采和洗选业	Mining and Washing of Coal	2492.00	1311.09
黑色金属矿采选业	Mining and Processing of Ferrous Metal Ores	273.36	198.45
有色金属矿采选业	Mining and Processing of Non-Ferrous Metal Ores	7.03	5.31
非金属矿采选业	Mining and Processing of Nonmetal Ores	2.84	2.36
开采辅助活动	Mining Auxiliary Activities	2.47	2.17
农副食品加工业	Processing of Food from Agriculture Products	213.94	180.15
食品制造业	Manufacture of Foods	59.18	54.95
酒、饮料和精制茶制造业	Manufacture of Wine, Beverages and Refined Tea	149.91	138.24
烟草制品业	Manufacture of Tobacco	99.12	97.99
纺织业	Manufacture of Textile	142.50	99.83
纺织服装、服饰业	Manufacture of Textile Wearing Apparel and Clothing	82.16	71.83
皮革毛皮羽毛及其制品和制鞋业	Manufacture of Leather, Furs, Feather and Related Products	53.03	40.48
木材加工及木竹藤棕草制品业	Processing of Timber, Manufacture of Wood, Bamboo, Rattan, Palm and Straw Products	8.59	8.13
家具制造业	Manufacture of Furniture	28.76	24.07
造纸及纸制品业	Manufacture of Paper and Paper Products	102.66	78.23
印刷和记录媒介复制业	Printing, Reproduction of Recording Media	32.81	25.60
文教工美体育和娱乐用品制造业	Manufacture of Culture, Education, Art, Sports and Entertainment Supplies	29.38	25.06
石油加工、炼焦和核燃料加工业	Processing of Petroleum, Coking and Processing of Nuclear Fuel	107.96	106.03
化学原料和化学制品制造业	Manufacture of Raw Chemical Materials and Chemical Products	661.66	473.10
医药制造业	Manufacture of Medicines	82.77	68.37
化学纤维制造业	Manufacture of Chemical Fibers	59.18	49.18
橡胶和塑料制品业	Manufacture of Rubber and Plastics	176.83	105.85
非金属矿物制品业	Manufacture of Non-metallic Mineral Products	487.91	354.77
黑色金属冶炼和压延加工业	Smelting and Pressing of Ferrous Metals	758.09	562.75
有色金属冶炼和压延加工业	Smelting and Pressing of Non-ferrous Metals	778.38	528.07
金属制品业	Manufacture of Metal Products	161.09	139.41
通用设备制造业	Manufacture of General Purpose Machinery	502.99	400.32
专用设备制造业	Manufacture of Special Purpose Machinery	323.77	256.27
汽车制造业	Manufacture of Automobile	1156.39	1000.69
铁路船舶航空航天和其他运输设备制造业	Manufacture of Railroads, Ships, Aerospace and Other Transportation Equipments	82.73	70.47
电气机械和器材制造业	Manufacture of Electrical Machinery and Equipment	1108.56	1013.98
计算机通信和其他电子设备制造业	Manufacture of Computers, Communication and Other Electronic Equipments	1083.93	825.00
仪器仪表制造业	Manufacture of Measuring Instruments and Machinery	23.55	16.73
其他制造业	Manufacture of Others	13.64	12.21
废弃资源综合利用业	Industry of Comprehensive Utilization of Waste Resources	29.51	24.42
金属制品、机械和设备修理业	Industry of Metal Products, Machinery and Equipment Repair	13.99	13.99
电力、热力生产和供应业	Production and Supply of Electric Power and Heat Power	1226.30	654.09
燃气生产和供应业	Production and Supply of Gas	77.55	47.98
水的生产和供应业	Production and Supply of Water	45.82	40.02

单位：亿元（100 million yuan）

非流动负债 Long-term Liabilities	所有者权益 Creditors' Equity	#实收资本 Capital Hold	主营业务收入 Revenue from principal Business	主营业务成本 Cost of Principal Business	主营业务税金及附加 Business and Extra Charges	利润总额 Total Profits	本年应付职工薪酬 Wages Payable in This Year	本年应交增值税 Value Added Tax Payable
3149.26	**8243.96**	**3688.53**	**20571.30**	**17543.43**	**423.78**	**938.71**	**1275.16**	**575.21**
3010.58	7306.38	3146.70	16633.83	14188.91	406.14	735.48	1121.89	486.20
275.30	534.00	171.50	1031.30	952.65	6.94	39.77	86.43	31.54
1.15	7.29	1.40	18.91	15.21	0.11	1.43	2.37	0.74
	3.46	1.55	6.24	4.15	0.04	0.46	1.14	0.17
1792.04	3381.07	1796.33	7891.87	6712.61	234.71	291.90	563.03	233.59
786.83	2149.93	727.80	3818.99	3204.88	141.20	127.16	250.64	113.79
154.31	1229.31	447.06	3861.64	3295.24	23.11	274.52	217.96	106.23
87.83	401.40	229.51	1985.49	1738.21	6.49	82.06	67.82	26.67
50.84	536.19	312.31	1951.98	1616.32	11.15	121.17	85.46	62.34
179.46	1981.04	628.20	5989.52	4797.65	241.18	404.48	338.60	206.52
2969.79	6262.92	3060.33	14581.78	12745.78	182.59	534.23	936.57	368.68
2517.05	5622.32	2279.68	13224.00	11323.25	381.52	451.46	869.73	377.97
632.20	2621.64	1408.84	7347.30	6220.18	42.25	487.25	405.43	197.23
986.10	721.52	363.02	1034.98	985.13	10.95	-90.73	280.06	49.86
74.91	223.20	136.67	80.37	69.53	1.49	2.80	11.23	4.66
1.14	17.13	2.44	18.79	16.69	0.30	0.38	2.78	0.66
0.48	7.31	1.37	7.50	4.07	0.30	1.15	1.07	0.38
0.30	1.81	0.83	3.47	3.10	0.05	0.02	0.58	0.16
26.22	186.56	55.17	709.19	626.16	1.91	36.42	22.14	8.89
3.24	56.88	25.63	252.29	206.87	1.42	13.59	13.53	10.79
9.11	201.76	49.68	307.20	179.47	26.25	40.46	24.54	20.91
1.08	224.11	40.51	343.82	104.35	187.05	21.96	23.11	41.33
37.00	169.73	48.20	387.10	350.99	2.22	18.27	29.25	7.65
5.82	63.60	31.29	402.72	358.73	3.61	18.65	47.33	9.10
3.18	68.81	16.36	177.27	146.42	0.79	19.81	12.77	4.78
0.30	13.06	5.02	51.14	44.87	0.20	3.61	2.74	1.21
4.32	15.74	7.02	84.35	71.27	0.36	4.85	3.93	2.65
23.65	91.38	52.70	107.17	97.40	0.27	3.48	3.95	0.61
5.79	52.35	14.21	119.21	97.61	0.47	10.11	10.17	2.73
1.25	46.87	9.06	146.16	123.94	0.57	8.22	10.21	2.50
0.30	51.71	104.96	405.54	288.12	95.33	0.23	5.66	19.80
183.11	445.97	195.12	914.37	746.57	3.57	53.06	40.00	18.86
9.43	131.28	37.98	258.44	197.83	1.34	27.58	19.13	7.13
10.00	48.18	20.91	54.77	45.19	0.40	2.09	4.03	1.27
20.31	232.80	82.50	482.38	398.02	2.35	37.41	33.81	13.00
117.11	487.81	212.21	578.54	466.87	4.07	62.92	41.46	24.38
170.89	535.64	199.79	1478.08	1396.99	7.90	-7.06	48.35	38.47
196.96	285.17	112.17	2162.20	1921.84	3.13	-4.09	31.69	9.59
16.58	144.99	49.47	370.62	310.76	3.26	27.48	26.69	8.66
94.40	429.95	164.14	981.56	851.27	4.88	65.72	56.35	23.27
54.60	200.86	100.34	546.40	461.56	3.19	33.87	36.27	11.29
152.88	563.59	204.45	1482.44	1314.07	22.70	60.99	95.56	31.08
11.51	29.66	21.54	83.69	74.44	0.47	1.64	9.78	2.65
82.80	707.45	240.40	3087.20	2573.77	14.40	202.31	118.32	90.87
237.27	751.74	532.62	1563.23	1372.54	5.23	91.14	86.40	25.69
6.62	37.56	6.40	80.41	56.23	0.61	13.04	4.10	2.65
0.82	20.80	6.33	43.88	32.66	0.12	7.52	2.47	0.17
0.08	16.80	7.81	216.71	204.87	4.00	6.33	2.17	15.35
	51.07	5.62	24.08	17.76	0.03	3.31	3.02	0.13
569.62	808.69	494.01	1417.70	1237.96	7.97	130.73	101.78	59.25
24.57	37.58	9.57	82.66	69.44	0.30	7.92	3.24	2.17
5.51	62.84	20.99	23.67	18.06	0.31	1.52	5.53	0.58

13—15 大中型工业企业主要经济效益指标（2015年）
Main Indicators on Economic Benefit of Large and Medium-sized Industrial Enterprises (2015)

项　目	Item
总　计	**Total**
总计中：	**Of the Total:**
内资企业	Domestic Funded Enterprise
国有企业	State-owned Enterprise
集体企业	Collective-owned Enterprise
股份合作企业	Share Holding Cooperative Enterprises
有限责任公司	Limited Liability Corporations
股份有限公司	Share-holding Corporations Ltd.
私营企业	Private Enterprises
港澳台商投资企业	Enterprises Funded by Entrepreneurs from Hong Kong, Macao and Taiwan
外商投资企业	Foreign Funded Enterprises
总计中：	**Of the Total:**
轻工业	Light Industry
重工业	Heavy Industry
总计中：	**Of the Total:**
大型企业	Large-sized Enterprises
中型企业	Medium-sized Enterprises
按行业分	**Grouped by Sector**
煤炭开采和洗选业	Mining and Washing of Coal
黑色金属矿采选业	Mining and Processing of Ferrous Metal Ores
有色金属矿采选业	Mining and Processing of Non-Ferrous Metal Ores
非金属矿采选业	Mining and Processing of Nonmetal Ores
开采辅助活动	Mining Auxiliary Activities
农副食品加工业	Processing of Food from Agriculture Products
食品制造业	Manufacture of Foods
酒、饮料和精制茶制造业	Manufacture of Wine, Beverages and Refined Tea
烟草制品业	Manufacture of Tobacco
纺织业	Manufacture of Textile
纺织服装、服饰业	Manufacture of Textile Wearing Apparel and Clothing
皮革毛皮羽毛及其制品和制鞋业	Manufacture of Leather, Furs, Feather and Related Products
木材加工及木竹藤棕草制品业	Processing of Timber, Manufacture of Wood, Bamboo, Rattan, Palm and Straw Products
家具制造业	Manufacture of Furniture
造纸及纸制品业	Manufacture of Paper and Paper Products
印刷和记录媒介复制业	Printing, Reproduction of Recording Media
文教工美体育和娱乐用品制造业	Manufacture of Culture, Education, Art, Sports and Entertainment Supplies
石油加工、炼焦和核燃料加工业	Processing of Petroleum, Coking and Processing of Nuclear Fuel
化学原料和化学制品制造业	Manufacture of Raw Chemical Materials and Chemical Products
医药制造业	Manufacture of Medicines
化学纤维制造业	Manufacture of Chemical Fibers
橡胶和塑料制品业	Manufacture of Rubber and Plastics
非金属矿物制品业	Manufacture of Non-metallic Mineral Products
黑色金属冶炼和压延加工业	Smelting and Pressing of Ferrous Metals
有色金属冶炼和压延加工业	Smelting and Pressing of Non-ferrous Metals
金属制品业	Manufacture of Metal Products
通用设备制造业	Manufacture of General Purpose Machinery
专用设备制造业	Manufacture of Special Purpose Machinery
汽车制造业	Manufacture of Automobile
铁路船舶航空航天和其他运输设备制造业	Manufacture of Railroads, Ships, Aerospace and Other Transportation Equipments
电气机械和器材制造业	Manufacture of Electrical Machinery and Equipment
计算机通信和其他电子设备制造业	Manufacture of Computers, Communication and Other Electronic Equipments
仪器仪表制造业	Manufacture of Measuring Instruments and Machinery
其他制造业	Manufacture of Others
废弃资源综合利用业	Industry of Comprehensive Utilization of Waste Resources
金属制品、机械和设备修理业	Industry of Metal Products, Machinery and Equipment Repair
电力、热力生产和供应业	Production and Supply of Electric Power and Heat Power
燃气生产和供应业	Production and Supply of Gas
水的生产和供应业	Production and Supply of Water

总资产贡献率 (%) Ratio of Total Assets to Industrial Output Value (%)	资产负债率 (%) Assets-liability Ratio (%)	流动资产周转次数 (次/年) Number of Times of Annual of Turnover Circulating Funds (times/year)	工业成本费用利润率 (%) Ratio of Profits to Industrial Cost (%)	产品销售率 (%) Proportion of Products Sold (%)
10.49	**60.53**	**2.39**	**4.79**	**97.02**
10.22	60.19	2.34	4.64	97.15
6.96	60.66	3.66	3.99	97.88
14.14	55.84	1.98	8.09	99.58
13.38	37.24	5.62	7.98	98.93
9.79	63.60	2.37	3.89	97.52
8.32	59.35	1.68	3.41	96.56
17.75	48.87	3.27	7.64	96.90
9.75	67.32	2.78	4.41	94.77
14.93	58.84	2.47	6.52	98.15
21.65	50.98	2.63	7.46	96.36
7.79	62.83	2.30	3.77	97.32
9.32	62.69	2.20	3.54	97.66
13.47	54.98	2.83	7.13	95.99
1.59	77.55	1.81	-7.14	96.13
3.16	55.05	0.76	3.00	94.55
5.87	29.10	1.85	2.05	99.88
18.54	27.99	1.86	17.85	99.63
4.83	51.60	1.07	0.60	100.28
13.33	52.34	3.36	5.37	98.93
22.69	49.15	4.63	5.51	97.31
25.41	42.52	1.56	16.42	88.57
77.86	30.67	1.44	16.02	97.47
10.24	45.09	3.45	4.86	98.08
22.48	56.18	5.08	4.88	98.43
22.15	43.35	2.45	12.33	95.77
24.26	39.63	4.54	7.55	102.51
18.91	63.66	3.22	6.12	99.36
3.93	52.90	1.98	3.31	98.03
16.29	38.28	2.52	9.06	93.08
16.20	38.01	3.77	5.99	97.19
74.32	67.52	10.64	0.07	97.92
8.31	59.39	2.12	5.96	96.26
17.49	38.65	2.23	11.88	94.26
4.70	55.12	1.50	4.01	92.03
13.80	43.06	2.41	8.17	97.66
10.19	49.41	1.58	11.57	94.96
4.01	58.58	3.40	-0.48	99.54
2.26	73.13	4.56	-0.20	97.24
14.15	52.28	1.96	7.84	95.77
10.59	53.11	1.76	6.98	95.03
10.57	61.57	1.99	6.64	93.40
7.40	67.23	1.73	4.01	98.12
5.34	73.32	1.35	1.98	99.69
17.61	60.96	2.53	7.00	96.01
7.26	59.04	1.40	6.16	97.95
26.42	37.19	2.16	17.32	98.52
22.93	39.61	1.89	20.12	97.42
55.57	62.35	6.31	3.03	98.54
3.81	21.51	0.51	15.60	100.00
11.45	60.29	8.67	10.04	99.48
9.74	67.36	2.42	10.45	100.00
2.33	42.05	0.75	6.06	97.27

13—16 工业分行业职工人数

Number of Staff and Workers in Industry by Industrial Branch

单位：人（person）

项　　目	Item	2014	2015
总　计	**Total**	**3211223**	**3163656**
采掘业	**Mining and Quarrying**	**350627**	**305800**
煤炭开采和洗选业	Mining and Washing of Coal	278972	240486
黑色金属矿采选业	Mining and Processing of Ferrous Metal Ores	39459	36042
有色金属矿采选业	Mining and Processing of Non-Ferrous Metal Ores	11250	11057
非金属矿采选业	Mining and Processing of Nonmetal Ores	20703	15794
开采辅助活动	Mining Auxiliary Activities	118	2302
制造业	**Manufacturing**	**2748616**	**2748708**
农副食品加工业	Processing of Food from Agriculture Products	151519	152453
食品制造业	Manufacture of Foods	65169	66477
酒、饮料和精制茶制造业	Manufacture of Wine, Beverages and Refined Tea	70849	71590
烟草制品业	Manufacture of Tobacco	12888	12907
纺织业	Manufacture of Textile	133643	130379
纺织服装、服饰业	Manufacture of Textile Wearing Apparel and Clothing	223187	225064
皮革毛皮羽毛及其制品和制鞋业	Manufacture of Leather, Furs, Feather and Related Products	59189	58320
木材加工及木竹藤棕草制品业	Processing of Timber, Manufacture of Wood, Bamboo, Rattan, Palm and Straw Products	57019	53885
家具制造业	Manufacture of Furniture	26974	27683
造纸及纸制品业	Manufacture of Paper and Paper Products	29274	28200
印刷和记录媒介复制业	Printing, Reproduction of Recording Media	40334	41453
文教工美体育和娱乐用品制造业	Manufacture of Culture, Education, Art, Sports and Entertainment Supplies	65038	71285
石油加工、炼焦和核燃料加工业	Processing of Petroleum, Coking and Processing of Nuclear Fuel	6372	6377
化学原料和化学制品制造业	Manufacture of Raw Chemical Materials and Chemical Products	135510	129801
医药制造业	Manufacture of Medicines	65143	66896
化学纤维制造业	Manufacture of Chemical Fibers	9752	10035
橡胶和塑料制品业	Manufacture of Rubber and Plastics	124437	128293
非金属矿物制品业	Manufacture of Non-metallic Mineral Products	218149	216292
黑色金属冶炼和压延加工业	Smelting and Pressing of Ferrous Metals	111788	101645
有色金属冶炼和压延加工业	Smelting and Pressing of Non-ferrous Metals	56257	54363
金属制品业	Manufacture of Metal Products	114296	106843
通用设备制造业	Manufacture of General Purpose Machinery	167084	176128
专用设备制造业	Manufacture of Special Purpose Machinery	119296	120790
汽车制造业	Manufacture of Automobile	186406	198435
铁路船舶航空航天和其他运输设备制造业	Manufacture of Railroads, Ships, Aerospace and Other Transportation Equipments	26369	27362
电气机械和器材制造业	Manufacture of Electrical Machinery and Equipment	274196	266777
计算机通信和其他电子设备制造业	Manufacture of Computers, Communication and Other Electronic Equipmer	152338	155318
仪器仪表制造业	Manufacture of Measuring Instruments and Machinery	16987	17415
其他制造业	Manufacture of Others	10270	11424
废弃资源综合利用业	Industry of Comprehensive Utilization of Waste Resources	12622	11288
金属制品、机械和设备修理业	Industry of Metal Products, Machinery and Equipment Repair	6261	3530
电力、热力、燃气及水生产和供应业	**Electricity, Heat, Gas and Water Production and Supply Industry**	**111980**	**109148**
电力、热力生产和供应业	Production and Supply of Electric Power and Heat Power	87816	84789
燃气生产和供应业	Production and Supply of Gas	8250	8536
水的生产和供应业	Production and Supply of Water	15914	15823

注：不含规模以下私营单位。

a) Excluding scale under the private sector.

13—17 各市全部规模以上工业企业单位数和总产值（2015年）

Number Above Designated Size Industrial Enterprises and Gross Industrial Output Value by Region (2015)

单位：亿元（100 million yuan）

地　区	Region	企业单位数（个）Number of Enterprises (unit)	#国有及国有控股企业 State-owned or Controlling Share Hold Industry	工业总产值（现价）Gross Industrial Output Value	#国有及国有控股企业 State-owned or Controlling Share Hold Industry	工业增加值（现价）Value-added of Industry	#国有及国有控股企业 State-owned or Controlling Share Hold Industry	工业销售产值（当年价）Value of Industrial Products Sales	#国有及国有控股企业 State-owned or Controlling Share Hold Industry
总　计	**Total**	**19077**	**699**	**39875.66**	**8795.14**	**9589.20**	**2469.19**	**38798.25**	**8594.17**
合肥市	Hefei	2474	186	9345.59	2493.62	2191.52	610.65	9064.77	2412.27
淮北市	Huaibei	779	27	1814.60	402.07	501.38	175.20	1785.61	396.76
亳州市	Bozhou	901	20	959.39	194.20	246.15	70.40	918.08	171.74
宿州市	Suzhou	1257	35	1623.25	107.37	368.50	38.79	1592.77	109.93
蚌埠市	Bengbu	1056	35	2596.82	281.16	673.96	124.63	2486.70	254.08
阜阳市	Fuyang	1547	26	1989.69	272.68	501.48	102.68	1915.59	260.34
淮南市	Huainan	621	30	970.42	525.10	325.39	222.45	936.37	500.20
滁州市	Chuzhou	1503	47	2567.11	416.40	610.53	114.95	2519.55	406.87
六安市	Luan	997	31	1542.10	166.41	359.29	46.31	1493.56	164.48
马鞍山市	Maanshan	1150	50	2540.75	860.49	577.19	200.68	2486.85	851.30
芜湖市	Wuhu	2101	67	5829.01	1217.03	1383.28	310.70	5703.69	1217.29
宣城市	Xuancheng	1419	33	1796.38	149.23	411.52	36.72	1743.36	148.08
铜陵市	Tongling	491	36	2269.01	1107.30	494.33	266.29	2195.01	1102.03
池州市	Chizhou	575	18	740.43	96.88	177.21	26.13	720.84	94.61
安庆市	Anqing	1667	48	2723.16	493.12	640.53	119.79	2684.86	492.35
黄山市	Huangshan	539	10	567.95	12.08	126.95	2.83	550.65	11.84

13—18 各市全部规模以上工业总产值（2015年）

Gross Industrial Output Value Industrial Enterprises Above Designated Size by Region (2015)

本表按当年价格计算 (Data in value terms in this table are calculated at current prices)

单位：亿元（100 million yuan）

地　区	Region	工业总产值合计（当年价）Gross Industrial Outpnt Value	国有及国有控股企业 State-owned or Controlling Share Hold Industry	集体企业 Collective-owned Enterprises	股份有限公司 Share Holding Enterprises	港澳台商投资企业 Enterprises Funded by Enterpreneurs form Hong Kong, Macao and Taiwan	外商投资企业 Foreign Funded Enterprises	轻工业 Light Industry	重工业 Heavy Industry
总　计	**Total**	**39875.66**	**8795.14**	**75.92**	**4447.39**	**2425.97**	**2667.24**	**13791.03**	**26084.63**
合肥市	Hefei	9345.59	2493.62	8.38	1283.91	1045.39	1124.45	3306.31	6039.29
淮北市	Huaibei	1814.60	402.07	2.47	21.82	9.19	30.72	657.84	1156.76
亳州市	Bozhou	959.39	194.20	5.07	132.83	0.45	6.08	648.42	310.97
宿州市	Suzhou	1623.25	107.37	2.54	89.23	60.52	16.64	851.90	771.35
蚌埠市	Bengbu	2596.82	281.16	5.11	176.81	173.36	34.45	1059.30	1537.52
阜阳市	Fuyang	1989.69	272.68	2.47	69.68	45.47	22.39	1079.91	909.78
淮南市	Huainan	970.42	525.10	4.98	69.46	61.83	7.95	244.30	726.12
滁州市	Chuzhou	2567.11	416.40	11.33	208.26	152.33	143.92	1006.65	1560.46
六安市	Luan	1542.10	166.41	6.63	104.50	17.06	127.16	812.31	729.79
马鞍山市	Maanshan	2540.75	860.49	3.45	574.38	54.46	184.95	493.64	2047.11
芜湖市	Wuhu	5829.01	1217.03	4.65	827.06	260.91	764.03	1247.23	4581.78
宣城市	Xuancheng	1796.38	149.23	6.39	307.17	11.61	79.28	459.73	1336.65
铜陵市	Tongling	2269.01	1107.30	1.86	43.20	435.59	48.80	210.11	2058.89
池州市	Chizhou	740.43	96.88	0.00	50.62	10.29	21.88	163.91	576.51
安庆市	Anqing	2723.16	493.12	9.86	466.48	80.15	51.06	1269.61	1453.56
黄山市	Huangshan	567.95	12.08	0.72	21.98	7.34	3.48	279.87	288.09

13—19 各市全部规模以上工业企业主要经济指标（2015年）

Main Indicators Above Designated Size Industrial Enterprises by Region (2015)

单位：亿元（100 million yuan）

地区	Region	企业单位数（个）Number of Enterprises (unit)	工业总产值（现价）Gross Industrial Output Value	工业销售产值（当年价）Value of Industrial Products Sales	资产合计 Total Assets	流动资产合计 Circulating Funds	固定资产合计 Total of Fixed Assets	固定资产原价 Original Value of Fixed Assets	负债合计 Total Liabilities
总计	**Total**	**19077**	**39875.66**	**38798.25**	**31359.95**	**13988.02**	**12386.88**	**19177.04**	**18028.15**
合肥市	Hefei	2474	9345.59	9064.77	6882.54	3737.58	2290.82	4553.02	3938.80
淮北市	Huaibei	779	1814.60	1785.61	2341.13	727.79	1086.00	1410.50	1522.21
亳州市	Bozhou	901	959.39	918.08	654.72	304.24	280.40	360.22	350.48
宿州市	Suzhou	1257	1623.25	1592.77	742.79	293.89	352.65	499.50	364.20
蚌埠市	Bengbu	1056	2596.82	2486.70	1343.85	690.74	471.90	664.97	755.03
阜阳市	Fuyang	1547	1989.69	1915.59	1154.42	541.28	472.49	1161.35	607.10
淮南市	Huainan	621	970.42	936.37	2484.06	506.69	1544.90	1587.93	1767.15
滁州市	Chuzhou	1503	2567.11	2519.55	1805.68	839.86	698.77	958.48	980.33
六安市	Luan	997	1542.10	1493.56	1145.75	486.96	456.48	556.92	647.89
马鞍山市	Maanshan	1150	2540.75	2486.85	2385.42	928.40	990.81	1693.13	1324.88
芜湖市	Wuhu	2101	5829.01	5703.69	4745.06	2380.06	1642.81	2706.53	2683.48
宣城市	Xuancheng	1419	1796.38	1743.36	1283.26	620.18	434.56	594.82	634.87
铜陵市	Tongling	491	2269.01	2195.01	1789.11	771.88	609.31	933.80	1189.53
池州市	Chizhou	575	740.43	720.84	558.31	209.28	279.00	368.24	285.36
安庆市	Anqing	1667	2723.16	2684.86	1679.23	739.57	656.40	957.17	794.62
黄山市	Huangshan	539	567.95	550.65	364.62	209.62	119.59	170.46	182.19

地区	Region	#流动负债 Liquid Liabilities	所有者权益 Creditors Equity	#实收资本 Total Capital Hold	主营业务收入 Revenue from principal Business	主营业务成本 Cost of Principal Business	主营业务税金及附加 Business and Extra Charges	利润总额 Total Profits	本年应交增值税 Value Added Tax Payable
总计	**Total**	**13295.40**	**13082.98**	**6124.05**	**39064.41**	**33753.80**	**522.09**	**2000.12**	**930.13**
合肥市	Hefei	3127.45	2922.83	1435.12	8931.10	7608.39	96.35	503.36	209.74
淮北市	Huaibei	913.73	781.84	214.33	2337.45	2095.91	19.45	32.64	47.66
亳州市	Bozhou	242.25	300.41	131.93	905.41	746.71	13.68	71.62	19.99
宿州市	Suzhou	227.26	367.61	158.46	1582.11	1408.52	9.43	74.67	23.12
蚌埠市	Bengbu	608.79	586.25	241.52	2254.50	1987.47	60.81	72.34	30.69
阜阳市	Fuyang	460.87	531.23	183.61	1841.92	1621.35	37.12	82.34	56.23
淮南市	Huainan	929.04	712.49	574.10	882.24	790.15	8.10	14.55	42.01
滁州市	Chuzhou	744.73	808.10	389.78	2518.78	2081.44	33.91	257.74	86.52
六安市	Luan	498.79	477.93	231.01	1413.35	1241.57	12.36	68.06	20.63
马鞍山市	Maanshan	989.35	1035.26	541.19	2465.38	2244.34	10.28	66.48	70.06
芜湖市	Wuhu	2255.92	2014.54	936.49	5400.27	4637.36	89.92	336.72	149.90
宣城市	Xuancheng	467.54	621.87	244.67	1708.77	1461.52	9.33	125.31	49.37
铜陵市	Tongling	859.43	594.33	255.38	2884.31	2507.89	7.82	38.57	26.11
池州市	Chizhou	218.45	271.12	122.96	716.81	610.53	3.66	53.04	19.98
安庆市	Anqing	604.92	877.98	404.56	2685.77	2235.29	107.44	180.29	69.16
黄山市	Huangshan	146.88	179.18	58.92	536.24	475.36	2.42	22.39	8.98

13—20　各市国有控股工业企业主要经济指标（2015年）
Main Indicators of State-owned and State Holding Majority Shares Industrial Enterprises by Region (2015)

单位：亿元（100 million yuan）

地　区	Region	企业单位数（个）Number of Enterprises (unit)	工业总产值（现价）Gross Industrial Output Value	工业销售产值（当年价）Value of Industrial Products Sales	资产合计 Total Assets	流动资产合计 Circulating Funds	固定资产合计 Total of Fixed Assets	固定资产原价 Original Value of Fixed Assets	负债合计 Total Liabilities
总　计	**Total**	**699**	**8795.14**	**8594.17**	**13658.84**	**4428.16**	**6793.40**	**9598.97**	**8799.06**
合肥市	Hefei	186	2493.62	2412.27	2993.67	1352.60	1267.31	2048.59	1676.17
淮北市	Huaibei	27	402.07	396.76	1706.43	433.35	854.81	958.70	1255.30
亳州市	Bozhou	20	194.20	171.74	231.80	74.05	135.25	190.88	157.32
宿州市	Suzhou	35	107.37	109.93	165.10	33.46	106.96	190.41	124.70
蚌埠市	Bengbu	35	281.16	254.08	444.96	199.58	183.05	234.36	246.00
阜阳市	Fuyang	26	272.68	260.34	344.85	93.28	206.59	316.22	208.17
淮南市	Huainan	30	525.10	500.20	2066.75	323.21	1358.73	1321.84	1527.82
滁州市	Chuzhou	47	416.40	406.87	456.49	134.04	263.22	363.18	291.75
六安市	Luan	31	166.41	164.48	226.98	32.69	161.64	210.66	179.64
马鞍山市	Maanshan	50	860.49	851.30	1377.82	436.42	689.73	1279.21	821.02
芜湖市	Wuhu	67	1217.03	1217.29	1650.46	704.50	638.21	1030.39	1002.20
宣城市	Xuancheng	33	149.23	148.08	203.89	54.17	137.34	213.54	134.62
铜陵市	Tongling	36	1107.30	1102.03	1193.30	435.70	424.29	653.12	851.10
池州市	Chizhou	18	96.88	94.61	125.68	22.28	90.61	140.50	59.14
安庆市	Anqing	48	493.12	492.35	452.16	94.59	262.19	423.65	251.55
黄山市	Huangshan	10	12.08	11.84	18.49	4.24	13.48	23.73	12.55

地　区	Region	#流动负债 Liquid Liabilities	所有者权益 Creditors Equity	#实收资本 Total Capital Hold	主营业务收入 Revenue from principal Business	主营业务成本 Cost of Principal Business	主营业务税金及附加 Business and Extra Charges	利润总额 Total Profits	本年应交增值税 Value Added Tax Payable
总　计	**Total**	**5642.86**	**4850.81**	**2446.78**	**9670.13**	**8357.50**	**352.01**	**225.76**	**289.47**
合肥市	Hefei	1183.43	1317.05	714.80	2385.16	2049.03	61.76	107.92	56.97
淮北市	Huaibei	711.22	449.55	104.26	980.03	900.35	5.41	-26.40	25.60
亳州市	Bozhou	82.24	74.48	34.32	168.13	113.86	8.94	17.43	9.84
宿州市	Suzhou	49.26	40.39	23.97	102.22	89.66	0.91	1.55	5.72
蚌埠市	Bengbu	191.26	201.09	62.63	229.02	144.83	51.11	18.94	14.44
阜阳市	Fuyang	137.68	136.68	37.79	227.38	187.23	23.11	-3.27	10.95
淮南市	Huainan	783.23	539.98	474.71	452.58	418.70	6.31	-13.68	36.66
滁州市	Chuzhou	160.78	162.79	82.04	405.99	323.36	24.49	35.47	18.68
六安市	Luan	134.71	47.07	48.15	163.61	138.55	0.97	9.82	2.34
马鞍山市	Maanshan	586.60	556.25	299.49	928.49	890.41	4.12	-25.49	27.40
芜湖市	Wuhu	773.78	637.53	195.78	1088.02	915.65	63.56	63.00	30.02
宣城市	Xuancheng	73.88	69.24	46.40	141.27	120.61	0.67	12.95	5.71
铜陵市	Tongling	568.87	341.89	128.96	1786.32	1599.15	3.85	7.57	14.81
池州市	Chizhou	39.36	66.53	36.81	91.45	77.98	0.76	7.83	4.88
安庆市	Anqing	163.31	204.35	154.83	508.99	377.20	96.02	11.99	25.17
黄山市	Huangshan	3.27	5.94	1.84	11.47	10.95	0.04	0.11	0.29

13—21 各市外商投资和港澳台商投资工业企业主要经济指标（2015年）

Main Indicators on Economic Benefit of Industrial Enterprises with Hong Kong, Macao, Taiwan and Foreign Funds by Region (2015)

单位：亿元（100 million yuan）

地 区	Region	企业单位数（个） Number of Enterprises (unit)	工业总产值（现价） Gross Industrial Output Value	工业销售产值（当年价） Value of Industrial Products Sales	资产合计 Total Assets	流动资产合计 Circulating Funds	固定资产合计 Total of Fixed Assets	固定资产原价 Original Value of Fixed Assets	负债合计 Total Liabilities
总 计	**Total**	**778**	**5093.21**	**4923.11**	**3266.10**	**1867.47**	**1065.17**	**2144.63**	**1981.04**
合肥市	Hefei	183	2169.84	2140.26	1236.86	837.84	323.56	808.18	828.86
淮北市	Huaibei	17	39.91	39.57	40.21	10.88	18.70	45.51	18.89
亳州市	Bozhou	7	6.53	6.31	4.28	2.04	1.76	2.15	2.50
宿州市	Suzhou	27	77.16	77.13	49.88	22.42	21.99	27.27	18.10
蚌埠市	Bengbu	40	207.82	183.78	131.11	54.42	60.32	104.14	84.31
阜阳市	Fuyang	21	67.86	62.41	77.36	29.61	27.96	223.09	33.39
淮南市	Huainan	17	69.77	69.24	151.44	31.75	103.89	155.11	95.31
滁州市	Chuzhou	81	296.25	291.53	195.45	80.74	87.74	128.56	120.01
六安市	Luan	24	144.23	143.39	135.15	76.59	47.33	62.03	65.98
马鞍山市	Maanshan	64	239.41	228.68	137.68	69.43	44.85	74.34	75.38
芜湖市	Wuhu	143	1024.94	983.21	779.62	463.73	220.20	373.15	449.63
宣城市	Xuancheng	47	90.89	82.36	66.49	42.79	16.53	26.91	31.25
铜陵市	Tongling	25	484.39	440.85	145.78	90.98	43.91	51.20	100.37
池州市	Chizhou	22	32.17	31.81	32.67	11.86	14.12	21.01	22.98
安庆市	Anqing	42	131.21	132.23	73.55	37.86	29.63	38.39	29.30
黄山市	Huangshan	18	10.82	10.35	8.55	4.52	2.68	3.59	4.77

地 区	Region	#流动负债 Liquid Liabilities	所有者权益 Creditors Equity	#实收资本 Total Capital Hold	主营业务收入 Revenue from principal Business	主营业务成本 Cost of Principal Business	主营业务税金及附加 Business and Extra Charges	利润总额 Total Profits	本年应交增值税 Value Added Tax Payable
总 计	**Total**	**1735.97**	**1262.08**	**779.40**	**4761.43**	**4049.69**	**22.91**	**254.04**	**108.88**
合肥市	Hefei	759.38	406.25	271.79	2095.76	1812.73	9.87	86.49	40.16
淮北市	Huaibei	15.40	21.16	15.51	38.69	32.20	0.48	3.05	1.29
亳州市	Bozhou	1.82	1.57	1.79	5.13	4.45	0.09	0.16	0.13
宿州市	Suzhou	14.74	31.61	9.43	77.56	61.89	0.42	11.91	1.60
蚌埠市	Bengbu	66.15	40.65	27.33	163.27	147.65	1.50	0.21	2.32
阜阳市	Fuyang	26.29	43.77	17.10	61.05	47.87	1.20	9.43	3.06
淮南市	Huainan	44.41	56.13	41.63	67.01	47.33	0.53	14.67	0.80
滁州市	Chuzhou	89.56	74.68	60.26	292.48	244.86	0.66	29.96	11.16
六安市	Luan	51.17	67.14	16.85	142.65	128.63	1.05	6.02	2.31
马鞍山市	Maanshan	66.69	61.27	49.51	204.00	176.06	0.52	14.17	10.65
芜湖市	Wuhu	428.46	316.31	182.28	887.92	744.23	5.12	59.10	27.13
宣城市	Xuancheng	29.20	35.22	16.43	77.10	65.14	0.52	6.65	2.79
铜陵市	Tongling	98.06	44.59	30.96	480.92	389.13	0.22	4.67	1.94
池州市	Chizhou	12.94	13.92	9.39	31.21	26.58	0.17	-0.40	0.86
安庆市	Anqing	27.12	44.13	27.00	126.26	111.98	0.53	7.47	2.50
黄山市	Huangshan	4.59	3.68	2.15	10.42	8.97	0.04	0.49	0.17

13—22 各市私营工业企业主要经济指标（2015年）

Main Indicators of Private Enterprises by Region (2015)

单位：亿元（100 million yuan）

地 区	Region	企业单位数（个）Number of Enterprises (unit)	工业总产值（现价）Gross Industrial Output Value	工业销售产值（当年价）Value of Industrial Products Sales	资产合计 Total Assets	流动资产合计 Circulating Funds	固定资产合计 Total of Fixed Assets	固定资产原价 Original Value of Fixed Assets	负债合计 Total Liabilities
总　计	**Total**	**13611**	**17785.33**	**17330.11**	**8640.73**	**4520.72**	**2945.22**	**4745.33**	**4171.55**
合肥市	Hefei	1685	2673.39	2569.68	1385.03	786.98	414.54	1098.12	729.48
淮北市	Huaibei	632	1140.86	1123.59	462.34	214.38	182.71	357.67	201.48
亳州市	Bozhou	317	250.63	247.36	138.53	77.98	45.02	53.29	63.51
宿州市	Suzhou	668	791.83	785.02	224.93	99.37	97.13	128.86	75.55
蚌埠市	Bengbu	719	1435.70	1399.80	330.34	177.28	108.98	154.41	163.27
阜阳市	Fuyang	1141	1090.44	1056.32	447.26	257.76	149.13	256.23	198.80
淮南市	Huainan	459	293.74	286.66	165.95	91.84	56.31	73.07	78.06
滁州市	Chuzhou	1250	1631.03	1596.99	945.24	509.36	295.53	378.83	474.28
六安市	Luan	840	979.69	942.16	620.30	293.33	201.54	222.86	331.64
马鞍山市	Maanshan	983	1282.08	1249.94	626.04	349.57	177.42	236.18	309.61
芜湖市	Wuhu	1508	2359.84	2308.60	1301.33	623.44	536.09	890.97	617.33
宣城市	Xuancheng	1210	1159.48	1132.65	673.68	345.94	203.77	257.15	337.63
铜陵市	Tongling	333	431.94	410.60	226.68	117.81	75.21	111.62	114.98
池州市	Chizhou	319	350.88	343.40	218.02	85.42	110.25	133.63	88.24
安庆市	Anqing	1160	1536.55	1511.06	665.21	360.11	228.69	304.36	283.98
黄山市	Huangshan	387	377.25	366.28	209.86	130.13	62.90	88.08	103.72

地 区	Region	#流动负债 Liquid Liabilities	所有者权益 Creditors Equity	#实收资本 Total Capital Hold	主营业务收入 Revenue from principal Business	主营业务成本 Cost of Principal Business	主营业务税金及附加 Business and Extra Charges	利润总额 Total Profits	本年应交增值税 Value Added Tax Payable
总　计	**Total**	**3423.01**	**4289.13**	**1780.37**	**16954.43**	**14811.21**	**94.16**	**1021.18**	**358.10**
合肥市	Hefei	610.39	640.18	248.85	2531.10	2148.44	11.63	168.66	61.87
淮北市	Huaibei	153.24	232.32	77.50	1102.39	981.38	8.75	44.15	17.01
亳州市	Bozhou	53.84	73.25	28.14	245.27	207.79	1.33	20.18	3.54
宿州市	Suzhou	53.53	143.66	61.19	780.10	703.84	4.99	32.17	8.23
蚌埠市	Bengbu	127.01	164.05	62.00	1322.54	1214.47	5.35	34.53	7.54
阜阳市	Fuyang	159.83	237.96	86.81	1034.60	915.74	8.62	54.89	24.07
淮南市	Huainan	64.96	83.63	36.73	285.80	256.81	0.89	11.46	2.78
滁州市	Chuzhou	398.02	458.32	193.34	1600.72	1342.34	7.80	165.01	46.58
六安市	Luan	253.85	272.75	124.24	888.83	791.26	4.82	39.15	10.30
马鞍山市	Maanshan	244.39	294.56	131.77	1179.87	1043.19	5.33	71.80	29.73
芜湖市	Wuhu	526.71	664.56	339.36	2278.78	2001.33	14.48	137.25	63.22
宣城市	Xuancheng	287.73	310.24	134.78	1116.63	969.25	6.40	72.45	30.91
铜陵市	Tongling	91.29	108.50	52.06	399.59	351.85	2.57	17.54	5.63
池州市	Chizhou	74.32	128.58	36.32	341.71	289.22	1.40	27.39	9.73
安庆市	Anqing	237.27	373.23	137.01	1488.49	1274.62	8.12	109.99	30.87
黄山市	Huangshan	86.64	103.35	30.27	358.02	319.67	1.68	14.57	6.11

13—23 各市大中型工业企业主要经济指标（2015年）
Main Indicators of Large-scale and Medium-scale Industrial Enterprises by Region (2015)

单位：亿元（100 million yuan）

地 区	Region	企业单位数（个）Number of Enterprises (unit)	工业总产值（现价）Gross Industrial Output Value	工业销售产值（当年价）Value of Industrial Products Sales	资产合计 Total Assets	流动资产合计 Circulating Funds	固定资产合计 Total of Fixed Assets	固定资产原价 Original Value of Fixed Assets	负债合计 Total Liabilities
总 计	**Total**	**1718**	**20429.01**	**19819.52**	**21051.07**	**8776.17**	**8674.06**	**13304.08**	**12742.35**
合肥市	Hefei	341	6507.29	6331.39	5221.82	2823.29	1771.53	3366.85	3053.39
淮北市	Huaibei	70	777.42	762.08	1940.57	539.11	927.38	1059.51	1365.07
亳州市	Bozhou	63	385.18	359.27	302.91	124.43	144.87	202.97	176.13
宿州市	Suzhou	71	368.83	350.33	266.92	91.39	136.36	220.95	165.51
蚌埠市	Bengbu	96	799.94	738.18	707.21	344.91	272.33	377.34	394.08
阜阳市	Fuyang	102	834.26	793.17	617.95	244.57	300.69	726.69	355.09
淮南市	Huainan	49	596.60	571.76	2192.96	370.66	1426.41	1441.45	1600.97
滁州市	Chuzhou	157	1203.91	1179.39	928.89	412.79	370.38	543.38	521.98
六安市	Luan	100	577.24	556.93	557.29	240.08	229.09	283.56	321.52
马鞍山市	Maanshan	88	1230.99	1208.94	1765.27	585.14	809.84	1441.09	1000.66
芜湖市	Wuhu	248	3295.59	3220.42	3307.83	1657.04	1075.84	1832.68	1937.52
宣城市	Xuancheng	88	654.92	626.87	565.53	281.93	176.92	253.18	245.22
铜陵市	Tongling	42	1678.84	1623.47	1443.17	596.79	479.16	734.86	1003.32
池州市	Chizhou	27	239.38	232.23	232.83	57.68	152.80	191.14	114.02
安庆市	Anqing	156	1185.17	1174.14	910.86	357.98	366.96	576.47	457.63
黄山市	Huangshan	20	93.47	90.95	89.06	48.38	33.49	51.94	30.23

地 区	Region	#流动负债 Liquid Liabilities	所有者权益 Creditors Equity	#实收资本 Total Capital Hold	主营业务收入 Revenue from principal Business	主营业务成本 Cost of Principal Business	主营业务税金及附加 Business and Extra Charges	利润总额 Total Profits	本年应交增值税 Value Added Tax Payable
总 计	**Total**	**9127.62**	**8243.96**	**3688.53**	**20571.30**	**17543.43**	**423.78**	**938.71**	**575.21**
合肥市	Hefei	2407.04	2160.56	1060.94	6224.95	5302.46	83.98	325.76	146.40
淮北市	Huaibei	798.00	570.09	139.05	1332.17	1203.24	10.96	-9.93	31.59
亳州市	Bozhou	104.20	126.56	40.87	351.77	266.57	10.84	32.29	13.16
宿州市	Suzhou	78.81	99.75	32.27	352.08	302.30	2.43	20.40	8.71
蚌埠市	Bengbu	319.83	306.47	103.12	634.96	511.57	54.56	23.10	19.05
阜阳市	Fuyang	257.95	260.46	72.22	752.08	649.32	30.52	27.57	34.12
淮南市	Huainan	829.18	591.13	501.70	518.81	469.26	7.04	-3.21	38.54
滁州市	Chuzhou	391.14	404.02	181.75	1184.07	952.30	28.09	130.05	52.77
六安市	Luan	257.08	234.11	90.02	525.36	456.89	7.85	16.29	11.11
马鞍山市	Maanshan	742.47	762.57	391.43	1249.25	1149.64	5.08	9.16	44.19
芜湖市	Wuhu	1630.24	1345.08	548.49	2974.99	2504.03	73.73	206.19	87.78
宣城市	Xuancheng	152.01	318.57	83.17	619.87	507.92	3.51	57.91	19.37
铜陵市	Tongling	706.06	437.54	163.99	2329.03	2022.50	4.73	9.23	17.09
池州市	Chizhou	90.76	118.46	42.50	235.37	207.15	0.87	14.60	8.56
安庆市	Anqing	341.24	451.96	228.04	1198.42	963.47	99.09	74.28	40.51
黄山市	Huangshan	21.61	56.63	8.99	88.10	74.81	0.51	5.02	2.24

13—24 主要工业产品产量
Output of Major Industrial Products

项　目		Item		2000	2005	2010	2014	2015
原　煤	（万吨）	Raw Coal	(10000 tons)	4790	8434	13030	12799	13404
洗　煤	（万吨）	Coal Washing	(10000 tons)	464	823	1603	4681	4414
铁矿石原矿量	（万吨）	Iron Ore Products	(10000 tons)	836	1100	3237	5671	4697
铜金属含量	（吨）	Amount Contained of Copper	(ton)	45564	66466	129145	210962	209072
混合饲料	（万吨）	Blending Feed	(10000 tons)	102.9	161.0	121.9	97.0	100
原　盐	（吨）	Raw Salt	(ton)	328413	567340	1461487	1522433	1496473
大　米	（吨）	Rice	(ton)	951857	1567509	10421141	17254899	17133052
食用植物油	（万吨）	Edible Vegetable Oil	(10000 tons)	39.72	49.99	66.23	122	128
乳制品	（吨）	Dairy Products	(ton)	14970	54343	664812	1081662	943722
罐　头	（吨）	Can (tin)	(ton)	24897	61143	308924	592317	586059
鲜、冻畜肉	（万吨）	Fresh and Frozen Meat	(10000 tons)	10.2	14.8	59.0	142.2	143
糖　果	（吨）	Candy	(ton)	6740	4289	27682	63485	87107
酱　油	（吨）	Soy Sauce	(ton)	22367	7021	41281	144334	107292.4
发酵酒精	（万千升）	Fermented Alcohol	(10000 kl)	9.5	25.5	68.0	36.8	37
白　酒	（万千升）	Liquor	(10000 kl)	46.7	22.4	48.0	43.6	47
啤　酒	（万千升）	Beer	(10000 kl)	119.3	115.5	154.1	135.5	119.2
精制茶	（吨）	Refined Tea	(ton)	9951	57042	178927	280019	257142.6
卷　烟	（亿支）	Cigarettes	(100 million pieces)	788.5	1030.6	1225.9	1329.8	1268.9
纱	（吨）	Yarn	(ton)	275052	383057	565419	1040074	1111904
布	（万米）	Cloth	(10000 m)	74047	56293	108663	116485	141398.0
棉　布	（万米）	Cotton Cloth	(10000 m)	35778	37373	82439	43744	43565
印染布	（万米）	Printing and Dyeing Cloth	(10000 m)	14377	18332	18392	14684	18462
绒线（毛线）	（吨）	Knitting Wool	(ton)	31	1996	528	1858	2227
丝	（吨）	Silk	(ton)	2118	3807	6438	9101	8057
丝织品	（万米）	Silk Fabrics	(10000 m)	3446	2867	4005	7752	7196
服　装	（万件）	Clothing	(10000 units)	6283	11288	53505	109263	117020
梭织服装		Shuttled Clothing		3799	5079	30888	73136	79439
针织服装		Knit Clothing		2433	3625	22617	36127	37582
人造板	（万立方米）	Man-made Board	(10000 cu.m)	65.4	200.2	573.0	1328.9	1496
机制纸及纸板	（万吨）	Machine-made Paper and Paperboard	(10000 tons)	55.0	111.1	221.1	262.2	306.3

13—24 续表1 continued

项 目		Item		2000	2005	2010	2014	2015
纸制品	（吨）	Paper Products	(ton)	53876	228047	690161	1641319	1812447
原油加工量	（万吨）	Volume of Processed Crude Oil	(10000 tons)	344.8	416.0	476.6	748.0	689
汽 油	（万吨）	Gasoline	(10000 tons)	79.4	86.0	97.0	230.9	217
柴 油	（万吨）	Diesel Oil	(10000 tons)	151.9	177.4	196.0	303.3	281
燃料油	（万吨）	Fuel Oil	(10000 tons)	10.7	8.3	12.4	4.6	2
液化石油气	（万吨）	Liquefied Petroleum	(10000 tons)	20.4	30.5	34.1	60.8	58
焦 炭	（万吨）	Coke	(10000 tons)	330.2	487.9	839.6	930.0	959
硫酸（折100%）	（万吨）	Sulfuric Acid (100%)	(10000 tons)	143.1	202.5	439.7	636.3	630
浓硝酸（折100%）	（万吨）	Enriched Nitric Acid (100%)	(10000 tons)	13.6	32.5	54.5	70.3	63
氢氧化钠（烧碱）（折100%）	（万吨）	Caustic Soda (100%)	(10000 tons)	10.8	18.8	29.0	63.5	72.0
碳酸纳（纯碱）	（万吨）	Soda Ash	(10000 tons)	8.1	24.1	35.4	66.5	76.9
合成氨	（万吨）	Synthetic Ammonia	(10000 tons)	179.4	231.4	266.4	354.6	344.8
农用氮肥磷钾化学肥料总计	（万吨）	Chemical Fertilizers	(10000 tons)	157.6	204.1	255.4	299.2	309.7
氮肥（折含N100%）	（万吨）	Nitrogen Fertilizers	(10000 tons)	120.9	148.2	201.5	218.8	228.3
磷 肥	（万吨）	Phosphate Fertilizers	(10000 tons)	36.5	55.9	54.0	80.4	81.4
化学农药	（万吨）	Chemical Pesticide	(10000 tons)	1.8	3.7	15.1	17.4	19.8
塑料树脂及共聚物	（吨）	Plastics	(ton)	71687	268920	568858	1042972	1203575
肥 皂	（吨）	Soap	(ton)	20326	22803	20704		
合成洗涤剂	（万吨）	Synthetic Detergents	(10000 tons)	39.8	41.3	74.6	84.3	79.4
牙膏（自然支）	（万支）	Toothpaste	(10000 units)	6941	65764	77835		
化学原料药	（吨）	Chemical Medicine	(ton)	4807	18960	9208	34768	40473
中成药	（吨）	Traditional Chinese Medicine	(ton)	9371	9672	26190	44033	49709
化学纤维	（万吨）	Chemical Fiber	(10000 tons)	12.4	11.4	22.0	23.1	27.0
轮胎外胎	（万条）	Tires	(10000 units)	574.0	1073.6	3744.3	3308.9	2829.6
塑料制品	（吨）	Plastic Products	(ton)	321435	735029	1867544	3083496	3387004
塑料薄膜	（吨）	Plastic Film	(ton)	28057	173228	166674	307360	348278
水 泥	（万吨）	Cement	(10000 tons)	2136	3218	7874	12913	13085
大理石板材	（万平方米）	Marble Plate	(10000 sq.m)	2.01	3.30	13.90	362.50	535.0
花岗石板材	（万平方米）	Granite Plate	(10000 sq.m)	4.07	11.60	109.82	482.30	497.6
平板玻璃	（万重量箱）	Plate Glass	(10000 weight cases)	151.5	507.7	1044.3	2545.0	2302.5
生 铁	（万吨）	Pig Iron	(10000 tons)	524.3	1105.7	1844.9	1998.6	2092.5
钢	（万吨）	Steel	(10000 tons)	460.6	1105.6	1853.8	2451.4	2506.0

13—24　续表2　continued

项　　目		Item		2000	2005	2010	2014	2015
钢　材	（万吨）	Rolled Steel	(10000 tons)	431.7	1141.6	2446.4	3265.7	3334.7
铁道用钢材		Steel Use for Railway		9.0	14.8	11.9	16.2	12.5
中小型钢材		Rolled-steel, Medium and Small		185.3	124.7	158.5	295.5	234.9
无缝钢管		Seamless Steel Pipe		3.0	25.4	20.0	86.5	72.6
线　材		Wire Rod		105.8	171.9	301.1	253.7	209.8
铜	（万吨）	Copper	(10000 tons)	22.8	35.9	83.1	131.0	131.1
工业锅炉	（蒸吨）	Industrial Boilers	(ton)	779	2478	5196	31626	31760
内燃机	（万千瓦）	Internal Combustion Engines	(10000 kw)	265.7	713.1			
金属切削机床	（台）	Metal-cutting Machine Tools	(unit)	4743	11769	26283	82121	81268
起重设备	（吨）	Derrick Equipment	(ton)	2761	54935	334543	923926	869451
叉　车	（台）	Forklift	(unit)	10017	20303	40613	63000	58094
泵	（台）	Pump	(unit)	97578	82312	409494	1751063	2046093
轴　承	（万套）	Bearing	(10000 sets)	3212	8055	23665	78141	76633
矿山设备	（吨）	Mining Equipment	(ton)	39769	112593	74055	622464	587194
小型拖拉机	（台）	Mini-tractors	(unit)	168271	119899	17833	23932	15316
农业运输机械	（辆）	Machinery for Agricultural Transportation	(unit)	250987	32287			
汽　车	（辆）	Motor Vehicles	(unit)	107187	401087	1244735	954956	1257681
载货汽车		Trucks		37441	116639	273645	238350	210804
公路汽车		Coach		69452	84980	78426	39578	37578
交流电动机	（万千瓦）	Alternating Current Motor	(10000 kw)	164.4	515.8	1599.5	2104.6	2200.0
变压器	（万千伏安）	Transformer	(10000 KVA)	520.3	1758.6	4136.9	4621.8	4408.4
蓄电池	（千伏安时）	Storage Battery	(KVA.h)	143046	806458	6610665	19025157	19170259
家用洗衣机	（万台）	Household Washing Machines	(10000 units)	131.7	441.8	1267.0	1528.7	1725.2
家用电冰箱	（万台）	Household Refrigerators	(10000 units)	169.9	530.4	2078.9	2765.8	2888.2
电风扇	（万台）	Electric Fans	(10000 units)	11.00	2.93		40	35
房间空气调节器	（万台）	Air Conditioners	(10000 units)	115.80	515.00	1666.08	3040.6	3176.1
电视机	（万部）	TV Sets	(10000 units)	159.7	374.4	395.3	602.2	1176.9
#彩色电视机		Color TV		156.1	374.4	395.3	602.2	1176.9
微型电子计算机	（部）	Micro-computers	(unit)	141777	42737	18118	17158851	18014744
发电量	（亿千瓦时）	Electricity	(100 million kwh)	368.1	645.7	1443.9	1992.9	2034.2
火　电		Thermal Power		363.5	634.9	1420.2	1933.2	1954.7
水　电		Hydropower		4.58	10.87	18.85	28.1	30.9
煤　气	（亿立方米）	Gas	(100 million cu.m)	90.9	147.6	286.6	272.4	326.8

13—25 各市主要工业产品产量（2015年）
Output of Major Industrial Products by Region (2015)

项目		Item		合肥市 Hefei	淮北市 Huaibei	亳州市 Bozhou	宿州市 Suzhou
铁矿石原矿量	（万吨）	Iron Ore Products	(10000 tons)	487.8	197.5		
原盐	（万吨）	Raw Salt	(10000 tons)				
大米	（万吨）	Rice	(10000 tons)	257.7			3.7
混合饲料	（万吨）	Blending Feed	(10000 tons)	1.5	25.9		2.9
食用植物油	（万吨）	Edible Vegetable Oil	(10000 tons)	19.8	3.4	3.5	1.5
白酒	（千升）	Liquor	(kl)	4574.0	35358.2	147863.6	7832.0
精制茶	（吨）	Refined Tea	(ton)	7536.8		18.1	
纱	（吨）	Yarn	(ton)	15363.6	59888.0	35995.2	109705.4
布	（万米）	Cloth	(10000 m)	9122.9	10677.3	3355.7	6062.0
机制纸及纸板	（万吨）	Machine-made Paper and Paperboard	(10000 tons)	6.4		1.2	27.3
原油加工量	（万吨）	Volume of Processed Crude Oil	(10000 tons)				
农用氮肥磷钾化学肥料总计	（万吨）	Chemical Fertilizers	(10000 tons)	32.2		15.5	
中成药	（吨）	Traditional Chinese Medicine	(ton)	2574.3	91.2		2834.9
化学纤维	（万吨）	Chemical Fiber	(10000 tons)	6.9			
轮胎外胎	（万条）	Tires	(10000 units)	2562.1			
水泥	（万吨）	Cement	(10000 tons)	2194.1	947.4	423.9	1021.1
平板玻璃	（万重量箱）	Plate Glass	(10000 weight cases)				
生铁	（万吨）	Pig Iron	(10000 tons)	118.1			
钢	（万吨）	Steel	(10000 tons)	126.0			
成品钢材	（万吨）	Steel Products	(10000 tons)	282.5			24.7
铜	（万吨）	Copper	(10000 tons)				
叉车	（台）	Forklift	(unit)	49608			
汽车	（辆）	Motor Vehicles	(unit)	637589		30186	
载货汽车		Trucks		190159		8848	
家用洗衣机	（万台）	Household Washing Machines	(10000 units)	1584.6			
家用电冰箱	（万台）	Household Refrigerators	(10000 units)	2550.1			
房间空气调节器	（万台）	Air Conditioners	(10000 units)	1177.0			
彩色电视机	（万部）	Color TV	(10000 units)	696.8			
发电量	（亿千瓦时）	Electricity	(100 million kwh)	174.7	152.3	1.7	95.7

蚌埠市 Bengbu	阜阳市 Fuyang	淮南市 Huainan	滁州市 Chuzhou	六安市 Luan	马鞍山市 Maanshan	芜湖市 Wuhu	宣城市 Xuancheng	铜陵市 Tonglin	池州市 Chizhou	安庆市 Anqin	黄山市 Huangshan
22.5			1.0	1936.8	1976.6	35.6				38.7	
			149.6								
201.1	89.8	125.7	274.7	228.6	79.9	96.2	115.0	3.5	27.3	198.0	12.1
9.7	5.0	1.2	31.3	1.6		0.5	20.4				
12.4	3.2	3.0	0.2	19.2	35.3	1.2	8.9	1.1	6.9	7.8	0.3
37507.0	90768.6		47969.7	46346.3	22781.3		9825.0	264.7	1525.8	11925.7	
			1551.3	38207.4	817.0		34142.0		17319.4	1981.9	155568.7
147324.0	205304.7	4233.0	52078.7	63162.8	12213.0	66267.0	22493.4		12481.2	285585.6	19808.4
9809.4	247.3	1941.7	257.0		1074.1	3947.4	20407.6	921.2		27905.4	45669.0
6.4	4.4	0.8	5.1	7.1	179.9	13.1	18.0		0.6	33.5	2.4
										689.3	
	102.7	29.2	20.8					104.1	2.3	2.8	
166.8	7159.2	1060.5	14810.0	1558.9	0.0	8901.7	1034.1		426.3	7629.2	1462.1
	4.4		6.1		0.1		0.8			8.7	
			36.7			210.4				20.4	
346.2	305.1	796.0	1047.0	549.7	1453.9	1415.5	644.0	701.0	316.2	766.7	157.3
340.3			563.1			1399.1					
	4.4				1700.7	263.3	5.9				
					1767.1	208.8	111.1	156.2	136.1	0.8	
31.3	1.7	1.1	77.3	135.2	1964.4	485.4	149.7	147.8	30.4	1.3	1.8
								131.1			
	2409			1204		4873					
			39930		11797	538179					
					11797						
			140.6								
			291.9	46.2							
			123.6	0.7		1874.7					
			443.4				26.7		10.0		
92.7	67.4	549.3	39.2	75.8	262.0	154.7	60.7	151.7	38.4	117.0	1.0

13—26 工业主要产品生产能力
Main Prodnct Productivity of Industrial Enterprises

项　　目	Item		2014	2015
原　煤 (吨)	Raw Coal	(ton)	185078404	193120856
卷　烟 (万支)	Cigarettes	(10000 pieces)	15936048	16743888
棉纺锭／纺纱量 (锭／吨)	Cotton Spinning / Spinning Amount	(ingot/ton)	4907891	4623258
气流纺锭／纺纱量 (头／吨)	Air Spindle / Spinning Amount	(unit/ton)	202814	189184
棉布织机／布 (台／万米)	Cotton Looms / cloth	(unit/10000 meters)	229183	97837
原油加工能力／原油加工量 (吨/吨)	Processing Capacity of Crude Oil / Processing Amount of Crude Oil	(ton/ton)	10000000	10000000
焦　炭 (吨)	Cofe	(ton)	10213300	10566000
烧碱(折100%) (吨)	Caustic Soda (=100%)	(ton)	790000	790000
碳化钙(电石，折300升／千克) (吨)	Calcium Carbide (calcium carbide, = 300 liters / kg)	(ton)	560000	560000
农用氮磷钾化学肥料总计(折纯) (吨)	Total of Agricultural N, P and K Chemical fertilizers (=pure)	(ton)	4324540	4322035
初级形态塑料 (吨)	Primary form Plastic	(ton)	2264262	1620105
化学纤维 (吨)	Chemical Fiber	(ton)	481323	512014
硅酸盐水泥熟料 (吨)	Silicate Cement Grog	(ton)	153987129	152676487
水　泥 (吨)	Cement	(ton)	186688487	189386302
平板玻璃 (重量箱)	Plate Glass	(weight cases)	35445400	39715200
生　铁 (吨)	Pig Iron	(ton)	21476080	22431000
粗　钢 (吨)	Thick Steel	(ton)	33433340	32905000
钢　材 (吨)	Rolled Steel	(ton)	43689941	45042995
铁合金 (吨)	Ferroalloy	(ton)	93334	10809
金属切削机床 (台)	Metal-cutting Machine Tools	(unit)	225616	119741
挖掘机 (台)	Excavating Machine	(unit)	35881	43637
汽　车 (辆)	Motor Vehicles	(unit)	1915000	2028000
#基本型乘用车(轿车)	Basic Passenger Car (car)		1055000	1213000
载货汽车	Lorry		475000	380000
民用钢质船舶 (载重吨)	Civil Steel Ship	(carrying capacity ton)	4994769	5186643
太阳能电池 (千瓦)	Solor Battery	(kilowatt)	6627655	5591997
家用电冰箱 (台)	Household Refrigerators	(unit)	37036955	38529177
房间空气调节器 (台)	Air Conditioners	(unit)	37833483	42747064
微型计算机设备 (台)	Microcomputer Equipment	(unit)	26500283	36500255
移动通信手持机(手机) (台)	Mobile Communication Handset (mobile phone)	(unit)	270000	1688000
彩色电视机 (台)	Color TV	(unit)	12960508	16223888
发电设备容量总计／发电量 (万千瓦／万千瓦小时)	Capacity of Power Generation Equipment / Generating Capacity	(10000 kilowatt /10000 kilowatt hour)	4373.7	4939.5
#火电设备容量／发电量	Capacity of Thermal Power Equipment		4089.5	4356.2
水电设备容量／发电量	Capacity of Water Power Equipment		230.4	224.7
风电设备容量／发电量	Capacity of Wind Power Equipment		49.5	90.1

13—27　各县（市）工业企业单位数和总产值（2015年）

Number and Output Value of Industrial Enterprises by County or City (2015)

单位：亿元（100 million yuan）

县（市）	County (City)	企业单位数（个） Number of Enterprises (unit)	工业总产值（当年价） Gross Industrial Output Value (at current prices)	工业销售产值（当年价） Sales Value of Industry (at current prices)	工业增加值（当年价） Value Added of Industry (at current prices)
瑶海区	Yaohai District	47	71.12	70.66	17.53
庐阳区	Luyang District	100	236.88	227.76	59.85
蜀山区	Shushan District	81	183.50	171.67	44.28
包河区	Baohe District	137	596.51	586.49	122.59
巢湖市	Chaohu	157	355.76	346.04	84.30
长丰县	Changfeng	437	810.36	766.04	189.91
肥东县	Feidong	390	982.73	944.47	227.12
肥西县	Feixi	420	1238.71	1197.09	256.24
庐江县	Lujiang	239	212.74	204.34	50.28
杜集区	Duji District	168	242.79	241.50	55.32
相山区	Xiangshan District	101	249.45	244.64	54.52
烈山区	Lieshan District	121	247.17	242.87	62.82
濉溪县	Suixi	269	522.62	512.94	125.33
淮北开发区	Huaibei development area	117	262.81	258.35	60.54
谯城区	Qiaocheng District	275	436.71	406.31	117.52
涡阳县	Guoyang	233	220.15	211.13	57.41
蒙城县	Mengcheng	208	180.93	180.01	44.63
利辛县	Lixin	185	121.59	120.63	26.59
埇桥区	Yongqiao District	354	409.30	405.16	91.00
砀山县	Dangshan	226	284.43	280.50	61.23
萧县	Xiaoxian	210	322.02	319.39	70.55
灵璧县	Lingbi	166	255.50	253.12	50.95
泗县	Sixian	172	141.61	140.03	30.68
龙子湖区	Longzihu District	51	92.08	89.63	22.02
蚌山区	Bengshan District	22	35.90	34.17	8.66
禹会区	Yuhui District	99	396.99	356.76	103.55
淮上区	Huaishang District	185	494.14	484.93	115.96
蚌埠高新区	Bengbug high-tech zone	129	234.26	204.65	66.14
蚌埠经开区	Bengbug economic development area	13	7.26	6.65	1.75
怀远县	Huaiyuan	242	523.11	515.74	115.71
五河县	Wuhe	128	261.03	257.55	60.12
固镇县	Guzhen	187	415.84	402.70	97.63
阜阳开发区	Fuyang development area	56	81.10	80.21	17.05
阜合产业园	Fuyang hefei industrial park	5	3.18	2.99	0.69
颍州区	Yingzhou District	125	172.75	159.74	46.45
颍东区	Yingdong District	144	209.25	208.02	68.36
颍泉区	Yingquan District	134	116.74	112.36	30.01
界首市	Jieshou	238	453.58	427.92	107.70
临泉县	Linquan	149	135.24	128.91	29.78
太和县	Taihe	308	388.17	373.45	91.11

13—27 续表1 continued

单位：亿元（100 million yuan）

县（市）	County (City)	企业单位数（个）Number of Enterprises (unit)	工业总产值（当年价）Gross Industrial Output Value (at current prices)	工业销售产值（当年价）Sales Value of Industry (at current prices)	工业增加值（当年价）Value Added of Industry (at current prices)
阜 南 县	Funan	208	184.54	179.42	42.43
颍 上 县	Yingshang	180	245.15	242.57	67.89
大 通 区	Datong District	104	106.03	101.17	29.93
田 家 庵 区	Tianjaan District	44	105.19	102.70	24.84
谢 家 集 区	Xiejiaji District	47	33.93	32.53	7.60
八 公 山 区	Bagongshan District	19	15.41	15.59	4.48
潘 集 区	Panji District	94	106.46	105.29	32.42
毛集实验区	Maoji District	47	21.32	21.15	4.37
凤 台 县	Fengtai	159	124.07	121.59	25.00
寿 县	Shouxian	101	108.09	106.14	21.79
琅 琊 区	Langya District	74	70.57	68.63	16.59
南 谯 区	Nanqiao District	138	183.60	179.59	43.35
天 长 市	Tianchang	417	876.69	864.36	198.29
明 光 市	Mingguang	107	124.45	119.82	29.35
来 安 县	Laian	167	223.50	221.40	50.16
全 椒 县	Quanjiao	150	182.43	176.51	38.34
定 远 县	Dingyuan	133	155.27	153.31	33.34
凤 阳 县	Fengyang	139	188.19	182.63	46.41
金 安 区	Jinan District	115	170.08	166.34	38.53
裕 安 区	Yuan District	151	207.41	201.91	45.64
叶 集 区	Yeji District	90	120.85	119.80	25.46
霍 邱 县	Huoqiu	145	216.31	209.34	55.61
舒 城 县	Shucheng	154	217.69	210.53	46.43
金 寨 县	Jinzhai	94	58.30	56.52	13.89
霍 山 县	Huoshan	135	346.68	336.71	82.77
花 山 区	Huashan District	110	363.60	353.28	85.76
雨 山 区	Yushan District	185	430.36	424.10	101.40
博 望 区	Bowang District	159	125.31	121.63	31.33
当 涂 县	Dangtu	352	683.45	672.36	153.26
含 山 县	Hanshan	191	257.25	245.31	60.53
和 县	Hexian	151	315.39	307.06	68.66
镜 湖 区	Jinghu District	12	107.91	107.64	22.16
弋 江 区	Yijiang District	182	793.16	792.94	223.61
鸠 江 区	Jiujiang District	290	635.31	611.73	147.45
三 山 区	Sanshang District	68	234.98	224.14	50.58
大桥开发区	Daqiao development area	2	2.64	2.90	0.63
江北产业集中区	Jiangbei industry clusters	2	9.08	8.99	1.50
芜湖经开区	Wuhu economic development area	210	1644.40	1602.24	357.84
芜 湖 县	Wuhu	376	570.20	557.47	137.29

13—27　续表2　continued

单位：亿元（100 million yuan）

县（市）	County (City)	企业单位数（个） Number of Enterprises (unit)	工业总产值（当年价） Gross Industrial Output Value (at current prices)	工业销售产值（当年价） Sales Value of Industry (at current prices)	工业增加值（当年价） Value Added of Industry (at current prices)
繁　昌　县	Fanchang	333	709.59	703.11	193.48
南　陵　县	Nanling	337	333.97	324.18	79.68
无　为　县	Wuwei	289	787.78	768.35	169.08
宣　州　区	Xuanzhou District	240	248.78	243.63	56.85
宁　国　市	Ningguo	312	558.99	530.28	137.17
郎　溪　县	Langxi	232	249.86	246.77	53.56
广　德　县	Guangde	296	407.91	401.76	87.43
泾　　县	Jingxian	142	137.04	134.32	30.84
绩　溪　县	Jixi	70	65.25	61.98	14.41
旌　德　县	Jingde	48	31.65	30.73	7.16
铜　官　区	Tongguan District	69	464.66	461.66	108.71
郊　　区	Suburb District	40	180.90	174.83	48.78
义　安　区	Yian District	82	337.90	334.79	77.57
枞　阳　县	Zongyang	218	354.97	340.20	82.39
铜陵开发区	Tongling development area	80	658.79	612.72	111.66
贵　池　区	Guichi District	166	270.95	264.79	62.39
东　至　县	Dongzhi	167	186.94	183.03	44.30
石　台　县	Shitai	19	14.63	13.99	3.56
青　阳　县	Qingyang	146	153.84	149.70	37.71
江南集中区	Jiangnan des	14	7.78	7.70	1.93
池州开发区	Chizhou development area	63	106.27	101.62	27.31
安庆开发区	Anqin development area	87	462.31	460.64	114.78
迎　江　区	Yingjiang District	32	61.66	60.63	12.99
大　观　区	Daguan District	67	107.36	100.45	25.61
宜　秀　区	Yixou District	76	96.82	95.63	24.69
桐　城　市	Tongcheng	389	577.86	568.78	131.98
怀　宁　县	Huaining	276	403.91	397.22	96.41
潜　山　县	Qianshan	190	213.57	211.19	51.44
太　湖　县	Taihu	130	189.84	186.30	39.13
宿　松　县	Susong	185	246.59	244.39	58.41
望　江　县	Wangjiang	123	196.58	196.03	44.47
岳　西　县	Yuexi	112	166.65	163.60	40.62
屯　溪　区	Tunxi District	93	73.24	68.88	17.31
黄　山　区	Huangshan District	34	39.88	39.29	7.24
徽　州　区	Huizhou District	92	124.12	119.98	29.53
歙　　县	Shexian	154	178.46	173.42	41.67
休　宁　县	Xiuning	68	79.29	78.07	14.96
黟　　县	Yixian	38	23.92	23.39	5.16
祁　门　县	Qimen	60	49.03	47.62	11.08

主要统计指标解释

工业

指从事自然资源的开采，对采掘品和农产品进行加工和再加工的物质生产部门。具体包括：(1)对自然资源的开采，如采矿、晒盐等(但不包括禽兽捕猎和水产捕捞)；(2)对农副产品的加工、再加工，如粮油加工、食品加工、缫丝、纺织、制革等；(3)对采掘品的加工、再加工，如炼铁、炼钢、化工生产、石油加工、机器制造、木材加工等，以及电力、自来水、煤气的生产和供应等；(4)对工业品的修理、翻新，如机器设备的修理、交通运输工具(如汽车)的修理等。

工业统计调查单位为独立核算法人工业企业。

独立核算法人工业企业指从事工业生产经营活动的单位。独立核算法人工业企业应同时具备以下条件：①依法成立，有自己的名称、组织机构和场所，能够承担民事责任；②独立拥有和使用资产，承担负债，有权与其他单位签订合同；③独立核算盈亏，并能够编制资产负债表。

国有及国有控股企业

指国有企业加上国有控股企业。国有企业(即原全民所有制工业或国营工业)指企业全部资产归国家所有，并按《中华人民共和国企业法人登记管理条例》规定登记注册的非公司制的经济组织。包括国有企业、国有独资公司和国有联营企业。1957 年以前的公私合营和私营工业，后均改造为国营工业，1992 年改为国有工业，这部分工业的资料不单独分列时，均包括在国有企业内。国有控股企业是对混合所有制经济的企业进行的“国有控股”分类。它是指这些企业的全部资产中国有资产(股份)相对其他所有者中的任何一个所有者占资(股)最多的企业。该分组反映了国有经济控股情况。

本篇涉及的其他企业登记注册类型的解释详见综合篇。

轻工业

指主要提供生活消费品和制作手工工具的工业。按其所使用的原料不同，可分为两大类：(1)以农产品为原料的轻工业，是指直接或间接以农产品为基本原料的轻工业。主要包括食品制造、饮料制造、烟草加工、纺织、缝纫、皮革和毛皮制作、造纸以及印刷等工业；(2)以非农产品为原料的轻工业，是指以工业品为原料的轻工业。主要包括文教体育用品、化学药品制造、合成纤维制造、日用化学制品、日用玻璃制品、日用金属制品、手工工具制造、医疗器械制造、文化和办公用机械制造等工业。

重工业

指为国民经济各部门提供物质技术基础的主要生产资料的工业。按其生产性质和产品用途，可以分为下列三类：(1)采掘(伐)工业，是指对自然资源的开采，包括石油开采、煤炭开采、金属矿开采、非金属矿开采等工业；(2)原材料工业，指向国民经济各部门提供基本材料、动力和燃料的工业。包括金属冶炼及加工、炼焦及焦炭、化学、化工原料、水泥、人造板以及电力、石油和煤炭加工等工业；(3)加工工业，是指对工业原材料进行再加工制造的工业。包括装备国民经济各部门的机械设备制造工业、金属结构、水泥制品等工业，以及为农业提供的生产资料如化肥、农药等工业。

根据上述划分原则，修理业中以重工业产品为修理作业对象的划为重工业，反之划为轻工业。

工业总产值

(1)定义：

工业总产值是工业企业在一定时期内生产的以货币形式表现的工业最终产品或提供工业性劳务活动的总价值量。它反映一定时间内工业生产的总规模和总水平。

(2)计算原则：

工业生产的原则，即凡是企业在报告期生产的经检验合格的产品，不管是否在报告期销售，均包括在内。

最终产品的原则，即凡是计入工业总产值的产品，必须是本企业生产的经检验合格的，不需要再进行任何加工的最终产品。如果企业有中间产品(半成品)对外销售，则对外销售的中间产品应视为企业的最终产品。

工厂法原则，即工业总产值是以工业企业作为基本计算(核算)单位，即按企业的最终产品计算工业总产值。按这种方法计算的工业总产值，不允许同一产品价值在企业内部重复计算，不能把企业内部各个车间(分厂)生产的成果相加，但允许企业间的重复计算。

(3)内容及计算方法：

1995 年全国工业普查对工业总产值(原规定)的内容及计算原则和方法做了某些修订，修订后的工业总产值(新规定)包括三项内容：即本期生产成品价值、对外加工费收入、在制品半成品期末期初差额价值三部分。

本期生产成品价值：指企业本期生产，并在报告期内不再进行加工，经检验、包装入库的全部工业成品(半成品)价值合计，包括企业生产的自制设备及提供给本企业在建工程、其他非工业部门和福利部门等单位使用的成品价值。本期生产成品价值为按自备原材料生产的产品的数量乘以本期不含增值税(销项税额)的产品实际销售平均单价计算；会计核算中按成本价格转帐的自制设备和自产自用的成品，按成本价格计算生产成品价值。生产成品价值中不包括用定货者来料加工的成品(半成品)价值。

对外加工费收入：指企业在报告期内完成的对外承接的工业品加工(包括用定货者来料加工产品)的加工费收入和对外工业修理作业所取得的加工费收入。对外加工费收入按不含增值税(销项税额)的价格计算，可根据会计“产品销售收入”科目的有关资料取得。

对于本企业对内非工业部门提供的加工修理、设备安装的劳务收入，如果企业会计核算基础较好，能取得这部分资料，而且这部分价值所占比重较大，应包括在对外加工费收入中。

自制半成品在制品期末期初差额价值：指企业报告期在制品期末减期初的差额价值，本指标一般可以从会计核算资料中取得。如果会计产品成本核算中不计算半成品、在制品的成本，则总产值中也不包括这部分价值，反之则包括。

(4)工业总产值统计范围变化和计算方法修订情况：

1984 年以前工业总产值不包括村办工业，村办工业总产值划归农业。1984 年以后工业总产值包括村办工业。

1995 年工业普查对工业总产值计算方法做了修订，即从 1995 年始按新修订(新规定)方法计算工业总产值。新规定与原规定的区别如下：

全价与加工费的计算原则不同：新规定为凡自备原材料，不论其生产繁简程度如何，一律按全价计算工业总产值；凡来料加工，允许按加工费计算工业总产值。原规定则视生产加工的繁简程度不同，规定哪些行业按全价，哪些行业按加工费计算工业总产值。

自制半成品、在产品期末期初差额价值的计算原则不同：新规定要求，凡会计产品成本核算时计算了成本的差额价值，总产值中就应包括，否则可不包括；原规定则按生产周期六个月的界限区分，凡生产周期六个月以上的企业，总产值计算中应包括这部分差额价值，否则可不包括。

计算价格不同：新规定按不含增值税(销项税额)的价格计算；原规定则按含增值税(销项税额)的价格计算。

工业增加值

指工业企业在报告期内以货币表现的工业生产活动的最终成果。

工业增加值有两种计算方法：一是生产法，即工业总产出减去工业中间投入加上应交增值税；二是收入法，即从收入的角度出发，根据生产要素在生产过程中应得到的收入份额计算，具体构成项目有固定资产折旧、劳动者报酬、生产税净额、营业盈余，这种方法也称要素分配法。

资产总计

指企业拥有或控制的能以货币计量的经济资源，包括各种财产、债权和其他权利。资产按流动性分为流动资产、长期投资、固定资产、无形资产、递延资产和其他资产。该指标根据企业会计“资产负债表”中“资产总计”项目的期末数增列。

流动资产

指企业可以在一年内或者超过一年的一个生产周期内变现或者耗用的资产，包括现金及各种存款、短期投资，应收及预付款项、存货等。

固定资产原价

指企业在建造、购置、安装、改建、扩建、技术改造某项固定资产时所支出的全部货币总额。它一般包括买价、包装费、运杂费和安装费等。

固定资产净值

指固定资产原价减去历年已提折旧额后的净额。计算公式为：

固定资产净值=固定资产原价-累计折旧

负债合计

指企业所承担的能以货币计量，将以资产或劳务偿付的债务，偿还形式包括货币、资产或提供劳务。负债一般按偿还期长短分为流动负债和长期负债。根据会计“资产负债表”中“负债合计”的年末数填列。

所有者权益合计

指企业投资人对企业净资产的所有权。企业净资产为企业全部资产与企业全部负债的差额，包括实收资本、资本公积、盈余公积、未分配利润等。根据会计“资产负债表”中“所有者权益”项的期末数填列。

主营业务收入

指会计“利润表”中对应指标的本年累计数。未执行 2001 年《企业会计制度》的企业，用“产品销售收入”的本期累计数代替。

主营业务成本

指会计“利润表”中对应指标的本年累计数。未执行 2001 年《企业会计制度》的企业，用“产品销售成本”的本期累计数代替。

主营业务税金及附加

指会计“利润表”中对应指标的本年累计数。未执行 2001

年《企业会计制度》的企业，用“产品销售税金及附加” 的本期累计数代替。

利润总额

指企业在生产经营过程中各种收入扣除各种耗费后的盈余，反映企业在报告期内实现的盈亏总额，包括营业利润、补贴收入、投资净收益和营业外收支净额。根据会计“利润表”中的对应指标的本期累计数填列。

本年应交增值税

指企业按税法规定，从事货物销售或提供加工、修理修配劳务等增加货物价值的活动本期应交纳的税金。指企业在报告期应交增值税额。计算公式为：

本年应交增值税=销项税额-（进项税额-进项税额转出）

-出口抵减内销产品应纳税额-减免税款+出口退税

本年进项税额指工业企业在报告期内购入货物或接受应税劳务而支付的、准予从销项税额中抵扣的增值税额。

本年销项税额指工业企业在报告期内销售货物或提供应税劳务应收取的增值税额。

从业人员平均人数

是指报告期内每天拥有的从业人员人数。其计算公式为：

月平均人数=报告月内每天实有人数之和/报告月日历日数

季平均人数=季内各月平均人数之和/3

年平均人数=年内各月平均人数之和/12

总资产贡献率

反映企业全部资产的获利能力，是企业经营业绩和管理水平的集中体现，是评价和考核企业盈利能力的核心指标。计算公式为：

总资产贡献率（%）=（利润总额+税金总额+利息支出）/平均资产总额×100%

公式中：税金总额为产品销售税金及附加与应交增值税之和；平均资产总额为期初期末资产之和的算术平均值。

资产负债率

该指标既反映企业经营风险的大小，也反映企业利用债权人提供的资金从事经营活动的能力。计算公式为：

资产负债率（%）=负债总额/资产总额×100%

资产与负债均为报告期期末数。

流动资产周转次数

指一定时期内流动资产完成的周转次数，反映投入工业企业流动资金的周转速度。计算公式为：

流动资产周转次数=主营业务收入/全部流动资产平均余额

公式中：全部流动资产平均余额为期初和期末的流动资产之和的算术平均值。

成本费用利润率

反映企业投入的生产成本及费用的经济效益，同时也反映企业降低成本所取得的经济效益。计算公式为：

成本费用利润率（%）=利润总额/成本费用总额×100%

公式中：成本费用总额为主营业务成本、销售费用、管理费用、财务费用之和。

产品销售率

该指标反映工业产品已实现销售的程度，是分析工业产销衔接情况，研究工业产品满足社会需求的指标。计算公式为：

产品销售率（%）=工业销售产值/工业总产值（现价）×100%

Explanatory Notes for Major Statistical Indicators

Industry

refers to the material production sector which is engaged in the extraction of natural resources and processing and reprocessing of minerals and agricultural products, including (1) extraction of natural resources, such as mining, salt production (but not including hunting and fishing); (2) processing and reprocessing of farm and sideline produces, such as rice husking, flour milling, wine making, oil pressing, silk reeling, spinning and weaving, and leather making; (3) manufacture of industrial products, such as steel making, iron smelting, chemicals manufacturing, petroleum processing, machine building, timber processing; water and gas production and electricity generation and supply; (4)repairing of industrial products such as the repairing of machinery and means of transport (including cars).

In industrial statistics surveys, the units of enquiry are corporate industrial enterprises with independent accounting systems.

Corporate industrial enterprises with independent accounting systems refer to enterprises engaging in industrial production activities, which meet the following requirements: (1) They are established legally, having their own names, organizations, location and able to take civil liability; (2) They possess and use their assets independently, assume liabilities and are entitled to sign contracts with other units; (3) They are financially independent and compile their own balance sheets.

State-owned and State-holding Enterprises

refer to state-owned enterprises plus State-holding enterprises. State-owned enterprises (originally known as State-run enterprises with ownership by the whole society) are non-corporate economic entities registered in accordance with the Regulation of the People's Republic of China on the Management of Registration of Legal Enterprises, where all assets are owned by the State. Included in this category are State-owned enterprises, State-funded corporations and State-owned joint-operation enterprises. Joint State-private industries and private industries, which existed before 1957, were transformed into state-run industries since 1957, and into State-owned industries after 1992. Statistics on those enterprises are included in the State-owned industries instead of being grouped them separately. State-holding enterprises are a sub-classification of enterprises with mixed ownership, referring to enterprises where the percentage of State assets (or shares by the State) is larger than any other single share holder of the same enterprise. This sub-classification illustrates the control of the State over a particular industry.

For explanation of enterprises of other types of registration covered in this chapter, please refer to General Survey.

Light Industry

refers to the industry that produces consumer goods and hand tools. It consists of two categories, depending on the materials used:

(1) Industries using farm products as raw materials. These are the branches of light industry which directly or indirectly use farm products as basic raw materials, including the manufacture of food and beverages, tobacco processing, textile, clothing, fur and leather manufacturing, paper making, printing, etc.

(2) Industries using non-farm products as raw materials. These are the branches of light industry which use manufactured goods as raw materials, including the manufacture of cultural, educational articles and sports goods, chemicals, synthetic fibre, chemical products for daily use, glass products for daily use, metal products for daily use, hand tools, medical apparatus and instruments, and the manufacture of cultural and office machinery.

Heavy Industry

refers to the industry which produces capital goods, and provides various sectors of the national economy with necessary material and technical basis for production. It consists of the following three branches according to the purpose of production or the use of products:

(1) Mining, quarrying and logging industry, which refers to the industry that extracts natural resources, including extraction of petroleum, coal, metal and non-metal ores.

(2) Raw materials industry refers to the industry that provides various sectors of the national economy with raw materials, fuels and power. It includes smelting and processing of metals, coking and coke chemistry, chemical materials and building materials such as cement, plywood, and power, petroleum refining and coal dressing.

(3) Manufacturing industry which refers to the industry that processes raw materials. It includes machine-building industries which equip sectors of the national economy; industries producing metal structure and cement products; and industries producing means of agricultural production, such as chemical fertilizers and pesticides.

In accordance with the above principles of classification,

the repairing trades, which are engaged primarily in repairing products of heavy industry, are classified as heavy industry while those which are engaged in repairing products of light industry are classified as light industry.

Gross Industrial Output Value

(1) Definition: Gross industrial output value is the total volume of final industrial products produced and industrial services provided during a given period in monetary terms. It reflects the total achievements and overall scale of industrial production during a given period.

(2) Principles for calculation:

Statistics on industrial production follow the principle that all products produced by the enterprises and accepted through quality check during the reference period are to be included no matter whether they are sold or not during the reference period.

Determination of final products follows the principle that all products that are included in the calculation of gross industrial output value are the final products of the enterprise which have been accepted through quality check and require no further processing. If an enterprise has intermediate (semi-finished) products to sell, these intermediate products are considered as the final products of the enterprise.

Gross industrial output value is calculated following the principle of factory approach, i.e. industrial enterprise is used as the basic accounting unit in calculating the gross industrial output value. By this approach, value of the same product is not to be double-counted, and the output value of different workshops (branch factories) within the enterprise should not be added. However, this approach allows the possibility of double counting between enterprises.

(3) Content and method of calculation: The old definition of gross industrial output value was modified during the 1995 National Industrial Census. The revised (new) definition of gross industrial output value consists of 3 components: value of the finished products during the reference period, income from processing for external parties, and value of change in semi-finished products between the end and the beginning of the reference period.

Value of finished products during the reference period: refers to the value of all finished (semi-finished) industrial products that are produced during the reference period without the need for further processing, checked for acceptance, packed and put into the warehouse of the enterprise, including the value of own-produced equipment and the value of products provided to the projects under construction of the enterprise, and to other non-industrial or welfare units. Value of finished products during the reference period is calculated by the quantity of products produced using own materials multiplied by the average unit prices at which products are sold (excluding value-added tax). Own-produced equipment and products produced for own use are valued at cost prices as in the case of enterprise accounting. Value of finished products does not include the value of finished products (semi-finished products) that are produced using the materials from the clients who place the orders.

Income from external processing: refers to income from contracted external processing of industrial products (including processing of industrial products using materials from the clients), and the income from industrial repairing work provided to other parties. Income from external processing is calculated using information from the item "products sales income" in the enterprise accounting at the prices with value-added tax excluded.

For income from services such as processing, repairing and installation of equipment provided to non-industrial units within the enterprise, if the accounting work of the enterprise is good enough to separate it from other records, and the share of such services is significant, it should also be included in the income from external processing.

Value of change in semi-finished products between the end and the beginning of the reference period: refers to the value of change in semi-finished products between the end and the beginning of the reference period, which generally can be obtained from accounting records of enterprises. If the enterprise accounting excludes the cost of semi-finished products, then it should not be included in the gross industrial output value, and the reverse if otherwise.

(4) Changes in the scope and method of calculation of the gross industrial output value

Prior to 1984, the value of rural industry run by villages was classified into agriculture instead of industry. Since 1984, it has been included in the gross industrial output value. Method of calculation for the gross industrial output value was modified in the industrial census in 1995. The difference in the new method as compared with the old one is outlined below:

Principle in using full value vs. processing fee: The new method stipulates that all products produced using own materials are to be calculated with full value in reporting the gross industrial output value irrespective of the complexity of production, and for external processing, it allows calculation using processing fee. In the old method, however, the use of full value or processing fee was determined by the degree of complexity of production in different branches of industries.

Principle in determining the value of change in semi-finished products: The new method requires that value of change in semi-finished products should be included in the gross industrial output value if it is included in the accounting record of the enterprise, otherwise it should not be included. In the old method, it is determined by the type of enterprises in terms of production cycle. If the production cycle is over 6 months, the value of change in semi-finished products is included in the gross industrial output value, otherwise it is not.

Difference in prices: The new method uses prices excluding value-added tax in the calculation of gross industrial output value, while the old method used prices including value-added tax.

Value-added of Industry

refers to the final results of industrial production of industrial enterprises in money terms during the reference period.

Industrial value-added can be calculated by two approaches: the production approach, i.e. gross industrial output value minus intermediate input plus value-added tax, and the income approach, i.e. income for various factors used in the course of production, including depreciation of fixed assets, remuneration of labourers, net of production tax, and operating surplus.

Total Assets

refer to all economic resources, in monetary term, these are owned or controlled by enterprises, including properties, creditor's equity and other economic rights of all forms. Classified by the degree of liquidity, total assets include working capitals, long-term investment, fixed assets, intangible assets, deferred assets and other assets. Data on this indicator can be obtained by the year-end figures of total assets in the Assets and Liability Table of accounting records of enterprises.

Working Capital

refers to capital that an enterprise can cash or use during one year or one production cycle that may exceed one year, including cash and savings deposits of various forms, short-term investment, money receivable and prepaid money, inventories, etc.

Annual Average Value of Working Capital

refers to the average value of all working capital of the enterprise during the reference period.

Original Value of Fixed Assets

refers to the total value, in monetary terms, that an enterprise spent on fixed assets, through construction, purchase, installation, transformation, expansion or technical upgrading. Generally, it covers cost of purchase, packing, transportation and installation, etc.

Net Value of Fixed Assets

refers to the original value of fixed assets minus depreciation over the years, i.e.:

Net value of fixed assets = original value of fixed assets - cumulative depreciation

Total Liabilities

refer to payable liabilities of enterprises that have to be repaid in terms of money, assets or labour services. In terms of payment, it can be divided into liquid liabilities and long-term liabilities. Data on this item is obtained from the ending figures on total liabilities from the Assets and Liability Table from the enterprises.

Total Equity

refers to the ownership of net assets of enterprise by its investors. Net assets equal total assets minus total liabilities of the enterprise, including the paid-in capital, accumulation of capital and operating surplus and non-distributed profits. Data are obtained from the ending figures on "total equity" from the "balance sheets".

Revenue from Principal Business

refers to the annual accumulation of the corresponding item in the "profit table" of the accountant. For enterprises that do not follow the 2001 Enterprise Accounting Standards, the year-end accumulation of revenue from the sales of products is used as a substitute.

Cost of Principal Business

refers to the annual accumulation of the corresponding item in the "profit table" of the accountant. For enterprises that do not follow the 2001 Enterprise Accounting Standards, the year-end accumulation of cost for the sales of products is used as a substitute.

Tax and Extra Charges from Principal Business

refer to the annual accumulation of the corresponding item in the "profit table" of the accountant. For enterprises that do not follow the 2001 Enterprise Accounting Standards, the year-end accumulation of tax and extra charges from the sales of products is used as a substitute.

Total Profits

refers to the balance of various incomes minus various spendings in the course of operation, reflecting the total profits and losses of enterprises in reporting period. It includes: operating profits, income from subsidies, net investment income and net income from activities other than operation. Data are obtained from the annual accumulation of the corresponding item in the "profit table" of the accountant.

Value-added Tax Payable in the Current Year

refers to the payable tax of enterprises which engaged in selling of goods or providing services that bring added value to the goods, such as processing, repairing, fitting and other activities should be paid according to Tax Law. It refers to the amount of the value-added tax which should be paid by the enterprises during the reference period. The formula is as follows:

Value-added Tax Payable in the Current Year = tax on sales-(tax on purchase-transferred tax on purchase)-exports deduct tax payable on domestic sales-tax relief+the export tax rebate.

Tax on Purchase in Current Year

refers to goods purchased by industrial enterprises or value added tax that should be paid but being granted the right to deduct from the tax on sales.

Tax on Sales in Current Year

refers to value added tax on industrial enterprises from sales of goods or taxable services that should be charged value added tax.

Average Annual Number of Employed Persons

Employed persons refer to all those who are employed in enterprises and receive remunerations there from, including currently working employees, retirees who are re-employed, teachers of local-run schools, as well as foreigners, staff from Hong Kong, Macao and Taiwan, part-time employees and persons with second job who are employed by the enterprise, and employees of other units temporarily working in the enterprises, but excluding former employees who left the enterprise with their employment records still being kept by the enterprises.

Average number of employed persons refers to the number of employee everyday during the reference period, calculated with the following formula:

Monthly average number = sum of actual employees everyday in reference month / number of calendar dates in reference month

Quarterly average number = sum of monthly average number in reference quarter / 3

Annual average number = sum of monthly average number in reference year / 12

Ratio of Profits, Taxes and Interests to Average Assets

reflects the profit-making capability of all assets of the enterprise and is a key indicator manifesting the performance and management and evaluating the profit-making potential of the enterprise. It is calculated as follows:

Ratio of Profits, Taxes and Interests to Average Assets (%) = (total profits + total taxes + interest payment) / average assets × 100%

In the above formula, total taxes is the sum of tax and extra charges on the sales of products and value-added tax payable; and average assets is the arithmetic mean of the sum of beginning assets and ending assets.

Ratio of Debts to Assets

reflects both the operation risk and the capability of the enterprise in making use of the capital from the creditors. It is calculated as follows:

Ratio of Debts to Assets (%) = total debts / total assets × 100%

Both assets and debts are figures at the end of the reference period.

Turnover of Working Capital

refers to the number of times of turnover of working capital in a given period of time, which reflects the speed of the turnover of working capital of industrial enterprises, and is calculated as follows:

Turnover of Working Capital = sales revenue of products / average balance of total working capital

In the above formula, average balance of total working capital refers to the arithmetic mean of the sum of working capital at the beginning and at the end of the reference period.

Ratio of Profits to Total Industrial Costs

refers to the ratio of profits realized in a given period to the total costs in the same period, which reflects the economic efficiency of input cost and is calculated as follows:

Ratio of Profits to Total Industrial Cost (%) = total profits / total costs × 100%

Total costs in the above formula are the sum of cost of products sold, marketing cost, management cost and financial cost.

Sales Ratio of Products

is an indicator reflecting the actual sale of industrial products, analyzing the production-selling and supply-demand relations. It is calculated as:

Sales Ratio of Products (%) = value of industrial sales / gross industrial output value (current prices) × 100%

第十四篇

Chapter 14

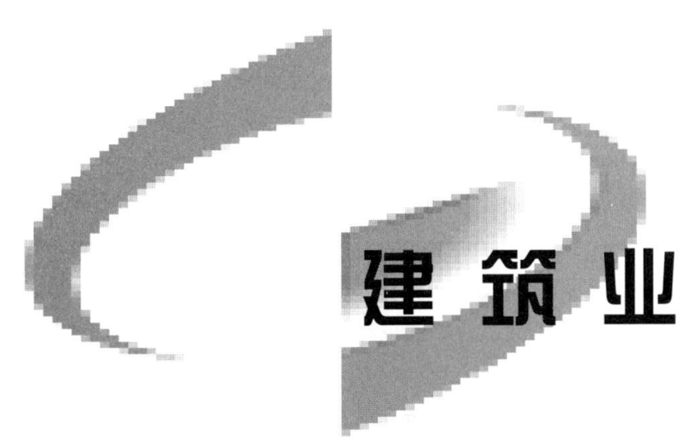

CONSTRUCTION

简要说明

一、本篇资料反映我省建筑业概况和发展情况。主要包括建筑业企业生产经营情况，指标有企业个数、从业人员数、建筑业总产值、房屋建筑面积、机械设备、资产负债、利润税金、劳动生产率、技术装备率等。此外，2003 年及以前还包括农村建筑队主要指标。

二、建筑业企业资料由省统计局固定资产投资处提供。建筑业统计范围从 1996 年年报起由原城镇及城镇以上各种经济类型的建筑业企业扩大到具有建筑业资质等级的各种经济类型的建筑业企业，资料来源依据国家统计局制定的“建筑业统计报表制度”收集的有关年报资料。

Brief Introduction

I. Data in this chapter show the general situation and the development of the construction in the province. They cover mainly the situation of production and management of the enterprises of construction, including number of enterprises number of employed persons, gross output value, floor space of the building, machinery and equipment, assets and liabilities, profits and taxes, labor productivity, per capita machinery, etc. They also cover the main indicators of the rural construction teams at 2003 and before.

II. Data on the enterprises of construction in this chapter are provided by the Division of Statistics in Investment in Fixed Assets, Anhui Statistical Bureau. The coverage of construction statistics has been enlarged since 1996 when the annual statistical reports were submitted. The original coverage includes all the construction enterprises of various types of ownership at and above town level. The new coverage includes all the construction enterprises of various types of ownership with qualification. Data are collected in accordance with the “reporting scheme of construction statistics” stipulated by the National Bureau of Statistics.

14—1 建 筑 业 企 业 概 况
Main Indicators on Construction Enterprises

年 份 Year	总 计 Total	内 资 Domestic Funded	#国有企业 State-owned Enterprises	#集体企业 Collective Enterprise	港澳台商投资企业 Funded from Hong Kong, Macao and Taiwan	外商投资企业 Foreign Funded	国有及国有控股企业 State Controlling Funded Hold Enterprises
企业单位数（个） Number of Enterprises (unit)							
2000	40785		258				
2005	1946	1934	193	278	8	4	321
2007	2153	2137	183	176	12	4	303
2008	2357	2344	184	163	7	6	292
2009	2408	2394	172	151	7	7	259
2010	2469	2457	168	139	6	6	249
2011	2528	2516	153	134	6	6	249
2012	2662	2651	154	126	6	5	252
2013	2757	2745	122	85	5	7	234
2014	2807	2797	88	79	5	5	229
2015	2867	2857	72	70	4	6	223
从业人员（万人） Number of Persons Engaged (10000 persons)							
2000	125.62		21.66				
2005	98.57	98.13	16.67	13.45	0.32	0.11	24.35
2007	123.25	122.52	22.09	8.75	0.50	0.23	34.10
2008	138.07	137.67	30.56	8.77	0.18	0.22	40.67
2009	143.53	143.14	27.00	7.67	0.14	0.26	37.65
2010	157.97	157.62	31.79	6.68	0.16	0.19	42.66
2011	167.01	166.73	29.85	5.60	0.12	0.15	42.27
2012	168.90	168.62	26.89	5.84	0.15	0.13	37.08
2013	176.88	176.62	21.48	4.17	0.13	0.13	38.52
2014	171.57	171.39	7.16	4.18	0.08	0.10	36.64
2015	168.82	168.65	6.16	3.75	0.08	0.09	32.13
总 产 值（万元） Gross Output Value (10000 yuan)							
2000	5320294		1349050				
2005	9230814	9194875	2678924	815820	25256	10683	3674953
2007	15169772	15079204	4376254	582524	62313	28256	7081557
2008	18578870	18527361	5772807	767214	22006	29503	8085556
2009	22399290	22338010	6799816	777343	26469	34812	9256453
2010	28649619	28583665	8940053	743385	32530	33424	12034370
2011	35996220	35922882	8871556	799971	27509	45829	14371631
2012	42304412	42221898	9479797	940326	27020	55494	15572915
2013	49635516	49560201	9286296	605431	19409	55906	17750941
2014	54829260	54766827	4202697	634176	19529	42904	19626151
2015	56959353	56899036	3137078	634536	11800	48518	18858827

注：1．附营施工单位的生产活动在整个建筑生产活动中所占份额极小，加之资料不全，因而在总计中已略去。

2．2005年及以后年份为总承包和专业承包建筑业企业，城镇集体和农村建筑队不作统计。

a) The production activity of subsidiary construction units is omitted in the total because the portion is very small and the data are incomplete.

b) After 2005, Data are general contracting and professional contract of construction enterprises, Cities collective and construction crew of countryside doesn't count.

14—2 主要年份建筑业企业主要经济指标
Main Economic Indicators on Construction Enterprises

指 标	Item		2000	2005	2010	2014	2015
企业单位数 （个）	Number of Construction Enterprises	(unit)	1571	1946	2469	2807	2867
从业人数 （万人）	Staff and Workers (annual average)	(10000 persons)	71.41	98.57	157.97	171.57	168.82
自有固定资产原价 （万元）	Fixed Assets Owned (original value)	(10000 yuan)	1135784	2403291	4034386	5508670	5676268
自有固定资产净值 （万元）	Fixed Assets Owned (net value)	(10000 yuan)	783712	1666488	2744333	4406846	4337451
自有机械设备净值 （万元）	Net Value of Machinery and Equipment Owned	(10000 yuan)	326347	889068	1466999	2100205	1749198
自有机械设备总台数 （台）	Number of Machinery and Equipment Owned	(unit)	237822	383944	415557	534352	398670
自有机械设备总功率（万千瓦）	Total Power of Machinery and Equipment Owned	(10000 kw)	250.57	464.92	663.58	1286.72	904.82
建筑业总产值 （万元）	Gross Output Value of Construction	(10000 yuan)	3028240	9230814	28649619	54829260	56959353
建筑工程	Construction Projects		2621894	7859068	25058430	47152183	48827159
安装工程	Installation Projects		331987	993979	2468351	4394078	4354850
其 他	Others		74359	377768	1122838	3282999	3777345
固定资产本年折旧 （万元）	Depreciation of Fixed Assets	(10000 yuan)	55430	139061	260805	369168	345217
应付职工薪酬 （万元）	Payable Employee compensation	(10000yuan)				8268634	7791355
主营业务税金及附加 （万元）	Main Business Tax and Additon	(10000yuan)	89526	300229	1043879	1590954	1669272
管理费用中的税金 （万元）	Taxes in Management Expenses	(10000 yuan)	8423	20141	73676	67287	70660
营业利润 （万元）	Business Profit	(10000yuan)				1927424	1864170
利润总额 （万元）	Total Profits	(10000 yuan)	28123	178167	983596	1934575	1872829
利税总额 （万元）	Total Taxes	(10000 yuan)	126073	498536	2101151	3592816	3612761
劳动生产率 （元/人）	Overall Labor Productivity	(yuan/person)					
(按总产值计算)	In Terms of Gross Output Value		42406	95803	177486	313444	340696
房屋建筑施工面积（万平方米）	Floor Space of Buildings Under Construction	(10000 sq.m)	4631.27	9869.50	23295.69	39488.44	41479.74
房屋建筑竣工面积（万平方米）	Floor Space of Buildings Completed	(10000 sq.m)	2595.33	5081.27	10512.36	15339.43	15553.62
技术装备率 （元/人）	Value of Machines per Laborer	(yuan/person)	4570	9020	9287	12006	10463
动力装备率 （千瓦/人）	Power of Machines per Laborer	(kw/person)	3.51	4.72	4.20	7.36	5.41
房屋建筑面积竣工率 （%）	Ratio of Floor Space of Buildings Completed	(%)	56.04	51.48	45.13	38.85	37.50
产值利润率 （%）	Ratio of Profit to Gross Output Value	(%)	0.93	1.93	3.43	3.53	3.29
产值利税率 （%）	Ratio of Per-tax Profit to Gross Output Value	(%)	4.16	5.40	7.33	6.55	6.34

14—3 国有经济建筑业企业主要经济指标
Main Economic Indicators on State-owned Construction Enterprises

指 标		Item		2000	2005	2010	2014	2015
企业单位数	(个)	Number of Construction Enterprises	(unit)	258	193	168	113	104
从业人数	(万人)	Staff and Workers (annual average)	(10000 persons)	21.66	16.67	31.79	20.12	17.80
自有固定资产原价	(万元)	Fixed Assets Owned (original value)	(10000 yuan)	636476	918516	1127747	1027276	950638
自有固定资产净值	(万元)	Fixed Assets Owned (net value)	(10000 yuan)	403625	602836	713964	571115	514758
建筑业总产值	(万元)	Gross Output Value of Construction	(10000 yuan)	1349050	2678924	8940053	10216594	9353251
建筑工程		Construction Projects		1199993	2228410	8187459	9114132	8259910
安装工程		Installation Projects		128402	365681	545846	876864	829426
其 他		Others		20655	84834	206749	225598	263915
固定资产本年折旧	(万元)	Depreciation of Fixed Assets	(10000 yuan)	34460	63261	98762	106308	75798
应付职工薪酬	(万元)	Payable Employee compensation	(10000yuan)				1275098	988634
主营业务税金及附加	(万元)	Main Business Tax and Additon	(10000yuan)	39416	87807	346359	241995	235909
管理费用中的税金	(万元)	Taxes in Management Expenses	(10000 yuan)	3070	3375	17833	7949	8381
营业利润	(万元)	Business Profit	(10000yuan)				150764	168781
利润总额	(万元)	Total Profits	(10000 yuan)	-5159	34788	246938	155640	169232
利税总额	(万元)	Total Taxes	(10000 yuan)	37327	91182	611130	405583	413522
劳动生产率	(元/人)	Overall Labor Productivity	(yuan/person)					
(按总产值计算)		In Terms of Gross Output Value		62283	154711	242736	502971	509015
房屋建筑施工面积	(万平方米)	Floor Space of Buildings Under Construction	(10000 sq.m)	1167	1995	4552	6119	8814
房屋建筑竣工面积	(万平方米)	Floor Space of Buildings Completed	(10000 sq.m)	566.55	747.17	1040.81	1150.73	1139.12
房屋建筑面积竣工率	(%)	Ratio of Floor Space of Buildings Completed	(%)	48.57	37.46	22.86	18.80	12.92
产值利润率	(%)	Ratio of Profit to Gross Output Value	(%)	-0.38	1.30	2.76	1.52	1.81
产值利税率	(%)	Ratio of Per-tax Profit to Gross Output Value	(%)	2.77	3.40	6.80	3.97	4.42

14—4 建筑业企业主要生产指标（2015年）
Main Indicators on Construction Enterprises (2015)

指　　标		Item		合　　计 Total Enterprises	总承包 General Contractor	专业承包 Professional Contractor
企业单位个数	（个）	Number of Enterprises in Charge of Construction	(unit)	2867	1947	920
签订的合同额	（万元）	Volume of Signed Contracts	(10000 yuan)	101066252	94564526	6501726
直接从建设单位承揽工程完成的产值	（万元）	Accomplished Output Value of the Project Taken Directly from Construction Units	(10000 yuan)	56368760	51006601	5362158
自行完成施工产值		Output Value Completed by Self		55784262	50500987	5283275
分包出去工程产值		Engineering Subcontract Value		584497	505614	78883
从建设单位以外承揽工程完成的产值	（万元）	Accomplished Output Value of the Project Not Taken from Construction Units	(10000 yuan)	1175091	1052663	122428
建筑业总产值	（万元）	Gross Output Value of Construction	(10000 yuan)	56959353	51553650	5405704
#装饰装修产值		Decoration and Fixing UP		2211188	1066949	1144239
在外省完成产值		In Other Provinces		12999418	11709720	1289699
#建筑工程		Construction Projects		48827159	46177986	2649172
安装工程		Installation Projects		4354850	2817252	1537598
其　　他		Others		3777345	2558411	1218934
竣工产值	（万元）	Output Value of Buildings Completed	(10000 yuan)	31922183	28251861	3670323
房屋建筑施工面积	（万平方米）	Floor Space of Buildings Under Construction	(10000 sq.m)	41479.74	41121.74	358.00
#本年新开工		Newly Started Projects in this Year		16744.56	16487.39	257.17
#投标承包的面积		Floor Space Through Tender for the Construction		32062.28	31814.33	247.95
房屋建筑竣工面积	（万平方米）	Floor Space of Buildings Completed	(10000 sq.m)	15553.62	15286.23	267.39
房屋竣工价值	（万元）	Value of Buildings Completed	(10000 yuan)	20047440	19815841	231599
直接从事生产经营活动的平均人数	（万人）	The Average Number of People Directly Engaged in Production and Business Activities	(10000 person)	167.19	151.54	15.65
从业人员	（万人）	Employed Persons at the Year-End	(10000 person)	168.82	153.70	15.12
#工程技术人员		Engineering Technical Personnel		23.28	21.06	2.22
#一级建造师		First Grade Architect		1.21	1.07	0.15
劳动生产率	（元/人）	Overall Labor Productivity	(yuan/person)	340696	340202	345485
房屋建筑面积竣工率	（%）	Rate of Floor Space of Buildings Completed	(%)	37.50	37.17	74.69

内资企业 Domestic Funded	#集体 Collective-owned	#私营 Private	港澳台商投资企业 Funded Enterprises from Hong, Kong, Macao and Taiwan	外商投资企业 Foreign Funded	国有及国有控股企业 State Controlling Funded Hold Enterprises	房屋建筑业 Building	土木工程建筑业 Civil Engineering	建筑安装业 Construction Installation Industry	建筑装饰和其他建筑业 Architectural Decoration and Other Construction Industry
2857	70	1668	4	6	223	1404	595	363	505
101001018	733031	27354965	13797	51436	45104330	58869708	34171812	5388144	2636587
56308442	616012	21206535	11800	48518	18645744	33831622	16821152	3587110	2128876
55724342	615771	21072169	11800	48121	18363632	33525686	16590489	3545184	2122904
584100	241	134366		397	282113	305936	230664	41927	5972
1174694	18764	361069		397	495196	600271	411870	124685	38266
56899036	634536	21433238	11800	48518	18858827	34125957	17002358	3669868	2161170
2210406	2587	1390098	165	617	173110	937661	98034	51544	1123950
12989560	199115	1438805	1260	8598	8782618	4885214	6640832	1318797	154575
48787973	405586	18043474	10834	28351	16921341	30802728	14773916	1869256	1381259
4341145	36130	1764070	800	12905	1309917	1862248	1123750	1113843	255009
3769918	192820	1625694	165	7262	627568	1460981	1104692	686769	524903
31867147	506396	14697783	9964	45072	7182996	21122976	6969717	2153871	1675619
41469.76	424.93	14665.37	7.98	2.01	13782.03	37796.99	2081.90	1495.44	105.42
16744.56	252.67	7763.79			3911.72	15305.97	945.27	423.19	70.13
32052.30	354.52	9819.36	7.98	2.01	13282.89	29342.96	1257.24	1365.26	96.82
15547.07	303.38	8095.18	4.64	1.91	2323.70	14400.59	638.74	433.63	80.67
20036543	320288	9793987	8999	1899	3556597	18489725	926294	545380	86041
167.00	3.61	77.77	0.08	0.10	32.95	114.49	34.86	10.29	7.55
168.65	3.75	78.01	0.08	0.09	32.13	118.35	33.45	9.85	7.18
23.24	0.40	11.43	0.03	0.01	4.35	15.01	5.52	1.70	1.05
1.21	0.01	0.50			0.40	0.61	0.43	0.08	0.09
340708	175932	275604	141992	486154	572355	298075	487748	356582	286380
37.49	71.39	55.20	58.21	95.01	16.86	38.10	30.68	29.00	76.52

14—5　建筑业企业主要财务指标（2015年）

Main Financial Indicators on Construction Enterprises (2015)

指　标	Item	企业数（个）Number of Enterprises (unit)	流动资产合计 Circulating Funds	#存货 Stock
总　计	**Total**	**2867**	**38636505**	**7192414**
#国有及国有控股企业	State Controlling Share Hold Enterprises	223	16836802	3544114
按登记注册类型分	**Grouped by registration Type**			
内资企业	Domestic Funded Enterprise	2857	38527395	7144027
国有企业	State-owned Enterprise	65	1623236	255329
集体企业	Collective-owned Enterprise	66	202293	55937
股份合作企业	Share Holding Cooperative Enterprises	15	240627	33376
联营企业	Joint Owned Enterprises	2	24410	6302
有限责任公司	Limited Liability Corporations	950	23164394	4639920
股份有限公司	Share-holding Corporations Ltd.	99	2808849	457785
私营企业	Private Enterprises	1656	10448248	1693250
其他企业	Other Enterprises	4	15337	2129
港澳台商投资企业	Enterprises Funded by Entrepreneurs from Hong Kong, Macao and Taiwan	5	71029	41531
外商投资企业	Foreign Funded Enterprises	5	38082	6856
按国民经济行业分	**Grouped by Sector**			
房屋建筑业	Building	1404	19059427	3672710
土木工程建筑业	Civil Engineering	596	15311000	2780489
#铁路道路隧道和桥梁工程建筑业	Railroad Road Tunnel &Bridge Engineering Enterprises	350	8768481	1341854
建筑安装业	Construction Installation Industry	362	2451838	487293
建筑装饰和其他建筑业	Architectural Decoration and Other Construction Industry	505	1814241	251922
建筑装饰业	Construction Decoration Industry	419	1309618	196060
按资质等级分	**By Qualification Standard**			
施工总承包	Chief Construction Contract	1954	34781135	6531855
特　级	Top Grade	5	6599321	1208981
一　级	First Grade	205	16847395	3183188
二　级	Second Grade	760	7310378	1451845
三级及以下	Third Grade and Below	984	4024041	687841
专业承包	Professional Contract	913	3855370	660559
一　级	First Grade	97	1610711	285259
二　级	Second Grade	284	1075175	177129
三级及以下	Third Grade and Below	532	1169483	198171

单位：万元（10000 yuan）

固定资产合计 Total Fixed Assets	固定资产原价 Original Value of Fixed Assets	累计折旧 Progessive Depreciation	#本年折旧 Depreciation this Year	资产总计 Total of Assets	负债合计 Total of Liabilities	#流动负债 Current Liabilities	所有者权益 Creditors' Equity	#实收资本 Capital Hold	#国家资本 National Capital
4337451	**5676268**	**2188050**	**345217**	**47546460**	**32169441**	**28591793**	**15317651**	**8158656**	**1017765**
1205362	1928611	930220	137786	19567268	15824685	14859629	3742583	1762692	932968
4291913	5626843	2176685	343178	47379517	32040377	28464123	15279772	8138494	1009216
165739	263129	105390	18040	1888754	1518745	1219259	370009	246964	194830
63542	92005	41224	4308	319929	158872	106565	161057	95761	
36473	52754	23880	3625	320588	203225	199582	117362	19719	500
5051	10337	5286	548	29462	12993	12699	16469	2262	2158
2062253	2906978	1233339	188044	28132524	20927753	18995775	7176265	3644064	764280
297942	312405	117088	21292	3518135	2599435	2393375	918700	389955	36759
1658592	1986561	649806	107225	13150514	6610618	5528984	6509034	3730887	9363
2321	2674	671	96	19611	8735	7884	10877	8880	1327
2609	2687	785	69	74039	67301	67300	6738	5705	
42929	46737	10579	1970	92904	61763	60370	31141	14457	8548
2215561	2543985	836654	140367	23238160	15240664	12935419	7957197	4511011	270597
1619733	2502745	1116246	166105	19054953	13719050	12887397	5323408	2477448	654612
875951	1348289	588204	85411	11022138	7937416	7614274	3072226	1594550	353905
298976	368217	140179	22394	2984679	1845302	1618027	1138388	610868	54767
203182	261321	94971	16352	2268668	1364426	1150950	898659	559329	37789
144714	166799	48983	9231	1654920	1012460	841123	636877	425432	21066
3825357	4992633	1905307	300458	42628802	29249939	25991026	13325836	7039498	892727
433108	692020	357357	51568	8125603	6786482	6411939	1339122	585540	159645
1428452	1993710	766113	127182	20178869	15042386	13205645	5116051	2261777	537766
1152712	1470514	542712	76197	8955993	4703498	4320150	4247685	2540438	136751
811084	836389	239125	45512	5368337	2717575	2053292	2622980	1651742	58565
512095	683635	282743	44759	4917658	2919502	2600767	1991815	1119158	125038
155814	212763	95607	15127	1996474	1333044	1184271	663430	374556	83860
158141	212353	84259	13502	1393373	710172	675214	680569	372650	27942
198140	258520	102876	16131	1527811	876286	741283	647816	371952	13236

14—5 续表 continued

指　　标	Item	主营收入 Project Settlement Income	主营成本 Project Settlement Cost	主营税金及附加 Project Settlement Tax and Extra Charges
总　　计	**Total**	**49535753**	**43539439**	**1669272**
#国有及国有控股企业	State Controlling Share Hold Enterprises	17824157	16197340	548585
按登记注册类型分	**Grouped by registration Type**			
内资企业	Domestic Funded Enterprise	49448826	43476618	1667816
国有企业	State-owned Enterprise	2185316	1999110	73489
集体企业	Collective-owned Enterprise	492319	401186	21983
股份合作企业	Share Holding Cooperative Enterprises	318162	225201	10026
联营企业	Joint Owned Enterprises	19329	16235	665
有限责任公司	Limited Liability Corporations	25627388	22905376	833672
股份有限公司	Share-holding Corporations Ltd.	3272623	2931353	96728
私营企业	Private Enterprises	17520596	14988244	630981
其他企业	Other Enterprises	13094	9914	273
港澳台商投资企业	Enterprises Funded by Entrepreneurs from Hong Kong, Macao and Taiwan	12577	11395	439
外商投资企业	Foreign Funded Enterprises	74350	51426	1017
按国民经济行业分	**Grouped by Sector**			
房屋建筑业	Building	28541096	25254300	995569
土木工程建筑业	Civil Engineering	15699299	13852221	496889
#铁路道路隧道和桥梁工程建筑业	Railroad Road Tunnel &Bridge Engineering Enterprises	9235791	8249274	301822
建筑安装业	Construction Installation Industry	3335320	2822506	115230
建筑装饰和其他建筑业	Architectural Decoration and Other Construction Industry	1960038	1610412	61583
建筑装饰业	Construction Decoration Industry	1458642	1195524	45806
按资质等级分	**By Qualification Standard**			
施工总承包	Chief Construction Contract	44677578	39520255	1519637
特　级	Top Grade	4579559	4099812	146322
一　级	First Grade	24139397	21756473	793032
二　级	Second Grade	10808704	9364212	391539
三级及以下	Third Grade and Below	5149918	4299758	188744
专业承包	Professional Contract	4858175	4019184	149635
一　级	First Grade	2022768	1684440	65357
二　级	Second Grade	1496246	1240043	45222
三级及以下	Third Grade and Below	1339161	1094702	39056

单位：万元（10000 yuan）

其他业务利润 Other Business Profit	销售费用 Operating Expense	管理费用 Management Expense	#税 金 Tax	财务费用 Financial Expenses	营业利润 Operating Profit	利润总额 Total Profit	应交所得税 Payable Income Tax	本年应付工资薪酬 Total Payable Wages this Year
31715	**216625**	**1578623**	**70660**	**349039**	**1864170**	**1872829**	**389740**	**7791355**
9801	18176	602984	16391	49555	456544	463918	75712	2048025
31715	211055	1573206	70578	348993	1851632	1860268	386488	7784496
1161	3264	70467	2492	8289	41809	42016	10462	312533
267	5323	31592	1781	2314	28479	28830	4221	116430
20	8332	27498	1219	2516	25085	25047	2962	52153
39	681	1036	54	11	735	724	218	5366
17526	62694	811173	29491	176615	865414	872515	167689	3451835
3692	12518	91554	5724	25881	105530	107401	19587	638825
9010	117554	538843	29754	133386	783583	782748	181094	3205056
	688	1044	63	-19	997	988	254	2300
	44	1050	10	59	179	179	48	2757
	5527	4366	73	-13	12359	12382	3203	4101
9325	105667	672188	37326	271243	955004	958882	222334	5102323
17194	51834	612046	21195	39738	622726	625449	109700	1926004
8150	19037	344256	10144	-22689	364706	368671	64728	899591
5397	39877	175250	6753	21613	207306	209482	40628	454854
-202	19248	119140	5386	16444	79134	79017	17078	308174
444	11750	90543	3687	12148	57825	56837	11597	251543
25190	150519	1290366	57711	317994	1583180	1586782	338376	7106484
1012	1841	203516	3580	8699	158922	161232	20516	447081
17356	48606	564575	16772	199988	687753	691485	141473	3797105
4224	54286	310940	18226	73491	447608	444769	112418	1908527
2599	45785	211335	19134	35815	288897	289296	63969	953771
6525	66107	288257	12949	31045	280990	286047	51363	684871
126	27054	100724	3884	12436	95774	98737	17246	259965
1135	15435	99854	4174	10063	101144	102642	17015	242295
5264	23618	87679	4891	8547	84071	84668	17103	182611

14—6 劳务分包建筑业企业生产经营情况（2015年）

Productions and Business Indicators of Subcontract Construction Enterprises (2015)

指　标		Item		合　计 Total	国有及国有控股企业 State-owned and State-controlled Enterprises
生产情况		**Producing Indicators**			
企业单位数	（个）	Number of Enterprises	(unit)	340	10
建筑业总产值	（万元）	Gross Output Value of Costruction	(10000 yuan)	1050827	98932
#装饰装修产值		Outpnt Value of Construction Pecoration		244297	61700
年末从业人数	（万人）	Number of Employed Persons at the Year-end	(10000 person)	14.79	3.01
#现场施工工人		Persons On-site Construction		10.20	2.32
财务状况		**Financial Indicators**			
资产负债		Assets and Liabilities			
固定资产原价	（万元）	Prime Cost of Fixed Assets	(10000 yuan)	66485	587
本年折旧	（万元）	Depreciation This Year	(10000 yuan)	7586	129
资产总计	（万元）	Total of Assets	(10000 yuan)	473581	95906
负债合计	（万元）	Total of Liabilities	(10000 yuan)	279522	84845
实收资本	（万元）	Paicl-up Capital	(10000 yuan)	105820	9401
损益及分配		Profit and Loss and Distribution			
营业收入	（万元）	Business Earning	(10000 yuan)	985498	75490
#主营业务收入		Main Business Earning		982225	75466
营业成本	（万元）	Sales Cost	(10000 yuan)	885615	72073
#主营业务成本		Main Business Cost		871914	71693
营业税金及附加	（万元）	Business Tax and Surcharges	(10000 yuan)	36310	792
#主营业务税金及附加		Main Business Tax and Affixation		35507	764
销售费用	（万元）	Total Expense	(10000 yuan)	6585	0
管理费用	（万元）	Management expense	(10000 yuan)	37900	2595
#税金本期		Taxes This Period		2265	190
财务费用	（万元）	Financial expense	(10000 yuan)	4298	-5
营业利润	（万元）	Operating Profit	(10000 yuan)	33053	438
利润总额	（万元）	Total of Profit	(10000 yuan)	31088	475
从业人员工资总额	（万元）	Labour Reward of Staff and Workers	(10000 yuan)	477704	33902
全部从业人员年平均人数	（万人）	Average Number of Staff and Workers	(10000 person)	14.57	2.32

14—7 建筑业企业房屋建筑完成情况（2015年）
Floor Space of Buildings Completed by Construction Enterprises (2015)

指 标	Item	房屋建筑竣工面积（万平方米）Completed Area of Building Construction (10000 sq.m)	#国有及国有控股企业 State Controlling Funded Hold Enterprises	竣工房屋价值（万元）Value of the Completed House (10000 yuan)	#国有及国有控股企业 State Controlling Funded Hold Enterprises
总 计	**Total**	**15553.62**	**2323.70**	**20047440**	**3556597**
住 宅	Residential Buildings	10501.83	1718.08	13984592	2554139
商业及服务用房屋	Buildings Used for Business and Services	1038.20	230.34	1425807	409121
批发和零售用房	Buildings Used for Wholesale and Retail	568.25	154.53	785336	269938
住宿用房	Buildings Used for Accommodation	86.91	40.56	148895	69047
餐饮用房	Buildings Used for Catering Services	44.34		65421	
商务会展用房屋	Buildings Used for	22.39	0.35	27691	738
居民服务业用房	Buildings Used for Resident Services	316.31	34.90	398464	69398
办公用房	Office Buildings	914.72	104.20	1165325	154865
科研、教育、医疗用房	Buildings Used for Scientific Research,Education, Medical Services	647.69	50.16	865388	93415
科研用房	Buildings Used for Scientific Research	26.46	1.36	31433	1623
教育用房	Buildings Used for Education	527.39	30.73	691805	56558
卫生医疗用房	Buildings Used for Sanitation and Medical Services	93.84	18.07	142150	35234
文化、体育和娱乐用房	Buildings Used for Culture, Physical Training and Entertainment	138.00	6.10	200742	15393
厂房及建筑物	Workshops and Buildings	1950.36	187.32	1952203	262173
厂 房	Workshops	973.26	145.33	1056143	216357
仓 库	Storehouses	126.39	10.11	126598	13097
其他用房	Others	236.43	17.39	326786	54394

14—8 各市建筑业企业房屋建筑完成情况（2015年）
Floor Space of Buildings Completed by Construction Enterprises by Region (2015)

地 区	Region	房屋建筑竣工面积（万平方米）Completed Area of Building Construction (10000 sq.m)	#住 宅 Residential Buildings	竣工房屋价值（万元）Value of the Completed House (10000 yuan)	#住 宅 Residential Buildings
总 计	**Total**	**15553.62**	**10501.83**	**20047440**	**13984592**
合肥市	Hefei	6412.81	4470.13	8780037	6181794
淮北市	Huaibei	88.93	61.00	109132	75953
亳州市	Bozhou	213.86	135.71	244642	155964
宿州市	Suzhou	536.89	309.30	615940	371279
蚌埠市	Bengbu	1098.55	772.75	1708973	1260752
阜阳市	Fuyang	500.96	363.74	592548	435610
淮南市	Huainan	151.80	104.05	195204	128500
滁州市	Chuzhou	1083.90	746.81	1276314	918288
六安市	Luan	764.05	480.73	781894	493335
马鞍山市	Maanshan	890.11	674.44	1262458	981634
芜湖市	Wuhu	1141.66	778.34	1542611	1102472
宣城市	Xuancheng	420.15	250.28	539489	336505
铜陵市	Tongling	368.47	227.90	432147	282171
池州市	Chizhou	559.27	287.34	549830	342537
安庆市	Anqing	1054.84	676.57	1102831	733304
黄山市	Huangshan	267.38	162.75	313391	184495

14—9 各市按登记注册类型和行业分的建筑业企业单位数（2015年）

Number of Construction Enterprises by Registration Status, Section and Region (2015)

单位：个（unit）

地 区	Region	合 计 Total Enterprises	内资企业 Domestic Funded	港澳台商投资企业 Funded by Entrepreneurs from Hong Kong, Macao and Taiwan	外商投资企业 Foreign Funded	国有及国有控股企业 State-owned and State-controlled Enterprises	房屋工程建筑业 Building	土木工程建筑业 Civil Engineering	建筑安装业 Construction Installation Industry	建筑装饰和其他建筑业 Architectural Decoration and Other Construction Industry
总 计	**Total**	**2867**	**2857**	**4**	**6**	**223**	**1404**	**595**	**363**	**505**
合 肥 市	Hefei	867	864	2	1	76	292	195	182	198
淮 北 市	Huaibei	48	46	1	1	7	20	11	7	10
亳 州 市	Bozhou	46	46			7	34	10	1	1
宿 州 市	Suzhou	156	156			11	82	36	24	14
蚌 埠 市	Bengbu	140	139		1	11	56	34	23	27
阜 阳 市	Fuyang	137	137			15	84	35	7	11
淮 南 市	Huainan	111	111			13	64	18	17	12
滁 州 市	Chuzhou	151	149		2	11	85	29	14	23
六 安 市	Luan	135	135			8	83	41	6	5
马鞍山市	Maanshan	133	132	1		11	66	30	15	22
芜 湖 市	Wuhu	252	252			17	132	48	23	49
宣 城 市	Xuancheng	132	131		1	1	68	23	11	30
铜 陵 市	Tongling	132	132			10	66	17	8	41
池 州 市	Chizhou	113	113			5	70	13	12	18
安 庆 市	Anqing	240	240			14	160	43	11	26
黄 山 市	Huangshan	74	74			6	42	12	2	18

14—10 各市按经济类型和行业分的建筑业总产值（2015年）

Overall Output Value of Enterprises in Charge of Construction by Ownership and Region (2015)

单位：万元（10000 yuan）

地 区	Region	合 计 Total Enterprises	内资企业 Domestic Funded	港澳台商投资企业 Funded by Entrepreneurs from Hong Kong, Macao and Taiwan	外商投资企业 Foreign Funded	国有及国有控股企业 State-owned and State-controlled Enterprises	房屋工程建筑业 Building	土木工程建筑业 Civil Engineering	建筑安装业 Construction Installation Industry	建筑装饰和其他建筑业 Architectural Decoration and Other Construction Industry
总 计	**Total**	**56959353**	**56899036**	**11800**	**48518**	**18858827**	**34125957**	**17002358**	**3669868**	**2161170**
合 肥 市	Hefei	30065964	30062633	1425	1907	14517865	16251007	10338976	2067428	1408554
淮 北 市	Huaibei	441446	418891	9575	12980	293825	118509	297577	16543	8817
亳 州 市	Bozhou	419693	419693			47203	350403	65811	0	3479
宿 州 市	Suzhou	2183217	2183217			449535	759729	563216	836142	24130
蚌 埠 市	Bengbu	4148795	4147438		1357	349363	2394930	1621033	57903	74930
阜 阳 市	Fuyang	1786010	1786010			240248	1347520	387765	15509	35217
淮 南 市	Huainan	947079	947079			618344	322691	579915	39498	4974
滁 州 市	Chuzhou	2468928	2456842		12086	152947	1936296	298401	184121	50111
六 安 市	Luan	1455930	1455930			36680	1083842	345729	13984	12376
马鞍山市	Maanshan	2876691	2875891	800		1076151	2443832	347593	22942	62324
芜 湖 市	Wuhu	4202528	4202528			589761	2573833	1276460	200356	151879
宣 城 市	Xuancheng	1301160	1280972		20189	3562	992060	213492	16411	79198
铜 陵 市	Tongling	1286373	1286373			165429	847868	230256	44231	164018
池 州 市	Chizhou	1117963	1117963			45267	878776	90006	123912	25269
安 庆 市	Anqing	1749377	1749377			251609	1390624	298700	30531	29522
黄 山 市	Huangshan	508199	508199			21040	434038	47431	358	26373

14—11 各市建筑业企业生产情况（2015年）
Production Indicators on Construction Enterprises by Region (2015)

地 区	Region	企业单位个数（个）Number of Enterprises (unit)	总产值（万元）Total Output Value (10000 yuan)	建筑工程 Construction	安装工程 Installation	其它产值 Other Output Value	竣工产值（万元）Outpu Value of Buildings Completed (10000 yuan)
总 计	**Total**	**2867**	**56959353**	**48827159**	**4354850**	**3777345**	**31922183**
合肥市	Hefei	867	30065964	26039048	2515456	1511461	14951977
淮北市	Huaibei	48	441446	380084	26904	34458	241319
亳州市	Bozhou	46	419693	370775	26818	22100	329413
宿州市	Suzhou	156	2183217	1458933	357870	366414	1329469
蚌埠市	Bengbu	140	4148795	3679898	113026	355871	2571261
阜阳市	Fuyang	137	1786010	1664237	45514	76260	785520
淮南市	Huainan	111	947079	634973	281938	30168	440303
滁州市	Chuzhou	151	2468928	2110773	198696	159459	1689743
六安市	Luan	135	1455930	1204110	84625	167196	1236490
马鞍山市	Maanshan	133	2876691	2431212	189671	255808	1852968
芜湖市	Wuhu	252	4202528	3717819	219934	264776	2094113
宣城市	Xuancheng	132	1301160	1145468	79940	75752	983674
铜陵市	Tongling	132	1286373	1053467	96120	136785	771760
池州市	Chizhou	113	1117963	949805	60833	107325	673297
安庆市	Anqing	240	1749377	1570091	36995	142291	1569256
黄山市	Huangshan	74	508199	416467	20511	71222	401621

地 区	Region	房屋建筑施工面积（万平方米）Floor Space of Building Under Construction (10000 sq.m)	房屋建筑竣工面积（万平方米）Floor Space of Building Completed (10000 sq.m)	自有施工机械设备 Machinery and Equipment Owned: 净值（万元）Net Value (10000 yuan)	总台数（台）Number (unit)	总功率（万千瓦）Total Power (10000 kw)	期末从业人数（万人）Staff and Workers (annual average) (10000 persons)
总 计	**Total**	**41479.74**	**15553.62**	**1749198**	**398670**	**904.82**	**168.82**
合肥市	Hefei	22429.95	6412.81	755526	166199	374.08	74.90
淮北市	Huaibei	279.77	88.93	24873	7280	14.73	2.46
亳州市	Bozhou	298.13	213.86	25520	5499	13.03	1.82
宿州市	Suzhou	784.57	536.89	76933	16849	37.64	8.15
蚌埠市	Bengbu	3262.09	1098.55	50559	12709	25.99	10.58
阜阳市	Fuyang	1944.03	500.96	61839	25129	29.32	6.55
淮南市	Huainan	354.53	151.80	82291	10050	18.92	3.21
滁州市	Chuzhou	1689.30	1083.90	59880	11872	50.26	8.10
六安市	Luan	1187.06	764.05	98221	16789	32.62	7.57
马鞍山市	Maanshan	2022.66	890.11	85959	16237	51.87	8.39
芜湖市	Wuhu	2241.26	1141.66	131243	23422	61.04	10.58
宣城市	Xuancheng	982.02	420.15	48687	21056	25.70	4.51
铜陵市	Tongling	867.75	368.47	44145	15133	62.34	5.15
池州市	Chizhou	865.60	559.27	30248	8058	26.96	3.83
安庆市	Anqing	1704.49	1054.84	145619	33186	67.34	9.82
黄山市	Huangshan	566.53	267.38	27656	9202	12.97	3.22

14—12 各市建筑业企业主要财务指标（2015年）
Main Financial Indicators on Construction Enterprises by Region (2015)

单位：万元（10000 yuan）

地区 Region	企业单位个数（个） Number of Enterprises (unit)	流动资产合计 Circulating Funds	固定资产合计 Total Fixed Assets	固定资产原价 Original Value of Fixed Asseds	累计折旧 Depreciation Drawn Accumulated	#本年 This Year	资产总计 Total Assets	负债合计 Total Liabilities	所有者权益 Creditors' Equity	#实收资本 Capital Hold
总计 Total	**2867**	**38636505**	**4337451**	**5676268**	**2188050**	**345217**	**47546460**	**32169441**	**15317651**	**8158656**
合肥市 Hefei	867	20991548	1929990	2730798	1094414	187549	25554507	18728733	6823142	3313285
淮北市 Huaibei	48	443093	93965	152466	70836	7774	565401	328197	236973	92293
亳州市 Bozhou	46	280221	54650	62455	16457	3394	357898	181456	176442	138691
宿州市 Suzhou	156	965768	237999	295960	89524	13706	1296446	624587	671859	365201
蚌埠市 Bengbu	140	3408884	128347	158998	72347	10223	4108532	3127455	977535	425943
阜阳市 Fuyang	137	1605832	140796	146059	48586	8659	1867735	1271833	595204	330638
淮南市 Huainan	111	823474	115482	174270	71406	12412	982337	652032	329267	178555
滁州市 Chuzhou	151	1114368	185270	200547	65405	11280	1374980	729857	645123	375803
六安市 Luan	135	736932	199693	262314	92040	11492	1139364	477096	661455	304653
马鞍山市 Maanshan	133	2141920	270364	266315	113183	14801	2499931	1651675	836621	563389
芜湖市 Wuhu	252	2186398	304386	404506	173568	26288	2796856	1626066	1166901	703092
宣城市 Xuancheng	132	889940	112933	144617	51175	6084	1113596	632083	446622	263674
铜陵市 Tongling	132	1057708	125258	147265	57950	6884	1251205	838662	412543	227728
池州市 Chizhou	113	541653	92705	90428	27614	4683	722671	385689	336983	218890
安庆市 Anqing	240	1122958	285598	358689	109688	15648	1500622	657077	843545	540787
黄山市 Huangshan	74	325809	60018	80581	33858	4341	414381	256943	157438	116037

地区 Region	主营收入 Main Business Income	主营成本 Main Business Cost	主营税金及附加 Main Business and Extra Charges	销售费用 Operating Expense	管理费用 Management Expense	#税金 Tax	财务费用 Financial Expenses	营业利润 Operating Profit	利润总额 Total Profit	本年应付薪酬总额 Payable Salary This Year
总计 Total	**49535753**	**43539439**	**1669272**	**216625**	**1578623**	**70660**	**349039**	**1864170**	**1872829**	**7791355**
合肥市 Hefei	26086688	23263903	851127	81838	827798	27701	164214	853334	864933	3907108
淮北市 Huaibei	510024	395904	10259	6389	31911	1410	2526	50650	48417	107997
亳州市 Bozhou	386204	326637	14842	5001	17080	585	3001	13678	14021	59370
宿州市 Suzhou	1854535	1513997	66974	22009	87948	5276	14760	137330	136216	291702
蚌埠市 Bengbu	3005411	2692045	101252	5821	70637	4720	45195	101010	98355	614645
阜阳市 Fuyang	1494183	1258197	57369	6259	35293	2118	8479	79224	80874	211575
淮南市 Huainan	1054138	943980	30438	3560	34702	1988	-263	33691	33721	127494
滁州市 Chuzhou	1866178	1586538	72862	5558	49792	3913	14808	90710	90402	336044
六安市 Luan	1417771	1207892	48351	4420	40199	2230	14395	102273	102373	299951
马鞍山市 Maanshan	3213466	2812378	107727	24514	85357	4000	15570	108566	109600	404128
芜湖市 Wuhu	3461013	3039487	119706	12830	118292	4667	22579	105061	104708	438699
宣城市 Xuancheng	1074478	923007	38118	5130	36848	2357	7889	30319	31534	185512
铜陵市 Tongling	1113859	980733	35682	3501	41819	2193	11903	36996	38038	198102
池州市 Chizhou	897621	773402	33804	11531	29508	1416	8422	41771	42133	153964
安庆市 Anqing	1583562	1362220	61075	13220	57078	5464	13079	66933	65901	338156
黄山市 Huangshan	516623	459121	19687	5046	14360	623	2485	12623	11606	116908

主要统计指标解释

建筑业统计单位

指从事房屋、构筑物建造和设备安装活动的法人企业。建筑业法人企业应具有建筑业资质并能够独立核算，同时其应具备以下条件：①依法成立，有自己的名称、组织机构和场所，能够承担民事责任；②独立拥有和使用资产，承担负债，有权与其他单位签订合同；③独立核算盈亏，能够编制资产负债表。

建筑业总产值

是以货币形式表现的建筑业企业在一定时期内生产的建筑业产品和提供的服务的总和。建筑业总产值包括：

⑴建筑工程产值：指列入建筑工程预算内的各种工程价值。

⑵安装工程产值：指设备安装工程价值，不包括被安装设备本身的价值。

⑶其他产值：建筑业总产值中除建筑工程、安装工程以外的产值。包括房屋构筑物修理产值、非标准设备制造产值、总包企业向分包企业收取的管理费以及不能明确划分的施工活动所完成的产值。

a. 房屋构筑物修理产值：指房屋和构筑物修理所完成的产值，但不包括被修理房屋、构筑物本身价值和生产设备的修理价值。

b. 非标准设备制造产值：指加工制造没有定型的非标准生产设备的加工费和原材料价值(如化工厂、炼油厂用的各种罐、槽，矿井生产统一使用的各种漏斗、三角槽、阀门等)以及附属加工厂为本企业承建工程制作的非标准设备的价值。

房屋建筑施工面积

指在报告期内施过工的全部房屋建筑面积，包括本期新开工的房屋面积、上期施工跨入本期继续施工的房屋面积、上期停缓建在本期恢复施工的房屋面积、本期竣工的房屋面积及本期施工后又停缓建的房屋面积。

房屋建筑竣工面积

指在报告期内房屋建筑按照设计要求全部完工，达到了使用条件，经验收鉴定合格，正式移交使用单位的房屋建筑面积。

自有机械设备年末总功率

指本企业自有施工机械、生产设备、运输设备以及其他设备等列为在册固定资产的生产性机械设备年末总功率，按设定能力或查定能力计算。包括机械本身的动力和为该机械服务的单独动力设备，如电动机等。计算单位用千瓦，动力换算可按 1 马力＝0.735 千瓦折合成千瓦数。电焊机、变压器、锅炉不计算动力。

Explanatory Notes for Major Statistical Indicators

Statistical Unit in the Construction Industry

refers to a corporate enterprise engaged in the construction of buildings and structures and in the installation of equipment. A corporate construction enterprise should have qualification certificates with independent accounting system, and should meet the following 3 requirements: a) being set up in line with relevant legal basis, having its full name, organization and location, and capable of taking civil liabilities; b) independently possessing and using its assets and assuming its liabilities, and entitled to sign contracts with other institutions; and c) making independent accounts of its profits and losses, and capable of compiling its own balance sheet.

Gross Output Value of Construction

refers to total of construction products and services, expressed in money terms, produced or rendered by construction and installation enterprises during a given period of time. It includes:

(1) Output value of construction projects: the value of projects covered by the project budgets;

(2) Output value of installation projects: the value of the installation of equipment, (excluding the value of the equipment to be installed);

(3) Other output values: the output value of construction industry apart from that of construction projects and installation projects. It includes: output value of repair of buildings and structures; output value of non-standard equipment manufacturing; overhead expenses received by contracted enterprises from the sub-contracted enterprises and the completed output value of construction activities for which there is no clear definition.

a. Output value of repair of buildings and structures: the value created through the repairs of buildings or structures. It does not include the value of buildings or structures being repaired and the value of the repair of production equipment;

b. Output value of manufactured non-standard equipment: the value of non-standard production equipment, including raw materials and manufacturing cost, made for the construction project (i.e., chemical plant; kettles or tanks used by refineries; various fillers, triangle tanks, valves used by mines). It also includes the output value of equipment manufactured by subsidiary workshops.

Floor Space of Buildings Under Construction

refers to floor space of buildings under construction during the reference period, including the floor space of buildings for which construction has newly started; buildings for which construction has started earlier and is continuing during the reference period; and buildings for which construction has been suspended earlier but has restarted during the reference period; buildings completed during the reference period; and buildings under construction but construction has subsequently been during the reference period.

Floor Space of Buildings Completed

refers to the floor space of buildings that are completed in the reference period in accordance with the requirements of the design, up to the standard for being put into use, and having been checked and accepted by departments concerned as qualified ones.

Total Power of Machinery and Equipment Owned by the End of Year

refers to the total power of machinery and equipment owned by the enterprises, and listed as the fixed assets of the enterprises by the end of the year, including machinery and equipment for construction, production and transportation. The power of the machinery is calculated on basis of the designed or verified capacity, covering the power of the machinery/equipment and the separate power equipment serving the machinery/equipment (such as electric motors), but excluding welders, transformers and boilers. The unit used for the calculation of power is kilowatt, with horsepower converted to kilowatt by 1 horsepower=0.735 kilowatt.

第 十五 篇

Chapter 15

TRANSPORT, POST AND TELECOMMUNICATION SERVICES

简要说明

一、交通运输业资料主要包括：铁路、公路、水路、民航四种运输方式的线路里程、运输设备拥有量，各种运输方式完成的货物运输量等。

邮电通信业资料主要包括：全省邮电局(所)及邮路情况，邮电通信主要电路及设备拥有量，主要邮电业务完成情况，邮电通信发展水平等资料。

二、有关交通运输资料分别来源于上海铁路局，省交通运输厅，民航安徽监管办，东航安徽分公司，省公安厅及本局有关年报资料。邮电通信业资料来源于省邮政管理局、通信管理局。

三、各部门资料调查范围及统计单位。

1. 铁路资料：包括国家以及国有控股合资铁路运营情况，资料来源于国家铁道部反馈数据。

2. 公路、水运、港口资料：公路和水运线路里程为年末通车和通航里程数(不含在建和未正式投入使用的公路和航道)由省交通运输厅提供。民用和公路营运车辆拥有量分别由省公安厅、省交通运输厅和农机局提供。

3. 民航运输资料：民航运输统计对象为我省境内从事民用航空运输飞行和通用飞行的东方航空公司安徽分公司。

4. 邮电通信资料：邮电通信包括邮政和电信业务。邮电业务量按业务范围分为国内业务量和国际及港澳业务量(对台业务量统计在港澳中)。

Brief Introduction

I. Data of transport cover mainly the length of the routes of railways, highways, waterways and civil aviation transport, the ownership of the transport equipment, the freight traffic and passenger traffic accomplished by various means of transportation.

Data of post and telecommunications cover mainly the situation of post and telecommunications offices and postal routes, the telephone lines, telegraph lines and the ownership of the telecommunication facilities, the principal postal and telecommunications services rendered, and the level of the development of the postal and telecommunications services, etc.

II. Data on transport come from Shanghai Railway Bureau, the Department of Transportation, Civil Aviation Administration of Anhui Province, China Eastern Anhui Branch, the Department of Public Security and related annual report of Anhui Statistical Bureau. Data of postal and telecommunication services come from provincial postal administration, communications administration.

III. The statistical coverage and statistical units of the various data:

1. Data on railways Include State-owned holding joint capital railway operation situation Data come from National Railway Department .

2. Data on highways, waterways and ports: The length of highways and waterways refer to the length open to traffic or navigation at the end of the year (not including the mileage of highways and waterways under construction but not officially put into use.) and Data are provided by the Department of Communication. Data on the stock of the highway civilian and transport business vehicles are provide by the Department of Public Security and Department of transportation and Agricultural Machinery Bureau .

3. Data on the civil aviation transport: The statistical units of the civil aviation transport include the enterprises registered in Anhui and engaged in the civil aviation transport flights and flights for general purpose, including the enterprises directly under the Civil Aviation Administration of Anhui Province or not under it.

4. Data on post and telecommunications: The post and telecommunications statistics cover postal and telecommunication services. The business volume of post and telecommunications is classified by business area into the domestic volume, the volume between China mainland and Hong Kong and Macao (including Taiwan) and the international volume.

15—1 交通运输业基本情况

Basic Conditions of Transportation

指　　标	Item	2000	2005	2010	2014	2015
运输线路长度　（公里）	Length of Transportation Routes (km)					
铁路营业里程	Railways in Operation	2164	2353	2850	3549	4169
公　路	Highways	44493	72807	149382	174373	186940
内　河	Navigable Inland Waterways	5611	5587	5587	5729	5729
民　航	Total Civil Aviation Routes	60553	72263	76303	74668	103676
#国际航线	International Routes	6536	11616	6575	9108	15303
客运量总计　（万人）	Total Passenger Traffic (10000 persons)	62033	72871	159597	139823	87107
铁　路	Railways	2994	3486	5552	7972	8553
国　家	National	2808	3307	5552	7972	
地　方	Local and Joint Venture Railways	186	179			
公　路	Highways	58026	68927	153697	131403	78072
水　运	Waterways	860	244	139	178	185
民　航	Total Civil Aviation Routes	153	214	208	270	297
旅客周转量总计（万人公里）	Total Passenger-kilometers (10000 passenger-km)	5368953	8062657	15027550	14511595	12582090
铁　路	Railways	2040820	3008651	4680584	6176436	6429489
国　家	National	1945470	2908851	4680584	6176436	
地　方	Local and Joint Venture Railways	95350	99800			
公　路	Highways	3141134	4812462	10101874	7993702	5748829
水　运	Waterways	36408	3093	2684	3227	3843
民　航	Total Civil Aviation Routes	150591	238451	242408	338230	399929
货运量总计　（万吨）	Total Freight Traffic (10000 tons)	44536	67128	228106	434300	345756
铁　路	Railways	6473	10386	12091	10488	10158
国　家	National	6026	8638	12091	10488	
地　方	Local and Joint Venture Railways	447	1748			
公　路	Highways	32740	49614	183658	315223	230649
水　运	Waterways	5320	7125	32355	108587	104947
民　航	Total Civil Aviation Routes	1.5	3.0	2.2	2.4	2.3
货物周转量总计（万吨公里）	Total Freight Ton-kilometers (10000 tons-km)	10777360	15664802	71536800	135008915	104025651
铁　路	Railways	6201382	8837574	10165481	8099943	7393851
国　家	National	6106612	8577452	10165481	8099943	
地　方	Local and Joint Venture Railways	94770	260122			
公　路	Highways	2747117	4226699	50049069	73923653	47218724
水　运	Waterways	1826251	2596868	11319581	52982354	49409946
民　航	Total Civil Aviation Routes	2610	3661	2669	2965	3130
民用汽车拥有量　（辆）	Number of Civil Vehicles Owned (unit)	386706	804952	2432339	4373284	5128318
载客汽车辆数	Number of Buses and Cars	187940	436372	1409937	3333663	4081562
载货汽车辆数	Number of Trucks	192348	332139	663361	861548	875638
私人汽车拥有量	Number of Motor Vehicles Owned by Individuals	156577	354139	1661937	3481999	4231254
民用运输船舶拥有量　（艘）	Number of Civil Transport Vessels (unit)		33372	29186	29497	28800
#机动船	Motor Vessels	21692	30439	27041	27938	27475
驳　船	Barges	3946	2933	2145	1559	1325
私人运输船舶拥有量（艘）	Number of Private-owned Transport Vessels (unit)		10010	4278	2112	1882
机动船	Motor Vessels	12350	9989	4262	2112	1882
驳　船	Barges	445	21	16		

注：1. 2015年交通运输部组织开展了公路水路运输量小样本调查工作，重新调整基数，客、货运量及周转量与2014年数据不具可比性。

2. 运输线路长度中的内河长度为通航里程数。

a) In 2015 the ministry of transport organization work conducted highway water traffic small sample survey, readjust base, passenger and freight volume and turnover are not comparable with the 2014 data.

b) Transportation line length of inland river navigation mileage in length.

15—2 运输路线长度
Length of Transportation Routes

单位：公里（km）

指标	Item	2000	2005	2010	2014	2015
铁路	**Railways**					
营业里程（省境内）	Length of Railways in Operation (within the boundaries of the province)	2164	2353	2850	3549	4169
公路	**Highways**					
公路里程	Total Length of Highways	44493	72807	149382	174373	186940
国道、省道	National and Provincial Routes	10497	10997	12412	13255	13829
县道	County Routes	17494	24200	23970	24226	24253
乡道	Village and town Routes	16226	36606	36226	36493	36498
专用公路	Special Highways	276	1004	1004	1002	1002
高速公路	Express-way	470	1501	2929	3752	4249
一级公路	First Class	264	338	499	2623	3166
二级公路	Second Class	6347	9633	10504	10694	10667
三级公路	Third Class	9050	12537	15306	17950	18920
四级公路	Forth Class	26448	43074	113106	134619	145875
等外公路	Highway Below Class IV	1914	5724	7042	4734	4063
在公路里程中：	Of the Total Length of Highways:					
晴雨通车里程	Length of Highways Opened to Traffic Despite Rain or Shine	43252	69975	145514	171743	184290
绿化里程	Length of Forestation Highways	29512	49843	60448	130476	143833
水运	**Waterways**					
内河航道通航里程	Length of Navigable Inland Waterways	5611	5587	5587	5729	5729
民航	**Total Civil Aviation Routes**					
国际航线	International Routes	6536	11616	6575	9108	15303
国内航线	Domestic Routes	54017	60647	69728	65560	88373

15—3 运 输 线 路 质 量
Quality of Transportation Routes

指　　标		Item		2000	2005	2010	2014	2015
铁路营业里程	**（公里）**	**Length of Railways in Operation**	**(km)**	**2164**	**2353**	**2850**	**3549**	**4169**
#复线里程	（公里）	Double-Tracking Length	(km)	947	1080	1523	2058	2753
复线里程比重	(%)	Proportion	(%)	43.8	45.9	53.4	58.0	66.0
公路线路里程	**（公里）**	**Length of Highways**	**(km)**	**44493**	**72807**	**149382**	**174373**	**186940**
#等级公路里程	（公里）	Expressway and Class I to IV Highways	(km)	42579	67083	142340	169639	182877
等级公路里程比重	(%)	Proportion	(%)	95.7	92.1	95.3	97.3	97.8
内河航道里程	**（公里）**	**length of Navigable Inland Waterways**	**(km)**			**6507**	**6613**	**6612**
#等级航道里程	（公里）	Standard Waterways	(km)			5226	5341	5345
等级航道里程比重	(%)	Proportion	(%)			80.3	80.8	80.8

15—4 内 河 港 口 码 头 吞 吐 量
Volume of Passenger and Freight Handled in Ports of Inland Rivers

年　　份 Year	旅客吞吐量 （万人） Passenger Handled (10000 persons)	#旅客离港量 Out-port	货物吞吐量 （万吨） Cargo Handled (10000 tons)	#集装箱（万标准箱） Container (10000 standard cases)
2000	164.00	77.00	7114.00	2.40
2005	182.49	137.49	17156.70	11.26
2006	166.20	116.20	19995.80	16.17
2007	191.35	161.35	24700.60	21.79
2008	203.00	118.28	27267.01	23.91
2009	96.11	54.61	26449.00	19.91
2010	69.18	57.00	32502.00	22.20
2011	105.00	54.20	37418.60	38.80
2012	70.05	35.44	36097.20	45.58
2013	78.52	41.35	39617.52	52.67
2014	76.38	39.52	43837.92	76.42
2015	62.14	31.79	48044.32	95.59

注：2011年以后统计范围为通过能力在200万吨以上内河港口，以及从事外贸、集装箱的港口，与历年数据具有不可比性。

a) After 2011 statistic range are ports of capacity of 2000000 tons and over in inland river, and portsengaged in foreign trade, container port. the data of the past years are not comparable.

15—5 主要港口分货类吞吐量
Volume of Throughput in Major Ports by Type of Freight

单位：万吨（10000 tons）

货 类	Type of Goods	2005	2010	2014	2015
吞吐量合计	**Total Throughput**	**1850.47**	**1049.70**	**926.77**	**1180.02**
煤炭及制品	Coal and Products	962.91	571.73	539.00	777.91
金属矿石	Metal Ores	282.10	185.02	38.30	3.13
钢 铁	Steel and Iron	35.41	99.79	48.75	31.85
矿建材料	Mineral Building	243.00	24.97	6.86	8.80
水 泥	Cement	154.41	8.70	11.66	7.18
木 材	Timber	21.33			
非金属矿石	Nonmetal Ores	63.21	5.14	19.09	26.50
化肥及农药	Chemical Fertilizers and Pesticides	4.60			0.04
盐	Salt	2.35			
粮 食	Grain	1.13			
机械、设备、电器	Machinery , Equipment, Electric Apparatus	3.23	0.13	0.35	
化工原料及制品	Industrial Chemicals and Products	3.40	10.33	0.37	2.18
轻工、医药产品	Light industry, Medical Products	0.83			
农林牧渔业产品	Agriculture, Forestry, Animal Husbandry and Fishery Products	1.95	0.08		
其 他	Other	70.61	143.81	262.38	322.43

注：资料来源芜湖港口有限责任公司。
a) Data from Wuhu port Co.,Ltd.

15—6 各市公路客货运输量（2015年）
Volum of Highway Transportation By Region (2015)

地 区	Region	客运量（万人）Passenger Traffic (10000 persons)	旅客周转量（万人公里）Passenger-kilometers (10000 passenger-km)	货运量（万吨）Freight Traffic (10000 tons)	货物周转量（万吨公里）Freight Ton-kilometers (10000 tons-km)
总 计	**Total**	**78072**	**5748829**	**230649**	**47218724**
合肥市	Hefei	11211	956564	27578	3033945
淮北市	Huaibei	1841	170482	11659	1904137
亳州市	Bozhou	5643	483767	24519	7150601
宿州市	Suzhou	5171	320002	20791	4499084
蚌埠市	Bengbu	3337	278401	19448	6246664
阜阳市	Fuyang	8654	641284	40507	10927700
淮南市	Huainan	4411	318920	10172	481713
滁州市	Chuzhou	5247	294050	14024	3399263
六安市	Luan	6770	570249	19387	3751000
马鞍山市	Maanshan	2989	145619	5951	362835
芜湖市	Wuhu	4290	222307	6464	835604
宣城市	Xuancheng	3988	195923	7795	1154530
铜陵市	Tongling	2394	172579	3021	299794
池州市	Chizhou	1970	188356	3282	314047
安庆市	Anqing	6193	488620	11560	1862485
黄山市	Huangshan	3962	301707	4491	995322

15—7 主要年份公路线路年底到达数（按技术等级分）
Length of Highway Routes at the Year-end (classified by technical level)

单位：公里（km）

年 份 Year	公路里程总计 Total Length of Highways	等级路 Express-way and Class I to IV Hughway	高速 Express-way	一级 First Class	二级 Second Class	三、四级公路 Third and Forth Class	等外公路 Highway Below Class IV
2000	44493	42579	470	264	6347	35498	1914
2005	72807	67083	1501	338	9633	55611	5724
2007	148372	128241	2206	362	9824	115849	20130
2008	148827	134669	2506	385	10077	121700	14158
2009	149184	139424	2810	475	10312	125827	9759
2010	149382	142340	2929	499	10504	128412	7042
2011	149535	143403	3009	627	10640	129128	6131
2012	165157	159427	3210	1758	9933	144526	5730
2013	173763	168083	3521	2280	10411	151871	5680
2014	174373	169639	3752	2623	10694	152569	4734
2015	186940	182877	4249	3166	10667	164795	4063

15—8 公路线路年底到达数（按技术等级分）（2015年）
Length of Highway Routes at the Year-end (classified by technical level) (2015)

单位：公里（km）

项 目	Item	公路里程总计 Total Length of Highways	等级公路 Expressway and Class I to IV Highway						等外公路 Highway Below Class IV
			合计 Total	高速 Express-way	一级 First Class	二级 Second Class	三级 Third Class	四级 Forth Class	
上年年底到达数	End of Last Year	174373	169639	3752	2623	10694	17950	134619	4734
国 道	National Routes	5128	5128	2687	707	1537	81	116	
省 道	Provincial Routes	8127	8127	1065	1150	5163	481	267	
县 道	County Routes	24226	24226		285	3214	14153	6573	
乡 道	Village and town Routes	36493	35534		13	264	2100	33157	959
专用公路	Highways for Special Use	1002	992			46	233	713	11
村 道	Village Routes	99397	95633		468	470	902	93793	3765
本年新建数	Newly Built in This Year	935	935	496	108	7	4	319	
国 道	National Routes	296	296	207	81	7			
省 道	Provincial Routes	297	297	289	8				
县 道	County Routes								
乡 道	Village and town Routes								
专用公路	Highways for Special Use								
村 道	Village Routes	341	341		18		4	319	
本年改建变更数	Changed in This Year	11632	12303		434	-34	966	10937	-671
国 道	National Routes	3	3		197	-193			
省 道	Provincial Routes	-23	-23		206	-180	-38	-11	
县 道	County Routes	27	27		21	274	275	-544	
乡 道	Village and town Routes	5	47			37	588	-578	-42
专用公路	Highways for Special Use								
村 道	Village Routes	11619	12249		10	28	141	12070	-630
本年年底到达数	End of This Year	186940	182877	4249	3166	10667	18920	145875	4063
国 道	National Routes	5427	5427	2895	985	1351	81	116	
省 道	Provincial Routes	8402	8402	1354	1365	4984	443	256	
县 道	County Routes	24253	24253		307	3488	14429	6029	
乡 道	Village and town Routes	36498	35581		13	301	2688	32579	917
专用公路	Highways for Special Use	1002	992			46	233	713	11
村 道	Village Routes	111358	108223		496	498	1047	106182	3135

15—9 各市公路线路年底到达数（按技术等级分）（2015年）

Length of Highway Routes at the Year-end by Region (classified by technical level) (2015)

单位：公里（km）

地区	Region	公路里程总计 Total Length of Highways	等级公路 Expressway and Class I to IV Highway 合计 Total	高速 Express-way	一级 First Class	二级 Second Class	三级 Third Class	四级 Forth Class	等外公路 Highway Below Class IV
总计	**Total**	**186940**	**182877**	**4249**	**3166**	**10667**	**18920**	**145875**	**4063**
合肥市	Hefei	18860	17953	443	424	851	1857	14378	906
淮北市	Huaibei	3944	3944	89	62	234	600	2960	
亳州市	Bozhou	12078	11691	286	194	476	1547	9189	387
宿州市	Suzhou	14386	14386	359	231	1106	1518	11171	
蚌埠市	Bengbu	8813	8373	185	165	457	898	6668	440
阜阳市	Fuyang	13495	13121	256	292	595	1759	10220	373
淮南市	Huainan	4668	4504	66	99	239	624	3475	164
滁州市	Chuzhou	16635	16635	395	247	1028	1494	13470	
六安市	Luan	22261	21937	370	223	1239	2391	17713	324
马鞍山市	Maanshan	7008	6813	205	292	533	690	5092	196
芜湖市	Wuhu	10898	10510	191	234	584	1196	8306	388
宣城市	Xuancheng	11619	11568	280	243	755	1031	9259	51
铜陵市	Tongling	1597	1572	88	118	181	118	1066	25
池州市	Chizhou	8519	7882	226	128	676	527	6325	637
安庆市	Anqing	19994	19987	384	102	839	1207	17456	7
黄山市	Huangshan	6700	6693	352	61	574	957	4749	7
广德县	Guangde	3028	2904	42	47	172	209	2434	124
宿松县	Susong	2439	2406	31	4	128	296	1946	33

注：本表公布数据为2015年我省行政区划调整前的口径（下同）。

a) The table data for 2015 administrative division before adjustment (the same below).

15—10 公路密度及通达情况

Density and Reaching Status of Highways

指标	Item	2000	2005	2010	2014	2015
公路密度	**Density of Highway**					
以国土面积计算（公里/百平方公里）	By Area of Territory (km/100 sq.m)	31.87	52.23	107.16	125.09	134.10
以人口数量计算（公里/万人）	By Population (km/10000 persons)	7.17	11.27	21.98	25.17	26.95
公路通达	**Reaching Status of Highways**					
乡镇数量（个）	Number of Townships (unit)	1923	1547	1382	1378	1378
#不通公路	Without Highway Communication	3	1			
不通公路乡镇所占比重（%）	Proportion of Townships Without Highway Communication (%)	0.20	0.06			
行政村数量（个）	Number of Villages (unit)	29820	25553	17274	17069	17069
#不通公路	Without Highway Communication	4303	187	5	1	1
不通公路行政村所占比重（%）	Proportion of Villages Without Highway Communication (%)	14.40	0.73	0.03	0.01	0.01

15—11 主要年份民用车辆拥有量
Possession of Civil Vehicles

单位：万辆（10000 units）

指标	Item	2000	2005	2010	2014	2015
总计	**Total**		**575.48**	**909.66**	**978.47**	**1045.85**
载客汽车	Passenger Vehicles	18.79	43.64	140.99	333.37	408.16
大型	Large		2.87	3.82	4.54	4.41
中型	Medium		4.10	4.94	2.93	2.69
小型	Small		29.62	124.91	321.75	396.83
微型	Minicar		7.05	7.31	4.15	4.22
载货汽车	Trucks	19.23	33.21	66.34	86.15	87.56
重型	Heavy		5.09	20.24	30.34	30.37
中型	Medium		12.86	12.41	4.85	3.68
轻型	Light		13.74	33.12	50.71	53.28
微型	Mini		1.52	0.56	0.25	0.23
其他汽车	Others		29.00	35.90	17.81	17.11
摩托车	Motorcycles	86.81	246.50	409.38	293.63	286.87
拖拉机	Tractors	168.74	218.46	248.58	238.83	236.68
挂车	Trailers	2.08	4.65	8.45	8.67	9.46
其他类型车	Other Types of Vehicle	1.64	0.02	0.02	0.01	0.01
机动车驾驶员（万人）	Number of Motor Drivers (10000 persons)	147.69	439.73	692.42	1007.53	1121.82
#汽车驾驶	Automobile Drivers	94.14	258.40	475.65	844.12	977.45

15—12 主要年份私人车辆拥有量
Possession of Private Vehicles

单位：辆（unit）

指标	Item	2000	2005	2010	2014	2015
总计	**Total**	**156577**	**583762**	**5726403**	**6404606**	**7086580**
载客汽车	Passenger Vehicles	79225	229835	1078206	2933970	3670696
大型	Large		4396	4293	1175	837
中型	Medium		18314	22519	9099	6980
小型	Small		154414	988464	2884336	3622767
微型	Minicar			62930	39360	40112
载货汽车	Trucks	76691	121068	285022	410141	432142
重型	Heavy			28064	34309	33303
中型	Medium		41398	42674	19256	15412
轻型	Light		60221	209976	354502	381491
微型	Mini			4308	2074	1936
其他汽车	Others		232859	298709	137888	128416
摩托车	Motorcycles	681185		4058172	2918272	2850875
挂车	Trailers			6249	4305	4422
其他类型车	Other Types of Vehicle			45	30	29

注：2005年度的“其他汽车”指标数据包括摩托车、拖拉机、其他类型车的合计。

a) "Others" index of the 2005 annual data includes motorcycles, tractors and other types of vehicles combined.

15—13 民用车辆拥有量营运情况（2015年）
Civilian Vehicles Capacity of Transportion Situation (2015)

单位：万辆（10000 units）

指标	Item	总计 Total			总计中 In the Total			报废 Write-off
		Total	营运 For Business	非营运 Not for Business	进口 Import	个人 Individual	新注册 Registered Newly	
总计	**Total**	**1045.85**	**99.52**	**709.20**	**12.86**	**708.66**	**97.67**	**14.86**
#校车	The School Bbus	0.45						
汽车	Number	512.83	84.25	428.13	12.80	423.13	88.74	9.64
载客汽车	Passenger Vehicles	408.16	12.66	395.05	12.77	367.07	78.72	3.13
#大型	Large	4.41	3.37	0.85	0.19	0.02	0.08	0.55
中型	Medium	2.69	1.10	1.34	0.04	0.70	0.29	0.47
小型	Small	396.83	8.19	388.64	12.61	362.28	77.77	1.97
微型	Minicar	4.22	0.01	4.22	0.10	4.01	0.11	0.11
#轿车	Cars	277.50	7.87	269.63	5.40	254.60	52.46	1.64
载货汽车	Trucks	87.56	60.42	27.15	0.03	43.21	8.98	5.08
#重型	Heavy	30.37	29.64	0.73	0.02	3.33	2.40	1.69
中型	Medium	3.68	3.36	0.32		1.54	0.26	1.04
轻型	Light	53.28	27.31	25.97	0.01	38.15	6.32	2.28
微型	Mini	0.23	0.10	0.13		0.19		0.02
#普通载货	General Trucks	43.96	22.22	21.74	0.01	31.09	4.93	2.32
其他汽车	Others	17.11	11.17	5.94	0.01	12.84	1.04	1.42
#三轮汽车	Tricar	9.00	6.12	2.89		8.74	0.44	0.91
低速货车	Low-Speed Truck	5.12	4.52	0.60		3.03	0.39	0.37
摩托车	Motorcycles	286.87	5.86	281.02	0.06	285.09	7.99	5.05
普通	General	284.23	5.86	278.37	0.06	282.45	7.90	5.00
轻便	Portable	2.65		2.64		2.64	0.09	0.05
拖拉机	Tractors	236.68						
挂车	Trailers	9.46	9.41	0.05		0.44	0.94	0.17
其他类型车	Other Types of Vehicle	0.01		0.01				
机动车驾驶员（万人）	Number of Motor Drivers (10000 persons)	1121.82						
#汽车驾驶员	Automobile Drivers	977.45						

15—14 各市民用车辆拥有量(2015年)
Possession of Civil Vehicles by Region (2015)

单位：辆 (unit)

地区	Region	汽车 Number	载客汽车 Buses and Cars	载货汽车 Ordinary Trucks	其他汽车 Other Motor Vehicles	摩托车 Motorcycle	拖拉机 Tractors	挂车 Trailers	其他类型车 Other Types of Vehicle	机动车驾驶员(人) Number of Motor Drivers (person)
总计	**Total**	**5128318**	**4081562**	**875638**	**171118**	**2868720**	**2366752**	**94593**	**93**	**11218189**
合肥市	Hefei	1168809	1051933	106900	9976	210773	216121	8955	20	1736161
淮北市	Huaibei	178975	137193	28983	12799	132821	119426	4795		370817
亳州市	Bozhou	353242	231014	104814	17414	207866	184976	9504		810006
宿州市	Suzhou	301775	225167	69139	7469	134126	206149	7804		798312
蚌埠市	Bengbu	224366	165081	57231	2054	134555	318532	9483	10	526869
阜阳市	Fuyang	549953	326012	163046	60895	427128	150090	20473		980197
淮南市	Huainan	178035	144541	31614	1880	87299	238844	4114		383806
滁州市	Chuzhou	241417	188849	50647	1921	119109	434021	9723		647958
六安市	Luan	399270	303677	91515	4078	278689	169419	6715		1158879
马鞍山市	Maanshan	182851	163316	17466	2069	118145	41616	1770	60	432957
芜湖市	Wuhu	374294	337556	31297	5441	124080	55413	1627		749114
宣城市	Xuancheng	249498	205458	31948	12092	183958	57493	2455		671948
铜陵市	Tongling	89352	76892	10288	2172	48727	23332	485	3	198514
池州市	Chizhou	105624	88283	15387	1954	128234	40856	655		296416
安庆市	Anqing	362055	305438	50657	5960	450029	93742	2779		1087592
黄山市	Huangshan	146978	111164	14145	21669	80864	16722	3256		368643

注：各市车辆数据是区划调整前数据。
a) Municipal vehicle data is regionalization before adjustment.

15—15 各市私人车辆拥有量(2015年)
Possession of Private Vehicles by Region (2015)

单位：辆 (unit)

地区	Region	汽车总计 Total	载客汽车 Passenger Vehicles	大型 Large	中型 Medium	小型 Small	载货汽车 Trucks	中型 Light-heavy	轻型 Light	其他汽车 Others
总计	**Total**	**4231163**	**3670605**	**1527**	**12784**	**3622676**	**432142**	**15412**	**381491**	**128416**
合肥市	Hefei	964331	939361	837	6980	928667	19292	226	18530	5678
淮北市	Huaibei	154150	126412	10	145	124612	15557	778	10225	12181
亳州市	Bozhou	297684	216961	28	281	212618	64550	1570	60549	16173
宿州市	Suzhou	255664	206186	65	457	202037	42878	1889	33807	6600
蚌埠市	Bengbu	164762	145801	74	500	143099	17981	475	16758	980
阜阳市	Fuyang	438847	300796	37	601	296369	81193	1266	77284	56858
淮南市	Huainan	136616	124713	3	123	122755	11205	139	10596	698
滁州市	Chuzhou	192391	166856	33	409	164539	24700	1129	19638	835
六安市	Luan	334860	280976	42	983	276334	51377	2159	45720	2507
马鞍山市	Maanshan	150044	143265	17	250	141837	5824	203	5137	955
芜湖市	Wuhu	321287	304952	12	365	302952	12303	393	10944	4032
宣城市	Xuancheng	214684	185566	42	498	183592	21795	1769	16823	7323
铜陵市	Tongling	72530	66904	57	150	66199	4015	122	3525	1611
池州市	Chizhou	92193	80354	15	139	79902	10500	860	8707	1339
安庆市	Anqing	329667	283183	236	732	280087	41676	2248	36503	4808
黄山市	Huangshan	111453	98319	19	171	97077	7296	186	6745	5838

注：本表与15-13中私人汽车拥有量有差异，系取数时间节点不同造成，属合理波动。
a) The table 15-13 private car ownership has the difference and is reasonable, bacause of taking some time in different nodes.

15—16 公路营运汽车拥有量
Possession of Vehicles for Highway Business Transportation

年 份 Year	汽车总计 (辆) Total Number (unit)	载客汽车 Passenger Car 辆数 (辆) Number (unit)	客位 (客位) Number of Seats (seat)	载货汽车 Trucks 辆数 (辆) Number (unit)	#普通载货汽车 Ordinary Trucks	吨位 (吨) Capacity (ton)	#普通载货汽车 Ordinary Trucks
2000	195800	41083	634782	154717	152711	574050	560603
2005	265746	43515	691381	222231	215938	917083	861406
2007	347440	78737	914353	268703	258529	1138171	1044463
2008	396461	81956	985120	314505	301548	1662018	1515155
2009	454224	86344	1054876	367880	349971	2089256	1892368
2010	472861	36815	868682	436046	417858	2723868	2504762
2011	551229	37683	908227	513546	496083	3366246	3121167
2012	647425	38143	946386	609282	585617	4318585	4015249
2013	695637	34410	897033	661227	550291	4727364	4182303
2014	723137	33528	896263	689609	570989	5194403	4606239
2015	669790	29429	833188	640361	497353	5185429	4436908

注：不包含出租车、公交车（下表同）。

a) Not including taxi, bus (the same the following table)。

15—17 各市公路营运汽车拥有量（2015年）
Possession of Vehicles for Highway Business Transportation by Region (2015)

地 区	Region	汽车总计 (辆) Total Number (unit)	载客汽车 Passenger Car 辆数 (辆) Number (unit)	客位 (客位) Number of Seats (seat)	载货汽车 Trucks 辆数 (辆) Number (unit)	#普通载货汽车 Ordinary Trucks	吨位 (吨) Capacity (ton)	#普通载货汽车 Ordinary Trucks
总 计	**Total**	**669790**	**29429**	**833188**	**640361**	**497353**	**5185429**	**4436908**
合肥市	Hefei	92262	3985	126465	88277	70119	525192	427516
淮北市	Huaibei	27477	627	21552	26850	20852	306789	286746
亳州市	Bozhou	67745	2263	56381	65482	51981	572234	551435
宿州市	Suzhou	55557	1896	56701	53661	41336	500317	421040
蚌埠市	Bengbu	50005	1153	38576	48852	31272	478878	393241
阜阳市	Fuyang	111195	3382	88957	107813	84074	948302	838207
淮南市	Huainan	32015	1850	41763	30165	20494	213095	169141
滁州市	Chuzhou	33909	1820	60473	32089	21310	370730	309546
六安市	Luan	62878	2504	73617	60374	53477	382807	329756
马鞍山市	Maanshan	17365	1216	29370	16149	12582	136826	88964
芜湖市	Wuhu	19896	1434	50969	18462	13150	141136	115683
宣城市	Xuancheng	22619	1572	40605	21047	14526	180051	142682
铜陵市	Tongling	10133	985	23215	9148	5211	61767	46021
池州市	Chizhou	10830	702	22174	10128	8233	65560	58974
安庆市	Anqing	44129	2589	58893	41540	41023	183421	178566
黄山市	Huangshan	11775	1451	43477	10324	7713	118324	79390

15—18 各市民用运输船舶拥有量（2015年）
Number of Civil Transport Vessels Owned by Region (2015)

地区	Region	总艘数(艘) Total Number (unit)	机动船 Motor Vessels 艘数(艘) Number (unit)	净载重量(吨) Dead Weight Tonnage (ton)	载客量(客位) Passenger Capacity (seat)	功率(千瓦) Drawing Power (km)	驳船 Barges 艘数(艘) Number (unit)	净载重量(吨) Dead Weight Tonnage (ton)
总计	**Total**	**28800**	**27475**	**41520161**	**14909**	**10016586**	**1325**	**617580**
合肥市	Hefei	2096	2084	1933350	1578	516051	12	7255
淮北市	Huaibei	173	172	73619		29584	1	360
亳州市	Bozhou	1551	1473	1381995		444122	78	35323
宿州市	Suzhou	653	647	427142		134146	6	2290
蚌埠市	Bengbu	4101	3913	5281128		1381628	188	81934
阜阳市	Fuyang	3436	2946	7153675		1399598	490	214383
淮南市	Huainan	1449	987	1137453		319238	462	217605
滁州市	Chuzhou	1486	1475	817212		293652	11	6165
六安市	Luan	2621	2586	4934141	1770	996469	35	22460
马鞍山市	Maanshan	1676	1664	2680511		682763	12	3410
芜湖市	Wuhu	4217	4198	6771663	1448	1727378	19	15675
宣城市	Xuancheng	2058	2058	3770361	650	841562		
铜陵市	Tongling	572	572	908129		226302		
池州市	Chizhou	1119	1119	2156336		492088		
安庆市	Anqing	1418	1407	2055822	4053	511452	11	10720
黄山市	Huangshan	174	174	37624	5410	20553		

15—19 各市私人运输船舶拥有量（2015年）
Number of Private-owned Transport Vessels Owned by Region (2015)

地区	Region	总艘数(艘) Total Number (unit)	机动船 Motor Vessels 艘数(艘) Number (unit)	净载重量(吨) Dead Weight Tonnage (ton)	载客量(客位) Passenger Capacity (seat)	功率(千瓦) Drawing Power (km)
总计	**Total**	**1882**	**1882**	**950667**		**355325**
合肥市	Hefei	654	654	334068		110643
淮北市	Huaibei	36	36	17640		6192
亳州市	Bozhou					
宿州市	Suzhou					
蚌埠市	Bengbu					
阜阳市	Fuyang					
淮南市	Huainan					
滁州市	Chuzhou	57	57	27960		11313
六安市	Luan					
马鞍山市	Maanshan	165	165	82837		28974
芜湖市	Wuhu					
宣城市	Xuancheng	823	823	416221		171528
铜陵市	Tongling	14	14	7120		2913
池州市	Chizhou	102	102	61344		21450
安庆市	Anqing					
黄山市	Huangshan	31	31	3477		2312

15—20 全省机场运输业务量（2015年）
Traffic Capacity of Airports (2015)

指 标	Item	运输起降架次（次）Number of Sorties of Taking-off and Landing	旅 客（人）Number of Passengers (person)	货邮合计（吨）Goods and Postal Parcels (ton)
总 计	**Total**	**74177**	**8147605**	**54844.4**
国内航线	Domestic Routes	70279	7844602	54741.5
港澳台航线	Hong Kong, Macao and Taiwan Routes	2221	277536	958.3
国际航线	International Routes	3898	303003	102.9
进 港	Arrival	37088	3693859	24450.4
国内航线	Domestic Routes	35140	3547399	24420.8
港澳台航线	Hong Kong, Macao and Taiwan Routes	1109	140259	566.2
国际航线	International Routes	1948	146460	29.6
出 港	Departure	37089	4453746	30394.0
国内航线	Domestic Routes	35139	4297203	30320.7
港澳台航线	Hong Kong, Macao and Taiwan Routes	1112	137277	392.1
国际航线	International Routes	1950	156543	73.3

注：货邮吞吐量不包括行李，2007以前年度包含行李。

a) Do not include baggage, goods or throughput of 2007 previous year includes luggage.

15—21 民航机场吞吐量（2015年）
Volume of Passenger and Freight Handled in Civil Airports (2015)

项 目	Item	旅客吞吐量（人）Passenger Handled (person)	#发 运 量 Delivered	货物吞吐量（吨）Cargo Handled (ton)	#发 运 量 Delivered
合 计	**Total**	**8147605**	**4453746**	**54844.4**	**30394.0**
合肥机场	Hefei Airport	6613111	3561617	51291.1	27722.5
黄山机场	Huangshan Airport	591281	338423	2102.0	1506.5
安庆机场	Anqing Airport	232590	158534	862.5	818.2
阜阳机场	Fuyang Airport	438747	219538	567.0	328.8
池州机场	Chizhou Airport	271876	175634	21.8	18.0

15—22 东航（安徽公司）基本情况
Basic Statistics on Anhui Branch of the Eastern Air Lines, Inc.

指 标	Item	2000	2005	2010	2014	2015
定期航班航线条数 （条）	Number of Civil Aviation Routes (unit)	64	63	57	53	65
#国内航线	Domestic Routes	59	57	53	47	59
定期航班线里程 （公里）	Length of Civil Aviation Routes (km)	60553	72263	76303	74668	103676
#国内航线	Domestic Routes	54017	60647	69728	65560	88373
民用航班飞行机场 （个）	Number of Civil Airports (unit)	34	45	50	46	51
民用飞机架数 （架）	Number of Civil Aircraft (unit)	13	11	7	14	15
客运量 （万人）	Passenger Traffic (10000 person)	153.45	214.05	208.17	270.49	297.13
旅客周转量 （万人公里）	Passenger-kilometers (10000 passenger-km)	150447.8	238451.4	242408.1	338229.8	399928.8
货（邮）运量 （吨）	Freight Traffic (ton)	15653.9	29753.4	21814.2	23596.8	22896.5
货（邮）周转量 （万吨公里）	Freight Ton-kilometers (10000 ton-km)	1628.29	3661.38	2668.88	2964.95	3130.38
总周转量 （万吨公里）	Total Air Traffic Ton-kilometers (10000 ton-km)	15071.24	24977.00	24248.62	32956.47	38569.34
#国际航线	International Routes	866.63	1584.94	145.12	2382.38	3320.70
国内航线	Domestic Routes	14204.61	23392.06	24103.50	30574.09	35248.64

15—23 邮电业务基本情况
Basic Statistics of Postal and Telecommunications Services

指标	Item	2000	2005	2010	2014	2015
邮电业务总量 （万元）	**Business Volume of Postal and Telecommunications Services (10000 yuan)**	**1201398**	**2840149**	**3003244**	**5860055**	**7400263**
函 件 （万件）	Number of Letters (10000 pcs)	19270	21141	21121	11805	8391
国内普通包裹 （万件）	Domestic ordinary parcel (10000 pcs)	356	253	151	84	76
快 递 （万件）	Pieces of Express Mail Services (10000 pcs)	310	506	1303	2251	2991
报刊期发数 （万份）	Issue of Newspapers and Magazines (10000 copies)	930	738	602	689	597
固定长途电话通话时长 （亿分钟）	Length of Long-distance Calls of Fixed Telephone (100 million minutes)			24.8	28.6	24.4
移动短信业务量 （万条）	Mobile Short Note Business Volume (10000 unit)		860595	3150048	2192718	1774145
固定互联网宽带接入用户 （万户）	Internet Wide Band Turning on Users (10000 households)			342.02	725.41	887.94
移动电话年末用户 （万户）	Number of Mobile Telephone Subsecribers at Year-end (10000 subscribers)		1046.90	2798.70	4215.97	4232.61
#4G移动电话用户	4G Mobile Phone Subscribers					1253.74
3G移动电话用户	3G Mobile Phone Subscribers			119.14	1678.52	1211.51
固定电话年末用户 （万户）	Number of Fixed Telephone Subsecribers at Year-end (10000 subscribers)	483.82	1349.52	1230.97	839.83	739.43
城 市	Urban	272.99	680.02	612.89	532.25	505.34
#住 宅	Household		501.76	388.29	316.19	260.36
农 村	Rural	210.83	669.50	618.08	307.58	234.09
#住 宅	Household		642.14	561.73	255.53	197.90
邮路及农村投递路线总长度 （公里）	Length of Postal Routes and Rural Delivery Routes (km)	205887	206287	196442	197825	194231
#汽车邮路	Highway Routes	30061	51111	41321	44960	44152
铁路邮路	Railway Routes	2320	1725	2434	1110	1109
长途光缆纤芯长度（芯公里）	Length of Long-distance Optical Cable Core(core kilometer)			713011	882040	909738
长途电话交换机容量（路端）	Capacity of Long-distance Telephone Exchanges (circuit)	185549	350538	716701	204090	90420
本地固定电话局用交换机容量 （万门）	Capacity of Local Telephone C.O. Switches Capacity (10000 lines)	717.05	1611.67	1214.90	917.05	633.98

注：本表邮政相关数据仅包含省邮政公司和省邮政速递公司（下同）。
a) Data of this table contains only provincal postal company and postal courier company (the same below).

15—24 各市邮电业务量（2015年）

Post and Telecommunication Services by Region (2015)

地 区	Region	邮电业务总量（万元）Business Volume of Post and Telecommunications (10000 yuan)	邮政业务总量 Business Volume of Post	电信业务总量 Business Volume of Telecommunications	函件（万件）Number of Letters (10000 pcs)	快递（万件）Pieces of Express Mail Services (10000 pcs)	报刊期发数（万份）Newspapers and Magazines Circulation (10000 copies)	国内普通包裹（万件）Domestic Ordinary Parcel (10000 pcs)
总 计	**Total**	**7400262.53**	**412298.53**	**6987964.00**	**8391.00**	**2990.58**	**597.04**	**75.56**
合肥市	Hefei	1643179.00	56223.88	1586955.12	3435.49	1158.51	75.95	28.04
淮北市	Huaibei	264960.13	12827.44	252132.69	235.51	42.51	20.88	1.86
亳州市	Bozhou	435679.43	28065.88	407613.55	191.00	63.34	24.11	2.63
宿州市	Suzhou	524823.42	36068.97	488754.45	233.00	125.41	31.45	2.74
蚌埠市	Bengbu	401284.03	18129.63	383154.40	360.00	141.85	26.74	3.68
阜阳市	Fuyang	736373.90	52916.08	683457.82	288.00	244.59	56.72	4.78
淮南市	Huainan	304133.90	15414.52	288719.38	230.00	59.58	31.64	2.59
滁州市	Chuzhou	441917.32	17863.43	424053.89	454.00	192.44	50.30	3.68
六安市	Luan	493375.01	32727.09	460647.92	424.00	124.90	50.33	2.49
马鞍山市	Maanshan	316417.40	15109.00	301308.40	691.00	89.67	30.66	2.29
芜湖市	Wuhu	530569.50	27490.92	503078.58	910.00	321.42	31.94	7.43
宣城市	Xuancheng	303550.09	14013.54	289536.55	125.00	66.40	38.07	3.30
铜陵市	Tongling	150617.80	16437.13	134180.67	130.00	31.09	15.84	1.47
池州市	Chizhou	186033.60	13731.70	172301.90	62.53	54.28	31.13	1.28
安庆市	Anqing	495262.78	45140.37	450122.41	479.13	196.73	55.30	4.56
黄山市	Huangshan	171080.75	10138.95	160941.80	142.60	77.83	25.98	2.74
其 他	Others	1004.45		1004.45				

地 区	Region	固定互联网宽带接入用户（万户）Internet Wide Band Turning on Users (10000 subscriber)	移动电话年末用户（万户）Number of Mobile Telephone Subscribers (10000 subscriber)	4G移动电话用户 4G Mobile Phone Subscribers	固定电话年末用户（万户）Year-end Installed Telephones (10000 subscriber)	城 市 Urban	农 村 Rural	公用电话（万部）Public Telephone (10000 unit)
总 计	**Total**	**887.94**	**4232.61**	**1253.74**	**739.43**	**505.34**	**234.09**	**59.21**
合肥市	Hefei	183.31	776.17	275.18	149.27	131.43	17.85	12.83
淮北市	Huaibei	36.61	149.30	46.17	26.46	20.96	5.50	1.48
亳州市	Bozhou	41.34	278.04	74.11	31.40	17.90	13.50	2.96
宿州市	Suzhou	55.35	343.97	88.65	38.59	22.42	16.17	3.21
蚌埠市	Bengbu	49.31	232.90	66.94	40.51	29.74	10.77	4.96
阜阳市	Fuyang	70.58	446.58	124.30	53.51	28.92	24.59	3.47
淮南市	Huainan	43.86	168.89	53.24	29.98	24.58	5.40	3.60
滁州市	Chuzhou	58.81	278.43	81.06	47.64	26.42	21.22	8.88
六安市	Luan	53.28	312.10	80.97	48.57	23.19	25.38	2.92
马鞍山市	Maanshan	43.61	173.86	49.34	38.91	32.73	6.18	1.48
芜湖市	Wuhu	72.79	291.94	84.48	55.21	44.98	10.23	3.71
宣城市	Xuancheng	43.33	198.44	56.12	40.21	21.61	18.60	1.97
铜陵市	Tongling	20.99	71.69	24.25	17.07	15.45	1.60	1.21
池州市	Chizhou	23.61	104.21	27.87	21.93	11.26	10.66	0.84
安庆市	Anqing	67.02	303.08	86.80	71.92	34.73	37.21	3.66
黄山市	Huangshan	24.14	103.01	34.26	28.25	19.03	9.23	2.03
其 他	Others							

15—25 邮电局所数及邮递线路（年底数）

Postal and Telecommunication Services Facilities (year-end)

单位：处（unit）

年份 Year	邮政信筒信箱 Postal Mailbox	邮路总长度（公里） Length of Postal Routes (km)	#汽车邮路 Highway Routes	铁路邮路 Railway Routes	农村投递线路（公里） Rural Delivery Routes (km)
2000	6333	63445	30061	2320	142442
2005	6378	70599	51111	1725	135688
2007	6334	68800	44614	2097	141777
2008	6112	88337	47466	1929	141632
2009	6736	86463	50607	2485	150570
2010	6693	45541	41321	2434	150902
2011	4554	55668	52939	2292	132819
2012	3961	188698	43722	2355	133560
2013	4641	48523	45995	2355	144838
2014	3704	46185	44960	1110	151640
2015	2401	45393	44152	1109	148838

注：由于邮政系统调整，2010年、2012年的邮路总长度与往年口径不同，不具可比性。

a) As the postal system adjustment, the caliber of Length of postal routes in 2010,2012 and previous years were different, did not have the commeasurability.

15—26 各市邮电局所数及邮递线路（2015年）

Postal and Telecommunication Services Facilities by Region (2015)

单位：处（unit）

地区	Region	邮政局所 Number of Post and Telecommunications Offices	邮政信筒信箱 Postal Mailbox	邮路总长度（公里） Length of Postal Routes (km)	#汽车邮路 Highway Routes	铁路邮路 Railway Routes	农村投递线路（公里） Rural Delivery Routes (km)
总　计	**Total**	**1929**	**2401**	**48393**	**44152**	**1109**	**148838**
合肥市	Hefei	38	321	14769	13685	1109	3336
淮北市	Huaibei	196	61	2793	2794		12892
亳州市	Bozhou	102	37	2111	2112		17064
宿州市	Suzhou	115	223	1715	1715		19724
蚌埠市	Bengbu	89	110	2622	2608		7288
阜阳市	Fuyang	196	98	2793	2794		12892
淮南市	Huainan	124	102	684	685		4661
滁州市	Chuzhou	164	198	1756	1756		10281
六安市	Luan	174	95	1638	1639		9039
马鞍山市	Maanshan	69	69	1502	1502		3991
芜湖市	Wuhu	98	147	3482	3482		2407
宣城市	Xuancheng	126	178	2717	2717		8861
铜陵市	Tongling	65	111	605	584		2963
池州市	Chizhou	73	122	1231	1226		8380
安庆市	Anqing	177	339	2967	2914		14118
黄山市	Huangshan	123	190	2008	1943		10942

15—27 各市邮电通信线路
Telecommunication Facilities by Region

地区	Region	长途光缆纤芯长度（芯公里）Length of Long-distance Optical Cable Core		本地用中继光缆纤芯长度（芯公里）Length of Local relaying Optical Cable Core	
		2014	2015	2014	2015
总　计	**Total**	**882040**	**909738**	**6360268**	**8094297**
合肥市	Hefei	115448	115448	1344802	1894706
淮北市	Huaibei	14270	14270	238016	245698
亳州市	Bozhou	22403	22403	277912	359145
宿州市	Suzhou	43277	43277	290481	291981
蚌埠市	Bengbu	46901	46901	273969	438551
阜阳市	Fuyang	30754	30754	331980	333343
淮南市	Huainan	20422	20422	250226	277691
滁州市	Chuzhou	68655	68655	931554	842868
六安市	Luan	53713	62342	349469	699179
马鞍山市	Maanshan	12300	14660	307336	392063
芜湖市	Wuhu	28835	28835	384807	393248
宣城市	Xuancheng	36908	36908	293376	354964
铜陵市	Tongling	13381	13381	153101	203693
池州市	Chizhou	26271	26271	241005	434183
安庆市	Anqing	87879	89822	400938	416014
黄山市	Huangshan	21822	21822	291297	516968
其　他	Others	238801	253567		

15—28 各市邮电通信设备年末拥有量（2015年）
Telecommunication Facilities at Year-end by Region (2015)

地区	Region	接入网光缆线纤芯长度（芯公里）Length of Access Network Optical Cable Core	本地固定电话局用交换机容量（门）Capacity of Local Telephone C.O. Switches (line)	#接入设备网容量 Capacity of Connected Equipment	用户交换机容量（门）Capacity of Exchanges Owned by Users (line)
总　计	**Total**	**14996333**	**6339842**	**3041465**	**86429**
合肥市	Hefei	3077523	1234150	529276	24135
淮北市	Huaibei	475655	254156	135459	5399
亳州市	Bozhou	799963	326249	146970	510
宿州市	Suzhou	736308	330258	148454	1635
蚌埠市	Bengbu	723297	390118	245315	6808
阜阳市	Fuyang	784691	597404	332539	9139
淮南市	Huainan	537247	293844	124557	2542
滁州市	Chuzhou	1243770	433428	131415	6826
六安市	Luan	1220551	347633	195206	4076
马鞍山市	Maanshan	772212	270297	165435	2968
芜湖市	Wuhu	1160601	490826	215073	1457
宣城市	Xuancheng	815319	304316	109580	2839
铜陵市	Tongling	475960	106198	72016	1605
池州市	Chizhou	524329	171343	95436	3034
安庆市	Anqing	945255	504555	263343	2029
黄山市	Huangshan	703649	285065	131391	11427

注：1. 接入设备网容量，指标口径调整，与上年不具可比性。
2. 安徽通信行业新行政区划口径调整预计于2016年7月底完成，以上数据口径均为新行政区划调整前。

a) Access devices network capacity, rate adjustment, are not comparable with that of last year.

b) Communications industry in anhui new administrative caliber adjustment is expected to be completed at the end of July 2016, the above data data caliber are for the new administrative division adjustment before.

主要统计指标解释

铁路营业里程

又称营业长度（包括正式营业和临时营业里程），指办理客货运输业务的铁路正线总长度。凡是全线或部分建成双线及以上的线路，以第一线的实际长度计算；复线、站线、段管线、岔线和特殊用途线以及不计算运费的联络线都不计算营业里程。铁路营业里程是反映铁路运输业基础设施发展水平的重要指标，也是计算客货周转量、运输密度和机车车辆运用效率等指标的基础资料。

公路里程

是指凡达到交通部《公路工程技术标准》规定的技术等级公路，并经公路主管部门正式验收交付使用的里程。包括大中城市的郊区公路以及通过城镇街道的里程和桥梁、隧道、渡口的长度，不包括大中城市的街道、厂矿、林区生产用道和农业生产用道的里程。两条或多条公路共同经由同一路段，只计算一次，不得重复计算里程长度。按公路技术等级分：等级公路里程和等外公路里程，等级公路里程可分为高速公路、一级公路、二级公路、三级公路、四级公路里程。

内河航道里程

是指凡能通航机动船、木帆船以及运输排筏（指利用排筏经营运输），其枯水期水深在0.3米及以上的天然河流、人工河渠、湖泊、水库航道里程。不包括仅供放流木材的河道。湖泊、水库航道里程（库区航道）按固定航线计算。两省以河为界的航道里程，双方均按一半计算，以免重复。

民用航空航线里程

指民用运输班机飞行的航线长度。航线长度指机场之间的距离。航空航线里程以年末到达数为准，因气候关系不能全年通航的航线，按年末情况统计，如果年末能继续通航则计入总长度，否则应扣除不计。计算航线里程可按重复和不重复两种方法，前者是指各航线相加的总和，后者则要扣除各航线之间的重复区段计算。

货（客）运量

指在一定时期内，各种运输工具实际运送的货物（旅客）数量。它是反映运输业为国民经济和人民生活服务的数量指标，也是制定和检查运输生产计划、研究运输发展规模和速度的重要指标。货运按吨计算，客运按人计算。货物不论运输距离长短、货物类别，均按实际重量统计。旅客不论行程远近或票价多少，均按一人一次客运量统计；半价票、小孩票也按一人统计。

货物（旅客）周转量

指在一定时期内，由各种运输工具运送的货物（旅客）数量与其相应运输距离的乘积之总和。它是反映运输业生产总成果的重要指标，也是编制和检查运输生产计划，计算运输效率、劳动生产率以及核算运输单位成本的主要基础资料。计算货物周转量通常按发出站与到达站之间的最短距离，也就是计费距离计算。计算公式为：

货物（旅客）周转量＝Σ货物（旅客）运输量×运输距离。

民用汽车拥有量

指报告期末，在公安交通管理部门按照《机动车注册登记工作规范》，已注册登记领有民用车辆牌照的全部汽车数量。汽车拥有量统计的主要分类：根据汽车结构分为载客汽车、载货汽车及其他汽车；根据汽车所有者不同分为个人（私人）汽车、单位汽车；根据汽车的使用性质分为营运汽车、非营运汽车；根据汽车大小规格不同载客汽车分为大型、中型、小型和微型，载货汽车分为重型、中型、轻型和微型。

邮电业务总量（又称通信业务总量）

是以货币形式表现的通信企业为社会提供各类通信服务的总和。是用于观察通信业务发展变化总趋势的综合性总量指标。根据专业性质分为邮政业务总量和电信业务总量。电信业务总量又可细分为本地网通信业务总量、长途通信业务总量、移动通信业务总量、数据通信业务总量、电报业务总量等。按通信范围可分为：国内通信业务总量、国际及港澳台通信业务总量。计算公式为：

邮电业务总量＝Σ（各类通信业务量×不变单价）+出租代维及其他业务收入

＝邮政业务总量+电信业务总量

邮政业务总量＝Σ（各类邮政业务量×不变单价）+邮政出租代维及其他业务收入

电信业务总量＝Σ（各类电信业务量×不变单价）+电信出租代维及其他业务收入

移动电话用户

指通过移动电话交换机进入移动电话网、占用移动电话号码的电话用户。用户数量以报告期末在移动电话营业部门实际办理登记手续进入移动电话网的户数进行计算，一部移动电话统计为一户。计量单位：户。

电话用户

指接入国家公众固定电话网，并按固定电话业务进行经营管理的电话用户。1997 年以前，电话用户分为市内电话用户和农村电话用户。“市内电话用户”是指接入县城及县以上城市的电话网上的电话用户；“农村电话用户”是指接入县邮电局农话台及县以下农村电话交换点，以县城为中心（除市话用户外）联通县、乡（镇）、行政村、村民小组的用户。从1997 年起，电话用户数分组调整为以用户所在区域划分为“城市电话用户”和“乡村电话用户”，与过去的按市内电话和农村电话划分方法不同。而电话用户总数、电话机总部数统计范围不变。

住宅电话用户

指安装在居民住宅或农民家里并按照住宅电话用户登记注册和收费的电话用户。包括私人付费、单位付费和按规定免费安装的住宅电话用户。

Explanatory Notes for Major Statistical Indicators

Length of Railways in Operation

refers to the total length of the trunk line under passenger and freight transportation (including both full operation and temporary operation). The calculation is based on the actual length of the first line even if this line has a full or partial double track or more tracks, excluding double tracks, station sidings, tracks under the charge of stations, branch lines, special-purpose lines and the non-payable connecting lines. The length of railways in operation is an important indicator to show the development of the infrastructure for the railway transport, and also the essential data to calculate volume of passenger freight transport, traffic density and utilization efficiency of the locomotives and carriages.

Length of Highways

refers to the length of highways which are built in conformity with the grades specified by the (Highway Engineering Standard) formulated by the Ministry of Communications, and have been formally checked and accepted by the departments of highways and put into use. The length of highways includes that of the suburb highways at large and medium-sized cities, highways passing through streets at small cities and towns, and also the length of bridges and ferries. It does not include the length of streets in big and medium-sized cities and highways built for the production purpose at factories, mines, forest areas and agricultural areas. If two or more highways go the same section of the way, the length of the section is only calculated for once and no duplication is allowed. They could be classified by technical level into class highway and substandard highways. Class highway includes express-way and first class, second class, third class and forth class highway.

Length of Navigable Inland Waterways

refers to the length of the natural rivers, artificial rivers and canals, lakes, and reservoirs open to navigation that deep in 0.3 meters and above in dry season, which enables the transport by motor vessel, wooden sailing boats and rafts (using rafts to transport), excluding river courses which are only used to float odd logs. If two provinces take river as circle, the length of section is only calculated half to both sides, so as not to repeat.

Length of Civil Aviation Routes

refers to the length of all routes for regular civil aviation flights and it is usually the distance between airports. The length is calculated at the end of the year as the standard. The lines that can't open all through the year because of the weather are calculated at the end of the year. If it could continue and open at the end of the year, it should be calculated, otherwise it should be deducted and disregarded. There are usually two ways to calculate the length: duplicated calculation and unduplicated calculation. The former is to put the length of all air routes together, and the later is not to allow the duplication in calculation.

Freight (Passenger) Traffic

refers to the volume of freight (passenger) transported with various means. Freight transport is calculated in tons and passenger traffic is calculated in the number of persons. Despite the type of freight and traveling distance, the freight transport is calculated in the actual weight of the goods: and despite the traveling distance and ticket price, the passenger traffic is calculated by the principle that one person can be counted only once in one travel. The passenger who travels with a half price ticket or a child ticket is also calculated as one person. The freight (passenger) traffic provides a quantitative measure to show how the transport industry serves the national economy and people, and is also an important indicator for planning the transport industry and for studying the development scale and speed of the transport industry.

Freight Ton-kilometers (Passenger-kilometers)

refer to the sum of the products of the volume of transported cargo (passengers) multiplying by the transport distance, usually using ton-kilometer and passenger-kilometer as units for measurement. Normally, the shortest distance between the departure station and the destination station (i.e., the payable distance) is the basis to calculate the freight ton-kilometers. This is an important indicator to show the total results of the transport industry, to prepare and examine the transport plan and to measure the efficiency, the labour productivity and the unit cost of transport. The formula is as follows:

Freight Ton-kilometers (Passenger-kilometers) =∑ {Freight (Passenger) Traffic × Distance of Transportation}

Measuring unit: ton-kilometer (person-kilometer)

Possession of Civil Motor Vehicles

refer to the total numbers of vehicles that are registered and received vehicles license tags according to the Work Standard for Motor Vehicles Registration formulated by the Transport Management Office under the department of public security at the end of the reference period. They are divided into categories. According to the structure of motor vehicles, they are divided into passenger vehicles, trucks and others; according to ownership into private vehicles and vehicles for the unit's use; according to kind of usage into working vehicles and non-working vehicles; and according to size of vehicles into large passenger vehicles, medium-sized passenger vehicles, small passenger vehicles and mini passenger vehicles, heavy trucks, light-heavy trucks, light trucks and mini-trucks.

Business Volume of Post and Telecommunications (Also called Business Volume of Communications)

refers to the total amount of communications services, expressed in currency terms, provided by communications enterprises for the society. It is a comprehensive indicator reflects the total trend of communication service. It could be divided into business volume of post and telecommunication by type and business volume of telecommunication includes business volume of local network, long-distance, mobile communication, digital communication and telegram. It could be divided into domestic, international and business volume of Hong Kong, Macao and Taiwan by the coverage. The formula is as follows:

Business Volume of Post and Telecommunications = Σ (Transaction of Communication Service × Constant Price) + Income from Leasing Maintenance and other Services

= Business Volume of Postal Services + Business Volume of Telecommunication Services

Business Volume of Postal Services =Σ (Transaction of Postal Service × Constant Price) + Income from Leasing, Maintenance and other Services

Business Volume of Telecommunication Services = Σ (Transaction of Telecommunication Service × Constant Price) + Income from Leasing, Maintenance and other Services

Mobile Telephone Subscribers

refer to the persons who own mobile telephone number connected with the mobile telephone communication network and have registered in mobile communication enterprises. The number of subscribers is calculated only when the subscribers who have gone through all the register formalities and entered into the mobile telephone network at the end of the report. One mobile telephone is treated as a subscriber.

Telephone Subscribers

refer to subscribers that are connected to the public line telephone network provided with telephone services. Before 1997, telephone subscribers were classified as city subscribers and village subscribers. City subscribers referred to those connected to city telephone networks in county towns and cities, while village subscribers referred to those connected to village telephone stations at and below counties. Since 1997, the classification of telephone subscribers was modified on the basis of physical location of the subscribers as "urban telephone subscribers" and "rural telephone subscribers", which is different from the previous classification of categorizing "local telephones" and "rural telephones", while the definition of total subscribers and total number of telephones remain unchanged.

Household Telephone Subscribers

refer to telephone sets installed in the dwelling units of residents or peasant families and registered and charged according to house telephone subscribers. They included three types of payment for the service: private payment, unit payment and free installing service.

第 十六 篇

Chapter 16

国内贸易

DOMESTIC TRADE

简要说明

一、本篇资料反映我省国内市场发展情况和批发零售业、餐饮业和住宿业商品经营情况。主要内容有批发零售业商品流通，限额以上批发零售企业、住宿餐饮企业财务状况，社会消费品零售总额、亿元商品交易市场成交情况等。

二、本篇资料是根据国家统计局的批发零售、住宿餐饮业统计报表制度进行搜集和加工整理。

本资料的调查范围：财务状况报表为各种经济类型的限额以上批发和零售业法人企业、住宿和餐饮业法人企业。社会消费品零售总额报表为有零售业务的各种经济类型的企业、行政事业单位。以上统计报表从基层起报，自下而上逐级综合上报，主要采取全面调查方法，局部资料有的以抽样调查推断，有的利用工商、税务等部门的有关资料推算。

三、限额以上批发和零售业、住宿和餐饮业统计限额标准：批发业：年主营业务收入在 2000 万元及以上；零售业：年主营业务收入在 500 万元及以上；住宿业：年主营业务收入在 200 万元及以上；餐饮业：年主营业务收入在 200 万元及以上。

Brief Introduction

I. This data reflect the situation of our province in the domestic market development and wholesale and retail, restaurant and hotel industry commodity business. Main contents are wholesale and retail commodity circulation, limitation above wholesale and retail enterprise, accommodation catering enterprises financial situation, total retail sales of social consumer goods, commodities trading market clinch a deal for $one hundred million.

II. Data in this chapter are collected and processed in accordance with the statistical reporting scheme on wholesale and retail sale trades as well as accommodation industry, catering trade, stipulated by the National Bureau of Statistics.

Statistical coverage: Statistics on financial conditions include all corporate enterprises of wholesale, retail, catering trade above the designated size and star size accommodation. Statistics on retail sales of consumer goods include all enterprises, institutional units and peasants engaged in retail sale business. The method used in data collection is a complete enumeration, under which all units are covered in the survey and data are reported from lower to higher level statistical offices. For local data, sample surveys are used, and in some cases, administrative registers from industrial and commercial administration and taxation administration are used in the estimation.

III. Criteria for wholesale and retail sale trades, hotels and catering services above designated size are as follows: wholesale trade, having 20 or more employees at year-end with annual sales over 20 million yuan; retail trade, having 60 or more employees at year-end with annual sales over 5 million yuan; hotels, certified hotels with star-ranking; catering services, having 40 or more employees with annual income over 2 million yuan.

16—1 国内贸易基本情况
Basic Conditions of Domestic Trade

指　　标	Item	2000	2005	2010	2014	2015
法人机构　　（个）	**Number of Corporation Unit　(unit)**					
批发零售业	Engaged in Wholesale and Retail Trades	651	815	2449	6047	6530
住宿餐饮业	Accommodation and Catering Trade	15	460	1021	1675	1780
从业人员　　（万人）	**Persons Engaged　(10000 persons)**					
批发零售业	Engaged in Wholesale and Retail Trades	13.2	12.8	26.2	37.4	37.5
住宿餐饮业	Accommodation and Catering Trade	0.6	5.3	10.2	12.6	12.6
批发零售贸易业　（亿元）	**Wholesale and Retail Trade　(100 million yuan)**					
商品购进总额	Total Purchases	1901.1	1513.1	4653.0	8463.6	8389.5
商品销售总额	Total Sale	1764.0	1615.5	5144.1	9427.5	9454.9
商品库存总额	Total Inventory	393.8	116.2	397.5	755.6	757.1
社会消费品零售总额（亿元）	**Total Retail Sales of Consumer Goods (100 million yuan)**	**1077.8**	**1776.7**	**4300.5**	**7957.0**	**8908.0**
按销售单位所在地分	By Location of Establishments					
城　镇	Urban			3605.9	6457.1	7188.3
#城　区	City			2436.6	4347.5	4953.5
乡　村	Rural			694.6	1499.9	1719.8
按消费形态分	Grouped by consumption patterns					
餐饮收入	Catering income			527.9	924.1	995.9
商品零售	Commodity retail			3772.6	7032.9	7912.1

注：1．2000年及以后法人机构和从业人员为限额以上企业；住宿业从2005年纳入统计范围。
2．2005年及以后的商品购进总额、销售总额、库存总额为限额以上口径，2000年为全社会口径。
3．2005年社会消费品零售总额是根据第二次经济普查结果重新调整后的数据。
4．2010—2014年社会消费品零售总额是根据第三次经济普查结果重新调整后的数据。
5．2010年起，社会消费品零售总额分组调整为“按销售单位所在地分”、“按消费形态分”。

a) In 2000 years and after that ,the legal institutions and practitioners were above limit the enterprise; accommodation industry was in the statistical range from 2005.
b) In 2005 years and after that , total purchase and sales of goods,, total inventory were Above limit caliber, in 2000 was the whole society.
c) In 2005 , total retail sales of social consumer goods was based on the results of the second economic census to readjust the data.
d) From 2010-2014 ,total retail sales of social consumer goods was based on the results of the third economic census to readjust the data.
e) From 2010 , Groups of the total retail sales of social consumer goods was adjusted to be "the location of the unit where the unit it is , "consumption patterns".

16—2 限额以上批发零售、住宿餐饮业基本情况（2015年，按登记注册类型分）

Basic Conditions of Enterprises Above Designated Size in Wholesale and Retail Sale and Catering Trade by Registration (2015)

指　标	Item	法人企业（个）Number of Corporation Enterprises (unit)	从业人数（人）Engaged Persons (person)
总　计	**Total**	**8310**	**501001**
批发业合计	**Wholesale Trade**	**2218**	**121523**
国有控股	State-holding Enterprises	227	38050
内　资	Domestic-funded	2202	116615
国　有	State-owned	58	13014
集　体	Collective-owned	12	663
股份合作	Cooperative	4	281
联　营	Joint Ownership	1	16
有限责任公司	Limited Liability Corporations	786	36480
股份有限公司	Share-holding Corporations Ltd.	58	19271
私　营	Private	1259	45273
其　他	Other	24	1617
港澳台商投资	With Investment from Hong Kong, Macao and Taiwan	3	673
合资经营	Joint-venture	1	43
独资经营	With Sole Fund	2	630
外商投资	With Foreign Investment	13	4235
中外合资经营	Joint-venture	2	67
外　资	Solely Foreign Funded	7	3709
外商投资有限公司	Foreign Investment Corporations Ltd.	3	419
零售业合计	**Retail Trade**	**4312**	**253965**
国有控股	State-holding Enterprises	183	29787
内　资	Domestic-funded	4240	231597
国　有	State-owned	31	4332
集　体	Collective-owned	24	698
股份合作	Cooperative	6	294
联　营	Joint Ownership	3	108
有限责任公司	Limited Liability Corporations	1280	91344
股份有限公司	Share-holding Corporations Ltd.	102	23635
私　营	Private	2754	109429
其　他	Other	40	1757
港澳台商投资	With Investment from Hong Kong, Macao and Taiwan	43	14084
合资经营	Joint-venture	7	3998
独资经营	With Sole Fund	35	9756
股份有限公司	Share-holding Corporations Ltd.	1	330
外商投资	With Foreign Investment	29	8284
中外合资经营	Joint-venture	6	3395
外　资	Solely Foreign Funded	20	4421
外商投资有限公司	Foreign Investment Corporations Ltd.	3	468
其他外商投资	Other Foreign Investment		

16—2 续表 continued

指　标	Item	法人企业（个）Number of Corporation Enterprises (unit)	从业人数（人）Engaged Persons (person)
住宿业合计	**Accommodation**	**597**	**49562**
国有控股	State-holding Enterprises	88	10641
内　资	Domestic-funded	582	46203
国　有	State-owned	35	2669
集　体	Collective-owned	3	184
股份合作	Cooperative	1	25
有限责任公司	Limited Liability Corporations	203	20746
股份有限公司	Share-holding Corporations Ltd.	22	2663
私　营	Private	315	19659
其　他	Other	3	257
港澳台商投资	With Investment from Hong Kong, Macao and Taiwan	10	2335
合资经营	Joint-venture	3	543
独资经营	With Sole Fund	7	1792
外商投资	With Foreign Investment	5	1024
中外合资经营	Joint-venture	2	471
外　资	Solely Foreign Funded	2	419
外商投资有限公司	Foreign Investment Corporations Ltd.	1	134
餐饮业合计	**Catering Trade**	**1183**	**75951**
国有控股	State-holding Enterprises	28	2568
内　资	Domestic-funded	1177	73775
国　有	State-owned	10	821
集　体	Collective-owned	7	376
有限责任公司	Limited Liability Corporations	307	23155
股份有限公司	Share-holding Corporations Ltd.	15	958
私　营	Private	832	48229
其　他	Other	5	228
港澳台商投资	With Investment from Hong Kong, Macao and Taiwan	4	2056
合资经营	Joint-venture		
独资经营	With Sole Fund	4	2056
外商投资	With Foreign Investment	2	120
外商投资有限公司	Foreign Investment Corporations Ltd.	2	120

16—3 限额以上批发零售业商品购进、销售和库存情况（2015年，按注册类型分）

Total Purchases, Sales and Inventory of Enterprises Above Designated Size in Wholesale and Retail Trade by Registration (2015)

单位：万元（10000 yuan）

指标	Item	购进总额 Total Purchases Value	#进口 Imports	销售总额 Total Sales Value	批发 Wholesale Value	零售 Retail Value	年末库存总额 Stock (year-end)
总计	**Total**	**83895474**	**2337571**	**94548862**	**56044583**	**38504279**	**7571104**
批发业合计	**Wholesale Trade**	**51885775**	**1722456**	**58308003**	**52087207**	**6220795**	**4315109**
国有控股	State-holding Enterprises	22733006	1242000	26024704	23371108	2653595	2076687
内资	Domestic-funded	49884821	1722456	55690424	49480715	6209709	4198097
国有	State-owned	4857881	6133	6803301	6397139	406162	659944
集体	Collective-owned	66299		69272	62030	7242	2743
股份合作	Cooperative	75731		71509	26887	44623	5200
联营	Joint Ownership	4332		4535	4535		158
有限责任公司	Limited Liability Corporations	21770733	713747	23521828	21942150	1579677	1903384
股份有限公司	Share-holding Corporations Ltd.	9580326	858625	10234669	8345440	1889229	710405
私营	Private	13332469	143950	14681076	12476460	2204616	908265
其他	Other	197051		304234	226075	78160	7996
港澳台商投资	With Investment from Hong Kong, Macao and Taiwan	895801		902580	902580		33224
合资经营	Joint-venture	4669		5113	5113		139
独资经营	With Sole Fund	891132		897467	897467		33084
外商投资	With Foreign Investment	1105153		1714998	1703912	11086	83789
中外合资经营	Joint-venture	9023		11773	9890	1882	46
外资	Solely Foreign Funded	1048856		1654449	1645638	8811	80785
外商投资有限公司	Foreign Investment Corporations Ltd.	46721		48368	48016	353	2813
零售业合计	**Retail Trade**	**32009699**	**615116**	**36240859**	**3957375**	**32283484**	**3255994**
国有控股	State-holding Enterprises	6844384	4131	8428118	1782870	6645248	397389
内资	Domestic-funded	30279764	554801	34238850	3938971	30299879	2988717
国有	State-owned	674015		681866	79126	602740	23773
集体	Collective-owned	37649		46716	10706	36010	2995
股份合作	Cooperative	41145		42358	5722	36636	2504
联营	Joint Ownership	9577		9504		9504	846
有限责任公司	Limited Liability Corporations	12019309	330404	13525774	1245365	12280410	1285485
股份有限公司	Share-holding Corporations Ltd.	5369738	11944	6626116	1421356	5204760	245304
私营	Private	11982729	212453	13138503	1157329	11981174	1412370
其他	Other	145602		168013	19367	148646	15440
港澳台商投资	With Investment from Hong Kong, Macao and Taiwan	1170295	60315	1391693	13812	1377881	197502
合资经营	Joint-venture	259369	60000	303947	1820	302127	104044
独资经营	With Sole Fund	875482	315	1052302	11992	1040310	93458
股份有限公司	Share-holding Corporations Ltd.	35444		35444		35444	
外商投资	With Foreign Investment	559641		610317	4593	605724	69776
中外合资经营	Joint-venture	271745		271374	4538	266836	35556
外资	Solely Foreign Funded	247112		296735	55	296681	30301
外商投资有限公司	Foreign Investment Corporations Ltd.	40783		42208		42208	3919
其他外商投资	Other Foreign Investment						

16—4 限额以上批发零售业商品购进、销售和库存情况（2015年，按行业分）

Total Purchases, Sales and Inventory of Enterprises Above Designated Size in Wholesale and Retail Trade by Sector (2015)

单位：万元（10000 yuan）

指　标	Item	购进总额 Total Purchases Value	销售总额 Total Sales Value	批　发 Wholesale Value	零　售 Retail Value	年末库存总　额 Stock (year-end)
总　计	**Total**	**83895474**	**94548862**	**56044583**	**38504279**	**7571104**
批发业合计	**Wholesale Trade**	**51885775**	**58308003**	**52087207**	**6220795**	**4315109**
农、林、牧产品批发	Wholesale of Agriculture, Forest, Animal Husbandry Products	1903247	2117171	1882118	235053	369069
谷物、豆及薯类批发	Wholesale of Corn, Bean and Potato	819982	837269	734112	103157	261608
种子批发	Wholesale of Seed	351400	408949	399996	8954	71308
饲料批发	Wholesale of Feed	182334	194626	168490	26136	2030
棉、麻批发	Wholesale of Cotton, Linen	125153	135527	110459	25068	12756
林业产品批发	Wholesale of Foresty Products	30956	33920	30679	3241	3588
牲畜批发	Wholesale of Livestock	20199	23678	21184	2494	664
其他农牧产品批发	Wholesale of Other Agricultural Products	373222	483202	417198	66004	17115
食品、饮料及烟草制品批发	Wholesale of Food, Beverages and Tobaccos	9488000	12428813	11596267	832545	1049719
米、面制品及食用油批发	Wholesale of Rice, Flour and Edible Oil	1456340	1508970	1398288	110683	498643
糕点、糖果及糖批发	Wholesale of Cakes, Candy and Sugar	46752	55895	45829	10066	5457
果品、蔬菜批发	Wholesale of Fruits, Vegetables	916777	972752	705223	267530	15115
肉、禽、蛋及水产品批发	Wholesale of Meat, Poultry, Eggs and Aquatic Products	868489	892332	731386	160947	19896
盐及调味品批发	Wholesale of Salt and Spices	243513	282830	272059	10771	14934
营养及保健品批发	Wholesale of Nutrition and Health Care Products	92220	109556	90529	19027	6202
酒、饮料及茶叶批发	Liquor, Beverage and Tea Wholesale	1458452	1987577	1758037	229540	96435
烟草制品批发	Wholesale of Tobaccos	3772160	5925930	5916154	9776	338187
其他食品批发	Wholesale of Other Food	633297	692970	678762	14208	54849
纺织、服装及日用品批发	Wholesale of Textiles, Garments and Daily Consumer Articles	6062732	6728810	6438621	290188	602561
纺织品、针织品及原料批发	Wholesale of Textiles, Knitwear and Raw Materials	1240992	1281358	1268314	13044	26273
服装批发	Wholesale of Garments	604221	686687	611757	74930	19754
鞋帽批发	Wholesale of Shoes and Hats	46910	46496	42185	4311	7242
化妆品及卫生用品批发	Wholesale of Cosmetics and Health Supplies	1107247	1715707	1700011	15696	89920
厨房、卫生间用具及日用杂货批发	Wholesale of Kitchen, Bathroom Appliances	22496	25138	18647	6491	3149
灯具、装饰物品批发	Wholesale of Lamps and Decorative Items	227386	240359	235876	4483	9117
家用电器批发	Wholesale of Household Electrical Appliances	2743384	2653186	2486343	166843	442888
其他日用品批发	Wholesale of Other Commodities	70097	79879	75488	4391	4218

16—4 续表1 continued

单位：万元（10000 yuan）

指 标	Item	购进总额 Total Purchases Value	销售总额 Total Sales Value	批 发 Wholesale Value	零 售 Retail Value	年末库存总 额 Stock (year-end)
文化、体育用品及器材批发	Wholesale of Culture, Sports Appliances and Equipments	2805057	3027066	2790858	236208	423932
文具用品批发	Wholesale of Stationery	628325	641282	527113	114169	51670
体育用品及器材批发	Wholesale of Sporting goods and equipment	25489	24374	23684	690	1354
图书批发	Wholesale of Book	479540	508089	467462	40627	74232
首饰、工艺品及收藏品批发	Wholesale of Jewelry, Crafts and Collectibles	79395	92227	28213	64014	11233
其他文化用品批发	Wholesale of Other Cultural Goods	703140	877261	860553	16708	53887
医药及医疗器材批发	Wholesale of Medicines and Medical Appliances	8040326	9245994	7447762	1798232	518720
西药批发	Wholesale of Western Medicine	6884053	7887219	6371745	1515474	464943
中药批发	Wholesale of Traditional Chinese Medicine	1045336	1220797	961890	258907	41974
医疗用品及器材批发	Wholesale of Medical Supplies and Equipment	110936	137979	114128	23851	11803
矿产品、建材及化工产品批发	Wholesale of Mineral Products, Building Materials and Chemical Products	17606133	18411466	16308135	2103331	757724
煤炭及制品批发	Wholesale of Coal and Related Products	4412686	4538033	4470135	67898	87591
石油及制品批发	Wholesale of Petroleum and Related Products	4747318	4921978	3312105	1609874	141655
非金属矿及制品批发	Wholesale of Western Medicine	107031	109690	109319	371	4783
金属及金属矿批发	Wholesale of Metal Materials	3710383	3996129	3934676	61454	279276
建材批发	Wholesale of Building Materials	1994459	2109004	1842319	266685	93076
化肥批发	Wholesale of Chemical Fertilizer	1709948	1780445	1700804	79641	81134
农药批发	Wholesale of Pesticides	116512	122548	118422	4126	16262
其他化工产品批发	Wholesale of Other Chemical Products	807796	833639	820356	13282	53947
机械设备、五金交电及电子产品批发	Wholesale of Machinery, Hardware and Electronic Equipment	3184733	3319044	2708806	610238	504312
农业机械批发	Wholesale of Agricultural Machinery	280334	291847	252049	39798	29472
汽车批发	Wholesale of Automobiles	833292	841546	626919	214627	142997
汽车零配件批发	Wholesale of Auto Parts	484485	497030	476171	20859	164285
摩托车及零配件批发	Wholesale of Motorcycles and Their Parts	33177	29933	17227	12706	6894
五金产品批发	Wholesale of Hardware	95136	103097	98574	4524	3027
电气设备批发	Wholesale of Household Electrical Appliances	419900	448231	396424	51808	20210
计算机、软件及辅助设备批发	Wholesale of Computer, Software and Assistant Appliances	304909	315734	299667	16067	13335
通讯及广播电视设备批发	Wholesale of Communications and Radio and Television Equipment	228715	242633	151053	91580	16883
其他机械设备及电子产品批发	Wholesale of Other Mechanical Equipment and Electronic Products	504785	548993	390724	158270	107210

16—4 续表2 continued

单位：万元（10000 yuan）

指　标	Item	购进总额 Total Purchases Value	销售总额 Total Sales Value	批　发 Wholesale Value	零　售 Retail Value	年末库存总　额 Stock (year-end)
贸易经纪与代理	Trade Broker and Agency	64779	68134	67891	243	1471
贸易代理	Trade agent	53429	54704	54461	243	1384
拍　卖	Auction	612	627	627		2
其他贸易经纪与代理	Other Trade Broker and Agency	10738	12803	12803		84
其他批发	Other Wholesale not Classified Elsewhere	2730770	2961506	2846749	114757	87602
再生物资回收与批发	Recycling and Renewable Materials Wholesale	2183909	2259241	2211452	47789	58524
其他未列明的批发	Wholesale of Other Unlisted	546861	702265	635297	66968	29078
零售业合计	**Retail Trade**	**32009699**	**36240859**	**3957375**	**32283484**	**3255994**
综合零售	Integrated Retail	8675026	9878650	972546	8906104	886003
百货零售	Retail of General Merchandise	4298979	5318895	797179	4521716	368008
超级市场零售	Retail of Supermarkets	4171261	4333523	149828	4183694	502217
其他综合零售	Retail of Others	204786	226232	25538	200694	15779
食品、饮料及烟草制品专门零售	Retail of Food, Beverages and Tobaccos	1521547	1769030	236087	1532943	113948
粮油零售	Retail of Grain and Oil	164691	185737	21001	164736	22344
糕点、面包零售	Retail of Cakes, Bread	34099	37753	8988	28765	3447
果品、蔬菜零售	Retail of Fruit, Vegetables	233984	287404	35480	251925	2119
肉、禽、蛋及水产品零售	Retail of Meat, Poultry, Eggs and Aquatic Products	259306	270239	21173	249066	10283
营养和保健品零售	Retail of Nutrition and health care products	27871	30842	2209	28633	2483
酒、饮料及茶叶零售	Retail of Wine, tea and beverages	574686	667024	117897	549127	62178
烟草制品零售	Retail of Tobacco Products	15590	15844	353	15491	1679
其他食品零售	Retail of Other Food	211320	274188	28987	245201	9416
纺织、服装及日用品专门零售	Special Retail of Textiles, Garments and Daily Consumer Articles	777069	963357	82571	880786	175800
纺织品及针织品零售	Retail of Textile and Knitwear	61380	67786	7818	59968	4297
服装零售	Retail of Garments	495366	614588	51849	562740	139762
鞋帽零售	Retail of Shoes and Hats	48190	51327	2116	49211	10750
化妆品及卫生用品零售	Retail of Cosmetics and Health Supplies	65183	102325	509	101816	3180
钟表、眼镜零售	Retail of Watches, Glasses	20546	27331	2761	24570	4259
箱、包零售	Retail of Boxes, Bags	2310	3552	812	2740	195
厨房用具及日用杂品零售	Retail of Kitchen Appliances and Daily-used Goods	6981	9516	371	9145	1414
自行车零售	Retail of Bicycles	17310	18801	7472	11329	1737
其他日用品零售	Retail of Other Daily Necessities	59803	68131	8863	59268	10206
文化、体育用品及器材专门零售	Retail of Culture, Sports Appliances and Equipments	750521	798570	129930	668640	121226
文具用品零售	Retail of Stationery	29939	34105	1031	33074	2616
体育用品及器材零售	Retail of Sporting Goods and Equipment	1598	12632	6787	5845	1709
图书、报刊零售	Retail of Books, Newspapers	518616	524154	46048	478106	48552

16—4 续表3 continued

单位：万元（10000 yuan）

指 标	Item	购进总额 Total Purchases Value	销售总额 Total Sales Value	批 发 Wholesale Value	零 售 Retail Value	年末库存总 额 Stock (year-end)
珠宝首饰零售	Retail of Jewelry	125471	138457	62753	75705	48897
工艺美术品及收藏品零售	Retail of Arts and Crafts and Collectibles	34564	44003	4356	39647	13333
乐器零售	Retail of Instruments	4963	7499	3779	3721	1833
照相器材零售	Retail of Photographic equipment	3281	4874	1797	3077	321
其他文化用品零售	Retail of Other Cultural Goods	32088	32845	3380	29465	3966
医药及医疗器材专门零售	Retail of Medicines and Medical Appliances	2671782	2877203	775986	2101217	287933
药品零售	Retail of Medicines	2525831	2712004	748741	1963262	279988
医疗用品及器材零售	Retail of Medical Supplies and Equipment	145951	165199	27245	137955	7945
汽车、摩托车、燃料及零配件专门零售	Retail of Motor Vehicles, Motorcycles, Fuel and Parts	13289205	14995125	1008628	13986497	1206642
汽车零售	Retail of Motor Vehicles	9716687	10282620	286235	9996385	1112348
汽车零配件零售	Retail of Auto Parts	123252	133440	20527	112912	10499
摩托车及零配件零售	Retail of Motorcycles and Spare Parts	98668	101763	6415	95348	8267
机动车燃料零售	Retail of Fuel of Motor Vehicles	3350599	4477302	695451	3781852	75527
家用电器及电子产品专门零售	Special Retail of Household Electric Appliances and Electronic Products	2529412	2672104	382137	2289967	240958
家用视听设备零售	Retail of Home Audio-visual Equipment	1401560	1468660	80739	1387922	147801
日用家电设备零售	Retail of Household Appliances	630578	670069	83325	586744	54084
计算机、软件及辅助设备零售	Retail of Computer, Software and Assistant Appliances	334945	360774	101130	259644	30023
通讯设备零售	Retail of Communication Equipments	130404	137607	97337	40270	5015
其他电子产品零售	Retail of Other Electronic Products	31924	34994	19607	15387	4035
五金、家具及室内装修材料专门零售	Retail of Hardware, Furniture and Decoration Materials	1052755	1214987	124267	1090720	88139
五金零售	Retail of Hardware	84413	97642	5014	92628	8534
灯具零售	Retail of Lamps	6124	7351	761	6590	512
家具零售	Retail of Furniture	599905	703540	71577	631963	50119
涂料零售	Retail of Paint	10745	11344		11344	836
卫生洁具零售	Retail of Sanitary Ware	2922	3852	505	3347	1015
木制装饰材料零售	Retail of Wooden Decorative Materials	62979	67567	22417	45150	8319
陶瓷、石材装饰材料零售	Retail of Ceramic, Stone Decoration Materials	59623	75738	6413	69325	5658
其他室内装修材料零售	Retail of Other interior decoration materials	226044	247953	17580	230373	13145
货摊、无店铺及其他零售业	Retail of Stalls, No Shop and Other	742384	1071834	245224	826611	135347
互联网零售	Retail of Internet	529986	714161	73965	640196	122667
邮购及电视、电话零售	Retail of Television, Telephone and Mail Order	10436	132389	132389		
生活用燃料零售	Retail of Living Fuel	93752	103350	13666	89685	5097
其他未列明的零售	Retail of Other Unlisted	108210	121935	25205	96730	7582

16—5 限额以上批发零售业主要商品分类销售额（2015年）

Total Sales of Enterprises Above Designated Size in Wholesale and Retail Sale by Category of Main Commodities (2015)

单位：万元（10000 yuan）

指 标	Item	合 计 Total	批 发 Wholesale	零 售 Retail Sale
总 计	**Total**	**100447416**	**58191914**	**42255502**
粮油、食品、饮料、烟酒类	Grain and Edible Vegetable Oil, Food, Beverages, Tobacco and Liquor	21180234	13057361	8122873
粮油、食品类	Grain and Edible Vegetable Oil, Food	10073215	4711656	5361558
#粮油类	Grain and Edible Vegetable Oil	3434154	1988104	1446050
肉禽蛋类	Meat, Poultry and Eggs	1392488	466191	926297
水产品类	Aquatic Products	445612	175415	270197
蔬菜类	Vegetables	937758	469717	468041
干鲜果品类	melons and Fruits	1080814	450691	630124
饮料类	Beverages	1346194	391098	955096
烟酒类	Tobacco and Liquor	9760825	7954607	1806219
服装鞋帽、针、纺织品类	Garments, Footwear, Hats, Knitwear and Textiles	4742901	1581752	3161149
服装类	Garments	2830765	753069	2077696
鞋帽类	Footwear and Hats	902375	304089	598286
针、纺织品类	Knitwear and Textiles	1009761	524593	485168
化妆品类	Cosmetics	937810	372660	565150
金银珠宝类	Gold, Silver and Jewelry	991093	219409	771684
日用品类	Articles for Daily Use	2697358	1530240	1167118
儿童玩具类	Toys	131939	24585	107354
五金、电料类	Hardware and Electrical Materials	465305	243368	221938
体育、娱乐用品类	Sports and Recreation Articles	218306	54129	164177
#照相器材类	Photographic Equipment Class	7159	16	7143
书报杂志类	Newspapers and Magazines	942219	442907	499312
电子出版物及音像制品类	E-journal and Video Products	37292	5924	31368
家用电器和音像器材类	Household Appliances and Video Appliances	6507119	3318674	3188445
中西药品类	Traditional Chinese and Western Medicines	11731212	7463772	4267440
西 药	Western Medicines	8490324	5567501	2922824
中草药及中成药	Chinese Herbal Medicine and Proprietary Chinese Medicine	1695927	1063960	631967
文化、办公用品类	Cultural and Official Goods	2643189	2025469	617720
#计算机及其配套产品	Computer and Its Supporting Products	225282	114363	110919
家具类	Furniture	841233	18084	823149
通讯器材类	Communication Appliances	629273	182840	446434
煤炭及制品类	Coal and Related Product	4515733	4376646	139086
木材及制品类	Wood and Wooden Product	102113	102113	
石油及制品类	Petroleum and Related Product	10147846	4386367	5761479
化工材料类	Raw Chemical Materials	2901469	2901469	
化肥类	Chemical Fertilizer	1353678	1353678	
金属材料类	Metal Materials	5310054	5310054	
建筑及装潢材料类	Building and Decoration Materials	1803576	907953	895624
机电产品及设备类	Mechanical and Electrical Products	1700697	1533944	166753
农机类	Agricultural Machinery	241651	241651	
汽车类	Automobile	13953104	3362883	10590220
种子饲料类	Seed and Feedstuff	557765	557765	
棉麻类	Cotton, Hemp	142194	132323	9871
其他类	Other	4748321	4103809	644511

16—6 限额以上批发零售企业主要财务指标情况（2015年，按登记注册类型分）

Main Financial Indicators of Enterprises Above Designated Size in Wholesale and Retail Sale by Registration (2015)

指　标	Item	企业数（个）Number of Enterprises (unit)	流动资产合计 Circulating Funds	#存货 Stock
批发零售企业总计	**Total**	**6530**	**34949102**	**6997199**
批发企业合计	**Wholesale Trade**	**2218**	**23077146**	**4182226**
国有控股	State-holding Enterprises	227	10583723	1907403
内　资	Domestic-funded	2202	22590224	4079237
国　有	State-owned	58	2699308	636057
集　体	Collective-owned	12	11840	2997
股份合作	Cooperative	4	35600	5961
联营企业	Joint Ownership Enterprises	1	638	177
有限责任公司	Limited Liability Company	786	9789448	1668247
股份有限公司	Share-holding Corporations Ltd.	58	5029960	784499
私　营	Private	1259	4948353	973765
其　他	Other	24	75077	7535
港澳台商投资	With Investment from Hong Kong, Macao and Taiwan	3	240098	32808
合资经营	Joint-venture	1	164	
独资经营	With Sole Fund	2	239934	32808
外商投资	With Foreign Investment	13	246823	70181
中外合资经营	Joint-venture	2	1175	46
外　资	Solely Foreign Funded	7	234803	67307
外商投资股份有限公司	Share-holding Corporations Ltd	3	10593	2707
其他外商投资企业	Other Foreign Funded Enterprises	1	252	121
零售企业合计	**Retail Trade**	**4312**	**11871956**	**2814973**
国有控股	State Controlling Share Hold Enterprises	183	3176733	387114
内　资	Domestic-funded	4240	11386240	2629685
国　有	State-owned	31	218257	20410
集　体	Collective-owned	24	5017	1623
股份合作	Cooperative	6	5011	2434
联　营	Joint Ownership Enterprises	3	1268	317
有限责任公司	Limited Liability Corporations	1280	4495907	1130629
股份有限公司	Share-holding Corporations Ltd.	102	2531036	264356
私　营	Private	2754	4087366	1201425
其　他	Other	40	42378	8491
港澳台商投资	With Investment from Hong Kong, Macao and Taiwan	43	329164	108555
合资经营企业	Joint-venture	7	106871	76786
合作经营企业	Cooperative Management			
独资经营	With Sole Fund	35	220310	31769
投资股份有限公司	Share-holding Corporations Ltd.	1	1983	
其他投资企业	Other Investment Enterprises			
外商投资	With Foreign Investment	29	156552	76733
中外合资经营	Joint-venture	6	61756	34425
中外合作经营企业	Sino-foreign Cooperative Enterprises			
外　资	Solely Foreign Funded	20	82523	38807
投资股份有限公司	Share-holding Corporation Ltd.	3	12274	3501
其他外商投资企业	Other Foreign Funded Enterprises			

单位：万元（10000 yuan）

固定资产合计 Total Fixed Assets	固定资产原价 Original Value of Fixed Assets	累计折旧 Progessive Depreciation	#本年折旧 Deprecia-tion this Year	资产总计 Total of Assets	负债合计 Total of Liabilities	流动负债 Working Liabilities	所有者权益 Creditors' Equity	#实收资本 Capital Hold	#国家资本 National Capital
4300545	**6221001**	**1917493**	**340894**	**49842713**	**34433632**	**32435423**	**15409080**	**10453135**	**2203720**
1595783	**2414620**	**820508**	**124284**	**30360896**	**22368355**	**21063000**	**7992541**	**3479228**	**1069323**
768111	1255303	485245	56451	15357909	10477880	9429219	4880029	1505339	1048205
1588747	2394201	807134	121345	29836304	21538990	20245531	8297314	3455813	1069323
259658	448555	181475	19336	4783308	2618709	2406077	2164600	115053	104220
6588	8903	2596	285	20661	9154	8321	11508	8740	18
1820	4571	2750	220	47948	32452	32265	15497	6720	
502	624	122	34	1140	176	176	964	20	
437347	613782	177400	30753	11849996	9115929	8813184	2734066	1766779	770222
400753	651272	255614	31165	6849638	5166609	4528953	1683029	439655	194238
474909	656261	184042	37644	6194582	4524821	4386002	1669761	1111027	625
7169	10234	3135	1908	89030	71140	70554	17889	7819	
1823	2886	1063	330	253390	201280	201260	52110	1813	
167	474	307	64	335	52	52	283		
1656	2412	756	265	253055	201229	201208	51827	1813	
5213	17533	12311	2610	271203	628085	616210	-356883	21602	
460	970	510	75	2336	139	139	2197	500	
4629	16320	11682	2509	256874	617767	605967	-360892	19252	
89	197	108	23	11698	9972	9972	1726	1850	
35	46	11	4	294	208	133	86		
2704763	**3806381**	**1096985**	**216610**	**19481817**	**12065277**	**11372424**	**7416540**	**6973906**	**1134398**
557071	864024	290914	45071	4565233	2793109	2712483	1772124	1231574	1075547
2427023	3346193	916393	180283	18585327	11250693	10577958	7334634	6792506	1134398
48303	72617	24314	4581	320007	219598	217666	100408	64465	64230
2465	3117	652	197	9606	5212	4914	4394	1729	
5932	7549	1616	77	11204	2588	2316	8616	5791	1500
138	311	173	13	1431	905	900	526	153	
924275	1306533	385998	82502	8659512	4595162	4292939	4064350	2897609	767437
534239	786856	233660	29684	3728746	2428456	2307393	1300290	529726	300338
891390	1142240	263291	61840	5774300	3952339	3721128	1821961	3271574	795
20282	26972	6690	1389	80521	46433	30703	34088	21459	98
175713	258885	81173	21016	588460	448449	439250	140011	135612	
29448	32328	2880	1315	168407	120823	119232	47585	44071	
143840	222049	76211	19422	415645	325593	317985	90052	90193	
2425	4507	2083	278	4408	2034	2034	2374	1348	
102026	201303	99419	15312	308030	366134	355216	-58105	45788	
30746	65851	35246	2150	100564	86627	80822	13937	14397	
70575	134671	64096	13124	193551	269113	264099	-75562	28832	
705	782	77	38	13915	10395	10295	3520	2559	

16—6 续表 continued

指　标	Item	主营收入 Project Settlement Income	主营成本 Project Settlement Cost	主营税金及附加 Project Settlement Tax and Extra Charges
批发零售企业总计	**Total**	**84074249**	**75780713**	**768989**
批发企业合计	**Wholesale Trade**	**52499034**	**47690294**	**644047**
国有控股	State-holding Enterprises	22543591	20018519	563391
内　资	Domestic-funded	50244226	46015264	635486
国　有	State-owned	5894427	4497128	488455
集　体	Collective-owned	67287	63181	84
股份合作	Cooperative	65363	62927	78
联营企业	Joint Ownership Enterprises	4509	4219	3
有限责任公司	Limited Liability Company	20860943	19492981	91514
股份有限公司	Share-holding Corporations Ltd.	10054712	9515148	8978
私　营	Private	13011521	12118397	45711
其　他	Other	285466	261285	663
港澳台商投资	With Investment from Hong Kong, Macao and Taiwan	772146	689567	826
合资经营	Joint-venture	5113	4707	13
独资经营	With Sole Fund	767034	684860	813
外商投资	With Foreign Investment	1482662	985463	7735
中外合资经营	Joint-venture	10172	8586	30
外　资	Solely Foreign Funded	1419072	932333	7509
外商投资股份有限公司	Share-holding Corporations Ltd	53256	44396	191
其他外商投资企业	Other Foreign Funded Enterprises	162	149	5
零售企业合计	**Retail Trade**	**31575214**	**28090420**	**124943**
国有控股	State Controlling Share Hold Enterprises	7095512	6136803	21949
内　资	Domestic-funded	29811317	26625797	116284
国　有	State-owned	572956	515506	3185
集　体	Collective-owned	44096	38519	171
股份合作	Cooperative	37350	32164	920
联　营	Joint Ownership Enterprises	7955	6902	19
有限责任公司	Limited Liability Corporations	11913576	10779983	51164
股份有限公司	Share-holding Corporations Ltd.	5381829	4621095	11363
私　营	Private	11698771	10496639	49134
其　他	Other	154783	134989	329
港澳台商投资	With Investment from Hong Kong, Macao and Taiwan	1243319	1015438	5754
合资经营企业	Joint-venture	294823	223695	791
合作经营企业	Cooperative Management			
独资经营	With Sole Fund	913053	761530	4798
投资股份有限公司	Share-holding Corporations Ltd.	35444	30214	165
其他投资企业	Other Investment Enterprises			
外商投资	With Foreign Investment	520578	449185	2904
中外合资经营	Joint-venture	200801	173937	1250
中外合作经营企业	Sino-foreign Cooperative Enterprises			
外　资	Solely Foreign Funded	283301	245082	1245
投资股份有限公司	Share-holding Corporation Ltd.	36476	30166	409
其他外商投资企业	Other Foreign Funded Enterprises			

单位：万元（10000 yuan）

其他业务利润 Other Business Profit	销售费用 Operating Expense	管理费用 Management Expense	#税金 Tax	财务费用 Financial Expenses	营业利润 Operating Profit	利润总额 Total Profit	应交所得税 Payable Income Tax	本年应付工资薪酬 Total Payable Wages this Year
307233	**3743859**	**1671984**	**88280**	**466591**	**1821908**	**1801554**	**371053**	**2528803**
125341	**2107341**	**844145**	**45243**	**260940**	**1239514**	**1283302**	**287638**	**1614680**
67069	681444	402705	22955	64908	971351	1032159	228455	1129539
113651	1540543	787750	43281	260266	1278927	1331521	286522	1545454
12311	122291	217437	5160	-38490	638811	661913	153449	183965
263	1272	1016	205	182	1484	1816	98	1612
	570	517	75	452	-339	-1266	1	1021
	92	54	1	8	134	134		51
74407	647028	247898	14592	115078	338818	406347	93140	327956
7458	317780	104255	13254	90784	137919	137387	14494	858986
19207	443458	212541	9714	91545	155179	118705	25186	165354
5	8052	4031	282	708	6921	6485	154	6509
22	80273	3329	293	-2235	409	459	235	6489
	480	23	0	0	-110	-111	29	319
22	79793	3306	293	-2236	519	570	206	6170
11668	486525	53067	1668	2910	-39821	-48678	882	62737
-13	848	98	3	0	610	597	135	509
11681	478355	52437	1655	2886	-43223	-50088	351	61325
1	7318	529	10	2	2771	813	395	869
	4	3		21	21			34
181892	**1636518**	**827839**	**43037**	**205651**	**582393**	**518252**	**83416**	**914123**
37815	312739	152266	8328	14851	191850	137890	17970	163494
140271	1376488	742392	41312	200417	586000	529965	75545	815714
3682	33013	12920	541	1284	8855	8088	1053	12704
	1884	2142	60	144	1418	1422	113	1653
73	680	691	52	39	2856	2889	2197	1095
	477	299	39	6	245	254	54	133
74831	629405	298997	14260	77783	158092	153075	27277	330628
19139	224805	98922	7383	17822	143077	95277	12741	122017
42497	477667	324371	18847	101908	264353	262634	32096	342019
49	8557	4051	130	1431	7107	6326	15	5465
19561	177026	57367	1120	2083	22656	20045	7333	60896
1539	59855	8658	362	29	3172	2959	1190	19223
16588	117171	43436	728	1973	18341	17087	6071	39475
1434		5274	31	81	1144		71	2198
22061	83005	28079	605	3151	-26263	-31759	538	37513
15337	33305	16741	62	826	-12289	-12304	100	19503
5964	42245	9828	525	2308	-11497	-16996	459	16473
759	7454	1510	19	18	-2477	-2458	-21	1537

16—7 限额以上批发零售企业主要财务指标情况（2015年，按行业分）
Main Financial Inventory of Enterprises Above Designated Size in Wholesale and Retail by Sector (2015)

指　标	Item	企业数（个）Number of Enterprises (unit)	流动资产合计 Circulating Funds	#存货 Stock
总　计	**Total**	**6530**	**34949102**	**6997199**
批发业合计	**Wholesale Trade**	**2218**	**23077146**	**4182226**
农、林、牧产品批发	Wholesale of Farming, Forestry, Animal Husbandry Products	236	958166	331471
食品、饮料及烟草制品批发	Wholesale of Food, Beverages and Tobaccos	377	4911416	992987
#米、面制品及食用油批发	Wholesale of Rice, Flour and Edible Oil	71	832431	390055
烟草制品批发	Wholesale of Tobaccos	16	1608208	324607
纺织、服装及家庭用品批发	Wholesale ofTextile, Clothing and Household Goods	187	2478760	555913
#服装批发	Wholesale of Garments	40	444427	18945
文化、体育用品及器材批发	Wholesale of Culture, Sports Appliances and Equipments	55	1787807	415078
医药及医疗器材批发	Wholesale of Medicines and Medical Appliances	264	3025943	499132
矿产品、建材及化工产品批发	Wholesale of Mineral Products, Building Materials and Chemical Products	657	6043096	758312
#煤炭及制品批发	Wholesale of Coal and Related Products	114	1259290	83797
石油及制品批发	Wholesale of Petroleum and Related Products	50	1374759	113449
金属及金属矿批发	Wholesale of Metal Materials	134	1897523	314533
建材批发	Wholesale of Building Materials	149	465720	80775
化肥批发	Wholesale of Chemical Fertilizer	89	657962	92141
机械设备、五金交电及电子产品批发	Wholesale of Machinery, Hardware and Electronic Equipment	311	2213022	519650
#汽车批发	Wholesale of Automobiles	91	436669	138022
电气设备批发	Wholesale of Electrical Equipments	22	220489	20817
计算机、软件及辅助设备批发	Wholesale of Computer, Software and Assistant Appliances	15	359691	13609
贸易经纪与代理	Trade Broker and Agency	15	32725	1461
其他批发	Other Wholesale not Classified Elsewhere	116	1626210	108222
零售业合计	**Retail Trade**	**4312**	**11871956**	**2814973**
综合零售	Integrated Retail	807	2526376	691658
#百货零售	Retail of General Merchandise	412	1541288	295511
超级市场零售	Retail of Supermarkets	355	926517	382306
食品、饮料及烟草制品专门零售	Retail of Food, Beverages and Tobaccos	555	455375	125463
纺织、服装及日用品专门零售	Special Retail of Textiles, Garments and Daily Consumer Artic	226	310004	121233
#服装零售	Retail of Garments	118	202939	82925
文化、体育用品及器材专门零售	Retail of Culture, Sports Appliances and Equipments	176	392232	116499
#体育用品及器材零售	Sporting Goods and Equipment Retail	2	5713	222
图书、报刊零售	Books, Newspapers and Retail	55	246601	50111
医药及医疗器材专门零售	Retail of Medicines and Medical Appliances	203	1356063	237661
#药品零售	Retail of Medicines	185	1294035	231940
汽车、摩托车、燃料及零配件专门零售	Retail of Motor Vehicles, Motorcycles, Fuel and Parts	1260	5106276	1097768
#汽车零售	Retail of Motor Vehicles	1020	3183505	975355
机动车燃料零售	Retail of Fuel of Motor Vehicles	154	40674	10618
家用电器及电子产品专门零售	Special Retail of Household Electric Appliances and Electronic Products	579	1003196	240202
#日用家电设备零售	Retail of household appliances	206	211939	62476
计算机、软件及辅助设备零售	Retail of Computer, Software and Assistant Appliances	110	134796	17668
通讯设备零售	Retail of Communication Equipments	24	122160	5476
五金、家具及室内装饰材料专门零售	Special Retail of Hardware, Furniture and Decoration Materials	273	430321	79526
无店铺及其他零售	Non-shop and Other Retails	233	292113	104963

单位：万元（10000 yuan）

固定资产合计 Total Fixed Assets	固定资产原价 Original Value of Fixed Assets	累计折旧 Progessive Deprecia-tion	#本年折旧 Deprecia-tion this Year	资产总计 Total of Assets	负债合计 Total of Liabilities	流动负债 Working Liabilities	所有者权益 Creditors' Equity	#实收资本 Capital Hold	#国家资本 National Capital
4300545	**6221001**	**1917493**	**340894**	**49842713**	**34433632**	**32435423**	**15409080**	**10453135**	**2203720**
1595783	**2414620**	**820508**	**124284**	**30360896**	**22368355**	**21063000**	**7992541**	**3479228**	**1069323**
210514	267440	57004	9276	1437172	854137	745264	583035	255223	62838
385212	623167	231307	27008	6194509	3253789	3014642	2940720	438932	146583
57955	75466	17575	2898	968124	786749	762807	181375	112845	75675
182027	333305	143856	12901	1900271	195151	265145	1705120	24671	7625
81634	130347	48704	8225	2918650	2838584	2778317	80066	257938	17737
17632	36423	18791	2115	714199	459657	434358	254542	167736	3801
19417	33841	14424	1963	2165125	1544629	1497783	620496	162054	105086
213898	296210	82701	18833	3497690	2872500	2834299	625190	411408	20243
539393	845349	312135	41053	9883708	7329615	6550250	2554093	1640682	703843
66019	98917	33225	4390	2156281	1360215	1197712	796066	712924	518287
323826	531950	213492	24644	3410719	2775644	2289767	635075	175203	73549
38468	62217	23749	3905	2372464	1953075	1863171	419389	373840	45710
45749	59005	13522	2866	580410	360850	346560	219560	160482	40135
49319	66856	17606	2991	935566	539245	525642	396321	143280	15741
75626	116989	42696	11637	2445657	2112582	2094851	333075	208562	1696
16301	25686	10632	3715	511355	441553	431748	69802	74962	1278
4639	6276	1637	369	235493	212227	210336	23266	11133	
1042	1935	893	92	366538	349607	347864	16931	12371	
1620	2653	1033	140	34743	24997	24997	9746	7661	1680
68469	98623	30505	6149	1783643	1537523	1522597	246120	96768	9618
2704763	**3806381**	**1096985**	**216610**	**19481817**	**12065277**	**11372424**	**7416540**	**6973906**	**1134398**
1176953	1706411	534530	89904	4533985	3459286	3266886	1074699	1234761	620068
607339	843881	243568	38855	2699383	1942905	1825992	756478	880686	594368
561378	848826	285493	50247	1754679	1471021	1398982	283658	328906	25100
108389	139159	32010	8429	675896	361364	337948	314532	673552	8683
90735	107655	16965	4668	2905198	311912	277344	2593287	82316	12712
61870	74701	12874	3562	2754664	233171	207588	2521493	58015	12500
67491	109299	41991	5794	516275	214372	187627	301904	124539	48702
174	279	105	21	8536	7796	205	740	1300	
37378	71406	34030	3549	317919	105507	104550	212411	65251	47169
99716	142790	42933	8661	1526681	1188293	1169691	338389	262462	63962
96331	138025	41552	8146	1460020	1144974	1126602	315045	245607	63562
837250	1206798	358278	81645	6953146	4857679	4655793	2095467	4170992	373453
524760	687183	170100	49201	4194736	3250763	3125380	943974	3663863	5524
11843	15004	3161	1164	63845	48258	48205	15587	11537	
112471	137114	24776	6472	1266525	972109	945512	294416	177429	3177
22304	30031	7730	1661	248546	163774	158337	84773	53807	550
4988	7644	2726	529	147014	90720	88854	56295	44870	677
509	994	485	160	123749	119478	119346	4272	5246	
147814	179859	32147	7407	656686	434352	271831	222335	124420	20
63944	77296	13355	3630	447424	265911	259793	181513	123437	3622

16—7 续表 continued

指 标	Item	主营收入 Project Settlement Income	主营成本 Project Settlement Cost	主营税金及附加 Project Settlement Tax and Extra Charges
总 计	**Total**	**84074249**	**75780713**	**768989**
批发业合计	**Wholesale Trade**	**52499034**	**47690294**	**644047**
农、林、牧产品批发	Wholesale of Farming, Forestry, Animal Husbandry Products	2032956	1888467	11246
食品、饮料及烟草制品批发	Wholesale of Food, Beverages and Tobaccos	10291887	8029381	534499
#米、面制品及食用油批发	Wholesale of Rice, Flour and Edible Oil	1405601	1341774	1925
烟草制品批发	Wholesale of Tobaccos	5069059	3644329	514399
纺织、服装及家庭用品批发	Wholesale ofTextile, Clothing and Household Goods	6130406	5338828	13583
#服装批发	Wholesale of Garments	660789	598561	1169
文化、体育用品及器材批发	Wholesale of Culture, Sports Appliances and Equipments	2809312	2671177	873
医药及医疗器材批发	Wholesale of Medicines and Medical Appliances	8149061	7731272	20708
矿产品、建材及化工产品批发	Wholesale of Mineral Products, Building Materials and Chemical Products	16182003	15523951	19191
#煤炭及制品批发	Wholesale of Coal and Related Products	3958395	3842440	2965
石油及制品批发	Wholesale of Petroleum and Related Products	4302546	4028192	4505
金属及金属矿批发	Wholesale of Metal Materials	3207014	3137440	2446
建材批发	Wholesale of Building Materials	1853300	1779884	5550
化肥批发	Wholesale of Chemical Fertilizer	1866753	1793576	1971
机械设备、五金交电及电子产品批发	Wholesale of Machinery, Hardware and Electronic Equipment	4187397	3980582	4477
#汽车批发	Wholesale of Automobiles	783188	743184	692
电气设备批发	Wholesale of Electrical Equipments	436081	422457	488
计算机、软件及辅助设备批发	Wholesale of Computer, Software and Assistant Appliances	1400884	1376136	626
贸易经纪与代理	Trade Broker and Agency	66083	63584	29
其他批发	Other Wholesale not Classified Elsewhere	2649930	2463052	39440
零售业合计	**Retail Trade**	**31575214**	**28090420**	**124943**
综合零售	Integrated Retail	8352400	6988263	47253
#百货零售	Retail of General Merchandise	4355361	3545837	29733
超级市场零售	Retail of Supermarkets	3785748	3260759	16289
食品、饮料及烟草制品专门零售	Retail of Food, Beverages and Tobaccos	1593850	1403423	12330
纺织、服装及日用品专门零售	Special Retail of Textiles, Garments and Daily Consumer Artic	851952	708813	6723
#服装零售	Retail of Garments	533510	428900	5103
文化、体育用品及器材专门零售	Retail of Culture, Sports Appliances and Equipments	748504	609882	5265
#体育用品及器材零售	Sporting Goods and Equipment Retail	10810	10130	15
图书、报刊零售	Books, Newspapers and Retail	500279	402313	887
医药及医疗器材专门零售	Retail of Medicines and Medical Appliances	2539674	2320510	6060
#药品零售	Retail of Medicines	2389181	2184196	5498
汽车、摩托车、燃料及零配件专门零售	Retail of Motor Vehicles, Motorcycles, Fuel and Parts	13236658	12378909	21836
#汽车零售	Retail of Motor Vehicles	9223700	8698749	15726
机动车燃料零售	Retail of Fuel of Motor Vehicles	105771	97992	268
家用电器及电子产品专门零售	Special Retail of Household Electric Appliances and Electronic Products	2334016	2102108	8174
#日用家电设备零售	Retail of household appliances	600768	541798	2581
计算机、软件及辅助设备零售	Retail of Computer, Software and Assistant Appliances	319017	292272	980
通讯设备零售	Retail of Communication Equipments	123977	116796	335
五金、家具及室内装饰材料专门零售	Special Retail of Hardware, Furniture and Decoration Materials	925806	762046	12915
无店铺及其他零售	Non-shop and Other Retails	992354	816466	4387

单位：万元（10000 yuan）

其他业务利润 Other Business Profit	销售费用 Operating Expense	管理费用 Management Expense	#税金 Tax	财务费用 Financial Expenses	营业利润 Operating Profit	利润总额 Total Profit	应交所得税 Payable Income Tax	本年应付工资薪酬 Total Payable Wages this Year
307233	**3743859**	**1671984**	**88280**	**466591**	**1821908**	**1801554**	**371053**	**2528803**
125341	**2107341**	**844145**	**45243**	**260940**	**1239514**	**1283302**	**287638**	**1614680**
5204	48164	40255	1607	13801	33587	50326	2084	35954
72466	583279	321982	9285	-22346	916915	938913	236582	386642
2546	39306	16036	821	22936	-10185	16911	1808	14214
10120	86743	206141	4594	-62325	681436	686616	175402	161632
16783	699288	98546	4789	34823	-14143	-38304	5183	113043
932	20402	10690	399	21328	26128	8507	1082	11125
3173	74724	21810	1224	31536	33433	37387	1092	14014
10198	214963	108245	6603	31623	74830	83738	16127	70829
9138	329376	141050	16205	114317	159971	163570	30252	900757
1185	30010	28038	2289	30461	34688	42077	12178	16099
4996	180998	32771	9744	16098	46559	51746	8402	826026
190	39919	25895	1873	44524	28586	15927	1839	11455
1732	18563	20178	912	5906	24089	23558	2189	21802
531	29808	21009	713	8842	25809	30175	3824	16461
7931	106131	60126	2776	36382	7801	7932	-9079	51948
591	30680	11191	740	2818	-2471	-2715	-10186	9293
117	7810	2351	326	203	2916	3220	500	1866
184	3108	7684	163	20745	-8677	-7986	-2013	12651
22	1092	1077	111	142	182	206	35	640
427	50325	51056	2643	20663	26940	39535	5360	40854
181892	**1636518**	**827839**	**43037**	**205651**	**582393**	**518252**	**83416**	**914123**
119974	692110	323870	14359	47039	108942	98218	29695	346511
58848	214509	181279	9194	27536	105648	87184	18272	147539
60857	468966	133378	4353	18209	-6216	1484	10745	192947
2945	68552	35904	2149	9680	59377	60941	4901	54590
4956	75404	34314	1355	4555	28253	28888	3614	46727
3586	59886	25828	953	3566	13976	15158	2527	35285
4567	48359	32640	1182	4342	53059	47865	1336	31170
	346	269	9	42	7	7	2	72
3383	38054	21321	725	-82	40902	36381	150	23226
7586	89556	70518	2984	22577	34299	35794	6463	64236
7086	84727	65924	2843	22004	30693	32192	6046	62994
26775	386334	213656	15279	93179	150903	104745	21280	243416
25094	231899	165726	10630	88386	43672	50757	14675	171250
26	2778	2928	349	452	1282	1224	239	3743
2980	125713	49304	2018	11034	50585	48572	7074	58128
942	24800	12884	660	4026	15536	13011	1580	12761
209	10856	6827	262	757	10810	10502	584	8429
282	5431	2076	59	1259	-794	-616	147	2715
11664	41075	40057	2976	11444	61169	57927	4673	35512
445	109416	27576	735	1802	35807	35301	4380	33834

16—8 限额以上住宿餐饮业经营情况（2015年）
Above Designated Accommodation Catering Business (2015)

指　　标	Item	营 业 额 Turnover
总　计	**Total**	**1914598**
住宿业合计	**Total of Accommodation Enterprises**	**725529**
国有控股	State-holding Enterprises	167285
按登记注册类型分组	**Grouped Type of Registration**	
内　资	Domestic-funded	678421
国　有	State-owned	36372
集　体	Collective-owned	2516
股份合作企业	Cooperative	82
有限责任公司	Limited Liability Company	294400
股份有限公司	Share-holding Corporations Ltd.	49840
私　营	Private	292635
其　他	Other	2577
港澳台商投资	With Investment from Hong Kong, Macao and Taiwan	33038
外商投资企业	Enterprises with Foreign Investment	14070
按国民经济行业分	**Grouped by Sector**	
旅游饭店	Tourist Hotel	568140
一般旅馆	Common Hotel	141763
其他住宿服务	Other Accommodation Service	15626
餐饮业合计	**Catering Trade**	**1189070**
国有控股	State-holding Enterprises	72918
按登记注册类型分组	**Grouped Type of Registration**	
内　资	Domestic-funded	1159926
国　有	State-owned	12066
集　体	Collective-owned	4075
有限责任公司	Limited Liability Company	353996
股份有限公司	Share-holding Corporations Ltd.	13785
私　营	Private	773579
其　他	Other	2224
港澳台商投资企业	With Investment from Hong Kong, Macao and Taiwan	27590
外商投资企业	Enterprises with Foreign Investment	1554
按国民经济行业分	**Grouped by Sector**	
正餐服务	Dinner	1005957
快餐服务	Fast Food	172360
饮料及冷饮服务	Drink and Cold Drink Service	4059
其他餐饮服务	Other Catering Service	6694

单位：万元（10000 yuan）

客房收入 Room Revenue	餐费收入 Meals Income	商品销售收入 Commodity Sales	其他收入 Other Income	客 房 数 （间） Guestroom Number (unit)	床 位 数 （个） Bed Capacity (unit)	餐 位 数 （位） Number of Seating Arrangement (unit)
466783	**1320155**	**67546**	**60114**	**109991**	**185764**	**867790**
340917	**329793**	**16491**	**38327**	**77531**	**129141**	**243429**
78177	75445	4965	8698	13463	24003	42782
320791	307544	16417	33670	72839	121606	231365
13706	19539	1602	1525	3645	6693	15033
1284	1110		123	287	556	610
32	49			23	43	158
134460	134259	6945	18736	30974	50801	96619
31946	16650	239	1005	3827	7297	11444
138100	134810	7523	12202	33828	55822	106271
1264	1126	108	79	255	394	1230
14963	15156	59	2860	3247	4966	6971
5163	7094	15	1798	1445	2569	5093
256210	267951	11602	32376	58394	98516	201300
76799	55133	4767	5064	17445	27824	39200
7908	6710	122	887	1692	2801	2929
125866	**990361**	**51055**	**21787**	**32460**	**56623**	**624361**
7767	60582	2810	1760	1258	2312	18143
125049	962183	51033	21661	31785	55623	617669
3145	8430	346	145	579	1133	3654
488	2760	475	352	178	340	2140
45529	289152	14151	5165	11011	20750	152351
2490	9779	1409	108	751	1111	6987
72453	650583	34653	15891	18969	31719	451756
946	1279			297	570	631
115	27475			42	60	6092
702	704	22	126	633	940	600
122897	814133	47881	21047	32290	56335	545851
2969	165938	3175	278	170	288	72169
	3597		462			2331
	6694					4010

16—9 限额以上住宿业和餐饮企业主要财务指标情况（2015年）

Main Financial Indicators of Enterprises Above Designated Size in Catering Trades by Status of Registration and by Sector (2015)

指　标	Item	企业数（个）Number of Enterprises (unit)	流动资产合计 Circulating Funds	#存货 Stock
总　计	**Total**	**1780**	**1615672**	**139658**
住宿业合计	**Total of Accommodation Enterprises**	**597**	**739667**	**43304**
国有控股	State-holding Enterprises	88	105026	5264
按登记注册类型分组	**Grouped Type of Registration**			
内　资	Domestic-funded	582	679013	41443
国　有	State-owned	35	15951	1193
集　体	Collective-owned	3	1642	120
股份合作企业	Cooperative	1	416	
有限责任公司	Limited Liability Company	203	311846	18285
股份有限公司	Share-holding Corporations Ltd.	22	9180	1412
私　营	Private	315	336221	20412
其　他	Other	3	3758	22
港澳台商投资	With Investment from Hong Kong, Macao and Taiwan	10	57774	1400
外商投资企业	Enterprises with Foreign Investment	5	2881	462
按国民经济行业分	**By Sector**			
旅游饭店	Tourist Hotel	388	586024	31314
一般旅馆	Common Hotel	191	145648	8314
其他住宿服务	Other Accommodation Service	18	7996	3676
餐饮业合计	**Catering Trade**	**1183**	**876005**	**96354**
国有控股	State-holding Enterprises	28	21313	4178
按登记注册类型分组	**Grouped Type of Registration**			
内　资	Domestic-funded	1177	872622	94747
国　有	State-owned	10	6869	1275
集　体	Collective-owned	7	905	202
股份合作企业	Cooperative	1	58	13
有限责任公司	Limited Liability Company	307	251908	20041
股份有限公司	Share-holding Corporations Ltd.	15	17462	1587
私　营	Private	832	594853	71527
其　他	Other	5	568	101
港澳台商投资企业	With Investment from Hong Kong, Macao and Taiwan	4	2053	637
外商投资企业	Enterprises with Foreign Investment	2	1329	970
按国民经济行业分	**By Sector**			
正餐服务	Dinner	1118	797170	87257
快餐服务	Fast Food	45	73904	8636
饮料及冷饮服务	Drink and Cold Drink Service	11	1246	221
其他餐饮服务	Other Catering Service	9	3686	239

单位：万元（10000 yuan）

固定资产合计 Total Fixed Assets	固定资产原价 Original Value of Fixed Assets	累计折旧 Progessive Deprecia-tion	#本年折旧 Deprecia-tion this Year	资产总计 Total of Assets	负债合计 Total of Liabilities	流动负债 Working Liabilities	所有者权益 Creditors' Equity	#实收资本 Capital Hold	#国家资本 National Capital
1739073	**2460189**	**729973**	**145432**	**5051744**	**2672047**	**3619488**	**1432290**	**1356036**	**138706**
1115396	**1628271**	**516100**	**91740**	**2866540**	**1487183**	**2114254**	**752320**	**795744**	**110757**
216804	388311	170635	17517	394682	201232	227064	167617	154001	110636
892711	1359205	469719	78910	2399501	1265517	1746001	653536	626050	110757
30715	59498	29833	3748	52696	38554	41081	11615	15336	10988
2157	4167	2010	225	4213	1147	1164	3049	338	
10	10	1	1	469	5	5	465	500	
424696	667447	242719	43387	1128201	639461	886310	241891	356844	86091
77087	128486	49395	5042	108338	53465	71577	36761	25253	13646
352438	490520	142293	25770	1093476	525308	738287	355223	225464	32
5609	9077	3469	739	12109	7577	7577	4533	2314	
200720	234937	34218	10305	416560	189759	320513	96047	161568	
21965	34129	12163	2525	50479	31907	47741	2738	8127	
961150	1419234	457586	76716	2459452	1225762	1822301	637151	681581	103763
121577	167988	50103	13335	351360	209115	239274	112121	102622	6994
32669	41050	8411	1689	55728	52307	52680	3048	11540	
623677	**831918**	**213873**	**53692**	**2185204**	**1184865**	**1505234**	**679970**	**560293**	**27949**
37025	52793	15768	5619	78070	61385	68594	9476	24536	22730
613922	814021	205731	53266	2122105	1150266	1462727	659378	538700	27949
5606	11284	5678	594	14429	12869	13881	548	1425	1222
1142	1900	758	50	2361	7254	7254	-4894	292	
7	30	23	7	95	65	65	30	30	
184759	267475	84137	21100	637989	372938	464750	173239	162975	20273
9565	12461	3088	565	56859	41189	44126	12732	16879	6251
412298	520010	111731	30899	1409234	715000	931695	477539	356606	204
546	862	316	52	1139	952	956	183	493	
8232	15345	7113	131	19538	7704	15613	3925	1493	
1522	2552	1030	294	43561	26894	26894	16667	20100	
588968	779263	195927	47299	2039555	1114092	1425511	614044	537067	22902
31151	46520	15369	5649	134948	67152	75886	59062	15540	5047
634	1784	1150	140	3621	1508	1508	2113	3176	
2924	4351	1427	604	7080	2113	2329	4751	4510	

16—9 续表 continued

指标	Item	主营收入 Project Settlement Income	主营成本 Project Settlement Cost	主营税金及附加 Project Settlement Tax and Extra Charges
总计	**Total**	**1905651**	**1011728**	**93257**
住宿业合计	**Total of Accommodation Enterprises**	**713061**	**335362**	**37544**
国有控股	State-holding Enterprises	163231	76312	8890
按登记注册类型分组	**Grouped Type of Registration**			
内资	Domestic-funded	665293	319839	34946
国有	State-owned	34368	18653	1776
集体	Collective-owned	2538	1639	143
股份合作企业	Cooperative	88	44	5
有限责任公司	Limited Liability Company	289843	123142	16121
股份有限公司	Share-holding Corporations Ltd.	49194	27561	2768
私营	Private	286695	146887	13988
其他	Other	2567	1914	145
港澳台商投资	With Investment from Hong Kong, Macao and Taiwan	33489	8156	1914
外商投资企业	Enterprises with Foreign Investment	14279	7367	685
按国民经济行业分	**By Sector**			
旅游饭店	Tourist Hotel	557824	246437	30556
一般旅馆	Common Hotel	139511	80786	6313
其他住宿服务	Other Accommodation Service	15726	8139	676
餐饮业合计	**Catering Trade**	**1192590**	**676366**	**55712**
国有控股	State-holding Enterprises	72208	53946	4086
按登记注册类型分组	**Grouped Type of Registration**			
内资	Domestic-funded	1161401	664264	53979
国有	State-owned	11716	6626	597
集体	Collective-owned	3787	2296	226
股份合作企业	Cooperative	195	135	11
有限责任公司	Limited Liability Company	365694	206605	18629
股份有限公司	Share-holding Corporations Ltd.	13730	9074	724
私营	Private	764266	438688	33655
其他	Other	2012	840	137
港澳台商投资企业	With Investment from Hong Kong, Macao and Taiwan	29632	11302	1650
外商投资企业	Enterprises with Foreign Investment	1558	799	84
按国民经济行业分	**By Sector**			
正餐服务	Dinner	992263	585713	46007
快餐服务	Fast Food	189697	84003	9335
饮料及冷饮服务	Drink and Cold Drink Service	4036	2549	151
其他餐饮服务	Other Catering Service	6595	4100	219

单位：万元（10000 yuan）

其他业务利润 Other Business Profit	销售费用 Operating Expense	管理费用 Management Expense	#税金 Tax	财务费用 Financial Expenses	营业利润 Operating Profit	利润总额 Total Profit	应交所得税 Payable Income Tax	本年应付工资薪酬 Total Payable Wages this Year
19332	**451702**	**317467**	**18076**	**80663**	**-29032**	**-20711**	**11765**	**408908**
11542	**183846**	**192114**	**11174**	**48021**	**-73282**	**-63728**	**2670**	**167650**
891	44053	41513	2260	1983	-5078	-1907	345	42904
6401	172175	157532	10904	35886	-47399	-40395	2630	155065
488	10912	8519	381	45	-3963	-3078	59	8534
6	316	440	68	13	-10	-34	1	599
		56	6		-17	-17		66
2626	94284	87568	6065	15244	-41578	-36665	894	74995
314	2396	8342	508	1523	7129	6130	32	11272
2966	63696	51684	3794	19050	-7971	-5743	1644	59029
	571	923	81	11	-988	-988		571
	8508	29704		11996	-23954	-23095		10245
5141	3162	4879	270	139	-1928	-237	40	2340
10638	153541	169466	9438	41079	-72920	-64101	1699	139043
789	27303	19134	1031	6548	-336	266	823	25536
115	3002	3514	705	395	-25	108	148	3072
7791	**267857**	**125353**	**6902**	**32642**	**44250**	**43017**	**9095**	**241257**
165	6355	7591	511	170	381	1279	216	7388
7791	250469	122821	6655	32269	47188	46114	9091	240254
36	2740	1708	34	-1	149	367	10	2155
472	1459	505	4	12	-697	-695	44	1062
		31			20	20		34
1507	93172	38085	1462	9447	6617	8970	3356	65498
	2094	2123	105	880	-1161	-1052	29	2555
5776	150278	79345	5041	21892	43020	39267	5648	168482
	728	1025	9	39	-759	-762	4	468
	17338	1441	159	367	-2465	-2623	4	703
	50	1091	88	6	-473	-475		301
7778	184400	113695	6569	30943	35415	32096	7051	197626
	81729	10960	281	1615	7804	10192	1973	39677
13	507	163	10	53	487	390	33	970
	1221	534	42	31	543	339	39	2985

16—10 限额以上批发和零售业连锁经营情况（2015年）
Basic Conditions of Chain-Enterprise Above Quota Wholesale and Retail (2015)

指 标		Item		合 计 Total	直销店 Directly-run Shops	加盟店 Alliance Shops
门店总数	（个）	Gross Number of Shops	(unit)	9646	4226	5420
从业人数	（人）	Number of People Engaged	(person)	94998	82029	12969
零售营业面积	（平方米）	Area of Business	(sq.m)	5578458	5251710	326748
连锁门店商品购进额	（万元）	Total Purchases	(10000 yuan)	15851889	14539617	1312272
#统一配送商品购进额		Centralized Purchase and Delivery		11654349	10716306	938044
#自有配送中心配送商品购进额		Total Revenue of Purchasing by Self Purchase and Delivery		5708617	5231597	477020
非自有配送中心配送商品购进额		Total Revenue of Purchasing by Non-self Purchase and Delivery		466328	227439	238889
连锁门店商品销售额	（万元）	Sales Value of Commodities	(10000 yuan)	15655923	14811183	844741
#零售额		Revenue of Retail Sales		10456726	10129761	326965

16—11 限额以上住宿和餐饮业连锁经营情况（2015年）
Basic Conditions of Chain-Enterprise Above Quota Lodging and food and Beverage Industry (2015)

指 标		Item		合 计 Total	直销店 Directly-run Shops	加盟店 Alliance Shops
门店总数	（个）	Gross Number of Shops	(unit)	650	637	13
从业人数	（人）	Number of People Engaged	(person)	12321	12032	289
餐饮营业面积	（平方米）	Area of Business	(sq.m)	405222	398935	6287
客房数	（间）	Guestroom Number	(unit)	509	393	116
床位数	（个）	Bed Capacity	(unit)	818	615	203
餐位数	（位）	Number of Seating Arrangement	(unit)	68237	66762	1475
连锁门店商品购进(采购)额	（万元）	Chain shops Commodity Purchasing Volume	(10000 yuan)	62270	61651	619
#统一配送商品购进额		Centralized Purchase and Delivery		59363	59234	130
#自有配送中心配送商品购进(采购)额		Total Revenue of Purchasing by Self Purchase and Delivery		37933	37827	106
非自有配送中心配送商品购进(采购)额		Total Revenue of Purchasing by Non-self Purchase and Delivery		1856	1839	17
连锁门店营业额	（万元）	Chain shops Turnover	(10000 yuan)	165776	163341	2434
#餐费收入		Catering Income		156896	155089	1807
商品销售额		Total Sales of Goods		6325	6244	81

16—12 各市限额以上批发和零售业连锁经营情况（2015年）

Basic Conditions of Chain-Enterprise Above Quota Wholesale and Retail by Region (2015)

地 区 Region	门店总数 (个) Gross Number of Shops (unit)	从业人员 (人) Number of People Engaged (person)	零售营业面积 (平方米) Area of Business (sp.m)	商品购进总额 (万元) Total Purchases (10000 yuan)	#统一配送商品购进额 Centralized Purchase and Delivery	#自有配送中心配送 Total Revenue of Purchasing by Self	商品销售额 (万元) Sales Value of Commodities (10000 yuan)	零售额 Retail
总 计 Total	**9646**	**94998**	**5578458**	**15851889**	**11654349**	**5708617**	**15655923**	**10456726**
合肥市 Hefei	8067	72545	4306578	13014054	9495377	4544035	13946569	8889389
淮北市 Huaibei								
亳州市 Bozhou	92	1098	26185	64330	34756		75353	75257
宿州市 Suzhou								
蚌埠市 Bengbu	177	1870	84432	151883	151883		168086	126041
阜阳市 Fuyang	637	6974	243226	1083407	498661	282927	374077	330580
淮南市 Huainan	71	1766	93342	80968	80968	6543	90161	90161
滁州市 Chuzhou	84	1788	61642	66907	66907	61487	86203	86203
六安市 Luan								
马鞍山市 Maanshan	185	1758	157694	232979	219325	217601	238655	217105
芜湖市 Wuhu	60	871	30800	134839	134639	7705	132235	131265
宣城市 Xuancheng	65	1880	126220	588320	588320	588320	105787	105787
铜陵市 Tongling	5	17	1300	889	889		582	582
池州市 Chizhou								
安庆市 Anqing	203	4431	447039	433314	382625		438214	404355
黄山市 Huangshan								

16—13 各市限额以上住宿和餐饮业连锁经营情况（2015年）

Basic Conditions of Chain-Enterprise Above Quota Lodging and Food and Beverage Industry by Region (2015)

地 区 Region	门店总数 (个) Gross Number of Shops (unit)	从业人员 (人) Number of People Engaged (person)	餐饮营业面积 (平方米) Area of Business (sp.m)	客房数 (间) Guestroom Number (unit)	床位数 (个) Bed Capacity (unit)	餐位数 (位) Number of eating Arrangement (unit)	商品购进总额 (万元) Total Purchases (10000 yuan)	营业额 (万元) Turnover (10000 yuan)
总 计 Total	**650**	**12321**	**405222**	**509**	**818**	**68237**	**62270**	**165776**
合肥市 Hefei	634	11371	374222	509	818	59622	58243	158039
淮北市 Huaibei								
亳州市 Bozhou								
宿州市 Suzhou								
蚌埠市 Bengbu								
阜阳市 Fuyang								
淮南市 Huainan								
滁州市 Chuzhou								
六安市 Luan								
马鞍山市 Maanshan	12	715	21000			7595	2862	5415
芜湖市 Wuhu								
宣城市 Xuancheng								
铜陵市 Tongling								
池州市 Chizhou								
安庆市 Anqing	4	235	10000			1020	1165	2321
黄山市 Huangshan								

16—14 各市限额以上批发零售企业主要财务指标情况（2015年）
Main Financial Indicators of Enterprises Above Designated Size in Wholesale and Retail by Region (2015)

地 区	Region	企业数（个）Number of Enterprises (unit)	流动资产合计 Circulating Funds	#存货 Stock	固定资产合计 Total Fixed Assets	固定资产原价 Original Value of Fixed Assets
总 计	**Total**	**6530**	**34949102**	**6997199**	**4300545**	**6221001**
合肥市	Hefei	1107	16364179	2952277	1189107	1839388
淮北市	Huaibei	230	790378	132560	89558	130556
亳州市	Bozhou	413	1036325	214779	155182	200558
宿州市	Suzhou	414	1051460	241275	290452	405603
蚌埠市	Bengbu	414	1683651	253588	219350	293424
阜阳市	Fuyang	557	2359656	493512	350428	513476
淮南市	Huainan	311	812575	248960	132266	222071
滁州市	Chuzhou	463	928215	316341	280138	366650
六安市	Luan	256	932384	195316	151757	229415
马鞍山市	Maanshan	254	1273682	300784	155070	238176
芜湖市	Wuhu	779	3543423	649031	482856	697325
宣城市	Xuancheng	299	765730	189171	254988	328580
铜陵市	Tongling	206	1024428	355717	143713	185424
池州市	Chizhou	181	468412	96645	90812	127005
安庆市	Anqing	470	1445718	275331	249261	340141
黄山市	Huangshan	176	468886	81913	65608	103208

16—15 各市限额以上住宿和餐饮企业主要财务指标情况（2015年）
Main Financial Indicators of Enterprises Above Designated Size in Catering Trades by Status of Registration and by Sector by Region (2015)

地 区	Region	企业数（个）Number of Enterprises (unit)	流动资产合计 Circulating Funds	#存货 Stock	固定资产合计 Total Fixed Assets	固定资产原价 Original Value of Fixed Assets
总 计	**Total**	**1780**	**1615672**	**139658**	**1739073**	**2460189**
合肥市	Hefei	385	509290	34975	544151	761077
淮北市	Huaibei	22	14076	2197	10714	22114
亳州市	Bozhou	69	42663	2092	56084	67730
宿州市	Suzhou	74	82041	2581	35364	50032
蚌埠市	Bengbu	87	63930	20426	45581	66779
阜阳市	Fuyang	108	61465	2996	42408	52664
淮南市	Huainan	92	60664	4322	63914	87113
滁州市	Chuzhou	138	53039	7125	61226	88127
六安市	Luan	67	81286	5444	101181	132144
马鞍山市	Maanshan	68	60977	5201	43766	75316
芜湖市	Wuhu	212	175470	19709	246784	360810
宣城市	Xuancheng	76	61570	5963	59594	83324
铜陵市	Tongling	84	88227	3801	30866	49005
池州市	Chizhou	73	31291	2922	112319	146346
安庆市	Anqing	134	122327	16072	154458	194257
黄山市	Huangshan	91	107359	3833	130664	223353

单位：万元（10000 yuan）

累计折旧 Progessive Deprecia-tion	#本年折旧 Deprecia-tion this Year	资产总计 Total of Assets	负债合计 Total of Liabilities	#流动负债 Working Liabilities	所有者权益 Creditors' Equity	#实收资本 Capital Hold	#国家资本 National Capital
1917493	**340894**	**49842713**	**34433632**	**32435423**	**15409080**	**10453135**	**2203720**
653894	105721	22461775	17440514	16138982	5021261	4718907	1204757
42811	8835	1027178	708963	683880	318215	178931	20591
47395	8294	1302483	944881	912567	357602	208590	21124
116460	17556	1749189	1000100	957850	749089	1621791	31253
82410	15459	2084007	1564133	1485636	519874	254721	26987
163011	26342	5491374	2199197	2052126	3292177	423639	95349
82507	17640	1061060	669705	724284	391355	686526	527609
91899	19746	1506762	919790	881244	586973	245253	49311
77851	12298	1264704	696399	681983	568305	232029	28996
83219	13125	1595291	1262572	1242675	332719	251594	2697
193748	35923	4715677	3442271	3274118	1273406	798776	87499
73868	14272	1157735	614831	556189	542903	198859	11314
43161	13655	1291996	980740	933422	311256	187862	29124
36254	7990	629265	409828	401799	219437	108457	42337
91407	18660	1896893	1199717	1141751	697175	256169	15908
37600	5378	607325	379991	366919	227334	81034	8867

单位：万元（10000 yuan）

累计折旧 Progessive Deprecia-tion	#本年折旧 Deprecia-tion this Year	资产总计 Total of Assets	负债合计 Total of Liabilities	#流动负债 Working Liabilities	所有者权益 Creditors' Equity	#实收资本 Capital Hold	#国家资本 National Capital
729973	**145432**	**5051744**	**3619488**	**2672047**	**1432290**	**1356036**	**138706**
219751	45392	1569672	1169050	860265	400622	432061	83228
11765	1183	41423	26583	14675	14840	11105	
11780	1480	112553	70813	55049	41741	36675	13306
14668	2774	139166	78739	62829	60427	52988	2171
21017	4934	130448	82927	78671	47522	36628	191
14273	2768	147139	104656	79590	42483	43499	1757
23991	4537	146127	100079	91873	46048	42499	3283
26993	5726	219474	140646	119915	78863	68006	3465
31297	16073	265745	205911	180389	59834	48831	
31550	6113	206275	158735	117091	47540	50989	1027
113960	17383	636180	472659	296184	163521	173158	4064
23953	3467	189630	114767	70792	74863	42289	541
18170	3165	151760	105641	83585	46119	55536	
35112	7399	195820	118597	82209	77222	59660	12765
40889	6762	432840	247402	190147	185438	83901	381
90804	16276	467492	422286	288785	45206	118213	12527

16—14 续表 continued

地区	Region	主营收入 Project Settlement Income	主营成本 Project Settlement Cost	主营税金及附加 Project Settlement Tax and Extra Charges	其他业务利润 Other Business Profit
总计	**Total**	**84074249**	**75780713**	**768989**	**307233**
合肥市	Hefei	34216142	31072371	157185	136904
淮北市	Huaibei	1638376	1422727	27370	4218
亳州市	Bozhou	2865676	2380279	40130	4090
宿州市	Suzhou	3945948	3638372	55909	6057
蚌埠市	Bengbu	3529603	3182374	45582	18708
阜阳市	Fuyang	8818903	8149284	70077	47986
淮南市	Huainan	2012293	1803278	28269	7570
滁州市	Chuzhou	3364529	2988202	46600	12373
六安市	Luan	2655023	2229518	54359	6578
马鞍山市	Maanshan	3609753	3271740	35047	9928
芜湖市	Wuhu	8066550	7411492	60947	21735
宣城市	Xuancheng	2477989	2124199	36872	3812
铜陵市	Tongling	1478652	1362612	14865	8319
池州市	Chizhou	930100	800258	18897	3743
安庆市	Anqing	3191210	2817749	56496	14820
黄山市	Huangshan	1273503	1126259	20385	392

16—15 续表 continued

地区	Region	主营收入 Project Settlement Income	主营成本 Project Settlement Cost	主营税金及附加 Project Settlement Tax and Extra Charges	其他业务利润 Other Business Profit
总计	**Total**	**1905651**	**1011728**	**93257**	**19332**
合肥市	Hefei	706322	329854	38364	4391
淮北市	Huaibei	21756	15023	1012	150
亳州市	Bozhou	48478	27516	2132	193
宿州市	Suzhou	45078	24135	2167	505
蚌埠市	Bengbu	69803	39626	2561	23
阜阳市	Fuyang	69513	42632	3153	396
淮南市	Huainan	58543	33887	2644	712
滁州市	Chuzhou	123883	78369	6244	1472
六安市	Luan	55924	29239	2695	549
马鞍山市	Maanshan	61608	32779	2810	1485
芜湖市	Wuhu	184340	96279	7861	6617
宣城市	Xuancheng	67678	37509	3246	123
铜陵市	Tongling	61404	35186	2223	2227
池州市	Chizhou	56321	34345	2617	249
安庆市	Anqing	159791	94338	7201	205
黄山市	Huangshan	115210	61012	6327	36

单位：万元（10000 yuan）

销售费用 Operating Expense	管理费用 Management Expense	#税金 Tax	财务费用 Financial Expenses	营业利润 Operating Profit	利润总额 Total Profit	应交所得税 Payable Income Tax	本年应付工资薪酬 Total Payable Wages this Year
3743859	**1671984**	**88280**	**466591**	**1821908**	**1801554**	**371053**	**2528803**
1724063	613568	31114	231635	501117	519168	114022	1346806
68277	40270	1897	12503	72630	66517	7413	38603
224800	70683	3191	9516	141196	135412	23581	85474
106070	75258	2976	15238	58308	61657	17081	187599
110006	84542	4712	24615	93844	81995	15818	73365
283120	131059	8205	28288	143276	141881	25142	110525
88138	51791	2068	4898	46649	51176	11232	60087
138009	88015	3962	16670	96076	105053	18605	89903
117545	60052	3390	5319	191301	166542	35275	84861
244996	68412	4684	13447	-14289	-5000	16784	76817
279075	150741	8712	54664	140486	155930	22234	133922
108351	62372	4703	4460	147151	107463	24854	64012
50809	31798	1227	16886	7051	21648	4859	30915
43951	26276	1407	4054	40043	40420	6596	28067
111878	81885	4629	20810	116262	109009	20585	85178
44771	35262	1406	3588	40808	42684	6973	32671

单位：万元（10000 yuan）

销售费用 Operating Expense	管理费用 Management Expense	#税金 Tax	财务费用 Financial Expenses	营业利润 Operating Profit	利润总额 Total Profit	应交所得税 Payable Income Tax	本年应付工资薪酬 Total Payable Wages this Year
451702	**317467**	**18076**	**80663**	**-29032**	**-20711**	**11765**	**408908**
227055	123068	4268	25209	-24520	-22469	6227	157437
1783	4591	145	1718	-2233	-1938	23	5063
7013	7093	416	1687	3313	3098	212	7628
10006	7254	396	2058	166	612	151	10951
12072	7630	454	1534	5956	5445	318	11119
13949	8183	732	2878	-394	-721	172	36137
13104	8582	456	2310	-920	-53	222	11033
15970	12035	784	3802	7176	7037	1209	16812
10255	12585	1000	4262	-3185	-2655	237	13448
16015	12094	571	3403	-5087	-4246	101	17653
38688	36936	2767	7840	-2330	57	1060	33408
13270	9099	799	3179	1703	3335	346	11019
13749	8619	395	3894	-2166	-1158	392	11182
10451	9527	549	1222	1278	810	137	15157
29651	19662	1963	6347	2673	568	568	22700
18672	30511	2381	9322	-10462	-8434	391	28161

16—16 各市限额以上批发零售业商品购进、销售和库存情况（2015年）

Total Purchases, Sales and Inventory of Enterprises Above Designated Size in Wholesale and Retail and Inventory by Region (2015)

单位：万元（10000 yuan）

地 区	Region	从业人员（人） Persons Engaged (persons)	购进总额 Total Purchases Value	#进 口 Imports	销售总额 Total Sales Value	批 发 Wholesale Value	零 售 Retail Value	年末库存总额 Stock (year-end)
总 计	**Total**	**375192**	**83895474**	**2337571**	**94548862**	**56044583**	**38504279**	**7571104**
合肥市	Hefei	111011	34596567	1871517	37644708	24987331	12657377	3098983
淮北市	Huaibei	12058	1605938	3500	1893381	821986	1071394	135295
亳州市	Bozhou	17969	2341084	21	3013273	1690740	1322533	186563
宿州市	Suzhou	16242	3983841	8757	4723211	2894304	1828908	221325
蚌埠市	Bengbu	17280	3481570	166275	4057012	1725140	2331873	287116
阜阳市	Fuyang	32731	9356606	33664	10529484	6948814	3580670	542948
淮南市	Huainan	15243	2250609	30576	2492758	1279964	1212794	218292
滁州市	Chuzhou	22312	3397331	28699	3713994	1797146	1916848	464943
六安市	Luan	20478	2526668	804	2978757	1437878	1540878	246763
马鞍山市	Maanshan	17204	3593335	38599	4090238	2568806	1521432	337373
芜湖市	Wuhu	34129	7535157	105008	8939073	5361942	3577132	694185
宣城市	Xuancheng	14755	2571504	5064	2910869	1168813	1742056	246144
铜陵市	Tongling	7516	1612013	1209	1669087	972482	696605	334845
池州市	Chizhou	7040	881242	6968	1038664	360105	678560	206668
安庆市	Anqing	22682	2919082	32498	3423505	1481312	1942193	263172
黄山市	Huangshan	6542	1242929	4414	1430847	547820	883027	86489

16—17 各市限额以上住宿餐饮业经营情况（2015年）

Above Designated Accommodation Catering Business by Region (2015)

单位：万元（10000 yuan）

地 区	Region	从业人员（人） Persons Engaged (persons)	营业额 Turnover	客房收入 Room Revenue	餐费收入 Meals Income	商品销售收入 Commodity Sales	其他收入 Other Income	客房数（间） Guestroom Number (unit)	床位数（个） Bed Capacity (unit)	餐位数（位） Number of Seating Arrangement (unit)
总 计	**Total**	**125506**	**1914598**	**466783**	**1320155**	**67546**	**60114**	**109991**	**185764**	**867790**
合肥市	Hefei	45804	696424	121843	523502	28520	22559	26451	42177	316908
淮北市	Huaibei	1665	22385	6114	15528	403	341	1761	2908	8206
亳州市	Bozhou	4036	48698	12420	34576	953	750	2886	4636	29836
宿州市	Suzhou	3992	46925	11890	34235	399	401	3327	5641	25379
蚌埠市	Bengbu	3949	70879	18689	49329	2224	636	4954	8231	28186
阜阳市	Fuyang	4768	70591	21050	44845	3446	1250	4857	7857	26389
淮南市	Huainan	4602	58949	12497	42859	2769	824	3602	5562	35567
滁州市	Chuzhou	5924	124629	33040	87179	1145	3264	7094	11489	59301
六安市	Luan	4804	57303	19532	35307	912	1552	5329	9103	30719
马鞍山市	Maanshan	5513	62665	13165	46519	1767	1214	3691	6200	37473
芜湖市	Wuhu	11230	188479	48164	126468	6343	7505	11783	18508	60953
宣城市	Xuancheng	4343	70328	22772	39875	3179	4502	4678	7734	34524
铜陵市	Tongling	3968	63311	13288	47281	1531	1212	2458	4090	29631
池州市	Chizhou	4504	57724	24783	30116	1333	1491	6031	10734	29241
安庆市	Anqing	8727	159976	38475	103739	11503	6258	9896	19689	68605
黄山市	Huangshan	7677	115334	49063	58797	1118	6356	11193	21205	46872

16—18 亿元商品交易市场情况（2015年）
Market Above 100 million Yuan (2015)

指 标	Item	市场个数（个）Number of Markets (unit)	年末摊位数（个）Number of Booths (unit)	总成交额（万元）Transaction Value (10000 yuan)
全 省	**Total**	**136**	**120733**	**25668795**
综合市场	**Comprehensive Markets**	**51**	**67828**	**11792068**
生产资料综合市场	The Material of Production Comprehensive Markets	3	10698	2301328
工业品综合市场	Markets for Manufactured Goods	13	30548	2775329
农业品综合市场	Markets for Agricultural Goods	21	13528	4380558
其他综合市场	Other Comprehensive Markets	14	13054	2334853
专业市场	**Specialized markets**	**85**	**52905**	**13876727**
生产资料市场	The Material of Production Markets	16	6657	3943431
农产品市场	Agricultural Product Markets	26	10879	2381779
食品饮料烟酒市场	Food, Drink, Tobacco and Liquor	4	2600	583018
纺织品服装鞋帽市场	Textile, Clothing, Shoes and Hats	8	8587	817490
日用品及文化用品市场	Daily Necessities and Cultual Product Markets			
电器通讯器材电子设备市场	Electrical Communication Equipment Electronic Equipment Markets	1	2317	929963
医药医疗用品及器材市场	Medicine and Medical Supplies and Equipment Markets	2	7023	2829693
家具五金及装饰材料市场	Furniture, Hardware and Decorative Materials Markets	18	9572	1217914
汽车摩托车及零配件市场	Automobile and Motorcycle Spare Parts Markets	6	2287	945744
花鸟鱼虫市场	Flower, Bird, Fish, Insect Markets	2	1550	139393
其他专业市场	Other Professional Markets	2	1433	88302

16—19 各市亿元商品交易市场情况（2015年）
Market Above 100 million Yuan by Region (2015)

地 区	Region	市场个数（个）Number of Markets (unit)	年末摊位数（个）Number of Booths (unit)	营业面积（平方米）Business Area (sq.m)	总成交额（万元）Transaction Value (10000 yuan)
总 计	**Total**	**136**	**120733**	**12929602**	**25668795**
合 肥 市	Hefei	34	22911	2859396	7829952
淮 北 市	Huaibei	7	9526	628415	1076340
亳 州 市	Bozhou	2	7648	42000	2948959
宿 州 市	Suzhou	2	887	1029640	80852
蚌 埠 市	Bengbu	5	9563	904382	1953239
阜 阳 市	Fuyang	21	14039	1561862	2405170
淮 南 市	Huainan	5	1269	215100	278669
滁 州 市	Chuzhou	15	11856	1180992	1008390
六 安 市	Luan	3	2568	24033	91356
马鞍山市	Maanshan	5	1615	181500	728902
芜 湖 市	Wuhu	12	19452	1605173	2131362
宣 城 市	Xuancheng	6	3745	42512	1734635
铜 陵 市	Tongling	5	1828	327015	428726
池 州 市	Chizhou	5	2015	354505	179896
安 庆 市	Anqing	8	11168	1968077	2742090
黄 山 市	Huangshan	1	643	5000	50257

16—20 亿元以上商品交易市场摊位分类情况（2015年）

Classification of Commodity Exchange Markets of Transaction Value over 100 Million Yuan (2015)

指　标	Item	年末摊位数（个）Number of Booths (unit)	总成交额（万元）Transaction Value (10000 yuan)
合　计	**Total**	**120733**	**25668795**
粮油、食品类	Grain and Oil, Food	28403	7697856
饮料类	Beverage Category	2354	555395
烟酒类	Smoke Wine	1903	435890
服装鞋帽、针、纺织品类	Clothing, Shoes, Hats and Textiles	25695	2403214
化妆品类	Cosmetics	856	117525
金银珠宝类	Gold, Silver and Jeweler	1748	339413
日用品类	Articles for Daily Use	5441	367129
五金、电料类	Hardware & Electrical Materials	4710	612411
体育、娱乐用品类	Sports & Recreational Articles	272	14243
书报杂志类	Newspapers and Magazines	242	184251
电子出版物及音像制品类	E-journal and Video Products	273	10891
家用电器和音像器材类	Household Appliances and Video Equipments	2765	852189
中西药品类	Traditional Chinese and Western Medicine	6598	2850201
文化办公用品类	Cultural and official Goods	539	62822
家具类	Furniture	3174	1199767
通讯器材类	Communication Appliances	52	9833
煤炭及制品类	Coal and Related Products	3	355
木材及制品类	Wood and Wooden Products	983	242761
石油及制品类	Petroleum and Related Products	2	180
化工材料及制品类	Raw Chemical Materials and Related Products	578	190702
金属材料类	Metal Materials	2088	3165723
建筑及装潢材料类	Building and Decoration Materials	14018	2046297
机电产品及设备类	Mechanical & Electrical Products	2036	700588
汽车类	Automobile	1568	895789
种子饲料类	Seed and Feedstuff	449	67846
棉麻类	Cotton and Hemp	33	21200
其他类	Others	13950	624324

注：国家统计局报表制度商品分类目录发生变化。

a) Changes takea place in the catalogue of the report system of the National Bureau of statistics.

16—21 各市社会消费品零售总额（2015年）

Total Retailsale of Consumer Goods in Major Years by Region (2015)

单位：万元（10000 yuan）

地　区	Region	社会消费品零售总额 Total Retail Sales of Consumer Goods	城　镇 Urban	城　区 City	乡　村 Rural	餐饮收入 Catering Income	商品零售 Commodity Retail
全　省	**Total**	**89080160**	**72323384**	**49534832**	**16756776**	**9958722**	**79121438**
合 肥 市	Hefei	21836501	20463884	16832418	1372618	2061889	19774612
淮 北 市	Huaibei	2833546	2209219	1767800	624327	144177	2689369
亳 州 市	Bozhou	4363789	3203316	1096198	1160472	497663	3866126
宿 州 市	Suzhou	4244984	3524709	1359810	720275	481429	3763555
蚌 埠 市	Bengbu	5706475	4980314	3674716	726161	627235	5079240
阜 阳 市	Fuyang	6747084	4717179	2763146	2029906	851996	5895088
淮 南 市	Huainan	4591704	3834164	2539125	757540	623359	3968345
滁 州 市	Chuzhou	4569999	3858078	1996101	711921	596969	3973029
六 安 市	Luan	4846985	2352210	2000532	2494775	457953	4389032
马鞍山市	Maanshan	4185510	3873275	2499050	312235	543375	3642135
芜 湖 市	Wuhu	7330353	6630497	4831263	699856	829451	6500901
宣 城 市	Xuancheng	4225005	2550178	1187850	1674827	522208	3702797
铜 陵 市	Tongling	2723184	2159659	1845280	563525	421501	2301683
池 州 市	Chizhou	1979836	1542767	1012250	437069	277483	1702353
安 庆 市	Anqing	6083766	4066490	2841435	2017276	467058	5616708
黄 山 市	Huangshan	2811440	2357446	1287859	453994	554976	2256464

注：全省分组数据为第三次经济普查国家调整后数据。

a) Data groups of the whole province is the data of the third economic census after adjusting by nation.

16—22 各县（市）社会消费品零售总额（2015年）
Total Retailsale of Consumer Goods in Major Years by County or City (2015)

单位：万元（10000 yuan）

县（市）	County or City	社会消费品零售总额 Total Retail Sales of Consumer Goods	城镇 Urban	乡村 Rural	餐饮收入 Catering Income	商品零售 Commodity Retail
合肥市辖区	Hefei Region of City	18140243	18140243		1537439	16602803
巢湖市	Chaohu	701686	429371	272315	133739	567947
长丰县	Changfeng	494735	312557	182178	70968	423767
肥东县	Feidong	847513	546711	300802	102868	744645
肥西县	Feixi	830925	530479	300446	81272	749653
庐江县	Lujiang	821399	504523	316876	135602	685797
淮北市辖区	Huaibei Region of City	2055592	1615079	440513	110179	1945413
濉溪县	Suixi	777954	594140	183814	33998	743956
亳州市辖区	Bozhou Region of City	1581670	1258916	322754	168135	1413534
涡阳县	Guoyang	998627	703715	294912	120874	877753
蒙城县	Mengcheng	944754	691887	252866	111681	833073
利辛县	Lixin	838739	548798	289941	96972	741767
宿州市辖区	Suzhou Region of City	1990349	1645000	345349	148574	1841775
砀山县	Dangshan	553603	492976	60627	77817	475786
萧县	Xiaoxian	795440	626342	169098	124812	670628
灵璧县	Lingbi	482747	416896	65851	64685	418062
泗县	Sixian	422846	343496	79350	65542	357304
蚌埠市辖区	Bengbu Region of City	3582056	3416106	165950	536383	3045673
怀远县	Huaiyuan	1017608	766259	251349	43961	973647
五河县	Wuhe	611694	414728	196966	22021	589673
固镇县	Guzhen	495117	383221	111896	24870	470247
阜阳市辖区	Fuyang Region of City	2798140	1956301	841839	353339	2444802
界首市	Jieshou	781602	546452	235150	98698	682904
临泉县	Linquan	1312279	917471	394808	165710	1146569
太和县	Taihe	661770	462672	199098	83566	578204
阜南县	Funan	702001	490799	211202	88646	613355
颍上县	Yingshang	491292	343483	147808	62038	429253
淮南市辖区	Huainan Region of City	3180883	2715776	465107	423754	2757129
凤台县	Fengtai	632221	539778	92443	84224	547997
寿县	Shouxian	778599	578610	199990	115381	663218
滁州市辖区	Chuzhou Region of City	1164218	1115940	48278	75912	1088306
天长市	Tianchang	709521	615148	94373	95473	614048
明光市	Mingguang	584759	500272	84487	118834	465926
来安县	Laian	522696	405326	117371	83941	438756
全椒县	Quanjiao	515224	434246	80978	72859	442365
定远县	Dingyuan	526541	474546	51994	52509	474031
凤阳县	Fengyang	547040	312599	234440	97442	449598

16—22 续表 continued

单位：万元（10000 yuan）

县（市）	County or City	社会消费品零售总额 Total Retail Sales of Consumer Goods	城镇 Urban	乡村 Rural	餐饮收入 Catering Income	商品零售 Commodity Retail
六安市辖区	Luan Region of City	2413451	1584139	829312	230303	2183148
霍邱县	Huoqiu	822072	250732	571340	75395	746677
舒城县	Shucheng	702299	224736	477563	66355	635944
金寨县	Jinzhai	574943	183982	390961	54322	520621
霍山县	Huoshan	334221	108622	225599	31578	302643
马鞍山市辖区	Maanshan Region of City	2533136	2493646	39490	326085	2207051
当涂县	Dangtu	701975	591603	110372	92460	609515
含山县	Hanshan	406470	322886	83584	53789	352681
和县	Hexian	543929	465140	78789	71041	472888
芜湖市辖区	Wuhu Region of City	4838831	4831263	7568	477183	4361648
芜湖县	Wuhu	498494	334434	164060	61651	436843
繁昌县	Fanchang	417728	288975	128753	83119	334608
南陵县	Nanling	599954	376291	223663	70325	529629
无为县	Wuwei	975347	799535	175812	137173	838174
宣城市辖区	Xuancheng Region of City	1604404	868637	735767	135132	1469272
宁国市	Ningguo	816405	540460	275945	85886	730519
郎溪县	Langxi	323757	213629	110128	65762	257995
广德县	Guangde	625767	384953	240814	98979	526788
泾县	Jingxian	378302	237135	141167	60678	317624
绩溪县	Jixi	276967	185723	91244	41295	235672
旌德县	Jingde	199403	119641	79762	34476	164927
铜陵市辖区	Tongling Region of City	2088102	1873900	214202	290031	1798071
枞阳县	Zongyang	635082	285759	349323	131470	503612
池州市辖区	Chizhou Region of City	1110908	1016848	94060	155699	955209
东至县	Dongzhi	401740	235076	166664	56306	345434
石台县	Shitai	113145	66590	46555	15858	97287
青阳县	Qingyang	354043	224253	129790	49621	304422
安庆市辖区	Anqing Region of City	2523088	1692156	830932	84417	2438671
桐城市	Tongcheng	766114	762704	3411	80026	686089
怀宁县	Huaining	662712	236137	426575	84643	578069
潜山县	Qianshan	549260	402332	146928	79169	470091
太湖县	Taihu	381378	171718	209660	28851	352527
宿松县	Susong	555398	432309	123088	48034	507363
望江县	Wangjiang	397681	247416	150265	32516	365165
岳西县	Yuexi	248135	121717	126418	29402	218733
黄山市辖区	Huangshan Region of City	1567400	1425766	141635	330105	1237295
歙县	Shexian	608811	447470	161341	102683	506128
休宁县	Xiuning	320017	249150	70867	45524	274493
黟县	Yixian	105492	80651	24841	29498	75994
祁门县	Qimen	209720	154410	55310	47166	162554

主要统计指标解释

批发业

指批发商向批发、零售单位及其他企事业、机关单位批量销售生活用品和生产资料的活动，以及从事进出口贸易和贸易经纪与代理的活动。批发商可以对所批发的货物拥有所有权，并以本单位、公司的名义进行交易活动；也可以不拥有货物的所有权，而以中介身份做代理销售商。还包括各类商品批发市场中固定摊位的批发活动。

零售业

指百货商店、超级市场、专门零售商店、品牌专卖店、售货摊等主要面向最终消费者（如居民等）的销售活动。包括以互联网、邮政、电话、售货机等方式的销售活动，还包括在同一地点，后面加工生产，前面销售的店铺（如前店后厂的面包房）。不包括：谷物、种子、饲料、牲畜、矿产品、生产用原料、化工原料、农用化工产品、机械设备（乘用车、计算机及通信设备等除外）等生产资料的销售(列入批发业)；非零售单位附带的零售活动，如汽车修理单位销售汽车零件（列入单位主业所对应的行业类别中)；商业零售单位所在商厦的物业管理（列入物业管理)；商业零售单位所在的商品市场、商业大厦的市场管理活动（列入市场管理)。

批发和零售业商品购进、销售、库存额

指各种登记注册类型的批发和零售业企业(单位)以本企业(单位)为总体的，从国内、国外市场购进的商品总量，销售和出口的商品总量，库存的商品总量等情况。该指标可以反映商品流转过程中商品的购进、销售、库存之间的比例关系和存在的问题。

商品购进额

指从本企业以外的单位和个人购进（包括从国外直接进口）作为转卖或加工后转卖的商品金额（含增值税)。商品购进包括：（1）从工农业生产者、批发和零售业企业、住宿和餐饮业企业、出版社或报社的出版发行部门和其他服务业企业购进的商品；（2）从机关团体、事业单位购进的商品；（3）从海关、市场管理部门购进的缉私和没收的商品；（4）从居民收购的废旧商品等。不包括：（1）企业为本单位自身经营用，不是作为转卖而购进的商品，如材料物资、包装物、低值易耗品、办公用品等；（2）未通过买卖行为而收入的商品，如接受其他部门移交的商品、借入的商品、收入代其他单位保管的商品、其他单位赠送的样品、加工回收的成品等；（3）经本单位介绍，由买卖双方直接结算，本单位只收取手续费的业务；（4）销售退回和买方拒付货款的商品；（5）商品溢余。

商品销售额

指对本单位以外的单位和个人出售的商品金额（包括售给本单位消费用的商品，含增值税)。商品销售包括（1）售给城乡居民和社会集团消费用的商品；（2）售给农业、工业、建筑业、运输邮电业、服务业、公用事业等国民经济各行业用于生产、经营用的商品，包括售予批发和零售业作为转卖或加工后转卖的商品；（3）对国（境）外直接出口的商品。不包括：（1）未通过买卖行为付出的商品，如随机构变动移交给其他企业单位的商品、借出的商品、归还受其他单位委托代保管的商品、付出的加工原料和赠送给其他单位的样品等；（2）经本单位介绍，由买卖双方直接结算，本单位只收取手续费的业务；（3）购货退回的商品；（4）商品损耗和损失；（5）出售本单位自用的废旧物资。

商品库存额

指报告期末各种登记注册类型的批发和零售业企业(单位)已取得所有权的商品。它反映批发和零售业企业(单位)的商品库存情况和对市场商品供应的保证程度。商品库存包括：(1)存放在批发和零售业经营单位(如门市部、批发站、采购站、经营处)的仓库、货场、货柜和货架中的商品；(2)挑选、整理、包装中的商品；(3)已记入购进而尚未运到本单位的商品，即发货单或银行承兑凭证已到而货未到的商品；(4)寄放他处的商品，如因购货方拒绝付款而暂时存在购货方的商品；(5)委托其他单位代销(未作销售或调出)尚未售出的商品；(6)代其他单位购进尚未交付的商品。不包括：所有权不属于本单位的商品；委托外单位加工的商品；外贸企业代理其他单位从国外进口尚未付给订货单位的商品；代国家物资储备部门保管的商品等。

连锁总店（总部）

指负责连锁企业资源（商号、商誉、经营模式、服务标准、管理模式等等）的开发、配置、控制或使用等功能的企业核心管理机构。连锁经营是指经营同类商品或服务，使用统一商号的若干店铺，在同一总店（总部）的管理下，采取统一采购或特许经营等方式，实现规模效益的组织形式，包括直营连锁、特许连锁和自愿连锁三种形式。其中，直营连

锁是指连锁店铺由连锁公司全资或控股开设，在总部的直接控制下，开展统一经营的连锁经营形式；特许连锁是指拥有注册商标、企业标志、专利、专有技术等经营资源的企业（特许人），以合同形式将其拥有的经营资源许可其他经营者（被特许人）使用，被特许人按合同约定在统一的经营模式下开展经营，并向特许人支付特许经营费用的连锁经营形式；自愿连锁是指若干个店铺或企业自愿组合起来，在不改变各自资产所有权关系的情况下，以同一个品牌形象面对消费者，以共同进货为纽带开展的连锁经营形式。

亿元以上商品交易市场

指年成交额在亿元及以上的商品交易市场。商品交易市场是指经有关部门和组织批准设立，有固定场所、设施，有经营管理部门和监管人员，若干市场经营者入内，常年或实际开业三个月以上，集中、公开、独立地进行生活消费品、生产资料等现货商品交易以及提供相关服务的交易场所，包括各类消费品市场、生产资料市场等。

社会消费品零售总额

指企业（单位、个体户）通过交易直接售给个人、社会集团非生产、非经营用的实物商品金额，以及提供餐饮服务所取得的收入金额。个人包括城乡居民和入境人员，社会集团包括机关、社会团体、部队、学校、企事业单位、居委会或村委会等。

Explanatory Notes for Major Statistical Indicators

Wholesale Trade

refers to the activities of wholesaler selling at wholesale commodities for daily use and capital goods to enterprises of wholesale and retail trades and other enterprises, institutions and government offices, including the activities of wholesaler engaged in import and export and acting as a trade agent. The wholesaler may have the right of ownership over the commodities of wholesale and trade in the name of its own's or a company, the wholesaler may not have the right of ownership, only acts an agent. The wholesale trade also include the activities of wholesaler at the fixed stalls of the wholesale market of different commodities.

Retail Trade

refers to the activities of department store, supermarket, franchised store, brand store, retail stall and on-the-spot-making-selling store selling commodities to the final consumers (citizens) by any means including internet, post, telephone, sales machine. Retail trade excludes the activities of sales of capital goods such a grain, seed, feed, livestock, mineral products, raw material for production, industrial chemicals, chemical products for farm, machine and equipment (vehicle, computer and communication equipment), and the activities of supplementary sales of non-retailer such as the sales of spare parts of car repair business (listed as branch in correspondence with principle business), property management of buildings of retail units (listed as property management); market management of commercial markets and buildings of retail units (listed as market management) .

Purchase, Sales and Stock of Commodities by Wholesale and Retail Trades

refer to the total volume of commodities purchased, total volume of sales and exports, and the stock of commodities by wholesale and retail enterprises (establishments) of different status of registration from domestic and overseas markets. This indicator reflects the relationship among purchase, sales and stock of commodities in the circulation of goods and reveals the existing problems.

Total Purchases of Commodities

refer to the total value of purchases of commodities by enterprises (establishments) from other establishments or individuals (including direct import from abroad) for the purpose of re-selling, either with or without further processing of the commodities purchased. The commodities include: (1) commodities purchased from agricultural and industrial producer, wholesaler, retailer, publishing house and other service business; (2) commodities purchased from institutions and government departments; (3) confiscated goods purchased from the customs authorities or market management agencies; (4) second-hand goods and wastes purchased from residents; The commodities exclude 1. commodities purchased by enterprises (establishments) for use in their own business operation, commodities obtained without buying or selling procedures such as materials, consumable goods of low value, office appliance, etc. 2. received goods without trading, such as goods handed over from others, borrowed goods, preserved goods for others, donated goods from others, processed and retrieved goods, etc. 3. goods of direct settlement between buyer and seller with handling fees introduced by others, 4. goods returned or refused to pay by the buyer, 5. excessive goods.

Total Sales of Commodities

refer to value of commodities sold by the establishments to other establishments and individuals (including goods sold for self consumption, including the value-added tax). The commodities include: (1) commodities sold to urban and rural residents and social groups for their consumption; (2) commodities sold to establishments in all industries for their production and operation, including agriculture, industry, construction, transportation, post and telecommunications, catering services, and public utility including commodities sold to wholesale and retail establishments for re-selling, with or without further processing; and (3) commodities for direct export to abroad. Excluded are (1) extended commodities without trading, such as goods handed over to other enterprises and institutions because of the change of organizations, lent goods, returned goods preserved for others, extended processing materials and samples donated to others, (2) goods of direct settlement between buyer and seller with handling fees introduced by others, 3. goods returned after purchase, (4) damaged and spoiled goods, (5) waste and used goods of self use,

Total Stock of Commodities

refers to total commodities possessed by wholesaler and retailer of various types of registration status at the end of the reference period, reflecting the commodity stock level of various wholesaler and retailer and the potential for market supply. It includes: (1) commodities located in storage, garages, counters, and shelves of operating places of wholesale and retail trades (such as sale stores, wholesale centres, procurement stations and operating offices); (2) commodities in the process of being selected, sorted, and packed; (3) commodities not arrived but recorded as purchase in the account, i.e. commodities not arrived but payment receipts for the commodities from the sellers or the banks arrived; (4) commodities deposited in other places rather than places mentioned above, for instance: commodities in the hold of purchasers temporarily due to the refusal of payment; (5) commodities entrusted to other units to sell but not sold yet; (6) commodities purchased for other units but not delivered yet. Commodities not included as stock are those not owned by the enterprises (units), commodities on commission for processing, imported commodities of agency of foreign trade enterprise but not yet delivered to ordering units and finally those put in stock on behalf of the state material reserves units.

Chain Head Stores (headquarter)

refer to the core leading stores responsible for development, allocation, administration and utilization of resources (name of stores, brand of stores, operation model, service standard, management way, etc.) of chain stores. Chain stores refers to the stores engaged in providing homogeneous commodities or services, with the central leadership of head store (headquarters) and guided by common policies, conduct centralized purchase and distributed selling of commodities, in order to gain better efficiency through standardized operation. The chain stores include regular chain stores, franchise chain stores and voluntary chain stores. Regular Chain store refers to chain stores that are invested or controlled by the headquarters. They operate under direct and unified management from the headquarters. Franchise chain store refers to the chain stores (franchisees) which are franchised with operation resources such as trade marks, names, patent and operation know-how by the franchisors in form of contract and pay the operation fees to the franchisors. Voluntary chain store refers to the stores operate jointly on the voluntary bases while maintaining their status of independent legal entities with full ownership of their assets. They sell goods of same brand from same channel of resource to the consumers.

Large Commodity Markets with Transaction Value over 100 Million Yuan

refers to the commodity markets with an annual transaction at and above 100 million. The commodity market refers to the markets approved and managed by related departments, where there are fixed sites, facilities, managers and administration offices, where there are a certain number of traders to operate for three month and above or all the year, where the commodities including the articles for daily consumption and capital goods and services are traded in a centralized, independent and open way. Such market includes markets of daily goods and market of capital goods, etc.

Total Retail Sales of Consumer Goods

refer to the amount obtained by enterprises (units, self-employed individuals) through direct sales of non-production and non-business physical commodity to individuals, social institutions, and revenue from providing catering services. Individuals include rural and urban households, population from abroad, social institutions include government agencies, social organizations, military units, schools, institutions, neighbourhood (village) committees.

第十七篇

Chapter 17

对外经济贸易

FOREIGN TRADE AND ECONOMIC COOPERATION

简要说明

一、我省进出口贸易的规模、进出口商品结构、贸易伙伴国的进出口总额以及三资企业的进出口变化情况，根据合肥海关资料加工整理。

二、利用外资资料来源于省商务厅，根据国家商务部和国家统计局共同制订的《利用外资统计制度》加工、整理而成。

三、外商投资企业注册登记情况。资料来源于省工商行政管理局，根据国家工商行政管理局制订的《工商行政管理系统统计报表制度》进行统计、加工、整理而得。凡以工商行政管理机关核准注册，在我省的中外合资经营企业、中外合作经营企业、外商独资企业、中外股份公司、在华从事经营活动的外国及港澳台地区企业及外国公司在我省境内设立的分支机构均列入统计范围。

四、对外承包工程和劳务合作的发展状况。资料来源于省商务厅，根据国家商务部与国家统计局共同制订的《对外承包工程和劳务合作统计制度》通过全面调查方法进行加工、整理而得。

Brief Introduction

I. Data on scale of import and export, commodity structure, total volume of import and export to trade partner and change in import and export of joint, cooperative or exclusively foreign-funded ventures are collected in accordance with the data provided by the Hefei Customs.

II. Data on overall situation of the utilization of foreign capital in Anhui come from the Provincial Department of Commerce and are tabulated in accordance with the "Statistical Scheme on the Utilization of Foreign Capital" designed by the Ministry of Commerce and Economic Cooperation and the National Bureau of Statistics.

III. Data on the registration of the foreign-funded enterprises in various regions come from the Provincial Administration for Industry and Commerce and are tabulated in accordance with the "Statistical Reporting Scheme in the Administrative System of Administration for Industry and Commerce" stipulated by the State Administration for Industry and Commerce. The statistical coverage includes all the Sino-foreign joint ventures, Sino-foreign cooperative enterprises, ventures exclusively with foreign investment, Sino-foreign shareholding companies, foreign enterprises and enterprises of Hong Kong, Macao and Taiwan engaged in commercial activities and the branch offices of the foreign companies, which have been approved by and registered at the Administration for Industry and Commerce to set up in boundary of Anhui Province.

IV. Data on development of the contracted projects, labor services cooperation and design and consultation service with foreign countries come from the Provincial Department of Commerce and are collected with the method of complete enumeration and are tabulated in accordance with the "Statistical Reporting Scheme on the Contracted Projects and Labor Services Cooperation with Foreign Countries" jointly stipulated by the Ministry of Commerce and Economic Cooperation and the National Bureau of Statistics.

17—1 对外经济贸易基本情况
Foreign Trade and Economic Cooperation

单位：万美元（USD 10000）

指　　标	Item	2000	2005	2010	2014	2015
进出口总额	**Total Imports and Exports**	**334689**	**911971**	**2427677**	**4927279**	**4880808**
出口总额	Total Exports	217206	519038	1241288	3149309	3311424
初级产品	Primary Products	28988	37045	78229	193288	182463
工业制成品	Industrial Manufactured Goods	188218	481993	1163059	2956021	3128960
进口总额	Total Imports	117483	392933	1186388	1777970	1569384
初级产品	Primary Products	45718	208280	629398	907582	797477
工业制成品	Industrial Manufactured Goods	71765	184653	556991	870387	771907
进出口差额	Import and Export Balance	+99723	+126105	+54900	+1371339	+1742040
利用外商直接投资	**Foreign Direct Investment Utilization**					
新批项目（个）	The New Projects (unit)	247	421	281	256	289
合同外资额	The Contract Amount of Foreign Investment	63602	155358	216462	310969	393800
实际利用外商直接投资额	The Actual Use of Foreign Direct Investment	31847	68845	501446	1233978	1361945
外商投资企业基本情况	**The Basic Situation of Enterprises With Foreign Investment**					
年底登记户数（户）	At The End of The Registration Number (household)	2216	2165	2546	4722	5063
投资总额	The Total Amount of Investment	914400	1548601	3032426	4784657	10648647
注册资本	Registered Capital	586788	890476	1734905	2605455	3091647
#外　方	Foreign	341328	593280	1293032	1879129	2234387
对外承包工程和劳务合作	**Foreign Contracted Projects and Labor Service Cooperation**					
对外承包工程新签合同额	Newly Signed Contract of Foreign Contracted Projects	11768	36396	151147	266764	307024
对外承包工程完成营业额	Foreign Contracted Projects Completed Turnover	7308	12585	192746	322693	269258
劳务人员实际收入总额	Labor Income Amount				18371	11118
外派劳务人数（人）	Expatriate Population (person)	2019	5756	12631	14139	10500
年末在外劳务人员（人）	At the end of the Year in Foreign Labor Service Personnel (person)	4272	11042	20236	24709	23691
对外投资	**Foreign Investment**					
新批境外企业（机构）数（家）	A new Batch of Overseas Enterprises (Institutions) Number (home)		15	44	100	133
协议对外投资额	Agreement of Foreign Investment		704	112504	180861	318197
实际对外投资额	The Actual Amount of Foreign Investment		1841	80966	46877	96846

注：2013年以后外商投资企业年底登记户数含外商投资企业分支机构。

a) By the end of 2013 registration number of enterprises with foreign investment include branches of enterprises.

17—2 海关出口商品分类金额
Value of Exports by Category of Commodities (Customs Statistics)

单位：万美元（USD 10000）

指　标	Item	2000	2005	2010	2014	2015
总　额	**Total**	**217206**	**519038**	**1241288**	**3149309**	**3311424**
初级产品	Primary Goods	28988	37045	78229	193288	182463
食品及主要供食用的活动物	Food and Live Animals Used Chiefly for Food	18098	22603	47659	84682	90668
饮料及烟类	Beverages and Tobacco	29	17	129	154	217
非食品原料	Non-edible Raw Materials	10246	14288	29947	46106	36791
矿物燃料、润滑油及有关原料	Mineral Fuels, Lubricants and Related Materials	596	16	65	385	403
动、植物油脂及腊	Animal and Vegetable Oils, Fats and Wax	19	121	428	61962	54384
工业制成品	Manufactured Goods	188218	481993	1163059	2956021	3128960
化学品及有关产品	Chemicals and Related Products	22855	60227	148644	211862	217230
轻纺产品、橡胶制品、矿冶产品及其制品	Light and Textile Industrial Products, Rubber Products, Minerals Metallurgical Products	72552	205767	281446	899024	906051
机械及运输设备	Machinery and Transport Equipment	25386	142220	421797	1183961	1210348
杂项制品	Miscellaneous Products	67425	72718	310905	541857	644557
未分类的商品	Goods not Classified		1061	267	119316	150774

17—3 海关进口商品分类金额
Value of Imports by Category of Commodities (Customs Statistics)

单位：万美元（USD 10000）

指　标	Item	2000	2005	2010	2014	2015
总　额	**Total**	**117483**	**392933**	**1186388**	**1777970**	**1569384**
初级产品	Primary Goods	45718	208280	629398	907582	797477
食品及主要供食用的活动物	Food and Live Animals Used Chiefly for Food	941	8113	27272	79492	107868
饮料及烟类	Beverages and Tobacco		4	110	430	596
非食品原料	Non-edible Raw Materials	43747	189954	568818	739888	643688
矿物燃料、润滑油及有关原料	Mineral Fuels, Lubricants and Related Materials	577	8101	26226	37336	28190
动、植物油脂及腊	Animal and Vegetable Oils, Fats and Wax	453	2108	6971	50437	17136
工业制成品	Manufactured Goods	71765	184653	556991	870387	771907
化学品及有关产品	Chemicals and Related Products	12448	30386	60091	119552	110446
轻纺产品、橡胶制品、矿冶产品及其制品	Light and Textile Industrial Products, Rubber Products, Minerals Metallurgical Products	14791	42157	85325	168219	174572
机械及运输设备	Machinery and Transport Equipment	41439	102515	367495	380226	224899
杂项制品	Miscellaneous Products	3087	9595	43856	94212	100118
未分类的商品	Goods not Classified			224	108179	161872

17—4 海关进出口商品分类金额

Value of Imports and Exports by Category of Commodities (Customs Statistics)

单位：万美元（USD 10000）

品名	Item	2014 出口 Exports	2014 进口 Imports	2015 出口 Exports	2015 进口 Imports
总值	**Total**	**3149309**	**1777970**	**3311424**	**1569384**
初级产品	**Primary Goods**	**193288**	**907582**	**182463**	**797477**
食品及活动物	Food and Live Animals	84682	79492	90668	107868
活动物	Live Animals	454	1084	406	987
肉及肉制品	Meat and Related Products	876	7010	600	7384
乳品及蛋品	Dairy Products and Eggs	33	11941	42	8348
鱼、甲壳及软体类动物及其制品	Fish, Shellfish and Mollusks and Related Products	5956	267	4133	257
谷物及其制品	Cereals and Related Products	4911	6152	7409	17934
蔬菜及水果	Vegetables and Fruits	22190	22769	23550	25565
糖、糖制品及蜂蜜	Sugar, Sugar Products and Honey	8306	317	10941	301
咖啡、茶、可可、调味料及其制品	Coffee, Tea, Coco, Spices and Related Products	20815	2249	24683	2411
饲料（不包括未碾磨谷物）	Feed (excluding unbranded cereal)	1732	12003	1930	23683
杂项食品	Miscellaneous Food	19409	15701	16974	20996
饮料及烟类	Beverages and Tobacco	154	430	217	596
饮料	Beverages	154	430	217	596
烟草及其制品	Tobacco and Its Products				
非食用原料（燃料除外）	Inedible Material (excluding fuel)	46106	739888	36791	643688
生皮及生毛皮	Raw Hides and Raw Furs	178	452	181	659
油籽及含油果实	Oil Seeds and Fruits Containing Oil	5532	25636	4124	25258
生橡胶（包括合成橡胶及再生橡胶）	Raw Rubber (including synthetic rubber and reclaimed rubber)	627	23771	625	16173
软木及木材	Cork and Timber	5561	17255	6448	9283
纸浆及废纸	Paper Pulp and Waste Paper	2178	45716	2152	51948
纺织纤维（羊毛条除外）及其原料	Textile Fibers (excluding wool taps) and Related Waste Material	7646	7850	6633	8745
天然肥料及矿物（煤、石油及宝石除外）	Natural Fertilizer and Mineral (excluding coal, petroleum and precious stone)	3118	1369	1870	2565
金属矿砂及金属废料	Metal Ore and Metal Waste Material	19	617131	46	528612
其他动、植物原料	Other Animal and Plant Material	21247	706	14713	443
矿物燃料、润滑油及有关原料	Mineral Fuel, Lubrication Oil and Related Raw Material	385	37336	403	28190
煤、焦炭及煤砖	Coal, Coke and Briquette	109	20349	65	10521
石油、石油产品及有关原料	Petroleum, Petroleum Products and Related Material	150	16292	209	16900
天然气及人造气	Natural Gas and Person Gas-producing	125	696	130	768
动植物油、脂及蜡	Animal Fat, Vegetable Oil and Wax	61962	50437	54384	17136
动物油、脂	Animal Fat	258	3017	122	2881
植物油、脂	Vegetable Oil	545	41898	649	10435
已加工的动植物油、脂及动植物蜡	Processed Animal Fat, Vegetable Oil and Wax	61	348	43	113
其他动植物油、脂及蜡	Other Animal Fat,Vegetable Oil and Wax	61099	5175	53570	3707
工业制品	**Industrial Products**	**2956021**	**870387**	**3128960**	**771907**
化学成品及有关产品	Chemical Products and Related Products	211862	119552	217230	110446
有机化学品	Organic Chemical Products	83093	21692	76186	22649
无机化学品	Inorganic Chemical Products	27528	3315	19127	4784

17—4 续表 continued

单位：万美元（USD 10000）

品名	Item	2014 出口 Exports	2014 进口 Imports	2015 出口 Exports	2015 进口 Imports
染料、鞣料及着色料	Dyestuff, Tanning Material and Coloring Material	7977	2244	8169	2526
医药品	Medical and Pharmaceutical Products	19662	2264	20704	2241
精油、香料及盥洗、光洁制品	Essential Oil, Perfume, Sanitary and Surface Finishing Articles	17292	5779	17858	3909
制成废料	Produced Wasted Articles	15465		29444	
初级形状的塑料	Primary Shaped Plastics	12368	61800	12511	53645
非初级形状的塑料	Non-primary Shaped Plastics	18422	5423	19902	4699
其他化学原料及产品	Other Chemical Material and Products	10057	17033	13328	15991
轻纺产品、橡胶制品、矿冶产品及其制品	Textile Products, Rubber Products, Mining and Metallurgical Products	899024	168219	906051	174572
皮革、皮革制品及已鞣毛皮	Leather and Its Products and Tan Hide	27193	15	30731	11
橡胶制品	Rubber Products	53388	13155	50693	15316
软木及木制品（家具除外）	Cork and Wooden Products (excluding furniture)	17336	1772	19409	2865
纸及纸板、纸浆、纸及纸板制品	Paper, Paperboard, Paper Pulp and Paper Products	43035	1533	54996	1709
纺纱、织物、制成品及有关产品	Spinning, Fabric and Related Products	383044	36216	367020	35725
非金属矿物制品	Nonmetal Mineral Products	87324	25924	96691	30097
钢　铁	Iron and Steel	100140	13945	106022	10825
有色金属	Nonferrous Metal	71792	68132	53624	71059
金属制品	Metal Products	115772	7527	126865	6965
机械及运输设备	Machinery and Transportation Equipment	1183961	380226	1210348	224899
动力机械及设备	Dynamic Machinery and Equipment	45676	24992	50990	20012
特种工业专用机械	Special Industrial Machinery	336838	45773	306321	27507
金工机械	Metalworking	14606	24234	12938	21286
通用工业机械设备及零件	General Industrial Machinery Equipment and Accessories	172626	149178	170788	46999
办公用机械及自动数据处理设备	Office Machinery and Automatic Data Processing Equipment	39841	82035	25452	66913
电信和声音的录制及重放装置设备	Telecommunication, Sound Recording and Playing Equipment	73606	2865	82498	2261
电力机械、器具及其电气零件	Electric Machinery, Implements and Spare Parts	279405	46443	314048	36220
陆路车辆（包括气垫式）	Land Route Vehicles (including hover-motor)	186330	4235	221586	2865
其他运输设备	Other Transportation Equipment	35034	470	25727	836
杂项制品	Miscellaneous Manufactured Articles	541857	94212	644557	100118
活动房屋、卫生水道、供热及照明装置	Prefabricated House, Sanitation, Water Pipe, Heating and Lighting Installation	67727	456	76585	333
家具及其零件、褥垫及类似填充制品	Furniture and Accessories, Mattress, Bedding Articles	74698	143	82570	561
旅行用品、手提包及类似品	Box and Bag, Travel Goods	29753	18	30447	38
服装及衣着附件	Garments, Clothing Accessories	10467	116	12105	68
鞋　靴	Footwear	69846	11	66337	42
专业、科学及控制用仪器装置	Professional, Scientific and Dominating Instrument	108123	65078	171277	69442
摄影器材、光学物品及钟表	Photographic Equipment, Optical Goods, Clocks and Watches	7313	15596	16631	17112
杂项制品	Miscellaneous Manufactured Articles	173931	12793	188605	12522
未分类的商品	Goods Not Classified	119316	108179	150774	161872

17—5 安徽省同各国（地区）进出口总额
Anhui's Foreign Trade With Related Countries and Territories

单位：万美元（USD 10000）

国 别（地区）	Country (region)	2014 进出口总额 Total	2014 出口总额 Exports	2014 进口总额 Imports	2015 进出口总额 Total	2015 出口总额 Exports	2015 进口总额 Imports
合 计	**Total**	**4927279**	**3149309**	**1777970**	**4880808**	**3311424**	**1569384**
亚 洲	**Asia**	**2223971**	**1427250**	**796721**	**2102546**	**1440279**	**662267**
阿富汗	Afghanistan	798	798		250	250	
巴 林	Bahrain	6535	6532	3	2495	2491	4
孟加拉国	Bangladesh	25615	24425	1190	25448	24739	710
不 丹	Kingdom of Bhutan	8	8		20	20	
文 莱	Brunei	2836	2836		6522	6522	
缅 甸	Myanmar	11692	11687	5	23906	23903	3
柬埔寨	Cambodia	8870	6815	2054	5685	5489	197
塞浦路斯	Cyprus	453	453		401	401	
朝 鲜	Democratic People's Republic of Korea	16798	16335	463	7825	7595	230
香 港	Hong Kong	150425	148053	2373	201320	198195	3125
印 度	India	119741	87391	32350	144907	114384	30524
印度尼西亚	Indonesia	111419	69857	41562	67462	51691	15771
伊 朗	Iran	182931	154547	28384	110892	96560	14332
伊拉克	Iraq	12702	12702		18717	18716	
以色列	Israel	13327	12028	1299	14846	14074	771
日 本	Japan	295476	153541	141935	221474	141709	79765
约 旦	Jordan	6560	6530	30	7730	7730	
科威特	Kuwait	16220	15317	902	6908	6630	279
老 挝	Laos	14407	999	13408	15804	6077	9727
黎巴嫩	Lebanon	5585	5581	4	6092	6089	3
澳 门	Macao	8038	8038	0	8795	8794	
马来西亚	Malaysia	114590	51651	62939	154460	70439	84020
马尔代夫	Maldives	113	113		284	284	
蒙 古	Mongolia	1683	867	816	691	547	144
尼泊尔	Nepal	439	439		251	251	
阿 曼	Oman	4628	3291	1336	7759	5387	2373
巴基斯坦	Pakistan	28202	21689	6514	37739	32912	4827
巴勒斯坦	Palestine	20	20		201	201	
菲律宾	The Philippines	49413	26191	23222	68128	42750	25378
卡塔尔	Qatar	9125	7067	2058	7921	5208	2713
沙特阿拉伯	Saudi Arabia	36257	29018	7239	44350	38916	5433
新加坡	Singapore	66272	53888	12384	80667	70156	10511
韩 国	Republic of Korea	244989	101917	143072	207652	100588	107064
斯里兰卡	Sri Lanka	4719	4064	656	7339	6653	686
叙利亚	Syria	1569	1569		2423	2423	
泰 国	Thailand	92185	50228	41957	85645	50389	35256
土耳其	Turkey	41671	37762	3909	38627	34577	4049
阿联酋	United Arab Emirates	123645	113919	9726	76075	70405	5670
也门共和国	Arab Republic of Yemen	4249	4204	46	3518	3518	
越 南	Viet Nam	106917	98126	8791	112401	99031	13370
台 湾	Taiwan	209029	60275	148753	173549	43441	130108
东帝汶	East Timor	161	161		305	305	
哈萨克斯坦	Kazakhstan	4750	4740	11	6767	5213	1553

17—5 续表1 continued

单位：万美元（USD 10000）

国 别（地区）	Country (region)	2014 进出口总额 Total	2014 出口总额 Exports	2014 进口总额 Imports	2015 进出口总额 Total	2015 出口总额 Exports	2015 进口总额 Imports
吉尔吉斯坦	Kirghiz Tanzania	2760	2760		6513	6513	0
塔吉克斯坦	Tajikistan	723	723		911	819	92
土库曼斯坦	Turkmenistan	2774	2749	25	3589	3247	342
乌兹别克斯坦	Uzbekistan	5735	5345	390	4894	4044	850
亚洲其他	Other of Asia	56919	3	56916	72389	3	72386
非 洲	**Africa**	**262789**	**217180**	**45609**	**271486**	**225137**	**46349**
阿尔及利亚	Algeria	26852	26811	41	20924	20911	14
安哥拉	Angola	12899	12899		6104	6104	
贝 宁	Benin	6916	6654	262	9062	8774	288
博茨瓦那	Botswana	429	429		290	290	
布隆迪	Burundi	61	61		7	7	
喀麦隆	Cameroon	4253	4251	2	3191	3045	146
加那利群岛	Canary Islands	4	4		1	1	
佛得角	Cape Verde	103	103		79	77	1
中 非	Central Africa	73	73		7	7	
乍 得	Chad	10	10		24	24	
科摩罗	Comoros	87	87		168	168	
刚 果	The Congo	1160	1160		1608	1608	
吉布提	Djibouti	1154	1154		3235	3235	
埃 及	Egypt	22127	22026	100	32626	32370	256
赤道几内亚	Equatorial Guinea	249	249		50	50	
埃塞俄比亚	Ethiopia	10825	4573	6252	7559	3140	4419
加 蓬	Gabon	569	459	110	746	746	
冈比亚	Gambia	441	441		426	405	21
加 纳	Ghana	9415	9014	402	12848	12673	176
几内亚	Guinea	2643	2643		3443	3439	4
几内亚比绍	Guineabissau	14	14		3	3	
科科迪瓦	Cote D'ivoire	2615	2043	571	3434	3242	192
肯尼亚	Kenya	6930	6387	543	9249	8100	1149
利比里亚	Liberia	335	325	9	1007	590	417
利比亚	Libya	4298	4298		3427	3427	
马达加斯加	Madagascar	1249	1238	11	1558	1123	435
马拉维	Malawi	985	979	6	1079	1079	
马 里	Mali	1773	232	1541	2404	314	2089
毛里塔尼亚	Mauritania	1565	1565		4991	1842	3149
毛里求斯	Mauritius	1012	1012		1117	1117	
摩洛哥	Morocco	9417	9031	386	8193	8077	116
莫桑比克	Mozambique	7138	4556	2582	6472	4917	1554
纳米比亚	Namibia	492	492		589	589	
尼日尔	Niger	1337	227	1111	3805	220	3586
尼日利亚	Nigeria	28234	27777	457	26748	26200	548
留尼汪	Reunion	288	288		303	303	
卢旺达	Rwanda	114	114		69	69	
圣多和普林	St and More Spring				8	8	
塞内加尔	Senegal	4840	4783	57	6926	6685	241
塞舌尔	Seychelles	45	45		78	78	

17—5 续表2 continued

单位：万美元（USD 10000）

国 别（地区）	Country (region)	2014 进出口总额 Total	2014 出口总额 Exports	2014 进口总额 Imports	2015 进出口总额 Total	2015 出口总额 Exports	2015 进口总额 Imports
塞拉利昂	Sierra Leone	523	522	1	995	995	
索马里	Somali	361	361		558	472	86
南 非	South Africa	31799	29158	2640	38096	32005	6091
苏 丹	Sudan	5924	3141	2783	9397	4769	4629
坦桑尼亚	Tanzania	8908	5168	3740	7347	4384	2962
多 哥	Togo	12158	8615	3543	9928	6223	3705
突尼斯	Tunisia	2640	2593	48	3142	3109	33
乌干达	Uganda	3426	806	2621	2366	689	1677
布基纳法索	Burkina Faso	100	100		230	230	
扎伊尔	Zaire	8996	6535	2461	9140	5376	3764
赞比亚	Zambia	5752	657	5095	3965	797	3168
津巴布韦	Zimbabwe	646	646		730	730	
莱索托	Lesotho	163	163		139	139	
梅利利亚	Melilla	29	29		15	15	
斯威士兰	Swaziland	476	13	462	15	15	
厄立特里亚	Eritrea	7857	89	7767	1468	34	1433
马约特岛	Mayuete Island	48	48		82	82	
南苏丹共和国	Republic of South Sudan	32	28	4	13	13	
非洲其他	Other of Africa				3	3	
欧 洲	**Europe**	**806746**	**625167**	**181579**	**790130**	**629911**	**160219**
比利时	Belgium	30713	24729	5984	33198	26825	6372
丹 麦	Denmark	13857	12883	974	9039	8160	879
英 国	United Kingdom	101426	95058	6368	106354	96492	9862
德 国	Germany	180940	106751	74189	163148	106672	56476
法 国	France	50308	42167	8141	54578	45339	9239
爱尔兰	Ireland	3925	3371	554	4491	3512	979
意大利	Italy	55933	40746	15187	57381	48605	8776
卢森堡	Luxembourg	567	171	396	291	19	272
荷 兰	Netherlands	67205	58441	8764	81023	75908	5115
希 腊	Greece	8088	6921	1167	7452	6863	589
葡萄牙	Portugal	7512	7258	253	9895	8894	1001
西班牙	Spain	53988	35860	18129	50319	39825	10494
阿尔巴尼亚	Albania	1042	949	93	1318	969	349
安道尔	Andorra	4	4		5	5	
奥地利	Austria	9459	3420	6040	9956	2791	7165
保加利亚	Bulgariy	2567	1883	684	2188	1081	1107
芬 兰	Finland	10083	8462	1621	7331	6107	1224
匈牙利	Hungary	5175	4552	623	6278	5167	1112
冰 岛	Iceland	234	234		116	116	
列支敦士登	Principality of Liechtenstein	6		6	13	5	8
马耳他	Malta	1930	1719	211	1492	1296	197
摩纳哥	Monaco	15	14		14	14	
挪 威	Norway	7400	4874	2526	5185	4120	1065
波 兰	Poland	30855	26935	3920	42408	40338	2070
罗马尼亚	Romania	7788	6359	1429	7556	5684	1872
瑞 典	Sweden	19442	16071	3372	16458	11061	5397
瑞 士	Switzerland	8714	4930	3784	5612	3021	2591

17—5 续表3 continued

单位：万美元（USD 10000）

国 别（地区）	Country (region)	2014 进出口总额 Total	2014 出口总额 Exports	2014 进口总额 Imports	2015 进出口总额 Total	2015 出口总额 Exports	2015 进口总额 Imports
爱沙尼亚	Estonia	3504	3393	112	3020	3007	13
拉脱维亚	Latvia	2085	2084		1812	1745	66
立陶宛	Lithuania	3323	3267	56	1940	1922	18
格鲁吉亚	Georgia	1058	1035	23	863	863	
亚美尼亚	Armenia	1890	206	1684	4722	151	4571
阿塞拜疆	Azerbaijan	780	773	7	425	425	
白俄罗斯	Byelorussia	1066	1065	1	476	426	49
摩尔多瓦	Moldora	311	306	5	97	81	15
俄罗斯	Russia	80937	72524	8413	52480	43999	8481
乌克兰	Ukraine	10568	8463	2105	11450	5480	5970
斯洛文尼亚	Slovenia	3648	2746	902	5060	4305	755
克罗地亚	Croatia	2419	2078	341	2153	1497	656
捷克共和国	Czech	11131	8544	2587	11949	8403	3546
斯洛伐克	Slovak	3947	3063	884	9495	7973	1523
前南马其顿	Macedonia	261	239	22	186	121	65
波 黑	Bosnia	113	92	21	325	76	249
塞尔维亚	Serbra	341	341		422	392	31
黑 山	Montenegro	178	178		156	156	
直布罗陀	Gibraltar	8	8				
拉丁美洲	**Latin America**	**664290**	**257363**	**406927**	**695316**	**326093**	**369223**
安提瓜	Antigua	4	4		1	1	
阿根廷	Argentina	13567	12426	1141	26237	18954	7283
阿鲁巴岛	Aruba Island	25	25		408	408	
巴哈马	The Bahamas	188	188		195	195	
巴巴多斯	Barbados	43	36	7	86	78	8
伯利兹	Belize	49	49		255	255	
玻利维亚	Bolivia	1912	1892	20	1681	1593	89
巴 西	Brazil	122444	59383	63061	110746	63187	47560
智 利	Chile	241170	34742	206428	255685	38396	217289
开曼群岛	Cayman Islands	2	2		7	7	
哥伦比亚	Colombia	26614	26487	127	22641	22438	203
多米尼克	Commonwealth of Dominica	22	22		32	32	
哥斯达黎加	Costa Rica	2489	2485	4	2672	2671	1
古 巴	Cuba	527	527		370	370	
库腊索岛	Curacao	21	21		101	101	
多米尼加	Dominican	2332	1460	872	2946	2750	197
厄瓜多尔	Ecuador	9068	8729	339	7670	6646	1024
法属圭亚那	French Guiana	27	27		59	59	
格林纳达	Grenada	18	18		13	13	
瓜德罗普	Guaderopu	118	118		228	228	
危地马拉	Guatemala	2577	2562	15	3620	3564	57
圭亚那	Guyana	133	133		340	340	
海 地	Haiti	1054	1054		698	698	

17—5 续表4 continued

单位：万美元（USD 10000）

国 别（地区）	Country (territory)	2014 进出口总额 Total	2014 出口总额 Exports	2014 进口总额 Imports	2015 进出口总额 Total	2015 出口总额 Exports	2015 进口总额 Imports
洪都拉斯	Honduras	744	731	12	1120	1120	
牙买加	Jamaica	949	949		1311	1311	
马提尼克	Matinik	33	33		25	25	
墨西哥	Mexico	72015	38618	33398	69663	47444	22219
尼加拉瓜	Nicaragua	684	683	1	1053	1053	
巴拿马	Panama	13634	13221	413	18660	18574	86
巴拉圭	Paraguay	3651	3607	43	3644	3577	67
秘 鲁	Peru	111671	14631	97041	85144	16589	68555
波多黎各	Puerto Rico	936	927	9	1203	1203	
圣卢西亚	Saint Lucia	122	122		15	15	
圣马丁岛	Saint Martin Island	3	3		61	61	
圣文格林纳	Saint Article Greener	39	39		5	5	
萨尔瓦多	El Salvador	1037	1037		1191	1191	
苏里南	Surinam	356	344	12	961	356	605
特立—巴哥	Trinidad and Tobago	633	633		637	637	
特克—凯科	Turk - keiko				4	4	
乌拉圭	Uruguay	10263	7193	3070	8280	4376	3904
委内瑞拉	Venezuela	23027	22114	913	65568	65490	78
英属维尔京群岛	Virgin	3	3		7	7	
圣其茨和尼维斯	Federation of Saint Kitts and Nevis	7	6	1	20	20	
荷属安第列斯群岛	Antilles Guilder Ang	78	78		51	51	
北美州	**North America**	**744905**	**562097**	**182808**	**805900**	**616974**	**188926**
加拿大	Canada	93129	47740	45389	95151	46896	48255
美 国	United States	651757	514345	137413	710737	570066	140672
格陵兰	Greenland	6		6			
百慕大	Bermuda Is.	13	13		12	12	
大洋洲	**Oceanic**	**224536**	**60248**	**164288**	**215379**	**73030**	**142349**
澳大利亚	Australia	206307	47828	158479	200212	64021	136191
库克群岛	Cook Islands	89	89		11	11	
斐 济	Fiji	766	766		900	900	
瑙 鲁	Nauru	1	1				
新喀里多尼	New Karidoni	121	121		161	161	
瓦努阿图	Vanuatu	33	33		77	77	
新西兰	New Zealand	13701	7895	5806	12588	6431	6157
巴布亚新几内亚	Papua New Guinea	774	773	1	833	832	1
社会群岛	Society Islands						
所罗门群岛	Solomon Is.	32	32		329	329	
汤 加	Tonga	6	6		13	13	
萨摩亚	Samoa	31	31		69	69	
基里巴斯	Kiribati	15	15		29	29	
图瓦卢	Tuvalu						
密克罗尼西	Micronesia				39	39	
马绍尔群岛	Marshall Island	2541	2541		8	8	
贝劳共和国	Palau	11	11		24	24	
法属波利尼西亚	French Polynesia	107	105	2	87	87	
大洋洲其他	Other of Oceania	2	2				
国别(地区)不详	**Nationality (Area) Unclear**	**42**	**4**	**38**	**51**		**51**

17—6 进出口商品贸易方式总值（2015年）
Total Value of Import and Export Trade Way (2015)

单位：万美元（USD 10000）

指 标	Item	进出口 Imports & Exports 金额 Value	比重(%) Portion (%)	出口 Exports 金额 Value	比重(%) Portion (%)	进口 Imports 金额 Value	比重(%) Portion (%)
总 计	**Total**	**4880808**	**100.00**	**3311424**	**100.00**	**1569384**	**100.00**
一般贸易	General Trade	3495021	71.60	2395201	72.30	1099820	70.10
国家间、国际组织无偿援助和赠送的物资	Between Countries, International Organizations Aid and Donated Materials	878	0.02	878	0.03		
其他境外捐赠物资	Other Donations of Goods Outside						
补偿贸易	Compensation						
来料加工装配贸易	Assembly Processing Trade	21424	0.45	12412	0.38	9013	0.57
进料加工贸易	Processing With Imported Trade	996006	20.76	788964	24.44	207043	13.19
加工贸易进口设备	Processing Trade Imported Equipment						
寄售代销贸易	Consignment Selling Trade						
边境小额贸易	Small Amount Border Trade						
对外承包工程出口货物	Exports Contracted Projects	18656	0.39	18656	0.58		
租赁贸易	Lease Trade	1622	0.03			1621	0.10
外商投资企业作为投资进口的设备、物品	Foreign-invested Enterprises as the Import Investment of Equipment, Goods	6638	0.14			6638	0.42
出料加工	Material Processing	4688	0.10	1479	0.05	3209	0.20
易货贸易	Barter						
免税外汇商品	Duty-free Foreign Exchange Goods						
保税仓库进出境货物	Inward and Outward Goods of Free Trade Storehouse	43126	0.90	6168	0.19	36958	2.35
保税区仓储转口货物	Re-export Goods of Free Trade Zone	279689	5.83	77475	2.40	202214	12.88
出口加工区进口设备	Export Processing Zones Imported Equipment						
其 他	Other	13059	0.27	10191	0.32	2868	0.18

17—7 外国及港澳台直接投资（按投资方式）
Foreign and Hong Kong, Macao and Taiwan Direct Investment (fdi) (by way)

单位：万美元（USD 10000）

指 标	Item	2000	2005	2010	2014	2015
新批项目	**A new Batch of Project**	**247**	**421**	**281**	**256**	**289**
#合资经营	Joint Ventures Enterprises	106	168	100	103	131
合作经营	Cooperative Operation Enterprises	27	18	8	3	5
独资经营	Foreign Own Investment Enterprises	114	233	172	147	151
外商投资股份制	Foreign Invested Shareholding Enterprises		2	1	3	2
合同外资额	**More Foreign Contract**	**63602**	**155358**	**216462**	**310969**	**393800**
#合资经营	Joint Ventures Enterprises	5974	41919	47726	107022	165755
合作经营	Cooperative Operation Enterprises	20784	9563	9115	8020	10827
独资经营	Foreign Own Investment Enterprises	36844	102721	156738	188572	215805
外商投资股份制	Foreign Invested Shareholding Enterprises		1155	2883	7355	1414
实际利用外商直接投资额	**Actual Use of Foreign Direct Investment**	**31847**	**68845**	**501446**	**1233978**	**1361945**
#合资经营	Joint Ventures Enterprises	11921	24801	173910	428324	433218
合作经营	Cooperative Operation Enterprises	6965	2316	3922	4407	7181
独资经营	Foreign Own Investment Enterprises	12961	41728	307925	771762	864674
外商投资股份制	Foreign Invested Shareholding Enterprises			15689	29485	56871

17—8 外国和港澳台地区直接投资（按行业）（2015年）
Direct Investment of Foreign Countries, Hong Kong, Macao and Taiwen by Sector (2015)

指标	Item	新签协议 Newly Signed Agreement 合同数（个） Number of Contracts (unit)	投资额（万美元） Investment (USD 10000)	实际投资合计（万美元） Total Actual Investment (USD 10000)	期末实有企业数（个） Number of Enterprises at the End of the Period (unit)	#本期新增企业 Newly Increased In this Period
总计	**Total**	**289**	**393800**	**1361945**	**5063**	**68**
按投资方式分	**Grouped by Type of Investment**					
#合资企业	Joint Ventures Enterprises	131	165755	433218	1102	8
合作企业	Cooperative Operation Enterprises	5	10827	7181	46	
外资企业	Foreign Investment Enterprises	151	215805	864674	1418	12
外商投资股份制	Foreign Invested Shareholding Enterprises	2	1414	56871	37	
按国民经济行业分	**Grouped by Sector**					
农林牧渔业	Farming, Forestry, Animal Husbandry and Fishery	18	42342	26216	78	
采矿业	Mining and Quarrying			2800	28	
制造业	Manufacturing	123	181352	698294	1625	8
电力、煤气及水的生产和供应业	Production and Supply of Electric Power, Gas and Water	17	32541	93287	213	7
建筑业	Construction	3	1755	7278	103	
交通运输、仓储及邮政业	Transportation, Storage and Postal Services	2	3140	2269	80	
信息传输、计算机服务和软件业	Information Circulation, Computer Service and Software	12	9138	4788	488	13
批发和零售业	Wholesale and Retail Trade	37	1253	31503	984	11
住宿和餐饮业	Accommodation and Catering Trade	9	607	2967	370	10
金融业	Banking	2	7199	19717	229	3
房地产业	Real Estate Trade	4	14513	323208	244	2
租赁和商务服务业	Leasing and Commercial Services	38	60119	89439	315	5
科学研究、技术服务和地质勘查业	Scientific Research, Technical Services and Geological Prospecting	14	12611	13924	145	6
水利、环境和公共设施管理业	Water Conservancy, Environmental and Public Facilities Management	1	5290	15436	35	1
居民服务和其他服务业	Resident Services and Other Services	5	659	26386	96	1
教育	Education				1	
卫生、社会保障和社会福利业	Health Care, Social Protection and Social Welfare	1	20930	625	1	1
文化、体育和娱乐业	Culture, Sports and Entertainment	2	267	3806	26	
公共管理、社会保障和社会组织	Public Management, Social Security and Social Organization	1	83		1	
其他行业	Others				1	

17—9 外国和港澳台地区直接投资（按国别和地区）（2015年）

Direct Investment of Foreign Countries and Hong Kong, Macao and Taiwen by Countries and Regions (2015)

指　标	Item	新签协议 Newly Signed Agreement		实际投资合计（万美元） Total Actual Investment (USD 10000)	期末实有企业数（个） Number of Enterprises at the End of the Period (unit)	
		合同数（个） Number of Contracts (unit)	投资额（万美元） Investment (USD 10000)			#本期新增企业 Newly Increased In this Period
合　计	**Total**	**289**	**393800**	**1361945**	**5063**	**68**
亚　洲	**Asia**	**215**	**271693**	**993228**	**3260**	**35**
日　本	Japan	13	10249	59504	308	1
韩　国	Republic of Korea	16	9338	10909	106	
香　港	Hong Kong	117	213899	765820	1746	23
澳　门	Macao	3	2261	10758	17	
台　湾	Taiwan	55	26777	75552	314	5
亚洲其他	Other of Asia	11	9169	70685	769	6
非　洲	**Africa**	**8**	**3799**	**11596**	**32**	**2**
埃　及	Egypt				3	
南　非	South Africa					
毛里求斯	Mauritius	1	512	8575	11	1
塞舌尔	Seychelles	5	3206	3021	12	1
非洲其他	Other of Africa	2	81		6	
欧　洲	**Europe**	**23**	**18951**	**134239**	**458**	**4**
英　国	United Kingdom	3	-43	15702	55	2
德　国	Germany	5	428	23083	98	
法　国	France	2	387	13835	40	
俄罗斯	Russia	2	166		12	
欧洲其他	Other of Europe	11	18013	81619	253	2
拉丁美洲	**Latin America**	**8**	**10169**	**103787**	**404**	**2**
巴　西	Brazil				5	
开曼群岛	Cayman Islands	3	5396	10997	36	
英属维尔京群岛	Virgin	4	4089	90920	276	2
拉丁美洲其他	Other of Latin America	1	684	1870	87	
北美洲	**North America**	**32**	**84123**	**87641**	**730**	**24**
加拿大	Canada	7	26856	4688	49	2
美　国	United States	25	55267	80534	661	20
百慕大群岛	Bermuda Is.		2000	2419	20	2
大洋洲	**Oceanic**	**11**	**5067**	**31455**	**179**	**1**
澳大利亚	Australia	3	479	24686	77	1
新西兰	New Zealand	2	968	1557	10	
萨摩亚	Samoa	6	3412	5212	33	
大洋洲其他	Other of Oceanic		208		59	
其　他	**Other**					

17—10 按国别（地区）对外投资
According to the Country (region) of Foreign Investment

国 别（地区）	Country (region)	新批境外企业(机构)数（个） A new Batch of Foreign Enterprises (institutions) (unit)		协议对外投资额（万美元） Foreign Investment Agreement （USD 10000）		实际对外投资额（万美元） Actual Foreign Investment （USD 10000）	
		2014	2015	2014	2015	2014	2015
合 计	**Total**	**100**	**133**	**180861**	**318197**	**46877**	**96846**
亚 洲	**Asia**	**50**	**56**	**56745**	**187455**	**17247**	**55638**
印度尼西亚	Indonesia	2	3	3930	9670.3	5127	10917
中国香港	Hong Kong	27	20	38200	165043	11432	41903
中国澳门	Macao						
泰 国	Thailand	1	3	217	1064	296	107
缅 甸	Myanmar	3	1	1640	800		900
老 挝	Laos	2	1	1460	500	20	113
马来西亚	Malaysia	1	1	152	50		
日 本	Japan	1	4	87	54		8
孟加拉国	Bangladesh	1		300			
韩 国	Republic of Korea		4		1228		1210
印 度	India	1	2	16	120		110
朝 鲜	Democratic People's Republic of Korea	1		140			
沙特阿拉伯	Saudi Arabia	1		200			
新加坡	Singapore	2		163			
越 南	Viet Nam		1			23	
柬埔寨	Cambodia	4	3	10001	3720	350	270
阿联酋	United Arab Emirates	1	1	9	1570		
巴基斯坦	Pakistan	1	1	50	2		
菲律宾	The Philippines						
台 湾	Taiwan						
阿 曼	Oman		1		1400		100
阿富汗	Afghanistan		1		10		
黎巴嫩	Lebanon		1		49		
蒙 古	Mongolia		2		510		
尼泊尔	Nepal		1		5		
斯里兰卡	Sri Lanka		2		80		
吉尔吉斯斯坦	Kirghiz Tanzania		1		1500		
乌兹别克斯坦	Uzbekistan		1		30		
哈萨克斯坦	Kazakhstan	1	1	180	50		
非 洲	**Africa**	**10**	**25**	**83392**	**75999**	**543**	**553**
津巴布韦	Zimbabwe					333	222
赞比亚	Zambia	4		670			
安哥拉	Angola	1		140			
尼日利亚	Nigeria	1	2	400	3330	100	265
莫桑比克	Mozambique	2	3	81197	26005	28	12

17—10 续表 continued

国 别（地区）	Country (region)	新批境外企业(机构)数（个） A new Batch of Foreign Enterprises (institutions) (unit)		协议对外投资额（万美元） Foreign Investment Agreement （USD 10000）		实际对外投资额（万美元） Actual Foreign Investment （USD 10000）	
		2014	2015	2014	2015	2014	2015
刚 果（布）	Fresh Fruit (cloth)	1	1	5	3		
刚 果（金）	Fresh Fruit (gold)		1		42227		
坦桑尼亚	Tanzania		5		1720	72	54
埃塞俄比亚	Ethiopia		3		1930		
赤道几内亚	Equatorial Guinea		2		217		
喀麦隆	Cameroon		1		200		
加 纳	Ghana		1		20		
南 非	South Africa		1		75		
乌干达	Uganda		3		15		
塞内加尔	Senegal		1		255		
肯尼亚	Kenya	1	1	980	1	10	
欧 洲	**Europe**	**10**	**8**	**19771**	**23774**	**15329**	**13352**
瑞 士	Switzerland					119	
英 国	United Kingdom	1		1572			1161
德 国	Germany		2	10	1100		1304
法 国	France	4	2	7107	308	6873	
意大利	Italy		1		237	5	168
荷 兰	Netherlands	1	1	1650	428		255
西班牙	Spain	1		163			76
奥地利	Austria	1		8880	10740	8200	10308
白俄罗斯	Byelorussia	1		230		10	80
俄罗斯	Russia	1		89		52	
匈牙利	Hungary			70	9494	70	
立陶宛	Lithuania						
波 兰	Poland						
爱尔兰	Ireland		1		672		
挪 威	Norway		1		795		
乌克兰	Ukraine						
拉丁美洲	**Latin America**	**2**	**19**	**6570**	**2779**	**8504**	**7035**
巴 西	Brazil		9	6383	2120	8440	6844
巴拉圭	Paraguay	1		160			
墨西哥	Mexico	1	1	27	300		
秘 鲁	Peru					64	39
开曼群岛	Cayman Islands		2		250		150
多米尼克	Commonwealth of Dominica		1		2		
厄瓜多尔	Ecuador		4		108		
英属维尔京群岛	Virgin		2				2
北美洲	**North America**	**24**	**23**	**13179**	**26402**	**3010**	**19947**
美 国	United States	23	21	12979	26222	1442	4233
加拿大	Canada	1	2	200	180	1568	15714
大洋洲	**Oceanic**	**4**	**2**	**1205**	**785**	**130**	**319**
澳大利亚	Australia	3		1005		130	38
新西兰	New Zealand		2		785		281
巴布亚新几内亚	Papua New Guinea	1		200			
西萨摩亚	Western Samoa						

17—11 按国别（地区）对外承包工程和劳务合作

According to the Country (region) of Foreign Contracted Projects and Labor Service Cooperation

国 别（地区）	Country (region)	承包工程（万美元） Contracted Projects（USD 10000）				劳务合作（人） Labor Service Cooperation (person)			
		新签合同额 New Signing Stood		完成营业额 Complete Turnover		外派劳务人数 Field Services Number		年末在外人数 Out at the End of the Number	
		2014	2015	2014	2015	2014	2015	2014	2015
合 计	**Total**	**266764**	**307024**	**322693**	**269258**	**14139**	**10500**	**24709**	**23691**
亚 洲	**Asia**	**111482**	**155808**	**92603**	**81546**	**8227**	**5546**	**14143**	**12681**
阿 曼	Oman	80		129	122			40	
阿联酋	United Arab Emirates			1210				26	
哈萨克斯坦	Kazakhstan								
乌兹别克斯坦	Uzbekistan					160	126	85	28
老 挝	Laos	11280		6406	5667	161	370	345	627
新加坡	Singapore			584		1122	635	2760	2590
巴基斯坦	Pakistan	345	6422	3266	1677	116	39	220	54
菲律宾	The Philippines								
卡塔尔	Qatar							33	
科威特	Kuwait	715	5161	24717	28784	159	289	601	632
中国香港	Hong Kong			10		8		22	12
尼泊尔	Nepal		110	196	291		4	7	10
蒙 古	Mongolia		14034					270	270
越 南	Viet Nam	1025	35066	1291	523	115	168	9	175
泰 国	Thailand	27	277	4521	1791	628	191	588	78
台湾省	Taiwan	135		135					
印 度	India	434	2100	1930	453	5	8	61	68
沙特阿拉伯	Saudi Arabia		10600	15561	7500	3108	865	5190	4342
日 本	Japan		3		3	917	656	2227	1897
以色列	Israel								
马来西亚	Malaysia	16176	31422	2958	3656	372	296	425	378
阿富汗	Afghanistan								
土耳其	Turkey	1500		5	12			10	10
孟加拉国	Bangladesh			2488	1030	69	58	72	16
印度尼西亚	Indonesia	29359	40045	18770	23222	1089	1331	1013	1069
伊 朗	Iran	40645	16	6195	23	21	8	2	2
伊拉克	Iraq					39			
中国澳门	Macao		8365		211				
斯里兰卡	Sri Lanka		1021		390		19		19
柬埔寨	Cambodia		318		6		1		1
缅 甸	Myanmar	9761	849	2230	6187	138	482	137	403
非 洲	**Africa**	**144621**	**143975**	**160258**	**155334**	**5651**	**4607**	**10066**	**10207**
毛里求斯	Mauritius								
埃 及	Egypt	740		222	561		9		3
喀麦隆	Cameroon	2116		2290	2280	87	99	71	99
埃塞俄比亚	Ethiopia	6170	403	8438	7101	151	313	208	350
赞比亚	Zambia	15451	29812	11353	11497	1808	79	1772	252

17—11 续表 continued

国 别（地区）	Country (region)	承包工程（万美元） Contracted Projects（USD 10000）				劳务合作（人） Labor Service Cooperation (person)			
		新签合同额 New Signing Stood		完成营业额 Complete Turnover		外派劳务人数 Field Services Number		年末在外人数 Out at the End of the Number	
		2014	2015	2014	2015	2014	2015	2014	2015
马拉维	Malawi	850	31893	4681	5427		2		
贝 宁	Benin			817					
科特迪瓦	Cote D'ivoire		8035	1221	1409	40	37	47	69
莫桑比克	Mozambique	8227	1818	11626	29001		1		1
纳米比亚	Namibia	120		48	96				
阿尔及利亚	Algeria	40002	7127	44230	58741	2274	3083	3579	5296
坦桑尼亚	Tanzania	2470		14	9		1	1	
多 哥	Togo			19	44				
突尼斯	Tunisia		6600	793	332	29	28	17	10
马 里	Mali	6200		81		11		11	11
毛里塔尼亚	Mauritania	3072	4092	4279	1545	91	87	78	83
利比亚	Libya					5			
几内亚	Guinea			91	28				
肯尼亚	Kenya			2999	5651	14	13	14	25
加 纳	Ghana		17	898	565	8	6	12	5
安哥拉	Angola	41006	42444	36196	8684	591	386	3598	3362
赤道几内亚	Equatorial Guinea		2576	4831	5795	167	56	323	110
苏 丹	Sudan	3038		3	1655	2	8	11	11
马达加斯加	Madagascar	4592	1408	4955	2979			5	
刚果(布)	Fresh Fruit (cloth)			2439	172	58	30	28	17
刚果(金)	Fresh Fruit (gold)	5234	403	9594	4559	65	67	64	61
津巴布韦	Zimbabwe	3810	130	2760	1007		72		142
塞拉利昂	Sierra Leone			214	58	8	12		12
尼日利亚	Nigeria	231		5007	5496	214	195	200	244
加 蓬	Gabon		7218						
莱索托	Lesotho	1292		160	642	28	23	27	44
欧 洲	**Europe**	**1492**	**5619**	**9420**	**2427**	**15**	**186**	**15**	**186**
俄罗斯联邦	Russia								
白俄罗斯	Byelorussia		5161		849		186		186
法 国	France	1492	458	165	1578				
塞尔维亚	Serbra			9255		15		15	
拉丁美洲	**Latin America**	**9148**	**1622**	**60038**	**29949**	**243**	**161**	**479**	**617**
委内瑞拉	Venezuela	8962	763	59737	29741	168	53	372	406
巴巴多斯	Barbados					64	48	74	122
巴 西	Brazil		9	14	9	2			
巴拿马	Panama		850		65	9	60	4	60
特克斯和凯科斯岛	Turks and Caicos Islands								
格林纳达	Grenada	186		238	86				
厄瓜多尔	Ecuador							29	29
哥斯达黎加	Costa Rica			48	48				
大洋洲	**Oceanic**	**20**		**375**	**2**	**3**		**6**	
斐 济	Fiji					3		4	
西萨摩亚	Western Samoa			2	2			2	
新西兰	New Zealand	20		177					
澳大利亚	Australia			196					

17—12 外商投资企业年末企业数、投资总额及注册资本（2015年）
Number, Investment and Registered Capital of Foreign-funded Enterprises (2015)

项　　目	Item	企业数（个）Number of Registered Enterprises (unit)	投资总额（万美元）Total Investment (USD 10000)	注册资本（万美元）Registered Capital (USD 10000)	#外方 Capital Invested by Foreign Partner
总　　计	**Total**	**5063**	**10648647**	**3091647**	**2234387**
按投资方式分	**Grouped by Type of Investment**				
#中外合资	Joint Ventures Enterprises	1102	2603312	1294197	664186
中外合作	Cooperative Operation Enterprises	46	205084	87294	60427
外资企业	Foreign Investment Share Enterprises	1418	7565986	1432662	1432662
外商投资股份制	Foreign Invested Shareholding Enterprises	37	273845	263750	65096
按国民经济行业分	**Grouped by Sector**				
农林牧渔业	Farming, Forestry, Animal Husbandry and Fishery	78	288792	136376	126657
采矿业	Mining and Quarrying	28	39563	22152	14422
制造业	Manufacturing	1625	7768619	1590756	1126506
电力、煤气及水的生产和供应业	Production and Supply of Electric Power, Gas and Water	213	741016	231854	167198
建筑业	Construction	103	99552	53858	37433
交通运输、仓储及邮政业	Transportation, Storage and Postal Services	80	200796	106337	58077
信息传输、计算机服务和软件业	Information Circulation, Computer Service and Software	488	56616	26714	24359
批发和零售业	Wholesale and Retail Trade	984	231569	117576	100516
住宿和餐饮业	Accommodation and Catering Trade	370	60980	33717	30481
金融业	Banking	229	97026	70526	53404
房地产业	Real Estate Trade	244	444233	311291	252689
租赁和商务服务业	Leasing and Commercial Services	315	284956	216428	113944
科学研究、技术服务和地质勘查业	Scientific Research, Technical Services and Geological Prospecting	145	213363	102516	78502
水利、环境和公共设施管理业	Water Conservancy, Environmental and Public Facilities Management	35	64203	29778	21057
居民服务和其他服务业	Resident Services and Other Services	96	17094	4971	2553
教　　育	Education	1	8	8	8
卫生、社会保障和社会福利业	Health Care, Social Protection and Social Welfare	1	29900	29900	20930
文化、体育和娱乐业	Culture, Sports and Entertainment	26	7762	4290	3050
其他行业	Others	2	2600	2600	2600

17—13 各市外商投资企业年末企业数、投资总额及注册资本（2015年）
Number, Investment and Registered Capital of Foreign-funded Enterprises by Region (2015)

地　区	Region	企业数（个）Number of Registered Enterprises (unit)	投资总额（万美元）Total Investment (USD 10000)	注册资本（万美元）Registered Capital (USD 10000)	#外方 Capital Invested by Foreign Partner
总　　计	**Total**	**5063**	**10648647**	**3091647**	**2234387**
合 肥 市	Hefei	1948	2754477	1623131	1110324
淮 北 市	Huaibei	120	156224	71815	49132
亳 州 市	Bozhou	105	53779	30644	22860
宿 州 市	Suzhou	159	150551	65064	51791
蚌 埠 市	Bengbu	240	194252	103140	75775
阜 阳 市	Fuyang	162	101288	39667	27750
淮 南 市	Huainan	112	272624	70986	54815
滁 州 市	Chuzhou	284	223318	107236	89215
六 安 市	Luan	215	160912	77319	62514
马鞍山市	Maanshan	311	293928	135020	111788
芜 湖 市	Wuhu	574	5563884	393947	306243
宣 城 市	Xuancheng	200	103793	55071	43333
铜 陵 市	Tongling	109	123241	62970	38994
池 州 市	Chizhou	131	115260	74145	56699
安 庆 市	Anqing	225	283241	129426	88824
黄 山 市	Huangshan	168	97877	52066	44332

注：淮南、六安、铜陵、安庆均按原区划。

a) Huainan, luan, tongling and anqing by primary regionalization.

17—14 各市商品进出口总额
Import and Export Commodities by Region

单位：万美元（USD 10000）

地 区	Region	2014 进出口总额 Total	2014 出口总额 Exports	2014 进口总额 Imports	2015 进出口总额 Total	2015 出口总额 Exports	2015 进口总额 Imports	同比增长% Increased by %
总 计	**Total**	**4927279**	**3149309**	**1777970**	**4880808**	**3311424**	**1569384**	**-0.9**
合 肥 市	Hefei	2074136	1277371	796765	2033125	1371202	661923	-2.0
淮 北 市	Huaibei	54808	51958	2850	57687	54587	3100	5.3
亳 州 市	Bozhou	36920	32313	4607	50164	45022	5142	35.9
宿 州 市	Suzhou	65123	57419	7704	75945	66303	9642	16.6
蚌 埠 市	Bengbu	208032	162280	45752	234111	165171	68940	12.5
阜 阳 市	Fuyang	161012	145277	15735	149578	135248	14330	-7.1
淮 南 市	Huainan	44695	35663	9032	33219	28573	4646	-25.7
滁 州 市	Chuzhou	220430	151523	68907	204621	144243	60378	-7.2
六 安 市	Luan	68682	66311	2371	61718	53033	8685	-10.1
马鞍山市	Maanshan	297185	124558	172627	295522	162653	132869	-0.6
芜 湖 市	Wuhu	644665	497428	147237	681891	554223	127668	5.8
宣 城 市	Xuancheng	169018	158754	10264	185163	175423	9740	9.6
铜 陵 市	Tongling	523873	85658	438215	458106	64353	393753	-12.6
池 州 市	Chizhou	41193	25982	15211	51979	20777	31202	26.2
安 庆 市	Anqing	225699	194864	30835	244463	217731	26732	8.3
黄 山 市	Huangshan	91808	81950	9858	63516	52881	10635	-30.8

注：淮南、六安、铜陵、安庆均按原区划。
a) Huainan, luan, tongling and anqing by primary regionalization.

17—15 各市外商直接投资
Foreign Direct Investment by Region

地 区	Region	项目（个）Number of Projects (unit) 2014	2015	同比增长% Increased by	合同外资额（万美元）Contract Value (USD 10000) 2013	2015	实际利用外资额（万美元）Used Value (USD 10000) 2014	2015	同比增长% Increased by
总 计	**Total**	**256**	**289**	**12.9**	**310969**	**393800**	**1233978**	**1361945**	**10.4**
合 肥 市	Hefei	85	116	36.5	111486	80394	225877	250678	11.0
淮 北 市	Huaibei	5	9	80.0	6839	18566	54431	59979	10.2
亳 州 市	Bozhou	4	8	100.0	5321	14733	59687	65656	10.0
宿 州 市	Suzhou	8	10	25.0	7824	12639	58966	67623	14.7
蚌 埠 市	Bengbu	17	14	-17.6	32466	19306	121357	139197	14.7
阜 阳 市	Fuyang	9	7	-22.2	1727	3981	16207	18463	13.9
淮 南 市	Huainan	5	4	-20.0	5178	9905	20095	20797	3.5
滁 州 市	Chuzhou	16	16	0.0	14565	42155	92353	105886	14.7
六 安 市	Luan	10	13	30.0	6598	34267	35191	38720	10.0
马鞍山市	Maanshan	14	25	78.6	29293	44335	176131	194002	10.1
芜 湖 市	Wuhu	35	24	-31.4	52953	61351	200340	230062	14.8
宣 城 市	Xuancheng	14	16	14.3	11306	6916	69002	79606	15.4
铜 陵 市	Tongling	6	3	-50.0	3907	822	19577	22324	14.0
池 州 市	Chizhou	8	8	0.0	4920	25814	30260	34703	14.7
安 庆 市	Anqing	13	11	-15.4	12897	17154	26666	18253	-31.5
黄 山 市	Huangshan	7	5	-28.6	3689	1462	27838	15996	-42.5

注：淮南、六安、铜陵、安庆均按原区划。
a) Huainan, luan, tongling and anqing by primary regionalization.

17—16 各市外国和港澳台地区直接投资（2015年）

Direct Investment of Foreign Countries, Hong Kong, Macao and Taiwen by Sector by Region (2015)

地 区	Region	新签协议 Newly Signed Agreement		实际投资合计（万美元） Total Actual Investment (USD 10000)	期末实有企业数（个） Number of Enterprises at the End of the Period (unit)	
		合同数（个） Number of Contracts (unit)	投资额（万美元） Investment (USD 10000)			#本期新增企业 Newly Increased In this Period
总 计	**Total**	**289**	**393800**	**1361945**	**5063**	**68**
合肥市	Hefei	116	80394	250678	1948	22
淮北市	Huaibei	9	18566	59979	120	6
亳州市	Bozhou	8	14733	65656	105	1
宿州市	Suzhou	10	12639	67623	159	4
蚌埠市	Bengbu	14	19306	139197	240	3
阜阳市	Fuyang	7	3981	18463	162	
淮南市	Huainan	4	9905	20797	112	3
滁州市	Chuzhou	16	42155	105886	284	4
六安市	Luan	13	34267	38720	215	4
马鞍山市	Maanshan	25	44335	194002	311	7
芜湖市	Wuhu	24	61351	230062	574	6
宣城市	Xuancheng	16	6916	79606	200	3
铜陵市	Tongling	3	822	22324	109	
池州市	Chizhou	8	25814	34703	131	4
安庆市	Anqing	11	17154	18253	225	1
黄山市	Huangshan	5	1462	15996	168	

注：淮南、六安、铜陵、安庆均按原区划。

a) Huainan, luan, tongling and anqing by primary regionalization.

主要统计指标解释

进出口总额

指实际进出我国国境的货物总金额。包括对外贸易实际进出口货物，来料加工装配进出口货物，国家间、联合国及国际组织无偿援助物资和赠送品，华侨、港澳台同胞和外籍华人捐赠品，租赁期满归承租人所有的租赁货物，进料加工进出口货物，边境地方贸易及边境地区小额贸易进出口货物（边民互市贸易除外），中外合资企业、中外合作经营企业、外商独资经营企业进出口货物和公用物品，到、离岸价格在规定限额以上的进出口货样和广告品（无商业价值、无使用价值和免费提供出口的除外），从保税仓库提取在中国境内销售的进口货物，以及其他进出口货物。进出口总额用以观察一个国家在对外贸易方面的总规模。我国规定出口货物按离岸价格统计，进口货物按到岸价格统计。

商品经营单位所在地进、出口额

指所在地海关注册登记的有进出口经营权的企业实际进、出口额。

商品目的地进口额和商品货源地出口额

目的地进口额是指进口货物的消费、使用或最终抵运地的实际进口额；货源地出口额是指出口货物的产地或原始发货地的实际出口额。

利用外资

指我国各级政府、部门、企业和其他经济组织通过对外借款、吸收外商直接投资以及用其他方式筹措的境外现汇、设备、技术等。

对外借款

是我国利用外资的重要部分。指通过对外正式签订借款协议，从境外筹措的资金，包括外国政府贷款、国际金融组织贷款、外国银行商业贷款、出口信贷以及对外发行债券等。1996 年及以前还包括对外发行股票。

外商直接投资

指外国企业和经济组织或个人（包括华侨、港澳台胞以及我国在境外注册的企业）按我国有关政策、法规，用现汇、实物、技术等在我国境内开办外商独资企业、与我国境内的企业或经济组织共同举办中外合资经营企业、合作经营企业或合作开发资源的投资（包括外商投资收益的再投资），以及经政府有关部门批准的项目投资总额内企业从境外借入的资金。

对外承包工程

指各对外承包公司以招标议标承包方式承揽的下列业务：⑴承包国外工程建设项目，⑵承包我国对外经援项目，⑶承包我国驻外机构的工程建设项目，⑷承包我国境内利用外资进行建设的工程项目，⑸与外国承包公司合营或联合承包工程项目时我国公司分包部分，⑹对外承包兼营的房屋开发业务。对外承包工程的营业额是以货币表现的本期内完成的对外承包工程的工作量，包括以前年度签订的合同和本年度新签订的合同在报告期内完成的工作量。

对外劳务合作

指以收取工资的形式向业主或承包商提供技术和劳动服务的活动。我国对外承包公司在境外开办的合营企业，中国公司同时又提供劳务的，其劳务部分也纳入劳务合作统计。劳务合作营业额按报告期内向雇主提交的结算数(包括工资、加班费和奖金等）统计。

Explanatory Notes for Major Statistical Indicators

Total Imports and Exports at Customs

refer to the value of commodities imported into and exported from the boundary of China. They include the actual imports and exports through foreign trade, imported and exported goods under the processing and assembling trades and materials, supplies and gifts as aid given gratis between governments and by the United Nations and other international organizations, and contributions donated by overseas Chinese, compatriots in Hong Kong and Macao and Chinese with foreign citizenship, leasing commodities owned by tenant at the expiration of leasing period, the imported and exported commodities processed with imported materials, commodities trading in border areas (excluding mutual exchange goods), the imported and exported commodities and articles for public use of the Sino-foreign joint ventures, cooperative enterprises and ventures exclusively with foreign own investment. Also included are import or export of samples and advertising goods for whose CIF or FOB value are beyond the permitted ceiling (excluding goods of no trading or use value and free commodities for export), imported goods sold in China from bonded warehouses and other imported or exported goods. The indicator of the total imports and exports at customs can be used to observe the total size of external trade in a country. In accordance with the stipulation of the Chinese government, imports are calculated at CIF, while exports are calculated at FOB.

Import Export Value by Location of China's Foreign Trade Managing Units

refers to actual value of imports and exports carried out by corporations which have been registered by the local customhouse and are vested with right to run import export business.

Import Value of Commodities by the Places of their Destination and Export Value of Commodities by the Places of their Origin in China

The former indicator refers to the value of import commodities of the places of their consumption, utilization or the places of their final destination. The latter indicator refers to the value of export commodities of the places of their origin or the places of the commodities dispatched.

Utilization of Foreign Capital

refers to remittance, equipment and technology financed from abroad, by loans, foreign direct investment and other forms undertaken by the Chinese governments at all levels, by various departments, enterprises and other economic units.

Foreign Borrowings

an important part of China's utilization of foreign capital, it refer to funds borrowed from abroad through formal signing of borrowing agreements with foreign institutions, including loans of foreign governments, loans of international financial institutions, commercial loans of foreign banks, export credit, and funds raised by Chinese bonds (and shares before 1996) issued abroad.

Direct Investment by Foreign Entrepreneurs

refers to the investments inside China by foreign enterprises and economic organizations or individuals (including overseas Chinese, compatriots from Hong Kong and Macao, and Chinese enterprises registered abroad), following the relevant policies and laws of China, for the establishment of ventures exclusively with foreign own investment, Sino-foreign joint ventures and cooperative enterprises or for co-operative exploration of resources with enterprises or economic organizations in China. It includes the re investment of the foreign entrepreneurs with the profits gained from the investment and the funds that enterprises borrow from abroad in the total investment of projects which are approved by the relevant department of the government.

Contracted Projects with Foreign Countries

refer to projects undertaken by Chinese contractors (project contracting companies) through bidding process. They include: (1)overseas civil engineering construction projects financed by foreign investors; (2)overseas projects financed by the Chinese government through its foreign aid programs; (3)construction projects of Chinese diplomatic missions, trade offices and other institutions stationed abroad; (4)construction projects in China financed by foreign investment; (5)sub-contracted projects to be taken by Chinese contractors through a joint umbrella project with foreign contractor(s); (6)housing development projects. The business income from international contracted projects is the work volume of contracted projects completed during the reference period, expressed in monetary terms, including completed work on projects signed in previous years.

Service Cooperation with Foreign Countries

refers to the activities of providing technology and labour services to employers or contractors in the forms of receiving salaries and wages. Labour services providing by contractual joint ventures of Chine statistics of service co operation with foreign countries. The business income of labour service co operation is the income in the form of wages and salaries, overtime pay, bonuses and other remuneration received from the employers during the reference period.

第十八篇

Chapter 18

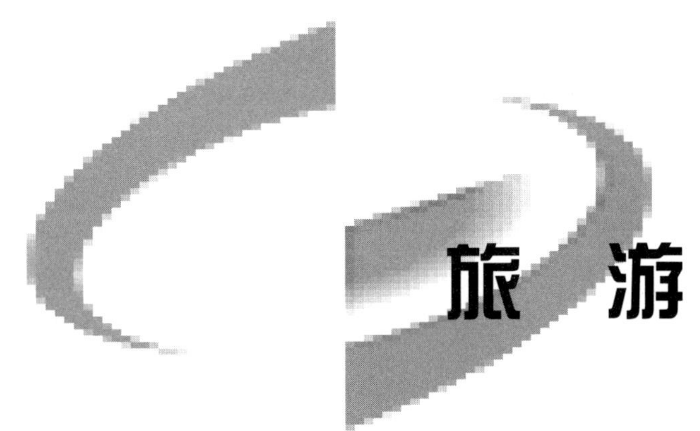

TOURISM

简要说明

一、旅游业发展情况。入境国际旅游(外国人、华侨、港澳同胞和台湾同胞)人数、不同经济类型的涉外饭店数量及规模情况的资料来源于省旅游局。

二、全省及各市国内旅游资料，是安徽省统计局、安徽省旅游局根据国家旅游局的抽样调查方案和工作要求，组织调查取得。

Brief Introduction

I. Development of tourism: Data on total number of international tourists received (foreigners, overseas Chinese, Chinese compatriots from Hong Kong, Macao and Taiwan), number of tourist hotel in various types and their scale come from the Provincial Tourism Administration.

II. Data on domestic tourism in the province and all cities are collected by the Provincial Statistical Bureau and the Provincial Tourism Administration in accordance with the sample survey scheme stipulated by the State Tourism Administration.

18—1 旅 游 事 业 发 展
Development of Tourism

指　　标	Item	2000	2005	2010	2014	2015
旅行社总数　（个）	Total Number of Travel Agencies (unit)	332	599	947	1200	1465
组团社	Number of Groups	35	37	20	50	61
国内旅行社	Domestic Travel Agencies	297	562	927	1150	1404
旅行社职工人数　（人）	Number of Staff and Workers of Travel Agencies (person)	3848	6900	9593	8972	10829
入境旅游人数　（人）	Total Number of International Tourists Inbound (person)	318430	632895	1984174	4050562	4446289
外 国 人	Foreigners	167850	410580	1173988	2328960	2591842
港澳和台湾同胞	Compatriots from Hong Kong, Macao and Taiwan	150580	222315	810186	1721602	1854447
国内居民出境总人数(人)	Total Number of Domestic Resident Outbound (person)	5140	64806	127800	1661000	2020675
国内旅游人数　（万人次）	Total Number of Domestic Tourists (10000 persons)	2974	4684	15349	37899	44404
旅游收入	Income of Tourism					
国际旅游外汇收入(万美元)	Foreign Exchange Earnings (USD 10000)	8621.5	18558.9	82025.2	196025.8	226287.5
国内旅游收入　（亿元）	Earnings from Domestic Tourism (100 million yuan)	150.5	289.0	1094.8	3309.8	3980.5
旅游部门基本情况	**Basic Statement of Tourism Departments**					
旅游星级宾馆　（个）	Tourist Hotels With Star Class (unit)	163	373	453	466	441
#五星级	Five Star Class		5	14	26	26
四星级	Four Star Class	6	38	88	126	128
三星级	Three Star Class	52	111	182	217	214
二星级	Two Star Class	90	202	166	96	72
一星级	One Star Class	15	17	3	1	1
旅游涉外或星级宾馆	Tourist Hotels Concerning Foreign Affairs or With Star Class					
客　房　（间）	Number of Rooms (unit)	22824	34759	44982	58756	50546
床　位　（张）	Number of Beds (unit)	48318	67782	81867	97732	87708
客房出租率　（%）	Room Occupancy (%)	50.98	63.19	59.27	51.00	49.00
经营情况	Business Status					
营业收入　（亿元）	Business Income (100 million yuan)	38.83	51.75	50.38	51.47	50.89
利润总额　（万元）	Total Profits (10000 yuan)	-2125.6	16961.0	21964.0	-30964.5	-24339.9

注：2000年前的客房、床位、客房出租率为涉外饭店情况，2001年以后为星级宾馆情况。

a) Number of rooms, beds and room occupancy refered to hotels concerning foreign affairs before 2000 and they refered to hotels with star class after 2001.

18—2 各市旅游星级饭店（宾馆）住宿设施情况（2015年）
Accommodation Facilities of Hotels Concerning Foreign Affairs by Region (2015)

地　区	Region	饭　店（宾馆）（个）Number of Hotels (unit)	五星级 Five Star Class	四星级 Four Star Class	三星级 Three Star Class	二星级 Two Star Class	一星级 One Star Class	客　房（间）Number of Rooms (unit)	床　位（张）Number of Beds (unit)
总　计	**Total**	**441**	**26**	**128**	**214**	**72**	**1**	**50546**	**87708**
合肥市	Hefei	67	11	21	28	7		9951	15747
淮北市	Huaibei	4	1		2	1		734	1318
亳州市	Bozhou	15	1	5	5	4		757	1224
宿州市	Suzhou	7	1	2	3	1		972	1575
蚌埠市	Bengbu	16	1	6	8	1		2111	3335
阜阳市	Fuyang	14	1	4	5	4		1954	3264
淮南市	Huainan	31		4	16	11		2467	4186
滁州市	Chuzhou	18		5	8	5		1850	3068
六安市	Luan	33	1	9	19	4		3630	6392
马鞍山市	Maanshan	19	2	6	8	3		2382	4008
芜湖市	Wuhu	32	1	9	17	5		3938	6548
宣城市	Xuancheng	28		10	18			1670	3098
铜陵市	Tongling	12		3	3	5	1	1138	1898
池州市	Chizhou	37	1	10	24	2		3138	5719
安庆市	Anqing	44		10	22	12		4367	8072
黄山市	Huangshan	64	5	24	28	7		9487	18256

注：1、本表星级宾馆（酒店）指2015年底止已得到国家旅游局或省旅游局批准的，不包括已报未批部分。
　　2、淮南、六安、铜陵、安庆均按原区划。

a) The star class of hotel in this table refer to be approved by the National Tourism Administration or Anhui Tourism Administration up to the Year-end of 2015 excluding those hed been reported but unapproved.

b) Huainan, luan, tongling and anqing by primary regionalization.

18—3 国际旅游外汇收入及构成
Foreign Exchange Earnings and It's Composition

指　标	Iten	2005 数额（万美元）Value (10000 USD)	2005 比重（%）Percentage (%)	2010 数额（万美元）Value (10000 USD)	2010 比重（%）Percentage (%)	2014 数额（万美元）Value (10000 USD)	2014 比重（%）Percentage (%)	2015 数额（万美元）Value (10000 USD)	2015 比重（%）Percentage (%)
总　计	**Total**	**18558.1**	**100.00**	**82025.2**	**100.00**	**196025.8**	**100.00**	**226287.5**	**100.00**
长途交通	Long Distance Transportation	4676.6	25.20	26986.3	32.90	73509.7	37.50	87392.2	38.62
#民　航	Air	3544.6	19.10	12385.8	15.10	54691.2	27.90	46818.9	20.69
铁　路	Railway	575.3	3.10	8202.5	10.00	7841.0	4.00	12129.0	5.36
汽　车	Highway	278.4	1.50	6398.0	7.80	5880.8	3.00	8983.6	3.97
游　览	Visiting	686.7	3.70	3691.1	4.50	9409.2	4.80	7693.8	3.40
住　宿	Accommodation	2208.4	11.90	8776.7	10.70	26071.4	13.30	19868.0	8.78
餐　饮	Cater	1818.7	9.80	7874.4	9.60	15682.1	8.00	13192.6	5.83
商品销售	Commodity Sale	5957.2	32.10	19111.9	23.30	36656.8	18.70	43990.3	19.44
娱　乐	Entertainment	1132.0	6.10	4839.5	5.90	11369.5	5.80	10431.9	4.61
邮电通讯	Postal and Communication	631.0	3.40	1886.6	2.30	3528.5	1.80	4367.4	1.93
市内交通	Local Transportation	185.6	1.00	1558.5	1.90	3920.5	2.00	4548.4	2.01
其他服务	Other Service	1262.0	6.80	7300.2	8.90	15878.1	8.10	34803.0	15.38

18—4　接待外国人旅游人数（按国别分）
Number of Foreign Tourists by Country

单位：人（person）

指　标	Item	2000	2005	2010	2014	2015
总　计	**Total**	**167850**	**410580**	**1173988**	**2328960**	**2591842**
#日　本	Japan	47272	47040	135277	165114	173519
韩　国	Republic of Korea	21659	188096	405538	880534	841117
新加坡	Singapore	16568	13392	43507	104387	143828
美　国	United States	18456	37124	101700	236062	214812
英　国	United Kingdom	3111	7639	49069	81118	85577
法　国	France	5836	13839	63837	90771	84823
德　国	Federal Republic Of Germany	4699	16012	52934	76936	95489
俄罗斯	Russia	832	1636	23990	49136	53880

18—5　国内旅游情况人数结构（按年龄、身份和职业分）（2015年）
Number of Domestic Tourists by Age, Identity and Occupation (2015)

单位：万人（10000 person）

指　标	Item	按身份分组 By Identity			按职业分组 By Occupation									
		人数合计 Total	城镇居民 Urban Residents	非城镇居民 Unurban Residents	公务员 Public Servicers	事业单位工作人员 Institution Staff	企业工作人员 Enterprise Staff	社会团体工作人员 Social Organizations Staff	个体户 Self-employed	军人 Military People	农民 Peasants	离退休人员 Retirees	学生 Students	其他 Others
合　计	**Total**	**44403.7**	**32206.4**	**12197.3**	**1455.4**	**4934.7**	**14343.6**	**4776.4**	**9838.2**	**282.7**	**1115.7**	**2031.4**	**4191.1**	**1434.4**
55岁以上	55 and Over	4415.9	3132.0	1283.9	81.4	317.4	679.4	330.8	897.3	19.9	253.2	1731.4		105.0
45—54岁	45—54	8096.7	6011.4	2085.3	263.0	927.8	2489.6	1001.3	2425.2	72.5	330.6	300.0		286.6
35—44岁	35—44	13014.0	9598.8	3415.3	437.1	1683.2	4879.3	1708.0	3475.6	78.3	298.9			453.7
25—34岁	25—34	11910.8	8779.6	3131.2	541.6	1593.4	4770.3	1366.1	2551.3	83.7	189.6		452.2	362.8
24岁以下	24 and Under	6966.2	4684.5	2281.7	132.3	413.0	1525.0	370.3	488.8	28.2	43.5		3738.8	226.4

18—6 国内旅游主要经济指标
Main Economic Indicators of Domestic Tourism

年份 Year	人数 (万人次) Total Number (10000 persons)	总收入 (亿元) Total Income (100 million yuan)	一日游 One-day Tour 人数 (万人次) Total Number (10000 persons)	收入 (亿元) Income (100 million yuan)	过夜旅游 Overnight Tour 人数 (万人次) Total Number (10000 persons)	收入 (亿元) Income (100 million yuan)
2000	2974.0	150.5	630.0	5.0	2344.0	145.4
2005	4684.0	289.0	917.0	20.4	3767.0	268.6
2007	7849.0	543.7	1600.8	54.0	6248.2	489.7
2008	9938.0	700.2	2566.0	97.9	7372.0	602.3
2009	12268.0	863.8	3901.0	165.5	8367.0	698.3
2010	15349.0	1094.8	5332.0	212.7	10017.0	882.1
2011	22534.8	1815.0	8378.8	385.8	14156.0	1429.2
2012	29229.1	2519.1	9615.2	458.3	19613.9	2060.8
2013	33601.1	2903.2	11981.3	666.1	21619.8	2237.1
2014	37898.8	3309.7	14968.1	883.9	22930.7	2425.8
2015	44403.7	3980.5	19705.1	1244.9	24698.6	2735.6

18—7 各市国内旅游主要经济指标（2015年）
Main Economic Indicators of Domestic Tourism by Region (2015)

地区	Region	总收入 (亿元) Total Income (100 million yuan)	一日游 One-day Tour 人数 (万人次) Total Number (10000 persons)	收入 (亿元) Income (100 million yuan)	过夜旅游 Overnight Tour 人数 (万人次) Total Number (10000 persons)	收入 (亿元) Income (100 million yuan)
总计	**Total**	**3980.5**	**19705.1**	**1244.9**	**24698.6**	**2735.6**
合肥市	Hefei	953.2	3445.4	282.7	4338.9	670.5
淮北市	Huaibei	67.3	497.6	21.4	580.5	45.9
亳州市	Bozhou	108.4	642.7	30.9	862.0	77.6
宿州市	Suzhou	98.3	704.3	31.8	883.6	66.5
蚌埠市	Bengbu	159.8	1266.3	56.1	1362.6	103.7
阜阳市	Fuyang	111.8	685.6	31.4	985.1	80.4
淮南市	Huainan	89.4	679.6	27.4	838.6	62.0
滁州市	Chuzhou	135.7	694.9	40.9	992.4	94.8
六安市	Luan	161.0	912.9	47.0	1328.8	114.0
马鞍山市	Maanshan	170.2	1160.6	61.2	1229.0	108.9
芜湖市	Wuhu	377.7	1440.8	115.4	1898.6	262.2
宣城市	Xuancheng	165.6	852.7	45.1	1292.1	120.5
铜陵市	Tongling	72.2	522.6	24.2	562.2	47.9
池州市	Chizhou	408.5	1872.5	144.0	2223.8	264.6
安庆市	Anqing	409.4	2171.4	143.1	2299.1	266.3
黄山市	Huangshan	491.9	2155.4	142.1	3021.3	349.8

注：淮南、六安、铜陵、安庆均按原区划。

a) Huainan, luan, tongling and anqing by primary regionalization.

18—8 国内旅游人均花费（2015年）
Per Capita Costs of Domestic Tourism (2015)

单位：元（yuan）

指 标	Item	平均每人花费 Per Capita Expenditure	交通费 Local Transportation	住宿费 Accommod-ation	餐饮费 Cater	购物费 Commodity Sale	游览费 Tour Admission Fee
总花费	Total Expenditure	896.0	169.0	124.0	134.0	236.0	92.0
一日游	One-day Tour	632.0	143.0		98.0	193.0	79.0
过夜花费	Overnight Tour	1108.0	200.0	201.0	152.0	267.0	111.0
#宾馆饭店	Living in Hotel	1203.0	204.0	270.0	165.0	271.0	119.0
#住亲友家	Living in Relative's or Friend's Home	818.0	175.0		136.0	239.0	91.0

18—9 各市国内旅游人均花费（2015年）
Per Capita Costs of Domestic Tourism by Region (2015)

单位：元（yuan）

地 区	Region	平均每人花费 Per Capita Expenditure	交通费 Local Transportation	住宿费 Accommod-ation	餐饮费 Cater	购物费 Commodity Sale	平均逗留天数（天） Average Number of Days (day)
总 计	**Total**	**896.4**	**168.5**	**123.9**	**134.2**	**236.1**	**1.54**
合 肥 市	Hefei	1224.6	196.4	157.4	166.2	430.0	1.74
淮 北 市	Huaibei	624.1	120.5	73.3	98.3	200.1	1.32
亳 州 市	Bozhou	720.7	147.6	93.8	101.6	158.8	1.52
宿 州 市	Suzhou	618.9	155.7	90.2	70.1	113.7	1.52
蚌 埠 市	Bengbu	608.0	152.6	78.7	75.8	111.4	1.49
阜 阳 市	Fuyang	669.0	154.4	87.7	99.4	120.1	1.57
淮 南 市	Huainan	589.0	117.7	88.5	126.4	107.4	1.47
滁 州 市	Chuzhou	804.1	164.9	111.3	129.7	214.2	1.52
六 安 市	Luan	718.3	148.2	97.7	143.1	140.5	1.58
马鞍山市	Maanshan	712.2	154.2	80.1	118.8	155.7	1.36
芜 湖 市	Wuhu	1131.0	187.3	112.8	150.5	336.8	1.53
宣 城 市	Xuancheng	772.3	131.7	126.0	129.3	215.4	1.62
铜 陵 市	Tongling	665.1	131.8	81.3	107.1	168.0	1.38
安 庆 市	Anqing	997.3	195.1	132.0	137.8	263.6	1.49
池 州 市	Chizhou	915.9	152.6	91.8	127.5	261.2	1.38
黄 山 市	Huangshan	950.2	202.9	116.7	128.1	233.4	1.48

注：淮南、六安、铜陵、安庆均按原区划。

a) Huainan, luan, tongling and anqing by primary regionalization.

18—10 国家级黄山风景区旅游事业发展情况
Development of Tourism of Huang Shan Scenic at National Level

指 标		Item		2000	2005	2010	2014	2015
接待人数	（人次）	Tourists Received	(person-time)	1172871	1709658	2518346	2971092	3182811
接待海外游客		Overseas Tourists		73485	159980	256753	144306	160002
国内游客		Domestic Tourists		1099386	1549678	2261593	2826786	3022809
营业收入	（万元）	Business Income	(10000 yuan)	47881	75017	168945	229500	252527
#游览设施		Touring Facilities		18040	41505	78812	95129	104293
住宿设施		Lodging Facilities		9655	14517	19832	29418	31575
娱乐设施		Entertainment Facilities			334	524	434	473
餐饮设施		Catering Facilities		4004	7427	14580	19251	22545
商业设施		Commercial Facilities		182	500	785	652	709
外汇收入	（万美元）	Foreign Exchange Earnings	(USD 10000)	588	2080	5398	4908	5354
涉外宾馆（酒店）住宿设施		Lodging Facilities of Tourist Hotels						
宾馆（酒店）	（个）	Number of Hotels	(unit)	15	14	14	10	10
#五星级		Five Star Class				2	3	3
四星级		Four Star Class			6	8	7	7
三星级		Three Star Class		5	4	1		
二星级		Two Star Class		1	2			
客 房	（间）	Number of Rooms	(unit)	1781	1496	2728	2504	2474
床 位	（张）	Number of Beds	(unit)	5775	4562	5690	5320	5235
客房出租率	（%）	Room Occupancy	(%)	42	62	51	49	51
旅游车辆	（辆）	Number of Touring Vehicles	(unit)	191	95	131	129	147
#大型车辆		Large-sized Vehicles		25	65	96	100	141
中型车辆		Middle-sized Vehicles		50	5	6		2
小型车辆		Small-sized Vehicles		62	25	29	29	4

18—11　国家级九华山风景区旅游事业发展情况
Development of Tourism of Jiu Hua Shan Scenic at National Level

指　　标		Item		2000	2005	2010	2014	2015
接待人数	（人次）	Tourists Received	(person-time)	443900	648308	4001139	9000693	9712500
接待海外游客		Overseas Tourists		13569	24695	150009	323823	350011
国内游客		Domestic Tourists		430331	623613	3851130	8676870	9362489
营业收入	（万元）	Business Income	(10000 yuan)	12000	28962	390008	987964	1080332
#游览设施		Touring Facilities		3579	11006	156003	395184	432131
住宿设施		Lodging Facilities		2493	7240	97502	246991	270083
娱乐设施		Entertainment Facilities		293	579	7800	19670	21509
餐饮设施		Catering Facilities		2860	4345	58501	148194	162049
商业设施		Commercial Facilities		2775	5792	70201	177925	194559
外汇收入	（万美元）	Foreign Exchange Earnings	(USD 10000)	334	307			
涉外宾馆（酒店）住宿设施		Lodging Facilities of Tourist Hotels						
宾馆（酒店）	（个）	Number of Hotels	(unit)	3	8	9	10	10
#五星级		Five Star Class						
四星级		Four Star Class			1	2	3	3
三星级		Three Star Class		1	4	7	7	7
二星级		Two Star Class		2	3			
客　房	（间）	Number of Rooms	(unit)	299	646	831	1036	1064
床　位	（张）	Number of Beds	(unit)	625	1266	1551	1921	2014
客房出租率	（%）	Room Occupancy	(%)	45	58	65	63	62
旅游车辆	（辆）	Number of Touring Vehicles	(unit)	59	64	112	129	139
#大型车辆		Large-sized Vehicles		19	32	61	60	59
中型车辆		Middle-sized Vehicles		30	22	17	65	76
小型车辆		Small-sized Vehicles		10	10	34	4	4

18—12 风景名胜区（2015年）
Scenic Spots (2015)

名　称 Name	级别 Grade	主要特点 Main Characteristics	类别 Kinds	面　积（平方公里） Area(sq.km)	地址 Address
黄　山	国家级	世界自然和文化遗产，中国十大风景名胜。以“奇松、怪石、云海、温泉”四绝而闻名	山岳型	154	黄山市
九华山	国家级	中国四大佛教名山之一，是佛教地藏菩萨道场。始于唐开元年间，现存古寺庙94座，佛像1万余尊、文物五千余件	山岳型	120	池州市
天柱山	国家级	“擎天一柱”海拔1450米，道、佛教同存，汉武帝封“南岳”。佛教二、三祖修行地。李白、白居易、苏轼等400余摩崖碑刻	山岳型	82.46	潜山县
琅琊山	国家级	宋代大文学家欧阳修《醉翁亭》而闻名，有著名醉翁亭、醒图、琅琊寺等	山岳型	78.2	滁州市
齐云山	国家级	中国四大道教名山之一，始于唐，盛于明，兴于清，有道教墓葬22外和大量摩崖石碑刻，属丹霞地貌	山岳型	110.4	休宁县
采石矶	国家级	长江三大名矶之首，有“采石山水甲江南”之誉。唐代大诗人李白留下许多不朽诗篇，并在附近香山归宿		48	马鞍山市
巢　湖	国家级	中国五大淡水湖之一，著名姥山、褒禅山、中庙、范增墓等景点	湖泊型	1000	巢湖市
花山谜窟	国家级	人工石窟群，口小内大，有36处，最高30米。所建年代？为何建？何年成？为“千古之谜”		80.6	黄山市
太极洞	国家级	洞龄2.5亿年，长5400多米，分干、水洞而得名。宋代范仲淹等留下不少碑文石刻，《中国石林》称为“桂林山水，广德石洞”	溶洞型	20	广德县
花亭湖	国家级	著名人口湖，有龙山、西风湖、佛图寺、海会寺等六大景区和温泉，沿湖生长方形法华竹而绝名	湖泊型	250	太湖县
浮　山	省　级	古火山之一，佛教禅宗鼻祖慧可大师道场，中国禅宗发祥地。有36岩、72洞、26怪石、34奇峰。南宋以来480多摩崖石刻	山岳型	45	枞阳县
天堂寨	省　级	主峰天堂顶海拔129米，有天塘“瑶池”。大小瀑布100余条而闻名，大别山山脉第二高峰	山岳型	37.2	金寨县
太平湖	省　级	安徽最大人工湖，有“西山观鱼，三峡水趣，桂林景色，龙门”等五大景区。堪与太湖媲美，漓江竟秀	湖泊型	260	黄山区
敬亭山	省　级	原名昭亭山，晋文帝时改为敬亭山，南齐谢朓以来李白等文人留下诗文800余篇，为中国著名“江南诗山”	山岳型	15.3	宣城市
白崖寨	省　级	建寨700余年，寨十华里，宽1米，高2.8—5米，大块岩石砌成。有炮台、点将台等，誉称“南国小长城”	山岳型	57	宿松县
西　山	省　级	溶洞、石、峰、泉、花、树、禽为一体，有古乌霞寺，著名“牡丹之乡”。唐代诗人李白等留下脍炙人口的诗文	山岳型	22.6	南陵县
齐山——秋浦仙境	省　级	全长180公里，是著名“诗河”。李白、杜牧、苏轼等留下40余首诗篇，有古石城遗址，昭明钓台、仰天堂古迹名胜	山岳型	25.78	池州市
石台溶洞群	省　级	石台称为“溶洞之县”，有蓬莱、鱼龙、慈云等100余处溶洞。著名“蓬莱仙洞”长3000余米，钟乳奇秀，玲珑剔透	溶洞型	29.3	池州市
小孤山	省　级	孤峰如柱，兀立长江，称“长江绝岛”，有古炮台、烽火石等古战场遗迹，古刹启秀寺是长江中唯一“妈祖古庙”		8.5	宿松县

18—12 续表 continued

名　称 Name	级 别 Grade	主要特点 Main Characteristics	类　别 Kinds	面　积 (平方公里) Area(sq.km)	地　址 Address
凤阳山	省 级	有明中都皇故城、明皇陵石刻、鼓楼台、龙兴寺、古钟、离城、佛教古寺、卧牛湖、奇洞等	山岳型	45	凤阳县
涂山——白乳泉	省 级	大禹娶涂山氏为妻，著名"启母石"——涂山氏化身。唐贞元年白乳泉得名，誉为"天下第七泉"	山岳型	66.35	怀远县
南岳山—佛子岭水库	省 级	古岳庙留汉武帝封石刻门楣，有书法家于佑仁题"小南岳"等文人石刻，为"远东第一坝"	山岳、湖泊型	175	霍山县
万佛山—龙河口水库	省 级	"世界第一人工土石大坝"，有周瑜祖坟、祖慈钓鱼台、五老观太极等景观，国家级保护动植物50余种	山岳、湖泊型	207	舒城县
皇藏峪	省 级	汉高祖称帝前因避秦兵而藏身此地，封为"皇藏峪"。有天然洞穴、井泉、峰峦叠翠、涧水淙淙	山岳型	22.76	萧　县
八公山	省 级	西汉淮南王刘安等八公在此炼丹并食之成仙得名，有珍珠、玛瑙等24泉、淮南王、碧霞元君庙等	山岳型	90	淮南市
大龙山	省 级	山势雄伟、蜿蜒似龙，有92峰、82岩、72岭、82洞、32壑、108奇石和乌、白、黄、赤四大名溪和6大瀑布等	山岳型	120	安庆市
颍州西湖	省 级	北宋宰相晏殊、文学家欧阳修、苏轼等留下113首诗篇。原碑林长廓、八卦阵、八仙石雕和"会老堂"等		24.32	阜阳市
龙须湖	省 级	湖水容量3252万立方米，植被丰富，珍禽野兽较多，湖光山色、风光秀美	湖泊型	110	郎溪县
铜锣寨	省 级	碧峰伟崖，陡不可攀，海拔1096米，有奇松、怪石、云海、温泉"四绝"，素称"江北小黄山"	山岳、古关寨	47	霍山县
大华山	省 级	云峰寺始唐朝，地藏王在此结庵1300余年。太平军的"羊破寨"、庆云寺等，东石笋高38米，为"中华第一石笋"	山岳型	56	六安市
合肥环城公园—西郊	省 级	西郊有蜀山风景、董铺和大房郢水库、森林公园、科学岛等，著名北宋"包拯"——包公祠座落环城公园	城市近郊公园	32	合肥市
紫蓬山	省 级	三国名刹——西庐寺，魏将李典，宋名将葛升墓，淮军名将刘铭传故居。有21米高的如来大佛，五百罗汉、文昌阁等	山岳型	48	肥西县
五柳	省 级	著名"呵泉、龙泉、珍珠泉"等，大方寺、闵祠等殷商文化遗址和众多汉墓		26	宿州市
凤凰山	省 级	宋代古民居，荆公书堂，大明寺，莲花寺和大雄宝殿等自然和人文景观20余处	山岳型	28.4	铜陵市
司空山	省 级	中华佛教禅宗发源地，有"祖禅刹、三祖洞、乌牛古石、南崖瀑布"等，赵朴初题为"禅宗第一山"	山岳型	46.8	岳西县
大历山	省 级	唐玄宗二年始建"翠观庵"，明建"尧舜寺"，有法藏寺、尧池、舜井、伏虎洞、白龙洞等，钟乳奇异，山色峻美	山岳型	26	东至县
卜塘	省 级	山恋叠峰、沟壑纵横、林木绢绣、飞泉叮咚，竹海、古树、清泉、钟鼓并称"四绝"	山岳型	45	马鞍山市
龙子湖	省 级	禹王庙、汤和墓、东明皇陵、中都城、龙兴寺、栖岩寺和淮河风情园等	湖泊型	36.2	蚌埠市
汤池	省 级	汉文帝建庐江国时称"坑泉"，水温63℃，为"华东第一温泉"，有三国周郎和小乔沐浴池、古寺、十三庵等	温泉	22.5	庐江县

18—13　国家级重点文物保护单位
National Grade Main Cultural Relics

名　称 Name	时　代 Era	地　址 Address	批　次 Batch	公布时间 Announcement Time
新四军军部旧址	1938-1941	泾县云岭乡	第一批	1961.3
明中都皇故城及皇陵石刻	明	凤阳县	第二批	1982.2
安丰塘（芍陂）	春秋-清	寿县	第三批	1988.1
龙川胡氏宗祠	明-清	绩溪县瀛洲乡	第三批	1988.1
潜口民宅	明-清	黄山市徽州区尘潜口村	第三批	1988.1
许国石坊	明	歙县	第三批	1988.1
花戏楼	清	亳州市谯城区	第三批	1988.1
广教寺双塔	宋	宣州市宣州区敬亭山	第三批	1988.1
和县猿人遗址	旧石器时代	和县陶店乡	第三批	1988.1
薛家岗遗址	新石器时代	潜山县	第四批	1996.11
大工山-凤凰山铜矿遗址	西周至宋	南陵县、铜陵市	第四批	1996.11
棠樾石牌坊群	明、清	歙县郑村乡	第四批	1996.11
老屋阁及绿绕亭	明	黄山市徽州区西溪南村	第四批	1996.11
罗东舒祠（宝伦阁）	明	黄山市徽州区呈坎村	第四批	1996.11
渡江战役总前委旧址	1949年3月-4月	肥东县撮镇瑶岗村	第四批	1996.11
陈山遗址	旧石器时代	宣州市宣州区	第五批	2001.6
凌家滩遗址	新石器时代	含山县	第五批	2001.6
尉迟寺遗址	新石器时代	蒙城县	第五批	2001.6
寿春城遗址	战国	寿县	第五批	2001.6
寿州窑遗址	南朝至塘	淮南市	第五批	2001.6
柳孜运河码头遗址	唐至宋	濉溪县	第五批	2001.6
繁昌窑遗址	宋	繁昌县	第五批	2001.6
皖南土墩墓群	西周至春秋	南陵县、繁昌县	第五批	2001.6
曹氏家族墓群	东汉、三国	亳州市谯城区	第五批	2001.6
朱然家族墓地	三国	马鞍山市	第五批	2001.6
水西双塔	宋	泾县	第五批	2001.6
亳州古地道	宋、元	亳州市谯城区	第五批	2001.6
白崖寨	元至清	宿松县	第五批	2001.6
程氏三宅	明	黄山市屯溪区	第五批	2001.6
呈坎村古建筑群	明、清	黄山市徽州区	第五批	2001.6
渔梁坝	唐至清	歙县	第五批	2001.6
宏村古建筑群	明、清	黟县	第五批	2001.6
西递村古建筑群	明、清	黟县	第五批	2001.6
寿县古城墙	宋至清	寿县	第五批	2001.6
查济古建筑群	宋至清	泾县	第五批	2001.6
天柱山山谷流泉摩崖石刻	宋至清	潜山县	第五批	2001.6
人字洞遗址	旧石器时代	繁昌县	第六批	2006.5
临涣城址	战国	濉溪县	第六批	2006.5
李白墓	唐	当涂县	第六批	2006.5
蒙城万佛塔	宋	蒙城县	第六批	2006.5
溪头三槐堂	明	休宁县	第六批	2006.5
振风塔	明	安庆市迎江区	第六批	2006.5
郑氏宗祠	明	歙县	第六批	2006.5
江村古建筑群	明至清	旌德县	第六批	2006.5
南屏村古建筑群	明至清	黟县	第六批	2006.5
祁门古戏台	明至清	祁门县	第六批	2006.5
许村古建筑群	明至民国	歙县	第六批	2006.5
黄田村古建筑群	清	泾县	第六批	2006.5
世太史第	清	安庆市迎江区	第六批	2006.5
竹山书院	清	歙县	第六批	2006.5
齐云山石刻	宋至清	休宁县	第六批	2006.5
李氏庄园	清	霍邱县	第六批	2006.5
刘铭传旧居	清	肥西县	第六批	2006.5
冯玉祥旧居	1936－1937年	巢湖市居巢区	第六批	2006.5
半塔保卫战旧址	1941年	来安县	第六批	2006.5
淮海战役总前委和华东野战军指挥部旧址	1948年	濉溪县、萧县	第六批	2006.5

18—14　省级文物保护单位
Provincial Cultural Relic Preservation Institutions

名　称 Name	时　代 Era	地　址 Address	批　次 Batch	公布时间 Announcement Time
古遗址（77处）				
龙潭洞遗址	旧石器时代	和县	第一批	1981年9月8日
银山遗址	旧石器时代	巢湖市	第二批	1986年7月3日
陈山旧石器出土地点	旧石器时代	宣城市宣州区	第三批	1989年5月27日
官山、毛竹山遗址	旧石器时代	宁国市	第四批	1998年5月4日
人字洞遗址	旧石器时代	繁昌县	第五批	2004年10月28日
薛家岗遗址	新石器时代	潜山县	第一批	1981年9月8日
张四墩遗址	新石器时代	安庆市	第一批	1981年9月8日
大城头遗址	新石器时代	肥东县	第一批	1981年9月8日
大陈墩遗址	新石器时代	肥东县	第一批	1981年9月8日
青凤岭遗址	新石器时代	亳州市	第一批	1981年9月8日
钓鱼台遗址	新石器时代	亳州市	第一批	1981年9月8日
胡家村遗址	新石器时代	绩溪县	第一批	1981年9月8日
花家寺遗址	新石器时代	萧县	第一批	1981年9月8日
傅庄遗址	新石器时代	亳州市	第三批	1989年5月27日
石山孜遗址	新石器时代	濉溪县	第三批	1989年5月27日
侯家寨遗址	新石器时代	定远县	第四批	1998年5月4日
尉迟寺遗址	新石器时代	蒙城县	第四批	1998年5月4日
古埂遗址	新石器时代	肥西县	第四批	1998年5月4日
玉石山遗址	新石器时代	灵璧县	第四批	1998年5月4日
凌家滩遗址	新石器时代	含山县	第四批	1998年5月4日
灰角寺遗址	新石器时代	太和县	第四批	1998年5月4日
黄家堰遗址	新石器时代	望江县	第四批	1998年5月4日
下阳遗址	新石器时代	广德县	第四批	1998年5月4日
双墩遗址	新石器时代	蚌埠市	第五批	2004年10月28日
中土坑遗址	新石器时代	祁门县	第五批	2004年10月28日
夫子城遗址	新石器时代	安庆市	第五批	2004年10月28日
小山口遗址	新石器时代	宿州市	第五批	2004年10月28日
古台寺遗址	新石器时代	宿州市	第五批	2004年10月28日
红墩寺遗址	新石器——商周	霍邱县	第三批	1989年5月27日
濮家墩遗址	新石器——商周	滁州市	第二批	1986年7月3日
阮墩遗址	新石器——商周	繁昌县	第五批	2004年10月28日
孙家城土城遗址	新石器——商周	怀宁市	第五批	2004年10月28日
东城都遗址	新石器——西周	六安市	第四批	1998年5月4日
化家湖遗址	新石器——汉	濉溪县	第五批	2004年10月28日
“伍奢冢”遗址	新石器——汉	利辛县	第五批	2004年10月28日
大城墩遗址	新石器——隋唐	含山县	第二批	1986年7月3日
斗鸡台遗址	夏、商	寿县	第四批	1998年5月4日
老邱堆遗址	殷	临泉县	第一批	1981年9月8日
倪邱集遗址	殷	太和县	第一批	1981年9月8日
青莲寺遗址	商周	寿县	第四批	1998年5月4日
贺胜台遗址	商周	阜南县	第四批	1998年5月4日
欧墩遗址	商周	郎溪县	第四批	1998年5月4日
烟墩山遗址	商周	马鞍山市	第五批	2004年10月28日
花城遗址	周	舒城县	第四批	1998年5月4日
牯牛山遗址	周	南陵县	第四批	1998年5月4日
石梁土城遗址	商周、唐宋	天长市	第三批	1989年5月27日
大工山古矿冶遗址	西周——宋	南陵县	第三批	1989年5月27日

18—14 续表1 continued

名 称 Name	时 代 Era	地 址 Address	批 次 Batch	公布时间 Announcement Time
凤凰山铜矿遗址（木鱼山、金牛洞、铜井山遗址、罗家村大炼渣）	西周——宋	铜陵市	第四批	1998年5月4日
古昭关遗址	春秋	含山县	第三批	1989年5月27日
钟离城遗址	春秋	凤阳县	第一批	1981年9月8日
寿春城遗址（含西南小城）	战国	寿县	第四批	1998年5月4日
陈胜、吴广起义遗址	秦	宿州市	第一批	1981年9月8日
蕲县古城遗址	秦	宿州市	第二批	1986年7月3日
垓下遗址	秦	固镇县	第二批	1986年7月3日
新阳城遗址	秦汉	界首市	第四批	1998年5月4日
东城遗址	秦——唐	定远县	第四批	1998年5月4日
龙城遗址	汉	肥东县	第一批	1981年9月8日
六安西古城遗址	汉	六安市	第一批	1981年9月8日
谷阳城遗址	汉	固镇县	第五批	2004年10月28日
北平城遗址	汉	涡阳县	第五批	2004年10月28日
临涣古城遗址	汉—元	濉溪县	第二批	1986年7月3日
三国新城遗址	三国	合肥市	第四批	1998年5月4日
寿州窑址	六朝——唐	淮南市	第一批	1981年9月8日
白土寨窑址	唐——宋	萧县	第一批	1981年9月8日
琴溪窑址	唐——宋	泾县	第二批	1986年7月3日
霞间窑址	五代——北宋	绩溪县	第三批	1989年5月27日
东门渡窑址	五代——北宋	芜湖县	第四批	1998年5月4日
清流关	南唐——宋	滁州市	第三批	1989年5月27日
柯家村遗址	宋	繁昌县	第一批	1981年9月8日
下符桥窑址	宋	霍山县	第二批	1986年7月3日
天静宫遗址	宋	涡阳县	第四批	1998年5月4日
汤池果树窑址	宋	庐江县	第五批	2004年10月28日
“古井贡酒”古井及窖池	宋——明	亳州市	第四批	1998年5月4日
明王台遗址	元	亳州市	第一批	1981年9月8日
明中都城城址	明	凤阳县	第一批	1981年9月8日
琉璃瓦窑址	明	当涂县	第一批	1981年9月8日
谢朓楼遗址	清	宣城市宣州区	第四批	1998年5月4日
古墓葬（45处）				
汤王墓	商	亳州市	第一批	1981年9月8日
武王墩	周	长丰县	第一批	1981年9月8日
万牛墩土墩墓群	周	繁昌县	第三批	1989年5月27日
千峰山土墩墓群	西周——春秋	南陵县	第二批	1986年7月3日
共姬墓	春秋	淮北市	第五批	2004年10月28日
黄泥孤堆（黄歇墓）	战国	淮南市	第五批	2004年10月28日
廉颇墓	战国	寿县	第五批	2004年10月28日
严氏孤堆	战国——汉	长丰县	第一批	1981年9月8日
薛家孤堆	汉	亳州市	第一批	1981年9月8日
虞姬墓	汉	灵璧县	第二批	1986年7月3日
刘安墓	汉	寿县	第二批	1986年7月3日
放王岗古墓群	汉	巢湖市	第四批	1998年5月4日
董园2号石墓	东汉	亳州市	第一批	1981年9月8日
曹四孤堆	东汉	亳州市	第一批	1981年9月8日
张园汉春	东汉	亳州市	第四批	1998年5月4日
古城画像石墓	东汉	濉溪县	第四批	1998年5月4日
周瑜墓	三国	庐江县	第三批	1989年5月27日
朱然墓	三国·吴	马鞍山市	第二批	1986年7月3日
宋山古墓	三国·吴	马鞍山市	第四批	1998年5月4日
李白墓	唐	当涂县	第一批	1981年9月8日

18—14　续表2　continued

名　称 Name	时　代 Era	地　址 Address	批　次 Batch	公布时间 Announcement Time
何城墓	唐	庐江县	第五批	2004年10月28日
陈翥墓	北宋	铜陵县	第四批	1998年5月4日
明皇陵	明	凤阳县	第一批	1981年9月8日
汤和墓	明	蚌埠市	第二批	1986年7月3日
郑之珍墓	明	祁门县	第三批	1989年5月27日
万孺人墓	明	广德县	第五批	2004年10月28日
常氏三王墓	明	怀远县	第五批	2004年10月28日
化明塘严氏墓	明	五河县	第五批	2004年10月28日
余珊墓	明	桐城市	第五批	2004年10月28日
方以智墓	清	枞阳县	第一批	1981年9月8日
戴东原墓	清	休宁县	第一批	1981年9月8日
渐江墓	清	歙县	第二批	1986年7月3日
邓石如墓	清	怀宁县	第二批	1986年7月3日
姚鼐墓	清	枞阳县	第二批	1986年7月3日
戴名世墓	清	桐城市	第二批	1986年7月3日
刘大木魁墓	清	枞阳县	第三批	1989年5月27日
梅文鼎墓	清	宣城市宣州区	第三批	1989年5月27日
姚莹墓	清	桐城市	第三批	1989年5月27日
梅清墓	清	宣城市宣州区	第四批	1998年5月4日
赵文楷墓	清	太湖县	第四批	1998年5月4日
吴汝纶墓	清	枞阳县	第四批	1998年5月4日
孝子墩古墓	清	长丰县	第五批	2004年10月28日
施闰章墓	清	宣城市宣州区	第五批	2004年10月28日
皋陶墓		六安市	第三批	1989年5月27日
六安汉代王陵墓地	西汉	六安市金安区		2007年8月9日
古建筑（234处）				
芍陂遗址	春秋——清	寿县	第二批	1986年7月3日
汉阙遗址及水牛墓	汉	淮北市	第五批	2004年10月28日
七门堰	汉——清	舒城县	第四批	1998年5月4日
杏花村古井	唐	池州市贵池区	第三批	1989年5月27日
禹王宫	唐——清	怀远县	第三批	1989年5月27日
渔梁坝	唐——清	歙县	第三批	1989年5月27日
西风禅寺及摩崖石刻	唐——近代	太湖县	第五批	2004年10月28日
广教寺双塔	宋	宣城市宣州区	第一批	1981年9月8日
景德寺塔	北宋	宣城市宣州区	第四批	1998年5月4日
多宝庵塔	北宋	六安市	第四批	1998年5月4日
天寿寺塔	宋	广德县	第一批	1981年9月8日
万佛塔	宋	蒙城县	第一批	1981年9月8日
太平塔	宋	潜山县	第一批	1981年9月8日
广济寺塔	宋	芜湖市	第一批	1981年9月8日
黄金塔	宋	无为县	第一批	1981年9月8日
长庆寺塔	宋	歙县	第一批	1981年9月8日
水西大观塔及小方塔	宋	泾县	第一批	1981年9月8日
米公祠	宋	无为县	第一批	1981年9月8日
黄山塔	宋	当涂县	第二批	1986年7月3日
净居寺塔	宋	青阳县	第五批	2004年10月28日
东谯楼	宋	歙县	第五批	2004年10月28日
新州石塔	南宋	歙县	第一批	1981年9月8日
伟溪塔	南宋	祁门县	第三批	1989年5月27日
万寿塔	南宋	和县	第四批	1998年5月4日
仙人塔	南宋	宁国市	第四批	1998年5月4日
望江寺塔	南宋	六安市	第四批	1998年5月4日

18—14 续表3 continued

名 称 Name	时 代 Era	地 址 Address	批 次 Batch	公布时间 Announcement Time
上水关、下水关、广惠桥	宋、明、唐	滁州市	第五批	2004年10月28日
亳州古地下道	宋——元	亳州市	第二批	1986年7月3日
寿县古城墙	宋——清	寿县	第二批	1986年7月3日
丰乐亭	宋——清	滁州市	第二批	1986年7月3日
衙署前门	宋——清	芜湖市	第五批	2004年10月28日
硖山口《慰农亭》及摩崖石刻	宋——清	凤台县	第五批	2004年10月28日
法华禅庵塔	元	嘉山县	第二批	1986年7月3日
寿县孔庙	元——清	寿县	第五批	2004年10月28日
白崖寨	元——清	宿松县	第二批	1986年7月3日
曹门厅	明	歙县	第一批	1981年9月8日
方文泰宅	明	歙县	第一批	1981年9月8日
老屋阁及绿绕亭	明	歙县	第一批	1981年9月8日
苏雪痕宅	明	歙县	第一批	1981年9月8日
罗润坤、罗来龙宅	明	歙县	第一批	1981年9月8日
张林福宅	明	歙县	第一批	1981年9月8日
方春福宅	明	歙县	第一批	1981年9月8日
三槐堂	明	休宁县	第一批	1981年9月8日
方士载宅	明	歙县	第一批	1981年9月8日
贞白门	明	歙县	第一批	1981年9月8日
觉寂塔	明	潜山县	第一批	1981年9月8日
迎江寺及振风塔	明	安庆市	第一批	1981年9月8日
龙兴寺	明	凤阳县	第一批	1981年9月9日
圣僧庵壁画	明	歙县	第一批	1981年9月8日
潜口明代民居建筑群	明	歙县	第二批	1986年7月3日
程氏宅	明	黟县	第二批	1986年7月3日
胡文光刺史坊	明	黟县	第二批	1986年7月3日
奕世尚书坊	明	绩溪县	第二批	1986年7月3日
郑村忠烈坊	明	歙县	第二批	1986年7月3日
黄村进士第	明	休宁县	第二批	1986年7月3日
太和县文庙大成殿	明	太和县	第二批	1986年7月3日
寿县清真寺	明	寿县	第二批	1986年7月3日
六角楼	明	黄山市	第三批	1989年5月27日
冯村进士坊	明	绩溪县	第三批	1989年5月27日
鼓楼基座	明	凤阳县	第三批	1989年5月27日
程大位故居	明	黄山市屯溪区	第三批	1989年5月27日
大观亭	明	歙县	第四批	1998年5月4日
郑氏宗祠	明	歙县	第四批	1998年5月4日
丰口四面坊	明	歙县	第四批	1998年5月4日
殷尚书坊及大司徒坊	明	歙县	第四批	1998年5月4日
韩氏宗祠	明	黟县	第四批	1998年5月4日
梓坞祠堂	明	休宁县	第四批	1998年5月4日
程氏宗祠	明	黄山市屯溪区	第四批	1998年5月4日
岩寺文峰塔	明	黄山市徽州区	第四批	1998年5月4日
长春社	明	黄山市徽州区	第四批	1998年5月4日
五教堂	明	绩溪县	第三批	1989年5月27日
敦履堂	明	绩溪县	第四批	1998年5月4日
父子进士坊	明	旌德县	第四批	1998年5月4日
叶家桥	明	当涂县	第四批	1998年5月4日
清溪塔	明	池州市贵池区	第四批	1998年5月4日
兴济桥	明	池州市贵池区	第四批	1998年5月4日
汪氏宗祠	明	石台县	第四批	1998年5月4日
净信寺	明	青阳县	第四批	1998年5月4日

18—14　续表4　continued

名　称 Name	时　代 Era	地　址 Address	批　次 Batch	公布时间 Announcement Time
法云寺塔	明	岳西县	第四批	1998年5月4日
观音寺塔	明	六安市	第四批	1998年5月4日
江淮桥	明	含山县	第四批	1998年5月4日
运河桥	明	阜南县	第四批	1998年5月4日
薛阁塔	明	亳州市	第四批	1998年5月4日
玉虚宫牌坊	明	休宁县	第四批	1998年5月4日
柯乔门坊	明	青阳县	第四批	1998年5月4日
中江塔	明	芜湖市	第五批	2004年10月28日
水东花戏楼	明	宣城市宣州区	第五批	2004年10月28日
明代城墙	明	郎溪县	第五批	2004年10月28日
耿村明代耿姓民宅	明	广德县	第五批	2004年10月28日
叶集江西会馆	明	六安市	第五批	2004年10月28日
天心堂	明	歙县	第五批	2004年10月28日
金紫祠	明	黄山市徽州区	第五批	2004年10月28日
敬本堂	明	歙县	第五批	2004年10月28日
大邦伯祠	明	歙县	第五批	2004年10月28日
金柱塔	明	当涂县	第五批	2004年10月28日
司谏第	明（弘治）	歙县	第一批	1981年9月8日
许国石坊	明（1583年）	歙县	第一批	1981年9月8日
程氏三宅	明末	屯溪	第一批	1981年9月8日
宝伦阁	明末清初	歙县	第一批	1981年9月8日
石牌坊群	明——清	歙县	第一批	1981年9月8日
太平桥	明——清	歙县	第一批	1981年9月8日
化城寺	明——清	九华山风景区	第一批	1981年9月8日
龙川胡氏宗祠	明——清	绩溪县	第二批	1986年7月3日
太平山房	明——清	青阳县	第二批	1986年7月3日
安城堡	明——清	太湖县	第二批	1986年7月3日
桐城县文庙	明——清	桐城市	第二批	1986年7月3日
江宁会馆	明——清	亳州市	第三批	1989年5月27日
霍山文庙	明——清	霍山县	第三批	1989年5月27日
镇淮楼	明——清	和县	第三批	1989年5月27日
南谯楼	明——清	歙县	第三批	1989年5月27日
舒余庆堂	明——清	黟县	第三批	1989年5月27日
道德中宫	明——清	亳州市	第三批	1989年5月27日
安庆谯楼	明——清	安庆市	第四批	1998年5月4日
查济民居（含宝公祠、德厅屋、进士门、二甲祠、洪公祠、怀素堂）	明——清	泾县	第四批	1998年5月4日
许氏宗祠及听泉楼	明——清	绩溪县	第三批	1989年5月27日
慈光阁	明——清	黄山风景区	第四批	1998年5月4日
姥山塔	明——清	巢湖市	第四批	1998年5月4日
吴氏大宗祠	明——清	泾县	第五批	2004年10月28日
三溪乐成桥	明——清	旌德县	第五批	2004年10月28日
毛坦厂老街重点古建筑	明——清	六安市	第五批	2004年10月28日
杜氏宗祠	明——清	池州市贵池区	第五批	2004年10月28日
榉根关古徽道	明——清	石台县	第五批	2004年10月28日
金氏宗祠	明——清	东至县	第五批	2004年10月28日
屏山村古建筑群	明——清	黟县	第五批	2004年10月28日
南屏村古建筑群	明——清	黟县	第五批	2004年10月28日
洪坑牌坊群及洪氏家庙	明——清	徽州区	第五批	2004年10月28日
合一堂	明——清	祁门县	第五批	2004年10月28日
古城岩明清建筑群	明——清	休宁县	第五批	2004年10月28日
稠墅牌坊群	明——清	歙县	第五批	2004年10月28日

18—14 续表5 continued

名 称 Name	时 代 Era	地 址 Address	批 次 Batch	公布时间 Announcement Time
棠樾古民居	明——清	歙县	第五批	2004年10月28日
池河太平桥	明——清	定远县	第五批	2004年10月28日
左忠毅公祠	明——清	桐城市	第五批	2004年10月28日
章氏宗祠	明——清	池州市贵池区	第五批	2004年10月28日
太和城关清真寺	明——清	太和县	第四批	1998年5月4日
祁门古戏台群	明——清	祁门县	第三批	1989年5月27日
教弩台旧址	清	合肥市	第一批	1981年9月8日
陶公祠	清	东至县	第一批	1981年9月8日
华祖庵	清	亳州市	第一批	1981年9月8日
包公祠	清	合肥市	第一批	1981年9月8日
琅琊寺	清	滁州市	第一批	1981年9月8日
太白楼	清	马鞍山市	第一批	1981年9月8日
醉翁亭	清	滁州市	第一批	1981年9月8日
花戏楼	清	亳州市	第一批	1981年9月8日
西递清代民居建筑群	清	黟县	第二批	1986年7月3日
泗县文庙大成殿	清	泗县	第二批	1986年7月3日
踏歌岸阁	清	泾县	第二批	1986年7月3日
铁砚山房	清	怀宁	第二批	1986年7月3日
旌德文庙	清	旌德县	第三批	1989年5月27日
文昌阁	清	泾县	第三批	1989年5月27日
资福寺	清	阜阳市	第三批	1989年5月27日
沫河口关卡	清	五河县	第三批	1989年5月27日
显通寺	清	淮北市	第三批	1989年5月27日
半山阁	清	桐城市	第三批	1989年5月27日
蒙城文庙	清	蒙城县	第四批	1998年5月4日
阜阳文峰塔	清	阜阳市	第四批	1998年5月4日
南京巷钱庄	清	亳州市	第四批	1998年5月4日
闵子骞祠及墓	清	宿州市	第四批	1998年5月4日
林探花府	清	宿州市	第四批	1998年5月4日
国光楼	清	全椒县	第四批	1998年5月4日
中庙	清	巢湖市	第四批	1998年5月4日
武壮公祠	清	庐江县	第四批	1998年5月4日
振湖塔	清	肥东县	第四批	1998年5月4日
包氏宗祠	清	肥东县	第四批	1998年5月4日
四望堡寨址	清	霍山县	第四批	1998年5月4日
世太史第	清	安庆市	第四批	1998年5月4日
安庆关南清真寺	清	安庆市	第四批	1998年5月4日
廖河戏台	清	宿松县	第四批	1998年5月4日
雷阳书院	清	望江县	第四批	1998年5月4日
杨家祠堂	清	潜山县	第四批	1998年5月4日
东流双塔	清	东至县	第四批	1998年5月4日
崇德堂戏台	清	石台县	第四批	1998年5月4日
李氏宗祠	清	青阳县	第四批	1998年5月4日
曹氏宗祠	清	青阳县	第四批	1998年5月4日
侯家祠堂	清	朗溪县	第四批	1998年5月4日
溥公祠	清	旌德县	第四批	1998年5月4日
黄田村古民居群	清	泾县	第四批	1998年5月4日
翟氏宗祠	清	泾县	第四批	1998年5月4日
金溪花戏楼	清	泾县	第四批	1998年5月4日
汪氏住宅	清	绩溪县	第四批	1998年5月4日
湖村民居（余社旺宅、章祖望宅、章祖强宅、章秀珍宅）	清	绩溪县	第四批	1998年5月4日

18—14　续表6　continued

名　称 Name	时　代 Era	地　址 Address	批　次 Batch	公布时间 Announcement Time
绩溪文庙	清	绩溪县	第四批	1998年5月4日
周氏宗祠	清	绩溪县	第四批	1998年5月4日
檀干园	清	黄山市徽州区	第四批	1998年5月4日
宏村民居（承志堂、三立堂、南湖书院）	清	黟县	第四批	1998年5月4日
竹山书院	清	歙县	第四批	1998年5月4日
吴氏宗祠	清	歙县	第四批	1998年5月4日
潘氏宗祠	清	歙县	第四批	1998年5月4日
风雨廊桥	清	歙县	第四批	1998年5月4日
庐州府城隍庙戏楼	清	合肥市	第五批	2004年10月28日
大孔祠堂	清	合肥市	第五批	2004年10月28日
唐五房圩转心楼	清	肥西县	第五批	2004年10月28日
父子进士祠堂	清	肥东县	第五批	2004年10月28日
尹氏宗祠	清	长丰县	第五批	2004年10月28日
云氏宗祠及《长生殿》戏文砖雕贞节坊	清	广德县	第五批	2004年10月28日
江村古民居群	清	旌德县	第五批	2004年10月28日
胡炳衡宅	清	绩溪县	第五批	2004年10月28日
石家村古建筑群	清	绩溪县	第五批	2004年10月28日
周氏祠堂	清	宁国市	第五批	2004年10月28日
六安古城墙	清	六安市	第五批	2004年10月28日
褚氏祠堂	清	舒城县	第五批	2004年10月28日
狮山中学玉玺楼	清	霍山县	第五批	2004年10月28日
霍邱文庙	清	霍邱县	第五批	2004年10月28日
祇园寺	清	九华山风景区	第五批	2004年10月28日
百岁宫	清	九华山风景区	第五批	2004年10月28日
甘露寺	清	九华山风景区	第五批	2004年10月28日
严氏宗祠	清	石台县	第五批	2004年10月28日
宁氏宗祠	清	青阳县	第五批	2004年10月28日
赛金花故居	清	黟县	第五批	2004年10月28日
倪望重宅（“一府六县”）	清	祁门县	第五批	2004年10月28日
苏氏宗祠与海宁学舍	清	黄山市黄山区	第五批	2004年10月28日
希范堂	清	黄山市黄山区	第五批	2004年10月28日
程氏宗祠	清	黄山市黄山区	第五批	2004年10月28日
钟鼓楼	清	休宁县	第五批	2004年10月28日
曹氏二宅	清	歙县	第五批	2004年10月28日
员公支祠	清	歙县	第五批	2004年10月28日
周氏宗祠	清	歙县	第五批	2004年10月28日
古戏台、火神庙、嘉祐院古建筑群	清	明光市	第五批	2004年10月28日
尊胜禅院旧址	清	来安县	第五批	2004年10月28日
程文炳宅	清	阜阳市颍东区	第五批	2004年10月28日
臧家公馆	清	界首市	第五批	2004年10月28日
徐氏宗祠暨杨虎城在太和旧居	清	太和县	第五批	2004年10月28日
孙氏宗祠	清	岳西县	第五批	2004年10月28日
占庄老屋	清	潜山县	第五批	2004年10月28日
萧县文庙	清	萧县	第五批	2004年10月28日
建德文庙大成殿	清——民国	东至县	第三批	1989年5月27日
黄宾虹故居	清——民国	歙县	第三批	1989年5月27日
尤家花园及故居	清——民国	颍上县	第五批	2004年10月28日
肉身殿	民国	九华山风景区	第一批	1981年9月8日
李家圩地主庄园	民国	霍邱县	第一批	1981年9月8日
贞一堂	民国	祁门县	第四批	1998年5月4日
淮南市日寇侵华罪行遗址	1939—1945年	淮南市（含：万人坑、碉堡水牢、秘密水牢、窑神庙）	第二批	1986年7月3日

18—14 续表7 continued

名 称 Name	时 代 Era	地 址 Address	批 次 Batch	公布时间 Announcement Time
管鲍祠		颍上县	第二批	1986年7月3日
陋室		和县	第二批	1986年7月3日
霸王祠		和县	第二批	1986年7月3日
石窟寺及石刻（30处）				
九女坟画像石刻	汉	宿州市	第二批	1986年7月3日
小孤山石刻	南北朝——清	宿松县	第三批	1989年5月27日
花山石窟群	唐——清	黄山市屯溪区	第五批	2004年10月28日
玉蟹泉摩崖石刻	唐——宋——清	凤阳县	第四批	1998年5月4日
琴高山摩崖石刻	唐——清	泾县	第五批	2004年10月28日
刘冲崖刻	唐——清	九华山风景区	第五批	2004年10月28日
琅琊山摩岩崖石刻及碑刻	唐——民国	滁州市	第四批	1998年5月4日
黄山摩崖石刻	唐—近代	黄山风景区	第五批	2004年10月28日
程九万墓石刻	宋	青阳县	第四批	1998年5月4日
磐石山摩崖造像	宋	灵璧县	第四批	1998年5月4日
华阳洞石刻	宋	含山县	第五批	2004年10月28日
刘源题字石刻	宋末元初	潜山县	第一批	1981年9月8日
米芾芜湖县学记碑和明刻李阳冰歉卦碑	宋、明	芜湖市	第一批	1981年9月8日
王乔洞石窟造像	宋——明	巢湖市	第一批	1981年9月8日
浮山摩崖石刻	宋——清	枞阳县	第一批	1981年9月8日
山谷流泉摩岩石刻	宋——清	潜山县	第一批	1981年9月8日
齐云山碑刻及摩岩石刻	宋——清	休宁县	第一批	1981年9月9日
新安碑园石刻	宋——清	歙县	第二批	1986年7月3日
齐山摩崖石刻	宋——清	池州市	第三批	1989年5月27日
贵池区万罗山摩崖石刻	宋——民国	池州市贵池区	第四批	1998年5月4日
吴复墓石刻	明	肥东县	第三批	1989年5月27日
阮峰墓石刻	明	枞阳县	第四批	1998年5月4日
汪珊墓石刻	明	青阳县	第四批	1998年5月4日
陈德墓石刻	明	凤阳县	第五批	2004年10月28日
报恩寺罗汉	明末清初	寿县	第一批	1981年9月8日
金鸡碑及五猖神庙碑	清	怀宁县	第二批	1986年7月3日
汪由敦墓石刻	清	休宁县	第三批	1989年5月27日
杨捷墓石刻	清	天长市	第四批	1998年5月4日
张廷玉墓石刻	清	桐城市	第四批	1998年5月4日
慧居寺菩萨、罗汉塑像	清——民国	九华山风景区	第一批	1981年9月8日
近现代重要史迹及代表性建筑（69处）				
王步文故居	清	岳西县温泉镇	第四批	1998年5月4日
刘铭传故居	清	肥西县南分路乡	第四批	1998年5月4日
胡适故居	清	绩溪县	第四批	1998年5月4日
李鸿章故居及享堂	清	合肥市	第四批	1998年5月4日
安庆天主堂	清	安庆市	第五批	2004年10月28日
英驻芜领事署	清	芜湖市	第五批	2004年10月28日
天主堂	清	芜湖市	第五批	2004年10月28日
圣雅各中学旧址	清	芜湖市	第五批	2004年10月28日
怀远教会建筑旧址	清	怀远县	第五批	2004年10月28日
许世英故居	清	东至县	第五批	2004年10月28日
李克农故居	清	巢湖市居巢区	第五批	2004年10月28日
汪晓娣等宅（孙起孟旧居）	清	休宁县	第五批	2004年10月28日
太平天国英王府及太平天国英王府壁画	清	安庆市	第五批	2004年10月28日
三河大捷遗迹及古民居	清、近代	肥西县	第五批	2004年10月28日
安徽大学红楼及敬敷书院旧址	清、近代	安庆市	第五批	2004年10月28日
王稼祥故居	近代	泾县	第二批	1986年7月3日
吴樾故居	近代	桐城市	第二批	1986年7月3日

18—14　续表8　continued

名　　称 Name	时　　代 Era	地　　址 Address	批　　次 Batch	公布时间 Announcement Time
施从云墓	近代	桐城市	第二批	1986年7月3日
冯玉祥故居	近代	巢湖市	第三批	1989年5月27日
张治中故居	近代	巢湖市	第三批	1989年5月27日
老芜湖海关	近代	芜湖市	第五批	2004年10月28日
观瀑楼及听涛居	近代	黄山风景区	第五批	2004年10月28日
黄山古观景亭	近代	黄山风景区	第五批	2004年10月28日
张乐行故居	1810年——?	涡阳县	第一批	1981年9月8日
捻军会盟旧址	1855年	涡阳县	第一批	1981年9月8日
太平军枞阳会议旧址	1858年	枞阳县	第一批	1981年9月8日
太平军攻城图壁画	太平天国	绩溪县	第一批	1981年9月8日
同仁医院旧址	1906年	安庆市	第四批	1998年5月4日
熊成基安庆起义会议旧址	1908年	安庆市	第一批	1981年9月8日
熊、范二烈士专祠	1912年	安庆市	第四批	1998年5月4日
砀山天主教堂	1917年	砀山县	第四批	1998年5月4日
安徽邮务管理局旧址	1926年	安庆市	第四批	1998年5月4日
中共安徽地委旧址	1926-1927年	安庆市	第四批	1998年5月4日
中国国民党安徽省党部旧址	1926年-1927年	安庆市	第四批	1998年5月4日
“四 ·九”暴动旧址	1928年	阜阳县	第一批	1981年9月8日
立夏节起义旧址	1929年	金寨县	第一批	1981年9月8日
红军第11军32师成立旧址	1929年	金寨县	第一批	1981年9月8日
列宁小学旧址	1929—1931年	金寨县	第一批	1981年9月8日
独山革命旧址群	1929—1932年	六安市	第一批	1981年9月8日
赤城县赤色邮政局旧址	1930年	金寨县	第四批	1998年5月4日
六安中心县委、六英霍暴动总指挥部旧址	1930年	金寨县	第五批	2004年10月28日
苏家埠战斗旧址	1932年	六安市	第一批	1981年9月8日
红军中央独立第2师司令部旧址	1934年	岳西县	第一批	1981年9月8日
中共鄂豫皖省委会议旧址	1934年	金寨县	第一批	1981年9月8日
皖南苏区江边特区革命委员会旧址	1934年	黟县	第一批	1981年9月8日
中国工农红军第二十八军重建会议旧址	1935年	岳西县	第一批	1981年7月3日
中共皖浙赣省委驻地旧址	1936—1937年	休宁县	第四批	1998年5月4日
南方八省红军游击队集中地旧址	1938年	歙县	第一批	1981年9月8日
安徽省民众总动员委员会旧址	1938年	六安市	第四批	1998年5月4日
中共鄂豫皖区委员会旧址	1938—1939年	金寨县	第一批	1981年9月8日
新四军四支队驻舒旧址	1938.2 —1939.6	舒城县	第五批	2004年10月28日
新四军军部旧址	1938—1941年	泾县	第一批	1981年7月3日
新四军四师司令部旧址	1938—1941年	涡阳县	第一批	1981年7月3日
半塔保卫战旧址	1940年	来安县	第一批	1981年9月8日
新四军七师司令部旧址	1941—1945年	无为县	第三批	1989年5月27日
抗大八分校旧址	1942—1945年	天长市	第四批	1998年5月4日
野人寨抗日阵亡将士墓	1943年	潜山县	第四批	1998年5月4日
陈独秀墓	1947年	安庆市	第四批	1998年5月4日
淮海战役双堆集战场旧址	1948年11月	濉溪县	第一批	1981年9月8日
渡江战役期间总前委旧址	1949年3—4月	肥东县	第二批	1986年7月3日
渡江战役中线指挥部旧址	1949年	枞阳县	第一批	1981年9月8日
新四军抗日殉国烈士墓	1949年	泾县	第一批	1981年9月8日
渡江战役总前委孙家圩子旧址	1949年	蚌埠市	第五批	2004年10月28日
中共淮海战役总前委旧址	近现代	濉溪县、萧县	第一批	1981年9月8日
洪家大屋	近现代	祁门县	第一批	1981年9月8日
林散之墓	1991年	马鞍山市采石风景区	第五批	2004年10月28日
安徽省博物馆陈列展览大楼	1956年	合肥市庐阳区		2007年8月9日
江淮大戏院主体建筑	1956年	合肥市庐阳区		2007年8月9日
金寨革命烈士陵园	建国后	金寨县		2009年2月25日

18—15 自然保护区
Nature Protection Areas

名称 Name	级别 Grade	保护对象 Protection Objects	类型 Kinds	面积 (公顷) Area(hectares)	地址 Address
铜陵淡水豚	国家级	淡水豚类、珍稀鱼类	野生动物	31518	铜陵、贵池、枞阳、无为等县市
古牛绛	国家级	森林生态系统及珍稀动植物	森林生态	6713.3	祁门县、石台县
鹞落坪	国家级	北亚热带常绿阔叶林及濒危动植物	森林生态	12300	岳西县
金寨天马	国家级	北亚热带常绿落叶阔叶混交林	森林生态	28913.7	金寨县
升金湖	国家级	白鹳等珍稀鸟类及湿地生态系统	野生动物	33400	东至县、贵池区
安徽扬子鳄	国家级	扬子鳄及其生境	野生动物	18565	宣州区、郎溪县、广德县、泾县、南陵县
安徽清凉峰	国家级	中亚热带常绿阔叶林及珍稀濒危动植物	森林生态	7811.2	绩溪、歙县
沱 湖	省 级	湿地生态系统及鸟类	内陆湿地	4200	五河县
石臼湖	省 级	珍稀水禽及其生境	内陆湿地	10667	当涂县
安庆沿江湿地	省 级	珍稀水禽及湿地生态系统	内陆湿地	120000	宜秀区、桐城市、望江县、枞阳县、宿松县、太湖县
板 仓	省 级	森林生态、珍稀动植物、水源涵养林	森林生态	1523.2	潜山县
枯井园	省 级	北亚热带常绿阔叶林、原麝、白冠长尾雉、兰科植物	森林生态	4000	岳西县
十里山	省 级	中亚热带常绿阔叶林及其珍稀动植物	森林生态	1936	黄山市黄山区
九龙峰	省 级	森林生态系统	森林生态	2720	黄山市黄山区
天 湖	省 级	阔叶林及野生动植物	森林生态	4500	黄山市徽州区
六股尖	省 级	森林与野生动植物	森林生态	2747	休宁县
岭 南	省 级	森林及野生动植物	森林生态	2771	休宁县
五溪山	省 级	森林及珍稀动植物	森林生态	4050	黟县
查 湾	省 级	森林及珍稀动植物	森林生态	1600	祁门县
皇甫山	省 级	北亚热带落叶阔叶林和鸟类资源	森林生态	3600	滁州市南谯区
女山湖	省 级	湿地生态系统及水生动植物	内陆湿地	21000	明光市
颍州西湖	省 级	湿地及水生生物	内陆湿地	11000	阜阳市颍州区
八里河	省 级	白鹳、白头鹤、大鸨、琵琶、鸳鸯等珍稀鸟类	野生动物	14600	颍上县
大方寺	省 级	落叶阔叶次生林	森林生态	2080	宿州市埇桥区
砀山酥梨	省 级	砀山酥梨种质资源	野生植物	8892	砀山县
砀山黄河故道	省 级	湿地生态系统和越冬水禽	内陆湿地	2180	砀山县
皇藏峪	省 级	银杏、黄檀、小叶朴等	森林生态	2067	萧县
萧县黄河故道	省 级	湿地生态系统	内陆湿地	6316	萧县
沱 河	省 级	珍稀水禽及其生境	内陆湿地	2463	泗县
东西湖	省 级	水鸟及其生境	野生动物	14200	霍邱县
舒城万佛山	省 级	北亚热带常绿阔叶林及珍稀动植物	森林生态	2000	舒城县
霍山佛子岭	省 级	水源涵养林、珍稀野生动植物	森林生态	6667	霍山县
十八索	省 级	白鹳、小天鹅等珍稀鸟类及湿地生态系统	野生动物	7500	池州市贵池区
老 山	省 级	亚热带常绿阔叶林森林生态系统及金钱松、云豹、珍稀鸟类	森林生态	16909	池州市贵池区
盘 台	省 级	森林生态系统及动植物	森林生态	540	青阳县
板 桥	省 级	北中亚热带常绿阔叶林及珍稀动植物	森林生态	5000	宁国市

主要统计指标解释

旅游人数

(1)入境旅游人数：指报告期内来我国观光、度假、探亲访友、就医疗养、购物、参加会议或从事经济、文化、体育、宗教活动的外国人、港澳台同胞等入境游客。统计时，外国人、港澳台同胞每入境一次统计 1 人次。

(2)出境人数：指中国（大陆）居民因公或因私出境前往其他国家、中国香港特别行政区、澳门特别行政区和台湾省观光、度假、探亲访友、就医疗养、购物、参加会议或从事经济、文化、体育、宗教活动的人数，即出境游客。统计时，按每出境一次统计 1 人次。

(3)国内旅游人数：指在报告期内在中国（大陆）观光游览、度假、探亲访友、就医疗养、购物、参加会议或从事经济、文化、体育、宗教活动的中国（大陆）居民人数，其出游的目的不是通过所从事的活动谋取报酬。统计时，国内游客按每出游一次统计 1 人次。

国际旅游(外汇)收入

指入境游客在中国（大陆）境内旅行、游览过程中用于交通、参观游览、住宿、餐饮、购物、娱乐等全部花费。

国内旅游收入

又称旅游总花费。指国内游客在国内旅行、游览过程中用于交通、参观游览、住宿、餐饮、购物、娱乐等全部花费。

国际旅行社

指经营业务范围包括入境旅游业务、出境旅游业务和国内旅游业务的旅行社。

国内旅行社

指经营范围仅限于国内旅游业务的旅行社。

星级饭店

指设备、设施、服务符合《旅游饭店星级的划分与评定》（GB/T14308-2003），通过相关旅游管理部门评定，并取得星级饭店称号的饭店（含预备星级饭店）。

Explanatory Notes for Major Statistical Indicators

Number of Tourists

(1) Visitor arrivals refer to the number of foreigners, Chinese compatriots from Hong Kong, Macao and Taiwan Chinese (mainland) who come to China (mainland) for sight-seeing, vacation, visiting relatives, medical treatment, shopping, attending conference, or to engage in economic, cultural, sports and religious activities. In compiling statistics, each time of entering China is counted as one person-time.

(2) Number of Chinese residents going abroad refer to the number of Chinese (mainland) residents going to other countries, Hong Kong Special Administrative region, Macao Special Administrative region and Taiwan for on official or private purposes, for sight-seeing, vacation, visiting relatives, medical treatment, shopping, attending conference, or to engage in economic, cultural, sports and religious activities. In compiling statistics, each time of leaving is counted as one person-time.

(3) Number of domestic tourists refers to the number of Chinese (mainland) residents who travel within China (mainland) for sight-seeing, vacation, visiting relatives, medical treatment, shopping, attending conference, or to engage in economic, cultural, sports and religious activities. In compiling statistics, each time of travelling is counted as one person-time.

Foreign Exchange Earnings from International Tourism

refer to the total expenditure of foreigners, overseas Chinese, Chinese compatriots from Hong Kong, Macao and Taiwan during their stay in the mainland of China on transportation, sighting, accommodation, food, shopping and entertainment.

Income from Domestic Tourism

refer to expenditure of domestic tourists on transportation, sighting, accommodation, food, shopping and entertainment while they travel.

International Travel Agencies

refer to travel agencies engaged in tourism entering China, Chinese residents going abroad and domestic tourism.

Domestic Travel Agencies

refer to travel agencies only engaged in domestic tourism.

Star-rated Hotels

refer to hotels rated with stars as assessed by the relevant tourism authorities according to GB/T14308-2003 standard with reference to their infrastructure, facilities and service levels.

第十九篇

Chapter 19

教育和科技

EDUCATION AND SCIENCE

简要说明

一、教育统计资料包括公办教育和民办教育、学历教育和非学历教育。具体有高等教育（研究生教育、普通高等教育和成人高等教育）中等教育（高中阶段教育和初中阶段教育）、初等教育（小学）、学前教育、特殊教育（盲聋哑和弱智儿童学校等）以及教育经费等资料。主要指标包括学校数、在校学生数、招生数、毕业生数、教职工数和专任教师数、教育经费等。

教育事业统计资料由省教育厅提供；技工学校的资料由省人力资源和社会保障厅提供。

二、科技统计资料主要内容包括：全社会以及工业企业、政府部门属研究机构、高校的研究与试验发展（R&D）活动情况；国内外专利申请和授权情况；技术市场交易情况；开发区高新技术企业主要经济指标；科协系统科技活动情况；质量监督检验检疫等综合技术服务部门业务活动情况等。

资料来源：全省综合资料、企业及有关行业企事业单位的研究与试验发展（R&D）活动情况由省统计局文化产业处提供；政府部门属研究机构的研究与试验发展（R&D）活动情况、技术市场成交情况由省科技厅提供；科协系统科技活动资料由省科协提供；产品质量监督抽查、专利等资料，分别由省质量技术监督局、省知识产权局等部门提供。

Brief Introduction

I. Data on education cover the situations on education funded by government and non-government agencies, and the education with and without academic credentials including higher education (education of postgraduates, general higher education and adult education), secondary education (senior and junior high schools), elementary education (primary schools), preschool education, special education (schools for the blind, deaf-mutes and mentally retarded) and their expenditure. The main indicators include the number of schools, the number of students enrolled, the number of new students enrolled, the number of graduates, the number of staff and workers, the number of full-time teachers, sources and outlay of education funding, and education expenditure from the State budget.

The provincial Ministry of Education provides statistical data on education undertakings and education funding. Data on technical training schools are provided by provincial Ministry of Human Resources and Social Security.

II. The whole society as well as industrial enterprises, research institutions subordinated to government departments, colleges and universities of research and development (R&D) activities; Domestic and foreign patent application and authorization; Technology market; Development zone high-tech enterprises the main economic indicators; Association for science and technology system of science and technology activity; General administration of quality supervision, inspection and quarantine and other integrated technology services business activity, etc

Sources of data: The province comprehensive information of enterprises and institutions, enterprises and related industry research and development (R&D) activities by the provincial bureau of cultural industry, provide; Research institutions subordinated to government departments of research and development (R&D) activities, technical market clinch a deal the data provided by the provincial department of science; Association for science and technology system of science and technology activity information is provided by the provincial association for science and technology; Product quality supervision and spot check, patent information, respectively by the provincial bureau of quality and technical supervision, provincial intellectual property office and other departments to provide.

19—1 教育事业基本情况
Basic Statistics on Education

指　　标	Item	2000	2005	2010	2014	2015
学校数　（所）	**Number of Schools (unit)**					
普通高等学校	Regular Institutions of Higher Education	42	81	100	107	108
中等学校	Secondary Schools	4621	4533	4241	3977	3884
普通中等专业学校	Regular Specialized Secondary Schools	138	98	108	119	123
中等技术学校	Technical Secondary Schools	104	79	95	106	109
中等师范学校	Teacher Secondary Schools	34	19	13	13	14
普通中学	Regular Secondary Schools	3767	3948	3738	3599	3524
高　中	Senior Secondary Schools	674	760	743	694	666
初　中	Junior Secondary Schools	3093	3188	2995	2905	2858
职业中学	Vocational Secondary Schools	716	487	345	259	237
小　学	Primary Schools	24281	20142	13997	10547	9119
幼儿园	Kindergartens	3932	2715	4018	6564	6988
特殊教育	Special Schools	70	67	62	66	68
专任教师　（万人）	**Number of Full-time Teachers (10000 persons)**					
普通高等学校	Regular Institutions of Higher Education	1.51	3.24	4.93	5.65	5.81
中等学校	Secondary Schools	18.63	22.04	25.18	25.92	25.44
普通中等专业学校	Regular Specialized Secondary Schools	0.88	0.61	0.77	1.15	1.11
普通中学	Regular Secondary Schools	15.81	19.70	23.01	23.04	22.72
高　中	Senior Secondary Schools	2.92	5.11	6.69	7.52	7.63
初　中	Junior Secondary Schools	12.90	14.59	16.32	15.52	15.09
职业中学	Vocational Secondary Schools	1.94	1.73	1.40	1.72	1.61
小　学	Primary Schools	27.37	25.95	24.57	23.79	23.83
幼儿园	Kindergartens	2.65	1.65	2.96	5.83	6.66
特殊教育	Special Schools	0.09	0.10	0.12	0.13	0.14
招生数　（万人）	**New Student Enrollment (10000 persons)**					
普通高等学校	Regular Institutions of Higher Education	7.62	19.87	29.69	33.43	35.00
中等学校	Secondary Schools	150.27	185.31	158.37	121.87	120.21
普通中等专业学校	Regular Specialized Secondary Schools	4.92	7.85	10.44	9.20	9.45
普通中学	Regular Secondary Schools	129.75	155.43	129.74	100.27	100.77
高　中	Senior Secondary Schools	21.96	43.46	42.41	37.06	36.33
初　中	Junior Secondary Schools	107.78	111.97	87.33	63.21	64.44
职业中学	Vocational Secondary Schools	15.59	22.03	18.19	12.39	9.99
小　学	Primary Schools	116.60	81.52	81.90	73.09	74.55
幼儿园	Kindergartens	84.29	50.02	66.60	93.38	97.48
特殊教育	Special Schools	0.22	0.24	0.22	0.27	0.51
在校学生　（万人）	**Student Enrollment (10000 persons)**					
普通高等学校	Regular Institutions of Higher Education	18.24	58.91	93.90	108.05	113.07
中等学校	Secondary Schools	422.79	534.19	484.20	377.18	362.06
普通中等专业学校	Regular Specialized Secondary Schools	19.19	18.55	28.93	26.99	27.53
普通中学	Regular Secondary Schools	358.32	460.86	406.58	312.54	303.63
高　中	Senior Secondary Schools	54.14	116.90	127.60	120.13	113.55
初　中	Junior Secondary Schools	304.18	343.96	278.99	192.41	190.08
职业中学	Vocational Secondary Schools	45.28	54.78	48.68	37.65	30.90
小　学	Primary Schools	644.24	584.11	460.44	415.14	422.50
幼儿园	Kindergartens	116.19	72.38	100.82	172.91	185.65
特殊教育	Special Schools	1.83	1.80	1.40	1.43	1.93
毕业生数　（万人）	**Graduates (10000 persons)**					
普通高等学校	Regular Institutions of Higher Education	2.59	11.70	23.22	29.99	29.25
中等学校	Secondary Schools	123.18	160.90	163.94	132.70	129.43
普通中等专业学校	Regular Specialized Secondary Schools	6.04	3.78	9.61	8.25	8.49
普通中学	Regular Secondary Schools	102.31	142.61	136.57	109.57	107.39
高　中	Senior Secondary Schools	13.15	30.10	44.38	42.94	43.30
初　中	Junior Secondary Schools	89.16	112.52	92.19	66.63	64.09
职业中学	Vocational Secondary Schools	14.83	14.51	17.76	14.88	13.54
小　学	Primary Schools	121.20	116.25	87.41	63.41	64.32
幼儿园	Kindergartens		40.24	38.89	67.40	70.40
特殊教育	Special Schools	0.20	0.20	0.16	0.12	0.13

19—2 研 究 生 数
Number of Postgraduates

单位：人（person）

年 份 Year	研究生数 Number of Postgraduates					
	在学人数 Student Enrollment	硕士 Master	招生数 New Student Enrollment	硕士 Master	毕业生数 Graduates	硕士 Master
2000	5820	4689	2522	2060	1135	890
2005	21505	17865	8198	7000	4148	3300
2010	38991	34669	14047	12728	9302	8224
2011	41773	37103	14774	13389	11106	10043
2012	44351	39346	15677	14148	11977	10843
2013	46506	41112	16312	14727	13205	11976
2014	46590	41505	16249	14835	13859	12704
2015	50410	44517	17946	16158	15409	14115

19—3 普通高等学校本科分科学生数
Number of Students of the Ordinary College Undergraduate Course Branch

单位：人（person）

项 目	Item	2014			2015		
		毕业生数 Graduates	招生数 New Student Enrollment	在校学生数 Student Enrollment	毕业生数 Graduates	招生数 New Student Enrollment	在校学生数 Student Enrollment
合 计	**Total**	**133251**	**157879**	**605040**	**141294**	**163212**	**623547**
哲 学	Philosophy	52	40	171	48	49	167
经济学	Economics	7517	9898	37595	8813	10749	40226
法 学	Law	3466	3293	12934	3448	3341	12768
教育学	Education	3603	4944	17026	3969	5021	18096
文 学	Literature	13254	13506	51667	13363	13612	51543
历史学	History	497	457	1634	412	462	1675
理 学	Science	15260	13119	56371	14949	12386	52334
工 学	Engineering	47114	61009	224961	51076	63257	235485
农 学	Agriculture	2616	3184	12011	2765	3248	12167
医 学	Medicine	9393	10990	50101	9925	11662	51399
管理学	Management	23088	26806	102295	24600	28074	106346
艺术学	Art	7391	10633	38274	7926	11351	41341

注：2013年起，根据教育部统一部署，使用新颁布的《高等学校本科专业目录》，新增了艺术学学科。

a) Since 2013, according to the unified deployment of the ministry of education, the use of new catalogue of the institutions of higher learning undergraduate, new art discipline.

19—4 普通高等学校专科分科学生数
Number of Students of the Ordinary College Specialty Undergraduate Branch

单位：人（person）

项目	Item	2014 毕业生数 Graduates	2014 招生数 New Student Enrollment	2014 在校学生数 Student Enrollment	2015 毕业生数 Graduates	2015 招生数 New Student Enrollment	2015 在校学生数 Student Enrollment
合计	**Total**	**166626**	**176408**	**475505**	**151175**	**186830**	**507201**
农林牧渔大类	Farm, Forest, Animal and Fishery Category	1974	1976	5689	1842	1762	5549
交通运输大类	Transportation Category	2834	3745	9669	2795	4542	11281
生化与药品大类	Biochemical and Drug Category	3436	2805	7891	2563	2962	8127
资源开发与测绘大类	Resource Development and Mapping Category	1762	1151	4042	1615	855	3082
材料与能源大类	Materials and Energy Category	1350	1563	4077	1282	1586	4299
土建大类	Construction Category	14459	17788	46757	13508	16201	48842
水利大类	Water Conservancy Category	733	1011	2641	799	792	2420
制造大类	Manufacture Category	24144	26931	70313	20681	27692	76117
电子信息大类	Electronic Information Category	20929	19074	52450	17083	22458	56734
环保、气象与安全大类	Environmental, Meteorological and Safety Category	249	443	1158	335	502	1315
轻纺食品大类	Textile, Food Category	2779	2482	7436	2527	2511	7354
财经大类	Finance and Economics Category	39827	42602	118334	38313	45637	126046
医药卫生大类	Medical and Health Category	18182	24770	60968	18349	26995	69238
旅游大类	Tourism Category	6699	6056	16393	5274	6004	16700
公共事业大类	Public Category	1029	1166	3142	918	1525	3807
文化教育大类	Culture and Education Category	17559	15578	41594	15654	15648	41344
艺术设计传媒大类	Art Design and Media Category	6631	5616	16711	5579	7498	19017
公安大类	Public Security Category	254		743	219		630
法律大类	Law Category	1796	1651	5497	1839	1660	5299

19—5 普通高等学校分科专任教师数（2015年）
Number of Full-time Teachers by Field of Study in Regular Higher Educational Institutions (2015)

单位：人（person）

项目	Item	合计 Total	正高级 With Chief Senior Title	副高级 With Deputy Senior Title	中级 With Middle-rank Title	初级 With Junior Title	未定职级 Undetermined rank
合计	**Total**	**58113**	**4862**	**15736**	**22217**	**11890**	**3408**
哲学	Philosophy	1633	111	446	691	310	75
经济学	Economics	4071	270	1013	1626	845	317
法学	Law	2591	181	656	1141	467	146
教育学	Education	4551	230	1162	1822	1047	290
文学	Literature	8058	346	1825	3586	1862	439
历史学	History	747	72	223	284	137	31
理学	Science	7444	1030	2394	2456	1269	295
工学	Engineering	14728	1440	4156	5445	2779	908
农学	Agriculture	1368	203	453	489	158	65
医学	Medicine	5025	560	1695	1689	840	241
管理学	Management	4640	269	1078	1808	1165	320
艺术学	Art	3257	150	635	1180	1011	281

19—6 普通中等专业学校分科学生数（2015年）

Number of Students by Field of Study in Regular Specialized Secondary Schools (2015)

单位：人（person）

项 目	Item	毕业生数 Graduates	招生数 New Student Enrollment	在校学生数 Student Enrollment
合 计	**Total**	**84897**	**94535**	**275287**
农林牧渔类	Farm, Forestry, Herd Fish Class	3765	2076	6806
资源环境类	Resources Environment Class	1840	516	1151
能源与新能源类	Energy and New Energy Class	3	205	229
土木水利类	Construction Water Conservation Class	4252	3722	13056
加工制造类	Processing Manufacture Class	13770	13794	43642
石油化工类	Petroleum Chemical Industry Class	378	275	746
轻纺食品类	Light Industry and Food Class	417	233	1000
交通运输类	Transportation Class	4595	8930	21657
信息技术类	Information Technology Class	11756	13668	37760
医药卫生类	Medicine Health Class	15254	16378	46720
休闲保健类	Leisure Health Care Class	63	250	700
财经商贸类	Finance and Economics Business Class	8579	12094	33819
旅游服务类	Tourist Service Class	2787	2665	7166
文化艺术类	Cultural and art Class	3314	5967	16448
体育与健身	Sports and Fitness Class	904	1646	3438
教育类	Education Class	11359	10539	36150
司法服务类	Judicial Service Class			
公共管理与服务类	Public Administration and Service Class	233	170	623
其 他	Other	1628	1407	4176

19—7 普通中等专业学校分科专任教师数（2015年）

Full-time Teachers in Regular Specialized Secondary Schools by Field of Study (2015)

单位：人（person）

项 目	Item	合 计 Total	正高级 With Chief Senior Title	副高级 With Deputy Senior Title	中 级 With Middle-rank Title	初 级 With Junior Title	未定职级 Undetermined rank
总 计	**Total**	**11137**	**13**	**3435**	**4077**	**2638**	**974**
文化基础课	Cultural Base	3890		1285	1410	886	309
专业课	Professional Course	6607	13	2015	2359	1596	624
农林牧渔类	Farm, Forestry, Herd Fish Class	355	1	127	133	68	26
资源环境类	Resources Environment Class	7		3	4		
能源与新能源类	Energy and New Energy Class	85		26	32	24	3
土木水利类	Construction Water Conservation Class	191		69	50	48	24
加工制造类	Processing Manufacture Class	1342	2	417	506	316	101
石油化工类	Petroleum Chemical Industry Class	47		33	6	5	3
轻纺食品类	Light Industry and Food Class	98		33	28	25	12
交通运输类	Transportation Class	341	3	61	137	84	56
信息技术类	Information Technology Class	975	2	275	357	257	84
医药卫生类	Medicine Health Class	488	2	149	176	121	40
休闲保健类	Leisure Health Care Class	18	2	3	7	4	2
财经商贸类	Finance and Economics Business Class	608		205	204	136	63
旅游服务类	Tourist Service Class	273		78	99	66	30
文化艺术类	Cultural and art Class	428		102	161	104	61
体育与健身	Sportsand Fitness Class	304		82	134	75	13
教育类	Education Class	645		232	205	149	59
司法服务类	Judicial Service Class	9		2	5	2	
公共管理与服务类	Public Administration and Service Class	75	1	16	24	27	7
其 他	Other	318		102	91	85	40
实习指导课	Practice and Instruction	640		135	308	156	41

19—8 技工学校数和学生数

Number of Technical Schools, Students, Staff and Teachers

年 份 Year	学校数 （所） Schools (unit)	在校学生数 （人） Student Enrollment (person)	毕业生数 （人） Graduates (person)	招生数 （人） New Student Enrollment (person)	教职工数 （人） Staff and Teachers (person)
2000	114	42628	24532	13583	6359
2005	109	86431	27287	34393	6031
2007	93	87041	29515	38355	5601
2008	96	101131	37599	50210	5735
2009	93	93647	31393	31836	6716
2010	91	83154	34982	29441	6295
2011	91	71144	34252	25768	6284
2012	88	56048	22674	20686	6452
2013	86	49126	17668	18570	6649
2014	83	44703	16922	16362	6537
2015	83	43809	18683	18979	6313

注：1、学校数包括技师学院、高级技工学校和普通技工学校。
2、在校学生数包括初级、中级、高级及其以上学制教育和培训人数。
3、招生数包括招收的学制教育和培训人数。

a) the number of schools includes technician school, senior technical schools and ordinary technical schools.

b) the number of students Enrollment, includes students in primary, intermediate, advanced education ,over education system schools and the number of trained people.

c) the number of students enrolled in the school includes students enrolled in education system schools and the number of training people schools.

19—9 初中毕业生和小学毕业生升学率及小学学龄儿童入学率

Percentage of Graduates of Junior Secondary Schools and Primary Schools Entering Higher Level Schools, Percentage of School-Age Children Enrolled

年 份 Year	初中毕业生升学率 Percentage of Graduates of Junior Secondary Schools Entering Senior Secondary Schools Entering Senior			小学毕业生升学率 Percentage of Graduates of Primary Schools Entering Junior Secondary Schools			小学学龄儿童入学率 Percentage of School-age Children Enrolled		
	初中毕业生数 （万人） Graduates of Junior Secondary Schools (10000 persons)	高级中等学校招生数 （万人） Students Entering Senior Secondary Schools (10000 persons)	升学率 (%) Percentage of Graduates of Junior Secondary Schools Entering Senior Secon-dary Schools	小学毕业生数 （万人） Graduates of Primary Schools (10000 persons)	初级中等学校招生数 （万人） Students Entering Junior Secondary Schools (10000 persons)	升学率 (%) Percentage of Graduates of Junior Schools Entering Junior Secondary Schools	学龄儿童数 （万人） School-age Children (10000 person)	已入学学龄儿童数 （万人） School-age Children Enrolled in Schools (10000 persons)	入学率 (%) Enrollment Ratio
2000	97.60	32.66	33.46	121.20	118.22	97.55	620.02	617.94	99.67
2005	117.50	71.10	60.51	116.25	115.73	99.56	549.35	546.83	99.54
2007	114.66	79.13	69.02	96.02	99.49	103.62	513.99	512.98	99.81
2008	108.59	76.94	70.86	103.93	105.17	101.18	493.73	492.92	99.84
2009	101.67	74.70	73.47	98.37	99.17	100.81	466.60	466.03	99.88
2010	92.20	77.32	83.86	87.41	87.34	99.92	446.82	446.50	99.93
2011	92.21	77.91	84.49	76.94	76.09	98.89	431.67	430.72	99.78
2012	86.96	75.08	86.34	72.09	68.94	95.63	395.59	395.29	99.92
2013	72.40	69.10	95.44	65.49	65.26	99.65	401.48	400.29	99.70
2014	66.63	63.98	96.02	63.41	63.21	99.68	407.48	407.41	99.98
2015	64.09	67.01	96.80	64.32	64.44	100.18	415.45	415.30	99.96

19—10 平均每万人口各级教育在校学生及构成情况
All Levels of Education Students per Million Population and Composition

年 份 Year	各级教育在校学生数占全省人口(%) All Levels of Education in the School Student Number Accounts for the Population (%)	平均每万人口中（人） On average every ten thousand people（person）					各级教育学生占学生总数（%） Education students at all levels of the total number (%)				
		高等教育 Higher Education	高中阶段 High School	初中阶段 Junior Middle School Stage	小 学 Primary Schools	学前教育 Preschool Education	高等教育 Higher Education	高中阶段 High School	初中阶段 Junior Middle School Stage	小 学 Primary Schools	学前教育 Preschool Education
2000	25.67	50	150	535	1033	186	2.56	7.65	27.40	52.86	9.53
2005	20.86	111	279	554	904	112	5.66	14.24	28.25	46.14	5.72
2010	19.58	184	350	455	751	164	9.66	18.40	23.89	39.42	8.63
2011	19.90	201	374	419	745	196	10.37	19.32	21.68	38.49	10.13
2012	19.48	210	385	357	678	265	11.09	20.30	18.84	35.80	13.96
2013	19.83	220	371	334	683	280	11.66	19.65	17.66	36.18	14.85
2014	19.04	224	351	319	688	287	12.00	18.77	17.07	36.82	15.34
2015	19.11	231	324	312	695	305	12.36	17.37	16.73	37.19	16.34

注：高等教育包括研究生、普通本专科、成人本专科；高中阶段包括普通高中、中职(普通中专、职业高中和成人中专）；初中阶段包括普通初中和职业初中。

a) Higher education including graduate students, the common programs, adult programs; High school stage includes ordinary high school, secondary vocational (ordinary technical secondary school, vocational high school and adult school); Junior middle school stage includes ordinary junior high school and vocational middle school.

19—11 各级各类学校生师比
At Various Levels and School Teacher Ratio

年 份 Year	普通高等学校 Regular Institutions of Higher Education	中等职业学校 Secondary Vocational School	普通高中 Regular Secondary Schools	初中阶段 Junior Middle School Stage	小 学 Primary Schools	幼 儿 园 Kindergartens
2000	12.1	19.5	18.6	23.9	23.5	43.9
2005	17.5	31.3	22.9	23.5	22.5	43.8
2006	17.8	36.1	23.2	22.3	21.8	40.5
2007	17.7	37.2	22.7	20.7	21.6	40.7
2008	18.1	35.8	21.1	19.8	20.7	42.2
2009	18.0	34.9	20.4	18.5	19.6	37.5
2010	18.0	35.8	19.1	17.1	18.7	34.1
2011	18.3	29.5	18.4	15.5	18.2	32.3
2012	18.2	29.2	18.0	13.2	16.8	36.7
2013	18.3	28.5	17.0	12.6	17.2	32.9
2014	18.3	28.5	16.0	12.4	17.5	29.7
2015	18.5	27.7	14.9	12.6	17.7	27.9

注：中等职业学校数据中不含技工学校数据。

a) Secondary vocational schools in the data do not contain vestibule school data.

19—12 各级学校女学生和女教师数
Number of Female Students and Teachers by Level of School

指　　标	Item	2000	2005	2010	2014	2015
女学生数　　（万人）	**Number of Female Students　　(10000 persons)**	**504.95**	**546.15**	**479.02**	**419.01**	**418.10**
普通高等学校	Regular Institutions of Higher Education	5.96	25.50	44.81	53.90	56.87
普通中等专业学校	Regular Specialized Secondary Schools	10.94	10.52	16.33	15.15	15.09
普通中学	Regular Secondary Schools	161.20	211.58	186.49	143.51	139.43
职业中学	Vocational Secondary Schools	20.37	25.14	21.86	17.37	13.96
小　　学	Primary Schools	306.48	273.41	209.53	189.07	192.76
女学生占学生总数的百分比(%)	**Percentage of Female Students to Total Students (%)**	**46.45**	**46.39**	**45.97**	**46.54**	**46.58**
普通高等学校	Regular Institutions of Higher Education	32.67	43.29	47.72	49.89	50.30
普通中等专业学校	Regular Specialized Secondary Schools	56.99	56.71	56.44	56.15	54.80
普通中学	Regular Secondary Schools	44.99	45.91	45.87	45.92	45.92
职业中学	Vocational Secondary Schools	44.98	45.89	44.91	46.15	45.17
小　　学	Primary Schools	47.57	46.81	45.51	45.54	45.62
女教师数　　（万人）	**Number of Female Teachers　　(10000 persons)**	**15.36**	**18.19**	**21.44**	**23.79**	**24.65**
普通高等学校	Regular Institutions of Higher Education	0.48	1.19	2.00	2.38	2.48
普通中等专业学校	Regular Specialized Secondary Schools	0.31	0.23	0.33	0.49	0.49
普通中学	Regular Secondary Schools	4.05	5.78	7.91	9.91	8.77
职业中学	Vocational Secondary Schools	0.45	0.50	0.48	0.61	0.56
小　　学	Primary Schools	10.06	10.48	10.71	10.41	12.36
女教师占教师总数的百分比(%)	**Percentage of Female Teachers to Total Teachers(%)**	**32.33**	**35.51**	**39.07**	**42.98**	**44.76**
普通高等学校	Regular Institutions of Higher Education	32.05	36.82	40.56	42.09	42.62
普通中等专业学校	Regular Specialized Secondary Schools	32.05	38.25	43.14	42.55	43.55
普通中学	Regular Secondary Schools	35.17	29.36	34.39	39.37	38.62
职业中学	Vocational Secondary Schools	23.29	28.79	34.43	35.15	34.94
小　　学	Primary Schools	36.76	40.40	43.58	48.05	51.86

19—13 各级各类成人教育基本情况（2015年）
Basic Situation of Adult Education of All Types and at All Levels (2015)

单位：人（person）

指标	Item	学校数（所）Schools (unit)	毕业生数 Graduates	招生数 New Student Enrollment	在校学生数 Student Enrollment	教职工人数 Teachers and Staff	专任教师 Full-time Teachers
成人高等教育	**Adult's Higher Education**	**6**	**88495**	**92016**	**223192**	**1282**	**753**
#成人高等学校	Adult Education Schools	6	1491	1242	3205	1282	753
广播电视大学	Radio and TV Universities	1	489	440	1544	299	140
职工、农民高等学院	Schools of Higher Education for Staff, Workers and Peasants	3	656	653	1351	353	282
管理干部学院	Colleges for Management Cadres	1	346	149	310	630	331
教育学院	Institute of Education	1					
成人中等专业学校	**Specialized Secondary Schools for Adults**	**52**	**120693**	**112333**	**253475**	**2030**	**1599**
成人中小学校	**Secondary and Primary Schools for Adults**	**369**	**8327**		**13459**	**346**	**4**
成人中学	Secondary Schools for Adults	1	856		1058	4	4
职工中学	Staff Middle School	1	856		1058	4	4
农民中学	Secondary Schools for Peasants						
成人小学	Primary Schools for Adults	368	7471		12401	342	
成人技术培训学校	**Technical Training Schools for Adults**	**357**	**225239**		**231323**	**1691**	**1412**
职工技术培训学校	Technical Training Schools for Staff and Workers	28	31935		37167	623	532
农民技术培训学校	Technical Training Schools for Peasants	298	182921		186581	662	546
其他培训机构（含社会培训机构）	Other Training Organs (Including Social Training Organs)	31	10383		7575	406	334

19−14 民办教育基本情况（2015年）
Statstics for Non-state Education (2015)

单位：人（person）

项目	Item	校数（所）Number of Schools (unit)	毕业生数 Numer of Students Graduated	招生数 New Enrollment	在校学生数 Enrolled Students	教职工数 Teachers and Staff	专任教师 Full-time Teachers
合计	**Total**	**5371**	**749680**	**896387**	**2365468**	**166572**	**101558**
民办高等教育	**Civilian-run Higher Education**	**20**	**46864**	**63516**	**197548**	**12621**	**9342**
民办中等教育	**Civilian-run Secondary Education**	**635**	**276884**	**268207**	**780624**	**65583**	**39865**
高中阶段教育	Senior High School Education	301	136621	114914	338333	37366	17952
民办普通高中	Civilian-run Senior High Schools	183	73415	61079	190445	29981	12364
民办中等职业教育	Civilian-run Secondary Vocational Education	118	63206	53835	147888	7385	5588
初中阶段教育	Junior High School Education	334	140263	153293	442291	28217	14946
民办小学	**Civilian-run Primary Schools**	**265**	**55140**	**41591**	**301790**	**7896**	**5806**
民办幼儿园	**Civilian-run Kindergartens**	**4451**	**370792**	**523073**	**1085506**	**80472**	**46545**
民办非学历教育	**In addition: Civilian-run Non-academic Education**						
民办高等教育机构	Civilian-run Higher Education Institutions	7	6548		8477	482	202
民办职业技术培训机构	Vocational Technical Training Institutions	33	18147		15590	265	249

注：表中民办普通高中教职工数为初中高中合计数；中等职业教育不含技工学校数字。
资料来源：安徽省教育厅。

a) The total number of tables of common high schools teachers and staff is number of junior high school; secondary occupation education does not contain technical school.

Source: Anhui Municipal Commission of Education.

19—15 各市普通高等学校和中等专业学校情况（2015年）

Number of Specialized Secondary Schools by Region and Type (2015)

单位：人（person）

地 区	Region	学 校 数（所）Number of Schools (unit)		毕 业 生 数 Number of Graduates		招 生 数 New Student Enrollment		在校学生数 Student Enrollment	
		高 等 Advanced	中 专 Middle	高 等 Advanced	中 专 Middle	高 等 Advanced	中 专 Middle	高 等 Advanced	中 专 Middle
总 计	**Total**	**108**	**123**	**292469**	**84897**	**350042**	**94535**	**1130748**	**275287**
合 肥 市	Hefei	50	34	127148	20910	156892	24161	489179	79509
淮 北 市	Huaibei	3	4	8995	6313	11945	5027	38534	16028
亳 州 市	Bozhou	2	5	3661	6715	3983	7776	12049	21641
宿 州 市	Suzhou	3	6	5004	5033	7866	4697	22604	15033
蚌 埠 市	Bengbu	5	12	15506	5423	16475	6934	61617	17502
阜 阳 市	Fuyang	5	12	9496	6893	11049	8386	36187	23969
淮 南 市	Huainan	5	5	17411	6393	18483	5926	64921	16117
滁 州 市	Chuzhou	4	4	12604	4185	15496	5700	49120	15533
六 安 市	Luan	5	4	11938	1911	14028	5288	43111	11435
马鞍山市	Maanshan	4	5	13127	3245	15572	3019	54368	8154
芜 湖 市	Wuhu	8	13	33298	2001	37623	3310	130181	10672
宣 城 市	Xuancheng	1	6	1808	4351	2773	4389	6653	13539
铜 陵 市	Tongling	3	2	8963	1449	10995	1655	35658	4290
池 州 市	Chizhou	3	1	6354	932	8344	854	22893	2388
安 庆 市	Anqing	5	6	11732	7190	11754	5135	41497	13476
黄 山 市	Huangshan	2	4	5424	1953	6764	2278	22176	6001

注：教育事业分市数据（19—15至19—21）为区划调整前数据。

a) Education career points in the data (19-15 to 19-21) for the division before the adjustment data.

19—16 各 市 特 殊 教 育 情 况（2015年）

Basic Statistics on Special Education by Region (2015)

单位：人（person）

地 区	Region	学校数（所）Number of Schools (unit)	毕业生数 Number of Graduates	招生数 New Student Enrollment	在校学生数 Student Enrollment	教职工数 Number of Staff and Teachers	专任教师 Full-time Teachers
总 计	**Total**	**68**	**1257**	**5100**	**19272**	**1628**	**1409**
合 肥 市	Hefei	6	200	373	2001	189	184
淮 北 市	Huaibei	2	27	114	498	63	53
亳 州 市	Bozhou	4	73	699	2219	152	139
宿 州 市	Suzhou	5	106	810	1813	204	163
蚌 埠 市	Bengbu	5	74	233	993	92	83
阜 阳 市	Fuyang	6	153	1086	4065	180	154
淮 南 市	Huainan	2	59	208	561	47	40
滁 州 市	Chuzhou	5	73	234	1101	95	91
六 安 市	Luan	7	66	202	917	123	104
马鞍山市	Maanshan	3	44	60	572	71	65
芜 湖 市	Wuhu	5	64	199	831	108	87
宣 城 市	Xuancheng	5	88	227	776	66	45
铜 陵 市	Tongling	1	9	22	187	32	25
池 州 市	Chizhou	2	91	159	805	45	32
安 庆 市	Anqing	8	86	400	1558	133	120
黄 山 市	Huangshan	2	44	74	375	28	24

19—17　各市普通中学分城乡学校数和在校学生数（2015年）

Number of Regular Secondary Schools and Student Enrollment by Urban and Rural Areas and by Region (2015)

地　区	Region	学校数（所）Number of Regular Secondary Schools (unit) 合计 Total	高中 Senior Secondary Schools	城区 Urban Areas	高中 Senior Secondary Schools	镇区 Counties and Towns	高中 Senior Secondary Schools	乡村 Rural Areas	高中 Senior Secondary Schools
总　计	**Total**	**3524**	**666**	**556**	**212**	**1647**	**419**	**1321**	**35**
合 肥 市	Hefei	360	103	98	38	165	61	97	4
淮 北 市	Huaibei	128	22	58	15	42	7	28	
亳 州 市	Bozhou	279	22	15	5	155	17	109	
宿 州 市	Suzhou	248	46	14	6	131	36	103	4
蚌 埠 市	Bengbu	169	37	25	10	63	25	81	2
阜 阳 市	Fuyang	443	50	47	19	198	27	198	4
淮 南 市	Huainan	130	35	57	20	38	13	35	2
滁 州 市	Chuzhou	266	55	31	15	139	39	96	1
六 安 市	Luan	410	60	29	9	174	48	207	3
马鞍山市	Maanshan	105	25	25	8	46	14	34	3
芜 湖 市	Wuhu	205	38	45	12	108	24	52	2
宣 城 市	Xuancheng	158	22	21	7	97	15	40	
铜 陵 市	Tongling	43	18	20	11	14	7	9	
池 州 市	Chizhou	96	22	20	8	45	13	31	1
安 庆 市	Anqing	363	90	33	19	178	62	152	9
黄 山 市	Huangshan	121	21	18	10	54	11	49	

地　区	Region	在校学生数（人）Student Enrollment (person) 合计 Total	高中 Senior Secondary Schools	城区 Urban Areas	高中 Senior Secondary Schools	镇区 Counties and Towns	高中 Senior Secondary Schools	乡村 Rural Areas	高中 Senior Secondary Schools
总　计	**Total**	**3036329**	**1135543**	**811590**	**373768**	**1774665**	**709878**	**450074**	**51897**
合 肥 市	Hefei	364642	152419	146806	57255	194852	91031	22984	4133
淮 北 市	Huaibei	106323	43000	52200	24101	47844	18899	6279	
亳 州 市	Bozhou	270742	78847	46711	20792	191282	58055	32749	
宿 州 市	Suzhou	265865	102975	42459	22840	185680	75414	37726	4721
蚌 埠 市	Bengbu	160470	61790	31809	16679	100143	44647	28518	464
阜 阳 市	Fuyang	464745	145129	91230	43703	269931	79584	103584	21842
淮 南 市	Huainan	108714	41482	61277	29989	32225	11291	15212	202
滁 州 市	Chuzhou	202792	77519	58653	30981	119084	46538	25055	
六 安 市	Luan	289373	104979	63823	30390	167274	73747	58276	842
马鞍山市	Maanshan	101370	41256	33776	13270	50318	23148	17276	4838
芜 湖 市	Wuhu	152220	61179	39176	15018	96796	43549	16248	2612
宣 城 市	Xuancheng	101856	36770	32207	14917	61426	21853	8223	
铜 陵 市	Tongling	34980	15284	23243	10330	9643	4644	2094	310
池 州 市	Chizhou	78668	34931	28281	14835	42440	19824	7947	272
安 庆 市	Anqing	278838	116580	42319	20481	174594	84438	61925	11661
黄 山 市	Huangshan	54731	21403	17620	8187	31133	13216	5978	

19—18 各市普通中学分城乡招生数和毕业生数（2015年）

Number of New Student Enrollment and Graduates of Regular Secondary Schools by Urban and Rural Areas and by Region (2015)

单位：人（person）

地　区	Region	招生数 New Student Enrollment							
		合计 Total	高中 Senior Secondary Schools	城区 Urban Areas	高中 Senior Secondary Schools	镇区 Counties and Towns	高中 Senior Secondary Schools	乡村 Rural Areas	高中 Senior Secondary Schools
总　计	**Total**	**1007706**	**363302**	**267533**	**121994**	**589552**	**225922**	**150621**	**15386**
合肥市	Hefei	118857	49474	49733	19921	62450	28330	6674	1223
淮北市	Huaibei	34114	12619	16604	6871	15372	5748	2138	
亳州市	Bozhou	97779	26631	16755	6860	68216	19771	12808	
宿州市	Suzhou	87119	30841	13721	7124	61045	22296	12353	1421
蚌埠市	Bengbu	51534	19847	10036	5098	32206	14426	9292	323
阜阳市	Fuyang	168537	49804	30668	15147	98583	27544	39286	7113
淮南市	Huainan	34961	12963	19415	9441	10361	3522	5185	
滁州市	Chuzhou	63170	23670	18804	9923	36598	13747	7768	
六安市	Luan	95155	34466	20846	9967	55412	24311	18897	188
马鞍山市	Maanshan	33237	13581	11316	4442	16506	7464	5415	1675
芜湖市	Wuhu	49877	20177	12862	4891	31813	14354	5202	932
宣城市	Xuancheng	32991	11842	10561	4924	19821	6918	2609	
铜陵市	Tongling	11400	5026	7756	3490	3007	1480	637	56
池州市	Chizhou	25066	11216	9050	4604	13632	6507	2384	105
安庆市	Anqing	86235	34227	13611	6600	54483	25277	18141	2350
黄山市	Huangshan	17674	6918	5795	2691	10047	4227	1832	

地　区	Region	毕业生数 Number of Graduates							
		合计 Total	高中 Senior Secondary Schools	城区 Urban Areas	高中 Senior Secondary Schools	镇区 Counties and Towns	高中 Senior Secondary Schools	乡村 Rural Areas	高中 Senior Secondary Schools
总　计	**Total**	**1073930**	**433003**	**280621**	**135718**	**631226**	**276668**	**162083**	**20617**
合肥市	Hefei	126529	52689	47481	18635	68675	32483	10373	1571
淮北市	Huaibei	38589	16789	18958	9680	17270	7109	2361	
亳州市	Bozhou	82554	28511	14734	7155	59238	21356	8582	
宿州市	Suzhou	96095	38561	14495	7868	67108	28902	14492	1791
蚌埠市	Bengbu	57483	19904	10894	5638	35635	14184	10954	82
阜阳市	Fuyang	140953	49834	30093	15631	81579	27237	29281	6966
淮南市	Huainan	38275	14387	21306	10168	11493	4125	5476	94
滁州市	Chuzhou	73319	27458	20449	10950	42995	16508	9875	
六安市	Luan	115868	52182	24561	13420	69344	37907	21963	855
马鞍山市	Maanshan	38354	16215	11539	4569	19798	9549	7017	2097
芜湖市	Wuhu	55510	24610	14083	6235	35042	17502	6385	873
宣城市	Xuancheng	38277	14495	11765	5640	23284	8855	3228	
铜陵市	Tongling	12146	4891	7963	3291	3239	1388	944	212
池州市	Chizhou	29027	12922	9607	5302	15684	7494	3736	126
安庆市	Anqing	110522	51021	16463	8359	69076	36712	24983	5950
黄山市	Huangshan	20429	8534	6230	3177	11766	5357	2433	

19—19 各市小学分城乡学校数和在校学生数（2015年）
Basic Statistics on Primary Schools by Urban and Rural Areas and by Region (2015)

地 区	Region	学校数（所）Number of Primary Schools (unit)	城 区 Urban Areas	镇 区 Counties and Towns	乡 村 Rural Areas	在校学生数（人）Student Enrollment (person)	城 区 Urban Areas	镇 区 Counties and Towns	乡 村 Rural Areas
总 计	**Total**	**9119**	**760**	**2218**	**6141**	**4225034**	**847263**	**1804892**	**1572879**
合肥市	Hefei	584	138	173	273	463662	208861	186837	67964
淮北市	Huaibei	321	82	76	163	139833	57716	46510	35607
亳州市	Bozhou	1154	33	221	900	479876	41010	213243	225623
宿州市	Suzhou	840	18	192	630	422458	38683	185843	197932
蚌埠市	Bengbu	661	37	104	520	253383	32329	95610	125444
阜阳市	Fuyang	1659	56	333	1270	737236	80565	295944	360727
淮南市	Huainan	330	64	56	210	155865	65013	39769	51083
滁州市	Chuzhou	262	42	117	103	239848	53330	125602	60916
六安市	Luan	1009	21	239	749	393511	47319	171732	174460
马鞍山市	Maanshan	248	42	75	131	117720	39828	48330	29562
芜湖市	Wuhu	313	55	121	137	187287	51537	90966	44784
宣城市	Xuancheng	178	18	79	81	134452	29754	78836	25862
铜陵市	Tongling	80	30	18	32	38271	22554	9585	6132
池州市	Chizhou	225	30	65	130	87541	24183	37411	25947
安庆市	Anqing	1125	76	302	747	305707	37050	146212	122445
黄山市	Huangshan	130	18	47	65	68384	17531	32462	18391

地 区	Region	毕业生数（人）Number of Graduates (person)	城 区 Urban Areas	镇 区 Counties and Towns	乡 村 Rural Areas	招生数（人）New Student Enrollment (person)	城 区 Urban Areas	镇 区 Counties and Towns	乡 村 Rural Areas
总 计	**Total**	**643219**	**126620**	**276677**	**239922**	**745523**	**148134**	**311531**	**285858**
合肥市	Hefei	66257	29070	25130	12057	82177	36818	34542	10817
淮北市	Huaibei	21711	9080	7431	5200	24925	10310	7835	6780
亳州市	Bozhou	69707	7074	31290	31343	88092	7772	37750	42570
宿州市	Suzhou	57189	5021	26712	25456	83676	7709	33849	42118
蚌埠市	Bengbu	32602	4576	11982	16044	51035	6294	18785	25956
阜阳市	Fuyang	118047	12770	49799	55478	123693	12951	48120	62622
淮南市	Huainan	22468	9757	5793	6918	28529	11353	7359	9817
滁州市	Chuzhou	39845	8147	20738	10960	39166	9317	20102	9747
六安市	Luan	61091	6807	25399	28885	68599	8495	30330	29774
马鞍山市	Maanshan	20769	6404	8069	6296	19186	6465	8175	4546
芜湖市	Wuhu	29911	7518	13916	8477	30939	9123	14825	6991
宣城市	Xuancheng	21370	4298	12526	4546	22392	5208	13122	4062
铜陵市	Tongling	6327	3793	1534	1000	5837	3297	1574	966
池州市	Chizhou	13688	3598	5972	4118	14669	3896	6147	4626
安庆市	Anqing	51517	6176	25006	20335	51297	6203	23810	21284
黄山市	Huangshan	10720	2531	5380	2809	11311	2923	5206	3182

19—20 各市职业中学基本情况（2015年）
Basic Statistics on Vocational Secondary Schools by Region (2015)

单位：人（person）

地 区	Region	学校数（所）Number of Schools (unit)	毕业生数 Number of Graduates	招生数 New Student Enrollment	在校学生数 Student Enrollment	教职工数 Number of Staff and Teachers	专任教师 Full-time Teachers
总 计	**Total**	**237**	**135423**	**99902**	**309033**	**18648**	**16091**
合肥市	Hefei	32	11580	4904	16305	1024	799
淮北市	Huaibei	6	1682	1320	3974	648	396
亳州市	Bozhou	16	12242	9660	30902	1827	1659
宿州市	Suzhou	14	6024	4982	21208	1347	1203
蚌埠市	Bengbu	12	5465	1872	8182	1067	1023
阜阳市	Fuyang	31	15510	15086	33065	2465	2149
淮南市	Huainan	10	6294	4993	11742	431	330
滁州市	Chuzhou	15	10192	9601	31347	1757	1674
六安市	Luan	32	12578	14154	47006	1713	1429
马鞍山市	Maanshan	4	3103	1792	7014	197	192
芜湖市	Wuhu	14	5403	4941	16007	905	757
宣城市	Xuancheng	7	6752	5014	16014	903	775
铜陵市	Tongling	4	2188	441	2139	270	180
池州市	Chizhou	6	5059	2230	9210	605	557
安庆市	Anqing	24	27468	16051	46348	3153	2711
黄山市	Huangshan	10	3883	2861	8570	336	257

19—21 各市幼儿园基本情况（2015年）
Basic Statistics on Kindergartens by Region (2015)

单位：人（person）

地 区	Region	园数（所）Number of Schools (unit)	毕业生数 Number of Graduates	招生数 New Student Enrollment	幼儿数 Student Enrollment	教职工数 Number of Staff and Teachers	教师 Teachers
总 计	**Total**	**6988**	**704044**	**974758**	**1856537**	**109295**	**66604**
合肥市	Hefei	866	78262	91831	230637	19153	10188
淮北市	Huaibei	249	27441	35814	70714	3902	2872
亳州市	Bozhou	557	85879	121225	196571	9192	6704
宿州市	Suzhou	659	76365	127090	216839	8999	6641
蚌埠市	Bengbu	369	47858	72205	118698	7094	4193
阜阳市	Fuyang	725	111346	155242	285478	12487	8573
淮南市	Huainan	254	27273	44527	79705	4482	2387
滁州市	Chuzhou	548	38417	44760	101729	4761	3155
六安市	Luan	759	64669	90589	157196	9025	5457
马鞍山市	Maanshan	256	17176	23433	51277	4895	2497
芜湖市	Wuhu	476	28002	36991	87265	8551	4542
宣城市	Xuancheng	438	21903	21166	65080	5916	3291
铜陵市	Tongling	84	5346	7894	15253	1693	907
池州市	Chizhou	161	12670	15936	34468	1891	1070
安庆市	Anqing	428	50348	69262	110111	4993	2691
黄山市	Huangshan	159	11089	16793	35516	2261	1436

19—22 各级各类学校教育经费收入情况（2015年）
Basic Statistics on Educational Funds in Various Schools (2015)

单位：万元（10000 yuan）

指　标	Item	合　计 Total	国家财政性教育经费 Government Appropriation for Education	公共财政预算教育经费 The Budget of Public Finance Education Funds	民办学校中举办者投入 Conducting Investment of Voluntary School	社会捐赠经费 Donations for Education	事业收入 Undertaking Revenue	其他收入 Other Income
总　计	**Total**	**11578495**	**9572660**	**9514309**	**71192**	**11457**	**1789174**	**134011**
高等教育	Institutions of Higher Education	2171460	1411261	1381938	16920	1903	687865	53512
普通高等学校	Regular Institutions of Higher Education	2121897	1381123	1351799	16920	1903	669144	52808
本科学校	Undergraduate Courses Schools	1443210	930401	910225	14000	1867	455929	41012
专科学校	Junior College	93935	71628	71628		17	22042	247
职业学校	Vocational Schools	584752	379093	369946	2920	18	191172	11549
成人高等学校	Institutions of Higher Education for Adults	49564	30139	30139			18721	704
高中阶段教育	High School Education	2385419	1832705	1820754	18237	6023	494405	34049
中等职业学校	Vocational Secondary Schools	845289	726653	722437	10959	347	86261	21069
中等专业学校	Specialized Secondary Schools	498913	440577	437131	2196	80	46505	9554
职业高中	Vocational Schools	305260	258619	257933	8081	267	28931	9362
#农　村	Rural Areas	248100	219670	218988	6550	91	19133	2657
技工学校	Technical Schools	16393	10760	10760			4111	1522
成人中等专业学校	Specialized Secondary Schools for Adults	24723	16697	16613	682		6713	631
普通高中	Senior Secondary Schools	1540130	1106052	1098317	7278	5676	408144	12980
#农　村	Rural Areas	966999	672459	670948	4255	2248	281702	6335
义务教育	Compulsory education	6073236	5761375	5751114	20826	2574	264837	23624
普通初中	Regular Junior Secondary Schools	2275654	2067252	2061373	13824	1099	180546	12933
#农　村	Rural Areas	1760202	1628895	1624341	5524	817	120281	4686
普通小学	Regular Primary Schools	3797582	3694123	3689741	7002	1475	84291	10691
#农　村	Rural Areas	3002931	2922535	2919340	6410	1193	67478	5315
特殊教育	Special Education	44802	42552	42297	800	57	224	1168
学前教育	Preschool Education	613447	276167	272973	14409	435	317615	4821
#农　村	Rural Areas	390360	184374	183461	9506	40	194379	2061
其　他	Others	290131	248600	245234		466	24228	16837

注：1. 事业收入中从非本级财政或其他政府部门、公办科研机构取得的来源于中央的用于科研的财政拨款87754.2万元。
2. 捐赠收入中港、澳、台及海外捐赠1204万元。

a) Business income from the fiscal or other government departments at the corresponding level, and public research institutions obtained from 877.542 million yuan the central fiscal funding for scientific research.

b) Donation income donated 12.04 million yuan Hong Kong, Macao and Taiwan and overseas.

19—23 全省科技活动基本情况
Basic Statistics on Scientific and Technological Activities

指标	Item	2000	2005	2010	2014	2015
科技活动	**Scientific and Technological Activities**					
科技机构数（个）	Number of Scientific Technological Research Institutions (unit)	984	917	2221	4093	4817
科技活动人员（万人）	Personnel Engaged in S&T Activities (10000 persons)	9.72	8.94	23.65	36.51	35.98
#大学本科及以上学历	Bachelor's degree or above			9.66	15.51	16.70
研究与试验发展经费支出（亿元）	Expenditure on R&D (100 million yuan)	20.02	45.61	163.72	393.61	431.75
#基础研究	Basic Research		4.12	12.23	22.45	24.31
应用研究	Applied Research		9.15	15.66	41.10	33.48
试验发展	Experimental Development		27.99	135.83	330.06	373.96
#政府资金	Government Fund		14.48	36.07	85.42	86.42
企业资金	Self-raised Funds by Enterprise		27.40	118.86	289.15	331.07
#相当于GDP比例（%）	Proportion of Expenditure on R&D to GDP (%)		0.85	1.32	1.89	1.96
科技成果及获奖数（项）	**Achievements in S&T and National Prizes Won (item)**					
重大科学技术成果	Number of Major Achievements in Science and Technology	511	546	780	740	705
国家发明奖	Number of National Invention Prizes Awarded				3	
国家科学技术进步奖	Number of National Scientific and Technological Progress Prizes Awarded	1	4	7	9	10
获国家自然科学奖	Number of National Natural Sciences Prize Awarded		1	2	1	3
技术市场成交额（万元）	**Transaction Value in Technical Market (10000 yuan)**	**61011**	**142553**	**461470**	**1698343**	**1905334**
专　利	**Patent**					
专利申请受理量（件）	Total Patent Applications Examined (unit)	1877	3516	47128	99160	127709
发　明	Creation and Inventions	301	903	6396	49960	68314
实用新型	Utility Models	1080	1715	17367	41889	51559
外观设计	Designs	496	898	23365	7311	7836
专利申请授权量（件）	Total Patent Applications Authorized (unit)	1482	1939	16012	48380	59039
发　明	Creation and Inventions	104	238	1111	5184	11180
实用新型	Utility Models	894	1072	8839	36748	41094
外观设计	Designs	484	629	6062	6448	6765

19—24　县级以上政府部门属研究与开发机构及科技信息与文献机构数、人员数

State-owned Research and Development Institutions and Information and Literature Institutions at and Above County Level and Persons Engaged

年　份 Year	合　计 Total		自然科学技术领域 Field of Natural Sciences and Humanities			社会、人文科学技术领域 Field of Social Sciences and Humanities			科技信息和文献机构 Scientific-technical Information and Literature Institutions		
	机构（个） Institutions (unit)	从业人员（人） Employees (person)	机构（个） Institutions (unit)	从业人员（人） Employees (person)	科技活动人员 S&T Personnel	机构（个） Institutions (unit)	从业人员（人） Employees (person)	科技活动人员 S&T Personnel	机构（个） Institutions (unit)	从业人员（人） Employees (person)	科技活动人员 S&T Personnel
2000	167	7373	139	6690	4523	10	369	289	18	314	229
2005	125	6425	100	5764	4155	8	327	292	17	334	307
2007	116	6027	91	5364	4140	8	331	299	17	332	310
2008	108	6292	85	5431	4153	8	389	336	15	472	415
2009	104	6224	81	5397	4278	7	343	310	16	484	454
2010	104	6227	83	5405	4402	7	335	313	14	487	455
2011	100	6318	80	5641	4699	7	336	280	13	341	325
2012	98	6527	77	5832	5027	7	334	297	14	361	356
2013	101	6964	80	6258	5450	7	331	305	14	375	335
2014	97	7117	76	6468	5867	7	309	257	14	340	307
2015	95	7203	75	6514	5949	7	310	259	13	379	334

19—25　县级以上政府部门属研究与开发机构及科技信息与文献机构科技经费筹集和支出总额

Total Funds and Total Expenditures of State-owned Research and Development Institutions and Information and Literature Institutions at and Above County Level

单位：万元（10000 yuan）

年　份 Year	合　计 Total		自然科学技术领域 Field of Natural Sciences and Humanities			社会、人文科学技术领域 Field of Social Sciences and Humanities			科技信息和文献机构 Scientific-technical Information and Literature Institutions		
	科技活动收入 S&T Income	科技经费内部支出 Intramural Expenditure on S&T	科技活动收入 S&T Income	政府资金 Government Funds	科技经费内部支出 Intramural Expenditure on S&T	科技活动收入 S&T Income	政府资金 Government Funds	科技经费内部支出 Intramural Expenditure on S&T	科技活动收入 S&T Income	政府资金 Government Funds	科技经费内部支出 Intramural Expenditure on S&T
2000	101388	51908	98004	26988	48804	1871	1231	1741	1513	955	1363
2005	69881	66852	63694	51429	61396	3991	2268	3026	2196	1774	2430
2007	90051	83437	81096	62910	76123	4910	3123	4457	4045	3008	2857
2008	100551	90811	85274	71395	77284	5405	3970	5361	9872	6965	8166
2009	156716	103130	142846	107400	91744	6543	4455	5364	7327	5182	6022
2010	191056	134839	172837	149390	118150	8210	5816	6851	10009	8608	9837
2011	225659	175123	212688	142596	163397	7812	5551	7352	5159	4306	4374
2012	234114	194232	219720	158395	182437	7423	7315	5435	6971	6213	6359
2013	237275	216299	221116	183338	201724	8067	5294	6268	8091	7204	8307
2014	272412	263631	255037	193514	250498	8512	6590	6338	8863	8059	6795
2015	302593	245986	284101	220104	230394	9923	6841	8160	8569	7954	7432

19—26 自然科学和技术领域经费收入（2015年）
Receipts in the Field of Natural Science and Technology (2015)

单位：万元（10000 yuan）

指　　标	Item	科技活动收入 S&T Income	政府资金 Government Funds	非政府资金 Non-Government Funds	生产经营活动收入 Production Activities Income	其他收入 Others
总　　计	**Total**	**284101**	**220104**	**63997**	**24032**	**21696**
按隶属关系分	**Group by Administrative Relationship**					
省级部门属	Under the Provincial Departments	97413	81894	15519	15463	10393
地市级部门属	Under the Prefectural Departments	30664	29403	1261	1909	2679
中央部门属	Under the Departments of the State Council	156024	108807	47217	6661	8624
中国科学院	Under the Chinese Academy of Science	153395	106806	46589	6661	8542
按学科领域分	**Group by Branch of Science**					
自然科学	Natural Science	163130	115467	47663	17896	12920
农业科学	Agriculture	55134	50514	4620	343	6598
医学科学	Medicine	15226	14273	954	628	372
工程科学与技术	Engineering and Technology	48068	37405	10663	5166	1806
社会、人文科学	Social Sciences and Humanities	2544	2446	98		

19—27 自然科学和技术领域经费支出（2015年）
Expenditures in the Field of Natural Science and Technology (2015)

单位：万元（10000 yuan）

指　　标	Item	科技经费内部支出 Intramural Expenditure on S&T	#人员劳务费 Personnel Expenditure	设备购置费 Expenditure for Equipment	其他日常支出 Other Routine Expenditure	生产经营支出 Expenditure of Production	其他支出 Others
总　　计	**Total**	**230394**	**69021**	**34677**	**93003**	**26002**	**32007**
按隶属关系分	**Group by Administrative Relationship**						
省级部门属	Under the Provincial Departments	91724	25044	12622	42475	16795	13723
地市级部门属	Under the Prefectural Departments	27930	6553	1238	4549	1438	4181
中央部门属	Under the Departments of the State Council	110740	37423	20817	45979	7769	14104
中国科学院	Under the Chinese Academy of Science	109201	36660	20749	45337	7769	13249
按学科领域分	**Group by Branch of Science**						
自然科学	Natural Science	120378	41811	20977	50788	16456	17668
农业科学	Agriculture	52912	12259	3186	19716	1583	7538
医学科学	Medicine	9836	3256	5235	1260	3971	2037
工程科学与技术	Engineering and Technology	44744	11440	5276	20565	3993	4745
社会、人文科学	Social Sciences and Humanities	2524	255	4	675		20

19—28 科协系统科技活动情况（2015年）

Basic Statistics on Scientific and Technological Activities of Associations for Science and Technology (2015)

项　　目		Item		科协合计 Total Number of Associations for Science & Technology	省科协 provincial Associations	省级学会 Provincial-level Learned Societies
机构数	**（个）**	**Number of Associations or Learned Societies**	**(unit)**	**123**	**1**	**160**
人员数	**（人）**	**Personnel**	**(person)**			
机　关		Associations		812	40	
直属单位		Enterprises and Non-profit Organizations Attached to Associations or Learned Societies		418	160	
学会理事		Members of Councils				12519
学术活动		**Academic Activities**				
国内学术会议		Domestic Academic Meetings				
次　数	（次）	Number	(times)	151		495
参加人数	（人次）	Number of Participants	(person-time)	17780		62865
交流论文数	（篇）	Number of Papers Presented	(unit)	2706		14399
国际学术会议		International Meetings Held in China				
次　数	（次）	Number	(times)			12
参加人数	（人次）	Number of Participants	(person-time)			1544
交流论文数	（篇）	Number of Papers Presented	(unit)			143
国际民间科技交流		International Folk Exchange of S&T				
接待来访科技团组	（个）	International Group on S&T Received Home	(unit)	32	10	24
接待总人数	（人次）	Person Received	(person-time)	116	50	164
外派科技团组	（个）	Number of Study Tours Sent Aboard	(unit)	2	2	30
外派总人数	（人次）	Total People Sent Aboard	(person-time)	11	11	242
科技培训		**Training Program**				
参加培训人数	（人次）	Number of Training	(person-time)	377247	385	29179
科普活动		**Activities for Popular Science**				
讲座次数	（次）	Number of Lectures	(times)	354	14	429
听讲座人数	（人次）	Number of Participants	(person-time)	63800	2000	152685
展览次数	（次）	Number of Exhibitions	(times)	1328	25	479
参观展览人数	（万人次）	Number of Participants	(10000 person-time)	50	1	50
青少年科技竞赛次数	（次）	Number of Teenagers Participating in Science and Technology Competitions	(time)	296	10	49
出　版		**Publications**				
科技期刊种数	（种）	Number of Academic Journals	(kind)	4		51
论文集种数	（种）	Number of Collections of Articles	(kind)	14		140
论文集发行量	（册）	Number of Copies Distributed	(copies)	8000		66500
科技报纸种数	（种）	Number of Scientific & Technological Newspapers	(kind)	1	1	1

19—29 研究与试验发展（R&D）研究机构情况（2015年）
Institution of Research and Development (2015)

指 标	Item	机构数（个）Number of Institutions (unit)	研究与试验发展人员（人）R&D Personnel (person)	博士 Doctor's Degree	研究与试验发展经费支出（万元）R&D Funds Disburse (10000 yuan)	科研用仪器设备原价（万元）Initial cost Used Scientific Research Equipment (10000 yuan)	进口 Import
总 计	**Total**	**4817**	**94739**	**6178**	**2329466**	**3683339**	**636102**
按学科分	**Group by Branch of Science**						
自然科学	Natural Science	61	5529	2242	142621	309067	156775
农业科学	Agriculture	123	1478	180	40054	22713	5992
医学科学	Medicine	75	987	171	6006	73357	43224
工程科学与技术	Engineering and Technology	4418	84744	2999	2128219	3273934	429986
社会、人文科学	Social Sciences and Humanities	140	2001	586	12565	4268	124
按国民经济行业分	**Grouped by Sector**						
农、林、牧、渔业	Agriculture, Forestry, Animal Husbandry and Fishery	39	94	3	625	820	62
采矿业	Mining	35	1876	26	19654	162683	689
制造业	Manufacturing	3940	72807	1428	1675047	2491353	282703
电力、热力、燃气及水生产和供应业	Electricity, Heat, Gas and Water Production and Supply Industry	11	286	12	28174	66604	926
建筑业	Construction	146	1054	11	18514	135764	695
交通运输、仓储和邮政业	Transport, Storage and Postal Services	5	55	1	6082	2504	
信息传输、软件和信息技术服务业	Information Transmission, Software and Information Technology Services	21	37	3	167	266	
金融业	Banking						
租赁和商务服务业	Leasing and Commercial Services	2	6		103	98	
科学研究和技术服务业	Scientific Research and Technical Services	145	13357	2687	520811	506111	172351
水利、环境和公共设施管理业	Water Conservancy, Environmental and Public Facilities Management	4				14	
教 育	Education	434	4653	1979	50326	307086	174006
卫生和社会工作	The Department of Health and Social Work	35	514	28	9964	10037	4670
文化、体育和娱乐业	Culture, Sports and Entertainment						
按机构类型分	**Grouped by Organization Type**						
政府部门办	Government Department	130	12421	2656	495432	489619	172359
与国内高校合办	Collaborate with Domestic University	29	386	217	3782	24391	15002
与国内独立机构合办	Collaborate with Domestic Independent Institution	4	85	15	45	30	5
与境外机构合办	Collaborate with Foreign Institution						
与境外注册外商独资企业合办	Collaborate with Foreign Sole Ownership Enterprise Registed in Foreign						
与境内注册其他企业合办	Collaborate with Domestic Other Enterprise	64	428	132	3788	21633	10092
单位自办	Unit Oneself	4589	81404	3153	1826403	3147661	438645
其 他	Other	1	15	5	16	5	
按隶属关系分	**Grouped by Subordination Relations**						
中 央	Central	238	14328	3185	569232	824532	279758
地 方	Local	4579	80411	2993	1760233	2858806	356344

19—30 科技活动、研究与试验发展（R&D）人员（2015年）
People in Science and Technology Activity, Research and Development (2015)

指 标	Item	科技活动人员（人） Personnel Engaged in S&T Activities (person)	#大学本科及以上 University Degree and Above
总 计	**Total**	**359836**	**167034**
按隶属关系分	**Grouped by Subordination Relations**		
中 央	Central	44087	23131
地 方	Local	315749	143903
按国民经济行业分	**Grouped by Sector**		
农、林、牧、渔业	Agriculture, Forestry, Animal Husbandry and Fishery	826	126
采矿业	Mining	15602	2304
制造业	Manufacturing	216518	82880
电力、热力、燃气及水的生产和供应业	Electricity, Heat, Gas and Water Production and Supply Industry	5682	896
建筑业	Construction	14363	2781
交通运输、仓储和邮政业	Transport, Storage and Postal Services	3571	594
信息传输、计算机服务和软件业	Information Circulation, Computer Services and Software	4135	930
金融业	Banking	86	
租赁和商务服务业	Leasing and Commercial Services	4929	147
科学研究和技术服务业	Scientific Research and Technical Services	24008	18419
水利、环境和公共设施管理业	Water Conservancy, Environmental and Public Facilities Management	338	89
教 育	Education	62567	56424
卫生和社会工作	The Department of Health and Social Work	5590	438
文化、体育和娱乐业	Culture, Sports and Entertainment	1621	1006

调查单位数（个）Number of Investigation Units (unit)	有研究与试验发展活动单位 Activity for R&D	研究与试验发展人员（人）Staff of R&D (person)	#研究人员 Staff of Researcher	#全时人员 Staff of Full Time	#博士 Doctor's Degree	研究与试验发展人员折合全时当量（人年）Full-time Equivalent of R&D Personnel (man-years)	#研究人员 Staff of Researcher	基础研究 Basic Research	应用研究 Apply Researcher	试验发展 Experimental and Development Researcher
24923	**3748**	**204750**	**84103**	**128075**	**10656**	**133557**	**54209**	**10093**	**15298**	**108166**
278	91	26776	15463	19082	4420	20791	12233	3106	5378	12307
24645	3657	177974	68640	108993	6236	112766	41976	6986	9920	95860
127	21	186	106	65	10	122	84			122
440	31	11742	3514	2506	35	5034	1454		43	4991
18338	3214	133152	41301	90435	1599	90747	28253		41	90706
294	13	1655	798	1337	37	1011	491		1	1010
3118	42	4779	1836	2699	46	3276	1285		483	2793
1246	4	727	288	422	1	365	89			365
185	9	642	309	600	4	264	86		18	246
12										
456	3	1150	254	1137		315	79			315
245	189	18155	11317	13903	2956	15925	10037	2814	6534	6577
112	5	64	15	36	1	50	10			50
202	174	27710	21568	12654	5935	13541	10613	6579	6319	644
46	42	4588	2597	2147	30	2862	1683	700	1859	303
102	1	200	200	134	2	45	45			45

19—31 研究与试验发展（R&D）产出情况（2015年）
Output of Research and Development (2015)

指　标	Item	专　利申请数（件）Patent Applica-tions (piece)	发明专利 Inventions
总　计	**Total**	**58388**	**25570**
按隶属关系分	**Grouped by Subordination Relations**		
中　央	Central	5067	2985
地　方	Local	53321	22585
按国民经济行业分	**Grouped by Sector**		
农、林、牧、渔业	Agriculture, Forestry, Animal Husbandry and Fishery	26	25
采矿业	Mining	890	314
制造业	Manufacturing	44219	19453
电力、热力、燃气及水的生产和供应业	Electricity, Heat, Gas and Water Production and Supply Industry	489	200
建筑业	Construction	994	267
交通运输、仓储和邮政业	Transport, Storage and Postal Services	6	
信息传输、计算机服务和软件业	Information Circulation, Computer Services and Software	32	21
金融业	Banking		
租赁和商务服务业	Leasing and Commercial Services		
科学研究和技术服务业	Scientific Research and Technical Services	3141	2299
水利、环境和公共设施管理业	Water Conservancy, Environmental and Public Facilities Management	1	1
教　育	Education	8520	2948
卫生和社会工作	The Department of Health and Social Work	70	42
文化、体育和娱乐业	Culture, Sports and Entertainment		

专利授权数（件）Patents Granted (piece)	发明专利 Inventions	有效发明专利数（件）Number of patents In Force (piece)	专利所有权转让及许可数（件）Patent all Power Transfer and Clearance Number (piece)	专利所有权转让及许可收入（万元）Patent all Power Transfer and Clearance Income (10000 yuan)	集成电路布图设计登记数（件）Registration Number of Integrated Circuit Layout (unit)	植物新品种权授予数（项）Granted Number of Plant Variety Right (unit)	形成国家或行业标准数（项）Standard Number of Formed Nation and Industry (unit)	发表科技论文（篇）Scientific Papers Issued (piece)	出版科技著作（种）Publication on Science and Technology (kind)
7553	**2316**	**35764**	**1940**	**19626**	**1**	**61**	**1569**	**52433**	**1248**
1634	1048	4980	60	11666	1	1	398	13250	71
5919	1268	30784	1880	7960		60	1171	39183	1177
		3					1	28	
		406	18				26	522	
		27978	1235	6628			1361	3515	
		184	6				6	662	
		183	3				32	379	
							2	7	
		11	9	13			11	9	
1775	1061	3421	548	7989	1	13	130	4558	47
								6	
5778	1255	3578	121	4996		48		39406	1177
								3341	24

19—32 研究与试验发展（R&D）经费支出情况（2015年）
Research and Development Funds and Internal Expenditure (2015)

单位：万元（10000 yuan）

项目	Item	研究与试验发展经费支出 Expenditure for R&D	按活动类型分 By Activities 基础研究 Fundamental Research	应用研究 Applied Research	试验发展 Experimental	#人员劳务费 Labor Expenses
总计	**Total**	**4317511**	**243113**	**334817**	**3739581**	**1176612**
按执行部门分组	**Grouped by Execution Department**					
科研机构	Scientific Research Institution	480534	101470	123848	255217	111886
高等学校	College	272859	134804	102365	35691	49563
工业企业	Industrial Enterprise	3221422		2484	3218938	908873
非工业企业	Non-Industrial Enterprise	274769	1035	62746	210988	78911
事业单位	Institution	67927	5805	43374	18748	27378
按隶属关系分组	**Grouped by Subordination Relations**					
中央	Central	842473	146062	168616	527795	231436
地方	Local	3475038	97051	166200	3211786	945176

19—33 各市研究与试验发展（R&D）研究机构情况（2015年）
Institution of Research and Development by Region (2015)

地区	Region	机构数（个） Number of Institutions (unit)	研究与试验发展人员（人） R&D Personnel (person)	博士 Doctor's Degree	研究与试验发展经费支出（万元） R&D Funds Disburse (10000 yuan)	科研用仪器设备原价（万元） Initial cost Used Scientific Research Equipment (10000 yuan)	进口 Import
总计	**Total**	**4817**	**94739**	**6178**	**2329466**	**3683339**	**636102**
合肥市	Hefei	1190	39889	4441	1151977	1645257	391979
淮北市	Huaibei	83	1989	100	16408	180532	4833
亳州市	Bozhou	117	811	18	17115	22011	3297
宿州市	Suzhou	185	1286	47	19880	47245	1984
蚌埠市	Bengbu	438	6421	124	141952	294798	37914
阜阳市	Fuyang	188	1652	68	37103	65377	3695
淮南市	Huainan	131	2456	222	49383	57185	6112
滁州市	Chuzhou	524	6340	150	147781	189328	23146
六安市	Luan	130	1825	50	39114	86151	3145
马鞍山市	Maanshan	320	5038	235	144652	223858	40245
芜湖市	Wuhu	520	14499	450	316171	463046	70345
宣城市	Xuancheng	323	4481	62	81021	126536	14526
铜陵市	Tongling	142	2171	73	55545	95142	4813
池州市	Chizhou	136	785	25	18318	41293	4118
安庆市	Anqing	242	3243	82	67894	112364	20682
黄山市	Huangshan	148	1853	31	25148	33216	5268

19—34 各市科技活动、研究与试验发展（R&D）人员（2015年）

People in Science and Technology Activity, Research and Development by Region (2015)

地区	Region	科技活动人员（人）Personnel Engaged in S&T Activities (person)	#大学本科及以上 University Degree and Above	调查单位数（个）Number of Investigation Units (unit)	有研究与试验发展活动单位 Activity for R&D	研究与试验发展人员（人）Staff of R&D (person)	#女性 Female	#研究人员 Staff of Researcher	全时人员 Staff of Full Time	非全时人员 Staff of Non-Full Time
总计	**Total**	**359836**	**167034**	**24923**	**3748**	**204750**	**42272**	**84103**	**128075**	**76675**
合肥市	Hefei	126195	70872	4309	701	72837	16854	36135	50577	22257
淮北市	Huaibei	12740	4334	925	72	7005	921	3182	2848	4158
亳州市	Bozhou	5408	1964	1084	58	2034	503	632	1100	934
宿州市	Suzhou	7350	3086	1517	139	3151	897	1153	1763	1388
蚌埠市	Bengbu	24338	12844	1414	364	15000	3885	6799	9961	5039
阜阳市	Fuyang	9689	3978	1870	105	3938	836	1470	2217	1721
淮南市	Huainan	16891	5812	793	107	12154	1396	4060	4117	8039
滁州市	Chuzhou	19695	9328	1787	371	11030	2132	3441	7318	3712
六安市	Luan	8654	3917	1250	155	4840	1009	1748	2854	1987
马鞍山市	Maanshan	22023	9289	1498	351	13988	2747	5718	8383	5606
芜湖市	Wuhu	51995	22550	2581	473	29920	5616	10511	19663	10257
宣城市	Xuancheng	14148	4187	1635	256	7058	1167	1719	4582	2476
铜陵市	Tongling	16670	3865	701	133	8366	1144	2530	4945	3421
池州市	Chizhou	5752	2276	782	105	2798	645	1116	1532	1266
安庆市	Anqing	12409	6143	2069	212	6712	1575	2722	4006	2706
黄山市	Huangshan	5879	2589	708	146	3919	945	1167	2211	1708

地区	Region	博士毕业 Doctor	硕士毕业 Master	本科毕业 University Degree	其他学历 Other	研究与试验发展人员折合全时当量（人年）Full-time Equivalent of R&D Personnel (man-years)	#研究人员 Staff of Researcher	基础研究 Basic Research	应用研究 Apply Researcher	试验发展 Experimental and Development Researcher
总计	**Total**	**10656**	**26273**	**67091**	**100730**	**133557**	**54209**	**10093**	**15298**	**108166**
合肥市	Hefei	6833	13674	27231	25099	50714	25026	5624	8615	36475
淮北市	Huaibei	248	574	1522	4661	3105	1368	257	152	2696
亳州市	Bozhou	25	140	689	1180	1222	352	17	63	1141
宿州市	Suzhou	65	254	788	2044	1773	635	78	276	1420
蚌埠市	Bengbu	676	2749	5213	6362	11374	4787	1522	1700	8153
阜阳市	Fuyang	166	494	1213	2065	2549	852	202	244	2104
淮南市	Huainan	395	1022	2074	8663	6697	2456	688	452	5558
滁州市	Chuzhou	226	992	3711	6101	7933	2442	175	747	7011
六安市	Luan	77	482	1116	3165	2340	835	61	234	2045
马鞍山市	Maanshan	490	1662	4574	7262	9119	3640	207	1293	7619
芜湖市	Wuhu	842	2179	10816	16083	16701	5847	677	785	15239
宣城市	Xuancheng	72	168	2276	4542	5015	1237		2	5012
铜陵市	Tongling	207	625	1870	5664	6583	1769	74	513	5996
池州市	Chizhou	52	326	559	1861	1304	508	75	64	1165
安庆市	Anqing	219	588	2389	3516	4609	1761	323	124	4162
黄山市	Huangshan	63	344	1050	2462	2520	695	114	34	2372

19—35 各市研究与试验发展（R&D）产出情况（2015年）
Output of Research and Development by Region (2015)

地区	Region	专利申请数（件）Patent Applica-tions (piece)	发明专利 Inventions	专利授权数（件）Patents Granted (piece)	发明专利 Inventions	有效发明专利数（件）Number of patents In Force (piece)	专利所有权转让及许可数（件）Patent all Power Transfer and Clearance Number (piece)
总　计	**Total**	**58388**	**25570**	**7553**	**2316**	**35764**	**1940**
合 肥 市	Hefei	19008	8871	2019	1097	12167	288
淮 北 市	Huaibei	833	299	18	10	722	14
亳 州 市	Bozhou	725	178	163	2	339	25
宿 州 市	Suzhou	1763	272	955	8	342	2
蚌 埠 市	Bengbu	2898	1473	323	157	2680	39
阜 阳 市	Fuyang	1586	722	30	8	767	44
淮 南 市	Huainan	2112	676	1038	140	879	58
滁 州 市	Chuzhou	4157	1964	458	52	1270	33
六 安 市	Luan	2054	1090	675	467	1465	344
马鞍山市	Maanshan	4156	1544	351	182	3065	75
芜 湖 市	Wuhu	10528	4801	1146	157	6785	682
宣 城 市	Xuancheng	2043	981			2014	38
铜 陵 市	Tongling	1538	686	24	9	1066	67
池 州 市	Chizhou	1253	398	27	4	527	34
安 庆 市	Anqing	2944	1440	162	12	1220	195
黄 山 市	Huangshan	790	175	164	11	456	2

地区	Region	专利所有权转让及许可收入（万元）Patent all Power Transfer and Clearance Income (10000 yuan)	集成电路布图设计登记数（件）Registration Number of Integrated Circuit Layout (unit)	植物新品种权授予数（项）Granted Number of Plant Variety Right (unit)	形成国家或行业标准数（项）Standard Number of Formed Nation and Industry (unit)	发表科技论文（篇）Scientific Papers Issued (piece)	出版科技著作（种）Publication on Science and Technology (kind)
总　计	**Total**	**19626**	**1**	**61**	**1569**	**52433**	**1248**
合 肥 市	Hefei	9038	1	59	538	29590	459
淮 北 市	Huaibei	47			40	1198	50
亳 州 市	Bozhou				11	376	9
宿 州 市	Suzhou				21	894	27
蚌 埠 市	Bengbu	820			194	3377	63
阜 阳 市	Fuyang				22	1496	88
淮 南 市	Huainan	569			29	3046	86
滁 州 市	Chuzhou	15			72	2024	83
六 安 市	Luan	37			40	1160	50
马鞍山市	Maanshan	3839			80	1911	17
芜 湖 市	Wuhu	2545			139	4016	183
宣 城 市	Xuancheng	4		2	134	86	6
铜 陵 市	Tongling	166			53	736	45
池 州 市	Chizhou	810			17	488	14
安 庆 市	Anqing	1731			144	1476	59
黄 山 市	Huangshan	5			35	559	9

19—36 各市研究与试验发展（R&D）经费支出情况（2015年）

Research and Development Funds and Internal Expenditure by Region (2015)

单位：万元（10000 yuan）

地区	Region	研究与试验发展经费 Expenditure for R&D	按活动类型分 By Activities			按支出用途分 By Expenditure	
			基础研究 Fundamental Research	应用研究 Applied Rescarch	试验发展 Experimental	日常性支出 Daily Expenditure	资产性支出 Assets Expenditure
总计	**Total**	**4317511**	**243113**	**334817**	**3739581**	**3542065**	**775446**
合肥市	Hefei	1748667	183788	217367	1347512	1424228	324524
淮北市	Huaibei	96249	1869	1374	93006	82950	13300
亳州市	Bozhou	41008	73	269	40666	34624	6384
宿州市	Suzhou	46399	571	2475	43353	34514	11885
蚌埠市	Bengbu	272840	15286	26394	231160	210536	62263
阜阳市	Fuyang	73752	3636	3629	66487	52240	21512
淮南市	Huainan	144494	13973	17880	112642	112816	31636
滁州市	Chuzhou	220172	2128	16379	201666	179425	40747
六安市	Luan	84156	622	1197	82337	54510	29646
马鞍山市	Maanshan	359178	3338	24457	331383	284017	75161
芜湖市	Wuhu	687901	10345	13489	664067	605111	82790
宣城市	Xuancheng	127539	14	165	127359	109565	17974
铜陵市	Tongling	211889	1065	6494	204330	193044	18845
池州市	Chizhou	44800	393	329	44078	31766	13034
安庆市	Anqing	108342	5422	2444	100477	90803	17539
黄山市	Huangshan	50124	590	476	49058	41917	8207

19—37 高等学校科技活动情况

Basic Statistics on Higher Education for Scientific and Technological Activities

指标	Item	2000	2005	2010	2014	2015
科技活动人员（人）	S&T Personnel (person)	23242	24530	31082	59618	62567
#科学家和工程师	Scientists and Engineers	22366	23608			
研究与发展人员全时当量（人年）	Full-time Equivalent of R&D Personnel (man.year)	7100	5022	7337	12343	13541
#科学家和工程师	Scientists and Engineers	6800	4395			
#基础研究	Fundamental Research	1300	1500	3273	5723	6579
应用研究	Applied Research	1500	2501	3471	5835	6319
试验发展	Experimental Development	4000	397	595	785	644
研究与发展经费支出（万元）	R&D Expenditure (10000 yuan)	17259	66574	141849	265836	272859

19—38 工业企业科技活动基本情况
Basic Statistics on Science and Technology Activities of Industrial Enterprises

指　标	Item	2014	2015
有研究与试验发展活动的企业 (个)	Number of Enterprises Having R&D Activities (unit)	2946	3258
有研究与试验发展活动的企业占全部企业的比重 (%)	Percentage of Enterprises Having R&D Activities to Total Number of Enterprises (%)	16.59	17.08
科技机构数 (个)	Number of Scientific and Technological Institutions (unit)	3326	3986
科技活动人员 (万人)	Personnel Engaged in S&T Activities (10000 persons)	24.61	23.78
研究与试验发展折合全时人员 (万人年)	Full-time Equivalent of R&D Personnel (10000 man-year)	9.51	9.68
科技机构科技活动人员数 (万人)	Personnel Engaged in S&T Activities in S&T Institutions (10000 persons)	10.25	11.55
开发新产品经费支出 (亿元)	Expenditure on New Product Development (100 million yuan)	368.52	380.44
研究与试验发展经费支出 (亿元)	Expenditure on R&D (100 million yuan)	284.73	322.14
#政府资金	Government Funds	22.41	20.28
企业资金	Self-raised Funds by Enterprises	259.24	299.13
研究与试验发展经费支出占主营业务收入的比重 (%)	Percentage of Expenditure on R&D To Sales Revenue (%)	0.77	0.83
技术引进经费支出 (亿元)	Expenditure for Acquisition of Foreign Technology (100 million yuan)	7.18	4.18
消化吸收经费支出 (亿元)	Expenditure for Assimilation of Technology (100 million yuan)	4.00	2.60
购买国内技术支出 (亿元)	Expenditure for Purchase of Domestic Technology (100 million yuan)	6.50	5.19
专利申请数 (件)	Patent Applications (piece)	40244	45598
#发明专利数	Invention Patents	15701	19967
拥有发明专利数 (件)	Invention Patents Owned (piece)	21667	28568

19—39 各市工业企业研究与试验发展（R&D）基本情况（2015年）
R&D Basic Situation of Industrial Enterprise by Region (2015)

地 区	Region	企业单位数（个）Number of Enterprises (unit)	#有研究与试验发展活动 Activity for R&D	#有科技机构 Unit Of S&T	新产品销售收入（万元）Revenue of New Pproduct Sales (10000 yuan)	研究与试验发展人员合计（人）Staff Of R&D (person)	#参加项目人员 Staff of Participating in Project	#女性 Female
总　计	**Total**	**19072**	**3258**	**3104**	**58822307**	**146549**	**134722**	**25460**
合肥市	Hefei	2468	532	518	20126687	42880	38252	8165
淮北市	Huaibei	779	60	46	727598	5847	5046	715
亳州市	Bozhou	901	50	94	540438	1769	1588	405
宿州市	Suzhou	1258	129	151	656260	2144	1959	441
蚌埠市	Bengbu	1056	326	320	3066564	9171	8771	2041
阜阳市	Fuyang	1547	89	141	1620630	2778	2571	444
淮南市	Huainan	621	76	68	329208	9009	8532	610
滁州市	Chuzhou	1503	322	361	7140927	8999	8605	1597
六安市	Luan	997	136	96	1072313	4065	3759	754
马鞍山市	Maanshan	1150	318	201	2577175	10738	9973	1962
芜湖市	Wuhu	2101	435	360	9486905	24562	22830	4113
宣城市	Xuancheng	1419	247	269	1844352	6960	6290	1151
铜陵市	Tongling	491	118	99	6131729	7142	6863	805
池州市	Chizhou	575	91	76	833667	1522	1293	301
安庆市	Anqing	1667	195	197	2166380	5615	5239	1238
黄山市	Huangshan	539	134	107	501473	3348	3151	718

地 区	Region	#研究人员 Staff of Researcher	#全时人员 Staff of Full Time	研究与试验发展人员折合全时当量合计（人年）Total Work Volume of Conversion Staff of Full Time (person year)	#研究人员 Staff of Researcher	应用研究人员 Staff of Apply Researcher	试验发展人员 Staff of Experimental and Development Researcher
总　计	**Total**	**45505**	**94295**	**96838**	**30146**	**85**	**96755**
合肥市	Hefei	15732	32292	30253	11162		30253
淮北市	Huaibei	2276	2222	2466	857		2466
亳州市	Bozhou	451	988	1099	270		1099
宿州市	Suzhou	585	1302	1309	357	6	1303
蚌埠市	Bengbu	2800	6452	7556	2312	27	7530
阜阳市	Fuyang	682	1764	1909	461		1909
淮南市	Huainan	2044	2245	4546	1062	40	4507
滁州市	Chuzhou	2241	6051	6449	1608		6449
六安市	Luan	1220	2506	1896	587		1896
马鞍山市	Maanshan	3624	6275	6866	2359		6866
芜湖市	Wuhu	7540	16547	14230	4485		14230
宣城市	Xuancheng	1667	4555	4982	1221		4982
铜陵市	Tongling	1512	4430	5877	1138		5877
池州市	Chizhou	505	989	1038	344		1038
安庆市	Anqing	1837	3614	4066	1375	12	4054
黄山市	Huangshan	789	2063	2296	548		2296

19—40 各市工业企业研究与试验发展（R&D）经费情况（2015年）
R&D Funds Basic Situation of Industrial Enterprise by Region (2015)

单位：万元（10000 yuan）

地 区	Region	研究与试验发展经费内部支出合计 Expenditure for R&D	按活动类型分组 Grouped by Active Type		按支出用途分组 Grouped by Using of Funds			
			应用研究支出 Applied Research Expenditure	试验发展支出 Experiment Development Expanditure	经常费支出 Normal Funds Expenditure	#人员劳务费 Salary	资产性支出 Capital Expenditure	#土建工程 Construction Project
总 计	**Total**	**3221422**	**2484**	**3218938**	**2711268**	**908873**	**510154**	**9244**
合肥市	Hefei	1040966		1040966	875109	342665	165857	3845
淮北市	Huaibei	92091		92091	79951	25646	12140	45
亳州市	Bozhou	40313		40313	33987	14084	6326	475
宿州市	Suzhou	42113	853	41260	31252	9433	10861	98
蚌埠市	Bengbu	171534	722	170812	144746	48041	26788	814
阜阳市	Fuyang	64566		64566	47930	15017	16636	264
淮南市	Huainan	95102	690	94411	82509	37847	12592	51
滁州市	Chuzhou	187914		187914	156013	49416	31901	394
六安市	Luan	67078		67078	52287	18836	14791	94
马鞍山市	Maanshan	300705		300705	237504	68478	63201	1261
芜湖市	Wuhu	604631		604631	526595	148136	78036	848
宣城市	Xuancheng	126350		126350	108713	36948	17638	95
铜陵市	Tongling	199437		199437	181267	44286	18169	616
池州市	Chizhou	42331		42331	29464	6701	12868	46
安庆市	Anqing	97977	220	97757	83710	28449	14267	259
黄山市	Huangshan	48316		48316	40232	14891	8084	40

地 区	Region	按资金来源分组 Grouped by Source of Funds			研究与试验发展经费外部支出 Outside Expenditure	对境内研究机构支出 Foreign Research Instition	对境内高等学校支出 Demestic University
		政府资金 Govern-ment	企业资金 Enterprise	境外资金 Alien			
总 计	**Total**	**202776**	**2991294**	**3580**	**174073**	**83662**	**31989**
合肥市	Hefei	87513	947412	917	77635	39531	12697
淮北市	Huaibei	2848	89157		3453	906	2497
亳州市	Bozhou	2261	37611		1921	993	659
宿州市	Suzhou	2069	39939		548	243	305
蚌埠市	Bengbu	5634	165023	98	4637	1273	2052
阜阳市	Fuyang	3704	60032	15	2513	680	1137
淮南市	Huainan	5138	87545	1878	6350	2310	2080
滁州市	Chuzhou	9175	178156		2258	1123	540
六安市	Luan	2403	59528	60	3835	3003	671
马鞍山市	Maanshan	20959	277864	71	7858	1161	2502
芜湖市	Wuhu	43471	555655	437	51521	28775	2763
宣城市	Xuancheng	4580	120400		1997	214	447
铜陵市	Tongling	2987	195906	82	1994	875	1104
池州市	Chizhou	3157	38320	23	1537	612	471
安庆市	Anqing	4059	93503		5077	1777	1674
黄山市	Huangshan	2817	45244		940	186	390

19—41 各市工业企业全部研究与试验发展（R&D）项目和政策情况（2015年）

All R&D Itens and Policies Situation of Industrial Enterprise by Region (2015)

地 区	Region	项目数（项） Number of Items (unit)	参加项目人员（人） Staff Taken Part in Items (person)	项目人员折合全时当量（人年） ZFull-time Equivalent of Staff Taken Part in Items (person/year)	全部项目经费内部支出（万元） All Project Interior Expense (10000 yuan)	使用来自政府部门的科技活动资金（万元） Using from Government Department's Technique Cctivity Fund (10000 yuan)	研究开发费用加计扣除减免税（万元） Total Research and Development Expense Counting Tax Reliefs (10000 yuan)	高新技术企业减免税（万元） Tax Reliefs of High and New Technology Enterprises (10000 yuan)
总 计	**Total**	**14100**	**134722**	**87200**	**2952254**	**235773**	**113710**	**299482**
合肥市	Hefei	3924	38252	26197	907075	96055	38311	128874
淮北市	Huaibei	248	5046	2137	88416	4341	2788	2081
亳州市	Bozhou	142	1588	977	37012	4550	1093	2371
宿州市	Suzhou	340	1959	1169	39137	3401	569	822
蚌埠市	Bengbu	1075	8771	7131	157788	7320	8296	13994
阜阳市	Fuyang	251	2571	1727	59619	5064	4861	2497
淮南市	Huainan	485	8532	4222	90558	5850	4868	1846
滁州市	Chuzhou	856	8605	6130	175240	10880	6080	7403
六安市	Luan	369	3759	1740	61152	3168	2841	9664
马鞍山市	Maanshan	1293	9973	6362	279751	23393	5106	11051
芜湖市	Wuhu	2035	22830	12894	567548	45901	19905	72030
宣城市	Xuancheng	824	6290	4300	118634	6580	4882	23462
铜陵市	Tongling	710	6863	5479	192569	4033	2034	6478
池州市	Chizhou	187	1293	874	39636	4598	2251	2107
安庆市	Anqing	829	5239	3727	91416	6792	7928	10388
黄山市	Huangshan	532	3151	2134	46703	3846	1899	4416

19—42 各市工业企业自主知识产权和技术情况（2015年）
Self-owned Intellectual Property Rights and Technology Situation Industrial Enterprise by Region (2015)

地区	Region	专利申请数（件）Number of Patent Application (unit)	发明专利 Patent of Invention	有效发明专利数（件）Invention Number of Patents Effectively (unit)	境外授权 Overseas Authorization	专利所有权转让及许可数（项）Patent all Power Transfer and Clearanc eNumber (item)	专利所有权转让及许可收入（万元）Patent all Power Transfer and Clearance Income (10000 yuan)	发表科技论文（篇）Publish Technical Papers (unit)
总计	**Total**	**45598**	**19967**	**28568**	**365**	**1259**	**6628**	**4699**
合肥市	Hefei	15186	6490	7996	84	237	1231	2422
淮北市	Huaibei	804	285	664	20	13	35	309
亳州市	Bozhou	523	165	334		23		61
宿州市	Suzhou	526	230	329		2		63
蚌埠市	Bengbu	2171	961	2186	164	34	20	239
阜阳市	Fuyang	1518	681	747		44		109
淮南市	Huainan	655	257	567	2			356
滁州市	Chuzhou	3380	1707	1175	5	30	3	42
六安市	Luan	1076	330	981		41	37	170
马鞍山市	Maanshan	3072	1080	2620	6	50	78	402
芜湖市	Wuhu	8832	4274	5872	38	452	2523	189
宣城市	Xuancheng	2040	978	2014	40	38	4	41
铜陵市	Tongling	1364	633	944		67	166	141
池州市	Chizhou	1176	369	504		34	810	29
安庆市	Anqing	2719	1387	1203	4	194	1721	104
黄山市	Huangshan	556	140	432	2			22

地区	Region	拥有注册商标数（件）Registered Trademark Nubmer (unit)	境外注册 Overseas Registered	形成国家行业标准数（项）National and Industry Standard Number (item)	引进技术经费支出（万元）Introduction Technology funds Experditure (10000 yuan)	消化吸收经费支出（万元）Digestion Absorption Funds Experditure (10000 yuan)	购买国内技术经费支出（万元）Purchasing Domestic Technology Funds Experditure (10000 yuan)	技术改造经费支出（万元）Technological Transforma-tion Funds Experditure (10000 yuan)
总计	**Total**	**14096**	**1777**	**1393**	**41825**	**26001**	**51919**	**1433247**
合肥市	Hefei	5469	1244	450	6896	4641	30421	459309
淮北市	Huaibei	273	9	40			969	54091
亳州市	Bozhou	1179	79	11		6	596	11614
宿州市	Suzhou	326	1	21	281	94	733	41809
蚌埠市	Bengbu	627	80	145	337	290	1236	26246
阜阳市	Fuyang	357	7	22	26	64	1306	62996
淮南市	Huainan	235		18	3797	40	492	40592
滁州市	Chuzhou	555	2	69	1671	233	284	73040
六安市	Luan	357	9	39	3483	867	19	33503
马鞍山市	Maanshan	848	33	72	2953	7871	2190	283031
芜湖市	Wuhu	2103	257	129	18013	7255	6556	59147
宣城市	Xuancheng	413	15	132	65	1805	493	16338
铜陵市	Tongling	181	3	51	381	328	369	178664
池州市	Chizhou	296	2	15	264	327	339	2661
安庆市	Anqing	430	27	144	3565	2170	4569	78864
黄山市	Huangshan	447	9	35	94	13	1349	11343

19—43 省级以上开发区主要经济指标
Main Economic Indicators of Development Areas above the Provincial Level

项　　目		Item		2010	2014	2015
全区经营（销售）收入	（万元）	Business (Sales) Income	(10000 yuan)	106648759	282860369	314724127
#规模以上工业销售收入		Industrial Sales Value		76160676	191140114	211910986
工业总产值（当年价格）	（万元）	Gross Industrial Output Value	(10000 yuan)	86688472	207554983	231681702
#规模以上工业企业		Industrial Enterprises Above Definited Size		80245963	195236387	216569300
#高新技术产业产值		High and New Technology Industrial Output			97883269	114541963
第二产业增加值	（万元）	The Value-added of the Secondary Industry	(10000 yuan)	24996921	56503124	61773723
#工业增加值		Industrial Added Value		23036230	53644035	58313362
#规模以上工业增加值		Industrial Output			50112858	53910545
进出口总额	（万美元）	Total Import and Export	(USD 10000)		2428540	2582213
出口额		Export		627112	1695376	1938440
进口额		Import		491467	733164	643773
税收总额	（万元）	Total Tax	(10000 yuan)	3699792	8044382	8909247
财政收入	（万元）	Financial Revenue	(10000 yuan)	5164713	11394334	11939449
#土地收入		Revenue From Land		1577733	2911299	2644345
固定资产投资总额	（万元）	Investment in Fixed Assets	(10000 yuan)	36269297	73953260	80265373
#工业投资		Industrial Investment			48638707	53633066
基础设施投资		In Infrastructure Projects		5452776	6946563	6873101
利用外商直接投资情况		Foreign Direct Investments				
当年新批进区外商投资企业	（个）	Foreign Investment Enterprises Entered this Year(unit)		191	120	139
当年实际利用外商直接投资额	（万美元）	Foreign Direct Investment Amount Actually Used this Year	(USD 10000)	341308	675320	792249
利用内资情况（在建亿元以上项目）		Domestic Investment (Construction project of one hundred million yuan of above)				
项目个数	（个）	Project Number	(unit)		1903	1948
到位省外境内资金额	（万元）	In Place of Domestic Funds Outside the Province	(10000 yuan)		31423286	33644733
专利申请授权情况	（件）	Patent License	(unit)			
专利申请量		Patent Applications			52225	64168
专利授权量		Patent Grant			28610	34993

19—44 国家级开发区主要经济指标（2015年）

Main Economic Indicators of Enterprises in Development Areas (2015)

指　　标		Item		合肥高新技术产业开发区 Hefei New High Technology Industry Devlopment District
全区企业经营收入	(万元)	Business Income	(10000 yuan)	22463829
工业总产值	(万元)	Gross Industrial Output Value	(10000 yuan)	12349592
＃规上工业总产值		Industrial Enterprises Above Definited Size		11692594
工业增加值	(万元)	Industrial Added Value	(10000 yuan)	3557942
＃规上工业增加值		Industrial Output		3300046
出口总额	(万美元)	Total Export	(USD 10000)	167990
进口总额	(万美元)	Total Import	(USD 10000)	68270
税收总额	(万元)	Total Tax	(10000 yuan)	797523
财政收入	(万元)	Financial Revenue	(10000 yuan)	1426246
固定资产投资总额	(万元)	Investment in Fixed Assets	(10000 yuan)	4152976
＃基础设施投资额		In Infrastructure Projets		384551
新批进区外商投资企业	(个)	Number of Foreign Funded Enterprises Approved Into Development Areas	(unit)	22
实际利用外商直接投资额	(万美元)	Foreign Direct Investment Amount Actually Used this Year	(USD 10000)	45005
亿元以上省外投资项目	(个)	Investment Projects (outside the provice, Above 100 million yuan)	(unit)	57
亿元以上项目到位省外境内资金额	(万元)	Investment Projects of Gaining Fund (outside the provice, Above 100 million yuan)	(10000 yuan)	1130582
专利申请量	(件)	Patent Applications	(unit)	6749
专利授权量	(件)	Patent Grant	(unit)	3712

合肥经济技术开发区 Hefei Economy and Technology Development District	芜湖经济技术开发区 Wuhu Economy and Technology Development District	芜湖高新技术产业开发区 Wuhu New High Technology Industry Devlopment District	蚌埠高新技术产业开发区 Bengbu New High Technology Industry Devlopment District	马鞍山经济技术开发区 Maanshan Economy and Technology Development District	马鞍山慈湖高新技术开发区 Maanshan New High Technology Industry Devlopment District	铜陵经济技术开发区 Tongling Economy and Technology Development District	安庆经济技术开发区 Anqing Economy and Technology Development District	滁州经济技术开发区 Chuzhou Economy and Technology Development District	池州经济技术开发区 Chizhou Economy and Technology Development District
38165942	22962783	10158798	4529240	4484254	2988580	8100000	10013314	7203560	2065081
27166310	17103805	8225946	2309289	3093697	2230000	6800000	6328169	5264318	1189267
27166310	16873804	8058646	2253225	2942569	2083375	6582399	6311592	4547714	1070340
6706136	3882199	2507835	684844	848112	590000	1362934	1988834	1280874	350724
6418444	3829299	2357635	668025	796583	533747	1332957	1785861	1013618	316782
295040	250157	45944	38306	22986	14812	28569	30651	44441	2861
179540	83603	10114	4696	8039	3854	17494	11469	19054	11663
1026030	913136	327579	134309	149220	65052	147273	115004	236412	100899
1521290	919617	327579	203667	157298	65135	184252	273837	243127	159361
5670654	3560050	3077948	2368545	1791000	1970135	1780372	1537836	1789237	897070
268720	141460	91000	156180	76000	120345	50270	199362	256514	152908
18	5		1	9		2	2	1	1
45001	69049	18000	25629	46629	27032	8049	3882	27884	8454
43	34	75	42	74	77	70	31	53	39
986290.4	1188623	1079604	1152590	1117025	625804	1175558	744500	1083915	314400
3931	4733	3158	1469	794	967	800	1538	1289	357
2119	2424	1642	636	603	657	446	640	628	218

19—45 各市省级以上开发区主要经济指标（2015年）

Main Economic Indicators of Development Areas above the Provincial Level by Region (2015)

地区	Region	全区经营（销售）收入（万元）Business (Sales) Income (10000 yuan)	#规上工业销售收入 Industrial Sales Value	工业总产值（当年价格）（万元）Gross Industrial Output Value (10000 yuan)	#规模以上工业企业 Industrial Enterprises Above Definited Size	第二产业增加值（万元）The Value-added of the Secondary Industry (10000 yuan)	#工业增加值 Industrial Added Value	出口总额（万美元）Total Export (USD 10000)	进口总额（万美元）Total Import (USD 10000)	税收总额（万元）Total Tax (10000 yuan)
总计	**Total**	**314724127**	**211910986**	**231681702**	**216569300**	**61773723**	**58313362**	**1938440**	**643773**	**8909247**
合肥市	Hefei	106068022	66847531	70499146	67464377	18666199	17324643	748588	363486	2933475
淮北市	Huaibei	5692356	5060205	5385174	5233960	1324540	1303455	26576	2993	107987
亳州市	Bozhou	9092222	4344325	4726596	4471030	1296479	1243584	42467	4652	234073
宿州市	Suzhou	4402701	3015516	3172515	3076138	849715	796432	17187	2760	185079
蚌埠市	Bengbu	21540488	15098729	16446127	15538810	4463711	4231946	83592	6436	433921
阜阳市	Fuyang	21944295	11726511	14367931	12130544	4070512	3806346	99833	6891	544520
淮南市	Huainan	3114817	1465780	1643030	1532702	514577	467604	14668	4228	113320
滁州市	Chuzhou	15013028	10743735	12971669	10949450	3330585	3159101	103708	52146	542210
六安市	Luan	11402312	6967574	8271564	7185368	2364888	2181781	30908	2133	344511
马鞍山市	Maanshan	13800148	10312777	11203669	10498992	3079030	2935620	51886	13048	339892
芜湖市	Wuhu	50046393	38708141	40762187	39965271	10383114	10032535	448074	119114	1740738
宣城市	Xuancheng	10186288	7017054	8914824	7299326	2339121	2188830	120611	7836	460718
铜陵市	Tongling	13485586	10026536	11275391	10396569	2605240	2514413	45682	29122	356712
池州市	Chizhou	3970900	2761535	3206151	2783614	1019960	850641	13947	11721	180287
安庆市	Anqing	23355185	16501361	17420724	16698617	5121000	4941440	83786	17040	357195
黄山市	Huangshan	1609386	1313675	1415003	1344533	345052	334991	6927	166	34610

地区	Region	财政收入（万元）Financial Revenue (10000 yuan)	固定资产投资总额（万元）Investment in Fixed Assets (10000 yuan)	#基础设施投资 In Infrastructure Projects	新批进区外商投资企业（个）Foreign Investment Enterprises Entered this Year (unit)	实际利用外商直接投资（万美元）Foreign Direct Investment Amount Actually Used this Year (USD 10000)	亿元以上省外境内投资项目个数（个）Investment Projects (outside the provice, Above 100 million yuan) (unit)	亿元以上项目到位省外境内资金额（万元）Investment Projects of Gaining Fund (outside the provice, Above 100 million yuan) (10000 yuan)	专利申请量（件）Patent Applications (unit)	专利授权量（件）Patent Grant (unit)
总计	**Total**	**11939449**	**80265373**	**6873101**	**139**	**792249**	**1948**	**33644733**	**64168**	**34993**
合肥市	Hefei	4997923	24072472	2239173	58	155697	262	7120960	19923	12407
淮北市	Huaibei	111399	2397971	31380	1	28849	46	413474	418	208
亳州市	Bozhou	243053	3195774	523874	4	5931	77	1371436	1623	899
宿州市	Suzhou	206915	1741386	164965	3	23708	53	775260	405	202
蚌埠市	Bengbu	599640	6741053	408933	4	103132	181	3936994	4507	1957
阜阳市	Fuyang	693073	3829164	448799	5	14867	113	1001829	2907	1381
淮南市	Huainan	117417	1160000	129502	1	6554	29	388826	203	211
滁州市	Chuzhou	580837	3906455	491088	1	58637	114	1902236	3374	1718
六安市	Luan	382404	2719813	485280	8	25763	28	842293	2191	1269
马鞍山市	Maanshan	387865	5055018	325445	11	93692	215	2550269	4154	2289
芜湖市	Wuhu	1755041	12824446	401548	18	176962	284	6317132	13698	7190
宣城市	Xuancheng	504206	2623541	428793	9	58005	170	2043572	2277	1309
铜陵市	Tongling	469320	3828059	99574	3	14203	126	1737291	2965	1559
池州市	Chizhou	249847	1896998	216592	5	11765	74	742340	1467	744
安庆市	Anqing	602989	4080313	454905	8	11307	158	2319121	3915	1520
黄山市	Huangshan	37520	192910	23250		3177	18	181700	141	130

19—46 合肥国家高新技术产业开发区企业经营状况（2015年）

Enterprises Business of Hefei National Development Zone for New and High-level Technology Industries (2015)

经济类型 Ownership	企业数（家） Enterprises (unit)	总产值（万元） Gross Output Vaue (10000 yuan)	总收入（万元） Total Revenue (10000 yuan)	技术性收入 Technical Revenue	利税总额（万元） Total Pre-tax Profit (10000 yuan)	利润 Profit	出口创汇（万美元） Foreign Exchange Earned Through Export (USD 10000)	年末职工人数（人） Number of Staff and Norkers at Year-end (person)	全员劳动生产率（万元/人） Overall Labor Productivity (10000 yuan /person)
总计 Total	**1017**	**31121924**	**38969630**	**6992964**	**7434692**	**3430613**	**864865**	**190547**	**50.4**
国有经济 State-owned	62	7502713	9434837	1693049	4217737	1345278	181655	35429	57.5
私营企业 Private	400	2699597	3482234	624875	1650653	70813	119928	19665	46.7
股份制经济 Share Holding	480	14724711	18269918	3278473	1247490	1853858	377225	109446	50.2
中外合资 Sino-foreign Joint Venture	27	5789867	7236804	1298619	244547	134083	141428	21493	62.3
港澳台侨与大陆合资 China-Hong Kong/macao/ Taiwan Joint Venture	20	251990	318154	57092	44695	13217	42099	2473	47.9
港澳台侨独资企业 H.K/Macao/Taiwan Funded	7	113627	163542	29347	24302	10280		948	41.9
其他经济 Others	20	39418	64142	11510	5268	3084	2530	1093	38.3
总计中：三资企业 Joint, Cooperative or Exclusi-vely Foreign-funded Ventures	110	4648810	5577649	1000890	494278	211805	216088	26412	44.1

19—47 合肥国家高新技术产业开发区产品概况（2015年）

Products of Hefei National Development Zone for New and High-level Technology Industries (2015)

单位：万元（10000 yuan）

技术领域	Field of Technology	产品数（种） Quantity of Products (kind)	产值 Output Value	年销售收入 Annual Sales Revenue	出口额 Volume of Export
总计	**Total**	**2135**	**27408410**	**26018161**	**466722**
电子与信息	Electronics and Information Industry	896	722940	695563	87928
生物医药技术	Biology and Medicine	246	774088	701251	26692
新材料	New Materials	90	721689	747254	35157
光机电一体化	Photoelectric, Mechanical and Electrical products	442	11552748	11002698	298541
新能源高效节能	New Energy Sources and Energy Saving Devices	108	6745489	6308379	7357
环境保护	Environmental Protection	46	73163	67908	3541
航空航天技术	Aviation Technology	16	7748	7213	
核应用技术	Nuclear Application Technology	16	4443	3701	
其他高技术	Other High-level Technology	207	2589547	2251017	5544
非高技术	Unhigh-level Technology	67	4216555	4233178	1962

19—48 全省监督抽查产品质量情况
Results of Sampling Check on Product Quality Under Provincial Supervision

年 份 Year	抽查企业（个） Number of Enterprises Selected (unit)	无不合格品企业数（个） Number of Enterprises Without Products Unqualified	抽查产品 Products Selected in Sampling（类） Number of Types	（种） Number of Kinds	合格产品（批次） Number of Products Qualified (kind)	样品合格率（%） Rate of Sample Products Qualified (%)
2000	12028	9424	12	102	11206	80.17
2005	16282	12966	12	99	14656	80.59
2007	15964	13425	12	102	15558	85.59
2008	17021	15001	12	114	16665	88.14
2009	19424	17100	12	103	21981	89.34
2010	11459	10154	12	110	12954	90.77
2011	17537	16009	12	157	25077	93.75
2012	15754	14565	12	151	18681	93.27
2013	13851	13086	12	134	16397	93.93
2014	2728	2585	8	88	2953	95.26
2015	2291	2181	8	79	2558	96.00

注：根据省政府减轻企业负担的要求，2014年我省对企业产品定检明显减少。

a) According to the requirements of the provincial government to reduce the burden of enterprises, in 2014, the province of enterprise products regular checks were significantly reduced.

19—49 技术市场成交情况
Business of Technological Markets

项 目	Item	成交项目（项） Transaction Projects (item) 2014	2015	成交金额（万元） Transaction Value (10000 yuan) 2014	2015
总 计	**Total**	**7093**	**12491**	**1698343**	**1905334**
按卖方分	**By Selling Party**				
企业法人	Enterprise Artificial Person	4760	9338	1530038	1745349
事业法人	Institution Artificial Person	2280	3107	155170	143412
社团法人	Social Organization Artificial Person	26	29	697	1670
自然人	Natural Person	8	2	1075	525
机关法人	Agencies & Organization Artificial Person	8	15	10452	14378
其 他	Others	11		911	
按买方分	**By Buying Party**				
企业法人	Enterprise Artificial Person	4608	8726	1196534	1334849
事业法人	Institution Artificial Person	1029	1635	73571	94866
社团法人	Social Organization Artificial Person	41	61	590	5736
自然人	Natural Person	78	63	2632	437
机关法人	Agencies & Organization Artificial Person	1249	1659	374217	233856
其 他	Others	88	347	50799	235590

19—50 产品质量监督检查情况（2015年）
Results of The Quality of Products and Commodities Under State Supervision (2015)

项目	Item	产品质量 Product Quality		
		监督检验企业数（个） Number of Enterprises Supervised & Checked (unit)	有不合格产品企业所占比例（%） Proportion of Enterprises With Products Unqualified (%)	批次合格率（%） Rate of Batch-time Qualified (%)
总计	**Total**			
日用及纺织品	**Daily Necessities and Textiles**			
保暖内衣	Thermal Underwear	10		100.00
本色布	Color Cloth	10		100.00
床上用品	Bed Items	15		100.00
单夹服装	Single Clip Clothing	30	3.30	96.70
儿童及婴幼儿服装	Children and Infants Clothing	26		100.00
儿童玩具	Children’s Toys	29		100.00
毛　巾	Towel	10		100.00
棉服装	Cotton Clothing	25		100.00
内　衣	Inside the Clothes	10		100.00
配装眼镜	Equipped Glasses	360	7.20	92.80
汽　油	Steam Oil	30		100.00
燃气灶具	Gas Cooker	14		100.00
纱　线	Yarn Line	10		100.00
太阳能热水器	Solar Heater	13		100.00
文　胸	Text Chest	5		100.00
箱包产品	Bags Products	15		100.00
学生校服	Student Uniforms	15		100.00
眼　镜	Eye Lens	100	5.00	95.00
一次性卫生用品	Disposable Hygiene Product	10	20.00	90.00
羽绒及其制品	Feather and Its Products	20	10.00	90.00
运动服及泳装	Sportswear and Swimwear	5	20.00	80.00
电子电器	**Electronic Appliance**			
储水式电热水器	Water Storage Type Electric Water Heater	4		100.00
灯　具	Lamp	19	21.00	79.00
家用电器	Household Appliances	44	13.60	86.40
净水器	Water Purifier	5	40.00	60.00
小家电（室内加热器）	Small Home Appliance (indoor heater)	10	20.00	81.80

19—50 续表1 continued

项 目	Item	产品质量 Product Quality 监督检验企业数（个） Number of Enterprises Supervised & Checked (unit)	有不合格产品企业所占比例（%） Proportion of Enterprises With Products Unqualified (%)	批次合格率（%） Rate of Batch-time Qualified (%)
轻工产品	**Light industr Ial Product**			
餐具洗涤剂	Tableware Detergent	12		100.00
电动自行车	Electric Bicycle	26		100.00
摩擦材料	Friction Material	12		100.00
农药除草剂	Pesticides, Herbicides	25		100.00
汽车内饰件	Car Inner Decoration	13	7.70	95.70
汽车制动元件	Automobile Brake Components	15		100.00
软体家具（软体沙发、弹簧软床垫）	Soft Furniture (software sofa, spring soft mattress)	20		100.00
书画纸	Painting and Calligraphy Paper	33	3.00	98.00
童车（童床）	Baby Carrier (tongchuang)	16	25.00	83.30
宣 纸	Xuan Paper	24		100.00
衣料用液体洗涤剂	Material With a Liquid Detergent	12		100.00
硬体家具	Hardware Furniture	27		100.00
农业生产资料	**Agricultural Production Material**			
阀 门	Valve Door	13	7.70	95.00
水 泵	Water Pump	38	10.50	92.90
机械及安防产品	**Machinery and Security Products**			
安防用监控摄像机	Security Cameras	7		100.00
安全防护用品（安全网、安全帽）	Protective Equipment (safety nets, safety helmet)	24	4.20	96.00
机 床	Machine Bed	60	5.00	95.00
消防产品	Fire Control Products	20	5.00	95.00
电工及材料产品	**Electrical and Materials**			
不锈钢管	Stainless Steel Pipe	15	6.70	93.30
低压电器	Low Voltage Electrical Appliances	20		100.00
电容器	Capacitor	20	5.00	95.00
电线电缆	Wire and Cable	138	3.60	97.40
防火材料及其制品（电工套管、电力用玻璃钢管）	Fire Prevention Materials and their Products (electrical casing, electrical, glass steel tube)	10	10.00	90.00
磨 球	Grinding Ball	34		100.00
漆包线	Enameled Wire	14		100.00

19—50 续表2 continued

项目	Item	产品质量 Product Quality		
		监督检验企业数(个) Number of Enterprises Supervised & Checked (unit)	有不合格产品企业所占比例(%) Proportion of Enterprises With Products Unqualified (%)	批次合格率(%) Rate of Batch-time Qualified (%)
汽车滤清器	Auto Filter	30	6.70	93.30
汽车门锁及保持件	Car Door Lock and Part	6		100.00
汽车燃油箱	Car Fuel Tank	7		100.00
汽车制动软管	Automobile Brake Hose	7	14.30	90.00
汽车转向部件	Automobile Steering Parts	5		100.00
汽车座椅及头枕	Car Seat and Head	9		100.00
商品煤	Commodity Coal	38		100.00
塑料管材	Plastic Tubing	20	5.00	95.00
塑料型材	Plastic Material	8		100.00
碳酸钙	Calcium Carbonate	41	19.50	86.70
铜及铜制品	Copper and Copper Products	25	16.00	93.30
危化品包装物	For Packaging	6		100.00
橡胶密封制品	Rubber Seal Products	25	4.00	96.00
建筑及建筑装修材料	**Building Decoration Materials**			
防盗安全门和金属进户门	Anti-theft Security Door and Metal Into a Door	20	5.00	95.00
钢　筋	Steel Reinforcement	2	50.00	50.00
钢筋产品（热轧钢筋、光圆钢筋）	Steel Products (hot rolled steel, light round bar)	16	6.25	88.20
建筑防水卷材	Building Waterproofing Materials	12		100.00
金属面绝热夹芯板	Metal Surface Heat Insulation Sandwich Panel	4	100.00	
铝合金建筑型材	Aluminium Alloy Building Material	20		100.00
水　泥	Cement	5		100.00
外墙保温材料	Exterior Wall Heat Preservation Material	21		100.00
新型墙体材料	New Wall Material	26		100.00
油　漆	Oil Paint	17		100.00
中空玻璃	Hollow Glass	15	13.30	86.70
食品相关产品	**Food Related Products**			
（非发证）	(not certificate)	40		100.00
食品加工机械	Food Processing Machinery	30		100.00
食品相关产品	Food Related Products	324	2.50	97.90
电动机	Motor	20	5.00	96.00

19—51 三种专利申请受理、授权量
Three Types of Patent Applications Examined and Authorized

单位：项（item）

指　　标	Item	2000	2005	2010	2014	2015
申请受理量合计	**Total Applications Examined**	**1877**	**3516**	**47128**	**99160**	**127709**
发　　明	Creations and Inventions	301	903	6396	49960	68314
实用新型	Utility Models	1080	1715	17367	41889	51559
外观设计	Designs	496	898	23365	7311	7836
申请受理人情况	**People of Acceptance of the Application**					
个　　人	Individual	1423	2282	22412	21376	27793
大专院校	Universities and Colleges	72	209	1121	6154	8583
科研单位	Research Institutions	75	167	738	1550	1772
企　　业	Enterprises	300	839	22693	68978	87600
机关团体	Government Agencies and Organizations	7	19	164	1102	1961
申请授权量合计	**Total Applications Authorized**	**1482**	**1939**	**16012**	**48380**	**59039**
发　　明	Creations and Inventions	104	238	1111	5184	11180
实用新型	Utility Models	894	1072	8839	36748	41094
外观设计	Designs	484	629	6062	6448	6765
申请受权人情况	**Authorized Person of the Application**					
个　　人	Individual	1085	1234	4852	7877	9457
大专院校	Universities and Colleges	30	85	503	3131	5374
科研单位	Research Institutions	58	70	364	651	781
企　　业	Enterprises	302	537	10254	36511	43200
机关团体	Government Agencies and Organizations	7	13	39	210	227

19—52 各市三种专利申请受理、授权量（2015年）

Three Types of Patent Applications Examined and Authorized by Region (2015)

单位：项（item）

地 区 Region	申请受理量合计 Total Applications Examined	发明 Creations and Inventions	实用新型 Utility Models	外观设计 Designs	申请受理人情况 People of Acceptance of the Application 个人 Individual	大专院校 Universities and Colleges	科研单位 Research Institutions	企业 Enterprises	机关团体 Government Agencies and Organizations
总 计 Total	**127709**	**68314**	**51559**	**7836**	**27793**	**8583**	**1772**	**87600**	**1961**
合肥市 Hefei	32364	16431	13431	2502	2672	2513	1281	25706	192
淮北市 Huaibei	2481	1611	814	56	1720	14	2	744	1
亳州市 Bozhou	2297	903	1083	311	1203	127	2	949	16
宿州市 Suzhou	2430	1015	1264	151	852	599	1	935	43
蚌埠市 Bengbu	8571	5604	2651	316	3688	114	302	4317	150
阜阳市 Fuyang	7393	3701	2912	780	2735	127	20	4342	169
淮南市 Huainan	3667	1142	2365	160	574	1688	48	1344	13
滁州市 Chuzhou	8785	5683	2683	419	2045	526	12	5670	532
六安市 Luan	4800	1640	2546	614	1838	251		2602	109
马鞍山市 Maanshan	7960	3731	3934	295	679	320	3	6763	195
芜湖市 Wuhu	20886	12339	7396	1151	3575	1652	71	15313	275
宣城市 Xuancheng	5674	3404	2076	194	1507	109	3	3964	91
铜陵市 Tongling	3928	2283	1585	60	355	112	11	3362	88
池州市 Chizhou	3594	1776	1560	258	229	73	1	3286	5
安庆市 Anqing	11754	6737	4597	420	3928	197		7553	76
黄山市 Huangshan	1125	314	662	149	193	161	15	750	6

地 区 Region	申请授权量合计 Total Applications Authorized	发明 Creations and Inventions	实用新型 Utility Models	外观设计 Designs	申请受权人情况 Authorized Person of the Application 个人 Individual	大专院校 Universities and Colleges	科研单位 Research Institutions	企业 Enterprises	机关团体 Government Agencies and Organizations
总 计 Total	**59039**	**11180**	**41094**	**6765**	**9457**	**5374**	**781**	**43200**	**227**
合肥市 Hefei	17070	3413	11277	2380	1289	1364	531	13820	66
淮北市 Huaibei	1112	299	753	60	491	14		606	1
亳州市 Bozhou	1196	240	716	240	528	129	1	538	
宿州市 Suzhou	1490	137	1109	244	351	687	1	445	6
蚌埠市 Bengbu	3318	890	2150	278	1365	58	128	1737	30
阜阳市 Fuyang	2614	541	1576	497	880	67		1655	12
淮南市 Huainan	2610	494	1992	124	274	1105	3	1223	5
滁州市 Chuzhou	3349	772	2204	373	598	231	8	2510	2
六安市 Luan	2828	256	2041	531	1008	220	1	1597	2
马鞍山市 Maanshan	4541	930	3348	263	401	220	8	3912	
芜湖市 Wuhu	9049	1927	6307	815	615	994	84	7271	85
宣城市 Xuancheng	2343	339	1856	148	228			2114	1
铜陵市 Tongling	1754	274	1406	74	158	1	5	1585	5
池州市 Chizhou	1614	203	1102	309	137	15		1462	
安庆市 Anqing	3155	309	2557	289	1035	90	3	2020	7
黄山市 Huangshan	996	156	700	140	99	179	8	705	5

主要统计指标解释

普通高等学校

指按国家规定的设置标准和审批程序批准举办的，通过全国普通高等学校统一招生考试，招收高中毕业生为主要培养对象，实施高等学历教育的全日制大学、独立设置的学院和高等专科学校、高等职业学校及其他机构（独立学院和分校、大专班）。

成人高等学校

指按照国家规定的设置标准和审批程序批准举办的，通过全国成人高等教育统一招生考试，招收具有高中毕业或同等学历的人员为主要培养对象，利用函授、业余、脱产等多种形式对其实施高等学历教育的学校。包括职工高等学校、农民高等学校、管理干部学院、教育学院、独立函授学院、广播电视大学、其他机构等。其他机构是承担国家成人招生计划任务不计校数的机构。

小学学龄儿童入学率

指调查范围内已入小学学习的学龄儿童占校内外学龄儿童总数（包括弱智儿童，不包括盲聋哑儿童）的比重。计算公式为：

小学学龄儿童入学率＝已入学的小学学龄儿童数/校内外小学学龄儿童总数×100%

财政性教育经费

包括财政预算内教育经费，各级政府征收用于教育的税费，企业办学校教育经费，校办产业、勤工俭学和社会服务收入用于教育的经费。

研究与试验发展（R&D）

指在科学技术领域，为增加知识总量，以及运用这些知识去创造新的应用进行的系统的创造性的活动，包括基础研究、应用研究、试验发展三类活动。国际上通常采用R&D活动的规模和强度指标反映一国的科技实力和核心竞争力。

基础研究

指为了获得关于现象和可观察事实的基本原理的新知识(揭示客观事物的本质、运动规律，获得新发现、新学说)而进行的实验性或理论性研究，它不以任何专门或特定的应用或使用为目的。其成果以科学论文和科学著作为主要形式。用来反映知识的原始创新能力。

应用研究

指为获得新知识而进行的创造性研究，主要针对某一特定的目的或目标。应用研究是为了确定基础研究成果可能的用途，或是为达到预定的目标探索应采取的新方法(原理性)或新途径。其成果形式以科学论文、专著、原理性模型或发明专利为主。用来反映对基础研究成果应用途径的探索。

试验发展

指利用从基础研究、应用研究和实际经验所获得的现有知识，为产生新的产品、材料和装置，建立新的工艺、系统和服务，以及对已产生和建立的上述各项作实质性的改进而进行的系统性工作。

R&D人员

指参与研究与试验发展项目研究、管理和辅助工作的人员，包括项目（课题）组人员，企业科技行政管理人员和直接为项目（课题）活动提供服务的辅助人员。反映投入从事拥有自主知识产权的研究开发活动的人力规模。

R&D人员全时当量

指全时人员数加非全时人员按工作量折算为全时人员数的总和。例如：有两个全时人员和三个非全时人员（工作时间分别为20%、30%和70%），则全时当量为2+0.2+0.3+0.7=3.2人年。为国际上比较科技人力投入而制定的可比指标。

R&D经费内部支出合计

指调查单位用于内部开展R&D活动（基础研究、应用研究和试验发展）的实际支出。包括用于R&D项目（课题）活动的直接支出，以及间接用于R&D活动的管理费、服务费、与R&D有关的基本建设支出以及外协加工费等。不包括生产性活动支出、归还贷款支出以及与外单位合作或委托外单位进行R&D活动而转拨给对方的经费支出。

R&D经费内部支出中政府资金

指R&D经费内部支出中来自各级政府部门的各类资金，包括财政科学技术拨款、科学基金、教育等部门事业费以及政府部门预算外资金的实际支出。

R&D经费内部支出中企业资金

指R&D经费内部支出中来自本企业的自有资金和接受其他企业委托而获得的经费，以及科研院所、高校等事业单位从企业获得的资金的实际支出。

新产品销售收入

指报告期企业销售新产品实现的销售收入。

发明（专利）

指对产品、方法或者其改进所提出的新的技术方案。是国际通行的反映拥有自主知识产权技术的核心指标。

实用新型（专利）

指对产品的形状、构造或者其结合所提出的适于实用的新的技术方案。反映具有一定技术含量的技术成果情况。

外观设计（专利）

指对产品的形状、图案、色彩或者其结合所作出的富有美感并适于工业上应用的新设计。反映拥有自主知识产权的外观设计成果情况。

Explanatory Notes for Major Statistical Indicators

Regular Institutions of Higher Education

refer to educational establishments set up according to the government evaluation and approval procedures, recruiting graduates from senior secondary schools as the main target by National Matriculation TEST. They include full-time universities, colleges, institutions of higher professional education, institutions of higher vocational education, institutions of higher vocational education and others (non-university tertiary, branch schools and undergraduate classes).

Institutions of Higher Education for Adults

refer to educational establishments, set up in line with relevant rules approved by the government, enrolling staff and workers with senior secondary school or equivalent education, and providing higher education courses in many forms of correspondence, spare time, or full time for adults. Professionals thus trained receive a qualification equivalent to graduates studying regular courses at regular universities, colleges and professional colleges. Institutions of higher learning for adults include schools of higher education for staff and workers, schools of higher education for peasants, colleges for management cadres, pedagogical colleges, independent correspondence colleges, Radio and TV universities and other educational establishments. Other educational establishments have undertakings to enrol adult students but not enumerated in the schools under the State Plan.

Enrollment Rate of Primary School age Children

refers to the proportion of school age children enrolled at schools to the total number of school age children both in and outside schools (including retarded children, but excluding blind, deaf and mute children). The formula is:

Enrollment Rate of Primary School age Children=(Total Primary School age Children at Schools)/(Total Primary School age Children Both at and Outside Schools)×100%

Government Appropriation for Education

refers to State budgetary fund for education, taxes and fees collected by governments at all levels that are used for education purpose, education fund for enterprise-run schools, income from school-run enterprises, work-study programme and social services that are used for education purpose.

Research and Development (R&D)

refers to systematic and creative activities in the field of science and technology aiming at increasing the knowledge and using the knowledge for new application. R&D includes 3 categories of activities: basic research, applied research and experimentation for development. The scale and intensity of R&D are widely used internationally to reflect the strength of S&T and the core competitiveness of a country in the world.

Basic Research

refers to empirical or theoretical research aiming at obtaining new knowledge on the fundamental principles regarding phenomena or observable facts to reveal the intrinsic nature and underlying laws and to acquire new discoveries or new theories. Basic research takes no specific or designated application as the aim of the research. Results of basic research are mainly released or disseminated in the form of scientific papers or monographs. This indicator reflects the innovation capacity for original knowledge.

Applied Research

refers to creative research aiming at obtaining new knowledge on a specific objective or target. Purpose of the applied research is to identify the possible uses of results from basic research, or to explore new (fundamental) methods or new approaches. Results of applied research are expressed in the form of scientific papers, monographs, fundamental models or invention patents. This indicator reflects the exploration of ways to apply the results of basic research.

Experiments and Development

refer to systematic activities aiming at using the knowledge from basic and applied researches or from practical experience to develop new products, materials and equipment, to establish new production process, systems and services, or to make substantial improvement on the existing products, process or services. Results of experiment and development activities are embodied in patents, exclusive technology, and monotype of new products or equipment. In social sciences, experiment and development activities refer to the process of converting the knowledge from basic or applied researches into feasible programmes (including conduct of demonstration projects for assessment and evaluation). There are no experiment and development activities in the science of humanities. This indicator reflects the capability of transferring the results of S&T into technique and products, and measures the realization of S&T in spearheading the economic and social development.

Scientists and Engineers

refer to persons who have completed university or higher education or obtained titles of senior and middle level professional positions.

R & D Personnel

refer to persons engaged in research, management and supporting activities of R & D, including persons in the project teams, persons engaged in the management of S&T activities of enterprises and supporting staff providing direct service to the research projects. This indicator reflects the size of personnel engaged in R&D activities with independent intellectual property.

Full-time Equivalent of R&D Personnel

refers to the sum of the full-time persons and the full-time equivalent of part-time persons converted by workload. For instance, if there are 2 full-time persons and 3 part-time workers (20%, 30% and 70% of working hours respectively on R&D activities), the full-time equivalent are 2+0.2+0.3+0.7=3.2 person-years. This is an internationally comparable indicator of S&T manpower input.

Total Internal Expenditure of Funds on R&D

refers to the real expenditure of surveyed units on their own R&D activities (basic research, application study, test and development) including direct expenditure on R&D activities, indirect expenditure of management and services on R&D activities, expenditure on capital construction and material processing by others. Excluding the expenditure on production activities, return of loan, and fees transferred to cooperated and entrusted agencies on R&D activities.

Internal Expenditure of Government Funds

Refers to the expenditure of funds on R&D activities from government agencies at different levels, including appropriate funds on science and technology from financial departments, scientific funds, operating expenses from education departments and the real expenditure of extra budgetary funds from government agencies.

Internal Expenditure of Funds of Enterprises

refers to the expenditure of funds on R&D activities from self-raised funds of enterprises and funds from other enterprises through entrustment, and the expenditure of funds of institutions, such as institution of scientific research and universities, from enterprises.

Sales Income of New Products

refers to the real sales income of new products of the enterprises at the reporting period.

Patented Inventions

refer to new technical proposals to the products or methods or their modifications. This is universal core indicator reflecting the technologies with independent intellectual property.

Patented Utility Models

refer to the practical and new technical proposals on the shape and structure of the product or the combination of both. This indicator reflects the condition of technological results with certain technical content.

Designs

refer to the aesthetics and industrially applicable new designs for the shape, pattern and colour of the product, or their combinations. This indicator reflects the appearance design achievements with independent intellectual property.

第二十篇

Chapter 20

PUBLIC HEALTH AND SOCIAL SERVICES

简要说明

一、本篇主要反映卫生、民政、劳动保障事业的发展情况。

卫生部分主要包括卫生机构、卫生人员、卫生设施，医疗服务，农村和社区卫生、妇幼保健、医疗保障制度等情况。

民政事业和劳动保障统计资料主要包括社会服务企事业机构、人员、床位情况，优抚和社会救济情况，社区服务设施和农村社会保障网络情况，婚姻服务情况等情况。

二、卫生部分的资料来自省卫生厅。民政事业和劳动保障统计资料分别由省民政厅、省人力资源和社会保障厅依据统计报表制度整理提供。省人力资源和社会保障厅提供的分市数据，均为老区划口径数据。

Brief Introduction

I. Data in this chapter mainly reflect the development of public health, civil affairs, labor and social security.

Data on public health include mainly the number of health institutions, health personnel, health facility; health expenses, medical services, rural and community health, maternal and child health, and health security system.

Data on civil affairs and labor and social security include: institutions, personnel and beds of social services， social welfare relief, community service facilities and rural network of social security, marriage registration service, etc.

II. Data on public health are mainly from data based on statistical reporting form scheme by the Ministry of Health. Data on civil affairs, labor and social security are from the Ministry of Civil Affairs and the Ministry of Human Resources and Social Security. Man club hall, data, are all old diameter data.

20—1 医疗卫生机构数
Number of Health Institutions

单位：个 (unit)

年 份 Year	总 计 Total	#医 院 Hospitals	社区卫生服务中心(站) Community Health Service Center (station)	乡 镇 卫 生 院 Township Hospitals	村卫生室 Village Health Room	疾病预防控制中心(防疫站) Disease Prevention and Controlling Center (Epidemic Prevention Station)	专科疾病防治院(所.站) Specialized Disease Prevention and Treatment Canters (stations)	妇幼保健院(所.站) Maternity and Child Care Centers (stations)	急救中心(站) First-aid Center (station)	卫生监督所 Health Supervision Centers
2005	32044	683	635	1980	22847	132	54	117	5	41
2007	29144	690	808	1842	20642	129	48	118	7	96
2008	27130	720	918	1824	19276	127	44	119	10	102
2009	24736	713	986	1702	17719	124	47	118	10	103
2010	23019	730	1730	1437	15636	124	50	119	11	110
2011	22884	916	1924	1395	15321	124	52	119	11	111
2012	23278	930	1948	1384	15306	121	52	118	12	119
2013	24645	938	1942	1387	15310	120	50	121	13	113
2014	24824	968	1941	1398	15288	121	48	121	14	113
2015	24853	1018	1930	1382	15295	121	47	121	14	113

20—2 医疗卫生机构人员数
Number of Engaged Persons in Health Institutions

单位：人 (person)

年 份 Year	人员合计 Total	卫生技术人员 Medical Technical Personnel	#执业(助理)医师 Licensed (Assistant) Doctors	注册护士 Registered Nurse	每万人口专业卫生技术人员数 Number of Medical Technical Personnel per 10000 Population
2000	188278	153808	69943	41226	25.24
2005	193973	159788	66102	47329	26.11
2007	214121	174724	69132	55081	28.56
2008	227470	187785	73845	60860	30.61
2009	244477	202382	79230	69291	33.01
2010	247493	205403	81097	76550	34.48
2011	315514	217709	84773	84495	36.48
2012	334736	236172	92009	95042	39.44
2013	353835	253549	98630	103404	42.05
2014	365650	267964	103738	111544	44.05
2015	377387	280768	107792	119303	45.70

注：本表2011年起人员含村卫生室人员情况。每万人口专业卫生技术人员按常住人口计算。

a) From 2011, Data in this table personnel include village health room staff.Professional health workers of Per 10000 population is calculated by permanent population.

20—3 医疗卫生机构、床位、人员数（2015年）
Number of Health Units, Beds and Staff (2015)

指　　标	Item	机构数（个）Health Institu-tions (unit)	床位数（张）Beds (unit)	人员数（人）Persons Engaged (person)	卫生技术人员 Medical technical Personnel
总　计	**Total**	**24853**	**267405**	**377387**	**280768**
医　院	Hospitals	1018	202713	217783	182946
综合医院	Comprehensive Hospitals	670	144244	159357	134797
中医医院	Hospitals of Traditional Chinese Medicine	97	27398	29360	25292
中西医结合医院	Hospitals Combined by Medium Doctors	18	1920	2036	1660
专科医院	Specialized Hospitals	230	28893	26944	21137
口腔医院	Stomatological Hospitals	19	321	992	825
眼科医院	Ophthalmology Hospitals	26	1361	1430	1016
耳鼻喉科医院	Ear, Nose and Throat Hospitals	4	125	115	92
肿瘤医院	Malignant Tumour Hospitals	10	3035	2741	2323
心血管病医院	Cardiovascular Disease Hospitals	1	175	221	170
妇产(科)医院	Gynecology Hospitals	31	1794	3370	2217
儿童医院	Children's Hospitals	4	1148	1530	1357
精神病医院	Mental Hospitals	21	9361	4893	3953
传染病医院	Infection Hospitals	9	2508	2662	2232
皮肤病医院	Dermatological Hospitals	3	130	175	115
结核病医院	Tubercle Hospitals	2	1035	1036	926
麻风病医院	Leprosy Hospitals	3	24	10	5
骨科医院	Orthopedic Hospitals	18	1032	1080	877
康复医院	Rehabilitation Hospitals	22	3661	3154	2470
整形外科医院	Plastic Surgery Hospital	4	140	277	165
美容医院	Cosmetology Hospitals	6	250	458	227
其他专科医院	Other Specialized Hospitals	47	2793	2800	2167
护理院	Nursing Hospitals	3	258	86	60
基层医疗卫生机构	The Basic Medical Institutions	22030	58563	131138	76473
社区卫生服务中心(站)	Community Health Service Center (station)	1930	7348	18300	16211
社区卫生服务中心	Community Health Center	407	7348	10456	9169
社区卫生服务站	Community Health Service Station	1523		7844	7042
卫生院	Commune Hospitals	1383	51003	48826	42591
街道卫生院	Hospitals in the Streets	1	30	36	31
乡镇卫生院	Township Hospitals	1382	50973	48790	42560
中心卫生院	Center Hospitals	451	24023	23103	20367
乡卫生院	Rural Hospitals	931	26950	25687	22193
村卫生室	Village Health Room	15295		54731	8817
门诊部	Outpatient Departments	185	212	2344	2066
诊所、卫生所、医务室	Clinics、Health Institute、Medical Office	3237		6937	6788
专业公共卫生机构	Professional Public Health Institutions	1721	5302	25881	20093
疾病预防控制中心	Disease Prevention and Controlling Center	121		4966	3886
专科疾病防治院（所、站）	Specialized Disease Prevention and Treatment Canters (stations)	47	1818	2030	1459
健康教育所（站、中心）	Health Education Offices (stations or centers)	3		26	9
妇幼保健院（所、站）	Maternity and Child Care Centers (stations)	121	3454	7302	6145
急救中心（站）	First-aid Center (station)	14	30	472	266
采供血机构	Blood Collecting and Supply Organizations	22		1162	906
卫生监督所(中心)	Health Supervision Centers	113		2381	2012
计划生育技术服务机构	Birth Control Technical Services	1280		7542	5410
其他卫生机构	Other Health Institutions	84	827	2585	1256
疗养院	Sanatoriums	5	827	370	228
医学科学研究机构	Research Institutes of Medical Science	11		261	139
医学在职培训机构	Medical On-the-job Training Organizations	21		485	245
临床检验中心（所、站）	Clinical Testing Center (station)	6		808	345
其　他	Other	41		661	299

20—4 医疗卫生机构各类人员数(2015年)
Persons Engaged in Health Care Institutions by Type of Occupation (2015)

单位：人 (person)

指标	Item	合计 Total	卫生技术人员 Medical Technical Personnel	执业(助理)医师 Licensed (Assistant) Doctors	注册护士 Registered Nurse	药师(士) Pharmacist	其他 Other	乡村医生和卫生员 Village Doctors and Assistants	其他技术人员 Other Technical Personnel	管理人员 Administrative Personnel	工勤技能人员 Logistics Technical Workers
总计	**Total**	**377387**	**280768**	**107792**	**119303**	**13456**	**23644**	**45914**	**14448**	**14161**	**22096**
按经济类型分	**By the type**										
公立	The Male Stands	301723	225815	86420	93920	11367	20312	37089	11753	10315	16751
国有	Countries Have	212513	177776	61524	80951	8672	15591	1943	10062	8874	13858
集体	Sets the Body	89210	48039	24896	12969	2695	4721	35146	1691	1441	2893
非公立	The Public	75664	54953	21372	25383	2089	3332	8825	2695	3846	5345
#联营	United Camp	1908	870	428	336	31	44	780	27	77	154
私营	Private	38428	28792	12073	12516	1030	1839	4148	1378	1772	2338
按主办单位分	**According To The Organizer**										
政府办	Set Up by Government	252862	206695	75329	88231	10715	19396	9282	11166	9650	16069
#卫生部门	The Health Sector	250511	204874	74657	87540	10654	19107	9282	11053	9432	15870
社会办	Set Up by Society	84073	41733	19114	17080	1590	1933	35185	1569	2389	3197
个人办	Set Up by Individual	40452	32340	13349	13992	1151	2315	1447	1713	2122	2830

20—5 各市医疗卫生机构人员数(2015年)
Number of Persons Engaged in Health Institutions by Region (2015)

单位：人 (person)

地区	Region	合计 Total	卫生技术人员 Medical Technical Personnel	执业(助理)医师 Licensed (Assistant) Doctors	注册护士 Registered Nurse	药师(士) Pharmacist	其他 Other	乡村医生和卫生员 Village Doctors and Assistants	其他技术人员 Other Technical Personnel	管理人员 Administrative Personnel	工勤技能人员 Logistics Technical Workers
总计	**Total**	**377387**	**280768**	**107792**	**119303**	**13456**	**23644**	**45914**	**14448**	**14161**	**22096**
合肥市	Hefei	59545	47893	17730	22381	1983	2985	2481	2675	2873	3623
淮北市	Huaibei	14012	10796	4188	4823	524	665	1208	690	502	816
亳州市	Bozhou	24145	15011	5418	6001	762	1747	5823	952	649	1710
宿州市	Suzhou	30312	21416	8400	8647	1098	1854	5230	971	969	1726
蚌埠市	Bengbu	23487	17306	6180	8035	826	1322	2674	990	1078	1439
阜阳市	Fuyang	45288	30075	11430	11324	1381	3869	9249	1847	1592	2525
淮南市	Huainan	18093	13896	5178	6292	659	952	1457	699	944	1097
滁州市	Chuzhou	21703	15644	6134	6413	777	1429	3415	684	525	1435
六安市	Luan	28932	20930	9137	7802	910	1996	4876	818	904	1404
马鞍山市	Maanshan	14279	11367	4362	4996	541	806	817	560	547	988
芜湖市	Wuhu	24812	19874	7558	8992	993	1240	1440	901	1169	1428
宣城市	Xuancheng	15943	12697	5045	5312	659	1001	1089	487	596	1074
铜陵市	Tongling	6881	5870	2218	2674	279	372	122	184	324	381
池州市	Chizhou	9187	7050	2859	2827	327	619	1142	319	257	419
安庆市	Anqing	30428	22438	8753	9043	1258	2201	4267	1346	995	1382
黄山市	Huangshan	10340	8505	3202	3741	479	586	624	325	237	649

注：卫生事业分市数据（20—5至20—7、20—13、20—15、20—17）为区划调整前数据。
a) Health city data (20-5 to 20-7, 13, 20 to 15, 20-20-17) for the division before the adjustment data.

20—6 各市医疗卫生机构数（2015年）
Number of Medical Health Institutions by Region (2015)

单位：个（unit）

地区 Region	总计 Total	#医院 Hospitals	社区卫生服务中心（站） Community Health Service Center (station)	乡镇卫生院 Township Hospitals	村卫生室 Village Health Room	疾病预防控制中心（防疫站） Disease Prevention and Controlling Center (Epidemic Prevention Station)	专科疾病防治院（所.站） Specialized Disease Prevention and Treatment Canters (stations)	妇幼保健院（所.站） Maternity and Child Care Centers (stations)	急救中心（站） First-aid Center (station)	卫生监督所 Health Supervision Centers
总计 Total	**24853**	**1018**	**1930**	**1382**	**15295**	**121**	**47**	**121**	**14**	**113**
合肥市 Hefei	2217	146	215	109	1119	11	7	12	3	11
淮北市 Huaibei	718	73	148	28	306	5		6		2
亳州市 Bozhou	1705	55	99	92	1269	5		5		4
宿州市 Suzhou	1880	73	110	107	1339	6	1	6	1	6
蚌埠市 Bengbu	1413	83	147	58	917	9	1	9	1	4
阜阳市 Fuyang	2644	97	174	164	1763	9	2	9	1	9
淮南市 Huainan	1211	67	185	46	570	8	2	9	1	7
滁州市 Chuzhou	1655	61	119	100	1046	8	2	8		9
六安市 Luan	2701	37	137	166	2015	9		9		8
马鞍山市 Maanshan	1005	55	105	43	438	8	5	7	1	7
芜湖市 Wuhu	1436	78	129	59	765	9	7	8	1	9
宣城市 Xuancheng	1330	40	76	84	814	8	5	8	1	8
铜陵市 Tongling	306	18	49	14	134	2	2	5	1	5
池州市 Chizhou	982	32	30	59	604	6	3	3	1	6
安庆市 Anqing	2497	72	163	152	1572	10	8	10	1	10
黄山市 Huangshan	1153	31	44	101	624	8	2	7	1	8

20—7 各市医疗卫生机构床位数（2015年）
Number of beds of Medical Health Institutions by Region (2015)

单位：张（unit）

地区 Region	总计 Total	#医院 Hospitals	#综合医院 Comprehensive Hospitals	中医医院 Hospitals of Traditional Chinese Medicine	中西医结合医院 Hospitals Combined by Medium Doctors	专科医院 Specialized Hospitals	社区卫生服务中心 Community Health Service Center	乡镇卫生院 Township Hospitals	专科疾病防治院（所.站） Specialized Disease Prevention and Treatment Centers (stations)	妇幼保健院（所.站） Maternity and Child Care Centers (stations)
总计 Total	**267405**	**202713**	**144244**	**27398**	**1920**	**28893**	**7348**	**50973**	**1818**	**3454**
合肥市 Hefei	43516	37315	22310	4458	835	9712	940	3858	325	458
淮北市 Huaibei	11852	9775	6949	975		1851	563	1290		220
亳州市 Bozhou	16616	10451	7844	2131	242	234	498	5413		254
宿州市 Suzhou	19471	12842	11009	1114	135	584	512	5976	30	81
蚌埠市 Bengbu	17804	14928	11820	1234	103	1771	335	2415	20	106
阜阳市 Fuyang	31330	21074	14754	2945		3325	1108	8882	10	256
淮南市 Huainan	13629	10673	8715	386		1572	930	1240	403	200
滁州市 Chuzhou	15980	11669	8680	2052	500	437	474	3557	160	120
六安市 Luan	20223	12251	7852	2887		1512	299	7130		543
马鞍山市 Maanshan	8446	6893	5056	1036		621	173	1102		264
芜湖市 Wuhu	18682	16191	11041	2035		3115	327	1795	229	108
宣城市 Xuancheng	11231	8436	5842	1564	53	977	484	2125	56	105
铜陵市 Tongling	6063	4926	3350	400		1148	191	271	260	415
池州市 Chizhou	6308	5132	3680	945		507	30	964	117	30
安庆市 Anqing	19501	15004	11152	2575	32	1245	353	3679	208	257
黄山市 Huangshan	6753	5153	4190	661	20	282	131	1276		37

20—8 计划生育状况
Family Planning

项　　目		Item		2014	2015	2015年比2014年增减 Increase /decrese in 2015 over 2014
已婚育龄妇女人数（户籍）	（人）	**Number of Married Women of Child-bearing Age (registered)**	**(person)**	**14600057**	**14185218**	**-2.84**
非农业户口		Non-agricultural Population		2671624	2657291	-0.54
农业户口		Agricultural Population		11928433	11524243	-3.39
实际采取节育措施人数(户籍)	（人）	**Number of Women Actually Taking Birth Control Measures (registered)**	**(person)**	**13057183**	**12347549**	**-5.43**
非农业户口		Non-agricultural Population		2445005	2335068	-4.50
农业户口		Agricultural Population		10612178	10009504	-5.68
符合政策生育（户籍）	（人）	**In Line With the Policy of Birth (registered)**	**(person)**	**663985**	**585628**	**-11.80**
政策符合率（户籍）	（%）	**Policy Rate (registered)**	**(%)**	**79.3**	**76.6**	**-2.7**
非农业户口		Non-agricultural Population		90.3	85.6	-4.6
农业户口		Agricultural Population		77.1	74.9	-2.3
独生子女领证率（户籍）	（%）	**Acceptance Rate of Only-child Certificate (registered)**	**(%)**	**41.1**	**35.7**	**-5.5**
非农业户口		Non-agricultural Population		49.3	51.7	2.5
农业户口		Agricultural Population		38.1	30.0	-8.0

资料来源：安徽省卫生和计划生育委员会。

Source: Anhui province health and family planning commission.

20—9 医疗机构门诊、住院服务情况（2015年）
Outpatient Service of Medical Institution、the Situation of Hospital Service (2015)

机构类别	Institution Category	总诊疗人次数（人次） Total Number of Patients Treated (person-times)	门、急诊 Out-patients and Emergency Patients	入院人数（人） Hospital Admissions (person)	出院人数（人） Being Out of Hospital (person)	每百门、急诊入院人数（人） Hospital Admissions per 100 Out-patient Times and Emergency Patient-times (person)
总　　计	**Total**	**264468618**	**253326952**	**8429893**	**8386814**	**5.00**
#医　院	Hospitals	93660838	90731237	6535201	6502924	7.00
社区卫生服务中心(站)	Community Health Service Centers	20958186	20040487	126854	125645	1.00
卫生院	Commune Hospitals	46172517	44933842	1605781	1596771	4.00
村卫生室	Village Clinics	82135986	77042250			
门诊部	Clinics	1422820	1303012	2142	2142	
诊所、卫生所、医务室	Clinics、Health Institute、Medical Office	11119621	10931165			
专科疾病防治院（所、站）	Speclalized Disease Prevention and Treatment Centers (stations)	154998	144216	10620	10428	7.00
妇幼保健院（所、站）	Maternity and Child Care Centers (stations)	5229826	4587977	147843	147413	3.00
疗养院	Sanatoriums	12842	11782	1452	1491	12.00

20—10 重大传染病救治及救助情况
Significant Infectious Diseases Treatment and Rescue Situation

指　　标	Item	2010	2014	2015
重大传染病救治财政投入（万元）	Significant Financial Investment for Treatment of Infectious Diseases (10000 yuan)			
艾滋病	AIDS	1606.5	1824.0	1920.0
结核病	Tuberculosis	685.0	810.0	810.0
晚期血吸虫病	Advanced Schistosomiasis	3010.0	2600.0	2451.3
重大传染病免费救治（人）	Free Treatment of Major Infectious Diseases (person)			
艾滋病	AIDS	2702.0	5132.0	4000.0
结核病	Tuberculosis	9547.0	10567.0	9000.0
晚期血吸虫病	Advanced Schistosomiasis	6106.0	5026.0	4813.0

20—11 医疗机构病床使用情况（2015年）
Utilization of Hospital Beds at and Above County Level (2015)

机构类别	Type of Hospital	病床周转次数（次）Turnover of Beds (times)	病床工作日（日）Number of Days per Bed in Use in a Year (days)	病床使用率（%）Utilization Rate of Beds（%）	出院者平均住院日（日）Average Hospitalization Period (days)
总　计	**Total**	**33**	**287**	**78.71**	**9**
医　院	Hospitals	34	310	84.97	9
社区卫生服务中心（站）	Community Health Service Centers	19	158	43.28	8
卫生院	Commune Hospitals	33	221	60.64	7
专科疾病防治院（所、站）	Speclalized Disease Prevention and Treatment Centers (stations)	6	233	63.81	40
妇幼保健院（所、站）	Maternity and Child Care Centers (stations)	44	254	69.56	5
疗养院	Sanatoriums	2	80	21.81	13

20—12　主要年份医院病床使用情况
Hospital Beds Usage in Main Years

年　份 Year	实有床位(张) Hospital Beds (number)	出院人数(人) Patients Discharged from Hosptials (person)	病床周转次数(次) Turnover of Beds (time)	病床工作日(日) Number of Days per Bed in Use in a Year (days)	病床使用率(%) Utilization Rate (%)	出院者平均住院日(日) Average Stay Days in Hospital (day)
2005	82224	1866751	24.18	250.52	68.64	9.60
2007	147848	4045739	29.66	252.44	69.16	7.98
2008	159802	4991581	33.09	269.46	73.82	8.39
2009	113785	3318862	30.40	311.20	85.26	9.80
2010	122171	3718022	31.12	313.48	85.88	9.72
2011	139738	4388588	32.57	318.23	87.19	9.51
2012	157817	5151804	33.85	322.59	88.14	9.28
2013	171508	5544366	33.41	316.88	86.82	9.16
2014	187730	8181303	34.21	320.02	87.68	9.17
2015	202713	6502924	34.00	310.00	84.97	9.00

20—13　各市医院病床使用情况（2015年）
Hospital Beds Usage by Region (2015)

地　区	Region	实有床位(张) Hospital Beds (number)	出院人数(人) Patients Discharged from Hosptials (person)	病床周转次数(次) Turnover of Beds (time)	病床工作日(日) Number of Days per Bed in Use in a Year (days)	病床使用率(%) Utilization Rate (%)	出院者平均住院日(日) Average Stay Days in Hospital (day)
总　计	**Total**	**202713**	**6502924**	**34**	**310**	**84.97**	**9**
合肥市	Hefei	37315	1079411	30	315	86.39	11
淮北市	Huaibei	9775	264002	28	288	78.87	10
亳州市	Bozhou	10451	421751	42	316	86.66	7
宿州市	Suzhou	12842	499328	40	323	88.43	8
蚌埠市	Bengbu	14928	452588	31	315	86.38	10
阜阳市	Fuyang	21074	791166	39	325	88.92	8
淮南市	Huainan	10673	277905	27	301	82.33	11
滁州市	Chuzhou	11669	383909	35	311	85.19	9
六安市	Luan	12251	437466	37	301	82.49	8
马鞍山市	Maanshan	6893	187326	29	275	75.24	9
芜湖市	Wuhu	16191	462706	32	301	82.44	9
宣城市	Xuancheng	8436	304974	37	312	85.45	8
铜陵市	Tongling	4926	105007	22	308	84.33	14
池州市	Chizhou	5132	149776	33	291	79.63	9
安庆市	Anqing	15004	519102	35	312	85.58	9
黄山市	Huangshan	5153	166507	33	319	87.49	10

20—14 主要年份乡镇卫生院病床使用情况
Hospital Beds Usage of Beds of Township Hospitals in Main Years

年　份 Year	实有床位(张) Hospital Beds (number)	出院人数(人) Patients Discharged from Hosptials (person)	病床周转次数(次) Turnover of Beds (time)	病床工作日(日) Number of Days per Bed in Use in a Year (days)	病床使用率(%) Utilization Rate (%)	出院者平均住院日(日) Average Stay Days in Hospital (day)
2005	36873	1177482	36.08	141.97	38.90	3.61
2007	40837	1473432	38.24	167.75	45.96	3.96
2008	47251	1943976	44.10	205.00	56.13	4.20
2009	51302	2054152	42.50	220.60	60.44	4.80
2010	48944	1495925	31.71	193.91	53.13	5.49
2011	47226	1281046	28.68	186.76	51.17	5.94
2012	48289	1645159	35.54	219.23	59.90	5.95
2013	49781	1709374	35.91	227.82	62.42	5.84
2014	50871	1706132	35.02	226.36	62.02	6.08
2015	50973	1596190	33.00	221.00	60.64	7.00

20—15 各市乡镇卫生院病床使用情况（2015年）
Hospital Beds Usage of Beds of Township Hospitals by Region (2015)

地　区	Region	实有床位(张) Hospital Beds (number)	出院人数(人) Patients Discharged from Hosptials (person)	病床周转次数(次) Turnover of Beds (time)	病床工作日(日) Number of Days per Bed in Use in a Year (days)	病床使用率(%) Utilization Rate (%)	出院者平均住院日(日) Average Stay Days in Hospital (day)
总　计	**Total**	**50973**	**1596190**	**33**	**221**	**60.64**	**7**
合肥市	Hefei	3858	77687	22	187	51.13	8
淮北市	Huaibei	1290	46806	37	238	65.30	6
亳州市	Bozhou	5413	277922	52	295	80.70	5
宿州市	Suzhou	5976	250915	43	276	75.72	7
蚌埠市	Bengbu	2415	58925	25	220	60.32	8
阜阳市	Fuyang	8882	364779	42	273	74.73	6
淮南市	Huainan	1240	35382	31	243	66.48	8
滁州市	Chuzhou	3557	69428	20	164	44.93	8
六安市	Luan	7130	238376	34	226	61.85	6
马鞍山市	Maanshan	1102	12049	11	109	29.80	9
芜湖市	Wuhu	1795	13604	11	97	26.65	7
宣城市	Xuancheng	2125	38886	19	138	37.66	7
铜陵市	Tongling	271	3050	12	115	31.42	8
池州市	Chizhou	964	23266	25	168	45.98	6
安庆市	Anqing	3679	59242	17	135	36.90	7
黄山市	Huangshan	1276	25873	22	168	45.95	6

20—16 主要年份村卫生室基本情况
The Basic Situation of Health Room in Main Years

年份 Year	机构数（个）Health Institutions (unit)	按设置、主办单位分 Grouped by Managing Organization					乡村医生和卫生员（人）Rural Doctors and Health Workers (person)		
		村办 Set Up by Village	乡卫生院设点 Spot of Township Commune Hospital	联合办 Joint Set Up	私人办 Private Set Up	其他 Others		乡村医生 Rural Doctors	卫生员 Health Workers
2005	22847	11339	580	2393	7466	1069	46523	43416	3107
2007	20612	10053	1433	1623	6477	1026	44463	43062	1401
2008	19276	9014	2217	1714	5059	1272	49516	47505	2011
2009	17788	8236	3202	1258	3730	1362	54844	52607	2237
2010	15636	7912	3501	1020	1748	1455	55784	53638	2146
2011	15321	7534	4053	1120	1155	1459	55282	52875	2407
2012	15306	7659	4045	1097	1011	1494	53068	50171	2897
2013	15310	7823	3507	1454	945	1581	51640	48365	3275
2014	15288	7215	3152	1481	947	2493	48261	45217	3044
2015	15295	7192	3182	1484	947	2490	45914	42955	2959

20—17 各市村卫生室基本情况（2015年）
The Basic Situation of Health Room by Region (2015)

地区	Region	机构数（个）Health Institutions (unit)	按设置、主办单位分 Grouped by Setting Up and Managing Organizations					乡村医生和卫生员（人）Rural Doctors and Health Workers (person)		
			村办 Set Up by Village	乡卫生院设点 Spot of Township Commune Hospital	联合办 Joint Set Up	私人办 Private Set Up	其他 Others		乡村医生 Rural Doctors	卫生员 Health Workers
总计	**Total**	**15295**	**7192**	**3182**	**1484**	**947**	**2490**	**45914**	**42955**	**2959**
合肥市	Hefei	1119	131	605	43	74	266	2481	2247	234
淮北市	Huaibei	306	179	111	1		15	1208	1197	11
亳州市	Bozhou	1269	707	368	48	1	145	5823	5488	335
宿州市	Suzhou	1339	762	210	134	52	181	5230	4824	406
蚌埠市	Bengbu	917	628	141	22	22	104	2674	2534	140
阜阳市	Fuyang	1763	1064	229	69		401	9249	8486	763
淮南市	Huainan	570	33	191		35	311	1457	1247	210
滁州市	Chuzhou	1046	423	402	92	24	105	3415	3132	283
六安市	Luan	2015	589	459	714	13	240	4876	4703	173
马鞍山市	Maanshan	438	367	23		48		817	790	27
芜湖市	Wuhu	765	297	243	48	91	86	1440	1387	53
宣城市	Xuancheng	814	444	79	23	189	79	1089	1047	42
铜陵市	Tongling	134	49	21			64	122	119	3
池州市	Chizhou	604	282	22	19	148	133	1142	1108	34
安庆市	Anqing	1572	1014	48	164	45	301	4267	4038	229
黄山市	Huangshan	624	223	30	107	205	59	624	608	16

20—18 民政行业单位基本情况（2015年）
Basic Conditions of Civil Affairs Agencies (2015)

项目	Item	单位数（个） Number of Enterprises (unit)	职工人数（人） Number of Staff and Workers (person)
民政行政机关	Civil Affairs Administrative Departments	122	2765
民政事业单位	Civil Affairs Institutions		
优抚安置单位	Agencies for Serviceman	124	1232
救灾储备单位	Salvation and Institutions	8	28
社区服务中心	Community Service Centers	1224	6859
婚姻登记服务类单位	Marriage Registration Institutions	46	302
提供住宿的法定社会服务机构	Statutory Social Service Institutions for Accommodation	1205	12864
救助类单位	Salvation Institutions	49	449
殡仪类单位	Funeral and Interment Institutions	163	2898
福利彩票发行单位	Welfare Lottery Issuing Institutions	48	673
慈善团体	Charity Institutions		
老龄行政机构	Aging Population Institutions	55	160
其他事业单位	Other Institutions	27	158
民间组织	Non-governmental Organizations		
社会团体	Social Organizations	12637	113618
基金会	Fund Organizations	100	376
民办非企业单位	Non-enterprise Units Run by NGO	11893	141613
基层群众自治组织	Grass Roots Autonomy Organizations		
社区居委会	Neighborhood Committee	3299	17207
村委会	Village Committee	14688	60409
福利企业	Social Welfare Enterprises	335	17119

20—19 社会福利救济主要费用情况
Basic Statistics on Social Welfare Relief Funds

单位：万元（10000 yuan）

指标	Item	2000	2005	2010	2014	2015
总计	**Total**	**81752**	**230317**	**662249**	**1123357**	**1160235**
国家支出	Government Funds	34226	210274	662249	1123357	1160235
优抚对象补助金额	Funds for Family Members of Martyrs and Disabled Veterans	39372	88134	156802	284994	295775
国家支出	Government Funds	21315	71018	156802	284994	295775
困难户得救济金额	Funds for Poor Households	9540	110022	392297	707134	722004
国家支出	Government Funds	8404	110022	392297	707134	722004
社会散居孤老残幼供养金额	Funds for Orphans, Disabled, Elderly and Young Persons in Society	25044	22867	58798	82996	96041
国家支出	Government Funds	1385	22867	58798	82996	96041
城乡各种福利院支出	Funds for Urban and Rural Welfare Homes of All Types	7796	9293	54352	48234	46415
光荣院	Homes for the Disabled Veterans	659	951	9849	3654	3234
国家支出	Government Funds	659	935	9849	3654	3234
城乡社会福利院	Social Welfare Homes	7137	8342	44503	44580	43180
国家支出	Government Funds	2463	5432	44503	44580	43180

20—20 社会福利事业单位基本情况（2015年）
Basic Statistics on Social Welfare Institutions (2015)

项目	Item	单位数（个） Number of Homes (unit)	工作人员（人） Number of Staff and Workers (person)	床位（张） Number of Beds (unit)	年末收养人数（人） Number of Persons Housed (person)
提供住宿的法定社会服务机构	Provide accommodation of legal and social service agencies	1205	12864	155597	82592
#光荣院	Homes for Disabled Veterans	25	210	2973	945
社会福利院	Social Welfare Homes	53	1082	7607	3795
儿童福利院	Baby Welfare Homes	31	798	5413	3265
城镇老年性福利机构	Urban Elderly Welfare Units	300	4158	42500	18887
农村老年性福利机构	Rural Elderly Welfare Units	661	4569	86281	54635
优抚安置单位	Units for Arranging the Family Members of Martyrs and Disabled Veterans	124	1232	2140	2886
救助类单位	Rescue Agencies	49	449	4161	1018

注：根据民政部统计制度，将原“收养类单位”改为“提供住宿的法定社会服务机构”。

a) According to statistical system of the Ministry of Civil Affairs, "adoption of welfare institutions" was changed into" providing accommodation statutory social service institutions".

20—21 享受补助、救济人员情况
Persons Receiving Subsidies or Relief Funds

单位：人、户（person、household）

指标	Item	2005	2010	2014	2015
城乡居民最低生活保障人数	**Number of Persons Receiving Lowest Cost-of-living in Urban Area and Rural Area**	**1228365**	**3030182**	**2813275**	**2609965**
城镇居民最低生活保障人数	Number of Persons Receiving Lowest Cost-of-living in Urban Area	977182	883944	724051	646672
农村居民最低生活保障人数	Number of Persons Receiving Lowest Cost-of-living in Rural Area	251183	2146238	2089224	1963293
传统救济情况	**Traditional Relief**				
农村定期救济户数	Number of Households Receiving Periodic Relief in Rural Areas	617775	519831	476171	467220
#困难户	Households in Urgent Need	174210	52199	45585	44723
五保户	Households Enjoying the Five Guarantees	375129	467632	430586	422497

20—22 婚姻服务情况
Number of Marriage and Divorces

指　标	Item	2000	2005	2010	2011	2012	2013	2014	2015
内地居民登记结婚（对）	Registered Marriages (couple)	491959	439401	650861	710498	764886	804284	798907	737989
初　婚（人）	First Marriages (person)	956554	832838	1038265	1262251	1349499	1401155	1368811	1240023
再　婚（人）	Remarriages (person)	27358	45964	263457	158745	180273	210143	229003	238179
离　婚（对）	Divorces (couple)		57476	109634	132760	133651	156218	171015	181207
离婚率（‰）	Divorce Rate (‰)		1.77	3.22	3.88	3.88	4.52	4.93	5.22

注：本表数据由民政厅、法院提供。

a) The data in this table were provided by Provincial Civil Affairs Department and court.

20—23 各市婚姻服务情况（2015年）
Number of Marriage and Divorces by Region (2015)

地　区	Region	内地居民登记结婚（对）Registered Marriages (couple)	初　婚（人）First Marriages (person)	再　婚（人）Remarriages (person)	登记离婚数（对）Quantity of Registered Divorcing (couple)	离婚率（‰）Divorce Rate（‰）
总　计	**Total**	**737989**	**1240023**	**238179**	**149042**	**4.29**
省本级	Provincial Level		1882	342	130	
合肥市	Hefei	88522	139596	37448	22605	6.32
淮北市	Huaibei	24260	42071	6449	5235	4.85
亳州市	Bozhou	73708	132493	14923	12087	3.81
宿州市	Suzhou	71122	126277	15967	12650	3.92
蚌埠市	Bengbu	41148	67937	14359	10576	5.66
阜阳市	Fuyang	130611	233451	27771	17292	3.30
淮南市	Huainan	39479	66602	12356	8176	4.26
滁州市	Chuzhou	48722	78875	18569	10173	4.53
六安市	Luan	52225	87312	17138	9104	3.14
马鞍山市	Maanshan	23194	36868	9520	6431	5.64
芜湖市	Wuhu	37073	58065	16081	9782	5.09
宣城市	Xuancheng	24534	34613	14455	7671	5.48
铜陵市	Tongling	12644	20722	4566	3254	3.82
池州市	Chizhou	11913	19702	4124	3113	3.86
安庆市	Anqing	47071	74129	20013	7773	2.96
黄山市	Huangshan	11763	19428	4098	2990	4.05

注：本表数据由民政厅提供，离婚人数不包括法院的调解和判决离婚数。

a) Data in this table are provided by provincial department of civil affairs. The number of divorces excludes those mediated and iudged by courts.

20—24 城乡居民最低生活和社会保障网络基本情况

Basic Statistics on People Receiving Lowest Cost-of-living and Social Security Network in Urban and Rural Area

年份 Year	城镇社区服务设施数（个）Number of Urban Welfare Facilities (unit)	社区服务单位个数 Number of Community Service	城镇便民、利民服务网点（个）Number of Urban Service Points for Civilian (unit)	城乡居民最低生活保障 People Receiving Lowest Cost-of-living in Urban and Rural Area			
				城镇低保人数（万人）Number of Persons Receiving Lowest Cost-of-living in Urban Area (10000 person)	保障金额（万元）Amount of Money (10000 yuan)	农村低保人数（万人）Number of Persons Receiving Lowest Cost-of-living in Rural Area (10000 person)	保障金额（万元）Amount of Money (10000 yuan)
2000	7868	1728	17334	12.64	12054.2	10.30	1802.4
2005	6815	327	18327	97.72	76012.5	25.12	3594.9
2010	3623		13105	88.40	197149.3	214.62	195417.7
2011	3929	2176	9018	84.20	268292.0	216.59	280596.0
2012	5105	3194	7028	81.90	277417.0	214.61	315783.0
2013	5452	3869	7940	78.27	296775.2	216.05	357833.9
2014	7638	4172	7394	72.41	289567.6	208.92	369713.0
2015	7969	4321	6567	64.67	281671.7	196.33	387606.0

20—25 各市城乡居民最低生活和社会保障网络基本情况（2015年）

Basic Statistics on People Receiving Lowest Cost-of-living and Social Security Network in Urban and Rural Area by Region (2015)

地区	Region	城镇社区服务设施数（个）Number of Urban Welfare Facilities (unit)	城镇便民、利民服务网点（个）Number of Urban Service Points for Civilian (unit)	城乡居民最低生活保障 People Receiving Lowest Cost-of-living in Urban and Rural Area			
				城镇低保人数（人）Number of Persons Receiving Lowest Cost-of-living in Urban Area (person)	保障金额（万元）Amount of Money (10000 yuan)	农村低保人数（人）Number of Persons Receiving Lowest Cost-of-living in Rural Area (person)	保障金额（万元）Amount of Money (10000 yuan)
总计	**Total**	**7969**	**6567**	**646672**	**281671.7**	**1963293**	**387606.0**
合肥市	Hefei	942		38365	22560.6	161203	43712.5
淮北市	Huaibei	134		43354	17457.1	30945	7221.9
亳州市	Bozhou	323	4	23576	10329.1	184491	33527.9
宿州市	Suzhou	196	149	35764	12322.0	254389	43031.5
蚌埠市	Bengbu	670	3481	45176	19310.5	83399	18623.4
阜阳市	Fuyang	802	87	98645	37785.9	345422	52541.3
淮南市	Huainan	468		42574	16896.9	86221	15087.3
滁州市	Chuzhou	1064	1112	48437	23089.7	139125	29956.4
六安市	Luan	349		50312	18415.7	183622	26997.8
马鞍山市	Maanshan	477	275	40240	17545.2	41939	13453.8
芜湖市	Wuhu	583	579	57083	31360.4	74639	21375.0
宣城市	Xuancheng	349		23953	11351.5	85213	17927.4
铜陵市	Tongling	367	88	20208	9360.5	24076	7846.1
池州市	Chizhou	100	15	15859	7666.7	50901	10891.9
安庆市	Anqing	342	650	45931	19164.1	180604	36043.1
黄山市	Huangshan	803	127	17195	7055.8	37104	9368.7

20—26 工 伤 保 险 情 况
Sitution of Industrial Injury Insurance

单位：人、万元（person, 10000 yuan）

项目	Item	2005	2010	2014	2015
参保人数	Insurance Population	1481894	3594632	5083382	5288777
农民工人数	Number of Rural Workers		1239885	1524225	1464977
享受伤残待遇人数	Number of Enjoy Wounded and Disabled Treatment Population	8356	39101	70036	71780
享受工伤保险待遇的职业病人数	Number of Enjoy Industrial Injury Insurance Treatment Population	2806	5407	4416	2606
因工死亡人数	Number of On-duty Deaths	95	575	718	610
供养亲属人数	Number of Support Relatives	4717	4348	12176	11105
基金收入	Fund Revenue	14709	65403	200120	216014
基金支出	Fund Expense	7176	42040	149667	162053
累计结余	Accumulative Surplus	17243	107429	320939	374900
储备金	Reserve Fund	357	9785	39907	40935

20—27 各市城镇职工基本医疗保险情况（2015年）
Urban Employee Basic Medical Insurance by Region (2015)

地区	Region	参保人数（人） Insurance Population (person)			基金（万元） Fund (10000 yuan)			
		合计 Total	职工小计 Total of Staffs & Workers	退休人员小计 Total of Retirees	收入 Income	支出 Expenditure	累计结余 Accumulative Surplus	个人帐户 Personal Account
总计	**Total**	**7633013**	**5422449**	**2210564**	**1940250**	**1691212**	**2261499**	**908380**
合肥市	Hefei	1905413	1467404	438009	602484	474594	902528	217807
淮北市	Huaibei	461189	289048	172141	65656	59357	97508	40878
亳州市	Bozhou	219078	168269	50809	58944	45502	83914	37079
宿州市	Suzhou	312456	242187	70269	60610	45919	121384	34810
蚌埠市	Bengbu	467342	298595	168747	104937	94586	87910	59344
阜阳市	Fuyang	385458	282771	102687	96101	83962	92381	61388
淮南市	Huainan	529747	323243	206504	131726	102958	117041	38422
滁州市	Chuzhou	410722	303737	106985	109700	96565	142552	62789
六安市	Luan	358630	256642	101988	85915	82168	124205	51106
马鞍山市	Maanshan	480845	310494	170351	129825	125915	78735	66100
芜湖市	Wuhu	699245	493208	206037	166923	166490	118090	84890
宣城市	Xuancheng	319366	229446	89920	76727	69953	49631	24020
铜陵市	Tongling	291904	202106	89798	59818	58359	86785	47293
池州市	Chizhou	137236	101237	35999	34966	31124	32748	23701
安庆市	Anqing	464906	327567	137339	107867	112335	77929	26007
黄山市	Huangshan	189476	126495	62981	48051	41426	48158	32745

注：合肥市医疗保险基金收入、支出、累计结余项目中包含省本级相应项目基金。
a) The medcial insurance fund income,expenditure and accumulative suplus of Hefei city including provincial corresponding item fund.

20—28 城镇职工基本养老保险情况
Town Worker is Basic Endowment Insurance

年份 Year	参保职工（人）Active Contributors (person) 年末数 Number at the year-end	#企业 Enterprises	离休、退休退职人员年末人数（人）Retirees at the Year-end (person)	基金收支情况（万元）Revenue and Expenses (10000 yuan) 基金收入 Fund Revenue	基金支出 Fund Expense	累计可用结余基金 Total Usable Balance
2000	3119157	3091751	903164	431000	526700	148000
2005	3469852	3383325	1247613	1210063	1011918	585680
2007	3855442	3767541	1447758	2076644	1540523	1461173
2008	4202763	4107353	1581377	2648464	1975524	2134114
2009	4586947	4492001	1694577	3006151	2334678	2805587
2010	4920498	4824616	1774880	3432478	2708340	3529725
2011	5377490	5245417	1915225	4594510	3341022	4783213
2012	5784030	5648688	2053564	5084201	3974490	5892924
2013	5922049	5112893	2191238	6249422	4688128	7454218
2014	5969045	5860399	2323449	6807025	5441083	8820160
2015	6108539	6001183	2466593	7917525	6313752	10423933

20—29 各市城镇职工基本养老保险情况（2015年）
Town Worker is Basic Endowment Insurance by Region (2015)

地区	Region	参保职工（人）Active Contributors (person) 年末数 Number at the year-end	#企业 Enterprises	离休、退休退职人员年末人数（人）Retirees at the Year-end (person)	基金收支情况（万元）Revenue and Expenses (10000 yuan) 基金收入 Fund Revenue	基金支出 Fund Expense	累计可用结余基金 Total Usable Balance
总计	**Total**	**6108539**	**6001183**	**2466593**	**7917525**	**6313752**	**10423933**
合肥市	Hefei	1517060	1480115	351367	1409275	998636	2202249
淮北市	Huaibei	331484	331484	83565	340832	202067	734469
亳州市	Bozhou	146419	146419	50913	133663	124521	133937
宿州市	Suzhou	201516	201516	76465	178909	185873	79482
蚌埠市	Bengbu	383867	383867	156304	395952	382208	22001
阜阳市	Fuyang	244846	218324	105840	260992	262079	115273
淮南市	Huainan	331432	331432	143730	327366	331210	84757
滁州市	Chuzhou	324750	323055	133480	302014	297535	349440
六安市	Luan	230260	230260	126177	288790	276667	155392
马鞍山市	Maanshan	411709	400820	195671	497654	525423	105360
芜湖市	Wuhu	547981	547981	268228	607275	614041	177466
宣城市	Xuancheng	304271	304271	120150	283440	229510	389727
铜陵市	Tongling	180815	180815	68139	153937	157449	88083
池州市	Chizhou	110318	110318	37873	90385	82582	98800
安庆市	Anqing	432895	401590	184502	454764	468044	107086
黄山市	Huangshan	150016	150016	55528	141112	132962	92137

注：总计数中含省直数据。
a) Provincial data is contained in the total number.

20—30 主要年份城镇居民参加基本医疗保险情况

Main Urban Residents to Participate in the Basic Medical Insurance of Year

年　份 Year	参保人数（人） People Participated in Medical Insurance (person)	基金收支情况（万元） Revenue and Expenses (10000 yuan)		
		基金收入 Revenue	基金支出 Expenses	累计结余 Balance at Year-end
2007	4670801	54104	4588	49516
2008	7950481	96295	42962	104297
2009	8655631	147704	97360	155885
2010	9308874	184683	133787	206781
2011	9535889	252180	176054	275948
2012	9747635	321603	236587	356475
2013	9448680	417549	344626	402958
2014	10165339	372422	326502	448820
2015	9742940	451113	370514	520002

注：2014年基金收支数据不包含市级统筹单位上解下拨基金收支。

a) 2014 fund balance of payments data does not include the city as a whole unit over financing the fund balance of payments.

20—31 各市城镇居民参加基本医疗保险情况（2015年）

Main Urban Residents to Participate in the Basic Medical Insurance by Region (2015)

地　区	Region	参保人数（人） People Participated in Medical Insurance (person)	基金收支情况（万元） Revenue and Expenses (10000 yuan)		
			基金收入 Revenue	基金支出 Expenses	累计结余 Balance at Year-end
总　计	**Total**	**9742940**	**451113**	**370514**	**520002**
合肥市	Hefei	1586878	70395	55431	102324
淮北市	Huaibei	503196	18201	17152	10492
亳州市	Bozhou	628555	18724	9808	37462
宿州市	Suzhou	626501	28518	19341	38196
蚌埠市	Bengbu	608325	23409	17976	37359
阜阳市	Fuyang	332581	15350	11633	25342
淮南市	Huainan	609366	31522	33052	22377
滁州市	Chuzhou	682274	33994	23396	63569
六安市	Luan	847674	35759	30516	39975
马鞍山市	Maanshan	501000	25512	24671	11484
芜湖市	Wuhu	1045838	54200	50909	36887
宣城市	Xuancheng	194405	13916	10430	14504
铜陵市	Tongling	467149	25145	21455	11937
池州市	Chizhou	105862	4811	2590	6648
安庆市	Anqing	794441	39708	33407	45618
黄山市	Huangshan	208895	11950	8748	15827

注：合肥市参保人数、基金收入、支出、累计结余项目中包含省本级相应项目基金。

a) In Hefei City, number of insurance, fund income and expenditure, the accumulative surplus items include in the provincial level corresponding project fund.

20—32 新型农村合作医疗基本情况
Basic Information of New Type Rural Cooperative Medical

年 份 Year	参合人口 (万人) Participation Population (10000 persons)	参合率 (%) Participation Rate	补偿受益 (万人次) Compensation Benefit (10000 persons times)	住院率 (%) Hospitalization Rate (%)	住院实际补偿比 (%) Hospitalization Compensation Rate (%)	基金总额 (万元) The Total Volume of Funds (10000 yuan)	当年筹资 (万元) Yearly Raised Fund (10000 yuan)	农民缴纳 Fund from Farmers	基金支出 (万元) Fund Expenditure (10000 yuan)	住院 Hospitalization
2005	614.0	81.2	181.7	3.1	23.2	20506	17377	6271	14805	12554
2009	4651.7	93.6	2477.7	6.6	46.9	590908	471793	92409	506911	452126
2010	4750.2	96.0	4260.2	6.3	46.3	806508	721088	142982	632122	528925
2011	4917.1	98.7	6379.8	6.6	51.3	1307627	1129840	148045	932039	728213
2012	5043.8	99.5	10070.2	8.2	59.3	1869844	1487170	252338	1428581	1088589
2013	5149.6	100.6	10382.2	9.0	59.8	2326103	1895768	309303	1775728	1340230
2014	5190.8	101.0	10232.7	9.6	60.0	2659934	2129677	363169	2064647	1515114
2015	5191.0	101.8	10039.0	9.7	58.5	3116916	2551820	519018	2232031	1597854

20—33 各市新型农村合作医疗基本情况（2015年）
Basic Information of New Type Rural Cooperative Medical by Region (2015)

地 区 Region	参合人口 (万人) Participation Population (10000 persons)	参合率 (%) Participation Rate	补偿受益 (万人次) Compensation Benefit (10000 persons times)	住院率 (%) Hospitalization Rate (%)	住院实际补偿比 (%) Hospitalization Compensation Rate (%)	基金总额 (万元) The Total Volume of Funds (10000 yuan)	当年筹资 (万元) Yearly Raised Fund (10000 yuan)	农民缴纳 Fund from Farmers	基金支出 (万元) Fund Expenditure (10000 yuan)	住院 Hospitalization
总 计 Total	**5191.0**	**101.8**	**10039.0**	**9.7**	**58.5**	**3116916**	**2551820**	**519018**	**2232031**	**1597854**
合 肥 市 Hefei	409.8	104.2	659.1	9.3	55.6	240627	202782	40979	177987	140090
淮 北 市 Huaibei	133.0	109.3	265.2	10.2	62.5	78487	64971	13303	58304	35979
亳 州 市 Bozhou	532.3	103.6	1258.3	9.5	62.2	317209	259284	53037	225491	139138
宿 州 市 Suzhou	524.8	101.4	1029.7	10.3	61.1	319453	257399	52605	217618	164103
蚌 埠 市 Bengbu	275.8	103.6	623.6	9.6	64.0	169160	135809	27584	115267	87991
阜 阳 市 Fuyang	879.7	97.7	2025.4	10.3	60.9	555026	436373	87971	372192	273320
淮 南 市 Huainan	237.4	101.0	377.3	9.5	55.7	148747	117088	23737	98624	79373
滁 州 市 Chuzhou	351.5	101.7	786.1	9.8	55.7	207896	171621	35651	147246	107474
六 安 市 Luan	486.8	99.8	741.4	10.2	56.9	273760	233614	48670	218487	153218
马鞍山市 Maanshan	137.4	101.4	202.5	8.4	53.4	78291	67443	13735	59335	42953
芜 湖 市 Wuhu	210.1	115.0	345.7	8.2	57.1	127025	107252	20993	96555	66666
宣 城 市 Xuancheng	232.1	103.0	453.3	9.3	61.3	138265	113344	23563	105165	62862
铜 陵 市 Tongling	111.2	98.8	143.7	10.3	53.8	61917	53580	10335	52670	39756
池 州 市 Chizhou	135.5	103.8	146.9	9.3	55.5	77886	67031	13554	54337	39407
安 庆 市 Anqing	422.3	100.3	772.7	8.6	58.3	262275	209790	42186	185230	130832
黄 山 市 Huangshan	111.2	100.3	208.1	10.3	56.7	60893	54440	11116	47524	34694

注：本表数据是按新区划标准统计。
a) This data is according to the new division standard statistics.

20—34 各市失业保险基本情况（2015年）
Basic Conditions of Unemloyment Insurance by Region (2015)

单位：万人（10000 persons）

地区	Region	本年参保人数 Contributors This Year 合计 Total	企业 Enterprises	国有企业 State-owned Enterprises	集体企业 Collected-owned Enterprises	事业单位 Institutions
总计	**Total**	**436.64**	**325.75**	**157.33**	**25.27**	**91.82**
合肥市	Hefei	121.45	100.97	65.65	2.08	10.58
淮北市	Huaibei	25.23	21.99	12.51	0.86	3.24
亳州市	Bozhou	15.21	8.79	2.43	1.04	6.25
宿州市	Suzhou	20.10	11.41	3.57	3.88	8.69
蚌埠市	Bengbu	21.69	14.65	4.84	0.43	6.62
阜阳市	Fuyang	25.28	15.58	10.70	1.17	9.49
淮南市	Huainan	29.23	27.14	22.40	4.33	2.09
滁州市	Chuzhou	22.40	15.50	3.77	2.23	6.50
六安市	Luan	19.00	10.55	3.64	1.30	8.31
马鞍山市	Maanshan	24.83	21.60	2.23	1.84	3.05
芜湖市	Wuhu	40.17	33.15	8.17	1.97	6.80
宣城市	Xuancheng	13.86	10.04	2.85	1.04	3.61
铜陵市	Tongling	16.24	14.11	8.12	1.07	2.13
池州市	Chizhou	7.23	4.70	1.25	0.37	2.30
安庆市	Anqing	25.42	9.74	3.89	1.49	9.40
黄山市	Huangshan	9.30	5.83	1.31	0.17	2.76

地区	Region	领取失业保险金人数 Beneficiaries of Unemployment Insurance this year	基金（万元） Fund (10000 yuan) 收入 Income	支出 Expenditure	累计结余 Accumulative Surplus
总计	**Total**	**13.99**	**365858.00**	**229115.78**	**1017592.77**
合肥市	Hefei	4.19	103634.15	50064.96	363926.20
淮北市	Huaibei	1.04	14253.22	5248.38	54376.57
亳州市	Bozhou	0.14	5962.33	1581.11	20271.81
宿州市	Suzhou	0.38	9334.25	4533.33	26840.14
蚌埠市	Bengbu	1.01	7392.81	2627.53	28553.77
阜阳市	Fuyang	0.30	31399.66	34177.13	33952.76
淮南市	Huainan	1.20	8625.06	3626.28	29989.25
滁州市	Chuzhou	0.78	24034.71	18476.46	68839.72
六安市	Luan	0.46	12429.65	8748.04	25706.38
马鞍山市	Maanshan	1.00	17546.75	8841.59	30133.78
芜湖市	Wuhu	1.41	34802.99	23148.14	71050.76
宣城市	Xuancheng	0.47	8630.44	3543.68	32073.59
铜陵市	Tongling	0.51	34490.73	36552.71	68117.35
池州市	Chizhou	0.22	19413.74	8246.44	61460.76
安庆市	Anqing	0.59	19528.81	13142.55	48992.07
黄山市	Huangshan	0.29	14378.70	6557.45	53307.86

20—35 城乡居民基本养老保险情况
Situation of Rural and Rural Residents Old-age Insurance

单位：万人、万元（10000 persons, 10000 yuan）

项　目	Item	2014	2015
参保人数	People Participated in	3337	3397
年末领取养老金人数	At the end of the Number of Pensioners	872	895
本年基金收入	This Fund Income	1092738	1395616
个人缴费	Individual Paying	337500	338859
集体补助	Collective Subsidy	131	34
政府补贴	Government Subsidy	716032	1018734
利息收入	Interest Income	32509	30684
其他收入	Other Earning		4306
转移收入	Income Transfer	6566	2999
本年基金支出	This Fund Spending	653019	956987
养老金支出	Old-age Pension Expenditure	643607	943815
其他支出	Other Spending	1702	12036
转移支出	Transfer Spending	7710	1136
年末基金滚存结余	Fund Blance Year-end	1767491	2206120

注：自2014年起，对城乡居民基本养老保险情况相关指标进行微调。
a) Since 2014, the basic old-age insurance for urban and rural residents is related indicators for fine-tuning.

20—36 各市生育保险情况（2015年）
Birth Insurance Situation by Region (2015)

地　区	Region	参保人数（人） Insurance Population (person)	#女性 Female	基金收支情况（万元） Revenue and Expenses (10000 yuan) 基金收入 Fund Revenue	基金支出 Fund Expense	累计可用结余基金 Total Usable Balance
总　计	**Total**	**4992723**	**1955594**	**107984**	**88912**	**149175**
合肥市	Hefei	1281443	528817	43499	39353	29615
淮北市	Huaibei	226276	51669	1703	1447	1180
亳州市	Bozhou	158854	59698	2457	1646	7512
宿州市	Suzhou	199302	82862	2987	1794	9053
蚌埠市	Bengbu	251739	104219	5496	4628	9216
阜阳市	Fuyang	273544	98450	4980	3618	8673
淮南市	Huainan	247783	85693	4393	3303	5306
滁州市	Chuzhou	257694	99875	5362	2959	13182
六安市	Luan	229607	86203	4003	2808	10830
马鞍山市	Maanshan	577946	266970	5537	4147	14526
芜湖市	Wuhu	409682	157492	10223	10955	5092
宣城市	Xuancheng	195178	64660	2990	2328	5092
铜陵市	Tongling	178352	62337	3283	2584	6260
池州市	Chizhou	85286	33865	1868	1422	3369
安庆市	Anqing	306710	123341	5980	4054	12844
黄山市	Huangshan	113327	49443	3224	1866	7424

注：合肥市含省直数据。基金收支余不包含市级统筹单位上解下拨基金收支。
a) Hefei data was made. Fund more than balance does not include the city as a whole unit over financing the fund balance of payments.

20—37 规上服务业企业分行业主要经济指标（2015年）
Rules on Service Companies Divisions Leading Economic Indicators (2015)

单位：亿元（100 million yuan）

行　业	Sector	单位数（个）Number of Units (unit)	资产总计 Total Assets	营业收入 Operating Income	营业税金及附加 Business Tax and Additional	营业利润 Operating Profit	应付职工薪酬 Handle Employee Compensation	年平均从业人员（人）Annual Average Employees (person)
总　计	**Total**	**3662**	**13112.4**	**2460.2**	**33.1**	**315.6**	**333.5**	**554345**
交通运输、仓储和邮政业	Transportation, Storage and Postal Services	1320	3412.3	973.6	12.6	40.2	122.4	221681
信息传输、软件和信息技术服务业	Information Circulation, Computer Service and Software	339	1109.0	575.5	2.7	78.3	74.1	80750
房地产业	Real Estate	282	90.3	43.3	2.3	1.2	17.7	50991
租赁和商务服务业	Leasing and Commercial Services	616	7193.5	421.0	9.9	140.9	35.1	70129
科学研究和技术服务业	Leasing and Commercial Services	428	487.2	228.7	2.2	42.7	41.4	46832
水利、环境和公共设施管理业	Water Conservancy, Environmental and Public Facilities Management	122	489.4	51.6	1.4	2.5	6.7	13683
居民服务、修理和其他服务业	Residents Service, Repair and Other Services	115	26.7	17.8	0.4	0.6	3.6	10506
教　育	Education	162	56.9	24.4	0.7	2.1	7.8	17429
卫生和社会工作	Health and Social Work	118	82.5	59.9		3.3	15.4	26512
文化、体育和娱乐业	Culture, Sports and Entertainment	160	164.7	64.5	0.9	3.8	9.2	15832

20—38 人力资源服务机构综合情况（2015年）
Human Resources Service Organization Comprehensive Situation (2015)

项　目	Item	公共就业服务机构 Public Employment Service Organization	公共人才服务机构 Public Talented Person Service Organization	国有性质服务企业 State-owned Service Enterprise	私营性质服务企业 Private Service Enterprise
服务机构数（个）	Service Organization (uni	59	27	39	536
从业人员人数（人）	Population of Jobholder (person	793	248	647	12349
#大专及以下	Junior College and Below	470	79	393	9607
本　科	Undergraduate Course	304	151	240	2533
硕士及以上	Master and Above	19	18	14	209
#取得职业资格人数	Obtaining Professional Qualification Populatic	398	158	230	3498
设立固定招聘场所（个）	Fixed Employment Advertise Place (uni	67	18	35	629
总资产（万元）	Total Assets (10000 yuan	4307	477	48903	170600
建立人力资源服务网站（个）	Human Resources Service Network (uni	40	14	22	366
全年营业总收入（万元）	Annual Business Gross Income (10000 yua	537	2535	235788	376311

注：本年口径有变化，仅统计县以上机构。

a) Caliber of this year there is a change, just above the county statistical agency.

20—39 人力资源服务业务基本情况（2015年）
Human Resources Service Basic Situation (2015)

项 目	Item	公共就业服务机构 Public Employment Service Organization	公共人才服务机构 Public Talented Person Service Organization	国有性质服务企业 State-owned Service Enterprise	私营性质服务企业 Private Service Enterprise
服务人员总数 (人)	Total of Service Personnel Registration (person)	2861563	1606489	1296711	299072
登记要求流动人员 (人)	Nubmer of Registration Requesting Flowing Personnel (person)	718554	386189	208493	99197
#大专及以下	Junior College and Below	597167	320533	133819	77860
本　科	Undergraduate Course	106640	56669	71167	18916
硕士及以上	Master and Above	14747	8987	3507	2421
实现就业和流动人数 (人)	Realizing Employment and Flowing Population (person)	424863	264374	221308	65531
服务用人单位数 (个)	Number of Service Personnel Units (unit)	31816	23301	37037	4364
#国有企、事业单位	State-owned Enterprise and Institution	1237	1788	1907	1497
私营企业	Private Enterprise Foreign-funded Enterprise	22035	16411	31298	2133
外资企业	Foreign-funded Enterprise	392	518	1021	220
建立人力资源数据库 (个)	Establishment Human Resources Database (unit)	57	60	22	15
现存数据库求职信息总量 (人次)	Total of Extant Database Seeking Employment Information (person time)	1275474	816985	1327011	68836
#全年入库求职信息	Whole Year Warehousing Seeking Employment Information	222644	105700	62206	33769
现场招聘服务	Scene Employment Advertise Service				
举办招聘会次数 (次)	Number of Times of Conducting Job Fair (time)	2172	1577	721	185
#毕业生专场	Graduate Specially	229	207	77	50
农民工专场	Peasant Laborer Specially	473	434	15	19
参会用人单位 (家)	Attending the Meeting Employer (unit)	27278	21669	33244	3841
提供招聘岗位 (个)	Providing Employment Post (unit)	869589	790995	556399	122344
参会求职人数 (人)	Attending the Meeting Seeking Employment Population (person)	1110168	640838	761074	101166
网络招聘服务 (条)	Network Employment Advertise Service (unit)				
发布岗位信息	Issue Post Information	406390	470740	57646	16051
发布求职信息	Issue Seeking Employment Information	151360	249733	46653	18745
劳务(人才)派遣服务	The Service (talented person) to Dispatch to Serve				
派遣单位 (个)	Detached Organization (unit)	276	926	612	291
派遣人员总量 (人)	Total of Detached Personnel (person)	4677	15771	8853	1369
登记要求派遣人数 (人)	Registration Requesting Detached Population (person)	4480	1442	46	110
人力资源管理咨询	Human Resources Management Consulting				
服务用人单位 (个)	Service Employer Unit (unit)	9212	5178	142	442
人力资源外包服务	Human Resources Outsourcing Service				
服务用人单位 (个)	Service Employer Unit (unit)	16	240	13	
流动人员档案管理	Flowing Personnel Record Management				
现存档案数量 (人)	Number of Extant File (person)	784674	457954	608241	127953
依托档案提供服务 (次)	Depending on the File to Provide Service (time)	362863	485237	369392	32984
培训服务	Training Service				
举办培训班 (个)	Conducting Training Class (unit)	1447	1016	56	368
参加人数 (人)	Participating Population (person)	107535	55188	1990	16149
测评服务	Evaluation Service				
测评人数 (人)	Evaluation Population (person)	14987	3052	1065	4654
猎头服务	Headhunting Service				
成功推荐人才 (人)	Successful to Recommend Talented Person (person)	627	1388	1074	126

20—40 各市职业技能鉴定综合情况（2015年）
Vocational Skill Appraisal Comprehensive Situation by Region (2015)

单位：人（person）

地 区	Region	鉴定机构数（个）Number of Appraisal Institution (unit) 小计 Total	#鉴定中心 Appraisal Center	#职业技能鉴定所 Vocational Skill Appraisal Institution	考评人员人数 Number of Evaluation Staff	鉴定考核人数 Appraisal Number of Assessment 小计 Total	初级 Primary	中级 Middle-level	高级 High level
总　计	**Total**	**375**	**17**	**358**	**8169**	**658397**	**276795**	**268510**	**101446**
合肥市	Hefei	68	2	66	1574	145393	25155	73542	42488
淮北市	Huaibei	19	1	18	415	18386	10179	5929	2074
亳州市	Bozhou	12	1	11	179	34820	19610	11400	3380
宿州市	Suzhou	18	1	17	275	39941	22862	14088	2508
蚌埠市	Bengbu	33	1	32	255	26977	14670	6924	4723
阜阳市	Fuyang	19	1	18	500	40489	16875	19684	3500
淮南市	Huainan	28	1	27	1090	39060	26509	7909	3564
滁州市	Chuzhou	18	1	17	647	36090	14114	14312	7180
六安市	Luan	29	1	28	344	47296	36690	6221	3637
马鞍山市	Maanshan	20	1	19	664	31521	17637	10856	2213
芜湖市	Wuhu	26	1	25	1103	71786	29509	34074	7553
宣城市	Xuancheng	20	1	19	221	40671	14133	18478	7810
铜陵市	Tongling	18	1	17	402	12617	3780	5394	3064
池州市	Chizhou	13	1	12	114	18047	10052	3606	4243
安庆市	Anqing	26	1	25	280	36753	3015	31794	1480
黄山市	Huangshan	8	1	7	106	18550	12005	4299	2029

地 区	Region	技师 Technician	高级技师 Senior Technician	获取证书人数 Number of Obtaining a Certificate 小计 Total	初级 Primary	中级 Middle-level	高级 High level	技师 Technician	高级技师 Senior Technician	通过率(%) Pass Rate (%)
总　计	**Total**	**10555**	**1091**	**571611**	**245508**	**237681**	**82880**	**5161**	**381**	**86.82**
合肥市	Hefei	3541	667	130506	23222	70412	36040	618	214	89.76
淮北市	Huaibei	179	25	16028	9348	5114	1488	69	9	87.18
亳州市	Bozhou	430		33041	19100	10640	3050	251		94.89
宿州市	Suzhou	377	106	35047	20807	12101	1931	185	23	87.75
蚌埠市	Bengbu	598	62	22931	12657	5854	3936	459	25	85.00
阜阳市	Fuyang	430		37237	16288	18439	2220	290		91.97
淮南市	Huainan	1022	56	32923	22641	6800	3007	456	19	84.29
滁州市	Chuzhou	481	3	32924	13490	12809	6186	437	2	91.23
六安市	Luan	723	25	36543	29943	4522	1787	288	3	77.26
马鞍山市	Maanshan	722	93	24764	14636	8267	1401	415	45	78.56
芜湖市	Wuhu	650		59822	24591	28395	6294	542		83.33
宣城市	Xuancheng	234	16	37373	13501	16630	7029	203	10	91.89
铜陵市	Tongling	379		10460	3671	4594	1930	265		82.90
池州市	Chizhou	146		14812	8254	2884	3528	146		82.07
安庆市	Anqing	426	38	30512	2554	26351	1228	348	31	83.02
黄山市	Huangshan	217		16688	10805	3869	1825	189		89.96

注：本年合肥市数据中包含省直。

a) This year in hefei data contains was made.

主要统计指标解释

医疗卫生机构

指从卫生行政部门取得《医疗机构执业许可证》、《计划生育技术服务许可证》，或从民政、工商、机构编制管理部门取得法人单位登记证书，为社会提供医疗保健、疾病控制、卫生监督服务或从事医学科研和医学在职培训等工作的单位。医疗卫生机构包括医院、基层医疗卫生机构、专业公共卫生机构、其他医疗卫生机构。

医院

包括综合医院、中医医院、中西医结合医院、民族医院、各类专科医院和护理院，不包括专科疾病防治院、妇幼保健院和疗养院。

基层医疗卫生机构

包括社区卫生服务中心、社区卫生服务站、街道卫生院、乡镇卫生院、村卫生室、门诊部、诊所(医务室)。

专业公共卫生机构

包括疾病预防控制中心、专科疾病防治机构、妇幼保健机构（含妇幼保健计划生育服务中心)、健康教育机构、急救中心（站)、采供血机构、卫生监督机构、取得《医疗机构执业许可证》或《计划生育技术服务许可证》的计划生育技术服务机构。

其他医疗卫生机构

包括疗养院、临床检验中心、医学科研机构、医学在职教育机构、医学考试中心、农村改水中心、人才交流中心、统计信息中心等卫生事业单位。

卫生人员

指在医院、基层医疗卫生机构、专业公共卫生机构及其他医疗卫生机构工作的职工，包括卫生技术人员、乡村医生和卫生员、其他技术人员、管理人员和工勤人员。一律按支付年底工资的在岗职工统计，包括各类聘任人员(含合同工)及返聘本单位半年以上人员，不包括临时工、离退休人员、退职人员、离开本单位仍保留劳动关系人员、本单位返聘和临聘不足半年人员。

卫生技术人员

包括执业医师、执业助理医师、注册护士、药师（士)、检验技师（士)、影像技师、卫生监督员和见习医（药、护、技）师（士）等卫生专业人员。不包括从事管理工作的卫生技术人员(如院长、副院长、党委书记等)。

其他卫生技术人员

包括见习医(药、护、技)师(士)等卫生专业人员，不包括药剂员、检验员、护理员等。见习医师(士)指毕业于高中等院校医学专业但尚未取得医师执业证书的医师和医士。

其他技术人员

指从事医疗器械修配、卫生宣传、科研、教学等技术工作的非卫生专业人员。

管理人员

指担负领导职责或管理任务的工作人员。包括从事医疗服务、公共卫生、医学科研与教学等业务管理工作的人员；主要从事党政、人事、财务、信息、安全保卫等行政管理工作的人员。

工勤技能人员

指承担技能操作和维护、后勤保障、服务等职责的工作人员。工勤技能人员分为技术工和普通工。技术工包括护理员(工)、药剂员(工)、检验员、收费员、挂号员等，但不包括实验员、技术员、研究实习员(计入其他技术人员),经济员、会计员和统计员等(计入管理人员)。

乡村医生和卫生员

指从当地卫生和计生行政部门获得“乡村医生”证书的人员；卫生员是指村卫生室中未获得“乡村医生”证书的人员。

实有床位数

指年底固定实有床位数，包括正规床、简易床、监护床、超过半年加床、正在消毒和修理床位、因扩建或大修而停用床位。不包括产科新生儿床、接产室待产床、库存床、观察床、临时加床和病人家属陪侍床。

参加新农合人数

指根据本地新农合实施方案到年内新农合筹资截止时已缴纳新农合资金的人口数。

新农合当年基金支出

指本年度实际从新农合基金帐户中支出用于新农合补偿的资金。

新农合补偿支出受益人次

指年内新农合参合人员因病就医获得补偿的人次数，包括住院、家庭帐户形式、门诊、特殊病种大额门诊、住院正常分娩、体检和其他补偿人次之和。

新农合本年度筹资总额

指为本年度筹集的、实际进入新农合专用帐户的基金数额。包括本年度中央及地方财政配套资金、农民个人交纳资金（含民政部门及其他相关部门代缴的救助资金）、新农合基金本年度产生的全部利息收入及其他渠道实际筹集到的新农合基金额。筹资数额以进入新农合专用帐户的基金数额为准，不含上年结转额资金。

城市居民最低生活保障人数

指在报告期末家庭平均收入在当地规定的最低生活保障线以下的城镇居民数。包括“三无”对象，失业人员和在职、下岗、退休人员等。

农村居民最低生活保障人数

指报告期末在建立农村最低生活保障制度的地区，得到当地政府或集体给予最低生活保障的农业人口家庭人数。

五保户

指无法定抚养义务人，或者虽有法定抚养义务人，但是抚养人无抚养能力的；无劳动能力的；无生活来源的老年人、残疾人和未成年人。

离婚率

指当年离婚人数占户籍人口的比重，计算公式为：
离婚率＝当年离婚人数/户籍人数×1000‰。

社会福利企业

指以集中安置有一定劳动能力的残疾人员就业为目的（残疾职工占生产人员10%以上）、带有社会福利性质的企业总称。主要包括福利工厂、假肢厂和其他福利企业。

社区服务设施数

指报告期末设立的以非营利为目的，为本社区居民服务，特别是为老年人、残疾人、儿童服务的社区服务中心、活动站、服务站、养老院、老年公寓（托老所），残疾人工疗站、残疾儿童日托所、家务服务站、婚姻介绍所等福利性设施以及职工社会保险管理服务的机构数。几种不同类型的社区服务单位，共用一个场所的，只能统计为一个社区服务设施。成为社区服务设施的条件：（1）是独立核算单位；（2）有固定的从业人员；（3）有一定的服务项目；（4）有一定的场所。

城镇职工基本养老保险

1.（参保）职工人数

指报告期末按照国家法律、法规和有关政策规定参加基本养老保险并在社保经办机构已建立缴费记录档案的职工人数，包括中断缴费但未终止养老保险关系的职工人数，不包括只登记未建立缴费记录档案的人数。

2.（参保）离退休人员人数

指报告期末参加基本养老保险的离休、退休和退职人员的人数。

3.基金收入

指根据国家有关规定，由纳入基本养老保险范围的缴费单位和个人按国家规定的缴费基数和缴费比例缴纳的养老保险基金，以及通过其他方式取得的形成基金来源的收入。包括单位和职工个人缴纳的基本养老保险费、基本养老保险基金利息收入、上级补助收入、下级上解收入、转移收入、财政补贴和其他收入。

4.基金支出

指按照国家政策规定的开支范围和开支标准从养老保险基金中支付给参加基本养老保险的个人的养老金、丧葬抚恤补助，以及由于保险关系转移、上下级之间调剂资金等原因而发生的支出。包括离休金、退休金、退职金、各种补贴、医疗费、死亡丧葬补助费、抚恤救济费、社会保险经办机构管理费、补助下级支出、上解上级支出、转移支出、其他支出等。

5.基金累计结余

指截止报告期末基本养老保险基金收支相抵后的累计余额。

城镇职工基本医疗保险

1.参保人数

指报告期末按国家有关规定参加相应基本医疗保险的人数。

2.基金收入

指由用人单位和个人按照国家规定的缴费基数、缴费比例或缴费标准缴纳的基本医疗保险基金，财政补助资金以及通过其他方式取得的形成基金来源的款项，包括：单位缴纳收入、个人缴纳收入、财政补助收入（含医疗救助补助个人收入）、财政补贴收入、利息收入、其他收入和转移收入等。

3.基金支出

指按照国家政策规定的开支范围和开支标准，从基本医疗保险基金中支付给参保人员的医疗保险待遇支出，包括住院医疗费用支出、门急诊医疗费用支出、个人账户基金支出、其他支出、转移支出等。

4.基金累计结余

指截止报告期末基本医疗保险基金累计结余金额。

失业保险

1.参保人数

指报告期末按照国家法律、法规和有关政策规定参加了失业保险的城镇企业、事业单位的职工及地方政府规定参加失业保险的其他人员的人数。

2.基金收入

指报告期内筹集的失业保险基金的总额，包括失业保险费收入、利息收入、财政补贴收入、其他收入、转移收入、上级补助收入、下级上解收入。

3.基金支出

指报告期内为保障失业人员基本生活、促进其再就业等支出的基金总额，包括失业保险金支出、医疗补助金支出、丧葬补助金和抚恤金支出、职业培训和职业介绍补贴支出、其他费用支出、其他支出、转移支出、补助下级支出、上解上级支出等。

4.基金累计结余

指截止报告期末失业保险基金收支相抵后的累计余额。

工伤保险

1.参加保险人数

指报告期末依据国家有关规定参加工伤保险的职工人数和有雇工的个体工商户的雇工数。

2.享受保险待遇人数

指年初至报告期末因工伤或职业病而享受工伤保险待遇的人数。为享受工伤医疗待遇中未评定等级的人数、享受伤残待遇人数以及享受因工死亡待遇人数之和。

3.基金收入

指根据国家有关规定，由参加工伤保险的单位按国家规定的缴费基数和缴费比例缴纳的工伤保险基金，以及通过其他形式取得的形成基金来源的款项。包括：单位缴纳的社会统筹基金收入、财政补贴收入、利息收入、其他收入、转移收入等。

4.基金支出

指按照国家政策规定的开支范围和开支标准从工伤保险基金中支付给参加工伤保险的人员及供养直系亲属工伤保险待遇支出及其他支出。包括工伤医疗费、伤残补助金、工亡补助金、护理费、丧葬补助费、工伤预防费用、职业康复费用和其他支出。

5.基金累计结余

指截止报告期末工伤保险基金累计结余金额。

Explanatory Notes for Major Statistical Indicators

Medical and Health Care Institutions

refer to the units which have been qualified the Certification of Health Care Institution, certification of family planning technical service by the administration of public health, or qualified the Certification of Corporate Unit by the civil affairs, administration for industry and commerce, commission office for public sector reform, and engaging in medical care, disease prevention and control, health supervision and inspection, medicine research and on-job training, etc., including: hospitals, health care institutions at grass-root level, specialized public health institutions, and other medical and health care institutions.

Hospitals

include general hospitals, hospitals specialized in traditional Chinese medicine, hospitals of integrated traditional Chinese and western medicine, ethnic hospitals, specialized hospitals and nursing hospitals, excluding specialized disease prevention and treatment institutes, maternal and child health care hospitals and convalescent hospitals.

Health Care Institutions at Grass-root Level

include community health service centers, community health service stations, urban health centers, township health centers, village clinics, outpatient departments and clinics (health centers).

Specialized Public Health Institutions

include centers for disease control and prevention, specialized disease prevention and treatment institutions, women and children care agencies(including women and children health care family planning service center), health education institutions, first aid centers, blood gathering and supplying institutions, health supervision and inspection agencies, and family planning technical service centers that obtained the Certification of Health Care Institution or certification of family planning technical service centers.

Other Medical and Health Care Institutions

include sanatoriums, clinical laboratory centers, medicinal scientific research institutions, on-job training institutions, medical examination centers, rural water improvement centers, talent exchange centers, and statistical information centers, etc.

Health Care Employees

refer to all employees engaged in the health care institutions, such as hospitals, health care institutions at grass-root level, specialized public health institutions, and other medical and health care institutions, including medical technical personnel, village doctors and assistants, other technical personnel, managerial and service staff. The data is based on the year end payroll, including personnel hired (including contract labor) and re-employed after retirement by the institution for over half a year and excluding temporary workers, retired personnel, resigned personnel, personnel who have left the institution but kept the contract relation and personnel who are re-employed after retirement or temporarily employed for less than half a year.

Medical Technical Personnel

refer to the professional staff engaged in health care, including licensed doctors, licensed assistant doctors, registered nurses, pharmacists, laboratory technicians, imaging staff, health care supervisors and intern doctors, pharmacists, nurses, and technical personnel, excluding the medical technical personnel engaged in managerial job (e.g. president, vice president and secretary of the party committee etc).

Other health technical personnel

including trainee medical (medicine, nursing, skills) (and), and other health professionals, not including the apothecary, inspector, nurse, etc. Trainee doctors graduated from high school (and) such as college medical professional but not yet get physicians practicing certificate of doctors and healers.

Other technical staff

Refers to is engaged in medical equipment and replacement, health education, scientific research, teaching and other technical work of health professionals.

Management personnel

refers to the leadership or management shoulder the task of staff. Including medical services, public health, medicine, scientific research and teaching personnel for the management of the business such as; Mainly engaged in the party and government, personnel, finance, information, security and other administrative work.

Those logistics skills personnel

means for skills operation and maintenance, logistics, services and other staff duties. Those logistics skills staff divided into technical and direct labor. Technology including caregivers (engineering), apothecary (work), the analyst, cashier, registered member, etc., but does not include laboratory technician, technician, research assistant (included in the other technicians), economy, accountant and statistician (included in the management personnel).

Rural doctors and medical corpsman

from the local health and family planning administrative department of personnel to obtain "country doctor" certificate; Medics refers to not get "country doctor" certificate in village clinics.

Actual data

refers to the fixed end of actual data, including regular bed, simple bed, guardianship, more than half a year, an additional disinfection and repair, because of the expansion or overhaul and stop using bed. Not including obstetrics bed of newborn babies, delivery room to look obstetric table, inventory bed, bed, temporary extra bed and escort, the bed of the patient's family.

Number of Persons Participated in the New Rural Cooperative Medical System

refers to the number of persons who have given payment to the new cooperative medical system by the deadline of fundraising during the year according to the implementation plan of the new system.

Expenditure of Funds for the New Rural Cooperative Medical System This Year

refers to expenditures on compensation funds for the new rural cooperative medical system from the fund account of new cooperative medical system this year.

Persons Benefited from the Compensation Expenditure of New Rural Cooperative Medical System

refers to the number of persons participated in the new system who have been compensated for medical treatment in the year, including hospitalization, family account form, out-patient, large special diseases out-patient, normal childbirth in hospital, medical examination and other compensations

Funds Raised for the New Rural Cooperative Medical System this Year

refers to the amount of funds raised this year and put into the special new rural cooperative medical account, including the matching funds of central and local governments, paid money by farmers (including relief funds paid by the civil affairs department and other relevant departments), all the interest income generated this year of the funds and funds actually raised from other channels this year. The amount of funding equals to the funds entering into the special new rural cooperative medical account, excluding the carry-over funds from the previous year.

Number of Urban Residents Entitled to Minimum Living Allowances

refers to the number of those whose average family income is below a minimum local standard by the end of the reporting period, including both the employed and unemployed, laid off and retired, and those jobless people without stable residence or valid IDs.

Number of Rural Residents Entitled to Minimum Living Allowances

refers to the number of those receiving the minimum living allowances from the local government or community in the rural areas where this allowances system is in place as of the end of the reporting period.

Households Enjoying Five Guarantees

refers to those senior citizens, handicapped or under-aged who, without labour ability, can not make a living by themselves and whose statutory providers are unable to support them or who have no statutory providers at all.

The divorce rate

Refers to the number of divorce proportion of the population, the calculation formula is:

Divorce rate = the number of divorce, the household registration number * 1000 ‰.

Social Welfare Enterprises

refers to those welfare-oriented enterprises employing a significant number of handicapped people with certain labour ability (handicapped employees shall exceed 10% of the production staff), including welfare factories, artificial limb plants as well as other welfare enterprises.

Number of Service Facilities in Communities

refers to the number non-profit welfare facilities set up community residents' in particular the community-based centers that serve senior citizens, the handicapped or children, recreational centers, service centers, nursing homes, apartments for the elderly (nursery for the aged), work and treatment stations for the handicapped, day-care centers for handicapped children, domestic help agencies and dating services, as well as social insurance management agencies for the employees. Different types of community service providers that share the same premise are regarded as one community service facility. The requirements for a social service facility of communities include: (1) independent accounting; (2) fixed employees; (3) provision of certain services; and (4) with certain places.

Basic Pension Insurance of staff and workers in unban

1. Number of staff and workers covered

refer to staff and workers participating in the basic pension insurance programme according to national laws, regulations and related policies at the end of the reference period, who have already had payment records in social security management agencies, including those who have interrupt payment without terminating the insurance programme. Those who have registered in the programme but with no payment records are not included.

2. Number of retirees participating in the basic pension insurance programme

refer to the number of retirees participating in basic pension insurance programmes by the end of the reference period.

3. Revenue of the basic pension insurance programme

refers to payments made by employers and individuals participating in the pension insurance programme in accordance with the basis and proportion stipulated in State regulations, and income from other sources that become source of pension insurance fund, including the premium paid by employers and staff and workers, interest income, subsidies from higher level agencies, income as transfer from subordinate agencies, transferred income, government financial subsidies and other income.

4. Expenditure of basic pension insurance programme

refer to payment made on pensions and funeral subsidies to those retired and resigned people covered in pension insurance programmes according to related national policies on scope and standard of expenditure. Also included are expenditure which arises due to shift of the insurance relationship or adjustment of funds among agencies. More specifically, included are pensions for resigned people, pensions for retired people, pension for people quitting jobs, various subsidies, medical fees, funeral subsidies, compensation payments, management fees for social security agencies, expenses on subsidies to lower subordinates, expenses as transfer to agencies at higher level, transferred expenditure and other expenditure.

5. Balance of basic pension insurance programme

refers to the balance of basic pension insurance funds at the end of the reference period after deducting expenses from revenue.

Basic Medical Care Insurance of staff and workers in unban

1. Number of people participating in the insurance programme

refers to people participating in the basic medical care insurance programme according to related regulations as at the end of reference period.

2. Revenue of the insurance programme

refers to payments made by employers and individuals participating in the medical care insurance programme in accordance with the basis and proportion stipulated in State regulations, and income from other sources that become source of medical insurance fund, including income paid by units, individual paid income, financial assistance's income (including individual income from medicaid), financial subsidies' income, interest income，transfer income and other income.

3. Expenditure of the insurance programme

refers to payment made to people covered in basic medical care insurance programme within the scope and standards of expenditure according to related national policies, and medical care payment , including medical expenses of hospital inpatients, medical expenses for outpatients and emergency patients, payment from individual accounts transfer and othe expenditure r expenditure.

4. Balance of the basic medical care insurance programme

refers to the balance of medical care insurance funds at the end of the reference period.

Unemployment Insurance

1. Number of people covered

refers to staff and workers in urban enterprises or institutions who have participated in the unemployment insurance programme according to relevant policies and regulations, and other people who have participated according to local government regulations, as at the end of reference period.

2. Revenue of the unemployment insurance programme

refers to the total unemployment insurance funds raised in the reference period, including unemployment insurance premium, interest income, financial subsidies, other income, transferred income, subsidies from higher level agencies and income as transfer from subordinate agencies..

3. Expenditure of the unemployment insurance programme

refers to total expenses during the reference period to guarantee the basic livelihood of unemployed people, and to encourage their re-employment. Included are unemployment relief, medical fees, funeral subsidies, compensation payments, training expenses, management fees for unemployment insurance agencies, subsidies to lower level agencies, expenses as transfer to higher level agencies, transferred expenditure and other expenditure.

4. Balance of the unemployment insurance programme

refers to the balance of revenue of the programme after deducting expenses at the end of the reference period.

Work Injury Insurance

1. Number of people covered

refers to staff and workers who have participated in the work injury insurance programme and number of employees in private business according to relevant national regulations at the end of the reference period.

2. Number of beneficiaries

refers to number of people benefited from work injury insurance, as a result of work injury or occupational disease. It is the sum of beneficiaries from the work injury medical treatment withut rating, disabilities and deaths at work places.

3. Revenue of the work injury insurance programme

refers to payments made by employers participating in the work injury insurance programme in accordance with the basis and proportion stipulated in State regulations, and income from other sources that become source of work injury insurance fund, including income of social comprehensive funds paid by employers, government financial subsidies, interest income and other income.

4. Expenditure of the work injury insurance programme

refers to payments made from work injury insurance funds to those who participated in the work injury insurance programme and their direct dependents within the scope and standards of expenditure according to related national policies, and other expenditure, including medical fees for work injury, injury and disability subsidies, death subsidies, nursing fees, funeral subsidies, injury prevention fees, occupational rehabilitation fees and other expenditure.

5. Balance of the work injury insurance programme

refers to the balance of the work injury funds at the end of the reference period.

Maternity Insurance

1. Number of people covered

refers to people who have participated in the maternity insurance programme according to relevant regulation at the end of the reporting period.

2. Number of enjoying insurance

refers to people of sum who enjoy treatment of inductrial injury insurance, medical treatment for not rating work-related injuries , the disability beneficiaries and the worker death and treatment at the beginning of the year to the end of the reporting period

3. Revenue of maternity insurance

refers to payments made by employers participating in the maternity insurance programme in accordance with the basis and proportion stipulated in State regulations, and income from other sources that become source of maternity insurance fund, including income of funds paid by employers, interest income ,transfer income and other income.

4. Expenditure of the maternity insurance programme

refers to payments made from maternity insurance funds to staff and workers who participate in the maternity insurance programme within the scope and standards of expenditure in accordance with related national policies, expenses paid for pregnancy, child delivery or surgeries related to family planning, and other expenditure, including allowance for child bearing, medical fees and other expenditure.

5. Balance of the maternity programme

refers to the balance of the maternity insurance funds at the end of reference period.

第二十一篇

Chapter 21

CULTURE AND SPORTS

简要说明

一、本篇主要反映文化、体育、新闻出版、广播电影电视事业的发展情况。

文化部分主要包括艺术表演团体、艺术表演场所、公共图书馆、文化馆、文化站、广播、电视、新闻出版以及文物等文化事业的机构、人员、经费和业务活动情况。体育部分主要包括群众体育和竞技体育，主要内容有体育系统职工情况，竞技体育成绩，群众体育活动等情况。

二、根据各部门制定的统计报表制度汇总加工整理而成。艺术业、图书馆业、群众文化服务业的资料主要来自省文化厅；文物资料来自省文物局；广播、电视、新闻出版资料来自省新闻出版广电局；体育部分的资料来自省体育局。

Brief Introduction

I. Data in this chapter mainly reflect the development of culture; sports; news and publication; and radio broadcasting, films and television.

Data on culture cover mainly the situations on institutions, personnel and business activities of cultural undertakings including arts performing groups and performance venues; public libraries; museums; cultural centres; archives; cultural stations; broadcasting; films; television; news and publication; and cultural relics. Data on sports cover mass sports (sports for all) and athletic sports, including mainly the number of staff and workers in sports departments, number of stadiums and gymnasiums, achievements in athletic sports events, mass sports activities and the international exchanges of sports delegations.

II. Data are collected and tabulated in accordance with the statistical reporting schemes stipulated by the departments concerned. Data on the arts, libraries, mass culture are provided by the Ministry of Culture. Data on archives are from State Archives Administration. Data on cultural relics are from State Administration of Cultural Heritage. Data on radio, film and television are mainly from State Administration of Radio, Film and Television. Radio, television, press and publication data from provincial press and publication, NHK; The sports section of the data from the provincial sports bureau.

21—1 文化艺术和文物事业机构、人员情况（2015年）
Number of Institutions and Personnel in Culture, Art and Cultural Relies (2015)

机 构 类 别	Category of Institution	机 构 数（个）Number of Institutions (unit)	从业人员（人）Number of Persons Engaged (person)
文化及相关产业	**Culture and Relative Industry**	**14264**	**100413**
艺术业	Art Industry	1693	32386
艺术表演团体	Art Performance Troupes	1615	30896
话剧、儿童剧、滑稽剧团	Drama, Children, Plays and Comedy Troupes	312	4809
歌舞、音乐类	Dance, Music Class	111	2835
京剧、昆曲类	Beijing Opera and Kunqu Classes	6	262
#京　剧	Beijing Opera Troupes	6	262
地方戏曲类	The Local Drama Class	280	6652
杂技、魔术、马戏类	Acrobatics, Magic, Circus	47	878
曲艺类	Folk art Classes	45	773
综合性艺术表演团体	Comprehensive Performing Arts Groups	814	14687
艺术表演场所	Art Centers	76	1446
剧场、影剧院	Theaters and Music Halls	48	943
其它艺术单位	Other Art Unit	2	44
图书馆事业	Libraries	122	1510
群众文化事业	Mass Culture	1559	5892
省级文化馆、群众艺术馆	Provincial Cultural Building & People's Art Center	1	28
地市级文化馆、群众文化馆	Prefeture-level City Cultural Building & People's Art Center	15	288
县、市文化馆	County & City Cultural Building	106	1158
文化站	Cultural Stations	1437	4418
乡镇文化站	Township Cultural Stations	1288	4060
艺术教育事业	Culture and Education	6	415
文艺科研	Literary and Scientific Research	11	139
文化科技研究	Cultural Science and Technology Research	3	35
综合性艺术研究	Comprehensive Artistic Research	3	20
地方戏艺术研究	Local Opera art Research	4	78
其他科研机构	Other Scientific Research Institution	1	6
文化市场经营单位	Cultural Market Management Unit	10327	51908
文物业	Cultural Relics	277	3502
文物机构合计	Total of Cultural Relic Organization	105	682
文物保护管理机构	Cultural Relic Protection Management Organization	95	542
文物科研机构	Scientific and Research Historical Relics Agency	1	46
其他文物机构	Other Historical Relics Agency	9	94
博物馆合计	Museums	171	2781
艺术类博物馆	Art Museum	15	275
综合性博物馆	Comprehensive Museum	81	1422
历史类博物馆	History Class Museum	48	674
其它博物馆	Other Museum	27	410
文物商店	Cultural Relics Agencies	1	39
其　他	Other	269	4661

注：艺术事业机构数，包括非公有制艺术表演团体及场所。
a) Number of art institutions, including the non-public sectors of the performing arts groups and places.

21—2 艺术表演团体演出情况（2015年）
Basic Statistics on Performance of Art Troupes (2015)

种 类	Item	演出场数（场）Number of Performances (shows)	到农村演出 Shows in Rural Areas	国内演出观众人数（千人次）Number of Audience While Perfoming at Home (1000 person-times)
总 计	**Total**	**390870**	**231950**	**106814**
国有剧团	Troupes Sponsored by State-owned Units	10300	6290	7116
集体经营剧团	Troupes Sponsored by Collective Units	190	150	100
其 他	Other	380380	225510	99598
按剧种分	**Art Troupes**			
话剧、儿童剧、滑稽剧团	Drama, Children, Plays and Comedy Troupes	74750	42630	4231
歌舞、音乐类	Dance, Music Class	12160	7380	15632
京剧、昆曲类	Beijing Opera and Kunqu Classes	1530	860	461
#京 剧	Beijing Opera Troupes	1530	860	461
地方戏曲类	The Local Drama Class	55780	47020	32844
杂技、魔术、马戏类	Acrobatics, Magic, Circus	17490	8830	1444
曲艺类	Folk art Classes	6450	4910	2509
综合性艺术表演团体	Comprehensive Performing Arts Groups	222710	120320	49694

注：演出场数包括非公有制企业数据。
a) Doing a including non-public enterprise data.

21—3 群众艺术馆、文化馆站业务活动及经费情况（2015年）
Basic Statistics on Activities and Expenditures of Mass Art Centers and Cultural Centers (2015)

项 目		Item		总计 Total	群众艺术馆、文化馆 Mass Art Centers Cultural Centers	文化站 Cultural Stations
单位数	（个）	Number of Units	(unit)	1559	122	1437
举办展览	（个）	Exhibition	(unit)	5465	1017	4448
组织文艺活动	（次）	Art Performances and Story-telling Sessions	(times)	36210	7818	28392
举办训练班		Training Coirses				
班 次	（次）	Number of Classes	(times)	19436	6378	13058
培训人次	（万人次）	Training People	(10000 person-times)	140.2	39.5	100.8
群众艺术馆、文化馆负责指导单位		Units Responsible for Guiding Mass Art Centers and Cultural Centers				
馆办文艺团体	（个）	Literature Groups Hold by Art and Cultural Buildings		337	337	
群众业余演出团、队	（个）	Part-time Art Groups	(unit)	9395	1827	7568
总支出	（万元）	Total Expenditures	(10000 yuan)	50686	23003	27683

21—4 公共图书馆业务活动及经费情况（2015年）
Facilities, Services and Expenditures of Public Libraries (2015)

项目	Item	总计 Total	省级公共图书馆 Public Libraries at Provincial Level	地市级公共图书馆 Public Libraries at Prefectural Level	县级公共图书馆 Public Libraries at County Level
公共图书馆（个）	Number of Public Libraries (unit)	122	1	21	100
总藏量（千册）	Total Collections (1000 volumes)	19424	3146	6814	9464
图书	Books	15756	2460	5244	8052
#古籍	Ancient Works	631	353	160	118
报刊	Newspapers and Periodicals	1610	318	563	729
开架书刊（千册）	Open Books and Periodicals (1000 volumes)	7156		2845	4311
有效借书证数（千个）	Valid Card Number (1000 unit)	966	199	417	350
图书流通情况	Circulation of Books				
总流通人次（千人次）	Total Number of Circulation (1000 person-times)	17390	1535	5473	10382
书刊文献外借册次（千册次）	CeCi Borrow Books and Literature (1000 volume-times)	14809	1826	4242	8741
为读者服务举办各种活动	Service Activities Provided for Readers				
次数（次）	Number of Activities (times)	3567	271	1108	2188
参加人数（千人次）	Number of Readers Involved (1000 person-times)	1832	360	509	962
总支出（万元）	Total Expenditures (10000 yuan)	26927	4913	10959	11055
#基本支出	Basic Expenditures	17343	2527	6750	8066
#新增藏量购置费	The New Inventory Purchase Expense	3758	600	1980	1178
本年新增藏量（千册）	This Year the New Inventory (1000 volumes)	1911	135	757	1019
公用房屋建筑面积（千平方米）	Floor Space of Public Buildings (1000 sq.m)	399	37	165	197
#书库	Stack Rooms	83	8	39	36
阅览室	Reading Rooms	129	9	66	55
阅览室坐席数（个）	Seating Capacity of Reading Rooms (unit)	32944	1659	13465	17820

注：总藏量不包括电子图书。

a) A total does not include electronic books.

21—5 博物馆、文物机构业务活动及经费情况（2015年）
Facilities, Services and Expenditures of Museums and Cultural Relic Agencies (2015)

项目	Item	文物保护管理机构 protection and Management Agencies	文物科研机构 Scientific and Research Historical Relics Preservation	其他文物机构 Other Agencies	博物馆 Museums
藏品（件）	Number of Units (unit)	69143	9276	827	733703
#一级品	Number of Exhibitions (unit)	362	29		2205
业务活动	Art Performances and Story-telling Sessions				
陈列展览（个）	Training Courses (unit)	111			862
参观人次（千人次）	Number of Classes (1000 person-times)	2348			26799
总支出（万元）	Total Expenditures (10000 yuan)	13158	4153	3596	47027
#基本支出	Basic Expenditures	6496	729	772	20639
修缮费	Cultural Centers in County Towns				
增加值（万元）	Cultural Clubs (10000 yuan)	4752	2398	747	22205

21—6 档案事业基本情况（2015年）
Basic Statistics on Archiving Institution (2015)

项　目		Item		合　计 Total	省　属 Under the Jurisdiction of Province	市　属 Under the Jurisdiction of the City	区县属 Under the Jurisdiction of a District/County
档案馆个数	**（个）**	**Number of National Archives**	**(unit)**	**155**	**13**	**33**	**109**
建筑面积	**（平方米）**	**Floor Space of Building**	**(sq.m)**	**353160**	**29046**	**118859**	**205254**
馆藏档案情况		**Files Collected in Archives**					
全　宗	（个）	Full Archives	(unit)	12020	413	2446	9161
案　卷	（万卷件）	Records	(10000 rolls)	2529.02	205.00	606.67	1717.35
建国前档案	（万卷件）	Files Prior to Foundation of PRC	(10000 rolls)	15.11	7.64	4.32	3.14
建国后档案	（万卷件）	Files After Foundation of PRC	(10000 rolls)	2513.91	197.35	602.35	1714.20
录音、录像、影片档案	（盘）	Tape,Video,and Film Files	(piece)	16430	8584	2479	5367
照片档案	（张）	Photo Files	(disc)	921035	307048	463578	150409
缩微胶片		Microfiche					
平片、开窗卡	（张）	Flat and Window-open Microfich	(disc)	4			4
卷　片	（万幅）	Rolled Microfiche	(10000 rolls)	264	264		
档案利用情况		**File Utilization**					
本年利用档案人次	（人次）	Persons Using Files in the Year	(person-times)	294391	13461	47224	233706
本年利用资料人次	（人次）	Persons Using Datas in the Year	(person-times)	5965	332	644	4989
本年利用档案数量	（万卷件次）	Files Used in the Year	0000 roll.times)	69.19	5.27	10.82	53.10
本年利用资料数量	（册次）	Datum Used in the Year	(volume-times)	12454	629	1461	10364
本年编研档案、资料	（万字）	Files and Data Prepared and Studied in the Year	(10000 Chinese characters)	998.39	323.61	135.90	538.88

资料来源：安徽省档案局。
Source: Anhui Municipal Bureau of Archives.

21—7 广播、电视事业发展情况
Basic Statistics on Broadcasting and Television Stations

指　标		Item		2005	2010	2014	2015
职工人数	（人）	Number of Staff and Workers	(person)	16026	20041	23071	22614
广播电台	（座）	Number of Broadcasting Stations	(set)	17	15	14	15
中波发射台及转播台	（座）	Number of Broadcast Transmission Stations and Relaying Stations	(set)	22	23	23	23
中波发射机功率	（千瓦）	Broadcast Power of Transmitters	(kw)	633	903	1446	1436
县广播电视台	（座）	Number of Wire Broadcast Stations in Counties and Cities	(set)	62	62	61	61
广播人口覆盖率	（%）	Listener Rating	(%)	95.58	97.31	98.55	98.77
电视台	（座）	Number of Television Stations	(set)	17	15	14	14
电视发射台及转播台	（座）	Television Transmission Stations and Relaying Stations	(set)	218	163	136	285
电视发射机功率	（千瓦）	Power of Trandmitters	(kw)	429.30	849.91	1003.69	949.89
电视人口覆盖率	（%）	Viewer Rating	(%)	95.00	97.50	98.72	98.93

21—8 广播、电视覆盖率
Listeners and Viewers Rate

指　标	Item	覆盖人口（万人） Covered Population (10000 persons)		覆盖率（%） Covering Ratio (%)	
		2014	2015	2014	2015
广　播	**Broadcasting**	**6828.27**	**6850.36**	**98.55**	**98.77**
中央台节目	Program I of China National Broadcasting	6755.00	6781.70	97.50	97.78
省级台节目	Program I of Provincial Broadcasting	6730.28	6758.03	97.14	97.44
地市级台节目	Program I of Prefectural (city) Broadcasting	6319.22	6417.03	91.21	92.52
县级台节目	Programs of County Broadcasting	4641.55	4616.65	66.99	66.56
电　视	**Television**	**6839.72**	**6861.30**	**98.72**	**98.93**
中央台节目	Relaying Program I of CCTV	6798.91	6823.21	98.13	98.38
省级台节目	Program I of Provincial Television	6786.61	6811.08	97.95	98.20
地市级台节目	Programs of Prefectural (city) Television	6428.26	6514.48	92.78	93.93
县级台节目	Programs of County Television	4825.51	4823.74	69.65	69.55

21—9 广播、电视节目制作时间
Basic Statistics on Broadcasting and Television

单位：小时（hour）

指　标	Item	2014	2015
广播节目制作	**Production of Broadcasting**	**179638**	**169776**
新　闻	News Programs	36543	36991
专　题	Special Subject Programs	42193	41847
综　艺	Variety Entertainment	39428	38166
广播剧	Broadcasting Play	3159	1550
广　告	Advertisement	19650	16913
其　他	Others	38665	34309
电视节目制作	**Production of TV Programs**	**76278**	**77470**
新　闻	News Programs	24132	28861
专　题	Special Subject Programs	21886	21532
综　艺	Variety Entertainment	9045	7842
影视剧	TV Play	2089	2902
广　告	Advertisement	11161	10106
其　他	Others	7965	6227

21—10 广播、电视宣传基本情况（2015年）
Basic Statistics on Broadcasting and Television (2015)

项　目	Item	节目套数（套）Number of Programs (set)	全年公共节目播出时间（小时）Time of Program Transmission All the Year (hour)	制作节目时间（小时）Time of Making Program (hour)	#新闻节目 News Programs	专题节目 Special Subject Programs	综艺节目 Variety Emtertain-ment
无线广播合计	**All Radio Broadcasting Stations**	**106**	**540463**	**169776**	**36991**	**41848**	**38166**
省　级	Provincial	9	72387	39323	5854	10265	9939
市县级	City and County	97	468076	130453	31137	31583	28227
电视播映合计	**All Television Stations**	**113**	**613867**	**77470**	**28861**	**21532**	**7842**
省　级	Provincial	8	36924	14223	4581	2181	2412
市县级	City and County	105	576943	63247	24280	19351	5430

注：全省广播电视节目制作时间包括各级广播电视台和社会影视节目制作机构制作的时间。

a) The provincial radio and television programme production time including broadcast television and film and television programme production social organizations at all levels to make the time.

21—11 图书、杂志和报纸出版数量
Number of Books, Magazines and Newspaper Published

年份 Year	图书 Books Published				杂志 Magazines Published				报纸 Newspapers Publised			
	种类（种）Number of Publications (kind)	新出版 New Publications	总印数（万册）Printed Copies (10000 copies)	总印张数（万印张）Printed Sheets (10000 sheets)	种类（种）Number of Publications (kind)	每期平均印数（万册）Average Printed Copies Per Issue (10000 copies)	总印数（万册）Printed Copies (10000 copies)	总印张数（万印张）Printed Sheets (10000 sheets)	种类（种）Number of Publications (kind)	每期平均印数（万册）Average Printed Copies Per Issue (10000 copies)	总印数（万份）Printed Copies (10000 copies)	总印张数（万印张）Printed Sheets (10000 sheets)
2000	2125	1002	30992	156767	150	621	7736	19538	84	416	76083	114736
2005	3970	1847	25220	118056	177	433	5804	17418	97	393	98134	302498
2007	3378	1492	23800	133893	176	457	6342	24403	99	495	106760	327679
2008	5139	1964	27900	194730	176	444	5908	19513	98	465	101600	383952
2009	5560	1331	27204	172802	176	432	5977	23776	97	472	105905	357801
2010	5646	2669	23891	163954	178	404	5842	23115	98	519	116988	470953
2011	7804	4087	25185	186306	180	397	5948	24675	98	505	120769	528120
2012	9094	5210	24440	173709	180	405	6172	25657	98	514	125807	526148
2013	9440	5469	25800	200400	180	397	6227	26000	98	517	124700	509100
2014	9934	5227	25579	192396	180	355	5627	24474	98	500	121176	464623
2015	8902	4832	27329	207650	180	313	5251	24574	98	480	104830	375622

21—12 主要年份少年儿童读物和课本出版情况
Number of Books Published for Children and Textbooks in Major Years

年 份 Year	种 数（种） Number of Publications (knd)		总印数（万册） Printed Copies (10000 copies)		总印张（千印张） Printed Sheets (1000 sheets)	
	儿童读物 Books for Children	课 本 Textbooks	儿童读物 Books for Children	课 本 Textbooks	儿童读物 Books for Children	课 本 Textbooks
2005	399	310	873	15293	20428	671142
2010	1094	449	1489	10563	90700	789666
2012	1256	602	1076	10705	82108	804688
2013	1893	797	1613	11815	115187	859605
2014	2042	951	2079	12801	143409	910917
2015	1244	1091	1927	11827	153008	853487

21—13 主要年份出版印刷生产情况
Conditions of Printing in Main Year

年 份 Year	企业数 （个） Number of Enterprises (unit)	工业销售产值 （万元） Industrial Sales Value (10000 yuan)	印刷产量 Output of Printing		装订产量 （万令） Output of Bookbinding (10000 ream)	用纸量 （万令） Amout of Paper Used (10000 ream)
			黑 白 （万令） Black and White (10000 ream)	彩 色 （万对开色令） Color (10000 bisect color ream)		
2005	238	160224	849.00	2773.00	530.00	1030.00
2010	258	302870	1094.23	2715.25	809.97	1040.70
2012	267	476557	562.67	3695.05	848.77	1725.95
2013	256	512995	787.67	3802.04	1339.72	1550.91
2014	235	479431	838.72	4399.58	997.17	1624.50
2015	258	488208	858.99	3876.95	999.02	1737.36

21—14 主要年份出版物发行机构数和网点数
Issuing Institutions and Spots of Publication in Main Year

年 份 Year	发行机构合计 （处） Total	国有书店及国有发行点 State-owned Bookstore and Issuing Spots	出版社 Press	网上书店 Online Bookstore	文化教育广电邮政系统 Cultural, Educational Broad-casting and Postal Systems	新华书店系统外批发网点 Wholesale Spots Outside Xinhua Bookstore	集体个体零售 Collective and Personal Retail	新华书店系统出版社自办发行从业人数(人) Persons Engaged in Own Issuance of Presses of Xinhua Book-Store System (persons)	
								全部职工 All Staff	#国有书店及发行点 State-owned Bookstores and Issuing Spots
2005	5950	498	10		1436	248	3758	5253	5155
2010	7723	579	11	1	3576	330	3226	5029	4878
2012	8588	649	11	12	3560	306	4050	4906	4756
2013	8568	651	11	3	3582	301	4020	4948	4796
2014	8742	630	11	31	3657	305	4108	5075	4923
2015	8275	630	11	77	3657	302	3598	5073	5008

21—15 体育活动基本情况
Basic Statement of Sports

指标	Item	2000	2005	2010	2014	2015
举办全民健身活动次数（次）	Times of Activities That the Whole Nation in Health Conducted (times)		1354	2920	2318	2176
参加全民健身活动人数（万人）	People Participating the Activities That the Whole Nation in Health (10000 person)		149.28	324.76	270.80	337.88
优秀运动员（人）	Number of Athletes in Grades (person)	1345	1408	852	662	657
运动健将	International Master of Sports		35	159	185	185
一级运动员	First Grade Sportsman	139	86	280	197	207
二级运动员	Second Grade Sportsman	428	1287	160	141	125
等级教练员人数（人）	Number of Coaches in Grades (person)			652	654	633
等级裁判员发展人数（人）	Number of Referees in Grades (person)			864	2898	489
在国内外比赛中获奖牌数（枚）	Number of Medals Won in the Matches Both Inside and Outside the Country (unit)	92	78.5	160	105	116
金牌	Gold Medals	25	22.5	57	30	35
银牌	Silver Medals	31	27	42	41	31
铜牌	Bronze Medals	36	29	61	34	50
体育俱乐部（个）	Sports Club (unit)			445	814	1013
青少年体育俱乐部	Youth Sports Club			172	361	459
社区体育健身俱乐部	Community Sports Fitness Club			177	453	554
其它体育俱乐部	Other Sports Club			46		

注：1. 优秀运动员2008年以前为等级运动员。
2. 由于裁判员审批制度改革，2015年我省未审批一级裁判员，以至裁判员发展人数比上年大幅度减少。

a) Before 2008, Top athletes were athlete in Grades .

b) Due to the referee for examination and approval system reform, in 2015 our province level for examination and approval of the referee, so that the number of referees development greatly reduced over the previous year.

21—16 全省体育场地数
Number of Stadiums and Gymnasiums

单位：个（unit）

指标	Item	2010		2014		2015	
		总计 Total	体育系统 Sports System	总计 Total	体育系统 Sports System	总计 Total	体育系统 Sports System
总计	**Total**	**18556**	**4535**	**53189**	**952**	**56391**	**957**
#体育场	Stadiums	84	27	299	34	299	35
体育馆	Gymnasiums	50	34	82	36	82	39
游泳跳水馆	Swimming and Diving Centers	7	6	142	16	142	16
室内外游泳池	Indoor and Outdoor Swimming Pools	140	41	217	25	217	25
运动场、田径场	Playground	301	34	365	16	365	16
小运动场	Small Playground	2561	10	3492	3	3492	3
篮、排球场	Basketball and Volleyball ground	13838	4077	22149	200	25329	200

注：2013年体育场地普查后，原由体育系统援建的小型体育场地（主要是篮球场）自2014年起不计入体育系统。

a) After 2013 census of sports venues, little sports venues(mainly basketball courts) built by sports system originally are not included in the sports system since 2014.

21—17 体育系统职工人数（2015年）
Number of Staff and Workers in Sports System (2015)

单位：人（person）

人员分类	Category of Personnel	合计 Total	#优秀运动队 Excellent Sports Teams	体育运动学校 Physical Education and Sports Schools	业余学校 Sparetime Sports Schools	公共体育场馆 Public Stadiums and Cymnasiums	机关人员 Officers
总计	**Total**	**4388**	**1100**	**152**	**475**	**701**	**954**
公务员	Public Servants	745					745
运动员	Athletes	657	657				
专职教练员	Full-time Coaches	633	146	62	244	3	
专职文化教师	Full-time Teachers	325		59	4		
科技人员	Scientific and Technical Personnel	28			3		
医务人员	Medical Personnel	15	5		1		
管理人员	Administrative Personnel	661	216	16	143	111	
其他	Others	1324	76	15	80	587	209

21—18 等级运动员、等级裁判员发展人数（2015年）
Number of Athletes and Referees in Grades by Type of Sports (2015)

单位：人（person）

运动项目	Item	等级运动员 Number of Athletes in Grades	运动健将 International Master of Sports	一级 First Grade Sportsman	二级 Second Grade Sportsman	等级裁判员 Number of Referees in Grades	国际、国家级 International National Referees	一级 First Grade Referees	二级 Second Grade Referees
总计	**Total**	**1312**	**41**	**361**	**910**	**489**			**489**
田径	Track and Field	171	2	10	159	50			50
游泳	Swimming	69	3	15	51	11			11
体操	Gymnastics	4	2	1	1				
举重	Weightlifting	4			4				
拳击	Boxing	39	2	12	25				
中国式摔跤	Chinese style wrestling	5	1	1	3				
国际式摔跤	Wrestling	65	2	17	46				
柔道	Judo	26	1	7	18				
跆拳道	Kickboxing	23		12	11	50			50
击剑	Fencing	25	1	8	16				
赛艇	Racing Shell	36	2	17	17				
皮划艇	Canoeing	48	3	41	4				
射击	Shooting	13		10	3				
足球	Football	99		24	75	96			96
篮球	Basketball	209		12	197	59			59
排球	Volleyball	65		26	39	50			50
乒乓球	Table Tennis	39		19	20				
羽毛球	Badminton	22		14	8	50			50
网球	Tennis	32	4	1	27	50			50
健美操	Aerobics					6			6
手球	Handball	78	4	12	62				
技巧	Skill	2		2					
武术	Wu Shu	116	6	24	86	2			2
国际象棋	International Chess	6		5	1				
中国象棋	Chinese Chess	2			2				
围棋	Weiqi	2		1	1				
其他	Others	112	8	70	34	65			65

注：等级运动员与等级裁判员为当年市以上体育行政部门审批数。

a) Number of Grade athletes and referees is approval number in the year above the city levle of the sports administrative departments.

主要统计指标解释

文化及相关产业

指为社会公众提供文化、娱乐产品和服务的活动以及与这些活动有关联的活动的集合。根据提供文化、娱乐产品和服务活动的属性特点，划分为公益性文化活动和经营性文化活动两大类。

文化及相关产业是第三产业的重要组成部分。是在我国《国民经济行业分类》基础上的派生分类，有文化服务和相关文化服务两大类：

艺术表演团体

指由文化部门主办或实行行业管理（经文化市场行政部门审批或已申报登记并领取相关许可证），专门从事表演艺术等活动的各类专业艺术表演团体，含民间职业剧团。如话剧团、方言话剧团、滑稽剧团、儿童剧团、歌剧团、木偶团、皮影团等以及由若干剧种组成的综合性专业艺术表演团体。不包括群众业余文艺表演团体。

艺术表演场所

指由文化部门主办或实行行业管理（经文化市场行政部门审批或已申报登记并领取相关许可证），有观众席、舞台、灯光设备，公开售票、专供文艺团体演出的文化活动场所。附属于文化部门机构内非独立核算的剧场、排演场，公开营业的也应单独统计。

广播节目综合人口覆盖率

指根据国家广电总局制定的《广播电视人口覆盖率统计技术标准和方法》进行统计调查的，在对象区内采用无线、有线、卫星等技术手段能够收听到包括中央、省、地市、县广播节目其中任意一套的人口数占全省总人口数的百分比。

电视节目综合人口覆盖率

指根据国家广电总局制定的《广播电视人口覆盖率统计技术标准和方法》进行统计调查的，在对象区内采用无线、有线、卫星等技术手段能够收看到包括中央、省、地市、县级电视节目中任意一套的人口数占全省总人口数的百分比。

等级运动员人数

指经考核正式批准授予等级运动员称号的人数。运动员等级分为国际级运动健将、运动健将、一级运动员、二级运动员、三级运动员、少年级运动员。

等级裁判员人数

指经考核正式批准授予等级裁判员称号的人数。裁判员等级分为国际裁判、国家级裁判、一级裁判、二级裁判、三级裁判。

体育场

指有 400 米跑道（中心含足球场），有固定道牙，跑道 6 条以上，并有固定看台的室外田径场地。体育场按看台容纳观众人数分为：甲级 25000 人以上，乙级 15000-25000 人，丙级 5000-15000 人，丁级 5000 人以下。

体育馆

指有固定看台，可供篮球、排球、羽毛球、乒乓球、体操等项目训练比赛活动用的室内运动场地。体育馆按看台容纳观众人数分为：甲级 6000 人以上，乙级 4000-6000 人，丙级 2000-4000 人，丁级 2000 人以下。

Explanatory Notes for Major Statistical Indicators

Culture and Related Industries

refer to the aggregate of activities, providing the mass with culture goods, amusement goods and services. According to the characteristics of culture goods, amusement goods and services, they can be classified into two categories, or nonprofit cultural activities and profit cultural activities.

Culture and related industries is the important component of the tertiary industry. These are the derivative sector from the Industrial Classification of the National Economy and are composed of two categories of culture services and related cultural services.

Arts Performance Troupes

refer to the various professional performing arts groups, which sponsored by the cultural sectors or guided by the cultural society (approved by the cultural market administration, or registered and permitted with the relative certificate), including non-governmental troupes, such as drama troupes, dialect troupes, comedy troupes, children troupes, Opera troupes, puppetry troupes, Shadowgraph troupes, etc., comprehensive professional arts performance troupes. The mass amateur arts performance troupes are not included.

Arts Performance Places

refer to the various sites for cultural activities, which sponsored by the cultural sectors or guided by the cultural society (approved by the cultural market administration, or registered and permitted with the relative certificate), with the facility of auditorium, stage, and lighting, and selling tickets in public. The theaters and rehearse sites which are affiliated to the cultural sectors without independent financial accounts which are open to the public should be covered independently.

Radio Coverage of Population

refers to the percentage of population, which can listen to one of central, provincial, city, prefecture, and county radio programs by wireless, cable, satellite and other technical means, in the surveying area, to national total population, according to Statistical Standard and Method on Television and Radio Coverage of Population established by the State Administration of Broadcasting, Film and Television.

Television Coverage of Population

refers to the percentage of population, which can watch one of central, provincial, city, prefecture, and county television programs by wireless, cable, satellite and other technical means, in the surveying area, to national total population, according to Statistical Standard and Method on Television and Radio Coverage of Population established by the State Administration of Broadcasting, Film and Television.

Number of Athletes in Grades

refers to the number of athletes who have been given titles through examination. The titles of athletes include international masters of sports, masters of sports, first-grade, second-grade and third-grade sportsmen and young athletes.

Number of Referees in Grades

refers to the number of referees who have been given titles after examination. They are classified as international referees, national referees and referees of the first, second and third grades.

Stadiums

refer to stadiums for track and field events with six lane 400-meter tracks around soccer fields, permanent track marks and permanent bleachers. Stadiums are classified according to seating capacity. They include: Class A stadiums seating 25000 people each. Class B stadiums seating 15000 to 25000 people each. Class C stadiums seating 5000 to 15000 people each, and Class D stadiums seating fewer than 5000 people.

Gymnasiums

refer to indoor sports grounds with permanent seats in which basketball, volleyball. badminton, table tennis and gymnastics competitions can be held. Gymnasiums are classified according to seating capacity. They include Class A gymnasiums seating over 6000 people. Class B gymnasiums seating 4000 to 6000 people. Class C gymnasiums seating 2000 to 4000 people, and Class D gymnasiums seating fewer than 2000 people.

第二十二篇

Chapter 22

PUBLIC MANAGEMENT AND OTHERS

简要说明

本篇主要包括社会活动参与、公检法司、残疾人事业和妇联干部情况等内容。

一、社会活动参与的内容主要包括历届安徽省人大代表和政协委员情况以及工会组织和妇联组织情况。

二、公检法司的资料主要包括公安机关的刑事案件立案情况和治安案件查处情况，交通、火灾事故情况，人民检察院的办案情况，人民法院审理案件和收结案情况，以及律师、公证、调解工作等情况。

Brief Introduction

Data in this chapter show statistics on participation in social activities, public security, procuratorial, legal and judicial affairs, disabled persons, women's Federation cadres and so on.

I. Data on participation in social activities cover mainly information on representatives to the National People's Congress (NPC), members of the Chinese People's Political Consultative Conference (CPPCC) and National trade unions. Data on number of NPC and CPPCC representatives are provided by NPC and CPPCC respectively.

II. Data on public security, procuratorial, legal and judicial affairs cover information such as criminal cases registered and offense cases handled by the public security agencies, traffic or fire accidents, cases handled by procuratorate's offices, cases accepted and settled by the people's courts, and statistics on lawyers, notarization and mediation.

22—1 历届安徽省人民代表大会代表人数
Number of Anhui Province the National People's Congress Represents

单位：人（person）

			代表总数 Total Number of Deputies	#女 代 表 Female Deputies	占代表总数 (%) As Percentage to Total	少数民族代表 Ethnic Minority Deputies	占代表总数 (%) As Percentage to Total
一 届	First Congress	(1954)	448	69	15.40	8	1.79
二 届	Second Congress	(1958)	496	68	13.71	9	1.81
三 届	Third Congress	(1964)	497	96	19.32	9	1.81
五 届	Fifth Congress	(1978)	998	196	19.64	28	2.81
六 届	Sixth Congress	(1983)	813	167	20.54	34	4.18
七 届	Seventh Congress	(1988)	729	157	21.54	28	3.84
八 届	Eighth Congress	(1993)	729	164	22.50	27	3.70
九 届	Ninth Congress	(1998)	728	195	26.79	35	4.81
十 届	Tenth Congress	(2003)	732	204	27.87	33	4.64
十一届	Eleventh Congress	(2008)	730	212	29.04	34	4.66
十二届	Twelfth Congress	(2013)	730	210	28.77	34	4.66

22—2 历届政协安徽省委员会委员人数
Number of Anhui Province Political Consultative Conference Committee Member

单位：人（person）

			委员总数 Total Number of Deputies	#中国共产党委员 Deputies from the Communist Party of China	占委员总数 (%) As Percentage to Total	少数民族委员 Ethnic Minority Deputies	占委员总数 (%) As Percentage to Total
一 届	First Congress	(1954)	171	53	30.99	6	3.51
二 届	Second Congress	(1958)	308	88	28.57	8	2.60
三 届	Third Congress	(1964)	372	108	29.03	18	4.84
四 届	Fourth Congress	(1978)	506	297	58.70	21	4.15
五 届	Fifth Congress	(1983)	724	231	31.91	30	4.14
六 届	Sixth Congress	(1988)	694	234	33.72	40	5.76
七 届	Seventh Congress	(1993)	705	245	34.75	40	5.67
八 届	Eighth Congress	(1998)	730	273	37.40	37	5.07
九 届	Ninth Congress	(2003)	740	278	37.57	37	5.00
十 届	Tenth Congress	(2008)	745	286	38.39	38	5.10
十一届	Eleventh Congress	(2013)	745	297	39.87	39	5.23

22—3 妇联组织及工作情况
Basic Statistics of Women's Associations

项目		Item		2010	2014	2015
妇联组织数	(个、所)	Number of Women's Associations	(unit)	30830	26267	25227
妇联兴办各类家长学校	(个)	Number of Householders' Schools Set Up by Women's Associations	(unit)	15406	16510	10066
妇联自办托幼园所	(所)	Number of Nurseries and Kindergartens Set Up by Women's Associations	(unit)	44	44	44
妇联陪审员人数	(人)	Number of Juniors in Women's Associations	(person)	397	169	236
妇联维权干部中取得律师资格证书的人数	(人)	Number of Upholding Right Cadres in Women's Associations Got Lawyer Credentials	(person)	309	15	9
三八绿色工程		March Eighth Green Project				
基地个数	(个)	Number of Bases	(unit)	733	187	130
基地亩数	(亩)	Area of Bases	(mu)	242658	60995	50100
农村妇女学校数	(所)	Number of Rural Woman Schools	(unit)	1924	3533	3550
受表彰情况		Basic Statistics on Commendation				
评选巾帼建功标兵数	(人)	Women Pacesetters in Performing Meritorious Services	(person)	1948	479	181
巾帼文明示范岗数	(个、所)	Number of Woman's Civilization Demonstration Posts	(unit)	2000	679	762
三八红旗手	(人)	March 8th Red Banner Winners	(person)	3655	2099	2290
三八红旗集体	(个)	March 8th Red Banner Groups	(unit)	1049	799	774
五好文明家庭	(户)	"Five Good" Civilized Families	(household)	426502	16703	10749

22—4 工 会 组 织 情 况
Basic Statistics on Trade Unions

年 份 Year	工会基层组织数(个) Number of Grassroots Unions (unit)	全省已建工会组织的基层单位职工与会员人数（人） Membership and Number of Staff and Workers in Grassroots Unions (person)						工会专职工作人员人数（人） Number of Full-time Personnel of Unions (person)
		职工人数 Number of Staff and Workers	#女职工 Female	#农民工 Rural Workers	会员人数 Membership	#女会员 Female	#农民工 Rural Workers	
2005	35828	4599881	1614030		4384087	1502544		13684
2010	61256	7102254	2437677	2282833	6663678	2317129	2082135	29837
2012	104452	8034712	2874950	2812424	7466536	2721859	2564198	28520
2013	118842	8405695	3000511	2996477	7817592	2866934	2780131	31712
2014	120120	8449313	3027230	2878936	7936712	2924183	2723081	32625
2015	123883	9570411	3397069	3998758	9047175	3305332	3845470	27793

22—5 妇 女 参 政 议 政 状 况
Basic Conditions on Women's Participating in the Administration and Discussion of State Affairs

项 目	Item	2005	2010	2014	2015
省(区、市)人大代表数 (人)	Provincial (area, city) National People's Congress number (persons)	732	739	742	740
#女性	Female	204	212	208	208
省(区、市)政协委员数 (人)	Provincial (area, city) CPPCC Member Number (persons)	750	743	743	740
#女性	Female	151	165	166	166
中共党员人数 (万人)	The number of members of the Communist Party of China (10000 persons)	285.00	315.90	346.50	350.99
#女性	Female	44.80	59.20	72.50	75.13
省级政府领导班子中女干部配备率 (%)	Female Cadres Portion of Provincial Rank Government Leading Group (%)	100.00	100.00	100.00	100.00
地级政府领导班子中女干部配备率 (%)	Female Cadres Portion of Region Rank Government Leading Group (%)	70.60	100.00	81.20	75.00
县级政府领导班子中女干部配备率 (%)	Female Cadres Portion of County Rank Government Leading Group (%)	97.10	87.60	88.60	90.10

22—6 妇 女 儿 童 教 育 培 训 情 况
Basic Conditions on Women and Children's Education and Training

项 目	Item	2005	2010	2014	2015
国有企事业单位各类专业技术人员数 (万人)	Number of Professional and Technical Personnel in State-owned Enterprises and Institutions (10000 persons)		210.0		299.00
#女 性	Female				
小学学龄儿童入学率 (%)	Percentage of School-age Children Enrolled (%)	99.50	99.93	99.98	99.96
女 性	Female	99.50	99.90	99.98	99.96
男 性	Male	99.50	99.90	99.98	99.96
九年义务教育巩固率 (%)	9 Years Compulsory Education Consolidation Rate (%)			92.2	93.0
高中阶段毛入学率 (%)	The Gross Enrollment Rate of High School (%)	43.3	80.0	91.9	92.0
高等教育毛入学率 (%)	The Gross Enrollment Rate of Higher Education (%)	17.3	24.3	37.9	40.6

22—7 妇女卫生保健状况
Basic Conditions on Women Hygiene

项　　目	Item	2005	2010	2014	2015
农村改水受益人口普及率 (%)	Percentage of People Benefited from Remade Water in Rural Area (%)	99.00	99.56	93.78	96.83
农村享有卫生厕所的人口覆盖率 (%)	Coverage Rate of people Who Enjoy Sanitary Toilet (%)	54.20	57.55	65.16	67.10
妇幼保健机构病床数 (张)	Number of Sickbeds in Maternity and Child Care Organs (unit)	2322	3265	3390	3454
妇幼保健机构医生数 (人)	Number of Doctors in Maternity and Child Care Organs (person)	2010	2248	2202	2305
孕产妇系统管理率 (%)	Percentage of Pregnant and Lying-in Women Under System Management (%)	59.40	39.04	76.32	85.30
住院分娩率 (%)	Percentage of Childbirths in Hospital (%)	86.10	98.69	99.89	99.95
孕产妇死亡率 (1/10万)	Death Rate of Pregnant and Lying-in Women (1/100 thousand)	41.20	25.46	12.02	17.26
已婚育龄妇女避孕率 (%)	Contraception Rate of Married Women in Their Childbearing Age (%)	91.40	89.71	89.49	87.05
婚前医学检查率 (%)	Percentage of Medical Examinations Before Marriage (%)	4.50	68.92	91.51	94.00

22—8 儿童卫生保健状况
Basic Conditions on Children Hygiene

项　　目	Item	2005	2010	2014	2015
婴儿死亡率 (‰)	Death Rate of Infants (‰)	21.77	10.70	4.80	4.54
5岁以下儿童死亡率 (‰)	Death Rate of Children Below Five (‰)	24.23	13.32	6.48	6.85
住院分娩出生缺陷发生率 (‰)	Percentge of Childbirth Defects in Hospital (‰)	8.83	12.11	11.72	11.52
卡介苗接种率 (%)	Rate of Inoculating With BCG Vaccine (%)	99.62	99.68	99.83	99.80
脊髓灰质炎疫苗接种率 (%)	Rate of Inoculating With Polio Vaccine (%)	97.76	99.66	99.64	99.75
百白破疫苗接种率 (%)	Rate of Inoculating With Joint Vaccine of Pertussis, Diphtheria and Tetanus	97.60	99.64	99.66	99.56
麻疹疫苗接种率 (%)	Rate of Inoculating With Measles Vaccine (%)	97.13	99.61	99.70	99.75
乙肝疫苗接种率 (%)	Rate of Inoculating With Hepatitis B Vaccine (%)	96.95	99.68	99.77	99.92
7岁以下儿童保健管理率 (%)	Percentage of Children Below Seven Under Health Management (%)	65.98	61.43	89.94	90.91
0–6个月婴儿纯母乳喂养率(%)	0-6 Month Baby Breastfeeding rate (%)		65.65	64.20	65.77
5岁以下儿童中重度贫血患病率 (%)	Prevalence of Severe Anemia Rate of Children Under 5 Years of Age (%)		1.13	0.90	0.85
5岁以下儿童低体重患病率(%)	Low Weight Rate of Children Under 5 Years of Age (%)		0.99	0.72	0.66

22—9 残疾人事业基本情况
Basic Information of People With Disabilities

指　标		Item		2010	2014	2015
康　复		**Rehabilitation**				
白内障复明手术		Sight-restoring Cataract Surgery				
白内障复明手术	(万例)	Sight-restoring Cataract Surgeries	(10000 cases)	2.9	3.7	5.5
人工晶体植入率	(%)	Artificial Intra-ocular Lens Implantation Rate	(%)	96	96	96
低视力配用助视器	(人)	Vision-aids Provided for Individuals With Low-vision	(person)	1058	5552	6798
聋儿康复		Rehabilitation of Children With Hearing Disability				
年收训聋儿	(人)	Hearing and Speech Training	(person)	769	1802	1483
聋儿入普幼普小率	(%)	Enrollment Rate of Trained Children to Ordinary Kindergartens and Primary Schools	(%)	37.0	60.0	60.0
培训家长	(人)	Parents Trained	(person)	1102	3719	3334
精神病防治康复		Prevention and Treatment of Psychiatric Diseases				
开展精神病防治康复工作市县数	(个)	Counties Carried on the Works of Prevention and Treatment of Psychiatric Diseases	(unit)	44	94	96
综合防治康复精神病人数	(万人)	Prevention and Treatment Provided for Patients With Severe Psychiatric Diseases	(10000 persons)	13.2	28.1	26.9
监护率	(%)	Guardianship Rate	(%)	91.2	84.0	83.0
显好率	(%)	Significant Improvement Rate	(%)	56.7	58.7	60.3
社会参与率	(%)	Social Involvement Rate	(%)	44.8	47.2	48.4
肇事率	(%)	Violent Events Rate	(%)	0.06	0.02	0.02
康复训练与服务	(人)	Rehabilitation Training and Service	(person)			
肢体残疾康复训练数		Function Training Provided to Persons With Physical Disability		3782	24629	32749
智残儿童康复训练数		Rehabilitation Training Provided to Children With Intellectual Disability		1031	6419	7768
脑瘫儿童康复训练数		Rehabilitation Training Provided to Children With Cerebral Palsy		303	2093	2181
麻风畸残康复		Rehabilitation of People With Leprosy				
矫治手术	(例)	Orthopedic Surgeries	(case)			
发放辅助用具	(件)	Assistant Devices Provided	(unit)			46
康复训练	(人)	Rehabilitation Training	(person)			46
教　育		**Education**				
未入学适龄残疾儿童少年	(万人)	School-age Disabled Children Without Schooling	(10000 persons)	0.99	0.52	0.36
职业教育与培训		Vocational Education and Training				
机构数	(个)	Facilities	(unit)	413	144	88
教育与培训人数	(人)	Number of Educated and Trained	(person)	26513	34382	33371
就　业		**Employment**				
城镇残疾人就业状况		Employment of Urban Handicapped				
当年安排就业人员	(人)	Persons Employed in the Year	(person)	12782	7914	9496
#按比例就业		Employed by Quota Scheme		3295	1752	1882
集中就业		Employed at Welfare Enterprises		3323	1604	1343
个体就业		Self-employed		6164	4558	5851
未安排就业	(人)	Unemployed	(person)	78344	42224	
农村残疾人就业状况		Employment of Rural Handicapped				
就　业	(万人)	Employed	(10000 persons)	107.7	76.4	72.5
未就业	(万人)	Unemployed	(10000 persons)	24.0	23.6	
残疾人就业服务机构	(个)	Employment Placement Service Facilities for Disabled Jobseekers	(unit)	115	95	95
省		Provinces		1	1	1
市		Cities (inc. cities at county level)		17	16	15
县（含县级市）		County		58	50	53
市辖区		Districts Under the Jurisdiction of Cities		41	28	26
盲人按摩		**Massage by Persons With Visual Disability**				
保健按摩员培训	(人)	Massage Therapists Training	(person)	2000	1214	1591
医疗按摩员培训	(人)	Keep-fit Massager Training	(person)	327	119	151
扶　贫		**Poverty Alleviation**				
扶持人数	(万人次)	Number of Supporting	(10000 person times)	11.9	15.2	15.8
脱贫人数	(万人次)	Number of Going out poor	(10000 person times)	2.4	3.2	3.9
残联组织建设		**Organization Building of Disabled Persons' Federation**				
残疾人工作者数	(人)	Workers for Handicapped	(person)	3061	3719	3364

22—10 律师、公证、调解、司法鉴定、法律援助工作基本情况
Basic Statistics on Lawyers, Notarization and Mediation

指标		Item		2000	2005	2010	2014	2015
律师工作		**Lawyers**						
律师事务所	(个)	Number of Law Offices	(unit)	326	407	500	608	668
律　师	(人)	Lawyers	(person)	3073	3820	5019	6763	7687
专职律师		Full-time Lawyers		1972	3424	4411	6127	6913
兼职律师		Part-time Lawyers		1101	347	281	339	381
公职律师		Government Lawyers			49	97	99	205
公司律师		Corporation Counsel				11	11	11
法援律师		Legal Aid Lawyers				219	187	177
聘请担任常年法律顾问的单位	(处)	Number of Units With Permanent Legal Advisors	(unit)	8713	10322	10945	14888	16941
民事、经济诉讼代理	(件)	Civil, Economic Litigation Agents	(case)	42404	89734	69615	113784	121621
刑事诉讼辩护及代理	(件)	Defense and Agent of Criminal Cases	(case)	16549	18217	15164	24629	25107
行政诉讼代理	(件)	Agent of Administrative Action	(case)	1957	3089	1428	2285	3621
非诉讼法律事务	(件)	Number of Non-litigious legal Affairs	(case)	12477	23253	5188	7582	8783
法律援助中心	(个)	Legal Aid Centre	(unit)	50	112	126	125	125
法律援助人员	(人)	Legal aid Staff	(person)	193	399	450	512	507
办理法律援助案件数	(件)	To Deal With Legal aid Cases	(case)	18227	6974	24715	66586	73558
司法鉴定工作		**Judicial Appraisal Work**						
司法鉴定所	(个)	Judicial Appraisal Unit	(unit)		87	104	121	118
司法鉴定人员	(人)	Judicial Appraisal Personnel	(person)		1295	1493	1738	1698
办理司法鉴定事项	(件)	Handing Judicial Appraisal Waork	(case)		15116	37927	70470	86958
公证工作		**Notarization**						
公证处	(个)	Number of Notary Offices	(unit)	113	108	84	83	83
公证人员	(人)	Notaries personnel	(person)	590	666	769	885	893
#公证员		Notaries		396	399	350	390	394
公证员助理		Assistant Notaries			100	201	278	256
办理公证事项	(件)	Notarized Matters	(unit)	336817	250658	375828	316544	320383
涉外及港澳台公证事项	(件)	And Hong Kong, Macao and Taiwan Notarization Matters Involving Foreign Elements	(case)		29105	53614	55782	56578
人民调解工作		**Number of People's Mediation**						
司法助理员	(人)	Number of Judicial Assistants	(person)	2564	4148	4307	3752	4911
人民调解委员会	(个)	Number of people's Mediation Committees	(unit)	38180	31180	23094	21011	20866
人民调解员	(人)	People's mediatorss	(person)	282420	205785	139366	111203	103912
调解民间纠纷	(件)	Number of Civil Disputes Mediated	(case)	288952	198869	329660	605726	630117

22—11 劳动人事争议仲裁委员会受理及处理案件情况（2015年）
Accepted and Settled Cases by Labor Dispute Arbitration Committee (2015)

单位：件（case）

案件类别	Category of Cases	合计 Total	国有企业 State-owned Enterprises	城镇集体企业 Urban Collective-owned Enterprises
上期未结案件数	**Number of Cases Left Over from Last Period**	**627**	**24**	**2**
案件受理情况	**Cases Accepted**	**20933**	**804**	**92**
案件数	Number of Cases	20933	804	92
＃集体争议案件数	Number of Collective Disputes	215	9	7
涉及劳动者人数（人）	Number of Related to Laborers (person)	33028	1030	173
＃集体争议涉及劳动者人数	Number of Collective Dispute Related Laborers	8415	160	94
案件处理情况	**Case Settled**	**20991**	**805**	**93**
结案件数	Number of Cases Settled	20991	805	93
处理方式	**Manners of Settlement**			
仲裁调解	By Mediation	9998	388	35
仲裁裁决	By Arbitration Lawsuit	9905	355	46
其他方式	Others	1088	62	12
处理结果	**Result of Settlement**			
用人单位胜诉	Won by Units	850	83	9
劳动者胜诉	Lawsuit Won by Laborers	9735	259	51
双方部分胜诉	Lawsuit Partly Won by Both Parties	9198	406	25
本期未结案数	**Number of Cases Dissettled**	**569**	**24**	**1**
案外调解争议数	**Number of Cases Settled by Other Forms**	**13774**	**387**	**46**

案件类别	Category of Cases	外商投资及港澳台投资企业 Foreign Funded and Hong Kong, Macao & Taiwan Chinese Funded Enterprises	私营企业 Private Enter-prises	其他 Others
上期未结案件数	**Number of Cases Left Over from Last Period**	**6**	**495**	**89**
案件受理情况	**Cases Accepted**			
案件数	Number of Cases	6	495	89
＃集体争议案件数	Number of Collective Disputes		192	1
涉及劳动者人数（人）	Number of Related to Laborers (person)	314	30422	371
＃集体争议涉及劳动者人数	Number of Collective Dispute Related Laborers		7949	35
案件处理情况	**Case Settled**			
结案件数	Number of Cases Settled	308	18998	330
处理方式	**Manners of Settlement**			
仲裁调解	By Mediation	158	8964	161
仲裁裁决	By Arbitration Lawsuit	149	9057	158
其他方式	Others	1	977	11
处理结果	**Result of Settlement**			
用人单位胜诉	Won by Units	16	726	6
劳动者胜诉	Lawsuit Won by Laborers	152	9024	118
双方部分胜诉	Lawsuit Partly Won by Both Parties	138	8199	171
本期未结案数	**Number of Cases Dissettled**	**6**	**432**	**89**
案外调解争议数	**Number of Cases Settled by Other Forms**	**220**	**12681**	**243**

22—12 公安机关立案的刑事案件情况
Criminal Cases Registered in Public Security Organs

案件类别	Category of Cases	立案（起）Number of cases Registered (case)		构成（%）Composition (%)	
		2014	2015	2014	2015
总　计	**Total**	**238338**	**257717**	**100.00**	**100.00**
#杀　人	Homicide	275	267	0.12	0.10
伤　害	Injury	4528	4058	1.90	1.57
抢　劫	Robbery	1764	1306	0.74	0.51
强　奸	Rape	1064	895	0.45	0.35
拐卖人口	Kidnapping and Selling People	1410	484	0.59	0.19
盗　窃	Larceny	174264	187726	73.12	72.84
诈　骗	Fraud	24090	30671	10.11	11.90
伪造、变造货币，持有使用伪造货币	Forging and Fabricating Bills or Using Forged Bills	35	83	0.01	0.03
其　他	Others	30908	32227	12.97	12.50

22—13 公安机关受理、查处治安案件情况
Offense Cases Against Public order Handled by Public Security Organs

单位：起（case）

案件类别	Category of Cases	2014		2015	
		受理 Number of Cases Accepted to be Treated	查处 Number of Cases Investigated and Treated	受理 Number of Cases Accepted to be Treated	查处 Number of Cases Investigated and Treated
总　计	**Total**	**632089**	**611792**	**650303**	**625654**
#扰乱单位、公共场所秩序	Disturbing Unit & Public Order	3919	3806	4247	4124
寻衅滋事	Making Trouble	2045	1914	2183	2059
阻碍执行职务	Handling Public Affairs	1813	1782	1541	1520
非法携带枪支、弹药、管制刀具	Illegal Holding of Gun、Ammo & Tube Cutting Tool	742	708	783	711
违反危险物质管理规定	Violation of Management Rule of Dangerous Material	881	865	1035	1011
殴打他人	Hitting other People	264380	258911	271546	264756
盗　窃	Stealing	81895	73321	94521	83667
诈骗、抢夺、敲诈勒索财物	Swindle Snatch & Blackmail Blackmailing Money & Goods	10705	9723	15555	14224
哄　抢	Making Scramble	17	16	21	21
卖淫、嫖娼	Prostitution & Go Whoring	1952	1919	2355	2336
赌　博	Gambling	9873	9677	10337	10112
其　他	Other	253867	249150	246179	241113

22—14 各市公安机关立案的刑事案件情况（2015年）
Criminal Cases Registered in Public Security Organs By Region (2015)

单位：起（case）

地 区	Region	总 计 Total	杀 人 Homicide	伤 害 Injury	抢 劫 Robbery	强 奸 Rape	拐卖人口 Kidnapping and Selling People
总 计	**Total**	**257717**	**267**	**4058**	**1306**	**895**	**484**
合肥市	Hefei	72108	26	473	164	106	67
淮北市	Huaibei	8004	6	277	56	36	2
亳州市	Bozhou	13464	27	461	199	88	23
宿州市	Suzhou	18193	23	111	108	130	44
蚌埠市	Bengbu	17513	16	413	35	62	1
阜阳市	Fuyang	21211	56	714	277	99	96
淮南市	Huainan	11330	11	211	95	46	24
滁州市	Chuzhou	16661	16	266	113	80	59
六安市	Luan	13095	17	235	67	76	24
马鞍山市	Maanshan	11407	9	159	46	16	29
芜湖市	Wuhu	16941	12	197	41	31	1
宣城市	Xuancheng	8141	7	136	23	27	13
铜陵市	Tongling	5756	3	36	21	7	1
池州市	Chizhou	5359	8	80	12	21	2
安庆市	Anqing	14021	23	218	41	57	97
黄山市	Huangshan	4513	7	71	8	13	1

地 区	Region	盗 窃 Larceny	诈 骗 Fraud	伪造、变造货币，持有使用伪造货币 Forging and Fabricating Bills or Using Forged Bills	其 他 Others	青少年刑事案件作案成员占全部作案成员比重(%) Proportion of Young People In Criminal Cases
总 计	**Total**	**187726**	**30671**	**83**	**32227**	**18.10**
合肥市	Hefei	55996	10430	18	4828	28.29
淮北市	Huaibei	5529	1296	3	799	20.69
亳州市	Bozhou	9788	847		2031	8.46
宿州市	Suzhou	13049	1654	40	3034	14.08
蚌埠市	Bengbu	12880	2373	1	1732	19.49
阜阳市	Fuyang	15541	1446	3	2979	13.51
淮南市	Huainan	7275	909	1	2758	20.25
滁州市	Chuzhou	12584	1746	2	1795	17.68
六安市	Luan	9299	1248	2	2127	16.01
马鞍山市	Maanshan	8273	1366	1	1508	19.02
芜湖市	Wuhu	11473	2435	3	2748	15.54
宣城市	Xuancheng	5430	945	4	1556	13.02
铜陵市	Tongling	4492	736		460	23.51
池州市	Chizhou	3794	770	1	671	17.20
安庆市	Anqing	9523	1737	4	2321	18.29
黄山市	Huangshan	2800	733		880	21.99

注：公安部分分市数据（22—14至22—15、22—17至22—18）为区划调整前数据。
a) The ministry of public security component, data (22-14 to 22-15 and 22-17 to 22-18) for the division before the adjustment data.

22—15 各市公安机关查处治安案件情况（2015年）
Offense Caese Against Public order Handled by Public Security Organs By Region (2015)

单位：起（case）

地 区	Region	总 计 Total	扰乱单位、公共场所秩序 Disturbing Unit & Public Order	寻衅滋事 Making Trouble	阻碍执行职务 Handling Public Affairs	非法携带枪支、弹药、管制刀具 Illegal Holding of Gun、Ammo & Tube Cutting Tool	违反危险物质管理规定 Violation of Management Rule of Dangerous Material
总 计	**Total**	**625654**	**4124**	**2059**	**1520**	**711**	**1011**
合肥市	Hefei	168328	908	76	126	59	142
淮北市	Huaibei	21437	48	57	25	9	87
亳州市	Bozhou	29277	170	134	549	35	78
宿州市	Suzhou	53870	141	145	50	29	43
蚌埠市	Bengbu	45386	627	455	89	31	25
阜阳市	Fuyang	30869	247	213	130	43	55
淮南市	Huainan	27529	307	74	34	33	25
滁州市	Chuzhou	31715	89	46	23	20	30
六安市	Luan	34269	494	314	162	65	80
马鞍山市	Maanshan	14885	93	61	32	130	74
芜湖市	Wuhu	45575	145	61	45	35	206
宣城市	Xuancheng	15971	141	93	68	62	23
铜陵市	Tongling	13010	77	47	13	26	4
池州市	Chizhou	10737	166	55	24	17	14
安庆市	Anqing	56967	355	148	111	67	110
黄山市	Huangshan	25829	116	80	39	50	15

地 区	Region	殴打他人 Hitting Other People	盗 窃 Stealing	诈骗、抢夺、敲诈勒索财物 Swindle Snatch & Blackmail Blackmailing Money & Goods	哄 抢 Making Scramble	卖淫、嫖娼 Prostitution & Go Whoring	赌 博 Gambling	其 他 Other
总 计	**Total**	**264756**	**83667**	**14224**	**21**	**2336**	**10112**	**241113**
合肥市	Hefei	61829	22954	4737	5	469	1866	75157
淮北市	Huaibei	6708	1824	140		5	25	12509
亳州市	Bozhou	12292	4943	357	1	90	170	10458
宿州市	Suzhou	23152	3441	355		59	150	26305
蚌埠市	Bengbu	21374	3805	1076	3	84	1374	16443
阜阳市	Fuyang	11597	9529	871	4	236	643	7301
淮南市	Huainan	8988	5973	1185	6	149	808	9947
滁州市	Chuzhou	16326	5072	834		42	372	8861
六安市	Luan	18244	5304	1309	1	58	328	7910
马鞍山市	Maanshan	3609	7042	612		87	351	2794
芜湖市	Wuhu	20018	3079	215		322	1042	20407
宣城市	Xuancheng	5997	2454	635		139	938	5421
铜陵市	Tongling	2363	1936	654		26	111	7753
池州市	Chizhou	6198	985	140		41	54	3043
安庆市	Anqing	29707	4596	971	1	194	772	19935
黄山市	Huangshan	16354	730	133		335	1108	6869

22—16 检察机关直接立案侦查案件情况（2015年）
Cases Under Direct Investigation by Procurator's Offices (2015)

案件类别	Category of Cases	受案(起) Cases Accepted	立案合计 Total Number of Cases Registered		大案(件) Large Cases	要案(人) Key Cases	结案合计 Total Number of Cases Setted	
		(case)	件 (case)	人 (person)	(case)	(person)	件 (case)	人 (person)
总计	**Total**	**2918**	**1601**	**2074**	**157**	**110**	**1428**	**1853**
贪污贿赂案件小计	**Sub-total of Cases on Corruption and Bribery**	**2255**	**1285**	**1636**		**101**	**1156**	**1477**
贪污	Corruption	757	352	631		6	321	581
贿赂	Bribery	1373	852	903		95	756	796
挪用公款	Misappropriation of Public Funds	108	77	94			76	93
集体私分	Collectve Illegal Possession of Public Funds	5	4	8			3	7
巨额财产来源不明	Unstated Source of Large Properties	12						
渎职案件小计	**Sub-total of Cases on Abuse and Dereliction of Duty**	**663**	**316**	**438**	**157**	**9**	**272**	**376**
滥用职权	Abuse of Power	363	170	216	96	9	131	176
玩忽职守	Dereliction of Duty	133	79	107	39		67	91
徇私舞弊	Fraudulent Practice	97	36	58	7		34	51
其他	Others	70	31	57	15		40	58

22—17 检察机关处理申诉案件情况（2015年）
Appeals Handled by Procurator's Offices (2015)

单位：件（case）

案件类别	Category of Cases	受理 Cases Accepted	立案复查 Cases Registered of Reinvestigation	结案 Cases Settled	改变原决定 Original Decision Changed
总计	**Total**	**3599**	**381**	**389**	**21**
不服刑事拘留	Appeals Against Criminal Detention	20			
不服不立案	Appeals Against Rejection of The Case	311			
不服逮捕	Appeals Against Arrest	38			
不服不批捕	Appeals Against Rejection of Arrest	35	2	2	1
不服不起诉	Appeals Against Rejection of Prosecute	124	95	98	13
不服撤案	Appeals Against Withdrawal of the Case	10	4	3	
不服原免于起诉	Appeals Against Original Exemption of Lawsuit	9	2	3	1
不服刑事判决	Appeals Against Judgment of Criminal Case	928	270	274	3
不服劳教	Appeals Against Judgment of Reeducation Through Labor				
其他	Others	2124	8	9	3

22—18 人民法院行政一审案件收结案情况（2015年）
First Trial Administrative Cases Accepted and Settled by Courts (2015)

单位：件（case）

项 目	Item	收 案 Cases Accepted	结 案 Cases Settled	维 持 Affirmation of Original Judgement	撤 销 Cancellation	驳回起诉 Reject	撤 诉 Withdrwal	其 他 Other	结案中单独提起行政赔偿 Of the Cases Settled: Set Administrative Compensation Alome
总 计	**Total**	**7201**	**6295**	**204**	**388**	**1092**	**1815**	**2796**	**171**
公 安	Public Security	1277	1165	58	16	159	413	519	50
资 源	Resources	1048	910	18	75	183	191	443	21
城 建	City Construction	1615	1392	51	67	268	349	657	41
工 商	Industry and Commerce	110	98	1	8	10	41	38	2
卫 生	Health	10	8		1	2	2	3	
环 保	Environmental Protection	26	22	1	1	6	4	10	
交 通	Traffic	95	93	3	3	4	65	18	
税 务	Tax	13	13	1	2		4	6	1
其 他	Others	3007	2594	71	215	460	746	1102	56

22—19 人民法院刑事一审案件收结案情况（2015年）
First Trial Criminal Cases Accepted and Settled by Courts (2015)

单位：件（case）

案件类别	Category of Cases	收 案 Cases Accepted	结 案 Cases Settled
总 计	**Total**	**38300**	**37156**
危害公共安全罪	Offences Against Public Security	10904	10812
破坏社会主义市场经济秩序罪	Offences Against Socialist Economic Order	1752	1598
侵犯公民人身权利、民主权利罪	Offences Against Citizens' Personal and Democratic Rights	7286	7187
侵犯财产罪	Offences Against Properties	8460	8326
妨碍社会管理秩序罪	Offences Against Social Management of order	8136	8034
危害国防利益罪	Offences Against National Defense	16	16
贪污贿赂罪	Offences on Corruption and Bribery	1527	1005
渎 职 罪	Offences on Dereliction of Duty	217	176
其 他	Others	2	2

22—20 人民法院合同纠纷一审案件收结案情况（2015年）
First Trial Cases of Contract Disputes Accepted and Settled by Courts (2015)

单位：件（case）

项　目	Item	收　案 Cases Accepted	结　案 Cases Settled					
				判　决 Hudgement	驳回起诉 Reject	撤　诉 Withdrwal	调　解 Mediation	其　他 Other
总　计	**Total**	**235235**	**220590**	**94443**	**3774**	**57112**	**62355**	**2906**
买卖合同	Buying and Selling Contracts	38549	36086	14694	674	9872	10507	339
房地产开发经营合同	Real Estate Developing and Managing Contracts	6323	5689	2322	111	1291	1727	238
供用电、水、气、热力合同	Electricity, Water and Gas and Using Contracts	136	132	43		62	26	1
借款合同	Loan Contracts	97318	91851	46276	1415	19517	23594	1049
租赁合同	Leasing Contracts	9224	8325	3924	138	2216	1951	96
建设工程合同	Construction Project Contracts	10126	8937	4126	218	2284	2120	189
承揽合同	Contractor	3467	3295	1207	42	802	1174	70
运输合同	Transportation Contracts	1246	1191	546	20	327	290	8
知识产权合同	Intellectual property Right	11	10	5		3	1	1
经营合同	Operating Contracts	2313	2127	879	44	653	506	45
农村承包合同	Rural Contracts	124	95	37	1	39	14	4
电信合同	Telecommunication Contracts	694	694	20	1	394	278	1
服务合同	Service Contracts	15339	15105	2571	106	8978	3154	296
劳动争议	Labour Contention	21137	19649	5840	429	4493	8686	201
劳务合同	Labour Contracts	7372	7040	2191	86	1553	3166	44
其　他	Others	21856	20364	9762	489	4628	5161	324

22—21 人民法院婚姻家庭、继承、权属、侵权纠纷及其他民事一审案件收结案情况（2015年）
First Trial Civil Cases of Marriage and Family, Inheritance, Right and Infringement Disputes and Other Civil Cases Accepted and Settled by Courts (2015)

单位：件（case）

项　目	Item	收　案 Cases Accepted	结　案 Cases Settled					
				判　决 Hudgement	驳回起诉 Reject	撤　诉 Withdrwal	调　解 Mediation	其　他 Other
总　计	**Total**	**195235**	**189680**	**63384**	**2775**	**38026**	**63835**	**21660**
婚姻家庭	Marriage and Family	85015	83487	30571	534	21922	29912	548
继　承	Inheritance	1387	1295	427	31	292	529	16
所有权及与所有权相关权利纠纷	Ownership and Related Right Disputes	9506	8724	3355	508	3132	1619	110
票据、证券权益纠纷	Rights and Interests Disputes of Bills and Securities	109	106	44	1	27	22	12
股东权纠纷	Shareholder Right Disputes	908	778	372	33	216	122	35
知识产权	Intellectual Property Right	2786	2618	641	14	661	1294	8
不正当竞争纠纷	Illegitimate Competition Disputes	20	25	12	1	9	3	
人身权纠纷	Personal Right Disputes	62834	60429	24060	202	7371	28687	109
特殊侵权纠纷	Special Infringement Disputes	5081	4843	2178	103	1227	1290	45
不当得利	Irrational Interests	1816	1667	695	52	604	288	28
无因管理	No Cause management	25	20	7		11		2
适用特别程序案件	Cases Suitable for Special Procedure	24949	25068	670	1264	2403		20731
其　他	Others	799	620	352	32	151	69	16

22—22 全省统计执法检查情况（2015年）
Statistical Law Enforcement Inspection Situation (2015)

地 区 Region		检查单位（个）Inspection Unit (unit)	统计违法行为（件）Statistical Illegal Activity (case)	立案案件（件）Put on Record Case (case)	结案案件（件）Settled Lawsuit Case (case)			
					总计 Total	按违法性质分 Grouped by Illegal Character		
						提供不真实或不完全整统计资料 Provide False or Incomplete Entire Statistics	拒报 Refusing to Report	迟报 Late Reported
总计	**Total**	**13957**	**1399**	**1102**	**1074**	**240**	**3**	**48**
合肥市	Hefei	1762	195	195	194	73		
淮北市	Huaibei	436	111	37	37	5		1
亳州市	Bozhou	1263	32	11	11	5		
宿州市	Suzhou	1504	187	67	57	24		8
蚌埠市	Bengbu	687	69	69	69	15		6
阜阳市	Fuyang	1058	126	116	105	8	2	11
淮南市	Huainan	566	62	62	59	26		3
滁州市	Chuzhou	929	56	53	53	8		5
六安市	Luan	730	66	66	66	19		1
马鞍山市	Maanshan	521	52	52	52	9		
芜湖市	Wuhu	1174	126	103	103	10		2
宣城市	Xuancheng	505	70	70	70	5	1	4
铜陵市	Tongling	302	32	32	32	4		
池州市	Chizhou	342	30	30	30	10		5
安庆市	Anqing	1128	134	89	86	8		
黄山市	Huangshan	500	43	42	42	11		
广德县	Guangde	106	2	2	2			2
宿松县	Susong	70	6	6	6			

地 区 Region		结案案件（件）Settled Lawsuit Case (case)						
		未按规定设置原始记录和统计台帐 Installing Original Records & Statistical Table Account Without the Regulation	其他 Other	按处理情况分 Grouped by Handling Situation				
				警告 Admonition	罚款 Fines		通报曝光 Reporting Exposure	其他 Other
					件数 Cases	金额（万元）Sum of Money (10000 yuan)		
总计	**Total**	**282**	**501**	**569**	**44**	**98.3**	**411**	**91**
合肥市	Hefei	49	72	129	24	88.1	109	5
淮北市	Huaibei	7	24	37				
亳州市	Bozhou	3	3				11	
宿州市	Suzhou	13	12	4	8	7.9	46	
蚌埠市	Bengbu	5	43	15	5		8	41
阜阳市	Fuyang	39	45	64			58	
淮南市	Huainan	21	9	23	1	0.2	35	
滁州市	Chuzhou	20	20	41			12	
六安市	Luan	12	34	13	4	0.6	49	
马鞍山市	Maanshan	15	28	14			4	34
芜湖市	Wuhu	32	59	103				
宣城市	Xuancheng	18	42	43			27	
铜陵市	Tongling	4	24	21			11	
池州市	Chizhou	9	6	5			20	5
安庆市	Anqing	19	59	36				
黄山市	Huangshan	16	15	19	2	1.5	21	
广德县	Guangde			2				
宿松县	Susong		6					6

22—23 交通和火灾事故发生情况
Basic Statistics on Traffic Accidents and Fires

指　标	Item	2000	2005	2010	2014	2015
交通事故发生数　(起)	Number of Traffic Accidents (case)	25809	17474	7714	16071	13736
一次性死亡三人以上事故	Accidents With More Than Three Deaths One Time	57	85	54	28	26
交通事故损失　(万元)	Losses of Traffic Accidents (10000 yuan)	7970.0	6118.0	2349.6	6729.0	6122.5
一次性死亡三人以上事故	Accidents With More Than Three Deaths One Time	304.0	306.0	116.6	90.4	181.2
火灾事故发生数　(起)	Number of Fires (case)	6099	9182	5174	12319	10880
特　大	Extraordinarily Serious	2	1	13		
重　大	Serious	8	6	47		
较　大	Larger				1	2
一　般	Ordinary	6089	9175	5114	12318	10878
火灾事故损失　(万元)	Losses of Fires (10000 yuan)	5704.0	3393.4	8474.3	14043.6	11221.0
特　大	Extraordinarily Serious	2373.0	361.5	2495.1		
重　大	Serious	358.0	370.9	2500.7		
较　大	Larger				69.9	74.0
一　般	Ordinary	2973.0	2661.0	3478.5	13973.7	11147.0

22—24 交通事故情况（2015年）
Basic Statistics on Traffic Accidents (2015)

指　标	Region	发生数（起）Number of Araffic Accidents (case)	死亡人数（人）Number of Deaths (person)	受伤人数（人）Number of Injuries (person)	损失折款（万元）Losses Coverted Into Cash (10000 yuan)
总　计	**Total**	**13736**	**2595**	**15342**	**6122.5**
#一次性死亡三人以上事故	Accidents With More Than Three Deaths One Time	26	103	97	181.2
机动车	Motor-driven Vehicles	11343	2251	12329	5798.7
汽　车	Automobiles	10365	2102	10903	5594.81
摩托车	Motorcycles	2016	316	2583	574.12
拖拉机	Tractors	513	147	510	178.65
农业运输车	Transport Vehicles for Agricultural Use				
非机动车	Non-motor-driven Vehicles	6429	865	7282	1334.73
#自行车	Bicycles	473	101	444	82.08
#其它非机动车	Other Non-motor-driven Vehicles	5956	764	6838	1252.65
行人、乘车人	Pedestrians	2725	783	2508	601.6

注：机动车相关指标有重复计算。
a) Motor vehicle related indicators have repeated calculation.

22—25 主要年份火灾事故情况
Basic Statistics on Fires in Main Year

年份 Year	发生数（起） Number of Traffic Accidents (case)	死亡人数（人） Number of Deaths (person)	受伤人数（人） Number of Injuries (person)	直接经济损失（万元） Losses Converted into Cash (10 000 yuan)	人口火灾发生率（1/10万人） Average Number of Fires Per 100 Thousand Persons
2000	6099	79	148	6819.4	9.8
2005	9182	93	98	4956.1	11.8
2006	9141	38	45	5638.9	14.0
2007	6755	60	36	5623.8	10.2
2008	5882	72	29	8618.6	8.7
2009	5475	45	24	8400.4	8.1
2010	5174	35	21	8474.3	8.0
2011	5400	33	13	5496.0	9.1
2012	5377	33	13	5293.0	7.8
2013	11706	61	56	16320.2	16.9
2014	12319	35	44	14043.6	17.8
2015	10880	28	47	11221.0	15.7

22—26 火灾事故发生情况（2015年）
Basic Statistics on Fires (2015)

项目	Item	合计 Total	按事故发生程度分 By Serious Degree of Fires			
			特大 Extraordinarily Serious	重大 Serious	较大 Larger	一般 Ordinary
发生（起）	Fires (case)	10880			2	10878
死亡（人）	Deaths (person)	28			10	18
受伤（人）	Injuries (person)	47			13	34
损失折款（万元）	Losses Converted Into Cash (10000 yuan)	11221			74	11147
平均每起事故损失（元）	Average Loss Per Fire (yuan)	10313			370000	10247

22—27 各市交通事故情况（2015年）
Basic Statistics on Traffic Accidents by Region (2015)

地区	Region	合计 Total 发生数(起) Number of Traffic Accidents (case)	死亡人数(人) Number of Deaths (person)	受伤人数(人) Number of Injuries (person)	损失折款(万元) Losses Coverted Into Cash (10000 yuan)	城区 Urban Areas 发生数(起) Number of Traffic Accidents (case)	死亡人数(人) Number of Deaths (person)	受伤人数(人) Number of Injuries (person)
总　计	**Total**	**13736**	**2595**	**15342**	**6123**	**5759**	**974**	**6082**
合肥市	Hefei	2396	376	2474	1214	1239	120	1238
淮北市	Huaibei	532	68	666	200	275	38	334
亳州市	Bozhou	1084	186	1229	335	398	50	434
宿州市	Suzhou	843	209	830	273	333	75	320
蚌埠市	Bengbu	378	115	435	94	228	63	248
阜阳市	Fuyang	738	142	704	407	228	65	199
淮南市	Huainan	733	85	790	225	567	64	605
滁州市	Chuzhou	511	181	369	561	157	41	114
六安市	Luan	1093	236	1425	395	430	91	533
马鞍山市	Maanshan	761	132	773	153	407	55	427
芜湖市	Wuhu	1700	233	1965	600	600	98	617
宣城市	Xuancheng	537	159	589	519	191	77	195
铜陵市	Tongling	94	26	100	20	79	11	81
池州市	Chizhou	284	92	348	104	65	42	62
安庆市	Anqing	1406	266	1781	720	185	51	200
黄山市	Huangshan	645	89	864	306	377	33	475

22—28 各市火灾事故情况（2015年）
Basic Statistics on Fires by Region (2015)

地区	Region	发生数(起) Number of Fires (case)	死亡人数(人) Number of Deaths (person)	受伤人数(人) Number of Injuries (person)	直接经济损失(万元) Direct Losses (10000 yuan)	人口火灾发生率(1/10万人) Average Number of Fires Per 100 Thousand People
总　计	**Total**	**10880**	**28**	**47**	**11221**	**15.7**
合肥市	Hefei	2876	9	14	751	39.9
淮北市	Huaibei	1007	2	1	947	45.8
亳州市	Bozhou	155	7	5	504	2.5
宿州市	Suzhou	142			945	2.2
蚌埠市	Bengbu	760	1	4	808	20.0
阜阳市	Fuyang	286		10	780	2.8
淮南市	Huainan	957	2	2	159	38.3
滁州市	Chuzhou	1049	1		2400	23.3
六安市	Luan	737		1	483	10.2
马鞍山市	Maanshan	822	2	2	427	35.7
芜湖市	Wuhu	477		1	403	12.6
宣城市	Xuancheng	870	1		579	31.1
铜陵市	Tongling	79			263	11.3
池州市	Chizhou	127	1	1	389	7.9
安庆市	Anqing	229	2	3	1026	3.7
黄山市	Huangshan	307		3	357	20.5

22—29 灾 害 情 况（2015年）
Statistics on Disasters (2015)

项 目	Item	自然灾害直接经济损失（亿元）Direct Losses of Natural Disasters (100 million yuan)	农业经济损失 Agricultural Losses	农作物灾害（万公顷）Area of Crop Disaster (10000 hectare) 受灾面积 Areas Covered	绝收面积 Areas of Total Crop Failure	受灾人口（万人）Population Covered (10000 persons)
总 计	**Total**	**120.14**	**63.11**	**94.89**	**14.89**	**1050.54**
#旱 灾	Drought					
洪涝灾	Floods	74.34	43.56	71.96	13.29	788.54

22—30 救 灾 情 况
Statistics on Disaster Relief

单位：万元 (10000 yuan)

项 目	Item	财政资金投入 Investment of Financial Fund 2014	2015	接受捐赠下拨 Appropriation to Lower Levels From Donation 2014	2015
总 计	**Total**	**22812**	**33611**	**77.4**	**345.0**
中 央	Central Government	19480	29492		
省 级	Provincial-level	2500	2175		
地 市	Prefecture-level	135	716		
县 级	County-level	697	1228	77.4	345.0

22-31 福 利 彩 票
Welfare Lottery

项 目	Item	2014	2015
福利彩票发行额（亿元）	Circulation of Welfare Lottery (100 million yuan)	69.30	65.63
福利彩票公益金提取额（亿元）	Public Welfare Funds Drawn from Welfare Lottery (100 million yuan)	19.40	18.07

22-32 体 育 彩 票
Sport Lottery

项 目	Item	2014	2015
体育彩票销售额（亿元）	Circulation of Sport Lottery (100 million yuan)	46.10	50.72
体育彩票公益金提取额（亿元）	Public Welfare Funds Drawn from Sport Lottery (100 million yuan)	11.10	11.45

主要统计指标解释

律师

指依法取得律师执业证书，接受委托或者指定，为当事人提供法律服务的执业人员。

公证人员

指在公证处工作的人员总称，包括公证处主任、副主任、公证员、公证员助理和其他从事辅助性工作的人员。

公证文书

指公证处根据当事人申请，依照事实和法律，按照法定程序制作的，具有法律效力的司法证明文书。

调解人员

指在人民调解委员会担负调解民间一般民事纠纷和轻微违法行为引起纠纷的工作人员，包括调解委员会的委员和调解小组的调解员。

调解民间纠纷

指调解委员会依照法律规定，根据自愿原则，用说服教育的方法调解民间发生的有关民事权利和义务的争执，促成当事双方达到协议和谅解，解决纠纷。包括婚姻家庭纠纷，财产权益纠纷等，不包括法院受理调解的民事案件数。

特别重大火灾

指造成 30 人以上死亡，或者 100 人以上重伤，或者 1 亿元以上直接财产损失的火灾。

重大火灾

指造成 10 人以上 30 人以下死亡，或者 50 人以上 100 人以下重伤，或者 5000 万元以上 1 亿元以下直接财产损失的火灾。

较大火灾

指造成 3 人以上 10 人以下死亡，或者 10 人以上 50 人以下重伤，或者 1000 万元以上 5000 万元以下直接财产损失的火灾。

一般火灾

指造成 3 人以下死亡，或者 10 人以下重伤，或者 1000 万元以下直接财产损失的火灾。

人民检察院直接立案侦查案件

指按照管辖的规定，由人民检察院直接立案侦查的贪污贿赂犯罪、渎职犯罪、国家机关工作人员利用职权实施的侵犯公民人身权利和民主权利的犯罪以及经省级人民检察院决定立案侦查的国家机关工作人员利用职权实施的其他重大犯罪案件。

立案

指检察机关对犯罪线索进行初步调查后，认为存在职务犯罪事实并需要追究刑事责任时，依法决定作为刑事案件进行侦查的诉讼活动，是追究犯罪的开始。

大案

贪污贿赂犯罪案件指贪污、贿赂数额在 5 万元以上，挪用公款案在 10 万元以上，其他案件在 50 万元以上。渎职犯罪大案一般为直接经济损失 5 万元以上，死亡 1 人以上或者重伤 3 人以上的案件；或虽然没有造成经济损失和伤亡，但犯罪情节恶劣或造成严重后果的案件。

要案

指县、处级以上干部的犯罪案件。该指标主要反映职务犯罪案件中县、处级以上干部被人民检察院依法立案侦查的情况。

青少年罪犯

指人民法院在报告期内判决发生法律效力的有罪判决中 14 周岁以上不满 25 周岁的罪犯。其中 14 周岁以上不满 18 周岁的罪犯为未成年罪犯。

行政案件

指公民、法人和其他组织不服行政机关作出的具体行政行为，向人民法院提起行政诉讼，人民法院依法审理的案件。

单独赔偿

指单独提起行政赔偿的案件。当事人对行政行为的合法性没有争议，就行政侵权造成的损害赔偿单独提起赔偿诉讼。

受理劳动争议案件数

指劳动争议仲裁委员会根据国家有关规定，对劳动争议当事人的申请予以审查，符合受理条件而正式立案、准备处理的劳动争议案件数。

收案

是指人民法院在报告期（月、季、年）内对符合诉讼法规定的立案条件，已决定立案的案件数。

结案

是指人民法院在统计报告期内，审理完毕或认为不需要再审理，决定结束审理或者做出实体或程序方面处理的案件数。

Explanatory Notes for Major Statistical Indicators

Lawyers

refers to the legally obtained a lawyer's practice certificate, accept entrust or specify, for the parties to provide legal services practitioners.

Notary Personnel

refers to the floorboard of notarization work personnel, including the notary office director and deputy director, notaries, assistant notaries, and other personnel engaged in the work of supporting.

Notary Documents

refer to the judicial notary documents drawn up at the request of the interested party and are in accordance with facts and the law and following certain legal proceedings.

Mediators

refer to workers on people's mediation committees responsible for mediating in civil disputes and cases of slight infraction of the law. They include members of the mediation committees and mediators of mediation groups.

Mediation of Civil Disputes

refers to mediation committees' work in mediating in civil disputes concerning civil rights and duties through persuasion and education in accordance with the provisions of law on a voluntary basis, so as to solve disputes by helping the parties involved come to an agreement and understanding. These disputes include divorce cases and disputes over property ownership, but exclude the civil cases to be handled by the court.

Especially big fire

refers to a case which has caused over 30 deaths; or over 100 serious injuries; or a direct property loss over 100 million yuan.

Serious Fire Case

refers to a case which has caused over 10 to 30 deaths; or over 50 to 100 serious injuries; or a direct property loss over 50 million to 100 million yuan.

Big fire

refers to the three people above 10 people died here, or at least 10 people under 50 people seriously injured, or 10 million yuan and 50 million yuan the following direct property losses of fire.

Ordinary Fire Case

refers to a case which has caused less than three deaths; or less than 10 serious injuries; or a direct property loss less than 10 million yuan.

Cases Registered and Handled Directly by People's Procuratorate Offices

refer to those serious criminal cases that, according to the functional jurisdiction, are registered and handled by the People's Procuratorate Offices, including the ones on bribery and corruption, the ones on abuse and dereliction of duty, offences against citizens' personal and democratic rights by government officials abusing their powers; and that are registered and handled by the provincial Procuratorate offices in relation to other major crimes committed by government officials by abusing their powers.

Acceptance of Case

refers to the decision made by the procurators office to confirm the act of crime after initial investigation and to start legal proceedings of the case as criminal case.

Large Case

In case of corruption and bribery, it refers to the case involves a bribery of over 50000 yuan, or a misappropriation of over 100000, or other cases involving 500000 yuan. In case of offence on dereliction of duty, it refers to the case that causes an economic loss of over 50000, loss of one life, or severe injury of 3 persons; or a case that displays extremely disgusting behavior of the offender or results in grave aftermath.

Key Cases

refer to crimes committed by county and director-level officials. This indicator reflects the situation of those county and director-level officials involved in criminal cases registered and handled by People's Procuratorate offices.

Juvenile Criminals

refers to the offenders within the age range of 14 to 25 convicted guilty by the court during the reporting period while those between 14 and 18 are defined as minor offenders.

Administrative Cases

refers to the cases filed by citizens, corporations and other organizations against the specific administrative conducts of administrative authorities and handled by the court.

Separate Compensation

refers to cases that are separately filed for administrative compensation by the party who has no dispute on the legality of administrative conducts but brings proceedings separately to claim for damages caused by administrative tort.

Number of Labour Disputes Cases Accepted

refers to the number of cases of labour disputes submitted that, after being reviewed by the labour dispute arbitration committees in line with the relevant national regulations, are accepted and registered for treatment.

Cases Accepted

refers to the number of cases During the report period (month ,season ,year) that meet the specification of procedural law: and are determined in Acceptance of Cases.

Cases Settled

refers to the number of cases During the report period that are finished or need not checked, are determined in finishing and are Made a substantive or procedural aspects of processing.

第二十三篇

Chapter 23

省级和县级主要经济指标及位次

MAIN ECONOMIC INDICATORS AND THEIR ORDERS OF PRECEDENCE OF PROVINCE AND COUNTY

简要说明

一、本篇包括全国分省(市)主要年份经济指标及位次和本省县级主要经济指标及位次。

二、各县资料均来自本年鉴各篇。

三、人均指标依据年平均人数计算。

Brief Introduction

I. This chapter includes main economic indicators and their orders of precedence of provinces and counties of Anhui in major years.

II. Data of counties are extracted from the concerned data in other chapters in this yearbook.

III. Per capita indicators are calculated in accordance with annual average population.

23—1 全国分省（市）主要年份生产总值及位次
Gross Domestic Product and Their Orders of Precedence in Major Years by Province or City

本表按当年价格计算 (Data in value terms in this table are calculated at current prices.) 单位：亿元（100 million yuan）

省（市）	Province or City	2000	位次 Order of Precedence	2005	位次 Order of Precedence	2010	位次 Order of Precedence	2014	位次 Order of Precedence	2015	位次 Order of Precedence
全　国	**National Total**	**100280**		**187319**		**413030**		**643974**		**685506**	
北　京	Beijing	3161.66	13	6969.52	10	14113.58	13	21330.83	13	23014.59	13
天　津	Tianjin	1701.88	23	3905.64	20	9224.46	20	15726.93	17	16538.19	19
河　北	Hebei	5043.96	6	10012.11	6	20394.26	6	29421.15	6	29806.11	7
山　西	Shanxi	1845.72	20	4230.53	16	9200.86	21	12761.49	24	12766.49	24
内蒙古	Inner Mongolia	1539.12	24	3905.03	21	11672.00	15	17770.19	15	17831.51	16
辽　宁	Liaoning	4669.06	8	8047.26	8	18457.27	7	28626.58	7	28669.02	10
吉　林	Jilin	1951.51	19	3620.27	22	8667.58	22	13803.14	22	14063.13	22
黑龙江	Heilongjiang	3151.40	14	5513.70	14	10368.60	16	15039.38	20	15083.67	21
上　海	Shanghai	4771.17	7	9247.66	7	17165.98	9	23567.70	12	25123.45	12
江　苏	Jiangsu	8553.69	2	18598.69	2	41425.48	2	65088.32	2	70116.38	2
浙　江	Zhejiang	6141.03	4	13417.68	4	27722.31	4	40173.03	4	42886.49	4
安　徽	**Anhui**	**2902.09**	**15**	**5350.17**	**15**	**12359.33**	**14**	**20848.75**	**14**	**22005.63**	**14**
福　建	Fujian	3764.54	10	6554.69	13	14737.12	12	24055.76	11	25979.82	11
江　西	Jiangxi	2003.07	18	4056.76	17	9451.26	19	15714.63	18	16723.78	18
山　东	Shandong	8337.47	3	18366.87	3	39169.92	3	59426.59	3	63002.33	3
河　南	Henan	5052.99	5	10587.42	5	23092.36	5	34938.24	5	37002.16	5
湖　北	Hubei	3545.39	12	6590.19	12	15967.61	11	27379.22	9	29550.19	8
湖　南	Hunan	3551.49	11	6596.10	11	16037.96	10	27037.32	10	28902.21	9
广　东	Guangdong	10741.25	1	22557.37	1	46013.06	1	67809.85	1	72812.55	1
广　西	Guangxi	2080.04	16	3984.10	18	9569.85	18	15672.89	19	16803.12	17
海　南	Hainan	526.82	28	918.75	28	2064.50	28	3500.72	28	3702.76	28
重　庆	Chongqing	1791.00	22	3467.72	23	7925.58	23	14262.60	21	15717.27	20
四　川	Sichuan	3928.20	9	7385.10	9	17185.48	8	28536.66	8	30053.10	6
贵　州	Guizhou	1029.92	27	2005.42	26	4602.16	26	9266.39	26	10502.56	25
云　南	Yunnan	2011.19	17	3462.73	24	7224.18	24	12814.59	23	13619.17	23
西　藏	Tibet	117.80	31	248.80	31	507.46	31	920.83	31	1026.39	31
陕　西	Shanxi	1804.00	21	3933.72	19	10123.48	17	17689.94	16	18021.86	15
甘　肃	Gansu	1052.88	26	1933.98	27	4120.75	27	6836.82	27	6790.32	27
青　海	Qinghai	263.68	30	543.32	30	1350.43	30	2303.32	30	2417.05	30
宁　夏	Ningxia	295.02	29	612.61	29	1689.65	29	2752.10	29	2911.77	29
新　疆	Xinjiang	1363.56	25	2604.19	25	5437.47	25	9273.46	25	9324.80	26

注：因分级核算，各省、市、自治区汇总数不等于全国数据。（下同）

a) Because of the sizing calculation, the provinces, municipalities and autonomous regions hui is not equal to the total data (The same below).

23—2 全国分省（市）主要年份生产总值第一产业及位次

Gross Domestic Product of Precedence and Their Orders of Precedence by Province or City

本表按当年价格计算 (Data in value terms in this table are calculated at current prices.) 单位：亿元（100 million yuan）

省（市）	Province or City	2000	位 次 Order of Prece-dence	2005	位 次 Order of Prece-dence	2010	位 次 Order of Prece-dence	2014	位 次 Order of Prece-dence	2015	位 次 Order of Prece-dence
全 国	**National Total**	**14717**		**21807**		**39362**		**58343**		**60871**	
北 京	Beijing	79.25	27	88.68	28	124.36	29	158.99	29	140.21	29
天 津	Tianjin	73.69	28	112.38	26	145.58	27	199.90	28	208.82	28
河 北	Hebei	824.55	6	1400.00	6	2562.81	3	3447.46	5	3439.45	5
山 西	Shanxi	179.86	25	262.42	25	554.48	24	788.89	25	783.16	25
内蒙古	Inner Mongolia	350.80	18	589.56	18	1095.28	17	1627.85	17	1617.42	18
辽 宁	Liaoning	503.44	13	882.41	12	1631.08	11	2285.75	12	2384.03	12
吉 林	Jilin	398.73	16	625.61	17	1050.15	19	1524.01	20	1596.28	20
黑龙江	Heilongjiang	383.15	17	684.60	15	1302.90	14	2611.36	9	2633.50	9
上 海	Shanghai	76.68	26	90.26	27	114.15	30	124.26	30	109.82	30
江 苏	Jiangsu	1048.34	3	1461.51	4	2540.10	4	3634.33	3	3986.05	3
浙 江	Zhejiang	630.98	11	892.83	11	1360.56	13	1777.18	15	1832.91	15
安 徽	**Anhui**	**741.77**	**8**	**966.50**	**9**	**1729.02**	**9**	**2392.39**	**11**	**2456.69**	**11**
福 建	Fujian	640.57	10	827.36	13	1363.67	12	2014.80	13	2118.10	13
江 西	Jiangxi	485.14	14	727.37	14	1206.98	15	1683.72	16	1772.98	16
山 东	Shandong	1268.57	1	1963.51	1	3588.28	1	4798.36	1	4979.08	1
河 南	Henan	1161.58	2	1892.01	2	3258.09	2	4160.01	2	4209.56	2
湖 北	Hubei	662.30	9	1082.13	8	2147.00	8	3176.89	6	3309.84	8
湖 南	Hunan	784.92	7	1100.65	7	2325.50	6	3148.75	8	3331.62	7
广 东	Guangdong	986.32	4	1428.27	5	2286.98	7	3166.82	7	3345.54	6
广 西	Guangxi	557.38	12	912.50	10	1675.06	10	2413.44	10	2565.45	10
海 南	Hainan	192.00	24	300.75	24	539.83	25	809.52	24	854.72	24
重 庆	Chongqing	284.87	20	463.40	20	685.38	21	1061.03	22	1150.15	22
四 川	Sichuan	945.58	5	1481.14	3	2482.89	5	3531.05	4	3677.30	4
贵 州	Guizhou	271.20	21	368.94	22	625.03	22	1280.45	21	1640.61	17
云 南	Yunnan	431.80	15	661.69	16	1108.38	16	1990.07	14	2055.78	14
西 藏	Tibet	36.39	31	48.04	31	68.72	31	91.64	31	98.04	31
陕 西	Shanxi	258.22	22	435.77	21	988.45	20	1564.94	18	1597.63	19
甘 肃	Gansu	194.10	23	308.06	23	599.28	23	900.76	23	954.09	23
青 海	Qinghai	40.12	30	65.34	30	134.92	28	215.93	27	208.93	27
宁 夏	Ningxia	46.03	29	72.07	29	159.29	26	216.99	26	237.76	26
新 疆	Xinjiang	288.18	19	509.99	19	1078.63	18	1538.60	19	1559.08	21

23—3 全国分省（市）主要年份生产总值第二产业及位次

Gross Domestic Product of Secondary Industry and Their Orders of Precedence in Major Years by Province or City

本表按当年价格计算 (Data in value terms in this table are calculated at current prices.) 单位：亿元（100 million yuan）

省（市）	Province or City	2000	位次 Order of Precedence	2005	位次 Order of Precedence	2010	位次 Order of Precedence	2014	位次 Order of Precedence	2015	位次 Order of Precedence
全国	**National Total**	**45665**		**88084**		**191630**		**277572**		**280560**	
北京	Beijing	1033.29	15	2026.51	17	3388.38	23	4544.80	24	4542.64	24
天津	Tianjin	863.83	16	2135.07	16	4840.23	19	7731.85	17	7704.22	18
河北	Hebei	2514.96	5	5271.57	6	10707.68	6	15012.85	6	14386.87	6
山西	Shanxi	858.37	17	2357.04	14	5234.00	16	6293.91	21	5194.27	22
内蒙古	Inner Mongolia	582.57	24	1773.21	20	6367.69	14	9119.79	14	9000.58	14
辽宁	Liaoning	2344.40	6	3869.40	8	9976.82	7	14384.64	7	13041.97	10
吉林	Jilin	768.89	20	1580.83	21	4506.31	21	7286.59	19	7005.71	20
黑龙江	Heilongjiang	1731.70	9	2971.68	11	5204.11	17	5544.41	22	4798.08	23
上海	Shanghai	2207.63	8	4381.20	7	7218.32	12	8167.71	16	7991.00	16
江苏	Jiangsu	4435.89	2	10524.96	2	21753.93	2	30854.50	2	32044.45	2
浙江	Zhejiang	3273.93	4	7164.75	4	14297.93	4	19175.06	4	19711.67	4
安徽	**Anhui**	**1056.78**	**14**	**2245.90**	**15**	**6436.62**	**13**	**11077.67**	**12**	**10946.83**	**12**
福建	Fujian	1628.45	10	3175.92	9	7522.83	10	12515.36	10	13064.82	9
江西	Jiangxi	700.76	22	1917.47	19	5122.88	18	8247.93	15	8411.57	15
山东	Shandong	4164.45	3	10478.62	3	21238.49	3	28788.11	3	29485.90	3
河南	Henan	2294.15	7	5514.14	5	13226.38	5	17816.56	5	17917.37	5
湖北	Hubei	1437.38	11	2852.12	12	7767.24	9	12852.40	9	13503.56	7
湖南	Hunan	1293.18	13	2612.57	13	7343.19	11	12482.06	11	12810.82	11
广东	Guangdong	4999.51	1	11356.60	1	23014.53	1	31419.75	1	32613.54	1
广西	Guangxi	732.76	21	1510.68	23	4511.68	20	7324.96	18	7717.52	17
海南	Hainan	103.97	30	240.83	30	571.00	30	875.97	30	875.82	30
重庆	Chongqing	760.03	23	1564.00	22	4359.12	22	6529.06	20	7069.37	19
四川	Sichuan	1433.11	12	3067.23	10	8672.18	8	13962.41	8	13248.08	8
贵州	Guizhou	391.20	27	821.16	27	1800.06	27	3857.44	26	4147.83	25
云南	Yunnan	833.25	18	1426.42	24	3223.49	24	5281.82	23	5416.12	21
西藏	Tibet	27.05	31	63.52	31	163.92	31	336.84	31	376.19	31
陕西	Shanxi	782.58	19	1951.36	18	5446.10	15	9577.24	13	9082.13	13
甘肃	Gansu	421.65	26	838.56	26	1984.97	26	2926.45	27	2494.77	27
青海	Qinghai	108.83	29	264.61	29	744.63	29	1234.31	29	1207.31	29
宁夏	Ningxia	121.43	28	281.05	28	827.91	28	1341.24	28	1379.60	28
新疆	Xinjiang	537.58	25	1164.79	25	2592.15	25	3948.96	25	3596.40	26

23—4 全国分省（市）主要年份生产总值第三产业及位次

Gross Domestic Product of Precedence Industry and Their Orders of Precedence in Main Years by Province or City

本表按当年价格计算 (Data in value terms in this table are calculated at current prices.) 单位：亿元（100 million yuan）

省（市）	Province or City	2000	位次 Order of Precedence	2005	位次 Order of Precedence	2010	位次 Order of Precedence	2014	位次 Order of Precedence	2015	位次 Order of Precedence
全国	**National Total**	**39898**		**77428**		**182038**		**308059**		**344075**	
北京	Beijing	2049.12	6	4854.33	5	10600.84	5	16627.04	5	18331.74	5
天津	Tianjin	764.36	20	1658.19	16	4238.65	14	7795.18	14	8625.15	14
河北	Hebei	1704.45	8	3340.54	7	7123.77	7	10960.84	12	11979.79	12
山西	Shanxi	807.49	18	1611.07	17	3412.38	19	5678.69	22	6789.06	20
内蒙古	Inner Mongolia	605.74	24	1542.26	20	4209.02	15	7022.55	16	7213.51	19
辽宁	Liaoning	1821.20	7	3295.45	8	6849.37	8	11956.19	8	13243.02	8
吉林	Jilin	783.89	19	1413.83	22	3111.12	22	4992.54	24	5461.14	24
黑龙江	Heilongjiang	1036.55	15	1857.42	15	3861.59	17	6883.61	17	7652.09	16
上海	Shanghai	2486.86	4	4776.20	6	9833.51	6	15275.72	6	17022.63	6
江苏	Jiangsu	3069.46	2	6612.22	2	17131.45	2	30599.49	2	34085.88	2
浙江	Zhejiang	2236.12	5	5360.10	4	12063.82	4	19220.79	4	21341.91	4
安徽	**Anhui**	**1103.54**	**14**	**2137.77**	**14**	**4193.69**	**16**	**7378.69**	**15**	**8602.11**	**15**
福建	Fujian	1495.52	11	2551.41	13	5850.62	13	9525.60	13	10796.90	13
江西	Jiangxi	817.17	16	1411.92	23	3121.40	21	5782.98	21	6539.23	21
山东	Shandong	2904.45	3	5924.74	3	14343.14	3	25840.12	3	28537.35	3
河南	Henan	1597.26	9	3181.27	9	6607.89	9	12961.67	7	14875.23	7
湖北	Hubei	1445.71	13	2655.94	12	6053.37	11	11349.93	10	12736.79	11
湖南	Hunan	1473.39	12	2882.88	10	6369.27	10	11406.51	9	12759.77	10
广东	Guangdong	4755.42	1	9772.50	1	20711.55	1	33223.28	1	36853.47	1
广西	Guangxi	789.90	17	1560.92	18	3383.11	20	5934.49	20	6520.15	22
海南	Hainan	230.85	28	377.17	28	953.67	28	1815.23	28	1972.22	28
重庆	Chongqing	746.10	23	1440.32	21	2881.08	24	6672.51	18	7497.75	17
四川	Sichuan	1549.51	10	2836.73	11	6030.41	12	11043.20	11	13127.72	9
贵州	Guizhou	367.52	27	815.32	26	2177.07	25	4128.50	25	4714.12	25
云南	Yunnan	746.14	22	1374.62	24	2892.31	23	5542.70	23	6147.27	23
西藏	Tibet	54.37	31	137.24	31	274.82	31	492.35	31	552.16	31
陕西	Shanxi	763.20	21	1546.59	19	3688.93	18	6547.76	19	7342.10	18
甘肃	Gansu	437.13	26	787.36	27	1536.50	27	3009.61	27	3341.46	27
青海	Qinghai	114.73	30	213.37	30	470.88	30	853.08	30	1000.81	30
宁夏	Ningxia	127.56	29	259.49	29	702.45	29	1193.87	29	1294.41	29
新疆	Xinjiang	537.80	25	929.41	25	1766.69	26	3785.90	26	4169.32	26

23—5 全国分省（市）主要年份城镇固定资产投资及位次
Urban Investment in Fixed Assets and Their Orders of Precedence in Main Years by Province or City

单位：亿元（100 million yuan）

省（市） Province or City	2000	位次 Order of Precedence	2005	位次 Order of Precedence	2010	位次 Order of Precedence	2014	位次 Order of Precedence	2015	位次 Order of Precedence
全国 National Total	**24243**		**75096.48**		**270251.99**		**502004.90**		**551590.04**	
北京 Beijing	1186	6	2595.41	10	5350.84	22	6873.44	26	7446.02	26
天津 Tianjin	526	17	1367.48	24	6252.22	20	10490.37	21	11814.57	21
河北 Hebei	1048	7	3361.65	7	14621.72	6	26147.20	4	28905.74	5
山西 Shanxi	457	22	1671.91	19	5845.23	21	11976.96	18	13744.59	17
内蒙古 Inner Mongolia	347	24	2563.54	11	8838.67	12	17431.05	13	13529.15	18
辽宁 Liaoning	1028	8	3669.71	5	15793.64	4	24426.83	6	17640.37	13
吉林 Jilin	485	20	1595.92	21	7695.62	16	11254.84	19	12508.59	20
黑龙江 Heilongjiang	741	13	1638.17	20	6495.85	19	9587.09	22	9884.28	24
上海 Shanghai	1679	2	3198.57	8	5106.86	24	6012.97	27	6349.39	27
江苏 Jiangsu	1645	3	6211.87	2	22809.04	1	41552.75	2	45905.17	2
浙江 Zhejiang	1445	5	4756.95	4	11980.32	8	23554.76	7	26664.72	6
安徽 Anhui	**576**	**15**	**2140.03**	**14**	**11104.35**	**9**	**21069.24**	**10**	**23803.93**	**10**
福建 Fujian	810	12	1970.12	15	7992.46	14	17911.71	12	20973.98	11
江西 Jiangxi	322	25	1933.93	16	8470.19	13	14677.04	15	16993.90	14
山东 Shandong	1564	4	7274.83	1	22585.11	2	41599.13	1	47381.46	1
河南 Henan	885	11	3528.29	6	15799.22	3	30012.28	3	34951.28	3
湖北 Hubei	988	10	2433.23	12	9959.91	10	22491.67	9	26086.42	7
湖南 Hunan	634	14	2174.91	13	9301.29	11	20575.33	11	24324.17	9
广东 Guangdong	2536	1	5760.73	3	15270.71	5	25843.06	5	29950.48	4
广西 Guangxi	398	23	1554.25	22	6719.29	17	13287.60	16	15654.95	15
海南 Hainan	150	28	351.51	29	1278.62	29	3039.46	29	3355.40	29
重庆 Chongqing	459	21	1786.43	17	6597.78	18	12136.52	17	14208.15	16
四川 Sichuan	1016	9	2989.60	9	12552.58	7	22662.26	8	24965.56	8
贵州 Guizhou	288	27	916.09	26	2945.78	27	8778.40	24	10676.70	22
云南 Yunnan	504	19	1550.18	23	5308.93	23	11073.86	20	13069.39	19
西藏 Tibet	49	31	187.22	31	463.26	31	1069.23	31	1295.68	31
陕西 Shanxi	529	16	1761.18	18	7744.17	15	16840.44	14	18231.03	12
甘肃 Gansu	322	26	790.22	27	3054.73	26	7759.62	25	8626.60	25
青海 Qinghai	132	29	312.56	30	967.44	30	2788.91	30	3144.17	30
宁夏 Ningxia	124	30	382.71	28	1397.52	28	3093.92	28	3426.42	28
新疆 Xinjiang	520	18	1210.09	25	3274.20	25	9058.31	23	10525.42	23

注：各省数据不包括跨地区项目投资。
a) Every provincial data does not include inter-regional project investment.

23—6 全国分省（市）主要年份农林牧渔业总产值及位次

Gross Output Value of Farming, Forestry, Animal Husbandry, and Fishery and Their Orders of Precedence in Main Years by Province or City

本表按当年价格计算 (Data in value terms in this table are calculated at current prices.) 单位：亿元（100 million yuan）

省（市）	Province or City	2000	位次 Order of Precedence	2005	位次 Order of Precedence	2010	位次 Order of Precedence	2014	位次 Order of Precedence	2015	位次 Order of Precedence
全国	**National Total**	**24777**		**39450.89**		**69319.76**		**102226.09**		**107056.36**	
北京	Beijing	195	27	268.85	26	328.02	26	420.07	28	368.24	28
天津	Tianjin	156	28	258.41	27	317.33	27	441.71	27	467.44	27
河北	Hebei	1549	5	2600.83	3	4309.42	3	5994.79	4	5978.88	5
山西	Shanxi	302	25	483.80	24	1047.85	22	1530.48	24	1522.64	24
内蒙古	Inner Mongolia	518	18	980.21	18	1843.57	18	2779.81	16	2751.55	20
辽宁	Liaoning	967	12	1671.57	9	3106.53	9	4498.36	10	4686.71	10
吉林	Jilin	598	17	1050.49	17	1850.28	16	2763.01	17	2880.62	16
黑龙江	Heilongjiang	625	16	1294.41	14	2536.30	12	4894.80	9	5044.93	9
上海	Shanghai	216	26	233.39	28	287.03	29	322.22	30	302.62	30
江苏	Jiangsu	1874	3	2576.98	4	4297.14	4	6443.37	3	7030.76	3
浙江	Zhejiang	1040	10	1428.28	12	2172.86	14	2844.59	15	2933.44	15
安徽	**Anhui**	**1220**	**7**	**1666.19**	**10**	**2955.45**	**10**	**4223.73**	**11**	**4390.80**	**11**
福建	Fujian	1029	11	1396.15	13	2307.06	13	3522.31	13	3717.87	13
江西	Jiangxi	760	14	1142.99	15	1900.58	15	2726.54	20	2859.10	17
山东	Shandong	2294	1	3741.81	1	6650.94	1	9198.26	1	9549.63	1
河南	Henan	1981	2	3309.70	2	5734.20	2	7549.11	2	7641.27	2
湖北	Hubei	1126	9	1775.58	8	3501.99	8	5452.84	6	5728.56	6
湖南	Hunan	1219	8	2056.24	7	3787.47	6	5304.82	7	5630.75	7
广东	Guangdong	1632	4	2447.57	6	3754.86	7	5234.21	8	5520.03	8
广西	Guangxi	827	13	1448.37	11	2720.99	11	3947.73	12	4197.12	12
海南	Hainan	309	24	475.88	25	821.31	25	1252.18	25	1323.91	25
重庆	Chongqing	413	21	662.19	21	1021.13	23	1594.96	23	1738.15	22
四川	Sichuan	1370	6	2457.46	5	4081.81	5	5888.09	5	6377.84	4
贵州	Guizhou	412	22	571.84	22	997.82	24	2118.48	21	2738.67	21
云南	Yunnan	680	15	1068.58	16	1810.53	19	3263.35	14	3383.09	14
西藏	Tibet			67.74	31	100.77	31	138.72	31	149.46	31
陕西	Shanxi	472	20	730.72	20	1666.06	20	2741.82	19	2813.50	18
甘肃	Gansu	323	23	521.53	23	1057.02	21	1618.80	22	1722.09	23
青海	Qinghai	58	30	94.04	30	201.32	30	327.49	29	319.27	29
宁夏	Ningxia	78	29	138.00	29	305.94	28	445.47	26	483.02	26
新疆	Xinjiang	487	19	831.06	19	1846.18	17	2744.01	18	2804.42	19

23—7 全国分省（市）主要年份工业增加值及位次
Value-added of Industry and Their Orders of Precedence in Main Years by Province or City

本表按当年价格计算 (Data in value terms in this table are calculated at current prices.) 单位：亿元（100 million yuan）

省（市） Province or City	2000	位次 Order of Prece-dence	2005	位次 Order of Prece-dence	2010年比上年增长位次 Compared to Last Year	2014年比上年增长位次 Compared to Last Year	2015年比上年增长位次 Compared to Last Year
全　国 National Total	**25394.80**		**66425.20**				
北　京 Beijing	722.65	12	1705.40	15	27	25	27
天　津 Tianjin	630.09	14	1783.00	13	1	11	4
河　北 Hebei	1132.66	8	3219.00	7	22	27	25
山　西 Shanxi	428.71	19	1712.00	14	8	30	30
内蒙古 Inner Mongolia	279.54	24	1135.50	20	14	12	7
辽　宁 Liaoning	1194.03	7	3007.40	8	18	28	31
吉　林 Jilin	496.19	18	1200.80	19	12	24	22
黑龙江 Heilongjiang	1213.05	6	2166.30	10	26	31	28
上　海 Shanghai	1687.18	4	3994.70	5	17	29	29
江　苏 Jiangsu	2604.37	2	8054.00	3	24	14	11
浙　江 Zhejiang	1560.11	5	4904.70	4	23	23	25
安　徽 Anhui	**507.38**	**17**	**1373.90**	**17**	**4**	**7**	**7**
福　建 Fujian	797.12	11	2235.20	9	11	3	6
江　西 Jiangxi	269.73	25	828.50	24	9	4	5
山　东 Shandong	2549.35	3	8411.90	1	27	15	17
河　南 Henan	1116.39	9	3228.00	6	14	7	7
湖　北 Hubei	1011.77	10	1847.90	12	4	9	7
湖　南 Hunan	528.06	16	1535.90	16	7	15	14
广　东 Guangdong	3423.86	1	8290.00	2	19	19	18
广　西 Guangxi	323.88	22	833.10	23	1	10	12
海　南 Hainan	63.25	30	138.00	30	16	2	24
重　庆 Chongqing	283.73	23	716.40	25	1	1	2
四　川 Sichuan	662.44	13	2034.40	11	6	15	12
贵　州 Guizhou	216.99	27	561.60	27	25	5	3
云　南 Yunnan	531.47	15	1018.10	21	27	22	21
西　藏 Tibet	9.25	31	17.40	31	30	26	1
陕　西 Shanxi	411.17	20	1267.20	18	13	5	19
甘　肃 Gansu	244.73	26	601.80	26	21	19	20
青　海 Qinghai	63.34	29	179.50	29	10	18	16
宁　夏 Ningxia	73.68	28	202.30	28	19	21	14
新　疆 Xinjiang	356.62	21	933.30	22	31	12	23

注：工业为月度快报口径。
a) Data in the table are preliminary statistics.

23—8 全国分省（市）主要年份社会消费品零售总额及位次

Total Retail Sales of Consumer Goods and Their Orders of Precedence in Main Years by Province or City

本表按当年价格计算 (Data in value terms in this table are calculated at current prices.) 单位：亿元（100 million yuan）

省（市）	Province or City	2000	位次 Order of Precedence	2005	位次 Order of Precedence	2010	位次 Order of Precedence	2014	位次 Order of Precedence	2015	位次 Order of Precedence
全国	**National Total**	**34152.6**		**67958.7**		**154554.0**		**271896.1**		**300930.8**	
北京	Beijing	1443.3	11	2902.8	11	6229.3	10	9638.0	11	10338.0	12
天津	Tianjin	736.6	18	1190.1	23	2902.6	22	4738.7	23	5257.3	23
河北	Hebei	1613.9	9	2952.9	10	6821.8	6	11820.5	9	12990.7	8
山西	Shanxi	629.1	21	1401.2	17	3207.9	19	5717.9	19	6033.7	21
内蒙古	Inner Mongolia	484.0	24	1344.1	19	3337.3	17	5657.6	21	6107.7	20
辽宁	Liaoning	1847.6	5	2999.0	6	6809.6	7	11857.0	8	12787.2	9
吉林	Jilin	810.9	17	1460.8	16	3501.8	16	6080.9	16	6651.9	16
黑龙江	Heilongjiang	1094.0	14	1760.1	15	4001.0	15	7015.3	15	7640.2	15
上海	Shanghai	1722.3	8	2973.0	8	6036.9	11	9303.5	13	10131.5	13
江苏	Jiangsu	2604.1	2	5699.9	3	13482.3	3	23458.1	3	25876.8	3
浙江	Zhejiang	2298.8	4	4631.7	4	10163.2	4	17835.3	4	19784.7	4
安徽	**Anhui**	**1077.8**	**15**	**1765.0**	**14**	**4151.5**	**14**	**7957.0**	**14**	**8908.0**	**14**
福建	Fujian	1372.8	12	2345.8	13	5310.0	13	9346.7	12	10505.9	11
江西	Jiangxi	704.9	19	1236.2	21	2932.9	21	5292.6	22	5925.5	22
山东	Shandong	2545.9	3	6126.4	2	14211.6	2	25111.5	2	27761.4	2
河南	Henan	1786.7	7	3358.4	5	7893.5	5	14005.0	5	15740.4	5
湖北	Hubei	1789.4	6	2964.6	9	6719.4	8	12449.3	6	14003.2	6
湖南	Hunan	1364.7	13	2459.1	12	5775.3	12	10723.5	10	12024.0	10
广东	Guangdong	4071.9	1	7882.6	1	17414.7	1	28471.1	1	31517.6	1
广西	Guangxi	859.2	16	1397.0	18	3271.8	18	5772.8	18	6348.1	19
海南	Hainan	172.5	28	268.6	28	623.8	28	1224.5	28	1325.1	28
重庆	Chongqing	643.4	20	1215.8	22	2878.0	23	5710.7	20	6424.0	18
四川	Sichuan	1523.7	10	2981.4	7	6634.7	9	12393.0	7	13877.7	7
贵州	Guizhou	343.7	27	606.9	27	1482.7	25	2936.9	25	3283.0	25
云南	Yunnan	583.2	23	1034.4	24	2500.3	24	4632.9	24	5103.2	24
西藏	Tibet	42.9	31	73.1	31	180.8	31	364.5	31	408.5	31
陕西	Shanxi	607.6	22	1322.4	20	3147.7	20	5918.7	17	6578.1	17
甘肃	Gansu	362.7	26	632.8	26	1369.4	26	2668.3	26	2907.2	26
青海	Qinghai	82.1	30	160.5	30	346.0	30	620.8	30	691.0	30
宁夏	Ningxia	90.2	29	174.3	29	403.6	29	737.2	29	789.6	29
新疆	Xinjiang	374.5	25	637.8	25	1324.5	27	2436.5	27	2606.0	27

注：本表2014年数据均为第三次经济普查调整后数据。

a) The data in 2014 of this table are adjusted by the third economic census.

23—9 全省分县（市）主要经济指标及位次（2015年）
Main Economic Indicators and Their Orders of Precedence of All Counties (2015)

县（市）	County (City)	生产总值（亿元） Gross Demestic Product (100 million yuan) 指标 Amount	位次 Order of Prece-dence	人均生产总值（元） Per Capita Gross Demestic Product (yuan) 指标 Amount	位次 Order of Prece-dence	地方财政收入（万元） Local Government Revenue (10000 yuan) 指标 Amount	位次 Order of Prece-dence	人均地方财政收入（元） Local Per Capita Government Revenue (yuan) 指标 Amount	位次 Order of Prece-dence	财政支出（万元） Government Expenditure (10000 yuan) 指标 Amount	位次 Order of Prece-dence
巢湖市	Chaohu	273.07	6	31760	15	178739	13	2078.86	27	398609	24
长丰县	Changfeng	360.96	3	47583	6	278430	3	3670.39	11	483106	14
肥东县	Feidong	481.73	2	45712	8	251335	6	2384.95	23	517647	11
肥西县	Feixi	551.85	1	68813	2	373959	1	4663.13	6	616229	3
庐江县	Lujiang	221.14	15	18483	40	169377	16	1415.68	37	497628	12
濉溪县	Suixi	233.23	10	21009	34	161594	19	1455.65	36	471116	15
涡阳县	Guoyang	223.75	13	13635	52	118257	29	720.62	55	493409	13
蒙城县	Mengcheng	216.66	18	15633	50	157617	21	1137.25	42	550964	6
利辛县	Lixin	173.79	26	10417	58	122911	26	736.74	53	638875	2
砀山县	Dangshan	159.49	30	16258	46	69143	53	704.86	56	324642	36
萧县	Xiaoxian	219.75	16	15864	49	113278	34	817.77	49	452739	17
灵璧县	Lingbi	172.44	27	13561	53	71815	50	564.75	59	406182	23
泗县	Sixian	158.01	32	16682	45	73316	46	774.04	51	344607	33
怀远县	Huaiyuan	239.25	8	18457	41	173038	14	1334.88	39	525262	8
五河县	Wuhe	162.55	29	24163	30	118087	30	1755.29	31	330487	35
固镇县	Guzhen	171.53	28	26881	23	101045	39	1583.52	33	321109	37
界首市	Jieshou	145.27	37	18112	42	113184	35	1411.18	38	315662	39
临泉县	Linquan	154.45	34	6861	61	79321	44	352.36	61	607474	4
太和县	Taihe	190.73	22	11013	57	160548	20	927.02	47	670792	1
阜南县	Funan	133.38	41	7826	60	71867	49	421.70	60	553625	5
颍上县	Yingshang	205.42	19	11750	56	162661	17	930.40	46	545508	7
凤台县	Fengtai	218.93	17	35706	10	187214	11	2515.38	21	378173	27
寿县	Shouxian	130.57	44	9403	59	85156	43	613.26	58	455287	16
天长市	Tianchang	291.29	5	46124	7	234525	8	3713.62	10	430221	19
明光市	Mingguang	120.21	47	18848	39	98368	40	1542.31	34	315129	40
来安县	Laian	129.68	45	26390	25	120732	27	2456.92	22	276770	49
全椒县	Quanjiao	117.38	48	25539	27	144376	23	3141.31	16	284627	46
定远县	Dingyuan	153.45	35	15950	48	123204	25	1280.59	40	440444	18
凤阳县	Fengyang	154.71	33	20166	36	162496	18	2118.08	26	375545	28
霍邱县	Huoqiu	223.50	14	13063	55	119270	28	665.31	57	519721	10

23—9 续表1 continued

县（市）	County (City)	生产总值（亿元）Gross Demestic Product (100 million yuan)		人均生产总值（元）Per Capita Gross Demestic Product (yuan)		地方财政收入（万元）Local Government Revenue (10000 yuan)		人均地方财政收入（元）Local Per Capita Government Revenue (yuan)		财政支出（万元）Government Expenditure (10000 yuan)	
		指标 Amount	位次 Order of Prece-dence	指标 Amount	位次 Order of Prece-dence	指标 Amount	位次 Order of Prece-dence	指标 Amount	位次 Order of Prece-dence	指标 Amount	位次 Order of Prece-dence
舒城县	Shucheng	158.53	31	15958	47	106593	37	1073.02	44	381816	26
金寨县	Jinzhai	88.81	52	13202	54	73173	47	1087.68	43	417287	21
霍山县	Huoshan	144.74	38	39918	9	97611	42	2691.96	19	266500	50
当涂县	Dangtu	271.18	7	57186	4	277987	4	5862.13	4	410085	22
含山县	Hanshan	123.02	46	27710	22	103420	38	2329.58	24	264146	51
和县	Hexian	135.23	39	25004	28	149244	22	2759.57	18	333127	34
芜湖县	Wuhu	196.46	20	56897	5	260615	5	7547.74	2	357518	31
繁昌县	Fanchang	226.09	12	80960	1	306403	2	10971.78	1	386640	25
南陵县	Nanling	186.66	23	33907	12	183622	12	3335.49	13	312494	41
无为县	Wuwei	355.55	4	29217	17	218530	9	1795.72	29	522111	9
宁国市	Ningguo	234.07	9	60599	3	245381	7	6352.70	3	373051	29
郎溪县	Langxi	110.01	49	31809	13	171957	15	4972.21	5	287139	43
广德县	Guangde	184.60	24	35608	11	212794	10	4104.72	7	418588	20
泾县	Jingxian	82.79	53	23314	31	114995	32	3238.30	15	244197	54
绩溪县	Jixi	56.10	57	31790	14	70006	52	3966.76	9	143048	58
旌德县	Jingde	33.56	59	22373	33	48955	56	3263.88	14	123064	59
枞阳县	Zongyang	194.66	21	20115	37	76809	45	793.70	50	317575	38
东至县	Dongzhi	133.02	42	24347	29	97703	41	1788.38	30	284387	47
石台县	Shitai	22.09	61	20399	35	16140	61	1490.50	35	100313	61
青阳县	Qingyang	79.96	54	29208	18	116037	31	3983.41	8	210476	55
桐城市	Tongcheng	227.13	11	30121	16	142205	24	1885.87	28	350010	32
怀宁县	Huaining	181.68	25	25919	26	113961	33	1625.85	32	283102	48
潜山县	Qianshan	131.30	43	22489	32	67159	54	1150.33	41	289358	42
太湖县	Taihu	97.57	51	17033	44	43978	58	767.68	52	284920	45
宿松县	Susong	153.06	36	17819	43	71065	51	827.34	48	371000	30
望江县	Wangjiang	98.49	50	15567	51	46548	57	735.74	54	254042	52
岳西县	Yuexi	76.95	55	18850	38	42386	59	1038.30	45	250800	53
歙县	Shexian	133.71	40	28085	20	110303	36	2316.77	25	286878	44
休宁县	Xiuning	72.13	56	26444	24	72967	48	2675.10	20	193924	56
黟县	Yixian	26.24	60	27833	21	33855	60	3591.53	12	112438	60
祁门县	Qimen	54.10	58	28913	19	53284	55	2847.92	17	158776	57

23—9 续表2 continued

县（市）	County (City)	就业人员平均工资（元）Average Wage of Staff and Workers (yuan)		规模以上工业增加值（亿元）Gross Industrial Output Value at and Above Township Level (100 million yuan)		人均工业增加值（元）Per Capita Gross Industrial Output Value (yuan)		农林牧渔业总产值（万元）Gross Output Value of Farming, Forestry, Animal Husbandry and Fishery (10000 yuan)	
		指标 Amount	位次 Order of Precedence	指标 Amount	位次 Order of Precedence	指标 Amount	位次 Order of Precedence	指标 Amount	位次 Order of Precedence
巢湖市	Chaohu	50855	26	84.30	18	9804.96	24	532608	30
长丰县	Changfeng	53610	19	189.91	5	25035.48	7	974987	7
肥东县	Feidong	50457	30	227.12	2	21551.66	9	1150357	2
肥西县	Feixi	56586	10	256.24	1	31952.45	5	883324	15
庐江县	Lujiang	48157	40	50.28	34	4202.66	47	820006	20
濉溪县	Suixi	45663	47	125.33	11	11289.70	21	706803	24
涡阳县	Guoyang	45385	50	57.41	29	3498.24	50	860213	16
蒙城县	Mengcheng	43535	59	44.63	38	3220.28	55	910688	11
利辛县	Lixin	42587	60	26.59	52	1593.62	59	848937	18
砀山县	Dangshan	44412	52	61.23	25	6242.07	37	746420	23
萧县	Xiaoxian	39176	61	70.55	22	5093.36	43	1053389	3
灵璧县	Lingbi	43671	57	50.95	33	4006.78	48	1008486	5
泗县	Sixian	46401	45	30.68	49	3239.44	54	930915	9
怀远县	Huaiyuan	46975	44	115.71	12	8926.48	26	1053259	4
五河县	Wuhe	52537	23	60.12	27	8936.55	25	841723	19
固镇县	Guzhen	43918	56	97.63	14	15299.60	13	852938	17
界首市	Jieshou	45527	48	107.70	13	13428.44	18	449723	36
临泉县	Linquan	57731	6	29.78	50	1323.10	61	1241538	1
太和县	Taihe	49110	36	91.11	16	5260.74	42	927874	10
阜南县	Funan	45395	49	42.43	41	2489.65	57	895867	14
颍上县	Yingshang	50600	29	67.89	24	3882.97	49	900774	12
凤台县	Fengtai	61401	1	25.00	53	3359.54	52	438299	38
寿县	Shouxian	44287	54	21.79	54	1569.55	60	819899	21
天长市	Tianchang	59921	2	198.29	3	31398.51	6	531068	32
明光市	Mingguang	51318	25	29.35	51	4602.42	46	571335	27
来安县	Laian	55044	14	50.16	35	10207.25	22	366435	42
全椒县	Quanjiao	54927	15	38.34	45	8342.61	31	431133	39
定远县	Dingyuan	52966	22	33.34	47	3465.14	51	991703	6
凤阳县	Fengyang	57806	5	46.41	37	6049.60	38	626481	25
霍邱县	Huoqiu	54090	16	55.61	30	3101.95	56	899819	13

23—9 续表3 continued

县（市）	County (City)	就业人员平均工资（元）Average Wage of Staff and Workers (yuan)		规模以上工业增加值（亿元）Gross Industrial Output Value at and Above Township Level (100 million yuan)		人均工业增加值（元）Per Capita Gross Industrial Output Value (yuan)		农林牧渔业总产值（万元）Gross Output Value of Farming, Forestry, Animal Husbandry and Fishery (10000 yuan)	
		指标 Amount	位次 Order of Precedence	指标 Amount	位次 Order of Precedence	指标 Amount	位次 Order of Precedence	指标 Amount	位次 Order of Precedence
舒城县	Shucheng	47042	43	46.43	36	4673.68	45	540924	28
金寨县	Jinzhai	49993	32	13.89	57	2064.08	58	338509	47
霍山县	Huoshan	46081	46	82.77	19	22825.75	8	236741	53
当涂县	Dangtu	59592	3	153.26	7	32318.88	4	438845	37
含山县	Hanshan	50251	31	60.53	26	13634.16	17	363901	44
和县	Hexian	56299	12	68.66	23	12696.34	20	451933	35
芜湖县	Wuhu	51545	24	137.29	8	39759.81	2	323245	48
繁昌县	Fanchang	55286	13	193.48	4	69280.61	1	173379	57
南陵县	Nanling	43995	55	79.68	21	14473.49	14	534567	29
无为县	Wuwei	50716	27	169.08	6	13893.74	15	963356	8
宁国市	Ningguo	53664	18	137.17	9	35512.50	3	348085	45
郎溪县	Langxi	57476	8	53.56	31	15486.70	12	253280	52
广德县	Guangde	53975	17	87.43	17	16865.51	11	346560	46
泾县	Jingxian	59435	4	30.84	48	8684.15	29	285009	50
绩溪县	Jixi	57688	7	14.41	56	8166.37	32	184540	55
旌德县	Jingde	56582	11	7.16	59	4771.41	44	129067	58
枞阳县	Zongyang	49562	34	82.39	20	8513.31	30	580137	26
东至县	Dongzhi	49854	33	44.30	40	8109.59	33	503993	33
石台县	Shitai	48256	39	3.56	61	3284.02	53	62739	61
青阳县	Qingyang	49335	35	37.71	46	12947.05	19	174362	56
桐城市	Tongcheng	48000	41	131.98	10	17502.89	10	488941	34
怀宁县	Huaining	53013	21	96.41	15	13754.32	16	380926	41
潜山县	Qianshan	47806	42	51.44	32	8811.53	27	366193	43
太湖县	Taihu	43633	58	39.13	44	6829.83	35	428674	40
宿松县	Susong	49102	37	58.41	28	6799.70	36	781995	22
望江县	Wangjiang	44334	53	44.47	39	7029.21	34	532031	31
岳西县	Yuexi	44928	51	40.62	43	9949.49	23	270277	51
歙县	Shexian	57220	9	41.67	42	8751.27	28	286797	49
休宁县	Xiuning	50660	28	14.96	55	5483.71	40	219045	54
黟县	Yixian	48619	38	5.16	60	5474.80	41	63478	60
祁门县	Qimen	53516	20	11.08	58	5922.00	39	96025	59

23—9 续表4 continued

县（市）	County (City)	人均农林牧渔业总产值（元）Per Capita Gross Outpnt Value of Farming, Forestry, Animal Husbandry and Fishery (yuan)		农民人均可支配收入（元）Capita Net Income of Rural Households (yuan)		社会消费品零售总额（万元）Total Retail Sale of Consumer Goods (10000 yuan)		人均社会消费品零售总额（元）Per Capita Total Retail Sale of Consumer Goods (yuan)	
		指标 Amount	位次 Order of Prece-dence	指标 Amount	位次 Order of Prece-dence	指标 Amount	位次 Order of Prece-dence	指标 Amount	位次 Order of Prece-dence
巢湖市	Chaohu	6194.61	43	15141.54	7	701686	21	8161.11	32
长丰县	Changfeng	12852.73	2	14614.16	8	494735	42	6521.83	45
肥东县	Feidong	10915.88	5	16161.62	6	847513	6	8042.16	33
肥西县	Feixi	11014.72	4	16479.37	5	830925	8	10361.32	19
庐江县	Lujiang	6853.74	33	14312.16	9	821399	10	6865.38	41
濉溪县	Suixi	6366.95	40	9810.36	37	777954	15	7007.88	40
涡阳县	Guoyang	5241.89	56	9115.33	45	998627	3	6085.34	48
蒙城县	Mengcheng	6570.86	37	10003.15	33	944754	5	6816.65	42
利辛县	Lixin	5088.61	59	9006.83	50	838739	7	5027.48	55
砀山县	Dangshan	7609.18	28	9334.91	39	553603	33	5643.55	52
萧县	Xiaoxian	7604.58	29	9096.62	46	795440	12	5742.41	51
灵璧县	Lingbi	7930.72	26	9190.70	44	482747	44	3796.31	60
泗县	Sixian	9828.23	8	8751.85	56	422846	45	4464.24	57
怀远县	Huaiyuan	8125.21	23	11669.65	24	1017608	2	7850.19	35
五河县	Wuhe	12511.69	3	11593.80	25	611694	27	9092.45	29
固镇县	Guzhen	13366.72	1	11744.92	21	495117	41	7759.17	36
界首市	Jieshou	5607.15	50	9839.98	36	781602	13	9745.02	22
临泉县	Linquan	5515.15	51	8591.77	57	1312279	1	5829.39	50
太和县	Taihe	5357.61	54	9229.13	42	661770	23	3821.11	59
阜南县	Funan	5256.70	55	8591.22	58	702001	19	4119.15	58
颍上县	Yingshang	5152.33	57	9035.43	48	491292	43	2810.14	61
凤台县	Fengtai	5888.91	48	11340.61	28	632221	25	8494.42	31
寿县	Shouxian	5904.63	47	8523.98	59	778599	14	5607.20	53
天长市	Tianchang	8409.28	19	14070.36	13	709521	17	11235.02	11
明光市	Mingguang	8957.94	16	9330.57	40	584759	30	9168.41	27
来安县	Laian	7457.04	31	9908.24	34	522696	38	10636.99	17
全椒县	Quanjiao	9380.51	10	10291.24	31	515224	39	11210.14	12
定远县	Dingyuan	10307.83	7	9413.28	38	526541	37	5472.90	54
凤阳县	Fengyang	8165.96	22	8823.36	53	547040	35	7130.47	38
霍邱县	Huoqiu	5019.38	61	9225.77	43	822072	9	4585.69	56

23—9 续表5 continued

县（市）	County (City)	人均农林牧渔业总产值（元）Per Capita Gross Outpnt Value of Farming, Forestry, Animal Husbandry and Fishery (yuan)		农民人均可支配收入（元）Capita Net Income of Rural Households (yuan)		社会消费品零售总额（万元）Total Retail Sale of Consumer Goods (10000 yuan)		人均社会消费品零售总额（元）Per Capita Total Retail Sale of Consumer Goods (yuan)	
		指标 Amount	位次 Order of Prece-dence	指标 Amount	位次 Order of Prece-dence	指标 Amount	位次 Order of Prece-dence	指标 Amount	位次 Order of Prece-dence
舒城县	Shucheng	5445.20	52	8503.27	60	702299	18	7069.67	39
金寨县	Jinzhai	5031.76	60	10327.76	30	574943	31	8546.22	30
霍山县	Huoshan	6528.96	38	9006.89	49	334221	53	9217.30	26
当涂县	Dangtu	9254.26	12	18106.69	1	701975	20	14803.09	4
含山县	Hanshan	8197.02	21	14130.22	12	406470	47	9155.91	28
和县	Hexian	8356.39	20	14138.33	11	543929	36	10057.43	21
芜湖县	Wuhu	9361.58	11	17773.69	2	498494	40	14437.00	5
繁昌县	Fanchang	6208.42	42	17657.11	3	417728	46	14958.13	3
南陵县	Nanling	9710.40	9	17321.98	4	599954	29	10898.16	15
无为县	Wuwei	7916.17	27	14170.54	10	975347	4	8014.70	34
宁国市	Ningguo	9011.62	15	13748.30	15	816405	11	21136.02	1
郎溪县	Langxi	7323.69	32	12033.84	17	323757	54	9361.56	25
广德县	Guangde	6685.02	35	13983.15	14	625767	26	12070.83	9
泾县	Jingxian	8025.96	25	11019.63	29	378302	51	10653.12	16
绩溪县	Jixi	10456.62	6	10138.74	32	276967	56	15693.83	2
旌德县	Jingde	8605.04	17	9899.98	35	199403	59	13294.42	6
枞阳县	Zongyang	5994.78	45	9246.64	41	635082	24	6562.55	44
东至县	Dongzhi	9225.22	13	11526.58	26	401740	48	7353.55	37
石台县	Shitai	5793.85	49	8084.31	61	113145	60	10448.77	18
青阳县	Qingyang	5985.63	46	12089.03	16	354043	52	12153.85	8
桐城市	Tongcheng	6484.15	39	11746.80	20	766114	16	10159.91	20
怀宁县	Huaining	5434.56	53	11348.98	27	662712	22	9454.72	23
潜山县	Qianshan	6272.33	41	9069.27	47	549260	34	9407.99	24
太湖县	Taihu	7482.91	30	8758.94	55	381378	50	6657.31	43
宿松县	Susong	9104.04	14	8845.07	52	555398	32	6465.97	46
望江县	Wangjiang	8409.31	18	8933.37	51	397681	49	6285.77	47
岳西县	Yuexi	6620.78	36	8797.10	54	248135	57	6078.38	49
歙县	Shexian	6023.79	44	11806.97	19	608811	28	12787.25	7
休宁县	Xiuning	8030.57	24	11676.85	23	320017	55	11732.38	10
黟县	Yixian	6734.10	34	11854.77	18	105492	61	11191.18	14
祁门县	Qimen	5132.34	58	11699.65	22	209720	58	11209.10	13

附　录

APPENDIX

简要说明

一、附表 1：市县减贫人口情况，由安徽调查总队提供。

二、附表 2：全部林业部门产业总产值由省林业厅提供。

三、附表 3：全省建制镇基本情况由省局农业处提供。

四、附录 4：企业信息化建设情况由省局服务业处提供。

Brief Introduction

Ⅰ. The attached schedule 1 :Population of Municipal, County Poverty Reduction, data is from Anhui Province survey organization of National bureau of statistics.

Ⅱ. The attached schedule 2 : Gross Output Value of All Industries in Forestry System was provided by Department of Forestry of Anhui Province.

Ⅲ. The attached schedule 3 : Basic situation of entire province organic town was provided by Department of agriculture of Anhui Province.

Ⅳ. The attached schedule 4: The situation of enterprise informatization construction is provided by service industrial section of provincial bureau.

附录1 各市、县减贫人口情况（2015年）
Population of Municipal, County Poverty Reduction (2015)

地 区	Region	减贫数（人）Number of Poverty Reduction (person)	减贫幅度（%）Poverty Reduction By (%)	贫困人口数（人）Poverty Population (person)	贫困发生率（%）Incidence of poverty (%)
总 计	**Total**	**922151**	**23.0**	**3087849**	**5.72**
合肥市	**Hefei**	**65576**	**37.2**	**110724**	**2.47**
巢湖市	Chaohu	6100	24.1	19200	2.88
长丰县	Changfeng	9136	21.6	33164	5.06
肥东县	Feidong	4443	21.6	16157	1.71
肥西县	Feixi	14709	98.7	191	0.03
庐江县	Lujiang	31188	42.6	42012	3.90
淮北市	**Huaibei**	**5633**	**18.4**	**24967**	**1.75**
濉溪县	Suixi	5633	18.4	24967	2.59
亳州市	**Bozhou**	**87044**	**21.2**	**323456**	**6.34**
谯城区	Qiaocheng District	9302	14.9	53298	4.26
涡阳县	Guoyang	23554	23.7	75946	5.56
蒙城县	Mengcheng	14900	20.6	57400	5.14
利辛县	Lixin	39288	22.3	136812	10.00
宿州市	**Suzhou**	**107297**	**21.0**	**404403**	**7.67**
埇桥区	Yongqiao District	20582	19.8	83218	6.94
砀山县	Dangshan	17734	20.8	67666	8.03
萧 县	Xiaoxian	37296	21.0	140604	12.04
灵璧县	Lingbi	17146	21.7	61854	5.44
泗 县	Sixian	14539	22.2	51061	6.54
蚌埠市	**Bengbu**	**25877**	**23.1**	**86023**	**2.96**
怀远县	Huaiyuan	8640	18.2	38960	3.33
五河县	Wuhe	10164	29.1	24736	4.05
固镇县	Guzhen	7073	24.1	22327	3.84
阜阳市	**Fuyang**	**184187**	**21.9**	**657713**	**7.32**
颍州区	Yingzhou District	7585	23.8	24315	5.51
颍东区	Yingdong District	26199	30.3	60201	9.85
颍泉区	Yingquan District	12106	21.2	44894	7.88
界首市	Jieshou	11104	20.9	41996	6.13
临泉县	Linquan	40105	21.5	146095	7.04
太和县	Taihe	26149	21.1	97651	6.23
阜南县	Funan	31696	19.1	134104	9.48
颍上县	Yingshang	29243	21.2	108457	7.08
淮南市	**Huainan**	**28445**	**18.6**	**124755**	**4.59**
潘集区	Panji District	2864	17.0	13936	3.72
毛集区	Maoji District	756	23.6	2444	2.38
其他区	Other District	1445	23.7	4655	1.14
凤台县	Fengtai	3105	19.7	12695	2.45
寿 县	Shouxian	20275	18.2	91025	6.92
滁州市	**Chuzhou**	**36112**	**21.5**	**131788**	**3.69**
明光市	Mingguang	3728	23.0	12472	2.34
来安县	Laian	4438	28.3	11262	2.81
全椒县	Quanjiao	3134	20.6	12066	3.62

附录1　续表　continued

地　区	Region	减贫数(人) Number of Poverty Reduction (person)	减贫幅度(%) Poverty Reduction By (%)	贫困人口数(人) Poverty Population (person)	贫困发生率(%) Incidence of poverty (%)
定远县	Dingyuan	20265	21.9	72335	8.99
凤阳县	Fengyang	4547	16.1	23653	3.43
六安市	**Luan**	**118400**	**20.2**	**467200**	**9.01**
金安区	Jinan District	14846	21.2	55054	7.73
裕安区	Yuan District	24725	22.4	85675	9.30
叶集区	Yeji District	2437	18.3	10863	6.87
霍邱县	Huoqiu	29649	18.9	126951	7.99
舒城县	Shucheng	18715	20.6	72285	8.17
金寨县	Jinzhai	21836	20.6	84264	14.27
霍山县	Huoshan	6192	16.2	32108	9.78
马鞍山市	**Maanshan**	**4593**	**18.7**	**19907**	**1.39**
含山县	Hanshan	1587	15.0	9013	2.54
和　县	Hexian	3006	21.6	10894	2.57
芜湖市	**Wuhu**	**36781**	**33.4**	**73319**	**3.02**
南陵县	Nanling	8704	53.7	7496	1.53
无为县	Wuwei	28077	29.9	65823	8.34
宣城市	**Xuancheng**	**26314**	**35.8**	**47186**	**2.00**
宣州区	Xuanzhou District	7242	27.9	18758	2.53
郎溪县	Langxi	9645	63.0	5655	2.08
泾　县	Jingxian	3107	15.9	16393	5.61
绩溪县	Jixi	4824	59.6	3276	2.32
旌德县	Jingde	1496	32.5	3104	2.53
铜陵市	**Tongling**	**15324**	**16.3**	**78676**	**6.78**
枞阳县	Zongyang	15324	16.3	78676	9.09
池州市	**Chizhou**	**16824**	**19.2**	**70776**	**5.21**
贵池区	Guichi District	5492	17.1	26608	5.06
青阳县	Qingyang	2015	20.0	8085	3.30
石台县	Shitai	4667	23.3	15333	16.43
东至县	Dongzhi	4650	18.3	20750	4.19
安庆市	**Anqing**	**145837**	**26.4**	**406863**	**9.19**
宜秀区	Yixiu District	1036	17.3	4964	3.10
桐城市	Tongcheng	16513	32.4	34487	5.00
怀宁县	Huaining	6584	24.7	20116	3.10
潜山县	Qianshan	11088	15.1	62512	11.84
太湖县	Taihu	17440	17.3	83660	15.96
宿松县	Susong	33985	33.5	67415	9.00
望江县	Wangjiang	22338	21.4	82062	14.05
岳西县	Yuexi	36853	41.6	51647	13.88
黄山市	**Huangshan**	**17907**	**23.0**	**60093**	**5.03**
黄山区	Huangshan District	1169	16.5	5931	4.49
徽州区	Huizhou District	860	21.5	3140	3.95
歙　县	Shexian	9154	26.5	25446	5.84
休宁县	Xiuning	3371	24.3	10529	4.30
黟　县	Yixian	1065	21.3	3935	5.11
祁门县	Qimen	2288	17.1	11112	7.34

附录2　全部林业部门产业总产值
Gross Output Value of All Industries in Forestry System, Anhui Province

单位：万元（10000 yuan）

指　　标	Item	2015
总　　计	**Total**	**28318418**
第一产业	**The First Industry**	**8645971**
林木的培育和种植	Forest Cultivating and Planting	
育种和育苗	Seeds and Seedlings	1042873
造　林	Afforestation	1253404
林木的抚育和管理	Forest Tending and Management	
木材和竹材的采运	Timber and Bamboo Logging and Transportation	756155
木材采运	Timber Logging and Transportation	511937
竹材采运	Bamboo Logging and Transportation	244218
经济林产品的种植与采集	Economic Forest Planting and Products Collecting	4330832
花卉的种植	Flowers Industry	860109
陆生野生动物繁育与利用	Land Wild Animals Raising and Utilization	142618
林业服务业	Forestry Service Industry	
第二产业	**The Second Industry**	**13990644**
木材加工及木、竹、藤、棕、苇制品制造	Timber Processing and Wood, Bamboo, Vine, Palm, and Reeds Products	9110680
木、竹、藤家具制造	Wooden, Bamboo and Vine Furniture	1182642
木、竹、苇浆造纸	Wood, Bamboo and Reeds Pulp/Paper	432135
林产化学产品制造	Forestry Chemical Products	146861
木质工艺品和木质文教体育用品制造	Wooden Craftwork and Education/Sports Tools	490530
非木质林产品加工制造业	Non-wood Forestry Products	1995454
其　他	Others	632342
第三产业	**The Third Industry**	**5681803**
林业旅游与休闲服务	Forestry Tourism and Relaxation Service	3789367
林业生态服务	Forestry Zoology Service	750204
林业专业技术服务	Forestry Technical Service	123523
林业公共管理服务	Forestry Public Adminstration and Service	462406

注：该表由省林业厅提供，统计核算执行国家林业局部门统计制度，并由国家统计局备案。

a) The table is provided by Forestry Department of Anhui Province, the statistics is in accordance with the regulation made by China State Forestry Administration, which is put on records in China State Statistic Bureau.

附录3 全省建制镇基本情况（2015年）
Basic Conditions on Organic Town of the Province (2015)

镇 Town	常住人口（人）Population of Permanent Residents (person)	从业人员（人）Practitioners (person)	公共财政收入（万元）Public Finance Income (10000 yuan)	农作物播种面积（公顷）Crop Planting Area (hectares)	工业企业个数（个）Number of Industrial Enterprises (unit)	工业企业从业人员（人）Industrial Companies from Personnel of Course of Study (person)	建筑业企业个数（个）Number of Construction Enterprises (unit)	建筑业企业从业人员数（人）Construction Enterprise Employees (person)
合肥市瑶海区大兴镇	57002	7971	2800	89	112	1989	27	3632
合肥市庐阳区大杨镇	52136	42093	24000	255	203	10253	9	4255
合肥市蜀山区井岗镇	129711	35299	20200		55	3110	159	2292
合肥市蜀山区南岗镇	19898	6999	2012	38	80	3122	5	116
合肥市蜀山区小庙镇	72015	61003	8345	17000	152	6420	28	2355
合肥市包河区淝河镇	82953	49259	4059	306	86	2780	10	6903
合肥市包河区大圩镇	24971	14746	3766	394	29	4328		
合肥市长丰县水湖镇	131860	58399	14298	12672	121	4952	62	9480
合肥市长丰县庄墓镇	29365	14300	670	4120	36	300		
合肥市长丰县杨庙镇	40007	33114	3910	10350	84	2710		
合肥市长丰县吴山镇	33214	30848	3556	9806	76	2478	6	125
合肥市长丰县岗集镇	55283	22345	28540	6955	381	1680	45	3100
合肥市长丰县双墩镇	122791	67738	21072	12303	106	2234	16	2274
合肥市长丰县下塘镇	73286	52375	8262	16143	115	4165	2	4163
合肥市长丰县朱巷镇	29088	12314	1160	11019	175	906	0	0
合肥市肥东县店埠镇	235071	194126	5639	13999	202	6157	37	32856
合肥市肥东县撮镇镇	78438	49051	99100	10640	542	13548	33	6784
合肥市肥东县梁园镇	53279	51771	5901	14940	52	1294	10	688
合肥市肥东县桥头集镇	46865	35726	7513	7840	84	3342	13	353
合肥市肥东县长临河镇	32501	30859	7776	8003	17	380	6	115
合肥市肥东县石塘镇	72550	45800	3793	11468	55	1132	5	923
合肥市肥东县古城镇	41950	32084	1803	14779	9	103		
合肥市肥东县八斗镇	49043	42892	5492	19702	8	788	2	20
合肥市肥东县元疃镇	18780	16796	5001	7826	35	890	3	450
合肥市肥东县白龙镇	70115	45867	5100	15937	24	1012		
合肥市肥东县包公镇	38821	37441	3802	10306	11	261	2	32
合肥市肥东县陈集镇	29986	19232	3965	9243	6	89		
合肥市肥西县上派镇	189253	57324	100157	5704	508	1324	553	7214
合肥市肥西县三河镇	59396	32277	22175	7942	90	7952	34	3878
合肥市肥西县官亭镇	90941	45234	4048	14062	49	1045	10	527
合肥市肥西县山南镇	62905	46223	3026	16005	31	3065	13	182
合肥市肥西县花岗镇	107566	66782	6310	17914	249	13446	13	4559
合肥市肥西县紫蓬镇	30521	17685	16105	2567	101	8959	21	300
合肥市肥西县桃花镇	72945	38610	82000	0	216	25100	40	3900
合肥市肥西县丰乐镇	38660	27732	2331	11156	39	2381	5	45
合肥市庐江县庐城镇	175905	82900	28132	9723	233	3898	68	10212
合肥市庐江县冶父山镇	37936	34096	8937	10302	135	2674	22	1468
合肥市庐江县万山镇	43698	26562	7001	7381	66	1692	11	2107
合肥市庐江县汤池镇	33501	30325	4303	5239	55	1292	15	3150
合肥市庐江县郭河镇	44333	33711	4479	9185	44	2066	11	144
合肥市庐江县金牛镇	28579	25871	2204	7157	44	986	9	640
合肥市庐江县石头镇	33807	23030	2662	6806	51	1311	5	50
合肥市庐江县同大镇	62387	46269	5911	12505	76	2019	5	32
合肥市庐江县白山镇	44993	25473	2548	7819	49	1116	7	1156
合肥市庐江县盛桥镇	56676	41526	2635	10041	45	1022	8	390
合肥市庐江县白湖镇	81208	52794	4345	30572	141	4797	9	1635
合肥市庐江县龙桥镇	44863	44854	4448	7622	58	1914	9	516
合肥市庐江县矾山镇	44250	30219	2144	5635	107	2361	11	1086
合肥市庐江县罗河镇	55989	41493	3710	9829	54	1619	10	4397
合肥市庐江县泥河镇	84315	57000	6795	15814	121	2438	11	756
合肥市庐江县乐桥镇	52382	38404	1156	11666	53	765	8	182
合肥市庐江县柯坦镇	56127	38289	2271	678	52	1315	7	291

附录3　续表1　continued

镇　　Town	常住人口（人）Population of Permanent Residents (person)	从业人员（人）Practitioners (person)	公共财政收入（万元）Public Finance Income (10000 yuan)	农作物播种面积（公顷）Crop Planting Area (hectares)	工业企业个数（个）Number of Industrial Enterprises (unit)	工业企业从业人员（人）Industrial Companies from Personnel of Course of Study (person)	建筑业企业个数（个）Number of Construction Enterprises (unit)	建筑业企业从业人员数（人）Construction Enterprise Employees (person)
合肥经济技术开发区高刘镇	63398	45094	4872	12500	89	2987		
合肥市巢湖市栏杆集镇	50716	36350	1859	8381	50	2230	6	470
合肥市巢湖市苏湾镇	56105	55382	813	4362	2	140		
合肥市巢湖市柘皋镇	68596	31850	2950	12466	52	2100	1	395
合肥市巢湖市银屏镇	37890	13994	4373	4972	75	3210	8	69
合肥市巢湖市夏阁镇	67253	36285	3179	10791	63	1478		
合肥市巢湖市中垾镇	34375	20606	3243	6619	118	5863	1	122
合肥市巢湖市散兵镇	39949	34455	3955	3541	30	1710	5	35
合肥市巢湖市烔炀镇	62335	35437	7467	10983	76	3800	18	700
合肥市巢湖市黄麓镇	42889	22355	995	5214	21	6810	11	3162
合肥市巢湖市槐林镇	72765	64995	3399	9345	185	16925	4	378
合肥市巢湖市坝镇镇	30751	16904	1526	4884	38	774	4	240
淮北市杜集区朔里镇	33323	15291	2978	3272	123	3589	1	123
淮北市杜集区石台镇	31885	17031	1636	2848	109	3109	4	101
淮北市杜集区段园镇	31036	19861	1808	3749	79	5949	3	424
淮北市相山区渠沟镇	49094	26691	6291	7853	205	17100	3	20
淮北市烈山区烈山镇	73034	41156	5934	5187	197	16920	7	1652
淮北市烈山区宋町镇	52573	25392	2513	6470	73	3239	1	50
淮北市烈山区古饶镇	91552	59925	3954	17066	155	4552	10	433
淮北市濉溪县濉溪镇	99788	18928	37320	3191	113	8509	10	4644
淮北市濉溪县韩村镇	66904	34476	24670	15094	177	5712		
淮北市濉溪县刘桥镇	60954	47669	11263	9265	519	5600	1	4156
淮北市濉溪县五沟镇	106126	57133	15642	25588	45	3338		
淮北市濉溪县临涣镇	93631	75108	11061	19493	180	1880		
淮北市濉溪县双堆集镇	106841	58424	1237	34193	5	852		
淮北市濉溪县铁佛镇	125074	53920	5454	29146	29	1443		
淮北市濉溪县南坪镇	98409	48466	5781	26371	20	1136		
淮北市濉溪县百善镇	107628	33372	12869	28512	56	5623		
淮北市濉溪县孙町镇	108816	82993	9865	24531	97	1876		
淮北市濉溪县四铺镇	83199	24838	8233	25738	15	1215		
亳州市谯城区古井镇	85520	36700	15000	10600	172	13260	4	386
亳州市谯城区芦庙镇	30498	17981	852	5814	8	56		
亳州市谯城区华佗镇	39048	20325	1318	6538	21	1010	1	38
亳州市谯城区魏岗镇	49077	34925	3022	4762	43	3500	1	50
亳州市谯城区牛集镇	64587	32721	803	9902	40	3210		
亳州市谯城区颜集镇	54846	39621	730	8365	15	562		
亳州市谯城区五马镇	30175	24500	1150	4680	20	1500	1	60
亳州市谯城区十八里镇	68879	49630	36625	9459	293	12799	11	2498
亳州市谯城区谯东镇	61730	34452	1410	8120	10	358		
亳州市谯城区十九里镇	27073	12800	8451	2460	165	7400		
亳州市谯城区沙土镇	54180	35345	1010	13600	12	726		
亳州市谯城区观堂镇	68830	36578	1084	12310	35	3209		
亳州市谯城区大杨镇	67342	39650	3676	13908	34	3282		
亳州市谯城区城父镇	72096	44337	1851	10666	18	1102	1	51
亳州市谯城区十河镇	69059	47223	2280	12926	23	2302	1	61
亳州市谯城区双沟镇	93630	51030	1824	16495	36	2095	1	61
亳州市谯城区淝河镇	41300	23305	1688	10825	12	535		
亳州市谯城区古城镇	48683	26644	964	9333	17	620	3	23
亳州市谯城区龙杨镇	65983	34172	868	12100	17	398		
亳州市谯城区立德镇	44152	27524	421	8991	20	392		
亳州市涡阳县西阳镇	42950	20590	650	8245	41	1936		
亳州市涡阳县涡南镇	61051	29212	699	12369	140	6371		

附录3　续表2　continued

镇	Town	常住人口（人）Population of Permanent Residents (person)	从业人员（人）Practitioners (person)	公共财政收入（万元）Public Finance Income (10000 yuan)	农作物播种面积（公顷）Crop Planting Area (hectares)	工业企业个数（个）Number of Industrial Enterprises (unit)	工业企业从业人员（人）Industrial Companies from Personnel of Course of Study (person)	建筑业企业个数（个）Number of Construction Enterprises (unit)	建筑业企业从业人员数（人）Construction Enterprise Employees (person)
亳州市涡阳县楚店镇		55305	29243	766	9480	73	1586		
亳州市涡阳县高公镇		45860	23949	1004	8083	42	660		
亳州市涡阳县高炉镇		55891	30001	1183	10577	76	3821	24	667
亳州市涡阳县曹市镇		74993	37687	818	17504	76	1098		
亳州市涡阳县青町镇		79020	38950	869	16522	129	2286		
亳州市涡阳县石弓镇		55128	36522	681	9881	156	945		
亳州市涡阳县龙山镇		78673	37392	855	12904	57	1736		
亳州市涡阳县义门镇		83604	41014	1008	14255	38	612		
亳州市涡阳县新兴镇		84240	46147	771	15513	125	2256		
亳州市涡阳县临湖镇		67909	36147	325	17482	43	2003		
亳州市涡阳县丹城镇		72056	28548	467	14081	153	3029		
亳州市涡阳县马店集镇		52726	21058	775	9443	46	1302		
亳州市涡阳县花沟镇		65307	32306	559	10424	82	2050		
亳州市涡阳县店集镇		40535	22876	591	6760	38	3310		
亳州市涡阳县陈大镇		59291	25534	582	9301	26	2086		
亳州市涡阳县牌坊镇		86812	40699	626	20341	96	2632	2	42
亳州市涡阳县公吉寺镇		54920	26824	632	9365	66	1456	1	19
亳州市涡阳县标里镇		65700	31181	537	11741	82	2560		
亳州市蒙城县城关镇		111295	43038	16631	130	39	3215	27	6589
亳州市蒙城县双涧镇		58795	34421	1236	11535	59	3506		
亳州市蒙城县小涧镇		70200	69700	1100	15680	220	3330		
亳州市蒙城县坛城镇		57709	22135	895	11706	1254	3425	110	589
亳州市蒙城县许疃镇		70756	43278	1430	16100	42	1552	2	520
亳州市蒙城县板桥集镇		61357	58075	1190	17837	96	8386	26	2217
亳州市蒙城县马集镇		63807	38046	1048	14021	67	2806	3	166
亳州市蒙城县岳坊镇		61826	33040	1120	14860	338	8896		
亳州市蒙城县立仓镇		126811	49149	1082	24697	42	750	10	850
亳州市蒙城县楚村镇		69901	59901	690	19561	214	3476	2	593
亳州市蒙城县乐土镇		96770	55291	2883	24554	36	1369	3	81
亳州市蒙城县三义镇		80786	60273	763	14394	8	257	1	122
亳州市蒙城县篱笆镇		60074	35202	1074	14046	15	328	2	46
亳州市利辛县城关镇		238659	113376	6891	13326	225	10524	16	4100
亳州市利辛县阚疃镇		88178	43950	1892	12402	31	1811	1	189
亳州市利辛县张村镇		61955	34722	1427	12225	34	1105	1	218
亳州市利辛县江集镇		62237	36536	1354	11717	31	414	2	172
亳州市利辛县旧城镇		52710	27093	519	9060	25	315	1	300
亳州市利辛县西潘楼镇		57740	36376	2661	9176	59	1863	1	52
亳州市利辛县孙集镇		39595	17701	959	8148	20	480	1	48
亳州市利辛县汝集镇		63284	56160	1042	11446	16	526		
亳州市利辛县巩店镇		79710	40595	684	13330	26	520		43
亳州市利辛县王人镇		63575	34438	427	9959	29	780		160
亳州市利辛县王市镇		54957	34223	940	8585	29	420	1	46
亳州市利辛县永兴镇		52096	31648	863	9532	3	410	1	145
亳州市利辛县马店孜镇		63786	38473	834	10836	16	373	2	307
亳州市利辛县大李集镇		53597	22328	592	8564	8	276		38
亳州市利辛县胡集镇		53817	36395	1317	12657	17	1056	2	424
亳州市利辛县展沟镇		37680	21188	302	6402	15	200	1	14
亳州市利辛县程家集镇		52780	40422	702	10814	28	688	1	81
亳州市利辛县中疃镇		59472	37250	781	11715	26	623	10	125
亳州市利辛县望疃镇		86543	56038	1528	17786	23	627	3	513
亳州市利辛县城北镇		48853	33254	685	8631	30	515	1	25
宿州市埇桥区符离镇		91878	46534	6908	9916	198	11572	3	462

附录3　续表3　continued

镇　　Town	常住人口（人）Population of Permanent Residents (person)	从业人员（人）Practitioners (person)	公共财政收入（万元）Public Finance Income (10000 yuan)	农作物播种面积（公顷）Crop Planting Area (hectares)	工业企业个数（个）Number of Industrial Enterprises (unit)	工业企业从业人员（人）Industrial Companies from Personnel of Course of Study (person)	建筑业企业个数（个）Number of Construction Enterprises (unit)	建筑业企业从业人员数（人）Construction Enterprise Employees (person)
宿州市埇桥区芦岭镇	72886	53370	1637	15665	61	9358	4	429
宿州市埇桥区朱仙庄镇	73286	30663	6938	13849	275	11131		
宿州市埇桥区褚兰镇	48314	30314	471	10648	40	1455		
宿州市埇桥区曹村镇	58414	37440	2487	13445	45	2018		
宿州市埇桥区夹沟镇	71421	43110	1192	14377	30	676	2	201
宿州市埇桥区栏杆镇	73098	29035	1811	14362	36	985		
宿州市埇桥区时村镇	85180	40077	766	14822	79	2775	2	210
宿州市埇桥区永安镇	58767	38320	838	14371	25	1230		
宿州市埇桥区灰古镇	33576	20670	773	7807	33	1596		
宿州市埇桥区大店镇	58591	34680	830	20861	46	2188		
宿州市埇桥区大泽乡镇	59700	34731	495	15204	66	4027	1	244
宿州市埇桥区桃园镇	35794	19539	1096	9560	78	3600		
宿州市埇桥区蕲县镇	75573	43330	2257	12374	216	4069		
宿州市埇桥区大营镇	38833	20237	462	12493	12	803		
宿州市砀山县砀城镇	195846	52122	8822	5053	640	21225	31	12420
宿州市砀山县赵屯镇	54989	32109	612	7988	68	4032	23	254
宿州市砀山县李庄镇	47994	20435	1881	4619	63	1350	22	235
宿州市砀山县唐寨镇	75672	37857	1516	2698	28	839	16	245
宿州市砀山县葛集镇	61327	33603	589	4132	32	1325	49	1132
宿州市砀山县周寨镇	75730	32222	849	10285	208	4238	16	787
宿州市砀山县玄庙镇	91815	49219	982	8492	83	4728	92	4376
宿州市砀山县官庄坝镇	52309	29105	1076	6600	32	1389	2	72
宿州市砀山县曹庄镇	30392	24083	1063	6328	38	1250	2	130
宿州市砀山县关帝庙镇	56831	25923	986	8429	172	4492	4	92
宿州市砀山县朱楼镇	40899	19997	816	6986	37	2323	3	41
宿州市砀山县良梨镇	56754	39541	581	2550	48	1319		
宿州市砀山县程庄镇	63939	41571	445	9878	16	2316		
宿州市萧县龙城镇	121370	71932	17600	5908	339	25050	20	33840
宿州市萧县黄口镇	100500	41565	3310	11666	40	8120	2	430
宿州市萧县杨楼镇	77743	44329	2920	12374	39	1510		
宿州市萧县闫集镇	48816	17490	423	7698	5	1210	313	1355
宿州市萧县新庄镇	72156	39484	734	13219	14	245		
宿州市萧县刘套镇	34176	21120	1580	5634	32	330	5	125
宿州市萧县马井镇	73857	14055	620	4410	30	210		
宿州市萧县大屯镇	66509	34225	1120	9210	26	972		
宿州市萧县赵庄镇	43502	16471	850	9800	30	1800		
宿州市萧县杜楼镇	63899	37568	5025	12448	57	3696	4	140
宿州市萧县丁里镇	40675	20251	1384	5898	52	1138	2	57
宿州市萧县王寨镇	72435	36858	2532	12603	26	485		
宿州市萧县祖楼镇	44102	33762	760	5371	32	1488	2	43
宿州市萧县青龙集镇	25186	13031	862	4532	9	176		
宿州市萧县张庄寨镇	77676	41000	1084	13600	56	2500	1	50
宿州市萧县永堌镇	24315	12670	2310	4488	21	2589	2	471
宿州市萧县白土镇	28147	19575	1638	5020	27	716		
宿州市萧县官桥镇	18220	13368	1085	3789	22	1332		
宿州市灵璧县灵城镇	108365	68369	4578	10787	64	3073	36	7097
宿州市灵璧县韦集镇	50853	30034	361	13102	30	520		
宿州市灵璧县黄湾镇	42932	31003	631	13588	10	336		
宿州市灵璧县娄庄镇	79118	42568	604	23669	18	724		
宿州市灵璧县杨疃镇	75063	38306	647	18378	18	2119	1	147
宿州市灵璧县尹集镇	76543	36672	591	13931	17	2320	1	10
宿州市灵璧县浍沟镇	46250	32521	641	9181	15	242		

附录3 续表4 continued

镇	Town	常住人口（人）Population of Permanent Residents (person)	从业人员（人）Practitioners (person)	公共财政收入（万元）Public Finance Income (10000 yuan)	农作物播种面积（公顷）Crop Planting Area (hectares)	工业企业个数（个）Number of Industrial Enterprises (unit)	工业企业从业人员（人）Industrial Companies from Personnel of Course of Study (person)	建筑业企业个数（个）Number of Construction Enterprises (unit)	建筑业企业从业人员数（人）Construction Enterprise Employees (person)
宿州市灵璧县尤集镇		59653	29332	846	10939	37	1600	26	520
宿州市灵璧县下楼镇		68801	41749	942	12790	45	2701	6	873
宿州市灵璧县朝阳镇		74843	41765	982	13779	34	1712	1	213
宿州市灵璧县渔沟镇		78286	27856	1181	11234	52	1587	3	269
宿州市灵璧县高楼镇		73336	49195	520	11729	55	3100	1	4850
宿州市灵璧县冯庙镇		87056	49378	1355	13955	41	810		
宿州市泗县泗城镇		96249	63506	4000	7810	69	3216	12	5670
宿州市泗县墩集镇		33740	23572	446	8107	8	190		
宿州市泗县丁湖镇		57995	32434	498	12243	7	70		
宿州市泗县草沟镇		72586	47014	1300	19400	33	926		
宿州市泗县长沟镇		45278	21942	1308	16980	31	2120		
宿州市泗县黄圩镇		63976	36126	3998	10820	62	7016		
宿州市泗县大庄镇		65786	37539	2763	10853	29	1228		
宿州市泗县山头镇		70791	37785	735	9920	201	1850		
宿州市泗县刘圩镇		42133	30082	1000	7930	18	1800	3	350
宿州市泗县黑塔镇		77566	43018	529	20135	153	4136	1	168
宿州市泗县草庙镇		19446	10116	427	3719	3	93	4	40
宿州市泗县屏山镇		65024	35793	728	17620	15	510		
蚌埠市禹会区秦集镇		30527	19900		1898	74	1331	9	78
蚌埠市禹会区马城镇		71300	54248	2518	5346	68	4100		
蚌埠市淮上区小蚌埠镇		52387	23817	34000	2700	110	5100	3	16
蚌埠市淮上区吴小街镇		31003	14995	13200	3059	90	3025	9	150
蚌埠市淮上区曹老集镇		47251	28708	4011	10258	62	810	8	1720
蚌埠市淮上区梅桥镇		47278	27465	2916	6926	21	967		
蚌埠市淮上区沫河口镇		77988	37767	4689	21171	25	375	5	133
蚌埠市怀远县城关镇		185449	118532	67277	9561	267	8010	27	3550
蚌埠市怀远县包集镇		73079	51625	5990	18206	23	925	4	75
蚌埠市怀远县龙亢镇		64586	37134	1329	11263	24	1189		
蚌埠市怀远县河溜镇		52710	39933	2112	12486	17	1136	1	329
蚌埠市怀远县常坟镇		105864	60360		16091	78	2851	5	334
蚌埠市怀远县双桥集镇		64961	33079	1756	14809	10	440		
蚌埠市怀远县魏庄镇		48904	23150	588	13259	14	850		
蚌埠市怀远县万福镇		57129	33999	1202	13257	5	110		
蚌埠市怀远县唐集镇		66533	43012	950	18112	29	1625		
蚌埠市怀远县白莲坡镇		89546	48653	1791	16126	63	2986		
蚌埠市怀远县褚集镇		43247	28861	1279	10195	6	593		
蚌埠市怀远县古城镇		58307	36833	1240	12563	17	800	1	283
蚌埠市五河县城关镇		109284	72371	17554	7862	121	2626	10	1654
蚌埠市五河县新集镇		52565	37730	3200	12147	7	490		
蚌埠市五河县小溪镇		27889	21101	1848	9106	64	1925		
蚌埠市五河县双忠庙镇		55180	24883	1884	12908	28	683	1	10
蚌埠市五河县小圩镇		46124	27527	1365	11714	18	1325		
蚌埠市五河县东刘集镇		67768	44087	1291	24566	3	340		
蚌埠市五河县头铺镇		55666	30453	2188	9430	14	310		
蚌埠市五河县大新镇		29694	18441	1059	6820	4	150		
蚌埠市五河县武桥镇		31018	16560	1918	9043	34	850	1	28
蚌埠市五河县朱顶镇		47258	39535	1632	4613	15	405		
蚌埠市五河县浍南镇		61050	35353	1620	19331	12	572		
蚌埠市五河县申集镇		50448	45401	1864	12682	13	182		
蚌埠市固镇县城关镇		108266	37892	45408	12392	590	34387	30	3035
蚌埠市固镇县王庄镇		37929	28704	2538	11300	8	970	3	397

附录3　续表5　continued

镇　　Town	常住人口（人）Population of Permanent Residents (person)	从业人员（人）Practitioners (person)	公共财政收入（万元）Public Finance Income (10000 yuan)	农作物播种面积（公顷）Crop Planting Area (hectares)	工业企业个数（个）Number of Industrial Enterprises (unit)	工业企业从业人员（人）Industrial Companies from Personnel of Course of Study (person)	建筑业企业个数（个）Number of Construction Enterprises (unit)	建筑业企业从业人员数（人）Construction Enterprise Employees (person)
蚌埠市固镇县新马桥镇	52456	35256	5142	13048	43	2611	6	852
蚌埠市固镇县连城镇	50422	26729	5462	9199	228	11017	3	398
蚌埠市固镇县刘集镇	60395	39296	4487	17406	56	7507	5	620
蚌埠市固镇县任桥镇	56167	38464	2534	16401	9	827	3	407
蚌埠市固镇县湖沟镇	49370	39720	3090	14720	44	4823	4	268
蚌埠市固镇县濠城镇	33459	28618	2348	10407	10	452	3	260
阜阳市颍州区王店镇	69432	42070	1677	9954	38	862		
阜阳市颍州区程集镇	46608	26329	2111	7551	39	1988		
阜阳市颍州区三合镇	38570	23665	600	7022	17	160	1	123
阜阳市颍州区西湖镇	34540	21116	760	5977	8	367		
阜阳市颍州区九龙镇	42435	26809	988	6972	17	442		
阜阳市颍州区三十里铺镇	42336	23285	2176	6502	7	813		
阜阳市颍州区三塔集镇	73697	48755	1418	9632	24	1307		
阜阳市颍东区口孜镇	77869	39004	1256	10956	17	365		
阜阳市颍东区插花镇	85026	35185	2330	11262	28	712	1	112
阜阳市颍东区袁寨镇	67136	36373	1164	5887	27	496	1	23
阜阳市颍东区枣庄镇	44289	25058	818	8044	11	307	1	75
阜阳市颍东区老庙镇	44303	22877	1121	7869	16	323	1	70
阜阳市颍东区正午镇	41575	21894	1121	9120	9	218	1	38
阜阳市颍东区杨楼孜镇	35293	27573	776	5017	29	587		
阜阳市颍东区新乌江镇	48255	28090	694	8002	30	1150		
阜阳市颍泉区伍明镇	112709	73879	1000	14577	290	3050	1	140
阜阳市颍泉区宁老庄镇	98638	61956	4091	12398	70	2123		
阜阳市颍泉区闻集镇	98959	51951	1386	14834	79	4561		
阜阳市颍泉区行流镇	107099	61344	1364	16181	137	5906	3	1775
阜阳合肥现代产业园区袁集镇	40641	28797		3440	16	560		
阜阳市界首市光武镇	58752	34934	24879	5352	82	7626		
阜阳市界首市泉阳镇	36475	28536	579	6264	14	1562		
阜阳市界首市芦村镇	31637	17933	707	4977	3	78		
阜阳市界首市新马集镇	46625	25445	579	5961	16	672		
阜阳市界首市大黄镇	38201	19670	442	4792	28	2616		
阜阳市界首市田营镇	31220	18092	81897	3049	28	11200		
阜阳市界首市陶庙镇	60561	33616	838	6961	39	1610		
阜阳市界首市王集镇	50179	31630	728	6454	7	310		
阜阳市界首市砖集镇	51015	23789	646	5365	16	700	1	800
阜阳市界首市顾集镇	39541	30010	776	5656	2	74		
阜阳市界首市代桥镇	26678	25815	561	4203	2	50		
阜阳市界首市舒庄镇	32081	17458	406	4192	3	135		
阜阳市临泉县杨桥镇	58836	37807	1431	6323	22	541		
阜阳市临泉县同城镇	61672	36697	6050	6982	35	1392	1	102
阜阳市临泉县谭棚镇	62970	43707	965	8080	58	486		
阜阳市临泉县老集镇	71541	34218	773	7525	78	2760	1	215
阜阳市临泉县滑集镇	75209	42969	844	8834	12	175		
阜阳市临泉县吕寨镇	61989	37466	830	6944	6	76		
阜阳市临泉县单桥镇	56022	28885	490	7144	4	428	1	62
阜阳市临泉县长官镇	83002	41935	713	10163	14	337		
阜阳市临泉县宋集镇	88335	54948	785	10020	9	138		
阜阳市临泉县张新镇	60320	37282	746	6918	4	78	1	206
阜阳市临泉县艾亭镇	77475	39829	1012	9690	52	678		
阜阳市临泉县陈集镇	67489	34669	252	8627	21	352		
阜阳市临泉县韦寨镇	92369	48421	572	9237	72	1532	2	1236
阜阳市临泉县迎仙镇	79063	36962	778	9350	9	315		

附录3　续表6　continued

镇 Town	常住人口（人）Population of Permanent Residents (person)	从业人员（人）Practitioners (person)	公共财政收入（万元）Public Finance Income (10000 yuan)	农作物播种面积（公顷）Crop Planting Area (hectares)	工业企业个数（个）Number of Industrial Enterprises (unit)	工业企业从业人员（人）Industrial Companies from Personnel of Course of Study (person)	建筑业企业个数（个）Number of Construction Enterprises (unit)	建筑业企业从业人员数（人）Construction Enterprise Employees (person)
阜阳市临泉县瓦店镇	61945	38263	520	7762	12	532		
阜阳市临泉县姜寨镇	71489	37860	655	7644	26	720		
阜阳市临泉县庙岔镇	69252	37256	733	7845	9	420		
阜阳市临泉县黄岭镇	76850	39499	703	8669	4	256		
阜阳市临泉县白庙镇	55147	29406	725	5666	6	372		
阜阳市临泉县关庙镇	68581	30389	749	8380	6	196		
阜阳市临泉县杨小街镇	53238	22976	499	6535	5	332		
阜阳市太和县城关镇	245338	139537	22111	1332	141	16000	16	3670
阜阳市太和县旧县镇	57508	28902	7092	6537	14	2556	1	211
阜阳市太和县税镇镇	46105	30168	1012	2584	45	1450		
阜阳市太和县皮条孙镇	24356	17802	652	3416	176	4652		
阜阳市太和县原墙镇	60207	31219	301	8324	15	310		
阜阳市太和县倪邱镇	57294	29250	533	8880	33	1100		
阜阳市太和县李兴镇	74562	38792	1969	9569	27	4215		
阜阳市太和县大新镇	54195	31986	3186	7858	32	2123		
阜阳市太和县肖口镇	59257	34821	6632	7362	76	3672		
阜阳市太和县关集镇	52490	34429	3675	3953	6	320		
阜阳市太和县三塔镇	47836	40579	2395	12125	38	1562		
阜阳市太和县双浮镇	48339	28746	304	6438	8	625		
阜阳市太和县蔡庙镇	34139	18692	857	4926	36	1780		
阜阳市太和县三堂镇	49027	32507	1059	8419	52	789		
阜阳市太和县苗老集镇	45789	29080	2949	8945	15	1655		
阜阳市太和县赵庙镇	51200	34641	2420	8289	38	1665		
阜阳市太和县宫集镇	42375	28318	3373	7840	12	297		
阜阳市太和县坟台镇	74924	50213	4679	16145	17	295		
阜阳市太和县洪山镇	48690	44080	1617	10220	13	1880		
阜阳市太和县清浅镇	41451	17526	189	3058	16	265		
阜阳市太和县五星镇	37393	28712	1162	6201	61	1207		
阜阳市太和县高庙镇	17890	14260	212	3422	28	630		
阜阳市太和县桑营镇	41271	22998	735	7380	14	397		
阜阳市太和县大庙集镇	54324	34839	271	6983	14	346		
阜阳市太和县阮桥镇	47908	29150	510	7940	22	390		
阜阳市太和县双庙镇	53633	31440	450	6533	51	262		
阜阳市太和县胡总镇	23481	13668	126	4314	6	916		
阜阳市阜南县方集镇	41082	31165	138	3100	25	285		
阜阳市阜南县中岗镇	34904	22175	2208	4482	27	1500		
阜阳市阜南县柴集镇	70127	48283	520	10735	132	1610		
阜阳市阜南县新村镇	49879	31430	389	7842	13	476		
阜阳市阜南县朱寨镇	78217	41434	434	9068	17	283	1	58
阜阳市阜南县柳沟镇	43611	25264	380	5781	18	440		
阜阳市阜南县赵集镇	50671	24640	301	7190	15	530		
阜阳市阜南县田集镇	59487	35257	761	7376	11	460		
阜阳市阜南县苗集镇	57030	34950	471	8560	13	210		
阜阳市阜南县黄岗镇	59895	39776	4423	6410	44	6659		
阜阳市阜南县焦陂镇	70953	42583	1513	8385	21	1300		
阜阳市阜南县张寨镇	58268	33992	298	6920	8	856		
阜阳市阜南县王堰镇	41515	31209	344	7900	8	415		
阜阳市阜南县地城镇	38950	24527	313	5946	14	516		
阜阳市阜南县洪河桥镇	56835	37807	428	6701	75	1121		
阜阳市阜南县王家坝镇	34174	16767	391	3215	6	275		
阜阳市阜南县王化镇	40709	21813	371	5186	7	350	1	680
阜阳市阜南县曹集镇	45667	24190	1422	5009	32	4250		

附录3　续表7　continued

镇　　Town	常住人口（人）Population of Permanent Residents (person)	从业人员（人）Practitioners (person)	公共财政收入（万元）Public Finance Income (10000 yuan)	农作物播种面积（公顷）Crop Planting Area (hectares)	工业企业个数（个）Number of Industrial Enterprises (unit)	工业企业从业人员（人）Industrial Companies from Personnel of Course of Study (person)	建筑业企业个数（个）Number of Construction Enterprises (unit)	建筑业企业从业人员数（人）Construction Enterprise Employees (person)
阜阳市阜南县鹿城镇	142154	70640	14185	6534	585	11179	18	3816
阜阳市阜南县会龙镇	36217	20428	932	6833	32	5710		
阜阳市颍上县慎城镇	173896	91015	12618	7139	192	11880	20	428
阜阳市颍上县谢桥镇	87620	53172	4199	9724	149	8600	3	310
阜阳市颍上县南照镇	53609	30040	1134	5572	98	10320	2	208
阜阳市颍上县杨湖镇	58633	31992	626	6268	17	653	5	266
阜阳市颍上县江口镇	83293	41060	906	9225	38	875	1	42
阜阳市颍上县润河镇	54721	36207	604	7594	11	218	4	85
阜阳市颍上县新集镇	42253	22530	387	5642	7	128	1	26
阜阳市颍上县六十铺镇	50951	36606	2414	9498	45	626	2	42
阜阳市颍上县耿棚镇	79983	37994	506	9324	78	3560	2	90
阜阳市颍上县半岗镇	47219	29398	590	6915	25	558	3	39
阜阳市颍上县王岗镇	42127	20211	443	7840	13	530	3	186
阜阳市颍上县夏桥镇	49345	30166	1917	8698	44	915	5	176
阜阳市颍上县江店孜镇	53720	31395	762	8997	17	432		
阜阳市颍上县陈桥镇	47074	29641	648	7504	32	1189	1	48
阜阳市颍上县黄桥镇	59651	33492	850	7300	34	2000	4	160
阜阳市颍上县八里河镇	56497	27456	1883	6275	16	678	5	240
阜阳市颍上县迪沟镇	40144	23443	1123	5210	57	1027	2	85
阜阳市颍上县西三十铺镇	45209	29641	1237	6337	22	467		
阜阳市颍上县红星镇	34701	17193	527	6027	26	171	1	28
阜阳市颍上县十八里铺镇	49236	19667	1084	7207	39	1175	3	98
阜阳市颍上县鲁口镇	35876	15226	635	4520	10	487	1	50
阜阳市颍上县古城镇	46658	22095	2017	6344	46	6500	1	24
淮南市大通区上窑镇	31170	15780	7110	4988	160	4150	2	670
淮南市大通区洛河镇	38675	11664	2475	4100	251	2098	2	1011
淮南市大通区九龙岗镇	29698	14781	3115	2557	132	1459	3	419
淮南市田家庵区舜耕镇	61207	7138	1250	334	45	680	46	760
淮南市田家庵区安成镇	33260	27232	1523	3131	86	3713	2	33
淮南市田家庵区曹庵镇	37147	23806	1026	6210	48	1034	5	62
淮南市田家庵区三和镇	39440	22598	2140	4515	45	540	58	2720
淮南市谢家集区望峰岗镇	40249	20670	700	739	44	2003		
淮南市谢家集区李郢孜镇	41779	29740	1409	1109	76	2732	7	597
淮南市谢家集区唐山镇	17451	14372	2295	751	69	4874	1	113
淮南市谢家集区杨公镇	27515	21508	487	6321	13	296		
淮南市八公山区八公山镇	18015	6068	1057	573	135	3718	1	108
淮南市八公山区山王镇	53946	13362	869	1995	41	6980	2	156
淮南市潘集区高皇镇	50193	29205	1219	8862	24	1507		
淮南市潘集区平圩镇	41179	22998	2189	4335	28	2416	4	530
淮南市潘集区泥河镇	39990	18002	75	6200	66	830		
淮南市潘集区潘集镇	37923	24743	860	7924	19	2110	1	40
淮南市潘集区芦集镇	53979	26982	1050	9114	16	339		
淮南市潘集区架河镇	29782	20298	595	4728	7	220	1	80
淮南市潘集区夹沟镇	32227	24731	791	6456	11	565		
淮南市潘集区祁集镇	22109	13284	565	2804	13	381		
淮南市潘集区贺疃镇	32850	19077	845	7625	6	95	5	50
淮南市凤台县城关镇	103776	9649	15000	83	21	304	9	1861
淮南市凤台县新集镇	65211	16234	23000	7561	210	1850	1	1069
淮南市凤台县朱马店镇	34482	23123	982	7442	42	2567		
淮南市凤台县岳张集镇	54285	33598	24204	7264	135	2885		
淮南市凤台县顾桥镇	30382	19793	895	3749	65	1519	2	114
淮南市凤台县毛集镇	49622	25333	13936	8186	53	3019	2	1019

附录3　续表8　continued

镇　Town	常住人口（人）Population of Permanent Residents (person)	从业人员（人）Practitioners (person)	公共财政收入（万元）Public Finance Income (10000 yuan)	农作物播种面积（公顷）Crop Planting Area (hectares)	工业企业个数（个）Number of Industrial Enterprises (unit)	工业企业从业人员（人）Industrial Companies from Personnel of Course of Study (person)	建筑业企业个数（个）Number of Construction Enterprises (unit)	建筑业企业从业人员数（人）Construction Enterprise Employees (person)
淮南市凤台县夏集镇	31842	17336	2497	5044	44	1802	1	525
淮南市凤台县桂集镇	39987	18507	1263	6296	96	5160		
淮南市凤台县焦岗湖镇	43953	26547	1079	7667	19	422		
淮南市凤台县凤凰镇	41937	33014	8759	8024	23	2951	1	67
淮南市凤台县杨村镇	40293	21580	865	6296	85	1826		
淮南市凤台县丁集镇	34157	18181	2256	5497	27	925		
滁州市南谯区乌衣镇	59500	18185	10206	4198	45	2500		
滁州市南谯区沙河镇	22863	15726	3714	4908	58	2420		
滁州市南谯区章广镇	24363	11128	952	8847	7	196		
滁州市南谯区黄泥岗镇	24556	12921	936	6445	20	1153		
滁州市南谯区珠龙镇	18105	11495	1183	5507	1	19		
滁州市南谯区大柳镇	13325	6726	1292	4961	18	730	1	30
滁州市南谯区腰铺镇	25940	19075	3802	5269	242	7648	1	146
滁州市南谯区施集镇	31371	16886	1496	7756	34	1217	3	78
滁州市天长市铜城镇	76651	52381	37036	17338	363	19295	3	195
滁州市天长市汊涧镇	60077	30875	13192	9735	141	8041	3	112
滁州市天长市秦栏镇	62843	51496	11018	8633	394	16465	3	105
滁州市天长市大通镇	42038	25822	1386	10403	95	6843		
滁州市天长市杨村镇	40983	23912	6470	8499	156	6695		
滁州市天长市石梁镇	32611	26586	3622	6164	110	3523	1	6
滁州市天长市金集镇	40235	22845	5009	7092	162	4675		
滁州市天长市永丰镇	25426	16297	4267	5548	245	4821	3	42
滁州市天长市仁和集镇	39265	23949	5103	8408	161	5983	1	29
滁州市天长市冶山镇	34449	20569	5087	5452	126	8148	1	34
滁州市天长市郑集镇	23044	13175	1879	4035	62	5225		
滁州市天长市张铺镇	32879	20013	1409	9062	72	3687		
滁州市天长市新街镇	24918	15677	1535	6036	62	4160	1	68
滁州市天长市万寿镇	14308	9299	3946	2705	44	2512		
滁州市明光市张八岭镇	26792	16716	1354	5414	22	1234		
滁州市明光市三界镇	18530	9989	747	3484	10	427		
滁州市明光市管店镇	17229	8746	909	2860	31	1135		
滁州市明光市自来桥镇	30202	16293	2183	5203	11	368		
滁州市明光市涧溪镇	50913	28823	1641	10354	62	1795		
滁州市明光市石坝镇	50185	32423	1272	11894	30	375		
滁州市明光市苏巷镇	24259	7664	1116	7732	20	1120		
滁州市明光市桥头镇	30050	18274	1160	8509	21	980		
滁州市明光市女山湖镇	39102	23857	1830	8047	13	925		
滁州市明光市古沛镇	30874	17409	1157	8070	12	607		
滁州市明光市潘村镇	64335	36582	1858	11541	17	879		
滁州市明光市柳巷镇	29310	15650	658	5904	3	103		
滁州市来安县新安镇	94193	79157	13783	10351	138	8327	5	2762
滁州市来安县半塔镇	67098	46316	2575	15366	72	5325	1	256
滁州市来安县水口镇	50993	32770	2578	14310	74	1132		
滁州市来安县汊河镇	38702	29979	47365	8290	181	11258		
滁州市来安县大英镇	13628	8518	466	3483	18	512		
滁州市来安县雷官镇	23841	18059	537	7317	15	479		
滁州市来安县施官镇	34542	26297	694	10293	35	792		
滁州市来安县舜山镇	28061	20810	1131	7118	13	382		
滁州市全椒县襄河镇	125840	55781	51120	6436	323	7312	13	6940
滁州市全椒县古河镇	38179	17915	5379	7030	134	4422		
滁州市全椒县大墅镇	48807	26691	1963	8605	26	1985		
滁州市全椒县二郎口镇	52481	24715	6167	10741	67	3424		

附录3　续表9　continued

镇　　Town	常住人口（人）Population of Permanent Residents (person)	从业人员（人）Practitioners (person)	公共财政收入（万元）Public Finance Income (10000 yuan)	农作物播种面积（公顷）Crop Planting Area (hectares)	工业企业个数（个）Number of Industrial Enterprises (unit)	工业企业从业人员（人）Industrial Companies from Personnel of Course of Study (person)	建筑业企业个数（个）Number of Construction Enterprises (unit)	建筑业企业从业人员数（人）Construction Enterprise Employees (person)
滁州市全椒县武岗镇	21317	13192	2469	6732	45	1956		
滁州市全椒县马厂镇	36268	23602	1056	6275	19	1065		
滁州市全椒县石沛镇	28156	12389	1234	4820	39	1109		
滁州市全椒县十字镇	39866	16944	26749	9956	213	3125		
滁州市全椒县西王镇	26700	17304	485	3165	12	428		
滁州市全椒县六镇镇	44570	21203	3920	11960	39	2220		
滁州市定远县定城镇	161743	105100	17625	17156	428	2889	9	8133
滁州市定远县炉桥镇	104427	64390	6820	15941	425	6255	1	74
滁州市定远县永康镇	60483	29956	1281	10930	49	2117		
滁州市定远县吴圩镇	71323	41424	741	16537	13	298		
滁州市定远县朱湾镇	22566	18674	230	5965	13	550		
滁州市定远县张桥镇	53587	36186	658	13282	169	2512		
滁州市定远县藕塘镇	56200	28050	460	16108	23	168		
滁州市定远县池河镇	56941	27910	753	14117	19	1137		
滁州市定远县连江镇	28745	16423	220	8772	9	741		
滁州市定远县界牌集镇	25651	11811	240	9763	5	67		
滁州市定远县仓镇	32079	13515	202	10540	5	225		
滁州市定远县三和集镇	35083	23049	1633	10169	13	1288		
滁州市定远县西卅店镇	38320	23821	1580	11916	15	3476		
滁州市定远县桑涧镇	38925	20041	258	13509	11	372		
滁州市定远县蒋集镇	27768	13487	259	7853	4	256		
滁州市定远县大桥镇	27062	18581	248	8377	7	93		
滁州市凤阳县府城镇	146922	82654	67791	11756	67	4105	28	13615
滁州市凤阳县临淮镇	46239	27743	4732	2591	105	4896	3	245
滁州市凤阳县武店镇	59157	40914	1448	7526	63	927		
滁州市凤阳县西泉镇	40895	21480	966	6625	52	1569	1	13
滁州市凤阳县官塘镇	39011	23340	316	7042	13	370		
滁州市凤阳县刘府镇	68385	39689	14344	14100	150	5668	1	14
滁州市凤阳县大庙镇	52180	25250	18105	12857	256	8912		
滁州市凤阳县殷涧镇	27805	19510	2386	8650	21	250		
滁州市凤阳县总铺镇	50690	30212	1320	14538	30	510		
滁州市凤阳县红心镇	35628	22483	218	11438	8	198		
滁州市凤阳县板桥镇	68364	35788	12443	13620	69	8635	2	540
滁州市凤阳县大溪河镇	31552	14694	642	8985	14	890		
滁州市凤阳县小溪河镇	52116	30941	2328	14712	42	2021	2	32
滁州市凤阳县枣巷镇	26635	14628	698	6058	2	13		
六安市金安区木厂镇	36543	25848	1162	7765	15	1375	1	18
六安市金安区马头镇	35511	24371	575	4892	15	425		
六安市金安区东桥镇	36550	12877	1007	4042	11	370	2	80
六安市金安区张店镇	50541	50537	1416	6663	5	132		
六安市金安区毛坦厂镇	24071	6999	1937	1525	26	1514	3	235
六安市金安区东河口镇	45208	30353	930	6222	12	900		
六安市金安区双河镇	46400	28441	1564	7305	25	1300		
六安市金安区施桥镇	52831	25308	726	7660	24	3620	5	400
六安市金安区孙岗镇	57581	38736	1598	10190	30	2217		
六安市金安区三十铺镇	75628	28806	2225	8248	138	5495	3	995
六安市金安区椿树镇	24835	22803	1223	2689	31	1103	2	38
六安市裕安区苏埠镇	47269	46774	4200	4410	72	8756	4	113
六安市裕安区韩摆渡镇	52366	36953	729	5027	38	428		
六安市裕安区新安镇	79171	45844	6600	8486	45	4000	2	100
六安市裕安区顺河镇	48023	25969	1151	2865	23	1410	3	180
六安市裕安区独山镇	76523	46812	1986	7490	98	3376	5	83

附录3　续表10　continued

镇　Town	常住人口（人）Population of Permanent Residents (person)	从业人员（人）Practitioners (person)	公共财政收入（万元）Public Finance Income (10000 yuan)	农作物播种面积（公顷）Crop Planting Area (hectares)	工业企业个数（个）Number of Industrial Enterprises (unit)	工业企业从业人员（人）Industrial Companies from Personnel of Course of Study (person)	建筑业企业个数（个）Number of Construction Enterprises (unit)	建筑业企业从业人员数（人）Construction Enterprise Employees (person)
六安市裕安区石婆店镇	31930	22018	550	4284	14	617		
六安市裕安区城南镇	67380	20706	6786	3737	26	920		
六安市裕安区丁集镇	48630	38864	1647	8621	25	2500	5	521
六安市裕安区固镇镇	38439	31555	705	6563	45	5604		
六安市裕安区徐集镇	32701	19982	2234	5034	13	1296	5	506
六安市裕安区分路口镇	49207	28406	2462	7436	26	1124	9	876
六安市裕安区江家店镇	41733	36562	1441	8065	9	1800	2	20
六安市寿县寿春镇	122276	59726	9942	5887	406	6800	18	328
六安市寿县双桥镇	42288	31998	653	10960	28	888		
六安市寿县涧沟镇	41907	20456	910	9380	10	620	1	32
六安市寿县丰庄镇	40611	15654	728	7238	18	307	1	153
六安市寿县正阳关镇	43000	36897	1851	8878	12	2856	1	145
六安市寿县迎河镇	62001	47645	1330	9538	19	604		
六安市寿县板桥镇	47500	46890	1607	5230	3	789		
六安市寿县安丰塘镇	44348	35201	846	6265	15	1500	10	375
六安市寿县堰口镇	54757	54458	1995	10461	55	1680	6	1500
六安市寿县保义镇	62557	36688	1978	11067	35	618	1	110
六安市寿县隐贤镇	42420	34642	1544	3624	192	4768	2	42
六安市寿县安丰镇	67276	51378	3113	15375	27	622	7	320
六安市寿县众兴镇	53545	30599	1182	8135	36	1400		
六安市寿县茶庵镇	24765	14508	782	6916	21	882		
六安市寿县三觉镇	51516	36941	884	12231	135	2132		
六安市寿县炎刘镇	70000	43954	2114	13483	47	5258	7	1360
六安市寿县刘岗镇	35121	24400	1006	12954	13	786	3	110
六安市寿县双庙集镇	23566	22658	786	9640	25	1623	2	560
六安市寿县小甸镇	64844	48633	1313	7767	25	892	4	140
六安市寿县瓦埠镇	21621	16217	889	4564	4	680	1	296
六安市寿县大顺镇	39503	38467	820	8075	37	2012	2	163
六安市寿县窑口镇	34121	17779	1787	4265	18	1250	1	120
六安市霍邱县城关镇	158552	60908	8250	5144	48	5162	15	9127
六安市霍邱县河口镇	20320	15223	889	2790	23	378	2	62
六安市霍邱县周集镇	85272	37691	1669	11142	186	4152	3	92
六安市霍邱县临水镇	64312	35459	1202	9582	41	3200	8	240
六安市霍邱县新店镇	74566	41712	1527	13412	27	3715	2	613
六安市霍邱县石店镇	57412	28798	1106	10747	125	4281	1	146
六安市霍邱县马店镇	35718	20810	1490	2330	121	1983	6	256
六安市霍邱县孟集镇	61157	39607	1230	12206	219	3315	14	360
六安市霍邱县花园镇	44060	23650	598	5687	86	2646	26	218
六安市霍邱县扈胡镇	57870	32354	960	5912	172	4986	2	25
六安市霍邱县长集镇	36174	27977	1786	4638	19	534		
六安市霍邱县洪集镇	45846	30560	1169	7739	960	9760		
六安市霍邱县姚李镇	59873	34658	3005	6695	112	4300		
六安市霍邱县乌龙镇	29456	26586	1336	8982	11	245		
六安市霍邱县高塘镇	51847	28476	755	10235	256	4912	4	962
六安市霍邱县龙潭镇	44346	21246	1325	3458	28	413		
六安市霍邱县岔路镇	20906	19090	1006	7111	8	422		
六安市霍邱县冯井镇	42003	32544	1380	3924	18	1389		
六安市霍邱县众兴集镇	39448	9322	2000	5083	8	180	1	160
六安市霍邱县夏店镇	40097	22306	1104	5755	179	2129	9	119
六安市霍邱县曹庙镇	29283	22069	546	5546	51	741		
六安市霍邱县范桥镇	41288	22921	1800	4670	430	6425	38	3128
六安市霍邱县潘集镇	54374	27880	1219	12023	35	1659	15	589

附录3　续表11　continued

镇　　Town	常住人口（人）Population of Permanent Residents (person)	从业人员（人）Practitioners (person)	公共财政收入（万元）Public Finance Income (10000 yuan)	农作物播种面积（公顷）Crop Planting Area (hectares)	工业企业个数（个）Number of Industrial Enterprises (unit)	工业企业从业人员（人）Industrial Companies from Personnel of Course of Study (person)	建筑业企业个数（个）Number of Construction Enterprises (unit)	建筑业企业从业人员数（人）Construction Enterprise Employees (person)
六安市霍邱县三元镇	27355	19362	640	8269	5	255		
六安市舒城县城关镇	185784	184035	15555	8386	215	10269	36	29065
六安市舒城县晓天镇	35692	26428	805	2388	26	486	1	841
六安市舒城县桃溪镇	25955	11759	1002	2428	21	396	1	32
六安市舒城县万佛湖镇	40825	21571	1402	3782	36	629	8	1528
六安市舒城县千人桥镇	54687	26502	2500	7894	45	3084	2	1578
六安市舒城县百神庙镇	36713	22669	1118	7898	28	1082	1	3552
六安市舒城县杭埠镇	55937	31224	10748	7778	92	10513	1	651
六安市舒城县舒茶镇	32050	20187	1101	4055	27	1380	2	350
六安市舒城县南港镇	46637	29790	1569	5827	86	2035	2	85
六安市舒城县干汊河镇	52268	36106	1916	6692	88	7309	6	601
六安市舒城县张母桥镇	29639	16992	741	3095	24	972	2	82
六安市舒城县五显镇	21687	21958	736	2587	49	3126	1	33
六安市舒城县山七镇	34621	20099	295	2283	5	61	2	38
六安市舒城县河棚镇	21920	16210	275	1285	15	268	1	50
六安市舒城县汤池镇	45041	26105	487	4059	13	407	6	1385
六安市金寨县梅山镇	131720	69556	8103	4248	85	1750	6	690
六安市金寨县麻埠镇	15487	7950	877	151	334	2951	1	66
六安市金寨县青山镇	18154	8726	982	806	38	1832	1	118
六安市金寨县燕子河镇	29960	13962	1484	4340	48	930		
六安市金寨县天堂寨镇	16037	6376	2770	2041	11	148	2	1290
六安市金寨县古碑镇	42032	32032	1138	2822	476	2969	1	145
六安市金寨县吴家店镇	18645	8432	1421	2876	15	52		
六安市金寨县斑竹园镇	22385	9763	1430	2084	18	500	2	30
六安市金寨县汤家汇镇	34210	20041	1778	4358	31	1023	3	123
六安市金寨县南溪镇	48787	22043	1260	1790	30	2100	1	25
六安市金寨县双河镇	26866	11733	760	1985	39	573		
六安市金寨县白塔畈镇	37120	13247	1307	4133	18	3122	2	208
六安市霍山县衡山镇	86071	30890	30008	1785	110	6500	7	2400
六安市霍山县佛子岭镇	18047	11216	1407	769	10	1135	1	65
六安市霍山县下符桥镇	18654	8499	1233	3045	17	605		
六安市霍山县但家庙镇	16356	9814	871	2868	18	869	1	862
六安市霍山县与儿街镇	38407	18642	1515	3548	34	1034		
六安市霍山县黑石渡镇	26201	13305	1010	1614	52	2657		
六安市霍山县诸佛庵镇	34004	16356	1604	1866	19	1780	1	15
六安市霍山县落儿岭镇	9857	4451	1312	503	42	1200	1	50
六安市霍山县磨子潭镇	12306	7926	744	1438	5	79		
六安市霍山县大化坪镇	18950	10290	426	1485	52	250	10	160
六安市霍山县漫水河镇	19021	10071	331	1957				
六安市霍山县上土市镇	17518	10794	191	1409	3	18	1	7
六安市霍山县单龙寺镇	14375	6226	188	1525	5	83		
马鞍山市当涂县乌溪镇	22191	11701	7722	3810	47	4200		
马鞍山市当涂县石桥镇	49582	28480	16315	9313	136	11081	13	3045
马鞍山市当涂县塘南镇	33471	20306	2514	4675	38	2252	2	58
马鞍山市当涂县护河镇	25437	13064	4021	6380	66	2433	8	480
马鞍山市当涂县太白镇	38515	15583	7100	5350	238	10639	55	4350
马鞍山市当涂县年陡镇	39835	21760	44600	7267	238	5120	34	306
马鞍山市当涂县湖阳镇	30027	21561	2010	870	10	3860	3	390
马鞍山市含山县环峰镇	95746	66382	20306	8955	78	4196	8	9205
马鞍山市含山县运漕镇	46509	21151	4017	8048	20	3586	1	678
马鞍山市含山县铜闸镇	28661	19442	3329	4447	65	4457	2	390
马鞍山市含山县陶厂镇	41169	16173	2658	5319	35	1921		

附录3　续表12　continued

镇	Town	常住人口（人）Population of Permanent Residents (person)	从业人员（人）Practitioners (person)	公共财政收入（万元）Public Finance Income (10000 yuan)	农作物播种面积（公顷）Crop Planting Area (hectares)	工业企业个数（个）Number of Industrial Enterprises (unit)	工业企业从业人员（人）Industrial Companies from Personnel of Course of Study (person)	建筑业企业个数（个）Number of Construction Enterprises (unit)	建筑业企业从业人员数（人）Construction Enterprise Employees (person)
马鞍山市含山县林头镇		73894	39332	31154	7698	296	9102	3	446
马鞍山市含山县清溪镇		40152	23251	4912	5263	110	7187	2	37
马鞍山市含山县仙踪镇		65398	26750	11894	8777	19	2292	1	13
马鞍山市含山县昭关镇		21543	14603	1900	3670	10	680		
马鞍山市和县历阳镇		137645	79764	15500	15034	153	6478	47	20448
马鞍山市和县白桥镇		41983	31384	1732	6703	45	912	2	9
马鞍山市和县姥桥镇		66912	15408	5146	10300	29	932	7	225
马鞍山市和县功桥镇		40437	28754	4710	6598	8	105		
马鞍山市和县西埠镇		39150	24238	5910	11214	65	2105		
马鞍山市和县香泉镇		29423	24915	6584	9541	47	996	2	21
马鞍山市和县乌江镇		66814	40775	51327	11438	123	6753	7	792
马鞍山市和县善厚镇		34096	20102	5162	7285	14	321	1	25
马鞍山市和县石杨镇		41820	27698	41209	6535	54	1842		
芜湖市鸠江区沈巷镇		81145	77429	10005	15805	97	2327		
芜湖市鸠江区二坝镇		59295	50645	2890	6513	77	1200		
芜湖市鸠江区汤沟镇		63985	21960	1765	11149	83	1568	1	25
芜湖市鸠江区白茆镇		71598	54413	2200	11202	63	1392	4	118
芜湖市三山区峨桥镇		50408	28894	3574	2156	35	544	1	10
芜湖市芜湖县湾沚镇		129308	88863	47100	13554	143	2617	38	634
芜湖市芜湖县六郎镇		83026	82892	33987	11679	199	5897	4	185
芜湖市芜湖县陶辛镇		52512	28703	20626	9419	61	1376	7	278
芜湖市芜湖县红杨镇		53491	36900	12980	8405	3	3324		
芜湖市芜湖县花桥镇		38407	33207	20500	2509	21	453	1	29
芜湖市繁昌县繁阳镇		98112	45053	39148	3764	115	5334	15	8010
芜湖市繁昌县荻港镇		39753	27330	54652	2639	65	5636		
芜湖市繁昌县孙村镇		57476	38258	58807	7002	431	26243	1	126
芜湖市繁昌县平铺镇		31734	19494	5643	6693	21	896	1	178
芜湖市繁昌县新港镇		17408	11987	28057	916	50	5942		
芜湖市繁昌县峨山镇		22922	13741	12503	2237	69	3280		
芜湖市南陵县籍山镇		136845	53167	24837	16544	158	2929	17	10835
芜湖市南陵县许镇镇		78622	69296	20624	16954	186	5021	2	6782
芜湖市南陵县弋江镇		105145	88740	19300	19282	205	2973	1	60
芜湖市南陵县三里镇		37680	28329	8641	5807	107	3018	8	412
芜湖市南陵县何湾镇		45102	24325	6569	8152	23	1339		
芜湖市南陵县工山镇		52607	37343	7134	7392	65	1210		
芜湖市南陵县烟墩镇		17045	10890	2942	3775	26	292		
芜湖市南陵县家发镇		30674	18335	5900	7378	76	3941	1	650
芜湖市无为县无城镇		229150	65180	47400	8112	191	7825	160	11520
芜湖市无为县襄安镇		52365	29832	1737	6937	33	837	3	1247
芜湖市无为县陡沟镇		64732	28696	2114	11925	40	1265	2	30
芜湖市无为县石涧镇		78784	34686	12154	9505	101	2688	2	41
芜湖市无为县严桥镇		65116	37244	2423	10419	27	3619	1	242
芜湖市无为县开城镇		60523	27486	1450	9120	18	1862	4	2631
芜湖市无为县蜀山镇		57841	38067	1241	8806	38	663	4	416
芜湖市无为县牛埠镇		41824	40685	1958	7544	50	1220	9	570
芜湖市无为县刘渡镇		39842	24554	1101	3352	7	711		
芜湖市无为县姚沟镇		30467	19591	6895	3720	45	4800	18	150
芜湖市无为县泥汊镇		67158	39576	23600	11210	176	8650	3	250
芜湖市无为县福渡镇		36201	22613	4385	6273	26	2185	5	139
芜湖市无为县泉塘镇		59120	45491	1825	7387	65	5440	7	4120
芜湖市无为县赫店镇		37712	15384	1910	5273	43	836	2	221
芜湖市无为县红庙镇		44075	17512	992	5861	30	1720		

附录3　续表13　continued

镇　　Town	常住人口（人）Population of Permanent Residents (person)	从业人员（人）Practitioners (person)	公共财政收入（万元）Public Finance Income (10000 yuan)	农作物播种面积（公顷）Crop Planting Area (hectares)	工业企业个数（个）Number of Industrial Enterprises (unit)	工业企业从业人员（人）Industrial Companies from Personnel of Course of Study (person)	建筑业企业个数（个）Number of Construction Enterprises (unit)	建筑业企业从业人员数（人）Construction Enterprise Employees (person)
芜湖市无为县高沟镇	58836	35371	42258	667	223	18730	4	1922
宣城市宣州区水阳镇	90434	55808	10694	8159	65	5683		
宣城市宣州区狸桥镇	66500	50335	9083	11822	200	5214	2	32
宣城市宣州区沈村镇	37868	23905	2799	8629	19	435	1	6
宣城市宣州区古泉镇	13135	9050	3613	6321	42	2580	2	136
宣城市宣州区洪林镇	43610	29828	4104	8242	50	1509		
宣城市宣州区寒亭镇	19395	11053	2702	6686	43	1250	1	2
宣城市宣州区文昌镇	20259	12115	2014	2665	15	4216		
宣城市宣州区孙埠镇	51696	31476	16865	7037	140	5480	1	17
宣城市宣州区杨柳镇	35520	22734	3199	8784	35	749		
宣城市宣州区水东镇	32281	18229	9456	3342	54	1850	1	35
宣城市宣州区新田镇	19622	10436	903	3145	16	571		
宣城市宣州区周王镇	17009	11187	1966	2721	18	508		
宣城市宣州区溪口镇	22862	14403	1169	1194	13	530		
宣城市宁国市港口镇	30917	20546	47900	2422	64	4898	4	47
宣城市宁国市梅林镇	19615	14611	1600	1472	97	2973		
宣城市宁国市中溪镇	28000	14476	9580	1972	164	7050		
宣城市宁国市宁墩镇	12211	7668	790	620	44	2211		
宣城市宁国市仙霞镇	21040	8531	1300	1900	20	1158		
宣城市宁国市甲路镇	12678	9935	1738	881	33	517		
宣城市宁国市胡乐镇	14003	7262	500	393	49	175	1	22
宣城市宁国市霞西镇	21516	13470	807	1280	8	283		
宣城市郎溪县建平镇	119897	55155	31570	5230	56	1468	7	1548
宣城市郎溪县十字镇	38371	19271	19152	8026	135	4211	1	135
宣城市郎溪县新发镇	26791	15443	3092	6309	90	2105	1	118
宣城市郎溪县涛城镇	27952	17701	4749	4658	63	2213		
宣城市郎溪县梅渚镇	25394	12536	1303	5352	83	2100	1	298
宣城市郎溪县毕桥镇	20107	10697	1565	4030	42	991	2	55
宣城市郎溪县飞鲤镇	39452	25573	1698	8324	43	704		
宣城市广德县桃州镇	127064	69362	8999	6657	278	21047	89	11138
宣城市广德县柏垫镇	47574	26656	5591	1590	120	1793		
宣城市广德县誓节镇	77766	52245	7946	10299	58	2295		
宣城市广德县邱村镇	76406	51102	15524	12575	226	10239	4	37
宣城市广德县新杭镇	75860	44437	53981	8552	247	20926	3	489
宣城市广德县杨滩镇	47935	26724	3810	2365	59	2159	3	109
宣城市泾县泾川镇	107998	47466	32705	3304	290	13325	53	4628
宣城市泾县茂林镇	21153	9744	5440	3740	29	1106		
宣城市泾县榔桥镇	28950	21324	4670	4725	53	1641	1	35
宣城市泾县桃花潭镇	28635	12565	3089	4701	112	1625		
宣城市泾县琴溪镇	17298	15523	3165	3130	55	1450	6	58
宣城市泾县蔡村镇	14555	11475	1130	1371	16	610		
宣城市泾县云岭镇	37370	19327	12660	6666	165	961		
宣城市泾县黄村镇	20914	17773	1545	4344	20	893		
宣城市泾县丁家桥镇	15640	14911	2556	3578	53	4900		
宣城市绩溪县华阳镇	48230	15313	2574	1056	112	3652	9	3625
宣城市绩溪县临溪镇	10042	6042	444	1433	65	1257		
宣城市绩溪县长安镇	22826	13988	597	2705	32	491	1	506

附录3　续表14　continued

镇　Town	常住人口（人）Population of Permanent Residents (person)	从业人员（人）Practitioners (person)	公共财政收入（万元）Public Finance Income (10000 yuan)	农作物播种面积（公顷）Crop Planting Area (hectares)	工业企业个数（个）Number of Industrial Enterprises (unit)	工业企业从业人员（人）Industrial Companies from Personnel of Course of Study (person)	建筑业企业个数（个）Number of Construction Enterprises (unit)	建筑业企业从业人员数（人）Construction Enterprise Employees (person)
宣城市绩溪县上庄镇	14656	12941	704	1581	35	3203		
宣城市绩溪县扬溪镇	12547	7100	553	1424	22	465	2	26
宣城市绩溪县伏岭镇	15724	10623	24	2215	18	277	8	3130
宣城市绩溪县金沙镇	7676	4106	184	751	20	345		
宣城市绩溪县瀛洲镇	8054	5437	885	1160	16	441		
宣城市旌德县旌阳镇	51785	26380	3776	3258	118	1910	5	1133
宣城市旌德县蔡家桥镇	15062	7815	419	2260	24	273		
宣城市旌德县三溪镇	13307	4626	682	2320	27	930		
宣城市旌德县庙首镇	11985	7168	2159	2151	41	522		
宣城市旌德县白地镇	7185	6883	638	2343	23	932		
宣城市旌德县俞村镇	12823	7570	480	2150	11	158		
宣城市旌德县兴隆镇	5078	4682	279	1667	14	167	1	7
宣城市旌德县孙村镇	9546	5863	448	2184	35	850		
宣城市旌德县版书镇	11315	10597	643	2517	64	2336		
铜陵市狮子山区西湖镇	23673	14689	4158	1441	69	1577	3	441
铜陵市郊区铜山镇	12360	7519	5250	1301	24	855	1	1031
铜陵市郊区大通镇	26352	15763	8100	1472	41	2789	1	10
铜陵市铜陵县五松镇	36481	2995	1532	0	145	1018	14	8183
铜陵市铜陵县顺安镇	46387	22228	2990	3777	136	9985	1	50
铜陵市铜陵县钟鸣镇	48042	23689	2900	4120	90	7790	10	1680
铜陵市铜陵县天门镇	46012	24977	1044	4977	410	7843	6	60
池州市贵池区殷汇镇	48518	27219	695	5352	25	500	2	400
池州市贵池区牛头山镇	42100	25220	2100	7413	55	2580		
池州市贵池区涓桥镇	33209	19939	2041	3861	66	1345	1	42
池州市贵池区梅街镇	20459	12350	710	1162	55	2300	3	16
池州市贵池区梅村镇	24369	24232	400	2041	83	1152	2	45
池州市贵池区唐田镇	16700	10200	1027	2340	28	800	1	220
池州市贵池区牌楼镇	23207	11590	1522	1360	24	500	1	300
池州市贵池区乌沙镇	47882	25997	5525	7850	79	3340		
池州市贵池区棠溪镇	11239	6798	3138	985	32	930		
池州市东至县尧渡镇	118994	45453	26000	7995	115	2532	38	2053
池州市东至县东流镇	31689	27145	12225	8526	51	4980		
池州市东至县大渡口镇	73150	49884	22380	12760	139	7480	5	2660
池州市东至县胜利镇	59629	43260	2960	15560	70	3000	5	800
池州市东至县张溪镇	59680	58394	2260	3690	9	2250	2	17
池州市东至县洋湖镇	31671	22238	917	4201	9	223		
池州市东至县葛公镇	25515	15680	592	2289	12	360		
池州市东至县香隅镇	34632	20996	4268	7789	52	1246		
池州市东至县官港镇	27288	26786	795	1148	21	245		
池州市东至县昭潭镇	21000	12723	680	2237	46	860		
池州市东至县龙泉镇	25720	21200	410	4150	60	950		
池州市东至县泥溪镇	23182	17385	557	253	62	573		
池州市石台县仁里镇	14413	5813	5741	320	70	3196	7	1069
池州市石台县七都镇	16855	11598	1580	1072	26	481		
池州市石台县仙寓镇	9569	7062	1016	292	2	56	1	16
池州市石台县丁香镇	7619	7258	540	370	17	287		
池州市石台县小河镇	20602	11256	1029	1604	20	690		
池州市石台县横渡镇	9315	9308	1006	563	4	72		
池州市青阳县蓉城镇	88723	30228	13532	3105	186	3367	27	4032
池州市青阳县木镇镇	17938	13813	6504	2405	171	3545	1	25
池州市青阳县庙前镇	22413	15255	3761	2380	22	325	4	615
池州市青阳县陵阳镇	22286	15166	3711	2982	61	925	1	80

附录3　续表15　continued

镇　Town	常住人口（人）Population of Permanent Residents (person)	从业人员（人）Practitioners (person)	公共财政收入（万元）Public Finance Income (10000 yuan)	农作物播种面积（公顷）Crop Planting Area (hectares)	工业企业个数（个）Number of Industrial Enterprises (unit)	工业企业从业人员（人）Industrial Companies from Personnel of Course of Study (person)	建筑业企业个数（个）Number of Construction Enterprises (unit)	建筑业企业从业人员数（人）Construction Enterprise Employees (person)
池州市青阳县新河镇	17488	12508	5399	2261	85	2215	4	44
池州市青阳县丁桥镇	20977	12004	8848	2722	66	2703		
池州市青阳县朱备镇	8065	2897	1446	475	9	400	1	6
池州市青阳县杨田镇	19345	11974	2507	2678	56	682		
池州市青阳县酉华镇	14839	14639	7020	1165	50	937		
安庆市大观区海口镇	44661	25206	696	6811	63	4913	1	470
安庆市宜秀区大龙山镇	49985	12539	8600	836	35	1280	3	1218
安庆市宜秀区杨桥镇	21290	14672	1066	1957	27	2037	2	462
安庆市宜秀区罗岭镇	28345	20780	1620	4125	85	2158	1	20
安庆经济开发区老峰镇	29970	14980	1603	1030	38	1158		
安庆市桐城市孔城镇	80525	44891	2954	8267	127	5560	6	2931
安庆市桐城市吕亭镇	62046	41906	4196	8702	143	15600	4	162
安庆市桐城市范岗镇	68084	42526	8238	6758	2450	21580	2	535
安庆市桐城市新渡镇	71894	69855	10949	6961	1375	17857	8	755
安庆市桐城市双港镇	54261	32624	5235	3926	434	12071	5	746
安庆市桐城市大关镇	36185	35371	4441	10273	128	2170	4	895
安庆市桐城市青草镇	66616	32485	2203	3856	260	7596	6	40
安庆市桐城市金神镇	56438	32067	7851	7118	1361	14156		
安庆市桐城市嬉子湖镇	21775	8448	308	2082	27	327		
安庆市桐城市唐湾镇	11778	9681	785	291	11	1296		
安庆市桐城市黄甲镇	13852	5675	542	485	1	45		
安庆市桐城市鲟鱼镇	907	421	1133		5	760		
安庆市怀宁县高河镇	81961	25935	22421	6207	124	2257	22	575
安庆市怀宁县石牌镇	97360	44730	3260	9397	102	1940	2	1160
安庆市怀宁县月山镇	31419	10385	5307	2366	244	7853	4	163
安庆市怀宁县马庙镇	47985	30542	18120	9251	226	13106	3	214
安庆市怀宁县金拱镇	29744	15195	2413	4535	163	6052	1	726
安庆市怀宁县茶岭镇	32782	11675	2921	3387	173	3657	1	295
安庆市怀宁县公岭镇	12910	9528	1063	2366	32	1402	1	271
安庆市怀宁县黄墩镇	30107	20222	969	3677	36	1620	1	280
安庆市怀宁县三桥镇	15406	8827	2664	6514	17	3961	1	279
安庆市怀宁县小市镇	20358	14017	1316	7590	67	2526	1	156
安庆市怀宁县黄龙镇	16975	11971	442	2183	21	520		
安庆市怀宁县平山镇	23103	19520	730	4816	71	1571		
安庆市怀宁县腊树镇	30165	19344	1095	5403	40	2061		
安庆市怀宁县洪铺镇	39430	20810	1313	3849	45	1180		
安庆市怀宁县江镇镇	16612	16055	1771	3277	23	312		
安庆市枞阳县枞阳镇	95651	32843	7740	5482	10	361	1	192
安庆市枞阳县欧山镇	52112	19707	1948	2823	38	3214		
安庆市枞阳县汤沟镇	81926	63199	980	6333	30	5200	2	470
安庆市枞阳县老洲镇	62735	46962	1474	3735	18	3578	1	1876
安庆市枞阳县陈瑶湖镇	37421	26287	2678	6405	121	3751		
安庆市枞阳县周潭镇	39048	26118	984	11766	39	1786	1	72
安庆市枞阳县横埠镇	71916	40409	2492	9061	124	3472	1	317
安庆市枞阳县项铺镇	23750	12938	1100	2066	26	624		
安庆市枞阳县钱桥镇	37241	30269	1340	9412	25	1835		
安庆市枞阳县麒麟镇	39929	13525	1235	6695	30	2383	28	298
安庆市枞阳县义津镇	32685	28632	2420	11618	23	5394	4	673
安庆市枞阳县浮山镇	14505	5970	946	3578	11	549	1	315
安庆市枞阳县会宫镇	35501	34792	1050	2902	81	1200	3	432
安庆市枞阳县官埠桥镇	32617	19297	1760	6726	29	354	1	47
安庆市潜山县梅城镇	142580	40491	9700	7260	94	4710	32	480

附录3　续表16　continued

镇　Town	常住人口（人）Population of Permanent Residents (person)	从业人员（人）Practitioners (person)	公共财政收入（万元）Public Finance Income (10000 yuan)	农作物播种面积（公顷）Crop Planting Area (hectares)	工业企业个数（个）Number of Industrial Enterprises (unit)	工业企业从业人员（人）Industrial Companies from Personnel of Course of Study (person)	建筑业企业个数（个）Number of Construction Enterprises (unit)	建筑业企业从业人员数（人）Construction Enterprise Employees (person)
安庆市潜山县源潭镇	77530	37985	7198	9530	449	23000	9	1000
安庆市潜山县余井镇	46355	32491	1471	4277	110	2420	1	27
安庆市潜山县王河镇	46129	33163	694	6070	6	71		
安庆市潜山县黄铺镇	38062	29482	3771	5822	41	789	2	84
安庆市潜山县槎水镇	26889	18956	1740	2836	32	2289	2	3520
安庆市潜山县水吼镇	21527	17890	609	2249	17	226	1	14
安庆市潜山县官庄镇	22522	12070	1105	3545	82	720	3	220
安庆市潜山县黄泥镇	14928	10711	350	3093	10	50		
安庆市潜山县黄柏镇	10715	4677	445	1810	16	431		
安庆市潜山县天柱山镇	13145	7895	1682	665	4	211		
安庆市太湖县晋熙镇	80563	46234	3291	3691	179	3846		
安庆市太湖县徐桥镇	45090	36739	1675	9168	66	3950	2	430
安庆市太湖县新仓镇	74331	37852	1740	9240	45	670	2	107
安庆市太湖县小池镇	42339	26229	2672	5422	23	2490	1	190
安庆市太湖县寺前镇	22159	18627	1106	941				
安庆市太湖县天华镇	31212	22739	775	1037	17	389	2	141
安庆市太湖县牛镇镇	25087	13404	260	1655	13	112	2	14
安庆市太湖县弥陀镇	38719	22522	2011	3053	171	2911	51	1001
安庆市太湖县北中镇	37301	25106	404	3703	17	950		
安庆市太湖县百里镇	25778	16950	1218	2525	11	410	10	80
安庆市宿松县孚玉镇	114292	64242	8353	1200	75	2168	26	1580
安庆市宿松县复兴镇	42573	31343	3968	13059	89	1836	2	156
安庆市宿松县汇口镇	33361	33137	851	9690	35	1968		
安庆市宿松县许岭镇	37650	12111	1070	4872	34	480	2	1450
安庆市宿松县下仓镇	38285	25750	456	3937	5	200		
安庆市宿松县二郎镇	23049	18593	1102	2938	12	1056	2	96
安庆市宿松县破凉镇	41300	17424	1680	2469	48	2800		
安庆市宿松县凉亭镇	44169	14379	785	3672	37	1213	1	330
安庆市宿松县长铺镇	27569	17967	857	3936	45	469		
安庆市望江县华阳镇	120829	47484	2006	14483	145	20500	10	4897
安庆市望江县杨湾镇	29824	22791	267	8837	14	164		
安庆市望江县漳湖镇	22313	16071	532	9380	13	198		
安庆市望江县赛口镇	39017	26507	655	8349	45	1950		
安庆市望江县高士镇	80506	42386	1510	14817	114	5131	23	4283
安庆市望江县鸦滩镇	76802	41583	1069	19909	143	2947	3	169
安庆市望江县长岭镇	64413	42997	2462	15181	155	5927	3	386
安庆市望江县太慈镇	76692	40110	887	13849	48	2465	1	910
安庆市岳西县天堂镇	59635	25252	8452	707	95	15308	5	3841
安庆市岳西县店前镇	26570	25690	471	1197	117	1960	2	134
安庆市岳西县来榜镇	23599	21010	1702	880	77	1400	3	236
安庆市岳西县菖蒲镇	25968	8554	500	1160	52	1360	2	468
安庆市岳西县头陀镇	10402	4004	409	607	65	612	1	30
安庆市岳西县白帽镇	20426	12580	306	1840	20	595	3	77
安庆市岳西县温泉镇	34311	18514	2560	1800	88	2695	5	1246
安庆市岳西县响肠镇	19658	8246	1502	1948	43	280	7	50
安庆市岳西县河图镇	10201	8042	765	1945	41	124	2	19
安庆市岳西县五河镇	10238	11733	367	1302	36	2312		
安庆市岳西县主簿镇	8121	5510	680	460	46	950	1	30
安庆市岳西县冶溪镇	16634	15111	1200	4630	18	760	1	220
安庆市岳西县黄尾镇	7532	2992	567	1011	13	183	4	42
黄山市屯溪区屯光镇	15629	10222	3121	1143	42	4210	43	1325
黄山市屯溪区阳湖镇	34963	8606	12495	451	24	1031	28	304
黄山市屯溪区黎阳镇	13894	8583	15665	1083	43	1721	2	789

附录3　续表17　continued

镇　　Town	常住人口（人）Population of Permanent Residents (person)	从业人员（人）Practitioners (person)	公共财政收入（万元）Public Finance Income (10000 yuan)	农作物播种面积（公顷）Crop Planting Area (hectares)	工业企业个数（个）Number of Industrial Enterprises (unit)	工业企业从业人员（人）Industrial Companies from Personnel of Course of Study (person)	建筑业企业个数（个）Number of Construction Enterprises (unit)	建筑业企业从业人员数（人）Construction Enterprise Employees (person)
黄山市屯溪区新潭镇	24863	14203	2556	3018	68	1342	25	430
黄山市屯溪区奕棋镇	10400	7006	6602	1390	70	1600	4	360
黄山市黄山区甘棠镇	58822	11674	20021	998	7	430	31	16400
黄山市黄山区仙源镇	11005	9917	1626	1744	22	438	1	29
黄山市黄山区汤口镇	16213	8576	7022	180	21	262		
黄山市黄山区谭家桥镇	7633	3509	1738	894	21	137	6	185
黄山市黄山区太平湖镇	9601	5975	12580	629	14	643	5	444
黄山市黄山区焦村镇	14743	7392	2003	2344	23	270		
黄山市黄山区耿城镇	9459	5085	4380	630	10	320	2	70
黄山市黄山区三口镇	9139	7135	2687	1382	9	589	1	116
黄山市黄山区乌石镇	8215	6606	1482	841	13	571	1	28
黄山市徽州区岩寺镇	23722	16933	23167	2092	98	2051	15	1529
黄山市徽州区西溪南镇	14076	7089	9102	2364	58	756	1	35
黄山市徽州区潜口镇	11692	7328	3720	1772	45	789	6	75
黄山市徽州区呈坎镇	9177	7765	3073	1540	33	1050		
黄山市歙县徽城镇	107674	55498	34897	1547	198	14560	23	3542
黄山市歙县深渡镇	24639	13729	3204	1513	18	550	1	62
黄山市歙县北岸镇	16670	8299	1901	2095	54	991	2	16
黄山市歙县富堨镇	16425	8686	5820	3129	82	435		1121
黄山市歙县郑村镇	16372	11108	2430	2492	53	3186	2	200
黄山市歙县桂林镇	26167	19080	8909	3665	75	3580	4	52
黄山市歙县许村镇	8723	5555	729	1806	3	336		
黄山市歙县溪头镇	16302	9486	412	2033	13	1427		
黄山市歙县杞梓里镇	30504	19918	1192	2090	13	85		
黄山市歙县霞坑镇	20052	15684	1320	1530	6	98	2	22
黄山市歙县岔口镇	16392	8736	1045	1339	9	268		
黄山市歙县街口镇	12343	11200	240	609				
黄山市歙县王村镇	24729	12651	2406	2465	6	224	1	26
黄山市休宁县海阳镇	58188	20962	18400	3504	108	5590	13	2556
黄山市休宁县齐云山镇	9044	12256	5164	2107	18	166	2	33
黄山市休宁县万安镇	17608	8428	7088	3731	26	468	11	640
黄山市休宁县五城镇	22960	14619	1822	2133	31	270	2	100
黄山市休宁县东临溪镇	19767	12542	4088	1497	34	533	2	15
黄山市休宁县蓝田镇	11985	9587	1194	3541	6	124	1	13
黄山市休宁县溪口镇	22101	11288	2079	3209	38	1573	2	70
黄山市休宁县流口镇	5229	3517	336	166	3	28		
黄山市休宁县汪村镇	6739	5281	192	738				
黄山市休宁县商山镇	21621	15270	3093	3497	32	1058		
黄山市黟县碧阳镇	40142	19239	7344	3133	186	3186	3	1337
黄山市黟县宏村镇	17125	11628	6764	2535	17	95	1	18
黄山市黟县渔亭镇	8149	4706	1091	1007	26	800		
黄山市黟县西递镇	6242	4229	4008	701	5	800		
黄山市黟县柯村镇	4432	4230	1254	989	9	241		
黄山市祁门县祁山镇	61208	27742	3000	1664	856	6862	4	680
黄山市祁门县小路口镇	6815	4594	672	737	7	272	1	16
黄山市祁门县金字牌镇	11800	7145	410	1140	122	1412		
黄山市祁门县平里镇	6987	4976	372	699	2	34		
黄山市祁门县历口镇	14100	8405	137	1233	9	144		
黄山市祁门县闪里镇	7076	7934	289	6210	3	67		
黄山市祁门县安凌镇	13577	7861	220	2042	10	385		
黄山市祁门县凫峰镇	7190	7009	372	1142	21	162		
黄山市祁门县塔坊镇	7698	5168	905	698	13	176		
黄山市祁门县新安镇	7218	4216	626	891	18	85		

附录4—1 企业电子商务情况（2015年）
Enterprise E-commerce by Registration (2015)

指　标	Item	企业数（个）Number of Enterprises (unit)
总　计	**Total**	**37284**
总计中：	**Of the Total:**	
内资企业	Domestic-funded	36256
国有企业	State-owned	573
集体企业	Collective-owned	259
股份合作企业	Cooperative	56
联营企业	Joint Ownership Enterprises	11
有限责任公司	Limited Liability Company	10579
股份有限公司	Share-holding Corporations Ltd.	982
私营企业	Private	23580
其他企业	Other	216
港、澳、台商投资企业	With Investment from Hong Kong, Macao and Taiwan	452
外商投资企业	With Foreign Investment	576
按行业分：	**Grouped by Sector**	
采矿业	Mining	420
制造业	Manufacturing	18015
电力、热力、燃气及水生产和供应业	Production and Supply of Electricity, Heat, Gas and Water	291
建筑业	Construction	3177
批发和零售业	Wholesale and Retail Trades	6487
交通运输、仓储和邮政业	Transport, Storage and Post	1322
住宿和餐饮业	Hotels and Catering Services	1757
信息传输、软件和信息技术服务业	Information Transmission, Software and Information Technology	343
金融业	Financial Intermediation	
房地产业	Real Estate	3756
租赁和商务服务业	Leasing and Business Services	616
科学研究和技术服务业	Scientific Research and Technical Services	432
水利、环境和公共设施管理业	Management of Water Conservancy, Environment	124
居民服务、修理和其他服务业	Services to Households, Repair and Other Services	115
教　育	Education	158
卫生和社会工作	Health and Social Service	111
文化、体育和娱乐业	Culture, Sports and Entertainment	160

有电子商务的企业数 Number of E-Commerce Enterprises	电子商务销售的企业数 Number of E-Commerce Selling Enterprises	有电子商务采购的企业数 Number of E-Commerce Purchasing Enterprises	电子商务销售额（万元） E-commerce Sales (10000 yuan)	面向大陆区域以外的销售额 Sales to Mainland Area	电子商务采购额（万元） E-commerce Purchases (10000 yuan)	面向大陆区域以外的采购额 For Those from Outside the Mainland Area
4583	**3332**	**2993**	**24445636**	**1626013**	**19220411**	**259552**
4443	3237	2903	20779430	1479923	17364703	211624
74	57	44	4184858	216	3772479	50
14	11	7	7237	80	307	
3	2	2	6450	6450	3	
1		1			5	
1257	886	786	6485265	139487	3455199	83475
177	136	108	6627589	604583	8245391	30567
2896	2125	1948	3451395	729106	1890529	97532
21	20	7	16636	1	790	
59	43	38	552726	47975	229257	23363
81	52	52	3113480	98115	1626451	24565
17	8	11	73377	2	54362	
2348	1751	1709	14972474	1553739	12058320	230181
19	5	16	101446		832085	
183	32	173	10432		470668	100
761	618	428	7884294	59347	5420459	28729
74	44	47	72930	1941	22520	50
635	607	196	75984	767	7192	53
119	78	81	1042412	9231	262058	
204	36	189	6154		2532	47
58	34	42	81803	744	8539	363
39	19	34	12005	201	4161	
28	26	17	77157	28	73557	1
14	6	12	410		248	
13	3	13	323		183	
11	8	7	580		319	
60	57	18	33855	13	3208	28

附录4—2　企业通过互联网开展的活动情况（2015年）
Enterprises Activities Through the Internet by Registration (2015)

指　标	Item	企业数（个）Number of Enterprises	使用互联网的企业 Enterprises Using the Internet	
			数　量（个）Number	比　重（%）Proportion
		(unit)	(unit)	(%)
总　计	**Total**	**37284**	**37087**	**99.5**
总计中：	**Of the Total:**			
内资企业	Domestic-funded	36256	36066	99.5
国有企业	State-owned	573	571	99.7
集体企业	Collective-owned	259	259	100.0
股份合作企业	Cooperative	56	56	100.0
联营企业	Joint Ownership Enterprises	11	11	100.0
有限责任公司	Limited Liability Company	10579	10526	99.5
股份有限公司	Share-holding Corporations Ltd.	982	980	99.8
私营企业	Private	23580	23447	99.4
其他企业	Other	216	216	100.0
港、澳、台商投资企业	With Investment from Hong Kong, Macao and Taiwan	452	448	99.1
外商投资企业	With Foreign Investment	576	573	99.5
按行业分：	**Grouped by Sector**			
采矿业	Mining	420	415	98.8
制造业	Manufacturing	18015	17910	99.4
电力、热力、燃气及水生产和供应业	Production and Supply of Electricity, Heat, Gas and Water	291	290	99.7
建筑业	Construction	3177	3161	99.5
批发和零售业	Wholesale and Retail Trades	6487	6460	99.6
交通运输、仓储和邮政业	Transport, Storage and Post	1322	1316	99.5
住宿和餐饮业	Hotels and Catering Services	1757	1747	99.4
信息传输、软件和信息技术服务业	Information Transmission, Software and Information Technol	343	343	100.0
金融业	Financial Intermediation			
房地产业	Real Estate	3756	3735	99.4
租赁和商务服务业	Leasing and Business Services	616	616	100.0
科学研究和技术服务业	Scientific Research and Technical Services	432	431	99.8
水利、环境和公共设施管理业	Management of Water Conservancy, Environment	124	124	100.0
居民服务、修理和其他服务业	Services to Households, Repair and Other Services	115	114	99.1
教　育	Education	158	157	99.4
卫生和社会工作	Health and Social Service	111	111	100.0
文化、体育和娱乐业	Culture, Sports and Entertainment	160	157	98.1

收发电子邮件 E-mail		了解商品和服务的信息 Commodity and Service Information		从政府机构获取信息 Access Information From Government		与政府机构互动 Interaction With Government		使用网上银行 Using Online Bank		使用其他金融服务 Using Other Financial Services	
数　量（个） number (unit)	占使用互联网企业的比重(%) The Proportion of Enterprises Using the Internet (%)	数　量（个） number (unit)	占使用互联网企业的比重(%) The Proportion of Enterprises Using the Internet (%)	数　量（个） number (unit)	占使用互联网企业的比重(%) The Proportion of Enterprises Using the Internet (%)	数　量（个） number (unit)	占使用互联网企业的比重(%) The Proportion of Enterprises Using the Internet (%)	数　量（个） number (unit)	占使用互联网企业的比重(%) The Proportion of Enterprises Using the Internet (%)	数　量（个） number (unit)	占使用互联网企业的比重(%) The Proportion of Enterprises Using the Internet (%)
33453	**90.2**	**21717**	**58.6**	**22731**	**61.3**	**11418**	**30.8**	**29392**	**79.3**	**4915**	**13.3**
32463	90.0	21095	58.5	21962	60.9	10963	30.4	28509	79.0	4715	13.1
527	92.3	307	53.8	407	71.3	197	34.5	403	70.6	60	10.5
221	85.3	125	48.3	153	59.1	62	23.9	170	65.6	28	10.8
50	89.3	36	64.3	37	66.1	21	37.5	45	80.4	10	17.9
10	90.9	6	54.5	8	72.7	4	36.4	7	63.6		
9558	90.8	6048	57.5	6461	61.4	3323	31.6	8338	79.2	1446	13.7
905	92.3	619	63.2	669	68.3	410	41.8	799	81.5	195	19.9
21009	89.6	13844	59.0	14102	60.1	6889	29.4	18603	79.3	2956	12.6
183	84.7	110	50.9	125	57.9	57	26.4	144	66.7	20	9.3
434	96.9	255	56.9	340	75.9	201	44.9	396	88.4	85	19.0
556	97.0	367	64.0	429	74.9	254	44.3	487	85.0	115	20.1
375	90.4	238	57.3	268	64.6	127	30.6	292	70.4	49	11.8
16607	92.7	11616	64.9	11672	65.2	6195	34.6	14674	81.9	2546	14.2
271	93.4	133	45.9	211	72.8	135	46.6	218	75.2	35	12.1
2938	92.9	1518	48.0	2308	73.0	1051	33.2	2646	83.7	430	13.6
5530	85.6	4098	63.4	3097	47.9	1411	21.8	4865	75.3	754	11.7
1157	87.9	516	39.2	717	54.5	301	22.9	998	75.8	147	11.2
1288	73.7	833	47.7	726	41.6	329	18.8	1141	65.3	112	6.4
329	95.9	242	70.6	237	69.1	144	42.0	287	83.7	71	20.7
3421	91.6	1651	44.2	2424	64.9	1220	32.7	2984	79.9	552	14.8
562	91.2	311	50.5	373	60.6	176	28.6	479	77.8	106	17.2
398	92.3	239	55.5	294	68.2	132	30.6	338	78.4	56	13.0
114	91.9	78	62.9	83	66.9	44	35.5	87	70.2	14	11.3
102	89.5	58	50.9	63	55.3	29	25.4	81	71.1	15	13.2
136	86.6	53	33.8	91	58.0	38	24.2	106	67.5	8	5.1
88	79.3	49	44.1	72	64.9	37	33.3	77	69.4	8	7.2
137	87.3	84	53.5	95	60.5	49	31.2	119	75.8	12	7.6

附录4—2　续表　continued

指　　标	Item	提供客户服务 Providing for Customer Service 数　量 (个) number (unit)	占使用互联网企业的比重 (%) The Proportion of Enterprises Using the Internet (%)
总　　计	**Total**	**14224**	**38.4**
总计中：	**Of the Total:**		
内资企业	Domestic-funded	13755	38.1
国有企业	State-owned	193	33.8
集体企业	Collective-owned	54	20.8
股份合作企业	Cooperative	24	42.9
联营企业	Joint Ownership Enterprises	3	27.3
有限责任公司	Limited Liability Company	4062	38.6
股份有限公司	Share-holding Corporations Ltd.	469	47.9
私营企业	Private	8885	37.9
其他企业	Other	65	30.1
港、澳、台商投资企业	With Investment from Hong Kong, Macao and Taiwan	202	45.1
外商投资企业	With Foreign Investment	267	46.6
按行业分：	**Grouped by Sector**		
采矿业	Mining	105	25.3
制造业	Manufacturing	7548	42.1
电力、热力、燃气及水生产和供应业	Production and Supply of Electricity, Heat, Gas and Water	111	38.3
建筑业	Construction	871	27.6
批发和零售业	Wholesale and Retail Trades	2445	37.8
交通运输、仓储和邮政业	Transport, Storage and Post	427	32.4
住宿和餐饮业	Hotels and Catering Services	641	36.7
信息传输、软件和信息技术服务业	Information Transmission, Software and Information Technology	233	67.9
金融业	Financial Intermediation		
房地产业	Real Estate	1152	30.8
租赁和商务服务业	Leasing and Business Services	243	39.4
科学研究和技术服务业	Scientific Research and Technical Services	173	40.1
水利、环境和公共设施管理业	Management of Water Conservancy, Environment	50	40.3
居民服务、修理和其他服务业	Services to Households, Repair and Other Services	45	39.5
教　育	Education	65	41.4
卫生和社会工作	Health and Social Service	44	39.6
文化、体育和娱乐业	Culture, Sports and Entertainment	71	45.2

拨打互联网电话或召开视频会议 Dial Internet telephone or Hold Video Conference		在线提供产品 Provide Online Product		发布消息或即时消息 Release Messages or Instant Messages		员工培训 Staff Training		对外或对内招聘 External or Interna Lrecruitment		其　他 Other	
数　量（个）number (unit)	占使用互联网企业的比重（%）The Proportion of Enterprises Using the Internet (%)	数　量（个）number (unit)	占使用互联网企业的比重（%）The Proportion of Enterprises Using the Internet (%)	数　量（个）number (unit)	占使用互联网企业的比重（%）The Proportion of Enterprises Using the Internet (%)	数　量（个）number (unit)	占使用互联网企业的比重（%）The Proportion of Enterprises Using the Internet (%)	数　量（个）number (unit)	占使用互联网企业的比重（%）The Proportion of Enterprises Using the Internet (%)	数　量（个）number (unit)	占使用互联网企业的比重（%）The Proportion of Enterprises Using the Internet (%)
4190	**11.3**	**5577**	**15.0**	**11777**	**31.8**	**9754**	**26.3**	**14078**	**38.0**	**11302**	**30.5**
3759	10.4	5395	15.0	11295	31.3	9307	25.8	13463	37.3	11002	30.5
86	15.1	64	11.2	215	37.7	182	31.9	177	31.0	186	32.6
20	7.7	16	6.2	52	20.1	60	23.2	39	15.1	88	34.0
5	8.9	9	16.1	16	28.6	16	28.6	23	41.1	24	42.9
0	0.0	1	9.1	2	18.2	2	18.2	1	9.1	5	45.5
1604	15.2	1528	14.5	3772	35.8	3297	31.3	4281	40.7	3372	32.0
246	25.1	219	22.3	496	50.6	397	40.5	511	52.1	297	30.3
1781	7.6	3529	15.1	6670	28.4	5287	22.5	8352	35.6	6965	29.7
17	7.9	29	13.4	72	33.3	66	30.6	79	36.6	65	30.1
183	40.8	77	17.2	211	47.1	202	45.1	281	62.7	124	27.7
248	43.3	105	18.3	271	47.3	245	42.8	334	58.3	176	30.7
40	9.6	30	7.2	90	21.7	89	21.4	96	23.1	118	28.4
1954	10.9	3329	18.6	5517	30.8	4213	23.5	6898	38.5	4934	27.5
114	39.3	22	7.6	138	47.6	126	43.4	112	38.6	69	23.8
197	6.2	146	4.6	993	31.4	1075	34.0	1200	38.0	1241	39.3
802	12.4	960	14.9	1910	29.6	1755	27.2	2211	34.2	1869	28.9
129	9.8	81	6.2	373	28.3	290	22.0	335	25.5	467	35.5
117	6.7	276	15.8	499	28.6	398	22.8	669	38.3	589	33.7
160	46.6	142	41.4	218	63.6	201	58.6	236	68.8	117	34.1
433	11.6	316	8.5	1309	35.0	1035	27.7	1555	41.6	1297	34.7
83	13.5	93	15.1	266	43.2	200	32.5	273	44.3	215	34.9
71	16.5	55	12.8	194	45.0	148	34.3	196	45.5	139	32.3
16	12.9	23	18.5	56	45.2	32	25.8	48	38.7	48	38.7
11	9.6	18	15.8	32	28.1	33	28.9	47	41.2	34	29.8
15	9.6	22	14.0	64	40.8	62	39.5	64	40.8	65	41.4
14	12.6	13	11.7	41	36.9	44	39.6	59	53.2	46	41.4
34	21.7	51	32.5	77	49.0	53	33.8	79	50.3	54	34.4